中国社会科学院登峰战略资深学科带头人项目

丝绸之路上的
明代中国与世界

万明 著

Ming China and the
World on the Silk Road

中国社会科学出版社

图书在版编目（CIP）数据

丝绸之路上的明代中国与世界 / 万明著 . —北京：中国社会科学出版社，2022.3
ISBN 978 – 7 – 5203 – 9160 – 3

Ⅰ.①丝… Ⅱ.①万… Ⅲ.①中国历史—研究—明代 Ⅳ.①K248.07

中国版本图书馆 CIP 数据核字（2021）第 189540 号

出 版 人	赵剑英
选题策划	宋燕鹏
责任编辑	林　玲
责任校对	李　硕
责任印制	李寡寡

出　　版	中国社会科学出版社
社　　址	北京鼓楼西大街甲 158 号
邮　　编	100720
网　　址	http://www.csspw.cn
发 行 部	010 – 84083685
门 市 部	010 – 84029450
经　　销	新华书店及其他书店

印刷装订	北京君升印刷有限公司
版　　次	2022 年 3 月第 1 版
印　　次	2022 年 3 月第 1 次印刷

开　　本	710×1000　1/16
印　　张	57
插　　页	2
字　　数	934 千字
定　　价	298.00 元

凡购买中国社会科学出版社图书，如有质量问题请与本社营销中心联系调换
电话：010 – 84083683
版权所有　侵权必究

前　言

丝绸之路是中外关系史最基本的视角之一，也是中外关系史最重要的内容。丝绸之路以中国为起点，是中国的，也是世界的，是中国史的一部分，也是世界史的一部分；一部明代丝绸之路史，是一部明代中外关系史，是明史研究的重要组成部分，也是全球化开端历史研究的重要组成部分。丝绸之路上中国与世界的命运交织在一起，或并行，或碰撞，汇聚了大量共同的文化遗产。本书致力于将中外关系——中国与世界联系起来做综合考察，了解丝绸之路上的明代中国与世界，更加全面地认识中国史与世界史，一个全球史。

在中国古代史籍中，我们找不到"丝绸之路"的名称。一个多世纪以前，德国地理学家冯·李希霍芬（Ferdinand von Richthofen）在1877—1912年出版的《中国亲历》中，将从中国通往中亚、南亚、西亚乃至欧洲、北非的西域商贸道路称为Seidenstraseno，即"丝绸之路"，彰显了以中国丝绸为媒介的古代中西交往通路的重大学术意涵。重要的是，其首当其冲的学术价值，是向世界展现了中国与世界在古代连绵不断的文明交往互鉴关系。

中外关系史学科诞生于改革开放的学术发展大潮之中，伴随海外汉学大规模译介到中国，中国传统学术范式发生转换，作为中外交往符号的丝绸之路，形象地展现了中国与世界关系的历史，其研究成为一个跨越时间和空间的人类命运共同体的共通性议题，也成为中外关系史研究永恒的主题之一。

20世纪初海上丝绸之路的提出，源于法国汉学家沙畹（Émmannuel-Édouard Chavannes），他在《西突厥史料》中据唐朝贾耽著称有"陆、海两道"。此后法国学者让·菲利奥扎（Jean Filliozat）首次使用了"海上丝绸之路"这一名称。由此，陆路通往南亚、西亚以及欧洲的通道，被称为"陆上丝绸之路"。从海上交通连接东南亚、南亚、西亚、非洲，乃至欧洲的海上通道，被称为"海上丝绸之路"。

丝绸是中华文明的象征之一。中国是最早养蚕织丝的国家，浙江吴兴钱山漾遗址发现的丝带、丝线和残绢等物，印证了早在新石器时代，我们的祖先已经开始从事养蚕和织丝等生产活动。丝绸之路，是中国古代对外交往的通道，古代中国和西方诸文明之间的交通与交流，历史悠久，源远流长。中国这个著名的文明古国，拥有广袤的国土和漫长的海岸线，既是东亚的大陆国家，又是太平洋西岸的海洋国家。中华文明是大陆和海洋共同孕育出的世界最古老的伟大文明之一。丝绸之路起始于中国境内，汉武帝派遣张骞从陆上通西域，并遣使开辟南海航线，开始与海外国家与地区的交往，正式开创了陆上和海上丝绸之路。迄今为止已有2100多年的历史。丝绸之路的畅达，在古代促成了中国与沿线各国间友好合作关系的发展，也促成了中国与沿线各国经济贸易与文化艺术的发展机遇，正是中外文明的交融，有如生生不息的河流，推进了商贸与文化交流，对世界文明发展进程做出了重大贡献。

迄今为止，古代丝绸之路已有广义和狭义之分。狭义的丝绸之路，是指中国古代经西域中亚通往南亚、西亚以及欧洲、北非的陆上贸易通道。因大量中国丝和丝织品多经此路西运，故称为丝绸之路。广义的丝绸之路，则早已超出了字面含义，成为后世对中国与中亚、东南亚、南亚、西亚乃至西方所有来往通道的统称；不仅是东西方商业贸易之路，而且是中国和所知世界各国之间的政治经济往来、文化交流互动的通道；不仅是一条交通道路之意，而且是四通八达、辐射广泛的中国与世界各国之间的交通网络；不仅是丝绸西传，外物东来，而且也沉淀了东西方文明相互交往几千年的文明底蕴；不仅是一个地理的概念，而且已扩展为一种历史文化的象征符号。自这一学术概念提出后，迄今中外学界对丝绸之路的研究已经持续了100多年，取得了举世瞩目的辉煌成就。在中国，从中西交通史至中外关系史，形成了诸多专门研究领域，诸如"陆上丝绸之路"（也称绿洲丝绸之路）、"草原丝绸之路""海上丝绸之路""南方丝绸之路"（也称西南丝绸之路）等。此外，还有不少是没有带"丝绸"二字的中外交往通道的研究，如"陶瓷之路""茶叶之路""茶马古道""瓷银之路""玉

前　言

石之路""贝币之路""皮毛之路"等等，伴随着时代的发展，丝绸之路的内涵与外延不断拓展，凸显了古代诸文明之交流对人类的巨大贡献。

丝绸之路是中国走向世界，也是世界走向中国之路。丝绸之路在此基本概念下，具有四个层次：①历史的，特指历史上中国对外交往的通道；②政治的，特指以汉代张骞通西域为开端的王朝经略之路；③贸易的，特指与中国特产丝绸相联系，形成中外贸易的通路；④文明交流的，特指以丝绸为载体，形成文化交流的通道。

全球化将人类带入一个整体发展的新时代。世界历史并不是自始就是世界性的，经历过一个发展的历程。随着社会发展，世界各地区、民族打破彼此间的闭塞状态，在越来越大的范围里相互交往、接触，紧密联系，于是形成一个整体的世界。这就是全球化的时代。15世纪是一个海洋的世纪，由郑和下西洋拉开帷幕；到世纪末，葡萄牙、西班牙的航海探险，沟通了欧洲与世界上其他大陆间的海上联系。通过海洋，世界发生了巨大变化。从那时起，各大陆间建立起直接的海上联系，把历史舞台扩大到以往与世隔绝或鲜少联系的地区，"而且导致向欧亚大陆各个文明之间自古以来就保持的大陆中心平衡进行挑战"①。这一历史巨变，正是发生在明朝的历史时间段。

历史上以中国特产命名的丝绸之路，是中外互联互动之路，因此，丝绸之路研究是中外关系史的基础研究，成为中外关系史研究的内核，是与这一领域的研究从一开始就具有国际化的特征相联系。古代丝绸之路是一部人类文明交往互鉴的漫长历史，不仅在历史上促进了中西方政治、经济、社会、文化的交流，也促进了沿线国家和民族文化艺术的传播与融合，其蕴含的文化价值和发展潜力令世界瞩目。1988年，联合国教科文组织启动"丝绸之路综合研究——对话之路"项目，旨在促进东西方之间的文化交流，改善欧亚大陆各国人民之间的关系。20世纪90年代，联合国教科文组织曾多次组织陆上和海上丝绸之路考察，极具推动人类文明共同体发展的意义。2001年中国中外关系史学会组织召开了"西南、西北与海上三条丝绸之路比较研究"国际学术研讨会，倡导并推进丝绸之路的比较

---

① ［英］杰弗里·巴勒克拉夫主编：《泰晤士世界历史地图集》，生活·读书·新知三联书店1982年版，第153页。

研究与全面发展。① 21世纪"一带一路"国家倡议的提出，更成为推动古代丝绸之路研究迅速发展的重要因素，中外关系史学科获得了长足的发展，研究成果丰硕，不仅超越了西方的丝绸之路研究，而且独树一帜，充分体现了中国风格与气派。但是，研究仍存在发展不平衡，原创性研究开发不足，和忽视整体丝绸之路研究的问题，研究成果主要集中于汉唐时期陆路，对明代丝绸之路，特别是整体性考察明显不足，迄今没有一部明代丝绸之路研究的专著出版。

自20世纪90年初开始，我发表关于明代陆海丝绸之路的论文《明初中西交通使者傅安出使略考》（《中国边疆史地研究导报》1990年第2期），《郑和下西洋与明初海上丝绸之路——兼论郑和远航目的及终止原因》（《海交史研究》1991年第2期）；《傅安西使与明初中西陆路交通的畅达》（《明史研究》第2辑，黄山书院1992年版），由此开始了自己的丝绸之路研究，至今已经30年有余。这本小书是学术探讨的足迹。

丝绸之路是一种文明发展史观，符合马克思从分散到整体的世界历史发展进程之论说。人类总是在追求满足自身需求和社会发展需要中创造着自身的历史，在多元文明互动中形成整体世界文明体系。改革开放以后，西方汉学理论与方法大量译介引进，丝绸之路研究开始在中国学界广泛兴起，极大地改变了学科布局，推动了中外关系史学科建设发展到一个新的阶段，形成了全新的中国史研究范式。一般说来，丝绸之路研究往往聚焦在汉唐，明代丝绸之路研究作为明代中外关系史研究的基本问题，实际上更需要我们进一步思考和加强探讨。正是出于这一原初的动机，使我投入明代丝绸之路的研究之中，不知不觉已过了30年。丝绸之路上的明代中国与世界这一研究课题，不仅促使我不断在探讨明代中外关系过程是如何展开，如何发展，如何演变，更是走向了何方？并促使我不断产生新的认识，双重视域与双重主线的新的研究方法，就是这样产生的：

一 双重视域：整体—全球的视域

（一）整体史视域。首先，人类整体世界文明体系在多元文明互动中

---

① 耿昇：《丝绸之路研究在中国——昆明丝绸之路学术会议综述》，《西北第二民族学院学报》2002年第4期。

形成，中华文明是在与外部世界多元文明互动中发展进步，我们的研究也需要融合到一个全球整体文明体系中做整合考察。其次，西方初始的丝绸之路概念，并非完整的丝绸之路概念，一开始就形成了重陆轻海的学术不平衡状态。陆上丝绸之路无疑是人类文明发展史的重要组成部分，但中国古代并非仅有陆上丝绸之路，与海上联系无缘，在明代历史时间段，海上丝绸之路曾发展到巅峰时期，全球化自海上诞生；再次，我们需要避免陆上丝绸之路与海上丝绸之路以及其他丝绸之路各说各话的孤立研究，形成整体体系的研究；（二）全球史视域。明代丝绸之路既承前启后又极富特色，是全球化开端的一大转折点。内在的发展逻辑与外在的发展逻辑相结合，中外凭借海上丝绸之路直接交往而展开广泛对话。我们需要避免将明代丝绸之路限定在中国断代史范围，将之置于全球史内，在全球视域下展现中国古代丝绸之路的全貌，是超越以往丝绸之路研究的必由之路。

二　双重主线

丝绸之路由内外驱动形成，国家与社会为两条主导线索。尊重历史事实的研究表明，丝绸之路是民间早期活动开辟的交往道路，中外互动关系必经之路的起源，不是仅靠王朝政策经略而独力形成。国家与社会在一定范畴内的张力才是丝绸之路中外关系源源不息生命力的源泉，因此我们需要突破传统研究范式对官方主体性的过分关注，重新认识民间社会主体性的推动作用。由此实现对明代丝绸之路研究的拓展，提出对明代丝绸之路的完整解说。

依据时间和空间的特点，我将明代丝绸之路分期划分如下：①

第一阶段　洪武至永乐时期（1368—1404）：海陆并举阶段；

第二阶段　永宣时期（1405—1435）：西洋—印度洋凸显阶段，为全球化诞生于海上拉开序幕；

---

① 关于明代丝绸之路的分期，唯见孙振玉《明代丝路史分期研究》（《新疆大学学报》1990年第1期）有所阐发。他将明代丝路史分为三个时期：1. 明初至天顺末（1368—1464）；2. 明成化初至嘉靖二十四年（1465—1545）；3. 明嘉靖二十五年至明末（1546—1644）。他认为新航路开辟，西方势力涌入亚洲，丝路渐趋沉寂。这一分期局限于陆上丝绸之路，未能全面概括明代丝路历史发展过程。

丝绸之路上的明代中国与世界

> 第三阶段　嘉靖初期（1521—）：东洋—全球化凸显阶段，丝绸之路新样态——白银之路（或者说瓷银之路）是经济全球化的表现形态，中国为全球化做出了重要的历史性贡献。

本书汇集我30年来对明代丝绸之路史的思考与探索。从内容上，分为整体篇、海上篇、文化篇三部分，从明代整体丝绸之路，海上丝绸之路和丝绸之路文化交流三个维度进行探讨，力图在前贤研究的薄弱之处着力，以专题研究形成整体性综合研究。

全书以三篇三十八章以及部分附录组成。

第一篇整体篇，下列十五章，提出"整体视野下丝绸之路"的研究理念，关注以整体史观论述明代丝绸之路的源起和发展历程，认为明代初期丝绸之路发展的基础是海陆并举，以1990年发表的傅安出使西域论文作为开篇。① 通过各章，整体全方位地阐述了明初中国的对外交往，指出时代特征是不同于历朝历代的"不征"外交模式，展现了对外"共享太平之福"的和平理念与追求。并论述了直至明末，西方沿着寻找契丹的脉络来到中国，陆海丝绸之路持续发展的状况。由此提炼历史经验与教训，发掘人类命运共同体的中国传统的深厚底蕴。附录包括：《变化中的明代中国与世界》《亲历者的足迹：勾勒明代陆上丝路之路线》。

第二篇海上篇，下列十章，论述15—16世纪的时代特征是全球转向海洋，聚焦明代中国与全球化的关系。提出明代中国与海洋三部曲：明初陆海并举，丝绸之路全面发展；丝绸之路从陆向海的重大转向，始自郑和下西洋，不仅成为古代中国从农耕大国向海洋大国的转折点，而且史无前例地从海上贯通了陆海丝绸之路，凸显了西洋——印度洋，建构了印度洋新的国际体系，拉开了人类历史海洋世纪的序幕；半个多世纪以后，西方做出了桴鼓相应的转向，全球化诞生于海上；而聚焦明代中国内部的变革——白银从市场崛起，孕育了市场经济的萌发，民间私人海外贸易将中

---

① 这是我开始进入明代丝绸之路研究领域发表的关于傅安的论文。20世纪80年代还是北大研究生时选修张广达先生"中外文化交流"专题课，得到张先生所记关于伯希和《马可波罗札记》的一张卡片，这张卡片，成为先生引领我走上中外关系史研究之路的缘起。1990年我发表第一篇有关傅安出使西域的论文，岁月如梭，迄今已经过了30多年。

前　言 >>>

国市场与世界市场连接起来，推动一系列制度变迁，晚明海洋意识与海洋世界的重构，明代中国丝绸之路延伸的新样态——全球白银之路兴起，中国积极参与了全球化第一个经济体系建构，对于全球化做出了重大贡献。并对明代中国与葡萄牙的第一次正式交往、与英国东来发生的第一次碰撞的史实，进行了详细考证。附录是两篇演讲稿：《从印度洋时代向太平洋时代的转型——基于明代中国与海洋的考察》和《明代中国与海洋——海上丝绸之路的鼎盛时代》。

第三篇文化篇，是对于明代丝绸之路上中外文化交流互动关系的探讨，通过具体的丝绸之路上活跃的货币、青花瓷等商品与文化产品，以及丝绸之路对于中国港口城市影响的个案分析，特别是筚篥古今传承的典型事例，展现全球视野下丝绸之路文化交流互鉴的面貌。而最近完成的《北京毛家湾出土明代瓷器坑探源》一章，以全球视野，从对北京毛家湾出土明代瓷器坑历史遗存探源出发，揭示了明代正嘉之际政权更迭中显示的中外关系重大变化及其深刻的文化变迁。附录有：《古代印尼的历史记忆——中国旅行者的书写》《早期文明中的中西文化共生"儿童空间"——从塞浦路斯猪形陶俑拨浪鼓谈起》《丝绸之路研究的百科全书——评〈丝绸之路辞典〉》《明代丝绸实物展现的华丽风采——〈明代大藏经丝绸裱封研究〉序》。

最后是主要征引文献。

史学发展的一个取向在于发现和研究以往被不经意忽略的、但意义重大的现象。关于丝绸之路上的明代中国与世界研究，其价值与意义即在于此。在全球急剧变化的今天，我们更应该强调全球人类相互交流与相互依存以及文明互鉴的重要意义。丝绸之路是理解人类文明发展史的一个关键性的解释框架，这里致力于对丝绸之路上的明代中国与世界关系进行整体性研究，以专题深入探讨明代丝绸之路相关的主要问题，展现14世纪下半叶至17世纪上半叶近300年丝绸之路形成与发展的历史脉络，论证明代中国走向全球近代化历史发展大合流的内在逻辑和外在联系，阐释中国与世界关系演变的实质与特点，总结历史的经验教训，探求历史发展的规律性认识。

需要说明的是：本书不是一开始就规划好的一部专著，也并没有将我30年来对于丝绸之路的研究成果全部汇集在这里，而是尽量选择了近十年来的学术成果。由于考虑丝绸之路研究的整体性，所以收入了最初关于陆上丝绸之路傅安西使的探讨，却没有收入西方传教士与中西文化交流的研究内容。在书前没有进行学术史回顾，是因为各章均在专题学术论文基础上形成，撰写时均进行了学术回顾。还有本书的写作时间跨度大，许多章节是一环扣一环撰写的，作为一个时期的学术之旅，各个专题研究的延展相互关联，资料与论述或有重复，敬请读者见谅。

学术思考是逐步深化的，学术探讨是逐步展开的，而学术研究是没有止境的。这里是我30年来在学术上略尽的绵薄之力。而使我得以将这本小书呈现出来，我要感谢中国社会科学院"登峰战略资深学科带头人"项目计划，并衷心感谢中国社会科学出版社宋燕鹏编审的大力帮助，还要感谢康健、汪奔对全书注释规范工作的辛勤协助。至于论述不当之处，敬祈方家与读者赐正。

目 录

第一篇　整体篇

第一章　明初傅安六次出使西域　/3

第二章　陈诚五使西域与丝路起始段的泾川　/19

第三章　郑和七下西洋与陆海丝绸之路的贯通　/41

第四章　亦失哈七上北海与明代永宁寺碑新探　/63

第五章　整体丝绸之路视野下的明代北京鼎建　/77

第六章　明代中国国际秩序的演绎　/98

第七章　西域、西洋与东洋
　　　　——丝绸之路中外物产交流　/113

第八章　东洋海外移民的类型分析　/133

第九章　整体视域下南方丝绸之路的演变轨迹　/150

第十章　系于澜沧江的三条丝绸之路：《禹贡》黑水考　/176

第十一章　出使东洋：《使琉球录》的历史叙事　/196

第十二章　"契丹"即中国的证实：利玛窦和鄂本笃的贡献　/209

第十三章　明代陆上丝绸之路变迁
　　　　　——鄂本笃来华路线考　/227

第十四章　寻找契丹的余波：草原丝绸之路与中俄第一次直接接触　/250

第十五章　东方丝绸之路的见证：中国藏李朝档案孤本
　　　　　《朝鲜迎接天使都监都厅仪轨》　/275

附录一　变化中的明代中国与世界　/304

附录二　亲历者的足迹：勾勒明代陆上丝路之路线　/309

第二篇　海上篇

第一章　郑和下西洋：异文化、人群与文明交融　/317
第二章　马六甲海峡崛起的历史逻辑：
　　　　郑和七下西洋七至满剌加考实　/337
第三章　聚焦印度洋：十五世纪初国际体系的构建　/357
第四章　中国与非洲海上丝绸之路的故事
　　　　——伊本·白图泰与郑和的航海记忆　/375
第五章　明代中国与爪哇：井里汶的历史记忆　/388
第六章　葡人东来：明代中葡两国第一次正式交往　/414
第七章　古代海上丝绸之路延伸的新样态：
　　　　明代澳门兴起与全球白银之路　/432
第八章　晚明海洋意识的重新建构："东矿西珍"　/446
第九章　晚明海上世界的重新解读：商品、商人与秩序　/472
第十章　明代中英的第一次直接碰撞
　　　　——来自中、英、葡三方的历史记述　/502
附录一　从印度洋时代向太平洋时代的转型
　　　　——基于明代中国与海洋的考察　/529
附录二　明代中国与海洋
　　　　——海上丝绸之路的鼎盛时代　/536

第三篇　文化篇

第一章　15世纪海上丝绸之路上的货币　/561
第二章　海上丝绸之路上的文化共生
　　　　——以《郑和锡兰布施碑》为例　/583
第三章　新发现《郑和写经》初考　/594
第四章　丝银之路上的昙花一现之城：明代舟山双屿　/612
第五章　明代"贡市"与宁波港市的嬗变
　　　　——以《敬止录》为中心的探析　/635

目 录 >>>

第六章　海洋文明与登州城市空间的建构　/ 657

第七章　明代青花瓷崛起的轨迹
　　　　——从文明交融走向社会时尚　/ 672

第八章　北京毛家湾出土明代大瓷器坑探源　/ 695

第九章　16—17世纪漳州青花瓷的异军突起　/ 721

第十章　明代青花瓷的展开：以时空为视点　/ 732

第十一章　青花瓷的参与：16—18世纪中欧景观文化交融　/ 765

第十二章　丝绸之路的文化传承：筚篥在中国
　　　　　——明代以来霸州胜芳镇音乐会渊源考　/ 789

第十三章　西来之乐的古今传承：从壁画石雕到民间音乐会　/ 813

附录一　古代印尼的历史记忆
　　　　——中国旅行者的书写　/ 828

附录二　早期文明中的中西文化共生"儿童空间"
　　　　——从塞浦路斯出土猪形拨浪鼓谈起　/ 843

附录三　丝绸之路研究的百科全书
　　　　——评《丝绸之路辞典》　/ 858

附录四　明代丝绸实物的华丽风采
　　　　——《明代大藏经丝绸裱封研究》序　/ 862

主要征引文献　/ 865

第一篇　整体篇

第一章 明初傅安六次出使西域

明朝初年，王朝建立伊始，明太祖朱元璋与其子明成祖朱棣在位期间，派遣使臣四出交往，在西域、西洋与东洋全方位铺开，欲重修与域外各国的外交关系，招徕各国来朝，开创了中国古代外交史上一个新时期。明朝初年对外联系极其频繁，中西交通大开，至今为中外学者所津津乐道的，首推郑和下西洋的壮举。然而，明初与郑和自海路七下西洋交相辉映的，有傅安、陈诚等从陆路出使西域。当时的陆路交通，也曾作为明统治者全面对外政策体现的一部分，反映出明太祖朱元璋和明成祖朱棣时期对外建立联系的雄心勃勃。海陆并举，堪称历史上丝绸之路发展的巅峰时期，中外关系史上的盛世。对于郑和与陈诚的出使业绩，早已为业界所瞩目，研究成果也颇为丰硕。而曾六次出使西域的傅安，是明朝出使西域的重要使臣，其人其事却因无出使记录留传，《明史》又未曾立传可供稽考，因此久已湮沉，鲜见专门论述。笔者最先征引新发现的万斯同钞本《明史纪传·傅安传》以推进该专题研究，[①] 对傅安这一明初中西交通重要使者的生平事迹加以钩稽，以期有裨于明代丝绸之路及明初中外关系史的研究。

第一节 明初中国与帖木儿帝国

洪武初年，明太祖朱元璋励精图治，经略雄伟，在对外关系方面，总

[①] 本章原发表于《明初中西交通使者傅安出使略考》，《中国边疆史地研究导报》1990年第2期；《傅安西使与明初中西陆路交通的畅达》，《明史研究》第2辑，黄山书社1992年版，第132—140页。

结前朝的经验教训，制定了睦邻政策。自元末以来，因长期战乱，"四方遐远，信好不通"①，所以朱元璋建国伊始，就屡屡遣使四出，诏谕"僻在远方"的国家，欲宣扬国威，重修与各国的友好关系，招致各国来朝，"诸番国遣使来朝，一皆遇之以诚"②。

与西域、中亚诸国友好关系的建立，是明初对外政策的重要环节，有着特殊的意义。原因极其明显，明初元顺帝"北出渔阳，旋与大漠，整复故都，不失旧物，元亡而实未始亡耳"③。顺帝死后，洪武三年（1370），其子爱猷识理达腊嗣位，改元宣光，史称北元。蒙古军队不时出没塞下，侵扰明边。明太祖屡次调兵征伐，无奈欲增不能。北部边境局势不能完全稳定，始终是明统治者的心腹之患。因此，明初打通西域陆路孔道的积极的外交活动，实际上与出兵漠北紧密相连，同样是为保障明朝边境安宁而做出的不懈努力。

然而，太祖虽"欲通西域"，但直到洪武二十年（1387），"遐方君长未有至者"④。

明初，中亚地区兴起了帖木儿帝国。帝国的创建者帖木儿于1370年在撒马儿罕宣布他是成吉思汗系的继承人，察合台汗国的君主。因为娶了成吉思汗家族卡赞汗的女儿、忽辛艾米儿的寡妻为后，在明朝，他也被称作"驸马帖木儿"。⑤ 其在位期间（1370—1405），不断向外扩张，野心极大，曾经扬言："世界整个有人居住的空间，没有大到可以有两个国王的程度。"⑥ 他把野心付诸行动，通过一系列的远征和侵略，建立起一个庞大的帝国，"驰骋于中亚、波斯、印度、高加索、美索不达米亚、小亚细亚、西利亚等地之中"，"他并为欧洲人开辟经过波斯到中国和印度的陆道"⑦。明朝称其为撒马儿罕，是因为帖木儿帝国的都城设于撒马儿罕，那是一座

---

① 《明太祖实录》卷三七，洪武元年十二月壬辰，台北"中研院"史语所校印本，1962年，第750页。
② 《明太祖实录》卷一二上，洪武三十五年九月丁亥，第205页。
③ （清）谷应泰：《明史纪事本末》卷一〇《故元遗兵》，中华书局1977年版，第149页。
④ （清）张廷玉等：《明史》卷三三二《撒马儿罕传》，中华书局1974年版，第8598页。
⑤ 《明史》卷三三二《撒马儿罕传》，第8597页。
⑥ ［苏］维·维·巴尔托里德著，耿世民译：《中亚简史》，新疆人民出版社1980年版，第65页。
⑦ ［法］布哇著，冯承钧译：《帖木儿帝国》，商务印书馆1936年版，第4页。

第一篇　整体篇 >>>

历史悠久的中亚名城，由于它所处的地理位置，使它自古以来就成为连接东西方交通路线的重要枢纽，帖木儿帝国的兴盛，更使它成为当时中亚最为著名的政治、经济、文化中心。

明朝与帖木儿帝国的直接交往，始于洪武二十年（1387）。此前，明太祖派出往谕撒马儿罕的使臣，究竟到达与否，尚无史料证实。《明史·撒马儿罕传》载："二十年九月，帖木儿首遣回回满剌哈非思等来朝，贡马十五，驼二。"明太祖为之设宴，并赐金。自此以后，史载撒马儿罕"二十二年复进马，二十四年进海青"①。两国之间建立起友好关系。

洪武二十四年（1391）九月，太祖命主事宽彻、御史韩敬、评事唐钤出使哈梅里、别失八里及撒马儿罕。②宽彻等是史籍记载其名的明代首批派往撒马儿罕的使者。③但是，他们没能到达目的地。行至别失八里，为其王黑的儿火者所扣留，根本未能再向西行，只副使韩敬和唐钤得还于朝。别失八里，是察哈台后裔于1370年建立的西域大国，后南接于阗，北连瓦剌，西抵撒马儿罕，东到火州。因建都于别失八里（今新疆吉木萨尔）而得名。时至洪武二十七年（1394）八月，帖木儿贡马二百匹，并进表于明太祖：

> 恭惟大明大皇帝，受天明命，统一四海，仁德洪布，恩养庶类，万国欣仰，咸知上天欲平治天下，特出皇帝出膺运数，为亿兆之主，光明广大，昭若天镜，无有远近，咸照临之，臣帖木儿，僻在万里之外，恭闻圣德宽大，超越万古、自古所无之福，皇帝皆有之；所未服之国，皇帝皆服之。远方绝域，昏昧之地，皆清明之。老者无不安乐，少者无不长遂，善者无不蒙福，恶者无不知惧？今又特蒙施恩远国，凡商贾之来中国者，使观览都邑城池，富贵雄壮，如出昏暗之中，忽睹天日，和幸如之。又承敕书，恩抚劳问，使站驿相通，道路无壅，远国之人，咸得其济。钦仰圣心，如照世之杯，使臣心中豁然

---

① （明）申时行等：《明会典》卷一〇七，《礼部》六五《朝贡》三，中华书局1989年版，第580页。
② 《明太祖实录》卷二一二，洪武二十四年九月乙酉，第3141页。
③ 《明太祖实录》卷二四九，洪武三十年正月丁丑，第3611页。

光明。臣国中部落，闻兹德音，欢舞感戴，臣无以报恩，惟仰天祝颂圣寿福禄如天地，永永无极。①

这一长篇贡表极尽表美之辞，大得明太祖欢心，"嘉其有文"。于是，第二年，有"命给事中傅安等赍玺书、币帛报之"之举。② 日本学者和田清认为，帖木儿的这篇贡表通篇都是纯粹中国式的阿谀之词，并非出自帖木儿之手，而可能是明朝边吏的捏报，反而可以说明两者关系显得不正常。③ 然而，正是以此为契机，傅安开始了作为丝绸之路上中西交通使者的生涯。

第二节　傅安第一次出使西域

关于傅安，《明史》无传，但值得庆幸的是，在《明史》的蓝本——万斯同《明史纪传》抄本中，保留有他的传记，④ 参之于方志及其他中外文献记载，可使我们对其生平事迹得以有较全面的了解。

傅安（？—1429），字志道，祥符（今河南开封）人，因其原籍太康（今河南太康），徙居祥符之朱仙镇，故《祥符县志》及《太康县志》均将其列入人物传中。⑤ 他以刀笔吏起家，为南京后军都督府吏，后历四夷馆通事、舍人，鸿胪寺序班，于洪武二十七年（1394）以才擢兵科给事中。⑥ 次年，以命踏上了通往西域中亚的漫漫征途。此后，傅安六次出使西域中亚，为明初陆路丝绸之路的畅达，做出了不可泯灭的贡献。

---

① 此表在《明史》卷三三二《撒马尔罕传》是摘录，现引全文见邵循正先生《有明初叶与帖木儿帝国之关系》，《邵循正历史论文集》，北京大学出版社1985年版，第87—88页。
② 《明史》卷三三二《撒马儿罕传》，第8598页。
③ ［日］和田清著，潘世宪译：《明代蒙古史论集》上册，商务印书馆1984年版，第188页注。
④ （清）万斯同：《明史纪传》卷五三《傅安传》，清钞本；（清）王鸿绪：《明史稿》卷一二八《傅安传》，雍正元年敬慎堂刊本。
⑤ （乾隆）《祥符县志》卷一五《傅安传》乾隆四年刻本；（民国）《太康县志》卷一〇《傅安传》，民国二十二年铅印本。
⑥ 《明史纪传》卷五三《傅安传》。

第一篇　整体篇 >>>

　　傅安第一次出使的时间，是在洪武二十八年（1395）至永乐五年（1407）六月。

　　明太祖于洪武二十八年（1395）派出了傅安使团。然而，翻检史册，无论是《明太祖实录》，还是《明史纪传》，都没有载明出使月份。徐学聚《国朝典汇》系于是年十一月，① 而傅维麟《明书》则系于是年十二月。② 与之可以互为参证的，是波斯人毛拉那歇力甫爱丁阿梨所著《武功记》，张星烺《中西交通史料汇编》中有节译，曰："洪武二十九年（西文译本作1396年，明使或于二十八年冬出发，故迟一年也）帖木儿在西红河（即锡儿河）畔乞那斯城度冬时（或为年初之冬），契丹国皇帝唐古司汗之大使至，携带珍异礼物。"③ 据此，可知傅安一行确于洪武二十八年出发，在二十九年初到达中亚。而值得考虑的是，当时明朝都城尚在中国南方的南京，距离西域路途遥远，行程崎岖，加之入冬后天气寒冷，又添诸多不便，使团如果二十八年冬出发，则无论如何不可能在次年初到达目的地。因此，这次出使的时间尚待考。根据《明太祖实录》，洪武二十八年六月，撒马儿罕遣使贡马，帝赐钞有差，不见提及遣使之事，④ 由此，可知傅安等当于此前即已出发，这样，他们才有可能在次年年初之时，到达帖木儿所在的锡尔河畔。

　　傅安使团是有中外史籍记载的明朝到达西域中亚的第一个使团。组成这一使团的除傅安以外，还有给事中郭骥、御史姚臣、中官刘惟，以及将士一千五百人。使团规模庞大，这固然与明太祖以宣扬国威、招徕远人为主要目的的对外政策相互联系，也与宽彻使团被中途拘留的不幸事件有所关联。

　　这一年九月，明太祖更定了《皇明祖训》，其中特别告诫说："四方诸夷，皆限山隔海，僻在一隅，得其地不足以供给，得其民不足以使令。若

---

① （明）徐学聚：《国朝典汇》卷六八《吏部三十五·六科》，《四库全书存目丛书》，史部第38册，齐鲁书社1996年版。
② （清）傅维麟：《明书》卷三《本纪一·太祖高皇帝本纪三》，《四库全书存目丛书》，史部第265册，第52页。
③ 张星烺编注、朱杰勤校订：《中西交通史料汇编》第一册第一编《古代中国与欧洲之交通》，中华书局1977年版，第324页。
④ 《明太祖实录》卷二三九，洪武二十八年六月，第3475—3479页。

其不自揣量，来扰我边，则彼为不祥；彼既不为中国患，而我兴兵轻犯，亦不祥也。吾恐后世子孙倚中国富强，贪一时战功，无故兴兵，杀伤人命，切记不可。但胡戎与中国边境密迩，累世战争，必选将练兵，时谨备之。"① 正是在这样的对外政策的基调上，太祖派出傅安使团出使中亚的撒马儿罕和哈烈。哈烈当时也隶属于帖木儿帝国，不久成为帖木儿之子沙哈鲁的管辖之地。②

《明史纪传》记载了傅安一行的出使路线。使团沿丝绸古道西行，自肃州（今甘肃酒泉）出嘉峪关，"西行八百里，抵流沙"（今新疆境内白龙堆沙漠），"又西北行二千余里，至哈梅里"（今新疆哈密），再"西涉瀚海"（明代指戈壁沙漠），"行千三百里，至火州"（今新疆吐鲁番），"又西行至亦剌八里"（又名亦力把里，今新疆伊宁），由此，再"西行三千里"，始到达目的地撒马儿罕。从这里，我们得以了解明初东西交通陆路——即丝绸之路的运行路线。

傅安一行一路风餐露宿，千里跋涉，"所至宣天子威德，频赐金赏，其酋长多稽首欲通贡"③。但当他们历尽艰辛到达目的地后，却发现帖木儿帝国的统治者对明朝的态度有了明显的改变。虽然使团踏上行程之初，史载撒马儿罕的贡马曾"一岁再至，以千计"，但此后，帖木儿却再没有派出到明廷的贡使，从此断绝了与明朝的关系。这一突变的直接原因，是因为此前帖木儿忙于四处征战，"未遑东顾，故卑词厚币以求好与明，实非心悦诚服"④。自1372—1388年，他五次出兵波斯，灭亡了花剌子模，接着又于1388年攻入钦察。⑤ 凯旋的帖木儿正当志得意满、不可一世之时，接待了到达撒马儿罕的明朝使团，因此"骄倨不顺命，谓中国去我远，天子何如我何也"⑥。"负固不服。"

傅安肩负朝廷使命，对帖木儿"反复开谕"，多次宣扬国威，陈述明

---

① （明）朱元璋：《皇明祖训·箴戒章》，《四库全书存目丛书》，史部第264册，第167—168页。
② 《明史》卷三三二《哈烈传》，第8609页。
③ 《明史纪传》卷五三《傅安传》，清钞本。
④ 邵循正：《有明初叶与帖木儿帝国之关系》，载《社会科学》第2卷第1期，1936年10月。
⑤ F. H. Skrine and E. D. Ross, *The Heart of Asia*, p. 171.
⑥ 《明史纪传》卷五三《傅安传》，清钞本。

朝"富强振古莫比"。但帖木儿野心膨胀,反而骄横地"讽安使降"。傅安在撒马儿罕宫中表现高度的民族气节,"与议论词气侃侃",曰"吾天朝使臣,可从汝反耶!"① 帖木儿见不能说服傅安等人,于是企图用夸耀国土的广大来打动他们的心。他派遣使者引导傅安等游历他的庞大帝国,"由小安西至讨落思,安又西至乙思不罕,又南至失剌思,还至黑鲁诸城,周行万数千余里"②。这次历时六年之久的游历虽是被迫的,但明朝的使团却因此远游到达了今天伊朗的大不里士(讨落思),伊斯法罕(乙思不罕),设剌子(失剌思),③ 以及今天阿富汗的赫拉特(黑鲁,即哈烈)等地,成为明朝从陆路向西方行程最远的使团。游历归来,傅安等仍不屈节,帖木儿恼羞成怒,"竟留不遣",无礼地扣留了明朝的友好使团。

傅安等出使后,杳无音讯,明太祖于洪武三十年(1397)又派北平按察使陈德文出使撒马儿罕,也被帖木儿扣留。④

时光流逝,因靖难之役得以登上皇帝宝座的明成祖朱棣即位后,"锐意通四夷",准备全力以赴投入北边事务,对于西域的关系更为重视。他很快就遣使撒马儿罕。中国史籍中没有载明使者姓名及出使情况,而当时正在撒马儿罕的西班牙使臣克拉维约却亲笔记述了帖木儿对明朝使臣的无礼,载入他的《东使记》中。值得注意的是,过去一般认为克拉维约在撒马儿罕宫中所见中国使臣,即被羁留在那里的给事中傅安等人,这是错误的。⑤《东使记》如是记载:"当我们尚在撒马儿罕之时,中国皇帝派来之使臣亦在此城。中国皇帝遣使之意,为帖木儿占有中国土地多处,例应按年纳贡。近七年来,帖木儿迄未献纳,特来责问。"并明确提到,中国之所以七年来没有前去责问,是由于内部发生了事故,"及事变平息,新天

---

① (明)焦竑:《国朝献征录》卷八〇《六料都给事中·傅安》引朱睦㮮《礼科都给事中傅公安传》,《续修四库全书》第529册《史部·传记类》,第297页。
② 《明史纪传》卷五三《傅安传》,清钞本。
③ P. Pelliot, *Notes on Marco Polo*: Vol. 2, p. 848, 753.
④ 《明史》卷三三二《哈烈传》,第8609页。
⑤ [西]罗·哥泽来滋·克拉维约著,[土]奥玛·李查译,杨兆钧转译:《克拉维约东使记》,商务印书馆1957年版,第165—166页,译者注;又向达《试说郑和》,载《郑和研究资料选编》,人民交通出版社1985年版,第291页。

子即位，方得遣使来帖木儿处责问欠贡"①。根据《明太祖实录》，撒马儿罕自洪武二十九年（1396）正月、三月"一岁再贡"之后，直至永乐二年（1404），也就是克拉维约所记年代，没有入贡的记载。从时间上计算，正好是七年。这可以更清楚地说明克拉维约在撒马儿罕宫中所见到的中国使臣不是傅安一行，而是朱棣登基后派出的使臣。这时，彻底击败奥斯曼帝国数十万大军，把骄横一时的"霹雳"苏丹变为阶下囚的帖木儿，他的帝国辖境不仅包括河中地区、花剌子模、里海附近地区，及今天阿富汗的境域，还囊括有伊朗、印度部分地区，伊拉克、南高加索局部地区和西亚许多国家和地区。②但贪欲使他不能安宁，"他最急的是脱离中国属藩，并想使中国归向回教"③。于是，开始计划征服中国。④ 在撒马儿罕，他召集了诸首领大会，调发军队。"聚集步兵二十万，骑兵之数过之"⑤，又"修建了一系列前进哨所"。经过准备，"1404 年，大军齐集在沙赫鲁黑亚到萨乌兰的锡儿河一线上，准备远征中国"⑥。并在 1405 年出兵东向。德国人细儿脱白格《游记》载帖木儿所征集的大军达一百八十万人，⑦ 恐有夸张。

关于帖木儿这一重大的军事行动，永乐三年（1405）明廷已得到报告，并知其打算通过别失八里前来进攻。⑧ 为此，永乐帝曾敕谕甘肃总兵宋晟"练士马、谨斥堠、计粮储、预为之备"⑨。实际上，结果只是虚惊一场，帖木儿大军出发不久，他本人就于 1405 年 2 月 18 日（回历 8 月 18 日）死于讹答剌。⑩ 远征中国之梦立时化作了泡影。

---

① 《克拉维约东使记》，第 158 页；又 E. Bretschneider, *Mediaeval Researches from Easterrn Asiatic Sources II*, p. 261。
② [苏] E. R. 加富罗夫：《中亚塔吉克史（中古—十九世纪上半叶）》，肖之兴译，中国社会科学出版社 1985 年版，第 295 页。
③ 《帖木儿帝国》，第 57 页。
④ [苏] 巴托尔德：《中亚突厥史十二讲》，罗致平译，中国社会科学出版社 1984 年版，第 228 页。
⑤ 《帖木儿帝国》，第 58 页。
⑥ 《中亚简史》，第 65 页。
⑦ 张星烺：《中西交通史料汇编》第一册第一编《古代中国与欧洲之交通》，第 322 页。
⑧ *Mdediaeval Researches II*, p. 261.
⑨ 《明太宗实录》卷三九，永乐三年二月庚寅，第 659 页。
⑩ *The Heart of Asia*, p. 172.

帖木儿死后，国中大乱，其孙哈里嗣位后，不愿再结怨于明朝，"乃遣使臣虎歹达等，送安等并贡方物"①。于是，永乐五年（1407）六月，羁留异国他乡长达十三年之久的傅安一行，终于回归祖国。"初安之使西域，方壮龄。比归，须眉尽白。同行御史姚臣、太监刘惟皆物故。官军千五百人，而生还者十有七人而已。"② 回国后，傅安立即向永乐帝报告了出使情况，以及撒马儿罕国中帖木儿已死，其孙哈里嗣位等帖木儿帝国状况，于是帝即"派指挥一人往祭其故王，而赐今王银币"。对傅安，帝"厚赉之，赐安第东华门外，改官礼科给事中"③。

傅安的第一次出使西域，"凡十三年，艰苦备尝，志节益励"④，不辱使命，"自是西域使者接济中国矣"，终于在明初重新开通了中国通向西方的交通孔道——古老的丝绸之路。

第三节　傅安第二至第六次出使西域

虽然第一次出使历时长久，傅安在回国时已经"须眉尽白"，然而，他并没有就此告老还乡。陈继儒《见闻录》载："安既归，以老病不能任事，恳乞骸骨，上悯之，赐一品服致仕"；严从简《殊域周咨录》中说："上念其久劳于外，赐一品服致仕"；萧彦《掖垣人鉴》言："永乐七年复除兵科，老疾不能任事，赐一品服致仕"，⑤ 均为误载。事实是，此后因"安奉事既久，通知外国情伪，番人所信服。天子有事西域，必以安命"⑥。傅安奔波往来于西域丝绸之路古道漫漫沙海之中，又连续五次担当起中西

---

① 《明太宗实录》卷六八，永乐五年六月癸卯，第963页，又见 Notes on Marco Polo：Vol. 2，p. 868。

② （明）陈继儒：《见闻录》卷一，《四库全书存目丛书·子部》第244册《小说家类》，齐鲁书社1995年版，第144页。

③ 《明史纪传》卷五三《傅安传》，清钞本。

④ 《国朝献征录》卷八〇《六科都给事中》引朱睦㮮《礼科都给事中傅公安传》，第297页。

⑤ （明）陈继儒：《见闻录》卷一，第144页；（明）严从简：《殊域周咨录》卷一五《撒马尔罕》，余思黎点校，中华书局1993年版，第484页；（明）萧彦：《掖垣人鉴》卷七《兵科前集》，《四库全书存目丛书·史部》第259册《职官类》第185页。

⑥ （乾隆）《祥符县志》卷一五《人物志·傅安传》，乾隆四年刻本。

交通友好使者的重任。

傅安的第二次出使，是在永乐六年（1408）四月至永乐七年（1409）六月。

他第一次出使归来的次年，撒马儿罕贡马的使臣又接踵而至，辞归国时，永乐皇帝特派傅安与之同行，出使撒马儿罕和哈烈，"赐其王哈里币十四表里，并赐哈烈等处头目有差"①。这是明朝与西域中亚国家恢复了友好关系后，派出的第一批使团。而在此之前，哈烈和明朝没有直接交往，当时它由帖木儿之子沙哈鲁所统治，在中亚具有重要地位。实际上，帖木儿死后，他的帝国很快就丧失了大片领土，从此"帝国的首都是代撒马儿罕而兴起的沙哈鲁的官邸所在地哈烈"②，以后，沙哈鲁以其子兀鲁伯守撒马儿罕，他们与明朝保持了和平友好的关系。哈烈首次派遣到明廷的使臣，就是此次傅安奉使回国时，随他一同入朝的。由此，"诸国使并至，皆序哈烈为首"③。双方的友好交往一直绵延至明中叶以后。与此同时，明朝与撒马儿罕的交往也步入了友好的正常轨道。

傅安第三次奉使于永乐七年（1409）六月，即在他风尘仆仆出使归来的同月，就又受命出使出行。出发时间或在稍后。其时，适值永乐皇帝即位后首次北巡至北京，接见随傅安入朝的撒马儿罕、哈烈等国使臣，心中大喜，故有是命，令傅安送使臣们还国，并颁赐诸王。④ 这次出使的归国时间史籍缺载，《明史纪传》中仅记永乐九年（1411）别失八里使臣入贡，"时安等已还朝"。

傅安的第四次出使，时间是在永乐九年（1411）闰十二月至永乐十一年（1413）十一月。

永乐九年，别失八里王马哈麻遣使入贡名马、文豹，帝派傅安送使还国。当时，瓦剌使者告别失八里王马哈麻欲袭击其部落，因此，傅安负有谕其顺天保境，制止双方兵端相见的使命，并携有丰厚的赐给之物。⑤ 回朝时，除马哈麻遣使随同入朝外，路途所经的火州王子哈三、柳城外万户

---

① 《明太宗实录》卷七八，永乐六年四年壬午，第1053页。
② 《中亚突厥史十二讲》，第231页。
③ 《明史》卷三三二《哈烈传》，第8610页。
④ 《明太宗实录》卷九三，永乐七年六月己巳，第1241页。
⑤ 《明史》卷三三二《别失八里传》，第8608页。

观音奴、吐鲁番万户赛因帖木儿都派使者随至明廷,向永乐皇帝贡有名马、海青。①

傅安第五次出使于永乐十二年(1414)十月。时有自西域还朝者,报知别失八里情况,言其王马哈麻之母、弟相继死去。永乐皇帝得讯,为怀柔远人,派傅安持敕书前往慰问。②此次出使归期不明。

傅安的第六次出使,是在永乐十四年(1416)三月。这一年,别失八里之侄纳黑失只罕遣使至明朝贡马及方物,报知马哈麻丧,无子。永乐帝即遣傅安与中官李达前往吊祭,以玺书命纳黑失只罕嗣位为王,赐其金织文绮,盔甲弓刀。他因听说别失八里和哈烈此时有隙,双方怀有争斗交战之意,为了西域的稳定和安宁,以保证丝路交通的畅通无阻,还特别赐玺书谕纳黑失只罕和哈烈,使其放弃仇怨,建立睦邻关系,各自保境安民。③这是傅安最后一次奉命西使,归期为何时,史载阙如。但自这次出使后,傅安作为中西交通使臣的历史使命才完全移交给陈诚等人,结束了使者生涯。

奉使归来,傅安曾上疏:"自陈衰老,乞骸骨归乡里。"但帝未准,而是命他"食禄京师,不视事"。因其母在堂,自此不再派他出使远方。④正是这样,所以在此后一些年里,傅安的名字没有出现于史籍中。直至洪熙元年(1425)七月,《明实录》才又提到了他,记载如下:"行在吏部言,行在礼科给事中傅安使撒马儿罕,留二十余年始归,请给敕命。虽其历年久,未经考核,例难给授。上曰:'安为朝廷使远夷,艰苦多矣,可拘常例乎?其即授之。'"⑤在这段记载中,傅安出使撒马儿罕被留的时间延长至二十余年,而其末次奉使的归期又史载阙如,因此,他这次出使经历成为一个难解之谜,此后一些史籍记载中出现不少矛盾之处。黄景昉《国史唯疑》载,傅安于永乐"十四年遣封别失八里为王,见羁复九年,宣德元

---

① 《明太宗实录》卷一四五,永乐十一年十一月辛丑,第1717页。
② 《明太宗实录》卷一五七,永乐十二年十月壬辰,第1798页。
③ 《明太宗实录》卷一七四,永乐十四年三月壬寅,第1916页。
④ 《明史纪传》卷五三《傅安传》,清钞本。
⑤ 《明宣宗实录》卷四,洪熙元年七月癸巳,第117页。

年始归,给敕赐老而已"①。范景文《南枢志》记"已而,兀鲁伯贡马,复遣安报使。至洪熙元年始还国,请敕命"②。《祥符县志》云:"最后又使别失八里,封其酋纳里失罕为王,复被拘留者十余年乃还。洪熙末请终养,且乞赐敕命。"③ 这些记载或曰傅安末次出使国为兀鲁伯撒马儿罕;或曰出使别失八里,被羁多年才还朝。然而,翻阅史书,傅安最后的出使国明载为别失八里,时间在永乐十四年(1416)。而其出使后的一段时间里,无论是别失八里,还是撒马儿罕、哈烈,他们与明朝的关系都没有发生中断,故不可能扣留明朝的使臣。

先看别失八里。永乐十五年(1417),别失八里有贡使抵达明都,"言将嫁女撒马儿罕,请以马市妆奁"。帝"命中官李信等以绮、帛各五百匹助之"。十六年(1418),别失八里贡使至明廷,告以其王从弟弑王自立,徙部落西去,更改国号亦力把里。帝遣使官杨忠赐其新王弓刀盔甲及文绮、彩币,并大赐其头目七十余人。史载:"自是,奉贡不绝。"④

再看撒马儿罕。自傅安第一次出使回朝后,撒马儿罕"或比年,或间一岁,或三岁,辄入贡"⑤。永乐十三年(1415)遣使随明使李达、陈诚入贡,去时,陈诚与中官鲁安同往,待陈诚等归国时,兀鲁伯使臣又与之俱来。永乐十八年(1420),陈诚与中官郭敬出使撒马儿罕的记录也赫然在册。

至于哈烈,自傅安永乐六年前往,其国始派使来贡后,使者络绎不绝,永乐八年、十三年、十四年、十五年、十六年、二十年均有贡使抵达明廷,而明朝使臣于此期间也多次往返。⑥

因此,既然双边关系都没有破裂的痕迹,那么各国就都不可能有羁留明王朝外交使臣的事件发生。

另外,傅安末次出使别失八里,与中官李达同行。史载李达于永乐十

---

① (明)黄景昉:《国史唯疑》卷二《永乐 洪熙 宣德》,陈士楷、熊德基点校,上海古籍出版社2007年版,第42页。
② (明)范景文:《南枢志》卷一一〇《朝贡部第十四·朝贡考》,《中国方志丛书·华中地方》第453号,成文出版社有限公司1983年版,第3189页。
③ (乾隆)《祥符县志》卷一五《傅安传》,乾隆刻本。
④ 《明史》卷三三二《别失八里传》,第8608页。
⑤ 《明史》卷三三二《撒马尔罕传》,第8599页。
⑥ 《明史》卷三三二《哈烈传》,第8610页。

六年（1418）即又出使撒马儿罕及哈烈，① 此可作为永乐十四年明廷派往别失八里的使团不曾被扣留的一个有力佐证。基于李达在永乐十六年九月再度出使的事实，可以推知傅安最后出使的归期时间当在此前，因此，应该说他并没有再度被羁留于出使国的经历。

这位在明初为中西丝绸之路的畅达辛劳一生的明朝使臣，故于宣德四年（1429），身后葬于其家乡祥符县朱仙镇之岳庙后。②

结　　语

适逢明初中西交通的黄金时代，傅安一生六次奉使西域、中亚。前三次，他的出使国是撒马儿罕和哈烈，后三次，他的出使国则是别失八里。史载撒马儿罕距嘉峪关九千七百余里，而哈烈更位于撒马儿罕西南二千八百余里，距嘉峪关有一万一千一百余里。③ 更不必说他首次出使撒马儿罕时，曾周游帖木儿帝国庞大的国土，最远到达过今天伊朗的设拉子、伊朗法罕和大不里士，行程又是一万一千余里。可以说他是明初陆路出使西域的使者中次数最多、行程最广的一人。

据载，明初由国都北京到撒马儿罕"须行六阅月，有两月则经荒野中，向无人至，仅牧人驱其牛羊，四处逐水草而已"④。何况傅安前两次出使时，明朝的国都还在南京，尚未北迁，距离西域更是遥远，费时更多。在继元末战乱之后，西域局势不稳，跋涉于漫漫沙海、荒山野岭之中，傅安以惊人的毅力克服无数的艰难险阻，成功地完成了中西交通使臣的历史使命。尤其是在被羁留于异域十三载方得回归祖国之后，仍能意志不消沉，不辞劳苦地继续承担使者的使命达五次之多，历时又近十年，精神何其难能可贵。

然而，更为可贵的是，傅安出使时所表现的慷慨报国的英雄气概，以

---

① 《明太宗实录》卷二〇四，永乐十六年九月戊申，第2103页。
② 《国朝献征录》卷八〇朱睦㮮《礼科都给事中傅公安传》，第297页。
③ （明）陈诚：《使西域记》，《四库全书存目丛书·史部》第127册《传记类》，第590—591页。
④ 《中西交通史料汇编》第一册第一编《古代中国与欧洲之交通》，第327页。

及被羁异国他乡而持节不辱的高尚民族气节。曾棨曾评曰："昔张骞为汉使以通西域，为匈奴所羁留凡十有三年……功封博望侯……至今映照青史。今安以一介之使通道诸蕃，仗天子威灵，使羌夷部落莫不向风慕义，贡献方物，其视骞之功业夫岂相远哉。"① 黄景昉曰："前后为给事三十二年，羁留二十一年，白首生还，比之苏子卿何远。"② 虽说傅安不曾被羁留异域长达二十一年，但其事迹精神却是完全可以同汉代之苏武相媲美的。

可惜的是，傅安的数次出使，没能留下宝贵的行程记录。孙奇逢《中州人物考》记其"著有《使远》"③。然现已失传。关于他的出使，曾棨曾云："于时卿士大夫皆以安屡使绝域数万里为序。"④ 而今日所得见，也惟有曾棨的这篇序文，以及许彬的一首《送公奉使西域诗》。许彬诗曰："四牡骎骎拥使车，河山万里雪晴初。黄沙古戍人烟少，白草塞云雁行疏。有稿不留南越馈，无媒谁寄上林书。诸蕃从此通王贡，会见还朝拜美除。"⑤ 全诗可以说是傅安出使的真实写照，最后一句却仅为褒美之词而已。

傅安"前后使绝域者六"，历衔重命，但始终官职卑微。沈德符曾为之鸣不平："安等仅以原官改礼科，其赏比之苏属国更薄。"⑥ 周王孙朱睦㮮为傅安作传，谓其羁留十三载回朝后，"上悯之，赐一品服致仕，仍令有司月给米十二石，舆夫八人。宣德四年卒于家，上遣官谕祭，仍命有司治葬事"云云。⑦ 而沈德符引用户部侍郎王瀹《送安祭扫序》来说明，"并无一品服，人夫之赐，死后亦不闻赐祭葬也"，认为只是"睦㮮过侈其乡人"⑧。

尽管明初一路风尘奔走来往于丝绸古道之上，中西交通使者傅安他始终一生不过官至礼科给事中，更无显赫的封爵，但是，他对明初陆路丝绸

---

① 《国朝献征录》卷八〇引曾棨撰《西游胜览试卷序》，第298—299页。
② 《国史唯疑》卷二，第42页。
③ （明）孙奇逢：《中州人物考》卷三《忠节傅给事安》，文渊阁《四库全书》，第458册《史部七·传记类三》，第56页。
④ 《国朝献征录》卷八〇引曾棨《西游胜览诗序》，第298—299页。
⑤ 《国朝献征录》卷八〇引《许襄敏公彬送公奉使西域诗》，第299页。
⑥ （明）沈德符：《万历野获编》补遗卷四《奉使仗节》，谢兴尧断句，中华书局1959年版，第936页。
⑦ 《国朝献征录》卷八〇引朱睦㮮《礼部都给事中傅公安传》，第297页。
⑧ 《万历野获编》补遗卷四《奉使仗节》，第937页。

之路的畅达所做出的贡献,却永彪史册。

明初,正当新王朝着手建立与西域各国友好关系的时候,傅安对撒马儿罕、哈烈、别失八里等国的出使,对明朝与西域中亚诸国和睦友好邦交关系的建立,以及陆路丝绸之路的重新开通,起了重要的作用。由于他出色地完成了西使使命,不仅为陈诚、李达的出使开了先声,而且使明朝与西域中亚各国的友好交往得以恢复和发展。通过他的出使,将明朝影响带到了西域中亚许多国家和地区,扩大了明王朝的政治影响,增强了中外联系,促进了中西文化交流。史载永乐十年失剌思(今伊朗设拉子)遣使至明廷,此后于十三年、十七年、二十一年,均有其贡使入贡之记录。① 永乐十七年亦思弗罕(今伊朗伊斯法罕)派使朝贡。② 濒临波斯湾的乞力麻儿(今伊朗克儿曼)在永乐年间也曾遣使入贡明朝。③ 而遥远的天方(今沙特阿拉伯麦加)贡使也"多从陆道入嘉峪关"④。据统计,终永乐之世,"有二十个代表团来自撒马儿罕和哈烈,三十二个使节来自中亚其他城镇,四十四个使团来自哈密绿洲西北部附近"⑤。明朝与撒马儿罕的来往尤其频繁,一直延续到明中叶以后万历时期。虽然嘉靖二年(1523)礼部曾定撒马儿罕为五年一贡,⑥ 但实际上交往却更多。

明朝与西域中亚各国建立和平友好关系,不仅有利于西域中亚局势稳定,明朝北边边境安宁,而且也符合东西方经济、文化交流的需要。当时重新开通的丝绸古道上使者相望于道,商旅络绎不绝,明朝与各国以朝贡方式进行贸易,各国输入中国的有名马、骆驼、玉石、刀剑等特产,特别是马匹,成为永乐皇帝连年北征军马的主要来源之一。而明朝输出的则主要是丝绸、瓷器、金银币等。官方保持外交和贸易的频繁联系,也为民间贸易的兴旺创造了有利条件。

傅安西使,最终使明朝在西域的外交政策获得了卓越的成果,其意义

---

① 《明史》卷三三二《失剌思传》,第8615页。
② 《明史》卷三三二《亦思弗罕传》,第8616页。
③ 《明史》卷三三二《乞力麻儿传》,第8617页。
④ 《明史》卷三三二《天方传》,第8621页。
⑤ [美]莫里斯·罗萨比:《明代到亚洲腹地的两位使者》,刘坤一摘译,载《中国史研究动态》1982年第2期。
⑥ (万历)《明会典》卷一〇七《礼部》六五《朝贡》,第580页。

丝绸之路上的明代中国与世界

决非仅是"自是王贡遂通",他在明初对自古以来就是连接东西方重要交通路线、被称作"文明的十字街头之一"的撒马儿罕的出使,为明朝打通了通往中亚以及欧洲的路径。有明一代,从撒马儿罕到君士坦丁堡的道路,仍是中国向西方输出商品的一条路径,陆上丝绸之路没有退出东西方交往的舞台,由这一意义来看,傅安于明初的西使承前启后,为明代丝路的恢复和畅达、东西方经济文化交流做出了突出贡献。

日本学者榎一雄认为,傅安的六次出使,可以看作是郑和下西洋的翻版。① 事实上,明初郑和自海路七下西洋,为明代海上丝绸之路的兴盛做出了杰出贡献;而傅安从陆路六使西域中亚,为明代陆上丝绸之路的畅达创下了不可泯没的业绩,在中西文化交流的历史上,同样是功莫大焉。

---

① [日]榎一雄:《傅安出使西域》,载《(东方学会创立二十五周年纪念)东方学论集》,第197页。

第二章　陈诚五使西域与丝路起始段的泾川

明初陆路交通与海路相比较明显地位下降，明代陆上丝绸之路研究相对汉唐丝绸之路的研究，自然也相对沉寂，由于发掘了陈诚文集和族谱新资料，中外学界对其五次出使的研究成果丰硕。

陈诚（1365—1458），字子鲁，号竹山，江西省吉水县人。明洪武二十七年（1394）进士，任为行人，洪武年间"尝使于沙里畏兀儿"，立安定、曲先、阿端三卫，往蒙古塔滩里地面招抚鞑靼部落，出使安南。永乐年间被荐出使西域，他一生五出关，长年奔波于丝绸之路上，功绩卓著。特别是撰有《西域行程记》和《西域番国志》的出使记录，为我们研究明代陆上丝绸之路提供了绝佳的第一手资料。

关于陈诚五次出使西域的时间，学界主要根据陈诚的自述资料《历官事迹》等，已考证清楚：[1]

第一次：洪武二十九年（1396）三月至九月，出使西域撒里畏兀儿地面（今柴达木盆地西北地区），建置安定卫、曲先卫、阿端卫，属于明朝建立的"关西七卫"。

第二次，永乐十一年（1413）九月至十三年（1415）十月，护送哈烈等国使臣回国，并赍敕及礼品，赏赐西域诸国王子。永乐十三年十月，使团回到京师，陈诚撰《西域行程记》《西域番国志》，上呈御览。

据陈诚记述：

---

[1] 王继光：《关于陈诚西使及其〈西域行程记〉、〈西域番国志〉——代前言》，（明）陈诚著，周连宽校注《西域行程记　西域番国志》，中华书局1991年版，第1—27页。

> 永乐癸巳春，车驾幸北京。秋七月，西域大姓酋长沙哈鲁氏不远数万里遣使来朝。皇上推怀柔之恩，命中官臣达、臣忠、臣贵、指挥臣哈蓝伯、臣帖木尔卜花、臣马哈木火者，行报施之礼。且命吏部员外郎臣陈诚典书记。臣奉命惟谨，以是年九月初吉戒行，明年甲午春正月戊子发酒泉郡，出玉门关，道敦煌、月氏，经高昌、车师之故地，达蒙古、回鹘之部落，……二月辛未，至哈烈城。①

"西域大姓酋长沙哈鲁氏"即帖木儿的第四子、国王沙哈鲁·把都尔，为帝国统治者，国都哈烈（今阿富汗赫拉特）。永乐帝诏令中官李达护送帖木儿国国王沙哈鲁派遣的使者回国。护送使团使者包括副使李暹，典书记陈诚、杨忠等8人。使团于永乐十二年（1414）二月，抵达帖木儿国国都哈烈。

第三次：永乐十四年（1416）六月至永乐十六年（1418）四月，护送哈烈沙哈鲁、撒马儿罕兀鲁伯派遣的朝贡使臣回国。

关于这次出使，《明实录》记载：

> 永乐十四年六月己卯，哈烈、撒马尔罕、失剌思、俺都准等朝贡赐臣辞还，赐之钞币。命礼部谕所过州郡宴饯之，仍遣中官鲁安、郎中陈诚等赍敕偕行。赐哈烈王沙哈鲁等及撒马尔罕头目兀鲁伯等、失剌思头目亦不剌金、俺都准头目赛赤答阿哈麻答罕等白金、纻丝、沙罗、绢布等物有差，并赐所过俺的干及亦思弗罕等处头目文绮。②

第四次：永乐十六年十月至永乐十八年（1420）十一月，关于这次出使，《明实录》也有记载：

> 永乐十六年九月戊申，哈烈沙哈鲁、撒马尔罕兀鲁伯使臣阿尔都

---

① （明）陈诚：《狮子赋序》，《陈竹山文集》内篇卷一，《四库全书存目丛书》集部第26册，齐鲁书社1997年版，第334页。
② 《明太宗实录》卷一七七，永乐十四年六月己卯，第1934—1935页。

沙辞还，遣中官李达等赍敕及锦绮纱罗等往赐沙哈鲁、兀鲁伯等。①

第五次：永乐二十二年（1424）四月至十一月，中途因永乐皇帝宾天，召回京，实未至西域。

陈诚《西域行程记》《西域番国志》记录了出使西域的经过路线，和所至国家民族的地理和人文状况。他的出使西域记录是从肃州卫出发记起，由此可见明初人的西域概念是从肃州开始的。

明代的肃州卫，即今甘肃酒泉。洪武五年（1372），宋国公冯胜平定河西，置肃州，隶陕西布政使司（治甘州）。二十七年（1394）十一月，以边境要地改置肃州卫，军事建制，军政与民政合治。肃州卫初辖左、中、右、前、后五所。至永乐三年（1405），肃州卫实领七个千户所，隶陕西行都指挥司（治甘州）。

明初，冯胜取得河西后，于肃州城西嘉峪山麓筑嘉峪关，驻重兵把守，嘉峪关成为明代万里长城西端的起点。明初陈诚出使西域，所记行程就是由此开端，足见在明朝人理念中是以此为通往西域的起点。然而，关内的行程，也是通往西域的行程，却一直鲜为学者关注。众所周知，明代敦煌已经衰落，而在丝绸之路东段的泾川，仍然是在丝绸之路上的重要节点，陈诚正是经历此地前往河西走廊的，迄今却鲜为人知。更重要的是，发覆泾川在丝绸之路上的地位，我们可以触摸到古代丝绸之路渊源的历史脉络。

第一节 陈诚出使经过丝绸之路上的泾川

汉代河西走廊东段交通道路，从居延汉简看主要有长安至武威（姑臧）北道和长安至武威（姑臧）南道两条线路。从长安，经由茂陵（约在今陕西兴平市东北）、好止、义置、月氏道（约在今宁夏隆德县境）、乌氏县（今宁夏彭阳县东南）、泾阳县（今甘肃平凉市西北）、平林置等地至

---

① 《明太宗实录》卷二〇四，永乐十六年九月戊申，第2103页。

高平县（今宁夏固原市）的沿线里程，是为北道。①

  河西走廊东段丝绸之路，是汉代中外政治、经济、文化交流的重要通道，发展至明代，泾川所在的丝绸之路东段北道仍发挥着作用。泾川作为关西孔道，丝绸之路西安向西通往西域的第一大站，彰显了其重要意义。中外学界对于陈诚五次出使的研究成果丰硕，而对其出使西域时经过泾川，却鲜见提及，在此有必要钩稽这段丝绸之路的重要历程，以全面认识明代丝绸之路。

  泾川，位于今甘肃省，在东经107°15′—107°45′，北纬35°11′—35°31′之间，黄土高原中部秦陇交界处，是古代丝绸之路东段上的一个重要节点。② 自14世纪下半叶至17世纪上半叶，长达近300年的明代泾川发生了什么？迄今尚未见有专门论述。本章正是要在这方面进行初步探讨。

  明代泾川称泾州，属陕西平凉府。通过泾川留存的大量文献、文物等相关史料，探讨明代泾川在丝绸之路上的线路和走向、驿站设置、城址迁徙以及文化现象等问题，旨在说明降及明代，这条从西安出发，通过关中平原、陇右地区、河西走廊直达西域和欧亚非三洲的丝绸之路，一直在发挥着积极作用，并为泾川作为古代丝绸之路东段一个重要节点，提供更多的历史依据。

  明初对外交往是全方位的，在西域、西洋和东洋均有遣使记录。在陆上，明朝曾派遣傅安6次出使西域、陈诚5次出使西域。傅安的西使事迹由于文献散佚，已无法说明其确切经过丝绸之路的泾川之地。③ 陈诚出使回京复命，留有《西域行程记》和《西域番国志》，更有《进呈御览奉使西域往回纪行诗》存世。《西域行程记》《西域番国志》是明初唯一出使

---

① 李并成：《汉代河西走廊东段交通路线考》，《敦煌学辑刊》2011年第1期。

② 2014年，中国与哈萨克斯坦、吉尔吉斯斯坦的跨境项目"丝绸之路：起始段和天山廊道的路网"成功登录世界遗产名录，这次申报的丝绸之路东段形成于公元前2世纪，见证了公元前2世纪至公元16世纪期间，亚欧大陆经济、文化、社会发展之间的交流。泾川位于古代丝绸之路东段北道，在中外政治、经济、文化交流的重要通道上，汉代王母宫，北魏、唐代至明清的石窟长廊，以及寺院里众多的舍利子的发现，使之成为驰名世界的佛教艺术宝库之一、道教王母祖祠之地。对此学界研究成果的积累是很显著的，鲜明的标志是已出版十多种标名泾川的书籍和一批专题论文。研究明显主要集中在周秦至汉唐，兼及宋代的佛寺石窟考证和研究、王母宫研究及相关碑刻与泾川历代名人研究等四个方面。

③ 参见万明《傅安西使与明初中西陆路交通的畅达》，《明史研究》第2辑，黄山书社1992年版，第132—140页。

西域的亲历记录。记录明代陈诚使团西去行程道里的《西域行程记》,为陈诚西使路线和明代丝绸之路的去向提供了细致翔实的亲历资料,使得明代通达西域的交通路线得以彰显出来,明代丝绸之路不再是一片空白,意义重大。但是在以往的研究中,由于《西域行程记》始自肃州,所以此前的行程多被忽略乃至遮蔽了。

陈诚《陈竹山文集》中有《回中王母祠》一首,印证了陈诚出使西域,泾川是其亲历之地。

《大明一统志》记载:

> 回中山在泾州西五里,上有王母宫,汉武帝幸雍道回中,遂北出萧关即此。①

泾川,在明代称为泾州,属陕西布政使司平凉府。

明初,太祖设置北平、山东、山西、河南、陕西、四川、江西、湖广、浙江、福建、广东、广西、云南等13个承宣布政使司。陕西承宣布政使司领8府、21州,95县,管辖今陕西省和宁夏回族自治区,以及今甘肃省黄河东南,西达于今青海省。明朝改元代所设的甘肃行中书省为陕西行都指挥使司(治所甘州,今甘肃张掖),领12卫和4守御千户所。平凉府为陕西布政司8府之一,领2州8县,泾州为2州之一。

根据明代嘉靖《陕西通志》记载,泾川在历史上的建置沿革如下:春秋时为秦地,秦时属北地郡,汉代为安定郡,魏晋因之。南北朝后魏置泾州,以泾水为名。隋改安定郡,唐复为泾州,又复为安定郡,后复为泾州保定郡。宋初为泾州安定郡,后改彰化军节度,金复为泾州,元因之。明朝仍为泾州,以泾川县省入,领灵台一县,编户一十七里。②

由此可见,泾川在历史上名称几经变化。

赵时春《平凉府志》详细记述了泾州的方圆四至:明代泾州东暨邠州之窑店70里,西暨平凉之花家庄40里,南暨灵台之盘口30里,北暨镇原

---

① (明)李贤等:《大明一统志》卷三五《平凉府》,三秦出版社1990年版,第603页。
② (明)嘉靖《陕西通志》卷八《土地》五,《建置沿革》中,原北平图书馆甲种善本丛书,第349册,国家图书馆出版社2013年版,第292页。

<<< 丝绸之路上的明代中国与世界

之浅河40里,东南亦曁灵台70里,西南曁崇信县界60里,东北曁宁州50里,西北曁镇原之横河60里,言为"关西孔道"。①

丝绸之路东段是指汉代开辟的以洛阳或长安为起点,经关陇地区、河西走廊至玉门关、阳关的陇右古道和河西通道,到凉州(武威)、甘州(张掖)汇合,再沿河西走廊经肃州(酒泉)、嘉峪关、安西至沙州(敦煌),西行进入西域(今新疆)至葱岭,从葱岭以西经过中亚、西亚直到欧洲。丝绸之路东段是古代中西交通的要道,沿着古老的丝绸之路,佛教传入中国。在泾川有王母宫及南、北石窟寺等重要遗存。明初高僧宗泐曾到过泾川,有《杂诗》为证:

> 自我来泾川,星岁已再周。托兹山水胜,谓可成迟留。奈何外物牵,抚事心悠悠。久知世道恶,冥事仍夷犹。璚林有奇鹤,未尝识罗罩。翩然觅灵凤,接翅昆仑丘。②

唐代丝绸之路北道,是沿泾水河谷西北行,经今陕西礼泉、乾县、永寿、彬县、长武和泾川、平凉、固原、靖远,然后穿过腾格里沙漠南端、古长城南麓的荒凉地带,抵达武威,史称丝绸之路北道。严耕望先生考证指出,唐代长安通凉州之北道、长安通灵州(今宁夏吴忠)之西道,泾川都是必经之地:

> 由长安西北经邠州,泾州,至原州,又西经会州至凉州,此长安通凉州之北道也。长安西北至灵州之西道,亦经邠、泾至原州八百里;再由原州折北,略循葫芦河谷而下行,五百六十里至灵州。此河又名高平川,蔚茹水,即今清水河也。此段行程地势平坦,且无沙行之阻。③

---

① (明)赵时春:《平凉府志》卷五《泾州建革》,《日本藏中国罕见地方志丛刊续编》第19册,北京图书馆出版社2003年版,第477页。
② (明)释宗泐:《杂诗》,曹学佺《石仓历代诗选》卷三六六《明诗初集》八六,清文渊阁《四库全书》补配清文津阁《四库全书》本。宗泐(1318—1391),字季潭,临海(今浙江临海)人,俗姓周。明初高僧,洪武初诏举高行沙门,宗泐高居其首。
③ 严耕望:《唐代交通图考》第一卷,台北"中研院"史语所专刊之八十三1985年版,第201页。

第一篇 整体篇 >>>

根据《元和郡县志》，唐代从长安西北行 300 里到邠州（今陕西彬县），180 里到泾州（今甘肃泾川），330 里到原州（今宁夏固原），390 里到会州（今甘肃会宁），380 里到兰州，这基本上就是两汉时期的丝路北线，400 里到鄯州（今青海省乐都县），东北行 500 里到凉州（今甘肃武威），又西北行 500 里到甘州（今甘肃张掖），又西行 400 里到肃州（今甘肃酒泉），往西 480 里到瓜州（今甘肃瓜州），再西行 300 里到沙州（今甘肃敦煌），出沙州即进入新疆界，西北行 700 里至伊州（今新疆哈密）。

以泾州为中心，还有支线：由泾州东北行，经荔家坡、肖金镇、董志塬、西峰镇，折而向北，经驿马关、白马铺而至庆阳府（今甘肃庆阳），计程 270 华里；由庆阳府城西北行，经曲子镇而至环州（今甘肃环县），计程 210 华里；由环州继续西北行，经洪德城而至甜水井，计程 115 华里；这条支线是关中通宁夏，甘肃通宁夏的必经之道。甜水井是甘宁交界处，过甜水井，经吴忠堡可至灵州（今宁夏吴忠）。①

唐代的路线，是从古代延续下来的。赵斌在《丝绸之路西安至泾川段线路研究》一文中指出：

> 尽管学术界一般都认为丝绸之路的正式开通始于西汉张骞"凿空"西域之后，但历史文献与考古发现却都显示，作为丝绸之路东段起始路线之一，今陕西西安经咸阳、彬县至甘肃泾川的交通联系不仅由来已久，且因地理上同属古代关中范畴的关系，彼此还极为密切。②

他具体探讨了丝绸之路开通前陕西西安与甘肃泾川的交通道路，指出："早在虞夏之际，伴随周人的兴起，今关中平原与甘肃泾川之间的交通联系即已初见端倪。"特别考察了汉代与隋、唐长安与泾州间的交通道路，即古代丝绸之路西安至泾川段线路的变化轨迹，没有涉及丝绸之路东段在明代发展演变的历史轨迹。

汉唐时由京师长安通往西域的道路，在咸阳后分为南北二途，南为凤

---

① 甘肃省公路交通史编写委员会办公室编：《甘肃省公路交通史资料选编》第 6 辑，1983 年印，第 4 页。
② 《丝绸之路》2009 年第 6 期，第 22 页。

翔—陇关道，北为邠州—萧关道，两条路线会合在凉州，经河西走廊向西域去。其后邠州—萧关道逐渐形成陕西、甘肃间的主干道路，陇关道退居次要地位。

万历《明会典》记载了明代陕西水马驿设置情况：西安府有京兆驿，其属邠州有新平驿；平凉府有高平驿，其属华亭县有瓦亭驿，镇原县有白水驿，固原州有永宁马驿，静宁州有泾阳驿，隆德县有隆城驿。泾州是独特的，设有两驿：安定驿和瓦云驿。①

明代《广舆志》卷九《山川·关梁》记载：

> 萧关：府城东南，汉文帝时匈奴入萧关，武帝西登空同，出萧关即此；六盘关：府城西，唐宣宗朝破吐蕃于此；瓦亭关：华亭，唐肃宗幸灵武，饮马于瓦亭即此；木峡关：镇原，唐置；高平驿：平凉；瓦亭驿：华亭；白水驿：镇原；永宁驿：固原；安定驿、瓦云驿：泾州；泾阳驿：静宁；阴城驿：隆德。②

显然，这里所云的关隘与驿站，形成了明代泾川的主要交通网络。汉唐丝绸之路的萧关道大致由长安出发，向西直过西渭桥后经渭城、平陵、茂陵而西北行，至好畤（今陕西乾县东）后越梁山而至漆县（今陕西彬县）、泾川，达于萧关。萧关在今甘肃固原东南，固原古代称原州，原州的重要关隘之一是萧关。通过明代驿站及其交通网络的设置，可知从唐至明，以西安为起点的丝绸之路东段北线，汉唐的原有道路基本上为明代保留和沿用，形成了明代丝绸之路西安通往河西走廊和西域的主干道。虽然有些地点名称发生了变化，但路线是一直持续使用的，即丝绸之路交通路线长期存在。作为丝绸之路的起始路线之一，明代泾川在连接西安沟通固原的交通干道上，是丝绸之路上由关中通往固原，再向北通往河西、西域的必经之道，也是连接关中平原和黄土高原重要交通路线的重要节点。

---

① （明）申时行等：《明会典》卷一四六《兵部》二九《驿传》二，中华书局1989年版，第745—746页。

② （明）陆应阳：《广舆记》卷九《山川·关梁》，康熙刻本。这里隆德县的驿站是阴城驿，与《明会典》记载不同，应以《明会典》为准。

第一篇　整体篇 >>>

明代泾川发生的重大变化,在嘉靖时赵时春《平凉府志》中有所记述:

> 金升平凉为府,泾为州,元因之。皇朝仍元为州,徙至泾阴,领灵台县而属平凉府……为关西孔道。嘉靖三十年分守关西道右参政章丘李公冕始居之,泾复为重地矣。①

历史文献表明,明代泾川的主要变化表现在以下两点。

一　明初泾州城址发生变化及其原因

历史上的重大事件,莫过于城市的迁徙。明初泾川城从泾水之阳迁到了泾水之阴。洪武三年(1370),省县入州。从此泾川县政由州署理。当年因古城常有水患,同知李彦恭迁州治于皇甫店,即今县城地址。

《明史》卷四十二《地理志》三记载:

> 泾州,元直隶陕西行省。洪武三年以州治泾川县省入,来属。旧治在泾水北。今治本皇甫店,洪武三年徙于此。北有泾河,有汭水。东有金家凹巡检司。西北距府百五十里。领县一。②

《大明一统志》在《古迹》部分记录了"泾州废县":

> 在泾州北五里。本汉安定县,东汉省。后魏置泾川县,唐改保定县,为泾州治。金复曰泾川,本朝省入州。③

明代分守关西道右参政胡松作有《仰止书院记》,其中云:

---

① (明)赵时春:《平凉府志》卷五《泾州建革》,《日本藏中国罕见地方志丛刊续编》第19册,第477页。
② 《明史》卷四二《地理志三》,中华书局1975年版,第1005页。
③ 《大明一统志》卷三二《陕西布政司》,第606页。

> 泾，汉安定郡，始城在泾北水浒，数被水害，故徙今治，迄于南高峰。麓城半在麓，而麓又甚高，俯视城下。①

这里将迁址的原因说得很清楚，是因旧城数被水害，所以才迁址。

正因为如此，明代泾川格外重视兴修水利，有《重修泾川五渠记碑》之碑文为证。碑刻于嘉靖十一年（1532），记载了明朝都御史萧翀凿通济渠以后15年，渠道严重淤积，继任都御史刘天和继续疏修渠道，在嘉靖十一年工成，中顺大夫南京通政司右通政马理撰文记载工程情况，一并刻石。五渠是指郑国渠、白公渠、通济渠、新渠、广惠渠。②

二　伴随固原军事战略地位提升，作为关西孔道的泾川成为关西道驻所

泾川地处丝绸之路的要冲，自古为长安屏障，明代伴随着固原军事战略地位的提升，由西安经泾州到固原的路线也更彰显了重要性。明朝为防御蒙古势力南侵，先后在北方设置了九个重镇，号称"九边"，固原是"九边"之一。明景泰三年（1452），迁徙平凉卫右所于固原城，为固原守御千户所。成化四年（1468），升为固原卫。成化十年（1474）为加强西北边备，置延绥、甘肃、宁夏三边总制府，"总陕西三边军务"，三边总制驻于固原，由部院大臣充任，强化了固原的西北政治、军事重心地位。因此，明人胡安有诗咏固原：

> 柳色凋残雨未收，阳关西去更堪愁。平川落照连秦苑，古道炊烟覆驿楼。刀斗风清初禁夜，毡帷月冷尽防秋。云山最是凄凉地，今作边关第一州。③

嘉靖二十九年（1550）发生了蒙古俺答汗南下，毁边墙直逼京师北京

---

① （清）张延福等：《泾州志·艺文志》，乾隆十八年刻本，成文出版社有限公司1970年版，第236页。
② （明）嘉靖十一年《重修泾川五渠记碑》，左懋元编：《黄河金石录》，黄河水利出版社1999年版，第73页。
③ （明）胡安：《趋庭集》卷六《七言律诗·固原》，《四库未收书辑刊·五辑》第20册，北京出版社2000年版，第613页。

的"庚戌之变",其后明朝许开马市,但俺答汗仍屡入塞劫掠,于是明朝在九边的军事防御全面升级。作为关西孔道,从西安至固原的主干道,嘉靖三十年(1551)明朝分守关西道始驻于泾川。明朝有以布政使佐贰官参政、参议分守各道的制度,称分守道,"明彰轨度,扬厉风声,宣示朝廷威德,咸分守道事"①。"泾复为重地"的意义由此彰显出来。

万历二年(1574),根据陕西总督和抚按官奏请,分守道仍驻泾州,又有通管平、凤二府之命。② 关西道的管理面有所扩展,关西孔道泾川的地位又有提升。

第二节 中国古代向西的寻求与明朝人对于回中的认知

中国古代向西方的寻求,可谓源远流长。

亚欧大陆的大河和平原,孕育了伟大的文明。在诸文明之间,如中国文明、印度文明、西亚文明和欧洲文明之间自古具有一种互动关系,而互动的中心一直是在亚欧大陆上。按照地理方位,指向中国的西方。

传世的《山海经》,一般认为作于战国至汉初。《山海经·大荒西经》曰:"西海之南,流沙之滨,赤水之后,黑水之前,有大山,名曰昆仑之丘。有神,人面虎身,有文有尾,皆白,处之。其下有弱水之渊环之,其外有炎火之山,投物辄然。有人,戴胜,虎齿,有豹尾,穴处,名曰西王母。此山万物尽有。"③ 西方存在"万物尽有"的西王母,成为古人的向往之域。

成书于战国时期,在西晋初年出土的古简书《穆天子传》,记载了周穆王西行事迹,说周穆王曾达于"西王母之邦",拜会了西王母:"乃遂西征。癸亥,至于西王母之邦。吉日甲子,天子宾于西王母,乃执白圭玄

---

① (明)吕时中:《分守关西道改建泾州记》,《泾州志·艺文志》,第238页。
② 《明神宗实录》卷二六,万历二年六月壬戌,台北"中研院"史语所校印本,1962年,第653页。
③ 袁珂:《山海经校译》,上海古籍出版社1985年版,第272页。

璧，以见西王母。好献锦组百纯，□组三百纯，西王母再拜受之。"① 《穆天子传》将史实和神话混杂在一起，西征的周穆王是否真的与西王母见过面，这似乎并不重要，重要的是与西王母代表的西方之邦的交往。学术界对于《山海经》《穆天子传》中西王母所在之地的研究始终不衰，不断推陈出新，迄今未能达成共识。

值得注意的是，汉代出现了对西王母的崇拜，如美国简·詹姆斯教授（Jean M. James）所说："汉代艺术充满了图案，故事情节、历史事件、各种日常生活、武士以及天国人物，然而只有一位是神，这就是西王母。"② 日本学者已注意到西王母与流行于西亚和地中海沿岸的地母神信仰有联系③。无论如何，西王母在汉代成为独特的西方神祇，应该说不是偶然的，与中国自古以来向西的寻求有着渊源关系，更与张骞凿空西域，丝绸之路正式开端，汉代与西域有了更多交往有着直接关联。

"西域"一词最早出现在《史记》的《司马相如列传》和《大宛列传》中。史籍的表述说明，这一词汇的出现正是在张骞的时代。而它的彰显，也是由于张骞的功绩。此后，广义的西域，是指亚欧大陆上几大文明的接合之处，也就是东西方文明的汇合之地，当时文明互动的中心。唯其如此，才有中国人不断地向西方的寻求。就狭义而言，西域是一条通道，一种途径，是通往西方的必经之路，也就是所谓的丝绸之路了。张骞首次出使，意图在于联络月氏对付匈奴。其揭示的不是一个事件，而是一个过程。自古以来，大陆为文明间的交往提供了便利，沿着陆上丝绸之路，东西方文明如生生不息的河流，持续不断地接触、互动和融合，历时几千年之久。所谓张骞凿空西域，是以国家行为促使自古早已存在的中西交往道路畅达。由此，陆上丝绸之路得到了史无前例的彰显。尽管汉代也开始了向南海的探寻，但是海上交往受限于海洋航行的艰险，成为中外交往次要的途径。

中国自古以来向西方的寻求，经历了几千年不曾改变。中外交往史上

---

① 《穆天子传》卷二，上海古籍出版社1990年影印本，第9—10页。

② Jean M. James, "An Iconographic Study of Xiwangmu During the Han Dynasty", *Artibus Asiae*, Vol. 55.1-2, 1995.

③ [日]森雅子：《西王母の原像——中國古代神話におけ地母神の研究》，《史學》第56卷第3号，1986年。

以"西域"的陆路交通居主导地位,也经历了上千年不曾改变。有变,是自15世纪初郑和下西洋始,这在下面将述及。

回中,早在秦时就有了。《史记·秦始皇本纪》中云:"始皇巡陇西、北地,出鸡头山,过回中。"汉武帝于"元封四年冬十月……通回中道,遂北出萧关"。汉代乐府诗《汉铙十八曲》中《上之回》,说的就是当年修通回中道的盛况:"上之回,所中益,夏将至,行将北。以承甘泉宫,寒暑德。游石关,望诸国。月支臣,匈奴服。令从百官疾驱驰,千秋万岁乐无极。"①

回中道开通与军事有关。汉武帝以后数次巡视安定、回中皆走此道,回中道的开通,其重要意义就在于此道是一条通往河西及西域的重要交通干道,为后来张骞通西域,即开通丝绸之路奠定了基础。

《上之回》专颂汉武帝通回中道,并数出游幸于回中。其后,历朝历代有许多名篇《上之回》,包括著名诗人李白、李贺、陆游等都有创作。明朝人对泾川到河西走廊的西域丝绸之路的整体认识,也从诗篇中表达了出来。明朝人的《上之回》乐府诗,复原了汉武帝出行泾川一带朝拜西王母的场景。反映了明朝人对丝绸之路盛况的认知。根据陈诚《陈竹山文集》中《回中王母祠》一首,我们知晓陈诚是经过泾川之地出使西域的,泾川在丝绸之路上的地位久被湮没,这里不妨再次引述一下,说明作为明朝西域使臣,陈诚对于古代西王母和汉武帝西狩等历史典故是极为熟悉的:

回中高处有楼台,问道当年阿母来。青鸟传书知几度,蟠桃结实已三回。瑶池岁久成尘梦,金殿春深长碧苔。不是武皇神悟早,还教方士觅蓬莱。②

鉴于明代许多名家有《上之回》诗作,下面仅就所见略举几例:
刘基《上之回》:

---

① (宋)郭茂倩编:《乐府诗集》卷一六,上海古籍出版社2016年版,上册,第225页。
② (明)陈诚:《陈竹山先生文集》内篇卷二,《回中王母祠》,第337页。

上之回,六龙矫。捷光耀,拂翳鸟。𫐄石关,匝棠棃。扬灵旗,县月支。天马来,宛居劓。穆上玄,厘穰穰。坐明堂,朝万方。翕披离,玉烛光。于亿年,乐未央。①

释宗泐《上之回》:

堑崇山,堙巨谷。发轫甘泉,狩维北属。车连连,复道平,离宫况有三十六。萧关无堠塞无烽,单于称臣月支服。上之回,朝万国。②

杨士奇《上之回》:

传警甘泉外,扬䜌载道周。回中戒巡省,云动赴遐陬。春色承雕辇,山光影翠旄,吾皇亿万岁,岁岁总来游。③

王廷相《上之回》:

回中桓桓扬帝威,千乘万骑排霜蹄。玉关不闭流沙陲,天开黄道日月披。彼穆荒游耽瑶池,八龙拉杳恒苦饥。嗟哉帝德沛徼夷,且未宾贡怀康居。昆城之西古莫绥,白璃大赂天马嘶。舞干格苗虞谟恢,皇帝陛下万岁期。④

顾璘《上之回》:

回中道,何逶迤。千乘雾,列万骑。云驰北,历萧关,戍东谒,

---

① (明)刘基:《诚意伯文集》卷十,商务印书馆1936年版,第234页。
② (明)释宗泐:《全室外集》卷二,《禅门逸书》初编,第七册,明文书局股份有限公司1981年版,第10页。
③ (明)杨士奇:《东里集·东里诗集》卷一,《文渊阁四库全书》,第1238册,第322页。
④ (明)王廷相:《王廷相集》卷五《乐府体》,中华书局1989年版,第65页。

汾阴祠。金币四方至，牛马尽为牺。君王劳玉体，侍从敢言疲。①

李攀龙《上之回》：

上之回，萧关开。以待边，单于台。勒兵十八万，羽林材振。大旅髳，长驰骞。匈奴臣，月支朝。诸侯王，甘泉宫。郡国受计，福来同。②

汤显祖《上之回》：

翠华中极驾，赤羽上之回。细柳龙堆塞，长杨虎落开。迎寒温暖室，避暑清凉台。簇仗延佳气，从游列妙才。玉云浮苣若，金雾霭蓬莱。便逐阳鸟去，何当天马来。③

除了《上之回》以外，明朝人还有大量游历回中山及其王母宫的诗篇，在此就不一一列举了。

第三节 多元文化遗存彰显了泾川在丝绸之路上的地位

泾川乃千年古战场，但在明代200多年间几乎无战事。在明朝末年李自成进占之前，只有弘治十年（1497）和嘉靖元年（1522）鞑靼的两次劫掠。④长时期的和平，虽然使泾川不像古代汉唐那么闻名遐迩，却是文

---

① （明）顾璘：《顾璘诗文全集·息园存稿诗》卷二《乐府杂诗》，《文渊阁四库全书》，第1263册，第346页。
② （明）李攀龙：《沧溟先生集》卷一，伟文图书出版社有限公司1976年版，第130页。
③ （明）汤显祖：《汤显祖集·诗文集》卷四，中华书局1973年版，第90页。
④ （明）赵时春《平凉府志》没有记载嘉靖元年之事，查《明世宗实录》卷二〇记载，嘉靖元年（1522）十一月兵科给事中刘琪言："今套虏深入泾州，疮痍甚众，宜遣官赈贷，以安人心。"（嘉靖元年十一月壬戌，台北"中研院"史语所校印本，1962年，第591—592页），说明嘉靖元年时泾川也有劫掠事件的发生。

化繁荣发展留下深刻印迹的主要前提条件。

古代丝绸之路是沟通东西方文化交流的重要桥梁,在泾川,有历史上灿烂的佛教石窟和舍利的发现,主要代表是建于北魏早期的王母宫石窟;建于北魏永平六年(509)的嵩显寺(今高峰寺);建于北魏永平三年的南石窟寺,建于隋开皇元年(581)的水泉寺。泾川有"百里石窟长廊",更有北周、唐代、宋代的舍利子发现于此。1964年,出土隋敕唐瘗之大云寺佛祖舍利14粒;1969年,出土北周宝宁寺佛舍利数十粒;2013年,出土北宋龙兴寺"诸佛舍利2000余粒并佛牙佛骨"。使泾川名闻中外的,还有西王母为代表的繁盛发展的道教文化,以及活跃的民间信仰,产生了多元文化并存的现象。① 泾州文化现象提示我们:丝绸之路文化应作为一个整体来看待,丝绸之路历史上构建的是一个多元共生的中外文化开放系统。

石窟艺术,来源于印度和中亚,其早期造像深受希腊文化艺术影响,史称犍陀罗艺术。北魏时期,笃信佛教的北魏鲜卑皇室,开始大兴石窟,这种风尚也传至泾川,泾川王母宫石窟、南石窟等佛教石窟就是明证。王母宫石窟位于回山前回屋旁,根据学者研究成果揭示,开凿于北魏永平三年(510)。王母宫石窟为方形中心柱窟,窟高12米,深约11米,绕中心柱一周约21米。中心柱的四面及窟壁的三面均雕刻有石造像和装饰物,有驮宝塔的白象、千佛、力士以及众菩萨等。入窟正面雕刻有坐佛一尊,高约4米,为唐代石胎泥塑,坐像后壁的飞天为北魏作品。窟内壁有造像三层,共约200尊佛像。中心柱南、北两面有释迦、多宝对坐说法像和一佛二菩萨像。第二层造像多为后期塑像,有不少浮雕为北魏所作。第三层风化严重,但仍保持着北魏风格。窟外有三层依山楼阁,雄伟壮观。张宝玺先生在调查报告中认为从造像风格来说,王母宫石窟已具有褒衣博带式造像的某些特点,从石窟形制与造像风格窥之,接近云冈第二期的第6窟,约在北魏太和末或景明初,即5世纪末6世纪初,并早于北魏永平二年(509)和三年(510)创建的南、北石窟寺。又将王母宫石窟与云冈石窟比较,认为窟形、造像布局、造像风格比较接近云冈第六、九、十

---

① 关于泾川佛道多元文化的研究,参见张怀群《圣地泾川:佛祖舍利供养圣地》《圣地泾川:西王母祖祠圣地》,甘肃文化出版社2009年版。

窟，更多的接近第六窟。①

有学者论述："王母宫石窟大约创建于北魏太和末或景明初，即公元5世纪末6世纪初。从中心柱东壁的泥塑大坐佛剥落出的内部泥胎看，为唐代塑像，表层为明代复加，而龛壁上的供养人、飞天仍有北魏中期风格。中心柱及三壁上的石雕造像很多经过宋代、明代、清代人的加工改造。可见，开窟于北魏的王母宫石窟，历经唐、宋、明、清各代增补维修，才成为今日的面貌。"② 王母宫历史悠久，明代起了一个承前启后的作用。

泾州是丝绸之路西出长安第一大站，自汉武帝置安定郡后，数千年的战争和文明不断交替进行，形成深厚的文化积淀，这是一个层累的过程。泾川是丝路重镇，印度佛教传到中国，是沿着丝绸之路进来的，"西有敦煌，东有泾川"之说有一定道理。泾川曾经佛教盛行，在中国佛教史上占有重要的地位。泾川王母宫闻名遐迩，在中国道教史上也占有重要地位。泾川是西域文化和中原文化交汇的地方，更是一个中外文化的汇聚地。

明代泾川文化的重点不在佛教，而在道教。在泾川虽有明朝皇帝敕赐海印寺，但如上文所述，明代名士无论来过泾川或没有来过的都写有大量《上之回》诗篇，说明关注点集中在泾川的回中山王母宫。西王母早在汉代已经成为道教的神灵，可有意思的是，在泾川王母宫，道教和佛教和平共处，甚至可以说并存在一个大建筑群之中。这可以说是三教合一思想的具体体现。虽然佛教资源和道教资源的形成时代不一，呈现层累状况，但西王母文化无疑是明代泾川文化的一大亮点。

明朝人的贡献，主要体现在重修王母宫上，而更值得我们注意的是明朝人的重修理念。王母宫位于甘肃省泾川县城以西1华里处的回山之上，相传周穆王、汉武帝曾在此拜谒过西王母。泾川王母宫始建于西汉元封年间。《大明一统志》记载：

　　王母宫，在泾州西五里。旧志，武帝时西王母乘五色云降，后帝

---

① 张宝玺：《甘肃泾川王母宫石窟调查报告》，《考古》1984年第7期；马化龙：《丝绸之路东段的几处佛教石窟：泾川王母宫与南、北石窟寺考察》，《西北师院学报》1983年第4期。

② 李焰平等主编：《甘肃窟塔寺庙》，甘肃教育出版社1999年版，第79页。

巡郡国，望五色云而祀之，而五色云屡见于此，因立祠，后改为宫。①

一般认为，宋初、明嘉靖年间曾有两次重修。实际上，明代彭泽《重修王母宫碑》明确记载了明初有重修，那么明代起码就有两度重修。今王母宫于1992年重修，景区内主要有王母宫、瑶池、回屋、石窟等四个景点，建有西王母大殿、东王公大殿、配殿等主体建筑。配殿左殿为三皇殿、周穆王殿；右殿为五帝殿、汉武帝殿。主神西王母，俗称王母娘娘，道教奉为女仙神灵。我们知道，西王母文化本身是中国人古代向西方寻求的结果，西王母文化成为丝绸之路文化的主要母题之一。对于西王母研究而言，其内容之广泛可谓众人皆知，如此引致各学科领域的学者都涉足这一问题，相关研究成果连篇累牍，不胜枚举。这里不准备赘述。关于泾川王母宫，研究的重要史料主要是存留的两通重修碑刻，分别为宋初陶谷和明嘉靖年间彭泽所撰。两通碑刻在时间上相距几个世纪之久，今天我们对照宋、明两通重修碑文，比较两通碑刻的内容，了解明朝人的重修理念与宋朝人有何不同，从而探讨重修理念的演变轨迹，应该是有意义的。

宋翰林学士承旨、刑部尚书陶谷《回山重修王母宫记》开篇就是：

祭法曰："法施于人则祀之。"辩方之为法制也，不亦大哉！神有所职，足以垂训者，孰可阙焉。②

这里强调的是对于神灵的祭祀。文中详细记述了由来已久的王母事迹，将西王母在回山上会见周穆王、汉武帝的神话故事娓娓道来，文辞华丽，重点明显在对"纪泾水之仙祠"的一个"颂"字上。

明太子太保、兵部尚书彭泽《重修王母宫记》记载，明朝初年，曾经重修王母宫，其后年久失修。明武宗正德九年（1514），由本籍太学生吕沂倡导，平凉韩王捐资赞助，又有一次大规模的重修活动，直至明世宗嘉靖元年（1522），始告竣工，先后历时八年之久。经过此次修建，王母宫成为一组庞大的建筑群，正中是西王母大殿，后有三清楼，前有玉帝殿，

---

① 《大明一统志》卷三五《平凉府》，第605页。
② 《泾州志·艺文志》，第213页。

左旁依次有文昌殿、三皇殿、周穆王庙、北望河楼、五阎君殿,右旁依次是子孙宫、五帝殿、汉武帝庙、南望河楼、五阎君殿。而明朝人彭泽撰写的《重修王母宫记》则与宋代陶谷撰文立意有很大不同,开篇讲王母宫是一个"古迹",明言:"世传周穆王、汉武帝皆尝西游与王母会,故有是宫",客观地说明王母宫是来自古代传说。但特别提及了王母宫"路当孔道",强调了泾川优越的地理条件——处于丝绸之路要冲,因此古往今来有大量名士登览题咏,使王母宫闻名遐迩。文中引述了倡议重修王母宫的太学生吕沂对家乡父老所云,尤当引起我们注意,现引述如下:

> 仙家之荒唐无足言,周穆汉武之游览无足取,第兹宫为吾郡千余年之胜迹。自我国朝奄有万方,陕为西北巨藩,自关西以达西南诸夷,不啻万里,延、宁、甘肃诸镇文武重臣,以及奉命总制、经略、抚按,册封出使外夷大儒、元老、名公、硕士,百五十年来经此者,不知其几,而吾泾缙绅士民得以亲炙而交游之,皆以斯宫之在兹,而吾泾自国初抵今,藏修于兹以登仕途者,又不特寒族父兄子侄也。必欲重修,吾当为之倡。其视倾资破产于佛老虚无寂灭之教以资冥福者,当有间矣。①

分析一下,这段话有三层意思:第一,是不论神仙传说,也不论周穆王、汉武帝的游览,重修王母宫为的是家乡千余年的名胜古迹;第二,王母宫处于陕西自关西以达西南的主要交通要冲之地,自国初修建150多年来,诸镇文武大臣和出使外国使臣、大儒、元老、名士等都会经过此地,如此促进了泾川人士的对外交流;第三,自国初以来王母宫是一个诸生潜心学习的地方,经术学问不限于道家,在这里讲习儒学得以走上仕途的也不只是寒门子弟。最后,还特地说明重修王母宫与倾资破财崇信佛老之教、以求来生福祉是有所不同的。以今天的眼光来看,这就是明朝人对于在丝绸之路上的泾川王母宫作用的重新阐释:重修王母宫不是为了崇拜神仙,是为了保护与传承名胜古迹,彰显了泾川王母宫在丝绸之路上所发挥的重要作用。由此理念出发,彭泽在记文最后更明确了儒家立场:"先师

---

① 《泾州志·艺文志》,第223—224页。

务民之义，敬鬼神而远之训。"从这篇内容翔实，记载了丰富的人文信息的碑文，我们可以看到明朝人的重建理念是超越了宋朝人的。归纳起来，可以了解明朝王母宫的三重意涵：名胜古迹、文化交流、讲习之所。这是将宗教、文化传播与交流、文化教育以及社会功能集于一身，特别是明代王母宫作为传授知识的文化教育场所这一点，在以往的研究中是被忽略了的，而明朝人对于丝绸之路名胜古迹的保护意识，也是我们今天应该关注且深化研究之处。

明朝初年重建了王母宫，在泾川设道正司进行管理。《明实录》记载，正统六年（1441）二月：

> 陕西泾州道正司奏：本司在王母宫，其殿阁廊宇旧常蒙恩缮理，今复倾颓，乞仍命有司修缮。上曰：陕西兵民艰难已甚，岂可作无益之劳，其自葺之。①

从此，明朝官方不再进行王母宫的修缮。到正德九年（1514），在太学生吕沂倡议和带头捐资下，韩王和泾川士人也乐捐，重修泾川王母宫才提上了日程，经过八个春秋，至嘉靖元年（1522），建成了王母殿、玉皇楼五楹（间），周穆王、汉武帝行宫行祠各六楹，还有雷公坛、真武庙等庙宇，并将兵部尚书彭泽撰《重修王母宫记》勒石，留传于世。

正是在明朝人以上认知理念的基础上，形成了明朝王母宫——一个新的文化空间。清人记载，在泾川治西二里的回中山，出现了如下儒释道融为一体的景观：

> 下为大佛洞，中架飞阁，凭空凌虚，群卉绚烂如锦；上为王母宫、文昌阁、三清楼，松柏各大数围，高数十仞，其气森挺。传为周穆、汉武游幸处。前贤题咏甚伙。②

---

① 《明英宗实录》卷七六，正统六年二月甲戌，台北"中研院"史语所校印本，1962年，第1485页。
② 《泾州志·山川》，第44页。

第一篇 整体篇 >>>

这种中外多元文化融合的文化现象,是在明朝人新的认知基础上形成的,更凸显了明代丝绸之路上泾川的社会功能和文化意义。

明朝人对于宋代重修王母宫理念的修正,对于明代泾川王母宫的重建实践,及其对几千年传统文化保护、传承和传播的特殊观照,沟通了传统与现实的存在,启发了本土的文化自觉,引导了对于文化遗产的重新认识,代表着当时文化理念的主流倾向。① 在这个意义上,可以说泾川王母宫的重建是体现了文化转型的一个典型个案。

从文献记载来看,明朝人不仅重修了王母宫,重修了水泉上寺;明孝宗还敕赐了华严海印寺(即水泉寺);泾川先有麓城书院,后有仰止书院;学宫更是多次重建。这些都印证了在明代泾川,由儒释道形成的多元文化景观远不只是在回中山体现出来,而是在泾川有一个整体的体现,这正是丝绸之路东段重要节点兼容与开放特性的集中表现。

关注泾川王母宫重建语境与士人心态之间的关系,从王母宫衍生出的种种文化现象,其实牵涉了神仙遗址的改造与再生的过程,也牵涉后人对前代历史事件的重构与再诠释。

从整体丝绸之路的文化大视野来看,明代泾川是呈现丝绸之路多元文化并存共生的一个典型范例,在丝绸之路文化发展史上无疑具有承前启后的意义。

结　　语

丝绸之路是一条起始于中国境内,横跨亚、非、欧的中外交往之路,是联系古代东西方政治、经济、文化的大动脉,这条历史悠久的路线迄今为止已有2100多年的历史,是中外关系史研究的一个重要学术领域。当前"一带一路"已作为中国首倡、高层推动的国家倡议,需要重新审

---

① 明朝人对于西王母传说的理性思考,还可见郎瑛《西王母考》。其中辨析传说非史实后,评论道:"泾州回山有王母宫,宋学士陶谷撰记,不为辨,而反欲跻之祀典,其与曹彬下江南之意异矣。然而文章钜公往往引用不置,盖亦未之考也乎。"《七修类稿》卷二二《辩证类》,文化艺术出版社1998年版,第268页。

· 39 ·

视丝绸之路文化遗产。陈诚出使西域经历的泾川，在丝绸之路史上的地位久被湮没，需要将丝绸之路东段北道重要节点的泾川研究，纳入整体丝绸之路研究的视野之中，复原丝绸之路文化的活态空间，从而将丝绸之路研究推向深入。

第三章　郑和七下西洋与陆海丝绸之路的贯通

在人类文明发展史上，丝绸之路是中西交往的通道，是流动的文明之路。从张骞凿空西域到郑和下西洋，其间经历了1500多年，中国人向西的寻求从来没有中断过。15世纪初郑和下西洋，中国人以史无前例的规模走向海洋，促成了著名的古代陆海丝绸之路的全面贯通，而贯通的汇合点即在印度洋。更重要的是，郑和时代的西洋观曾有具体所指：在亲历下西洋的马欢笔下，当时明朝人所认识的西洋具体指向是"那没黎洋"，即后来称为印度洋的海域。由此可以断定当年郑和下西洋的那个西洋就是印度洋，并非他指。鉴于迄今大多数学者仍以文莱为划分东西洋的界限，对郑和所下西洋的认识模糊不清，澄清下西洋即下印度洋，这对于下西洋的目的与史实的探讨至关重要。

百年以来，在郑和下西洋研究中，鲜见有将郑和下西洋的西洋就是印度洋的概念突出出来，把下印度洋作为一个整体来探讨的，以致迄今郑和所下西洋即印度洋的事实常常被遮蔽了，乃至不时出现以郑和出使暹罗、日本、浡泥等国或王景弘出使苏门答剌为八下、九下至十下西洋之论。[①]

[①] 参见志诚《郑和九下东西洋》（《航海》1983年第5期，第7—8页），将郑和出使暹罗、日本计入；何平立《郑和究竟几下东西洋》（《航海》1984年第1期，第37页），认为志诚文没把郑和永乐二十二年（1424）的旧港（今印度尼西亚苏门答腊岛巨港一带）之行统计进去，因此《郑和九下东西洋》实应改为"十下东西洋"；又陈平平《试举析郑和船队到过浡泥的若干明代史料依据》（《南京晓庄学院学报》2009年第4期）、郑一钧《郑和下西洋"组群"结构的研究——兼评郑和"十下西洋"之说》（《走向海洋的中国人——郑和下西洋590周年学术研讨会论文集》，海潮出版社1996年版，第178—179页），对于下西洋计入暹罗、日本、旧港之说进行了批评。关于王景弘八下西洋，参见徐晓望《八次下西洋的王景弘》，《海交史研究》1995年第2期。

事实上，在郑和下西洋时代之初，西洋本是有特指的，就是马欢笔下所谓"那没黎洋"，即今天的印度洋。郑和第一次下西洋，终极目的地是西洋古里，也就是以位于印度洋中部的印度古里为目的地；此后历次下西洋，古里都是必到之地，并在第四次以后由古里延伸到波斯湾、阿拉伯半岛，乃至东非。重要的是，这些地区与海域都是在印度洋的范围以内。以往学界从中国与东南亚关系、中国与南亚关系、中国与西亚关系、中国与东非关系出发，已有相当丰硕的研究成果，比较而言，作为郑和航海时代一个整体的印度洋却被极大地忽视了。加拿大维多利亚大学在 2014 年举办的"郑和下西洋（1405—1433）及自古以来中国和印度洋世界的关系"会议是一个变化的重要标志，给了我们极大的启示，拨开云雾，使印度洋成为有关研究关注的重心，这无疑是举办此次会议的成功之处。探讨郑和时代的印度洋与印度洋世界的中国印记，可以发现郑和下西洋是中国人对于古代印度洋认识的一次历史性总结，并开辟了一个印度洋航海实践和认识的新纪元。

第一节 郑和时代明人笔下的西洋："那没黎洋"

笔者曾撰写《释"西洋"：郑和下西洋深远影响的探析》一文，专门探讨"西洋"一词的内涵与演化及其意义。对于长期以来学界在东西洋及其分野认识上争议纷纭、莫衷一是的情形有所介绍。西洋，在元代文献中明确出现，东、西洋并称。元初大德年间分西洋为"单马令国管小西洋" 13 国，"三佛齐国管小西洋" 18 国，从所列国家地区的地理位置来看，前者大致属于马来半岛及沿岸一带；后者大致属于印度尼西亚苏门答腊岛沿岸一带。这一区域在今天马来西亚、新加坡、印度尼西亚境内，属于东南亚的范围。元末，西洋国所指是印度南部西南与东南沿海国度和地区。明初郑和下西洋后，"西洋"一词成了指代海外、外国之义，沿用至今。① 郑和下西洋，自 1405 年起至 1433 年为止，前后七次，所历 30—40 余国，是历史上中国人大规模走向海洋的一桩盛事，在世界航海史上占有重要地位，影响也极为深远。那么下西洋，西洋究竟指哪里？这是郑和下西洋研究的基本问题。②

明初永乐年间郑和开始下西洋，马欢《瀛涯胜览》、费信《星槎胜览》和巩珍《西洋番国志》，是记载下西洋的三部最重要的史籍。这三部著作之所以重要，是因为它们的作者都曾跟随郑和下西洋，是亲历下西洋的明朝当时当事人所撰写的文字。其中，记述翔实、史料价值最高的是马欢《瀛涯胜览》。马欢是通事，懂得"阿拉毕[伯]语"，所至 20 国出自亲历，记载详细，因此《瀛涯胜览》格外重要。巩珍《西洋番国志》中关于各国的记载，也是 20 国，主要内容与《瀛涯胜览》大致相同。作者在《自序》中明言："凡所纪各国之事迹，或目及耳闻，或在处询访，汉言番语，悉凭通事转译而得，记录无遗……惟依原纪录者序集成编，存传于后。"③ 因此，巩书的价值主要是在书前的"敕书"和《自序》，非常重要。费信《星槎胜览》记载的国家比之《瀛涯胜览》和《西洋番国志》都要多，共是 45 处，前集 22，后集 23。其中前集称国者 14，后集称国者 16，共 30 国。内容扩展到了非洲。费信亲历的是前集的 22 处，其他则是出自传闻和抄自前此的文献记载。

---

① 万明：《释"西洋"：郑和下西洋深远影响的探析》，《南洋问题研究》2004 年第 4 期，第 11—20 页；此文以《释西洋》为名，收入王天有、徐凯、万明编《郑和远航与世界文明：纪念郑和下西洋 600 周年论文集》，北京大学出版社 2005 年版，第 97—113 页。关于东西洋，此文首先注明参考主要学术论文有：山本达郎《东西洋といり称呼の起源に就いこ》，《东洋学报》第 21 卷 1 号，1933 年；宫崎市定《南洋を东西洋に分つ根据に就いこ》，《东洋史研究》第 7 卷 4 号，1942 年；洪建新《郑和航海前后东、西洋地域概念考》，《郑和下西洋论文集》第 1 集，人民交通出版社 1985 年版；沈福伟《郑和时代的东西洋考》，《郑和下西洋论文集》第 2 集，南京大学出版社 1985 版；刘迎胜《"东洋"与"西洋"的由来》、陈佳荣《郑和航行时期的东西洋》，《走向海洋的中国人》，海潮出版社 1996 年版，等等。以上各文讨论重心是在东西洋的分界，但各文涉及西洋，均为《释西洋》一文的重要参考，见原文注 1。《释西洋》一文旨在全面考释"西洋"一词的缘起及其衍变。

② 冯承钧先生在 20 世纪 30 年代为马欢《瀛涯胜览》作了校注，他在《序》中云："当年所谓之西洋，盖指印度洋也。"见马欢著，冯承钧校注《瀛涯胜览校注·序》，商务印书馆 1935 年版，第 5 页。此言不差。但观其征引马欢《纪行诗》以爪哇为分界，又引《明史》以文莱为分野，知其西洋概念仍不十分清楚。时至今日，大多数学者对于郑和所下西洋的概念，也并不明晰。

③ （明）巩珍著，向达校注：《西洋番国志·自序》，中华书局 1961 年版，第 6—7 页。

从当时明朝人的认识来看,郑和七次下西洋,下的就是现代称为印度洋的那没黎洋。那没黎洋的出处,就在马欢所著《瀛涯胜览》中。《瀛涯胜览》中出现"西洋"凡9处,下面结合巩珍《西洋番国志》、费信《星槎胜览》等第一手相关记述,将明朝人关于下西洋之初对于西洋的主要认识分为6点归纳如下:

1. 西洋即那没黎洋,出处在《瀛涯胜览》的"南浡里国"条:

> 国之西北海内有一大平顶峻山,半日可到,名帽山。山之西大海,正是西洋也,番名那没黎洋,西来过洋船只俱投此山为准。①

南浡里国是位于今日苏门答腊岛西北的一个古国,其西部正是浩瀚的印度洋,可以参证的是巩珍《西洋番国志》"南浡里国"条:

> 国之西北海中有一大平顶高山名帽山,半日可到。山西大海即西洋也,番名那没黎洋。②

查费信《星槎胜览》中没有南浡里国条,但有两处"南巫里洋"之记载,一见之于"龙涎屿"条:

> 望之独屿南巫里洋之中。离苏门答剌西去一昼夜程。此屿浮漩海面,坡激云腾。每至春间,群龙来集于上,交戏而遗涎沫。③

另一见之于"花面国王"条:

> 其国与苏门答剌邻境,傍南巫里洋。④

---

① (明)马欢著,万明校注:《明钞本〈瀛涯胜览〉校注》,海洋出版社2005年版,第50页。
② (明)巩珍著,向达校注:《西洋番国志》,中华书局1961年版,第21页。
③ (明)费信:《星槎胜览》卷三《龙涎屿》,陆楫:《古今说海》说选二十二,巴蜀书社1988年版,第213页。
④ (明)费信:《星槎胜览》卷三《花面国王》,《古今说海》说选二十二,第212页。

第一篇　整体篇 >>>

还有一条"巫里洋"的记载，是在"大葛兰国"条：

> 若过巫里洋，则雁重险之难矣，并有高头埠沉水罗股石之危。①

从上述史料看来，"南巫里洋"或"巫里洋"显然与那没黎洋紧密相关，其中前者即为那没黎洋的对音，仍然指印度洋。当然，明朝当时没有印度洋的概念，印度洋之名在现代才出现。按照马欢的表述，称为那没黎洋的，即今天的印度洋。之所以记载于南浡里国条，是因为"那没黎"即"南浡里"，是 Lambri 或 Lamuri 的对音。南浡里是苏门答腊一古国名。宋代周去非《岭外代答》作蓝里，赵汝适《诸番志》亦作蓝里，元代汪大渊《岛夷志略》作喃哑哩，《元史》作南巫里、南无力等，皆是马来语 Lambri 或爪哇语 Lamuri 的对音。其地在今苏门答腊岛西北角亚齐河（Achin River）下游哥打拉夜（Kotaraya）一带。② 更确切地说，"西洋"是南浡里国西北海中的帽山以西的海洋。

帽山又称南帽山、小帽山，即今苏门答腊岛西北海上的韦岛（Weh Island）。英国学者米尔斯的解释比较清楚，他认为该山位于苏门答腊北部海岸的 Atjeh 地区；帽山，即 Kelembak Mountain，位于苏门答腊北部 Poulo Weh 岛；那没黎洋，是沿着苏门答腊北部海岸和 Poulo Weh 岛以西延伸的海域。③

概观当时印度洋上的海路网络，从帽山出发的有以下航线：④

溜山国：在小帽西南，过小帽山投西南行，好风行十日到其国。

锡兰山国：自帽山南放洋，好东风船行三日，见翠蓝山在海中。从锡兰山起程，顺风十昼夜可至古里。自锡兰国马头别罗里开船往西北，好风行六昼夜，到小葛兰国。自小葛兰国开船，沿山投西北，好风行一昼夜，

---

① （明）费信：《星槎胜览》卷三《大葛兰国》，《古今说海》说选二十二，第215页。冯承钧《星槎胜览校注·大㖵喃国》记载略有不同："若风逆，则遇巫里洋险阻之难矣，及防高郎阜沉水石之危。"高郎阜后加注云："《岛夷志略》作'高浪阜'，同一地名又在同书大佛山条作'高郎步'，今 Colombo 也。"中华书局1954年版，第16页。
② （明）马欢著，万明校注：《明钞本〈瀛涯胜览〉校注》，第50页。
③ J. V. G. Mills, *Ma Huan Ying–Yai Sheng–Lan, the Overrall Survey of the Ocean's Shores*, Cambridge University Press, 1970. p. 207, 209.
④ （明）马欢著，万明校注：《明钞本〈瀛涯胜览〉校注》，第71、51、86页。

到柯枝国港口泊船。从柯枝国港口开船,往西北行三日可到古里。

榜葛剌国:取帽山翠蓝西北而行,好风二十日至浙地港。

2. 西濒印度洋的苏门答剌国是通向西洋的总路头,见《瀛涯胜览》中的"苏门答剌国"条:

> 苏门答剌国,即古之须文达那国是也,其处乃西洋之总路头。①

《西洋番国志》中的"苏门答剌国"条:

> 苏门答剌国,即古须文达那国也。其国乃西洋总路头。②

查《星槎胜览》,其中"苏门答剌国"条没有关于西洋的记载。

苏门答剌国的地理位置在苏门答腊岛,西濒印度洋。马欢的记载说明,明朝人认为苏门答剌的地理方位很重要,是一个从海上通向西洋的总路口。

如上所述,苏门答剌(Sumatra)指今印度尼西亚苏门答腊岛西北角的古国,非指苏门答腊全岛。《宋史》称苏勿吒蒲迷(Sumutra-bhumi),《岛夷志略》作须文答剌,《元史》作速木都剌。《爪哇史赞》称为Samudra,《马来纪年》称Semudra,可能出自梵文samudra,意为海,另一说来自马来文samandra,是大蚁之意。③

3. 南临印度洋的爪哇属于东洋范围,见《瀛涯胜览》中的"纪行诗"云:

> 阇婆又往西洋去。④

值得注意的是,阇婆即爪哇,这里的方位表明,在爪哇以西是西洋。

---

① (明)马欢著,万明校注:《明钞本〈瀛涯胜览〉校注》,第43页。
② (明)巩珍著,向达校注:《西洋番国志》,第18页。
③ (明)马欢著,万明校注:《明钞本〈瀛涯胜览〉校注》,第43—44页。
④ (明)马欢著,万明校注:《明钞本〈瀛涯胜览〉校注》,第2页。

第一篇　整体篇 >>>

《星槎胜览》中的"爪哇国"条：

> 古名阇婆，自占城起程，顺风二十昼夜可至。其国地广人稠，甲兵为东洋诸番之雄。①

费信更加明确了爪哇属于东洋范围，其西才是西洋。

爪哇（Java），或古阇婆国，在今印度尼西亚爪哇岛，即苏门答腊与巴厘岛之间，南临印度洋。《后汉书》作叶调，唐宋称阇婆，《元史》中爪哇与阇婆并称。7世纪建立的以苏门答腊岛南部巨港为发祥地的室利佛逝王国，商业和文化发达，是当时印度以外的佛学中心，同中国、印度、阿拉伯都有经济与文化联系。9—10世纪室利佛逝王国版图扩及印尼西部各岛及马来半岛等地。13世纪末兴起于爪哇的满者伯夷王朝，在东爪哇兴建了密集的水利系统，农业、手工业、交通运输与对外贸易等空前发达，沿海城镇甚为繁荣。国势最盛时领有印尼大部分群岛及马来半岛南部，大体上奠定了现在印度尼西亚版图的基础。阇婆或爪哇古国名是梵名Yavadvipa的略称，在唐代曾为苏门答腊与爪哇二岛的合称，至宋代始为爪哇专称。②元代汪大渊《岛夷志略》称爪哇"地广人稠，实甲东洋诸番"③。上引费信的"其国地广人稠，甲兵为东洋诸番之雄"，是沿袭《岛夷志略》之文。

4. 作为郑和下西洋目的地的古里国是西洋大国，那里是西洋诸国大码头，见《瀛涯胜览》中的"古里国"条：

> 古里国乃西洋大国也。从柯枝国港口开船，往西北行三日可到。其国边海，出远东有五、七百里，远通坎巴夷国。西临大海，南连柯枝国界，北边相接狠奴儿国地面，西洋大国正此地也。④

《西洋番国志》中的"古里国"条：

---

① （明）费信：《星槎胜览》卷一，《古今说海》说选二十，第205页。
② （明）马欢著，万明校注：《明钞本〈瀛涯胜览〉校注》，第16—17页。
③ （元）汪大渊著，苏继庼校释：《岛夷志略校释》，中华书局1981年版，第159页。
④ （明）马欢著，万明校注：《明钞本〈瀛涯胜览〉校注》，第63页。

> 古里国，此西洋大国也。①

《星槎胜览》中的"古里国"条：

> 其国当巨海之要屿，与僧加密迩。亦西洋诸国之码头也。②

古里（Calicut）在《伊本·巴图塔游记》中作 kalikut，《岛夷志略》作古里佛，《大明一统志》作西洋古里，皆指今印度南部西海岸喀拉拉邦的卡利卡特，又译科泽科德。坎巴夷，《西洋朝贡典录》作坎巴夷替。据伯希和考订此坎巴夷替城即是昔之 Koyampadi，今之 Coimbatore。坎巴夷替似为 Koyampadi 的对音，即今印度泰米尔纳德邦西部之科因巴托尔（Coimbatre）的古称。其地在古里（今卡利卡特）东。向达《西洋番国志》校注古里国条谓当即 Cambay，而坎贝远在西北部，故应以伯希和说为是。狠奴儿，伯希和认为是 Honore 的对音。即今印度马拉巴尔海岸卡利卡特向北 199 里的 Honavar，今名霍那瓦。③ 冯承钧译《马可波罗行记》记坎巴夷替为 Cambaet，是一大国。案语作 Cambay。④

5. 郑和统领宝船往西洋为其船队航海活动的主要范围，见马欢《〈瀛涯胜览〉序》。该序文作于永乐十四年，明确指出上述航海活动的主要范围：

> 永乐十一年，太宗文皇帝敕命正使太监郑和统领宝船，往西洋诸番开读赏赐。⑤

《瀛涯胜览》中的"旧港国"条：

> 永乐五年，朝廷差太监郑和等统领西洋大𦨻宝船到此。⑥

---

① （明）巩珍著，向达校注：《西洋番国志》，第 27 页。
② （明）费信：《星槎胜览》卷三，《古今说海》说选二十三，第 216 页。
③ （明）马欢著，万明校注：《明钞本〈瀛涯胜览〉校注》，第 63—64 页。
④ ［意］马可波罗著，冯承钧译：《马可波罗行记》第 3 卷，上海书店出版社 2000 年版，第 448 页。
⑤ （明）马欢著，万明校注：《明钞本〈瀛涯胜览〉校注》，第 1 页。
⑥ （明）马欢著，万明校注：《明钞本〈瀛涯胜览〉校注》，第 28 页。

6. 其他有关西洋的表述

关于"下西洋"官军人员曾出现一次;①

关于"西洋布"也曾出现一次。②

以上"西洋"凡曾出现9次,仅关于古里国的记载中就曾出现两次。在当时人看来,南浡里帽山之西大海,"正是西洋也","番名那没黎洋";苏门答剌"乃西洋之总路";古里"乃西洋大国",是自第一次起下西洋之目的地。这里反映的是明初下西洋当时当事人具体理解的"西洋"本义。

陆容《菽园杂记》卷三云:"永乐七年,太监郑和、王景弘、侯显等,统率官兵二万七千有奇,驾宝船四十八艘,赍奉诏旨赏赐,历东南诸番以通西洋。"③陆氏的"历东南诸番以通西洋"这句话,是对于明初人西洋认识的最佳注解。

总之,马欢《瀛涯胜览》所述"往西洋诸番",④ 费信《星槎胜览》"历览西洋诸番之国",⑤ 而巩珍所著书名《西洋番国志》,顾名思义,实际是将郑和船队所到国家和地区,包括占城、满剌加、爪哇、旧港乃至榜葛剌国、忽鲁谟斯国、天方国,一律列入了西洋诸番国,尽管其中的爪哇等国并不真正属于当时人所严格指称的"西洋"范围之内。换言之,在郑和七次下西洋后,人们开始把下西洋所至诸国都列入了"西洋"界限以内,这无疑极大地扩展了"西洋"范围。此后,约作于正德十五年(1520)的黄省曾《西洋朝贡典录》更进一步,将"朝贡之国甚著者"全都列入了"西洋"的范围。他所列入的23国,包括了广阔的区域,其中赫然列有位于东洋的浡泥国、苏禄国、琉球国。⑥ 于是"西洋"不仅极大的彰显,而且无疑前所未有地扩大到了包括东西洋,乃至海外各国之义了。

郑和下西洋使"西洋"一词凸显,"西洋"一词在此后广泛流行于明代社会。自郑和下西洋以后,"西洋"有了狭义和广义的区别。狭义的

---

① (明)马欢著,万明校注:《明钞本〈瀛涯胜览〉校注》,第5页。
② (明)马欢著,万明校注:《明钞本〈瀛涯胜览〉校注》,第67页。
③ (明)陆容:《菽园杂记》卷三,中华书局1985年版,第23页。
④ (明)马欢著,万明校注:《明钞本〈瀛涯胜览〉校注》,第1页。
⑤ (明)费信著,冯承钧校注:《星槎胜览·前集目录》,中华书局1954年版,第2页。
⑥ 参见(明)黄省曾著,谢方校注《西洋朝贡典录》,中华书局1982年版。

"西洋",是郑和下西洋所到的印度洋,包括孟加拉湾、波斯湾、阿拉伯半岛、西非红海和东非一带。广义的"西洋",是一个象征整合意义的西洋,具有海外诸国、外国之义。这里值得注意的是,明代后期狭义的"西洋"受到明朝官方海外活动收缩的影响,张燮《东西洋考》以文莱划分东西洋界限,更深刻影响到后世的认识。这样一来,明朝人在郑和下西洋过程中对于西洋认识的延伸,遂使下西洋的初衷——下印度洋被遮蔽了起来,因此现在我们应走出迷雾,澄清本源。

第二节 郑和下西洋的前期终极点及其后期中转地:古里

据以下所引郑和亲立碑记,下西洋历次船队的主要航行目的地就是西洋的古里。当时,西洋是有特指的:马欢《瀛涯胜览》记载"南浡里国"帽山以西,称"那没黎洋",地理方位明确,即今印度洋;"西洋诸番"具体指印度洋国家。马欢书中"古里国"两度强调其为"西洋大国",非比寻常,值得在此作更为深入地探讨。

郑和首次下西洋,就是以印度古里为终点,这明确记载在郑和亲立之碑记上。如1431年郑和亲自在长乐南山天妃宫立下《天妃之神灵应记》,总结历次下西洋:

> 自永乐三年奉使西洋,迄今七次,所历番国,由占城国、爪哇国、三佛齐国、暹罗国,直逾南天竺、锡兰山国、古里国、柯枝国,抵于西域忽鲁谟斯国、阿丹国、木骨都束国,大小凡三十余国,涉沧溟十万余里。①

郑和在下面排列了七次下西洋的经历,排在首次下西洋第一个目的地的是:

---

① (明)钱谷:《吴都文粹续集》卷二八《道观》,文渊阁《四库全书》,第1385册,第722页。

第一篇　整体篇 >>>

> 永乐三年，统领舟师，至古里等国。

这里明确说明了郑和第一次下西洋以古里作为主要目的地。

郑和下西洋属于国家航海行为。无独有偶，郑和七次下西洋，七次必到古里，这明显是绝非偶然，而是经过整体规划的明朝海洋政策使然。古里，也就是今天印度喀拉拉邦的卡利卡特，正如卡利卡特大学副校长古如浦在《卡利卡特的札莫林》一书《前言》所说："［该地］是中世纪印度杰出的港口城市之一，是一个香料和纺织品的国际贸易中心。"① 正是它吸引了郑和航行印度洋期间将之作为第一位的目的地。郑和在古里曾经册封并立碑，均见之于记载：

> 永乐五年，朝廷命正使太监郑和赍诏敕赐其国王诰命银印，及升赏各头目品级冠带。宝船到彼，起建碑亭，立石云："去中国十万余里，民物咸若，熙暭同风，刻石于兹，永示万世。"②

古里之行在当时郑和使团随员的出使经历中，似乎并没有太多的特别。然而，古里的作用，又绝非仅为郑和船队主要目的地那么简单。我们应该将其放在整个印度洋范围内加以考量。

我们知道，第四次下西洋发生了重大转折，即郑和船队从古里航行到忽鲁谟斯，此后每次下西洋都必到忽鲁谟斯。从下西洋的角度来说，无论是古里，还是忽鲁谟斯，都是那没黎洋的大国。从以古里为目的地到前往忽鲁谟斯，意义在于下西洋目的地的延伸，是明朝海洋政策在印度洋的一次大的调整。换言之，忽鲁谟斯可以视为郑和下西洋过程中以古里为中心开拓的新航线。

上述讨论已经说明，古里是当时一个西洋大国。到那里的航线是：自帽山南放洋，好东风船行三日，可到锡兰山，从锡兰山起程，顺风十昼夜可至古里。自锡兰国的码头别罗里开船往西北，好风行六昼夜，可到小葛

---

① K. K. N. Kurup, "Foreword," in K. V. Krishna Ayyar ed., *The Zamorins of Calicit*, Calicut: University of Calicut, 1999, p.1. 郑和下西洋时期，古里是在札莫林王国统治之下。
② （明）马欢著，万明校注：《明钞本〈瀛涯胜览〉校注》，第63页。

兰国；自小葛兰国开船，沿山投西北，好风行一昼夜，可到柯枝国港口泊船；从柯枝国港口开船，往西北行三日可到古里。古里"远通坎巴夷国。西临大海，南连柯枝国界，北边相接狠奴儿国地面，西洋大国正此地也"①。古里是西洋诸国之码头，但是在郑和第四次下西洋后，郑和船队又转向了一个位于波斯湾的"各处番船并旱番客商都到此处赶集买卖"的西洋诸国之码头——忽鲁谟斯。于是此时的古里成为中国通往西亚、非洲乃至欧洲的中转站。

马欢《纪行诗》云："柯枝古里连诸番"，所言不虚。到明末时，何乔远《名山藏·王亨记》甚至有"郑和下番自古里始"的记载。②

以下是郑和下西洋以古里为中心的5条航线，有关记载都证明了该地在印度洋航行和贸易的中枢地位。

1. 古里至忽鲁谟斯国

马欢记："自古里国开船投西北，好风行二十五日可到。其国边海倚山，各处番船并旱番客商都到此处赶集买卖，所以国人殷富。"③

费信记："自古里国十昼夜可至。其国傍海居，聚民为市。"④

此处记载从古里到忽鲁谟斯仅需十昼夜，而非马欢所记二十五日，大约是郑和船队日夜兼程航行之故。

忽鲁谟斯即Hormuz, Ormuz的对音，今属伊朗，位于阿曼湾与波斯湾之间霍尔木兹（Hormuz）海峡中格仕姆岛（Qushm）东部的霍尔木兹岛。原旧港为鹤秫城，边海一城，是中古时期波斯湾头一个重要海港。13世纪城为外族所毁，故迁至附近的哲朗岛（Djeraun），是为新港，仍名忽鲁谟斯。《郑和航海图》作忽鲁谟斯岛。此处"边海倚山"，系指旧港而言。⑤

2. 古里至祖法儿国

马欢记："自古里国开船，好风投西北行十昼夜可到。"⑥

---

① （明）马欢著，万明校注：《明钞本〈瀛涯胜览〉校注》，第63页。
② （明）何乔远：《名山藏·王亨记》第8册，江苏广陵古籍刻印社1993年版，第6211页。
③ （明）马欢著，万明校注：《明钞本〈瀛涯胜览〉校注》，第91—92页。
④ （明）费信：《星槎胜览》卷四《忽鲁谟斯国》，《古今说海》说选二十三，第221页。
⑤ （明）马欢著，万明校注：《明钞本〈瀛涯胜览〉校注》，第92页。
⑥ （明）马欢著，万明校注：《明钞本〈瀛涯胜览〉校注》，第76页。

费信记："自古里国顺风二十昼夜可至。其国垒石为城，砌罗股石为屋。"①

按：祖法儿（Zufar），《诸番志》大食国条作奴发，《星槎胜览》《郑和航海图》作佐法儿，皆为 Zufar、Dhofar 的对音，即今位于阿拉伯半岛东南端的阿曼佐法尔。②

3. 古里至阿丹国

马欢记："自古里国开船，投西北兑位，行一月可到。其国边海山远，国民富饶。"③

费信记："自古里国顺风二十二昼夜可至。其国傍海而居。"④

按：阿丹国（Aden）即今阿拉伯半岛也门首都亚丁。此地居于中国、印度与西方之间，一直是阿拉伯半岛通商要地，东西方贸易中心，也是古代西亚宝石、珍珠的集散中心。

4. 古里至剌撒国

费信记："自古里国顺风二十昼夜可至。其国傍海而居，垒石为城。"⑤

按：剌撒国（Lasa），据《郑和航海图》，位于祖法儿以西，阿丹以东。向达先生考订为 Ras Sharwein，陈佳荣等先生认为是阿拉伯半岛南岸，今木卡拉附近的 La'sa。⑥

5. 古里至天方国

马欢记："自古里国开船投西南申位，船行三个月到本国马头，番名秩达，有大头目主守。自秩达往西行一月，可到王居之城，名默加国。"又云："宣德五年，蒙圣廷命差内官太监郑和等往各番国开读赏赐，分艅到古里国时，内官太监洪保等见本国差人往天方国，就选差通事人等七人，赍带麝香、磁器等物，附本船只到彼。往回一年，买到各色奇货异宝、麒麟、狮子、驼鸡等物，并画天堂图真本回京。"⑦

---

① （明）费信：《星槎胜览》卷四《佐法儿国》，《古今说海》说选二十三，第 221 页。
② （明）马欢著，万明校注：《明钞本〈瀛涯胜览〉校注》，第 76 页。
③ （明）马欢著，万明校注：《明钞本〈瀛涯胜览〉校注》，第 80 页。
④ （明）费信：《星槎胜览》卷四《阿丹国》，《古今说海》说选二十三，第 220 页。
⑤ （明）费信：《星槎胜览》卷四《剌撒国》，《古今说海》说选二十三，第 220 页。
⑥ 参见陈佳荣、谢方、陆峻岭《古代南海地名汇释》，中华书局 1986 年版，第 980 页。
⑦ （明）马欢著，万明校注：《明钞本〈瀛涯胜览〉校注》，第 99、103—104 页。

费信记："其国自忽鲁谟斯四十昼夜可至。"①

近年南京新发掘出土的洪保墓《知监太监洪公寿藏铭》，印证了下西洋的天方之行。②

按：天方国（Mecca），指位于沙特阿拉伯希贾兹（一译汉志）境内的麦加（Mecca）。后又泛指阿拉伯。麦加是伊斯兰教圣地，伊斯兰教兴起之前，曾是古代多神教的中心。610年穆罕默德声称在城郊希拉山洞受到安拉的启示，在此开始传播伊斯兰教，630年穆罕默德率军队攻克麦加并清除克尔白神殿中的偶像后，遂成为全世界穆斯林朝觐瞻仰的圣地。元代称天房，见刘郁《西使记》。《岛夷志略》作天堂。天房或天堂本指麦加的克尔白（ka'aba）礼拜寺，此寺又名安拉之居（Bayt Allah）。默伽国，《岭外代答》《诸番志》作麻嘉，《事林广记》作默伽，皆是Mecca的对音，即今位于红海东岸的麦加城，天方、天堂、天房皆指此城，今属沙特阿拉伯。③

郑和下西洋还在古里附近有一个重要的延伸，即开辟了横跨印度洋直航东非的航线。郑和第三次下西洋时中国船队和东非的直接通航，④ 是印度洋海上交通的扩张式发展。

郑和在福建长乐《天妃之神灵应记》碑中明言："［其船队］抵于西

---

① （明）费信：《星槎胜览》卷四《天方国》，《古今说海》说选二十三，第222页。
② 参见南京市博物馆、江宁区博物馆《南京市祖堂山明代洪保墓》，《考古》2012年第5期。
③ （明）马欢著，万明校注：《明钞本〈瀛涯胜览〉校注》，第99—100页。
④ 陆容《菽园杂记》卷三载："永乐七年太监郑和、王景弘、侯显等，统率官兵二万七千有奇，驾宝船四十八艘，赍奉诏旨赏赐，历东南诸番以通西洋。是岁九月，由太仓浏家港开船出海。所历诸番地面，曰占城国……曰卜剌哇，曰竹步，曰木骨都束……"（中华书局1985年版，第23页）。沈福伟先生据此认为郑和第三次下西洋就到了非洲，并考证了下西洋所至东非各地名，见其《郑和宝船队的东非航程》，纪念伟大航海家郑和下西洋580周年筹备委员会、中国航海史研究会编：《郑和下西洋论文集》第一集，人民交通出版社1985年版，第166—183页。侯仁之先生曾撰文说："可以设想，横越印度洋直接联系锡兰或南印度与非洲东岸的航路，在十五世纪初郑和远航之前，是有可能被发现的。但是在中国图籍里关于这条航路的明确记载，则是从郑和远航时开始的。在郑和航海图和有关记载中可以看出，在锡兰与非洲东岸以及南印度与非洲东岸之间，都是直达航线，可以经过官屿溜（今马累岛），也可以不经过它。"见《所谓"新航路的发现"的真相》一文，收入王天有、万明编《郑和研究百年论文选》，北京大学出版社2004年版，第85页；原载《人民日报》1965年8月12日。此前元代的记载仍比较含糊，而从中国人首次大规模远航印度洋史无前例的视角来看，这条航线反映了郑和航海期间航海路线的扩张。

域忽鲁谟斯国,阿丹国、木骨都束国。"① 其中,木骨都束(Magadoxo)位于非洲东岸,即今天索马里的摩加迪沙。

根据费信的记载:"自小葛兰顺风二十昼夜可至[木骨都束]。其国滨海,堆石为城,垒石为屋。"②

他还记有非洲东岸的卜剌哇国(Brawa):"自锡兰山别罗里南去,顺风七昼夜可至溜山国;再延伸航行到卜剌哇国,二十一昼夜可至。其国与木骨都束国相接连。"③

卜剌哇国即今非洲东岸索马里之布腊瓦,当时异称为"比剌"。

与木骨都束山地连接的有竹步国(Jubo)。④ 竹步国即今天非洲东岸索马里之朱巴。

从锡兰南端的别罗里(今 Belligame)或从南印度西岸之古里到非洲东岸卜剌哇(今布腊瓦 Brawa)或木骨都束(今摩加迪沙 Magadoxo)之间的直达航路,船队沿非洲东岸南行,航线更延伸到今肯尼亚的马林迪和莫桑比克的索法拉。⑤

《郑和航海图》表明,郑和船队远航到达印度洋孟加拉湾、阿曼湾、阿拉伯半岛南端的亚丁(阿丹),到达非洲东部,也就是印度洋的西部,最远到达非洲肯尼亚的蒙巴萨(慢八撒)。根据向达先生研究,《郑和航海图》所收地名达 500 多个,其中本国地名约占 200 个,外国地名约占 300 个,比汪大渊《岛夷志略》的外国地名多 2 倍。"十五世纪以前,我们记载亚、非两洲的地理图籍,要以这部航海图的内容为最丰富了。"⑥ 可以补充的是,这部航海图是 15 世纪西方航海东来以前的中国与印度洋最为丰富的历史图籍,是对印度洋海洋文明做出的重要贡献。

---

① 萨士武:《考证郑和下西洋年岁之又一史料——长乐"天妃灵应碑"拓片》,《郑和研究资料选编》,人民交通出版社 1985 年版,第 104 页。原载(天津)《大公报·史地周刊》第 80 期 1936 年 4 月 10 日。
② (明)费信:《星槎胜览》卷四《木骨都束国》,《古今说海》说选二十三,第 219 页。
③ (明)费信:《星槎胜览》卷四《卜剌哇国》,《古今说海》说选二十三,第 218 页。
④ (明)费信:《星槎胜览》卷四《竹步国》,《古今说海》说选二十三,第 219 页。
⑤ 《明太宗实录》卷一八二,永乐十四年十一月戊子,第 1963 页,记当时有古里等国遣使贡方物,其中有"麻林",经学者考证,即今肯尼亚马林迪;《明太宗实录》卷一三四,永乐十年十一月丙申,第 1639 页。记当时遣郑和等赍敕往赐的诸国中有孙剌之名,经学者考证,即今莫桑比克的索法拉。
⑥ 向达:《整理郑和航海图序言》,《郑和航海图》,中华书局 1961 年版,第 5 页。

郑和为首率领的中国船队,定期前往印度洋各国,在以古里为终点或中转点的航海活动中,将中国的远洋航海推向了一个前所未有的高度。七下西洋的中国国家远洋航海活动,是 15 世纪末欧洲人东来以前最大规模的印度洋航海壮举,为活跃中国与印度洋各国的政治、经济往来,做出了卓越贡献,并产生了深远影响。

第三节 印度洋的整体视野:中西海陆丝绸之路的全面贯通

为了探索郑和时期中国人对印度洋的整体视野,需要从明朝当时人自第四次下西洋开始每次必到的忽鲁谟斯说起。

在郑和亲立的两通著名的碑记中,都记录了忽鲁谟斯,并都在有关第四次下西洋记述中云:"统领舟师,往忽鲁谟斯等国。"①

《娄东刘家港天妃宫石刻通番事迹》碑记云:

> 永乐初,奉使诸番,今经七次,每统领官兵数万人,海船百余艘,自太仓开洋,由占城国、暹罗国、爪哇国、柯枝国、古里国,抵于西域忽鲁谟斯等三十余国,涉沧溟十万余里。

福建长乐《天妃之神灵应记》碑记云:

> 自永乐三年奉使西洋,迨今七次,所历番国,由占城国、爪哇国、三佛齐国、暹罗国,直逾南天竺、锡兰山国、古里国、柯枝国,抵于西域忽鲁谟斯国、阿丹国、木骨都束国。大小凡三十余国,涉沧溟十万余里。

---

① (明)钱谷:《吴都文粹续集》卷二八《道观》,第722页;萨士武:《考证郑和下西洋年岁之又一史料——长乐"天妃灵应碑"拓片》,《郑和研究资料选编》,人民交通出版社 1985 年版,第 104 页。

第一篇　整体篇 >>>

忽鲁谟斯是郑和第四次下西洋才开始访问的国家，乃至成为此后历次下西洋每次必到之地。两碑均于郑和第七次下西洋出发前所立，时间是在宣德六年（1431）。值得注意的是，在两碑中提及忽鲁谟斯的时候，都是以"西域忽鲁谟斯"相称的。

巩珍《西洋番国志》卷前收有《敕书》三道，其中两道涉及"西洋"，也均与忽鲁谟斯相关，现列于下：

一、永乐十八年十二月初十日《敕书》：

敕太监杨敏等往西洋忽鲁谟斯等国公干。①

二、宣德五年五月初四日《敕书》：

敕南京守备太监杨庆、罗智、唐观保、大使袁诚。今命太监郑和等往西洋忽鲁谟斯等国公干，大小舡六十一只。②

"往西洋忽鲁谟斯等国公干"，印证了明朝官方诏敕文书中的忽鲁谟斯，均与"西洋"相联系，在时间上一为"永乐十八年十二月初十日"，一为"宣德五年五月初四日"。永乐十八年，是1420年，为郑和第六次下西洋前；宣德五年，是1430年，为郑和第七次下西洋前。比对郑和等所立碑记，同样一个忽鲁谟斯国，至永乐十八年，也就是郑和初次下西洋15年后，官方文书中出现了西域和西洋两个地理方位定语，明显是将西域与西洋重合在了一起。进一步说，明朝人对于波斯湾头的忽鲁谟斯，显然已经出现了新的观念：忽鲁谟斯从西域到西洋，标志着西洋与西域的贯通。

忽鲁谟斯的意义非比寻常：郑和七次下西洋在第四次首次访问了忽鲁谟斯，而且还从那里派遣分船队远赴红海和东非。③ 除了那里是东西方贸易的集散地以外，更重要的，那里是中国与西方之间的交往通路——所谓

---

① （明）巩珍著，向达校注：《西洋番国志》，第9页。
② （明）巩珍著，向达校注：《西洋番国志》，第10页。
③ 关于忽鲁谟斯，可参考西方学者最新的研究成果：［德］廉亚明、［葡萄牙］普塔克著，姚继德译《元明文献中的忽鲁谟斯》，宁夏人民出版社2008年版。

丝绸之路的陆路和海路的交汇之地。

在这里，有必要回顾一下明太祖时派遣傅安使团从陆路出使撒马尔罕的历史。明朝初年对外联系是全方位的，中西交通大开，包括西域与西洋，陆上与海上。与郑和自海路七下西洋交相辉映的，是明朝曾派遣傅安六次、陈诚五次从陆路出使西域，海陆并举，堪称中西交通史上的盛事。明初傅安出使帖木儿帝国发生在洪武二十八年（1395）。傅安被帖木儿国王羁留，曾因此借机游历帖木儿帝国："由小安西至讨落思，安又西至乙思不罕，又南至失剌思，还至黑鲁诸诚，周行万数千余里。"① 历时6年之久的游历虽是被迫的，但明朝使团却因此远游到达了今天伊朗的大不里士（讨落思）、伊斯法罕（乙思不罕）、设拉子（失剌思）以及今天阿富汗的赫拉特（黑鲁，即哈烈）等地，成为明朝从陆路向西方行程最远的使团。② 直至永乐五年（1407）六月，傅安被羁留在国外13年后才回到中国。特别需要说明的是，郑和首次下西洋时，傅安还没有回来，因此，也可以说当时的陆路丝绸之路是不通畅的，所以下西洋的终极目的地是古里，合乎逻辑的规划是从海路通西域。

不仅忽鲁谟斯是东西方陆海丝绸之路的交汇之地，就是下西洋首航的主要目的地古里也同样是西域和西洋连接的枢纽城市。在元代汪大渊《岛夷志略》中，称古里为古里佛。汪大渊指出其地是西洋的重要码头："当巨海之要冲，去僧加剌密迩，亦西洋诸番之马头也。"③ 从马欢、费信、巩珍的记载也可知道古里是一个商业贸易聚集地。如果说下西洋去那里只有政治意图，那是无法理解的。费信《古里国》诗曰："古里通西域，山青景色奇。路遗人不拾，家富自无欺。酋长施仁恕，人民重礼仪。将书夷俗事，风化得相宜。"④ 他道出了古里位于西域与西洋的连接点上，地位因此显赫。沈福伟先生认为，"下西洋"指通航印度洋固无疑问，所谓西洋也

---

① （清）万斯同：《明史纪传》卷五三《傅安传》，清抄本，中国国家图书馆藏。
② 关于傅安出使事迹，参见万明《傅安西使与明初中西陆路交通的畅达》，《明史研究》第2辑，黄山书社1992年版，第132—140页。
③ （元）汪大渊著，苏继顾校释：《岛夷志略校释》，中华书局1981年版，第325页。
④ 《星槎胜览·古里国》，邓士龙辑，许大龄、王天有主点校：《国朝典故》卷一○四，北京大学出版社1993年版，下册，第2083页。

第一篇 整体篇 >>>

可指国名,就是南印度马拉巴海岸的科泽科特——古里的又一译名。① 此说似嫌极端了些。事实上,古里与忽鲁谟斯完全相同,即同为东西方国际商业贸易中心,也同样在西域与西洋的交叉点上。可以认为,正是因为古里的这一特殊方位和特性,才成为郑和下西洋前期的主要目的地。

此外还有天方国。我们注意到,费信关于"天方国"的记载中也提到了西域:

> 其国自忽鲁谟斯四十昼夜可至。其国乃西海之尽也,有言陆路一年可达中国。其地多旷漠,即古筠冲之地,名为西域。②

费信《天方国》诗也谈及西域:

> 罕见天方国,遗风礼仪长。存心恭后土,加额感穹苍。玉殿临西域,山城接大荒。珍珠光彩洁,异兽贵训良。日以安民业,晚来聚市商。景融禾稼盛,物阜草木香。尤念苍生志,承恩览道邦。采诗虽句俗,诚意献君王。③

在当时下西洋的明朝人看来,西洋的尽头,也就是西域之地。由此可见,明朝人对于西洋与西域相连接的认识是相当明确的。因此,下西洋是连通陆上丝绸之路的西域与海上丝绸之路的西洋之举,于此清晰可见。

值得注意的是,永乐十一年(1413),在陆上,陈诚第一次出使西域,主要使命是送哈烈等国使臣回国,回国上《西域记》,"西域诸国哈烈、撒马尔罕、火州、土鲁番、失剌思、俺都淮等处各遣使贡文豹、西马、方物"④。显然,出使西域的陈诚并没有远达忽鲁谟斯和天方国,这也就是说,明朝初年要前往"陆路一年可达中国"的天方国,道路并不通畅,摆

---

① 沈福伟:《郑和时代的东西洋考》,纪念伟大航海家郑和下西洋580周年筹备委员会编《郑和下西洋论文集》第二辑,南京大学出版社1985年版,第222页。
② (明)费信:《星槎胜览》卷四《天方国》,《古今说海》说选二十三,第222页。
③ (明)费信:《星槎胜览·天方国》,邓士龙辑:《国朝典故》卷一〇五,下册,第2103页。
④ 《明太宗实录》卷一六九,永乐十三年十月癸巳,第1884页。

在明朝人面前的选择必然是海路。

永乐十二年（1414），在海上，郑和第四次统领舟师下西洋，前往忽鲁谟斯等国。这里想强调的是，在郑和遗留的两通重要碑刻《娄东刘家港天妃宫石刻通番事迹记碑》和福建长乐《天妃灵应之记碑》中，是将忽鲁谟斯置于西域的。笔者曾著文考证"西洋"这一名词，注意到忽鲁谟斯冠以西域之地，而在七下西洋以后，也称为西洋的史实。① 有关忽鲁谟斯的记载经历了从西域到西洋的认识过程，这说明了什么？下西洋时期郑和等明朝人的西域观提示我们，郑和从海路前往忽鲁谟斯，正是给古代中西丝绸之路划了一个圆圈。丝绸之路从陆到海，至此得以全面贯通。最重要的是，贯通的交汇之地就是所下的西洋——印度洋。

郑和的远航，不是一个偶然事件，而是长期以来亚非人民泛海交往、和平贸易的重要发展。由于这次远航是国家航海行为，因此规模巨大，人员众多，远超前代，影响深远。

马欢《瀛涯胜览》卷首《纪行诗》云：

> 阇婆又往西洋去，三佛齐过临五屿。苏门答剌峙中流，海舶番商经此聚。自此分艅往锡兰，柯枝、古里连诸番。弱水南滨溜山国，去路茫茫更险艰。欲投西域遥凝目，但见波光接天绿。舟人矫手混西东，惟指星辰定南北。忽鲁谟斯近海傍，大宛、米息通行商。曾闻博望使绝域，如何当代覃恩光。②

"曾闻博望使绝域，如何当代覃恩光"两行诗句，说明明初人马欢是将下西洋与张骞凿空西域相提并论的。

让我们回顾一下，此前的忽鲁谟斯，一直是以西域大国见称的。此时由于郑和下西洋，改以西洋大国著称。我们由此看到的是通过郑和下西洋，明朝从海上取得了贯通西域与西洋的结果，也就是全面打通了陆上丝绸之路与海上丝绸之路。就此而言，下西洋也是一个凿空的划时代海上壮

---

① 参见万明《释"西洋"——郑和下西洋深远影响的探析》，《南洋问题研究》2004年第4期，第18页。

② （明）马欢著，万明校注：《明钞本〈瀛涯胜览〉校注》，第2—3页。

第一篇　整体篇 >>>

举。有人会说早在唐代中国人已经到达了波斯湾，在元代已有海陆并举。然而，我们不能忘记，张骞通西域之前民间丝绸之路早已存在，却无妨张骞代表国家行为的出使作为丝绸之路形成的标志。郑和下西洋也是同样的，是代表中国的国家航海行为，集举国之人力、物力和财力，中国人首次大规模远航印度洋是史无前例的。因此马欢《纪行诗》中才出现那样的诗句。

今天我们知道，印度洋是世界第三大洋，面积7491万平方千米，约占世界海洋总面积的五分之一，拥有红海、阿拉伯海、亚丁湾、波斯湾、阿曼湾、孟加拉湾、安达曼海等重要边缘海域和海湾。在古代，印度洋贸易紧紧地将亚、非、欧连接在一起。古代世界大致可划分为三大贸易区域：欧洲，阿拉伯—印度，以及东亚贸易区。从地域来看，郑和七下印度洋，每次必到的是印度古里，将东亚贸易区拓展到了阿拉伯—印度贸易区；第三次下西洋期间，郑和船队到达了非洲东部，而从第四次下西洋起直至第七次，他的船队都到达了波斯湾的忽鲁谟斯，因为那里正是与欧洲贸易的交接之处。印度洋是贯通亚洲、非洲和欧洲的交通要道，郑和下西洋的重要意义更在于此。

结　　　语

总而言之，明初郑和出使海外，官私文书均称"下西洋"，但在明初当时人的观念中，"西洋"是有专指的，名"那没黎洋"，也就是今天的印度洋。因此，郑和七下西洋，主要就是七下印度洋。虽然在郑和下西洋后，影响所及，"西洋"已演变为泛称海外的一般名词，但是我们不能忘记，明初下西洋的初衷是通航印度洋，第一个目的地是印度古里。明乎于此，我们面对的是重新评价郑和下西洋的历史意义。

郑和七下印度洋促使中西陆海丝绸之路在印度洋上全面贯通，明代中国在与印度洋周边各国建立和平友好关系与追求共同商贸利益的目的驱动下，形成了活跃的印度洋贸易网络，掀起了印度洋国际贸易一个繁盛的高潮期，为印度洋文明乃至世界文明做出了重要贡献。始撰于永乐年间下西洋、成书于16世纪的民间航海指南《顺风相送》，记载了晚明中国往印度洋的针路，目的地包括罗里、傍伽喇、古里、忽鲁谟斯、阿丹、祖法儿，还有南巫里洋。① 这是郑和下西洋的余脉。进一步说，15世纪初中国船队在印度洋长达28年的航海活动，是明代中国的国家航海行为。在马欢等当时当事人的记载中，所至之地，几乎均以"国"名之，当时中国人对印度洋的认知变得比以往任何时候都更为鲜明和准确。郑和七下印度洋，使明代中国的海洋大国走势乃至海洋强国形象，在印度洋上留下了深刻印记，奠定了古代中国在世界航海史上的地位，也为区域史走向全球化做出了重要铺垫。至今郑和下西洋传为世界航海盛事，就是明证。

---

① 参见向达校注《两种海道针经》，中华书局1961年版。

第四章 亦失哈七上北海与明代永宁寺碑新探[*]

明朝初年派遣郑和七下西洋，几乎同时派遣内官亦失哈七上北海（今鄂霍次克海），[①] 建立奴儿干都司，敕建永宁寺，立碑两座，反映了从武力征服到文化招抚的不同政治史过程，显示出统治模式的重构，开创了东北亚丝绸之路发展的新纪元。

明代永宣年间是丝绸之路繁荣发展的鼎盛时期，不仅体现在郑和七下西洋，而且也表现在亦失哈七上北海，通过海陆丝绸之路，不仅加强了中国与东南亚、南亚、西亚、东非，乃至印度洋沿岸国家的关系，而且东北亚丝绸之路也在明朝开拓北方水陆联运线后发展起来。

从元朝征东元帅府的流放犯人之地，[②] 到明朝建立奴儿干都司，敕建永宁寺，立碑两座：反映了从武力征服到文化招抚的不同的政治史过程，显示出统治模式的重构，开创了东北亚丝绸之路发展的新纪元：以奴儿干

---

[*] 原为2018年9月中国中外关系史学会与俄罗斯科学院远东分院历史考古民族研究所、俄罗斯历史协会远东分会联合在俄国海参崴召开的"永宁寺石碑研究问题"国际学术会议上的发言稿，现整理补充而成。原名《永宁寺碑研究三题——基于整体丝绸之路的思考》。

[①] 以鄂霍次克海为北海，可见杜佑《通典》云："流鬼，在北海之北。北至夜叉国，余三面皆抵大海，南去莫设鞨羯，船行十五日。无城郭，依海岛散居。掘地深数尺，两边斜竖木，构为屋。人皆皮服。又狗毛杂麻为布而衣之。妇人冬衣豕鹿皮，夏衣鱼皮，制与獠同。多沮泽，有盐鱼之利。地气沍寒，早霜雪。每坚冰之后，以木广六寸，长七尺，施系其上，以践层冰逐及奔兽。俗多狗。"《通典》卷二〇〇《边防》十六，岳麓书社1995年版，第2852页。学界多以流鬼即今俄罗斯远东勘察加半岛，其所濒之海即为鄂霍次克海（Sea of Okhotsk）。

[②] （元）《新集至治条例·发付流囚轻重地面》："延祐七年三月日，中书省议得诸处合流辽阳行省罪囚，无分轻重，一概发付奴儿干地面"，元刻本。（明）宋濂等：《元史》卷一〇三《刑法志二》："诸流远囚徒，惟女直、高丽二族流湖广，余并流奴儿干及取海青之地。"中华书局1976年版，第2634页。

为中心，直达北海（今鄂霍茨克海）、苦兀岛（今俄罗斯萨哈林岛）、日本北海道等地。对于奴儿干都司治所所在地的永宁寺碑，中外学界已有大量研究成果。① 近些年来，俄罗斯学者对永宁寺遗址进行考古发掘，又有新成果出版，推进了研究。② 从全球史的新视野出发，永宁寺碑仍有一些问题值得我们探讨，其反映出明代东北亚丝绸之路发展的历史事实，有助于理解古代丝绸之路上的族群、语言、宗教与政治文化背景。基于整体丝绸之路的思考，本章发掘新旧史料，由永宁寺碑署名第一人亦失哈家族新资料的发现、永宁寺碑四种文字六字真言考和永宁寺碑与东北亚丝绸之路特点三部分组成，就此提出一些看法，就教于方家。

---

① 相关的主要论著有：清朝官员曹廷杰1885年对永宁寺碑和奴儿干都司衙署所在地进行考察，拓取永宁寺碑文，首次著录《永宁寺记》汉文362字，《重建永宁寺记》汉文344字，并绘图，明确标注了永宁寺碑位置，见丛佩远、赵鸣岐编《曹廷杰集》，中华书局1985年版；1900年日本学者石泽发身（即大仓发身）出版《白山黑水》一书，对奴儿干永宁寺两座碑记作了介绍与转释。同年六月，日本内藤虎次郎在《历史和地理》杂志第1卷第4号上，发表《明东北边疆辨误·附奴儿干永宁寺碑记》一文，随后《读史丛录》收录其1929年发表的文章《奴儿干永宁寺二碑补考》，增补了《吉林通志》所未录出的永宁寺二碑记的文字；20世纪30年代末，中国学者罗福颐、日本学者园田一龟，分别对永宁寺碑作了考证和校录，增补和订正了若干文字，见罗福颐《满洲金石志》卷六，满日文化协会，1937年；园田一龟《满洲金石志稿》第2册，1939年；日本学者鸟居龙藏《奴儿干都司考》，《燕京学报》第33期，1947年；日本学者长田夏树《奴儿干永宁寺碑蒙古女真文释稿》，《石滨先生古稀纪念·东洋学论丛》，1958年；［俄］麦利霍夫的研究见《明朝对女真的政策》，引自《中国与邻国》，第268页；钟民岩、那森柏、金启孮：《明代奴儿干永宁寺碑记校释——以历史的铁证揭穿苏修的谎言》，《考古学报》1975年第2期；鞠德源：《关于明代奴儿干永宁寺碑记的考察和研究》（《文献》1980年第1期），提出清康熙朝绘制的满文《胡尔哈河入海图》是清朝政府关于奴儿干永宁寺两座明碑的最早纪录，早于1809年日本人间宫林藏记载特林古碑［日本间宫林藏的考察，见黑龙江日报社（朝鲜文版）编辑部和黑龙江省哲学社会科学研究所译《东鞑纪行》（下卷），商务印书馆1974年版］、1885年清朝官员曹廷杰的纪录。杨旸再加考释校订，见杨旸主编、袁闾琨、傅朗云编著《明代奴儿干都司及其卫所研究》，中州书画社1982年版；傅朗云、杨旸、曹泽民《曹廷杰与永宁寺碑》，辽宁人民出版社1988年版；日本学者中村和之《杨旸、袁间现、傅朗云〈明代奴儿干都司及其卫所研究〉》《史朋》第22号，1988年；日本学者远藤岩《应永初期的虾夷叛乱——关于中世国家的虾夷问题》，载北海道·东京史研究会编《北来的日本史》，三省堂1988年版。

② А. Р. Артемьев: Б ЯД Дийские храмы XV В. В Низовьях Амура, Владивосток, 2005. 在此衷心感谢俄罗斯科学院远东分院历史研究所中世纪考古研究室主任阿尔捷米耶娃·娜杰日达研究员的赠书。

第一篇　整体篇 >>>

第一节　永宁寺碑与新发现的亦失哈家族资料

明代永宁寺二碑，曾树立在黑龙江下游靠近鄂霍次克海出海口的奴儿干都司（在今俄罗斯特林地区），现藏俄罗斯符拉迪沃斯托克（海参崴市）阿尔谢尼耶夫滨海区国家博物馆。永乐碑呈长方形，大理石质，高103厘米，宽49厘米，厚26厘米，碑阳为汉字，额书"永宁寺记"，首云"敕修奴儿干永宁寺碑记"。碑阴为蒙古、女真文。碑两侧以汉文、蒙古文、女真文、藏文刻写六字真言。宣德碑呈上圆下方，花岗岩质，高120厘米，宽70厘米，厚32厘米，额书"重建永宁寺记"，碑文为汉文，碑阴与碑侧无文字。

永宁寺是明代敕修，碑文表明，立碑第一人是内官亦失哈。他作为皇帝的代表，在明永乐九年（1411）至宣德八年（1433）的22年中，屡受朝命出使奴儿干，直达北海（今鄂霍次克海），并于奴儿干都司所在地两度兴建永宁寺，后任辽东镇守太监16年。亦失哈来自海西，出身女真族，对于开拓东北亚丝绸之路做出了重大贡献。新发现的亦失哈之侄武忠墓志铭，即明黎淳撰《荣禄大夫中军都督府都督同知武公墓志铭》①，提出了值得进一步研究的亦失哈家族资料，藉此可以澄清亦失哈究竟几上北海的问题；同时还使得我们关注一个问题：明初开拓东北，海西女真人为朝廷所倚重，亦失哈家族即是一例，海西与东北亚丝绸之路发展的关系，也由此显现出来。

一　亦失哈究竟几上北海

亦失哈究竟几上北海？史学界一直存在歧义。对于亦失哈等巡视奴儿干等地的次数，中外学者很早就存在不同看法，长期以来有七上、九上、

---

① 此《荣禄大夫中军都督府都督同知武公墓志铭》，载黎淳《黎文僖公文集》，嘉靖刻本。黎淳（1423—1492），湖广华容（今湖南华容县）人，字太朴，号朴庵，学者称为朴庵先生，今胜峰乡龙秀村人。黎淳博学多才，尤以经史著称，除参与修撰《大明一统志》外，著有《龙峰集》《明实录》《黎文僖集》等传世。明英宗天顺元年（1457）丁丑科状元，授翰林院修撰，官至南京礼部尚书。此武忠《墓志铭》，下文简称《墓志铭》，均引自此文，不另出注。

十上之说。罗福颐先生认为："至亦失哈宣抚奴儿干先后凡十次，建永宁寺碑作永乐中'五至某国'，其在宣德时则洪熙元年、宣德元年、三年、七年、八年亦五至。"提出永乐年间五次，再加上宣德年间五次，一共是十次。① 钟民岩先生也同意十次之说。② 日本学者江岛寿雄则认为亦失哈奉使奴儿干，永乐间为五回，宣德间为二回，先后共七回③。杨旸先生曾提出九次之说：即永乐九年（1411）、十年冬（1412），十三年（1415）—十八年（1420，有阿什哈达摩崖石刻为证），洪熙元年（1425），宣德元年（1426），宣德三年（1428），宣德五年（1430），宣德七年（1432）。进入21世纪，他也同意七次之说，并进行了论证④。但直至近年，仍有九上之说。⑤ 由此可见，这仍是一个尚待探讨的问题。

据武忠《墓志铭》记载："洪武初有讳武云者，率其子满哥秃孙、可你、亦失哈慕义来归。太祖高皇帝嘉其一门敬顺天道，尊事朝廷也，赐姓武氏，授田宅，给饩廪，恩养甚厚。"新资料的墓主武忠是洪武初"率其子满哥秃孙、可你、亦失哈慕义来归"的武云之孙。他家先世为"海西木里吉寨人"，"赐姓武氏"，是武云之子可你之子，即亦失哈之侄。亦失哈在洪武初随父武云归附明朝，"其后亦失哈入内廷为奉御，历升太监，镇守辽东"。说明亦失哈后来入内廷为奉御。奉御是内官之一种，从六品，地位低于太监、少监、监丞等，最终历升为辽东镇守太监。

重要的是，此《墓志铭》记载了墓主亦失哈之侄武忠随亦失哈前往奴儿干的事迹："洪熙乙巳奴儿干梗化，命亦失哈招抚，公从之有功。宣德丁未归，授锦衣卫□户。戊申再随亦失哈往奴儿干，中道奉敕谕山后有功，赏彩币；辛亥复随亦失哈往奴儿干，癸丑归献海青三百余，赏金织袭衣及彩币。"这里记载了武忠于洪熙元年（1425）跟随亦失哈前往奴儿干

---

① 罗福颐：《满洲金石志》卷六，满日文化协会，1937年，第8页。
② 钟民岩：《历史见证——明代奴儿干永宁寺碑文考释》，《历史研究》1974年第1期。
③ ［日］江岛寿雄：《关于亦失哈之奴儿干招抚》，载《西日本史学》第13号。
④ 杨旸：《明代东北亚丝绸之路与虾夷锦文化现象》，原载《社会科学战线》1993年第1期，收入《杨旸文集》，第311—313页；《明代奴儿干永宁寺碑研究的诸问题论辩》，原载《东北史地》2005年第5期，收入《杨旸文集》，第272—274页。
⑤ 刘新博、陈简希：《明朝南北洋海疆经略比较研究——以郑和、亦失哈为考察中心》，《东北史地》2014年第3期。

招抚，宣德二年（1427）归，授予锦衣卫百户①；宣德三年（1428）再随亦失哈前往奴儿干；宣德六年（1431）复随亦失哈往奴儿干，至八年（1433）归。由此，新发现的史料可以澄清以往关于亦失哈几次巡视问题的歧说，确证了亦失哈七上北海。

让我们结合《永宁寺碑》碑文分析。碑文说明永乐年间亦失哈有三次巡视，第一次是永乐九年（1411）冬率官军一千余人，巨船25艘，开设奴儿干都司；第二次是永乐十年（1412）冬自海西抵奴儿干及海外苦夷诸民；第三次是永乐十一年（1413）秋，建寺塑佛。新发现的《墓志铭》则证明洪熙至宣德年间亦失哈三次到此巡视：第一次洪熙元年（1425）去，宣德二年（1427）归；第二次宣德三年（1428）去；第三次宣德六年（1431）去，八年（1433）回归。虽然第三次所记宣德六年，与《重建永宁寺碑》的宣德七年有所出入，但是《墓志铭》记载此次至八年归，包括了七年在内，因此证实了亦失哈在永乐年间以后亦失哈三上北海的历史事实。这里还有一个余下问题需要解决，即《重建永宁寺碑》所云"永乐中上命内官亦失哈等""五至其国"的问题。依前述《永宁寺碑》所记，明确只有三次，而依据学界早已发现的吉林船厂阿什哈达摩崖石刻，即在建寺立碑之后的永乐十八年（1420），亦失哈还有一次巡视奴儿干。因此，永乐年间亦失哈就有四次前往奴儿干了；那么碑文中的五次，还有一次如何解释？这里我们可从碑文"永乐中上命内官亦失哈等"的"等"字上追寻，应是把《永宁寺碑》建碑之前，永乐皇帝先前派遣行人邢枢与知县张斌前往招抚的一次计算在内。《殊域周咨录》载："本朝永乐元年，遣行人邢枢偕知县张斌往谕奴儿干，至吉烈迷诸部落，招抚之（吉烈迷进女色于枢，枢拒之不受）。于是海西女直、建州女直、野人女直诸酋长悉境来附。"②综上所述，永乐至宣德年间，总计亦失哈生平七次巡视奴儿干，即七上北海。加上其前邢枢最初招抚的一次，明朝永宣年间敕命招抚奴儿干达八次之多。

---

① "百户"的"百"字原缺，据（明）焦竑《国朝献征录》卷一〇七《中军都督同知武忠传》补，《续修四库全书》，第581册，第227页。
② （明）严从简：《殊域周咨录》卷二四《女直》，中华书局1993年版，第733页。

二 海西女真亦失哈家族与开拓东北

俄罗斯学者认为"亦失哈出身于海西女真,并在部落中有相当高的地位,与当时分布在松花江支流呼兰河流域的兀者卫的当权的氏族有血缘关系。在1395年中国与女真的战争中被俘,净身后在后宫任职。随之,凭借自己的才能,亦失哈受到青睐并逐步担任越来越高的职位"①。

根据武忠《墓志铭》新资料,亦失哈先世为"海西木里吉寨人",这可以澄清文献记载中亦失哈为广西人之误。② 明代永乐七年(1409)设有木里吉卫,后又见有木里吉河卫,位置在今嫩江县墨尔根江流域。亦失哈出身于海西女真,有可能与当时分布在松花江支流呼兰河流域的兀者卫当权氏族有血缘关系,但是俄罗斯学者推测他被俘净身,在新资料发现后已被证明是不确的。宣德十年(1412)任命亦失哈为辽东镇守太监,至景泰元年(1450)因其年高命回京,他在辽东镇守太监任上长达16年之久。后来奴儿干都司名称不大见到提及,但其所属卫所持续存在,根据亦失哈的镇守太监职任,可以推测当时奴儿干所属卫所已可能直接隶属于辽东都司了。

《重建永宁寺碑记》中记载:奴儿干"道万余里,人有女直或野人、吉里迷、苦夷。非重译莫晓其言,非威武莫服其心,非乘舟难至其地"。这里说明"非重译莫晓其言",奴儿干之地有女真人生活在那里,笔者认为无论是民族因素,还是语言因素,都是永乐、宣德皇帝考虑任命亦失哈为统帅多次巡视奴儿干的重要因素。根据新发现《墓志铭》,出身于海西女真聚落的亦失哈,其家族是一个军功家族,可证明海西女真人是明朝开拓东北黑龙江下游直通北海区域的主要依靠力量。亦失哈在奴儿干两次建立永宁寺,表明明朝以佛教作为具有凝聚力的纽带,团聚散在奴儿干都司区域的女真、失列迷、苦兀等地方各族,由此建立贡赐关系,也即贡赏制度,是东北直达北海区域经济、文化发展的基础,也即东北亚丝绸之路发

---

① [俄] B.B.叶夫修科夫:《女真人和他们对明朝的关系(15世纪)》,《中世纪的东亚及其毗邻地区》,新西伯利亚,1986年,第76页。
② (明)王世贞:《弇州史料·前集》卷十二《中官考》二记"本广西人",《四库全书存目丛书》,第112册,第402—427页;徐学聚:《国朝典汇》卷三十三《中官考》上同此说,台湾学生书局1965年版,第668页。

展的基础。

亦失哈深受重用,担任都知监太监,多次被派遣巡视奴儿干,后又任辽东镇守太监达16年之久,海西女真在建立奴儿干都司和对明初开发东北黑龙江下游区域的作用,由此凸显了出来。亦失哈之侄武忠随亦失哈三上北海后,战功累累,是明初海西军功家族的典型。

武忠的经历,反映了海西军功家族的延续。据《墓志铭》,武忠出生于永乐九年(1411),洪熙元年(1425)当时他14岁就随叔父亦失哈前往奴儿干,他在三次前往奴儿干以后,其生平"衔命出使凡二十余行"。查《国朝献征录》载《中军都督武忠传》记:"宣德中遣使奴儿干,授锦衣卫百户"后屡立功劳,为"会昌侯孙继宗之婿,子拱嗣为指挥使带俸锦衣卫,同知中军都督府事"①。会昌侯孙继宗是明宣宗孙皇后之兄,《明史·外戚传》载外戚中,"惟英宗时,会昌侯孙继宗以夺门功,参议国是",因之"婿指挥使武忠进都指挥佥事",乃至"宪宗嗣位……朝有大议,必继宗为首"②。在天顺至成化年间,武忠的身份是武官兼通事,在中央与东北地方间发挥了重要作用。

通过对《墓志铭》的内涵作全面的史学分析,从这个家族的历史可知,海西女真在明朝前期被倚重,在明初东北的开拓发展、打通东北亚丝绸之路中做出重要贡献。当时明朝信任海西女真人,因为他们会讲女真语,熟悉派往地区各族的风俗习惯,明朝认识到他们在东北地区社会秩序建立中的重要性,对亦失哈家族的重用,是明朝民族政策的成功范例。长期以来,由于建州女真是后来清朝建立者,故备受关注,但亦失哈家族新资料提供的历史信息启示我们,海西女真对于明朝东北地区开拓治理的功绩值得研究。

第二节　永宁寺碑四种文字六字真言考

永宁寺碑,为纪念永宁寺的修建而立。永宁寺是敕修寺庙,寺名寓意

---

① (明)焦竑:《国朝献征录》卷一〇七《中军都督同知武忠传》,第227页。
② 《明史》卷三〇〇《外戚传》,中华书局1974年版,第7659、7667—7668页。

"祈愿奴儿干地区与人民永世昌宁",不仅是佛教的象征,而且是明朝皇家对于北海边地的首次文化介入,标志着地域文化开启了新篇章。

碑刻作为一种重要的资料,不仅能补充文献的遗缺,而且还可以真实的还原一个区域一段时期的政治文化面貌。元代颇具多民族国家的特征,形成的多元文化一体、多民族融合的格局,为明朝所继承。从《永宁寺碑》可以看到奴儿干都司的建立过程,以及明朝与奴儿干地区各族的关系,也凸显了奴儿干多种文化并存的情况。永宁寺碑正反两面刻有汉、蒙、女真三体文字,邢枢所撰《永宁寺记》的汉文,镌刻于碑的正面,而根据汉文译成的女真文、蒙古文载于碑的背面。碑文反映有多民族人士参与,适应这个地区民族"杂居",即汉、蒙、女真诸族居住的特点,所以永宁寺碑用汉、蒙、女真文字铭刻,这很容易理解,但碑侧刻有汉、蒙、藏、女真四种文字的六字真言,这里为什么出现了藏文呢?杂居不能说明用藏文书写的问题,当地并未发现有藏族居住。以往学界对此没有太多关注,而六字真言正是藏传佛教的特征,它出现在永宁寺碑上,说明永宁寺是一座藏传佛教寺庙。

敕修永宁寺是一座藏传佛教寺庙,这还要从明朝永乐皇帝与藏传佛教的关系谈起。自佛教传入中国后,逐渐发展为汉传佛教、藏传佛教以及南传佛教三派。藏传佛教俗称喇嘛教,是指传入西藏的佛教分支。明朝初年对藏传佛教人士的封授,以永乐年间封噶玛噶举派黑帽系活佛为大宝法王、封萨迦派首领为大乘法王、封格鲁派高僧释迦也失为西天佛子(宣德年间加封为大慈法王)最为重要,其次是封藏传佛教的高僧为大国师、国师及禅师等。① 永乐时藏僧哈立麻被迎至南京为"大宝法王","从者孛罗辈悉封为大国师,并赐印诰、金币等",史载哈立麻传教就是教人念六字真言,"信者昼夜念之"②。

《永宁寺记》碑侧,用汉、女真、蒙、藏四种文字,镌刻的"六字真言",又称六字大明陀罗尼,汉文为"唵嘛呢叭咪吽"。"六字真言"是从印度传入西藏的一条梵文咒语,在藏传佛教中最受尊崇,密宗认为这是佛

---

① 陈庆英:《论明朝对藏传佛教的管理》,《中国藏学》2000 年第 3 期。
② (清)傅维鳞:《明书》卷一六〇《哈立麻传》,《四库全书存目丛书》,第 40 册,第 359 页。

教秘密莲花部之根本真言，亦即莲花部观世音的真实言教，故称六字真言，又称六字大明咒。至迟在8—9世纪时，六字真言在吐蕃中即已出现。随着元朝藏传佛教的发展，六字真言广泛传播。

重要的是，12世纪以后此咒语在西藏成为专指观世音的真言。从永宁寺碑见有"先是，已建观音堂于其上，今造佛寺"之文，可知此前那里存在一个观音堂，四种文字六字真言在此出现，也就不奇怪了。至于藏传佛教何时传入永宁寺碑所立的奴儿干地区的问题，是一个值得探讨的问题。此地在明朝之前就已建立了观音堂，一般认为是在元朝建立，而抑或明朝在建立永宁寺前，先建立了一个观音堂？也未可知。以明朝官方到这里敕建永宁寺，第一次还遭到当地吉列迷人的拆毁，说明此前当地人没有接受和认同佛教，而当地人对于敕建佛教寺庙的接受与认同，不仅是一个文化传播与认同过程，而且还是对于明朝国家的接受与认同过程。明廷修建这座寺庙所花费的人力物力，表明中原王朝欲将地方社会纳入官方文化的轨道以安定北海边地。

杨富学先生指出：六字真言题字在全国各地都很常见。多为梵、汉、藏、八思巴4种文字。在通常情况下，不同文字的六字真言都是单体而刻，少数用2种文字合璧镌刻，如杭州飞来峰即有梵汉合璧的六字真言题刻。但三种以上多体文字镌刻的六字真言罕见。他认为仅于河西地区有发现，最负盛名的是今存于敦煌研究院的元顺帝至正八年（1348）年所立《莫高窟六字真言偈》，体现了对不同民族文化的尊重。①

两种以上的多语种佛教文献"合璧"盛于元朝。元大都至正五年（1345）修筑的居庸关云台券门刻写六种文字（梵文、汉文、八思巴蒙古文、回鹘文、西夏文、藏文）佛教咒语，彰显了元朝多元文化的恢弘气象。亦失哈在黑龙江入海口附近树立的《永宁寺碑》，以汉文、蒙古文、女真文、藏文六字真言四体合璧的形式，昭示了明朝继承了蒙元帝国多元文化遗产，是多元文化远达于北海的历史见证。

六字真言自元代以来随着藏传佛教的流行而盛传。多种文字六字真言在奴儿干的出现，说明明朝希望通过以多体六字真言的方式，作为向不同民族宣教的纽带，凝聚当地各民族对尊崇藏传佛教的明王朝的向心力。这

---

① 杨富学：《河西多体文字六字真言私臆》，《中国藏学》2012年第3期。

应该说是有效果的，经过两度建寺立碑，后来19世纪初日本松前藩派遣间宫林藏探察库页岛和黑龙江下游地区，曾亲见当地人"将所携带之米粟草实散布于河中，向此碑遥拜"①。

还有一个与六字真言相关的问题，就是当年永宁寺附近有一个大明陀罗尼真言的经幢。1855年，俄国帕尔米金提到那里的八角形柱子，他请教了蒙古族喇嘛，读出了大明陀罗尼真言。②据此，曾经在永宁寺附近已佚的柱子或曾经被误为砖塔的，很可能是陀罗尼经幢。幢的本意是旌旗，陀罗尼经流行后，常将经书写于幢上，佛教信徒为使《陀罗尼经》永存，将陀罗尼经刻在上有顶、下有座的八棱石柱上，形成经幢。经幢一般由幢座、幢身、幢顶三部分组成，逐级雕刻，累建而成，多者达二十几级。经幢一般放置在寺院、交通要道、墓侧等地方，对于经文流传有很大影响。经幢的建造兴起于唐代，盛行于唐、宋，元代以后逐渐没落，但明清时期仍有建造。

第三节　永宁寺碑与东北亚丝绸之路

明永乐、宣德年间，亦失哈七上北海，从北京陆路到吉林船厂，再水路出发到北海，凸显出东北亚丝绸之路水陆联运的特点。

明人冯瑗《开原图说》记载："国初开原幅员甚阔，西路四站直接广宁，东路九站直通朝鲜，北路九站径达海西。"北达海西，实际上即指海西连接奴儿干都司，贯通辽河平原、松嫩平原、三江平原，到达黑龙江入海口和北海库页岛。明代大量"丝绸诸物"由辽东"丝关"开原（今辽宁开原）经"海西东水陆城站"运往东北腹地乃至北海、库页岛，远至北海道。

海西之称，始自元代。一般说来，元明时泛指牡丹江、松花江汇合处

---

① [日]间宫林藏著，黑龙江日报社（朝鲜文版）编辑部、黑龙江省哲学社会科学研究所译：《东鞑纪行》（下卷），商务印书馆1974年版，第19页。
② [俄]帕尔米金：《从乌四季—斯特列洛奇哨所到鞑靼海峡河口的阿穆尔河航行志1855》，B.И.la拉安期基主编：《帝俄地理学会西伯利亚分会会刊》第二本，帝俄地理学会1856年版。

以西松花江流域，是明朝人对居住在松花江大屈折处及今哈尔滨以东阿什河流域女真人的统称。根据学者考察，女真人分为海西女真、建州女真和野人女真三大部，是明朝后期形成的概念。明末姚希孟记述："其族有三：曰建州女直、曰海西女直、曰野人女直。永乐初，野人酋长来朝，已建州、海西后先归附。置建州等卫一百八十四，设奴儿干都司以统之……仍市马于开原，野人处极东，每入必假道海西，贡市无常。"① 自奴儿干都司建立以后，直至黑龙江下游地区的卫所，往往都称为海西某某卫，据明人记载，后来将黑龙江下游的许多野人女真都归入了海西的范围。海西地区是明代辽东前往黑龙江流域的枢纽。值得关注的是，以海西命名的贡道有东西两条，充分说明了海西地位的重要性：

一是"海西东水陆城站"，从底失卜站（今哈尔滨市双城区西花园屯大半拉子古城）起，沿松花江而下，经松花江、黑龙江下游两岸45个驿站，到亨滚河（又名恨古河、恒古河）口北岸的满泾站（奴儿干西五里）止，共55个城站。这是奴儿干都司联系内外直达北海的交通道路。"海西东水陆城站"路从满泾站渡过鞑靼海峡进入"苦兀"（今库页岛）北端，再南下到达"苦兀"最南端白主。由白主南下越过宗谷海峡抵达北海道。中国的"丝绸诸物"，在那里称为"虾夷锦"。通过库页岛进入北海道，再传往日本内地。②

一是"海西西陆路"，从肇州（今黑龙江省绥化市肇东县四站镇"八里城古城"）起，越过松花江、洮儿河、雅鲁河，经呼伦贝尔大草原，到兀良河（今归流河上游的乌兰河），是明初兀良哈等卫的贡道。

综上所述，有"海西东水陆城站"通往黑龙江下游，有"海西西陆路"通往兀良河一带，还有沿嫩江北上通往今瑷珲一带的古道。明朝以海西为基地，以兀者等卫为中介，北进经营黑龙江流域；同时，黑龙江流域各女真卫所均经由海西南下朝贡。因此，明朝把海西地区的女真卫所和定期经由海西南来朝贡的女真卫所统称海西卫分或海西女真。海西卫分分布于开原之北、松花江及黑龙江流域的广阔地域，《满文老档》卷七十九、

---

① （明）陈子龙：《明经世文编》卷五〇一《姚宫詹文集·建夷授官始末》，中华书局1962年版，第5527页。
② 傅朗云：《东北亚丝绸之路初探》，《东北师大学报》1991年第4期。

卷八十、卷八十一中，载有卫所300余，基本上属于海西卫分；载有敕书360余道，是这些卫分在嘉靖后期至万历三十八年间先后换得的，表明这些卫分至明末仍然存在，并保持着与明朝的隶属关系。①

在东北不设州县而广设卫所，是明代对于东北之地管辖的特点。1411年（永乐九年），亦失哈等前往"开设奴儿干都司"，"兴立卫所"，"置只儿蛮、兀剌、顺民、囊加儿、古鲁、满径、哈儿蛮、塔亭、也孙伦、可木、弗思木十一卫"②。其中囊加儿卫设于库页岛的西北部（今俄罗斯萨哈林岛）。从此，"间岁相沿领军，比朝贡往还护送，率以为常"③。值得注意的是，从遥远的北海，女真、吉列迷、苦兀等民族朝贡封赏都是直接到达北京。以中原为起点，直达北海的东北亚丝绸之路从此在明朝漫长的近300年间连绵不断。

结　　语

永宁寺碑的研究，牵涉东北亚丝绸之路研究的问题，揭示了整体丝绸之路研究视野的重要性，即海陆、水陆兼程是东北亚丝绸之路的特性。长期以来，东北亚丝绸之路的研究，学界关注的主要是驿站，其实这条丝绸之路上不仅有驿站的连接，而且也表现在明代卫所的设置上。从卫所设置情况来看，明朝奴儿干都司与东北亚丝绸之路密切相关，这是以往学术界鲜见阐释的一个重要方面。根据嘉靖《辽东志》，笔者注意到河与卫的关系。在其中所载335个卫所中，有131个沿河设置，名称都是某某河卫，④这反映出明初所置卫所因河得名者多，而且还有以海为名的，都是设立在江河流域地带；甚而一些名称上没有河字，查其地理位置却也在江边的，这种现象凸显了江河流域与卫所的关系，反映了明朝设置一站式驿站于交通要线外，沿江河广置卫所，大多在江河流域的节点上设立卫城的特点。

---

① 蒋秀松：《海西与海西女真》，《民族研究》1981年第5期。
② 《明太宗实录》卷一三一，永乐十年八月丙寅，第1618页。
③ （明）毕恭等修，任洛等重修：《辽东志》卷九《外志外夷卫所》，《续修四库全书》，第646册，第682页。
④ （明）毕恭等修，任洛等重修：《辽东志》卷九《外志外夷卫所》。

第一篇　整体篇 >>>

这一现象并非偶然，大量适应沿流域而居的民族迁徙特点设置的卫所，事实上成为明代交通网络的新样态。这些卫所布满通往北海的交通节点，也反映了流域文明的特性。明朝卫所分布陆海，内外联动，直接通往北海，即今天的鄂霍次克海。海西东水陆城站的部分城站与卫所重叠，构成了黑龙江下游通往北海丝绸之路的完整系统。卫所多置于河流道路交通节点上，反映了交往道路类型的多样性，因此我们不应仅仅关注驿站，还应从卫所设置空间结构来看，卫所沿流域连接了重要城市与地区，说明了明代支线道路交通网络更为完善的历史事实。

明人杨道宾奏疏曾云："自永乐初年野人女直来朝，其后海西、建州女直悉境归附，乃设奴儿干都司，统卫所二百有四，地面城站五十有八，而官其酋长自都督以至镇抚，许其贡市，自开元以达京师。"① 根据黎敬文先生研究，奴儿干都司的辖境，北到黑龙江口，南与辽东都司衔接。奴儿干都司建立以后，从永乐八年（1410）到正统十二年（1447），37年又增设了52个卫，加上以前设置的132个卫，共184个卫，还有20个所，58个地面、城、站。从景泰初到嘉靖末（1450—1566）100多年间，明代又增加和改建了若干卫所。② 据《明实录》成化十四年（1478）记载，仅海西部分的卫所，就有200余个。③ 万历《明会典》记载，奴儿干都司所属卫所，包括兀良哈三卫在内，共384卫。④ 其中以海西地区设立的卫所最多，分布在开原以北，直至黑龙江流域的广大地区。《明史》记载："永乐间，设马市三：一在开原南关，以待海西；一在开原城东五里，一在广宁，皆以待朵颜三卫。定直四等：上直绢八疋，布十二，次半之，下二等各以一递减。既而城东、广宁市皆废，惟开原南关马市独存。"⑤ 这也说明了海西女真在对外经济发展方面的优势所在。

更重要的是，明朝辽西向东北与以开原"丝关"为枢纽的丝路连接，进入"海西东水陆城站"路，直达黑龙江下游、北海库页岛境内；向西进入蒙古"兀良哈"部，与北方草原丝绸之路相衔接；向东与朝鲜"贡道"

---

① （明）陈子龙：《明经世文编》卷四五三《杨宗伯奏疏》，第4977页。
② 黎敬文：《明代东北疆域考》，《考古学报》1976年第1期。
③ 《明宪宗实录》卷一七九，成化十四年六月戊戌，第3220页。
④ （明）申时行等：《明会典》卷一二五《兵部》八，中华书局1989年版，第645页。
⑤ 《明史》卷八一《食货》五《马市》，第1982页。

相连。将永宁寺碑结合其他明代文献进行综合考察，表明当时陆海相连的东北亚丝绸之路，主要干线之一是北京—阿什哈达（吉林）—松花江—黑龙江—鄂霍次克海—库页岛—日本北海道，所谓虾夷锦文化由此而生。

聚焦东北亚丝绸之路，在关注驿站的同时，应对奴儿干都司给予更多的关注，其卫所设置及其网络是东北亚丝绸之路研究新的学术增长点。

蒙元帝国崩溃后，如何面对外部世界，明代永乐皇帝做出重大抉择，明代丝绸之路进入新的发展时期。过去笔者主要关注了西域、东洋、西洋方面，亦失哈建立在奴儿干都司所在地的永宁寺碑，具有丰富的历史信息，以上的探讨，试图略补北海方面研究的阙失。在全球史视野下，无独有偶，郑和在永宣28年间（1405—1433）七下印度洋，亦失哈在永宣22年间（1411—1433年）七上北海，二者交相辉映，共同为丝绸之路的开拓发展做出了重要贡献。

第五章　整体丝绸之路视野下的明代北京鼎建

明代北京鼎建，北京成为国家首都，南京作为陪都，是明朝国家治理的一次重大决策，也是对中国古代国家治理体系的一次重大传承与调整。在中国古代建都史上，秦汉大一统王朝奠都长安，自隋（582）至唐末（904），长安成为统一中国的首都达 322 年；继元朝之后，自明永乐（1421）至清末（1911），北京成为统一中国的首都达 490 年。全国大一统格局是中国历史区别于西方历史的主要特征。中国都城独树一帜，在全球凸显了不同于其他文明的中华文明。本章以"内"与"外"为观察点，考察明永乐帝鼎建北京，如何谋划南北大一统对全国实行有效治理，又如何以北京作为丝绸之路新起点与交汇点，重构了丝路辉煌，有助于我们对整体明史和全球视野下中外关系史的深入探讨与研究。

北京地处亚欧大陆的东南方位，从春秋燕国都城开始，到辽南京、金中都，至元大都，达致明清首都，北京可以说是千年古都，历史文化积淀极为深厚。①

明永乐十八年（1420）十一月，鼎建北京宫殿成，永乐皇帝诏告天下，于永乐十九年（1421）正月御新殿接受朝贺，北京各衙门取消"行在"二字，同时应天各衙门皆加"南京"二字，北京提升为京师，而南京

---

① 中外学界对于都城北京的研究，足称"显学"。从 20 世纪 80 年代王灿识先生编《北京史地风物书录》，到 21 世纪初陈平原先生等编《北京研究书目》，"所录书籍，包括各国学者及艺术家描写、记录、研究北京的各种文字及图像资料"，可以使我们大致了解其丰厚积累重点集中在紫禁城的营建过程、营建制度、建筑艺术布局与相关历史事件，成果极为丰硕，恕在此不能一一赘述。20 世纪 80 年代笔者在北京大学随许大龄师读研究生，毕业论文题目是《明代两京制度的形成与确立》，后以此题发表了关于明代两京制度的首篇长篇论文（《中国史研究》1993 年第 1 期）。

成为陪都。① 继元大都之后，北京再次成为大一统王朝的首都。

鼎建北京，永乐帝下旨铸造了永乐大钟，并亲自撰文。铸造时间始于永乐十五年（1417），告成于永乐十七年（1419）。② 迁都北京之际，永乐大钟敲响于宫中，它是大一统的象征，也是北京成为首都的特定语言。此钟通体铸有汉、梵23万字铭文，其中结尾部铸有"敬愿大明永一统""惟愿华夷一文轨"等铭文，明确表达了永乐帝迁都北京，并建两京的南北大一统观念，是永乐帝大一统国家治理纲领的真实体现。

大一统观，是中国自西周以来国家治理的基本观念之一。春秋以后，虽然周王朝的政治格局被打破，但大一统的观念却长期持续存在。孟子在天下分裂的战国时代预言天下"定于一"③，就是大一统观念的体现。秦始皇统一六国，"车同轨，书同文"，开创了中国古代大一统王朝。全国大一统格局是中国历史区别于西方历史的主要特征。明代北京鼎建，北京成为国家首都，南京作为陪都，是在新形势与新基础上的南北大一统，是明朝国家治理的一次重大决策，也是对中国古代国家治理体系的一次重大传承与调整。从此，北京在中国古代大一统国家治理中据有中心地位，对于中国统一多民族国家的历史发展进程，也具有广泛而深刻的影响。

第一节　从南京到北京：继承还是开新？

明朝为定都曾经颇费斟酌，长达30年以上。在中国古代王朝建都史上，两京制和多京制是一个突出的特点。明太祖开创了明代两京制，于洪武元年（1368）八月诏建两京，"以金陵为南京，大梁为北京"④，明成祖于永乐十九年（1421）又一次"仿古制，循舆情，立两京"⑤。值得注意

---

① 《明太宗实录》卷二三一，永乐十八年十一月戊辰，"中研院"史语所校印本，1962年，下同。
② 夏明明：《以钟为书 钟以载道——永乐大钟及北京钟铃文化》，《北京社会科学》2005年第2期。
③ （战国）孟子著，杨伯峻、杨逢彬主释：《孟子·梁惠王上》，岳麓书社2000年版，第9页。
④ 《明太祖实录》卷三四，洪武元年八月己巳，第599页。
⑤ 《明太宗实录》卷二三一，永乐十八年十一月戊辰，第2235页。

的是，明代两京先后有着不同的地理概念。洪武初建两京，所立是应天（今江苏南京）和大梁（今河南开封）；而洪武年间营建的两京，却是应天和中都（今安徽凤阳）。到永乐年间鼎建北京以后，两京所指即今天的北京与南京。

一　明初定都的周折：国都之建立过程

（一）两京之设

元至正二十六年（1366）八月，在陈友谅亡命鄱阳湖，张士诚被围平江、命在旦夕的时候，朱元璋才顾得上把都城建设排上日程，开始"拓建康城"，"作新宫于钟山之阳……规制雄壮，尽据山川之胜焉"①，次年新城新宫成，焕然一新。十月，朱元璋派遣大将徐达出师北伐，决心统一南北。1368年正月，朱元璋在应天称帝，建立明朝，改元洪武。明太祖建国第一步要正式定都，这关系到立国规划。然而明太祖对此尚举棋未定。三月，北伐大军下汴梁（今河南开封）捷闻，四月太祖亲往视察。后来回忆："当大军初渡大江之时，臣每听儒言，皆曰有天下者，非都中原，不能控制奸顽。既听斯言，怀之不忘。忽尔上帝后土授命于臣，洪武初平定中原。臣急至汴梁，意在建都，以安天下。"②刘辰《国初事迹》则以太祖"尝以六朝折数不久，深意迁都"③来解释此行目的。当时朱元璋考虑到金陵虽为根据地，有着雄厚基础，却是六朝故都，偏于东南，不能完全符合治理全国需要；而其时战事倥偬，北部中国正待底定，汴梁位置居中，便于转输，又可以宋朝故都鼓动反元民族意识，适应统一南北的政治需要，顺利推进北伐。因此，明太祖于洪武元年（1368）八月正式下诏，仿成周两京之制，"其以金陵为南京，大梁为北京。朕于春秋往来巡守"。这便是明代两京创设的缘起。

（二）南、北、中三都

明军攻下元大都同月，朱元璋再次巡视汴梁，对中原的凋敝有了深刻印象。故没有营建北京宫阙城池之命。但对定都问题，他始终萦绕于怀，

---

① 《明太祖实录》卷二一，丙午八月庚戌，第295页。
② 《明太祖御制文集》卷一二《中都告祭天地祝文》，学生书局1965年版，第388页。
③ （明）刘辰：《国初事迹》，上海博古斋1917年版，第18页。

在洪武二年（1369）九月又一次提了出来："上召老臣问以建都之地，或言关中险固，金陵天府之国；或言洛阳天下之中，四方朝贡道里适均；汴梁亦宋之旧京；又言北平元之宫室完备，就之可省民力。"① 朱元璋考虑，长安、洛阳、汴梁均为古都，但是建国之初，民力尚未苏息，供给力役都要倚靠江南；北平的宫室变更，也同样存在这样的问题；因此南京"足以立国"。此外，在这次集议后，朱元璋以"临濠则前江后淮，以险可恃，以水可漕"为由，奠定了其家乡临濠（今安徽凤阳）的中都地位。于是，明代出现了两京（南、北京）、一都（中都），即南、北、中三都制。

然而，明代三都的地位并不平衡，我们从都城宫阙城池的兴建可以得知。京师修筑城垣，"城周一万七百三十丈二尺……为里五十有九。内城周二千五百七十一丈九尺……为里十有四"②。北京一仍旧状，而中都却自诏立之日起，即命建置城池宫阙，如京师之制。南京与中都城垣的营建，足以说明朱元璋心目中三都的真实地位。在制作中都城隍神主如京师之制时，礼部尚书陶凯曾上奏："他日合祭以何主上？"帝答曰："以朕所都为上。若他日迁中都，则先中都之主。"③ 可见明太祖确曾有过定京师于中都的想法。

洪武八年（1375）四月，正当中都城规模已具之时，太祖亲自巡幸了中都，停留数日，即返京师，竟然当天即"诏罢中都役作"。《明太祖实录》对这一突发事件之原因，记载颇为简单："初，上欲如周汉之制，营建两京。至是，以劳费罢之。"④ 这里道出了太祖欲建两京于南京和凤阳，而非南京和北京的事实，但仅将罢建中都归结为"劳费"，恐不完全。耗费巨大的中都工程进行了六年之久，在大功垂成之际，不惜前功尽弃，似应寻求更深层的原因。这主要表现在两方面：一是中都的地理位置不宜建都，无法解决远离北部国防线的问题；二是明太祖巡幸时发生了"压镇"事件，成为罢建的导火索。在太祖祭告天地的祭文中揭示出："于此建都，

---

① （明）黄光昇：《昭代典则》卷六《太祖高皇帝》，江苏广陵古籍刻印社1987年版，第27页。
② 《明太祖实录》卷八三，洪武六年六月辛未，第1481页。
③ 《明太祖实录》卷七九，洪武六年二月丁丑，第1439页。
④ 《明太祖实录》卷九九，洪武八年四月丁巳，第1685页。

土木之功既兴，役重伤人。当该有司，叠生奸弊，愈觉尤甚。"①印证了淮西功臣集团与皇权的矛盾已经凸显出来。

（三）定都南京，仍思北迁

中都停建后，明太祖陆续改建了南京宫殿及太庙、圜丘、社稷坛等，工程竣工于洪武十年（1377）十月。洪武十一年（1378）正月，帝下诏改南京为京师。踌躇了十年之久的首都，至此正式确立。

然而，南京作为京师的地位并不稳固。太祖迁都之心仍时有萌发。洪武三年（1370）胡子祺的"举天下莫关中若也"②，并没有随岁月流逝而在朱元璋脑海中磨灭，接近晚年，反倒越加清晰。地图反映了植根于传统的大一统治理观，洪武二十二年（1389）《大明混一图》（今藏中国第一历史档案馆），"混一"即统一，也即大一统之意。至洪武二十四年（1361）八月，有"帝意欲都陕西，先遣太子相宅"的太子巡抚陕西之命③。又史载，帝"志欲定都洛阳"，即同年皇太子还有巡视洛阳之行。④而秦王因对徙都关中有怨言而被召回京⑤。但无论是筹划迁都西安还是洛阳，都因太子不久即病死而搁置下来。这一年年底，明太祖亲作《祭光禄寺灶神文》，表达出无可奈何的心态："朕经营天下数十年，事事按古就绪。维宫城前昂后洼，形势不称。本欲迁都，今朕年老，精力已倦，又天下新定，不欲劳民。且兴废有数，只得听天。惟愿鉴朕此心，福其子孙。"⑥在此表明他终于完全放弃了迁都的雄心。

明朝为定都颇费斟酌，究其根本原因，实在于南北社会经济发展的不平衡。中国古代社会经济发展不平衡由来已久。李剑农曾断言："宋以后之经济重心遂移于东南。"⑦江南的稻米亩产量，据估计在宋代是326斤，

---

① 《明太祖御制文集》卷一二《中都告祭天地祝文》，第388页。
② 《明太祖实录》卷五二，洪武三年五月乙未，第1769页。
③ 《明外史·建文太子传》，《古今图书集成·方舆汇编·坤舆典》一一九《建都部记事》。
④ （明）姜清：《姜氏秘史》卷一，《续修四库全书》，史部第432册，第5523页。
⑤ （明）潘柽章：《国史考异》卷三《懿皇帝下》，《续修四库全书》，史部第452册，第47页。其中云引自朱国桢《大政记》，但查之，无载。
⑥ （清）顾炎武：《天下郡国利病书》《顾炎武全集》第13册，上海古籍出版社2011年版，第811页。
⑦ 李剑农：《宋元明经济史略·总叙》，生活·读书·新知三联书店1957年版，第7页。

到元代为347斤。① 明初，虽然全国普遍呈现社会凋敝景象，但南方经济在原有基础上恢复较快，加之朱元璋建立根据地后，便采取了一系列有利社会经济恢复发展的措施。以人口为例，洪武二年（1369）北平府统计全府仅14974户，48973口，所报垦官民田也只有780多顷②；而江南吴江一县在洪武四年（1371）人口已达80382户，361686口，几乎与洪武八年（1375）北平府人户相等③。万斯同曾云："元季以江淮多事，东南资储不复达于燕蓟，日以瘠弱，以至于亡。"④ 说明北方经济无力支持庞大的中央机构，早已是历史的现实。明初无法立即考虑大规模修河通漕，受到经济制约，不能迁都北方，也不得不"定鼎江南，以资兵食"⑤。明太祖定都于南京，是将政治中心与经济中心相结合，待经济恢复后再作打算。因此，明初定都是为经济条件所制约的。

可是，明太祖一再徘徊，考虑迁都，总体上是出于国家治理的需要。明初，"元亡而实未始亡耳"，北元仍有相当力量，这使北部边防具有特殊意义。明朝"重兵之镇，惟在北边"⑥。而皇帝远在南京，自然无法放心。建都和分封的密切联系，已为李日华一语道破："天子都金陵，去塞垣远且万里，近且数十里。虏出没塞下难制，于是酌周、汉，启诸王之封。"⑦

太祖先后分封二十五王于全国军事战略要地，拱卫着位于东南的帝国中心南京。诸王长成就封地，其中第四子朱棣封燕王，驻守北平。由此，北部藩王逐渐代替元勋重臣，掌握了边防指挥权。这不仅使明太祖得以毫无顾忌地翦除殆尽威胁皇权的功臣元勋，也使得年事已高的明太祖在太子死后，终于放心地放弃了迁都北方的打算。

---

① Dwight H. Perkins, *Agricultural Development in China: 1368 – 1968*, Chicago: Aldine Pub. Co., 1969, p. 315.
② 洪武八年北平府人口数据为80666户，323451口，缪荃孙辑：《永乐大典》辑本《顺天府志》卷八，北京大学出版社1983年版。
③ 嘉靖《吴江县志》卷九，刘兆裕主编：《中国史学丛书三编》，学生书局1987年版，第435—436页。
④ （清）万斯同：《明史·地理志稿》，《天下志地·地理》一，浙江图书馆藏清稿本。
⑤ （明）王锜：《寓圃杂记》卷一《建都》，中华书局1984年版，第1页。
⑥ （明）余继登：《典故纪闻》卷三，中华书局1981年版，第50页。
⑦ （明）李日华：《官制备考》卷上《宗藩》，《四库全书存目丛书》，史部第259册，第482页。

更重要的是，史家所谓有明一代南倭北虏之患，实已兆于明初。明朝绵长的海岸线上"岛寇倭夷，在在出没，故海防亦重"①。明朝是中国古代史上唯一一个开国伊始就遭遇海上挑战的王朝。明太祖定都南京，其地理位置可就近控制海防，也必然为定都之考虑因素。

日本学者檀上宽认为，明初是南人政权，江南地主赞同定都南京，而朱元璋不甘于做南人政权之主，要为统一王朝之君，故有北都意②。笔者认为朱元璋的思想出发点是从大一统王朝全局出发，考虑如何有效地治理全国。他的开国功臣以江、淮人为主，大多留恋故土是事实，这成为定都南京和营建中都的因素之一。但是还应该看到，在明初江、淮官将派往北方常年驻守的很多，而提出迁都北方主张的也并非清一色的北方人，如提出关中之议的胡子祺就是江西吉水人。

综上所述，明初的都城正是在当时政治、经济、军事、地理等诸多因素纵横交织的"势"的影响下，稳定于南京，并持续了半个世纪。

二 大一统的追求：奠都北京之过程

(一) 以北平为北京

从永乐帝即位，北平就提升到了都城的地位，成为北京。永乐元年（1403）正月，礼部尚书李至刚等上言，以北平布政司为帝"承运兴王之地"，请求"宜遵太祖高皇帝中都之制，立为京师"，永乐皇帝允准，制曰："其以北平为北京。"③ 二月，永乐帝在北京设置了留守行后军都督府、北京行部、北京国子监。并改北平府为顺天府，北平行太仆寺为北京太仆寺。行都督府置左、右都督、都督同知、都督佥事。行部设尚书二员，侍郎二员，所属六曹④，遂使北京中央机构初具规模。

北京提升为都城，主要是源自其特殊的地理位置。史称："幽燕自昔称雄，左环沧海，右拥太行，南襟河济，北抚居庸。苏秦所谓天府百二之国，杜牧所谓不得不可为王之地。"⑤ 更重要的是，"内跨中原，外控朔漠，

---

① 《明史》卷九一《兵志》三，中华书局1974年版，第2243页。
② ［日］檀上宽：《明王朝成立期の軌跡》，《東洋史研究》第37卷第3号，1978年。
③ 《明太宗实录》卷一六，永乐元年正月辛卯，第294页。
④ 《明太宗实录》卷一七，永乐元年二月庚戌，第301页。
⑤ （明）孙承泽：《天府广记》，卷一《形胜》，北京古籍出版社1983年版，第6页。

宜天下都会"①。优越的地理形势，使它自古一路走来，从春秋燕国都城、辽南京、金中都到元大都，逐渐成为全国的政治中心。

一般认为，"自古为中国患，莫甚于北虏"。北方游牧民族始终是中原政权的最大威胁，作为华北平原北方门户的北京，具有军事上极为重要的战略地位。而在明初"元人北归，屡谋兴复"②的特殊历史条件下，则更赋予了北京突出的军事中心的位置。

翻检《明实录》，永乐初年北虏犯边之报纷至沓来，皇上谕边防范之令也屡见于篇。永乐二年（1404），中亚强盛的帖木儿帝国曾有调集军队，准备远征中国之举③，更使北部军事平添了几分严峻。何况此时由于朱棣即位实行削藩策，将布置于北方的藩王大半内移，太祖苦心积虑筹划的藩王守边防御体系已被打得粉碎。

然而，即使初立北京之时，成祖已有迁都之意，这一意念的实现还必须等待时机成熟，条件具备。为使经数年战火的北方经济得到恢复发展，成祖采取了大量徙民充实北京、调发军民屯种、大力恢复农业生产的一系列措施，并屡次减免北京税粮，以甦息民力。④

（二）巡幸之所

永乐四年（1406）闰七月，淇国公丘福等请建北京宫殿，以备巡幸。由此，拉开了兴建北京宫殿的序幕。帝特遣以工部尚书宋礼为首的一批官员，赴全国各地督军民采木、造砖瓦；又命工部征天下诸色工匠民夫明年五月赴北京听役。这可以视为成祖永乐决意迁都的前奏。

两年多以后，永乐七年（1406）春，帝首次亲巡北京。为了这次北巡，他特命礼部铸就加有"行在"二字的五府、六部、都察院、大理寺、锦衣卫等印十四颗。到北京后，五月，帝亲临定议，封昌平县黄土山为天寿山，以为死于永乐五年（1407）的皇后徐氏山陵⑤。此后，帝命军往征

---

① （明）杨荣：《杨文敏公集》卷一《北京八景卷后》，《明经世久编》卷一七，第137页。
② 《明史》卷九一《兵志》三，第2235页。
③ ［法］布哇著，冯承钧译：《帖木儿帝国》上，商务印书馆1935年版，第57—59页。
④ 《明太宗实录》卷二二，永乐元年八月甲戌，第415页；卷二四，永乐元年十月壬申，第446页；卷二五，永乐元年十一月戊戌，第458页；卷三十三，永乐二年七月己未，第579页；卷三八，永乐三年正月庚申，第646页。
⑤ （明）郑晓：《今言》卷一，中华书局1984年版，第46页。

鞑靼不利，也使得永乐皇帝以首次亲征载入史册而结束了北巡。

成祖北巡期间，南京由皇太子监国。事实上，皇帝把整个中央官僚机构要员的一半以上带到了北京，并构成一套新的中央机构，行使中央职权。说实际政本此时已经北移是不过分的。当时"凡行重事并四夷来朝，俱达行在所"①。但为巡狩性质所决定，当时北京官员设置的临时性很强，如夏原吉就曾一度"一佩九印"②。

首次北巡回南后，为了加快迁都的步伐，成祖命工部尚书宋礼开通会通河，接着又开凿了清江浦，使得南北漕运能够畅通，连接南方经济中心与北方政治、军事中心有了保障。他还将顺天府府尹升为正三品，官制同应天府，在名义和实际上更缩小了两京差别。

在成祖第二次亲巡北京期间，永乐十三年（1415）二月，在北京"行在礼部会试天下举人"一事，反映出冠以"行在"二字的北京中央机构，开始在名义上和形式上都完全行使中央职能，是北京成为真正意义京师的标志性事件，表示正式迁都已为时不远。会试第五名王翱是畿辅盐山人，被成祖召见赐酒食。《明史》直书："帝时欲定都北京，思得北士用之。"③这年年底，一改以前由南京钦天监进年历的传统惯例，由行在钦天监进呈次年《大统历》。此后不久，永乐帝又做出改赵王高燧封国于彰德的决定，结束了其居守北京14年的历史。次年，下令"作西宫"，以为"视朝之所"④，预示着北京宫殿群大规模的营建在即。

此次北巡回到南京，成祖诏令群臣商议营建北京之事，在迁都物资准备已具的情况下，经此集议，从永乐四年（1406）开始，长达10年的营建准备阶段便告结束，转入大规模营建阶段，性质也由供巡幸一变而为建立"帝王万世之都"。

永乐十五年（1417）春，成祖决定第三次北巡。这次的留守事宜，不同以往，规定太子视事时"其左右侍卫及在京各衙门官员人等启事，皆如常仪，其在外文武衙门合奏事，具奏待报而行"；又规定"内外文武大小

---

① 《明太宗实录》卷五八，永乐六年八月己卯，第1094—1095页。
② （明）王世贞：《弇山堂别集》卷七《皇明异典述》，中华书局1985年版，第122页。
③ 《明史》卷一七七《王翱传》，第4699页。
④ 《明太宗实录》卷一〇二，永乐十四年八月丁亥，第1953页。

官员俱从行在吏部、兵部奏请铨选"①。将太子管辖的政务范围缩小为南京日常事务；命行在吏、兵部全权行使正式中央机构职能，而南京吏、兵部虽名义尚为中央机构，实际权力相对已丧失殆尽。这反映出北京即将上升为京师、南京行将下降为陪都过程中微妙的权力转移。

（三）迁都北京

北京西宫竣工后，更大规模营建工程破土动工。"凡庙社、郊祀、坛场、宫殿、门阙，规制悉如南京。"② 改造皇城"于东去旧宫可一里许，悉如金陵之制，而宏敞过之"③。永乐十八年（1420）九月，工程将完，帝诏太子至北京，命皇太孙留守南京。自此，"六部政悉移而北"④。帝诏令自明年正月初一始正北京为京师，不称行在；南京衙门皆加"南京"二字，并于十一月四日以北京营建工成诏告天下：⑤

> 奉天承运皇帝诏曰：开基创业，兴王之本为先，继体守成，经国之宜重。
>
> 昔朕皇考太祖高皇帝受天明命，君主华夷，创立江右以肇邦基，肆朕缵承大统，恢弘鸿业，惟怀永图，眷兹北京，实为都会地，雄壮山川，巩固四方万国，道里适均，惟天意之所属，实卜筮之攸同，仿古制，循舆情，立两京，置郊社宗庙，创建宫室，上以绍皇考太祖高皇帝之先志，下以贻子孙万世之弘规。且于巡狩驻守实有便焉。爰自营建以来，天下军民乐于趋事，天人协赞，京贶骈臻。
>
> 今工已告成，选以永乐十九年正月朔旦，御奉天殿朝百官，诞新地理，用致雍熙。于戏！天地清宁，衍宗社万年之福；华夷绥靖，隆古今全盛之基。故兹诏示，咸使闻知。

诏书明言"眷兹北京，实为都会地，雄壮山川，巩固四方万国，道

---

① 《明太宗实录》卷一八六，永乐十五年三月丁亥，第1989页。
② 《明太宗实录》卷二三一，永乐十八年十一月戊辰，第2235页。
③ （明）孙承泽：《春明梦余录》卷六《宫阙》，北京出版社2018年版，第39页。
④ （明）王世贞：《弇山堂别集》卷四七《六部尚书表》，中华书局1985年版，第880页。
⑤ （明）傅凤翔辑：《皇明诏令》卷六《成祖文皇帝》下，《四库全书存目丛书》，史部第58册，第121—122页。《明太宗实录》卷二三一，永乐十八年十一月戊辰，第2235页。

里适均",表明北京中外都城地理位置的极端重要性;又称建立两京,是"上以绍皇考高皇帝之先志,下以贻子孙万代之弘规"。年底,北京宫殿、郊庙、社坛均告完成。为使北京适应成为首都这一历史性变化,成祖对官僚机构作了必要调整,革去北京行部及所属六曹清吏司等机构,改北京行太仆寺为太仆寺,北京国子监为国子监。同时颁布一系列新的任命。

永乐十九年(1421)正月,北京正式成为明朝首都。正月十九日,成祖颁布《北京营建工成宽恤诏》①,再次强调"继承大统,抚驭万方,夙夜祗勤,率遵成宪。乃者绍皇考太祖高皇帝之志,效成周卜洛之规,建立两京,为子孙帝王万世之基"。说明在北京鼎建,形成南北大一统的布局,是建立王朝千秋万代的统治基础。定都北京是国家治理的一次重大决策,又与保留南京不可分割,具体体现是将政治军事中心与经济中心紧密结合在一起。

明人曾言:"是则都燕之志,太祖实启之,太宗克成之。"② 国家的整体治理,是建都的首要考虑,迁都与两京并建,是明朝国家治理的一次重大决策,也是对中国古代国家治理体系的一次重大调整,决非成祖个人意志所决定,是明朝帝王在当时政治经济条件制约下做出的合理选择。成祖迁都北京,将政治中心与军事中心合二为一,但他无法改变南方经济发展超过北方的历史现实,丘濬对此有精辟论断:"文皇帝迁都金台,天下万世之大势也。盖天下财赋出于东南,而金陵为其会;戎马盛于西北,而金台为其枢。并建两京,所以宅中图治,足食足兵,据形势之要,而为四方之极者也。用东南之财赋,统西北之戎马,无敌于天下矣。"③ 在这里,他道出了两京并建的真实意义是把政治、军事中心与经济中心有机地结合起来,加强王朝对全国的治理。④ 历史事实证明,明代两京制既具有历史继承性,又显示了自身的特殊性。国都在北,陪都于南,符合中国古代历朝

---

① 《皇明诏令》卷六《成祖文皇帝》下。
② (明)王锜:《寓圃杂记》卷一《建都》,中华书局1984年版,第1页。
③ (明)丘濬:《大学衍义补》卷八五《都邑之建》上,京华出版社1999年版,第720页。
④ 参万明《明代两京制度的形成及其确立》,《中国史研究》1993年第1期。

<<< 丝绸之路上的明代中国与世界

与中外建都的规律①。但是"商迁五都,不别置员。周营雒邑,惟命保厘。汉、唐旧邦,止设京尹。宋于西京,仅命留守"②。唯有明代,在两京各设一套中央机构,由此派生出一套相当完整的两京制度,形成历代两京制最为典型的一例。这正是南北大一统的治理需要,也是加强控制南方经济中心的一种重要部署。

美国学者范德教授(Edward L. Farmer)认为:两京制度广义上是指洪武、永乐在明初不同时期创建的两对政治中心——南京和开封、和凤阳、和北京。狭义上仅指南京和北京,特别是在永乐迁都前后的南京和北京。③笔者则认为,广义上的两京制度应包括自洪武开国至正统初年对首都的选择与确立,并使之制度化的过程;也应包括与明代相始终的这一制度在有明一代发展、演变的全部过程。狭义上包括南京和北京(应天府和顺天府,以致南、北直隶)政治、经济、军事各方面的安排设置,南京和北京的都城职能及其制度化的过程。④ 这里应该补充的是,两京之设,是国家治理南北一统大格局的谋划,也是古代大一统国家治理体系的传承,直接影响了有明一代的国家治理模式。

明代北京鼎建,是对传统的继承,也是开新。永乐十九年成祖"正月朔旦御奉天殿朝百官,诞新治理,用致雍熙",新的政治中心形成和确立,是古代大一统国家治理理论的传承与实践。在此,标志着中华文明独特的大一统国家治理模式得到了充分展现。永乐时期,明朝疆土东北达日本

---

① 参见顾炎武《历代宅京记》徐元文《序》:"自古帝王维系天下,以人和不以地理,而卜都定鼎,计及万世必相天下之势而厚集之。"(于杰点校本,中华书局1984年版,第3页);[英]阿诺德·汤因比在《历史研究》中谈到首都:"大一统国家中央政府的所在地表现出一种明显的趋向:首都的地点随着时代的变迁而改变。一般说来,帝国缔造者开始通常是在方便自己的政府所在地向全国发号施令:要么是自己祖国原有的首都(如罗马),要么是征服地区边缘,便于帝国缔造者从本国进入的新地点(如加尔各答)。随着时间的推移,由于帝国行政经验的积累或形势的压力,最早的帝国缔造者以及那些在帝国一度陷入瘫痪之后接掌大权的继承人,往往会把首都迁到一个新地点。这个新地点不再只是为方便早先开疆拓土的当权者,而是考虑整个帝国的便利。当然,这种新的全局观念使统治者根据不同的环境选择不同的地点。"([英]阿诺德·汤因比著,D. C. 萨默维尔编:《历史研究》下,郭小凌等译,上海人民出版社2016年版,第622—623页)。

② (明)顾起元:《客座赘语》卷二《两都》,上海古籍出版社2012年版,第24页。

③ Edward L. Farmer, *Early Ming Government: The Evolution of Dual Capitals*, London: Harvard Univ. Pr., 1976, p.134.

④ 参见万明《明代两京制度的形成及其确立》,《中国史研究》1993年第1期。

海、鄂霍次克海、兀的河（今乌第河），西北到新疆哈密，西南包括西藏、云南、贵州（于永乐时建省），东到渤海、黄海、东海，南到南海及南海诸岛，虽然不如元朝疆土广大，却比前此宋朝疆土大了很多。

作为世界文化遗产，北京是全球农耕文明中心自成体系的都城类型之一。美国学者芮沃寿提出，"此城不论与宋都相比还是与隋唐长安相比，都更接近于古典宇宙论"①。明朝人对于南北空间层次的认识，构筑了一条长长的时间线，帮助我们了解都城作为理论架构，构筑了中国大一统历史发展进程的重要意义。我们应该突破以往主要以制度史理解国家治理的单一框架，从时空出发，进一步阐释明朝国家治理构想空间的方式，以及中国与外部世界相互作用的时空体系。

第二节 从长安到北京：内向还是外向？

15世纪初，明代鼎建北京，正如汉唐长安一样，成为建立在中国北方的政治中心，由此北京跻身于国际大都会。西方学者指出，"南京在明太祖改建十年左右，赶上开罗成为世界最大城市，至十五世纪为北京所接替。除了十七世纪短时间内亚格拉、君士坦丁堡和德里曾向它的居首地位挑战外，北京一直是世界最大的城市，直到1800年前后才被伦敦超过"②。明代北京将高度发展的农耕文明整合于人类文明共同体，中华文明独特的国家治理与运作模式，推动出现了农耕文明与游牧文明的整合，农耕文明与海洋文明的交融，彰显了建立统一多民族国家的意义。

长期以来，西方学者在论述全球史时，主要论述的是西方航海扩张的功绩，明代中国则往往被贬为保守和落后的代称。黄仁宇先生在他的《中国大历史》中，提出"明朝：一个内向和非竞争性的国家"的观点。③ 这

---

① ［美］芮沃寿：《中国城市的宇宙观》，［美］施坚雅主编，叶光庭等译：《中华帝国晚期的城市》，中华书局2000年版，第77页。

② ［美］特蒂乌斯·钱德勒（Tertius Chandler）与吉拉尔德·福克斯（Gerald Fox）：《城市成长3000年》，（纽约）学术出版社1974年版，第364页。转引自［美］施坚雅主编《中华帝国晚期的城市》，中华书局2000年版，第36页。

③ ［美］黄仁宇：《中国大历史》增补本，九州出版社2015年版，第158页。

<<< 丝绸之路上的明代中国与世界

一观点影响甚广。但是明代中国是内向还是外向？让我们从明成祖对外交往事实出发，寻求历史的真相。

一 遣使四出

明朝初年，对外交往是全方位的。永乐年间外交全面展开，推动丝绸之路发展到鼎盛时期。突出的对外关系事例有：傅安六使西域（第一次在洪武时出使，永乐时归，后五次均在永乐时）①，陈诚五使西域（第一次出使在洪武时，后四次均在永乐时）②，郑和七下西洋（西洋，今印度洋，永乐年间六次，宣德年间一次），亦失哈七上北海（北海，今鄂霍次克海，永乐年间五次）。③ 海陆并举，通过海陆丝绸之路，不仅加强了中国与东南亚、南亚、西亚、东非，乃至印度洋沿岸国家的关系，而且东北亚丝绸之路也在明朝开拓北方水陆联运线后发展起来。

在陆上，明成祖曾派使臣出使哈烈，并颁发敕谕云："大明皇帝诏谕撒马尔罕国沙哈鲁把都尔……今遣都指挥白阿儿忻台、千户某及随从若干人，赍敕赐尔织金文绮、红绫诸服及他色物件，示朕眷遇之意，期此后信使往来，朝聘不绝，商旅安然互市，各遂其欲。"④ 他明确表达了和平交往的愿望。美国学者罗萨比认为，终永乐之世，"有 20 个代表使团来自撒马儿罕和哈烈，32 个使节来自中亚其他城镇，44 个使团来自哈密绿洲西北部附近"⑤。日本学者榎一雄将傅安的六次出使西域，看作是郑和七下西洋的翻版。⑥

更重要的是在海上。永乐时代的中国郑和使团从海上把海陆丝绸之路联结了起来，将一幅栩栩如生的人类文明互动的画卷展现开来，这是明代

---

① 万明：《傅安西使与明初陆路交通的畅达》，《明史研究》第 2 辑，黄山书社 1992 年版，第 132—140 页。
② 王继光：《陈诚西使及洪永之际明与帖木儿帝国的关系》，《西域研究》2004 年第 1 期。
③ 万明：《明代永宁寺碑新探：基于整体丝绸之路的思考》，《史学月刊》2019 年第 1 期。
④ 邵循正：《有明初叶与帖木儿帝国之关系》，《邵循正历史论文集》，北京大学出版社 1985 年版，第 90—91 页。
⑤ ［美］莫里斯·罗萨比：《明代到亚洲腹地的两位使者》，刘坤一摘译，《中国史研究动态》1982 年第 2 期。
⑥ ［日］榎一雄：《傅安出使西域》，《（东方学会创立二十五周年纪念）东方学论集》，日本东方学会，1972 年，第 197 页。

第一篇 整体篇 >>>

中国对全球史的重大贡献。

自古以来,亚欧大陆的大河和平原,孕育了伟大的文明。在诸文明之间,如中华文明、印度文明、西亚文明和欧洲文明之间,自古具有一种互动关系,而互动的中心一直是在亚欧大陆上,这意味着人类交往的主要途径是陆路。西汉张骞凿空西域,东汉甘英望洋兴叹于地中海东岸,东西方文明汇聚之地定于西域,即亚欧大陆,历时上千年没有发生根本改变。汉唐长安是丝绸之路的起点,也是东西方文明重要的交汇点,在丝绸之路史上具有不可替代的地位。发展至15世纪初,郑和下西洋持续近30年,明代中国形成了前所未有的农耕大国向海洋大国发展的强劲态势,由此,人类交往从陆向海的重大转折发生了。跟随郑和下西洋的通事马欢著有《瀛涯胜览》,其中《记行诗》云"曾闻博望使西域,如何当代覃恩光"[①]。说明在明朝人的理念中,是将下西洋与凿空西域的功绩相提并论的。笔者的研究表明,郑和下西洋的"西洋",一开始是有特指的,具体所指为"那没黎洋",即今天称为印度洋的海域,下西洋的目的地指向西洋大国古里(今印度南部西海岸喀拉拉邦的卡利卡特,又译科泽科德)。[②] 迄今很多学者仍以晚明的文莱划分东西洋的界限,这种长期以来的模糊认识提示我们,对于永乐时期明朝人的外交理念与实践,应该有一个重新审视。明朝人七下印度洋的国家航海行为,应该是一个整体的视野,并意味着明朝人已具有中西海陆丝绸之路全面贯通的认知。

明代郑和下西洋,中国人以史无前例的大规模走向了海洋。西洋大国古里是每次必到之地,并在第四次以后由古里延伸到波斯湾、阿拉伯半岛,乃至东非。这些地区与海域都是在印度洋的范围以内。更为重要的是,当时明朝人已经清楚地认识到"古里通西域,山青景色奇"[③],所至天方国(今沙特阿拉伯麦加),"其国乃西海之尽也……其地多旷漠,即古筠

[①] (明)马欢著,万明校注:《明本〈瀛涯胜览〉校注》,广东人民出版社2018年版,第3页。
[②] 万明:《郑和七下印度洋——马欢笔下的那没黎洋》,《南洋问题研究》2015年第1期。
[③] (明)费信:《星槎胜览·古里国》,邓士龙辑《国朝典故》卷一〇四,许大龄、王天有主点校,北京大学出版社1993年,下册,第2083页。

冲之地，名为西域"①，这里清楚地说明在明朝人的理念中，从海上打通西域丝绸之路，西洋与西域是联系在一起的，陆海丝绸之路至此全面贯通，明朝人从海上给古代丝绸之路划了一个圆。当郑和第五次下西洋归国，北京鼎建的庆成大典，正是明代北京继承汉唐长安，成为丝绸之路新的起点与交汇点，古代丝绸之路达于鼎盛时期的一大标志。

今天我们知道，印度洋是世界第三大洋，面积7491万千方千米，约占世界海洋总面积的五分之一，拥有红海、阿拉伯海、亚丁湾、波斯湾、阿曼湾、孟加拉湾、安达曼海等重要边缘海和海湾。在古代，印度洋贸易紧紧地将亚、非、欧连接在一起。郑和七下印度洋，联通了亚、非、欧，中国参与了一个"全球"贸易雏形的构建，更重要的是，永乐时期印度洋国际秩序的建立，具有与前此蒙元帝国、后此西方海外扩张殖民帝国迥然不同的特征，明成祖在派遣郑和下西洋诏书中，明确表述的是"共享太平之福"的理念②：

> 朕奉天命，君主天下，一体上帝之心，施恩布德。凡覆载之内，日月所照、霜露所濡之处，其人民老少，皆欲使之遂其生业，不至失所。今特遣郑和赍敕普谕朕意：尔等祗顺天道，恪遵朕言，循礼安分，毋得违越，不可欺寡，不可凌弱，庶几共享太平之福。若有撝诚来朝，咸锡皆赏。故此敕谕，悉使闻知。

郑和远航印度洋，起了沟通明代中国与海外30余国关系的重要作用，在东亚与印度洋地区实现了各国官方认同基础上建立起来的国际秩序：政治上国家权力整体上扬、经济上官方贸易资源共享、文化上多元文化广泛认同交融。包括今天的东北亚、东南亚、中亚、西亚、南亚，乃至东非、欧洲等广袤的地方，连成了一个文明互动的共同体，也是利益与责任的共同体。现存斯里兰卡的"郑和布施锡兰山佛寺碑"，以三种文字记载着郑

---

① （明）费信：《星槎胜览》卷四《天方国》，陆楫辑《古今说海》说选二十三，巴蜀书社1988年版，第222页。
② 李士厚：《影印原本郑和家谱校注》，永乐七年三月《皇帝敕谕四方海外诸番王及头目人等》，晨光出版社2005年版，第6页。

和代表永乐皇帝向佛祖、毗湿奴和真主阿拉贡献布施的史实,就是明朝人对于多元文化兼容并蓄,丝绸之路文化共生现象的突出表现。① 更为重要的是,满剌加王国兴起与郑和下西洋密不可分,不仅彰显了马六甲海峡,连通了印度洋与太平洋的海上丝绸之路,更成为印度洋时代向太平洋时代转型的缘起,预示了全球化诞生于海上,也可以说就此拉开了全球史的序幕。

二 万国来朝

众所周知,汉唐长安是中国古代盛世的象征。从大一统的秦汉王朝,经历动荡分裂的魏晋南北朝,到重归大一统的隋唐王朝,汉唐间历史的发展变迁,实质上与当时南北地区发展不平衡特征有着密切关联,最终形成数百年的南北对立局面。随着隋唐王朝的建立,天下重归一统,政治中心重建于北方。此后,北宋建都开封、南宋建都杭州,北京则经历了金中都、辽南京,至元朝大一统政治中心回到了华北平原,北京作为国际性大都市的历史底蕴深厚,至明代鼎建北京,中外关系的历史进入了一个崭新的发展阶段。明代中国和平的中华秩序理念得到了东亚以及印度洋沿边各国的赞同和响应,各国的利益融合在一起,交流互鉴,走向共同发展与繁荣。因此,才在明朝奠都北京庆典之时,出现了"万国来朝"的古代外交史上的盛况。

古代"万国来朝"一语,"万国"并不是实数,而是概数,形容诸多国家前来朝拜之意。唐杜佑《通典》卷一四六《乐》六记载:隋朝长安"每岁正月,万国来朝,留至十五日,于端门外,建国门内,绵亘八里,列为戏场"②。由此我们可以了解到当时在长安,每当王朝大庆典之时"万国来朝",表演乐舞已形成了制度。唐代长安的"万国来朝",更是极大地扩展了中外关系,并进一步完善了这一制度。发展到明代,《明会典》中明确记载,自洪武年间开始,明朝凡大宴乐,都要演奏乐章《太清歌》:"万国来朝进贡,仰贺圣明主,一统华夷,普天下八方四海,南北东西,

---

① 参见万明《海上丝绸之路上的文化共生——以〈郑和锡兰布施碑〉为例》,《国际汉学》2018年第4期。

② (唐)杜佑:《通典》卷一四六《乐》六,浙江古籍出版社1988年版,第3728页。

托圣德，胜尧王，保护家国，太平天下都归一，将兵器销为农器，旌旗不动酒旗招，仰荷天地。"也自洪武年间开始，在大祀庆成大宴上，都要表演"万国来朝队舞，缨鞭得胜队舞"。充分地反映了明朝大一统国家治理理念的和平底色。

　　经过明初几十年的休养生息，明王朝日益强盛。明成祖积极推行"锐意通四夷"的对外政策，宣称"今四海一家，正当广示无外，诸国有输诚来贡者听"①。永乐十八年十一月，皇帝颁诏天下：在永乐十九年（1421）正月明朝举行迁都庆典。时值郑和第五次下西洋回国之后，据《明实录》记载，作为国际大都会的北京，有16国的使节来华，出现了"万国来朝"的古代外交史上的盛况。永乐二十一年（1423）正月，明成祖在奉天殿接见文武百官和外国使节，是16国使臣1200人聚集北京的又一大盛会。《明实录》详载了16国名称，现特列于下：西洋古里（今印度喀拉拉邦卡利卡特，又译科泽科德）、忽鲁谟斯（今伊朗霍尔木兹）、锡兰山（今斯里兰卡）、阿丹（今也门亚丁）、祖法儿（今阿曼佐法尔）、剌撒（一说在索马里泽拉，一说在今也门亚丁附近）、不剌哇（今索马里布拉瓦）、木骨都束（今索马里摩加迪沙）、柯枝（今印度柯钦）、加异勒（今印度半岛南端东岸）、甘巴里（今印度南部科因巴托尔）、溜山（今马尔代夫）、南浡里（今印度尼西亚苏门答腊岛西北部）、苏门答剌（今印度尼西亚苏门答腊岛）、阿鲁（今印度尼西亚苏门答腊岛东岸巴鲁蒙河口）、满剌加（今马来西亚马六甲）。细查这些参加北京盛会的国家以西洋古里为首，加以考察16国的地理位置，可见大多是郑和下西洋交往招徕的海外国家。明代中国外交使节将"共享太平之福"的和平秩序理念，传播到海外，得到了东亚以及印度洋沿边各国的赞同和响应，各国的利益融合在一起，形成了新型的国际体系。②

　　上述记载只是来华外国使团的一个不完全统计。其时参加北京盛会的，不仅有忽鲁谟斯等诸多海外国家，而且也有从中亚陆路来华的使团。这是明朝傅安、陈诚等出使中亚、西亚的回应。帖木儿的儿子，当时统治

---

① 《明太宗实录》卷十二上，洪武三十五年九月丁亥，第205页。
② 参见万明《15世纪印度洋国际体系的建构——以明代"下西洋"亲历者记述为线索》，《南国学术》2018年第4期。

哈烈（今阿富汗赫拉特）的沙哈鲁国王派出使团，包括随行商人在内多达510人。他们于1419年11月从哈烈出发，经过撒马尔罕、达失干（今乌兹别克斯坦之塔什干）、哈喇和卓（明代火州）、哈密等地，进入河西走廊；又途经肃州（甘肃酒泉）、甘州（甘肃张掖）、兰州、真定（河北正定）等地，于1420年12月14日抵达北京。作为使团成员的画师盖耶速丁，以日记形式撰写的《沙哈鲁遣使中国记》，真实记录了使团到北京的所见所闻，特别是对于紫禁城的描述非常珍贵："他们于黎明时看到了一座一望无垠的京城，其地面呈长方形状，由一堵城墙环绕，城墙的每侧都有1波斯古里（6200米），全长为4波斯古里（24800米）……由于尚未到应打开中国京城大门的晨曦升起的时候，使节们只好通过已竣工的建筑——城楼的地方进入那里。中国官员径直把他们领到了宫门。在那里让他们下马并继续在一条长七百步的美不胜收的林荫道中徒步前进，这条路铺有蔚为壮观的长石条，它把宫门与军营（斡耳朵）连接起来了。"①

接着，盖耶速丁记录了北京的宫殿建筑、宫廷礼仪，以及使团所受到的礼遇，他还特别提到了大钟："一口钟悬挂在凯旋门之上的鼓一侧。为了撞钟，有两名官员时刻等待着皇帝登上御座的具体时刻。"② 他也记述了皇帝新建的宫殿，其中"一座长八十腕尺、宽三十腕尺的大殿，殿是用熔铸的青精石制成的光滑柱子支撑，柱粗甚至三人不能合抱"。并记下了使团参加紫禁城新宫落成庆典的情况：在1421年"2月3日（伊斯兰历824年1月29日）夜，刚刚到子夜的时候，寺人便牵着备鞍马前来迎接使臣，以把他们领到新宫。此宫经过十九年的工程刚刚竣工。这一夜，在庞大的京城，每个人都用灯笼、蜡烛和灯照亮了其住宅或店铺，灯火数量如此之多，以至于使人觉得旭日已冉冉东升。大地照得如此明亮，以至于能够清楚地看到掉落在地上的一根针。寒流也于同时结束了。有人把所有来人都领进了新宫殿内。从契丹、江南、中国中原、摩诃支那、卡尔梅克（蒙古）、吐蕃、哈密、哈剌和卓、女真（满洲）、海滨地带（渤海国），和其

---

① 《沙哈鲁遣使中国记》，[法]阿里·玛札海里：《丝绸之路——中国—波斯文化交流史》，耿昇译，中国藏学出版社2014年版，第47—48页。
② 《沙哈鲁遣使中国记》，[法]阿里·玛札海里：《丝绸之路——中国—波斯文化交流史》，耿昇译，第48页。

他未知名地区的四面八方拥来了十万之众。有人把他们引进了新宫殿,皇帝在那里盛宴群臣"①。御宴到接近中午才结束。

中外的交往,文明的互动,就这样在北京新宫的时间与空间扩展中得以实现。

结　　语

明嘉靖十七年（1538）九月,追赠永乐帝庙号成祖。当时帝谕礼部曰:"朕惟我国家之兴始,皇祖高皇帝也;中定难艰,则我皇祖文皇帝也……尊文皇帝庙号为成祖。"② 彰显了国都北京鼎建的丰功伟绩。而清修《明史本纪》如此评价:"至其季年,威德遐被,四方宾服,受朝命而入贡者殆三十国。幅员之广,远迈汉、唐。成功骏烈,卓乎盛矣。"③

在全球视野下,从明代都城的发展历程入手,结合历史上都城独特背景及其对外交往风格的确立、发展与演进,重新审视明朝北京鼎建的重大意涵,可以从两个方面去认识：

第一,从南京到北京。在大一统国家治理理念之下,明成祖定都北京,并建两京,将古代大一统国家治理发展到一个崭新阶段：建立起全国南北一统的大布局,是对中国古代大一统国家治理体系的继承与开新。由此,"实为都会"的北京,连接起长城内外与大江南北,标志农耕文明发展到顶峰时期,实现了农牧文明的一统和陆海文明的重大接轨与共生。其后清朝沿袭以北京为首都,北京作为首都持续了490年。今天作为世界文化遗产,"北京是能把壮丽宏伟的古迹完好无损地保留到我们这个时代的唯一的中国帝都"④。

第二,从长安到北京。在"共享太平之福"理念下,明成祖作为中华

---

① 《沙哈鲁遣使中国记》,[法] 阿里·玛札海里：《丝绸之路——中国—波斯文化交流史》,耿昇译,第58页。
② 《明世宗实录》卷二一六,嘉靖十七年九月辛未,第4409页。
③ 《明史》卷五《成祖本纪三》,中华书局1974年版,第105页。
④ [美] 牟复礼：《元末明初时期南京的变迁》,[美] 施坚雅主编：《中华帝国晚期的城市》,叶光庭译,第166页。

文明体系的重要传承者，定都北京，复兴了传统首都国际大都会的地位。汉唐时期的都城长安，是丝绸之路的起点，也是交汇点。明成祖在北京奠定了丝绸之路新的起点与交汇点，将古代丝绸之路发展到一个崭新阶段：对外海陆并举，特别是航海外交从海上贯通了陆海丝绸之路，在人类文明共同体互动层次上有了新的提升，形成了东西方文明交融的大格局，重构了丝路辉煌。明代中国为全球史在海上诞生拉开了序幕，是对汉唐丝绸之路的传承与开拓发展，也是对全球史做出的重大贡献。

第六章　明代中国国际秩序的演绎

蒙元帝国崩溃后，国际关系格局出现新变化。明代中国是东亚大国，明初从农耕大国向海洋大国的走势和郑和七下印度洋形成的国际秩序，理应成为史学界高度关注的问题。明代中国作为崛起的海洋大国，如何应对蒙元帝国崩溃后快速变化的印度洋世界？如何理解明代中国建立的国际秩序的影响？本章通过考察14世纪下半叶到15世纪初中国外交观念的演变，尝试为这一时期的中国对外关系建立一个宏观的分析框架。中国从明初就开始谋求在东亚建立一种不同于蒙元帝国的新的国际秩序，这是明帝国从建国之初就萌生的新的国际秩序思想的延续；15世纪初印度洋国际关系的演变过程，是明代中国不断推行和实施其国际秩序思想的过程，中国新的国际秩序思想集中体现在郑和七下西洋全面贯通了古代陆海丝绸之路，建立了新的国际秩序，形成了区域合作机制的过程，为区域史走向全球化做出了重要铺垫。明初国际秩序的建立，具有与前此蒙元帝国、后此西方海外扩张殖民帝国迥然不同的特征，不应简单以传统朝贡制度或体系笼统归纳和理解。

第一节　明代初年中国认识的"世界"

明朝代元而立，其建立之初就面临着一个新的时代大变局——横跨亚欧的蒙元大帝国瓦解之后，国际格局出现了真空。明朝建立之后，一反蒙元帝国时代一味追求武力扩张的姿态，海陆并举，遣使四出，建立邦交，形成了中国古代史上又一个对外交往极为繁荣的时期。重要的是，明代初年人们对于外部世界是如何认识的？首先了解这一点，对于我们认识明朝的对外关系至关重要。

洪武二十二年（1389），明太祖派人专门绘制了《大明混一图》。原件现藏于中国第一历史档案馆，此图长 3.86 米，宽 4.75 米，为彩绘绢本，其所绘的地理范围：东至日本、朝鲜，南面到爪哇，西至非洲的东西海岸，包括一部分的西欧，即西班牙一带，北边到达了贝加尔湖以南。这一《大明混一图》是中国目前已知年代最久远、也是保存最完好的一幅古代世界地图，① 从这一地图中，我们可以看到明朝人当时所了解的"世界"的概貌。

按照明朝人的划分，明初对外交往主要在以下的三大地区展开：即西域、西洋与东洋。第一就是西域，在概念上指的是汉代以来张骞所开通的陆上通往西方的交往通道，传统上我们称之为"丝绸之路"，这是古代中世纪时期联结亚欧大陆主要文明地区的陆上交通要道。明代初期，这条古老的陆上文明通道仍在发挥着重要的作用。明初利用这条通道的对外交往，主要有傅安和陈诚的西使，到达了中亚撒马尔罕和西亚大不里士、伊斯法罕、设拉子、赫拉特等地。② 另外两个地区就是东洋和西洋。

至今有不少学者是以明后期人们所认识的文莱作为东、西洋的划界，③ 但这个认识实际上不是明初人认识的东、西洋的概念。明代初期，东洋和西洋是从海上划分的，这个划分当时是非常清楚的。根据永乐年间随郑和下西洋的马欢所著《瀛涯胜览》记载，当时是以南浡里国为东、西洋的分界，它位于今天的印度尼西亚苏门答腊岛，在岛的西北有一个很小的帽山，帽山以西被认为是西洋，也就是说今天的印度洋才被称为西洋，当年它叫作"那没黎洋"。④ 按照这样一个划定，帽山以东就应该是东洋了。实际上在明朝永乐年间，郑和下西洋的影响巨大，以至于西洋这个名词很快

---

① 曹婉如等编：《中国古代地图集：明代》，文物出版社 1995 年版。
② 有关傅安的出使，参见万明《明初中西交通使者傅安出使略考》，《中国边疆史地研究》1990 年第 2 期；《傅安西使与明初中西陆路交通的畅达》，《明史研究》第 2 辑，黄山书社 1992 年版；有关陈诚的出使，参见陈诚原著，周连宽校注《西域行程记　西域番国志》，王继光《代前言》，中华书局 1991 年版。
③ 参见张燮《东西洋考》关于西洋列国考与东洋列国考的划分。中华书局 1981 年版。
④ 《明钞本〈瀛涯胜览〉校注》，《南浡里国》，海洋出版社 2005 年版，第 50 页。

就开始逐渐具有了指代海外、外国这样一种更广泛的含义。① 虽然如此，研究明初这段历史，我们还是应以马欢在明初记载的概念来界定东西洋的地理概念，那么，郑和下西洋的西洋专指的是印度洋，这一点在以往的研究中，被极大地忽视了，应该得到澄清。由此界定广义的东亚概念，包括现在的东北亚和东南亚，是一个整体的区域。

蒙元帝国崩溃后，东亚国际秩序急需重构。在周边大环境处于蒙元帝国崩溃的震荡之中的时候，明朝建国伊始，明太祖就开始了在西洋、东洋、西域三个地区的全方位外交，致力于一种"共享太平之福"的理念，重建一种合法性的国际秩序。与此同时，在和平邦交的基础上，再度激活了连结亚、非、欧之间的陆上和海上的通道。在永乐与宣德年间，则更进一步派遣郑和七下西洋，这一西洋特指印度洋，明代中国的国家航海外交直至印度洋区域，一个庞大的国际关系网络开始运作，一个新的国际秩序开始形成。国家权力深刻地影响着这个区域的国际格局，中华和平理念对这一区域国际秩序的建立影响深远。

第二节　后蒙元时代国际秩序的重构

一　外交文书所见权威与秩序

元明之际，中国对外关系经历了一个崩溃和重构的过程，明朝和平崛起于亚洲，从诏令文书中，我们不难发现太祖"共享太平之福"的强烈愿望。在诏令的传递中，东亚国际政治格局全面改观，一个不是凭借武力实现的印度洋区域新局面形成。通过历史见证的一个个诏令，我们可以把明初对外关系的历史如珍珠般编串起来，极大地丰富对那段历史的完整认识。

明代初期的外交奠定在明太祖朝。明朝建立以后，对外关系的建立，是依靠使臣传达外交文书而实现的。外交诏令是明初对外关系中形成的基本的政策、法令，是我们研究明初对外关系时最重要、也是最基本的史

---

① 参见万明《释"西洋"——郑和下西洋深远影响的探析》，《南洋问题研究》2004 年第 4 期。

料。《明实录》是由史官根据当时的外交文书编纂而成，难免有不实之处。① 而《明史》就更不是第一手资料了，它是清初的史家根据明朝遗存下来的文献编纂而成，加入了清初编纂者的观念。所以，如果我们想要了解明初国际交往的原生态，就必须从第一手资料——外交诏令文书的搜集和整理开始。这对于研究而言具有更新史料的意义。

作为国家的代表，以权威性的行为模式和社会规范来调控本国和其他国家之间的行为与关系，这种权威是和秩序连在一起的。我们从外交文书上可以很明显地看到明太祖打算和所有当时已知的世界范围的国家或王朝建立一种邦交联系。明太祖在完成国家的统一大业、实施一系列卓有成效的对内措施的同时，开始展开了一个新王朝对外关系的全新姿态。明初，明太祖致力于"方与远迩相安于无事，以共享太平之福"②，从洪武元年（1368）开始就派遣使臣四出颁诏，遍及当时已知的周边曾与中国有过关系的海陆各国，建立起外交关系。如易济出使安南，赵秩出使日本，刘叔勉出使西洋，傅安出使西域，等等；明朝先与朝鲜高丽朝、后与李朝的交往，更是使者络绎于途。与此同时，依赖或者说凭借于这种外交文书信息的传递与沟通，实际上一个新的国际秩序正在形成。从我们收集的127通外交诏令中，计颁给高丽49通，朝鲜17通，安南25通，占城11通，日本9通，琉球4通，暹罗4通，爪哇3通，三佛齐1通，西洋琐里1通，拂菻1通，缅国1通，撒马儿罕1通，浡泥1通，真腊1通，总共颁发给15个国家。③ 据明太祖晚年追忆，他即位便"命使出疆，周于四维，历诸邦国，足履其境者三十六，声闻于耳者三十一。风殊俗异，大国十有八，小国百四十九"④。他所说的明朝使臣所到国家与地区仅是约数，但说明明

---

① 以明太祖调解安南、占城两国纠纷的诏书为例，原诏见存于王袆《王忠文集》卷十二《谕安南占城二国诏》，而在《明太祖实录》中，此诏被大为缩减，见《明太祖实录》卷四七，洪武二年十二月壬戌，第934页。这是《明实录》并非第一手资料的明显例证之一。

② 《明太祖实录》卷三七，洪武元年十二月壬辰，第751页。

③ 从2004年起，笔者开始初步收集整理所见明朝洪武年间外交诏令文书的工作，2006年给香港中文大学"明太祖及其时代国际学术研讨会"提交了论文《明太祖外交诏令文书述考》。根据初步统计，收集明太祖127通外交诏令中，有35通来自实录，无其他来源替代。其他92通经过比对，《实录》有很大不同的和缺失的为72通，占总数一半多。《实录》的不实彰显了出来，同时显示出诏令文书整理与研究的重要意义。

④ 《明太祖实录》卷二四三，洪武二十八年十二月戊午，第3534—3535页。

初建立了一个广阔的国际交往网络。

明朝建立之初，面临的是蒙元帝国崩溃以后国际格局的大动荡、大改组，周边国际环境错综复杂，陆上有蒙元帝国的残余势力，海上有日本海盗"倭寇"的不断侵扰。大陆的阻断，海上的威胁，可以说新王朝面临着中国历朝历代前所未有的严重的陆海两面威胁，这构成了新王朝国家安全的最大问题。也正是在这一背景下，明太祖急欲求得国际社会对其统治的正当性，或合法性的认同，即得到各国对其统治的认可。玺书和诏敕的颁发，正是帝位继承合法化的必要程序。[①]

值得注意的是，人类历史上各个时期的强盛的帝国地位，基本上都是通过军事手段即武力征服而获得的，外交关系依据实力关系呈现多种形态。明朝建立之初遣使四出，以"通好"姿态示外，以和平交往的态度，表达了与各国建立友好关系、共享太平的愿望，更表明"非有意于臣服之也"，有其独特之处。明初外交实际上是在古代传统外交连续性的基础上建立起来的，具有明显的历史传承性。但是，这只是一个方面，从另一个方面看，明代不仅有传承，而且有创新。在明代初年，也就是14世纪后半叶至15世纪前半叶这一历史时期，以明朝积极外交为基础而建立起来的国际关系网络，前所未有地活跃，外交远航直达印度洋，明代中国的海洋大国形象于此树立，并促成了事实上一种新的国际秩序的形成。

二 外交模式的更新

明代外交所显示的特征，最为突出的是"不征"，以之为基本国策，导向了不依靠武力建立的一种和平的国际秩序，表明明朝人对于天下国家的认识与此前有了很大不同，换言之，明代外交的特征首先是建立在观念变化的基础上。

从明太祖的外交诏令中我们可以看到，"共享太平之福"的和平外交理念体现得非常普遍。一般来说，征服和扩张是帝国的特质，发展到明代初年，以明太祖的"不征"国策为标志，中国的对外关系发生了重大转折。

---

① 合法性，也即正统性。有关正统论的全面论述，参见饶宗颐《中国史学上之正统论》，香港龙门书店1977年版，上海远东出版社1996年再版。

第一篇　整体篇 >>>

洪武四年（1371）九月，明太祖朱元璋曾经在奉天门召集臣僚，郑重地阐述他的外交和国际秩序理念。他首先举出海外国家有为患于中国的，中国不可以不征讨；但不为患中国的，中国则不可轻易兴兵，引用古人的话说："地广非久安之计，民劳乃易乱之源。"接着他列举了隋炀帝征讨的例子，说出了他的对外关系理念："得其地不足以供给，得其民不足以使令，徒慕虚名，自弊中土"，评价隋炀帝妄自兴师征伐失败的结果，是"载诸史册，为后世讥"。他还特别谈到元亡后逃到北方的蒙古部落是王朝重点防备的方面。① 这是明太祖首次全面论述王朝的对外政策，充分反映出其个人的现实主义思想，实际上否定了帝国对外扩张倾向，在总结前朝历史经验教训的基础上，把基点明确放在保境安民上。

洪武六年（1373），明太祖修《祖训录》。后来陆续修订，洪武二十八年（1395）颁布了《皇明祖训》。其《首章》将上述对外关系理念的阐述定为明朝世代子孙必须遵行的基本国策之一：

> 四方诸夷皆限山隔海，僻在一隅，得其地不足以供给，得其民不足以使令。若其自不揣量，来扰我边，则彼为不祥；彼即不为中国患，而我兴兵轻伐，亦不祥也。吾恐后世子孙倚中国富强，贪一时战功，无故兴兵，致伤人命，切记不可。但胡戎与西北边境互相密迩，累世战争，必选将练兵，时谨备之。②

为了让子孙后代明白世代都不要与外国交战，其中把当时明周边的"不征之国"，按地理方位一一罗列出来：东北是朝鲜，正东偏北是日本，正南偏东是大琉球、小琉球，西南是安南、真腊、暹罗、占城、苏门答剌、西洋、爪哇、湓亨、白花、三佛齐、渤泥，一共是15个国家。这些国家基本上都在我们上述所说的明朝人认为的东洋范围，即今天的东北亚和东南亚地区的国家（除了西洋国在今天的南亚）。明太祖当时把这些国家都作为要与之交往，但是不可出兵征伐的"不征之国"，由此奠定了和平外交的基调。

---

① 《明太祖实录》卷六八，洪武四年九月辛未，第1277页。
② 《皇明祖训·祖训首章》，《四库全书存目丛书》，史部第264册，第167—168页。

关于"不征"的理念，明太祖也曾在诏书中明确宣布："今朕统天下，惟愿民安而已，无强凌弱，众暴寡之为，安南新王自当高枕，无虑加兵也。"①

上述明初和平外交基调的奠定，指的是整体的"和平外交"。不仅有大量的外交文书说明了明太祖的和平外交理念，而且从实践上看，确实终明太祖一朝30年，从未发兵征伐外国，说明明太祖时奠定的明朝与周边国家以及海外国家的和平外交基调，无论在理念还是在现实上，都是能够成立的。即使是与日本的不和谐，明朝也绝没有主动征伐之举。在明太祖之后，除了永乐年间曾征安南是个例外，在其他时期明朝都与上述国家维持着和平关系。

进一步说，明初"不征"外交模式的出现，表明明太祖明确摒弃了自古以来中国天子至高无上的征伐之权，从而形成了明代外交有别于历朝历代的显著特征，更成为古代中外关系的一个引人注目的拐点。重要的是，表明了蒙元帝国崩溃后明朝人致力于一种新的国际秩序，是建立在明初外交"不征"的基础之上的国与国之间的和平互动关系与秩序。

一般说来，"中国威胁论"起源于蒙元帝国时期的征战与扩张，蒙元帝国崩溃后，明初以"不征"为特征的外交决策，是对于蒙元帝国对外极端行为的回归，代表了中国古代对外关系发展的新取向。

第三节 区域政治秩序：国家权力的整体上扬

明初自洪武年间全方位建立外交关系之后，永乐、宣德年间，国际交往在空间上有一个极大的拓展，这就是郑和七下印度洋。经过明初几十年的休养生息，王朝日益强盛，明成祖（1403—1424年在位）积极推行了一种"锐意通四夷"的外交政策，宣称"今四海一家，正当广示无外，诸国有输诚来贡者听"②。

---

① 《明太祖御制文集》卷二《谕安南国王诏》，明初内府刻本，台湾学生书局影印，1965年，第72页。

② 《明太宗实录》卷一二上，洪武三十五年九月丁亥，第205页。

第一篇　整体篇 >>>

永乐三年（1405）明成祖颁发诏书，派遣郑和下西洋，中国人以前所未有的规模走向海外，成就了史无前例的海上交往壮举。他在位期间，除了派遣郑和六下西洋，并筹划派遣大量使团出使海外，开辟海道，招徕海外各国来华交往，在诏书中的表述与明太祖一脉相承：

> 朕奉天命，君主天下，一体上帝之心，施恩布德。凡覆载之内，日月所照、霜露所濡之处，其人民老少，皆欲使之遂其生业，不至失所。今特遣郑和赍敕，普谕朕意：尔等祗顺天道，恪遵朕言，循礼安分，毋得违越，不可欺寡，不可凌弱，庶几共享太平之福。若有竭诚来朝，咸锡皆赏。故此敕谕，悉使闻知。①

"宣德化而柔远人"，郑和的远航印度洋使得中外关系得到了极大的扩展，也使得对外交往盛况空前。我们注意到，在跟随郑和下西洋的马欢笔下，所有使团到达之处，无论大小，皆称之为"国"，这无疑是明代中国的国家航海外交行为使区域国家得到前所未有的彰显。马欢《瀛涯胜览序》云："敕命正使太监郑和等统领宝船，往西洋诸番开读赏赐。"② 每到一国，郑和使团首先是开读诏书，在与各国政治上邦交关系确定之后，随之而来的是一种正常的政治新秩序的建立和贸易网络的形成，对这个区域的发展具有重要意义，为区域合作奠定了良好基础，更推动了多元文明的交流全面走向繁盛。郑和七下印度洋，包括今天的东北亚、东南亚、中亚、西亚、南亚、乃至东非、欧洲等广袤的地方，连成了一个文明互动的共同体。使团不仅起了沟通域外所至之国的重要政治作用，更引发了中外文明交流高潮的到来。永乐二十一年（1423），出现了南淳里、苏门答剌、阿鲁、满剌加等16国派遣使节1200多人到北京朝贡的盛况。③ 在和平外交理念的基础上，明初将中华秩序的理想付诸实践，建立起一种国际新秩序："循礼安分，毋得违越，不可欺寡，不可凌弱，庶几共享太平之福。"

---

① 永乐七年三月《皇帝敕谕四方海外诸番王及头目人等》，李士原：《影印原本郑和家谱校注》，晨光出版社2005年版，第6页。
② 《明钞本〈瀛涯胜览〉校注》，第1页。
③ 《明太宗实录》卷二六三，永乐二十一年九月戊戌，第2403页。

<<< 丝绸之路上的明代中国与世界

从政治上来说,当时东亚国际地缘政治平台上,一个国家权力整体上扬,需要获得大国的力量、国际的支持,这是东亚一些国家兴起的主要因素。以满剌加为例,我们可以看到在东亚国际交往中,明朝是有很大的国际影响力的。满剌加在15世纪初的建立和发展,得到明王朝的大力支持。满剌加扼守马六甲海峡,位于东西方海上贸易重要的交通路口。在1402年以前,那里只是一个小渔村①,明人记载:"国无王,止有头目掌管诸事。此地属暹罗所辖,岁输金四十两,否则差人征伐。"明成祖"命正使太监郑和等赍诏敕赐头目双台银印、冠带袍服,建碑封城,遂名满剌加国"②。这使其摆脱了暹罗控制,不再给暹罗输贡,成为新兴国家。在建立以后的半个世纪里,这个国家成为整个东南亚最好的港口和最大的商业中心。③ 不仅是满剌加,日本、苏门答剌、浡泥等国,在永乐年间他们都希望得到明朝支持以满足建立或加强国家政权的需求,得到大国的支持,有利于他们国内政局的稳定,在此不一一列举。当时东亚地缘政治进行了一些新的改组,有新的政治势力崛起。值得注意的是,这一时期对外交往的主体是各国政府,各国为维护自身利益,大多表现为合作,于是国际交往的增强起了整合区域国际秩序的作用。伴随东亚各国建立统一政权和国家权力的增长趋向,区域国与国之间的合作与对抗,往往影响着各国自身内部社会的治与乱以及区域的国际秩序。明朝对外积极交往与协和万邦"共享太平之福"的国际秩序思想,适应了区域内各国的需要,不仅对于东亚区域国家政权有着促进发展的作用,同时也推动了区域内和平共处为主导的发展趋势,实际上起了一种区域整合作用,为东亚迎来了一个和平与稳定的国际秩序。

从中国古代外交的全过程出发考察,从时间上看,15世纪初,东亚形成了统一政权国家兴起和发展的趋势;从空间来看,东亚乃至印度洋开始融为一个整体的历史过程。此前,唐代的交往虽然广阔,但是当时有大食存在,没有在东亚形成体系化的条件;宋代民间交往兴盛,不可能形成一

---

① Christopher H. Wake, "Malacca' early Kings and the reception of Islam", *Journal of Southeast Asia History* 5, 2 (September 1964), pp. 104 – 128.
② 《明钞本〈瀛涯胜览〉校注》,第37页。
③ *Southeast Asia: Past & Present*, Westview Press, p. 62. 并参见万明《郑和与满剌加——一个世界文明和平互动中心的和平崛起》,《中国文化研究》2005年第1期。

种区域整合作用，乃至形成新的国际秩序；而元代以武威著称，曾造成海外外交惨败的结果。至明代初年，在"不征"的和平外交模式确定之下，与各国建立的朝贡关系主要是一种形式上或者称作名义上的从属关系，各国依旧保留自己完整的国家机构，在内政上也一般不会受到干预。明初的"不征"，凸显了外交的作用和意义，与中外密切的交往关系相联系的，是出现了东亚区域合作新秩序。整合后的东亚乃至印度洋国际结构，是以国家间官方建立的和平外交模式为主，可视为东亚与印度洋区域合作的开端。

第四节　区域贸易秩序：资源合作机制的形成

随着东亚地缘政治重新改组，明朝建立的邦交关系是和通商紧密相连的，由此形成了一个区域国际贸易的网络规模，印度洋新的贸易秩序也由此生成。政治势力崛起，表现在经济方面，这一时期国际贸易的主体是各国政府，贸易特征是以官方贸易为主导、由各国上层垄断对外贸易主要商品。国际关系的这种结构对区域贸易交往关系的拓展也有作用。当时世界上大致可划分为三个大的贸易区域：欧洲，阿拉伯—印度，以及东亚贸易区。在东亚贸易区，国际交往圈的空间拓展产生了繁盛的贸易网络。自古以来，"朝贡"这个词就包含有外交和贸易双重含义，明初适应宋元以来国家管理外贸制度日益强化的趋势，把对外贸易基本上限定在官方形式之下，明朝人王圻曾经有过这样的评论："贡舶者，王法之所许，市舶之所司，乃贸易之公也；海商者，王法之所不许，市舶之所不经，乃贸易之私也"①，从而使明初朝贡本身相对于历朝来说带有更为浓厚的贸易性质。

从地域来看，郑和七下印度洋，每次必到的是印度古里（今印度喀拉拉邦卡利卡特，又译科泽科德），将东亚贸易区拓展到了阿拉伯—印度贸易区。第三次下西洋，郑和船队到达了非洲东部，而从第四次下西洋起直至第七次，都到达了波斯湾的忽鲁谟斯，那里正是与欧洲贸易的交接之处。今天我们知道，印度洋是世界第三大洋，面积 7491 万平方千米，约

---

① （明）王圻：《续文献通考》卷三一《市籴考》，《续修四库全书》，第 762 册，第 328 页。

占世界海洋总面积的 1/5。它位于亚洲、非洲、大洋洲三洲结合部，与大西洋、太平洋的水域连成一片。印度洋拥有红海、波斯湾、阿拉伯海、亚丁湾、波斯湾、阿曼湾、孟加拉湾、安达曼海等重要边缘海和海湾，紧紧地把南亚次大陆、东部非洲、南部非洲以及大洋洲、东南亚、中东、南极洲的一部分连接在一起。阿拉伯海和孟加拉湾是亚洲的重要海湾，红海和波斯湾直接联系了北非、中东乃至欧洲，阿曼湾锁住了阿拉伯海和波斯湾，亚丁湾是红海的咽喉。印度洋是贯通亚洲、非洲、大洋洲的交通要道。15 世纪初，虽然大洋洲还没有彰显，好望角航线和苏伊士运河都还没有出现，但是明朝扶植满剌加王国，开通马六甲海峡航线和在红海、波斯湾、阿拉伯海、亚丁湾、波斯湾、阿曼湾、孟加拉湾等处与各国进行了频繁交往，从这些历史事实来看，每一次郑和使团都是以国家名义出现在国际贸易中心，在这种国际交往频繁、空间拓展的背景下，推动了印度洋国与国官方之间的国际贸易发展到了极盛。

从人员来看，在明朝以前，中外贸易的主角是商人，并且以阿拉伯商人为主。泉州著名的蒲氏在宋元时期一直掌管对外贸易，就是一个例证。到明朝初年，在和平外交的基调之上，以强盛的国力为后盾，作为国家航海外交行为，郑和船队规模庞大，每次出洋人数达到 2 万多人，推动了中国与亚、非国家间关系进入了全面发展和交往空前的新阶段，也极大地扩展了国际经济贸易交流，使各国间的贸易规模达到了前所未有的程度。具体说来，明初的朝贡贸易有互惠交换和市场交易两部分，大致可分为四种类型：

第一种类型，朝贡给赐贸易，相当于中外礼品交换的性质。在明太祖的诏敕中，屡屡表达"薄来而情厚则可，若其厚来而情薄，是为不可"的思想。[1] 这样的交换往往是政治外交的意义大于经济贸易利益的意义，它充分的被赋予了厚往薄来的原则精神。值得注意的是，这部分贸易在整个贸易中只占有很小的部分。

第二种类型，是由各国国王或使团附带而来的商品的贸易。这部分物品，明廷称为"附至番货"或"附搭货物"，在所谓的"正贡"之外，是外国带到中国来进行贸易的，占有相当大的比例，可分别于京师会同馆和

---

[1]《明太祖御制文集》卷二《谕高丽国王诏》，第 76 页。

市舶司所在地进行贸易①。

第三种类型,是遣使出洋直接进行的国际贸易,这以郑和下西洋为典型事例。以明朝强盛的国力为后盾的下西洋,与统一的国家存在是分不开的,没有强盛的统一国家的存在,就不可能有规模巨大的下西洋。下西洋满载着深受海外各国喜爱的丝绸、瓷器、茶叶等物品,把中国与西洋的交往发展到了一个新的历史高度。凡是所到之地,郑和使团首先宣读皇帝的诏书,然后把带去的赏赐品(礼物)送给当地的统治者国王或酋长,而当地的统治者就会命令把全国各地的珍奇物品都拿来与中国的使团进行交易。就这样,在七下西洋过程中进行了大量贸易活动。马欢《瀛涯胜览》、费信《星槎胜览》、巩珍《西洋番国志》,这些跟随郑和远航的人留下的著作中非常详细地记载了他们在所到之地所进行的交流、贸易等活动。总之,郑和下西洋走出国门直接交往,一共经历了30多个国家和地区,在这一次次的往来之中,实际上形成了一种国际合作的贸易网络。从整体丝绸之路的视角出发,我们会发现这一历史时期中外交往极为繁盛,为中外物质文化交流创造了良好的条件。②

第四种类型,是民间的私人贸易。这是在以往研究中常被忽略的官方管理下的民间对外贸易部分。学者一般认为,朝贡贸易中不存在民间私人对外贸易,其实是一种误解。事实上,朝贡贸易本身也包含着一定的民间私人对外贸易。明人王圻曾言:"凡外夷贡者,我朝皆设市舶司以领之……其来也,许带方物,官设牙行与民贸易,谓之互市。是有贡舶,即有互市;非入贡,即不许其互市明矣。"③ 其中"许带方物,官设牙行与民贸易",就是说朝贡贸易本身带有互通有无的互市贸易过程。

明初外交是全方位的,与周边和海外国家的交往极为活跃,对外贸易也极其繁盛,最重要的是,以举国之人力、物力、财力,在区域整合为一种政治合作机制的同时,也形成了区域资源整合的局面。通过国际交流这个平台,国家权力介入区域合作的历史进程,为各国间官方贸易奠定了有

---

① 参见万明《中国融入世界的步履:明与清前期海外政策比较研究》,社会科学文献出版社2000年版,第74—85页。

② 参见万明《整体视野下的丝绸之路:以明初中外物产交流为中心》,《丝绸之路与文明的对话》(中外关系史论丛第11辑),新疆人民出版社2007年版。

③ (明)王圻:《续文献通考》卷三一《市籴考》,第450页。

力的基础，同时，中外物质文明的交融也达到了一个历史的新高度。

蒙元帝国在政治上结束了，然而在贸易上的影响留了下来。明初一反元朝四出征伐的做法，而是遣使四出交往，遂使国际交往在印度洋区域繁盛地开展起来。虽然印度洋区域各国间的经济贸易联系自古以来就存在，但是此时再也不是阿拉伯商人执牛耳了，通过中国人大规模下西洋直接交往贸易，改变了阿拉伯人掌控印度洋海上贸易的状况。明代中国以一负责任的海洋大国形象促使印度洋地区国家权力整体上扬的同时，在与各国"共享太平之福"的理念指导下，维护了海道清宁，人民安业，与各国公平交易、互惠互利，推动了区域国际贸易活跃发展，促成了一个资源共享合作机制的形成，这是印度洋国际新秩序的重要内容之一。

第五节　区域文化秩序：多元文化的交融

在明太祖颁发的《礼部尚书诰》诰文中，曾清楚地谈到他对于礼与法的认识："盖为国之治道……所以礼之为用，表也；法之为用，里也。"①在明太祖的理念中，不仅有礼，而且是礼法并用，甚至我们也可以理解他心目中的礼仪就是一种立法。因此，仅将明朝对外关系视为"礼治"是不全面的。

明代初年，东亚是以一种权威在国际上的影响力整合了整个区域，整合的渠道就是14世纪后半叶至15世纪初建立的东亚广泛国际交往，它是以外交文书为媒介的。当时东亚国际交往的通用语言是中文和阿拉伯文（马欢所说"阿拉毕文"），通过大量外交文书传播了中华秩序的理念，这种传统文化道德秩序准则在区域权力的均衡中起了规范作用。同时，明代中国是一个复兴传统文化的朝代，所传承的传统文化不是只有儒家文化所谓"礼治"，而是在文化政策上采取了包容多元文化的态度——兼容并蓄。这在郑和下西洋遗存的文物与文献中充分表现了出来。一般而言，人类文明的发展，可以分为物质文明与精神文明两个层面，从马欢《瀛涯胜览》的记载来看，物质文明方面，海外各国物产琳琅满目，海外物产进入交流

---

① 《明太祖御制文集》卷四《礼部尚书诰》，第135—136页。

的主要有70种；而精神层面上，马欢所至20个国家中明显可见三种类型：一是举国信奉一种宗教，包括国王、国人；二是国王信奉一种宗教，国人信奉另一种宗教；三是一个国家中有多种宗教并存。由此可见，印度洋文明是由多元文化组成。现存斯里兰卡的"郑和布施锡兰山佛寺碑"，以三种文字记载着郑和向佛祖、毗湿奴和真主阿拉贡献布施的史实，就是明朝人对于多元文化兼容并蓄的最好例证。从整体来看，明朝在国际上的积极交往促成了形成多元文化的交融。通过外交诏令文书和外交行为，中华文化的道德准则在国际交往中大量传播，由此中华文化在区域国家间得到广泛认同的同时，产生了中华文明与海外多元文明的融汇，用今天的话说就是国际关系的文化理念的融汇。在明代中国皇帝的诏令中，非常突出的就是：以诚为本，厚德载物；礼之用，和为贵；协和万邦等等。特别是"共享太平之福"这种国际秩序观，在当时国际关系和秩序的建构中，起了重要影响和作用。

结　　语

明初中外交往的实态，是蒙元帝国崩溃后，东亚国际秩序急需重建。征服和扩张是帝国的特质，明王朝建立之初的外交诏令表明，统治者一方面刻意追寻古贤帝王，成为"天下主"，延续传统的朝贡关系；另一方面，面对国与国之间互动的邦交现实，吸取了蒙元帝国扩张失败的教训，明朝君主在外交观念上从天下向国家回归，以"不征"作为对外关系的基本国策，明确摒弃了自古以来中国天子至高无上的征伐之权，从而形成了明代外交有别于历朝历代的显著特征，更成为古代对外关系引人注目的拐点。

以"不征"为标志，15世纪初明朝以大规模远洋航海外交与印度洋地区国家建立了广泛外交联系，将和平与秩序的理念付诸实践，在东亚与印度洋地区实现了各国官方认同基础上建立起来的国际秩序，这是一个各国和平共处的国际秩序：政治上国家权力整体上扬、经济上官方贸易资源共享互通有无、文化上国家间多元文化广泛认同交融，包括今天的东北亚、东南亚、中亚、西亚、南亚、东非乃至绵延欧洲等广袤地方，连成了一个文明互动的共同体。明代中国和平的中华秩序理念得到了东亚以及印度洋各国的赞同和响应，各国的利益融合在一起，在某种意义上可视为东亚乃至印度洋区域一体化的开端。明初中国参与印度洋国际秩序的建立，具有与前此蒙元帝国、后此西方海外扩张迥然不同的特征，不应简单以传统朝贡制度或体系笼统地归纳和理解。

  从分散到整体的世界发展过程，即全球化的历史进程出发考察，伴随人类在海洋上步伐加速，人们的地理知识大大丰富了，人们对世界的认识也空前地开阔了。重新审视明初拓展至印度洋的国家航海外交行为，中国人以前所未有的规模走向海洋，全面贯通了古代陆海丝绸之路，史无前例的将中华秩序的理想在印度洋付诸实践。作为平衡区域国际政治经济势力的大国角色，作为负责任的海上强国形象，明朝维护和保证了东亚乃至印度洋区域的和平与秩序，为世界从海上连成一个整体、从区域史走向全球化做出了重要铺垫。这段历史对于今天也有积极的启示意义。

第七章　西域、西洋与东洋
——丝绸之路中外物产交流

物产，是天然出产和人工制造的物品，可以称作物质文明的代表。人类文明史上最古老也最普遍的文明对话与互动现象正是以此为起点而发生的。

自古以来，存在于东西方各民族之间的物产交流，是人类文明对话最重要的内容之一，人类交往的需求普遍存在，互通有无是产生交往的基本原因。几千年物流绵延不绝，以物流为中心，形成了极为繁复的人类文明对话的历史现象，就此而言，古代东西方交往通道的形成源远流长，肇源于斯，并形成了影响东西方的一系列连锁反应。丝绸之路与文明的对话，是一个由网络所连接的区域史组成的结构，只有在整体结构中，才能揭示对话的真正意义。物产交流的视角使我们思考把宏观与微观考察结合起来，把局部地区与大的地域史联系起来，以及把各个朝代在丝路上发生的事件与持久性的文明对话有机地贯穿起来研究。鉴于此，本章旨在将明初西洋、东洋与西域的中外物产交流作一较为全面的概览，以求获得丝路一个比较全面的整体图像。

第一节　一个整体的概念

丝绸之路，广义上说是中外交往的通路。然而迄今为止，提及丝绸之路，传统的西域陆上丝绸之路就会马上被想到，接着是海上丝绸之路、北方草原之路、西南丝绸之路等等，事实上，东西方交往根基于物流这一世界性的现象，中外通过物流的相互交往，单独从一条通路的思维定式去考察分析难以得见交流的全貌。如此划分以后的中外交往通路,久而久之,却往往遮蔽了一个作为整体的中外交往的面貌。这是我们应该特别加以注意的。

明朝继元而立,面临一个新的世界大变局。正如中外学者所认同的那样,唐宋元以来阿拉伯人,甚至中亚、西亚民族一直是连接亚非欧国际贸易的执牛耳者,那么到明代以后这种情形发生了改变。随着元朝退出历史舞台,明朝初年对外交往进入了一个新的阶段。当时中国对外交流的通路,按照明朝人的划分,主要是三个地区:即西域、西洋与东洋。西域指传统的中外陆路交往通道,古老的商道在明初仍发挥着作用。至于海上东西洋的划分,永乐年间跟随下西洋的马欢记载明确,是以南浡里国(位于今印度尼西亚苏门答腊岛)西北帽山以西,即今印度洋为西洋,① 那么以东是为东洋。虽然实际下西洋以后,西洋就具有了指代海外、外国的广泛含义。② 但是在这里我们还是以马欢在明初记载的概念来界定东西洋的地理概念。明初傅安③、陈诚等出使西域、郑和七下西洋、赵居任、俞士吉等出使日本,而明朝先与朝鲜高丽朝、后与李朝的交往,更是使者络绎于途。明初在三个地区全方位的外交,再度激活了连接亚非欧国际贸易的丝绸之路,成为丝绸之路兴盛的一个重要时期。以西域为例,明初陈城使西域,主要启动的传统西域通路是从陕西道出嘉峪关——哈密——吐鲁番——伊犁河——养夷城(今哈萨克斯坦江布尔)——赛兰城(今哈萨克斯坦齐姆肯特)——达失干(今乌兹别克斯坦塔什干)——阿姆河——迭里迷(今乌兹别克斯坦捷尔博兹)、渴石(今乌兹别克斯坦萨赫里萨布兹)——俺都淮(今阿富汗安德胡伊)——哈烈(今阿富汗赫拉特);而当时帖木儿帝国统治者沙哈鲁的使臣来华基本上是经过蒙古地区到伊犁河——吐鲁番——哈密到玉门关(或嘉峪关)入关的。回程由于蒙古地区战乱,所以改走的是古丝路南道,穿越沙漠,经和阗——喀什噶尔——俺

---

① (明)马欢著,万明校注:《明钞本〈瀛涯胜览〉校注》,海洋出版社 2005 年版,第 50 页。
② 参见万明《释"西洋"——郑和下西洋深远影响的探析》,《南洋问题研究》2004 年第 4 期。
③ 有关傅安的出使,参见万明《傅安西使与明初中西陆路交通的畅达》,《明史研究》第 2 辑,黄山书社 1992 年版。

的干高原，然后分头去撒马尔罕和哈烈。① 明初与三个地区交往频繁，从而建立起了一个比较稳定的国际贸易网络，新的区域与贸易格局、贸易网络形成，清楚地反映出文明对话的发展历程。如果说文明对话有发展周期的话，那么明代继元以后，进入了又一个新的发展周期。换言之，明朝建立不到40年，永乐年间积极的对外交往带动了商业贸易往来，将中亚、西亚、南亚和东南亚、东北亚，乃至东非等地连接为一个贸易体系，东西方文明的对话进入一个全盛期。作为丝绸之路兴盛的直接证据，是中外物产的大交流。通过物产交流活动，把西洋、东洋与西域地区连接在了一起，中外交往包括今天的中亚、西亚、南亚、东南亚、东亚，乃至东非、欧洲等地，物流将亚非欧三洲联系在一起，促进了地缘经济板块的形成，雄辩地证明了区域活跃的国际贸易网络的存在。物产交流中三个地区物产或者说交易物品的重合，正是贸易网络形成的最好例证。在这一网络里，中外物产有着双向的流动，从物产上可以看出，中外交流内容丰富，规模超过以往，表现在西洋方面，王朝直接派遣大规模出洋贸易最为明显，马欢以亲历者的身份留下了一份宝贵的西洋各国物产清单及交易情形；同一背景下，新发现的一份宁波的东洋外国贸易物品清单，结合陈诚所记录的西域物产和明代西域物产交流相关文献的记载，可以给我们一个丝路物产交流的大致全貌。

第二节　一份宝贵的西洋各国物产清单

明朝初年郑和七下西洋，规模庞大的船队航行至亚非30多个国家与地区，持续达28年之久，将中国的航海活动推向了历史的巅峰，同时达到的是中外物产交流的一个高峰。众所周知，下西洋档案没有完整保留下来，郑和本身又没有著述，今人所见下西洋原始资料中最重要的一部，即马欢《瀛涯胜览》。马欢跟随郑和三次下西洋，亲历实地考察，写下了这部著名的海外游记。他在《自序》中言："永乐十一年癸巳，太宗文皇帝敕命正使太监郑和等统领宝船，往西洋诸番开读赏赐，余以通译番书，忝

---

① 详见（明）陈诚原著，周连宽校注《西域行程记　西域番国志》，中华书局1991年版。

备使末。"① 作为通事,跟随"皇华使者承天敕,宣布纶音往夷域"②,他与所到国家和地区的人们进行了直接交往并将亲眼所见记述下来。《瀛涯胜览》的最大特点是"诸番事实悉得其要",堪称一部下西洋的真实记录。下面拟首先从《瀛涯胜览》的记载出发,全面梳理郑和下西洋所至海上交易圈各国物产品种、中外物品交易实态,展现历史情境,旨在说明明初是中外物产大交流的时代。

在马欢的记述中,反映出他对所到海外国家的政治、社会、制度、宗教、建筑、衣饰、艺术、礼仪、习俗等所有事物均表现出浓厚兴趣,而对人们日常生活息息相关的物产尤为关心,可以说凡下西洋时所见海外各国物产,《瀛涯胜览》均有详细记述,现分国别列表于下:③

国名	物产
占城	伽蓝香、观音竹、降真香、乌木、犀角、象牙、马、水牛、黄牛、猪、羊、鸡、梅、桔、西瓜、甘蔗、椰子、波罗蜜、芭蕉子、黄瓜、冬瓜、葫芦、芥菜、葱、姜、鱼、米、槟榔、荖叶、酒、鳄鱼、野水牛
爪哇	鸡、羊、鱼、金子、宝石、米、芝麻、绿豆、苏木、金刚子、白檀香、肉豆蔻、荜拨、班猫、不剌头、镔铁、龟筒、玳瑁、鹦鹉、红绿莺哥、五色莺哥、鹩哥、珍珠鸡、倒挂鸟、五色花斑鸠、孔雀、槟榔雀、珍珠雀、绿斑鸠、白鹿、白猿猴、羊、猪、牛、马、鸡、鸭、芭蕉子、椰子、甘蔗、石莲、西瓜、莽吉柿、郎扱瓜、茄、蔬菜、槟榔、荖叶
旧港	鹤顶、黄速香、降真香、沉香、黄蜡、金银香、火鸡、神鹿、牛、羊、猪、犬、鸡、鸭、蔬菜、果瓜
暹罗	红马厮肯的石、黄速香、罗褐速香、降真香、沉香、花梨木、白豆蔻、大风子、血竭、藤黄、苏木、花锡、并象牙、翠毛、白象、狮子猫、白鼠、蔬菜、米子酒、椰子酒、牛、羊、鸡、鸭
满剌加	黄速香、乌木、打麻儿香、花锡、损都卢厮、沙孤米、荚蓂酒、细篁席、甘蔗、芭蕉子、波罗蜜、野荔枝、葱、姜、蒜、芥、冬瓜、西瓜、牛、羊、鸡、鸭、水牛、龟龙、黑虎

---

① (明)马欢著,万明校注:《明钞本〈瀛涯胜览〉校注》,第1页。
② 《瀛涯胜览纪行诗》,《明钞本〈瀛涯胜览〉校注》,第2页。
③ 此表各国物产均见于马欢《瀛涯胜览》各国条,参见《明钞本〈瀛涯胜览〉校注》。

第一篇　整体篇 >>>

续表

国名	物产
哑鲁	米、鱼、绵布、牛、羊、鸡、鸭、乳酪、飞虎、黄速香、金银香
苏门答剌	硫黄、米、胡椒、芭蕉子、甘蔗、莽吉柿、波罗蜜、赌尔焉、柑桔、俺拨、葱、蒜、姜、芥、冬瓜、西瓜、黄牛、乳酪、羊、竹鸡、蚕、椰子
那孤儿	猪、羊、鸡、鸭
黎代	野犀牛
南浡里	黄牛、水牛、山羊、鸡、鸭、鱼、虾、降真香、犀牛、珊瑚
锡兰	山芋、芭蕉子、波罗蜜、鱼、虾、象、红雅姑、青雅姑、青米蓝石、昔剌泥、窟没蓝、珍珠、螺、蚌、酥油、槟榔、荖叶、米、谷、芝麻、绿豆、椰子、糖、酒、芭蕉子、波罗蜜、甘蔗、瓜、茄、蔬菜、牛、羊、鸡、鸭
小葛兰	苏木、胡椒、果、菜、黄牛、羊、酥油
柯枝	椰子、象、胡椒、宝石、香货、珍珠、珊瑚、米、粟、麻、豆、黍、稷、马、牛、羊、犬、猪、猫、鸡、鸭
古里	象、猪、宝石、珍珠、珊瑚、胡椒、西洋布、蚕丝花巾、椰子、芥、姜、萝卜、胡荽、葱、蒜、葫芦、茄子、菜瓜、冬瓜、小瓜、葱、芭蕉子、波罗蜜、木鳖子、蝙蝠、米、鸡、鸭、羊、水牛、黄牛、乳酪、酥油、海鱼、鹿、兔、孔雀、乌鸦、鹰、鹭鸶、苊子、金片、宝带
溜山	虾、鱼、椰子、降香、龙涎香、海贝、马鲛鱼、丝嵌手巾、织金方帕、牛、羊、鸡、鸭
祖法儿	象、驼、蔷薇露、沉香、檀香、俺八儿香、乳香、血竭、芦荟、没药、安息香、苏合油、木鳖子、米、麦、豆、粟、黍、稷、麻、谷、蔬菜、茄、瓜、牛、羊、马、驴、猫、犬、鸡、鸭、驼鸡、骆驼
阿丹	猫晴石、各色雅姑、大颗珍珠、珊瑚、金珀、蔷薇露、狮子、麒麟、花福鹿、金钱豹、驼鸡、白鸠、金银生活、彩帛、书籍、米、面、乳酪、酥油、糖蜜、米、麦、谷、粟、麻、豆、蔬菜、万年枣、松子、把担干、葡萄、核桃、花红、石榴、桃、杏、象、驼、马、驴、骡、牛、羊、鸡、鸭、犬、猫、绵羊、紫檀木、詹卜花、无核白葡萄、花福鹿、青花白驼鸡、大尾无角绵羊、宝带、金冠、蛇角
榜葛剌	米、粟、麦、芝麻、豆、忝、姜、芥、葱、蒜、瓜、蔬菜、芭蕉子、椰子酒、米酒、树子酒、茭葦酒、槟榔、波罗蜜、酸子、石榴、甘蔗、砂糖、霜糖、糖果、蜜煎姜、驼、马、驴、骡、水牛、黄牛、山羊、绵羊、鸡、鸭、猪、鹅、犬、猫、卑泊、满者提、沙纳巴付、忻白勤答黎、沙塌儿、蓦嘿蓦勒、桑蚕丝嵌手巾、漆器盘碗、镔铁枪、剪、纸、虎、珍珠、宝石

续表

国名	物产
忽鲁谟斯	羊、猴、红盐、红土、白土、黄土、核桃、把聃、松子、石榴、葡萄干、花红、桃干、万年枣、西瓜、菜瓜、葱、韭、薤、蒜、萝卜、胡萝卜、红雅姑、青、黄雅姑、剌石、祖把碧、祖母喇、猫睛、金刚钻、大颗珍珠、珊瑚、大块金珀珠、神珀、蜡珀、黑珀（番名撒白值）、各色美玉器皿、水晶器皿、十样锦剪绒花毯、各色梭幅、撒哈剌、毯罗、毯纱、各番青红丝嵌手巾、驼、马、驴、骡、牛、大尾绵羊、狗尾羊、斗羊、草上飞（番名昔雅锅失）、狮子、麒麟、珠子、宝石
天方	粟麦、黑黍、西瓜、甜瓜、绵花树、葡萄、万年枣、石榴、花红、梨子、桃子、骆驼、马、驴、骡、牛、羊、猫、犬、鸡、鸭、鸽、蔷薇露、俺八儿香、麒麟、狮子、驼鸡、羚羊、草上飞、各色宝石、珍珠、珊瑚、琥珀

以上马欢所记各国物产，是通过亲身经历考察到的，不是来自传闻或抄自前人著述，所以是当时西洋各国物产的一份完整清单，反映出郑和下西洋交易圈各国物产的基本面貌。

这些物产大致可以分为7大类：1. 宝物类：如珍珠、宝石、金子等；2. 香药类：如乳香、胡椒、苏木等；3. 果品类：如石榴、葡萄、波罗蜜等；4. 粮食类：如米、麦等；5. 蔬菜类：如黄瓜、葱、蒜；6. 动物类：如狮子、麒麟等；7. 织品类：如西洋布、丝嵌手巾等。

应该说明的是，第一，所有物品主要以土产，即非人工制造物品为多。第二，记录各国物品中最少的是黎代，只有1种；最多的是忽鲁谟斯，共58种。这说明记载的物品大多属于当地特产，有些地方的物品不是当地所产，只是在当地流通而已。如在忽鲁谟斯国的物品中，就不都是其国所产，而是贸易流通所致，显示出忽鲁谟斯作为贸易集散地的功能。第三，综合起来看，各国物产记载其细，其中属于宝物的并不占多数，相反倒是人们日常用品占有相当大的比例。这就是说，马欢关注的明显不仅是宝物，还有粮食、蔬菜、果品等人们日常生活用品，更记录了许多与各国人们日常生活密不可分的畜禽动物。马欢的记载几乎到了不厌其烦的地步，如在罗列了爪哇国有羊、猪、牛、马、鸡、鸭之后，又特别指出"但无驴与鹅尔"[1]。这一点很重要，在以往的研究中这是恰恰被忽略了的信

---

[1] 《明钞本〈瀛涯胜览〉校注》，第20页。

第一篇 整体篇 >>>

息。对此,如果我们以马欢对所到之地人们生活状况观察细微来说明,恐怕还是不够的。比较汪大渊撰《岛夷志略》,汪氏记述了各地特产,① 从商人的眼光出发,并不记载人们日常生活所需的物品。马欢显然与之有很大不同。为什么会这样?推测可能有两方面的原因:一是远航船队所至各地,需要不断补充给养品,这是航行在海上的生存需要;二是马欢作为生活在明朝的一个普通人,特别注意海外的民生,也就是海外人们的生存环境。如果以第一个原因来说明,并不完全合乎情理,因为汪大渊在海上生活也同样需要粮食蔬菜等给养,那么余下来的一个,才是更接近真实的原因。这里涉及一个重要问题,一般认为郑和下西洋是为明朝统治者满足奢侈品需要而进行的航海活动,且不说古代远距离贸易无例外的都是奢侈品贸易,而且我们还不应该忽略一个事实,即进行航海活动的并不是统治者本身,走出国门打开眼界的大都是普通明朝人,马欢不是一个孤立的例子。正是因为有像马欢这样的普通人,我们今天才得以见到下西洋交易圈内海外各国的一份完整的物产清单。虽然这些海外物产不可能都与郑和使团发生直接关系,但是这些海外各国物产的重要信息,对于日后民间海外贸易的开拓发展是极为重要的资源。

与西洋物产清单相联系的,是下西洋在海外的"货易"情形。

《国朝典故》本《瀛涯胜览》是迄今留传于世的最接近马欢《瀛涯胜览》原本的一个明钞本。② 此本前有正统九年(1444)马敬序文一篇。关于马敬其人,生平事迹已不可考,其序文却为此本所独有,弥足珍贵。序中曰:"洪惟我朝太宗文皇帝、宣宗章皇帝,咸命太监郑和率领豪俊,跨越海外,与诸番货易,其人物之丰伟,舟楫之雄壮,才艺之巧妙,盖古所未有然也。"值得特别注意的是"跨越海外,与诸番货易"一句。听其言,再让我们观下西洋之行,《瀛涯胜览》中记载了与各国的"货易",可以得到以下实例,特摘录如下:③

---

① 参见(元)汪大渊著,苏继庼校释《岛夷志略校释》各国条,中华书局1981年版。
② 参见万明《马欢〈瀛涯胜览〉源流考——四种明钞本校勘记》,见《明钞本〈瀛涯胜览〉校注》。
③ 各国"货易"实例摘自马欢《瀛涯胜览》各国条,见《明钞本〈瀛涯胜览〉校注》。

占城：中国青磁盘碗等器，纻丝、绫绢、烧珠等物甚爱之，则将淡金换易。常将犀角、象牙、伽蓝香等进献朝廷。

爪哇：国人最喜中国青花磁器，并麝香、花绢、纻丝、烧珠之类，则用铜钱买易。其国王常差头目船只将方物贡献朝廷。

旧港：市中交易亦使中国铜钱并布帛之类，亦将方物进贡朝廷。

暹罗：中国宝船到暹罗，亦用小船去做买卖。其王常时将苏木、降真香等物差头目进献朝廷。

满剌加：有一大溪水下流从王居前过，东入海。王于溪上建立木桥，上造桥亭二十余间，诸物买卖皆从其上。其国王亦自采办方物，挈其妻子带领头目，驾船跟随回船赴阙进献。

哑鲁：货用稀少。绵布名考泥，并米、谷、牛、羊、鸡、鸭甚广，乳酪多有卖者。

苏门答剌：其王子荷蒙圣恩，常贡方物于朝廷。此处多有番船往来，所以诸般番货多有卖者。

黎代：山有野犀牛甚多，王亦差人捕捉，随同苏门答剌国进贡朝廷。

南浡里：其山边二丈上下浅水内生海树，被人捞取为宝物货卖，即珊瑚树也。其南浡里国王常自跟同宝船将降真香等物贡于朝廷。

锡兰：甚喜中国麝香、纻丝、色绢、青磁盘碗、铜钱、樟脑，则将宝石、珍珠换易。王常差人赍珍珠、宝石等物，随同回洋宝船进贡朝廷。

小葛兰：国人以金铸钱，每个官秤二分，通行使用。虽是小国，其国王亦将方物差人贡献于朝廷。

柯枝：名称哲地者，俱是财主，专收买下珍宝石、香货之类，皆候中国宝船或别处番船客人。尔国王亦将方物差头目进献于朝廷。

古里：其哲地多收买下各色宝石、珍珠并做下珊瑚等物，各处番船到彼，王亦差头目并写字人来眼同而卖，亦取税钱。各色海鱼极贱，鹿、兔亦有卖者。王用赤金五十两，令番匠抽如发细丝结挽成片，以各色宝石、珍珠厢成宝带一条，差头目乃那进献于朝廷。

溜山：土产降香不广，椰子甚多，各处来收买往别国货卖。龙涎香，其渔者常于溜处采得。如水浸沥青之样，嗅之不香，火烧腥气，

第一篇　整体篇 >>>

价高贵，以银对易。海𧵅彼人积采如山，奄烂内肉，转卖暹罗、榜葛剌国，当钱使用。中国宝船一、二只亦往此处收买龙涎香、椰子等物。

祖法儿：中国宝船到彼开读赏赐毕，王差头目遍谕国人，皆将其乳香、血竭、芦荟、没药、安息香、苏合油、木鳖子之类来换易纻丝、磁器等物。王亦差人将乳香、骆驼等物进献朝廷。

阿丹：王闻其至，即率大小头目至海滨迎接诏赏至王府，礼甚尊敬。咸伏开读毕，王即谕其国人，但有珍宝许令卖易。其时在彼买到重二钱许大块猫晴石，各色雅姑等异宝，大颗珍珠。市肆混堂并熟食、彩帛、书籍诸色物件铺店皆有。其国王感荷圣恩，特进金厢宝带二条、金丝珍珠宝石金冠一顶，并雅姑等各宝石，蛇角二枚，修金叶表文等物进献朝廷。

榜葛剌：土产五、六样细布。漆器盘碗，镔铁枪剪等器皆有卖者。国王亦差人往番国买卖采办方物珍珠、宝石，进献朝廷。

忽鲁谟斯：其市肆诸般铺店，百物皆有，土产米麦不多，皆有各处贩来粜卖，其价不贵。此处各番宝物皆有。国王将狮子、麒麟、马匹、珠子、宝石等物并金叶表文，差头目跟同回洋宝船，进献朝廷。

天方：就选差通事人等七人，赍带麝香、磁器等物，附本国船只到彼。往回一年，买到各色奇货异宝、麒麟、狮子、驼鸡等物，并画天堂图真本回京。其天方国王亦差使将方物跟同原去通事七人，贡献于朝廷。

综上所述，在《瀛涯胜览》中，马欢共记述了20个国家，除了那孤儿外，其他19国均有贸易物品的记录，虽然有的国家没有与中国交易的明确记载，但是当地使用货币或者物品交易的信息，是需要了解当地的实际买卖情况的，如果不是参与了贸易，就不会了解如此详细。那孤儿名下记录"田少民多，以陆种为生，米粮稀少，乃一小邦也"。可见那里没有什么特产，又不是贸易中心，所以马欢作了如实记述。我们在篇目上见到那孤儿与苏门答剌放在一起，并没有单列为一国，在内容里也只有《瀛涯胜览》明淡生堂钞本有其国题名，其他本都没有，所以实际上也可以认为是马欢在谈到苏门答剌时顺便提到这个小邦的。① 另外在《明会典》中阿鲁国（应即哑鲁国）于永乐五年（1407）有贡品二种象牙和熟脑，② 为马欢所漏载。

最生动的"货易"场景发生在古里，马欢记载全部过程如下：

> 其二头目受朝廷升赏，若宝船到彼，全凭二人为主买卖。王差头目并哲地、米纳几即书算手、官牙人等，会领舡大人议择某日打价。至日，先将带去锦绮等货，逐一议价已定，随写合同价数各收。其头目、哲地即与内官大人众手相掌，其牙人则言某年月日交易，于众中手拍一掌已定，或贵或贱，再不悔改。然后哲地富户将宝石、宝珠、珊瑚等货来看议价，非一日能定，快则一月，缓则二、三月。若价钱较议已定，如买一主珍珠等物，该价若干，是原经手头目、米纳几计算前还纻丝等物若干，照原打手之货交还，毫厘无改。彼之算法无算盘，但以两手并两脚十指计算，分毫无差。③

第一，海外交易实例中，海外物产进入交流的主要有以下品种：

犀角、象牙、伽蓝香、金子、宝石、红马厮肯的石、苏木、降真香、绵布、乳酪、胡椒、野犀牛、珊瑚、锡、珍珠、香货、西洋布、花巾、海鱼、宝石与珍珠厢宝带、丝嵌手巾、织金方帕、龙涎香、椰子、乳香、血竭、芦荟、没药、安息香、苏合油、木鳖子、骆驼、猫晴石、各色雅姑、金珀、蔷薇露、狮子、麒麟、花福鹿、金钱豹、驼鸡、白鸠、金银生活、熟食、彩帛、书籍、金厢宝带、蛇角、荜布、姜黄布、布罗、布纱、沙塌儿、兜罗锦、绢、刺石、祖把碧、祖母喇、金刚钻、金珀珠、神珀、蜡珀、黑珀（番名撒白值）、美玉器皿、水晶器皿、十样锦剪绒花毯、各色梭幅、撒哈剌、氆罗、氆纱。

总共是 70 种。显然，这里都是各国的特殊产品。

---

① 《明钞本〈瀛涯胜览〉校注》，第 43、48 页。
② 万历《明会典》卷一〇六，《礼部》六四，《朝贡》二《东南夷》下，中华书局 1989 年影印本，第 577 页。
③ 《明钞本〈瀛涯胜览〉校注》，第 66 页。

第二，海外交易实例中，明代中国物产进入交流的主要有以下品种：

中国青磁盘碗、纻丝、绫绢、烧珠、麝香、花绢、铜钱、布帛、色绢、樟脑、锦绮等。其中，以青花瓷器、丝绸、麝香、铜钱最为重要，除了麝香以外，其他都是中国特有的人工产品，深受海外各国人民的喜爱。

以上中外物品构成了下西洋交易圈中流通物品的主体。

第三，"货易"的方式，主要有三种：

（一）开读赏赐与方物贡献

郑和使团所到与各国国王或酋长建立联系，所谓"开读赏赐"，相当于赠送礼品，招徕各国将方物进贡中国。方物即土产，这实际上构成一种特殊的交易方式，是在各国上层间进行的具有政治外交意义的交易方式。在马欢所记述的20国中，除了土无所产的那孤儿以外，就只有哑鲁和溜山两国没有将方物进贡中国的记录。然查《明实录》，两国均有多次朝贡记录，为马欢所漏载。

（二）以货易货

这是一种以物易物的直接交易方式。

如在祖法儿：中国宝船到彼开读赏赐毕，王差头目遍谕国人，皆将其乳香、血竭、芦荟、没药、安息香、苏合油、木鳖子之类来换易纻丝、磁器等物。

在锡兰：甚喜中国麝香、纻丝、色绢、青磁盘碗、铜钱、樟脑，则将宝石、珍珠换易。

（三）货币交易

关于当时下西洋交易圈的货币使用情况，马欢在记述外国货币以后，往往换算为中国"官秤"重量，这样就可以使读者对外国货币成色一目了然。现将下西洋交易圈内各国货币主要使用情况，列表于下：①

国别/货币	金、银	金币	银币	铜钱	锡锭、锡钱	海贝
占城	√					
爪哇				√		
旧港				√		

---

① 资料来源见《明钞本〈瀛涯胜览〉校注》各国条，以下说明均见各国条，不另注。

续表

国别/货币	金、银	金币	银币	铜钱	锡锭、锡钱	海贝
暹罗						√
满刺加					√	
苏门答剌		√			√	
南浡里				√		
锡兰		√				
小葛兰		√				
柯枝		√	√			
古里		√	√			
溜山			√			√
祖法儿		√		√		
阿丹		√		√		
榜葛剌			√			√
忽鲁谟斯			√			
天方		√				

根据上表，马欢所至 20 国中，除了那孤儿、黎代、哑鲁 3 个小国以外，17 个国家有铸币或有货币流通，因此货币交易应占有一定比例。整个交易圈中使用货币的国家，铸币的达 10 个之多，有 7 个没有铸币，使用别国货币流通。使用金币的最多，达 8 个国家；使用银币和铜钱的，各有 5 个国家。另有 2 国使用锡钱，3 国使用海贝。

总之，以物易物是交换关系的初级形态，交易圈中大部分国家和地区货币流通的事实，说明下西洋交易圈的市场交换关系已经发展到相当程度。但是交易圈内的货币不统一，币制比较复杂，还有以物易物交易的存在，所以对交易圈的市场交换关系也不能做过高的估计。

第三节 一份新发现的东洋物品清单

有明一代在浙江宁波设府，府治所在鄞县为首县。明末鄞县人高宇泰

第一篇 整体篇

纂《敬止录》四十卷①,是迄今留存下来的最早的鄞县史志。全书分为沿革疆域考、城池乡里考、坊表考、山川考、学校考、仓储考、海防考、贡市考、武卫考、遗事考、坛庙考、寺观考、胜迹考、谷土考、岁时考、灾异考、方言考、荟蕞考、历志考。其中,卷二十、卷二十一《贡市考》上下,备述宁波历代"贡市"沿革与兴衰,考证甚详,不仅是明末宁波当地人对有明一代宁波"贡市"的总结性记录,而且是对明末以前宁波历史上市舶贸易的总结性记录。更为重要的是,其中久已亡佚的《皇明永乐志》(永乐《鄞县志》)的文字,即关于明初永乐年间市舶外来物品清单的发现,弥足珍贵。

明代"贡市"相连,有"贡"就有"市","贡"是官方礼物交换性质,"市"是中外民间互市交易,宁波"贡市"的实质是中外海上贸易,即通过海上交通,输入海外各国的货物,输出本国物品。"贡市"中的物品,是指朝贡贸易的物品,也就是海外贸易物品。根据《敬止录》所引《皇明永乐志》记载的外国物品清单,我们可以对明初永乐年间中外物产交流有一个重新认识。

明代宁波市舶之设,主要是与日本交往贸易,自宋、元设立市舶以来,南宋志书记载当时明州市舶司进口的货物名目共有170多种,"细色"货物有70余种,"粗色"货物在100种以上②。元末方志中,"细色"货物达135种之多,"粗色"有90种,前代所列为"粗色"的物品,很多已上升为"细色",因此"细色"超过了"粗色"的数目。③ 值得注意的是,宋代以来,尤其是元代,货物来源不仅有日本,而且有东南亚乃至西亚、

---

① 高宇泰《敬止录》,卷首徐时栋"新定次第"言:"四明故有志也,而鄞邑未有专书",高氏首开先例,但是此书"不以志名"。其后有康熙、乾隆等《鄞县志》出,徐氏认为"其考据皆不逮隐学"。高宇泰,字元发,改字虞尊,别字隐学,晚年自署宫山,又署蘗庵,考证广博。明末他起兵于鄞,鲁王授以兵部员外郎,兵败后隐居以终。高氏编纂此录于清顺治初年,未刊,200年后书几消亡,后幸为清鄞县徐时栋所得,重新编辑,加以次第为40卷。钞本现存中国国家图书馆一部,即道光十九年(1839)烟屿楼钞本。在此应该特别说明的是,同为高宇泰《敬止录》徐氏编本,现还有浙江图书馆所藏的一部,是冯贞群先生的抄校本,由杭州古旧书店于1983年复印12册出版,流传较广。但经笔者查对,仅录有《贡市考》下的内容,失载了此珍贵的外国物品清单。

② 宝庆《四明志》卷六《叙赋》下《市舶》,《中国方志丛书·华中地方》第575号,成文出版社有限公司1983年版,第265—284页。

③ 至正《四明续志》卷五《土产·市舶物货》,至正刻本。

阿拉伯地区，各国物品加起来达225种。到了明代，据《敬止录》引久佚的《皇明永乐志》所载，外国进口物品清单相当详细，这份清单包括"日本国"和"暹罗国"两部分，以往未见研究者披露。当时已不分"细色"与"粗色"，统计来自"日本国"的物品达248种之多，还有暹罗国的物品36种。① 原文没有分类，为了分析的方便，现略加分类，将二国物品分别列表于下。

明永乐宁波贡市"日本国"物品表

类别	物品清单
宝物矿物类	金子、砂金、银子、白银、杂银、散银、荒铁、硫黄、玛瑙石、琥珀、紫石英、辰砂、水银、碎黄、金刚砂、石青、二青、心中青、蛤珠、蛤碎米珠、犀角
香料药物类	乳香、沉香、速香、丁香、木香、安息香、降真香、土降香、熏陆香、檀香、紫香、坏香、松香、没药、人参、肉豆蔻、肉豆蔻花、白豆蔻、胡椒、荜拨、荜澄茄、当归、茯苓、苍术、大腹子、石决明、桔梗、瓜蒌、荜薢、巴豆、芍药、槟榔、黄连、荆树皮、黄白皮、龙骨、独活、万耕子、鹤虱子、乌木、苏木
马匹毛皮类	马、马皮、熟马皮、生牛皮、熟牛皮、鞭鼓、生牛皮、牛皮胶、虎皮、豹皮、海驴皮、水獭皮、黑熊皮、熟花鹿皮、柿花色羊皮、蹬踏皮
兵器类	铠盔并匣、甲胄并匣、长枪、小枪、枪头、铁鞭、金大刀、大刀、大腰刀、腰刀、短小腰刀、长刀、长滚刀、短滚刀、剑样带刀、小带刀、背札刀、小踞刀、小刀、小刀头、竹弓、弓弦
布绢类	日本花纱、土绢日本、日本生绢、织机花绢、花绢搂带、绵子、高丽布、高丽粗布、麻布、白粗麻布、本色麻布、皂麻布、红麻布、香色麻布、日本红麻布、日本白麻布、葛巾、花手巾布
工艺品类	银花瓶、银香炉、银香盒、银龟雀烛台、银碗、铜镜、水精搭儿、盛坚固子以水晶罐儿、古铜龟雀炉台花瓶、生铜香炉瓶台、洒金铜香炉、洒金香炉、镀金铜台盏、锡香盒、镀金银铜铫、镀金水银铜铫、木铫角盠、洒金木铫、撒金木铫、洒金砚匣并砚、螺甸砚匣、黑漆描金砚匣、红黑漆砚匣、垒铜砚匣、撒金研匣、黄铜螺甸研匣、花梨木研匣、白木研匣、黑漆砚匣、黑漆花砚匣、洒铜砚匣、漆器砚匣、黑漆剃刀匣、四明漆描金书箱、四明漆小烛台、四明漆粉盒、四明漆提桶、剔红花斗、黑漆灯檠、象牙袈裟环、金刚子数珠、彩画人物像、彩画小纸人儿、狗儿、红花木瓶、金屏风金纸彩画、涂金屏风、贴金银彩画屏风、彩画屏风、白纸屏风、两面金扇、两面银扇、一面金银扇、抹金扇、贴金彩画扇、贴金银扇、纸扇

---

① 《敬止录》卷二一《贡市考》上，道光十九年烟屿楼钞本。

续表

类别	物品清单
日用杂品类	铜火箸、鋀茶锅、锡烛台、鋀火箸、铁板锁、铁铫、铜铫、切菜刀、剃刀、磨刀石、脂粉、轻粉、葛粉、腻粉、生漆、油蜡、书匮、花匮、书匣、书箱、笔匣并笔、厨、文台大小、低几卓、手箱并盖替、妆盒、方减妆、镜合、粉盒、香盒、果盒、茶盒、药盒、梳盒并木梳、盘方员、茶盏、酒盏、酒壶、茶架、托大小、水盆盂、折酒碗、碟、碗匣并碗、角盥、水灌、汤灌、汤瓶、火炉架、面盆、钵盂以上俱各色目、松子、面粉、花鼓、小皮箱、小皮匣、小藤枕并匣、蝇拂子、黑漆食箩、砂碌、石碌、白纸、红纸、花纸、黄纸、青纸、手本纸、白小方纸、薄白纸、彩画纸并匣

明永乐宁波贡市"暹罗国"物品表

类别	物品清单
宝物类	小没红刻石、小没红比者达石、小洗纳泥石别有没红者、小没青雅呼石、小青米喇石、没红比隅只石、没绿撒不喇者石、碎细没孔石、小锦麟翅石、白押忽石、孔穆喇石、玛瑙石、紫英石、青硝子、戒指以上谪石共十四种,金相之、象牙并器物、犀角、红雀毛、鹤顶、翠、毛犀角①、玳瑁壳、砗壳、花薄海螺、沙鱼皮
布匹类	红剪绒五色花单、红丝织人象手巾
动物类	孔雀、红丝鹦鹉、山猫、母象、龟
其他	画花漆坐墩、小番儿、黑番儿、海巴

从以上列表可知,《敬止录·贡市考》引《永乐志》所载海外物品清单,为我们提供了明初宁波海外贸易极为繁盛的历史事实。明初宁波"贡市"输入的货物种类繁多,仅日本一国,物品多达248种。清单中暹罗国的物品部分,记载了36种物品,至"海巴"后有小字说明所引《永乐志》以下有脱页,② 去除重复,全部物品清单包括了280种外来物品。我们知道,《明会典》记载的暹罗国进贡物品最多,达60种,③ 据此可以推知,如果原书所引完整,以下没有脱页的话,下面很可能还有更多的物品名

---

① 《敬止录》卷二〇《贡市考》上,原文"翠"后有空,"毛犀角"相连,按说应是"翠毛、犀角",但前面已见"犀角",不该重复出现,故依原状标出。
② 《敬止录》卷二十《贡市考》上,"海巴,永乐志以下脱页"。
③ 万历《明会典》卷一〇五,《礼部》六三《朝贡》一,第573页。

称，也很可能还有其他国家或地区更多的物品单记录下来，也未可知，可惜的是已不得见全貌。

以往从《明会典》，我们了解到的日本国朝贡物品仅 20 种：马、盔、铠、剑、腰刀、鎗、涂金装彩屏风、洒金厨子、洒金文台、洒金手箱、描金粉匣、描金笔匣、抹金铜提铫、洒金木铫角盤、贴金扇、玛瑙、水晶数珠、硫黄、苏木、牛皮。[①] 而每次日本使团的记载虽然具体却远非全面。航道的畅通，商业的活跃，货物的云集，物质文化的传播与本身的演进情况，特别是贸易的繁盛，都反映在《敬止录》所引《永乐志》的交流物品单中。多达近 250 种物品的清单，是宁波海外贸易兴盛的见证，也使我们对宁波海外贸易有了一个重新认识。由此印证了一个事实，即明代宁波的海外贸易得到了空前发展，永乐年间中日贸易达到了历史的鼎盛时期。

总的来说，因为朝贡贸易不是由私商组织进行，而是国家行为，自然规模相对以往要大得多。明初宁波海外物品种类和数量都比前代有所增加，物品向两极发展。一方面供给上层的奢侈品发展愈加精致，以满足明朝上层需要；另一方面日常用品增多，是民间需求增长的体现。朝贡贸易包含进贡朝廷和民间互市两极的现实，说明朝贡贸易不仅是朝贡与给赐，也包括民间互市部分，朝贡贸易的本质是兼顾朝廷需要和民间需求的海外贸易。以国家行为的方式大量投入，永乐时期是一个全方位的中外文化交流鼎盛时期，这不仅表现在郑和下西洋，也表现在宁波港繁盛的"贡市"上。

第四节 西域的物产交流

上面谈到了西洋与东洋物产的交流，由于有充实的物产资料可供利用，所以使我们的认识进一步得到深化。由于关于明初西域物产的资料较少，没有发现如西洋和东洋那样详细的物产清单和交流情形，所以我们最后谈到西域地区，这也是不得已的。然而一个清楚的事实是，西洋物产通过西洋，甚至东洋与中国发生贸易关系，或者说发生文明的对话，而这种

---

① 万历《明会典》卷一〇五，《礼部》六三《朝贡》一，第 572 页。

情形同样发生在西洋与西域的关系中。

关于明初西域的物产,明初陈诚出使西域后留下了宝贵的记录。现将他所到西域国家记录的物产,列表于下:①

国名	物产
哈烈	铜、铁、瓷器、琉璃器、蚕桑、纨绮、金线、锁伏、剪绒花毯、绵布、桑、榆、杨、柳、槐、檀、松、桧、白杨、桃、杏、梨、李、花红、葡萄、胡桃、石榴、巴旦杏、忽鹿麻、苾思檀、麻、豆、菽、麦、谷、粟、米、粱、小豆、绵花、瓜、葱、菜根、良马、鸡、犬、鹅、鸭、狮子、花兽②、蔷薇水
撒马儿罕	金、银、铜、铁、毡罽、白杨、榆、柳、桃、杏、梨、李、葡萄、花红、五谷
迭里迷	狮子
沙鹿海牙	阿魏、甘露
塞蓝	瓦失实
达失干	树木、五谷
卜花儿	五谷、桑麻、丝绵、布帛、生菜、牛、羊、鱼、肉、天鹅、鸡、兔
渴石	白盐、苾思檀

陈诚记载哈烈"多有金、银、宝贝、珊瑚、琥珀、水晶、金刚、朱砂、剌石、珍珠、翡翠",但是,他忠实地记述:"云非其所产,悉来自他所,有不可知。"③直接揭示了多种哈烈繁多的物品来自交流的事实。而他记述撒马儿罕"城内人烟俱等,街巷纵横,店肆稠密,西南番客等聚于次。货物虽众,皆非本地所产,多自诸番至者。交易亦用银钱,皆本国自造,而哈烈来者亦使"④。这一记述正是撒马儿罕作为国际贸易集散地的证明。

陈诚出使哈烈三次,他也记述了哈烈的货币流通情况:"通用银钱,

---

① 根据陈诚原著,周连宽校注《西域番国志》,中华书局1991年版,第72—98页。凡在今新疆境内者未入列。
② 全文为"有一花兽,头耳似驴,马蹄骡尾,遍身文采,黑白相间,若织成者,其分布明白,分毫寸不差"。根据表述的特征来看,这里显然说的就是斑马。我们知道,斑马是非洲特产,非洲东部、中部和南部均产斑马。而斑马并不产自哈烈,哈烈却有之,是物产交流的典型例证。
③ 《西域番国志》,第72页。
④ 《西域番国志》,第81页。

大者重一钱六分，名曰等哥，此者每钱重八分，名曰抵纳，又其次者，每钱重四分，名曰假即眉，此三等钱，从人自造，造完于国主处输税，用印为记，交易通用，无印记者不使。假即眉之下，止造铜钱，名曰蒲立，或六或九当一假即眉，惟于其地使用，不得通行。……税钱什分取二，交易则买者偿税，国用全资此钱。"① 这里充分表明哈烈是一个以货币流通交易的贸易中心。

可惜的是陈诚只记载了物产，没有交易的实况留下来。对此我们不能怪陈诚，比较郑和使团，明显的是陈诚使团的政治外交意义更大些，他们没有采办宝货的使命，即无"取宝"的任务，也就是纯粹的外交使团。因此，他出使后汇报朝廷的只有物产的记录，无可厚非。

《大明一统志》中，有着西域物产以及与明朝的物品交流的记载。关于物品交流，撒马儿罕"贡驼、马"，"贡马及玉石"。哈烈"贡马及玉石"；关于物产的记录是：撒马儿罕"土产金、银、玉、铜、铁、珊瑚、琥珀、琉璃、𩰫苾思檀、水晶盐、瓦失实、阿魏、甘露、花蕊布、名马、独峰驼、大尾羊、狻猊"；哈烈"土产葡萄、巴旦杏、罗卜、锁伏、金、银、玉、铜、铁、珊瑚、琥珀、珠、翡翠、水晶、金刚、朱砂、名马、狮子"②。上述物产记载与陈诚的记录大多一致，而物品交流的记载则过于简略。

明初西域交流物品主要是马匹、宝石、狮子等。可以补充西域物品交流情形的是万历《明会典》。其中记撒马尔罕"贡物：马、驼、玉石、阿思马亦花珠、赛蓝珠、玛瑙珠、水晶蔓碗、番碗、珊瑚树枝、梧桐硷、锁服、矮纳、镔铁刀、镔铁锉、磠砂、黑楼石、眼镜、羚羊角、银鼠皮、铁角皮"③。应该说明的是，这里记载的物品中，显然包括嘉靖年间的新物品，如眼镜。但是由于正德《大明会典》中未载贡品，所以这里只好引用万历《明会典》的文字来说明。而其中将哈烈列于西域三十八国中，仅言朝贡自哈密，未言具体物品。西域交流物品中，最重要的应属马匹。明仁

---

① 《西域番国志》，第67页。
② （明）李贤等：《大明一统志》卷八九《外夷》，第1375—1376页。值得注意的是，文中小字说明与《西域番国志》同。
③ 万历《明会典》卷一〇七，《礼部》六五《朝贡》三《西戎》上，第580页。

宗即位后，永乐二十二年（1424）八月十五日《即位诏》中云："一往迤西撒马儿罕、失剌思等处买马等项，及哈密取马者悉皆停止。将去给赐缎匹、磁器等件，就于所在官司明白照数入库。"① 这里透露出永乐时以缎匹、磁器与撒马儿罕、失剌思等处贸易马匹一直持续到永乐末年的情况。

以上《西域番国志》只谈到物产，没有讲交易，《大明一统志》中记有物产，也有交流，可惜言及的交流过于简单。《明会典》则记载了更多的交流物品。我们将三者结合起来，可以得知西域物产交流的一个大致面貌。值得注意的是，我们所见到的西域传统物产在西洋交易中基本上可以见到，有的在东洋交易中也可见到。比如狮子，阿丹、忽鲁谟斯、天方、撒马儿罕、哈烈、迭里迷等 6 国均有；又如花兽也就是马欢所云花福鹿，即斑马，它产自阿丹国；再如来自哈烈的蔷薇水，同样与马欢记述的祖法儿、阿丹国、天方国蔷薇露是重合的；还有在忽鲁谟斯、撒马儿罕、哈烈都可见到的锁服；在暹罗、忽鲁谟斯、哈烈，都可见到的剪绒制品；而我们在天方、日本、哈烈、撒马儿罕又都见到了琥珀；更在南浡里、柯枝、古里、阿丹、忽鲁谟斯、天方、哈烈都列有珊瑚等等。以上物品种类的重合，不是偶然的巧合，正是物产交流传播和广泛融通的结果。

结　　语

从物产交流的视角考察，物产交流的前提首先是物产资源的信息，继之是交易的实态。西洋方面有马欢的记载，资料相对最为丰富；东洋方面有一新发现的宁波外国物品清单；西域方面资料相对不足，仅有陈诚的物产信息和《明会典》中朝贡朝廷的物品单，而无朝贡互市的完整贸易物品清单。虽然如此，我们把三方面的物产交流看作一个整体，也就是说不把陆路海路完全断裂地来看待，那么还是可以得出这样一个结论：明初西洋、东洋与西域连接在一起，构成了东西方陆海交通循环的大通道，形成了一个整合的贸易网络。简言之，明初一边是陆，一边是海，海陆并举，

---

① （明）孔贞运辑：《皇明诏制》卷二，明仁宗昭皇帝《即位诏》永乐二十二年八月十五日，明刻本，第 79 页。

<<< 丝绸之路上的明代中国与世界

通过广阔空间,存在一条绵延不绝的经济文化纽带,各国使者和商人循此频繁交往和进行物产交流,整个丝路一片繁荣。根据文献资料,明初物产交流极为繁盛,各地物产同中有异,异中有同,是各地区互通性的典型例证。关注这种互通性,它所展现出的正是中外交往通道丝路的整体作用。

物产交流与人们的经济生活有密切关系,明初物产交流在很大程度上是中外以往交流的延续,交流无疑是在传统交往的基础上发展的。因此,在某种程度上,这是一个完整的链条,或者说是一个完整的画面,我们不应切割开来。从物产交流的角度来看,我们认为陆海丝绸之路相连结,不可以截然两分,而应是一个整体的概念。明初西域、西洋与东洋的物产交流可以视为一个整体,形成了连接亚、非、欧的东西陆海大通道。它是传统的连续性和明初新格局的特殊性结合的产物。

在漫长的历史长河中,物质欲求构成人类交往的基本前提,人有生老病死,月有阴晴圆缺,王朝更替无异于过眼烟云,地久天长、绵延不绝的是物质文明之流。物质不灭,文明相传,这是贯穿人类文明史的一条主线。无论是对这种交流模式的选择,还是对这种模式的坚守,都体现出一种人类长期以来形成的认同取向,这就是传统。

物产交流构成文明对话的本质特征,物质文明大交流的历史见证。通过物质交往活动,人们相互联系,彼此沟通。法国历史学家布罗代尔在述及各种世界文明时说道:"事实上,这些典型事例尤其说明了交往的至关重要性。没有一种文明可以毫不流动地存续下来:所有文明都通过贸易和外来者的激励作用得到了丰富。"[①] 中外物产交流是人类文明对话与交流最基本的内容,明初新的物产交易圈的形成,诞生了文明对话的新格局,通过比较全面地梳理这一历史事实,使我们对于明初丝绸之路有了一个整体视野下的重新认识。

---

① [法] 费尔南·布罗代尔著,肖昶等译:《文明史纲》,广西师范大学出版社2003年版,第30页。

第八章 东洋海外移民的类型分析

海外移民是中国古代对外关系史的一项重要内容，也是丝绸之路人类交往与文明交融的重要内容。自古以来，海外移民多为民间自发移民，但是明初的海外移民，与明王朝整体海外政策密不可分，是历史上丝绸之路海外移民的一个典型事例。明代中国官方海外移民模式自洪武二十五年（1392）明太祖钦赐三十六姓给琉球开启，长盛不衰，直至清光绪五年（1879）琉球被日本吞并，影响持续长达近500年，构成中国古代海外移民一个独特的类型，即国家主导的国际移民类型。作为中国古代海外移民史类型研究的补充，本章从外交诏令文书入手，对明初海外政策的整体展开与这一重要的海外移民类型的形成进行探讨。

第一节 引言：明代海外移民的背景

当代国际移民的迅猛增长，使得国际移民研究成为当今重要的学术热点之一。中国是海外移民大国，具有悠久的海外移民历史和传统，古代官方大规模的国际移民始于明朝初年，也就是明太祖洪武末年国家海外移民政策出台之后。一般来说，此前历朝历代海外移民的动机大都偏重经济因素，具有偶发性、分散性的特点，而在明初的海外移民中，明王朝扮演了重要的角色，其海外政策深刻影响了海外移民的流向和规模，使政治外交的作用凸显。因此，明朝海外政策和海外移民之政治层面的研究，理应成为明代移民研究的重要内容。

关于明代海外移民的研究，我们首先需要了解明代海外政策，这有助于了解明代海外移民发生、持续、发展与生存的机制与途径。我们知道，

丝绸之路上的明代中国与世界

关于中琉关系，中外学界已有大量成果问世，但是以往大多未能从明朝整体海外政策展开论述；而在中国移民史，乃至中国海外移民史的专门论著中，则往往对于明朝初年这一重要的海外移民类型，即国家主导的国际移民类型的研究付诸阙如。明朝海外关系的发展带动人口的迁徙，以中琉关系最为典型，明朝海外政策与海外移民的密切关系由此可见。官方海外移民成为中琉政治、经济与文化交流的主角，伴随移民而产生的资金、人才和技术等资源的转移，给琉球带来重要的发展契机，也促进了明代中国与东亚、东南亚各国和平交往的历史进程。

国家是一种存在于古代的历史实体，自有国家以来，古代国与国之间就有了国际关系，也就有了外交政策。蒙元帝国崩溃后，东亚国际秩序急需重建。在周边大环境处于蒙元帝国崩溃震荡之时，明太祖就开始了在西洋、东洋、西域三个地区的全方位外交，遣使四出，颁诏各国，致力于一种"共享太平之福"的和平理念，力图重建合法性的东亚国际秩序。与此同时，再度激活了连结亚、非、欧之间的陆上和海上通道。①

明代中国是一个海洋大国，明初海外政策的制定，在很大程度上是明朝对海洋上发生的大事因缘的应对之策。明初不仅有海禁，还有海洋上的全方位外交，包括对海上倭寇侵扰与元末群雄方国珍、张士诚残部海上活动的对策，这是中国古代王朝遭遇海上侵扰的重要时间段。伴随明代海外政策突出的时间节点，关注时代性，探讨明代中国国家与社会、王朝与国际社会互动中呈现出的新面相，是很有意义的。

明初海外政策的制定，无疑与当时倭寇问题息息相关。元世祖忽必烈出海征伐日本失败造成了影响深远的恶果，终元一世，中国和日本没有建立起正式外交关系，两国之间的民间贸易联系虽然没有完全中断，但日本处于南北朝分裂时期，产生了不断骚扰中国沿海和高丽的倭寇海盗问题，元末不得不4次出台海禁令作为对策，但侵扰问题始终没有能够得到解决，成为明初一大历史遗留问题，也成为当时东亚海上最大的不稳定因素。

依据文献，现简列明初海上相关事件的时间表如下：

---

① 参见万明《中国融入世界的步履：明与清前期海外政策比较研究》（增订本）第二章，故宫出版社2014年版，第44—63页。

第一篇　整体篇 >>>

洪武元年（1368）明朝建立；倭寇入寇山东滨海郡县。

洪武二年（1369）行人杨载出使日本，为中日建交之始；倭寇掠苏州、淮安、山东、浙江、福建、广东。

洪武三年（1370）遣莱州府同知赵秩出使日本；倭寇掠浙江温州、台州、明州以及福建沿海。

洪武四年（1371）明太祖阐述"不征"理念；赵秩出使日本回国，日本遣僧来华；倭寇掠温州、胶州；明朝颁布禁海令。

洪武五年（1372）杨载出使琉球，琉球国中山王察度遣弟泰期等奉表贡方物；倭寇掠浙江海盐，福建宁德、福宁。明太祖下诏给浙江、福建濒海九卫，造海舟660艘以御倭寇。

值得关注的是，一般来说，征服和扩张是帝国的特质，然而发展到明代初年，以明太祖的"不征"为标志，古代中国的对外关系模式发生了重大转折。① 洪武四年（1371）九月，明太祖朱元璋在奉天门召集臣僚，首先阐释了对外关系理念。在总结历朝经验教训基础上，以"不征"理念否定王朝对外扩张倾向，明确把基点放在保境安民上。② 晚年他颁布《皇明祖训》，重申"不征"理念，以为传之后世的国策。在"不征诸夷国名开列"中，"日本国"注明："虽朝实诈，暗通奸臣胡惟庸，谋为不轨，故绝之"；"大琉球国"注明："朝贡不时。王子及陪臣之子皆如太学读书，礼待甚厚"③。对日本的断交和对琉球的有意优待，明朝对两国的政策在此表露无遗。

从明太祖外交诏令文书的传递和反馈，我们可认识到明太祖刻意追寻古贤帝王，欲成为"天下主"，建立起封贡体系；与此同时，明初外交建立在极为务实的基础上，面对来自海上挑战——倭寇侵扰的棘手问题，明太祖一直坚持以外交手段和平解决。与琉球王国通交，显示出明太祖对日本的焦虑和新的政策展开，是明王朝应对东亚海上不稳定因素展开海外政

---

① 参见万明《明代外交模式及其特征考论：兼论外交特色形成与北方游牧民族的关系》，《中国史研究》2010年第4期。

② 《明太祖实录》卷六八，洪武四年九月辛未。台北"中研院"史语所校勘本，1962年，第1277页。

③ 《皇明祖训·祖训首章》，载《明朝开国文献》（三），台湾学生书局1966年版，第1589—1590页。

策的典型事例。纵观明代历史,以往学界大多关注的海禁,是明朝海外政策很重要的一个方面,但是远不是海外政策的全部。明朝海外政策的展开,涉及国家航海外交、海外移民等方方面面,值得深入探讨。下面从建交开始,主要从外交诏令文书入手,着意于史事辨析,揭示中琉建交背后中日关系阴影存在之影响,以及明太祖开创的海外移民新纪元。

第二节 明初海外政策展开之一:两度出使日本后杨载首次出使琉球

洪武二年(1369)二月,明太祖遣行人杨载出使日本,带有给日本国王玺书。玺书中明确表明太祖希望通过外交关系的建立,解决自明朝肇建以后就存在的"倭兵数寇海边,生离人妻子,损伤物命"的侵扰问题。内容软中有硬,云:"诏书到日,如臣,则奉表来庭;不臣,则修兵自固,永安境土,以应天休。如必为寇盗,朕当命舟师扬帆诸岛,捕绝其徒,直抵其国缚其王,岂不代天伐不仁者哉。惟王图之。"① 当时的日本处于战国时期,明朝第一次派遣杨载的出使无果。② 作为明朝首次通交日本的使臣,洪武五年(1372)正月,杨载又成为明朝首次通交琉球的使臣。使臣之遣,已可看出明朝对于两国之间关系的考量。

琉球是位于中国东南海上的一个岛国,在明代以前从未与中国建立正式联系。明初中琉建交是明朝应对海上倭寇的又一政策选择。我们注意到,迄今所见明初禁海令颁布于洪武四年十二月,而杨载出使琉球就在五年正月,时间上的紧密衔接,提示我们明初海洋外交与海禁的密切配合可见一斑。

这里有一个问题有待厘清。一般认为,杨载出使日本只有一次。日本学者木宫泰彦记认为杨载在出使琉球之前曾有两次出使日本的经历:在赵

---

① 《明太祖实录》卷三九,洪武二年二月辛未,第787页。
② 汪向荣编:《明史·日本传笺证》。据日本《修史为征》所载,当时明朝政府派遣到日本的使臣有杨载等7人,但到日本后被征夷大将军怀良亲王杀死5人,并将杨载、吴文华两人拘押三个月之后始放归。巴蜀书社1988年版,第12页,注4。

秩出使时，明朝"还派以前来过日本的杨载送还明朝捕获的日本海盗、僧侣等十五人"①。查郑若曾《郑开阳杂著》中，有这样一段记述："明洪武初，行人杨载使日本，归道琉球，遂招之。其王首先归附，率子弟来朝。"② 若依此述，杨载的首次使琉，仅为出使日本归途顺带之举。但实际上近200年以后的嘉靖年间人追溯国初史事，已难免有失实之处。我们依据明初当时人的记述更为切实。明初胡翰《胡仲子集》记载：

> 洪武二年，余客留京师。会杨载招谕日本，自海上至。未几诏复往使其国。四年秋，日本奉表入贡。载以劳入朝宠赉。即又遣使琉球。五年秋，琉球奉表，从载入贡。③

据此，杨载在明初洪武二三年间确实两度出使日本，其后才出使琉球。同一使臣连续出使日本与琉球，以日、琉两国位置相近，琉球是中国与日本交往的海道所经，并不奇怪，乃至后世出现了出使琉球为使日顺带之举的误解。而由此琉球在中日之间的地位凸显出来，应是明朝与琉球建交的首要考虑因素。曹永和先生认为羁縻琉球是作为倭寇对策的环节的看法，④ 是颇有道理的。

中琉建交的前提是航海，此前中琉之间海路早已存在，⑤ 至杨载出使，官方航线正式开通。

第三节 明初海外政策展开之二：与日关系断绝后明朝首次册封琉球

对于朝贡体系的笼统认识，往往忽略了明朝对待各国政策的差异性，

---

① [日] 木宫泰彦：《日中文化交流史》，胡锡年译，商务印书馆1980年版，第512页。
② （明）郑若曾：《郑开阳杂著》卷七《琉球图说》，文渊阁《四库全书》，第584册，第611页。
③ （明）胡翰：《胡仲子集》卷五《赠杨载序》，文渊阁《四库全书》，第1229册，第58页。
④ 曹永和：《明洪武期的中琉关系》，载《中国海洋发展史论文集》（三），台北"中研院"三民主义研究所1988年版。
⑤ 关于中琉航路的开辟，参见谢必震《论钓鱼岛主权属于中国》，《东南学术》2013年第4期。

琉球就是一例。明初，琉球国三分，曰中山王、山南王、山北王。明朝册封琉球国王，并不像有的学者认为的那样首次出使就有册封，也不是迄今大多学者依据琉球外交文书集《历代宝案》而形成的"永乐二年册封说"①。根据明太祖亲制诏令文书，册封琉球发生在洪武十六年（1383），这就意味着明朝首次册封琉球是在与日本关系断绝之后。

外交诏令文书是研究明代中外关系最重要的也是最基本的史料。古代对外关系大事要事、法令法规、大政方针和重要决策，都是以皇帝名义，以诏令文书的颁布来进行处理。明太祖在位31年，奠定了明朝近300年对外交往的基础。从文书制作来说，明太祖外交文书有亲撰和词臣以皇帝名义代笔的两种类型。明人认为，太祖文集中的文书是太祖亲自撰写的。②迄今所见明太祖对于琉球的诏敕有4通，其中《明太祖御制文集》中收有2通。现将诏敕4通列于下，以便分析。

1. 洪武五年（1372）正月，杨载往琉球，持诏曰：

> 昔帝王之治天下，凡日月所照，无有远迩，一视同仁。故中国奠安，四夷得所，非有意于臣服之也……朕为臣民推戴，即皇帝位……使者所至，蛮夷酋长称臣入贡。惟尔琉球在中国东南，远处海外，未及报知，兹特遣使往谕，尔其知之。③

这通诏书的内容是明太祖即位后对外发布的即位诏，是建交之始的官方外交文书。明太祖继承传统的帝王天下观，表明对"无有远迩"的各国"一视同仁"，故遣使"远处海外"的琉球。同年琉球即有遣使回应，但

---

① 这方面主要论著有：徐玉虎《明代琉球王国对外关系之研究》，学生书局1982年版；李金明《明朝中琉封贡关系论析》，载《福建论坛·人文社会科学版》2008年第1期。米庆余：《明代中琉之间的册封关系》（载《日本学刊》1997年第4期）一文虽论及洪武十六年的赐印和梁民与路谦的出使，却没有与册封相联系。而学界统计中琉交往列出的明清册封琉球一览表，往往是从永乐二年（1404）开始，极大地忽略了洪武十六年已经册封琉球国王，十八年有三王并封的事实。如徐斌《明清士大夫与琉球》附表，即从永乐二年（1404）开始。海洋出版社2011年版，第202—204页。

② 参见万明《明太祖外交诏令考略》，载汤开建、纪宗安主编《暨南史学》第五辑，暨南大学出版社2007年版。

③ 《明太祖实录》卷七一，洪武五年正月甲子，第1317页。

明朝并无册封。

2.《谕琉球国王察度》：

> 王居沧溟之中，崇山为国，环海为固，若事大之礼不行，亦何患哉？王能体天道，育琉球之民，尚好生之德，所以事大之礼兴。
>
> 自朕即位，十有六年，王岁遣人至，贡本国之土宜，朕甚嘉焉。特命尚佩监奉御路谦报王诚礼，何期王复以使来致谢。朕今更专内使监丞梁民同前奉御路谦，赍符赐王镀金银印一颗，送使者归，就于王处鬻马，不限多少，从王发遣。故兹敕谕。①

这是明太祖亲撰外交文书两通之一，收入《明太祖御制文集》。时间是在洪武十六年（1383）。依据这通敕谕，我们可以明确了解到时至洪武十六年，明朝才有"赍符赐王镀金银印一颗"之举。在明朝与各国建立的封贡关系中，赐印是明朝皇帝给以国王权力和地位的合法象征。因此，这是明朝皇帝对琉球国王之首次册封，册封使臣是梁民和路谦。这一明太祖亲撰外交文书，印证了明朝对琉球的册封始自洪武十六年，始于洪武五年或永乐初年的观点，均与历史事实不符。

这一敕谕的背景很重要：洪武十三年（1380）日本来贡，持征夷将军足利义满给丞相书，书辞桀骜不驯。明太祖却贡，十二月亲撰《谕日本国王诏》，其中出现"蠢尔东夷，君臣非道，四扰邻邦"，"傲慢不恭，纵民为非，将必殃乎"之指责。②洪武十四年（1381）明朝再次却日本贡。《明太祖御制文集》中可见太祖亲撰两通以礼部名义给予日本的文书，一为《设礼部问日本国王》，一为《设礼部问日本国将军》，③ 措辞严厉，致以征伐威吓，并从此与日本断绝了交往。其后，发生了明朝对于琉球的册封。

明太祖亲撰外交文书的存世，可证明琉球外交文书集《历代宝案》漏

---

① 《明太祖御制文集》卷八，学生书局1965年版，第282—283页。
② 《明太祖御制文集》卷二《谕日本国王诏》，第85—86页。
③ 《明太祖御制文集》卷一八《设礼部问日本国王》，《设礼部问日本国将军》，第535—542页。

载洪武朝中琉封贡关系已建立的历史事实。追根溯源,《历代宝案》是琉球中山王尚巴志统一琉球以后编纂的,其中没有洪武朝文书,大多学者据此产生中琉封贡关系也建立在永乐朝以后的认识,应予修正。

3.《谕琉球山北国王怕尼芝》:

> 上帝好生,寰宇生民者众。天恐生民自相残害,特生聪者主之,以育黔黎。
>
> 迩来使者自海中归,云及琉球三王互争,于农业少废,人命颇伤。朕闻知不胜怜悯。今因使者往复琉球,特谕王体上帝好生,息征战而育下民,可乎?不然,恐上帝有变,事可究迫。故兹敕谕。①

这是明太祖亲撰外交文书两通之一,收入《明太祖御制文集》。时间是在洪武十六年(1383),主旨是对琉球三王互争的居间调停。

4.《谕山南国王承察度》:

> 朕嘉琉球国王察度坚事大之诚,故遣使报其诚礼。今王亦遣人随使者入觐,稽诸前,礼贡已数次。王居沧溟之中,崇山环海为固,若事大之礼不行,亦何患哉?王乃能体天道,尚好生之德,思育其民,所以事大之礼兴。监王之诚,深用嘉纳。迩来使者归,云及琉球三王互争,废弃农业伤残人命,朕甚悯焉。王能体上帝好生,罢战息民,以务修德,则国用永安。今特遣内使监丞梁民同前奉御路谦,赍符送使者归,以答来诚。故兹敕谕。②

此一外交文书在《赐诸番诏敕》中发现,可以补太祖诏令之重要信息。从此谕可以明确三点:一是时间上在洪武十六年,与中山王册封同时,山南使臣也来明朝朝贡,并由明朝安排一起送归,明太祖敕谕山南国王承察度,也是在调解三王纷争;二是从敕谕内容看,此前山南王已有"数次"入贡,可见有学者认为山南王、山北王是在洪武十六年始来朝贡

---

① 《明太祖御制文集》卷八,第284—285页。
② 《赐诸番诏敕》,《明朝开国文献》(三),第1829—1830页。

是不确的。三是可使《明太祖实录》中将颁给山北、山南二王诏谕混合为一的错讹得以澄清。

依据《明太祖实录》记载，洪武十八年（1385）正月，明太祖以"驼纽镀金银印二，赐山南王承察度、山北王帕尼芝"①。明朝对琉球二王的赐印封王，完成了琉球的三王并封。这里出现的"驼纽镀金银印"，与此前赐给中山王的印绶相同；查阅历史记载，与明朝给予安南国王、占城国王印绶完全一致。同时赐予中山王察度、山南王承察度的，还有海舟各一。

从明初海外政策整体来看，琉球具有特殊性。这表现在：

其一，明朝建立以后，洪武元年—三年是明朝派出对外使团的高峰期，其中并无出使琉球使团，中琉建交于洪武五年，在明朝是最晚派出的使团，使臣杨载在两度使日后才出使琉球；

其二，一般来说，建交后就封王是常例，而中琉建立外交关系当年，琉球中山王察度即遣弟来朝贡，明朝赐予《大统历》等，但未见册封赐印；② 直至洪武十六年（1383）明朝才封王赐印。由此可见明初对琉球并没有特别重视，有重视，始自明日关系断绝以后。从东南海上局势来看，中琉关系发展的快慢与中日关系断绝，海上不稳定态势发展有关。

在中日外交关系断绝情况下，明朝进一步采取了册封琉球的政策，并给以特殊优惠。洪武十六年（1383）册封琉球同年，明廷制定勘合制度，对各国来华朝贡均有贡道、贡期、人数的限制，而给予琉球"朝贡不时"的优惠待遇，意味着对来自琉球进贡使的船数与人数不设限，无异于特别鼓励琉球与中国开展频繁的朝贡贸易。在这里，我们可以明显看到政治外交与经济贸易的密切联系。

第四节 明初海外政策展开之三：明太祖钦赐三十六姓给琉球

为了便于往来朝贡，洪武二十五年（1392）明太祖还钦赐三十六姓善

---

① 《明太祖实录》卷一七〇，洪武十八年正月丁卯，第2581—2582页。
② 《明太祖实录》卷七七，洪武五年十二月壬寅，第1416—1417页。

操舟者予琉球。现遗存于世的琉球程顺则编《指南广义》① 一书中，收有《三十六姓所传针本》，是三十六姓后人传承抄录的航海"针本"。那么三十六姓源自何时？是源自洪武二十五年（1392）三十六姓移居琉球，这是明初国家海外移民政策推行的结果。

明太祖钦赐三十六姓予琉球，是中琉关系史上的一件大事，也是中国海外移民史上的一件大事。由于三十六姓在琉球政治、经济、文化史上的贡献颇巨，对此中外学界已有不少研究。20世纪末，中国学者对三十六姓多有关注，谢必震先生曾专门考证，指出闽人三十六姓是由明廷赐姓，赐姓琉球的原因有四，一是为中琉朝贡贸易的利益所驱使，二是将私人海外贸易转为官方贸易，三是中国传统"用夏变夷"观，四是为保护弱小邻国。② 方宝川先生则认为明朝没有一次赐三十六姓给琉球的事实，猜测赐姓说可能源自琉球而非中国，三十六是泛指，而当时琉球的中国人中闽人最多，所以统称为闽人三十六姓。③ 笔者同意谢必震先生"洪武二十五年赐闽人三十六姓是对前此闽人移居琉球的正式认可"的看法④，并认为明初是一个明朝官方为闽人海外移民正名的过程。我们知道，洪武五年（1372）有明朝使臣的首次出使琉球，当时选经的官方航路应该就是中国三十六姓"善操舟者"所了解并熟悉的传统针路，当时官方必定已知中国与琉球交往有着福建移民的存在，因此在20年后有将中国闽人"善操舟者"三十六姓钦赐琉球的海外移民政策出台。

我们认为，赐姓是存在的。《明太祖实录》三修，缺漏甚多，对此确实没有记载。现存最早的《使琉球录》作者陈侃记载了此事：

> 我太祖之有天下也，不加兵、不遣使，首效归附。其忠顺之心，无以异于越裳氏矣。故特赐以闽人之善操舟者三十有六姓焉，使之便

---

① 《指南广义》成书于清康熙四十七年（1708），由琉球人程顺则辑，是一部汇辑的航海专书，存世有仲原善忠文库本。
② 谢必震：《明赐闽人三十六姓考述》，《华侨华人历史研究》1991年第1期。
③ 方宝川：《明代闽人移居琉球史实考辨》，《福建师范大学学报》1988年第3期。
④ 谢必震：《明赐闽人三十六姓考述》，《华侨华人历史研究》1991年第1期。

往来、时朝贡,亦作指南车之意焉耳。①

万历年间,申时行等《明会典》中,明确记载了洪武二十五年(1392)明太祖赐闽人三十六姓善操舟者移居琉球之事:

> 二十五年,(琉球)中山王遣子侄入国学。以其国往来朝贡,赐闽人三十六姓善操舟者。②

时至万历三十五年(1607)九月,"三十六姓"出现在《明神宗实录》之中:

> 琉球国中山王尚宁,以洪永间例,初赐闽人三十六姓,知书者授大夫、长史,以为贡谢之司;习海者授通事、总管,为指南之备。今世久人湮,文字音语、海内更针常至违错,乞依往例,更选旧衔。事下礼部,寝之。③

值得注意的是,这里除了洪武年间赐姓以外,又增加了永乐年间的赐姓。这些赐姓在琉球得到重用:"知书者授大夫、长史,以为贡谢之司;习海者授通事、总管,为指南之备"。这在明朝也是有档可查的。

与之对照,在琉球《历代宝案》中,保存有万历时琉球国王尚宁咨文以及明朝的处理意见:

> 琉球旧自开国之初,钦蒙圣祖恩拨三十六姓入琉球国。稽查旧例,原有兴贩朝鲜、交趾、暹罗、柬埔寨,缘是卑国陆续得依资籍。迄今三十六姓世久人湮,夷酋不谙指南车路,是以断贩各港,计今六十多年,毫无利入,日铄月销,贫而若洗。况又地窄人希,赋税所

---

① (明)陈侃:《使琉球录·群书质异》,《台湾文献史料丛刊》第287种《使琉球录三种》,台湾大通书局1984年版,第24页。
② 万历《明会典》卷一○五,《礼部》六三《琉球国》,第572页。
③ 《明神宗实录》卷四三八,万历三十五年九月己亥,第8298页。

入,略偿所出。

琉球国王咨文入,太常寺少卿夏子阳、光禄寺寺丞王士桢奏称:

> 查得贵国给引通商,原无旧例,即圣祖国初赐有三十六姓,为该国入贡航海风涛叵测,彼三十六姓者,能习知操舟以为引导耳,岂为兴贩而设耶?①

按此奏称,明朝当时拒绝了琉球国王尚宁再请赐拨三十六姓的要求。

清乾隆时周煌《琉球国志略》云:

> 洪武二十五年……赐闽人善操舟者三十六姓,以便往来。今所存者七姓。然毛、阮二姓又万历间再赐者,实仅金、梁、郑、林、蔡五家。②

由此所见,明朝万历年间曾有再赐之举。清嘉庆时李鼎元《使琉球记》记载:

> 国中惟久米村梁、蔡、郑、毛、曾、陈、阮、金等姓,乃三十六姓之裔。③

这里所述"乃三十六姓之裔",应是当时三十六姓现实存在的记述。《指南广义》编者程顺则真正的身份是琉球人,其祖父补程氏名户家之阙,改为程姓,就是三十六姓后裔。《指南广义》之中《三十六姓所传针本》发现的意义在于,凸显出了此类源自中国民间航海实践的传抄本在时间上

---

① 《历代宝案》第一集卷八,台湾大学出版社1972年版,第一册,第265页上下栏。此处原文有姓无名,据查《明神宗实录》,正是前此出使琉球正、副使夏子阳和王士桢的上奏,其中引有琉球国王咨文。《历代宝案》卷五保存有琉球国王咨文,但阙文多,又无后文,故此用卷八之文。
② 周煌:《琉球国志略》卷三《封贡》,京华书局1968年版,第126页。
③ (明)李鼎元:《使琉球记》卷四,陕西师范大学出版社1992年版,第116页。

的源远流长。作为明初移民海外的国家政策，明太祖钦赐闽人三十六姓给琉球，这些三十六姓是善于操舟的航海世家，他们的航海经验传承于祖上，所传针本自然是世代相传的传统海上针路。

钦赐三十六姓的时间，在那霸市史编集室编《久米村系家谱》中，可以印证为洪武二十五年（1392）开始，现举例如下：

《郑氏家谱》记：

> 郑氏之先出于闽之长乐，明洪武二十五年以太祖皇帝赐三十六姓，长史讳义才，奉命始抵中山，宅于唐荣，子孙绵延。

《金氏家谱》云：

> 始祖讳瑛，号庭光，原系浙江之人也。元末南游闽山，竟于闽省居住。未几，正逢鼎革，至洪武二十五年壬申，瑛公膺选，同三十六姓抵中山，子孙绵延，满于唐荣，遂为球阳之乔木也。

《蔡氏家谱》载：

> 始祖讳崇，号升亭，行二，官爵勋庸、生卒年月、封祖等俱不传，福建泉州府南安县人，系宋朝鼎甲端明殿大学士忠惠公讳襄字君谟六世孙也。大明洪武二十五年，备三十六姓之例，奉敕来择中山，中山之有蔡姓，自此始也。①

当时明太祖赐闽中善操舟者三十六姓，以便朝贡往来。琉球中山王大喜，即令三十六姓择土以居之，择居于唐荣，即久米村。终明之世乃至清代，这些闽人三十六姓即明初的海外移民，他们及其后裔主要负责琉球与中国之间的朝贡往来，在他们的推动下明代中琉关系更为密切，在加强中琉两国间的政治、经济往来和文化交流方面，发挥了积极的桥梁作用。嘉

---

① 家谱均见于《那霸市史·资料篇》第1卷第6分册《家谱资料》二《久米村系》，日本那霸市史编集室，1980年。

靖年间出使琉球的陈侃云：

> 若大夫金良、长史蔡瀚、蔡廷美，都通事郑赋、梁梓、林盛等，凡有姓者，皆出自钦赐三十六姓者之后裔焉"。①

并记琉球国官制云：

> 王之下则王亲，尊而不与政也；次法司官，次察度官，刑名也；次那霸港官，司钱谷也；次耳目之官，司访问也，此皆土官而为武职者也。若大夫、长史、通事官，则专司朝贡之事，设有定员而为文职者也。②

明人郑若曾《郑开阳杂著》中同样记载了琉球国官制，在司朝贡之事的文职官之后云："皆三十六姓人，及学于国学者为之。"③

在琉球资料中，有"三十六姓为法司，自炯始"的记录。④ 郑炯（又写为迥），号利山，1565年赴明朝入南京国子监学习，1572年学成回国。先在天妃宫设馆教书，1574年任都通事，后擢紫金大夫，摄长史事，1579年总理唐荣司，1606年授谢名亲方，任三司官。⑤ 这些履历都说明三十六姓中国移民在琉球具有相当高的地位，移居琉球的中国移民三十六姓是琉球朝贡使团的主要群体，也是琉球外交的主要承担者。明人侯继高《全浙兵制》记载郑迥事迹如下：

> 琉球国中山王府长史掌司事长史郑迥为报国家大难事。迥原籍福建长乐县人，曾经南雍国学，叨蒙天朝厚恩，历官长史，篆署司事。自陨庸才，不能图报万一。今倭王关白日本六十六州兼并为一主，阴蓄席卷琉球中国之心。万历十七年三月，差人到国曰：天生一人，混

---

① （明）陈侃：《使琉球录·群书质异》，第31页。
② （明）陈侃：《使琉球录·群书质异》，第25页。
③ （明）郑若曾：《郑开阳杂著》卷七《琉球图说》，台湾商务印书馆1983年版，第611页。
④ 《那霸市史·资料篇》第1卷第6分册，《家谱资料》二《久米村系》下册，第932页。
⑤ [日]球阳研究会编：《球阳》，东京角川书店1982年版，第83页。

第一篇　整体篇 >>>

一海内,为诸倭主。琉球蕞尔小国,可速奉朔献地,无贻后悔。又馈迥金,令往大明讲好。时国王薨逝,世子新嗣,国祚多艰,人人疑惧。又会诸法司,与世子曰:倭情变诈,故天朝绝其献贡,若勾引启衅,其祸难当。力辞不受。倭人欲劫以威,迥曰:余列钦赐三十六姓之内,南游国学,忠孝素闲,可以义激,而不可以威劫者。世子见迥云云,亦坚持不屈,差人往国,代为说辞。关白闻琉球佛国,未敢加兵,遂起兵战胜朝鲜。①

三十六姓及其后裔担任正使、长史、正议大夫、副使、通事等一系列的琉球外交官职,也担任火长即船长的航海职务,还有重要的通事之任,总之负责琉球国的各项外交活功和贸易活动。关于海上贸易,中琉之间的朝贡贸易,是三十六姓人的主项,此外他们的足迹也遍布满剌加、暹罗与大泥等东南亚国家。在《明实录》中,关于海外移民也有相关零星记载:如永乐九年(1411)琉球中山王遣使朝贡,以长史程復来表请升长史王茂为国相兼长史,程復已81岁,在琉球辅中山王察度40余年,明朝升他为琉球国相兼左长史,致仕还乡。②

钦赐三十六姓事件的出现,是中国官方海外移民政策展开的结果,这一官方海外移民模式在清代延续下去,其自明初形成,持续和影响长达500多年。

航海外交、海外移民以及朝贡贸易优惠政策的制定与实施,均可见明太祖以琉球"作屏东藩"的战略考虑。③ 琉球国经明初特意扶植,在东亚海上崛起,具有了特殊地位。日本学者冈本弘道认为:"14世纪末以后,琉球王国作为东亚和东南亚海上贸易的主要中心之一而繁荣,已广为所知。"④后来的琉球国更成为"以舟楫为万国之津梁,异产至宝,充满十方

---

① (明)侯继高:《全浙兵制》,旧抄本。查其官职,此郑迥应即郑炯,清李鼎元《使琉球记》卷四云:郑迥"积功至法司,后为日本所执,不屈,死"。这是三十六姓忠于职守、报效国家的典型一例。
② 《明太宗实录》卷一一五,永乐九年四月癸巳,第1464页。
③ 永乐二年二月,明成祖遣行人时中诏琉球中山王世子武宁袭爵,诏曰:"圣王之治,协和万邦,继承天之道,率由常典。故琉球国中山王察度,受命皇考太祖高皇帝,作屏东藩,克修臣节"云云,见《明太宗实录》卷二八,永乐二年二月壬辰,第510页。
④ [日]冈本弘道:《明代朝贡国琉球的地位及其演变》,《海交史研究》2001年第1期。

刹；地灵人物，远扇和夏仁风"之国。① 这也是与明朝海外移民政策的成功紧密相联系的。

最后需要说明的是，在明代中国和琉球都存在琉球属于南海的概念，琉球活跃的海上贸易活动范围并不限定在东海，还有着频繁的南海贸易。在中国，洪武二十七年（1394）明朝更定蕃国朝贡仪："是时四夷朝贡，东有朝鲜、日本，南有暹罗、琉球、占城、真腊、安南、爪哇、西洋琐里、三佛齐、浡泥、百花、览邦、彭亨、淡巴、须文达那，凡十七国。"② 琉球不在东，而在南，也就是后来称作西洋的方位。琉球都城首里城《万国津梁钟》铭文云："琉球国者，南海胜地，以大明为辅车，以日域为唇齿，在此中间涌出之蓬莱岛也。"③ 也说明了在当时琉球人的观念中，琉球位于南海的方位。

结　　语

综上所述，迄今存世载籍所证，中琉关系的建立始于明代。中琉关系与中日关系有着紧密联系。学界一般认为明清册封使共25次，是从永乐二年（1404）起始。我认为需要加上洪武年间的三王并封，即洪武十六年册封中山王、洪武十八年册封山南王、山北王，应为27次；如以十八年赐印无专使记载，那么至少册封使有26次。并且认为仅仅统计册封使也是不够的，册封只在琉球国王世袭时才发生，两国海上交往频繁，还表现在更多的使臣往还上。以洪武年间为例，根据《明实录》及所见文集等文献初步统计，自洪武五年至洪武三十一年（1372—1398），27年间中琉使臣不绝于海上，明太祖遣使琉球7次，琉球国中山王、山南王、山北王不断遣使来华，共遣使57次，一年多达5、6次，总计洪武五年至三十一年间中琉海上交往达64次之多，平均每年2.3次以上。从时间上看，明代

---

① ［日］宫城荣昌：《琉球の歴史》，琉球国都钟铭文。东京吉川弘文馆1977年版，第83页。此钟铸于尚泰久王五年（1458），即明英宗天顺二年。
② 《明太祖实录》卷二三二，洪武二十七年四月庚辰，第3394页。
③ ［日］宫城荣昌：《琉球の歴史》，琉球国都钟铭文，第83页。

第一篇 整体篇 >>>

中国与琉球建交于1372年，从此至1645年明亡，中琉关系存续了273年。明朝册封琉球是在1383年，从此至1645年明亡，中琉封贡关系存续了262年。如果算上清朝的沿袭，中琉关系自1372年起，至光绪五年（1879）日本吞并琉球为止，长达近500年之久。明代洪武海外移民政策的目标明确，就是为了朝贡往来便利，自洪武二十五年（1392）开始，钦赐三十六姓这些海外移民就成功地担任起中琉外交的中介，他们不仅在航海技术上确保航海外交的成功，而且在推动中琉贸易，乃至东海、南海贸易发展中起到了举足轻重的作用。

现简单归纳一下琉球海外移民的三个特点：

一、海外移民得到本土官方认可，在所在地得到身份的确认，这也就意味着，属于国家主导的海外移民的类型出现。

二、自此由中国海外移民担任外交关系中的重要角色，正式占有外交的一席之地，500多年间没有中断。在这几百年中，无论是中国文献《明实录》《出使琉球录》等，还是琉球王国的谱牒《历代宝案》，以及三十六姓后人的家谱，都成为世代相传的中琉关系的历史真实见证。

三、海外移民增进了中琉关系的发展，政治外交与经济贸易并行。古代外交与后世外交相比，有所不同的是外交与贸易两者并重，相辅而行，这充分体现于中琉关系媒介海外移民群体的作用之中。

从整体上看，海外移民群体与明朝和琉球的外交政策有着密切的关系。明太祖钦赐三十六姓给琉球，是明初海外政策最重要的事件之一；同时三十六姓移居琉球，也是中国海外移民发展史上的重要事件之一。这一事件既是大一统中国政治下的产物，同时也是对中国古代海洋传统的承继。没有明朝海外移民政策，就没有三十六姓移居琉球事件；没有中国古代海洋传统在明朝的延续，也就不会有三十六姓移居琉球的发生。我们既要注意到官方海外移民类型的出现，也要注意到移民与中国本土传统的联系，这样思考有助于更好地认识明代国家为主导的移民类型。

第九章 整体视域下南方丝绸之路的演变轨迹

在中国古代史籍中，我们找不到"丝绸之路"的名称。德国地理学家李希霍芬（Ferdinand von Richthofen）在 1877—1912 年出版的《中国亲历》5 卷本中，首次将从中国通往中亚、南亚、西亚乃至欧洲、北非的西域商贸道路称为 Seidenstraseno，也即"丝绸之路"，彰显了以丝绸为媒介的古代中西交往的通路。20 世纪初海上丝绸之路的提出，源于法国汉学家沙畹（Édouard Émmannuel Chavannes），他在《西突厥史料》中据唐朝贾耽著称有"陆、海两道"。此后法国学者让·菲利奥扎（Jean Filliozat）首次使用了"海上丝绸之路"这一名称。由此，陆路通往南亚、西亚以及欧洲的通道，被称为"陆上丝绸之路"。从海上交通连接东南亚、南亚、西亚、非洲，乃至欧洲的海上通道，被称为"海上丝绸之路"。

古代丝绸之路有广义和狭义之分，狭义的丝绸之路，是指中国古代经中亚通往南亚、西亚以及欧洲、北非的陆上贸易通道。因大量中国丝和丝织品多经此路西运，故称丝绸之路；广义的丝绸之路，早已超出了字面含义，成为后世对中国与中亚、东南亚、南亚、西亚乃至西方所有来往通道的统称；不仅是东西方商业贸易之路，而且是中国和世界各国之间政治往来、文化交流的通道；不仅是一条交通道路，而且是四通八达、辐射广泛的中国与世界各国之间的交通网络；不仅是丝绸西传，西物东来，而且也沉淀了东西方文明相互交往几千年的历史；不仅是一个地理的概念，而且已扩展为一种历史文化的象征符号。

迄今中外学术界对丝绸之路的研究已经持续了 100 多年，取得了举世瞩目的辉煌成就。在中国，从中西交通史至中外关系史，形成了诸多专门研究领域，诸如"陆上丝绸之路"（也称西北丝绸之路）、"草原丝绸之路"、"海上丝绸之路"、"南方丝绸之路"（也称西南丝绸之路）等。此外，还有不少是没有带"丝绸"二字的中外交往通道的研究，如"陶瓷之路""茶叶之路""茶马古道""瓷银之路""皮毛之路""玉石之路"等等，不断拓展了丝绸之路的内涵与外延，凸显了古代诸文明之交流对人类的巨大贡献。学界对南方丝绸之路的研究，已经有了丰硕成果，从时间上看，南方丝绸之路研究大都集中在汉唐以前的历史阶段，颇有深度。但是明代发生了什么？研究尚属薄弱环节；从空间上看，南方丝绸之路考察还有拓展的必要。故在此试图从丝绸之路的整体视野出发，就明代"西南夷"的认识演化，和明代四川雅安为例的丝绸之路发展状况两方面略加探讨。

第一节 明代对"西南夷"认识的演化

丝绸之路在明代的发展，首先是地域认识的发展。

一 释"西南夷"：始自汉代的认识

"西南夷"名称始见于西汉文献。有关的完整记载，源自司马迁《史记·西南夷列传》：

> 西南夷君长以什数，夜郎最大；其西靡莫之属以什数，滇最大；自滇以北君长以什数，邛都最大，此皆魋结，耕田，有邑聚。其外西自同师以东，北至楪榆，名为嶲、昆明，皆编发，随畜迁徙，毋常处，毋君长，地方可数千里。自嶲以东北，君长以什数，徙、筰都最大；自筰以东北，君长以什数，冉駹最大，其俗或土著，或移徙，在蜀之西。自冉駹以东北，君长以什数，白马最大，皆氐类也。此皆巴蜀西南外蛮夷也。①

司马迁所云"此皆巴蜀西南外蛮夷也"，说明"西南夷"是指分布在巴蜀以西和以南的族群，即以当时已设置郡县的巴郡、蜀郡为中心，将巴郡、蜀郡以西、以南地区称为"西南"，分布在这些地区的少数民族称为

---

① 《史记》卷一一六《西南夷列传》，第2991页。

"西南夷"。虽然这些族群在汉以前的典籍中已经出现,但是最早以"西南夷"名称来记载这一地区少数民族历史的是司马迁。由此,"西南夷"成为对分布在今日甘肃南部、四川西部和云南、贵州一带的少数民族的专称。童恩正先生指出:司马迁是以巴蜀为中心,叙述了其南方的贵州西部、西南方的云南滇池区域、洱海区域、四川西昌地区、凉山彝族自治州、西部的雅安地区、西北的阿坝藏族自治州以及北部的甘南武都地区的少数民族,而概括地称之为"西南夷"。以后的研究者一般沿袭了这一名词,未加分析;细读《史记》有关部分,发现司马迁虽然将篇名称为《西南夷列传》,但又将这些民族分成"南夷"和"西夷"两部分"。①

段渝先生认为,《史记·西南夷列传》总叙从文化属性、民族系统和经济类型等方面把西南夷分为四大类别,其中包括七个区域,每一个区域内都有"以什数"的众多"君长",分别以一个"君长"代表一个族群,以区域中最大君长代表区域。他按照《西南夷列传》所叙顺序,对于西南夷七大区域十几个主要"君长"的族属及其分布地域等基本情况进行了综合考释。②并对先秦汉晋西南夷内涵演变进行了研究,指出在中国古代文献中,西南地区的非华夏或非汉系的民族被称为"西南夷",或"巴蜀西南外蛮夷",或"蜀郡徼外蛮夷"。③

汉代"西南夷"的用法,一直传承沿用了下来,直至清代。查二十四史中"西南夷"一词之用:《史记》14 处,《汉书》21 处,《后汉书》8 处,《晋书》18 处,《宋书》2 处,《南史》11 处,《北史》3 处,《隋书》4 处,《旧唐书》8 处,《新唐书》6 处,《宋史》17 处,《辽史》1 处,《元史》21 处,《明史》2 处。在清修《明史》中,"西南夷"仅两见:一见于"元江"④,一见于"麓川"⑤,这两个地名均在西南地区。然而,存世明代史籍表明,《明史》中的"西南夷"认识不能代表明朝人的全面

---

① 童恩正:《古代的巴蜀》,四川人民出版社 1979 年版,第 87 页。
② 段渝:《西南夷考释》,《天府新论》2012 年第 5 期。
③ 段渝:《先秦汉晋西南夷内涵及其时空演变》,《思想战线》2013 年第 6 期。
④ 《明史》卷三一四《云南土司》二《元江》:"元江,古西南夷极边境,曰惠笼甸,又名因远部……洪武十五年改元江府。"第 8100 页。
⑤ 《明史》卷三一四《云南土司》二《麓川》:"宣德元年遣使谕西南夷,赐麓川锦绮有差,以其勤修职贡也。时麓川、木邦争界,各诉于朝,就令使者谕解之,俾安分毋侵越。"第 8115 页。

认识。

二 明代"西南夷"认识的演化：海的出现

在明代史籍中，关于"西南夷"的认识，应该说仍以传承汉代之说为主。朱孟震《西南夷风土记》是一部专门论著。其中关于"西南夷"的概念，主要是历史的沿用。

《序》云：

> 西南夷，汉武帝时已通中国。蜀汉中复叛，武侯定之。晋、魏、唐间，或叛或复，宋则以玉斧画泸水，遂与之绝矣。元奄有西域，乃复属焉。国朝兵平六诏，诸夷纳土，乃各因其酋长，立为宣慰、安抚等官。俾自治其地，以时时贡赋。曰木里、曰老挝、曰木邦、曰八百、曰孟养、曰缅甸，所谓六宣慰，国初旧封也。曰南甸、曰干崖、曰陇川、曰孟密，三宣抚一安抚。

其中地理状况的记载如下：

> 东通中国，南滨海，邻暹罗界，西抵西洋、大小古喇、赤发野人、小西天，去天竺佛国一间耳。北接羌、戎、吐番，但山则悬崖峭壁，河则黑山弱流。山川原派皆起自昆仑。东山自腾冲分水岭，西山自迤西鬼窟而对峙南下，分枝衍派，遵（达）海滨而止。金沙江自迤西南流，索于两山之间，会槟榔、大盈、龙川、喇乃、木邦、虎人、温板诸江之水，达于南海。三宣、孟密、木邦、缅甸、八百、车里、摆古俱在江东，迤西、大小古剌、暹罗则居江之西也。①

这里值得注意的是地理上的"西抵西洋"，指出了"西南夷"的西向方位是"西洋"。但是这部明人对于"西南夷"的专著，也还不能代表明

---

① 朱孟震《西南夷风土记》一卷，记述包括老挝、缅甸等西南地区的地理物产、风俗民情等内容。《丛书集成初编》第 98 册。朱孟震，字秉器，新淦人。生卒年均不详，隆庆二年（1568）进士，官至副都御史。明神宗万历十年（1582）前后在世。

朝人对于"西南夷"全面认识。"西南夷"是一个历史的概念，所包括的实际内容，不是一成不变的。当我们关注明代南方丝绸之路的发展，首先遇到的问题是明朝人对于"西南夷"的认识与汉代有无差异？查阅明代大量史籍，其中"西南夷"的称谓没有发生变化，大量史籍在记载西汉至唐代的历史时，均延续了汉代地理概念，可见汉代对于"西南夷"的认识一直在沿用；但是同时，笔者在爬梳大量明代史籍的过程中发现，明人对于"西南夷"的认识与汉代有了差异，在沿用中发生了变化，出现了一种明显超越汉代地理范围的认识，也就是说"西南夷"内涵发生了演化，表现在地理范围拓展到了海外，可以说是有了"海的出现"。明代"海的出现"与汉代传统的"西南夷"概念已有很大不同。下面依据笔者所见明代史籍，不避繁复，列举数端如下。

1. 金幼孜《瑞应麒麟赋有序》：

> 臣闻麒麟天下之大瑞也，帝王之德，上及太清，下及太宁，中及万灵，则麒麟见……而十有七年之间，诸福之物纷纭充牣，史不绝书。乃永乐甲午秋九月，西南夷有曰榜葛剌国，以麒麟贡。明年乙未秋九月，有曰麻林国以麒麟贡。今年秋复有曰阿丹国，以麒麟贡。五六年间麒麟凡三至京师，烜赫昭彰，震耀中外，诚千万世之嘉遇，而太平之上瑞也。①

此《赋》作于永乐十七年（1419）阿丹国贡麒麟之年。《赋》中所见，永乐甲午，即永乐十二年（1414），有列于"西南夷"的榜葛剌国贡麒麟；乙未即永乐十三年（1415），有麻林国贡麒麟；永乐十七年（1419），又有阿丹国贡麒麟。榜葛剌国当时是五印度之一，《明实录》作邦哈剌，《西洋朝贡典录》作彭加剌，皆孟加拉语 Bengala 的对音，即今孟加拉国及印度西孟加拉一带，位于南亚次大陆东北部，恒河下流，是东西交通要冲之地。麻林国，位于东非，即今坦桑尼亚基尔瓦基西瓦尼；阿

---

① （明）金幼孜：《金文靖集》卷六《赋赞颂》，文渊阁《四库全书》，第1240册，第690页。金幼孜（1367—1431），永乐十二年为翰林学士，永乐十八年为文渊阁大学士，《明史》卷一四七有传，第4126—4127页。

丹国，即今阿拉伯半岛也门首都亚丁，扼守红海通向印度洋的门户，素有欧、亚、非三洲海上交通要冲之称。这三个国家，一个位于印度，一个位于东非，还有一个在阿拉伯半岛，值得注意的是，三者均属印度洋国家。

2. 金幼孜《狮子赞有序》：

> 圣天子莅阼之十有七年，德化大成，无有远迩，毕献方物。乃秋八月甲午，西南夷木骨都束国复遣使以狮子来贡。夫百兽之极莫过于狮子……乃今日自海外历数十万里随使者以进。①

在这篇《赞》中，记载了永乐十七年（1419）木骨都束贡狮子，将位于东非的木骨都束列于"西南夷"。木骨都束国即今非洲索马里首都摩加迪沙，也是印度洋西岸的名城。

3. 商辂《赠行人刘偕立使西南夷序》：

> 我国家混一区宇，薄海内外，凡重译之地，靡不臣服。乃满剌加国僻处海隅，去京师不啻数万里，盖其地越占城、琉球诸国而益远，所谓重译之地是已。我太祖、太宗盛德覆冒海外，于时满剌加国王陪臣尝与朝会，受封册、禀正朔、承锡赉，用以夸示邻境及其国人者数矣。中更继代，其王不克自振，行李不通，自外于声教者已数十年，而其国以益弱。兹速鲁檀无答佛那沙既袭王位，辄选陪臣之才者，使奉表诣阙下请命。我皇上怜其诚意，特降玺书，遣使往谕，俾正王位，抚其国众，恩甚厚也。时吉水刘偕立以行人受命，欣然就道，同朝士夫咸往饯之。而属予赠言。②

从这篇《序》的名称，我们已可了解到作者是将明英宗时派遣刘偕立出使的满剌加，称为出使"西南夷"的。满剌加国，即今马来西亚马

---

① 《金文靖集》卷六《赋赞颂》，第691页。
② （明）商辂：《赠行人刘偕立使西南夷序》，陈子龙《明经世文编》卷三八，中华书局1976年影印本，第296页。商辂（1414—1486），三元及第，为明代首辅。

六甲。

4. 邓元锡《皇明书》卷三：

> 永乐七年己丑春正月，遣太监郑和航海，通道西南夷。①

这里的记载，已经直接将郑和航海称为"通道西南夷"。

5. 邓元锡《皇明书》卷四：

> 罢通西南夷，停官买物料。②

此条与上条相同，罢通的"西南夷"，即郑和航海所通。

6. 邓元锡《皇明书》卷十四：

> 永乐谟……遣内官造大舰，航海通西南夷，营北都官殿，费皆以巨万亿计，咸仰给于户曹。③

此条与上两条一致，"内官造大舰，航海通西南夷"，应即指郑和下西洋。

7. 费元禄《天妃庙碑》：

> 我明成祖文皇帝七年，中贵人郑和通西南夷，祷妃庙，征应如宋。归命，遂敕封护国庇民妙灵昭应弘仁普济天妃，赐祠京师，尸祝者遍天下焉。④

在这一碑记中，明确称"郑和通西南夷"。

---

① （明）邓元锡：《皇明书》卷三《成祖文皇帝帝纪》，万历刻本。邓元锡（1529—1593），人称"潜谷先生"，明后期以理学著名。
② （明）邓元锡：《皇明书》卷四《仁宗昭皇帝帝纪》。
③ （明）邓元锡：《皇明书》卷一四《臣谟》。
④ （明）费元禄：《甲秀园集》卷三六《文部》，万历刻本。费元禄（1575—1640），省试未中，乃绝仕意。

8. 张鼐《宝日堂初集》：

> 永乐壬辰，礼部檄航海往西洋榜葛剌等国。按《星槎胜览》载，太宗皇帝七年，命正使太监郑和、王景弘等，统官兵二万七千有奇，驾楼船四十八号，往海外西南夷诸国，开读赏赐。①

在这段记载中，以"西南夷"与"西洋"对应，"西南夷"完全等同于"西洋"。

9. 雷礼《皇明大政记》：

> 己丑永乐七年正月朔，遣中官郑和领兵航海通西南夷。封海神宋灵惠夫人林氏为护国佐民妙灵昭应弘仁普济天妃，建庙于京师之仪凤门祀之。
>
> 巨舰自福建之长乐五虎门航大海西南行，抵林邑，又自林邑正南行八昼夜，抵满剌加，由是而达西洋古里大国。分航遍往支国阿丹、榜葛剌、忽鲁谟斯等处。②

这里的记载更加详细，记述了郑和"航海通西南夷"的细节，涉及林邑、满剌加、古里、阿丹、榜葛剌、忽鲁谟斯多国。林邑，本汉时象郡象林县，在今越南中部；西洋古里国，是郑和七次下西洋必到之地，即今印度喀拉拉邦卡利卡特。忽鲁谟斯国即 Hormuz, Ormuz 的对音，今属伊朗，位于阿曼湾与波斯湾之间霍尔木兹（Hormuz）海峡中格仕姆岛（Qushm）东部的霍尔木兹岛。古里国与忽鲁谟斯国，均为古代著名的东西方贸易集散地。

---

① （明）张鼐：《宝日堂初集》，崇祯二年刻本。永乐壬辰，即永乐十年（1412）。张鼐（？—1629），万历三十二年（1604）进士，天启时为官南京礼部右侍郎，为阉党所劾，削籍归。崇祯初平反后任南京吏部右侍郎。

② （明）雷礼撰，范正己、谭希恩续：《皇明大政纪》卷六，《成祖文皇帝》，《续修四库全书》，第353册，第538页。雷礼（1505—1581），明嘉靖十一年（1532）进士，官至工部尚书。

10. 凌迪知：《万姓统谱》：

> 张骞，城固人。武帝时为郎，应募使月氏（氏）国西南夷，去十三年始还，后封博望侯。①

这里更进了一步，将汉代张骞出使的西域，也称之为"西南夷"。

以上史籍均为私人编撰，而在官方史籍中也出现了类似记述：

1. 《明实录》记：

> 浡泥国王麻那惹加那乃以疾卒于会同馆，上辍朝三日，遣官之赙以缯帛，东宫暨亲王各遣祭。命工部具棺椁明器，葬于安德门外，树碑神道。求西南夷人之隶籍中国者守之，立祠于墓。命有司岁于春秋用少牢祭之，仍赐敕抚慰其子。②

永乐六年（1408）浡泥国王麻那惹加那乃病逝于会同馆，帝赐葬安德门外，并命寻找"西南夷人之隶籍中国者"守墓。这里的"西南夷"，可见已经超出了中国西南地区的地理范围。浡泥国，是位于亚洲加里曼丹岛北部文莱一带的古国。

2. 《明会典》载：

> 国居海中，本属阇婆，有地十四州……永乐三年，遣使往封麻那惹加那乃为王，给印诰、敕符、勘合。六年，王率其妃及家属陪臣来朝，至福建。遣中官往宴劳之，令所过诸郡设宴。至京，王奉金字表，献珍物；妃笺献中宫、东宫。上御奉天门赐王宴。是年，王卒于会同馆。辍朝三日，祭赙甚厚。诏谥恭顺，赐葬南京城外石子冈。以西南夷人隶籍中国者守之，树碑立祠，命有司春秋致祭。封其子遐旺

---

① （明）凌迪知：《万姓统谱》卷三十七，文渊阁《四库全书》，第956册，第570页。凌迪知（1529—1600），嘉靖三十五年（1556）进士，万历年间撰《万姓统谱》一百六十卷，从古代至万历年间止，记述人物生平事迹，合谱牒传记成一书，收罗广博。

② 《明太宗实录》卷八四，永乐六年十月乙亥，第1117页。

嗣,遣中官及行人护送归国。复从其请,封其国后山为长宁镇国之山,御制碑文赐之。①

在这段记载中,"以西南夷人隶籍中国者守之"同《明实录》,而记述尤详。是对《明实录》记载的一个补充。

综上所述,明代官私史籍证明,自永乐年间开始,明人关于"西南夷"的认识有了极大扩展,反映了时空的新变化:在时间上,自明初永乐年间直至明末,明前期有,明后期也有,直至明末;在空间上,从中国西南地区达到了海外,特别是与郑和下西洋的"西洋"——印度洋重合在一起。就此而言,我们不难得出以下结论:明人的"西南夷"观念已经联通了西南与西洋,也连通了西域;郑和下西洋不仅仅是陆海丝绸之路在印度洋的连通,在明人的观念中,还是南方丝绸之路与海上丝绸之路、西北丝绸之路的连通。

至此我们了解到,明朝人对于"西南夷"的观念发生了演化,然而任何变化都不是突如其来的,有必要追溯其渊源。下面让我们以正史为线索略加考察。

西南夷与西域,即西北丝绸之路的关系,最早从《史记》记载张骞通西域便可寻得渊源,公元前2世纪张骞在大夏看到了蜀布和邛杖:

> 骞曰:"臣在大夏时,见邛竹杖、蜀布。问曰:'安得此?'大夏国人曰:'吾贾人往市之身毒。身毒在大夏东南可数千里。其俗土著,大与大夏同,而卑湿暑热云。其人民乘象以战。其国临大水焉。'以骞度之,大夏去汉万二千里,居汉西南。今身毒国又居大夏东南数千里,有蜀物,此其去蜀不远矣。今使大夏,从羌中,险,羌人恶之;少北,则为匈奴所得;从蜀宜径,又无寇。"天子既闻大宛及大夏、安息之属皆大国,多奇物,土著,颇与中国同业,而兵弱,贵汉财物;其北有大月氏、康居之属,兵强,可以赂遗设利朝也。且诚得而以义属之,则广地万里,重九译,致殊俗,威德偏于四海。天子欣然,以骞言为然,乃令骞因蜀犍为发间使,四道并出……终未得

---

① 《明会典》卷一〇五《礼部》六十三,第574页。

通……初，汉欲通西南夷，费多，道不通，罢之。及张骞言可以通大夏，乃复事西南夷。①

南朝梁沈约《宋书·夷蛮》云：

南夷、西南夷，大抵在交州之南及西南，居大海中洲上，相去或三五千里，远者二三万里，乘舶举帆，道里不可详知。外国诸夷虽言里数，非定实也。②

这段记载，说明南朝已有"西南夷"居于海中的记录，"西南夷"在大海之中，"相去或三五千里，远者二三万里"，虽然里程不可详知，但是乘船扬帆才能到达是确切的。

后晋刘昫《旧唐书·音乐》云：

太平乐，亦谓之五方狮子舞。师子鸷兽，出于西南夷天竺、师子等国。③

这里的记载已很明确。由此可见，唐五代已有了称印度和狮子国，即斯里兰卡为"西南夷"之例。

这里需要说明的是，一般认为，南方丝绸之路在先秦即已开通。根据唐贾耽《边州入四夷路》和樊绰《蛮书》载，唐代川滇缅印交通已很发达。从蜀至西南再至外域的国际交通路线，是由四川西南经云南、缅甸而

---

① 《史记》卷一二三《大宛列传》，第3166页。
② 《宋书》卷九七《夷蛮》，中华书局1974年版，第2377页。
③ 《旧唐书》卷二九《音乐》二，中华书局1975年版，第1059页。《旧唐书》是现存最早的系统记录唐代历史的一部史籍，原名《唐书》，宋代欧阳修、宋祁等《新唐书》问世后，才改称《旧唐书》。由于成书仓促，在《新唐书》行世后，《旧唐书》基本不流行，直到明嘉靖十七年（1538）闻人诠等重新刊印后，才又广泛流传，在明代有影响。

第一篇　整体篇 >>>

入印度阿萨姆邦。① 关于南方丝绸之路学界已有很多考察与研究，有一点是明确的，那就是以为上缅甸与东印度阿萨姆邦地区相连，是陆上的国际交通线。

笔者认为，观诸明代史籍中"西南夷"的认识，虽然明代以前已有"西南夷"在海上、指代印度之例，但是直至明代，"西南夷"观念的演化凸显了出来，即"海的出现"。观念内涵的演化从陆上到海上的彰显，归根到底，是与明代中国对外关系从陆向海发展的大背景，与明朝人对外交往道路从海上整体连通的实践——郑和下西洋密不可分。郑和下西洋不仅成为海上丝绸之路扩展的前提，而且带来了人们对于"西南夷"观念的演化，航海将南方丝绸之路与海上丝绸之路连接起来，出现了将南方丝绸之路与海上丝绸之路、西域陆上丝绸之路连通的新观念。这种"西南夷"新观念，将陆上与海上融合在一起，强化了丝绸之路陆海相连的认知。

行文至此，我们涉及一个重要问题。作为中外交往的大通道，以往对于西北陆上丝绸之路、海上丝绸之路、草原丝绸之路、南方丝绸之路的研究已经相当深入，在考察这些丝路的时候，学界分别深入考察了各条丝绸之路的功能和作用，却往往忽视了一个整体丝绸之路的视野，忽略了对各条丝绸之路形成、发展等一系列过程，包括与其他丝绸之路的关系的考察。如果仅仅考察各条分支，了解结构和内容还不够，还应加强对各个组成部分互动关系及其相互作用的了解。发展到明代，明前期有郑和七下印度洋，是古代中国对外交往的一个高潮；明后期世界格局发生巨变，一个全球化趋势已经出现，这启示我们，不应以静止的、孤立的地区阻隔的格局来考察明代丝绸之路，需要拓展研究。无论从横向，还是从纵向，都涉

---

① 参见［法］伯希和著，冯承钧译《交广印度两道考》，中华书局1955年版；陈茜《川滇缅印古道初考》，《中国社会科学》1981年第1期；伍加伦、江玉祥主编《古代西南丝绸之路研究》，四川大学出版社1990年版；《四川通史》第一册，四川大学出版社1993年版。具体来说，是以成都为起点，分为东西两路。西路沿牦牛道南下，经雅安、汉源、越西、西昌、会理、攀枝花、渡金沙江至云南大姚，西折抵大理，出云南礼社江、元江，利用红河航至越南。东路南下乐山、犍为、宜宾，沿五尺道经云南大关、昭通、曲靖，西折经至昆明，经楚雄达大理。两道在大理会合后，又继续向西经保山，出瑞丽而抵缅甸八莫，可抵达东印度阿萨姆地区；从缅甸越过亲敦江和那加山脉至阿萨姆，沿布拉马普拉河河谷，再到印度平原。或经保山、腾冲，出德宏至缅甸八莫，再至印度。从蜀出云南至西亚的交通线，由云南经缅甸、印度、巴基斯坦抵中亚，入西亚，是古代交通大动脉之一。

及"特殊性和互联性",需要叙事的转换。进一步说,以一种特定的整体联系的视野出发,我们需要关注特殊的历史时间节点:15世纪初与16世纪初。15世纪初,郑和七下西洋,西洋特指的是印度洋,下西洋贯通了陆海丝绸之路,为丝绸之路划了一个圆。① 这一航海实践,也直接促发了明朝人"西南夷"与"西洋"认识的重合。16世纪初全球化开端,将一种全球理念纳入研究,关注西方人东来、明代国际格局变化与全球化趋势的形成,我们必须充分注意到在经济全球化开端之时明代中国经济结构的转变,应具有更为宏大的学术关怀,关注不同寻常的16世纪明代中国白银货币化及其引发的一系列国家与社会的嬗变。

第二节 从整体视域出发的初步考察:
以四川雅安为例

以上我们分析了明代"西南夷"这个名词所承载的范围与观念的扩展,相对汉代传统认识已经发生了演化——明人认识中明显有"海的出现",这与明朝人在海上丝绸之路上的实践有密切关系。整体的视野,带给我们整体的实在性,它可以贯穿、体现在各个分支中的各个部分。在中国明朝内部,产生于明初的白银货币化趋势,经历了自下而上到自上而下的过程,至嘉靖初年形成了社会流通领域中的主币。伴随白银货币化趋势,形成的巨大白银需求,促使私人海外贸易大大提升,拉动了白银的大量流入。与此同步,明代赋役—财政改革加速进行。② 白银流入,丝瓷西

---

① 参见万明《郑和七下印度洋——马欢笔下的"那没黎洋"》,《南洋问题研究》2015年第1期。

② 请参见万明的系列论文:《明代白银货币化的初步考察》,《中国经济史研究》2003年第2期;《明代白银货币化与制度变迁》,《暨南史学》第2辑,2003年;《明代白银货币化与明朝兴衰》,《明史研究论丛》第6辑,2004年;《明代白银货币化:中国与世界连接的新视角》,《河北学刊》2004年第2期;《明代白银货币化与中外变革》,载《晚明社会变迁:问题与研究》,商务印书馆2005年版。《白银货币化视角下的明代赋役改革》(上下),《学术月刊》2007年第5—6期;与徐英凯合作《明代白银货币化再探:以〈万历会计录〉河南田赋资料分析为中心》,《基调与变奏:7—20世纪的中国》第二卷,台北政治大学历史学系、日本中国史学会、台北"中研院"史语所、《新史学》杂志社,2008年;《明代财政体系的转型——张居正改革的重新诠释》,《中国社会科学报》2012年7月4日;《传统国家近代转型的开端:张居正改革新论》,《文史哲》2015年第1期。

第一篇 整体篇 >>>

传,海上丝绸之路与全国的关系由此彰显出来。① 与白银货币化紧密相联的,是市场极为活跃,商帮迅速兴起。商品货币经济的发展,四川不能例外,从茶马互市到货币交易,商品化趋势明显出现,深刻影响了丝绸之路发展的历史。下面考察明代白银货币化与全球化趋势下的丝绸之路发展情形,让我们以雅安为例。

雅安位于四川盆地西缘、邛崃山东麓,东靠成都、西连甘孜、南界凉山、北接阿坝,是青藏高原向成都平原的过渡地带,素有"川西咽喉""西藏门户"之称。明代的雅安,名雅州。《明一统志》载雅州建置沿革与形胜:

> 《禹贡》梁州之域,天文井鬼分野。周属雍州,秦为严道县地,属蜀郡。汉因之。晋属汉嘉郡,西魏于此置蒙山郡及雅州。隋初郡废州存。大业初,改州为临邛郡,治严道县。唐初复为雅州。天宝初,改卢山郡。乾元初,复为雅州,属剑南道。五代时,孟知祥置永平军,宋复为雅州。仍治严道,属成都路。元至元中改属嘉定路,寻割属吐蕃宣慰司。本朝洪武四年,省严道县入州,直隶四川布政司,编户四里,领县三。
>
> 形胜:抵接沉黎,控带夷落;左据蔡山,右依蒙顶;西通碉门,东出蒲江。西蜀之襟带,南诏之咽喉。羌水环于前,滇江绕于后。②

明代的雅州,辖名山、荥经、芦山三县。四川雅安到西藏拉萨之间形成的古代商道,称川藏茶马古道,雅安位于南方丝绸之路要冲,是茶马古道的源头。如果说明代雅州连通了茶马古道、西北丝绸之路、南方丝绸之路、海上丝绸之路,这样的说法没有夸大其词。明代白银货币化,中国经济结构发生变化,连接起国内市场与世界市场,也使得丝绸之路发展格局产生变化,深刻影响了雅安的历史。这主要表现在,一方面白银货币化影响下的明朝盐法改革,促使陕西商帮兴起,南下江淮;另一方面白银货币化影响下的明朝茶法变革,也促使陕西商帮兴起,催生了雅州茶叶贸易的

---

① 参见万明《明代青花瓷的展开:以时空为中心》,《历史研究》2013 年第 5 期。
② (明)李贤等:《大明一统志》卷七二《雅州》,第 1123 页。

发展，茶道的日益繁荣。嘉靖二十五年（1546）雅州义兴茶号的诞生，就是最好的证明，下面还将述及。

作为南方丝绸之路的重镇，雅州是川藏茶马古道的起始地。根据学者对古代史籍的大量研究成果，茶马古道（雅安段）是古代四川联系西南诸民族的重要交通道路，史籍中记载有青衣道、灵关道、严道、牦牛道等，都在雅安辖区内，一般认为茶马古道（雅安段）起于汉，盛于唐。实际上先秦人的活动轨迹证明道路早已存在。那么至明代发生了什么？古道仍然在起着重要作用。《大明一统志》记载：

> 雅州西通番之路有三：曰灵关，曰碉门，曰始阳。惟碉门最为要害，两山壁立，一水中贯，设禁门以限华夷。①

《明史》云：

> 三十六番者，皆西南诸部落，洪武初，先后至京，授职赐印。立都指挥使二：曰乌斯藏，曰朵甘。为宣慰司者三：曰朵甘，曰董卜韩胡，曰长河西鱼通宁远。为招讨司者六，为万户府者四，为千户所者十七，是为三十六种。或三年，或五年一朝贡，其道皆由雅州入。②

雅州之所以能成为川藏茶马古道的源头，不仅在于其重要的地理位置，而且与产茶紧密联系，因为那里出产著名的蒙顶山茶，是茶之故乡。据考证，中国茶业起源于史前巴蜀，自秦人取蜀以后，茶的饮用和栽培，才在全国逐步传播开来。雅州种植茶树，至今已有两千多年，是中国最早文字记载人工栽培茶树的地区之一。雅州边茶从唐代开始通过茶马古道输入藏区，是历朝历代茶马贸易的专用品。从最初的以物易物，到后来逐渐发展成为大规模的"以茶易马"市场交易，都少不了雅州的茶叶。唐代李

---

① 《大明一统志》卷七二《雅州》，第1124页。
② 《明史》卷三一一《四川土司》一《天全六番招讨司》，第8033页。

第一篇 整体篇 >>>

肇《唐国史补》云:"剑南有蒙顶石花,或小方,或散牙,号为第一。"① 宋胡仔《苕溪渔隐丛话》称:"唐茶品虽多,亦以蜀茶为重。"② 李昉等《太平御览》载:

> 《云南记》曰:名山县出茶,有山曰蒙山,联延数十里,在县西南。按《拾道志》《尚书》所谓蔡蒙旅平者,蒙山也,在雅州。凡蜀茶尽出此。③

宋王象之《舆地纪胜》云:"西汉时,有僧自岭表来,以茶实植蒙山。"在雅安名山蒙顶山甘露寺,据说曾有一块明代石碑,碑上记载了西汉僧人吴理真在蒙顶山上植茶之事,可以证明雅安是最早种植茶叶之地。④ 此碑已佚,现可见明人曹学佺《蜀中广记》载:

> 《雅安志》云:蒙顶茶,在名山县西北一十五里,蒙山之上。白乐天诗:"茶中故旧是蒙山",是也。今按:此茶在上清峰甘露井侧,叶厚而圆,色紫赤,味略苦,发于三月,成于四月间,苔藓庇之。汉时僧理真所植,岁久不枯。⑤

明人对于雅安蒙顶茶的极高评价,迄今传世。顾元庆《茶谱》云:"茶产则天下多矣,若剑南有蒙顶石花……之数者,其名皆著,品第之,

---

① (唐)李肇:《唐国史补》卷下,《唐国史补·因话录》,上海古籍出版社1979年版,第60页。
② (宋)胡仔:《苕溪渔隐丛话前集》卷四十六《东坡九》,人民文学出版社1962年版,第314页。
③ (明)李昉等:《太平御览》卷八六七《饮食部》二十五《葛》,中华书局1962年版,第3845页。
④ 蒙山的甘露寺,在明熹宗天启二年(1622)重修时,曾立碑记载西汉有吴氏法名理真,俗奉甘露大师者,自岭南来挂锡兹土,随携灵茗之种而植之五峰。史籍和碑文都明确地记述了名山县在西汉时期即已开始人工种茶。李家光《蒙山名茶的形成与历史演变》(《省山科技》1979年第2期)一文,否定了关于"西汉时有僧自岭表来,以茶实植蒙山"的记载,提出蒙山茶是本地茶,吴理真是本地人之说。
⑤ (明)曹学佺:《蜀中广记》卷六十五《方物记第七·茶谱》,文渊阁《四库全书》,第592册,第91页。

则石花最上。"①

在明代,"茶马互市"主要连接了陕西、四川和乌斯藏。雅州出产黑茶又称乌茶,因为当时称西藏为乌斯藏,所以把销往西藏的茶也称乌茶。我们知道,从四川南方丝绸之路重镇雅安出发,经康定、昌都,到西藏拉萨,再到邻国不丹、尼泊尔、印度,有一条历史悠久的茶马古道。永乐十二年(1414),明太宗遣中官杨三保往谕乌思藏诸处大小头目,"令所辖地方驿站有未复旧者,悉如旧设置,以通使命"②。驿站贯通后,从川入藏,形成了完整的茶马古道,雅州正是这条茶马古道的起点,毋庸置疑地占有重要地位。

明朝"行以茶易马法",制度相对唐宋更加严密。《明史》载:

> 茶马司,大使一人,正九品,副使一人,从九品。掌市马之事。洪武中,置洮州、秦州、河州三茶马司,设司令、司丞。十五年改设大使、副使各一人,寻罢洮州茶马司,以河州茶马司兼领之。三十年改秦州茶马司为西宁茶马司。又洪武中,置四川永宁茶马司,后革,复置雅州碉门茶马司。③

明初"设茶马司于秦、洮、河、雅诸州,自碉门、黎、雅抵朵甘、乌思藏,行茶之地五千余里"。《明实录》记载,洪武七年(1374)设置雅州碉门阜民司,④专门负责以茶易马之事。洪武十九年(1386)正月,设置雅州碉门茶马司,秩正九品,设大使、副使各一人。⑤次年六月,四川雅州碉门茶马司以茶16360斤"易驰马骡驹百七十余匹"⑥。明朝所置茶马司,秦、洮、河三处均在今甘肃,明朝时属于陕西,只有雅州在四川,并于元朝曾经隶属吐蕃宣慰司,地位颇为特殊。明代茶法正如丘濬所言:"臣按产茶之地,江南最多,今日皆无榷法,独川陕禁法颇严,盖为市马

---

① (明)顾元庆:《茶谱·茶品》,明刻本。
② 《明太宗实录》卷九一,永乐十二年春正月己卯,第1725页。
③ 《明史》卷七五《职官志》四《茶马司》,第1848—1849页。
④ 《明太祖实录》卷八八,洪武七年三月甲戌,第1558页。
⑤ 《明太祖实录》卷一七七,洪武十九年正月乙巳,第2678—2679页。
⑥ 《明太祖实录》卷一八二,洪武二十年六月壬午,第2744—2745页。

故也。"① 说明四川和陕西临近西北边陲，川陕茶法主要是易马和赏番。明朝以茶易马之茶，沿袭唐宋，取自川、陕两省，"惟川陕茶课最重"。陕西秦、洮、河州并不产茶，这几处茶马司的茶叶主要由汉中和四川供应，以川茶在整个西北茶马贸易中所占比例为多，这也凸显了雅州的地位。如果我们以丝绸之路作为中外交往大通道来整体认识，那么我们不难得出以下结论：以雅州为起点的茶马古道，可以说是连接南方丝绸之路与西北丝绸之路的一条纽带。

根据《明史》记载：

> 洪武初，定令：凡卖茶之地，令宣课司三十取一。四年，户部言："陕西汉中、金州、石泉、汉阴、平利、西乡诸县，茶园四十五顷，茶八十六万余株。四川巴茶三百十五户，茶二百三十八万余株，宜定令每十株官取其一。无主茶园，令军士薅采，十取其八，以易番马。"从之。②

这里表明，明朝茶马互市以四川茶为大宗，大致是陕西茶的 3 倍。又，明朝于"诸产茶地设茶课司"，负责专门征收茶叶税课，四川茶多，自然课税定额也高于陕西，按照规定的税额："陕西二万六千斤有奇，四川一百万斤。"③

一般而言，明初实行茶的专卖政策，设茶马司官运官销，雅州专门与乌斯藏交换马匹。最初规定凡易马之茶，一律官收官运，并在重要关津设置批藏茶引所，禁止私人贩茶。明朝以茶课控制茶的产销，设巡茶御史监察，设茶马司征课，设批验所检查；设茶仓储备，建立了一整套茶马互市制度。万历《四川总志》记载明初情形如下：

> 皇明洪武五年，令四川产茶地方照例每十株官取一分，征茶二两；其无主者令人薅种，以十分为率，官取八分。三十年令成都、重

---

① （明）丘濬：《大学衍义补》卷二九《制国用·山泽之利》下，第 270 页。
② 《明史》卷八〇《食货志》四《茶法》，第 1947 页。
③ 《明史》卷八〇《食货志》四《茶法》，第 1947 页。

庆、保宁三府及播州宣慰司各置茶仓，岁征川中地亩课茶五十二万四千六百三十七斤有奇，贮仓召商中买，与西番易马。三月敕户部自三月至九月每月差行人一员，于陕西河州、临洮，四川碉门、黎雅等处，省谕把隘口头目，不许私茶出境。七月，附（驸）马都尉欧阳伦坐令家人贩私茶，事觉赐死。又命左都督徐增寿曰："碉门拒河西口道路狭隘，跋涉艰难，市马数少。闻自碉门出柘木场，径抵长河西口，通杂道长官司道路平坦，尔宜檄所司开拓，以便往来。"①

值得注意的是，尽管明初已有商人"纳米中茶""纳粟中茶"之例，但均属于临时性，不是常态运行。②

《明实录》记载，洪武五年（1372）四川茶盐都转运司言：

> 碉门、永宁、筠连诸处所产之茶，名剪刀粗叶，惟西番夷獠用之。自昔商贩未尝出境，既非茶马司巴茶之比，宜别立茶局，征其税，易红缨、毡衫、米布、椒腊，可资国用。其居民所收之茶，亦宜依江南茶法，于所在官司给引贩卖，公私便之。今拟设永宁茶局一，曰界首镇，岁收茶一十八万八千斤；雅州茶局一，曰碉门，岁收茶四十一万一千六百斤。成都茶局三，曰灌州，岁收茶七千四百三十斤；曰安州，岁收茶一万三千一百七十斤；曰筠连州，岁收茶二十九万六千二百八十斤。既收，则征其什一于官。诏从之。③

依据万历《明会典》所载，明初茶课管理与征收大致如下：

> 国初招商中茶。上引五千斤，中引四千斤，下引三千斤。每七斤蒸晒一篦，运至茶司，官商对分，官茶易马，商茶给卖。每上引，仍给附茶一百篦；中引，八十篦；下引，六十篦，名曰酬劳。经过地

---

① 万历《四川总志》卷一九，万历刻本。
② 《明史》卷八〇《食货志》四《茶法》："洪武末，置成都、重庆、保宁、播州茶仓四所，令商人纳米中茶。"成化时"又以岁饥待振，复令商且令茶百斤折银五钱。商课折色自此始"。第1950页。
③ 《明太祖实录》卷七七，洪武五年十二月乙未，第1414页。

方，责令掌印官盘验，佐贰官催运。若陕之汉中、川之夔保，私茶之禁甚严。凡中茶有引由，出茶地方有税，贮放有茶仓，巡茶有御史，分理有茶马司、茶课司，验茶有批验所。①

笔者查阅正德《大明会典》，其中并无茶法记载。我们知道，正德《大明会典》是弘治时修成，对于弘治年间出现的茶法变革，没有提及；而万历《明会典》中的茶法记述，是从无到有，失于概略。明初，在四川主要实行官买官销政策，严禁私贩。从严格意义上说，"招商中茶"始自弘治初年，令茶商到产区买茶，运至茶司，官茶用以易马，商茶按指定地点销售。下面所引史料可以印证这一点。

《明实录》记载了明朝于成化五年（1469）对民间兴贩茶叶的解禁：

一西宁方番夷食茶，如中国人民之于五谷，不可一日无者。本朝旧有茶马之例，后暂停止，近有举行。然民间绝无兴贩，而官府又无督办之令，以致茶马司见茶不满千斤。乞敕笤通查出茶州县山场，定其则例，听民采取，俱运赴西宁官库收贮，换易番马，给军骑操，并与苑马寺作种孳牧。其民间所采茶，除税官外，余皆许给文凭，于陕西腹里货卖，有私越黄河，及河、洮、岷边境通番易马者，究问如律。②

这一政策变化，给陕西商人带来了发展的契机，使陕西商人率先参与了茶叶贸易，走上了经营茶叶交易的道路，也使茶叶生产走向了商品化道路。

开中之法，明朝不仅在盐法中实行，同样也在茶法中运用，弘治初，盐法发生重大改革，纳粮中盐改为纳银中盐；与盐法一样，茶法的重要变化"开中边茶"，也发生在弘治初年：

弘治三年，令陕西巡抚并布政司出榜召商，报中给引，赴巡茶御

---

① 《明会典》卷三七《课程》六《茶课》，第265页。
② 《明宪宗实录》卷七八，成化六年四月甲寅，第1511页。

> 史处挂号，于产茶地方收买茶斤，运赴原定茶马司。以十分为率。六分听其货卖。四分验收入官。七年，以陕西岁饥，开中茶二百万斤。召商派拨缺粮仓分上纳备赈。八年，令免易马。止中茶四百万斤，以资边储。十二年，停止粮茶事例。十四年，以榆林、环庆、固原粮饷缺乏，将洮河、西宁发卖茶斤量开四五百万斤，召商上纳价银，类解边仓，籴买粮料。十五年，令今后不许召商中茶。十七年，令召商收买茶五六十万斤，依原拟给银定限，听其自买、自运，至各该茶司取实收查验。仍委官于西宁、河州二卫，发卖价银，官库收候给商。①

开中主要是针对陕西边地，以上所见开中茶法的实施也颇经曲折。弘治三年（1490）在西宁、河西、洮州三茶马司招商中茶，每引不过百斤，每商不过三十引，官收其十分之四，其余令货卖。但我们从中可以了解到一个重要信息，即由于边茶"开中"的变化，允许商人直接参与茶马互市，使得官收官销转为官督商销，陕西商人获得了得天独厚的发展契机，茶商突破了官方垄断，从此边茶部分进入商运商销的新阶段。朝廷易马茶叶亦赖商人营运，商人势力日益扩大。值得注意的是，陕西茶商由于开中法而在茶马贸易中日益发挥积极作用，扮演了重要角色。陕西商帮的兴起，不仅与盐法改革密切相关，而且与茶法改革也紧密相连。

在茶法改革同时，弘治年间，白银货币全面渗透到四川茶课之中：

> 弘治八年，令四川布政司将所属茶课俱自弘治二年为始，以后年分各拖欠该征之数俱减轻。每芽茶一斤，征银一分五厘；叶茶一斤，止征一分。②

弘治十五年（1502），明朝任命南京太常寺卿杨一清为都察院左副都御史，督理陕西马政、茶法。杨一清云：

> 合无自弘治十八年为始，听臣出榜诏谕山陕等处富实商人，收买

---

① 《明会典》卷三七《课程》六《茶课》，第266页。
② 《明会典》卷三七《课程》六《茶课》，第266页。

第一篇 整体篇 >>>

官茶五六十万斤,其价依原定每一千斤给银五十两之数,每商所买不得过一万斤,给予批文,每一千斤给小票一纸,挂号定限,听其自出资本,收买真细茶斤,自行雇脚转运。①

显然,这里是招商买茶商运,以银计价,自出资本。后又奏准不愿领价者,以茶一半给商自卖,一半贮司易马。官商对分制政策无疑对于陕西商人在边茶贸易中占有主导地位,具有极大的促进作用。茶叶市场渐为商人开放,白银货币渗透到茶马互市交易之中,意味着市场机制的启动。

嘉靖初年,明朝统一印制引票,按引征税,商人越来越多地参与到茶马互市之中,冲击了茶马司的官方交易:"边吏不能禁顾,私委所属抽税焉。且贩者不由天全六番故道,私开小路径通嗒葛,而松、茂、黎、雅私商尤多。自是茶禁日弛,马政日坏。"② 嘉靖四年(1525),"茶课与税初皆本色,一以易马,一备赏番,至是俱折收银两,备买茶赏番及买马之用"③。白银货币的行用,使得商业兴贩异常活跃,茶道日益繁荣,伴随着官营茶马贸易的衰落,民间茶马贸易迅速发展,茶马贸易从官营向民营转变。

到隆庆初年,《明会典》载四川茶引岁额以税银计:

隆庆三年题准,四川岁额茶引,共该税银一万四千三百六十七两。每年布政司差官,径赴南京户部,请给引目,转发该道,召商报中。上纳税银。该司贮库,年终差官解部济边。④

《明实录》记载隆庆三年(1569)御史李良臣提出四川征茶转运劳扰,还有被劫危险,不如改征折色,是官民两利的办法。⑤ 于是明朝采取全面征收折价银两,用银在陕西易马。官方停止运茶到陕西,而茶叶运销主要

---

① (明)杨一清:《杨石淙集》卷二《为修复茶马第二疏 茶马》,《明经世文编》卷一一五,第1079页。
② 《明世宗实录》卷二四,嘉靖二年三月辛未,第700—701页。
③ 万历《四川总志》卷一九。
④ 《明会典》卷三七《课程》六《茶课》,第267页。
⑤ 《明穆宗实录》卷三六,隆庆三年八月庚午,第927页。

归于陕西商人来运作。

《四川总志》载其事由来细节:

> 隆庆三年,巡抚都御史严清、巡按御史王廷瞻会题,将每年原额茶引五万道,减去一万二千道,止用三万八千道。内将三万道作黎雅边引,二百道给思经罗纯产茶地方,报中纳税,每引芽茶七钱六分,叶茶五钱二分。九千八百道给商,每引芽茶四钱八分,叶茶三钱五分;四千道作松潘边引,四千腹引,每引俱芽茶三钱,叶茶二钱。通共税银一万四千三百六十七两,递年召商报中,牒送布政司,上纳解京济边。①

实际上,此前明朝茶法的败坏情形惊人,与批验茶引所的设置也有关系,明朝规定茶商于应天府、常州府、杭州府三个批验茶引所买引,距离产茶地路途遥远,弊端丛生。因此,明朝才有"出榜召商中买"的提出:

> 批验所不置簿籍附写茶商姓名贯址,或不照茶商路引,听其冒名开报。或将引由成千成万卖与嗜利之徒,赍赴产茶地方转卖与人……况茶货出山经过官司既不从公盘诘,又不依例批验,纵有夹带斤重,多是受财卖放……雅州等处俱系产茶地方,相去前去三批验所远者数千里,近亦不下数百里,若照引内条例听茶商径赴产茶府州纳课买引照茶,于人为便,理必乐从。谁肯不买引由公犯茶禁?今却令茶商皆来此三所买引,路途窎远,往返不便,欲其一一遵依,不作前弊亦难矣。②

因此出现茶法改革,规定客商兴贩茶货,先赴产茶府、州具报所买斤重,依律纳课,买引照茶,出境发卖。

茶法的招商运销一直延续至明末,有茶臣奏议为证:

---

① 万历《四川总志》卷一九。
② (明)陈九德:《皇明名臣经济录》卷九《户部》二《茶法》,嘉靖二十八年刻本。

第一篇　整体篇 >>>

今茶臣议于招商时,令该管衙门着地方官从公选举,必取有身家行止者,方许互保举充。至于完销如期、茶货精好者,不妨加意赏劝,则招商不患不实也。①

清代《雅州府志》追述明朝雅州茶马互市情形：

古传茶马之司,其来久矣。由洪武中命蜀藏收巴茶,西番商人以马易之。茶四十斤易马一匹,中国颇获其利。后私茶出境,马价遂高,乃差行人禁约,又委官巡视,日久法弛人玩。朝廷虽禁而私主之,致令商旅满关,茶船遍河。每茶百斤,私税银二钱或金五分,流弊遂不堪言。②

"商旅满关,茶船遍河"之句,可见发展至晚明,雅州已是茶叶贸易的一片繁荣景象。查诸明代史籍,这两句记载源自万历《四川总志》,事关万历初年茶禁之争议：

近年以来,法弛人玩,朝廷虽禁之而权要私主之,致令商旅满关隘,茶船遍江河,每茶百斤私税白银二钱或金五分,一年所得不下五六万两,以是而归之官,不愈于填私藏哉。或曰此路不开,恐陕西之马益贵。殊不知陕西四川茶路各异,今四川名虽禁茶,实未禁也,而陕西之马未闻甚贵。若以为终非旧制,则旧制之所以禁茶者,正恐私茶多而马贵也。今四川既不易马,何故而禁茶哉？或又谓恐惹边衅,不过天全、黎州争路税茶,每每相杀耳。今若通茶,官征其税,则当禁彼勿得重征,何衅之有？自宋元至成化,皆资是以裕国用,然彼古之人独无所见哉？！

茶马互市是南方丝绸之路最具特色的贸易,自唐宋以来主要通过青

---

① （明）毕自严:《度支奏议·陕西司》卷二《复御史顾其国条陈茶法疏》,上海古籍出版社2008年版,第637页。
② 乾隆《雅州府志》卷五《茶政》,成文出版社有限公司1969年版,第137页。

藏、川藏、滇藏三条线路，在明代，以牦牛道为基础，雅州以边茶生产地和大规模的茶叶贸易中心闻名遐迩。随着贸易的兴盛，形成了道路的网络化。鉴于学界在丝绸之路道路研究方面已经积累甚多，故这里不多赘言。

值得注意的是，弘治以后，白银货币越来越多地成为明朝财政征课的主要内容，茶马互市中的茶叶在很大程度上投入市场交换之中，茶叶生产商业化程度不断提高。商运商销与茶叶商品市场和白银流通的活跃联系在一起，经营茶叶生意的茶商以商帮形式崛起，茶叶商品经济的发展，即商品货币经济的发展，具有进步的社会意义。具体来说，明初茶马互市制度以实物为主的官收官运模式，转向以白银货币为主的商运商销模式，民间茶叶贸易繁荣发展，市场得以增强，商业职能迅速扩展，陕西商人形成了商帮，参与西南茶马古道茶叶贸易之中，连接起了西北丝绸之路与南方丝绸之路，确保了相当时期内茶叶贸易的基本稳定和繁荣。

郭孟良《中国茶史》评价明代在茶史上的地位："特别是有明一代，茶业和茶政空前发展，面貌一新，中华茶文化继往开来，跃上了一个新的境界。"① 关于茶史的专门研究，已论证明代四川开始生产黑茶，并逐渐扩大到湖南产区。明前期，雅州供应朝廷贮边易马的茶叶主要是农村的茶农生产，明后期，雅安开始出现专业生产边茶的焙茶作坊，称为茶号。当时茶叶商人是茶叶流通领域的主角。从经营模式上，可分为行商和坐贾两种：行商从产地采购茶叶或从官府缴纳茶税，领取茶引，收购大量茶叶，批发或零售经营，从事商品贩运业，转贩于各地；坐贾是在产茶地和营销各地开设店铺，进行批发或零售经营，即已经拥有营业店铺并往往以前店后厂（坊）形式参与生产的商人。商人从遥远的产茶地将茶货运销全国各地，在茶叶生产与市场之间起着重要的流通媒介作用，也从中获取了大量利润。茶叶商品经济的发展，不仅使一大批陕西"商贾以起家"，而且通过这些茶商沟通了生产者与消费者、茶山与各级市场之间的联系，繁荣了商业贸易，促进了社会经济的发展。在明代，雅州开始出现专门生产黑茶的"焙茶作坊"，从事收购原料，焙制加工，到运输销售，是近代制茶业工厂的雏形。嘉靖二十五年（1546）陕西泾阳商帮创办的"义兴茶号"就是一个代表。据说义兴茶号的商标叫"狮子"牌，藏名叫"根郭沙

---

① 郭孟良：《中国茶史》，山西古籍出版社2003年版，第112页。

颖"。今天在雅安市博物馆旁可见到一块石碑,上面写着:"四川省雅安茶厂",下款日期:"公元一五四六年——二零零五年"。1546年,正是明朝嘉靖二十五年,是陕西商人兴办"义兴茶号"的时间,中华人民共和国成立后,"义兴茶号"合并到雅安茶厂,前后存在了400多年。明代雅州作为茶马古道起点,在16世纪全球化开端的大背景下,连接了南方丝绸之路、西北丝绸之路,更与海上丝绸之路有着千丝万缕的联系。

结　　语

从更广阔的整体视角来看明代丝绸之路,应有更为宏大的学术关怀,我们不能忽视其历史背景,即明前期郑和下西洋——全面走向印度洋,明后期世界连成一个整体的全球化开端的历史大背景。从明代史籍中,我们已经看到了明初海上丝绸之路发展对于人们观念演化的深刻影响。虽然迄今我们在明代史籍中看不到任何直接反映明代丝绸之路与全球化之间具体关联的记述,甚至也看不到任何直接关于16世纪全球市场与中国赋役—财政改革之间关联的记述。尽管如此,明代中国出现的变革与世界发生的变革相互联系,白银货币化与全球市场,即经济全球化有着千丝万缕的关联。白银货币化是中国与世界之间关键的连接点,全球市场初建时期中国国内与世界市场具有不容忽视的内在关联。作为探寻整体丝绸之路发展的全新切入点,本书以明代四川雅州为例的初步考察,只是管中窥豹,明代南方丝绸之路,显然可以在整体视角下获得更大的研究空间。

第十章 系于澜沧江的三条丝绸之路：《禹贡》黑水考

从整体丝绸之路的大视野来看，千百年来争议纷纭的《禹贡》"黑水"说，是在明代破解的。明朝人破解了《禹贡》"黑水"之谜，彰显了澜沧江连通西北丝绸之路、西南丝绸之路和海上丝绸之路的历史事实。

从现代地理学来看，发源于青海玉树地区的唯一一条入于南海的河流，不是黄河，不是长江，也不是金沙江，而是澜沧江。明朝人李元阳不囿于经文注疏，撰《黑水辨》，提出澜沧江即"黑水"；徐霞客实地调查，考实了来源于青藏高原的澜沧江纵贯西北至西南，最终独流汇入南海，并将今保山腾冲高黎贡山确认为"昆仑南下正支"，从山川走势的整体认识上，突破了前人地理知识的认知范围，破解了《禹贡》"黑水"千年之谜。这一地理史上的贡献，至今没有得到阐释。其带给今天的启示是：从山川走势来研究古代丝绸之路，以明代徐霞客的实证精神走进历史现场，是推动丝绸之路研究进一步发展的一个重要取向。

澜沧江，《后汉书》称兰仓水，① 后称兰沧江、浪沧江、鹿沧江，澜沧江之名显现于明代。一般说到中华文明，大都提及黄河与长江，实际上，青海是三江源头，还包括澜沧江。澜沧江源头位于三江源头，起源于中国青海省玉树藏族自治州，② 这条中国最长的南北向河流，自古以来在民族

---

① 《后汉书》卷八六《南蛮西南夷传》，中华书局1965年版，第2849页。

② 澜沧江（湄公河）的源头在哪里，长期以来众说纷纭，没有定论。由中国科学院发起，令人瞩目的"1999澜沧江源头科学探险考察队"沿唐蕃古道，直奔"江河之源"——青海省玉树地区进行考察活动，主要目的是确定澜沧江发源地，经科学论证，确认了澜沧江（湄公河）的正源和发源地，并立碑铭记。它的正源为扎阿曲，发源于青海玉树藏族自治州杂多县扎青乡海拔5514米的果宗木查山。详见周长进、关志华《澜沧江（湄公河）正源及其源头的再确定》，《地理研究》2001年第2期。

第一篇　整体篇 >>>

迁徙和文明交往中发挥过重要的历史作用，澜沧江流域是中国继黄河、长江流域第三大文明发祥地，有"东方多瑙河"之美誉，流经青海省4个县、西藏自治区10个县和云南省39个县市，在云南省勐腊县出境，称湄公河，是亚洲唯一以一江连六国（中国、缅甸、老挝、泰国、柬埔寨、越南）的国际大河流。长期以来，三江之中，澜沧江相对是被忽略了。今天广义的丝绸之路概念，已经超出了字面含义，成为中外所有来往通道的统称，更成为古代中外交往的历史文化符号，凸显了古代诸文明之交流对人类发展史的重大价值。从一个整体丝绸之路的大视野来看，澜沧江是唯一一条从青藏高原直流而下，贯穿中国西部，连通了古代西北丝绸之路、西南丝绸之路，最终汇入南海，连接了海上丝绸之路的河流。然而，至今鲜见从山川走势来研究古代丝绸之路，更未见从澜沧江流域的视角出发，连通西北、西南乃至海上丝绸之路的历史考察。

《尚书·禹贡》是先秦时期地理知识的代表著作，明人称为"古今地理志之祖也"[①]。其中的"黑水"地名，自汉唐以来众说纷纭，莫衷一是。明人有澜沧江即"黑水"说，为清人所掩盖，回归经文注疏老路，仍发出"唯黑水原委杳无踪迹""黑水今不可得详"之叹。[②] 乃至迄今，聚讼难解。本章秉承整体丝绸之路的概念，尝试以澜沧江流域为聚焦对象，重新审视明人澜沧江即"黑水"之说，阐释徐霞客在地理史上的贡献，追寻明代丝绸之路的发展脉络——连通西北丝绸之路、西南丝绸之路与海上丝绸之路，从山川地理走势探索古代丝绸之路的建构。

第一节　从明朝金沧道万嗣达"澜沧江怀古"诗谈起

青海省玉树藏族自治州，位于青海省西南青藏高原腹地的三江源头，长江、黄河、澜沧江三大河流均发源于此，"玉树"藏语意为"遗址"。

[①] （明）艾南英：《禹贡图注·序》，《四库全书存目丛书》，经部第55册，第1页。
[②] （清）胡渭著，邹逸麟整理：《禹贡锥指·略例》，第9页；卷十，第301页，上海古籍出版社2006年版。

丝绸之路上的明代中国与世界

玉树市结古镇是历史上唐蕃古道重镇、玉树州州政府所在地,藏语意为"货物集散的地方",明朝时在行政上隶属朵甘思宣慰司。

源自青海的澜沧江,从西北向西南流淌。纵观传统西北丝绸之路的研究,是以陕西西安为起点的;关于西南丝绸之路的研究,则长期以来是以四川成都为起点。经考察,明代西南丝绸之路有两条道路经过云南大理,达于境外,连接起海上丝绸之路,因此云南大理在西南丝绸之路上具有无可替代的重要地位。① 在这里,我们转换一下视角考察,即从澜沧江的视角重新出发,追寻明人澜沧江即"黑水"之说。

笔者之所以会形成这一视角,是读到任官大理的明朝金沧道万嗣达《澜沧江怀古》诗的启示。万嗣达,江西九江人,明代任官金沧道。② 金沧道,是明朝分巡金沙江、澜沧江的道一级官员,驻节大理。明人李元阳《大理府志》卷二记载:"府治,在云南布政使司西北九百里,其地属迤西金沧道。"③ 以金沙江、澜沧江为道名,应是明朝的首创。

现特录万嗣达《澜沧江怀古》诗于下,以便分析:

> 险箐维千里,重闽□九隆。
> 流沙神禹迹,越析旧唐封。
> 蜃气蛟河重,龙珠鹤岭雄。
> 万年当锁钥,一柱表崆峒。④

---

① 2017年4月提交"云南大理文化遗产保护学术研讨会"论文。
② 万嗣达,明朝江西德化(今江西九江)人,据《江西通志》记载:"万嗣达,字禺存,万历乡举,历官云南金沧道副使。"其墓在其故乡江西德化(今九江)"荫塘凹"。《墓志》云:生于明嘉靖乙丑(1565)九月二十二日,殁于明崇祯壬午(1642)正月。万历十九年(1591)举人,万历四十年(1612),由举人知凤阳县,勤于政事,志在保民,条陈凤阳七弊,洞悉民间疾苦,有废必兴,治绩茂誉。著有《芋栗园鸣和诗集》。康熙《大理府志》记载:其"刚介不苟,吏民畏威怀德,至今不忘……孙邦和以荐辟,任大理知府",康熙刻本。明末万嗣达任官云南金沧道副使,驻于大理,其孙在清初任大理知府。江西万氏家族在明末清初有两人曾经任官于大理,可谓与大理有缘。
③ (明)李元阳:《大理府志》卷二,大理白族自治州文化局,1983年,第55页。
④ 康熙《永昌府志》卷二五《五言律诗》,康熙刻本。雍正《云南通志》卷二九之十四也记载了这首《怀古》诗,其中"重闽□九隆"一句,作"重关抱九隆",文渊阁《四库全书》,第570册,第693页。

第一篇　整体篇 >>>

　　这首诗内容所涉地理颇为广阔,以澜沧江贯穿了古代哀牢、流沙、昆仑、南诏和大禹的故事。在这里,我们有必要首先解析一下诗句的重要语词。

　　"重闱□九隆",九隆,指哀牢夷。哀牢夷是古代哀牢国的主要族群、今傣泰民族的先民。主要分布在今保山、大理为中心的永昌郡。公元69年,哀牢王举国入汉朝,汉朝设永昌郡。唐代史书记南诏自言哀牢之后,系乌蛮,属氐羌。氐羌族群,氐族与羌族并称,是古老的民族群体,发祥地在今甘青高原,即西北地区。自明洪武年间,明人已开始探讨哀牢族属的问题,有董难《百濮考》、钱古训和李思聪《百夷传》等专门论述。方国瑜先生认为:哀牢夷族源上是羌族。哀牢夷原住澜沧江以西,初唐因避难而迁至洱海以南的巍山。① 这一诗句涉及古代西南族群的氐羌族属起源问题,他们是自西北迁徙而来。

　　"流沙神禹迹",流沙,古代一般指西北的沙漠地区。这里作者以流沙与大禹治水联系起来,也就着力点出了贯通中国西北与西南的澜沧江走势及其特色。神禹,即指大禹。《禹贡》是古代著名地理文献,古人认为大禹治水行走天下,把大禹走过的地方称作"禹迹"。《史记·六国年表》曰:"禹兴于西羌",《吴越春秋·越王无余外传》曰:"禹家于西羌,地名石纽"。这里指出了兴起于西羌的大禹与澜沧江有着渊源关系,将西北与西南联系了起来。

　　"越析旧唐封",越析,唐代部分纳西族先民沿雅砻江南下,抵达丽江,随后南下,在洱海东部建立政权越析诏。诏址在宾居,是当时洱海周边地方政权"六诏"中势力最强的。据《蛮书·六诏第三》记:"越析一诏也,亦谓磨些诏,部落在宾居,旧越析州也。"这一诗句是在述说唐代澜沧江流域发生的故事。

　　"万年当锁钥",锁钥,指澜沧江江流湍急,历史上人马财物坠江损失不计其数,是滇藏交通之咽喉,有"溜筒锁钥"之称。

　　"一柱表崆峒",一柱,与大理相关的铁柱有二:其一是著名的唐标铁柱。7世纪中叶,青藏高原的吐蕃与唐争夺四川边境和洱海地区,唐中宗

---

① 方国瑜:《〈大理古代文化史〉序》,载徐嘉瑞《大理古代文化史》,云南人民出版社2005年版。

景龙元年（707），唐朝击溃吐蕃城堡，拆除了吐蕃在漾水、濞水上的铁索桥，切断了吐蕃与大理洱海地区的交通，立铁柱记功，现此柱已不存；其二是南诏铁柱，铸于唐、南诏时期，相传诸葛亮平定南蛮，铸铁柱记功，后由南诏重铸。现存于大理弥渡县，此柱不仅是大理仅有的六项国家级重点保护文物之一，也蜚声海内外。崆峒，一般指崆峒山，位于甘肃省平凉市城西，传说为古代黄帝问道广成子处，东瞰西安，西接兰州，南邻宝鸡，北抵银川，是古丝绸之路西出关中之要塞。在此却是另有所指。查《明一统志》记述云南景东府山川："一峰特出，状若崆峒，蒙氏封为南岳。其南有泉为通华河，其北有泉为清水河，俱东入于大河澜沧江，俗名浪沧，源出金齿，流经府西南二百余里，南注车里。"①

综上所述，作者在诗中给予了我们大量历史与地理信息，概括了自古以来澜沧江的历史与族群的故事。以澜沧江怀古，记述了澜沧江发源自青藏高原，奔流而下至西南的绵长流向，以及澜沧江流域的宏大场景：历史连续演绎，民族迁徙繁衍、文化互联互通，反映了明朝人对于澜沧江的全面认知，留下了一个立体的澜沧江在古代贯通了中国西北与西南的深刻印象。

明初，始设承宣布政使司、提刑按察使司作为省级两大机构，地方行政中的道，分为守道和巡道，分别隶属于承宣布政使司、提刑按察使司，是省级职能部门的派出机构，同时兼有监察府州县的职责，分辖全省之府州县，常驻一地。查金沧道，《明史·职官志》记有按察司副使、佥事分司诸道。分巡道，在云南属下有金沧道。②志书史载：明代成化十二年（1476）设兵备道，驻洱海。弘治二年（1489）"设分守澜沧道按察司副使，驻大理。正德七年设分巡金沧道，驻大理……康熙五年，裁分巡金沧道，专设分守永昌道，仍驻大理"③。由此可知，分守澜沧道设于明弘治年间，分巡金沧道设于正德年间，而裁撤于清康熙年间，裁撤后专设分守永昌道，仍然驻于大理，明代地方机构设置说明了大理与永昌治理的极为密切的关系。金沧道之设，正体现了明代对于澜沧江流域自大理至永昌一线

---

① （明）李贤等：《明一统志》卷八七《云南景东府·山川》，第1327页。
② 《明史》卷七五《职官》四，第1843页。
③ 康熙《大理府志》卷三，"道"原作"逆"，康熙刻本。

第一篇 整体篇 >>>

的有效治理。

查《大明一统志》卷八十六至八十七中，有 20 处提及澜沧江，均在云南境内，反映了明朝前期对于澜沧江的认识，其中主要记载各府如下：

  大理府：此江来源于吐蕃鹿石下，本名鹿沧江，后讹为澜沧，今又讹为浪沧，自丽江经云龙州西南，入蒙化府。①

这里说明明朝人已明确定位澜沧江是来自青藏高原，以下大致是流域走向。

蒙化府：澜沧江在府城西南一百五十里，其南岸有马洱坡。②

景东府：澜沧江俗名浪沧，源出金齿，流经府西南二百余里，南注车里。③

顺宁府：澜沧江在府城东北七十里，源自金齿东南。流经本府，入景东府界。石齿嶙峋，波涛汹涌，实为险阻。④

丽江军民府：澜沧江源出吐蕃嵯和歌甸，流经兰州西北三十里，东汉永平中始通。南山道渡澜沧水即此。⑤

永昌军民府：澜沧江经府城东北八十五里，罗岷山下。⑥

清修《明史》中，有 13 处提及澜沧江，均位于云南，简记如下：⑦

1. 临安府
2. 元江军民府
3. 景东府
4. 大理府
5. 丽江军民府
6. 永昌军民府

---

① 《明一统志》卷八六《云南大理府·山川》，第 1317 页。
② 《明一统志》卷八六《云南蒙化府·山川》，第 1326 页。
③ 《明一统志》卷八七《云南景东府·山川》，第 1327 页。
④ 《明一统志》卷八七《云南顺宁府·山川》，第 1330 页。
⑤ 《明一统志》卷八七《云南丽江军民府·山川》，第 1337 页。
⑥ 《明一统志》卷八七《云南永昌军民府·山川》，第 1340 页。
⑦ 《明史》卷四六《地理志》七《云南》，第 1176、1180、1183、1184、1186、1188、1190、1191、1194、1195 页；卷三一四《云南土司》二《麓川》，第 8112 页。

7. 蒙化府
8. 顺宁府
9. 顺宁府云州
10. 车里军民宣慰使司
11. 威远御夷州
12. 者乐甸长官司
13. 麓川

这些地理位置，清楚显示了澜沧江在云南流经之路线。万历时陆应阳《广舆记》记载："澜沧江，府城西南，即黑水也。本名鹿沧，今讹为澜沧。"① 值得注意的是，地理文献出现的澜沧江即"黑水"之说，是有渊源的。

第二节 千年聚讼的《禹贡》"黑水"之谜与明人澜沧江即"黑水"说

《尚书·禹贡》是中国古代最早的综合地理学经典著作。《禹贡》中的"黑水"，是古代地理学研究中千百年来众说纷纭、莫衷一是的一大难题。自唐代开始至清末，历代学者对黑水有各种各样的考证，大多是从经文的考证出发，"以经文证经文"。

《禹贡》中提到"黑水"之名，有以下三处：

第一，华阳、黑水惟梁州；（《九州章》）

第二，黑水、西河惟雍州；（《九州章》）

第三，导黑水，至于三危，入于南海。（《导水章》）

历来经学家解释不同：一说以为梁、雍二州的黑水和导川的黑水是一条水，发源于雍州，南流过梁州，入南海，见孔颖达《书疏》引《水经》；一说以为梁、雍二州各有一黑水，导川的黑水，即为雍州的黑水，见《括地志》等书；另说以为梁、雍及导川为三黑水，见蒋廷锡《尚书地

---

① （明）陆应阳：《广舆记》卷二一《蒙化府·山川》。陆应阳（1542—1627），字伯生，青浦县人，辑有《广舆记》二十四卷，万历二十年青浦县陆应阳刊本。

理今释》。诸家推定黑水的位置更多：有张掖河、党河、大通河、疏勒河、雅砻江、金沙江、澜沧江、漾濞河、怒江、伊洛瓦底江、盘江至西江、陕西城固县黑水（汉水支流）、四川黑水县黑水（岷江支流）等说；查《中国历史地名大辞典》，"黑水"一名，竟列出21个地名出处。①

顾颉刚先生以导川黑水为古人假想之水。他在《〈禹贡〉注释》中提出这一观点："古时对西边的地理不明，见东边有大海，江河自西向东入海，因而假想西部一定有几条大水，由北而南流入南海。"② 李长傅先生梳理黑水成说七种，认为皆不能成立，以为《禹贡》黑水只是古人根据传说对西陲边地的一种假想，实际上并不存在。③

张国光认为《禹贡》与《山海经》黑水所记完全一致，论证黑水即今金沙江，解释金沙江原本是纵流河川，与今红河交汇，经越南而入今南海，只是后来由于地质原因，于云南青蒲口改道东流。④

由于河流的支流众多，难以理清，极易产生歧义，因此又有学者提出黑水是一个群体之说，认为《尚书·禹贡》所说的"黑水"乃是一个群体概念，并非单指某一江、某一河而言。并以为当古代氐羌人从西北到西南不断迁徙时，他们把家乡中黑水的名称也带到了这条线路上。⑤

还有学者综述黑水地望的讨论，认为："我国的地理山川，自古以来就没有一条能够纵贯西北—西南，最后流入南海的超级大河流。"⑥ 这是因不了解澜沧江及其走向而发生的误解。现代地理学表明，澜沧江正是一条能够纵贯西北—西南，最后流入南海的超级大河流。

现存于世的先秦古籍中，《尚书·禹贡》记载了"黑水"，此外还有《山海经》等。《史记·夏本纪》云："华阳、黑水惟梁州""黑水、西河惟雍州"，是引用先秦的说法。班固《汉书·地理志》未记"黑水"，却

---

① 史为乐主编：《中国历史地名大辞典》（下），中国社会科学出版社2005年版，第2554—2555页。
② 侯仁之主编：《中国古代地理名著选读》，科学出版社1956年版，第37页。
③ 李长傅：《禹贡释地》，陈代光整理，中州书画社1983年版。
④ 张国光：《〈山海经〉西南之黑水即金沙江考》，载中国《山海经》学术讨论会编辑《〈山海经〉新探》，四川省社会科学院出版社1986年版。
⑤ 杨兆荣：《〈禹贡〉"黑水"之名的由来与古代氐羌人的关系》，《2000年国际中国历史地理学术讨论会论文集》，齐鲁书社2001年版。
⑥ 魏幼红：《〈禹贡〉"黑水"地望研究综述》，《中国史研究动态》2002年第9期。

于益州滇池下记"有黑水祠",实际上开了黑水位于西南说之端。明朝人以澜沧江为黑水之说,引经据典,载入史册,值得我们今天重新关注。

纯粹以经文证经文,的确使学者的视野狭窄。宋代程大昌驳郦道元、孔颖达、杜佑之说,指出"此三说皆不考地理也",他将"黑水"置于云南大理西洱河,在地理上接近了答案。① 可贵的是,明代学者正是在地理实地调查基础上,做出了澜沧江即"黑水"的论断,具有一定的说服力。

澜沧江,基本上是自明代以来的通称。澜沧江即"黑水"之说的代表人物是李元阳,专门撰有《黑水辨》一文②。文之开篇即将前人黑水争议一一列出,以为出自臆度,皆不足据:

> 《禹贡》黑水、西河唯雍州,华阳、黑水唯梁州,又曰禹导黑水至于三危,入于南海。传论纷纷,或谓其源出某山,流径某地,或谓其跨河而南流,或疑其世远而湮涸,或谓三危在今丽江,或谓窜三苗不应复在南夷之地,此皆出于臆度,不足为据。

继而指出:"愚之所据,知有经文而已。"其实,他虽说只是根据经文,但是实际上却是以丰富的滇西地理了然于胸作为基础的,所以他才可能做出"夫黑水之源固不可穷,而入南海之水则可数也"的判断,提出了与现代地理观念接近的判别原则。他更明确提出"夫陇蜀无入南海之水",虽然西南的澜沧江和怒江"皆从吐蕃西北来",但"唯阑仓由西北迤逦向东南,徘徊云南郡县之界,至交趾入海"。从现代地理学来看,明朝人已经认识到只有澜沧江入于南海,这是以澜沧江作为黑水最为有力的证据。

随后,李元阳又从四个方面论证了澜沧江的"足以当之":

其一曰:"今水内皆为汉人,水外即为夷缅,则禹之所导于分别梁州界者,惟阑仓江足以当之",这种分界主要是以族群为划分标准;

其二曰:"孟津之会曰髳人在北胜,濮人在顺宁,以今考之,皆在阑仓江内,则阑仓江之为黑水无疑矣";

---

① (宋)程大昌:《禹贡论》,北京图书出版社2003年版。
② (明)何镗:《古今游名山记》卷一六,《明李元阳黑水辨》,《续修四库全书》,第736册,第782页。

第一篇 整体篇 >>>

其三曰:"《地理志》谓南中山曰昆弥,水曰洛,《山海经》曰:洱水西流入于洛,故阑仓江又名洛水,言脉络分明也";

最后的一个例证是元朝时的:"《元史》至元八年,大理劝农官张立道使交趾,并黑水跨云南以至其国,观此则阑仓江之为黑水,益章章明矣。"①

关于《禹贡》所云的"三危山",他初步推断:"若三危山即不在丽江,当亦不远,古今山川之名因革不可纪极,夫不可移者,山川之迹也。"认为在"黑水"确定以后,"三危山"即在附近。最后,他依据山川而论"陇蜀滇三省鼎足而立"的地理大格局,对《禹贡》"黑水"给以全面阐释:

>陇之间正如三足旛然,黑水之源正在旛头,故雍以黑水为西界,对西河而言也;梁以黑水为南界,对华阳而言也。盖各举两端,若曰西河在雍东,黑水在雍西,华山在梁北,黑水在梁南云尔。故曰梁州可移,而华阳黑水之梁不可移也。

当代学者徐南洲指出:"可知欲定此黑水,必须满足三个基本条件:第一,黑水必为雍、梁二州共有的边界;第二,必流经三危之地;第三,黑水的一端必与南海相接或相邻。此三者缺一不可。"②

李元阳以澜沧江为"黑水",对应了以下三点:

第一,大理府在梁、雍二州之域;

第二,三危山即不在丽江,当亦不远;

第三,唯有澜沧江入南海。

明人对于黑水的认识,是与学者本身熟知本地区云南大理、保山等地的山川地理联系在一起的。李元阳于嘉靖四十二年(1563)编纂了《大理府志》,此志是大理地区现存最早的地方志。其澜沧江即"黑水"的观点,

---

① 此见于《元史》卷一六七《张立道传》:"(至元)八年复使安南,宣建国号诏。立道并黑水,跨云南,以至其国,岁贡之礼遂定。"(中华书局1973年版,第3916页)。元世祖忽必烈派遣张立道"并黑水,跨云南"以至安南的经历,切实说明了"黑水"即澜沧江,是有地理根据的。如果"黑水"在西北,则明显是无法实现跨云南的。

② 徐南洲:《〈禹贡〉黑水及其相关诸地考》,《中国历史地理论丛》1994年第1期。

也全面体现在《大理府志》卷一《地理志》之中:

> 《禹贡》华阳、黑水惟梁州,言大华之阳,黑水之北,举其端也。今府之西南有蘭沧江,即禹贡之黑水也;
>
> 大理府,禹贡梁州之域,周合梁于雍,亦为雍州域地。
>
> 澜沧水,在州东二里,即黑水也。书华阳黑水惟梁州,源出雍州南吐蕃鹿石山,本名鹿沧江,后讹为澜沧,今又讹为浪沧,自丽江经州东南流入蒙化、顺宁、景东、元江、交趾,乃入南海。

李氏《〈大理府志〉序》云:"时则成都修撰杨君慎谪居永昌,相与往来商订。"① 李元阳学识渊博,熟悉家乡地望,编纂过程中更经过与杨慎的商议,才得以成书。② 当时在云南居留多年的著名学者杨慎曾为《大理府志》作序。杨慎,字升庵,四川新都县人,明正德六年(1511)会试第二、殿试第一,授翰林修撰。在嘉靖大礼议事件中,他冒死进谏,得罪了嘉靖皇帝,于1524年被谪戍云南永昌。他学识极富,在云南大理、保山一带多有游历考察。由于他的名望,使得这部《大理府志》影响颇广。其所作《〈大理府志〉序》记曰:"二公家本郡人,官旧史氏,多识前代之载,且谙土著之详。"③ 其中二公系指李元阳和杨士云,均为大理本地人。

---

① (明)李元阳:《大理府志序》,嘉靖《大理府志》第1页。

② 需要说明的是,仔细考察,杨慎却并不认为澜沧江即黑水。李元阳《送升庵先生回螳川客寓诗序》中称:"先生既穷叶榆之源,探黑水之奥,窥罢谷,历鸟吊,以究桑郦二子叙说《水经》之故,而叹其不诬。"(《李元阳集·散文卷》,第197页。)但杨慎以为"今按杜氏《通典》,吐蕃有可跋海去赤岭百里,方圆七十里,东南流入西洱河,合流而东号曰漾溟水,又东南出会川为泸水焉,泸水即黑水也"。(《杨升庵外集》卷五《地理·黑水之源》,道光影明版重刊本,第6页)。其撰有《渡泸辨》云:"孔明出师表,五月渡泸,今以为泸州,非也,泸州,古之江阳,而泸水,乃今之金沙江,即黑水也。今之金沙江,在滇蜀之交,一在武定元江骚,一在姚安之左却。据《沉黎志》,孔明所渡当是今之左却也。"(《杨升庵外集》卷三《地理·渡泸辨》,第8页)。还有明朝著名地理学者王士性也采此说:"孔明五月渡泸,虽非泸州,亦即此泸水上流千余里,在今会川地,名金沙江,又名黑水,其水色黑,故以泸名之。"(《广志绎》,中华书局1997年版,第111页)。他们虽然不是澜沧江即黑水说的支持者,但是均将黑水确定在云南,这一点却是与李元阳相一致的。杨慎指出:"今三危、黑水祠、漾濞、皆在中国,余寓云南二十余年,目击耳闻是以得其真,并书以谂四方之好古者。"(《杨升庵外集》卷五《地理·黑水之源》,第6页)。他认为三危、黑水祠、漾濞水皆在中国云南界内。

③ (明)杨慎:《升庵集》卷三,上海古籍出版社1993年版,第115页。

杨慎实际上点出了本地人编纂府志拥有得天独厚的优势。

重要的是，李元阳的《禹贡》"黑水"之说，更得到了明代著名地理学家徐霞客实地考察的验证，作为探索山川地貌的忠实记录，他坐实了此说。

徐霞客在云南长达一年半之久的考察，留下了13卷约25万字的《滇游日记》，约占《徐霞客游记》的2/5。在《滇游日记》八中，记载了与澜沧江直接相关的考察。崇祯十二年（1639）三月二十日徐霞客离开大理，过下关，即龙尾关，往西经漾濞峡、永平县，途中登苍山西坡的石门，又登宝台山，考察了澜沧江铁索桥，记录了炉塘的红铜矿。这一带重山叠嶂，徐霞客详记了沿途地貌，辨析了漾水和濞水，探讨了澜沧江和礼社江的关系。二十八日抵平坡，进入永昌府（今保山市）境。此时他已得出澜沧江南下车里（今西双版纳），直流入海的结论：

> 澜沧江自吐蕃嵯和哥甸南流，经丽江、兰州之西，大理、云龙州之东，至此山下，又东南经顺宁、云州之东，南下威远、车里，为挞龙江，入交趾至海。
>
> 《一统志》谓赵州白厓险、礼社江，至楚雄定边县合澜沧，入元江府，为元江。余按，澜沧至定边县西所合者，乃蒙化漾濞、阳江二水，非礼社也；礼社至定边县东所合者，乃楚雄马龙、禄丰二水，非澜沧也。然则澜沧、礼社虽同经定边，已有东西之分，同下至景东，东西鄙分流愈远。
>
> 李中溪著《大理志》，定澜沧为黑水，另具图说，于顺宁以下，即不能详。
>
> 今按铁锁桥东有碑，亦乡绅所著，止云自顺宁、车里入南海，其未尝东入元江，可知也。①

徐霞客在这里指出：澜沧江从"吐蕃磋和哥甸"往南流，经过丽江府

---

① （明）徐宏祖著，朱惠荣等译：《徐霞客游记全译》四《滇游日记》八，贵州人民出版社2008年版，第1645—1655页。

兰州的西面，大理府云龙州的东面，流到罗岷山①之下，又向东南流经顺宁府（今临沧凤庆）、云州（今临沧云县）的东面，往南流过威远（今普洱景谷）、车里（今西双版纳），称为挝龙江（今称九龙江），流入交趾（今越南）海中。

他还记载：《一统志》认为赵州白崖险的礼社江，流到楚雄府的定边县汇合澜沧江，流入元江府称为元江。但他经过考察，澜沧江流到定边县西境所汇合的江，是蒙化府的漾濞江、阳江两条江水，不是礼社江；礼社江流到定边县东境所汇合的，是楚雄府马力、禄丰的两条河水，不是澜沧江。澜沧江、礼社江虽然同样流经定边县，已分在东西两面，一同下流到景东，分流于东、西，相隔很远了，所以没有合流。在这里，他特别提到李元阳所著《大理府志》，认定澜沧江是"黑水"，还备有图说，而在顺宁府以下，就不能详尽说明。他当时根据铁锁桥东当地士绅所著碑文，认定澜沧江是从顺宁、车里流入南海的，并不曾往东流入元江。② 江流的问题十分复杂，他在云县终于搞清了澜沧江独流入海，不与礼社江合，不仅订正了《明一统志》的讹误，而且为李元阳的澜沧江即"黑水"说作了补充，提供了实地考察的珍贵证明。可惜他在这方面的贡献，以往一直没有引起学界的重视，实际上他追溯江源，一方面断定金沙江是长江上源，另一方面还有断定澜沧江独流入南海的贡献，通过实地考察印证了澜沧江即"黑水"。

《滇游日记》十二，是徐霞客在滇西永昌府（今保山市）考察至回鸡足山路程的记录，记载徐霞客在崇祯十二年（1639）最后一段游历中，循着澜沧江下顺宁府（今临沧凤庆）、云州（今临沧云县），又到蒙化府（今大理巍山）、迷渡（今大理弥渡）、洱海卫（今大理祥云）、宾川诸地考察，后返回鸡足山。他取道这条路线的目的是为了追踪考察澜沧江，穷

---

① 在这里，依据志书，徐霞客记载："罗岷山高十余丈。蒙氏时有僧自天竺来，名罗岷，尝作戏舞，山石亦随而舞。后没于此，人立祠岩下，时坠飞石，过者惊趋，名曰'催行石'。按石本崖上野兽抛路而下。昔有人于将晓时过此，见雾影中石自江飞上甚多，此又一异也。"见《滇游日记》八，第1655页。

② 他当时所见铁锁桥，就是澜沧江的铁索桥。元代称霁虹桥。桥身由18根铁索组成，其中底链16根，扶链2根，上横覆以木板。两岸以条石倚崖筑成半圆形桥墩。现存遗迹有桥墩、护堤和铁柱，有东岸武侯祠、玉皇阁和西岸观音阁的石屋、石墙，还有西岸摩崖石刻23幅。见《滇游日记》八，第1656页注。

第一篇　整体篇 >>>

究澜沧江下游水系源流。八月初九日记云：

> 余初意云州晤杨州尊，即东南穷澜沧下流。以《一统志》言澜沧从景东西南下车里，而于元江府临安河下元江，又注谓出的礼社江，由白崖城合澜沧而南。余原疑澜沧不与礼社合，与礼社合者，乃马龙江及源自禄丰者，但无明证澜沧之直南而不东者，故欲由此穷之。前过旧城遇一跛者，其言独历历有据，曰："潞江在此地西三百余里，为云州西界，南由耿马而去，为渣里江。不东曲而合澜沧也。澜沧江在此地东百五十里，为云州东界，南由威远州而去，为挒龙江，不东曲而合元江也。"于是始知挒龙之名，始知东合之说为妄。又询之新城居人，虽土著不能悉，间有江右、四川向走外地者，其言与之合，乃释然无疑，遂无复南穷之意，而此来虽不遇杨，亦不虚度也。①

徐霞客"穷澜沧下流"，查阅了大量地方文献与碑刻等，亲历考证澜沧江、怒江、礼社江的水系源流，纠正了《大明一统志》所载澜沧江"与沅江汇"、怒江"与澜沧江合"的错误。

除了河流，还有山岭。古代文献将昆仑与黑水联系在一起，《山海经·海内西经》云："流沙出钟山，西行又南行昆仑之虚，西南入海，黑水之山"，"海内昆仑之虚，在西北，帝之下都。昆仑之虚，方八百里，高万仞……洋水、黑水出西北隅，以东，东行，又东北，南入海"②。这段话指出了昆仑山与黑水的联系，以及黑水是流入南海的。沿着徐霞客实地考证的路径，昆仑山在云南也有踪迹可寻。滇西的山川大都得到徐霞客的考察与记载，《滇游日记》九是徐霞客旅游云南曲越州（今腾冲县）的游记。崇祯十二年（公元1639）四月初十日，徐霞客离永昌府西行，途中渡怒江，越高黎贡山，过龙川江桥，十三日抵达腾越州城。当时保山腾冲境内高黎贡山，"古名昆仑冈"。明人谢肇淛《滇略》卷二云：

> 高黎共山，在腾越东北百余里，古名昆仑冈，夷语讹为高良公

---

① 《徐霞客游记全译》四《滇游日记》十二，第1869—1870页。
② 《山海经》卷一一《海内西经》，中国纺织出版社2015年版，第228、229页。

云。界龙、潞二江之间,潞江冬月无霜,而此山巅霜雪严沍,蒙氏封为西岳山。上下东西各四十里,登之可望吐蕃之雪山。山顶有泉东入永昌,西入腾越,故又名分水岭。

经过亲历实地考察,徐霞客对此山有两处记载:

> 又西二里,或陟山脊或缘峰南,又三里有数家当东行分脊间,是为蒲满哨。盖山脊至是分支东行,又突起稍高,其北又坠峡北下,其南即安抚司后峡之上流也。由此西望,一尖峰当西复起,其西北高脊排穹,始为南渡大脊,所谓高黎工山,土人讹为高良工山,蒙氏僭封为西岳者也。其山又称为昆仑冈,以其高大而言,然正昆仑南下正支,则方言亦非无谓也。①
>
> 盖高黎贡俗名昆仑冈,故又称为高仑山。其发脉自昆仑,南下至姊妹山;西南行者,滇滩关南高山;东南行者,绕小田、大塘,东至马面关,乃弯然南耸,横架天半,为雪山,为山心,为分水关;又南而抵芒市,始降而稍散,其南北之高穹者,几五百里云。由芒市达木邦,下为平坡,直达缅甸而尽于海,则信为昆仑正南之支也。②

当时他把高黎贡山的脉络调查清楚,两度判断此山为"昆仑南下正支""则信为昆仑正南之支也"。从现代地理位置来看,横断山脉是中国最长、最宽和最典型的南北向山系,澜沧江是横断山脉的水系,也是南北向,徐霞客判断高黎贡山是昆仑正南的支脉,是通过亲身实地调查,并与文献记载、地方传说相印证,昆仑山延伸至西南,这也就更加坐实了"黑水"在西南之说。他在古代地理学史上做出了超越前人的贡献,是应该大书特书的。

后来的云南志书,大都延续了《大理府志》对于澜沧江的记载。天启时明人谢肇淛《滇略》卷二记载:"兰沧江,一名鹿沧,其源出吐蕃嵯和哥甸,一云出莎川石下,其石似鹿,故名。自丽江度(渡)云龙州至于永

---

① 《徐霞客游记》四《滇游日记》九,第1668页。
② 《徐霞客游记》四《滇游日记》九,第1726页。

昌，广仅三十余丈，其深莫测，其流如奔。东流经顺宁，达于车里，入于南海。即《汉书》所云博南兰津也，今曰澜沧，俗谓之浪沧，蒙氏封为四渎之一。其江中有物，黑如雾，光如火，声如折木破石，触之则死。或云瘴母也，《文选》谓之鬼弹，《内典》谓之禁水，惟此江有之，他所绝无。李元阳曰此即《禹贡》黑水，至于三危，入于南海者也。"①至明末清初，顾祖禹《读史方舆纪要》云："澜沧江出吐蕃嵯和歌甸鹿石山，一名鹿沧江，亦曰浪沧江，亦作兰仓水。流入丽江府兰州境，南历大理府云龙州西，又南经永昌府东北八十五里罗岷山下。两崖壁峙，截若坦墉，缆铁飞桥，悬跨千尺……"在全面记述了澜沧江流经之地以后，引述了李元阳《黑水考》原文②。清雍正大理府云龙州知州陈希芳纂修的《云龙州志》卷三，全文收录了李元阳《黑水辨》。③

从现代地理学来看，澜沧江上源扎曲出自青藏高原青海省玉树藏族自治州，在西藏自治区昌都汇合昂曲，之后称澜沧江东南流至西藏自治区盐井附近入滇境德钦县，再向东南流经维西傈僳族自治县、兰坪白族普米族自治县、云龙县、永平县、保山市、昌宁县、凤庆县、云县、景东彝族自治县、镇沅县、临沧县、双江拉祜族佤族布朗族傣族自治县、景谷傣族彝族自治县、澜沧拉祜族自治县、思茅县、勐海县、景洪县，于勐腊县西南缘中国与缅甸、老挝交界处出中国境，称湄公河，经缅甸、老挝、泰国、柬埔寨，在越南南部汇入南海。明朝人的认识，与现代科学考察的结论大致吻合。

明人以澜沧江为"黑水"，是有相当道理的。到明代，古代的地理认知已经得到发展，毕竟中国发源于青海的河流，只有澜沧江才是唯一一条来自西北青藏高原，最终汇入南海的河流，明朝人已经清楚地认识到这一点。云南大理是丝绸之路中外交往的重要节点，当地饱学之士李元阳的澜沧江即"黑水"说，得到徐霞客的实地考察验证，至此明朝人的地理学认知达到了前所未有的程度，远超历代只知经文注疏的学者眼界。全面认识

---

① （明）谢肇淛：《滇略》卷二《胜略》，文渊阁《四库全书》，第494册，第115—116页。
② （清）顾祖禹：《读史方舆纪要》卷一一三《云南方舆纪要》，中华书局2005年版，第5049—5051页。值得注意的是，顾引述李元阳《黑水考》，而非《黑水辨》，文字有出入。
③ （清）陈希芳纂修：《云龙州志》卷三《黑水辨》，云龙县志编纂委员会，1987年，第30—31页。

了澜沧江，结合昆仑山，即横断山脉的整体视野，在对于纵贯中国西部的山川走势有了全面认知的基础上，才将"黑水"定位于西南。

地理知识是随着人类的产生而产生，随着社会的进化而不断发展的。先秦人们对地理要素的认识已积累了不少知识，《禹贡》系统地反映了当时人们对区域地理的认识水平，如果说《禹贡》"黑水"尚有假想的成分，那么明朝人依据当时对地理学认识的发展，将古代"黑水"落到了实处。由此，地理学认识进入一个新阶段。无论在理论上还是实践上，都具有科学性，充分说明晚明中国地理学的发展，已渐趋于成熟，是中国走向近代的标志之一。遗憾的是，至清朝传统考据再度占据了上风，对于《禹贡》"黑水"的认知，也再度进入迷津。

第三节 澜沧江与丝绸之路

沿着澜沧江流域，可见古代西北丝绸之路与西南丝绸之路、海上丝绸之路的紧密联系，一直延续到今天。

在陆上，云贵高原西北紧邻青藏高原，与西藏为界，北方与四川接壤，西面与缅甸为邻。汉代将西南夷道通到滇西洱海地区，"蜀—身毒道"国内最后一段——"永昌道"开通，汉、晋称"滇缅永昌道"，史界以永平境内博南山险峻难行，闻名遐迩，又称其为博南古道。公元69年，汉王朝开拓和经营西南最边远的郡——永昌郡设立。自此，西夷道、南夷道、永昌道连成一线，古道全线贯通。发展至明代，与澜沧江相联系的丝绸之路古道有五尺道、永昌道、博南道、顺宁道，出境汇入南海，更连通了海上丝绸之路。

更重要的是，澜沧江自古就是中国西部族群迁徙的通道。这条大河源头的青海玉树地区与黄河源头、长江源头青藏高原的草原地区是古代氐羌族群的发祥地，他们逐步向南迁徙，在中国西南形成了许多民族，这些民族的祖先大多是沿着澜沧江、金沙江向南迁徙的。但金沙江最终成为长江，而只有澜沧江最终成为一条国际河流，汇入了南海。

从民俗考证及古代人口流动的纵向来看，澜沧江流经青海、西藏和云南三省区，是中国最长的南北向河流。沿着澜沧江，有着民族迁徙的明显印迹。《大理古代文化史》的作者徐嘉瑞在20世纪60年代发表论文提出，白族及大理的古代文化，是从西北高原青海、甘肃、川西一带来的，时期是在邃古的时代。考古发掘证明了在新石器时代，大理的文化已带有北方甘肃、青海一带的特点。已有历史资料与社会调查，证明大理的白族和西北高原南下的氐、羌民族有着密切的关系。①

从澜沧江出发，大理在澜沧江流域具有重要地位，是古代南方丝绸之路通往境外的主要通道，是南方丝绸之路不可或缺的重要节点，南方丝绸之路与境外的交往，主要是发自大理，以达于境外，入于南海。因此，从大理出发考察，我们可以清楚地了解自古以来丝绸之路与外部交往的一个重要走向，即将南方丝绸之路与北方丝绸之路、茶马古道与海上丝绸之路都连接起来，建构了古代中国与缅甸、老挝、泰国、柬埔寨、越南、斯里兰卡、孟加拉国、印度等诸国交往通道的一个重要枢纽。

简言之，云南大理在丝绸之路上处于一种轴心的位置。围绕大理，北面上行有两条道路，南面下行有三条道路，上行的道路连通西北丝绸之路和茶马古道，再通往境外。下行的两条道路，一条通往永昌道，出缅甸；另一条通西双版纳，出勐腊，达于境外；还有一条是通往红河，出越南；最终，条条道路都连通了海上丝绸之路。

明初奠定了西南地方治理的框架："多因元官授之，稍与约束，定征徭差发之法。渐为宣慰司者十一，为招讨司者一，为宣抚司者十，为安抚司者十九，为长官司者百七十有三。"② 一般而言，明代在云南设立了三宣六慰：即三个宣抚司、六个宣慰司，皆为明代在云南边疆设置的土司。三宣即南甸宣抚司、干崖宣抚司、陇川宣抚司。六慰即车里宣慰司（治景昽，即今西双版纳景洪）、孟养宣慰司（治所今仍作孟养，在缅甸克钦邦）、木邦宣慰司（治今缅甸腊戌北部兴维）、缅甸宣慰司（治今缅甸曼德勒南部阿瓦）、八百大甸宣慰司（治今泰国北部清迈）、老挝宣慰司（治芒龙，即今老挝琅勃拉邦）。实际上，明初还设有底兀刺宣慰司（治洞吾）、大古刺宣慰司（治摆古，又称白古，即今缅甸勃固）、底马撒宣慰司（治马都八，即今缅甸英塔马）。后又从木邦分出孟密宣抚司，从干崖分出

---

① 徐嘉瑞：《白族及古代大理文化的来源》，《学术研究》1963年第3期。
② 《明史》卷七六《职官志》五，第1876页。

盏达副宣抚司（治今盈江县西北的莲花山），从陇川分出遮放副宣抚司（今仍名遮放，在潞西县南境），共是九个宣慰司、四个宣抚司、两个副宣抚司。

明代云南陆路与海道连接，也即南方丝绸之路与海上丝绸之路的连接，有贡道上路和贡道下路，史载均可自大理出发：

贡道上路：自大理出发，通往永昌，由永昌，经屋床山，至潞江，过腾冲卫西南行，至南甸、千崖、陇川三宣抚司，陇川10日到猛密，2日到宝井，又10日到洞吾，又10日到缅甸，又10日到摆古，即明朝所设古喇宣慰司所在地。摆古，即今缅甸南部沿海勃固地区。

贡道下路：从大理赵州驿道出发，至景东府，至者乐甸，那里是乐甸长官司地；行1日，到镇沅府，再行2日，到达车里宣慰司地界，在今天西双版纳、普洱县一带；行2日，至车里之普洱山，产茶之地；又行2日，至一养象之地，再行4日，才到达车里宣慰司，即今景洪，在九龙山下，邻九龙江，即澜沧江的末流。由此向西南行8日，到八百媳妇宣慰司，即八百大甸宣慰司，在今泰国清迈一带；向西可到摆古，今缅甸南部沿海勃固地区。①

值得注意的是这条道路的延伸线，即又向西南行1个月，到老挝宣慰司（今老挝琅勃拉邦），再西行15—16日，至西洋海岸，即缅甸摆古出海。

由此可知，实际贡道下路不止一条道路，是陆海连接的重要通道，可通"至西洋海岸"，这一点非常重要，表明下路既可通泰国出海，还可通老挝出海。

最重要的是，这些道路与澜沧江流域大多高度重合，可以说从古到今澜沧江连通了西北、西南和海上丝绸之路。

结　　语

从整体丝绸之路的视野来看，明朝人破解了《禹贡》黑水之谜，也就

---

① （明）刘文征撰，古永继点校：《滇志》卷三〇《羁縻志·属夷附贡道》，云南教育出版社1991年版，第985—994页。

彰显了古代澜沧江连通西北丝绸之路、西南丝绸之路（或称南方丝绸之路）和海上丝绸之路的历史事实。从现代地理学来看，发源于青海玉树地区的唯一一条入于南海的河流，不是黄河，不是长江，也不是金沙江，只有澜沧江。明朝人李元阳撰《黑水辨》，徐霞客采用实地考察与古文献、地方传说、文物相互印证的方法，考实了澜沧江来源于青藏高原，纵贯西北至西南，最终独流汇入南海，以此突破了前人地理知识的认知范围，破解了《尚书·禹贡》"黑水"的千年之谜。这一历史案例也极具现实意义，给予我们的启示是：在整体丝绸之路的概念下，从山川走势研究丝绸之路，以明代徐霞客的实证精神走进历史现场，是推动丝绸之路研究进一步发展的一个重要取向。

第十一章 出使东洋:《使琉球录》的历史叙事

现今明代中琉官私文书并存,国家叙事与民间叙事层累。明朝自肇建伊始,就遭遇来自海洋的挑战——倭寇侵扰,其做出的重要抉择之一是与琉球王国建交。由此钓鱼岛列屿得以彰显三层定义:海岛、航标和界标。16世纪30年代,钓鱼岛列屿从航标到界标名称的确定,标志着中国海疆界定、海权确立和有效管辖确定。与此同时,《使琉球录》的历史叙事印证了中国从传统到近代国家的建构过程。

第一节 国家建构叙事之一:《出使琉球录》

16世纪,西方人航海东来,世界从海上连接成一个整体,海上世界发生重大转折,倭寇问题再度复燃,明朝遭遇特殊的海上环境,面临挑战,海洋政策出现重大调整。在这一世界发生重大变化的背景下,钓鱼岛列屿在国家叙事中彰显出来,这表明明代中国在国际关系中界定了钓鱼岛的归属,钓鱼岛列屿完成了从海路航标向国家界标的转变。这一转变,清楚地反映出海上疆域的确立,标志着中国近代国家建构过程的启动。①

明朝使臣的出使记录,迄今所见保存于世的有5部,均不同程度地记录了钓鱼岛列屿的归属与中琉两国国界的界定,亦即明代东海海上疆域形

---

① 中外学界一般认为,历史上的传统国家只有边陲而无确定的国家疆界,到近代民族国家兴起才划分了确切的国家疆界。明人对于钓鱼岛从航路标志到国家界标的认识,可以作为一个个案,或可说明中国与世界历史进程是同步的。

第一篇　整体篇 >>>

成历史轨迹的实录。① 使臣是明朝皇帝派出的，回来自然是要将出使过程上报朝廷，因此，《使琉球录》具有官方报告的性质，属于国家叙事。

明代嘉靖年间两次派遣使臣出使琉球，一为嘉靖十三年（1534）的陈侃使团，一为嘉靖四十一年的郭汝霖使团。两使团均从福建长乐梅花所开洋，依传统东行航路经过钓鱼屿、黄尾屿和赤（尾）屿后，进入琉球国境界。他们的《使琉球录》，不仅对针路、更数和经历各岛屿都有清楚记述，而且最重要的是清楚地记录了中国与琉球之间海上疆域的界定。由于嘉靖十三年给事中陈侃任册封使前往琉球册封之前的使臣出使记录都已无从查考，因此陈侃《使琉球录》是今天留存下来的最早记述钓鱼岛的明朝使臣记录，特别重要。

陈侃《使琉球录》记载：

> 十日，南风甚迅，舟行如飞。然顺流而下，亦不甚动。过平嘉山、过钓鱼屿、过黄毛屿、过赤屿，目不暇接，一昼夜兼三日之路。夷舟帆小不能及，相失在后。十一日夕，见古米山，乃属琉球者。夷人鼓舞于舟，喜达于家。②

这里说明"过钓鱼屿、过黄毛屿、过赤屿"以后，明朝使臣"见古米山，乃属琉球者"，明确指出了中琉两国的边界是以古米山为限，当时跟随使船的有琉球人，他们对此完全认同。当他们望见古米山时，情绪激动，是因为见到古米山，他们就认为到家了。这一场景充分说明到达古米山之前航路所经的钓鱼屿等岛屿均属中国疆域，是中国最东边的岛屿，到达古米山才是属于琉球的疆域。嘉靖年间明朝外交使臣对于国界的记录，反映出其对于海上疆域的划界已有明确认知。

值得关注的是，明朝使臣陈侃记录当时琉球人对琉球与日本的国界认识也是相当明确的，琉球人明确认知热壁山为琉球国所属，而再向东，才

---

① 万明：《明人笔下的钓鱼岛：东海海上海域形成的历史轨迹》，《北京联合大学学报》2013年第2期。

② （明）陈侃：《使琉球录·使事纪略》，《使琉球录三种》，《台湾文献史料丛刊》，人民日报出版社2009年版，第11页。

丝绸之路上的明代中国与世界

是日本：

> 远见一山巅微露，若有小山伏于其旁。询之夷人，乃曰：此热壁山也，亦本国所属。但过本国三百里。至此，可以无忧。若更从而东，即日本矣。①

《使琉球录》是当时琉球山川、风俗、人物、起居等的第一手珍贵资料，也为明代中国与琉球两国的国界划分提供了第一手资料。重要的还有《使琉球录》的这段记载，可以作为中琉划界为中琉双方所认可的证明。

嘉靖年间，海上倭寇与海盗的冲击也影响了航路，影响所及，甚至使册封无法正常进行。册封使郭汝霖完成册封琉球国王尚元的使命，竟是在6年以后。而此次册封，幸有郭汝霖出使录使史事得以传世。

嘉靖四十一年（1562），明朝使臣郭汝霖《使琉球录》中如此记述：

> 五月二十九日至梅花所开洋，过东涌，小琉球。三十日过黄茅，闰五月初一过钓屿，初三日至赤屿焉。赤屿者，界琉球地方山也。再一日之风，即望姑米山矣。②

郭汝霖记载，闰五月初一过钓屿，初三日至赤屿，"赤屿者，界琉球地方山也"，他明确指出赤屿是与琉球交界的地方，是中、琉两国分界的界山。再往前行一日，望见的姑米山，才是琉球之地界。实际上再次充分说明包括钓鱼岛在内的赤屿以内，是明朝的海上疆域。

回到京师以后，郭汝霖曾上奏请求朝廷赐祭以报答天妃搭救之神功，奏疏中明言："涉琉球境界，地名赤屿"，又一次明确赤屿是与琉球交界之地：

> 吏科左给事中臣郭汝霖谨奏：为乞查例赐祭以报神功事。臣等于嘉靖三十七年四月初二日奉命册封琉球，琉球在海岛中，道由福建，

---

① （明）陈侃：《使琉球录·使事纪略》，第13页。
② （明）郭汝霖：《使琉球录》，第74页。

第一篇　整体篇 >>>

遭值连年倭寇，臣等淹留至嘉靖四十年夏五月二十八日始得开洋。行至闰五月初三日，涉琉球境界，地名赤屿。①

上述嘉靖十三年陈侃《使琉球录》中，已明确认识到钓鱼岛列屿属于中国疆域，只有到达古米山才进入琉球疆域，此时郭汝霖更进一步明确指出，钓鱼屿列屿中的赤屿是中琉疆域的界标：具体说明过了赤屿这一海岛，再下面就到琉球国的姑米山了。嘉靖年间以钓鱼岛列屿作为国家界标的认识，比较明初简单以钓鱼屿为海路标识的认识，前进了一大步。②

这里有一条新发现的史料可为佐证。当时人雷礼《镡墟堂摘稿》中一诗作，有"水环赤屿尽闽疆"之句。③ 他将海中的"赤屿"与边界相联系，反映的是将"赤屿"视为界标的观念。同书的《赠右司谏郭时望使琉球序》，使我们可以认定诗作者的"赤屿"边界观与出使琉球使臣郭汝霖的官方报告是相一致的。私人诗作说明使臣的官方报告在朝野已产生一定的影响。

万历年间，两次派遣使臣册封琉球。明朝使臣的记述，不仅继承而且强化了嘉靖朝以钓鱼岛列屿作为海上疆域界定的概念。

万历七年（1579）萧崇业、谢杰《使琉球录》，其书卷上重复了陈侃《使琉球录》对钓鱼岛列屿的记载，又添加了这次出使过程的记录：

九日，隐隐见一小山，乃小琉球也。十日，南风甚迅，舟行如飞，然顺流而下，亦不甚动。过平嘉山，钓鱼屿，过黄毛屿，过赤屿，目不暇接，一昼夜兼三日之程。夷舟帆小不能及，相失在后。十一日夕，见古米山，乃属琉球者。夷人鼓舞，喜达于家……十六日旦当见古米山，至期杳无所见。执舵者曰：今将何归？余等亦忧之。忽

---

① （明）郭汝霖：《石泉山房文集》卷七，《四库全书存目丛书》，集部第129册，第484页。
② 郭汝霖奏疏无疑属于官方文书性质。而这里顺带说明在郭汝霖存留于世的文集中，我们还可以看到其中有题名《钓屿》和《赤屿》的诗作，这是他个人亲历钓鱼岛列屿的真实写照。《赤屿》中"海邦忽伊迩，早晚听夷谣"之句（《石泉山房文集》卷三，第409—410页），再次说明赤（尾）屿一过，就快到琉球国了，作为使臣的郭氏对于两国分界有着深刻记忆。
③ （明）雷礼：《赠右司谏郭时望使琉球序》，《镡墟堂摘稿》卷五，《续修四库全书》，第1342册，上海古籍出版社2002年版，第231—232页。雷礼，生于明弘治十八年（1505），卒于万历九年（1581），官至工部尚书，著有《国朝列卿记》《皇明大政记》等。

> 远见一山巅微露，若有小山伏于其旁，询之夷人，乃曰：此叶璧山也，亦本国所属。若更从而东，即日本矣。申刻果至其地泊焉。十八日，世子遣法司官一员，具牛羊酒米瓜菜之物为从者犒。通事致词曰：天使远临，世子不胜欣踊。闻风伯为从者惊，世子益不自安，欲躬自远迓，国事不能暂离，谨遣小臣具菜果将问安之敬。①

此次出使录的贡献，还表现在附有一幅过海图，其上依次绘有钓鱼岛列屿。以此官方航路记载对照琉球程顺则《指南广义》中《三十六姓所传针本》"福州回琉球"条的针路记载，是一致的，与同书海岛图的岛屿排序也相一致。这里需要特别提及的是，同书《琉球国三十六岛图》中，凡归属琉球的地名均以圆圈圈起，没有钓鱼岛列屿，可见在清康熙年间琉球人对于钓鱼岛列屿归属中国仍是明确的。

更重要的是，谢杰所撰《琉球录撮要补遗》的"启行"中，引闽中父老言，增加了疆域分界的海上生态环境的描述："去由沧水入黑水，归由黑水入沧水。"② 这是明朝册封使首次对于中琉界沟的描述，形象地表述了中琉两国疆域分界的特征。中琉界沟，就是现代所谓中国与琉球群岛间隔2700多米以上的深海沟，日本称为冲绳海槽，③ 是中琉的海上分界线。在中国这边，由于海水较浅，海面呈青绿色，也即明人所谓"沧水"，而琉球那边海水深，海面呈黑色，明人称为"黑水"。

万历三十四年（1606）使臣夏子阳《使琉球录》卷上《使事记》记载：

> 二十七日午后，过钓鱼屿。次日，过黄尾屿。是夜，风急浪狂，舵牙连折。连日所过水皆深黑色，宛如浊沟积水，或又如靛色。忆前《使录补遗》称："去由沧水入黑水"，信者言矣。
> 二十九日，望见姑米山，夷人喜甚，以为渐达其家。午后，有小

---

① （明）萧崇业：《使琉球录》，《使琉球录三种》，第71页。
② （明）谢杰：《琉球录撮要补遗》，（明）夏子阳：《使琉球录·附旧使录》，《使琉球录三种》，第269页。
③ 根据现代科学研究，整个东海大陆架整齐地被这一海槽切断，中国东海大陆架是完整而连贯的从大陆海岸线延伸到这一海槽，按照国际海洋法的规定，这整片大陆架应完全归属中国。

第一篇　整体篇 >>>

艃乘风忽忽而来，问之为姑米山头目，望余舟而迎者，献海螺数枚，余等令少赏之。夷通事从余舟行者，因令先驰入报。①

记载说明过了钓鱼屿，次日过黄尾屿，而且更细致地描述了疆域分界的海上生态环境："连日所过水皆深黑色，宛如浊沟积水，或又如靛色。"由此，我们知道万历间两次出使录都记载了海水变黑的特征，这正是中琉两国之间以海沟为界的证明，也是"黑水沟"命名之由来。在出使录中，我们看到一再重复的是跟随使船的琉球人望见姑米山就以为到家了，以及姑米山头目驾船欢迎之场景。这些为确定钓鱼屿等岛屿归属于中国，作为中国与琉球分界，又一次提供了确凿的证据。万历年间的《使琉球录》强化了姑米山是琉球界山，而隔于姑米山与钓鱼岛及其附属岛屿之间的黑水沟，则是中琉的天然界线。

最后，明人胡靖于崇祯六年（1633）跟随杜三策出使琉球，其撰有《琉球记》，记述如下：

琉球居南山北山之间，谓之中山，更有姑米、马齿诸山，皆其所属，东海中一大岛屿也。……由五虎门出大门，始掀乘五帆，浪如飞，真有一泻千里之势……八日薄暮，过姑米山，夷人贡螺献新，乘数小艇灭没巨浪中，比至，系缆船旁，左右护驾。……镇守姑米夷官远望封船，即举烽闻之马齿山，马齿山即烽闻之中山，世子爱命紫金大夫泊三法司，统通国夷人诣那霸候接。次日，舟到海涯，即那霸港口，遂卸风帆，夷官群拥出迎。②

记录强调了姑米山是琉球国土，琉球国派官镇守，明朝使臣到达姑米山，才是到达了琉球国界。镇守官员举烽火通报，琉球国人在那霸港口迎接。

---

① （明）夏子阳：《使琉球录》卷上《使事记》，《使琉球录三种》，第222页。
② 崇祯六年（1633）杜三策、杨抡出使琉球，未见出使录，唯从客胡靖撰写了《琉球记》，又名《从客胡靖撰杜天使册封琉球真记奇观》，并亲绘当时海疆图，现藏于中国国家图书馆善本部。

存世的 5 种明代出使琉球录，是中国明朝使臣亲历中琉航路及其出使全部过程的官方报告，也是明代钓鱼岛属于中国固有领土的第一手珍贵资料。这些国家叙事的主要内容，清楚地印证了 16 世纪以后钓鱼岛列屿从海路航标到国家界标的转变，说明新的界标意义出现于 16 世纪 30 年代。此时凸显了国家叙事中钓鱼岛的归属，与全球化开端的时代性相联系，可视为一种新的国家建构过程。

第二节　国家建构叙事之二：海防与海防舆图

海防是海洋政策的重要组成部分。明初"南倭"问题已肇端，作为对策之一，明朝建立了中国古代最早的比较完备的海防体系。明代海上防卫体系，在明初为应对海上倭寇侵扰而建，至嘉靖年间面临西方人东来、倭寇复炽、海上战事频仍局面而着意重建。以往学术界有依据《筹海图编》的初刻时间，将钓鱼岛列屿最早划入中国行政管制区域的时间，定于嘉靖四十一年（1562）之说。事实上，明朝初年已将钓鱼岛列屿纳入了以京师南京为中心的整个国家海防体系之中，并有效行使了海权。

钓鱼岛列屿的海洋区位，依据现代定义："钓鱼岛列屿的海洋区位在中国东海大陆架边缘，与台湾岛处于同一大陆架上……钓鱼岛及其附属岛屿以南约 19 千米，海床地形突变，水深达 1000 米以上，地质学上称为'中琉界沟'（俗称'黑水沟'），并无大陆架，故钓鱼岛及其附属岛屿在地理上与琉球群岛没有关连。"① 这在历史上早已形成。明初，即 14 世纪 70 年代中琉建交开始，中琉海路开通，明朝不仅为民间命名的钓鱼岛列屿正名，而且依据对"中琉界沟"是中琉之间天然分界的已有认识，将天然分界琉球海沟以里包括钓鱼岛列屿在内的海域纳入了国家整体海防体系之中，对其进行了有效管控。明朝大规模巡海至"琉球大洋"，就是巡海到达止于中琉界沟的中国海域，可作为海权行使的有力证明。

洪武五年（1372），就在遣使琉球的同年，明太祖特命浙江、福建造

---

① 福建师范大学闽台区域研究中心编：《钓鱼岛：历史与主权》，海洋出版社 2013 年版，第 5 页。

第一篇　整体篇 >>>

海舟防倭。《明太祖实录》记载了航海侯张赫和靖海侯吴祯，都曾经率领明朝舟师巡海到"琉球大洋"，一在洪武六年，一在洪武七年。

洪武开国功臣，被明太祖朱元璋封为航海侯的张赫，在任福建都司官员时曾率舟师巡海。根据《明太祖实录》记载，张赫于洪武元年被授予福州卫指挥使，二年他率兵备倭于海上，三年升为福建都司都指挥同知，六年率舟师出巡海上："遇倭寇，追及于琉球大洋中，杀戮甚众，获其弓刀以还。"① 海上遇倭的具体地点是在福建的牛山洋，史载："统哨出海，入牛山洋遇倭，追至琉球大洋，擒倭酋。"②

福建都司官员张赫的巡海，可说明包括钓鱼岛在内的海域，直至琉球大洋，也就是直至中琉天然界沟的中国海域，明初是在福建军事行政区管辖之内。

再看吴祯的经历，更可以说明钓鱼岛列屿从明朝开始便隶属于明朝水师的巡逻范围之内。《明太祖实录》记载，洪武七年正月明太祖：

> 诏以靖海侯吴祯为总兵官，都督佥事于显为副总兵官，领江阴、广洋、横海、水军四卫舟师出海，巡捕海寇。所统在京各卫，及太仓、杭州、温、台、明、福、漳、泉、潮州沿海诸卫官军，悉听节制。③

这一庞大的海上巡防活动终止于洪武八年九月："靖海侯吴祯、都督佥事于显率备倭舟师自海道还京。"④ 大规模巡海持续了一年半以上。当时明朝京师江阴、广洋、横海、水军四卫，均归大都督府直接统属，明太祖特意组织高级将领为总兵官，总领京师江阴等卫所官军，特别是"所统在京各卫，及太仓、杭州、温、台、明、福、漳、泉、潮州沿海诸卫官军，悉听节制"的大规模巡海，是明朝初年海防的一次重大举措，也是明初最大规

---

① 《明太祖实录》卷二〇三，洪武二十三年八月甲子，第3042页。
② 郑晓：《明异姓诸侯传》上卷，《四库未收书辑刊》，第1辑第18册，北京出版社2000年版，第623页。
③ 《明太祖实录》卷八七，洪武七年正月甲戌，第1546页。
④ 《明太祖实录》卷一〇一，洪武八年九月己卯，第1708页。其间，吴祯于洪武七年九月曾还朝一次，见《明太祖实录》卷九三，洪武七年十月庚子，第1627页。

模、历时最长久的一次巡海活动。成化《中都志》等文献记载吴祯此次"领沿海各卫兵，出捕至琉球大洋"，此后"常往来海道，总理军务"①。所至琉球大洋，应即直至中琉天然界沟的中国海域，这一海沟在后来明朝使臣出使录中明确列为中琉两国的分界标志，已见上文。

明初大规模巡海活动，可以视为国家叙事中海权的行使。明初海防体系的建立以南京水师为主，辅以沿海卫所，以保证沿海海上疆域的安全为目的。虽然明初使臣出使录现已不存，上述明初的巡海两例中没有列出钓鱼岛等沿途岛屿的名称，但重要的是，第一，琉球大洋即琉球海沟，是中琉天然界沟。明初巡海至"琉球大洋"，则无疑经过钓鱼岛列屿才到达天然界沟。第二，明初大规模巡海事例证明，钓鱼岛列屿在明朝整体海防体系的防卫范围之中，钓鱼岛列屿自14世纪70年代以来就在中国海权有效行使之下，已为明初巡海记载所证明。

下面让我们进入第二个重要的时间段——16世纪嘉靖年间。此时距离明初中琉建交、海路开通已经历了一个半世纪。嘉靖二年（1523）发生"争贡之役"，中日自永乐年间建立的官方贸易由此一度中断，关系高度紧张，倭寇劫掠再度猖獗。此时西方人航海东来，全球化开端，海上局面呈现出比以往更复杂的状态。面临海上的严峻局势，明朝海防再次提上日程以应对新的挑战。明人议海防云："防海岂易言哉。海之有防自本朝始也，海之严于防，自肃庙时始也。"② 大量海防图籍由此应运而生。正如王庸先生所云："明以前海防，初不为国家之要政。及明代倭寇频繁，事势始趋严重，故讲海防御倭之图籍，亦极盛一时。"③ 钓鱼岛列屿不仅在嘉靖年间进入了国家叙事的视野，于官方出使记录中反复出现，而且上文新发现史料也已说明这一观念已深入时人观念中，出现在私人诗作里，与此同时，更进入海防类官私图籍的记载里。

值得注意的是，中琉海路开通后经历150年的航海外交实践，在海上

---

① 成化《中都志》卷九，《四库全书存目丛书》，史部第176册，第399—428页。
② （明）茅元仪：《武备志》卷二〇九《占度载》，《度》一一《海防》一，台北华世出版社1984年版，第8847页。嘉靖皇帝谥号"钦天履道英毅神圣宣文广武洪仁大孝肃皇帝"，故简称"肃皇帝"。
③ 王庸：《中国地理图籍丛考》甲编，《明代海防图籍录》，商务印书馆1947年版，第92页。

新的大变局背景下,明朝人发生了对钓鱼岛列屿从海路航标到国家界标的认识转化。

钓鱼岛列屿归属于中国,在中国海防体系以内。海防专指防御从海上入侵,明人有明确概念:"防海之制,谓之海防,则必宜防之于海。"① 嘉靖年间倭患大炽,此后一系列与海防相关的官私图籍趋于极盛。嘉靖四十一年(1562),正当郭汝霖出使的年代,明朝总督南直、浙、福军务的胡宗宪幕僚郑若曾撰《筹海图编》初刻本问世。关注中国传统之海防思想,有必要关注明代海防图籍,《筹海图编》是迄今我们所能见到的中国古代最早、内容最详备的海防图籍。明人云:"《筹海图编》者,筹东南之海,以靖倭寇也。"② 嘉靖年间,倭寇肆虐沿海,海防成为明朝朝野上下关注的议题。全书十三卷,卷一为舆地全图与沿海各省山沙图,其中《福建沿海山沙图》的《福七》《福八》两幅图中,依次列有鸡笼山、彭加山、钓鱼屿、花瓶山、黄毛山、橄榄山、赤屿等岛屿。钓鱼屿及其附属岛屿出现在明朝海防舆地图中,明确标明属于中国福建的军事行政管辖区域。《筹海图编》中单列"御海洋"篇目,当时在京各衙门曾专门会议讨论"御寇远洋之策",③ 反映了中国古代海防"御寇"于"远洋"的防卫思想变革,与此相联系的,是钓鱼岛列屿管辖权确立的进一步具体化。

从明初笼统地以中琉天然分野将钓鱼岛列屿纳入整体海防体系之中,置于明朝有效管控范围内,到《筹海图编》明确将钓鱼岛列屿之名正式列入国家海防图籍,具体置于福建都指挥使司的管辖范围下,这是对钓鱼岛列屿的军事行政管辖权确立的重要证明。面对海上的新挑战,明朝海洋政策做出调整,海上防卫范围明确划定,已达到沿海各岛乃至更远的海上疆域。

比较系统地梳理嘉靖以后产生的大量有关钓鱼屿列屿的明代史籍,可知一系列与海防相关的官私著述图籍,均不同程度地借鉴了《筹海图编》。例如郑舜功的《日本一鉴》(1565)、谢廷杰的《两浙海防类考》(1567)、

---

① (明)郑若曾:《筹海图编》卷一二上《御海洋》,李致忠点校,中华书局2007年版,第763页。
② 《筹海图编》卷末,卢镗《筹海图编跋》,第997页。
③ 《筹海图编》卷一二上《御海洋》,第765—766页。

严从简的《殊域周咨录》(1574)、邓钟的《筹海重编》(1592)、谢杰的《虔台倭纂》(1595)、范涞的《两浙海防类考续编》(1602)、徐必达的《乾坤一统海防全图》(1605)、慎懋赏的《海国广记》(1609)、王在晋的《海防纂要》(1613)、张燮的《东西洋考》(1617)、唐顺之的《武编》(1618)、茅元仪的《武备志》(1621)、茅瑞征的《皇明象胥录》(1629)等，大都记录了福建往琉球的针路，而且更重要的是均从海防角度印证了钓鱼岛列屿是中国的海上领土。

综上所述，在国家叙事中的钓鱼岛，从14世纪后期基于天然分野纳入明朝海防体系的整体规划中，明朝开始行使海权，到嘉靖年间官方报告确定国家界标，并明确绘入海防军事舆图中，标志明朝有效管辖权的进一步确立。联系全球化开端的时代性，这一过程也可视为一种传统到近代国家建构过程的开端。

结　　语

纵观明代历史，以往学术界大多关注的海禁，只是明朝海洋政策的一个重要方面，但远不是全部。明朝海洋政策的展开，涉及国家航海外交、航路开通、海岛正名、海外移民、海疆界定、海权行使等。特别是海疆的形成和界定，经历了一个长期的历史过程。围绕中琉关系，我们认为主要有两个时间段对钓鱼岛命名确认和领土归属有着重大影响，其一在洪武年间；其二在嘉靖年间。探讨具有不同时代特征的两个时间段，其间明朝人对钓鱼岛列屿的认识显示出递进关系。现分阶段归纳其特征如下。

第一阶段：洪武年间。

在国家叙事中，不同于历朝历代，由于新王朝遭遇来自海洋的挑战——倭寇问题，因此海洋政策抉择之一是与琉球建立外交关系。无论是洪武五年的建交，还是迟至洪武十六年的册封，均与中日关系有着千丝万缕的联系。伴随明初一系列海洋政策的展开：航海外交、海路开通、封王赐印、海外移民、优惠朝贡、赠予海船等等，均可见明太祖以琉球"作屏东藩"的战略考虑。明初特殊优惠政策扶植了琉球海上力量，奠定了琉球日后在东亚海上的重要地位，也奠定了中琉两国长达500余年的友好关系。

在民间叙事中，从针路传承的角度出发，我们可以清楚地追寻到中国人首先发现、命名和使用钓鱼岛列屿名称的历史轨迹。依据《三十六姓所传针本》，我们可以确切地将中国人发现、命名和使用钓鱼岛及其岛屿的下限定于明朝洪武年间赐三十六姓于琉球之时。同时，民间航海针本印证了钓鱼岛起源与中国航海人最早发现、命名和使用钓鱼岛的历史源远流长，钓鱼岛的文献记载至今所见始自明代，但并不等于在明代以前钓鱼岛列屿就不存在。中国人最早发现、命名和使用钓鱼岛列屿的上限可推至中国人发明指南针用于航海的11—12世纪之时。明洪武年间以后，包含钓鱼岛列屿的针本在中琉两国分为国家与民间两大系列，传承久远。

以14世纪70年代中琉建交为契机，作为海路必经之地，通过中琉建交及两国之间的航路开辟，钓鱼岛列屿得到明朝官方权威性确认，确定为正式通行的岛屿名称和中琉两国之间海路往来的航标，完成了从民间命名到国家正名的历史进程。明初为了抵御海上侵扰，建立起中国古代最为完备的中央与地方一体化的海上防御体系。以中琉两国地理上的天然分野为依据，明朝将钓鱼岛列屿纳入国家海防体系的整体规划之中。14世纪70年代通过中央重臣的大规模巡海和福建地方指挥使司的常规海防巡逻，形成了国家叙事中对于钓鱼岛的海权行使先例。

第二阶段：嘉靖年间。

16世纪人类面临前所未有的时空巨变，在全球化开端的特殊时代背景下，西方海上扩张东来，这是一个国家海洋利益被极大地强调的时期，海岛的国家领土意义日益突出。以钓鱼岛作为个案，钓鱼岛的生成及其机制，是国家叙事与民间叙事的层累，呈现出一种传统到近代的国家建构过程。经历了一个半世纪的中琉友好交往过程，在嘉靖朝大臣出使琉球的官方文书中，记录了明朝首先在国际关系中确定了钓鱼岛的归属。新发现的明人诗作也印证了明朝人以钓鱼岛赤屿作为国家海上疆界的认识已经形成。从航标到国家界标，钓鱼岛列屿新的内涵呈现出来，与全球化开端的时代性密切相关。几乎与此同时，明朝不再仅以天然分界笼统将钓鱼岛列屿纳入国家整体海防体系来行使海权，而是将岛屿名称正式写入明朝国家海防舆图，纳入福建军事行政区的具体管辖范围，成为明代国家管辖权进一步确立和有效管控的历史依据。这也表明了明代中国以积极的"御海洋"政策，阻遏了日本势力扩张引发的东亚海上危机，重建了海上军事防卫体系，保证了海上疆域的和平与稳定。

现代国际法所说的历史性权利是一个不断累积的过程，明代不仅是钓鱼岛列屿命名到正名的重要时期，同时也是中国海上疆域形成的重要历史时期。自西方威斯特伐利亚体系形成以来，国家一直是国际关系中的主角，当然也是制定和实施对外政策的主角。就中国而言，早在秦汉时期大一统国家已经形成，从传统国家到近代国家有一个漫长发展过程。在明代历史叙事中，明朝人定格的钓鱼岛有三层定义，即三个被有机地联系在一起的意义层面：海岛、航标和界标。基于14世纪70年代的中琉建交，钓鱼岛列屿从民间命名到国家正名，名称、归属、管辖均已正式肇端；在16世纪初全球化开端的海洋国际化大背景下，钓鱼岛从航标到界标，获得了新的内涵，最终定位是国家界标，标志着中国海疆界定、海权确立和有效管辖。同时，从历史叙事中求真，传统与近代不可截然二分，《使琉球录》的历史叙事印证了中国从传统到近代的国家建构过程。

第十二章 "契丹"即中国的证实：
利玛窦和鄂本笃的贡献

16世纪东西方直接对话的原点，是西方对契丹的寻找。这反映出两种迥异文化的曲折的对话历程，同时，也是两种文化历时几世纪要求对话的产物。本章从文化的视野出发，论述了契丹如何从一个中国的现实存在，变成了一种类似神话的具有象征意义的符号，而使神话返回现实，是利玛窦与鄂本笃的贡献。

在西方，中世纪后半叶直到利玛窦时代，中国的形象是什么样的？在西方东来，与东方直接交流成为可能以后，西方的中国形象是怎样变化的？这一转换又是如何出现的？对此问题的考察，具有跨文化认识的意义。要理解和诠释东西方在明代后期发生的前所未有的直接对话和交往的历史，不是一件简单的事情。在这段历史的开端，意大利传教士利玛窦（Matteo Ricci）提出了契丹（Khitai，Cathay）即中国，葡萄牙修士鄂本笃（Bento de Goes）以其生命对这一推断做了证实。追寻中国与西方对话由来的原点，有着特殊意义。从文化的视野看，寻找契丹，反映出两种迥异文化的曲折的对话历程，是两种文化历时几世纪要求对话的产物，从某种意义上说，也正是西方对中国的一个完整的认识过程。到17世纪初，契丹即中国的证实，是西方直接接触和认识中国开始时期的重要事件，西方直面中国，一切虚幻都消退了，真正的对话开始了。

在中世纪，元代来华的柏朗嘉宾（Jean de Plan Carpin）、鲁布鲁克（William of Rubruk）的记述，和马可波罗（Marco Polo）、鄂多立克（Odorico de Perdenone）的游记，从亲身体验的实际叙述到带有传说般神奇色彩的描绘，加上与西方传诵很久的约翰长老国故事的连结，融和成一个异域神话传说般的契丹国度。到15世纪，东方的契丹成为财富的象征，在西方对于财富的渴求成为真实历史背景时,这一颇具诱惑力的神奇国度,曾唤起西方向东方探寻,从而形成一种延续性的追求,扩张东来由此成为行动。

以利玛窦从海路来华,鄂本笃从陆路来华,构成了西方东来与中国直接对话开始时期的完整历史。近年以来,跨文化研究的热点主要集中投向了利玛窦,但当我们对海上来华传教士的一面给予了最大关注时,却意味着忽略了陆上来华的一面。应该说正是海陆两方面传教士的作为构成了西方中国形象的总体认识。在 16 世纪西方传教士来华时期,无论从世界大环境来说,还是从中国的小环境来看,陆路向海路的重心转移都已经形成,陆路的重要意义明显降低,但是,作为一个方面,却仍具有相对重要的意义。如果阙如,认识将不完整。鄂本笃从陆路来华,对"契丹"即中国的证实,使西方对中国的认识深化,充实、修正并完整了西方关于中国的认识,使西方的中国形象从神话最终返回了现实。由于文献的缺乏,这一问题还很少从文化意义上深究。然而,从文化的意义上对西方意欲寻找契丹的探讨,实是了解 16 世纪以后中国与西方直接对话开始时期的关键。换言之,16 世纪东西方直接对话的原点,就是西方对契丹的寻找。契丹如何从一个中国的现实存在,变成了一种类似神话的具有象征意义的国度,再由神话返回了现实?由于正是这一神话构建了西方扩张东来的思想认识前提,因此追踪这一过程是有意义的。

第一节 契丹:来自历史现实

从历史资料来看,自古西方对中国的称呼,主要有三个:秦(Sin, Chin, Sine, China, 又译支那),赛里斯(Seres),契丹(Khitai, Cathay)。按照时间顺序,契丹的称呼出现最晚,是在中世纪以后出现的。

在西方,英国学者亨利·玉尔(Henry Yule)将他编注的记述西方与中国历史关系的著作,命名为《契丹及其通往之路》(*Cathay and the Thither*),于 1866 年出版。法国学者安田朴(Rene Etiemble)《中国文化西传欧洲史》（*L'Europe Chinoise*）的第一卷第一编，命名为"寻找契丹国"。① 法国学者阿里·玛扎海里在他的《丝绸之路：中国—波斯文化交流史》的导论中开篇明义："在西方，大家于17世纪初叶还认为契丹国（Khitay，即马可波罗写作的Cathay，波斯人、突厥人，有时又包括俄罗斯人经常前往那里去）与葡萄牙人在一个世纪之前到达的那个中国没有任何共同之处。'摩尔人'（也就是波斯湾的波斯人）都断言契丹和中国是同一个帝国的两个名称。但葡萄牙人，尤其是耶稣会士们都怀疑穆斯林们使用了各种诡计，无法信任他们。如果中国和契丹是同一个国家，那末为什么它们要有两个名字并要经由两条道路而到达那里呢？"② 说明直至17世纪初叶，西方仍不明就里，对中国和契丹是同一个国家深表怀疑。那么，这种情况是怎么形成的呢？中国的契丹之称又是如何出现的呢？

亨利·玉尔编《契丹及其通往之路》一书的前言中，有一个醒目的小标题：《蒙古统治下的中国：以契丹之称而闻名》。他指出："正是在蒙古时代，中国首次为西方真正了解。而那是通过一个名字——契丹而了解的。虽然它特别是指称中国北部各省，但也适用于指称全国。"③

13世纪，方济各会士柏朗嘉宾、鲁布鲁克深入蒙古大汗的幕帐中，带给了西方有关当时中国的生动知识。正是在他们说到中国时，采用了一个西方首次听说的名字：契丹。

意大利方济各会士柏朗嘉宾于1245—1247年，奉教皇英诺森四世（Innocent IV）之命，出使蒙古。他的报告，即《柏朗嘉宾蒙古行纪》，以个人亲身经历和观察以及在路途中收集的材料为基础，是西方人在蒙古时期对中国的首次报道。其中不仅首次出现了"契丹"一词，而且多次出现。④ 此后

---

① ［法］安田朴著，耿昇译：《中国文化西传欧洲史》，商务印书馆2000年版。
② ［法］阿里·玛扎海里著，耿昇译：《丝绸之路：中国—波斯文化交流史》，"导论"，中华书局1993年版。
③ Henry Yule, *Cathay and the Way Thither*, London: Printed for the Hakluyt Society, 1866, Preliminary Essay, cxvi.
④ 法国著名汉学家韩百诗（Louis Hambis）曾为"契丹"作注："这一名词根据手稿不同而分别写作Kitai或Kytai，但正确的写法似乎应该是Kitai，它一般都出现在游记故事和地图著作中，用以指中国的北部（有时又写作Catai），如在马可波罗游记中就是这样写的。在卡塔卢尼亚文（Catalune）地图中又作Catayo，莫罗（Fra Mauro）作Chataio，鄂多立克（Odoric de Pordenone）在其东游录中作Catay等等。"耿昇、何高济译：《柏朗嘉宾蒙古行纪·鲁布鲁克东行纪》，中华书局1985年版，第114—115页。

不久，法国方济各会士鲁布鲁克于1253—1255年，奉法兰西国王圣路易九世（S. Louis IX）之命，出使蒙古。在他的《行纪》中提到了哈剌契丹："哈剌原意是黑，契丹是一支民族的名字。这样称呼是要把他们和居住在东海岸的契丹人区别开来"，并明确记述："还有大契丹，我认为其民族就是古代的丝人"①。他们的出使发生于马可波罗之前，又都是使节身份，行纪以写实为主，比较客观翔实地记述了当时中国的状况，但他们的局限是，足迹只到达了蒙古地区。

探寻契丹称谓的由来。法国学者伯希和、中国学者张星烺都有"支那"考，但是没有人考契丹，原因很简单，契丹本身就是一个民族之称，后来被作为中国北部或全中国的称呼了。

历史上的契丹，是一个中国北方民族。② 10世纪初，这一北方民族崛起于辽水上游，在中国北部建立了强大的辽朝，在时间上与五代相始，与北宋相终。辽朝灭亡后，契丹人部分西迁，建立了一个中亚王朝，史称西辽。西辽王朝（1124—1211）在西方史籍中称为哈剌契丹（Qara khitay），疆域东起土拉河，西包咸海，北越巴尔喀什湖，南尽阿姆河、兴都库什山、昆仑山，面积不下四百万平方千米，在蒙古兴起前，称雄中亚，"左右形势近百年"。③ 中亚地区是陆上丝路的重要地段，东西各种文化和宗教都汇集于此，西辽时期，中亚广泛传播基督教，基督教聂斯脱里派当时在西辽境内有很大发展。由于契丹王朝存在200多年，是中国北方一个强大的王朝，此后又西迁中亚，存在近百年，影响远及欧洲，于是，就出现了以契丹（Khita, Khata）作为北部中国的称谓，这一称谓主要来自中国北部邻接的斡罗斯和波斯，也出现在穆斯林文献中。在俄语、希腊语和中古英语中，则把整个中国称为契丹（Kitay, Kitaia, Cathay）。蒙古兴起后，自元代起，马可波罗等来华走的是陆上丝路，西方游记称中国为契丹。此后契丹的称谓有了两种内涵，一是中国北部的代称；二是中国的总称。不仅如此，一个中国，有了两个不同的名称，一是主要来自海路的称呼秦或支那；一是来自北部陆路的称呼契丹，两种称呼并存。而总的来说，契丹

---

① 《柏朗嘉宾蒙古行纪·鲁布鲁克东行纪》，第235、254页。
② 契丹作为国族名，始见于北齐魏收《魏书》，中华书局1974年版。
③ 魏良弢：《西辽史纲》，人民出版社1991年版，第1页。

的称呼,是与历史上活跃于中国北部和中亚的契丹民族,有着直接历史渊源。

第二节 从现实到"神话"

应该说"契丹"并非真正意义上的神话。史实说明,契丹是一个民族,曾建立起中国历史上一个强大王朝,并在中亚创建了史称西辽的王国。然而,它在西方又不仅仅是一个历史的真实,由于中世纪西方游记作者极具渲染的文辞,加上时间久远的古老传说,融合成一种类似神话的东西,影响了整个欧洲,直接影响到西方的扩张东来,与中国开始直接接触。

英国史学家汤因比曾说过:"历史同戏剧和小说一样是从神话中生长起来的,神话是一种原始的认识和表现形式——象儿童们听到的童话和已懂事的成年人所作的梦似的——在其中的事实和虚构之间并没有清晰的界限。"①"契丹"一词,在15—16世纪的西方曾引起无限向往,直至利玛窦与鄂本笃来华之前,实际成为西方广泛流传的东方的象征。那么,契丹是如何从现实变成一种"神话"的?在时间上,应该说是始于元代,当中国作为契丹而为西方人所知之时,就已经开始了。在元代,西方来华的重要游记作者马可波罗,可以说是契丹神话化的始作俑者。意大利商人马可波罗于1271—1295年来华,足迹遍及南北,回国后,留下了著名的《马可波罗游记》(又译:《珍异录》《东方见闻录》)。在他的笔下,集中而夸大地描述了东方契丹的财富和繁盛,于是,对西方来说,开始出现了一个近似神话的"契丹"的雏形。马可波罗以后,契丹成为一种想象的地域,关于神秘东方的神话就此产生;与此同时,契丹成为一种形象——财富的象征符号。截至利玛窦来华之前,人们普遍接受了这样一种看法:契丹在遥远的东方,它具有令人羡慕的财富,还有与西方相同的宗教和教徒。这一图式化的过程,是从马可波罗的表述开始,而西方建立在早期表述方式基础上的后期表述强烈地表达了对于富庶东方的向往。于是,东方的契丹形

---

① [英]汤因比著,曹未风等译:《历史研究》上册,上海人民出版社1986年版,第55页。

象由此被精心钩织了出来。马可波罗将现实世界的真实图景与作为商人对财富的向往，天衣无缝地结合起来，构成了契丹的形象。于是西方人看到的是一个充满了诱惑的新世界。

在内涵上，马可波罗等人著名游记的影响，加上约翰长老国的传说，组成了神话"契丹"的主体。约翰长老①是一个早已流传于欧洲的传说。这一传说在12世纪前半叶已经形成。1145年，叙利亚加巴拉主教（Bishop of Gabala）作为亚美尼亚国王的特使出使教廷，带去了聂斯脱里派约翰长老的消息。②称在远东有一个约翰国王兼教长，富有而又有权力，统治着一个富庶而强大的王国，为了收复被穆斯林占据的圣城耶路撒冷而进兵波斯，为援助十字军而西进，但被底格里斯河所阻而退。③这一消息，给了欲从穆斯林手中夺回耶路撒冷的西方基督教教徒以极大地鼓舞。后来，在1165年传到罗马一封信，由约翰长老致曼努埃尔（Manuel）一世，其中，约翰长老自称是"三个印度和从巴贝尔（Babel）堡到信徒托玛斯（Thomas）墓之间辽阔地区的国王"④。这一传说与欧洲有关在中亚和南亚有基督教徒的古老故事有着渊源关系。西辽在中亚的出现，蒙古的兴起，使西方更加相信在东方存在一位君主，同时是基督教教徒的宗教领袖。葡萄牙学者内维斯·阿瓜斯认为："马可波罗的旅行传播并确定了使用著名的契丹这个名字来表述约翰长老帝国。……出于对这个神秘大帝国的兴趣，欧洲君主们又派了一些类似柏朗嘉宾传教士那样的，以宗教意图为主的使者来东方。如孟德高维诺（Joao de Montecorvino）（1298）、鄂多立克（Odorico de Perdenone）（1327）和玛黎诺里（Joao de Marignolli）（1338），他们都带回了有关这个帝国的宝贵消息。"⑤

中世纪游记的共同点是有夸大失实之处。在马可波罗之前，柏朗嘉宾曾记述约翰长老与成吉思汗的军队作战。⑥马可波罗在《游记》中，一方

---

① 约翰长老（Prester John），在张星烺译《马哥孛罗游记》、冯承钧译《马可波罗行纪》中，都译作"长老约翰"。
② John MacGregor, *Tibet, A Chronicle of Exploation*. New York, 1970, p. 1.
③ Henry Yule, *The Book of Ser Marco Polo*, 1929, Vol. 1, pp. 231—237.
④ 《柏朗嘉宾蒙古行纪》，第130页，韩百诗注［57］。
⑤ Neves Aguas Introducao. e Notas, *Viagens na Asia Central em Demanda do Cataio: Bento de Goes e Antonio de Andrad*, Publicacoes Europa–America, LDA, p. 14.
⑥ 《柏朗嘉宾蒙古行纪》，第49页。

面对契丹的财富给予了夸张的描述,另一方面讲述了成吉思汗调集人马,亲自统帅,浩浩荡荡杀奔约翰长老的王都,约翰长老阵亡的故事。① 从此,契丹就与约翰长老国的传说混淆在一起,不可分割了。中世纪另一位著名的旅行家,意大利方济各会士鄂多立克约于1318—1328年东来,他的《游记》中不仅记载了"契丹国",而且还讲述抵达了约翰长老国,并在那里旅行多日后,去了甘肃。② 这无疑是又一次向西方指出了,约翰长老的国度就在契丹,或正与契丹比邻的地方。

当历史成为回忆,传说便盛行了。中世纪游记加上古老传说,构成了西方认识中国的一个阶段。到中世纪末,西方人眼里的契丹与基督教王国的传说杂糅在一起,具有了神奇的意味;而且由于到达中国有海陆两条道路的问题,更形成了中国和契丹这样两种对中国的称呼并存。至明代,西方已不辨中国、契丹为一国矣,当时西方的中国形象,正如雾里看花一样,是含糊不清的。格雷罗的《耶稣会传教团年度报告》中记载:"因为这个事实契丹为人所知,当国王骑马出行时,走在他前面有三个十字架,第一个是金的,第二个是银的,第三个是铜的。"③

深入分析契丹传说与15世纪西方的东来,是有紧密联系的。追根寻源,当契丹与中国强盛的元朝结合起来,加上约翰长老的古老传说,就产生了神奇的效果,富强的大国与基督教结合起来,构成了西方向往的全部。由于传说中的契丹既代表了财富,又代表了宗教,因此对西方是一个具有强烈吸引力的国度。这奠定了中世纪西方中国观的基础。

至15—16世纪西方东来,为中西文化再度链接提供了历史性契机,也使神话有了回归现实的可能。

第三节 "神话"回归现实

当中国以契丹的名称被纳入西方话语之中时,同时出现了一个神话的

---

① 陈开俊等译:《马可波罗游记》,福建科学技术出版社1982年版,第57—60页。
② 何高济译:《鄂多立克东游录》,中华书局1981年版,第81—82页。
③ *Viagens na Asia Central em Demanda do Cataio*: *Bento de Goes e Antonio de Andrad*, p.45.

过程。契丹在此后是神话,还是历史的真实?也就产生了一个可追寻的问题:西方人眼里的中国形象有多少是真实的?传诵不衰的传说故事引导西方探寻东方,可以窥见东西方相互交流认识的曲折历程,自有其历史价值。分析西方关于契丹传说的内涵,一是东方的财富,二是宗教的因素。更为根本的是扩张的需求,作为经济文化的一个重要标识。

尽管有人对马可波罗的来华提出了疑义,但它本身作为一种历史体验,创造出了一个有影响力的神话般的东方,并从而成为西方向东方扩张的驱动力,却是历史的真实。令人瞩目的是,有关契丹的传说在欧洲脍炙人口,到了几乎家喻户晓的地步。神话的契丹的形成,对后来历史的发展起了出人意料的重要影响。15世纪,哥伦布和达·伽马都是为了寻找契丹踏上旅程的。《马可波罗游记》丰富了欧洲人的想象,为西方航海东来起了推波助澜的作用。在西班牙塞维利亚的纪念馆里,至今保存着一部哥伦布(Christophe Colomb)阅读过的《马可波罗游记》,上面布满了小字批注,达数百处之多。1492年哥伦布航海西行时,他满心向往的是到达马可波罗笔下的契丹和日本(Cipangu),在他的文件袋里,带有一封基督教国王给大汗的信,在基督教世界与大汗之间,"首次想通过西方航路建立直接的联系"①。在达·伽马第二次航行印度前夕,1502年,《马可波罗游记》的葡文本在里斯本问世。出版者在前言中如此评介葡萄牙人当时对中国的认识:"向往东方的全部愿望,都是来自想要前往中国。航向遥远的印度洋,拨旺了对那片叫作中国(Syne Serica)的未知世界的向往,那就是要寻访契丹(Cataio)。"②

这样我们可以看得很清楚,与其说西方寻找的是契丹,还不如说是他们要到契丹找到梦寐以求的财富。而契丹与其说是一个地域空间,还不如说是一个论说的主题。

美国学者柯文指出:"在所有把过去加以神话化的具体例子中,重点都不在于过去确实发生了什么事,而在于它被后人为自己的目的而如何加

---

① [西]萨尔瓦多·德·马达里亚加著,朱伦译:《哥伦布评传》,中国社会科学出版社1991年版,第265页。
② Rui Manuel Loureiro introducao, *organizncao e notas*: *Cartas das Cativos de Cantao*, Instituto Cultural de Macau, 1992, p. 10.

以重新塑造。"①

《马可波罗游记》的形式、风格和意图，都来自中世纪欧洲的理念。具有欧洲总体的文化态度。每一位游记作者都以各自不同的方式观照事物，马可波罗也不例外，作为一个中世纪的欧洲商人，他也倾向于以自己的文化模式来诠释个人经验。他依据自己的思维模式描绘了中国，契丹成为寻求财富和非凡经历的象征，从而创造了一个近乎神话的国度。值得注意的是，这一"神话"化的过程，不仅反映了欧洲中世纪末的社会心理，反映了东西方文化的差异，也反映了西方文化中的主体意识。通过神话，表达了西方寻求财富和扩张宗教的强烈愿望，契丹神话的形成，是中国与西方隔离的结果。马可波罗笔下的契丹之所以作为神话留存于西方，影响深远，即在于它的特定主题为15—16世纪的西方所认同，成为扩张东来的重要源泉。于是产生了一股强劲的东方热，寻求契丹，就这样成为西方社会的主题。

值得注意的是，西方一直是以陌生、富有、充满神秘的异域来看待中国的，这样一种思维方式，是一种潜在的意识形态。后来的西方传教士将自己的知识和研究建立在这之上，马可波罗、利玛窦和鄂本笃对契丹—中国的表述话语中，具有某种一致的东西，反映出中世纪思维模式为15—16世纪所继承的一面。

从元代的熟悉，到明代初年的疏远，西方关于中国的记述与传说相融和，加入了许多未知而虚幻的成分，形成了一个具有神话色彩的国度。而正是这一神话，孕育了西方的东来，或者说成为西方东来的重要媒介。从神话到现实，是观念整体转变的曲折过程，是对历史资源的重新诠释和重构。这是由利玛窦和鄂本笃完成的。利玛窦自海路来华，他到达中国南部，将所看到的中国与传说中的契丹联系和比较，于是迈出了破解神话的第一步，做出了中国就是契丹的推断，揭示了事实真相，然而却没有被人相信，问题就在于马可波罗等人的记述中，都有从陆路来华的背景。而观念形成后具有一定的牢固性，西方的契丹象征观念根深蒂固地保留和影响着西方人，观念的变化只有在实证面前才会发生。17世纪初，鄂本笃迈出

---

① ［美］柯文：《理解过去的三个途径：作为事件、经验和神化的义和团》，《世界汉学》创刊号，1998年5月，第128页。

了第二步,他的陆上之行破解了神话,从而使西方从虚幻到真实的中国观的转换得以完成。

一 破解之一:契丹即中国的推断

地理上的认识是文化互识的第一步。利玛窦从海路来华,构成西方认识中国的一个新的阶段。①

1582 年,利玛窦到达澳门,次年,进入中国内地传教。在华许多年以后,1596 年 10 月 13 日,利氏致罗马耶稣会总会长阿桂委瓦的信中,报告了他的一个重要推测:

> 在信尾,我愿写一点,相信是您与其他的神父们皆会高兴听的消息。我推测去年我去过的南京城,基于很多迹象说,应当就是马可波罗所记载的"契丹"都市之一,第一,因为在中国不曾听说附近有什么国土有这么大的城市;其次由于它享有伟大的特质与许多桥梁。虽然我不曾找到马可波罗所描写的那么多的桥梁——一万两千座,但由于河川纵横,尤其秦淮河分内外两条,城这样袤广,把它围绕两道,言有数千桥梁并不为过。
>
> 对这个问题我还会继续给您报告,以便绘更正确的地图,很少人会说比我们知道的还多,这是我敢确定的。②

在这里,利玛窦首次讲述了他的发现和推断,他是从南京发现了马可波罗笔下的契丹似乎就是中国的,但是应当注意,这还只是一个推测。当时就连利玛窦本人也还不能完全确定,处于将信将疑之中。

1605 年 7 月,利玛窦在北京给罗马耶稣会总会长写信,再次说到

---

① 根据亨利·玉尔的记述,在鄂多立克以后,西方游记的作者都以契丹称呼中国,而且他们大都只是到达中国的周边国家和地方。在利玛窦之前,西班牙圣奥古斯丁会修士马丁·德·拉达于 1575 年来华,他在福建停留了两个月,曾撰写报告,并说中国就是马可波罗叫作契丹的国家,但是他的报告原文直到 1884 年才刊布。见〔英〕C. R. 博克塞编译,何高济译《十六世纪中国南部行纪·导言》,中华书局 1990 年版,第 50 页。

② 罗渔译:《利玛窦书信集》(上),《利玛窦全集》3,台北光启出版社、辅仁大学出版社 1986 年版,第 233 页。

第一篇 整体篇 >>>

此事：

> 现在无疑地可以肯定中国就是马可波罗的"契丹"；同样马可波罗曾谓契丹有基督徒，当时为数不少的话并非臆说。①

到达北京以后的利玛窦，已经肯定地说中国就是契丹了。但值得注意的是，这已经是在鄂本笃的陆路之行从新疆向中原进发之时了。

1608年3月8日，利玛窦又一次写信给罗马耶稣会总会长，并详述了此事：

> 自离开广东迄今已十二年了，我先曾在大明古都南京住过一个时期。为证实中国北方有否所谓"大契丹"与"大汗宫廷"的存在，因为我们欧洲的制地图者都相信如此，当初我曾相信中国就是"契丹"，南京应是马可波罗所说的"汗八里"，因为他言称中有许多桥梁。但自从四年前我首次到北京，从回教人获知，中国就是契丹，汗八里就是北京，这是波斯人这样称呼的。再从这里的风俗习惯、地理位置、城市的数字以及其他种种迹象，我确切地可以肯定，并曾告诉过您——总会长神父与全体会友知晓，目前我们所在的中国，就是（元代的）"契丹"。②

这已经是鄂本笃成功的陆上之行完成以后的事了。当初，利玛窦的推测在西方得不到相信，是为什么？当然首先是因为它只是一种推测，尚需证实；而更为重要的，是长期以来，中西交通主要是通过陆路来实现的，元代海陆并举，马可波罗来华走的是陆上丝路，而回国走的是海路。明初郑和七下西洋，海上交通极大地扩展，之后半个多世纪，西方葡萄牙人东来，接踵而至的是西方传教士。至此时，伴随海路的开拓发展，海上丝路已成为中西交往的主要渠道，或者说是主要形式，但是，西方仍然存在一个契丹情结，要解开这一情结，唯一的办法是重走马可波罗走过的陆上丝

---

① 罗渔译：《利玛窦书信集》（下），《利玛窦全集》4，第310页。
② 罗渔译：《利玛窦书信集》（下），《利玛窦全集》4，第370页。

绸之路，这是来自海路的利玛窦所无法证实的。因此利玛窦的发现只停留在推断的层面上，证实契丹就是中国，还有待于实践的证明。换言之，此前已经形成了海陆对于中国的不同的称呼：中国和契丹，所以寻找契丹，直至重复中国北方丝路的经历，才可能画上句号，这也反映了西方认识中国的曲折历程。

二 破解之二：契丹即中国的证实

15世纪末，葡萄牙人达·伽马打开了欧洲通向印度洋的海路，到达印度，开辟了连结东西方的新航路，从而使葡萄牙人的航海探险举世闻名。相对来说，可以与之相媲美，却较少为人所知的，是葡萄牙人从印度出发伸入亚洲内陆的足迹。追溯中西早期关系的历史，实际上，西方的来华，可以分为东西两条路线，一自海路，一自陆路。传教士亦然。16世纪，前者主要有方济各·沙勿略（Francis Xavier）、罗明坚（Michele Ruggieri）和利玛窦；后者是自印度果阿派到莫卧儿王国的传教士，主要有鄂本笃（Bento de Goes）、安特拉德（Antonio de Andrad）。① 17世纪初，葡萄牙人鄂本笃从印度出发，重走陆上丝绸之路，寻找契丹，是西方扩张东来后与中国西北部直接接触的开始。在此以前，西方的契丹形象，已经与神话传说掺杂在一起，莫辨真伪，西方对于中国即是契丹这样一个历史事实并不清楚，而鄂本笃的使命，就是要寻找契丹，实现欧洲数世纪的夙愿。

迄今为止，我们研究鄂本笃，大都主要依据利玛窦《基督教远征中国史》中有关的三章记载。而格雷罗神父（Fernao Guerreiro）《耶稣会传教团的年度报告》（1606—1607年，1607—1608年），早于《基督教远征中国史》，在1609、1611年于里斯本问世，其中具有《基督教远征中国史》所没有包含的内容，特别收入了鄂本笃的书信，这是重要的第一手资料，弥足珍贵。本节拟以笔者在里斯本所见的内维斯·阿瓜斯葡文介绍注释文本《寻找契丹的中亚之行——鄂本笃与安德拉德》一书中的格雷罗《耶稣会传教团的年度报告》，结合其他史料论述。

---

① 关于西方传教士自海路的来华，参见万明《明代后期西方传教士来华尝试及其成败述论》，《北京大学学报》1993年第5期；有关自陆路的来华，参见万明《西方跨越世界屋脊入藏第一人——以安德拉德葡文书信为中心的探析》，《中国藏学》2001年第3期。

第一篇　整体篇 >>>

格雷罗《耶稣会传教团年度报告》中记载：

> 契丹，按照那些与它接触过的人的叙述来说，可以肯定那是一个很大的帝国。根据可靠的消息，那里的人民几乎都是基督徒，但是也有很多的穆斯林和异教徒在那里生活，可是还未了解清楚他们是居住在哪些区域和省份。关于这一点有许多不同的看法。因为根据人们的叙述以及作家的值得信任的论述，也许这个帝国确实就是东方的约翰长老国，也就是以前唐·若奥二世（Dom Joao II）从王国派人自陆路去寻找的，并在此之前曾有葡萄牙人通过海路到达过的属于印度的那个地域，而并不是直到今天人们仍旧认为的那个阿贝西姆（Abexim）的王国。①

由此可知，为了寻找约翰长老国，葡萄牙国王唐·若奥曾专门派人前往。对于契丹这一神秘的国度，葡萄牙国王的兴趣是持续不断的。利玛窦的推测已经作出后，在印度莫卧儿王国宫廷中的耶稣会士们却并不相信，意大利学者托斯卡诺说："我们并不知道，印度的耶稣会神父们是在1598至1602年之间的哪个具体年代了解到利玛窦看法的，我们只知道他们不接受利玛窦的看法，对此，利玛窦本人给了我们肯定的回答：'在那个年代（1602），即使印度的神父们从我们在中国的神父那里得到了对中国的新了解，即中国同震旦是一回事，那么有一点是清楚的：当他们从摩尔人那里听说许多或者全体震旦人都是基督教徒时，到过中国的神父们又说那里没有一个基督教徒，甚至说基督教的教义从来就没有到过中国，他们对一些事情产生了怀疑。因此他们认为也许存在着一个真正叫做震旦的王国，靠近中国，而中国也有一个地方用了同样的名字'。"②这充分说明了直至17世纪初，西方对于中国就是契丹这样一个历史事实并不清楚。

1598年7月26日，在莫卧儿的热罗尼莫·沙勿略神父（Jeronime Xavier），自拉合尔写信给果阿的耶稣会巡视员尼古拉·皮门塔神父

---

① *Viagens na Asia Central em Demanda do Cataio: Bento de Goes e Antonio de Andrad*, p. 45.
② ［意］G. M. 托斯卡诺著，伍昆明、区易柄译：《魂牵雪域——西藏最早的天主教传教会》，中国藏学出版社1998年版，第22页。震旦，是契丹又一译名。

(Nicholas Pimenta),讲述了从穆斯林商人那里听到的有关契丹的消息。皮门塔神父将一切都报告给了罗马耶稣会总会长。① 同时,他也报告了当时的西班牙—葡萄牙国王菲利普三世(Pillips III)。菲利普三世于1599年11月12日收到他的来信,在1601年1月24日回信说:

> 我非常高兴地获悉在震旦有基督教,过去从未有人提及此事。对于果阿主教告诉我有关比斯那加(Bisnaga)王国信奉福音的事也同样感到欣喜。
>
> 我深切地希望您,既要为即将在比斯那加王国开始的布教(传播福音)而工作,也要为寻找震旦基督教而工作,并配备必要的工作人员(传播福音者)。我坚信总督会尽力支持您,并帮助您从事上述两项工作。您应该同总督和果阿的主教私下讨论这些工作,因为这关系我的事业,也就是上帝的事业。
>
> 您所从事的其他一切工作,我都应该知道,您要把所到之处的情况向我报告,以便让我及时作出判断,并提前给您命令。②

国王对寻找契丹表现出异乎寻常的热情,是毫不奇怪的。根据记载,"震旦是一切旅行者希望的地方!在这个时期,英国人和荷兰人,经欧洲的西北和东北试图发现通往震旦之路,大家的目的和索求是航行到那里任意收集黄金、白银和宝石"③。在得到国王的大力支持后,皮门塔开始规划寻找契丹。而就这样,鄂本笃被皮门塔所选中,去完成罗马教廷与里斯本宫廷的双重使命,去寻找契丹。

1562年,鄂本笃生于葡萄牙亚速儿群岛圣米格尔岛的弗兰卡村。④ 根据格雷罗记载,他26岁开始信仰基督教,年轻时曾在印度当过兵。一次,

---

① C. Wessels, *Early Jesuit Travellers in Central Asia* 1603—1721, 1924, The Hague, p. 11.
② 《魂牵雪域——西藏最早的天主教传教会》,第24—25页。
③ [法] 裴化行:《鄂本笃在亚洲穆斯林之中1603—1607》,第53页,转引自《魂牵雪域——西藏最早的天主教传教会》,第54页注[87]。
④ 亨利·玉尔主要根据杜·雅力克(P. du Jarric)的记载,认为鄂本笃生于1561年,而注释中说也可能是在1562年,*Cathay and the Way Thither*, Vol. 4, p. 169. 现据内维斯·阿瓜斯的前言,*Viagens na Asia Central em Demanda do Cataio: Bento de Goes e Antonio de Andrad*, p. 20.

第一篇　整体篇 >>>

他走到一个教堂，听到祷告时感到心中很不平静，当他走向祭坛，突然看到在圣母怀里的耶稣哭起来。他走上前去看，发现泪水打湿了整个祭坛。鄂本笃惊呆了，从此他开始笃信基督教。① 后来，作为第三批耶稣会使团的成员，他被派往莫卧儿王国，在那里成为阿克巴国王的朋友和参谋。他曾劝说国王放弃了一场征战。

亨利·玉尔称鄂本笃的旅行是"整个大发现史中最大胆的旅行之一"②。鄂本笃的旅程是从印度阿格拉（Agra）开始的。关于他的出发日期，有不同的说法。③ 根据格雷罗书中收入的鄂本笃的书信，这一问题不难解决。在鄂本笃于1602年12月30日写给耶稣会副会长的信里，曾经这样写道：

> 因着上帝的看顾，将我带入这座拉合尔城，从这里去契丹的人将要启程。因此在这里我写信给阁下，请求让我向那些亲爱的弟兄们辞行。我是从阿格拉出发的。在阿格拉，10月29日我向热罗尼莫·沙勿略神父（Jeronimo Xavier）和安东尼奥·马沙多（Antonio Machado）神父辞行。④

根据信中所说，10月29日鄂本笃向两位神父辞行，与他们一起待了整整一个夜晚，那么，鄂本笃的出发日期实际上很可能是在1602年10月30日。

考察鄂本笃的行程路线，他是从印度出发，经由今天的巴基斯坦、阿富汗，到中国新疆，进入嘉峪关，最终到达甘肃酒泉的。现主要根据内维斯·阿瓜斯编《寻找契丹的中亚之行——鄂本笃与安德拉德》一书中"印度与中国"地图，参证中国历史地图组编辑《中国历史地图集》第七册（元明时期）明代部分和《明史·西域传》，即可了解鄂本笃之行的主要

---

① *Viagens na Asia Central em Demanda do Cataio：Bento de Goes e Antonio de Andrad*, p. 59.
② Henry Yule tra. and ed., *Henry Cordier revised：Cathay and the Way Thither*, Vol. 4, 1916, p. 169.
③ 利玛窦《基督教远征中国史》认为是1603年1月6日，格雷罗《耶稣会传教团年度报告》也记载是1603年1月6日，现据格雷罗《报告》中鄂本笃原信为据。
④ *Viagens na Asia Central em Demanda do Cataio：Bento de Goes e Antonio de Andrad*, p. 46.

路线。

鄂本笃自亚格拉出发后，首先到达莫卧儿王国的陪都拉合尔城，随后经今天的白沙瓦、喀布尔，越过兴都库什山，横穿帕米尔高原，到达中国新疆莎车。这时已是1603年11月，是他出发一年以后了。他所经历的路线，基本上是丝绸古道，属于丝绸之路的南道。如所经的八答黑商地区（Badakshan），是唐代玄奘去印度取经时的所经之地钵铎创那国。① 而他进入新疆以后沿途所到的牙儿干（元代称鸭儿看）、于阗（元代称斡端），哈密（元代称哈密力）、肃州，都是马可波罗当年走过的地方。

根据格雷罗的记载，1604年11月14日鄂本笃启程继续前行，经过将近一年的旅途，到达了一个名叫叉力失的城市。叉力失是个小城，但是防守得很好。在叉力失，鄂本笃遇到了很多穆斯林商人，他们曾经以使节身份去中国卖他们的货物。这些人给他带来不少有关北京宫廷的新消息，最重要的是，他们给鄂本笃带来了利玛窦等传教士在北京的消息。他们称北京为汗八里（Hambalac 或 Cambaluc），说那里有很多外国基督徒，那些人送给皇帝珍贵的钟表、乐琴、装饰画以及其他的一些物品作为礼物。原来，1601年的时候他们在北京，并与利玛窦神父及其同伴住在同一个会馆里。他们与神父们曾多次交流过。也许是这些穆斯林商人好奇，他们带来一张写有葡萄牙文字的纸，拿给鄂本笃看，鄂本笃特别高兴，因为它证实了那些人就是耶稣会的神父们。从而他了解到耶稣会神父进入中国并留在了北京都城。② 此时的鄂本笃心中已经明白，他要寻找的契丹就是中国。

此后，他离开叉力失，于1605年10月17日到达哈密，在那里停留了一个月，然后再启程，在9天之内到达了中国的长城，即嘉峪关。③ 在经历了充满艰难和危险的长达3年多的旅行以后，鄂本笃积劳成疾，在肃州与利玛窦派去迎接他的钟鸣礼见面不久，于1607年4月11日去世。至此，他以他的陆上之行乃至生命，完全证实了欧洲数世纪要寻找的契丹，就是中国。利玛窦神父在1607年11月12日写给印度果阿耶稣会会长的信里确切地说："基督教和全世界现在都应该相信，在中国以外，不存在另外一

---

① （唐）玄奘：《大唐西域记校注》，季羡林等校注，中华书局1985年版，第971页。
② *Viagens na Asia Central em Demanda do Cataio: Bento de Goes e Antonio de Andrad*, p. 56.
③ *Viagens na Asia Central em Demanda do Cataio: Bento de Goes e Antonio de Andrad*, p. 57.

个契丹王国。"①

如上所述，在西方，契丹久已被指称为遥远的、富庶的、新异的地方。而模糊性被消除，代之以实体，是利玛窦和鄂本笃的功劳。西方人真正进入了东方的世界，一个真实的世界，与西方连接在一起的世界。文本的图式化，在现实的直接接触中消失。人们之所以不相信利玛窦的话，正因为他们是从马可波罗的游记出发，按图索骥去寻找的，所以鄂本笃的重复体验经历的重要性就凸显了出来。由此，想象的视野消失了，文本与现实之间的差异完全消除了。

应该说是欧洲文艺复兴的结果，使希腊地理学家托勒密的学说恢复，意味着实验精神的觉醒。鄂本笃的实践，正是这种精神的体现。鄂本笃的中国陆上丝路之行，这样一个个案说明了现实与神话的反复，构成历史上文明对话的过程。而神话的返回现实，需要再次的体验证实。

到16世纪西方东来时，西方积累的点点滴滴关于契丹的知识，构成了西方中国观的历史资源。西方对中国的兴趣，有赖于马可波罗对中国的描绘，也就是他对中国的认识。西方对中国认识的演进，就是西方中国观的演进。观念的变迁是伴随中西交往的加深而实现的。利玛窦与鄂本笃在这一观念更新中所扮演的角色是重要的。

结　　语

如果说从中世纪到西方扩张东来时，由实际到神话的契丹，是西方认识中国的第一阶段，那么利玛窦从海路来华，他的契丹即中国的推断，构成了西方对中国认识的第二阶段，是神话回返现实的开端；鄂本笃自陆路来华，则是西方认识中国的第三阶段，也即完成阶段，证实了契丹即中国，使神话回归了现实。这是中西直接对话开始时期西方对中国的一个完整的认识过程。反映出到17世纪初，欧洲已经直面中国，中西直接交往开始，认识切入了本体。利玛窦与鄂本笃所构筑的中国形象，建立在真实基础之上，他们的行为本身，代表了中世纪欧洲中国形象由虚幻向真实的

---

① *Viagens na Asia Central em Demanda do Cataio: Bento de Goes e Antonio de Andrad*, p. 57.

转换。

中世纪形成的神话般的契丹形象，随利玛窦、鄂本笃的来华而消失，神话于是返回了现实，长达数世纪的悬案得以解决，一段认识史到此终结，而利玛窦与鄂本笃对人类认识史的贡献长存，他们结束了一个神话的时代，代之以一个不再两分的真实而完整的中国，这成为西方对中国认识推进的里程碑。

从现实到神话，再由神话返回现实，这样的历史片断，这样的一种认识过程的反复，在人类文明丝绸之路对话过程中，具有普遍性，是人类认识的一个基本模式。

第十三章　明代陆上丝绸之路变迁
——鄂本笃来华路线考

自德国东方学家李希霍芬（Ferdinand von Richthofen）提出"丝绸之路"的概念以后，已有一百多年时间，对这条古代东西方交流大动脉的研究，取得了丰硕成果。然而迄今为止，论丝绸之路时谈到明代的不多，对明代海陆丝路发生的重大变化更是缺乏研究。追溯中西直接交往早期的历史，15世纪末，葡萄牙人达·伽马打开了欧洲通往印度洋的海路，到达印度，开辟了连结东西方的新航路，这已为人们所熟知。而实际上西方的来华，可分为东西两条路线，一自海路，一自陆路。传教士亦然。自16世纪起，前者主要有沙勿略（Francis Xavier）、罗明坚（Michele Ruggieri）和利玛窦（Matteo Ricci）；后者是自葡萄牙占据的印度果阿派到莫卧儿王国的传教士，主要有鄂本笃（Bento de Goes）、安特拉德（Antonio de Andrad）。17世纪初，葡萄牙人鄂本笃从印度出发，踏上陆上丝绸之路，寻找契丹，这正是西方扩张东来后与中国西北部直接接触的开始。更为重要的是，鄂本笃为我们研究明代陆上丝绸之路提供了第一手的宝贵资料。

就本质而言，丝绸之路是一条中外经济文化交往的通路，是中国通向世界之路。古代中西交往，主要是通过陆上丝绸之路实现的。自汉朝张骞通西域，从此"汉威令行于西北"，中西交通的主要渠道——丝绸之路得到了开拓发展。这条陆上丝绸之路在唐代极为发展，造就了大唐盛世。唐以后，中国经济重心东移，到南宋以东南半壁江山支撑，南部中国得到更大发展，对外海上交往不断扩大成为必然。元代建立起欧亚大帝国，于是海陆并举，马可波罗来华行的是陆路，回国走的是海路。明朝建立以后，15世纪是一个海洋的世纪，世纪之初，郑和七下西洋，海上交往极大拓展，超越了陆上交往；世纪之末，西方葡萄牙人扩张东来，大航海的发展，遂使海路逐渐成为中外交往主要渠道的时代到来。16 世纪末，利玛窦通过海路来华，他认识到契丹就是中国；17 世纪初，鄂本笃从陆路来华，证实了契丹就是中国，揭示了明代陆上丝绸之路的实际状况。对比之下，海路已经逐步取代了陆路，占有明代中西交往主要交通道路的地位。因此，可以认为中西交通以海路为主渠道的历史性转折发生在明代。考察鄂本笃来华路线及其史实，将使中外交往主渠道由陆上转向海洋的轨迹更为清晰。

传统的看法，是陆路丝绸之路在唐代以后已经衰落。当人们谈到陆上丝绸之路时，一般只谈到汉唐，给人的印象是丝路在唐代达到了鼎盛，此后海上贸易兴起，陆上丝路衰落，似乎不值得一提了。那么这里把时间后延，将海陆发生根本转变的时间确定在明代，初步考虑主要有两方面原因：一是因为元代是以海陆并举的，建立了打通欧亚的大帝国，以陆路为统治中心，因此陆上丝绸之路在元代得到了前所未有的扩大发展；二是自15 世纪起，无论从世界来看，还是从中国来看，都是陆上向海上的大转移时期，海路是世界发展的大趋势，海上的天然屏障不复存在，为东西方对话铺平了道路。因此，虽然中国经济重心向东南的转移早已完成，但值得注意的是，至明代中西交通和交流发生重大转变，形成了以海上为主要形式，中西经济文化交往的重心——丝绸之路由西向东、自陆而海的转移，或者可以说，丝绸之路自陆上向海上的主体转移，在明代完成。这一点，为明万历年间自陆路来华的葡萄牙耶稣会修士鄂本笃以亲身经历所充分证实。

对于鄂本笃的来华事迹，从探险史和传教史的角度，西方学界已有较多研究；中国学者的研究薄弱，迄今为止没有专门论文。这主要是因为鄂本笃旅行记录已不存世，研究鄂本笃，大多数学者只是根据利玛窦《中国传教史》和利玛窦、金尼阁（Nicolas Trigault）《基督教远征中国史》第五卷中有关的三章记载，缺乏其他资料。而鄂本笃本人的书信是重要的第一手资料，耶稣会神父格雷罗（Fernao Guerreiro）的《耶稣会传教团的年度报告》（1606—1607 年，1607—1608 年），早于利玛窦《中国传教史》，也早于利玛窦、金尼阁《基督教远征中国史》，于 1609 年、1611 年在里斯本问世，其中于第 2 卷第 3 册第 9 章、第 4 卷第 3 册第 9 章、第 5 卷第 1 册第 8 章，依据鄂本笃的 6 封书信，叙述了鄂本笃寻找契丹的陆上丝路之行的全部历程，具有《中国传教史》和《基督教远征中国史》所没有包含的内容。现以笔者在里斯本所见的内维斯·阿瓜斯（Neves Aguas）编注

第一篇　整体篇 >>>

《寻找契丹的中亚之行——鄂本笃与安德拉德》一书中的格雷罗《耶稣会传教团的年度报告》葡文文本，吸收国外新的研究成果，结合《明史·西域传》、利玛窦《中国传教史》以及其他文献史料，钩稽明代后期葡萄牙耶稣会修士鄂本笃的陆上丝路之行，并通过比较的方法，把海陆纳入一个研究范围，以全面探讨明代海陆丝路转移的原因及其影响。

第一节　鄂本笃陆上丝路之行的缘由

一个问题久久地使西方感到困惑：那就是马可·波罗描述的"契丹"（Cathay，或译"震旦"）究竟在哪里？对于西方来说，"契丹"成为具有神话色彩的东方大国。地理大发现以后，葡萄牙人率先来到了东方，接踵而至的是西方传教士。自1510年葡萄牙占据印度果阿以后，果阿成为葡萄牙与西方在亚洲的重要基地。

与葡萄牙人占领果阿几乎同时，帖木儿帝国创建者帖木儿的六世孙巴布尔（Babur）入侵印度，建立了莫卧儿帝国。到阿克巴时代（Akbar 1556—1605年），统一了整个北印度和中印度，形成了一个庞大的帝国。当时，面对国土上错综复杂的宗教教派，阿克巴采取了兼容并蓄的政策，遣使到果阿，请求派遣传教士到他的宫廷中去。于是，第一批耶稣会士3人传教团派往莫卧儿帝国宫廷。[①] 1590年，葡萄牙传教士安东尼奥·德·蒙塞拉特（Antonio de Monserrate）在《莫卧儿宫廷记事》中提到，那个古代的"赛里斯"就是中世纪的契丹，他说："亚洲腹地的商人们仍把那个地方叫契丹，他们说那个地方有基督教徒。"[②] 1595年，第三批到莫卧儿帝国的传教团，报告果阿耶稣会巡视员尼古拉斯·皮门塔神父（Nicholas Pimenta），他们在克什米尔听到了有关"契丹"的新情况，由此人们对契丹"进行了不厌其烦的研究"[③]。

---

① *Os Missionarios Jesuitas Portugueses no Tibete*, p. 21.
② ［意］G.M.托斯卡诺著，伍昆明、区易柄译：《魂牵雪域——西藏最早的天主教传教会》，第21页。
③ 《魂牵雪域——西藏最早的天主教传教会》，第22页。

就在第二年，1596年10月13日，利玛窦于南京致罗马耶稣会总会长阿桂委瓦（Aquaviva）的信中，首次讲述了他的发现和推断，他从南京发现了马可波罗笔下的契丹似乎就是中国，但是可以注意到，这还只是一个推测。当时就连利玛窦本人也还不能完全确定，处于将信将疑之中。

利玛窦做出关于契丹即中国的推测后，在印度莫卧儿王国宫廷中的耶稣会士们却并不相信，意大利学者托斯卡诺说："我们并不知道，印度的耶稣会神父们在1598至1602年之间的哪个具体年代了解到利玛窦看法的，我们只知道他们不接受利玛窦的看法，对此，利玛窦本人给了我们肯定的回答：'在那个年代（1602），即使印度的神父们从我们在中国的神父那里得到了对中国的新了解，即中国同震旦是一回事，那么有一点是清楚的：当他们从摩尔人那里听说许多或者全体震旦人都是基督教徒时，到过中国的神父们又说那里没有一个基督教徒，甚至说基督教的教义从来就没有到过中国，他们对一些事情产生了怀疑。因此他们认为也许存在着一个真正叫做震旦的王国，靠近中国，而中国也有一个地方用了同样的名字。'"① 这充分说明了直至17世纪初，西方对于契丹即中国仍然并不清楚。

1598年7月26日，在莫卧儿的热罗尼莫·沙勿略神父（Jeronimo Xavier），自拉合尔写信给果阿的尼古拉·皮门塔神父，讲述了从穆斯林商人那里听到的有关契丹的消息。皮门塔神父将一切都报告给了罗马耶稣会总会长。② 同时，他也报告给了当时的西班牙—葡萄牙国王菲利普三世（Pillips III）。菲利普三世于1599年11月12日收到他的来信，在1601年1月24日回信对寻找契丹表现出异乎寻常的热情，是毫不奇怪的。在得到国王的大力支持后，皮门塔开始规划寻找契丹之事。就这样，鄂本笃被皮门塔选中，去完成罗马教廷与马德里—里斯本宫廷的双重使命。

1562年，鄂本笃生于葡萄牙亚速儿群岛圣米格尔岛的弗兰卡村。③ 根

---

① 《魂牵雪域——西藏最早的天主教传教会》，第22页。震旦，是契丹又一译名。
② C. Wessels, *Early Jesuit Travellers in Central Asia 1603—1721*, The Hague, 1924, p.11.
③ 亨利·玉尔主要根据杜·雅力克（P. du Jarric）的记载，认为鄂本笃生于1561年，而注释中说也可能是在1562年，Henry Yule tra. and ed., Henry Cordier revised：Cathay and the Way Thither, Vol.4, 1916, p.169. 现据内维斯·阿瓜斯的前言，Neves Aguas intoducao e notas：*Viagens na Asia Central em Demanda do Cataoi：Bento de Goes e Antonio de Andrade*, Publicacoes Europa – America, p.20.

第一篇 整体篇 >>>

据格雷罗记载，他 26 岁开始信仰基督教，年轻时曾在印度当过兵。① 后来，作为第三批耶稣会使团的成员，他被派往莫卧儿王国，在那里成为阿克巴国王的朋友和参谋。他曾劝说国王放弃了对果阿的一场征战。

就在鄂本笃开始旅程的那一年，葡萄牙船圣地亚哥号在海上被荷兰俘获。② 此外，海上航行有风险，根据当时的档案材料所作统计，在 1580—1610 年的 30 年间，葡萄牙到东方的船只，不少于 35 条沉没在海上。③ 鄂本笃此行的目的是寻找契丹，而且去发现一条比海路更安全且更为捷径的陆上道路。亨利·玉尔爵士称他的旅行是"整个大发现史中最大胆的旅行之一"④。

鄂本笃的旅程是从印度亚格拉（Agra）开始的。关于他的出发日期，有着不同的说法。⑤ 根据格雷罗所收的鄂本笃书信，这一问题似乎不难解决。根据鄂本笃于 1602 年 12 月 30 日写给耶稣会副省会长的信里所说，10 月 29 日鄂本笃向热罗尼莫·沙勿略神父（Jeronimo Xavier）和安东尼奥·马沙多（Antonio Machado）神父两位神父辞行，并与他们一起待了整整一个夜晚，那么，鄂本笃的出发日期实际上很可能是在次日，即 1602 年 10 月 30 日。

第二节 鄂本笃行程考

鄂本笃所经历的路线，正是丝绸古道。鄂本笃所经的八答黑商地区（Badakshan），是唐代玄奘去印度取经时的所经之地钵铎创那国。⑥ 他经过的塔里寒，以及进入新疆后沿途所到的牙儿干（元代称鸭儿看）、于阗（元代称斡端），哈密（元代称哈密力）和肃州，也都是马可波罗当年走

---

① *Viagens na Asia Central em Demanda do Cataio: Bento de Goes e Antonio de Andrad*, p. 59.
② C. R. Boxer, *The Tragic History of the Sea, 1589—1622*, Preface, Hakluyt society, Cambridge, 1959.
③ Luis de Figueiredo Falcao, *Livro em que se contem toda a fazenda*, Lisboa, 1859, p. 195.
④ *Cathay and the Way Thither*, Vol. 4, 1916, p. 169.
⑤ 利玛窦《中国传教史》认为是 1603 年 1 月 6 日，见《利玛窦全集》2《中国传教史》（下），台北光启出版社 1986 年版，格雷罗《耶稣会传教团年度报告》也记载是 1603 年 1 月 6 日，现格雷罗《报告》中鄂本笃原信为据。
⑥ （唐）玄奘：《大唐西域记校注》，季羡林等校注，中华书局 1985 年版，第 971 页。

过的地方。① 由此踪迹可见，自张骞通西域至明末，经历了 1700 多年的岁月沧桑，丝绸之路不断如缕，始终具有生命力。

《汉书·西域传》记载：

> 自玉门、阳关出西域有两道，从鄯善傍南山北，波河西行至莎车，为南道，南道西逾葱岭则出大月氏、安息。自车师前王廷随北山，波河西行至疏勒，为北道，北道西逾葱岭则出大宛、康居、奄蔡、焉耆。

鄂本笃所走的路线，主要是沿丝绸之路的南道。当然，他也显示出了这条丝绸古道在明代的变化。特别是对照明初陈诚的《西域行程记》，明末与明初的路线已有所不同。虽然如此，主要路线应该说变化不大。

考察鄂本笃的行程路线，具体说来，他是从印度出发，经由今天的巴基斯坦、阿富汗，到达中国新疆，进入嘉峪关，最终抵达甘肃酒泉。他的旅程可以分为三个阶段，一是从印度经巴基斯坦到阿富汗的阶段，二是在中国新疆到嘉峪关的阶段，三是在甘肃酒泉的阶段。现主要根据上述葡文本地图，参证中国史籍与地图，将鄂本笃之行主要路线列于下：②

> 亚格拉（Agra，莫卧儿王国首都，今印度阿格拉）——拉合尔（Laor，莫卧儿王国陪都，今巴基斯坦境内）——阿塔克（Atock，今巴基斯坦境内）——配夏哇（Peschavar，今巴基斯坦白沙瓦）——贾拉勒阿巴德（Jalalabad，今阿富汗境内）——可不里（Cabul，今阿富

---

① 参见陈开俊等译《马可波罗游记》，福建科学技术出版社 1982 年版，第 35、43、45、51—53 页。

② 以往在翻译鄂本笃的旅行路线地名时，往往没有采用明代地名，或用元代地名译名，如何高济等译《利玛窦中国札记》；或用清代地名译名，如德里贤（Pasquale M. D'Elia）《利玛窦全集》（*Fonti Ricciani*）中的注释，这都是不合适的。为了尊重历史事实，这里的地名按照明代地名译名考订。表中外文地名，主要来自 Neves Aguas Introducao. e Notas, *Viagens na Asia Central em Demanda do Cataio; Bento de Goes e Antonio de Andrad* 一书的《印度与中国》地图，中文地名来自《中国历史地图集》第七册（中华地图学社 1975 年版），及《明史》卷三三二《西域传》（中华书局 1974 年版）等。根据亨利·玉尔、考狄的利玛窦、金尼阁《基督教远征中国史》中有关鄂本笃三章的英译本注释，利玛窦书中有许多日程断定错误，因此这里主要以格雷罗收入的鄂本笃信件，结合考狄的考释论述。

汗喀布尔）——八鲁湾（Parvan，今阿富汗境内）——兴都库什山（Hindu Kuch）——塔里寒（Talhan，今阿富汗境内）——帕米尔（Pamir，即葱岭）——撒里库儿（Sarcil，今新疆塔什库尔干）——牙儿干（Yarkand，今新疆莎车）——于阗（Chotan，今新疆和田）——齐兰（Zilan，今新疆阿瓦提）——阿速（Acsu，今新疆阿克苏）——苦先（Cucha，今新疆库车）——叉力失（Chalis，今新疆焉耆）——土鲁番（Turfan，今新疆吐鲁番）——哈密（Camul，今新疆哈密）——肃州（Sucheu，今甘肃酒泉）

在第一阶段，是从今印度至巴基斯坦和阿富汗的旅行。1602年10月30日，鄂本笃自亚格拉出发后，走了一个多月，首先到达的是莫卧儿王国的陪都拉合尔城，在他于1602年12月30日写给副省会长的一封信里，说到他于12月8日到达了拉合尔。① 随后，在拉合尔临行前，他于1603年2月14日写信向热罗尼莫·沙勿略神父告别，② 从中可以得知，他在拉合尔待了2个多月，于1603年2月14日离开那里，出发前行的。此后，他经过今巴基斯坦境内的阿塔克，那里当时属于拉合尔的边界，以及配夏哇，到达今阿富汗境内贾拉勒阿巴德，随后抵达了可不理。可不理是当时莫卧儿王国一个繁盛的商业交易中心。离开可不理以后，他到达了八鲁湾，这是在莫卧儿王国的最后一站。然后，翻越兴都库什山，他到达了塔里寒。接下去他到了帕米尔高原，翻越葱岭，就是今天中国新疆地方。在这一阶段，他花费了几乎一年的时间。

第二阶段，鄂本笃越过葱岭，到达了中国新疆的撒里库儿，牙儿干。这时已是1603年11月，是他出发一年以后了。当地的情况是这样的：东察哈台汗国王后裔赛德汗于1514年建立了哈实哈儿王国，以牙儿干为首都。③ 明隆庆四年（1570），赛德汗后代马黑麻实现了西域的统一，政治、

---

① *Viagens na Asia Central em Demanda do Cataoi: Bento de Goes e Antonio de Andrade*, p. 47.

② *Viagens na Asia Central em Demanda do Cataoi: Bento de Goes e Antonio de Andrade*, pp. 47-48.

③ 哈实哈儿王国（今喀什噶尔）是东察哈台汗国后裔赛德汗于1514年建立的汗国，都城设于Harchan，明代译牙儿干，清代译叶儿羌，故哈实哈儿王国也称叶尔羌汗国，见魏良弢先生《叶尔羌汗国史纲》一书，黑龙江教育出版社1994年版。

经济、文化的中心转移到农业较发达、商业繁荣的哈实哈儿、牙儿干一带，定居并进一步伊斯兰化。在这一统治时期，伊斯兰教最终在天山南北成为各个民族共同的信仰，而曾在新疆统治1000多年的佛教完全失势。据米儿咱·马黑麻·海答儿记载，16世纪的哈实哈儿，由赛德汗统治，那里是他的首府，早在米儿咱·阿巴·乞儿时，就统一规划了牙儿干，修建了有六座城门的高高的城堡和十座花园，城内外有着富丽堂皇的楼阁，画有壁画；人行道两旁是一排排白杨树，形成林荫大道，在道边是水渠。①并说在牙儿干到于阗之间，行走三天左右，"沿途都是人烟稠密的城镇和乡村"②。还记载了牙儿干到于阗一带河流中特产玉石。③ 在中文史料中，记载着这一带出产"桑、麻、禾、黍，宛如中土"④。当时，哈实哈儿王国正处于鼎盛时期，首都牙儿干是丝绸之路上著名的商业集散地，各路的商人及各式各样的商品都集中于此地。鄂本笃的记载充分地显示了这一点。他在牙儿干停留期间，还到于阗去了一次，去取那里的统治者王子之母在可不理的债款，王子不仅偿还了他母亲在路上借鄂本笃的欠款，而且成为鄂本笃的好朋友。⑤

　　根据记载，在牙儿干停留了几乎一年时间的鄂本笃，于1604年11月14日自牙儿干启程，继续前行。他经过阿速，那里是哈实哈儿王国的一个重要城市，也是丝绸之路上的重要商站之一，那里的统治者是哈实哈儿国王的侄子。随后，他走过哈剌契丹⑥，又经过6个城镇，到达苦先（明代也称曲先，即今库车），这里就是唐代的龟兹。洪熙初年，明朝曾对丝绸之路南道用兵，派遣李英等讨曲先，跨越昆仑山西行数百里。岑仲勉先生因此曾断言："是唐以后南道通行。"⑦ 鄂本笃的历程，更确切地说明了这一点。

　　从牙儿干出发，走了将近一年的旅程以后，鄂本笃到达了一个名叫叉

---

① 米儿咱·马黑麻·海答儿著，王治来校注：《中亚蒙兀儿史——拉失德史》第二编，新疆人民出版社1983年版，第209页。
② 《中亚蒙兀儿史——拉失德史》第二编，第215页。
③ 《中亚蒙兀儿史——拉失德史》第二编，第210—211页。
④ （明）慎懋赏：《四夷广记》，玄览堂丛书续集本。
⑤ *Viagens na Asia Central em Demanda do Cataio: Bento de Goes e Antonio de Andrad*, p. 52.
⑥ 哈剌契丹即历史上西辽地方，但在明代已经成为一片荒漠。
⑦ 岑仲勉：《中外史地考证》下册，中华书局1962年版，第703页。

第一篇 整体篇 >>>

力失的城市。1570年,哈实哈儿王国统一了东察合台汗国后王国,直接与明朝接壤,马黑麻继阿布都·哈林汗为哈实哈儿王国的国王后,任命其弟阿都拉因速檀为土鲁番总督。① 此后,土鲁番总督基本上管辖吐鲁番、叉力失、哈密三地。叉力失是个小城,但是城墙很牢固。据鄂本笃所说,那里是由哈实哈儿国王私生子管辖的。② 在那里,鄂本笃遇到了很多穆斯林商人,他们曾经以使节身份到中国贩卖他们的货物。这些人给鄂本笃带来有关北京宫廷的消息,更为重要的是,他们带来了利玛窦等传教士在北京的消息。他们称北京为汗八里(Hambalac或Cambaluc),说那里有很多外国基督徒,那些人送给皇帝珍贵的钟表、乐琴、装饰画以及其他的一些物品作为礼物。原来,1601年的时候他们在北京,并与利玛窦神父及其同伴住在同一个会馆里。他们与神父们曾多次交流过。也许是这些穆斯林商人好奇,他们带来一张写有葡萄牙文字的纸张,并拿给鄂本笃看,鄂本笃特别高兴,因为它证实了那些人就是耶稣会的神父们。从而他了解到耶稣会神父进入了中国,并留在了都城北京。③

此后,鄂本笃离开叉力失,经过蒲昌,到达土鲁番。④ 根据中文史料记载,在明末,土鲁番由"速檀满速儿"统治,那里"大小城堡共有十五六座,每堡一头目掌管,速檀满速儿居一土城,周围约有二百里,南北土门二座,城郭内外俱有居人,烟火林木宛如中国"。由于"诸夷欲入贡作买卖,必假道于此,别无道路",因此各国商人汇集于此。土鲁番"欲传货各国,以取重利,诸国欲通货,其所需亦在此也"⑤。那里是丝绸之路上又一著名的大商品集散地。

鄂本笃于1605年10月17日到达哈密。哈密地处西域到明朝内地的必经之地,明朝建立以后,哈密等地就遣使贡马,与明朝建立了外交关系。为了维护以哈密为要冲的丝绸之路的畅通,永乐二年(1404),明朝封哈

---

① 魏良弢:《叶儿羌汗国史纲》第81页。
② [意]利玛窦:《中国传教史》卷五,第十二章,第493页。
③ *Viagens na Asia Central em Demanda do Cataio: Bento de Goes e Antonio de Andrad*, p.56.
④ 陈诚、李暹《西域番国志》为"土尔番",第107页周连宽注:"至清乾隆二十二年(公元一七五七年)始改作土鲁番",误,中华书局1991年版。查《明太宗实录》卷一六九,永乐十三年十月癸巳,已称土鲁番。第1884页。
⑤ (明)桂萼:《进哈密事宜疏·吐鲁番夷情》,《明经世文编》卷一八一《桂文襄公奏议》三,第1850页。

密故王安克帖木儿为忠顺王,哈密由此归顺明朝。四年(1406),明朝设立哈密卫,体现了明朝对当地的直接管辖。此后,哈密卫"为西域之襟喉,以通诸番之消息,凡有入贡夷使方物,悉令此国译文具闻"①。明朝"以哈密为西域要道,欲其迎护朝使,统领诸番,为西陲屏蔽"②。土鲁番屡与明朝争夺哈密,历经半个世纪的争夺,嘉靖初年土鲁番占据了哈密,于是该地全部信仰了伊斯兰教。鄂本笃在那里停留了一个月,然后再启程,在9天之内到达了中国的长城,也即嘉峪关。③ 嘉峪关建于洪武五年(1372),是万里长城的最西端。在那里,鄂本笃等待了25天以后,经过明朝官员的盘查,才得入关。

第三个阶段是在肃州。1605年年底,鄂本笃到达了肃州。当时的肃州,并非是明朝的地方行政机构所在地,而是明朝一个重要军事卫所所在地。④ 明朝在那里设置了肃州卫,属于陕西行都指挥使司管辖。来自西域的客商在那里停止前进,要等待明朝官方允许,才能继续前往北京。

鄂本笃在肃州等待进京,在那里居住生活了一年多时间。他曾两次写信托人带给在北京的利玛窦,但由于他并不知道利玛窦的中文名字,因此几经周折,他的第二封信才送到了利玛窦手中。而在经历了充满艰难和危险的长达3年多旅行之后,鄂本笃积劳成疾,在与利玛窦派去迎接他的钟鸣礼见面不久,于1607年4月11日与世长辞。至此,他以他的陆上之行乃至生命,完全证实了欧洲要寻找的契丹,就是中国;并证明了17世纪初陆上丝绸之路的依然存在:从欧洲到印度果阿,横贯莫卧儿王国、西域哈实哈儿王国,进入嘉峪关,直通北京,是一条重要的国际商路。但是,也正是由此,西方自陆上丝绸之路东来的尝试宣告终结。

---

① (明)马文升:《兴复哈密记》,金声玉振集本。
② 《明史》卷三二九《西域传》一,第8513页。
③ *Viagens na Asia Central em Demanda do Cataio: Bento de Goes e Antonio de Andrad*, p. 57.
④ 明初设立肃州卫,治所在今天甘肃酒泉。据(乾隆)《甘肃通志》卷二七《职官志》载:肃州卫设有"参将一员,指挥三员,千户十员,百户二十五员,镇抚三员,经历、知事各一员,教授、训导各一员"。故明代肃州没有知州之设,到清代雍正七年(1729)改直隶州,才设有知州,《利玛窦中国札记》将鄂本笃死后钟鸣礼遭遇官司时的当地官员译为知州,误。

第一篇　整体篇 >>>

第三节　鄂本笃反映的明代陆上丝绸之路实态

时代的变迁引起丝路的变化。鄂本笃的行程使我们得以确切地了解明代陆上丝绸之路的路线及其状况。随中亚、南亚地区民族迁移和政治格局的频繁更迭，以及自然地理环境的变化，明代陆上丝绸之路与汉、唐时情况已经大不相同了。但是，在历史的长河中，世界各民族息息相关的相互经济文化交往，是一条剪不断的链条，割不断的纽带。事实上，直至明代，陆上丝绸之路仍旧在活跃着，从没有中断。清修《明史·西域传》，主要根据明初出使西域使臣陈诚等旅行所记的第一手资料撰写，记载明初事颇详，而疏于明末。① 在明末，这一在汉唐闻名世界的连接中西的主要渠道，又呈现出什么状态，发生了什么变化，存在着什么特点呢？这正是我们通过鄂本笃的记载所要考察的问题。鄂本笃险象环生的陆上之行，留给我们的正是当时陆上丝路状况的生动写照。

根据记载，鄂本笃所反映的明代陆上丝路的信息，主要有如下几个方面。

一　丝路沿途繁盛的贸易

贸易包括商队、商业中心、贸易物品三方面，这些也正是明代陆上丝绸之路的主体情况。鄂本笃告诉我们，只要踏上这条道路，就必须与商队同行，也就是说，从当时的莫卧儿王国到中国，只能与商队一起，通过丝绸古道前往。换言之，打扮成商人，加入商队，这是当时通过陆上丝路的唯一办法。他叙述当时的商队规模往往很庞大，由几百人组成，这也正反映了丝绸之路上贸易活动的繁盛。当时的哈实哈儿是丝绸之路上的贸易中心地，以它为中心，连接着两条贸易路线。从莫卧儿王国出发，前往哈实

---

① 最明显的例子，就是对 1570 年归并东察合台汗国，统一了西域，势力直达嘉峪关前的哈实哈儿的叙述："哈实哈儿，亦西域小部落。永乐六年，把太、李达等赍敕往赐，即奉命。十一年遣使随白阿儿忻台入朝，贡方物。宣德时亦来朝贡。天顺七年命指挥刘福、普贤使其地。其贡使亦不能常至。"见《明史》卷三三二《西域传》四，第 8616 页。对明末西域史事可以说是完全阙如的。

· 237 ·

哈儿王国，这是一条固定的商路。而这条商路实际上又分为两段：一是拉合尔—可不理，当时均在莫卧儿王国境内，二是从可不理—哈实哈儿。这条商路的终点是哈实哈儿，而在到达哈实哈儿的首都牙儿干以后，再重组到中国内地的商队。于是，哈实哈儿又成为另一条商路的起点。据鄂本笃记载，要到契丹，必须经过哈实哈儿王国，商队在牙儿干集结，具有一定规模才出发。为此他不得不在牙儿干等了一年时间。①

商队沿途所经之地，都是丝绸之路上的重要商品集散地。而沿途经商，处理各种债务活动，是踏上丝路后所必须经历的内容。鄂本笃在信中说，他在12月8日到达拉合尔城。那天正好是圣母受孕日，他没去教堂，而是曼奴维尔·皮内罗（Manuel Pinheiro）神父去看他。当时他住在一个威尼斯人家中，那人名叫若奥·噶里修（Joao Galisou），与鄂本笃是谈生意的关系。② 这种沿途所做的生意活动，是这条道路上的特色，鄂本笃也不例外，一方面他是为了更好地掩饰其身份和真正意图，而另一方面也是走这条道路的实际生活需要。因为所经之地需要高昂的花销，这成为沿途经商的一个原因。鄂本笃在信中说，尽管在旅途中，一个个的城市之间的路途并不遥远，但是花费较高，以致他们出发时所带的钱物不够作一次完整的旅行。在另一封鄂本笃写给曼奴维尔·皮内罗（Manuel Pinheiro）神父信中，他这样写道："今天是3月4日，在这七个月里，我认识了好几个新的王国。……这条路真的很难走，而且令人不愉快……这些商人在常人眼里看，可能是满载重物，辛苦异常，而我却轻松和舒服，因为有造物主在看顾我。"但接着他说他们已经有很长时间没有吃东西了，他们的食物只是一点和着黄油的米饭或是和着椰子油做的饼。能够有一点咸鱼，就是最大的礼物。③ 他对沿途各商业中心城市的情况多有记述。记载了商贾们常年来往于丝绸之路上，各地汗王亲自过问商业交往与商队组织，并且收取佣金，而商人要"购买旅行权"。④ 在这条道路上，来来往往的商队中还存在很大风险，因为按照习惯，商人常常有财产被觊觎和瓜分的危险。

---

① *Viagens na Asia Central em Demanda do Cataio: Bento de Goes e Antonio de Andrad*, p. 56.
② *Viagens na Asia Central em Demanda do Cataio: Bento de Goes e Antonio de Andrad*, p. 47.
③ *Viagens na Asia Central em Demanda do Cataio: Bento de Goes e Antonio de Andrad*, pp. 48–49.
④ *Viagens na Asia Central em Demanda do Cataio: Bento de Goes e Antonio de Andrad*, p. 53.

第一篇 整体篇 >>>

而关于商品，因与朝贡密不可分，在下面述及。

二 丝路沿途各地与明朝的朝贡关系

鄂本笃的经历说明了自莫卧儿王国到哈实哈儿王国，均与明朝有着朝贡关系。明初，除了设立哈密卫以外，还在西域封王，并任命各地头目为都指挥等官，管理当地行政事务。史载："元亡，各自割据，不相统属。洪武、永乐间数遣人招谕，稍稍来贡。地大者称王，小者止称地面。"到宣德时，"效臣职，奉表笺，稽首阙下者多至七八十部"①。当时统治西域的主要是东察哈台汗国后王。在隆庆四年（1570），哈实哈儿王国统一了西域，这种与明朝的朝贡关系延续了下来，主要是各国商人得到各地统治者的同意，充作使臣前往明朝朝贡。据鄂本笃记载，他在叉力失遇到了从北京返回的假扮使节去卖货的穆斯林商人，他们在北京受到的是朝贡使团的待遇，与利玛窦及其同伴住在同一个会馆里。② 明初，西域各国进贡的次数很多，每年有时十数次，或者几十次，往往前者未去，后者又来。人数最多时，甚至达到1800多人。而使臣中大多是商人，这也不是秘密。永乐时礼科给事中黄骥曾言：

> 西域使客，多是贾胡，假进贡之名，藉有司之力，以营其私。……既名贡使，得给驿传，所贡之物，劳人远至。自甘肃抵京师，每驿所给酒食、刍豆之费不少；比至京师，又给赏，及予物值，其获利数倍。以此胡人慕利，往来道路，贡无虚月。……比其使回，悉以所得，贸易货物以归。③

成化九年（1473），吐鲁番破哈密城，但是"修贡如故"，《高昌馆课》中保存了当时文书：

> 吐鲁番地面满剌马哈麻叩头奏：奴婢是速坛阿力王的使臣，往来

---

① 《明史》卷三三二《西域传》四，第8616页。
② *Viagens na Asia Central em Demanda do Cataio：Bento de Goes e Antonio de Andrad*，p. 57.
③ 《明仁宗实录》卷五上，永乐二十二年十二月丙午，第158页。

>>> 丝绸之路上的明代中国与世界

> 进贡年久,加升千户职事。有我王说,今差你每去进贡文书。仰望大明皇帝好名声,地方安稳。得了哈密城池印信,照例进贡。因此专差奴婢赴京叩头,乞望重重赏赐,奏得圣旨知道。①

从《高昌馆课》这部文书集来看,89件文书中,有关进贡的83件,具体记录了67次朝贡活动。这里充分说明了明代西域与明朝的关系,不仅在政治上有臣属关系,而且在经济上也有着紧密的联系。根据《高昌馆课》统计,西域进贡的物品主要有23种,如马、玉石、玛瑙、貂鼠皮等。明朝赐物有20多种,主要有丝绸、瓷器等。这是明中叶的情况,那么,到明末鄂本笃来华,明朝与哈实哈儿王国实际以嘉峪关为界,而丝绸之路依然如故,往返着到中国朝贡的商人们。格雷罗记载,在牙儿干城的时候,鄂本笃见到了扇子、漆筷、瓷器、大黄等从契丹来的商品。据说通过大海的另一边带来珍珠、胡椒、桂皮、石竹花种子,此外,那里还有许多生姜和纯正的糖。② 在这条道路上,鄂本笃记载下了各国商人繁忙的足迹,有亚美尼亚人、希腊人、威尼斯人、印度人,以及中亚各国人、西域各地商人。这些商人常年奔走贸易,正德年间,史载"有留会同馆三、四年者"③。到嘉靖年间,"每沿途寄住,贩易谋利,经年不归。甚有前贡者,复充后贡人数,更名冒进"④。更有许多商人定居在肃州而不返回西域。林希元曾云:"又闻吐鲁番自通贡之后,每一入贡,辄留数十人于甘肃,今积至二千余人矣。"⑤ 鄂本笃则明确记载:

> 肃州分为两个部分,一部分为汉人居住,回教徒称之为契丹人,另一部分为回教徒所居住,这些回教徒大都来自哈实哈尔国,来中国经商。很多商人娶汉人为妻,在此成家立业,中国政府对他们一视同仁,与汉人没有什么区别,同时他们大都不再返回西域。这些人同澳

---

① 胡振华、黄润华译:《高昌馆课》第四一篇,新疆人民出版社1981年版,第76页。
② *Viagens na Asia Central em Demanda do Cataio: Bento de Goes e Antonio de Andrad*, p. 53.
③ 《明世宗实录》卷三,正德十六年六月庚子,第141页。
④ 《明世宗实录》卷一○○,嘉靖八年四月己巳,第2366页。
⑤ (明)林希元:《应诏陈言边患疏》,《明经世文编》卷一六三《林次崖先生文集》,第1649页。

第一篇 整体篇

门的葡萄牙人相似，只是葡萄牙人有他们自己的法律及法官，而这些回教徒则由中国人管辖。每天晚上他们的城门都要上锁，不得出城，除此之外，就同中国人没有区别了。依照中国的法律，凡在这里生活九年以上的人，就不许返回西域了。①

这就是在肃州的"番坊"。

经过丝绸之路，西域商人将马驼、貂鼠等皮货、玉石等运到内地，作为贡品，献给明朝皇帝，从而得到明朝的大量赏赐，并在京城进行贸易活动。然后，他们又把在内地得到的赏赐物品和贸易所得运回西域，包括丝绸、布匹、瓷器、药材、纸张、香料等。茶叶和铁器虽属于违禁物品，但是得到特许也可得到。② 这些贸易活动，与丝路沿途人们日常生活紧密相关，因此，西域各地统治者都把向明朝朝贡的丝绸之路视为"金路"。③ 商队中的商人，最后是作为进贡使臣的身份进入内地，这是为明代朝贡贸易的性质所规定的。明嘉靖年间定，西域入贡每十人许二人赴京，"余留在边听赏"④。鄂本笃曾在1604年8月的信中说，由于没有办法让所有的人都进入中国，商队首领在出发前就与鄂本笃说好，商队中每5个人只有1人以使臣的名义进入中国，因此只能让72人进入。⑤ 由此可见，当时西域"使团"是必具有350人以上的规模。在叉力失和肃州，鄂本笃都遇到了去北京朝贡返回的商人，这正说明在明末，丝绸之路上以朝贡为名的商队络绎不断。而且鄂本笃必须争取进入"使团"，才有可能入京。他为了得到许可，在肃州等待了16个月，直至病故，都没有能够入京。

---

① ［意］利玛窦：《中国传教史》，第498页。
② 朝贡和给赐的物品，可参见（万历）《明会典》卷一〇七《礼部》六五《朝贡》三，第578—581页；卷一一二《礼部》七〇《给赐》三，第595—597页。明朝规定："使臣进贡到京者，每人许买食茶五十斤，青花瓷器五十付，铜锡汤瓶五个，各色纱罗绫段各十五匹，绢三十匹，三梭绵布、夏布各三十匹，绵花三十斤，花毯二条，纸马三百张，颜料五斤，果品、沙糖、干姜各三十斤，药饵三十斤，乌梅三十斤，皂白矾十斤，不许过多。"第595页。
③ （明）王琼：《晋溪本兵敷奏》卷六《为夷人供报房情事》，卷七《为夷情事》，引自陈高华《明代哈密吐鲁番资料汇编》，第267、287页。
④ 《明世宗实录》卷一九八，嘉靖十六年正月壬寅，第4170页。
⑤ Viagens na Asia Central em Demanda do Cataio：Bento de Goes e Antonio de Andrad，p. 54.《中国传教史》说来自西域的赴京使团"每隔六年"，"可派七十二个商人，进入中国"，第498页。

三　丝路上的自然地理状况

格雷罗说，鄂本笃的旅途从一开始就大多是经过无人的旷野，很少经过有人烟的地方，而且很少进入城镇。从拉合尔出发，走了不到一个月，鄂本笃就在1603年3月4日的信中言道："这里很冷，因为我们现在走的山脉覆盖着一层白雪"①，道路艰险难行，往往通行于崇山峻岭之中。由于气候寒冷，大雪封山，天寒地冻，危险异常。格雷罗说，在翻越葱岭时，他们经过了一段极为难走的路程："那里的气候非常的冷，没有水，没有人烟，只有可怕的天气。狂风卷着风沙，使人甚至不能呼吸。由于这个缘故，马会突然倒地死去。而在这样恶劣的气候里，除了蒜、洋葱和李子干，再也没有什么可以供人畜吃的东西，怎么能不被饿死呢？他们用了40天时间，才穿越了那一地带，途中还下起了雪。"在如此艰难地行进中，他们的马倒死了5匹。而且即使如此，他们还要应付更严重的事情："在沙漠的边缘，还有成批的凶猛和残忍的盗贼在等着商队，好大肆劫掠一番。"②格雷罗还说在整个旅途"有好多同伴都冻死了，鄂本笃修士也差一点就被冻死"③。在这样恶劣的环境中，鄂本笃和他的随从以撒可以说是九死一生。

四　丝路沿途的人文信仰

不同于利玛窦，鄂本笃到达的是一个伊斯兰教传播的区域，风险更大。首先，他必须乔装打扮成穆斯林的模样，才能加入商队旅行。由于同伴都是穆斯林，所以他也必须穿着他们的传统长袍，包着头布，在腰间佩着短剑，背上背着弓箭，带着商人的行囊，这样才能得到安全。"这身装扮就是为了不让人认出来，并且也帮助能够在一群撒拉逊人为同伴的旅途中，能够安全地度过每一天。"他在信中说，"因为我被打发进了狼群，在与基督教对立的异教徒中间"。为此，鄂本笃起了新名字本达·阿卜杜拉（Banda Abdula），意思是上帝的仆人。这个名字是热罗尼姆·沙勿略神父

---

① *Viagens na Asia Central em Demanda do Cataio: Bento de Goes e Antonio de Andrad*, p. 49.
② *Viagens na Asia Central em Demanda do Cataio: Bento de Goes e Antonio de Andrad*, p. 54.
③ *Viagens na Asia Central em Demanda do Cataio: Bento de Goes e Antonio de Andrad*, p. 56.

(Jeronimo Xavier)在他将要启程时给他起的。格雷罗说,鄂本笃"装扮成亚美尼亚人",他带上了用胸毛做的假胡子,并按照当地习惯留起了长发,都是"为了不让人看出来他是一个欧洲人,而更像一个亚美尼亚商人"①。在旅途中,鄂本笃所经之地大都是穆斯林人口为主的地区,他在1604年2月2日给热罗尼姆·沙勿略的信中提到,由于他不是穆罕默德的追随者,所以他在牙儿干的出现,"使得那里全城的人都感到惊讶,在这世界上竟然还有人信仰其他的宗教!"② 在与哈实哈儿国王的交往中,他曾将每日祈祷书带到王宫中去,给国王念其中的赞美诗,并为国王和显贵们讲解诗中的意思。他还虔诚地把十字架也拿给他们看,那正是在一个耶稣受难日发生的事情。③ 此后,由于公开自己信仰的行为,使他身处险境,曾经有一个摩尔人用刀抵在鄂本笃的胸上,逼他口称穆罕默德的名字,并威胁说如果他不说就杀了他。④ 关于牙儿干的宗教信仰状况,鄂本笃有如下的记述:

> 在牙儿干那个都城里,大约有100多座清真寺。每到星期五,就有一个摩尔人到了广场,高声叫喊,为了让使用的人都在那一天到清真寺去朝拜。等他喊完了,出来大约12个男子,带着皮鞭子,在街上巡视,看人们有没有去朝拜,如遇到没有去朝拜的人,就强制他去朝拜。

并说:"在那里,每个地区都有一个清真寺,住在那个地区的人们必须每天去清真寺祷告五次,如果不去,就会被处罚。"在那里,鄂本笃是因为有王子的庇护,才免于被罚的。⑤ 对于西方而言,当时伊斯兰教传播的地区,无异于隔阂与屏障。⑥

---

① *Viagens na Asia Central em Demanda do Cataio: Bento de Goes e Antonio de Andrad*, p. 55.
② *Viagens na Asia Central em Demanda do Cataio: Bento de Goes e Antonio de Andrad*, p. 49.
③ *Viagens na Asia Central em Demanda do Cataio: Bento de Goes e Antonio de Andrad*, p. 50.
④ *Viagens na Asia Central em Demanda do Cataio: Bento de Goes e Antonio de Andrad*, p. 54.
⑤ *Viagens na Asia Central em Demanda do Cataio: Bento de Goes e Antonio de Andrad*, p. 52.
⑥ 马可波罗曾记他在哈实哈儿、鸭儿看等地见到聂斯脱里教徒,在那里有一座圣约翰教堂,见陈开俊等译《马可波罗游记》,福建科学技术出版社1982年版,第43页,而鄂本笃经过时,却已不存在了。

第四节　明代海陆丝绸之路变迁原因探析

一　将陆上丝路之行与海路进行简单比较，陆上之行显然更为艰难

利玛窦自里斯本到果阿，经历了近 6 个月海路，于 1578 年 3 月 29 日出发，9 月 13 日到达。① 他在果阿停留了 4 年以后，于 1582 年 4 月 15 日自果阿出发，经历近 4 个月的海上航行，于 8 月 7 日到达澳门。② 虽然到达澳门尚不等于到达中国内地，但是当时罗明坚已随葡萄牙商人多次进入中国内地，因此，已经为传教士进入内地创造了条件。在万历十一年（1583），罗明坚和利玛窦进入中国内地传教的愿望实现。此后，利玛窦经过十几年的努力，经历了种种周折，在万历二十九年（1601）进入京师，驻足传教。鄂本笃是在自海路来华的传教士成功进入内地以后，才经陆路到达肃州的。此时，海路的畅通是早已存在的事实。不过，当时海上也出现了新的情况，即荷兰人东来，经常在海上骚扰劫掠，使葡萄牙人的海上贸易遭受到严重损失。西方殖民者之间在海上的竞争，同时也有宗教之争的因素，因为荷兰人信奉的是新教。因此，为了避免海上的损失，从罗马到马德里，才有探寻一条直接与中国通商途径的愿望和需要。从地图上看，走陆路比海路的距离缩短了不少，如果开通，则可以避免海上的危险。于是，打通陆上道路，无论对西方与中国的通商还是传教，都是极为有利的，所以探寻陆上道路得到了教廷与国王两方面的支持，也正是因此，才有了鄂本笃的陆上丝路之行。

应该说，鄂本笃的经历与他的同伴即西方传教士 20 年前从海路来华，有着许多共同之处，如随商人进入，乔装打扮，沿途送礼等等。但当鄂本笃来华的时候，自海路来华已经不需要这样的过程，由于利玛窦已经成功地在北京立足传教，传教士可以直接以本人真实身份进入中国传教，这是自陆路来华所不具备的。自陆路来华，传教士要经历更大的风险，除了路途上的艰险之外，那就是与穆斯林同行，而路途经过地区的社会不稳定，

---

① ［法］裴化行著，管震湖译：《利玛窦评传》上册，商务印书馆 1993 年版，第 36、38 页。
② 《利玛窦评传》上册，第 51 页。

第一篇 整体篇 >>>

人身不安全，匪徒袭击，九死一生。当鄂本笃走了6个月之后，他写的一封信中，说到他们认识了一群野蛮而且残酷的人，当时一个野蛮人首领威胁说要把他扔到大象脚下，而他不惊慌，心平气和地对答。他说自己之所以没有受到惊吓，是因为有上帝与他同在。否则他就死定了。① 明代官方中外交往的主要形式是朝贡贸易，在明末，东南沿海实际已经是"是贡非贡"皆许贸易，与西北比较，中西交流的特点是海路已不需要直接借助朝贡贸易，而陆路则仍必须。问题还不在这里，是鄂本笃遇到了比利玛窦更多的实际困难，其中，最为重要的是路途上的危险倍之。鄂本笃的经历以实践证明，陆路虽然在地图上来看距离是短些，但旅行实际需要比海路更多的时间，而且相对海路而言，陆路也具有更大的风险。换言之，对于西方来说，到利玛窦来华时，西方已在海上开辟了稳定的航线，虽然海路仍有艰险存在，但相对陆路而言仍是通途。值得注意的是，对于鄂本笃的陆上之行，教廷曾寄予很大的期望，耶稣会神父皮门塔曾说："即使没有发现新国家，没有找到被遗忘的基督教徒，这次远征还可能开辟一条比较险恶的海路更为捷径的陆路。"② 结果是什么呢？从某种意义上说，这一任务鄂本笃也完成了，结论就是陆路绝非比海路更好，因此他呼吁再也不要通过陆路到中国。事实上，除了鄂本笃，此后也再没有一名西方传教士从陆上来华。就这一点而言，鄂本笃为西方成功地提供了经验教训，他的陆上丝路之行成为中西交往主要渠道变迁的一个重要标志。其后，清代传教士白乃心（John Grueber）、吴多铎（Albert d'Orville）探索从中国回欧洲的路线，就吸取了鄂本笃的教训，没有重复鄂本笃所走的道路。这样，鄂本笃的陆上之行适从一个侧面证明了明代海陆丝路发生了重大变迁，说明了当时海路已成为中西交往的主要渠道，而陆路退居到次要地位的事实；同时，从某种意义上说，这次陆上之行，也标志着明代丝绸之路自陆上向海上的主体转变的完成。

二　从自然与人文两方面探寻明代陆上丝绸之路让位于海路的原因

陆路的衰落与海路的兴起几乎是同步的。陆路之所以退居次要地位，

---

① *Viagens na Asia Central em Demanda do Cataio*: *Bento de Goes e Antonio de Andrad*, p. 49.
② C. Wessels, *Early Jesuit Travellers in Central Asia 1603—1721*, p. 12.

总的来说，主要由自然与人文两方面的原因造成。从自然而言，陆路自然生态环境发生的变迁主要有下列三方面：

首先，是水资源的变化。由于人为改变自然水系的流通渠道，造成地表水量的缺少，地下水位下降，同时，也使水的质量发生了改变，这是绿洲生态环境破坏的重要因素。

其次，是土壤的变化。由于河流的减少，支流的干涸，以致降水减少，气候转变为干旱，土地被风蚀，逐渐发生了沙漠化现象。风蚀作用下的流沙形成一个个沙丘，吞蚀了万亩良田。

再次，是气候的变化。水土生态环境的变化，造成的恶果，还可诱发多种自然灾害。旱灾成为最主要的灾害。由于干旱，引发气候的恶化，更加剧了灾害的破坏程度。

然而，以上这些都是长时段作用的结果。

那么，与元代来华的马可波罗笔下的陆上丝路比较，明代发生了什么变化？就人文而言，让我们从以下事实来看，元代建立了打通欧亚的大帝国，以陆路为统治中心，因此陆上丝绸之路得到了前所未有的扩大发展，元亡后，明朝建立，受限于故元及蒙古在中亚、南亚以及欧洲的残余势力，明朝在西北的政治势力收缩，设立哈密卫，严密布防。当时在中亚与南亚，先后出现了帖木儿帝国和莫卧儿王国，都是突厥蒙古人所建立的。在西域，明前期由东察合台汗国后王统治，明后期则是哈实哈儿王国统一了西域，而仍受到瓦剌的威胁。这种政治格局的变化，属于人文方面的变化。而说到生态环境方面，元明的差别是不大的，马可波罗曾记述："沿着帕米尔高原骑行了十二天。一路上十分荒凉，渺无人烟……群山巍峨，万仞高山直冲霄汉，轻易看不见飞鸟在高山上盘旋，因为大山顶上空气稀薄，气候寒冽……走完了十二天的路程，还要从同一方向再走四十天。沿途要攀越连绵起伏的莽莽翻滚山和蜿蜒曲折的大川细流，荒原成片，河川纵横。还有一片片茫茫沙丘，寸草不生，人烟绝迹。"① 更可见元代陆上丝路沿途已经出现了大量沙漠化的现象。更何况中国通往中亚、南亚的道路，也就是所谓丝绸之路的南道，自古以来就需要跨越高山峻岭，经过大量荒漠地区。自然条件的恶劣，本是自古存在的，但却没有阻止得了东晋

---

① 陈开俊等译：《马可波罗游记》，第41页。

第一篇　整体篇 >>>

法显、唐代玄奘的西行取经；至少到元代，也并没有成为陆上丝路极大扩展的真正障碍。

通过鄂本笃之行对陆上丝绸之路在明代实态的考察，可见到了明代，与海路比较，陆路具有自然条件差，盗匪抢劫路途危险，以及所经多是伊斯兰教信仰地区的问题。仔细考察，前二者在以往也同样存在，并不是明代所特有的，因此不能成为明代海陆丝路变迁的主要论据。

首先，从自然条件方面，从历史地理与生态环境来看丝路变迁。自古以来，对这条丝路上的艰难险阻、困难重重史不绝书，但是陆路丝绸之路一直兴旺发达。从长时段来看，在汉代以前，陆上丝绸之路所在的西北地区处于原生态状态，那里水源丰富，草木茂盛。汉唐以来，对丝绸之路沿途地区进行了大规模开发，大量移民屯田，兴修水利，发展农业经济。在长期开发利用自然的过程中，伴随生产力的提高，引起了一系列的环境变化。这种变化在唐以后已经显示了出来。唐以后，整个西北乃至中亚，民族角逐，战乱频仍，更使以往大规模的屯田沦为荒漠，沟渠废弃。但是生态环境的变化在明代以前已经出现，并没有阻碍丝路的发展，到元代陆路异常兴盛，因此自然条件说暴露了缺陷，不构成变迁主要原因。

其次，是盗匪抢劫路途危险的问题。从人文环境来看丝路变迁，中西交往的历史，早在殷商时就已开始。自西汉张骞通西域，陆上丝绸之路进入开拓发展时期，发展至唐朝，陆上丝绸之路达到鼎盛，将中亚、西亚、南亚以至欧洲连接了起来，对中西经济文化的交流起了不可替代的作用。唐朝以后，战乱频仍，社会动荡。即使在元代，伴随大元帝国的极大扩展，陆上丝绸之路也达到了它的又一个鼎盛时期，而在马可波罗的笔下，沿途各地也同样有战事发生。古代由于各民族生存的需要，西域始终是充满冲突和矛盾、战争迭起的。当时在海上也并非没有危险，海难不断发生，而且同时有着荷兰人的抢劫，我们不应忘记，为此西方才派出鄂本笃进行陆路的探寻。

最后，明代丝绸之路与海上丝绸之路比较，陆路衰落或者说为西方放弃的重要原因，也可以说是具体原因，正是明代伊斯兰教在西域的全面传播，这使西方由陆路来华受阻，更使之在西域危险丛生，没有立足之地。相对西方基督教教徒而言，道路自然环境的危险，行程时间长的问题，都还是次要的，而遭遇宿敌才是最为重要的障碍。从根本上说，此时世界交往的大帷幕由海洋揭开，海路相比陆路的优越性已经显示了出来，而西方自陆路的东来，至此受挫，于是放弃了陆路。这样一来，海陆丝路发生重大变迁也就成为必然。

结　　语

从元代的海陆并举，到明代的海路兴盛替代陆路成为中西交往的主要渠道，主要有三个原因，无一例外地都与当时世界以及中国发生的重要变化紧密联系在一起：

第一是政治因素影响。明代在西域政治势力的内缩，中亚、西域政治势力的角逐，使陆路不再具备元代良好的发展条件。

第二是海上贸易的优势。海路在明代这一时间段里以新的面貌崛起，新航路的开辟，同时发生的是海上运输对陆上运输贸易成本降低的优势，由此奠定了海路超越陆路的优势地位；[1] 尽管西域统治者将西域通往内地的交通要道丝绸之路视为"金路"加以保护，但在世界海路打通的情况下，陆路商品交易范围和数量有限的缺点暴露出来。

第三是宗教的因素。这是西方放弃陆上丝路的最主要的原因，也是海陆丝路变迁的重要原因。由于明代是伊斯兰教在西域得到广泛传播，并奠定了统治地位的时期。在鄂本笃来华时，他的所经之地几乎全部是信仰伊斯兰教的地区，这使西方基督教一进入丝绸之路，就遭遇了宿敌，没有立足之地。在西方东来以后，中西关系已经上升到中外关系主要地位的时候，西方对陆上丝绸之路的探寻以及放弃，成为海陆丝路变迁的重要标志，海路从而完全代替了陆路，成为中西交往的主要渠道。

海路丝绸之路取代陆上丝绸之路，上升为中西交往的主要渠道，发生于明代，而促成了这一转变的，正如本章一开始所谈到的，世界大环境的海路大开，为海上丝绸之路，上升为中西交往的主要渠道创造了前提，但海陆道路的兴衰，不应忽视主体的选择。正是因为西方最终选择了海路，

---

[1] Douglass C. North, "Sources of Porductivity Change in Ocean Shipping, 1600—1850", *The Journal of Political Economy*, Vol. 76, No. 5, 1968.

放弃了陆路，才使海陆丝路的转变完成。事实上，在鄂本笃之后，西方基本上放弃了陆路，这成为海陆丝路变迁的一个重要因素。而这一因素是为明代伊斯兰教在整个西域地区扩大传播，占有统治地位这一具体原因所促成的。伊斯兰教的扩张，在西域对西方的扩张东来起了阻隔的作用，换言之，明代伊斯兰教在西域的传播在改变中西交往主要渠道中的作用不容忽视。因此，人文方面的因素，而不是生态环境方面的因素，是转变的主要原因。

在海路畅通说与自然条件说暴露了问题的情况下，宗教的问题凸显了出来。

我们有理由认为，陆上丝绸之路的繁荣和兴盛，与佛教传播有着密切关系，佛教的传播曾为陆上丝绸之路的繁荣创造了条件，至明代，与陆上丝绸之路繁荣兴盛紧密联系在一起的佛教失势，丝路沿途佛教胜地急剧衰落，伴随着佛教在西域的失势，陆上丝绸之路的辉煌不再。而更重要的是，当伊斯兰教成功地席卷西域之时，同时形成了中国与西方交往的屏障。横贯欧亚大陆的这条陆上丝绸之路，在中西交往中的主要作用，遂被海路所取代。

第十四章 寻找契丹的余波：草原丝绸之路与中俄第一次直接接触

17世纪初俄国佩特林的来华，是明代中俄第一次直接接触，从全球史出发再探讨，其背景应该得到更全面的阐释，可视为西方寻找"契丹"的又一面向，是西方走向全球探寻"契丹"大潮中的一环，即全球化开端时期欧洲对中国初识的一部分。无论从海上，还是从陆上，"契丹"的探寻，即全球财富的追求，正是经济全球化的开启。本章提出佩特林来华不是外交使团，也不具备外交使团的作用与影响，所谓佩特林带回的中国万历皇帝诏书，是当时俄国与中国处于完全隔膜状态的产物。揭开谜团，真正值得我们探究的，是佩特林来华背后曾被遮蔽的全球化开端时期西方探寻"契丹"的历史真相。

第一节 引言

1618—1619年俄国佩特林来华，是明代中俄第一次直接接触事件。迄今为止，对于发生于晚明的这一事件，中外学界基本趋向一致地提升到了外交层面，认为是俄国第一次使臣来华，并以明朝皇帝所谓"国书"为真。[①] 这

[①] 中国学者有关研究主要有张箭《明末清初俄使出访中国初探》，《清史研究》2001年第2期；柳若梅《独树一帜的俄罗斯汉学》，《中国文化研究》2003年夏之卷。英国学者巴德利（J. F. Baddeley）《俄国 蒙古 中国》一书是西方持这一观点的代表作（吴持哲、吴有刚译，商务印书馆1981年版）；俄国学界基本上都以外交使团称之，虽也有俄国派赴中国第一个使团是1653年巴伊科夫使团的观点，见［俄］尼古拉·班蒂什—卡缅斯基编著，中国人民大学俄语教研室译《俄中两国外交文献汇编》，商务印书馆1982年版，第15页；但此书收入最早的外交文献，却正是始自1619年佩德林带回俄国的所谓中国皇帝致俄国的国书，这是一封应该被质疑的"国书"，下面还将论及。

第一篇　整体篇 >>>

一定性评价，即长期以来将佩特林作为俄国使臣，称为外交使团，有意无意地遮蔽了其来华事件的来龙去脉，特别是影响到其背后西方探寻"契丹"历史大背景的全面展现。现代地理学的基础是地理大发现，与西方所谓大航海时代联系在一起，但是历史上东西方乃至全球的链接，却并非只有航海的一面，也有从陆上直接接触的一面。我们需要注意的是，一个大探索时代是以西方对于"契丹"的追寻开始的。当16世纪全球化开端之时，西方对于"契丹"的探寻，实际上构成了地理大发现之源泉，在全球史上占有极为重要的地位。以此为观察点，考察佩特林来华，其并非正式外交使团，也不是一般的地理考察，正是西方对"契丹"探寻的延伸。

西方是通过探寻"契丹"而发现中国的。中国这一名词，俄语为Китай，译音是"契丹"，至今未变。不仅俄语如此，在蒙古语、希腊语和中古英语中，都把中国称为"契丹"，分别为Kitay, Kitala, Cathay；在穆斯林文献中，则常把北部中国称为"契丹"Khita, Khata。中世纪从中亚到欧洲，可以说"契丹"一直是对中国的一个通称。笔者在2001年香港城市大学"纪念利玛窦来华400周年国际学术研讨会"上提交的论文《"契丹"即中国的证实——利玛窦与鄂本笃的贡献》，是对西方东来探寻"契丹"过程以及"契丹"神话破解的考察，指出明朝时期西方对于"契丹"的探寻，存在海上与陆上两条线索：16世纪末，海上来华的意大利传教士利玛窦通过澳门，成功进入中国内地，他将契丹即中国的信息传达到西方；17世纪初，陆上葡萄牙修士鄂本笃重走西域丝绸之路，寻找"契丹"，是西方扩张东来后与中国西北丝绸之路直接接触的开始，他从印度出发，到达甘肃酒泉，以生命为代价，将契丹即中国确凿地证明给西方，至此，西方从海陆两道均证实了契丹即中国。① 笔者原以为，利玛窦从海路来华，鄂本笃从陆路来华，构成了西方东来与中国直接对话开始时期契丹神话破解的完整历史；而在接触了俄国佩特林的资料以后，② 感到这一研究还有待延伸：历史上在鄂本笃之后西方仍有不明就里，对中国和契丹是同一个国家深表怀疑的看法存在，在鄂本笃逝于中国11年之后，1618

---

① 万明：《"契丹"即中国的证实——利玛窦与鄂本笃的贡献》，《中西文化研究》（澳门）2002年第2期。
② 由北京外国语大学柳若梅教授惠寄资料，在此深致谢忱。

年俄国佩特林来华，是中俄的第一次直接接触，也是西方对"契丹"探寻的延续，构成了西方陆上探寻"契丹"的另一面向。

长期以来，跨文化研究的热点集中投向了利玛窦，但当我们对海上来华传教士给予了极大关注之时，却同时意味着忽略了西方陆上来华的一面。在16世纪全球化开端之时，无论从全球大环境来说，还是从中国的小环境来看，陆路向海路的重心转移都已经形成，陆路的重要意义明显降低是一个历史事实；但是，作为一个方面，却仍具有相对重要的意义。值得注意的是，"契丹"神话构建了西方扩张东来的思想认识前提，不仅是海陆两方面传教士的作为构成了西方中国形象的总体认识，还应该包括了解西方从西北海域和亚洲北部陆上对于"契丹"的探寻，我们的认识才可以是完整的。利玛窦从海路来华、鄂本笃从陆路来华对"契丹"即中国的证实，无疑使西方对中国的认识深化，修正了西方关于中国的误解，促成了西方的中国形象从神话返回现实。然而至此，西方对于中国的全面认识过程还没有终结，对于"契丹"的探寻并没有结束，因此让我们回到东西方直接对话的原点，即西方对"契丹"的寻找，穷原委之迹，正本清源，继续追寻这一全球史——大探索时代开端的历史过程。

15—17世纪，西方对于"契丹"的探寻，是一个令人瞩目的全球现象，构成西方所谓地理大发现，或西方大航海时代的根源。将"契丹"的探寻落到实处，海上有利玛窦，陆上有鄂本笃，以西方传教士的功业最为卓著，明代西方外交使团来华鲜见成功的范例，武力争夺更具失败教训。[①]17世纪初中俄第一次直接接触，佩特林来华——俄国两名哥萨克的中国之行，也应该归属于探查"契丹"之潮的一部分。从中国中外关系史角度来看，佩特林来华不是正式外交活动，在外交上显得无足轻重，但是在其背后，却是全球化开端时期东西方相互了解的国际大趋势，更有着商业贸易需求的东西方社会变迁的深刻背景。西方的探寻，无论从海上，还是从陆上，均为全球化开端时期全球贸易上升为各国各地区人们需求首位的印

---

① 参见万明《明代中葡两国的第一次正式交往》，《中国史研究》1997年第2期；万明《中葡早期关系史》，社会科学文献出版社2001年版；万明《明代中英第一次直接碰撞——中国、英国、葡萄牙三方的历史记述》，《中国社会科学院历史研究所学刊》第三集，商务印书馆2004年版，收入万明《明代中外关系史论稿》，中国社会科学出版社2011年版。

证。这一西方向东方的扩张，不似蒙古西征完全以军事行为开路，而是以探查东方为前导，当时的"契丹"是东方财富的象征，对于西方极具吸引力。同时，俄国对于"契丹"的探寻，是西方探寻"契丹"的延伸，尚留有探讨的空间，是全球化开端时期欧洲对中国初识的一部分，不过在时间上相对滞后，这与俄国到16世纪以后扩张到西伯利亚，与中国才产生接壤有所关联。

对于俄国探寻"契丹"的过程，佩特林的经历告诉我们，当1607年鄂本笃在肃州去世时，他以生命为代价取得的对"契丹"的认识，并没有就此画上句号。其后十年间，俄国在西方英、瑞等国的促动下，产生对于探寻"契丹"的兴趣，引发了1618年佩特林从欧洲东部来华的事件，把这一事件与此前西方探寻"契丹"的历史过程联系起来，构成东西方直接接触前后从迷茫到真实认知的一个完整的认识中国的过程。以往中外学界更多地关注了西方与中国的航海关系，俄国从陆上与中国发生的关联，是长期以来被相对忽略的部分。作为全球史的一部分，在全球化开端的时候俄国对中国的认知是如何开始的？值得我们深入探讨。

第二节 西方探寻"契丹"的历史因缘

中国历史上北魏时始见契丹族名。契丹（Khitan）是曾经统一中国北方的游牧民族。916年，辽太祖耶律阿保机建国号曰"契丹"，在中国北方建立了东至于海，西至流沙（河西走廊），南至雄州（河北省容城县），北至胪朐河（克鲁伦河）的幅员辽阔的辽朝，其西部疆域和丝绸之路主干道相衔接，并臣服了地处丝绸之路要冲的回鹘政权，统治了中国北方大部分区域。1120年金兵攻占辽上京，契丹王朝覆亡，1124年，契丹贵族耶律大石率众向西越过葱岭到达中亚地区，在起尔漫城（位于今乌孜别克斯坦布哈拉与撒马尔罕之间）建国，史称西辽。西辽政权统治了近百年的时间，是中亚历史上一个重要王朝，先后吞并东西喀喇汗王朝、花剌子模，将乃蛮、康里、葛逻禄等国家变成附庸，其疆域"东起土拉河，西包咸海，北越巴尔喀什湖，南尽阿姆河、兴都库什山、昆仑山，面积不下四百万平方公里"①,是当时中亚最强大的王朝,盛极一时,阿拉伯和西方史籍称之为哈剌契丹(Kara-Kitai),即"大契丹",也名"黑契丹"。12世纪初,西辽军队大败阿拉伯帝国塞尔柱军队,消息传入欧洲,西方听说东方有一个信仰基督教的约翰长老主持的国家,从此契丹成为中国的称呼。西方只知契丹,并不知中国。

在蒙古帝国初年,将辽国地区称为"契丹"。蒙古军两次西征,远达中亚和东欧,"契丹"之名也随之远播。1245年首位由罗马教皇英诺森四世(Innocent Ⅳ)派赴蒙古的使节柏朗嘉宾(Johe de Plan Carpin),著有《柏朗嘉宾蒙古行纪》,称中国为"契丹"(Kitai),称西辽为哈喇契丹 Kara-kitai,即黑契丹,也是大契丹之意。② 1253 年法王路易九世(Louis Ⅸ)派遣方济会传教士鲁布鲁克(Guillaume de Rubruquis)出使蒙古,在他的《鲁布鲁克东行纪》中,他将中国称为"大契丹",并说"我认为其民族就是古代的丝人"③。1307年亚美尼亚亲王海敦(Haithon)入朝蒙古后撰写《东方诸国风土记》(History and Geography of the Eastern Kingdoms)一书,其中一章《契丹国记》写作"Cathay",云:"契丹国者,地面最大国也……然其国亦实多奇异物品,贩运四方,制工优雅,精美过人。诸国之人,亦诚不能及之也。"④ 就这样,"Cathay"便普遍应用开来。

"契丹"一词,在15—16世纪的西方曾引起无限向往,直至利玛窦与鄂本笃来华之前,实际上成为西方广泛流传的东方象征。那么,契丹是如何从现实变成一种"神话"的?在时间上,应该说始于元代,当中国作为"契丹"而为西方人所知之时,就已经开始了。在元代,西方来华的著名

---

① 魏良弢:《西辽史纲》,人民出版社1991年版,第1页。
② 耿昇、何高济译:《柏朗嘉宾蒙古行纪 鲁布鲁克东行纪》,中华书局1985年版,第25、46、73页。原法国学者贝凯(Dom Jean Becquet)、韩百诗(Louves Hambis)译注的解释非常清楚:"这一名词根据手稿不同而分别写作 Kitai 或 Kytai,但正确的写法似乎应该是 Kitai,它一般都出现在游记故事和地图著作中,用以指中国的北部(有时又写作 Catai),如在马可波罗游记中就是这样写的。在卡塔卢尼亚文(Catalane)地图中又作 Catayo,莫罗(Fra Mauro)又作 Chataio,鄂多立克(Odolic de Porodenone)在其东游录中作 Catay 等等。这一名词代表一个民族名称,汉文译作'契丹'……Kitai 这一名词完全相当于突厥社会中一些人所尽知的写法:Qitay 或 Khitai,因而又产生了一些相似的希腊文和俄文书写形式。在俄文中,现在仍以 Kitai 一词来称中国",见第114—115页注释[3]。在这里,译注还特别提到了意大利毛罗地图和鄂多立克游记中的例子。
③ 耿昇、何高济译:《柏朗嘉宾蒙古行纪 鲁布鲁克东行记》,第254页。
④ 张星烺编:《中西交通史料汇编》第2册,中华书局2003年版,第982页。

第一篇 整体篇 >>>

游记作者马可·波罗，可以说是契丹神话化的始作俑者。意大利商人马可·波罗于1271—1295年来华，足迹遍及南北，回国后，留下了著名的《马可波罗游记》（又译：《珍异录》《东方见闻录》）。在他的笔下，"契丹"一词是对于北部中国的指称，他集中而夸大地描述了东方契丹的财富和繁盛，于是对西方来说，开始出现了一个近似神话的"契丹"的雏形。马可·波罗以后，契丹成为一个想象的地域，关于神秘东方的神话就此产生了；与此同时，契丹成为一种形象——财富的象征符号。截至利玛窦来华之前，西方人普遍接受了这样一种看法：契丹在遥远的东方，它具有令人羡慕的财富，还有与西方相同的宗教和教徒。在内涵上，马可·波罗等人著名游记的影响，加上约翰长老国的传说，组成了神话"契丹"的主体。这一图式化的过程，是从马可·波罗的表述开始，而西方建立在早期表述方式基础上的后期表述，强烈地表达了对于富庶东方的向往。于是，东方的"契丹"形象由此被精心钩织了出来。马可·波罗将现实世界的真实图景与作为商人对财富的向往，天衣无缝地结合起来，构成了"契丹"的形象，使西方人看到了一个充满诱惑的东方新世界。①

元末摩洛哥旅行家伊本·白图泰的游记也有这样的"契丹"记述：

> 我们从此城出发，便进入契丹地区，这里是世界上房舍最美好的地区。全境无一寸荒地，如有荒地，则向其主人征收田赋，或唯他是问。沿河两岸皆是花园、村落和田禾。从汗沙至汗八里城，为六十四日程。在此地区的穆斯林都是过往而非定居的，因此地非久居之地，境内并无人烟辐辏的大城市，只是村落、平原。但一路都是田地，生产水果和蔗糖。我在世界各地从未见有如此好的地方，只是从安巴尔至阿奈特间四日程的情况近乎此。我们每夜至村落寄宿，终于到达汗八里，这是可汗的京城，可汗是他们最大的素丹，他的国土包括中国和契丹。②

---

① 参见万明《"契丹"即中国的证实——利玛窦与鄂本笃的贡献》，《中西文化研究》（澳门）2002年第2期。
② [摩洛哥]伊本·白图泰著，马金鹏译：《伊本·白图泰游记》，宁夏人民出版社1985年版，第560—561页。

<<< 丝绸之路上的明代中国与世界

西班牙公使克拉维约于 1404 年赴撒马尔罕觐见帖木儿汗，在《克拉维约东使记》中详细记述了帖木儿同时接见他和中国专使的情况，用 Katay（即"契丹"）称呼中国帝国。① 正是因为上述的那些记录，后来西方航海者出发航海的最终方向才定为伟大的"契丹国"。哥伦布怀揣着《马可·波罗游记》，踏上了寻找"契丹"之路，发现了美洲新大陆；葡萄牙人达·伽马开拓了从欧洲绕过好望角通往印度的航路，麦哲伦完成了环球航行，但是他们虽然在寻求"契丹"的激励下，推动了航海与地理的发现，但是当时的西方仍然不清楚"契丹"与中国是同一个国家。在西方，英国学者亨利·玉尔（Henry Yule）将他编注的记述西方与中国历史关系的著作，命名为《契丹及其通往之路》（Cathay and the Thither）。法国学者安田朴（Rene Etiemble）《中国文化西传欧洲史》（L'Europe Chinoise）的第一卷第一编，命名为"寻找契丹国"。② 法国学者阿里·玛扎海里（Aly Mazaheri）在他的《丝绸之路：中国—波斯文化交流史》的导论中开篇表明：

> 在西方，大家于 17 世纪初叶还认为契丹国（Khitay，即马可波罗写作的 Cathay，波斯人、突厥人，有时又包括俄罗斯人经常前往那里去）与葡萄牙人在一个世纪之前到达的那个中国没有任何共同之处。"摩尔人"（也就是波斯湾的波斯人）都断言契丹和中国是同一个帝国的两个名称。但葡萄牙人，尤其是耶稣会士们都怀疑穆斯林们使用了各种诡计，无法信任他们。如果中国和契丹是同一个国家，那末为什么它们要有两个名字并要经由两条道路而到达那里呢？③

这里无疑说明了直至 17 世纪初叶，西方仍不明就里，对于中国和契丹是同一个国家深表怀疑。

英国巴德利（J. F. Baddeley）是研究俄国、蒙古、中国关系的著名学

---

① ［西］克拉维约著，［土耳其］奥玛·李查译，杨兆钧译：《克拉维约东使记》，商务印书馆 1985 年版，第 127 页。
② ［法］安田朴著，耿昇译：《中国文化西传欧洲史》，商务印书馆 2000 年版。
③ ［法］阿里·玛扎海里著，耿昇译：《丝绸之路：中国——波斯文化交流史》之《导论》，中华书局 1993 年版，第 1 页。

者，他在《俄国　蒙古　中国》卷首画诗的开篇，就云及"契丹"是英国人开辟向东北方向新航线的目标："为了开辟航线，通往'遥远的契丹'，英国人首先沿东北方向破冰前进"；下面提及自马可波罗以来，"契丹"就始终是心中挥之不去的主题："我用俄文依次写下本书的标题：'露西亚'、'蒙古利亚'、'契丹'，从马可波罗的时代以来，那遥远的'契丹'便萦回在我们的心间"；他记下葡萄牙修士鄂本笃从印度出发探寻"契丹"之旅："得阿克巴帝之助，从朱木拿河畔启程，鄂本笃长途跋涉，去探寻那古国名邦，是中华？是契丹？他证实原系同一国土，虽客死异域，所幸完成任务，心愿已偿"；并提到"熙熙攘攘的张家口，本有塞上门户之称，风尘仆仆的商人在这里首次瞻仰长城"；最后，他对于穿越沙漠与草原北方丝绸之路，给予了诗情画意的描绘："天旋地转，岁月奔驰不息，茫茫沙碛，一望无边无际，牵骆驼人领着他们的驼队，迎朝阳，送落日，横越戈壁"①。

16—17世纪的历史是变动不居的。"契丹"的探寻，成为全球化开端时期鼓动西方人走遍全球浪潮的根源。当利玛窦与鄂本笃入华，证实了契丹即中国，才使得西方世界对于"契丹"就是中国有了新的认识。但是其后仍然有部分西方人，特别是英国人，坚持认为"契丹"仍是一个需要探寻和有待发现的地方，因此继续探寻前往"契丹"的北方路线，包括海上和陆上的探索步伐一直没有停止。寻找前往"契丹"的道路，成为西欧商人前往东北亚和远东的重要目的。当时无论是欧洲，还是俄罗斯，仍有着探寻"契丹"的极大兴趣，由此俄国佩特林的来华应运而生。

第三节　俄国佩德林来华与西方探寻"契丹"的延续

中俄的最初接触，是在蒙古帝国统治时期。明修《元史》中记载了蒙

---

① [英]巴德利著，吴持哲、吴有刚译：《俄国　蒙古　中国》上卷第一册，商务印书馆1981年版，第3、4、6、7页。

古俘虏斡罗斯（斡罗思）之事，① 留下了俄罗斯人在中国内地的最早印迹。

法国学者布尔努瓦（Lucette Boulnois）在《丝绸之路》一书中称："只有从中国经西伯利亚到中亚蒙古人地区的一段路程例外，那段交通路线上仍从事珍稀织物的少量交易。这类珍稀织物也沿着13—14世纪的两条路，而少量地流入欧洲。这两条道路之一是塔里木—小亚细亚的传统道路；另一条则位于靠北很远的地方，从亚美尼亚、克里米亚和高加索的海港出发，沿着黯夏斯草原和西伯利亚南部一直到达北京或喀喇和林。"②

15—16世纪，俄罗斯还只是通过中亚购买中国商品，与中国建立起一种间接的贸易联系。16世纪末，俄国商业税册中记有一种称为"基泰卡"的中国织物，表明以中国命名的丝织品已在俄国销售。③ 随着俄国向外不断扩张，俄国与蒙古汗国的历史联系，开始于17世纪初，当时俄国兼并西伯利亚，边境已推进到鄂毕河、额尔齐斯河、叶尼塞河上游，"出现了诸如秋明（1586）、托博尔斯克（1587）、苏尔古特（1594）、塔拉（1594）、上图里耶（1588）、曼加泽亚（1607）、托木斯克（1604）等城市"④。其疆界在达于西伯利亚以后，为其通过蒙古汗国为中介，与明代中国发生第一次直接接触创造了条件。

17世纪俄国与中国之间的交往关系，是通过蒙古人为中介的。俄国学者认为："俄国之所以竭力同蒙古保持联系，还因为可以向蒙古人探明去中国的道路，并且可以与中国建立通商关系，这正是俄国在整个十七世纪

---

① 蒙古西征，统治了斡罗斯。有不少斡罗斯（斡罗思）人被俘至中国内地。《元史》卷一〇〇《兵志》三记载"斡罗斯"："宣忠扈卫屯田：文宗至顺元年十二月，命收聚讫一万斡罗斯，给地一百顷，立宣忠扈卫亲军万户府屯田，依宗仁卫例。"《元史》卷三四《文宗本纪》三记载至顺元年（1330）的"斡罗思"："五月辛未，置宣忠扈卫亲军都万户府，秩正三品，总斡罗思军士，隶枢密院"；"十月壬子，立宣忠扈卫亲军都万户营于大都北，市民田百三十余顷赐之"；"十二月己酉，宣忠扈卫斡罗思屯田，给牛、种、农具"。《元史》卷三五《文宗本纪》四记载了至顺二年（1331）的"斡罗思"："四月甲寅，改宣忠扈卫亲军都万户府为宣忠斡罗思扈卫亲军诸指挥使司，赐银印"；"十二月癸丑，撒敝献斡罗思十六户，酬以银百七铤、钞五千锭。以河间路清池、南皮县牧地赐斡罗思驻冬"。中华书局1973年版。
② ［法］布尔努瓦著，耿昇译：《丝绸之路》，新疆人民出版社1982年版，第240页。
③ 孟宪章：《中苏经济贸易史》，黑龙江人民出版社1992年版，第5页。其中认为"成为俄国人日常生活用品"，还有待进一步研究。
④ ［俄］弗·斯·米亚斯尼科夫：《1618—1619年伊万·佩特林使团》，载［俄］娜·费·杰米多娃、弗·斯·米亚斯尼科夫著，黄玫译《在华俄国外交使者（1618—1658）》，社会科学文献出版社2010年版，第4—5页。

第一篇　整体篇 >>>

力求达到的目的。"① 在这里，我们应将中国一词以"契丹"来替代，则更合乎当时的情形。俄罗斯在大规模扩张与明朝中国接壤之前，只能通过蒙古汗国为中介，去寻找"契丹"。俄国人最早也正是通过蒙古人得知中国人的，"称'基泰齐'，基泰，俄文为 Китай。根据《苏联大百科全书》的解释，俄文'基泰齐'来源于'契丹'一词"②。由此我们可以知道，俄国人从蒙古人处得知的是"契丹"，而非中国。俄国学者直言："俄国人是何时知道中国的？在征服西伯利亚之前，俄国似乎还不知道中国的名称"，并以为"俄国边境官员和管理官员为了进行贸易，而更多的情况是出于他们个人一些奇奇怪怪的想法，时常自行派遣使节去中国"③。这里的所谓"使节"，其实只是边境地方派遣的人员而已，不具备正式外交使节身份。佩特林应该就是其中之一，不过他很幸运地通过蒙古喇嘛的引导，到达了中国首都北京，成为俄国的"契丹"即中国的最早见证人。俄国人最早得知中国，可以推论应即在此时，但这重要的一点，却由于语言的固化，长期以来被封存起来，迄今没有得到全面阐释。

由于接壤，蒙古汗国与俄国之间有了直接的交往关系。17世纪地处中国边疆的蒙古各汗国，与明朝有着封贡关系，定期进行互市，建立有贸易联系。俄国人对于"契丹"的认识，始于蒙古人。《十七世纪俄中关系》中的《第13号文件》记载1617年托博尔斯库官署接待蒙古阿勒坦汗使臣的纪录摘要："阿勒坛皇帝的使臣们还说，在阿勒坛国附近有个中国，由阿勒坛皇帝那里走到该国，走得慢要六个礼拜，走得快要四个礼拜。中国皇帝［名叫大］明。中国的城是砖砌的……城中间有条大河……中国的货物有：绸、丝绒、花缎。中国出产金、银……中国种植的谷物很多，有小麦、大麦、燕麦、黍。中国的兵器是弓箭，但没有大炮和火绳枪。据说中国很大。"④ 这段记述说明，俄国当时有关"契丹"的信息，是通过蒙古

---

① ［苏］Н. П. 沙斯季娜著，北京师范大学外语系译：《十七世纪俄蒙通使关系》，商务印书馆1977年版，第9页。
② ［俄］尼古拉·班蒂什—卡缅斯基著，中国人民大学俄语教研室译：《俄中两国外交文献汇编》(1619—1792年)，译者注，商务印书馆1982年版，第15页。
③ 《俄中两国外交文献汇编》(1619—1792年)，第20页。
④ 苏联科学院远东研究所等编，厦门大学外文系翻译小组译：《十七世纪俄中关系》第一卷第一册，商务印书馆1978年版，第74页。

<<< 丝绸之路上的明代中国与世界

人作为中介传递的，并不很准确。

阿勒坦汗的名字首次出现在俄国文献中是1604年，是从俄国最初得到蒙古阿勒坦汗的情报开始的。这一阿勒坦汗，所指是漠北喀尔喀蒙古札萨克图部首领硕垒乌巴什珲台吉。喀尔喀部属左翼蒙古，原在哈尔哈河与克鲁伦河附近，16世纪中叶迁移至漠北，东接呼伦贝尔，西至科布多，南临大漠，北与布里亚特接壤，漠北喀尔喀蒙古阿勒坦汗与明朝建立有朝贡关系。值得特别注意的是，当时史称阿勒坦汗的有蒙古两部落首领，一是漠北蒙古喀尔喀部首领，一是漠南蒙古土默特部首领，后者在明朝时期以俺答汗之称而赫赫有名，其生平事迹有17世纪初蒙文《阿勒坦汗传》传世，下面还将提到。

俄国《十七世纪俄蒙通使关系》的作者考察了俄国1608年、1616年、1618年3次派遣去蒙古使团的全部过程，充分表明的是，使团一直是在探寻着"契丹"。作者总结俄蒙关系第一阶段的特点是："俄国渴望同蒙古建立睦邻友好关系，其主要目的是想通过蒙古了解通往中国的道路"，并且直接指出：俄国使团出使阿勒坦汗处，"但使团主要任务却是开辟一条去中国的通商道路"①。这里再清楚不过地说明了以下两点：第一，俄国与蒙古交往的目的，是要探寻通往"契丹"的道路；第二，俄国探寻通往"契丹"的道路，其目的是通商。这与长期以来西方东来探寻"契丹"的历史大势完全契合，由此我们可以确信，17世纪初俄国上演的这一幕历史，正是西方走向全球探寻"契丹"的一部分，也即全球化开端历史的一部分。这段历史也使我们确认，不能孤立地看待佩特林来华问题，就事论事，而是应该知其然，并知其所以然。那么首要的是，我们的研究需要有一个全球视野：西方走向全球的原点即"契丹"的探寻。

同样是从陆上寻找"契丹"，鄂本笃走的是绿洲丝绸之路，而佩特林走的是草原丝绸之路，或者说是北方丝绸之路。同时，俄国对寻找北方海路也有浓厚兴趣，因为那可以提供俄国与东方之间新的商机，为此伊凡雷帝曾经设置了重奖。②

---

① 《十七世纪俄蒙通使关系》，第13、15页。
② ［俄］弗·斯·米亚斯尼科夫：《1618—1619年伊万·佩特林使团》，载《在华俄国外交使者（1618—1658）》，第4页。

第一篇　整体篇 >>>

莫斯科是西欧外交家和商人前往东北亚和远东的门户，英国人在探寻"契丹"之路方面起了重要作用，他们一直在找寻通往"契丹"的道路和到达的捷径，可惜长期未果。由于他们力求从北方海域探寻"契丹"，对于促成俄国佩德林来华，也起了重要推动作用。对此俄国学者弗·斯·米亚斯尼科夫给予了特别关注，进行了全面研究。他指出"由于每月准确的知识而导致一种错误的看法，认为中国地处鄂毕河发源地的某处"，而把鄂毕河与中国联系起来的首先是德国 C. 赫伯斯坦 1549 年出版的《莫斯科见闻录》的地图，在上面鄂毕河发源于"契丹"的一个湖泊。① 这无疑启示了西方通过北方海路到达"契丹"的可能性。实际上，俄国在 17 世纪初期对"契丹"的探索，部分是来自英国通过俄罗斯开辟前往"契丹"新通路的引导。当时欧洲人对于东亚，包括蒙古和"契丹"，都只有相当模糊的认识，甚至认为"契丹"和印度都位于鄂毕河上游。由于英国人深知在东方海上葡萄牙、西班牙和荷兰已经捷足先登，所以一直打算开辟新的路线到达"契丹"。英国航海者从麦哲伦的航行得出推论，认为由东北或西北而上，通过美洲应有一条与南端的麦哲伦海峡相对的航线可达"契丹"，他们把寻找西北至"契丹"的航线提上了日程，深信通过西北或东北航路绕过北冰洋一定可以到达"契丹"。赵欣指出，英国北上寻找"契丹"之举始于 1497 年，是年探险家卡博特父子率船队西北向航行以寻找通往"契丹之路"，他们意外发现了纽芬兰大浅滩，这条北美新航线是"资深的地理学家们使商人确信通过欧洲大陆北部宽广的未知水域，就是到达契丹的捷径"所造成误解的产物；1553 年，英国钱瑟勒（Richard Chancellor）抵达俄罗斯，打通了英俄新航路。此后，由于俄语一直称中国为"契丹"（Китай），误导了英国人执意寻找"契丹"，亨利·哈得逊在 1607 年、1609 年、1610 年三次探寻西北航路，到达哈得逊湾，以为东亚的"契丹"、中国、日本就不远了；其后英国人专门成立了"伦敦商人探寻西北通道公司"，在举国探寻"契丹"的大热潮中，英国女王伊丽莎白二世也成为股东，公司于 1612 年、1615 年、1619 年都有航海探寻活动，直至后来 1631 年到达了北极，才最终明白没有一条西北海上通道可以通

---

① ［俄］弗·斯·米亚斯尼科夫：《1618—1619 年伊万·佩特林使团》，载《在华俄国外交使者（1618—1658）》，第 3—4 页，原译文"中国"，应为"契丹"。

丝绸之路上的明代中国与世界

往"契丹"。① 1615年英国国王詹姆士一世（James I）派遣使节托马斯·史密斯（Thomas Smith）到莫斯科"商谈商人贸易之事，希望准许英国客商自由贸易，准许他们经过莫斯科国土前往波斯，并探明中国情况"。1616年，英国使臣约翰·梅里克（John Merrick）以同意做俄国和瑞典谈判的中间人，再次提出"准许英国客商经鄂毕河由海上寻找前往印度和中国的道路"的问题。② 俄国沙皇在回答英国"关于寻找前往'契丹'（中国）道路"的回信中云："阿勒坦皇帝的使臣现在还在朕大君主处，他们谈到中国时说：从他们那里骑快马走旱路到中国要一个月，沿途缺水，尽是沙地，路程异常艰苦。从朕的西伯利亚边界城市托木斯克出发，经过很多游牧汗国到阿勒坦皇帝他们那里，大约要走十八个礼拜旱路，而且路程异常艰苦途中缺水。中国四周用砖墙围起来，绕城一周大约要走十天城墙之外没有任何属县。中国在河边，不是在海边，这条河叫什么河他们不知道。中国货物不多，而黄金和其他贵重装饰品，在中国都不出产，也不盛行。由此可以知道，这个国家不大。"③ 由此我们可以得知，为了自身的利益，俄国显然不愿意告诉英国关于"契丹"的实情，希望首先寻找到前往"契丹"的道路，而不希望英国插足，因此俄国当时获得的有限"契丹"（中国）信息，是对英国人保密的。

俄国学者指出，当时对于俄国有影响的不仅有英国人，还有荷兰人，1608年荷兰商人伊萨克·列梅尔也曾试图组织寻找东北海路。他曾向1601—1609年居住在莫斯科的荷兰地理学家和旅行家伊萨克·马萨提出这个建议。而伊萨克·马萨在给莫里斯·奥兰斯基王子的信中提及了"那些根据莫斯科大公的命令前往中国（Cathaia）和蒙古（Molgomsia）的旅行"④。其中关于中国的用词，明显用的是"契丹"。

到17世纪初，对于"契丹"的寻找，一直在延续。在南海，在西域，西方与中国真正的对话已经开始，而在另一边，英国与俄国却仍在探寻"契丹"，佩特林的来华就是证明。

---

① 赵欣：《英国人的契丹认知与航海探险》，《外国问题研究》2013年第1期。
② 《十七世纪俄中关系》第一卷第一册，第51、53页。
③ 《十七世纪俄中关系》第一卷第一册，第94页。
④ ［俄］弗·斯·米亚斯尼科夫：《1618—1619年伊万·佩特林使团》，载《在华俄国外交使者（1618—1658）》，第6页。

第一篇　整体篇 >>>

第四节　俄国佩特林经草原丝绸之路到达北京的历程

俄罗斯学者弗·斯·米亚斯尼科夫对于伊万·佩特林使团档案材料进行了归纳，指出可以分成两类：第一类是考察的总结性文件，这些文件直接通报考察的路线和结果。第二类是公文处理以及往来通信，它们提供了俄罗斯人首次中国之行的间接资料。第一类档案保存至今的原本文件只有三份：佩特林的《关于中国、喇嘛国和其他国土、游牧地区与兀鲁思，以及大鄂毕河和其他河流、道路等情况之报告》（下面简称《报告》），佩特林在索尔多格休息站回答问题的纪录，在历史文献中常被称为《佩特林口呈》；以及佩特林和马多夫请求奖励他们中国之行的呈帖。这些文件使我们得以相当完整地了解到有关俄罗斯新土地开发者此次旅程的情况。① 弗·斯·米亚斯尼科夫所述第一类档案材料，收入他与娜·费·杰米多娃合著的《在华俄国外交使者（1618—1658）》一书，值得注意的是，其中佩特林的《关于中国、喇嘛国和其他国土、游牧地区与兀鲁思，以及大鄂毕河和其他河流、道路等情况之报告》，收录了两个不同版本。

17世纪初俄国佩特林来华事件，最有意义的是俄国人首次经历草原丝绸之路到达了北京，是俄国第一次寻找到了通往"契丹"的道路。

根据佩特林《报告》，其行程简述如下：

1618年5月9日从托木斯克出发—吉尔吉斯河—阿巴坎河—克姆奇克河—乌布苏湖—唐努乌拉山脉—阿勒坦汗驻地—诸王分地—穆尔果钦（曼齐喀图王妃和她的儿子奥楚台吉管理）—板升（有两城）—洛宾斯克（曼齐喀图王妃管辖）—克里姆（长城）—锡喇喀勒葛（张家口）—锡喇（宣化）—雅尔（怀来）—泰达城（南口）—白城

---

① 《在华俄国外交使者（1618—1658）》，第32页。

<<< 丝绸之路上的明代中国与世界

（昌平）—于9月1日到达大中国城（北京）。①

由此可见，1618年5月9日在西伯利亚托木斯克出发的佩特林，经历漠北蒙古草原丝绸之路到达板升，即丰州滩（今内蒙古自治区呼和浩特），那里经过俺答汗及其后世治理，已是蒙汉聚居区，然后经张家口、怀来、南口、昌平，于1618年9月1日进入北京，来程走了3个月零22天；在北京仅有4天；并于1619年5月16日返回了托木斯克，返程走了7个月零6天，整个行程约一年时间。

重要的是，佩特林首先是到达漠北阿勒坦汗硕垒乌巴什珲台吉处，在阿勒坦汗派遣的两名喇嘛达尔罕和毕力克图的引导下前往中国，到达了北京。他本人在《报告》中强调，他只是被派往"探察中国的情况"，可以认为，其使命无疑正是"探察'契丹'"。

结合佩特林《报告》的记述，可以大致复原一条从西伯利亚出发，到漠北喀尔喀蒙古，途经漠南土默特蒙古的丰州滩，到张家口、怀来、南口、昌平，进入北京的从北向南的草原丝绸之路，也即北方丝绸之路，有助于深化对明代北方丝绸之路的路线变迁，以及当时丝绸之路交往历史面貌的认识。

仔细分析，佩特林在到达阿勒坦汗驻地以前，经历的是从西伯利亚到蒙古的路程，而这段路程是此前俄国使臣前往漠北阿勒坦汗处曾经走过的；从阿勒坦汗驻地以后到中国的路程，是阿勒坦汗到明朝朝贡的传统路线，只是俄国人第一次随同走过而已，这都不能说是佩特林的地理新发现的路线。不过，这构成了俄国人第一次到达他们一直在寻找的通往"契丹"的路线，也是历史事实。

佩特林是随阿勒坦汗的两名藏传佛教喇嘛来华的。阿勒坦汗，意为"黄金家族可汗"，俄国当时以之指代与西伯利亚比邻的漠北喀尔喀蒙古部首领硕垒乌巴什珲台吉，佩特林经过的丰州滩，在漠南土默特部首领阿勒坦汗的辖区。漠南蒙古右翼土默特部重要首领，历史上最著名的蒙古阿勒

---

① 佩特林《关于中国、喇嘛国和其他国土、游牧地区与兀鲁思，以及大鄂毕河和其他河流、道路等情况之报告》包括两个版本，见［俄］娜·费·杰米多娃、弗·斯·米亚斯尼科夫著，黄玫译《在华俄国外交使者（1618—1658）》，第47—75页。

第一篇　整体篇 >>>

坦汗，明朝称为"俺答汗"（1507—1582），现有1607年蒙文《阿勒坦传》传世。他于明朝嘉靖年间崛起，隆庆四年（1570），以其孙把汉那吉降明为契机，明蒙开始和谈，隆庆五年（1571），明朝册封俺答汗为顺义王，史称"俺答封贡"。俺答汗，在史籍中有谙达、安滩、俺答哈、俺答阿不孩等多个译名，又译名阿勒坦汗。由此，俺答汗便以明封顺义王的身份主持漠南蒙古右翼与明朝的封贡互市事宜，其后，四代阿勒坦汗即土默特的统治者，均受封为顺义王，这使北部中国开创了明蒙几十年的和平友好局面。明朝赋予俺答汗主掌朝贡互市的权力，规定宣大和河套三部朝贡均由顺义王统一负责写表奏进；一切赏赐由顺义王领取并转发各部首领。其部落初游牧于今内蒙古呼和浩特一带，后逐渐强盛，迫使原草原霸主察哈尔部迁移于辽东，俺答汗成为右翼蒙古首领，控制范围东起宣化、大同以北，西至河套，北抵戈壁沙漠，南临长城。后为开辟牧场，又征服了青海。万历六年（1578），俺答汗与西藏格鲁派藏传佛教领袖索南嘉措在青海湖畔仰华寺举行会谈，正式接受了格鲁派藏传佛教。其后在归化城（今内蒙古自治区呼和浩特）等地建立寺庙，在其扶持下，喇嘛教开始在蒙古地区广泛传播。

当时俄国称为阿勒坦汗的，是指漠北喀尔喀札萨克图汗部的台吉。佩特林在经过漠北阿勒坦汗驻地以后，从蒙古西部进入土默特部，即他所谓的"曼齐喀图王妃和她的儿子奥楚台吉管理"的地区板升一带。这里所指的"曼齐喀图王妃"，俄国学者认为是俺答之妃三娘子。① 三娘子促成了"通贡互市"，受封忠顺夫人，早在俺答时，她已"自练精兵万人，夷情向背，半系娘子"，左右土默特几十年。② 但是从时间上看，这里佩特林所云"曼齐喀图王妃"，应是俺答汗之孙把汉那吉所娶之把汉比妓。封贡完成，在把汉那吉返回蒙古后，俺答汗把原来汉人所据的板升地区给了他，使之势力大增："初，把汉那吉归，俺答命主板升，号曰大成台吉，妻曰大成比妓，兵马雄诸部"③，板升即丰州滩，也即归化城，是蒙汉人民聚居之

---

① ［俄］佩特林：《关于中国、喇嘛国和其他国土、游牧地区与兀鲁思，以及大鄂毕河和其他河流、道路等情况之报告》，载《在华俄国外交使者（1618—1658）》，第48页注4。
② （明）方孔炤：《全边略记》卷二《大同略》，王雄辑校《明代蒙古汉籍史料汇编》第3辑，内蒙古大学出版社2006年版，第95页。
③ （清）谷应泰：《明史纪事本末》卷六〇《俺答封贡》，中华书局1977年版，第931页。

地。把汉那吉改称大成台吉,因此把汉比妓又被称为大成比妓。比妓又作比吉,意为夫人。由于她"素效恭顺",万历四十一年(1613),明朝封其为忠义夫人①。此时顺义王卜贝兔势力已衰,大成比妓之子素囊"并有板升之众,极称富强"②。佩特林正在此时到达漠南蒙古土默特部辖区,把汉比妓及其子素囊,也就是"奥楚台吉"在那里进行统治,他见证了那里的政治、经济实况。当时从蒙古经过板升到明朝首都北京去的行人,无论是行商还是朝贡使团,都必须有把汉比妓发给盖有印章的文书,才能通行。佩特林将当时这一地区的情况作了如实的反映,是17世纪初草原丝绸之路的真实写照。

在来华行程中,佩特林记述了经过的蒙古地区情况:"蒙古土地上出产各种粮食,有糜黍、小麦、燕麦、大麦和其他很多我们所不知的作物。这里的面包洁白如雪。蒙古土地上还种植有各种各样的蔬菜和瓜果,如苹果、甜瓜、西瓜、南瓜、樱桃、柠檬、黄瓜、洋葱、大蒜等。"又说:"蒙古没有宝石,有珍珠,但成色不好。没有黄金,但白银很多,是从中国运来的。"③

佩特林把张家口称为"锡喇喀勒噶",那里丰盛的商品给了他深刻印象:"城里有很多石砌的店铺,刷以各种颜色,上面绘有各种花草。店铺里的货物种类繁多,除了呢子和宝石没有,其他各种颜色的丝绒、锦缎、条纹绸和塔夫绸、镶金和铜的锦缎极多。还有各种蔬菜、瓜果,各种药材,各种粮食,例如南瓜、黄瓜、大蒜、洋葱、萝卜、胡萝卜、芜菁、白菜、苹果、西瓜、甜瓜、石竹、肉桂、大茴香、防风、罂粟、肉豆蔻、堇菜、杏仁、大黄,和很多其他我们叫不上名字的蔬菜。"④"中国人无论男

---

① 《明神宗实录》卷五〇〇,万历四十年十月庚辰,第9463页。另参见[日]青木富太郎《关于明末蒙古女首领把汉比妓》,《蒙古学资料与情报》1988年第2期。
② (明)王士琦:《三云筹俎考》卷二《封贡考》,薄音湖、王雄点校:《明代蒙古汉籍史料汇编》第2辑,第424页。
③ [俄]佩特林:《关于中国、喇嘛国和其他国土、游牧地区与兀鲁思,以及大鄂毕河和其他河流、道路等情况之报告》,载《在华俄国外交使者(1618—1658)》,第50页。
④ [俄]佩特林:《关于中国、喇嘛国和其他国土、游牧地区与兀鲁思,以及大鄂毕河和其他河流、道路等情况之报告》,载《在华俄国外交使者(1618—1658)》,第52—53页。

第一篇　整体篇 >>>

女都很清洁……中国人不擅战，他们的手工业和商业十分发达。"①

佩特林对于接着走过的中国城市生意格外关注，他记述"锡喇"——宣化："城里生意比前面那个城市更兴隆，蔬菜和瓜果更多，早晨行人多得水泄不通。"② 记述"雅尔"——怀来："这座城市里的市场更热闹，货物齐全，有各种蔬菜和其他吃食。市内无一处空地，到处是砖石砌成的院落和店铺，还有十字路口。"③ 记述泰达城——南口："店铺里的商品较之前面两个城市更多，有很多各种各样的蔬菜小酒馆里卖酒、蜜水和各种外国酒水……这座城里的人口也比前面几个城市多，各种贵重物品、蔬菜和大米都十分丰富充足。"④ 记述"白城"——昌平："城里的店铺一家挨着一家……这个白城里的工作货物、贵重商品、蔬菜和吃食比别的城市更丰富。"⑤

从白城到"大中国城"——北京有2天行程，佩特林记述："大明皇帝就住在这里。这座城市非常大，石头砌成，洁白如雪，呈四方形，绕城一周需4日……在大中国城的白色外城之内还有一座磁城，那里是皇帝居住的地方。"他所说的"磁城"，显然就是紫禁城。关于"大明皇帝住的磁城以各种奇珍异宝装饰起来，皇宫矗立于磁城中央，宫殿的上方是金顶"，都是他听说的，他记述"我们没有到过大明皇帝的宫殿，也没有见到皇帝。原因是没有可进献的礼物"⑥。这里再一次揭示了他不是正式俄国使臣的身份。

他注意到大中国城与海的关系："据说从大中国城到大海7天行程。大船开不到距海7天路程的大中国城下，货物都是用小船和平底帆船运到

---

① ［俄］佩特林：《关于中国、喇嘛国和其他国土、游牧地区与兀鲁思，以及大鄂毕河和其他河流、道路等情况之报告》，载《在华俄国外交使者（1618—1658）》，第58—59页。
② ［俄］佩特林：《关于中国、喇嘛国和其他国土、游牧地区与兀鲁思，以及大鄂毕河和其他河流、道路等情况之报告》，载《在华俄国外交使者（1618—1658）》，第53页。
③ ［俄］佩特林：《关于中国、喇嘛国和其他国土、游牧地区与兀鲁思，以及大鄂毕河和其他河流、道路等情况之报告》，载《在华俄国外交使者（1618—1658）》，第54页。
④ ［俄］佩特林：《关于中国、喇嘛国和其他国土、游牧地区与兀鲁思，以及大鄂毕河和其他河流、道路等情况之报告》，载《在华俄国外交使者（1618—1658）》，第54—55页。
⑤ ［俄］佩特林：《关于中国、喇嘛国和其他国土、游牧地区与兀鲁思，以及大鄂毕河和其他河流、道路等情况之报告》，载《在华俄国外交使者（1618—1658）》，第55页。
⑥ ［俄］佩特林：《关于中国、喇嘛国和其他国土、游牧地区与兀鲁思，以及大鄂毕河和其他河流、道路等情况之报告》，载《在华俄国外交使者（1618—1658）》，第56页。

中国城。大明皇帝将这些货物分配给中国的各个城市。而从中国的各个城市货物又转运到境外，到蒙古、阿勒坦汗国、黑喀尔木克等地以及其他很多国家和各兀鲁思，运到布哈拉附近沙尔城的铁王那里。"还谈到"运送各种货物出境，有丝绒、绸缎、锦缎、白银、豹皮、虎皮、黑色的津丹布等。他们用这些货物换得马匹，这些马匹被运到中国，又从中国运往大海对岸的蛮子那里，就是我们称为涅姆齐人的"。"蛮子"一词在注释中展现了多种解释，以"中国南方人"最为可能。同时佩特林还注意到中国的货币："他们把银子铸成锭子，银锭有值50卢布、2卢布、3卢布的，我们的货币单位叫'卢布'，而他们叫做'两'。"①

作为俄国人，佩特林首次对中国长城进行了描述："长城是砖石所建，我们计算了一下，长城两侧的墩台约有100个，据说从大海至布哈拉，尚有墩台不计其数，每两个墩台间的距离约为一箭的射程。外面询问了中国人，为什么要建这样一座从大海直至布哈拉的长城，以及为什么长城上有那么多墩台。中国人回答说，长城从大海绵延至布哈拉，是因为这是两个国家，一边是蒙古，另一边是中国，长城就是国界。而长城上的墩台多是因为，一旦有敌人接近边界，我们就在那些墩台上燃起烽火，以使我们的人集合，到城墙上和墩台上各就各位。"②他称呼中国长城为"克里姆"，来自蒙语的"海勒姆"，是"墙"之意。

佩特林不忘寻找通往"契丹"水路的使命，在《报告》中记录了在张家口，他曾打听大鄂毕河，得到的回答是："有一条大河叫哈喇台尔河，沿哈喇台尔河一带游牧的是喀尔喀各兀鲁思，在这条河上游的则是阿勒坦汗的各兀鲁思，这条哈喇台尔河流入大鄂毕河，而大鄂毕河的上游和发源地我们不清楚。"③在佩德林报告的第一个版本中提到，他听说大鄂毕河下游曾有一大船撞在沙洲上沉没后，是这样结束的："我们在那条河上还从未见过如此巨大而精美的船只，也不知它是驶向哪里，去中国或别的国

---

① [俄]佩特林：《关于中国、喇嘛国和其他国土、游牧地区与兀鲁思，以及大鄂毕河和其他河流、道路等情况之报告》，载《在华俄国外交使者（1618—1658）》，第57—58页。
② 《十七世纪俄中关系》第一卷第一册，商务印书馆1978年版，第114页。
③ [俄]佩特林：《关于中国、喇嘛国和其他国土、游牧地区与兀鲁思，以及大鄂毕河和其他河流、道路等情况之报告》，载《在华俄国外交使者（1618—1658）》，第59—61页。

家，但是中国靠着那条河，离我们很近。"① 显然在报告的最后，佩特林留下了寻找"契丹"水路的一大悬案。难怪他的中国之行以后，英国人仍然一心在寻找前往"契丹"的水路。而在第二个版本最后，却并没有这段话，因此使寻找之路更加扑朔迷离。

第五节 俄国佩特林来华性质的再探讨

英国学者巴德利的《俄国 蒙古 中国》一书中，有关佩特林来华的标题是："俄国第一次遣使中国——佩特林和蒙多夫的出使（1618—1619年）"，在这里，他很清楚地将佩特林归入了俄国使团之列。他还记载了关于佩特林出使的报道，最早是由英国珀切斯发表的，刊于其《游记》1625年卷3第797页，标题是《两名俄国哥萨克从西伯利亚去中国及其邻近地区记事》，显然，在英国的首次发表却是采取了客观的用语。他所叙述的17世纪佩特林记述很快在欧洲以多种文字出版的情形，② 可以使我们了解到西方寻找通往"契丹"之路兴趣的持续高涨。

苏联科学院远东研究所等编《十七世纪俄中关系》一书，第一卷第一册收集了有关俄中关系的文件214件，分析这些档案文件，是佩特林来华研究的基础。

文件首先自1609年开始，这份第1号文件，是俄罗斯托木斯克军政长官为派哥萨克去阿勒坦汗处和中国没有成功，而报送喀山宫廷的报告。由此可见，这是俄国对于"契丹"探寻的开端。

第2、3、4号文件，都与英国有关，当时英国打算通过与俄国的谈判，获得探寻前往"契丹"通路的许可。第5号文件，是托博尔斯克军政长官就军役人员访问卡尔梅克人，遇到中国使臣，向外务衙门的报告摘要。卡尔梅克人即明朝称为瓦剌的漠西蒙古人，这实际上是俄国关注从蒙古前往"契丹"的序幕。第8、9号文件内容同此。

---

① ［俄］佩特林：《关于中国、喇嘛国和其他国土、游牧地区与兀鲁思，以及大鄂毕河和其他河流、道路等情况之报告》，载《在华俄国外交使者（1618—1658）》，第62页。
② ［英］巴德利：《俄国 蒙古 中国》下卷第一册，第1031—1032页。

第 6、7、11、12、14 号文件涉及俄国人出使阿勒坦汗的报告，第 13 号文件是接待阿勒坦汗使臣的报告，由此，可以了解到 1616 年俄国已与阿勒坦汗建立了联系。

第 10 号文件是俄国杜马关于同中国（契丹）、蒙古、布哈拉交往的决议。

第 15 号是俄国地方军政长官派人前往中国（契丹）的文件。

第 16、17、18 号均与英国谈判前往中国（契丹）有关。

第 19 号是给派赴瑞典的使臣关于俄国与中国（契丹）交往情况的训令。

第 20 号是给派赴英国使臣的一个关于英国商人经过西伯利亚前往中国（契丹）事的训令。

第 21、22 号文件同样涉及英国与俄国的前往中国（契丹）问题的会谈，第 23 号是关于俄国使臣与瑞典大臣会谈的报告。

第 24 号文件是中国神宗皇帝致沙皇米哈伊尔·费奥多罗维奇的国书。

第 25 号文件是阿勒坦汗就派遣使臣和佩特林与同伴从中国归来等事，给沙皇米哈伊尔·费奥多罗维奇的国书。

第 26 号文件是佩特林的中国与蒙古见闻记。

第 27 号文件是俄国东方军政长官对于佩德林从中国返回的报告。

第 28、29 号文件是佩特林在索尔多格镇和喀山宫廷衙门关于中国之行的说明和答问词。

第 31、32 号是关于佩特林和马多夫为中国之行请求奖赏申请，和外务衙门为他们陪送阿勒坦汗使臣回国及完成中国之行请求奖赏的报告。

第 33 号文件是 1620 年 5 月俄国外务衙门关于不宜与蒙古和中国发生关系，并就探听这些国家消息事转发地方军政长官的诏书。①

至此，也就是到 33 号文件，俄国方面探寻"契丹"之路第一阶段落下了帷幕。这通诏书从俄国最高统治层发出，也证明了佩特林并非沙皇的正式使团，属于地方不合法性的派遣。

《十七世纪俄中关系》第一卷辑录的 17 世纪初英国使臣向俄罗斯外务衙门提出让英国商人过境前往中国（契丹）、印度的相关文件，充分说明

---

① 《十七世纪俄中关系》第一卷第一册，第 47—135 页。

第一篇　整体篇 >>>

了俄罗斯探寻"契丹",始自16世纪下半叶英国对俄罗斯提出过境前往"契丹"的要求,由此俄国开始从外国资料采集有关"契丹"的消息。这正是西方在努力寻找一条通往东方"契丹"道路的大势所趋。俄国统治者关注"契丹",也可以说就是在这种趋势下生发的。西欧国家的探寻计划引起了俄罗斯人的警觉,由此可见,这里还存在俄国与西方国家之间的博弈。

自第34号文件,至第52号文件,在时间上记录了直至明朝末年,俄国一直为了寻找通往"契丹"(中国)的道路,与蒙古阿勒坦汗不断交涉过境到"契丹"(中国)的漫长过程。值得注意的是,第50号文件是1641年5月30日雅库次克官署为探寻前往"契丹"(中国)的道路,给别列佐夫城五十人长马尔丁·瓦西里耶夫和十人长阿夫克先季·阿尼克耶夫的训令摘要;而第51号出现了1642年,早于9月20日的中国思宗皇帝致沙皇米哈伊尔·费奥多罗维奇的国书。① 依照明朝礼部制度,国书明显有伪造之嫌:俄国没有正式使团之遣,何来中国皇帝诏书之颁?

后来,直至1675年,俄国尼加·斯帕法里使团仍然负有探明自中国经由鄂毕河、亚内舍尔河、色楞河或齐额河到俄国的水路任务,从文件我们可以看到俄国在17世纪下半叶,仍然没有放弃探寻中俄之间的水路交通,这是因为当年佩德林是走陆路到达中国的,虽然他的报告中包括了他特意问询鄂毕河水路情况的部分,但是毕竟他没有亲历,所以俄国方面仍然不得要领,于是探寻还在继续。

《俄中两国外交文献汇编》是从1619年和1649年的中国致俄国的两封国书开始的,接着收入了1653年派赴中国的第一个使团——巴伊科夫使团的文件。这一外交文献汇编的也是以佩特林作为俄国的第一个外交使臣,并以带回俄国的明朝国书为真实纪录。

综观现存俄国佩特林相关档案文件的记载,笔者认为不能证明佩特林是俄国派遣来中国明朝的正式外交使团。但是迄至近年,中俄学界对于佩德林来华的论述仍然存在大量误读,即将其视为第一个俄国来华使团。2013年出版的俄国《俄罗斯与中国四个世纪交往史》,是从佩德林来华算起,到2018年为400年。作者在书中写道:"公元1618年9月(明朝万

---

① 《十七世纪俄中关系》第一卷第一册,第162—164页。

历年间）第一个俄国使团由俄罗斯西伯利亚首府托博尔斯克出发抵达北京，代表人物是一位名叫伊万·佩特林（Иван Петлин）的鄂木斯克哥萨克人。佩特林抵达北京后，因为该使团既无俄国国书，又无进贡的贡品，不符合明朝的礼仪，最终没能如愿见到万历皇帝（明神宗）。"① 笔者认为，佩特林不是俄国正式派遣的来华使团，从两点上可以清楚地得到证明：第一，"该使团既无俄国国书，又无进贡的贡品"；第二，他是随蒙古使臣来华，不是俄国的正式代表。因此，评价佩特林出使中国没有取得实际效果，未能完成俄国首次对华外交的使命，最终没能如愿见到万历皇帝（明神宗），都是无从谈起的。

俄国学者在研究中发现，佩特林的 2 号版本中的开篇段落米哈伊尔·费奥多罗维奇沙皇下令派佩特林"出使中国，考察鄂毕河以及其他国家"，这在 1 号版本中是没有的；客观地评价 2 号版本的"异读现象主要存在于以下两方面：俄罗斯使团在北京受到款待以及明朝官吏和佩特林会晤"②。这很可以说明 2 号版本的这些情节是后来添加的，说明不是俄国沙皇派遣的外交使团，佩特林不可能没有携带沙皇致大明皇帝的国书，却获得一封以中国皇帝名义拟的国书，这里显然露出了不能自圆其说的破绽。对于这封万历皇帝诏书，郝镇华先生撰有专文对两封中国皇帝的诏书加以辨伪。③ 实际上，进入清朝，1676 年 6 月（康熙十五年四月），俄国使臣尼古拉·加夫里洛维奇·斯帕法里抵达北京，带来两封中国明朝皇帝致俄国沙皇的国书，一封是《中国神宗皇帝致沙皇米哈伊尔·费奥多罗维奇国书》，另一封是《中国思宗皇帝致沙皇米哈伊尔·费奥多罗维奇国书》。笔者认为，佩特林既然不是外交使臣，就不可能得到明朝礼部官员的正式接见，也更不可能得到明朝外交文书，何况是皇帝的诏令文书？明朝皇帝诏令文书中最重要的是诏书，对外颁布有专门的仪式，如果了解明朝皇帝诏书颁布运作的程式，和明朝礼部的外交礼仪惯例，对这封皇帝诏书本身就没有辨别真伪的必要，需要探讨的是为什么会出现伪造的"诏书"，又是如何出现

---

① 《俄罗斯与中国四个世纪交往史》，第 18 页，引自耿海天《回望中俄关系史近四百年曲折之路——评〈俄罗斯与中国四个世纪交往史〉一书》，《湖北第二师范学院学报》2016 年第 12 期。

② ［俄］弗·斯·米亚斯尼科夫：《1618—1619 年伊万·佩特林使团》，载《在华俄国外交使者（1618—1658）》，第 42 页。

③ 郝镇华：《两封中国明代皇帝致俄国沙皇国书真伪辨》，《世界历史》1986 年第 1 期。

的？限于篇幅，这里就不展开论述了。

进一步说，佩特林来华在性质上不是外交使团，其来华当然也就不可能涉及明朝政府没有将其视为一个平等国家外交使团来看待的问题。而这种设问的方式，正是后来俄国派至清廷正式使团才可能有的。俄国学者所云："但佩特林开辟了前任未知的经西伯利亚和蒙古草原前往中国的陆路通道，而且作为近代第一个派到中国的欧洲外交使团，佩特林的中国之行在俄国外交史上也具有重要的意义。"① 这样的评价，前面的话基本符合历史事实，佩特林来华是俄国最初探寻通往"契丹"道路之行；而后面谈及其在欧洲与俄国外交史上的重要意义，则言过其实了。佩特林只是跟随阿勒坦汗使臣来到明朝首都，与寻求和中国建立贸易关系还有相当的距离，更遑论建立外交关系了。

至此，对于佩特林来华性质应该澄清，简要归纳如下：

1. 不是外交使团。佩特林不是俄国官方派出的正式外交使节，按照外交惯例，使节需要携带国书和礼品，而他没有。

2. 不是正式考察团。当时只有2名哥萨克来华，是从俄国新近扩张地的地方政权派出，随同蒙古阿勒坦汗使臣前往中国首都北京，不是专门的考察团。

3. 既然不是俄国使臣，佩德林也就不可能得到明朝官方正式接待，也就完全不可能产生使团礼仪问题，更不可能得到明朝皇帝的诏书。

4. 佩特林来华，是明代中俄第一次直接接触事件，揭开了"契丹"即中国这层面纱。

结　　语

俄国哥萨克佩特林首次向西方提供了从欧洲经蒙古地区到达"契丹"（中国）的信息，并留下了经过蒙古草原丝绸之路到达"契丹"（中国）

---

① Лукин А. В. Россия и Китай четыре векавзаимодействия. Издательство 《Весь мир》, Москва, 2013, ст. 696. 引自耿海天《回望中俄关系史近四百年曲折之路——评〈俄罗斯与中国四个世纪交往史〉一书》，《湖北第二师范学院学报》2016年第12期。

路线的记述，在欧洲引起了更大的对于"契丹"的兴趣。但是中外学界认为佩特林是来华第一个俄国使团之说，与历史事实不符。他的来华是通过蒙古人为中介，从地理发现的角度而言，明蒙关系早已存在，交往路线本来不需要什么发现。佩特林的功绩在于，他是亲身经历前往"契丹"的道路，并且真正到达了"契丹"的第一位俄国人。他可以证明"契丹"就是中国，但是这一点在当时的俄国似乎并没有引起很大关注，后来的俄国学者把他的功绩说成是"为地理科学做出了巨大的贡献"，是夸大了事实。客观地说，佩特林来华，是明代中俄的第一次直接接触，俄国在认知中国方面向前推进了一步。

至清初，伴随俄国在西伯利亚的扩张，其正式外交使团的来华，才具有了打通与中国贸易通路、建立两国外交关系的意义。到那时，西方对于"契丹"的探寻，也就最终落下了帷幕。

第十五章　东方丝绸之路的见证：中国藏李朝档案孤本《朝鲜迎接天使都监都厅仪轨》

朝鲜王朝编纂的仪轨，是世界记忆遗产。现主要收藏于韩国。本章揭示新发现的明清内阁大库藏朝鲜《天启元年四月日迎接都监都厅仪轨泰昌天启》，是在中国保存下来的朝鲜李朝档案文书孤本，弥足珍贵。这份朝鲜光海君朝接待明朝使臣的簿册档案，自明万历四十八年至天启元年（1620—1621年，光海君十二年至十三年），不仅是保存在中国的朝鲜王朝仪轨孤本，而且是17世纪初年中朝两国交往的原始记录，大部分内容不为《明实录》和《李朝实录》所记载。在以往研究基础上，据此对于明末东方丝绸之路的历史真相作进一步探讨。

明清档案与殷墟甲骨、敦煌藏经合称为中国近代文化史上三大发现。中国第一历史档案馆是保管明清国家和皇室档案的国家档案馆，所存明朝档案，仅有3000余件。其中，收藏有一件题为《朝鲜迎接天使都监都厅仪轨》的李朝档案文书，是朝鲜王朝迎接和接待明朝使臣所设临时性机构都监都厅所遗的档案文书，弥足珍贵。笔者曾于2005年撰写《明代后期中朝关系的重要史实见证——李朝档案〈朝鲜迎接天使都监都厅仪轨〉管窥》一文（《学术月刊》2005年第9期），是中国学者对此档案文书的首次初步探讨。现经进一步考察，发现这件档案文书的下半部分，《天启元年四月日迎接都监都厅仪轨泰昌 天启》，实际上是在万历四十八年（朝鲜光海君十二年，1620年）八月至天启元年（朝鲜光海君十三年，1621年）十二月编纂成文，可以独立成篇的一件档案，更是保存于中国的一件李朝档案孤本，尤其珍贵，很有必要作进一步研究。

中韩两国是一衣带水的邻邦，两国的文化联系源远流长。历史上朝鲜李朝在吸收中国文化和其他一些外来文化的同时，也创造了自己独具民族特色的文化传统。仪轨，一般指佛教仪轨，源自梵语 kalpa su^tra，随佛教传入中国，是记述佛教仪式轨则的经典通称。朝鲜王朝仪轨，是朝鲜王朝从儒教原理出发，以国家仪礼为中心，根据一定文书格式编纂的独特的宫廷文化记录，记录了朝鲜时代（1392—1910）600余年王室的主要活动，包括结婚仪式、葬礼、宴会、迎接使臣等王室文化活动。在2007年第8届联合国教科文组织记录遗产国际咨询委员会上，《朝鲜王朝仪轨》被评定为世界记忆遗产。天启年间《朝鲜迎接天使都监都厅仪轨》，不仅是保存在中国的朝鲜王朝仪轨孤本，而且是17世纪初年朝鲜光海君在位期间中朝两国交往的原始记录，大部分内容不为《明实录》和《李朝实录》所记载，迄今未见中韩学者专门探讨。本章拟对此件档案结合其他中朝历史文献再作探讨，使明末丝绸之路上一些不为人知的史实得以复原。

第一节　明清内阁大库的朝鲜李朝档案孤本

朝鲜王朝编纂的仪轨现主要收藏于韩国。2001年广西师大出版社出版的《中国明朝档案总汇》，是中国第一历史档案馆和辽宁省档案馆所藏明档的合编，其中收入的《朝鲜迎接天使都监都厅仪轨》（下面简称《迎接仪轨》），包括两种单独成篇的《仪轨》：一是朝鲜李朝于万历三十六年（朝鲜光海君元年，1608年）四月至万历三十八年（朝鲜光海君三年，1611年）三月编纂的一件《迎接仪轨》，二是朝鲜李朝于万历四十八年（朝鲜光海君十二年，1620年）八月至天启元年（朝鲜光海君十三年，1621年）十二月编纂的一件《迎接仪轨》，这两件李朝档案作为一种，夹在《武职选簿》类档案之间，显得格外特殊。众所周知，明清内阁大库档案中有明档和清档之分，现存中国第一历史档案馆仅有3000多件（册）明朝档案，现存的明朝档案，一般认为是清初为了撰修《明史》，下令在京各衙门及外省督抚各官将有关文移开送礼部，后送内院，以备纂修之用。明朝档案历经劫难，存世不易，而这两件《迎接仪轨》在中国保存至今，实属难得。查《中国第一历史档案馆大事年表》，故宫博物院于1932

第一篇　整体篇 >>>

年编印出版过《朝鲜迎接天使都监都厅仪轨》铅印本,①则这两件《迎接仪轨》归属于明清内阁大库是没有疑问的。周一良先生曾购得这个版本的《迎接仪轨》,在他的"读书题记"中记有:"一九五一年二月十一日买于厂甸",并加有按语:"民国二十一年(1932年)一月北平故宫博物院编。"②适可印证。

什么是仪轨?韩国学者韩永愚著有《朝鲜王朝仪轨》一书,开卷明义,对于仪轨作了如下解释:

> 仪轨是一个普通名词,它指的是由仪礼的规范所构成的书籍。换言之,仪轨即为由各种礼仪的模式所构成的书籍。编纂仪轨这种模式书籍的,首先是从朝鲜王朝开始的。朝鲜王朝之前有关编纂仪轨的记录尚未发现,而中国及其他所有国家,编纂过仪轨的事实也尚未得到确认。所以,我们首先应该认识到仪轨是朝鲜王朝所孕育出来的独一无二的文化记录。③

根据韩永愚先生的研究,朝鲜王朝编纂各种仪轨的传统,始于朝鲜王朝建国之初,是"儒教政治的产物"。但是由于壬辰之战,朝鲜王朝前期编纂的仪轨均已佚失。关于迎接明朝使臣的仪式,属于五礼中的宾礼,是重要的国家仪礼。该礼仪被编纂成《迎接天使都监都厅仪轨》,在《朝鲜成宗实录》和《燕山君日记》中可以查证。④ 目前可见传世的这方面《迎接仪轨》,则是始于朝鲜光海君时期。

关于朝鲜李朝万历三十六年(朝鲜光海君元年,1608年)四月至万历三十八年(朝鲜光海君三年,1611年)三月编纂的《迎接仪轨》,韩国专家韩永愚先生已有较详细的研究。实际上朝鲜光海君在此期间迎接了明朝两个使团:一是明朝以熊化为首的前往吊祭朝鲜国王宣祖(1567—1608

---

① 张德泽:《中国第一历史档案馆大事年表》,《历史档案》1998年第1期。
② 周一良、周启锐:《周一良读书题记》(二),《中国典籍与文化》2004年第2期。
③ [韩]韩永愚著,[韩]金宰民、孟春玲译:《朝鲜王朝仪轨》,浙江大学出版社2012年版,第1页。
④ 参见朝鲜《成宗实录》卷二○八,成宗十八年十月辛卯;《燕山君日记》卷四九,燕山君九年四月庚子;见《朝鲜王朝仪轨》第9页注[3]。

年在位)的赐祭使团,一是明朝以刘用为首的册封光海君为朝鲜国王的册封使团。韩先生对韩国存世的各个时期、各种类型的朝鲜王朝仪轨均有专门研究,但是笔者发现,《朝鲜王朝仪轨》一书设有论述光海君时期仪轨的专章,第18页至第26页上半页专述"迎接明朝使臣的相关仪轨",其中有5页半的篇幅展示了非常珍贵的《万历三十六年赐祭厅仪轨》的"天使班次图"。韩永愚先生认为:

> 光海君曾于元年(1608年)和14年(1622年)两次共编纂了4种有关接待中国(明)使臣的仪轨,由此可以看出光海君对外交的重视程度。①

并同时指出了光海君编纂《迎接仪轨》的重要价值:"这种外交仪轨的编纂是有史以来的第一次。"但是,他没有提及朝鲜李朝于万历四十八年(朝鲜光海君十二年,1620年)八月至天启元年(朝鲜光海君十三年,1621年)十二月编纂的这件《迎接仪轨》,而在他的《朝鲜王朝仪轨》一书后附录的《仪轨综合目录》中,收有光海君时期编纂的各种仪轨19种,也没有列入上述《迎接仪轨》。

《仪轨综合目录》中光海君时期的《迎接仪轨》如下:②

名称	年代	现收藏地点	图书号码	备注
迎接都监赐祭厅仪轨	1608,4	奎章阁	14556	有彩色"天使班次图"
迎接都监都厅仪轨	1610,4	奎章阁	14545	原藏于五台山史库
迎接都监米面色仪轨	1610,4	奎章阁	14551	原藏于五台山史库

他所指的4种《仪轨》,是现今保存在韩国的朝鲜光海君元年(1608)《迎接天使都监都厅仪轨》《迎接都监都厅米面色仪轨》《迎接都监都厅赐祭厅仪轨》,以及光海君十四年(1622)根据明朝梁监军到汉城的迎接仪式编纂成的《奉敕宣谕接待仪轨》,最后这部仪轨只在《行止案》中有所

---

① 《朝鲜王朝仪轨》,第18页。
② 资料来源:《朝鲜王朝仪轨》附录《仪轨综合目录》,第451页。在《仪轨综合目录》中,还有两种重复的《迎接仪轨》,在此不录。

第一篇　整体篇 >>>

记载，没有保存下来。他所指出的 4 种《仪轨》外，有一个重要的缺环，即没有光海君十二年（1620）至十三年（1621）编纂的这件中国藏《迎接仪轨》。

韩国学者金暻绿先生对朝鲜王朝时期对明外交素有专门研究，在他的《朝鲜时代的使臣接待——迎接都监》长篇专题论文中，全面论述了朝鲜王朝与明朝交往形成的《迎接仪轨》情况：

> 一般情况下，都监事务结束后，设置仪轨厅，对登记的所有记录进行整理。目前收藏于首尔大学奎章阁的迎接都监仪轨共计 16 种 27 册。大部分年代为光海君至仁祖时期，迎接都监仪轨制作年代从 1610 年起至 1643 年为止。①

但笔者在其文中也没有找到天启年间（1620—1621）《迎接仪轨》的踪迹。为此，笔者专函向金先生请教，得到确认，韩国已无此本保存，但现已有复印本。② 那么我们可以确定，朝鲜光海君十二年（1620）至十三年（1621），也即明朝万历四十八年至天启元年编纂的这件《迎接仪轨》，是收藏在中国的一件《迎接仪轨》孤本。经过查对，现存的朝鲜王朝涉外文书《承文院日记》（又名《槐院謄录》）和《备边馆謄录》，前者始于朝鲜仁祖时期（1595—1649），后者虽然从光海君九年（1617）开始謄录，但是缺少光海君十二年（1620）至十三年（1621）的记录。因此，这部中国藏《迎接仪轨》的存世，更显弥足珍贵。

收藏于中国第一历史档案馆的两件《迎接仪轨》，时间在前的万历三十六年至三十八年编纂的那件《迎接仪轨》，是最早编纂的《迎接仪轨》，在韩国保存更为完整，包括《迎接都监都厅仪轨》《迎接都监都厅米面色仪轨》和《迎接都监都厅赐祭厅仪轨》，特别是后者收录了彩绘"天使班

---

① ［韩］金暻绿：《朝鲜时代使臣接待——迎接都监》《韩国学报》117 集，2004 年。笔者承金先生惠寄此篇论文和 3 种光海君时期的《迎接仪轨》，在此深致谢忱。
② ［韩］金暻绿先生认为中国藏的这件《迎接仪轨》是一件副本，韩国现藏是从中国复印的一件副本。由于笔者至今不能见到第一历史档案馆藏的原件，故无法说明中国所藏是原本还是副本。他认为朝鲜官方不可能给予中国，应是从民间流入。笔者同意他的看法，但这件文书如何进入内阁大库收藏，尚不得而知，有待查考。

次图"在内，更为珍贵，对此韩国学者已多有研究，故在此不赘述。

公元1620年，这一年在中国历史上是具有特殊意义的一年。在这一年，明朝有三帝的历史记忆，先是万历皇帝，接着是泰昌皇帝，最后是天启皇帝；泰昌、天启两帝均以登极颁诏朝鲜，而后金攻陷辽阳，也发生在颁诏使出使期间，从此明朝与朝鲜的陆上通道断绝，不得不转移海上。这些史实构成这一年历史的风云变幻。王朝纪年出现多元格局，明朝使臣的出使也呈现出200年未见的分别行程现象，朝鲜光海君此次迎接明使也就成为观照中朝关系的一个重要视点。下面仅就万历四十八年（1620）八月至天启元年（1621）十二月编纂的这件孤本《迎接仪轨》，结合明代文献略加探讨。

第二节 中国藏朝鲜李朝孤本《迎接仪轨》的主要内容

《天启元年四月日迎接都监都厅仪轨泰昌 天启》（以下简称《迎接仪轨》），不分卷，手写行书，每半页14行，每行字数不等，现收入《中国明代档案总汇》，① 是故宫博物院旧藏，也就是收藏于明清内阁大库的档案。这件文书记录了朝鲜王朝光海君自万历四十八年（1620）八月至天启元年（1621）十二月的迎使活动。

明朝按照惯例，凡有大事，都要遣使诏告朝鲜。这次朝鲜迎接的使臣，是明朝泰昌、天启皇帝派遣的宣布登极改元的颁诏使臣。朝鲜崇禄大夫领中枢府事柳根为明朝正使刘鸿训《皇华集》作序，言及这次盛典：

> 皇明受天命为天子，六合之内，八方之外，寸地尺天，莫非属国。惟我康献王立国之初，太祖高皇帝洪武二十五年，命国号曰朝鲜。盖我东藩为殷太师肇封之地，故仍其旧号，视若内服。自是以来，朝廷凡有庆慰，必拣选使价颁诏若敕，先于万国，东人以为宠。

---

① 《朝鲜迎接天使都监都厅仪轨》，《中国明代档案总汇》第七七册，广西师范大学出版社2001年版，第453—654页。

第一篇 整体篇 >>>

夫天下称庆,如册封国本、诞生皇子皇孙,不一其事,而惟登极为莫大之庆……天启元年夏,翰林院编修青岳刘先生、礼科都给事中筠江杨先生,奉新皇帝之命,来宣泰昌若天启登极二诏敕,斯又旷世所未有之盛典也。①

序中明确说明二使是前往宣读泰昌、天启"登极"的"二诏敕",所以与其他使臣有不同之处。

一 两使牌文开篇

不同于万历三十六年(1608)至三十八年(1610)编纂的那部《迎接仪轨》,这部《迎接仪轨》以明朝使臣照会牌文开篇:

> 登极天使赐进士出身、翰林院编修、记居注编纂、奉奏管理诰、钦差正使一品服,济南刘鸿训,山东人;钦差副使赐一品服、礼科都给事中、前翰林院庶吉士,温陵杨道寅,福建人。两使牌文。

特殊的是,两使各自有牌文。首先是正使刘鸿训的牌文,为全面了解,现全录之于下:

> 钦差赐一品服、翰林院刘 为开读事。照得本院恭遇登极改元,奉命赍诏敕、礼物等件,前往朝鲜国开读。的于二月十三日辰时自会同馆起马,由陆路前去。合用夫马皂快等项,理合遣牌知会。为此牌仰经过有司、军卫、驿递等衙门,如遇牌到,即照后开夫马等项,预先齐备,在于交界伺候接替,毋违。其山海关外地方该卫所遵照旧规,各带全队兵马,侦探护送,昼夜巡徼,毋致疏虞。及入朝鲜国地方,沿途州驿站馆,悉牌内事例遵行。须至牌者。
>
> 计开:诏敕官二员,大轿一乘,夫二班杠十九,抬夫五十七名,坐马二匹,中马三十一匹,皂快二十六名,吹手一副,蓝旗四对两具

---

① (明)刘鸿训:《四素山房集》卷二〇《皇华集》,《四库未收书辑刊》第6辑,第21册,第793页。

全外，护送兵马不开数。

　　右牌仰经过有司、军卫、驿递等衙门，准此。

　　天启元年二月初十日 遣

　　应付迎送不齐，责在地方，随行员役不奉约束，敢为需索，责在本院，务加焉，相体为妥。（小字：已上朱笔书）。

　　牌由会同馆、通州、三河、蓟州、玉田、丰闰、卢龙、抚宁、深河、山海、中前、沙河、东馆、曹庄、连山、杏山、凌河、十三站、闾阳、广宁、盘山、高平、沙岭、牛庄、海州、安山、辽阳、甜水、通延、燮理、凤凰、汤站、镇江，朝鲜国义州镇、所串、良策、车辇、林畔、云兴、定州、加山、安州、肃宁、安定、平壤、中和、黄州、凤山、剑水、龙泉、安城、平山、兴义、金郊、开城府、梧木、坡州、马山、碧蹄、延曙，王京城缴（小字：闰二月十三日牌文眷来，同月十八日牌文到京）。

　　一等十七，二等三十八，三等五十八。

其次，是副使杨道寅的牌文。经对照，副使杨道寅的牌文与上述正使牌文大同小异，但副使与正使前往朝鲜国开读的时间不同，是"本月二十五日"，比正使出发的"十三日"晚了12天；副使大轿一乘"班夫三杠十五抬"，规格小于正使；"天启元年二月十九日遣"，在时间上比正使晚了9天。"牌由……王京城"后小字："闰二月二十日牌文眷来，同月二十六日牌文到京"，而"一等十八，二等三十九，三等五十八"。一等、二等均比正使多出一人。

两道牌文显现的事实，是两批明朝使臣前往朝鲜。

查询明代文献，大约从宣德年间开始，明朝使团的规模基本上保持在30人左右。但上述牌文所见，明朝这次派遣的使团，正使使团人员113人，副使使团人员115人，共计228人。相对以往，是人员相当众多的一次。《迎接仪轨》天启元年三月十四日朝鲜工曹启中云"天使一等头目二十七员，副天使一等头目三十三员"，与正使刘鸿训牌中的"一等十七"，副使杨道寅牌中的"一等十八"颇有出入。[①] 后来更有云："今番两使所

---

① 《迎接仪轨》，第571页。

第一篇 整体篇 >>>

率头目二百二十人,留京二十日,凡干支待节目,比前甚繁。"① 说明使团人员众多,给朝鲜接待造成负担。

两使牌文说明,明朝派遣正使刘鸿训、副使杨道寅出使朝鲜,出使目的是宣布新皇帝天启皇帝登极改元,颁赐朝鲜国王、王妃礼物,并详载出发时间、出发地点,沿途行程与地点。值得注意的是,这次出使的主要使命没有特别之处,以往明朝各帝即位,均会派遣使臣到朝鲜宣布诏敕改元。万历四十八年(1620)这一年,出现了一年中出现三帝的特殊情况。七月,明神宗去世;八月,明光宗即位,依据惯例,以登极遣使诏告朝鲜。《明光宗实录》记载:

> 以登极诏命翰林院编修刘鸿训、礼科给事中杨道寅往朝鲜开读,赐朝鲜国王红丝十表里,锦四段,王妃红丝六表里,锦三段。②

九月,明光宗死去,皇长子即位,是为明熹宗。明熹宗即位后,宣布以这一年八月以前为万历四十八年,八月以后为泰昌元年,明年改元天启。于是,《明熹宗实录》中又有如下记载:

> 命翰林院编修刘鸿训、礼科都给事中杨道寅颁诏朝鲜。③

持有两帝登极所颁诏敕,明朝使团出使也出现一个奇怪的现象,就是正、副使没有一起出发前往朝鲜,而是一先一后前往。天启元年(1621)二月十三日,正使刘鸿训自会同馆出发,前往朝鲜。二十日,副使杨道寅才出发,前往朝鲜。三月十日,两使团汇合渡过鸭绿江,据朝鲜方面文书记载,是朝鲜方面劝说的结果;四月十二日,到达朝鲜王京。五月初一日,使团离开王京,五月十八日杨道寅,二十日刘鸿训分别于安州清川江

---

① 《迎接仪轨》,第651页。
② 《明光宗实录》卷六,万历四十八年八月癸亥,台北"中研院"史语所校勘本,1962年,第157页。
③ 《明熹宗实录》卷六,天启元年二月癸卯,台北"中研院"史语所校勘本,1962年,第271页。

乘船离开朝鲜①，至于二使为何分行，这一点在《明实录》中也是不见记载的。看来是与两帝分别的诏敕与颁赐有关，《迎接仪轨》辛酉正月初六日备忘记：

> 予见通报，则诏使虽一起出来，而诏书颁赐表里则各二件赍来云。然则登极贺表方物亦各二件磨炼封进矣，令承文院各该曹详察为之。②

这种两使各行，也就是正、副使分行，是明朝与朝鲜交往 200 年所没有的现象，无疑造成了朝鲜方面接待的困难。《迎接仪轨》天启元年三月初六日记载，备边司启曰：

> 备忘记。昨是远接使、平安监司状启，则两天使各行云，此实二百年所无骇怪之事也。远接使、平安监司等虽以死力争，杨天使若不从，而入我国后，仍为各行，则未知何以为之。令备边司急急议处事，传教矣。臣等尝闻自祖宗朝以来，诏使之行未尝分而二之。远接使以下所当援引古例，以死力争，期于回听可也。然人性不同，如或终始执拗，恐难以口舌争。况今有两诏一时出来，此则前所未有之事也。诏使以此报而为辞，则事体亦然，在我无必争道。一路支待之难，有不暇言，远接使一人极难图……③

这里清楚地表明，朝鲜方面认为两使分行是"二百年所无骇怪之事"，并不明缘由。至于为何如此，除了两使持两帝诏敕外，是出于军事安全考虑，还是有其他原因，无论是明朝文献，还是朝鲜文书均无明载。我们可以推测有两使赍两朝诏敕的缘故，但杨使何以非要特立独行，只能姑存待

---

① 《迎仪轨接》，第 458 页。
② 《迎仪轨接》，第 518 页。
③ 《迎接仪轨》，第 562—563 页。

考了。①

关于此次明使的行程路线，与以往惯例没有什么不同，是陆路行程。不过由于后金的缘故，山海关外地方卫所兵马护送，"昼夜巡徼"，特意加强了防备。

二 使臣在朝鲜王京的颁诏礼仪活动

根据《迎接仪轨》，明朝使臣到达朝鲜王京后的详细日程安排如下：

> 三月初十日壬子卯时渡江。
> 四月十二日癸未未时入京颁诏敕。
> 十三日都监官见堂礼后下马宴。
> 十四日昼奉杯。
> 十六日谒圣。
> 十七日翌日宴。
> 十八日仁政殿请宴。
> 十九日所管处王世子接见。
> 二十日汉江游观。
> 二十一日昼奉杯。
> 二十二日所管处接见。
> 二十六日两使仁政殿进贺圣寿。
> 二十八日所管处请宴。
> 三十日上马宴。
> 五月初一日壬寅辰时难发。
> 小字："杨使同月十八日、刘使二十日，皆自安州清川江乘舡。"②

自下马宴、翌日宴、仁政殿请宴、所管处请宴，到上马宴，由此可

---

① 韩国学者朴现圭先生在会议现场提出刘、杨两使一是东林，一是阉党，不可能同行。笔者认为官方不可能因二者属不同政治派别而记载分别启程，主要还是以两朝颁诏形成分别走，至于副使杨道寅在出使过程中的表现个别，在《迎接仪轨》中有较详细记录，可以参考。

② 《迎接仪轨》，第457—458页。

知，颁诏使臣到达朝鲜以后，按照惯例，受到了隆重接待，同时参与了一系列礼仪活动。根据《迎接仪轨》后面的详细记述，这一日程安排在现实中发生了一些变动，并没有完全按照计划实施，但主要是日程的更改，程序没有变化。

自明朝使团一行渡过鸭绿江，到乘船离开，在朝鲜境内两个月时间。在回程时，由于后金已经切断陆路，两使只得改为水路，自朝鲜安州清川江乘船回国，于此发生了中朝交往通道由陆路向海路的转移。但在海上正使与副使仍然没有同时出发和同行。

三　迎接都监设置与接待人员安排

《迎接仪轨》，是朝鲜迎接和接待明朝使臣所设临时性机构都监都厅所遗的档案文书，在记录了明朝使臣自出发至到达后的全部日程安排以后，《迎接仪轨》追述万历四十八年八月十三日开始准备迎接使臣的事宜安排。首先设置了主管接待活动的都监都厅，然后任命了接待官员。这里的迎接都监都厅官员人等的长名单，说明接待之事，都是预为料理的，这也就是提前数月就设立都监都厅临时官署的目的。这次具体任命的接待人员主要有：

> 远接使兼礼曹判书李尔瞻
> 馆伴行刑曹判书李庆全
> 都厅议政府舍人郑广敬
> 吏曹正郎洪尧俭
> 郎厅军色礼曹正郎李之华
> 成均直讲蔡容
> 兵曹正郎朴弘美
> 兵曹佐郎李志宠
> ……

以下分别是"宴享色""米面色""杂物色""盘膳色""应办色"的官员，以及都厅员役书吏人等。这里没有一一引述。

由此可以看出，远接使仍以礼曹官员担任，在都监下，设有"军色"

第一篇 整体篇 >>>

"宴享色""米面色""杂物色""盘膳色""应办色"等六色,分工接待。军色担任护卫职能,宴享色专为准备宴会,米面色准备主食,杂物色为使臣准备间食,盘膳色准备菜肴,应办色是为主管迎接的都厅和使臣准备礼单的部门。根据《迎接仪轨》八月二十四日记载:

> 圣教所及,一依旧例。自都监卜定者,是应办色事也。①

朝鲜平时迎接之局,本无应办之设,至万历年间熊化为使的那次接待,由于朝鲜大臣考虑经乱之后,民力难支,以都监郎厅专管应办之事,才设立了应办色,并延续下来。

从任命接待官员人等数字来看,接待人员总计 141 人。此次人员实际上超过了万历年间的那次接待,也就是说这次迎接相比此前更为隆重。

四 具体接待事宜与礼仪过程

在人员名单之后,是"都监事目单子"。其中自万历四十八年(1620)八月起,以日记形式,详细记载了光海君和都监都厅官员以及涉外臣僚人等为接待明朝使臣事宜,进行的各种商讨及其准备活动,展现了准备迎接以及接待使臣的全部过程。事实上,明万历四十八年(1620),自朝鲜得知明神宗去世的消息,迎接明朝颁诏使臣的工作就已开始准备了。根据《迎接仪轨》,早在万历四十八年(1620)八月十三日,已记载"备忘回启及递改郎厅处置草记,详载各色"。当时光海君传下天使不久差出,"凡接待等事速议以处",关于都监都厅的设置,是首先提出速议之事。② 都监郎厅"依例以文官极择差出"。八月十九日任命迎接都监官员,说明临时性迎接使臣的都监都厅已经设置。八月二十一日光海君传:

> 近日凡系干天使事,中外官吏怠慢解弛,未见举行之实。天使数月内出来,则将若之何?令大臣各别十分检饬,使之各别尽职事,如

---

① 《迎接仪轨》,第 479 页。
② 《迎接仪轨》,第 467—468 页。

系天使接待事,笞一十以上,推考并依旧例罢职。①

对于迎接诏使之事,朝鲜方面按照惯例,预先几月就已开始准备,光海君传曰如有官员不尽职,则有刑法与罢职的处罚,可见对于明朝开读诏敕使臣到来极为重视。前此光海君在万历年间接待了明朝赐祭使和册封使,已得到明朝正式册封为朝鲜国王,他传教此次迎接天使不应以"国恤时故,多有苟简未安之事"为例,可以先朝壬寅、丙午年例"着实举行"②,表达了隆重和诚意。查壬寅,是万历三十年(1602),那一年有明使顾天峻、崔廷健出使朝鲜;丙午,是万历三十四年(1606),那一年有明使朱之蕃、梁有年出使朝鲜。都监参酌旧例开录礼单和物膳等物,吩咐各曹或移文各道急速备送。当时"最极难支",需要"发贸"的物品是"银与参",而馆宇修理也要紧急提上日程③。至十一月二十八日,出现了"礼曹来牒,泰昌元年今日为始行用事"的记载,也就是改用了明光宗泰昌年号。

适逢明朝一年三帝,国家多事之秋,加之辽东失陷在即,朝鲜屡屡上书告危。这些因素都不可能不影响到出使,也不可能不影响到这次迎使。从《迎接仪轨》所见,迎使都监于万历四十八年八月设立,当时已有"当此民穷财竭之日,又值诏使之行,接待诸事皆无成形之势"之议。但迎使的准备总是要做的,光海君对迎接都监堂上等官言之侃侃:"皇帝新登宝位,实天下之大庆也。接待诏使事体甚重。"④因此,他申饬他们"百事尽心竭诚",不要"以虚竭二字为慢待张本"。具体接待礼仪,规定事无巨细,"至于紧关节目,尤不可擅便"。在外"义州、定州、安州、平壤、黄州、开城府、碧蹄等处,亦为结彩,而平壤、黄州则并设傩礼为齐"⑤。并做出规定:"一远接使、延慰使依前例除郊迎,迎命肃拜,守令以下迎于郊外;一州官等迎谒及宴享时必令奔走,以尽敬谨之礼,酒停前主人及进

---

① 《迎接仪轨》,第471页。
② 《迎接仪轨》,第473页。
③ 《迎接仪轨》,第480—481页。
④ 《迎接仪轨》,第470页。
⑤ 《迎接仪轨》,第500页。

第一篇 整体篇 >>>

止人务令拱手,勿使暂刻垂手。"①

远接使迎接明朝使臣到京,"是时街路及各门结彩",举行隆重的郊迎与迎诏仪式;使臣入住南别宫,馆伴与都监都厅人员轮流值班;明使所居南别宫墙外,派有军将护卫。

天启元年二月二十三日,郊迎出宫教:

> 是时有侍臣导驾节次,还宫时只有导驾。一郊迎日,百官俱集朝房,以黑团领各就待立之位,东西相向俱北上。大驾临至鞠躬,过则平身。以次侍卫,至慕华馆就次。天使将至,俱朝服就位行礼,自九品先导,诣仁政殿行礼。②
>
> 一迎诏日,万一下雨,则百官着蓑衣,细雨则否。
> 一殿下郊迎至仁政门外,下辇以入。③

由于战乱后太平宫经久失修,南别宫成为接待明朝使臣的馆所。《迎接仪轨》记载:

> 天使出坐正厅,差备通事先行再拜礼,分左右立,都厅以下行再拜礼,出,录事升阶上行再拜礼,迄,进早饭。
>
> 天使入来时,都厅以下随行,军色、廊厅一员先到南别宫,诸事举行。
>
> 天使到南别宫时,馆伴以下大门内南边黑团领以抵迎,差备通事天使前迎门进告。
>
> 天使入馆,茶吃讫,改服出坐西宴厅,即时馆伴楹内白衣乌纱帽黑角带先行再拜礼、作揖礼,次都厅以下进楹外,亦行再拜、作揖礼,次百官行礼。
>
> 天使入京后,下马宴等各日宴飨、接见、出还宫,教是时百官以

---

① 《迎接仪轨》,第492页。
② 《迎接仪轨》,第537页。
③ 《迎接仪轨》,第538页。

黑团领侍立侍卫。①

　　凡宴礼就座举箸，宰臣行酒只一度，告谕于天使前，此乃现朝旧例。②

闰二月初（十）六日，《迎接仪轨》中出现远接使李尔瞻为首的37人名单在册，远接使是从鸭绿江开始迎接，伴同到朝鲜京城的官员。其下包括从事官三吏曹正郎、吏曹佐郎、成均馆典籍、制述官、写字官、篆字官、书写官、问疾官、画员、备差译官、礼单押领官、礼单色书吏、茶匠、酒色、香匠等。而且还专门派有刘使差备译官、杨使差备译官多人。③这些人是直接参与迎接与接待明朝颁诏使的人员。

朝鲜严格遵行中华礼仪中的习仪三日之礼仪，规定天使迎诏敕习仪初、二度自慕华馆至太平馆行礼，三度自慕华馆至仁政殿行礼。具体如下：

　　一迎诏敕，初度习仪三月二十一日，二度习仪同月二十五日，三度四月初四日。
　　一宴享初度习仪三月二十三日，二度四月初三日，三度四月初九日。
　　一仁政殿天使迎诏敕及宴享御前习仪，初度四月初五日，二度四月初九日。
　　一谒圣，初度习仪三月二十八日，二度四月初二日，三度四月初六日。
　　一王世子时敏堂接宴亲临，初度习仪四月初五日，二度四月初十日。④

关于诏敕的收藏，《迎接仪轨》中记载：

---

① 《迎接仪轨》，第537—538页。
② 《迎接仪轨》，第592页。
③ 《迎接仪轨》，第547—549页。
④ 《迎接仪轨》，第575—576页。

第一篇　整体篇 >>>

一受诏敕，即时掖庭署撤阙庭，承文院官员取诏敕书盛函，鼓吹入内，御览后还出，藏于承文院。①

《迎接仪轨》中也表述了接待明使过程中，曾发生的不和谐之声。一方面是朝鲜方面接待不周的问题，另一方面是明朝使臣对于接待的不满。尤其是副使杨道寅，与朝鲜方面发生不少矛盾。三月二十日备忘记记述：

副天使一行所为固不可责，以人理办银之策，急急讲究举行。如译官、富商、大贾等处速为收聚，各别重赏所不可已，亟令备边司当日内议处。②

四月十六日，备边司启曰：

我国二百年来恪事天朝，礼遇王人，忠顺礼义之称闻于中国，非他藩服之比也。今兹全辽陷败，人情危惧之日，自上接待之礼，供赖之需，有逾平时。宜彼之感悦诚服，而不幸杨使之为人性度异常，横逆之来，孰甚于此哉。然事在不可较之地，伏愿圣上益加诚意，礼接以时，务得欢心，使彼衔恩感德而蚊吟说天朝，则我圣上临危执礼益笃，忠贞之盛，岂但有辞于天下，其亦光垂于后史。③

光海君对于国忌日不能行礼进行解释，特别提到：

诏使之发怒，岂在于区区宴礼乎？诚有所以矣。予见己庚年誊录，则或称书仪，或称别礼单，银参等物赠遗非一；今则入京累日，馆舍寥落荒凉，一无别赠，则彼乌得无憾。自上年八月初旬天使先声来到后，系干天使事，申饬几度，而该曹唯以悭吝执格为能事。

---

① 《迎接仪轨》，第539—540页。
② 《迎接仪轨》，第578页。
③ 《迎接仪轨》，第601—602页。

并谈及筹备别礼单、书仪，以"稍解其怒"之事。①

其间，备边司建议将状启中"誓心戮力同守金复海盖等语'陈告于明朝使臣，②表明忠心于明朝，以此对明使示好。

《迎接仪轨》反映了明使的蛮横需索，也反映了大型礼仪活动造成朝鲜民力衰竭的实况，略举例如下：

四月二十四日，备忘记载："副天使所为，颠倒轻急，十分难待之人。"③

四月二十七日，"传曰……京畿民力亦竭，无路进排，宴享盘膳所用，并皆阙乏，折银之计，盖出于无策也。但所折支银，从何办出乎？坊民每户既已收银三钱，而又责鸡价，则将何以支撑乎？"④

从刘鸿训所撰《皇华集》中看，当时朝鲜君臣接待明朝天使相当尽心，明使也相当满意。但诗文唱和的和谐仅是表面文章，在档案文书中则尽显出诗文的虚夸。不仅《迎接仪轨》完全透露出当时的实态，在朝鲜《光海君日记》中，更有朝鲜方面对于明朝两位使臣的真实评价：

> 鸿训，济南人；道寅，岭南人。贪墨无比，折价银参名色极多。至于发给私银，要贸人参累千斤，捧参之后，旋推本银。两西、松都辇下商贾，号泣彻天。大都收银七八万两，东土物力尽矣。诏使之至我国者，如张宁、许国，清风峻操，虽未易见，而学士大夫之风流文采，前后相望。至于要讨银参馔品折价，则自顾天俊始，而刘、杨尤甚焉。⑤

至朝鲜仁祖三年（1625），有明朝内官使臣出使朝鲜，朝鲜大臣透露了此次接待的花费数额和恶劣影响。当时仁祖问及接待天使之规，李廷龟

---

① 《迎接仪轨》，第602—603页。
② 《迎接仪轨》，第603—604页。
③ 《迎接仪轨》，第618页。
④ 《迎接仪轨》，第627页。
⑤ 《朝鲜光海君日记》卷一六五，光海君十三年五月壬寅，韩国国史编纂委员会，第30册，第553页。

云："接待天使之规，今古不同。古则只有支供之事，今则又有银参之弊，小邦势难支当。废朝时刘、杨天使虽曰学士，其时所用，至于七万余两，况今太监乎？"① 由此可见，明朝白银大行其道，朝野对于白银的巨大需求已经影响及于外国，使臣的贪欲造成了不良影响。虽然这种现象并不始自此次的使臣刘、杨，但是他们的贪欲表现突出也是事实。

当然无论如何，天启初年在"全辽陷败，人情危惧之日"的迎接明朝颁诏使臣活动，最终是以礼终结的：

> 上马宴非如他宴，令馆伴、远接使、差备译官十分善为周旋②。
> 百官于慕华门外路左序立，每品异位重行，天使至，百官班头一时行再拜礼而送。③

由朝鲜远接使、馆伴等陪同明朝使臣，送至鸭绿江边，赠物揖别。

五 《迎接仪轨》的形成

根据"流来旧规"，在《迎接仪轨》最后，是"都监仪轨事目"：

> 今次登极诏使回程后，都监启下公事文移往复及各所掌措置举行之事，逐一成籍，以凭后考。④

迎接都监掌管接待中国使臣事宜，在明使离开后，都监都厅运行过程中的"一应启下公事文稿往复、及各所掌措置举行之事"，均一一记录登记，经整理后编成仪轨保管。

此次接待仪式结束以后，迎接都监将其过程记录下来，形成的仪轨数目是57册，包括：

---

① 《朝鲜仁祖实录》卷八，仁祖三年二月辛卯，韩国国史编纂委员会，第33册，第678页。
② 《迎接仪轨》，第631页。
③ 《迎接仪轨》，第542页。
④ 《迎接仪轨》，第648页。

都厅八册

军色八册

日记一册

宴享色八册

杂物色八册

米面色八册

盘膳色八册

应办色八册

以上通共五十七册。

都监在"辛酉(即天启元年,1621年)十二月初十日"誊录完毕以后,仪轨的编纂保存情况,是这样的:

内上七册

礼曹七册

春秋馆七册

太平馆七册

日记一册

江华七册

太白山七册

五台山七册

香山七册

值得注意的是,其中"御览七件粧䌙投进",也就是御览本共7件。

特记:"今番两使所率头目二百二十人,留京二十日,凡干支待节目比前甚繁。"①

最终落款日期是"天启元年十二月"。

韩永愚先生对于万历三十六至三十八年的《迎接仪轨》有一个整体评价:"从总体上看和后世的仪轨相比,这一时期仪轨的特征是结构尚不完

---

① 《迎接仪轨》,第651页。

备,字体中草书很多,与其说是仪轨,不如说是类似于誊录类的书籍。"①天启初年的《迎接仪轨》,同样表现出字体中有草书的特征。但是从结构上看,以两使牌文开端,相对以往显得更为规整,而内容以日记形式记录,也已经形成一定的规制。这次《迎接仪轨》,当时形成了六色分册,通共有 57 册之多,可惜没有保存下来,存世的唯可见都监都厅仪轨一种一册。

第三节 明代文献与相关史事的对接

一 明朝颁诏与朝鲜开读

诏书,是中国古代皇帝布告天下的文书形式。明朝是一个复兴传统文化的时期,举凡重大事件发生,都要诏告天下,如《即位诏》等,不仅要布告全国,而且要发布到外国。同时,明朝颁诏是有仪式的,仪式象征皇帝的权威。关于诏令的开读,明太祖制订了明确的制度,② 洪武二十六年(1393)《诸司职掌》规定了诏书开读的全过程,现摘录如下:

> 前期一日,尚宝司设御座于奉天殿,设宝案于殿东,锦衣卫设云盖于奉天门,教坊司陈中和韶乐于殿内。礼部设宣读案于承天门上,西南向。
>
> 其日清晨,陈设如常仪,教坊司设大乐于午门外……皇帝服皮弁服,导驾官前导,中和乐作,陞座,乐止,鸣鞭卷帘。礼部官奉诏书,诣宝案前用宝讫,捧至云盖中。校尉擎执云盖由殿东门出,大乐作,自东陛降,由奉天门至金水桥南。午门外乐作,公侯前导,迎至承天门上。鸣赞唱排班,引礼引文武官就拜位,唱班齐鞠躬,乐作。赞四拜,乐止。宣读、展读官陞案,称"有制"。赞众官皆跪。礼部官捧诏书授宣读官,宣读官受诏书,唱,宣读。宣读官宣讫,礼部官

---

① 《朝鲜王朝仪轨》,第19页。
② 关于明太祖外交诏令,参见万明《明太祖外交诏令文书考略》,《暨南史学》第五辑,暨南大学出版社2008年版。

捧诏置云盖中……唱,山呼,百官拱手加额曰"万岁"……序班即报仪礼司,跪奏礼毕。礼部官捧诏书分授使者毕,驾兴。中和乐作,鸣鞭,乐止。百官以次退。①

根据《明会典·开读仪》所记,皇帝诏、敕要先在阙廷宣读,然后颁行:

朝廷颁命四方,有诏书,有敕书,有敕符、丹符,有制谕、手诏。诏、敕先于阙廷宣读,然后颁行。敕、符等项,则使者赍付所授官员,秘不敢发。开读、迎接仪各不同。②

《明会典》中记载洪武二十六年所定内容与《诸司职掌》所载相同。其后有"嘉靖六年续定"部分,现录于下,以便了解更全面:

前期一日、鸿胪寺官设诏案,锦衣卫设云盖云盘于奉天殿内东。别设云盘于承天门上。设彩舆于午门外。鸿胪寺官设宣读案于承天门上,西南向。教坊司设中和乐及设大乐如常仪。鸿胪寺官列百官班次于承天门外桥南。是日、锦衣卫设卤簿驾。百官各具朝服入丹墀内侍立。上具冕服,御华盖殿。鸿胪寺官引执事官进至华盖殿就次,行五拜三叩头礼。赞各供事。鸿胪寺官奏请升殿,乐作,导驾官导上升座。翰林院官先捧诏书于华盖殿。从至御座前,东立,西向。乐止,鸣鞭。报时鸡唱,定时鼓讫。唱排班,文武百官入班。鸿胪寺官赞,四拜,乐作兴。乐止,百官出至承天门外伺候。鸿胪寺官举诏案于殿中。赞颁诏。翰林院官捧诏书授礼部官,礼部官捧诏书置于云盘案上。校尉擎云盖,俱从殿左门出。(隆庆六年仪注,诏从殿左门出至皇极门,鸿胪寺即奏礼毕,驾兴)至午门外,礼部官捧诏置彩舆内。乐作,公侯伯三品以上官前导,迎至承天门止,乐止。鸣赞唱排班。

---

① 《诸司职掌》卷四《礼部职掌·颁诰》,张卤校刊:《皇明制书》上卷,东京古典研究会1966年版,第285—286页。
② 《明会典》卷七四《礼部》三二《开读仪》,第435页。

第一篇 整体篇 >>>

引礼引文武百官就拜位，乐作，赞四拜，乐止。唱宣读，展诏官升案，称"有制"。赞众官皆跪，礼部官捧诏书授宣读官，宣读讫。礼部官捧诏书置云盘中。赞俯伏、兴，乐作，四拜，乐止。摺笏、鞠躬、三舞蹈，唱，山呼"万岁"者三，唱出笏、俯伏、兴，乐作。四拜、兴、平身，乐止。序班报鸿胪寺官，跪奏礼毕，驾兴，百官以次出。礼部官捧诏书授锦衣卫官，置云匣中，以彩索系于龙竿颁降。礼部官捧诏书置于龙亭内。鼓乐迎至礼部，授使者颁行天下。①

诏书要在朝廷上当众宣读，然后颁行全国，由礼部差人到各地开读，或派遣使臣携带诏敕前往外国传达。《诸司职掌》记载：

> 凡遇有诏书，礼部差人赍往各处开读。所差人员，必预先教其捧诏，进退礼仪。②

明朝派遣使臣颁诏于外国，进行隆重的开读仪式，正使由学士等官充任：

> 凡朝鲜等国，颁诏等差，学士等官充正使，从礼部奏请钦点。③

《迎接仪轨》记载的正是明朝诏书在朝鲜开读的典型事例。自朝鲜王朝建立时起，明朝与朝鲜就有密切往来，据学者不完全统计，有明一代，明朝使臣出使朝鲜王朝共计有153个行次，平均每年0.6个行次。④ 在周边各国中，也要算是关系最为密切的了。这次朝鲜王朝迎接的明使，即明朝颁诏使。而颁诏使中，"惟登极为莫大之庆"，所以格外隆重。外国迎诏敕礼仪，一般为明代文献所不载。《迎接仪轨》记载了朝鲜光海君时期接待明朝颁诏使时人力、物力动员，以及迎诏等礼仪外交的实际全过程，是

---

① 《明会典》卷七四《礼部》三二《开读仪》，第436页。
② 《诸司职掌》卷四《礼部职掌·颁诰》，第286页。
③ 《明会典》卷二二一《翰林院》，第1097页。
④ 高艳林：《明代中朝使者往来研究》，《南开学报》2005年第5期。

关于当时中朝外交珍贵的第一手资料。

归纳一下,朝鲜迎接明朝颁诏使臣,遵行礼仪接待程式,是迎诏开读的典型事例,主要过程如下:

1. 设置都监都厅,下设六色,分工承担接待事宜。

2. 任命远接使率人迎接于义州,伴送到达王京,沿途所经各州都有迎慰使迎接,并有军兵护卫至王京。

3. 使臣入京,郊迎诏敕礼。

4. 下马宴,宴飨之礼。

5. 谒圣,朝鲜国王接见之礼。

6. 仁政殿请宴,朝鲜国王宴飨之礼。

7. 王世子接见之礼。

8. 汉江游观。

9. 仁政殿进贺圣寿。

10. 上马宴,即践行宴。使臣回还时,百官于慕华馆门外路左序立,行再拜礼。

11. 国王命刊印《皇华集》送给使臣。

12. 编纂《迎接仪轨》,上御览外,分藏几处。

这次颁诏使臣实际上分为两批,一是"登极天使、钦差正使"刘鸿训,二是"天使、钦差副使"杨道寅,二人皆为文官,也就是"学士天使"。因此,按照文官使臣到朝鲜外交活动的固定模式,有《皇华集》的存世。①

刘鸿训《开读纪事》云:

> 四月十二日,国王躬率世子及文武群臣出郭恭迎诏敕。欣惟是日乐舞前导之盛,老稚夹观之繁,具见举国钦承挚意。乃龙亭甫陞殿,

---

① (明)刘鸿训:《四素山房集》卷二〇《皇华集》,《四库未收书辑刊》陆辑,第21册。柳根在刘鸿训《皇华集序》云:"伴送使李尔瞻回自西路,厘次《皇华集》一帙,以进我殿下,受言嘉之,惟远传是图,即令书局印之,命臣为之序。"《四素山房集》卷二〇《皇华集序》,《四库未收书辑刊》陆辑,第21册,第793页。《四素山房集》中的《皇华集》仅见刘鸿训本人的诗文,而包括副使和朝鲜大臣诗作的称《辛酉皇华集》,现有赵季辑校《足本皇华集》下册收录,凤凰出版社2013年版。

第一篇 整体篇 >>>

骤雨大至，王及世子、官僚屏息阶下，幄次廊庑间无哗，稍俟设置既定，雨止，雍容成礼，纤细曲中，洵可赞尚。

他特地作诗《四月十二日国王躬率世子及文武群臣出郭恭迎诏敕》，"用志厥美"：

衔凤丹将吐，函芝此日开。碧蹄五夜雨，洒道绝尘埃。霁色来畿甸，欢声勃若雷。旗纛轻旖旎，仙驭引蓬莱。七旒躬伏迓，一索谨趋陪。剑佩锵锵度，簪绅济济材。万舞纷前导，千容轮轴回。皇泽原大沛，汉诏及时来。百拜承天语，嵩呼接上台。金石和雅奏，礼数肃雍哉。文教名邦洽，九服弁伦魁……①

刘鸿训在《谢国王书》云："中朝使臣之有事贵邦，与贵邦之优礼中朝使者，业二百余年矣。然未有如贤殿下之稠叠缱绻，悉虑周防，惠吾二人者。"并盛赞远接使李尔瞻"学行才情大有根气，当为贵国名议政无疑"②。同时，他对于自己在朝鲜"故不觉种种违愿抱惭而行"，表示了歉疚之意。

倪元璐为刘鸿训作传，云：

寻奉诏以两朝敕旨颁谕朝鲜，赐一品章服。时建口日悖，制阃非才。公道经三韩，为出筹箸，听者藐藐，中用惋忧。既渡东江，俄闻烽信，名城堕为旃裘，严镇移于老上。公投车握愤，击楫明安，弭节玄菟，大礼克举。又以海国我之外篱，绥遐激忠，存乎推置，于是裁约享馈，章示规绳。是使卉服之长冠带而问诗书，穷岛之人喁嘈而赞仁义，公之能也。③

传中显然有为亲近者讳而褒刘鸿训之辞，隐去了刘氏在朝鲜的贪欲行为。

---
① 《四素山房集》卷二〇《皇华集》，第806页。
② （明）刘鸿训：《谢国王书》，《四素山房集》卷二〇《皇华集启文》，第811页。
③ （明）刘鸿训：《四素山房集》卷二〇《皇华集》末附传，第816页。

二 两国交往路线从陆向海的转折

明朝建国之初，洪武初年，自辽东至明朝都城南京的陆路没有开通，辽东被北元控制，中朝交往是通过海路抵达太仓，再前往南京。从朝鲜至太仓，航海路程遥远。洪武六年（1373），明太祖朱元璋许高丽使臣航至山东登州登陆，再前往南京。此后中朝使臣往来，海陆兼行。洪武二十年（1387），明将冯胜击败元将纳哈出，占据整个辽东。此后高丽使臣以及后来朝鲜使臣均从陆上来中国。在洪武后期，陆路已为两国主要交往途径，朝鲜使臣往来经由陆路，由鸭绿江历辽阳、广宁，入山海关达于京师；明朝使臣也自山海关历广宁、辽阳，抵达朝鲜。直到后金攻占辽阳，交往路线才发生了重大变化。

此次明朝使臣自会同馆启程，由陆路前往朝鲜。途经通州、三河、蓟州、玉田、丰润、卢龙、抚宁、深河、山海、中前、沙河、东馆、曹庄、连山、杏山、凌河、十三站、闾阳、广宁、盘山、高平、沙岭、牛庄、海州、安山、辽阳、甜水、通延、燮理、凤凰、汤站、镇江，朝鲜国义州镇、所串、良策、车辇、林畔、云兴、定州、加山、安州、肃宁、安定、平壤、中和、黄州、凤山、剑水、龙泉、按安城、平山、兴义、金郊、开城府、梧木、坡州、马山、碧蹄、延曙，最后抵达朝鲜王京汉城。

与《迎接仪轨》牌文的路程可以相互印证的，是当时明朝使臣刘鸿训的《皇华集》诗作。从《辛酉二月奉使朝鲜出都》开始，以诗篇串联起中朝交通之路，诗作题名涉及地名的主要有：《鼎居歌蓟门道中》《晓发蓟州》《玉田三首》《永平三日歌》《抚宁东下五首》《沙岭昧爽》《入海州境喜赋》《鞍山道中五首》《辽城放歌行》《辽阳东趋》《三月十日渡鸭绿江》等，渡江后的诗作也有不少涉及朝鲜的地名与场所。[1]

明朝使臣三月十日渡江，抵达朝鲜，三月十二日，后金就攻克了沈阳；二十日，又攻占了辽阳。辽阳失陷，陆路断绝，使节无奈，归程只有选择海路。明使刘鸿训等回程时，朝鲜备边司启禀光海君：

> 二百年来，使臣浮海朝天，创自今日。今此陈慰使臣若不随行天

---

[1] （明）刘鸿训：《四素山房集》卷二〇《皇华集目录》，第795页。

第一篇 整体篇 >>>

使以行，则决无得达之路。朝京之路绝矣。

据朝鲜《光海君日记》记载，当时朝鲜赴京陈慰使朴彝叙、柳涧回自京师，走海路，遭风漂没。"其后溘死，时不还。时辽路遽断，赴京使臣，创开水路，未谙海事，行至铁山嘴，例多败没。使臣康昱、书状官郑应斗等，亦相继溺死。自是人皆规避，多行贿得免者云。"①

实际上，颁诏使臣归路被阻，明朝也有海路准备。《明熹宗实录》天启元年五月记载：

> 遣加衔守备赵佑率领徒从，由津门航海护送朝鲜进香陪臣柳涧等，以迎我颁诏使臣刘鸿训、杨道寅，仍命相机往岛招抚东山之民。②

至六月，《明熹宗实录》又载：

> 翰林院编修刘鸿训、礼科都给事中杨道寅赍诏往朝鲜，归途阻绝，航海至登州，朝鲜以闻。③

明朝副使杨道寅后来奏明皇上：

> 臣随正使刘鸿训使朝鲜，仲春往，孟夏十二日抵王京，国王李珲率群臣郊迎惟恪，臣等入国宣谕颁赐，一时东人快睹汉官威仪。第闻辽陷，归途梗塞，不得已与国王商，由航海回国。此暂通贡道，以无失外藩恭顺之节。国王遂具舟楫，缮兵卫，伴由安州登舟，并遣陈慰、陈谢二起陪臣附行。至海口遇风，臣与陪臣舟没者九只。正使则越泊铁山，舟覆几溺，至旅顺方得易舟，因退泊平屿以俟风霁。今幸至登州，乞宽限复命。④

---

① 《朝鲜光海君日记》卷一六四，光海君十三年四月甲申，第30册，第546页。
② 《明熹宗实录》卷一〇，天启元年五月癸亥，第532页。
③ 《明熹宗实录》卷一一，天启元年六月丙子，第550页。
④ 《明熹宗实录》卷一二，天启元年七月庚戌，第598页。

事态到了如此严重的地步,归途只能改走水路,朝鲜使臣与明副使同行,不料船行至旅顺口,夜里刮起了狂风,明副使一行所乘船只9艘沉没,正使刘鸿训也在海上险些丧命,随行人员大部分死难。最后刘鸿训在小船上漂泊三天三夜,才在登州靠岸①。因此,他在《自朝鲜归病起纪事》中感慨"旧事若前生",② 在给天启皇帝的《请假疏》中,曾细述在"海上遭风,惊悸成疾,不能报命",请求宽假调理,并特别表述了前往朝鲜开读的全过程以及出使的心路历程。其中对于乘船归国一路上之遭遇,刘鸿训也进行了详细描述,言及:

> 幸于四月十二日抵王京,开读礼成,暂憩南别宫,即与该国君臣日卜旋期,而辽路已不可问,该国星夜为臣等特造二海船,先遣通官人等前探水路。舟楫既具,始于五月朔日由陆路抵安州,候舟师调集,浮海南下。③

朝鲜特造两海船,送明使回国。两使虽是分别乘船航行,但均遭遇海难,所携朝鲜国王礼品和财物俱失。重要的是,明朝与朝鲜的往来,从此发生了重大转折,不得不由陆路改为海路,海上交通凸显了出来。

结　　语

有明一代近三百年中,中国与朝鲜使臣往来不断,两国保持了密切的关系。收藏于中国的孤本《迎接仪轨》,是朝鲜迎接明朝颁诏使活动的原始记录,叙述了《明实录》与《朝鲜李朝实录》所不载的天启年间两国外交的实际运作过程,向我们揭示出特定历史时期两国关系鲜为人知的史实,是礼仪邦交的典型实录。如果说有学者将明代中朝外交归纳为两大特色:一是宦官外交,二是诗赋外交,那么《迎接仪轨》表明,更确切地

---

① 《明史》卷二五一《刘鸿训传》,第6481—6482页。
② (明)刘鸿训:《四素山房集》卷一《自朝鲜归病起纪事》,第474页。
③ (明)刘鸿训:《四素山房集》卷五《请假疏》,第554页。

说，明代中朝外交最鲜明的特征是礼仪外交，作为历史记忆的基本特征，是对于礼仪的特殊关注。中朝两国的文化联系源远流长，李朝迎接颁诏使臣也是一种隆重举行的文化庆典活动，留下了珍贵的文化记录。朝鲜在吸收中国文化和其他一些外来文化同时，也创造了自己独具民族特色的文化传统。中朝礼仪同根同源，礼仪文化构成了两国关系的紧密纽带，也奠定了两国关系的坚实基础。

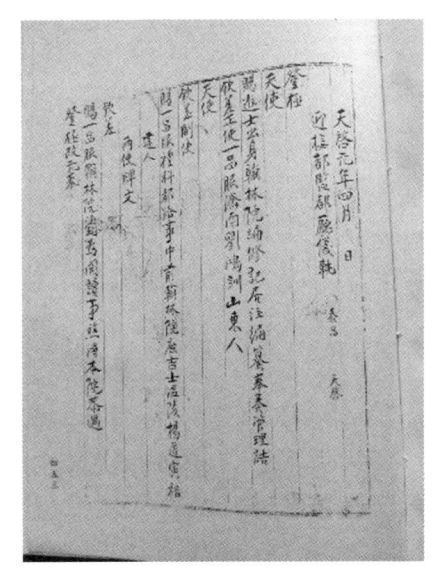

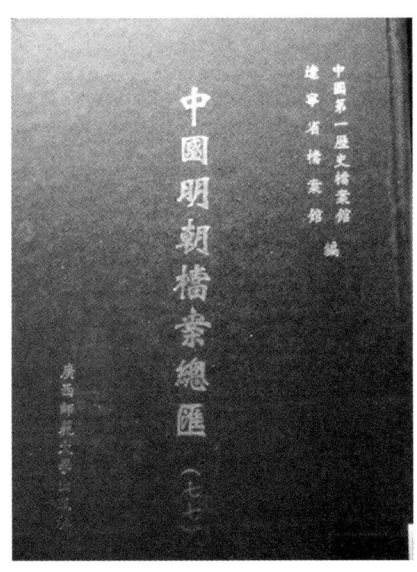

图 1 《朝鲜迎接天使都监都厅仪轨》书影

附录一　变化中的明代中国与世界[*]

改革开放以来，史学界对中国古代是否实行过符合当时历史条件的开放或闭关政策问题，一直有很大分歧，聚焦点之一就在明朝时期。产生分歧的重要原因，是因为史学界对开放与闭关的概念理解不一，不仅在认识上存在差异，而且缺乏综合考察和对比分析。明朝是中国帝制时代最后一个以汉人为统治主体建立的王朝，出于政治合法性的需要，新王朝的政治目标设定表面上体现为全面"复古"，但是，在对外交往上并不泥古僵化，而是有所创新。

一　"复古"外衣下的明朝对外政策

（一）以"不征"为基调的"新型"中外关系

中国历史上没有严格意义上的国家观念，而是奉行"王者无外"的天下观。明初，朱元璋也曾效仿前朝，派出使节前往周边各国宣示正统，以确立自己的天下共主地位，延续传统的封贡模式。但在具体政策导向上有两个明显变化。

一是在事实上推出了自己的天下观。传统的天下观强调"普天之下，莫非王土"，没有边界。朱元璋心目中的天下则实现了从无边界的"天下"向有范围的"天下"，即中国的转变。在此基础上，明帝国与邻国之间开始有相对明确的边界意识，即"各守疆界"。洪武四年九月，朱元璋曾训示诸臣："海外蛮夷之国，有为患于中国者，不可不讨。不为中国患者，不可辄自兴兵。"并在晚年的《皇明祖训》中，更明确提出"不征之国"的概念，将朝鲜、日本、安南等国列入不得征伐范围。

---

[*] 此文原发表于《光明日报》2020年6月24日，原名《"隐蔽"变化中的明代中国与世界》。

"不征之国"的出现以及对邻邦内部事务的不干涉态度,加之"共享太平之福"的理念,显示明朝对外政策较之前朝已经有重大变化。以本国利益为出发点,事实上放弃了天子征伐之权。这一理念彻底改变了蒙元帝国对外交往的暴力征服模式,也和西方殖民帝国的海外扩张有本质区别。

(二)不同时段对外政策调整,始终掌握外交主导权

明初,对外联系是全方位的,包括陆上与海上。明朝六遣傅安、五遣陈诚出使西域,郑和七下西洋,亦失哈七上北海。特别是郑和下西洋,极大地拓展了封贡体系的外延,在客观上加速了中国与印度洋地区政治、经济、文化整合过程,将今天的东北亚、东南亚、中亚、西亚、南亚,乃至东非、欧洲等广袤的地方,连成了一个文明互动的共同体,构建了一个以合作共赢为核心的新的国际体系。

"闭关"一词,古已有之。明朝最典型的一次对外闭关政策出现于与西方的第一次正式交往之时。正德十二年(1517)葡使托梅·皮雷斯来华,中葡两国的第一次正式交往以失败告终,加之葡人在广东的不法行为,导致嘉靖朝一度下令在广东禁绝"番舶",严厉打击葡萄牙人在沿海的走私活动。这一政策是对古代传统的继承,即《周易》"乃至日闭关,商旅不行"。嘉靖三十六年(1557),明廷允许葡萄牙人入居澳门,但需承担纳税等义务。澳门始终处于明朝政府有效管辖之下。澳门开埠,标志着明朝打开一个对外的窗口。

晚明时,西班牙、荷兰乃至英国都曾先后尝试对中国展开包括武装侵袭在内的殖民活动,但都无一例外地被击退(仅台湾岛因为重视程度不够,一度被荷兰和西班牙殖民者占领)。最为典型的事件是发生于崇祯十年(1637)的英国船舰闯入虎门事件,即中英第一次直接碰撞事件。根据中外档案,证实了当时英国从海上以武力打入中国的企图,以失败告终;印证了直至17世纪中叶,在资产阶级革命和工业革命之前的英国,对于明朝中国显然处于弱势地位。明朝政府始终掌握着外交的主动权。

(三)有海禁,有局部闭关,但从未"锁国"

明初,由于倭寇侵扰,流亡海外的敌对势力很多,以及海防建设尚不完善等原因,曾实行海禁政策。但海禁和禁止对外国交往不是一回事。

首先,明代的海禁政策针对的是本国人民,目的是切断敌对势力从大陆获得后勤补给和情报,并不是针对海外各国,更不是有意识的闭关

锁国。

第二，在海禁政策实施期间，明廷把大批敌对势力留下的航海人员收编到军队中，在很短时间内训练出一支强大的海军，以近海巡航保障了海上活动的正常开展。

第三，虽有海禁，但并不禁止正常的海上生产活动。在个别时段，明廷确实曾牺牲局部利益，禁止下海捕鱼、商贩，但大多是临时性的禁止，更不是明朝政府的基本国策。

嘉靖二年（1523）发生的宁波争贡事件，曾被很多学者视为明廷主动断绝对日交往的"闭关"证据。但爬梳史料，当时任给事中的夏言奏疏并没有提出撤销市舶司和断绝对日交流。事实上，明廷于嘉靖十八年还接纳了日本贡使来华；在万历援朝战争期间，是否给予丰臣秀吉朝贡的权力仍是双方交涉的主要议题之一。援朝战争使官方外交关系一度断绝。

明朝自建立起，就有"南倭北虏"问题。与海上不同，明朝在与中亚国家交往中确实曾多次关闭嘉峪关贡道，大体上是以施压作为羁縻的手段，目的是阻止新崛起的吐鲁番势力东进，维护关内安全，客观上也起到了延缓伊斯兰文明加速东扩的作用。

二　变化中的明朝对外贸易

（一）明前期以朝贡贸易为主的对外贸易

"朝贡"一词，包含有外交和贸易两种含义。明前期朝贡贸易大致可分为四种类型：

（1）朝贡给赐贸易

（2）朝贡贸易中的附带物品交易

（3）遣使出洋直接贸易

（4）民间互市贸易

明代中国无疑是当时世界上最大的经济体。明前期对外贸易以官方朝贡贸易为主，包含着一定的民间私人互市贸易。明末高宇泰《敬止录·贡市考》引述《皇明永乐志》中的外国物品清单，可见宁波对外贸易远盛于宋元之时。对外贸易主要特征是"走出去"，郑和下西洋国家航海外交，促使对外贸易达到前所未有的高峰。

第一篇 整体篇 >>>

(二) 以白银为本币,主导亚太贸易圈的明后期对外贸易

明后期的外贸,需要从白银的货币化过程谈起。明初,禁用金银交易,但在市场与国家的博弈过程中出现了白银自下而上的从市场崛起的不同寻常的货币化现象,并大致在明中叶得到官方认可。由于自产白银数量有限,严重限制了国内市场的拓展,客观上逼迫中国商人通过贸易从海外获取白银,再投入国内市场。首先16世纪40年代日本银矿出产的急剧增长,正是在中国巨大需求的刺激下促发的。葡萄牙人在同一时间段加入丝银贸易的行列中。其次是16世纪70年代,西班牙人占据了菲律宾马尼拉,立刻了解到中国商人在贸易中只要白银,于是开辟了中国港口—马尼拉(菲律宾)—阿卡普尔科(墨西哥)—利马(秘鲁)航路,即"马尼拉大帆船贸易",跨越三大洲的所谓"大三角贸易",主要进行白银和中国商品的贸易。

大规模的白银输入,是明后期对外贸易的主要特征。明朝有识之士已看到开海是大势所趋,只能因势利导,以保利权在上。因此,明朝的举措有两点:一是隆庆元年(1567)在福建漳州月港开海,"准贩东、西二洋",明代国际贸易制度发生根本性变革,贸易模式从官方朝贡贸易为主向民间私人海上贸易为主转变,促使民间海商集团的崛起与海外贸易的繁盛发展。开海完成了关税从实物到货币的转变,也使中国古代海上贸易管理向近代海关及其关税过渡。

二是广东澳门的开埠,标志明朝引进外商经营海上贸易的合法化,促成了广州外港的兴起。葡萄牙人在澳门经营中转贸易,在中国商民的积极参与下以澳门为中心,开辟了多条海上国际贸易航线,推动海上丝瓷—白银之路极大发展,建立起了全球贸易网络,成为经济全球化开端的历史见证。

总之,16至17世纪日本白银产量的绝大部分和美洲白银产量的一半流入了中国,是中国用商品交换而来的,充分展示了明代中国对外贸易的竞争力;以白银货币化为契机,凭借自身变革的驱动力主动走向并参与塑造了一个"新型"整体的世界,而不是被动纳入一个西方的世界贸易体系。

三 明朝朝野上下对西方文明持总体开放态度

对嘉靖以后进入中国的西方文明,明廷朝野上下持开放、包容的态度。早期耶稣会传教士采取适应方式(利玛窦规矩),天主教文化及西方科技知识被大批中国士大夫认可与接受,"一时好异者咸尚之",公卿以下"咸与晋接",中西文明呈现总体平和的交流方式。而西方传教士秉承罗马教廷的意旨,强调遵从天主教教规教义,也曾一度引发激烈的冲突,最典型的就是万历四十四年(1616)的"南京教案"。虽然万历皇帝最后做出了驱逐传教士的决定,但主要是驱逐出南京,并没有刻意将其全部逐出中国,中西文化交流没有被人为完全掐断。

从总体上看,明朝对外政策表面上延续了传统封贡体制,但其内涵已经有了明显变化。明朝对外政策不是内向的,郑和下西洋是中国古代对外交往海洋导向的重大转折,在印度洋上贯通了陆海丝绸之路,拉开了全球化诞生于海上的帷幕。经历全球化开端时代西方的干扰,明朝一度闭关,在平定海上侵扰后,重新转向开放。由于内部自身的变革趋向——白银货币化的推动,中国人开始主动走向海外,隆庆开海政策大大释放了这一需求。晚明中国与世界一体化开端,即全球化开端相联系,明人由此参与了塑造"新型"世界贸易体系的进程,并发挥了举足轻重的作用。同时强大的国力使得殖民者尚无力对中国展开有效的殖民活动。这与晚清有本质的区别。

附录二 亲历者的足迹：勾勒明代陆上丝路之路线

有明一代，有5位陆上丝绸之路亲历者记述了这条丝绸之路，即永乐时期的中国使节陈诚、沙哈鲁使团画师盖耶速丁，正德时期的波斯商人契达伊，万历时期的葡萄牙修士鄂本笃、俄国哥萨克佩特林，从他们的足迹，我们可以简单勾勒出明代陆上丝绸之路长达200年间的发展状况。

一 永乐时期（1403—1424）

（一）陈诚

1. 根据《西域行程记》记录的去程

时间：

从永乐十二年（1414年）正月十三日至闰九月初一日，共250多天；自肃州卫（今甘肃酒泉）至哈烈（今阿富汗赫拉特），凡11000余里。按日计程，记载行进路线和沿途地理生态环境等。

永乐十二年（1414年）正月出发，由陕西行都司肃州卫—嘉峪关—大草滩沙河水—回回墓—骟马城—驰斤—魁里—王子庄—卢沟儿—卜隆吉—斡鲁海牙—可敦卜剌—哈密大烟墩—哈密城东门—古城腊竺—探里—赤亭—必残—火焰山—流沙河—鲁陈城—火州城—土尔番城—崖儿城—托逊—奚者儿卜剌—阿鲁卜古迹里—窟丹纳兀儿—哈喇卜剌—点司秃安—塔把儿达剌—尹秃司—斡鹿海牙—纳剌秃—孔葛思—忒勒哈喇—近马哈木王帐站舍—迭力哈喇—阿剌石—忒哥桥—近衣烈河—阿力马力口子—巷里打班—松山—阔脱秃—爽塔石—亦息渴儿—长山—塔儿塔石打班山—哈剌乌只—养夷城—回回阿儿哥处—哈卜速—塞蓝城—月都孤儿巴—达失干城东—渴牙儿—大站—沙鹿黑叶（分支）—底咱—米咱儿—多礴—石剌思—哈剌卜兰—撒马尔罕城东—米息儿—塔达哈剌赤—沙李三—近渴石城—脱里把剌镇—火进满剌—大亦迭里—白阿儿把—屑必蓝—鹦哥儿—阿必阿母—阿木河东岸迭里迷—斜吉儿—八剌黑城—渴石—亭里哈答—奥秃—都克—俺都淮城东—奥赤下儿山—哈令卜板—巴里暗—买母纳—丫里马力—纳邻—海（上羽下妾）儿—车扯秃—跛看—马剌奥—骨里巴暗—马剌绰—色忒儿革—吐瑞—扎剌等吉—脱忽思腊巴儿—哈烈。

  据前贤研究，使团并未沿丝绸之路的中道继续向西南方向前进，而是在土鲁番附近的崖儿城停留十七天后，分南北两路西行。北路由李达率领，无记录，路线无从推测。南路则走了一条与前人不同的路线。南北路在三月二十四日分手，五月十五日一度在伊犁河畔会合，又分道前进；六月二十九日，在塞蓝城附近的哈卜速再度会合。南北路至此合为一路，前往帖木儿帝国。

  南路是使团主体，既没有沿丝绸北道、也没有沿丝绸中道西进，而是在北道、中道之间穿行，绕窟丹纳兀儿湖，跨博脱秃山，径直向西，翻越了天山山脉的阿达达坂。四月十七日到达巩乃斯河畔的忒勒哈剌，遇到前来迎接他们的别失八里王马哈木的使臣。南路使团在马哈木王驻地盘桓了十三天，然后越阿力马力山口，渡伊犁河，折向西南，绕过热海（即今苏联伊塞克湖）西行，经由养夷、赛蓝、达失干、沙鹿海牙、撒马尔罕，永乐十二年（1415 年）闰九月初一日，抵达这次西使的终点、帖木儿帝国沙哈鲁王庭所在地哈烈。[①]

  2. 根据《西域番国志》记录的回程：

  由西向东，分地记载，共录西域诸国 18 处城镇，按照行程的归程排列。

  哈烈—撒马尔罕—俺都准—八剌黑—迭里迷—沙鹿海牙—塞蓝—达什干—卜花儿—渴石—养夷—别失八里—土尔番—崖儿城—盐泽城—火州—鲁陈—哈密—嘉峪关。

---

① 王继光：《关于陈诚西使及其〈西域行程记〉、〈西域番国志〉——代前言》，（明）陈诚原著，周连宽校注《西域行程记 西域番国志》，中华书局 1991 年版，第 16—17 页。

第一篇　整体篇 >>>

（二）沙哈鲁使团画师盖耶速丁①

《沙哈鲁遣使中国记》，又名《盖耶速丁行纪》，沙哈鲁使臣于1419年（永乐十七年）11月24日从哈烈出发，于1423年（永乐二十一年）8月18日返回哈烈。在中国停留了两年4个月，共825天。②

来程：1419年11月24日出哈烈城—希萨尔—在乞里夫渡阿姆河—撒马尔罕—达失干—赛蓝—亦斯法剌—蒙兀儿斯坦—必勒固图——腔格斯河—裕勒都斯—达锡尔·巴合蓝王子领土（裕勒都斯河畔）—吐鲁番—哈剌和卓—哈密卫—距肃州十日行程地方—肃州城—甘州—兰州——真定府—1420年12月14日抵达北京城。

回程：1421年5月19日离开北京—西安府—甘州—肃州—出玉门关—于阗—哈实哈儿到俺的干之间—分两路：一路沿撒马尔罕道路，一路沿哈剌特沁和八答黑商道路前行—希撒儿—久越得健（库巴迪安）—把力黑（巴尔赫）—1423年8月17日回到哈烈城。

二　正德时期（1506—1521）

波斯商人阿克伯·契达伊，又译阿里·阿克巴尔。

《中国志》，又译名《中国纪行》，③是波斯商人的阿克伯·契达伊记录到中国的游记，于1516年（正德十六年）成书。至于他出发和离开中国的具体时间已经失考。其书第一章即"通向中国的道路"，记录从陆路

---

① 帖木儿之子沙哈鲁（sharouk）于1419—1422年遣使中国，随团画师火者·盖耶速丁撰写了《沙哈鲁遣使中国记》，又译《盖耶速丁行纪》，[法]阿里·玛扎海里著，耿昇译《丝绸之路——中国—波斯文化交流史》第一编《波斯史料》一《沙哈鲁遣使中国记》，二赛义德·阿里—阿克伯·契达伊《中国志》，中华书局1993年版。《中国志》下面将提到。

② [法]阿里·玛扎海里著，耿昇译《丝绸之路——中国—波斯文化交流史》，中国藏学出版社2014年版，第35页。

③ [法]阿里·玛扎海里著，耿昇译：《丝绸之路——中国—波斯文化交流史》，中华书局1993年版。阿里·玛扎海里（Ali Mazaheri）将全书译为法文，赛义德·阿里—阿克伯·契达伊的《中国志》，并附有极为详尽的注释。耿昇译本出版后，季羡林先生1994年发表评论文章《丝绸之路与中国文化——读〈丝绸之路〉的观感》，高度评价这部中波文化交流史（《北京师范大学学报》1994年第1期），特别赞扬其中《中国志》原著者的注释。而此书的另一个译本是译为阿里·阿克巴尔著，张至善编的《中国纪行》，生活·读书·新知三联书店1988年版，此书在封面上没有注明阿里·阿克巴尔是波斯人，而且只有张至善编，所以没有引起学界更多关注。近年[波斯]阿里·阿克巴尔著，张至善、张铁伟、岳家明译《中国纪行》由华文出版社2016年出版，引起学界较大关注。

到达中国，共有三条道路可供选择：（1）克什米尔（经喀喇昆仑山口）之路；（2）于阗之路；（3）准噶尔（蒙兀儿斯坦）之路。

第一与第二条道路克什米尔路和于阗路穿行那些有人类栖身、拥有水源和草场之地，即绿洲之地，而在到达中国内地的地带，有一段草场和水源都匮缺的地带；因此第三条道路即穿越察合台汗国的准噶尔（蒙兀儿斯坦）之路，仍是最畅通者。从阿姆河沿岸经由准噶尔直到中国西陲玉门关，一共经历三个月的行程。①

记录前往北京的行程：在陕西巩昌府—甘州—肃州—凉州—凤翔府—皋兰府（兰州）—河南府（洛阳）—彰德府—真定府—平阳府。根据阿里·玛扎海里的注释，皋兰府即兰州古称，河南府也可以说是洛阳的别名，已进入河南省；原文作"Hundyfu"或"Jndyfu"，应该是河南彰德府和河北真定府。② 而平阳府在山西临汾到北京的路上，使团应该先到平阳，再到真定。由此可知，从陆路丝绸之路到达北京，正德时期与永乐时期同样，是先到达真定而后至北京。

3 万历时期（1573—1620）

（一）葡萄牙修士鄂本笃

关于葡萄牙修士鄂本笃（Bento de Goes）的寻找契丹的陆上丝绸之路，本书第一篇第十三章《陆上丝绸之路变迁：鄂本笃来华路线考》有专门探讨，在此仅将行程列于下：③

---

① ［法］阿里·玛扎海里著，耿昇译：《丝绸之路——中国—波斯文化交流史》，中国藏学出版社2014年版，第150页。

② ［法］阿里·玛扎海里著，耿昇译：《丝绸之路——中国—波斯文化交流史》，中国藏学出版社2014年版，第252页；第9—10注见259页。

③ 研究鄂本笃事迹，以往大都依据利玛窦《基督教远征中国史》中有关的三章记载。而格雷罗神父（Fernao Guerreiro）《耶稣会传教团的年度报告》（1606—1607年，1607—1608年），早于《基督教远征中国史》，在1609年、1611年于里斯本问世，其中具有《基督教远征中国史》所没有包含的内容，特别收入了鄂本笃的书信，是重要的第一手资料，这里以内维斯·阿瓜斯葡文介绍注释文本《寻找契丹的中亚之行——鄂本笃与安德拉德》（Neves Aguas Introducaoe Notas, *Viagens na Asia Central em Demanda do Cataio：Bento de Goes e Antonio de Andrad*）一书中的格雷罗《耶稣会传教团的年度报告》和"印度与中国地图"，参证中国历史地图组编辑《中国历史地图集》第七册（元明时期）明代部分（中华地学社1975年版）和《明史·西域传》，做综合考证。需要说明的是，这里的地名按照明代地名译名考订，纠正了以往在翻译鄂本笃的旅行路线地名时，往往没有采用明代地名，或用元代、清代地名译名的错误。

第一篇　整体篇 >>>

鄂本笃于1602年（明万历三十年）10月30日从印度出发，经由今天的巴基斯坦、阿富汗，到中国新疆。

1602年（明万历三十年）10月30日从亚格拉（Agra，莫卧儿王国首都，今印度阿格拉）—拉合尔（Laor，莫卧儿王国陪都，今印度境内）—阿塔克（Atock，今巴基斯坦境内）—配夏哇（Peschavar，今巴基斯坦白沙瓦）—贾拉勒阿巴德（Jalalabad，今阿富汗境内）—可不理（Cabul，今阿富汗喀布尔）—八鲁湾（Parvan，今阿富汗境内）—兴都库什山（Hindu Kuch）—塔里寒（Talhan，今阿富汗境内）—帕米尔（Pamir，即葱岭）—撒里库儿（Sarcil，今新疆塔什库尔干）—牙儿干（Yarkand，今新疆莎车）—于阗（Chotan，今新疆和田）—齐兰（Zilan，今新疆境内）—阿速（Acsu，今新疆阿克苏）—苦先（Cucha，今新疆库车）—叉力失（Chalis，今新疆焉耆）—土鲁番（Turfan，今新疆吐鲁番）—哈密（Camul，今新疆哈密）—1605年（明万历三十三年）10月26日进入嘉峪关，到肃州（Sucheu，今甘肃酒泉）。

鄂本笃的以上行程，可以纠正以往认为陆上丝绸之路的于阗到哈密一线明后期已阻断的成说，而道路艰险曲折、迁延时日是历史事实。

最终1607年（明万历三十五年）4月11日他去世于甘肃酒泉。

（二）俄国哥萨克佩特林

关于俄国佩特林来华，可参见本书第一篇第十四章《寻找契丹的余波：草原丝绸之路与中俄第一次直接接触》，在鄂本笃逝于中国11年之后，1618年俄国佩特林来华，是中俄的第一次直接接触，也是西方对"契丹"探寻的延续。在此根据佩特林《关于中国、喇嘛国和其他国土、游牧地区与兀鲁思，以及大鄂毕河和其他河流、道路等情况之报告》（下面简称《报告》），在此将其经历行程罗列如下：①

1618年（明万历四十六年）5月9日从托木斯克出发—吉尔吉斯河—阿巴坎河—克姆奇克河—乌布苏湖—唐努乌拉山脉—阿勒坦汗驻地—诸王分地—穆尔果钦（曼齐喀图王妃和她的儿子奥楚台吉管理）—板升（有两

---

① 参见［俄］弗·斯·米亚斯尼科夫《1618—1619年伊万·佩特林使团》，载［俄］娜·费·杰米多娃、弗·斯·米亚斯尼科夫著，黄玫译《在华俄国外交使者（1618—1658）》，社会科学文献出版社2010年版。

城)—洛宾斯克(曼齐喀图王妃管辖)—克里姆(长城)—锡喇喀勒葛(张家口)—锡喇(宣化)—雅尔(怀来)—泰达城(南口)—白城(昌平),于9月1日到达大中国城(北京)。①

据佩特林《报告》记述的行程,我们可以大致复原一条从北向南的草原丝绸之路,即北方丝绸之路。1618年5月9日在西伯利亚托木斯克出发的佩特林,经历漠北蒙古草原丝绸之路到达板升,即丰州滩(今内蒙古自治区呼和浩特),那里经过俺答汗及其后世治理,已是蒙汉聚居区,然后经张家口、怀来、南口、昌平,于1618年9月1日进入北京,来程走了3个月零22天;在北京仅有4天;并于1619年(明万历四十七年)5月16日返回了托木斯克,返程走了7个月零6天,整个行程约一年时间。

综上所述,从明初到明末,长达200年间,有五位亲历者的足迹为我们留下了宝贵的行程记录,证明了明代陆上丝绸之路虽然相对海上丝绸之路降到了次要地位,但是一直在持续,并没有完全断绝,这对于明代丝绸之路的整体性研究,具有重要的学术价值,应该加强相关研究。

---

① 佩特林《关于中国、喇嘛国和其他国土、游牧地区与兀鲁思,以及大鄂毕河和其他海路、道路等情况之报告》,包括两个版本,见 [俄] 娜·费·杰米多娃、弗·斯·米亚斯尼科夫著,黄玫译《在华俄国外交使者(1618—1658)》,第47—75页。

第二篇　海上篇

第一章　郑和下西洋：异文化、人群与文明交融

郑和下西洋是中国古代乃至世界史上最引人注目的航海活动之一，其基本特征主要表现在规模庞大、人员众多、船舶精良，持续28年，远航达亚非30多个国家和地区，等等。下西洋时动用的人力物力是在中国历史上史无前例的，在中国古代安土重迁的农业社会中，产生下西洋这样的航海盛事，是不同寻常的。对于这一航海壮举，一百多年来，人们持续探讨，已经产生了极为丰硕的研究成果，涉及方方面面。关于下西洋的目的，长期以来众说纷纭，莫衷一是，而郑和下西洋肇始于明朝永乐皇帝的一通诏书，这已是一个众所周知的事实，并由此诞生了当代的中国航海日。永乐三年（1405）六月十五日永乐皇帝颁下诏书："遣中官郑和等赍敕往谕西洋诸国。"① 可以说没有诏敕就没有下西洋。然而，对于诏书背后"语境"的探究，即这通诏敕是如何产生的？却仍是有待发覆的问题。郑和生于穆斯林家庭，自小耳濡目染穆斯林朝圣事迹和传说，对于郑和下西洋，很有必要从民族迁徙和文明交融演进的更广阔的大视野来考察。由此出发，本章对于下西洋诏令背后的语境、下西洋的目的、下西洋前后与下西洋期间的人员和物品交流，以及对古代陆海丝绸之路全面贯通的重要作用等，略作探讨。

第一节　下西洋的前奏：外来民族的迁徙与异文化的融合

在郑和下西洋的研究中，长期以来已经形成了一个基本思路，就是认

---

① 《明太宗实录》卷四三，永乐三年六月己卯，第685页。

为郑和由于各方面具备优势条件,被选派为下西洋统帅。事实上,采取这种思路,一方面是由于资料所限,而另一方面,是认为皇帝是最高统治者,诏令由皇帝所颁。然而,值得考虑的是,即使是皇帝直接颁布的"王言",也不会是皇帝的突发奇想,而是有其特定的"语境"。明初出现的郑和下西洋不同寻常,表现在此前中国历代都有许多出使海外的记录,但是,像郑和下西洋这样规模之大、持续时间之长、出使范围之广的航海活动,却是史无前例的。就此而言,下西洋不是简单的出使海外,而应是一项重大决策。许多中外学者对于中国这样一个历来以农业为本的农耕大国,为什么会出现下西洋的航海盛事而大惑不解。大多数学者从中国古代航海技术发展和中国古代悠久的航海传统来试图回答这一问题,但这只是回答了一个方面,并没有解答出为什么这样的航海会发生在特定的明朝初年。换言之,这个既陈旧而又不断被加以翻新的话题,依然摆在我们面前,并要求做出进一步的解答。

航海活动,最重要的是航海人群的衍生,是航海人的传承脉络。自南宋起,蒲寿庚提举泉州市舶司三十年,① 中国官方海外贸易,已经出现了海外民族融入的身影。中国航海人的崛起,并不自郑和下西洋始,但却是以史无前例规模的下西洋作为鲜明标志的。这里有一个细节一直没有被广泛加以注意,那就是郑和七下西洋之前,明朝有很多出使西洋的使团;郑和七下西洋之后,明朝也不是没有对于郑和曾经出使的国家或地区的出使,但是前后的出使并不冠以"下西洋"的名称,一般只是具体的出使某国而已。这说明郑和下西洋的不同凡响,在明朝当时已经出现。于是一个问题凸显了出来,那就是郑和其人。郑和的名字与七下西洋紧密联系在一起,彪炳史册。让我们回到原来的问题:诏敕如何形成?史无记载,迄今也无人探讨。然而,没有朝堂之议的记载,更使我们确信下西洋是一项在内廷形成的决策,尽管我们不能拿出郑和参与决策的直接证据,但是根据目前掌握的文献资料的整合,我们仍然可以推断郑和很可能是促成下西洋决策的人物之一。这一推断的产生,首先是注意到郑和其人是明初外来民族与异文化在中国本土融合的一个缩影;其次是因为郑和所担任的内官第一监太监在皇帝身边的显赫地位,使之可以直接参与决策;第三是内官监

---

① [日] 桑原骘藏著,陈裕菁译:《蒲寿庚考》,中华书局1954年版,第149页。

第二篇　海上篇 >>>

职掌所系与迁都北京的宫廷消费需求。下面依次对下西洋与郑和其人以及上述关系加以钩稽。

一　父亲的缺席与在场

众所周知,《故马公墓志铭》是研究郑和家世及其本人的第一手资料。从这篇碑文,我们可以了解到多方面的信息。尽管引述这通碑文的论述很多,但是,这里仍有必要从这一郑和身世最基本的史料开始,结合其他明代史籍的记载,重新审视郑和与下西洋缘起的相关史事。

明朝礼部尚书大学士李至刚撰写的这篇碑文,是永乐三年(1405)五月初五所撰,时间上正是在郑和下西洋前夕。而永乐九年(1411)六月,郑和第二次远航归来,皇帝以"远涉艰苦,且有劳效",曾派遣内官赵惟善、礼部郎中李至刚宴劳于太仓。① 碑阴所记的是同年十一月郑和告假还乡扫墓。

《故马公墓志铭》云:

> 公字哈只,姓马氏,世为云南昆阳人。祖拜颜,祖妣马氏。父哈只,母温氏。公生而魁岸奇伟,风裁凛凛可畏,不肯枉己附人,人有过,辄面斥;言无隐。性尤好善,遇贫困及鳏寡无依者,惟保护赒给,未偿有倦容。以故乡党靡不称公为长者。娶温氏,有妇德。生子二人,长文铭,次和;女四人。和自幼有材志,事今天子,赐姓郑,为内官监太监。公勤明敏,谦恭谨密,不避劳勤,缙绅咸称誉焉。呜呼!观其子而公之积累于平日,与义方之训,可见矣。公生于甲申年十二月初九日,卒于洪武壬戌年七月初三日,享年三十九岁。长子文铭奉柩安厝于宝山乡和代村之原,礼也。铭曰:身处乎边陲而服礼义之习,分安平民庶而存惠泽之施,宜其余庆深长而有子光显于当时也。
>
> 旹永乐三年端阳日资善大夫礼部尚书兼左春坊大学士李至刚撰②

---

① 《明太宗实录》卷一一六,永乐九年六月戊午,第1483页。
② 袁树五:《昆阳马哈只碑跋》附录,《郑和研究资料选编》,人民交通出版社1985年版,第30页。

碑文说明郑和出生在云南昆阳一个穆斯林家庭,值得注意的是"世为云南昆阳人",也就是说他的家族已经世代定居在昆阳。郑和之父曾去过伊斯兰圣地麦加朝觐,故在家乡被尊称为"哈只"。明人史仲彬《致身录》注载:"《咸阳家乘》载和为咸阳王裔,夷种也,永乐中受诏行游西洋。"① 李士厚先生在1937年就据《郑和家谱》研究郑和家世,后又根据发现的《郑和家谱首序》《赛典赤家谱》,指出郑和是元代咸阳王赛典赤·赡思丁的六世孙。也就是说,郑和的祖先是来自西域布哈拉的赛典赤·赡思丁,而赛典赤·赡思丁的世系可以上溯到先知穆罕默德。② 邱树森先生也持有同样观点。③ 赛典赤·赡思丁入华为官,被元世祖忽必烈任为云南行省平章政事,故举家定居云南。他在任期间,对治理云南做出了突出贡献。明人盛赞赛典赤,叶向高《苍霞草》有《咸阳家乘叙》云:

> 当元之初兴,咸阳王以佐命功守滇,始教滇人以诗书礼义,与婚姻配偶养生送死之节。创立孔子庙,购经史,置学田,教授其生徒。于是滇人始知有纲常伦理,中国之典章,骎骎能读书为文辞。至国朝科举之制初行,滇士已有颖出者,则咸阳之遗教也。④

赛典赤在云南建立孔庙的举措,说明来自波斯的移民已经接受了中国文化,产生了文化认同,而国家认同与文化认同是同步的,就这样,外来移民在云南开始了中国本土化的过程。

虽然有学者对赛典赤·赡思丁是郑和先祖提出了质疑,⑤ 但是有一点值得注意,那就是云南的穆斯林大多是在蒙古西征时由中亚迁徙而来,是没有问题的。根据学者研究,元朝是波斯及波斯化的中亚穆斯林移居中国

---

① 史仲彬:《致身录》注,《丛书集成新编》第119册,新文丰出版有限公司1986年版,第577—580页。
② 李士厚:《郑和家谱考释》,正中书局1937年版;《郑氏家谱首序及赛典赤家谱新证》,《文献》1985年第2期。
③ 邱树森:《郑和先世与郑和》,《南京大学学报》1984年第4期。
④ (明)叶向高:《苍霞草》卷八《咸阳家乘叙》,《明别集丛刊》第4辑,第62册,黄山书社2015年版,第199—200页。
⑤ 周绍泉:《郑和与赛典赤·赡思丁关系献疑》,《郑和研究论文集》第一辑,大连海运学院出版社1993年版,第425—438页。

最盛的时期。蒙古帝国西征以后，数以百万计的回回穆斯林迁徙到中国定居，13世纪时东迁的西域回回（绝大多数为信仰伊斯兰教的中亚各族人以及波斯人、阿拉伯人）是云南回族的主要来源。① 因此，郑和家族也应该是其中之一，这是毋庸置疑的。

赛典赤家族是最显赫的回回家族之一，影响颇巨。有学者指出："赛典赤和其儿子们在发展云南并将云南与中原融合一起中发挥了如此显赫的作用，以至于中亚和波斯定居者的后代子孙们都愿意将自己的祖先要么追溯到赛典赤，或者追溯到赛典赤的部属和家族成员。"② 关于郑和是否赛典赤后代的问题，是学术界有争议的问题，郑和家族与赛典赤的关系可能也有上述因素存在。但是郑和出身穆斯林家庭不是谜，更重要的是，从碑文"身处乎边陲，而服礼义之习"，我们已知这一外来家族在保存了外来民族的鲜明特征——伊斯兰教信仰的同时，在明初业已完成了文化认同，也即中国本土化的过程。

二 郑和的才志与地位

碑文涉及郑和的部分是："和自幼有才志，事今天子，赐姓郑，为内官监太监。赋性公勤明敏，谦恭谨密，不避劳勤，缙绅咸称誉焉。""自幼有才志"，"才"是天赋才能，"志"则是志向与抱负。自幼生长在穆斯林家庭的郑和，在少年时离开家乡，他对于家乡和亲人留有深刻的记忆，"事今天子，赐姓郑"，所指即在"靖难之役"郑村坝之战中立有战功后赐姓"郑"，可见在靖难之役以后，郑和已经深得朱棣信任，而在朱棣成为皇帝以后，作为亲信之人，他有了得以施展才能和抱负的有利条件。再看"赋性公勤明敏，谦恭谨密，不避劳勤，缙绅咸称誉焉"，说明了郑和的才能与为人，在当时得到缙绅"称誉"。李至刚，松江华亭人，时任礼部尚书，在当时拥有"朝夕在上左右"的地位。③ 郑和与之有同僚之谊，都是在皇帝左右的亲信之人，而郑和由于是内廷之人，亲密程度自然又非外臣可比。

---

① 杨兆钧主编：《云南回族史》，云南民族出版社1989年版，第2页。
② 王建平：《露露集：略谈伊斯兰教与中国的关系》，宁夏人民出版社2007年版，第31页。
③ 《明史》卷一五一《李至刚传》，第4182页。

相士袁忠彻《古今识鉴》中的记述，适可作为郑和相貌才智的补充说明，特录于下：

> 内侍郑和，即三保也，云南人，身长九尺，腰大十围，四岳峻而鼻小，法反此者极贵。眉目分明，耳白过面，齿如编贝，行如虎步，声音洪亮……永乐初欲通东南夷，上问："以三保领兵如何？"忠彻对曰："三保姿貌材智，内侍中无与比者，臣察其气色，诚可任使。"遂令统督以往，所至畏服焉。①

这是论证选派郑和下西洋的一段重要史料，为众多学者所引用。值得注意的是，其中论及"三保姿貌材智，内侍中无与比者"。当时永乐皇帝颇信相士，而相士点明了郑和在内官中的超凡之处。

郑和生于穆斯林家庭，自小耳濡目染穆斯林朝圣事迹和传说，对海外有所了解，由此对海外交往也有较清楚的认识，在永乐皇帝的亲随大臣中间，这方面的识见在他人之上，因此，其在下西洋决策中的作用，我们也应该重新审视。一般说来，皇帝诏令，特别是关于重大政务的诏敕的产生，具有三种形式：第一种形式，是皇帝按照自己的意志直接命令"著于令"；第二种形式，是臣僚上奏，皇帝认可，往往以"从之"来表述，或有臣僚直接言请"著为令"的；第三种形式，是皇帝令臣僚草拟制度，臣僚集议定议后上奏，由皇帝批准发布的。②自从封藩以后就来到北部中国的燕王，长期生活在北方，成为永乐皇帝以后，为什么会对海外情有独钟，颁旨下西洋？下西洋诏敕不是无源之水，向深发掘各种决策参与者的作用，通过正式渠道和非正式的渠道建言，都是有可能的。郑和身为宫中太监，他的建言没有在官方文献中披露是完全可能的。虽然没有直接文献记载留存下来，但是我们仍然可以在现存史料的基础上，将郑和具有的跨文化的知识背景与其认知和行为联系起来，推测在当时永乐皇帝身边最可

---

① （明）袁忠彻：《古今识鉴》卷八《国朝》，《四库全书存目丛书》，子部第67册，第205页。
② 参见万明《明代诏令文书研究——以洪武朝为中心的初步考察》，《明史研究论丛》第八辑，紫禁城出版社2001年版，第1—35页。

能建言下西洋的人物就是郑和。特别是结合他在当时宫廷中的地位,事实上身为宦官之首的郑和,是明成祖身边的心腹人物。以他的才智和显赫地位,特别是富有外来因素的知识谱系,可以推知他可能是对下西洋决策施加重要影响的人物之一。

三 郑和职任与下西洋以及迁都的关联

马哈只碑文给我们的重要信息,是当时郑和"为内官监太监"。袁忠彻记"后以靖难功授内官太监"①,指出了郑和任此官职与靖难之功的直接关联。一般说来,学者们在述及郑和生平事迹时,都会涉及郑和任职内官监这一点,而对于内官监的职掌及其当时的地位,却未见详析。其实,内官监在当时是内官衙门之首监,内官监太监,即内官监的长官,这意味着郑和是内廷宦官之首,地位显赫。

在这里有必要追溯一下内官监的职掌。内官监,于洪武十七年(1384)四月替代内使监而设立,其职掌是"通掌内史名籍,总督各职,凡差遣及缺员,具名奏请"②。这里值得注意的是"总督各职"。设立之初,内官监总掌内外文移。至洪武十七年七月,明太祖"敕内官毋预外事,凡诸司毋与内官监文移往来"③。这条史料说明,当时限制了内官监的权限。然而,在洪武二十三年(1390)又见规定:"与在内衙门行移,中使司呈内官监,内官监帖下中使司;其余内府各衙门行移,俱由内官监转行。"④ 由此可见,内府文移仍是由内官监掌管。

实际上,内官监还职掌礼仪之事。洪武二十六年(1393)所定亲王、公主婚礼以及朝贺传制诸仪,皆由内官监与礼部仪礼司官共同"设仪物于文楼下",依此,参与宫廷礼仪之事是内官监的重要职事之一。⑤

需要说明的是,掌管内府文移的内官监甫设立时,在官员品级上比其他内官要高一品,为正六品,高于他监的正七品,显示出了内官监的显

---

① 《古今识鉴》卷八《国朝》,《四库全书存目丛书》,子部第67册,第205页。
② 《明太祖实录》卷一六一,洪武十七年夏四月癸未,第2501页。
③ 《明太祖实录》卷一六三,洪武十七年秋七月戊戌,第2523页。
④ 《明太祖实录》卷二○○,洪武二十三年三月庚午,第3002页。
⑤ 《明太祖实录》卷二二四,洪武二十六年正月癸酉;卷二二八,洪武二十六年六月壬寅;卷二三三,洪武二十七年七月戊戌,第3405—3411页。

要。在洪武二十八年（1395）所颁《皇明祖训·内官》中，规定内官各监升为正四品，而内官监职掌为"掌成造婚礼奁、冠冕伞扇、衾褥帐幔仪仗及内官、内使贴黄诸造作，并宫内器用、首饰、食米、上库架阁文书、盐仓、冰窖"①。值得注意的是，这里的"贴黄"，即内官履历及迁转事故记录，掌管"贴黄诸造作"，就是"通掌内史名籍"。这一职掌与内缺除授、奏请差遣等重要的人事调遣有着密切关系；而职掌成造宫内仪仗、器用，以及掌管"架阁文书"，即宫中档案，都是宫廷极为重要的职掌。此外，《皇明祖训·内令》还规定："凡自后妃以下，一应大小妇女及各位下使数人等，凡衣食、金银、钱帛并诸项物件，尚宫先行奏知，然后发遣内官监。监官覆奏，方许赴库关支。"② 内官监掌管后宫器用的职能非常明确，显示出内官监在宫中器用方面拥有极大权限。

　　以上所有职掌奠定了内官监作为明初内官第一监的地位。至于司礼监为内官之首的情形，那是在宣德以后才形成的，并与郑和有直接的关联。③ 关于司礼监的显赫地位，在明代文献中多有表述，以致明初内官监为宦官首监的事实长期以来被遮蔽了，这是应该澄清的。

　　一般认为，永乐时期大量任用宦官，是明代宦官权力提升的重要时期。永乐元年（1403）六月，由燕王而成为皇帝的朱棣，升旧燕府承奉司为北京内官监，秩正四品。④ 郑和被任为内官监太监后，这一内官之首的地位，使他可以朝夕接近皇帝，对时政拥有毋庸讳言的影响力。《明实录》中记载，永乐二年（1404）吏部尚书蹇义等上言在京各衙门官定额外添设事，述及"内府办事监生，止是誊写奏本查理文册，稽算数目，别无政务，比内官监奏准半岁授官"⑤。内府办事监生由内官监奏准授官，说明内官监掌控着内府升选差遣的人事权。后来出现将当时的内官监视为外廷吏部的看法："至永乐始归其事于内，而史讳之"，⑥ 应不是无根之谈。

---

① 《皇明祖训·内官》，张卤辑《皇明制书》下册，日本古典研究会1967年版，第14页。
② 《皇明祖训·内令》，《皇明制书》下册，第13页。
③ 参见万明《明代内官第一署变动考——以郑和下西洋为视角》，《北京联合大学学报》2010年第4期。
④ 《明太宗实录》卷二一，永乐元年六月乙亥，第392页。
⑤ 《明太宗实录》卷三二，永乐二年六月乙丑，第571页。
⑥ （明）沈德符：《万历野获编》，《补遗》卷一《内监·内官定制》，中华书局1959年版，第815页。

行文至此，涉及下西洋的一个重要问题，即大多数中外学者都将永乐迁都视为明朝内向的标志，认为迁都是停止下西洋的重要因素。但是，从内官监的职掌来看，永乐迁都在当时不仅没有成为阻碍下西洋的因素，而且还是促生下西洋的因素，即迁都与下西洋有直接的关联。具体而言，内官监的职掌主要在三个方面：一是宫廷礼仪之事，这与下西洋对外交往有直接对应关系；二是内府升选差遣之事，这与决策和选派下西洋人员直接相关；最为重要的是第三项，掌宫廷成造与器用诸事，这更加将下西洋与迁都的宫廷需求直接联系了起来，可以这样认为：正是由于采办是内官监的重要职掌之一，更在下西洋以后成为内官监占据首位的职掌，其与迁都的关系必然紧密相连。特别是考虑到为郑和之父撰写碑文的礼部尚书李至刚，恰恰就是迁都北京的首议之人，当时他与郑和都是永乐皇帝的左右亲信，一议迁都，一为迁都下西洋采办，这应该不是一种巧合，而是合乎逻辑的内外亲信之臣的密切配合。

由于郑和的家世、他的才能，更重要的是他的职任所在，下西洋的统帅似乎非郑和莫属，由此生成了中国史上空前的大规模航海活动。民族的迁徙与异文化的融合，体现在郑和的身上，作为内官第一监长官的地位，为郑和提供了参与下西洋决策与和亲身实践下西洋的可能性，而郑和代表中国明朝下西洋，他的出使是隆重而不同凡响的，他所率领的船队，被称为"下西洋诸番国宝船"，[1] 也正说明了为宫廷取宝的直接目的。时至今日，揭示内官监的职能，有助于我们了解下西洋的真实目的。我们应不再讳言下西洋为宫廷消费采办奢侈品的目的，这一点从郑和所任官职的职掌上充分显示了出来，因此下西洋与皇家经济利益紧密相连。

从唐宋的番坊番客，到宋代蒲氏的执掌市舶司，乃至元代色目人大批入华，"回回遍天下"，并进入统治阶层，外来民族的迁徙与定居中国，蔚然可观。元明之际，是中国继魏晋南北朝以后，第二个民族发展与融合的高潮期。明代，从波斯、中亚大批来华的外来移民已经融入中华民族之中，以外来移民群体为主，融合中国本土民族成分的回族在明代形成，这已是学术界的共识。由唐代迁徙客居中国，到宋代成为中国执掌市舶司海外贸易管理的官员，再到元代任职地方大员，治理一方，乃至明初由于历

---

[1] 《明仁宗实录》卷一上，永乐二十二年八月丁巳，第15页。

史的机缘进入最高中枢，外来移民及其后裔将影响直接渗透到宫廷，完成的是一个文化认同与国家认同的全过程，是一个本土化的过程，而这是一个具有自认同和被认同的文化认同的双向过程。郑和下西洋，由郑和出任明朝出使海外的大型船队统帅，作为明代中国的代表，率领中国人大规模走向海外，与亚非各国交往，可以认为是上述过程圆满完成的表现形式之一。

产生郑和下西洋的活动本身，是异文化在中国融合的结果，而下西洋通过海洋与亚非各国多民族大规模交往，其促进文明交融的作用和贡献更是不可低估。

第二节 下西洋推动古代海上丝绸之路达于鼎盛

从迄今传世的洪武年间《大明混一图》，[①] 我们可以清楚地了解到明初中国人对于外部世界的认识已包括了今天的亚洲和非洲。明初的中西交往，以中国与亚非各国诸民族的交往为主流，当时并没有与欧洲的直接交往关系。15世纪初，在亚非范围内的国际交往达到了历史上前所未有的程度，与郑和下西洋有着密不可分的关系。更重要的是，通过下西洋，古代陆海丝绸之路得以全面贯通，这一意义极其深远。可以说明代是中国历史上中外文化交流最为活跃的时期之一，主要表现之一是明前期郑和下西洋，不仅使海上通道成为中外大规模文化交流的主要通道，而且从海上连接了陆地，形成了自古以来陆海丝绸之路的全面贯通。进一步说，七下西洋打造了古代陆海丝绸之路全面贯通的新局面，以印度洋为核心，影响到东南亚、南亚、西亚、东非等地，并辐射到北非乃至欧洲，区域贸易网的贯通，将中华文明与丝绸之路广大地域内的诸文明连接了起来，下西洋在海上为陆海丝绸之路划了一个圆，具有区域整合的历史意涵。

---

① 绘于明洪武二十二年（1389），长3.86米，宽4.75米，彩绘绢本，现藏中国第一历史档案馆。

第二篇 海上篇 >>>

一 从西域到西洋的认知转换

在这里有必要特别提出从第四次下西洋开始,每次必到的忽鲁谟斯。郑和七次下西洋中有三次(第四、第五、第七次)访问了忽鲁谟斯,而且还从那里派遣分队赴红海和东非。① 而下西洋到达忽鲁谟斯的意义非比寻常,除了那里是东西方贸易的集散地以外,更重要的是,那里是陆路和海路的交汇地。这还要从明太祖时派遣傅安使团出使撒马尔罕说起。明初年对外联系极其频繁,中西交通大开,与郑和自海路七下西洋交相辉映的,是傅安、陈诚等从陆路出使西域。海陆并举,堪称中西交通史上的盛事。傅安出使帖木儿帝国,发生在洪武二十八年(1395),傅安被帖木儿羁留,曾游历帖木儿帝国:"由小安西至讨落思,安又西至乙思不罕,又南至失剌思,还至黑鲁诸诚,周行万数千余里。"② 历时6年之久的游历虽是被迫的,但明朝使团却因此远游到达了今天伊朗的大不里士(讨落思),伊斯法罕(乙思不罕),设拉子(失剌思)以及今天阿富汗的赫拉特(黑鲁,即哈烈)等地,成为明朝从陆路向西方行程最远的使团。③ 傅安直至永乐五年(1407)六月,被羁留十三年才回到明朝。这里需要说明的是,郑和首次下西洋时,傅安还没有回来,因此,当时的陆路丝绸之路是不通的,所以下西洋的目的也就是从海路通西域。至永乐十一年(1413),郑和第四次统领舟师下西洋,前往忽鲁谟斯等国。在郑和遗留的两通重要碑刻《娄东刘家港天妃宫石刻通番事迹记碑》和长乐《天妃灵应之记碑》中,也都是将忽鲁谟斯置于西域的。《天妃灵应之记碑》云:"永乐十五年,统领舟师往西域,其忽鲁谟斯国进狮子、金钱豹、大西马。"④《娄东刘家港天妃宫石刻通番事迹记碑》中除了与上碑相同的一段文字外,还有一段不见于上碑的文字:"和等自永乐初奉使诸番,今经七次。每次统领官兵数

---

① 关于忽鲁谟斯,可参考最新的研究成果:[德] 廉亚明、葡萄鬼著,姚继德译《元明文献中的忽鲁谟斯》,宁夏人民出版社2008年版。
② (清) 万斯同:《明史纪传》卷五三《傅安传》,清抄本。
③ 关于傅安出使事迹,参见万明《傅安出使与明初中西陆路交通的畅达》,《明史研究》第2辑,1992年,第132—140页。
④ 纪念伟大航海家郑和下西洋580周年筹备委员会、中国航海史研究会编:《郑和史迹文物选》,人民交通出版社1985年版,第23页。

万人，海船百余艘，自太仓开洋，由占城国、暹罗国、爪哇国、柯枝国、古里国抵于忽鲁谟斯等三十余国，涉沧溟十万余里。"① 笔者曾著文考证"西洋"这一名词，注意到忽鲁谟斯冠以西域之地，而在七下西洋以后，也称为西洋的史实。② 忽鲁谟斯经历了从西域到西洋的认识过程，这说明了什么？下西洋时期郑和等明朝人的这种西域观提示我们，郑和从海路前往忽鲁谟斯，正是给古代丝绸之路划了一个圆。丝绸之路从陆到海，至此得以全面贯通。进一步联系到当时忽鲁谟斯是由波斯王室成员统治，而郑和的先祖正是来自于波斯化的中亚，岂不是更加意味深长？！

二 多元文化的融合

郑和于15世纪初七下西洋，打造了古代陆海丝绸之路全面贯通的新局面，标志着区域多元文化整合进程的加速，催生了区域贸易与文化网络建构的新时代，对于中华文化与东南亚乃至亚非文化的融合与会通具有重大的历史意涵。在中西交往通道全面贯通的同时，前所未有的大规模宫廷采办的展开，是郑和下西洋的特性，而远航贸易活动不仅对当时中外文明的交流、融合与会通起了推波助澜的重要作用，而且也对后世产生了深远的影响。

（一）物质文化层面：流通与融合

物产，是天然出产和人工制造的物品，可以称作物质文化的代表。人类文明史上最古老也最普遍的文明对话与互动现象正是以此为起点而发生的。明朝初年郑和七下西洋，以强盛的国力为后盾，规模庞大的宫廷采办船队持续达28年之久，航行至亚非30多个国家与地区，达到了中外物产流通与融合的一个历史的高峰。

在亲随郑和下西洋的通事马欢《瀛涯胜览》的记述中，下西洋海外交易的主要有以下品种：犀角、象牙、伽蓝香、金子、宝石、红马嘶肯的石、苏木、降真香、绵布、乳酪、胡椒、野犀牛、珊瑚、锡、珍珠、香

---

① 纪念伟大航海家郑和下西洋580周年筹备委员会、中国航海史研究会编：《郑和史迹文物选》，第54页。
② 参见万明《释"西洋"——郑和下西洋深远影响的探析》，《南洋问题研究》2004年第4期。

第二篇 海上篇 >>>

货、西洋布、花巾、海鱼、宝石与珍珠厢宝带、丝嵌手巾、织金方帕、龙涎香、椰子、乳香、血竭、芦荟、没药、安息香、苏合油、木鳖子、骆驼、猫睛石、各色雅姑、金珀、蔷薇露、狮子、麒麟、花福鹿、金钱豹、驼鸡、白鸠、金银生活、熟食、彩帛、书籍、金厢宝带、蛇角、苹布、姜黄布、布罗、布纱、沙塌儿、兜罗锦、绢、刺石，祖把碧，祖母喇，金刚钻、金珀珠、神珀、蜡珀、黑珀（番名撒白值）、美玉器皿、水晶器皿、十样锦剪绒花毯、各色棱幅、撒哈刺、毯罗、毯纱。

以上总共是 70 种。显然，交流圈的物产，构成了当时海上贸易的主要内容。

其中重要的是金银与宝石。

这是目前考古发现有铭文记载的直接与郑和下西洋贸易有关的文物（图1）。永乐十七年（1419），是郑和第五次下西洋之时。由于内官监的职掌中，重要的一项是"掌成造婚礼冤冠舄伞扇、衾褥帐幔仪仗"和宫廷

图1 金锭，扁体弧端，束腰，正面铸有铭文。长13、宽9.8、厚1厘米，重1937克，铭文为："永乐十七年四月日西洋等处买到八成色金壹锭伍拾两重。"

图片来源：白芳《郑和时代的瑰宝 明梁庄王墓文物展》，《收藏家》2005年第10期。

器用、首饰，因此这件由下西洋直接从海外买到的金锭，就赐给了梁庄王。梁庄王名朱瞻垍，明仁宗第九子，卒于1441年。值得注意的是，铭文中的"买到"二字，是下西洋在海外公平交易的历史见证。①

图2帽顶上名贵的黄金与金玉珠宝，反映了明代亲王的奢华生活。梁庄王墓出土器物种类繁多，共计5100余件，其中金、银、玉器有1400余件，珠饰宝石则多达3400余件。结合上图的金锭，我们可以推知此墓出土的黄金与珠宝应有来自西洋的。一墓随葬如此大量的金银珠宝，为下西洋的目的是去取宝做了一个最好注脚，同时，也使我们了解到中外物质文化在流通中产生的融合。

根据马欢记述的下西洋海外交易实例中，明代中国物产进入交流的主要有以下品种：青磁盘碗、青花瓷盘碗、纻丝、绫绡、麝香、花绢、铜钱、布帛、色绢、烧珠、樟脑、锦绮等。其中，以青瓷、青花瓷、丝绸、麝香、铜钱最为重要，深受海外各国人民的喜爱。②

对于中国物品在阿拉伯地区的交易，这里有一个阿拉伯史料的例证。在伊本·泰格齐·拜尔迪《埃及和开罗国王中的耀眼星辰》中，有一条重要史料，可与郑和第七次下西洋的分遣船队活动相对应：（伊历）835年"这一年10月22日，从光荣的麦加传来消息说：有几艘从中国前往印度海岸的祖努克（Zunūk），其中两艘在亚丁靠岸，由于也门社会状况混乱，未来得及将船上瓷器、丝绸和麝香等货物全部售出。统管这两艘赞基耶尼（al-Zankiyayini）船的总船长遂分别致函麦加艾米尔、谢利夫—拜莱卡特·本·哈桑·本·阿吉兰和吉达市长萨德丁·伊布拉欣·本·麦莱，请求允许他们前往吉达。于是两人写信向素丹禀报，并以此事可大获其利说服打动他。素丹复信允许他们前来吉达，并指示要好好款待他们"。据披

---

① 根据杨人楩先生研究，7世纪时，阿拉伯人就来到非洲东海岸开港。东非"各商业城市的统治长官均由阿拉伯人或波斯人担任，至16世纪西方殖民者入侵以前，沿海各商业城镇一直处于穆斯林独立自治的局面。""在阿拉伯人所控制的印度洋贸易网中"，当时的"东非诸港，交易活跃，吞吐可观"。见杨人楩《非洲通史简编——从远古至一九一八年》，人民出版社1984年版，第108页。东非城邦贸易十分活跃，它东面印度洋，西靠内陆的广大腹地，自古以来就在印度洋贸易中扮演重要角色，与埃及、阿拉伯、波斯、印度、马六甲、缅甸、中国和印尼有着频繁的商业往来。值得注意的是，东非各城邦出口项目中，象牙和黄金占有重要地位。联系到梁庄王墓的金锭就是下西洋"买到"的，也许就是来自于东非。

② 参见《明钞本〈瀛涯胜览〉校注》各国条。

图 2　金镶宝帽顶

图片来源同图 1。

露史料的盖双先生考证,（伊历）835 年 10 月 22 日已进入 1432 年。① 这条史料直接谈到了瓷器、丝绸和麝香这些中国在吉达进行贸易的货物名称,并谈到前往亚丁的两艘船是中国前往印度海岸的几艘船中的一部分。由此可知,郑和船队的贸易船只在到达印度海岸以后分头进行贸易活动的情形,也是郑和宫廷采办活动在海外交易的实证。

（二）精神文化层面：传播与会通

马欢《瀛涯胜览》中记述了亲身所至的 20 个亚洲国家的政教情况。下面列表说明,以便试析西洋的人文环境。②

---

① 盖双:《关于郑和船队的一段重要史料——披览阿拉伯古籍札记之二》,《回族研究》2007 年第 2 期。
② 资料来源:《明钞本〈瀛涯胜览〉校注》各国条。

国名	信息
占城	国王崇信释教
爪哇	国有三等人，一等回回人，是西番各国商人流落此地；一等唐人，多有归从回回教门；一等土人，崇信鬼教
旧港	人之衣饮、语言等与爪哇国同
暹罗	国王崇信释教
满剌加	国王、国人皆依回回教门
哑鲁	国王、国人皆是回回人
苏门答剌	风俗、言语与满剌加同
那孤儿	言语、行用与苏门答剌同
黎代	言语、行用与苏门答剌同
南浡里	皆是回回人
锡兰	国王崇信佛教
小葛兰	国王、国人崇佛信教
柯枝	国王崇奉佛教，国人一等南毗，与王同类，二等回回人
古里	国王崇信释教，大头目掌管国事，俱是回回人，国人皆奉回回教门
溜山	国王、头目、民庶皆是回回人
祖法儿	国王、国民皆回回教门人
阿丹	皆奉回回教门
榜葛剌	举国皆是回回人
忽鲁谟斯	国王、国人皆是回回教门
天方	回回祖师始于此国阐扬教法，国人悉遵教规

跟随郑和下西洋的马欢，在《瀛涯胜览》中记述的是他所亲自抵达的诸国宗教信仰情况，由于他身为通事，了解应该是比较全面的。值得注意的是，记述所访问的20个国家中，绝大部分属于伊斯兰国家，16个国家是由穆斯林掌控，或穆斯林占有重要的地位，如即使是国王信奉佛教的古里国，其大头目掌管国事的也"俱回回人"。只有4个国家占城、暹罗、锡兰、小葛兰是信奉佛教的国家，印度文明影响至深，没有回回人的记载。然而我们知道，蒲寿庚的家族正是来自占城，阿拉伯人早已有因经商而定居那里的情况；因此，当时几乎遍布西洋的"回回现象"，是一个不容忽视的重要国际社会现象。归纳起来，马欢所至20个国家中明显可见

三种类型:一是举国信奉一种宗教,包括国王、国人;二是国王信奉一种宗教,国人信奉另一种宗教;三是一个国家中有多种宗教并存。

概言之,郑和下西洋所到之处的人文环境,主要可分为两大类:一类是伊斯兰文明,另一类是印度文明。而实际上,通过人群的密切交往与迁徙移居,这一地区诸国存在多元文明的交汇和融合现象。最好的历史见证是郑和在锡兰国(今斯里兰卡)迄今传世的汉文、波斯文和泰米尔文三种文字的碑文,对来往于印度洋上的阿拉伯、波斯、印度各民族的友好之情跃然其上。锡兰国人崇信佛教,而碑文中有一种是波斯文,其内容是对阿拉伯人与伊斯兰教的圣人的赞扬。① 立碑时为永乐七年(1409),是第二次下西洋期间。费信于永乐八年(1410)到锡兰山时见此碑,曾记曰:"永乐七年,皇上命正使太监郑和等赍捧诏敕、金银供器、彩妆、织金宝幡布施于寺,及建石碑。"② 这一碑文是对于多元文化会通的典型事例。

陈达生先生曾专门深入探讨了郑和下西洋与东南亚伊斯兰化的关系,提出了有关郑和及其随从在爪哇传播伊斯兰教中扮演了重要角色的观点。王赓武先生则在其书《序言》中指出:"佛教与伊斯兰教东传,由陆路横跨中亚传入中国,由海路和印度教一起传入东南亚,是这种文化交流现象的极佳反映。"③

三 15世纪丝绸之路复兴的特征

从古代中西交往通路——丝绸之路的角度来看,伴随着郑和下西洋与亚非各国、各民族大规模交往,促成了15世纪初丝绸之路的振兴,并形成了这样一些特点:

第一,丝绸之路的振兴,是一个超民族、国家和跨地域性的活动,这一振兴活动以印度洋地区为核心,影响到南亚、东南亚、西亚、东非等地,并辐射到北非乃至欧洲。凡丝绸之路的沿线国家,无论是伊斯兰国家,佛教国家,还是本土文明与外来文明相互融合的多元文明国家,都不

---

① [日]寺田隆信著,庄景辉译:《郑和——联结中国与伊斯兰世界的航海家》,海洋出版社1988年版,第64—65页。
② (明)费信著,冯承钧校注:《星槎胜览》前集,中华书局1954年版,第29—30页。
③ [新加坡]陈达生:《郑和与东南亚伊斯兰》,海洋出版社2008年版,第1页。

同程度地卷入活动之中。丝路振兴涉及的地域之广、民族之多,对各国经济、文化产生的影响,在历史上是空前的。下西洋近30年之久的航海活动,促成了丝绸之路极大的振兴,并对交往范围内的文明交融起着推波助澜的作用。

第二,海上活动呈现出多中心的特点。振兴活动规模大、范围广阔,却不只是一个中心,而是有多个中心。这些中心都是航线上重要的海港,由货物集散地到繁盛的国际贸易中心,也即文明的交汇处,这是其共同点。下西洋每次必到之地印度古里,在马欢《瀛涯胜览》中称"古里国乃西洋大国也"。后又重复曰"西洋大国正此地也"。[1] 负有为宫廷采办之重任的郑和,到达古里(今印度喀拉拉邦的卡里卡特,又译为科泽科德)的时期,马拉巴尔海岸正处于扎莫林(Zamorin)王的统治之下。早在8世纪的车腊王国时期,卡里卡特作为泰米尔地区一部分已是当时最繁盛的海港。12世纪王国分裂,扎莫林王朝是一个于13世纪建立的王朝。"在14—15世纪末,1498年瓦斯科·达·伽马访问扎莫林王以前,它曾是国际贸易最杰出的中心,东西方的汇合点,在那里的街上,从中国和东南亚来的商人与从阿比西尼亚和欧洲来的商人熙熙攘攘。"[2] 古里成为马拉巴尔海岸最富庶和兴盛的国家。这也就是为什么郑和七下西洋必到古里的缘故。而满剌加是一个在下西洋中兴起的国际贸易集散地,也即文明中心,是更为典型的一例。由于这方面笔者曾有论述,故在此不赘述。[3]

第三,丝绸之路上活动的主要领导者是各国的统治阶层,丝路的兴盛是各国人民互动的结果。交往中既有由各国官方组织或推动的自上而下的指令,也有民间自下而上的群众性活动,虽然二者目的与组织形式等不同,但官方与民间的活动相辅而行,其结果是共同推动着整个丝绸之路的繁荣、友好关系与公平贸易,为此后的民间海外贸易和移民奠定了良好基础。

第四,文明的交流是以人群的迁徙、文明的互动为前提。自7世纪以

---

[1] 《明钞本〈瀛涯胜览〉校注》,第63页。

[2] M. G. S. Narayanan, *Calicut: The City of Truth Revisited*, Calicut: Calicut Univercity Press, 2006, p. 17.

[3] 参见万明《郑和与满剌加——一个世界文明互动中心的和平崛起》,《中国文化研究》2005年春之卷;《马来西亚华人研究学刊》第8辑(纪念郑和下西洋600周年专号),2007年。

来，阿拉伯人一直是海上的执牛耳者，进一步考察，元代的多民族、异文化融合达到一个高峰，给中国带来新的文化契机，民族大迁徙引发异文化的大融合，到明代呈现出一种更深层的交融。从外到内，又从内向外的"回回现象"，是时代的一个显见的特征。这不仅表现在明朝开国功臣中有一批回回人，如常遇春、胡大海、沐英、蓝玉等，也表现在郑和下西洋，中国人以史无前例的规模走向海洋，促使丝绸之路极大地繁盛。民族融合造就了气势恢宏的唐王朝，民族融合也成就了超越汉唐的明王朝的海上事业。明王朝站在古代世界航海的前列，完成了古代陆海丝绸之路的全面贯通，同时也将海上丝绸之路推向了巅峰。

结　　语

从古代中西交往通路——丝绸之路的总体角度来看，丝绸之路是中西交往的通道，是流动的文明之路。从张骞凿空西域，到郑和下西洋，其间经历了1500多年，中国人向西的寻求始终没有中断过。15世纪初丝绸之路的振兴，主要体现在史无前例的大规模走向海洋，促成了享誉世界的古代丝绸之路的陆海全面贯通，形成了东方区域贸易与文化网络前所未有的整合效果，从而推动了中西文化融合与会通的极大发展，并为15世纪末从海上形成一个整体的世界奠定了基础。

文明的本质就在于交往与融合。自古以来，在中西交往中产生的人群的迁徙、民族的融合，是异文化融汇的历史契机。中国历史上外来民族与本土民族的大融合，从魏晋到唐是一大高潮期，从元到明是又一大高潮期。人群的迁徙是文化移植和融合的前提与基础，正是民族迁徙与融合引发了异文化融合或者说文明交融的高潮。就此而言，下西洋既是一个文明交融的过程，也是一个文明交融的结果。

以往有不少学者注意到番商或番客的东来，[1] 进一步考察，元代的多

---

[1] 杨怀中：《番客入华与郑和西使》，载杨怀中主编《郑和与文明对话》，宁夏人民出版社2006年版，第27—36页；郑永常：《从番客到唐人：中国远洋外商（618—1433）身分之转化》，汤熙勇主编：《中国海洋发展史论文集》第十辑，"中研院"人文社会科学研究中心，2008年。

民族、异文化融合达到一个高峰，给中国带来新的文化契机，民族大迁徙引发异文化的大融合，到明代呈现出一种更深层的文化交融。表现在郑和下西洋，中国人以史无前例的规模走向海洋，促使丝绸之路极大地繁盛，中外文化交流达到空前的盛况。正是在这样一个大背景的铺垫下，成就了永宣文化艺术的辉煌时代。正如法国历史学家布罗代尔在述及各种世界文明时说所说："事实上，这些典型事例尤其说明了交往的至关重要性。没有一种文明可以毫不流动地存续下来：所有文明都通过贸易和外来者的激励作用得到了丰富。"① 下西洋为沟通多元文明的联系和进一步交融，做出了卓越贡献。

---

① ［法］费尔南·布罗代尔著，肖昶等译：《文明史纲》，广西师范大学出版社2003年版，第30页。

第二章　马六甲海峡崛起的历史逻辑：郑和七下西洋七至满剌加考实

历史上的马六甲海峡名不见经传。国际上习惯以马六甲称呼该海峡，是以海峡得名于著名国际贸易港口马六甲（Melaka，原称 Malacca），即今马来西亚马六甲州首府马六甲市。马六甲是满剌加的音译，由满剌加衍变而来，海峡有专称，始自满剌加王国的兴起，在时间上要追溯到 15 世纪初王国兴起，并逐渐形成重要国际贸易港口的时间点。满剌加王国兴起与海峡崛起密不可分，海峡崛起与郑和七下西洋有着紧密联系。再次全面考证郑和七下西洋每次必到满剌加，绝非迄今一般认为的仅仅五次到达满剌加，一个来回等于两次，郑和使团到达满剌加多达十四次之多，更在第一次下西洋就消除了海峡的海盗问题，为海峡安全建立保障，对于海峡崛起发挥了至关重要的作用。从全球史的视野出发，我们对郑和下西洋的研究，不仅是追踪明代中国揭开人类大航海序幕的轨迹，还涉及如何看待和理解全球史的重大问题。郑和下西洋如何改变了世界？对此可以从满剌加海峡的崛起来理解。纵观海峡变迁历程，从中国亲历者第一手资料的记述，到葡萄牙亲历者第一手资料的记述，比较郑和下西洋前的海峡，郑和下西洋时的海峡和郑和下西洋后的海峡，考察满剌加海峡崛起的根源及其基本特征，是从海上劫掠的危险地带到国际贸易秩序井然的繁盛国际贸易中心的发展历程。置于人类文明发展史的长坐标下定位，我们应该了解这样一个历史事实：海峡崛起是 15 世纪初海上丝绸之路达于鼎盛的结果，是历史上国际关系合作共赢的成功范例。而更为深远的意义，是成为全球史的一个拐点，深刻地影响了人类历史发展的进程，表现在不仅意味着人类交往重心从亚欧大陆向海上的转折，标志了人类命运共同体不可逆转的海洋走向，也预示了奠基于海峡崛起的向太平洋时代的转型，并不依赖于近一个世纪以后西方的航海东来。

第一节 探寻马六甲海峡的崛起

马六甲海峡，又译做麻六甲海峡（英语：Strait of Malacca；马来语：Selat Melaka），是位于马来半岛与印度尼西亚的苏门答腊岛之间的漫长海峡，是世界著名海峡之一，现代由新加坡、马来西亚和印度尼西亚三国共同管辖。海峡西连安达曼海，东通南海，呈西北—东南走向，扼太平洋、印度洋与亚、欧、非、大洋四洲的水运咽喉，是沟通太平洋与印度洋的重要航道。海峡有着悠久的历史，作为连接南海与印度洋的水道，海峡是古代中国和印度之间最短的海上航道，是中国通往印度洋的重要通道。阿拉伯商人也早已开辟了从印度洋穿过海峡，经过南海到达中国的航线。今天随着中美关系和周边地缘态势的深刻变化，中国需要逐渐降低对传统的马六甲海峡通道的依赖，建设新的印度洋通道，因此回顾马六甲海峡的历史，不仅有学术价值，而且具有现实意义。

郑和七下西洋，"西洋"究竟指哪里？这是理解郑和下西洋的基本问题。根据笔者对于郑和下西洋的通事马欢所著《瀛涯胜览》的研究，"西洋"一开始是有特指的，当时明朝人所认识的"西洋"，具体所指为"那没黎洋"，也即今天称为印度洋的海域。因此，郑和七下西洋即七下印度洋。郑和下西洋，即印度洋的凸显。百年以来，在郑和下西洋研究中，学界从中国与东南亚关系、中国与南亚关系、中国与西亚关系、中国与东非关系出发，都已有相当丰硕的研究成果。然而，迄今鲜见有将郑和下西洋的西洋就是印度洋的概念突出出来，把下印度洋作为一个整体来探讨，以致郑和所下西洋即印度洋的事实被有意无意地遮蔽了，乃至迄今许多学者仍以文莱划分东西洋界限，长期以来对郑和所下"西洋"认识不清。这更说明对于明代中国的外交理念与实践，我们还应该有一个重新认识的过程。

聚焦印度洋，是一个整体丝绸之路的空间。印度洋自古以来是东西方交往的汇聚之地。今天我们知道，印度洋是世界第三大洋，面积7491万平方千米，约占世界海洋总面积的五分之一，拥有红海、阿拉伯海、亚丁湾、波斯湾、阿曼湾、孟加拉湾、安达曼海等重要边缘海域和海湾。在古代，印度洋贸易紧紧地将亚、非、欧连接在一起。中国不是印度洋的沿岸国家，但是，如果认为印度洋一直都不是中国关注的焦点，那就大错特错了。明代郑和早在15世纪就远航到达印度洋沿岸多个国家，甚至到达非洲东部沿岸。郑和下西洋时期，达到了古代航海技术的最高点，成为海上丝绸之路的鼎盛时期，由中国南海出发前往印度洋进行全覆盖式的航海外交，是史无前例的大规模国家航海行为，下西洋极为重要的历史内涵与价值，还有待展开论述。

从全球史视野出发，从西汉张骞凿空西域，同时开辟了南海航线，到东汉甘英"临西海以望大秦"，受阻于地中海望洋兴叹，东西方交往的重心从此定于亚欧大陆，经久不衰。这里涉及一个关键问题：东西方交往重心从陆到海的重大转折，发生在什么时候？笔者认为虽然有唐代海路转折之说，但是看看敦煌的璀璨文化，就毋庸赘言；还有认为在蒙元帝国海陆交通大开之时，但那无疑是遗忘了元朝在海上攻打爪哇和日本，均以失败告终。直至15世纪初郑和七下西洋，中国人以史无前例的规模走向海洋，全面连通了陆海丝绸之路，连通的汇合点即在印度洋。进一步而言，古代丝绸之路从陆向海不可逆转的重大转折也于此时发生，这一重大转折，正是以马六甲海峡的兴起为标志。

梳理历史上马六甲海峡在15世纪以前的历史状况，结合明代郑和下西洋对满剌加王国兴起的影响，探讨马六甲海峡作为海上国际贸易重心的演化逻辑与形成机理，剖析新兴的满剌加海上王国发展过程展现的特征，以期揭示郑和下西洋时代海上丝绸之路的迅猛发展态势，分析15世纪初中国航海外交的深远影响。郑和下西洋在15世纪海上拉开的帷幕，清晰地标志着一个海洋新时代的开始。下西洋如何为建立现代意义的"一带一路"国家倡议提供历史资源？从新的视角观察，追溯和阐释马六甲海峡的崛起，或可增进我们对15世纪初海上丝绸之路鼎盛时代的理解和认识。

第二节　满剌加王国兴起与郑和下西洋

从全球史的视野聚焦关键的问题：东西方交往重心从陆到海的重大转折，发生在什么时候？应该说这一转折点就发生在马六甲海峡崛起之时。

<<< 丝绸之路上的明代中国与世界

马六甲海峡地理位置扼东西方交往的咽喉——印度洋与太平洋连接的海上通道,在15世纪以前海峡一直名不见经传,15世纪初满剌加王国的兴起,是海峡得名的历史渊源,海峡得名于古代名城马六甲,就是中国明朝称为"满剌加"的王国所在地。海峡由于国际贸易港口城市之名而彰显,因此满剌加王国的兴起对于海峡的崛起极为关键。

一 满剌加王国的兴起

"马六甲",是"满剌加"一词的音译。在中国明朝,亲历下西洋的马欢《瀛涯胜览》、费信《星槎胜览》、巩珍《西洋番国记》,和《郑和航海图》皆称"满剌加",《东西洋考》称"麻六甲"。满剌加的含义,有两种解释。据《马来纪年》记载:当罗阇斯干陀沙(拜里迷苏剌)在一棵浓荫广被的大树下休息时,发现他的猎狗追赶鼠鹿,反而猎狗被打跌到水里,他不禁大悦道:"这是一块好地方,就是鼠鹿也极为勇敢,我们就在这里造一座城吧。"他便问那株大树的名称叫什么,据说是满剌加树(Malaca),于是就把这城叫作满剌加。① 另一说法,认为马六甲即"集合"之意,因阿拉伯人称集市或商业中心地为Molakot。② 今天的马六甲海峡,名称来自15世纪初的满剌加王国,是以满剌加王国所在城市而得名。因此,王国的兴起与海峡的崛起密不可分。

明朝洪武年间,明朝对外交往的30个国家中并没有满剌加国。英国东南亚史学家霍尔认为,有关该城市建立的年代,学界存在很大的分歧。1292年马可波罗,1323年鄂多立克,1345—1346年伊本·白图泰和1365年的《爪哇史颂》都没有提到这个地方。说明满剌加是由拜里迷苏剌建立的,后来这种观点被学界普遍接受了。③ 拜里迷苏剌是满剌加王国的创建者,满剌加王国的兴盛与明满关系友好的建立有着密不可分的关系。

满剌加首次见于中国史籍记载,是在永乐元年(1403)十月,当时永乐帝派遣内官尹庆"赍诏往谕满剌加、柯枝诸国,赐其国王罗销金帐幔及

---

① [新加坡] 许云樵译注:《马来纪年》增订本,新加坡青年书局1966年版,第118—119页。
② 《马来纪年》增订本,第130页。
③ [英] D·G.E.霍尔著,中山大学南亚历史研究所译:《东南亚史》上册,商务印书馆1982年版,第260—261页。

伞,并金织文绮、彩绢有差"①。从《明实录》的记载来看,永乐三年(1405)九月,尚称"满剌加酋长拜里迷苏剌"(Parameswara)遣使随尹庆来朝贡。据跟随郑和下西洋的马欢记载,满剌加"此处旧不称国……国无王,止有头目掌管诸事。此也属暹罗所辖,岁输金四十两,否则差人征伐"②。因此,拜里迷苏剌当时是作为酋长身份遣使,而明朝随后即"封为国王,给以印绶",并以其国使臣之请,赐满剌加国镇国山碑铭,明成祖为之亲制碑文。③ 正如王赓武先生所指出的:"马六甲是接受永乐皇帝碑铭的第一个海外国家,这一事实是突出的。"④ 这种迹象表明,当时明成祖可能已经了解到满剌加作为直接通往西洋要冲之地的重要性,于是明朝采取正式承认满剌加国政权,使酋长拜里迷苏剌的权威身份合法化,并将满剌加纳入明朝朝贡体系的开端。

历史上中国人与阿拉伯人通过海峡交往的历史持续不断,但是马六甲海峡一直没有确切的名称,原因就在于海峡一直不存在与印度洋其他港口媲美的国际商业贸易中心。15世纪初,当时的满剌加王国处于暹罗王国(今泰国)的控制之下,每年给暹罗贡金40两。马欢随郑和第三次下西洋(1409)到达满剌加后,记述了当时满剌加的地理生态环境和人民生存状态:

> 其国东南是大海,西北是老岸连山,沙卤之地。气候潮热暮寒,田瘦谷薄,人少耕种……人多捕渔为业,用独木刳舟泛海。⑤

正是在明朝与满剌加建立关系之后,这种情况发生了改变,明朝使满剌加摆脱了暹罗的控制,而郑和远航与满剌加建立了特殊的合作关系。

史载,永乐五年(1407)十月,苏门答剌、满剌加国王并遣使者来

---

① 《明太宗实录》卷二三,永乐元年十月丁巳,第440页。
② (明)马欢著,万明校注:《明本〈瀛涯胜览〉校注》,广东人民出版社2018年版,第34页。
③ 《明太宗实录》卷四六,永乐三年九月癸卯;卷四七,第112页;永乐三年十月壬午,第723页。
④ [澳]王赓武著,姚楠编:《东南亚与华人——王赓武教授论文选集》,中国友谊出版公司1987年版,第88页。
⑤ (明)马欢著,万明校注:《明本〈瀛涯胜览〉校注·满剌加国》,第35—36页。

华,"诉暹罗强暴,发兵夺其受朝廷印诰,国人惊骇,不能安生"①。为了维护和平,不辜负满剌加对中国的信赖,明朝一方面诏令暹罗归还满剌加所受印诰,让其"自今安分守礼,(辑)睦邻境";另一方面,在永乐七年(1409)九月,派遣郑和再次出使暹罗与满剌加进行调解,此后暹罗遣使向明朝"谢罪",明朝平息了满剌加与暹罗的这次争端,郑和在永乐七年(1409)第三次下西洋期间,受命"赍诏敕赐头目双台银印,冠带袍服",这就是曾跟随郑和下西洋的马欢、费信记载的为满剌加王拜里迷苏剌的册封,"遂名满剌加国,是后暹罗国莫敢侵扰"的由来。② 中国明朝与满剌加王国建立了稳定的外交关系。需要特别注意的是,永乐七年(1409)是明朝对于满剌加国王的再次册封,下面还将展开具体分析。

二 郑和下西洋究竟几次到达满剌加王国

郑和下西洋与满剌加王国兴起有着紧密关联。郑和下西洋究竟几次到达满剌加?这是郑和与满剌加王国关系的关键问题,却迄今没有得到全面的论证。历史研究的终极目标是追求真实,书写历史,即要对过去进行梳理和界定,收集诸多材料,目的是建立起一种对历史的理性认识。长期以来,郑和下西洋五次到达满剌加,似乎已成"定论";③ 表面上看,建构五次说的史料依据有三种:一是亲历者的记述,跟随郑和亲历下西洋的马欢《瀛涯胜览》、费信《星槎胜览》都是自第三次下西洋论述满剌加的;二是明代官方文献的记述,在《明实录》中没有郑和第一、二次下西洋到达满剌加的明确记载;三是石刻碑铭,郑和等亲立之碑铭文在第一、二次下西洋也没有提及满剌加的名字。然而以此探究史实疑点重重,这里拟具体考察造成五次说的种种复杂原因,就这一问题进一步加以梳理与辨析,做

---

① 《明太宗实录》卷七二,永乐五年十月辛丑,第1009页。
② 《明本〈瀛涯胜览〉校注·满剌加国》,第34页。
③ 对此提出异议的,主要有万明《郑和与满剌加——一个世界文明互动中心的和平崛起》(《中国文化研究》2005年春之卷),首次对于郑和下西洋五次到达满剌加提出了质疑,指出郑和下西洋每次必经满剌加,有可能在第一次下西洋即到达了满剌加。时平《郑和访问满剌加次数考证与评价——历史与环境分析的个案》([加拿大] 陈忠平主编:《走向多元文化的全球史:郑和下西洋(1405—1433)及中国与印度洋世界的关系》,生活·读书·新知三联书店2017年版,第267—291页),也认为郑和七次下西洋都曾在必经之地满剌加停泊,并提出"他本人亲自访问该地近15次左右"的观点。

出全面分析和解读。

以往中外学者一般认为，郑和第一次下西洋与满剌加没有发生直接关系。中国与满剌加关系的开始建立，是由尹庆完成的。尹庆出使满剌加是在永乐元年（1403）十月，《明实录》记载，永乐三年（1405）九月，尹庆使团返回，并带满剌加使臣第一次来华，明朝随后即"封为国王，给以印绶"，并以其国使臣之请，赐满剌加国镇国山碑铭，明成祖还亲制了碑文。① 这一事件除了《明实录》以外，另有一部明朝重要官方史籍可为佐证，《正德大明会典·满剌加国》记载："永乐三年，遣使奉金叶表来朝贡，诏封为国王，给印及诰……御制碑文赐之。"②

上述记载中最大的疑点，是没有满剌加首次来华使臣回国的记录，以致派遣何人前往满剌加封王建碑成为一个谜。那么郑和第一次下西洋，是否有可能作为正使到满剌加赍诏赐印，封王建碑呢？下面就此略加分析。

第一，可能性。从时间上看存在这种可能性。我们先分析官方文献记载的问题。《明太宗实录》记载永乐三年皇帝下诏派遣郑和第一次下西洋，发生在这一年六月。③ 因此表面上看下西洋似乎与九月以后封王之事缺乏联系，由此得出结论是郑和第一次下西洋没有到满剌加，这不足为奇。但郑和第一次下西洋的出发时间史载阙如，考虑到下诏之日与出发之时是有一段距离的，所以郑和第一次下西洋是可能有机会与满剌加使臣交集的。如查《明宣宗实录》，宣德五年六月"遣太监郑和等赍诏往谕诸番国"，即第七次下西洋的颁诏之日也在六月，④ 与第一次下西洋颁诏时间月份相同，然而郑和出发的时间，却是在"宣德五年闰十二月六日龙湾开舡"，⑤ 实际上已是次年年初。以此推测，同为前一年六月下诏的郑和第一次下西洋或许也可能具有相同的时间表。这样一来，就不存在他与满剌加国使臣擦肩而过的问题。此外，明代史籍中没有满剌加首次来华使臣回国的记

---

① 《明太宗实录》卷四六，永乐三年九月癸卯，第712页；卷四七，永乐三年十月壬午，第723页。
② 《大明正德会典》卷九八《礼部》五七《朝贡》三，东京汲古书院1989年版，第366页。
③ 《明太宗实录》卷三五，永乐三年六月己卯，第685页。
④ 《明宣宗实录》卷六七，宣德五年六月戊寅，第1576页。
⑤ （明）祝允明：《前闻记》，《丛书集成初编》第1900册，商务印书馆1937年版，第73页。

录，派遣何人送之归国不得而知，因此，可以推测他们有可能是郑和第一次下西洋船队带回国的，也就是存在由郑和作为正使，在第一次下西洋时赍诏赐印，"建碑封城"于满剌加的可能性。

第二，必然性。按照古代季风洋流的航海规律，下西洋到达满剌加存在一种必然性。郑和下西洋航线的走向无疑受到季风洋流的影响。据马欢记载，郑和下西洋的航线，第一站在占城，第二站在爪哇，然后转向满剌加，其中《满剌加国》，开篇就是"自占城向正南，好风船行八日到龙牙门，入门往西南行二日可到。此处旧不称国，因海有五屿之名"。可见到五屿，则到了满剌加。这条航线的次序还有《瀛涯胜览纪行诗》为证："阇婆又往西洋去，三佛齐过临五屿。"① 当时依古名三佛齐存在的是旧港国，即今印尼苏门答腊岛巴邻旁；满剌加海峡扼东西交通要道，是印度洋和南中国海与爪哇海的季候风交叉点，在帆船时代，季风洋流起着不可估量的动力作用。在印度洋上，冬季盛行来自亚洲大陆的东北信风，夏季盛行由印度洋吹向大陆的西南季风，形成了北印度洋所特有的"季风环流"。冬季海水向西流，夏季向东流，从而形成印度洋北部和南部不同特点的洋流。15世纪初叶，明代郑和七次下西洋，往返横越北印度洋，每次都在冬季出发，并选在夏季返航，正是巧妙地利用了季风洋流的规律。郑和下西洋出发在冬季东北风的吹拂下，一路上"风帆高涨，昼夜星驰"，船队在冬季顺风顺水西去，而返程在夏季西南风的吹送下，顺风顺水回到本土。满剌加是船队候风启航回中国的地点，因此繁盛一方的奥秘也即在此。为了全面了解郑和下西洋的航线，下面列出明人祝允明《前闻记》记载的郑和第七次下西洋的全部航程，加以分析：宣德六年二月二十六日到福建闽江口长乐港，因为季风不适合出发，直到这年冬季才在东北风的吹拂下出发远航。十二月九日出五虎门，二十四日到达占城。根据季风洋流走向，宣德七年正月十一日开舡，向巽它群岛航行，于二月六日到爪哇、斯鲁马益，此时的季风洋流已不适合向西航行，因此等待夏季赤道以南吹来的东南信风来临，再向西北方航行。六月十六日船队出发，行十一日，二十七日到旧港，七月一日开船，行七日，八日到满剌加，在那里停留一个月，八月八日开船，行十日，十八日到苏门答剌。此时北印度洋的顺时针季风

---

① 《明本〈瀛涯胜览〉校注》，第3页。

环流不适合船队向西北方行驶，因此郑和船队在苏门答腊一直停留到十月，在冬季风强大起来，北印度洋洋流呈逆时针运动之时，于十月十日开船，行三十六日，十一月六日到锡兰山别罗里，十日开舡，行九日，十八日到古里国，二十二日开船，十二月二十六日至忽鲁谟斯。宣德八年二月十八日开船回洋，三月十一日回到古里，当时正值印度洋上冬季季风环流最强的时候，二十日大𬳿船回洋，四月六日到苏门答剌，十二日开船，二十日到满剌加，等待季风正顺，五月十日回到昆仑洋。二十三日到赤坎。二十六日到占城。六月一日开船，二十一日进太仓。① 以上对整个下西洋航程进行了清晰地概括，按照季风洋流的规律，下西洋往返都必经满剌加，并在满剌加有停留时间。因此，中外学界一般认为郑和下西洋五次驻跸满剌加之说，是没有说服力的，郑和七下西洋均到达满剌加，不仅绝非只有五次，而且每次下西洋等于两次到达满剌加，那么七次下西洋到达满剌加可达十四次之多。

第三，确定性。依据航行的历史事实，郑和第一次下西洋经旧港确定到达了满剌加。中国从南海到印度洋，必经海峡地区，在郑和等亲立的碑文中，明确第一次下西洋目的地是古里，第一次下西洋的重要内容是在旧港生擒陈祖义，而在郑和航行的路线上，是先到旧港，接着就到满剌加。费信《星槎胜览·满剌加国》记载："其处旧不称国，自旧港起程，顺风八昼夜至此。"② 马欢《旧港国》："旧港国，即古名三佛齐国是也。番名浡淋邦，属爪哇国所辖。东接爪哇国，西抵满剌加国界。"③ 旧港在今印度尼西亚苏门答腊岛东南部，即今之巨港（Palembang）。按照地理位置，第一次下西洋在旧港生擒海寇陈祖义之后，经旧港到满剌加是顺理成章的，经旧港到满剌加，转苏门答腊，最后抵达古里。这里需要特别说明的是，满剌加所在海峡地区的海盗问题由来已久。15世纪以前的海峡，不仅名不见经传，而且是一个海上的危险地带。元朝汪大渊《岛夷志略》记载了在15世纪以前的海峡状况，突出在《龙牙门》的记载之中："舶往西洋，本番置之不问。回船之际，至吉利门，舶人须驾箭棚，张布幕，利器械，以

---

① （明）祝允明：《前闻记》，第73—75页。
② （明）费信：《星槎胜览校注》前集《满剌加国》，第19页。
③ 《明本〈瀛涯胜览〉校注》，第25页。

防之。贼舟二三百只必然来，迎敌数日。若侥幸顺风，或不遇之。否则人为所戮，货为所有，则人死系于顷刻之间也。"① 龙牙门，即今新加坡海峡口，是进入满剌加海峡的通道。由此可见，当时的海峡是海盗出没之地，是一个名副其实的海上危险地带。海盗活动是影响航运安全的一大因素。元末海峡地区海盗活动频繁增加，郑和第一次下西洋经过海峡地区，就开始了整治海盗的活动，生擒了海盗陈祖义，为满剌加海峡扫清了海上的障碍，从此对海峡地区的海盗活动开始建立起应对机制，有利于海峡地区的海道畅通，也有利于满剌加王国的发展。

第四，史料辨正。以上从可能性、必然性和确定性进行了分析，最后让我们探讨马欢、费信等著述中记载年代之误的辨正。曾经跟随下西洋的马欢、费信的著述中，都明确记载了郑和在第三次下西洋到达满剌加之事。马欢《瀛涯胜览·满剌加国》："永乐七年己丑，上命正使太监郑和等，赍诏敕赐头目双台银印，冠带袍服，建碑封城，遂名满剌加国。"② 费信《星槎胜览·满剌加国》："永乐七年，皇上命正使太监郑和等赍捧诏敕，赐以双台银印，冠带袍服，建碑封城，为满剌加国。"③ 所云时间均为永乐七年（1409），即值郑和第三次下西洋之时。这里存在的疑点是：在马欢记载中，迟至此时拜里迷苏剌仍称"头目"，与《明实录》永乐三年"封为国王，给以印绶"的记载显然不能相合，而在三年十月明成祖亲赐满剌加国的《镇国山碑铭》，似乎也不可能在4年后才由郑和捧至满剌加。因此，这里我们应该特别关注明朝两次赐印册封的歧出现象，合理的解释是永乐三年（1405）郑和第一次下西洋已封王建碑，而永乐五年（1407），《明实录》明确记载了满剌加印诰被暹罗所夺之事，故又有永乐七年（1409）下西洋之再封。④《明太宗实录》《正德大明会典》是官方权威记述，《明太宗实录》于宣德元年（1425）敕修，宣德五年（1430）正

---

① （元）汪大渊著，苏继庼校释：《岛夷志略校释·龙牙门》，中华书局1981年版，第214页。
② 《明本〈瀛涯胜览〉校注》，第34页。
③ 《星槎胜览·满剌加国》，第20页。
④ 《明太宗实录》卷七二，永乐五年十月辛丑条记载苏门答剌与满剌加国王并遣人诉暹罗发兵夺印诰事，第1009页。

第二篇 海上篇 >>>

月成书,① 在第七次下西洋前已经成书,时间上应是无误,何况还有《明会典》的佐证。那么,问题有可能出在马欢、费信等人的著述。马欢、费信作为下西洋亲历者,在地点上可以笃信无误,但是在时间上出现问题是有可能的。我们知道马欢是从第四次下西洋才跟随郑和出航,费信是从第三次下西洋才跟随郑和出航,他们的著述是私撰,对于前此发生的事件,他们不掌握官方档案,可能了解地不确切,也是情有可原的。我们以往被他们的亲历者身份所迷惑,没有考虑到他们对于以往的下西洋并非亲历者的问题,造成失误。

通过以上的梳理与辨析,中国船队前往西洋,满剌加海峡是必经之地,所以从第一次下西洋开始,郑和就完全可能与满剌加国结下不解之缘。满剌加王国创立于15世纪初,建国者为拜里迷苏剌,明朝于永乐初年与满剌加国建立关系,郑和第一次下西洋之时,也就是明朝对满剌加国王拜里迷苏剌身份地位确认的开始。此后,由于重要的地理位置,满剌加对于郑和七下印度洋具有不可估量的价值。从此两国友好关系建立起来。据中国史籍记载,在永乐九年至宣德八年(1411—1433)间,满剌加王国的使臣来华访问达15次之多,国王5次亲自前来中国,规模最大的一次是在永乐九年(1411),满剌加国王拜里迷苏剌为了表示对中国的友好,曾率领其妻子和陪臣组成一个540多人的使团出访明朝,念其跋涉海道而来,明成祖"御奉天门宴劳之"。② 巩珍《西洋番国志》中明确记载:"又赐造完大舡,令其乘驾归国守土。"③ 这充分说明当时中国这个大国和一个新兴小国的关系——是一种合作共赢的新型国际关系,永乐时在礼部额设60名通事中,有满剌加国通事一员。④ 这与此前蒙元帝国攻打爪哇设立衙门和后来葡萄牙人建立殖民地都是迥然不同的国际关系。

还有一个史实值得特别注意,那就是郑和最后一次下西洋结束后的宣德八年(1433),满剌加国王西哩麻哈剌者访问中国,受到盛情接待,他在中国逗留时间长达一年半之久,适逢明宣宗逝世,英宗即位,敕谕满剌

---

① 《明太宗实录》,张辅《进实录表》。
② 《明太宗实录》卷一一七,永乐九年六月甲申,第1490页。
③ (明)巩珍著,向达校注:《西洋番国志》,第17页。
④ 《明会典》卷一〇九,《礼部》六七,第588页。

加国王云:"王在先朝躬来朝贡,已悉尔诚。朕嗣承大统,小大庶务悉遵祖宗成宪,今已敕广东都司、布政使司,厚具廪饩,驾大八橹船送国王还国,并遣古里、真腊等十一国使臣附载同回。王宜加意抚恤,差人分送各国,不致失所,庶副朕柔远之意。"① 这段话富有深意。下西洋刚刚结束,从明朝皇帝敕谕中清楚透露的信息,是满剌加国地位的凸显。大八橹船主是送满剌加国王还国,而古里国等十一国使臣则是"附载同回",这里无疑表现出明朝与满剌加国极为密切的关系,以及满剌加王与众不同的身份和特殊地位。

从地缘政治经济的角度来看,明满之间由不了解到友好结盟,关系发展迅速,其中的奥秘,是双方都看清了国家的共同利益所在,因此能够互相信任,最终产生了双赢的结果。明朝扶持满剌加建国,除了颁诏封王礼仪层面之外,派遣郑和下西洋,开通海道,消灭海盗,使商路畅达,对满剌加的兴起意义极为重大;这其中的关键因素是季风。季风使得满剌加成为航线上的重要节点。郑和船队远航到西洋古里需要一个中间站,满剌加之地具有季风的优越条件,使其成为优良的中间站选择之地。郑和船队在满剌加设立官厂,《瀛涯胜览》中记载:"中国宝船到彼,则立排栅,城垣设四门更鼓楼,夜则提铃巡警。内又立重栅小城,盖造库藏仓廒,一应钱粮顿放在内。"② 郑和船队的船只分头出发到印度洋沿岸各国进行交往贸易,最后在回程都要汇合在满剌加,"打整番货,装载停当,等候南风正顺,于五月中旬开洋回还"③。满剌加国王拜里迷苏剌抓住时机,与中国保持尽可能紧密的联系,为郑和船队提供了一个安全的存放货物之地。这就决定了满剌加王国的兴起主要依靠其国际船只集合和货物集散地的地位。这正是满剌加兴起的机遇,也就是海峡崛起的契机。当时满剌加王国对于郑和下西洋航海外交成功有着重要的合作价值。进一步说,在郑和船队近30年往返过程中,满剌加很快就超过了苏门答腊等地的港口,在中国和印度、西亚之间,成为一个最为重要的贸易中转地,在郑和下西洋过程中具有不可替代的作用。

---

① 《明英宗实录》卷四,宣德十年四月壬寅,第81页。
② 《明本〈瀛涯胜览〉校注·满剌加国》,第38页。
③ 《明本〈瀛涯胜览〉校注·满剌加国》,第38页。

第二篇 海上篇 >>>

满剌加扼中国南海到印度洋的海上航道之要冲,是中国到西洋的必经之地,郑和七下西洋,扩大的明朝官方朝贡贸易活动依托满剌加,频繁进行了近30年,我们有理由相信这30年,也正是满剌加繁荣的商业贸易中心迅速崛起的时间段。

比较郑和下西洋前后,明满友好关系建立的重要意义相当大程度体现在经贸关系上,郑和远航船队实际上是一支规模巨大的官方国际贸易商队,在船队所到印度洋周边各国进行了频繁的贸易活动。郑和在海外的活动,交换方式有互赠礼物和市场交换两种。具有官方互惠性质的朝贡贸易,使满剌加获得大量价值丰厚的中国商品,也给满剌加带来了无法估量的贸易机缘。郑和下西洋进行的规模庞大的印度洋贸易活动,为海上丝绸之路的兴盛和发展铺平了道路,也为满剌加形成繁盛的贸易中心地铺平了道路。中国在马六甲的贸易,像磁铁般吸引来了远近各地的商人,对于马六甲国际市场的形成起了很大的促进作用。① 明朝与满剌加形成一种相辅相成或者说相互依存的关系。在郑和频繁下西洋的过程中,不仅畅通了海道,使得海道清宁,也使商道大开,随之而来的是满剌加越来越繁荣的商业贸易港口发展,结果不仅出现了一个新的国际贸易中心集散地,而且在印度洋与太平洋连接点上崛起了一个以兴盛的满剌加王国而著名的海峡。

海峡地区满剌加的和平崛起,有利于区域稳定和发展,有利于国际贸易网络的形成,也有利于东西方文明间的对话与交流。一个国家地理位置和领土特征是国家政治命运和历史命运的重要因素,满剌加王国的兴起,说明了空间关系与贸易中心兴衰的影响。在海峡地区,为什么是满剌加而不是别的国家成为国际贸易新兴中心呢?地理因素只是其一,满剌加国王能够及时抓住机遇是其二,郑和下西洋多次经历海峡,发挥了畅通海上通道的作用是其三,最终,明满友好关系的建立是根本保证。明朝对于满剌加没有领土要求,曾将船只赠送给满剌加国王"归国守土",维护海上交通要道安全;而满剌加国王允许中国船队在他的国土上建立官场,设立仓库,存放集结货物,使远航得以顺利进行,二者互相信任,共同创造或者说促成了一个国际商贸中心的兴起。两国在互惠互利原则下友好关系的建

---

① Joseph Keonedy, *A Hstory of Malaya*, New York, 1970, p.3.

立，是一个合作双赢的过程。

美国学者泰勒曾指出："作为一种集体记忆的马来历史可以说是从马六甲才开始的。"① 不仅是马来历史，海峡的历史记忆也由此开始。

第三节 满剌加繁盛国际贸易中心的形成与海峡的凸显

满剌加王国作为繁盛的国际贸易中心兴起，标志着海峡由此崛起，并且不可逆地将东西方交往的重心定在了海上。在郑和下西洋近30年往返之中，满剌加逐渐形成一个繁盛的贸易中心，发展到下西洋以后，满剌加更上升为一个名副其实的国际贸易中心，其兴盛持续了近一个世纪，直至西方葡萄牙人东来才被打断。

近一个世纪以后，探险家达·伽马越过好望角，在首先到达郑和七次下西洋每次必到的印度古里后，接着就沿着郑和的航路1511年来到了满剌加，灭亡了满剌加王国。葡萄牙人托梅·皮雷斯在1512年，也即葡萄牙人占据满剌加一年以后，以葡萄牙商馆秘书和会计师身份到达那里，他撰写的《东方记》(The Suma Oriental of Tome Pires)一书，是西方关于满剌加最重要的记述之一。皮雷斯记述说：当拜里迷苏剌来到那里后，"人们开始从阿鲁和其他地方汇集而来，在他来到满剌加三年以后，那里的居民达到2000人……而在拜里迷苏剌逝世、其子穆罕默德·伊斯坎达尔·沙继位时，满剌加的居民增加到了6000人"②。

霍尔曾指出："人们曾经描述马六甲说，它不是普通意义上的商业城市，而是在贸易季节中中国和远东的产品与西亚和欧洲的产品进行交换的一个大集市。"③ 皮雷斯对满剌加进行了详细的描述，特别记述了16世纪初他到达那里以后亲眼所见满剌加极为繁盛的贸易景象。他认为由于马六

---

① [新西兰]尼古拉斯·塔林主编，贺圣达等译：《剑桥东南亚史》第1卷，云南人民出版社2003年版，第144页。

② Armando Cortesao ed., *The Suma Oriental of Tome Pires*, London, Printed for the HakluytSociety, 1944, Vol.2, p.238.

③ 《东南亚史》上册，第267页。

甲的广大及其所获利润之多，人们根本无法估计它的价值。他记述："马六甲有4个沙班达尔，他们是市政官员。由他们负责接待船长们，每条船舶都在他们的权限之下听从安排……其中最主要的一个沙班达尔负责从古吉拉特来的船舶。另一个负责管理从科罗曼德尔海岸、孟加拉、勃固和帕塞来的商人。第三个负责管理从爪哇、马鲁古群岛和斑达群岛、巨港和吕宋等地来各种族各样的商贾，都常到这里，而当地大人物们的行动也极为公正。"① 1511年葡萄牙果阿总督阿尔布克尔克说："我确实相信，如果还有另一个世界，或者在我们所知道的以外还有另一条航线的话，那末他们必然将寻找到马六甲来，因为在这里，他们可以找到凡是世界所能说得出的任何一种药材和香料。"② 这里揭示了满剌加作为香料之路荟萃中心的地位。

皮雷斯具体记录了印度洋周边忽鲁谟斯与亚丁等港口的贸易，指出坎贝是商人的重要集结地，从那里他们运载货物"在三月间启航直接到马六甲去"。他们带到马六甲去的货物中最大宗的是布匹，而带回的主要商品"是丁香、豆蔻、肉豆蔻、檀香、小粒珍珠，一些瓷器，少许麝香；他们带了大量药用沉香，最后还有一些安息香，他们满载这些香料，还有适量的其他东西"。其他货物包括金、锡、大量的白丝和绸缎、彩丝和珍贵的鸟类。霍尔认为："这就是马六甲在十五世纪末以极其罕见的速度升到世界上的重要地位的秘密。"③

反映在中国史籍中，记载满剌加与中国的贸易物品琳琅满目。按照明朝的规定，满剌加朝贡使团，贡道在广东。根据成化《广州志》记载，海外各国土产贡物计有10类，经过与其他史籍中满剌加国贡品的对照，宝类中的象牙、犀角、鹤顶、珊瑚；布类中的西洋布；香类中的速香、黄熟香、檀香、乳香、蔷薇水；药类中的阿魏、没药、胡椒、丁香、乌爹泥、大风子；木类中的乌木、苏木；兽类中的狮子；禽类中的鹦鹉等，都是来

---

① *The Suma Oriental of Tome Pires*, Vol. 2, p. 265.
② B. de Albuqueque, *The commentaries of the great Afonso D'albuqueque*, ed. By W. de Gray Birch, Vol. 3, p. 118.
③ 《东南亚史》上册，第268页。

自满剌加国的进贡物品。① 其中大多明显不是满剌加国土产,这显示出郑和下西洋以后,满剌加成为国际商业贸易集散地的重要作用已彰显出来。

以西洋布为例。当时一方面大批产自印度的布匹运到满剌加,另一方面与此相应,我们发现在郑和下西洋以后,多部明代史籍中,原产印度的西洋布已成为满剌加对明朝的朝贡物品。如《明会典》记满剌加国"贡物"42种,其中有"西洋布";黄省曾《西洋朝贡典录》记满剌加国"其贡物"32种,也有"西洋布";黄衷《海语》提到:"臣室称南和达。民多饶裕,南和达一家,胡椒有至数千斛,象牙、犀角、西洋布、珠贝、香品若他所蓄无算。"② 严从简《殊域周咨录》根据《会典》,载"其贡"33种,"西洋布"也列在其中。③ 值得注意的是,早于以上史籍的明朝天顺年间成书的《大明一统志》,记有满剌加国的"土产",赫然有"布"已列在其中。④ 此时距离郑和第七次下西洋时间不远,我们知道,满剌加本地不产布,这里所见的"布"应该是来自印度。繁荣的满剌加存在了一个世纪,直到西方航海东来,才结束了黄金时代。在马六甲圣保罗山出土的约500年前的7000件碗碟、盆钵等碎件,上面图案有鲜明的明代艺术风格。⑤ 中国商人到马六甲主要是换取胡椒和各种香料、锡、象牙、染料和玻璃器皿等货物。他们为了与乘西南季候风而来的印度以西的商船交换商品,常常住在满剌加等候。在三、四月间,印度商船乘西南季候风来到马六甲。由印度来的商船大多数是从位于西印度的古吉拉特的主要港口坎贝启航的。坎贝是从开罗、麦加、亚丁和波斯湾各港口东来而准备到马六甲去的商人的重要的集结地。其时,波斯人、阿拉伯人、亚美尼亚人和土耳其人贩卖威尼斯的玻璃和金属制品、阿拉伯的香水、珍珠、红宝石、染料、布匹和织锦以及各种装饰品,其中以纺织品为大宗,品种花样就有30多种。他们把这些货物运到了古吉拉特港口,古吉拉特人又将本地的特产——各

---

① 成化《广州志》卷三二《诸番类番物附》,明刻本;万历《明会典》卷一〇六《朝贡》二《满剌加国·贡物》,中华书局1989年版,第576页;黄省曾:《西洋朝贡典录》卷上,中华书局1982年版,第41页。
② (明)黄衷:《海语》卷一,中华书局1991年版,第3页。
③ (明)严从简:《殊域周咨录》卷八,中华书局1993年版,第290页。
④ 《大明一统志》卷九〇《满剌加》,三秦出版社1990年影印本,第1383页。
⑤ 刘前度:《马来亚的中国古瓷器》,《南洋文摘》第6卷第5期,第43—44页。

种纺织品、靛青、咸鱼干、肉干等装上海舶。

满剌加是作为自由贸易港面貌出现的。皮雷斯告诉我们，当时到满剌加进行贸易的人们，是从极为广泛的地方汇聚来的：有来自开罗、麦加、亚丁、阿比西尼亚的穆斯林教徒，基卢瓦、马林迪、忽鲁谟斯、帕塞、鲁迷、突厥人，亚美尼亚基督教教徒，古吉拉特人，果阿人，马拉巴尔人，从乌里舍、锡兰、榜葛剌、缅甸阿拉干山、勃固来的，有暹罗人、吉打人、马来人、彭亨人、北大年人、柬埔寨人、占城人、印度支那人、中国人、文莱人、吕宋人，来自马鲁古群岛、斑达群岛、帝汶、马都拉、爪哇、巽他群岛的，还有从巨港、占卑、因陀罗基里、阿鲁、帕塞、帕提尔、马尔代夫等地方来的。① 从以上长长的一列名单我们可以知道，当时满剌加作为国际贸易中心是名副其实的。满剌加王室通过活跃的外交和贸易活动，与已知世界的众多国家建立了友好关系，各国对满剌加了解、信赖和给以商业上的支持，这对于稳定和维持满剌加国际贸易市场的繁荣起了相当的作用，不仅促成满剌加成为东南亚最重要的商业中心，而且突出了海峡在东西方交流中的重要桥梁作用。

值得注意的是，皮雷斯曾说在满剌加经营贸易的那些爪哇大贵族家庭都在满剌加设有代表。关于这些豪商，皮雷斯说他们"不是在那个国家久居的爪哇人，他们是在那里定居下来的中国人、波斯人和吉灵人的后裔"。从葡萄牙人的记述，可以了解到在郑和下西洋以后，发展到15世纪末，位于海峡最狭窄地带的强盛的满剌加王国控制着世界贸易航路的重要组成部分，因此，满剌加海峡也就掌管了贯穿东西方航路生命线的钥匙。

满剌加成为世界商人云集的城市和当时世界上各种商品的交易中心。贸易物品本身具有文明的重要内涵，交易由从世界各地航来的海船停靠在满剌加海港一带实现，这一重要的东西方贸易中心连接了亚洲、非洲和欧洲。通过贸易活动，不同文明间的对话和交流同时进行着。皮雷斯说，当时在满剌加的街道上行走，可以听到不下84种不同的语言。他的话虽有夸大之嫌，但却也说明了满剌加作为国际大都会的繁华。这一点不仅在葡萄牙人的记述中，郑和下西洋以后中国史籍中也有表述，如成化二十一年（1485）有撒马儿罕往满剌加"求买狮子"、弘治十八年（1505）有琉球

---

① *The Suma Oriental of Tome Pires*, Vol. 2, p. 268.

国往满剌加"收买贡物"的记载,①在何乔远《名山藏》中,记载满剌加时用了"诸番之会"来形容等等,②都可以说反映出满剌加已成为一个繁盛的国际经济文化交流中心的事实。满剌加贸易最繁忙的时候是每年11、12月至次年4、5月间,这时季风给贸易带来了来自东方和西方的商船。中国船只是每年在11、12月间,乘东北季风到满剌加的。从中国运去了大量的丝绸、缎匹、生丝、瓷器,还有麝香、樟脑、硝石和铜铁器及大黄等各种药物。在满剌加换取来自西洋,也就是印度洋商人运来的珍宝、香料、象牙、玻璃器皿等货物。《马来纪年》记载了满剌加通商的情景:"不论上风和下风的行商,也常到满剌加,当时非常热闹。阿拉伯人称这地方叫做马六甲(Malakat),意思是集合各商贾的市场。"③美国学者惠特利的研究表明,横跨在满剌加河上的桥梁,在早年时期有双重的作用:一面联系居于河南河北的市民,一面构成主要的市场。此外有一座客栈和若干受特别保护的仓库,专供外国商人使用。并且认为"满剌加之成为贸易港,是靠人工建立起来,而不是发展而成的"④。这一点他说得不全对,满剌加之成为贸易自由港,依靠的是地缘政治和经济的作用,一方面是满剌加与中国建立友好关系,摆脱暹罗的控制,依靠自身发展条件,积极开拓商业贸易,逐渐发展形成商业贸易中心;另一方面也是长达近30年的郑和下西洋远距离贸易活动,将满剌加作为规模庞大船队的贸易货物集散地,引动印度洋贸易活动极大活跃的结果。

总之,从葡萄牙人的记述,可以了解到在郑和下西洋以后,发展到15世纪末,位于海峡最狭窄地带的强盛的满剌加王国控制着世界贸易航路的重要组成部分,因此,满剌加也就掌管了贯穿东西方航路生命线的钥匙,从而形成一个繁盛的国际贸易中心。英国史学家霍尔认为,这是使满剌加在15世纪末以极其罕见的速度获得世界重要地位的秘密。⑤葡萄牙人皮雷

---

① 《明宪宗实录》卷二六六,成化二十一年五月癸亥,第4504页;《明孝宗实录》卷二一八,弘治十八年十一月丁未,第4109页。
② (明)何乔远:《名山藏·王享记三》,江苏广陵古籍刻印社1993年影印本,第6811页。
③ 《马来纪年》,第130页。
④ [美]保罗·惠特利著,张清江译:《十五世纪时的商埠满剌加》,潘明智、张清江编译:《东南亚历史地理译丛》,新加坡南洋学会1989年版,第73页。
⑤ 《东南亚史》上册,第268页。

第二篇　海上篇 >>>

斯指出，无论谁是满剌加的主人，其首先便扼住了威尼斯的咽喉。① 这里无疑指出了马六甲海峡的重要地位。

从人类文明发展史来看，自古以来东西方交往的重心是在亚欧大陆上，15 世纪初年以后，郑和七下印度洋，海上丝绸之路发展到鼎盛阶段，满剌加王国兴起，马六甲海峡之名彰显。重要的是，马六甲海峡不仅是印度洋的东大门，更是贯通印度洋和太平洋的连接点。由此可以引申的是，明代中国不仅通过郑和下西洋连接起了印度洋海域周边各国，建构起一个新的国际体系，而且促发了马六甲海峡的崛起，引领了从印度洋向太平洋的嵌入。为后来西方从海上东来，东西方交往重心全面转移到太平洋，迈出了重要一步，引领了人类前行的脚步。

结　　语

从全球史的视野出发，郑和下西洋以其当时走在世界前列的航海技术、庞大的规模和近 30 年的时间，开创了一个史无前例的大航海时代。对郑和下西洋的研究，不仅是追踪明代中国大航海的轨迹，还涉及如何看待和理解全球史的重大问题。郑和下西洋如何改变了世界？对此可以从满剌加海峡的崛起来理解。纵观海峡变迁历程，从中国亲历者第一手资料的记述，到葡萄牙亲历者的第一手资料的记述，比较郑和下西洋前的海峡，郑和下西洋时的海峡和郑和下西洋后的海峡，考察满剌加海峡崛起的根源及其基本特征，是从海上劫掠的危险地带到国际贸易秩序井然的繁盛国际贸易中心的发展历程。满剌加王国兴起与海峡崛起密不可分，从此海峡以满剌加王国之名凸显在世界地标之上。海峡崛起与郑和七下西洋有着紧密联系，满剌加是郑和七下西洋必经之地，七下西洋就是七至满剌加，如果以来回计到达满剌加次数，郑和使团到达满剌加更可能多达十四次，重要的是，在第一次下西洋就消除了海峡的海盗问题，为海峡安全建立了保障，对于海峡崛起发挥了至关重要的作用。和平与发展是时代永恒的主题，15 世纪满剌加海峡崛起是历史上国际关系合作共赢的成功范例。进一

---

① *The Suma Oriental of Tome Pires*, Vol. 2, p. 287.

步分析，海峡崛起更为深远的意义，莫过于标志了人类交往重心从亚欧大陆向海上的重大转折，标志了人类交往重心不可逆转的海洋走向，从而改变了世界格局，预示了太平洋将是全球化的诞生之地。这也说明了从印度洋时代向太平洋时代的转型，奠基于海峡的崛起，并不依赖于近一个世纪以后西方的航海东来。对海峡不同发展阶段的特征进行归纳，揭示其崛起的历史逻辑，可以为今天国家"一带一路"倡议建立新的人类命运共同体，提供历史的借鉴与启示。

第三章 聚焦印度洋：十五世纪初国际体系的构建

第一节 引言

中国古代朝贡体系问题，一直是中外学术界关注的领域，涉及诸多学科，涵盖历史学、外交学、国际关系学、政治学、人类学、社会学等等，成果丰硕。① 这些研究，对于认识中国古代对外关系特点，洞察外交问题之根源，推动丝绸之路研究进展，贡献很大。但需要注意的是，由于相关

---

① 以往中外史学界主要成果集中在朝贡体系或者称之为册封体系的研究上，重要的有美国费正清和邓嗣禹为代表的学者提出的"朝贡体系论"，参见 J. K. Fairbank & Ssu‐yü Têng, "On the Ch'ing Tributary System", J. K. Fairbank (ed), *The Chinese World Order: Traditional China's Foreign Relations*, Harvard University Press, Cambridge, 1968；美国费正清主编，杜继东译：《中国的世界秩序：传统中国的对外关系》，（中国社会科学出版社2010年版）一书，原版1968年出版，共收录了多国学者的13篇论文，从理论到实践方面对传统中国的朝贡制度进行研究和分析，是西方研究中国朝贡制度和传统外交关系的代表作。日本学者西嶋定生提出"册封体制论"，见《西嶋定生東アジア史論集》第3卷，《東アジア世界と册封体制》，岩波书店2002年版，等。滨下武志于1990年出版的《近代中国的国际契机：朝贡贸易体系与近代亚洲》是从近代亚洲贸易体系的角度挑战西方中心论；朱荫贵译本已于1999年由中国社会科学出版社出版。黄枝连提出"天朝礼治体系"，见《天朝礼治体系研究》（上卷），《亚洲的华夏秩序——中国与亚洲国家关系形态论》，《天朝礼治体系研究》（中卷），《东亚的礼义世界——中国封建王朝与朝鲜半岛关系形态论》，《天朝礼治体系研究》（下卷），《朝鲜的儒化情境构造——朝鲜王朝与满清王朝的关系形态论》，中国人民大学出版社1992、1994、1995年版。美国学者何伟亚（James L. Hevia）从宾礼的角度切入，批评了费正清为代表的"朝贡体系"和中国的世界秩序是以西方为中心的观点。参见何氏著，邓常春译《怀柔远人：马嘎尔尼使华的中英礼仪冲突》，社会科学文献出版社2002年版，第251页。一般来说，评论朝贡体系往往仅从中国出发，或者仅从东亚出发，万明《重新思考朝贡体系》，提出从更广阔的视野重新认识，指出古代朝贡并非中国独特的国际关系形态，而是东西方均早已存在的国际惯例，收入《东亚秩序：观念、制度与战略》，社会科学文献出版社2012年版，第114—129页。

研究已形成广泛而深远的惯性思维和话语体系，也影响了此问题的进一步深化。

蒙元帝国崩溃后，国际格局发生了重大变化，中外关系经历了崩溃与重建的过程。15世纪初，明代外交政策出现重大转折——全面导向海洋，中国出现了前所未有的从农耕大国向海洋大国的强劲走势。自永乐三年至宣德八年（1405—1433），郑和率领两万多人的船队，七次从南海至印度洋远航，访问三十多个国家，展开了史无前例的大规模航海外交活动。这是明朝朝贡体系建立的典型事例。① 由此可以确认，明代中国在印度洋的大规模航海活动，促发了一个印度洋国际体系的生成，并对全球一体化诞生于海上奠定了坚实的基础。

在这里，尤其需要关注跟随下西洋的通事马欢（1380—1460）笔下的"那没黎洋"，即今天的印度洋，以及印度洋之整体发现。以往的研究更多关注的是中国与某个地区或某些国别的关系，只抓住了"下西洋"的个别层面，没有对郑和下西洋整体历史的轨迹、特点、内在逻辑做全面系统的梳理分析，因而也就无法建立起对郑和远航历史的整体认知，使长时段下的动态考察以及经验与认知的互证分析缺少了一个可靠的历史基点。历史的纵线是由时间组成，横线是由空间组成，追寻下西洋的印度洋全覆盖航海外交轨迹，理解明朝人的整体海洋观念——对印度洋的整体认知，需要把下西洋的所有链条连接起来，进行综合性研究，这样才能真实了解15世纪初明朝航海外交的整体面貌及其对印度洋国际格局建构的影响。因此，这里拟以下西洋者的原始资料即马欢的《瀛涯胜览》为主，结合费信《星槎胜览》、巩珍《西洋番国志》、郑和下西洋所立之碑，以及《西洋朝

---

① 早在20世纪60年代，杨联陞先生已指出："在东亚，中国以军民合一的力量无疑经常扮演一个领导的角色，但是不可就此推论，中国毫无其他文明国度存在的观念"，他认为"中国中心之世界秩序"不是事实，而是神话。杨联陞撰，邢义田译：《从历史看中国的世界秩序》，《国史探微》，新星出版社2005年版，第1页。原文"Historical Notes on the Chinese World Order"，见 John K. Fairbank ed., *The Chinese World Order*, Cambridge Mass.: Harvard University Press, 1968, pp. 20-33. 历史发展到清朝，中国与西方发生直接冲撞，形成了明显的对立方，由此有"冲击—反应"说。而在明朝初年，明朝人对于中外关系的认识，是在没有西方武力扩张到来之前，古代中国本土外交观念及其演变的过程，尤其值得引起关注。参见万明《中国融入世界的步履：明与清前期海外政策比较研究》，社会科学文献出版社2000年版，故宫出版社2014年再版；万明《重新思考朝贡体系》一文，载《东亚秩序：观念、制度与战略》，社会科学文献出版社2012年版。

贡典录》《郑和航海图》等明代文献，重新追寻明代航海外交在印度洋的事迹脉络，考察明代朝贡体系在印度洋区域演绎的内在逻辑，探究15世纪初中国与印度洋各国如何在互动中形成了国际体系的历史事实，以期深化对于明代中外关系史乃至全球史的认识。

第二节 中国古代史无前例的海洋导向：七下印度洋

汉代派遣张骞（前164—前114）通西域，名为"凿空"的外交活动，彰显的是官方开辟丝绸之路的意义。明代派遣郑和在印度洋上的航海活动，是中国官方主导史无前例的走向海洋的外交活动，是古代中国与海外世界最大规模的直接接触，具有前所未有的开拓海域丝绸之路的意义。马欢《瀛涯胜览》卷首"纪行诗"云：

> 阇婆又往西洋去，三佛齐过临五屿。苏门答剌峙中流，海舶番商经此聚。自此分䑸往锡兰，柯枝、古里连诸番。弱水南滨溜山国，去路茫茫更险艰。欲投西域遥凝目，但见波光接天绿。舟人矫手混西东，惟指星辰定南北。忽鲁谟斯近海傍，大宛、米息通行商。曾闻博望使绝域，如何当代覃恩光。①

最后两句说明，明初马欢正是将"下西洋"与张骞凿空西域相提并论的。

明朝建立伊始，为了因应蒙元帝国崩溃后的国际关系大变局，明太祖开始了在西洋、东洋、西域三个地区的全方位外交，确立了以"不征"为基点的国策，致力于一种"共享太平之福"的理念，重建一种合法性的国际秩序。这意味着，古代中国的对外关系模式发生了重大转折。② 与此同

---

① （明）马欢著，万明校注：《明本〈瀛涯胜览〉校注》，广东人民出版社2018年版，第3页。
② 万明：《明代外交模式及其特征考论：兼论外交特色形成与北方游牧民族的关系》，《中国史研究》2010年第4期。

时，在和平邦交的基础上，再度激活了联结亚、非、欧之间的陆上和海上的通道。

明朝外交模式的转型是导向海洋，标志性事件是郑和七下印度洋。此时已不是听任输诚来贡者的问题，而是积极主动向海外派出外交使团——"招徕朝贡"。在明成祖的诏书中，作了如下表述：

> 今特遣郑和赍敕，普谕朕意：尔等祗顺天道，恪遵朕言，循礼安分，毋得违越，不可欺寡，不可凌弱，庶几共享太平之福。若有撼诚来朝，咸锡皆赏。故此敕谕，悉使闻知。①

特别值得注意的是，在跟随郑和下西洋的马欢笔下，中国使团所到之处，无论大小地方，甚至小至山村，皆无一例外地称之为"国"，这无疑是明代国家航海外交行为的明确定位。伴随明朝使团前往印度洋的航海外交，印度洋区域的"国家"概念出现了前所未有的彰显。

一 马欢笔下的"那没黎洋"——印度洋

在亲历者马欢笔下，明朝人所认识的西洋，具体所称是"那没黎洋"。按照地理方位，即后来被称为印度洋的海域。② 重新认识"西洋"范围，可以还原 15 世纪初整体印度洋的场景，了解明朝人全覆盖的印度洋航程网络连接。

在《瀛涯胜览》中，马欢亲历二十国：占城、爪哇、旧港、暹罗、满剌加、哑鲁、苏门答剌、那孤儿、黎代、南浡里、锡兰、小葛兰、柯枝、古里、溜山、祖法儿、阿丹、榜葛剌、忽鲁谟斯、天方。书中各国的顺序，显然不是按照航线所排列的。《西洋番国志》记载与之同，在此不再重复。

费信《星槎胜览》则记载了三十国，其中，前集十四国：占城、宾童

---

① 永乐七年三月敕谕"四方海外诸番王及头目人等"，《郑和家世资料》，人民交通出版社 1985 年版，第 2 页。
② 万明：《郑和七下印度洋——马欢笔下的"那没黎洋"》，《南洋问题研究》2015 年第 1 期。

龙、暹罗、爪哇、满剌加、苏门答剌、花面、锡兰山、小唄喃、柯枝、古里、忽鲁谟斯、剌撒、榜葛剌。后集十六国：真腊、彭坑、琉球、麻逸、假里马打、浡泥、苏禄、大唄喃、阿丹、佐法儿、竹步、木骨都束、溜洋、卜剌哇、天方、阿鲁。史学界多认为，后集并非作者亲历。除去与马欢记载重合的国度，值得注意的有东非三国：竹步、木骨都束、卜剌哇。

从郑和亲立之碑可见，使团航海所至达三十余国之多。例如，《娄东刘家港天妃宫石刻通番事迹碑》：

> 和等自永乐初奉使诸番，今经七次每统领官兵数万人，海船百余艘，自太仓开洋，由占城国、暹罗国、爪哇国、柯枝国、古里国，抵于西域忽鲁谟斯等三十余国，涉沧溟十万余里。①

其中记述的"三十余国"，可补马欢、费信所记。如记录第五次下西洋，永乐十五年（1417），"统领舟师往西域，其忽鲁谟斯国进狮子、金钱豹、大西马。阿丹国进麒麟，番名祖剌法，并长角马哈兽。木骨都束国进花福鹿，并狮子。卜剌畦（哇）国进千里骆驼，并驼鸡"。碑文可使人们确认，费信所载之至东非木骨都束国、卜剌哇国，确为使团所达之国。又如，郑和立《天妃之神灵应记碑》：

> 自永乐三年奉使西洋，迨今七次，所历番国，由占城国、爪哇国、三佛齐国、暹罗国，直逾南天竺、锡兰山国、古里国、柯枝国，抵于西域忽鲁谟斯国、阿丹国、木骨都束国。大小凡三十余国，涉沧溟十万余里。②

此碑更强调了所到之处包括了东非木骨都束国。

纵观郑和使团的航程，从南海到印度洋，是几乎全覆盖的整体印度洋航海实践，所到达的港口城市可分为东、中、西三部分：东部是从中国南

---

① （明）钱谷：《吴都文萃续集》卷二八《道观》，蒋维锬、郑丽航编纂：《妈祖文献史料汇编》第1辑，中国档案出版社2007年版，第44页。
② 《妈祖文献资料汇编》第1辑，据原碑校录，第45页。

海到达满剌加，再至爪哇、苏门答剌，即印度洋的十字路口。而从南浡里帽山航向"那没黎洋"，到达印度洋中部的古里。从古里延伸的航线，直接到达波斯湾头的忽鲁谟斯、阿曼湾的佐法儿、红海口的阿丹、剌撒，乃至天方和东非木骨都束，即到达了印度洋西部。以上只是大致的郑和海上航线，实际航线并非那么固定，而是多向变化，呈现网络状延伸的。①

这里还需要注意的是，郑和使团既是外交使团，也是贸易使团，更是考察使团，一身兼具三种使命，航海外交活动连接起来的是一个整体的印度洋。在明朝海洋导向的决策中，整体规划的印度洋航海外交重心，是放在印度西海岸的古里（Calicut）。

二 第一次航行目的地——古里

古里既是西洋大国，也是西洋诸国的大码头。《瀛涯胜览·古里国》："古里国乃西洋大国也。"《星槎胜览·古里国》："其国当巨海之要屿，与僧加密迩。亦西洋诸国之码头也。"当年的古里，即今印度喀拉拉邦的卡利卡特（又译科泽科德），"是中世纪印度杰出的港口城市之一，是一个香料和纺织品的国际贸易中心"②。正是古里，吸引了郑和航行印度洋时将之作为首先的目的地。郑和下西洋时期，古里是在札莫林王国统治之下。郑和在古里有册封，有立碑：

> 永乐五年，朝廷命正使太监郑和等赍诏敕赐其国王诰命银印给赐，升赏各头目品级冠带。宝船到彼，起建碑亭，立石云："去中国十万余里，民物咸若，熙皞同风，刻石于兹，永示万世。"③

册封国是明朝特别重视的节点国家，于此凸显出来；而册封属于虚封，不具有实际占有领地的实质意义，即同时也彰显不存在贡赋的特征。

---

① 有关网络的认识，受到陈忠平教授启示，见陈忠平《走向全球性网络革命：郑和下西洋及中国与印度洋世界的朝贡—贸易关系》，《走向多元文化的全球史：郑和下西洋（1405—1433）及中国与印度洋世界的关系》，生活·读书·新知三联书店2017年版，第22—75页。

② Dr. K. K. N. Kurup, "Foreword", *The Zamorins of Calicut*, Calicut: Publication division Univ., 1999.

③ 《明本〈瀛涯胜览〉校注》，第58页。

第二篇 海上篇 >>>

三 古里——从目的地走向中转地

郑和第四次下西洋时,船队又开辟了新的目的地,即从古里航行到忽鲁谟斯,即今伊朗波斯湾口的霍尔木兹岛。此后三次,每次必到忽鲁谟斯。从下西洋的角度来看,无论是古里,还是忽鲁谟斯,都是印度洋的大国,到新目的地忽鲁谟斯,意味着下西洋的延伸,是明朝海洋政策在印度洋的一次调整。在《瀛涯胜览》《星槎胜览》书中,明确记载了以古里为始发港的五条航线,它们分别是:1.古里至忽鲁谟斯国。2.古里至祖法儿国,即今阿拉伯半岛东南端的阿曼佐法尔。3.古里至阿丹国,即今阿拉伯半岛也门首都亚丁,是古代西亚宝石、珍珠的集散中心。4.古里至剌撒国,即也门沙尔韦恩角。5.古里至天方国,即今沙特阿拉伯的麦加。① 这五条航线,直达波斯湾、阿拉伯半岛、红海乃至延伸至东非,一环扣一环,一种全覆盖式的印度洋航海外交贸易旅程完整呈现了出来。即印度洋东部古里的辐射力可以直达于印度洋西部。值得注意的是,这些航海旅程产生的影响,完全不是凭借武力所取得的,这是明朝外交与蒙元外交最大的区别之处。

四 全面了解古里的地位

郑和船队第一次目的地为什么是古里?这是一个以往学术界没有深入探讨但却非常重要的问题。特别是 15 世纪末,达·伽马从欧洲绕好望角到印度,也是首先抵达古里的,这凸显了古里地位非同一般。

在郑和下西洋之前,从元代汪大渊对古里佛的记载来看,当时古里繁荣景象显然还不如柯枝(今印度科钦)。但是到 15 世纪初,古里超过了以往更加繁华的柯枝和小唄喃(今印度奎隆)。明朝对古里的重视,表现在明朝既有封王又有立碑,具有朝贡体系最为典型的一面;而根据马欢对当地贸易市场的现场详述,明朝使团在那里参与了当地的公平交易,揭示了这应该也是郑和使团到古里的主要目的之一。而古里的选择,远离德里政治统治中心,并没有深入内地与印度德里苏丹第三个王朝图格鲁克王朝

---

① 万明:《郑和七下印度洋——马欢笔下的"那没黎洋"》,《南洋问题研究》2015 年第 1 期。

(1320—1413)发生联系。说明"宣扬国威"与争夺政治权力的意愿不能成立,可以作为郑和航海外交并不是谋取政治权力的一个证明。也说明古代国际事务不全是受国家意志的左右,而是受到东西方固有海上联系网络与贸易交往趋势的深刻影响。

下西洋亲历者记述的南海到印度洋航线与明朝使团的全面外交,呈现了下西洋过程的真相。同时,马欢、费信的记述,是中国人首次全面考察印度洋的综合调查报告,全面系统介绍了印度洋周边各国地理分布、生态人文环境,包括航线、港口分布,并分析了印度洋沿岸各国的特点,为了解一个整体的印度洋奠定了基础。郑和使团七次远航,根据季风形成了定期的航线,时间长达二十八年。从航线来看,既有直达也有中转,既有固定也有临时。从航程来划分,既有主干航线,也有分支航线。所谓主干航线,是指从南海到印度洋枢纽港口国家、中心港口国家的海上航线。这些国家主要坐落在印度、波斯湾、红海、东非的中枢航线上。所谓分支航线,又称分艅,是连接分流港口国家的海上航线,用小型船舶可以抵达连接的各港口国家,这些是航线上的重要节点。通过远航,在各港口国家之间建立起了稳定的外交与贸易关系;通过航线,连接起了印度洋海上国际社会网络。

根据向达(1900—1966)先生研究,《郑和航海图》所收地名达五百多个,其中本国地名约占二百个,外国地名约占三百个,比汪大渊《岛夷志略》的外国地名多两倍,"十五世纪以前,我们记载亚、非两洲的地理图籍,要以这部航海图的内容为最丰富了"[①]。可以补充的是,这部航海图是15世纪西方航海东来以前印度洋最丰富的历史图籍,是对印度洋海洋文明做出的重要贡献。事实上郑和航海外交将印度洋西边、东边、南边的地区全都连接起来,连接了陆海丝绸之路[②],证明了明朝人对于整个印度洋全覆盖的认知程度,起到了传承并整合印度洋的国际关系网络的作用。

自古以来,印度洋连接着东西方,古代希腊罗马人首先进入了这片海域;随后穆斯林兴起于公元7世纪,在区域据有了重要地位;一直到郑和

---

① 向达:《整理郑和航海图序言》,《郑和航海图》,中华书局1961年版,第5页。
② 万明:《整体丝绸之路视野下的郑和下西洋》,《永乐时代及其影响——两岸故宫第二届学术研讨会论文集》,故宫出版社2012年版,第405—422页。

远航，印度洋区域各国在政治上认同，贸易上协作，文化上融通，形成了一个奠基于古代朝贡关系形态上的多元政治体结合的国际体系。而西方学者所著的印度洋史，往往是从14世纪的伊本·白图泰（1304—1377）直接跨越到了15世纪末至16世纪葡萄牙人东来时的印度洋①，这些论述是一种历史的断裂性认知。

第二节　15世纪初印度洋国际体系的建构

"体系"（system）泛指相同或相似的事物按照一定秩序和内部联系组合而成的整体，"国际体系"是指由诸多相互作用的国际行为体组合而成的整体。在国际社会中，国际行为主体分为国家与非国家两类，相互影响与作用主要表现为行为体之间的冲突、竞争、合作和依存。国际体系不是随着资本主义在全球的扩张才发展起来的，15世纪初郑和使团在印度洋上的航海外交活动，几乎覆盖了整个印度洋地区，将各地原本相对隔绝的广阔地域连接起来的下西洋过程，就是使印度洋国际关系体系化的一个过程，推动印度洋空间在蒙元帝国之后形成了一个新型国际体系。

一　印度洋地缘政治：国家权力的整体上扬

国际体系的建构，首先表现在国家权力的整体上扬。郑和远航印度洋，使得中外关系得到了极大的扩展，也使得印度洋各国的交往盛况空前。《瀛涯胜览·序》云："敕命正使太监郑和等统领宝船，往西洋诸番开读赏赐。"从南海到印度洋，郑和使团每到一国，首先是开读皇帝诏书，在确定与各国政治上邦交关系之后，随之而来的是一种正常国际政治新秩序的建立和国际贸易合作网络的形成，这为建立区域新型合作国际体系奠定了良好基础，也推动了多元文明的交流走向繁盛。郑和七下印度洋，包

---

① ［澳］肯尼斯·麦克弗森著，耿引曾等译：《印度洋史》，商务印书馆2015年版。［澳］迈克尔·皮尔逊著，朱明译：《印度洋史》，东方出版中心2018年版。*The Indian Ocean in the making of early modern India*, edited by Pius Malekandathil, Abingdon, Oxon: Routledge, an imprint of the Taylor & Francis Group, 2017.

括了今天的东北亚、东南亚、中亚、西亚、南亚、东非、欧洲等广袤地区，连成了一个互动的国际共同体。使团不仅起了沟通域外所至之国的重要政治作用，更引发了中外交流高潮的到来。永乐二十一年（1423），出现了南淳里、苏门答剌、阿鲁、满剌加等十六国派遣使节1200多人到北京朝贡的盛况。① 在和平外交理念的基础上，明初将中华秩序的理想付诸实践，在印度洋构建起一种"循礼安分，毋得违越，不可欺寡，不可凌弱，庶几共享太平之福"② 的国际新体系。

之所以说15世纪初这一国际体系具有"新"的特征，是因为明初"不征"外交模式的出现，形成了明代外交有别于以往朝代的显著特征，更成为古代中外关系的一个引人注目的拐点。在这一外交模式转折的基础上，才可能出现与中国其他朝代内涵迥然不同的朝贡体系，也才可能导向一种不依靠武力建立的国际和平体系。这在印度洋的航海外交实践中得到了全面体现。

朝贡关系的建立，并非中国独有的现象。"朝贡"是久已形成的东西方交流区域的共同观念，是古代国际关系中认同的符号。一旦作为一种共识被承认，它的实现就成为一种国际原则。以往学术界提及"朝贡"概念只强调以中国为中心的内涵，是不确切的。实际上，各国接受"朝贡"概念是一种"国家间认同"，朝贡关系凸显了印度洋国际关系的共性。

"下西洋"是明廷一个长远的对外政策指向。与此前蒙元帝国的大肆扩张征伐不同，也与后来西方探险占据领土、掠夺财富截然不同，它主要表现为，通过"不征"与"共享"，把印度洋周边可以联络交往的国家联系起来，实现国际合作和建立国际秩序，共享太平之福，发挥了整合一个国际体系的作用，也可以说是参与共建了一个印度洋政治文化多元并存的国际体系。

在15世纪初的印度洋国际地缘政治平台上，获得大国力量、国际支持成为一些国家兴起的主要因素。以满剌加为例，它扼守马六甲海峡，是位于东西方海上贸易重要的交通路口，而航行于从中国到印度古里的海上商路需要一个中间站，这个中间站就选在了满剌加。根据马欢记述，在

---

① 《明太宗实录》卷二六三，永乐二十一年九月戊戌，第2403页。
② 永乐七年三月敕谕"四方海外诸番王及头目人等"，《郑和家世资料》，第2页。

第二篇 海上篇 >>>

1402年以前，那里只是一个小渔村，"国无王，止有头目掌管诸事。此地属暹罗所辖，岁输金四十两，否则差人征伐"，明成祖"命正使太监郑和等赍诏敕赐头目双台银印、冠带袍服，建碑封城，遂名满剌加国"①。下西洋使满剌加王国摆脱了暹罗控制，不再给暹罗输贡，成为一个新兴独立国家；同时，满剌加国王拜里迷苏剌抓住时机，与中国保持尽可能紧密的联系——为郑和船队提供了一个安全的存放货物之地，"凡中国宝船到彼，则立排栅，如城垣，设四门更鼓楼，夜则提铃巡警。内又立重栅，如小城，益造库藏仓廒，一应钱粮顿在其内"，使船队可以安全航行到印度、西亚、印度洋乃至东非等地；更重要的是，郑和船队的船只分头出发到各国进行贸易，最后在回程都要汇合在满剌加，"打整番货，装载停当，等候南风正顺，于五月中旬开洋回还"②。郑和下西洋促使印度洋国际贸易兴盛，也推动满剌加王国在建立后的半个世纪里迅速成为印度洋上最为重要的贸易中心地，成为整个东南亚最好的港口和最大的商业中心。③ 由此马六甲海峡得名。

不仅是满剌加，在15世纪初年，印度洋周边各国如苏门答剌、忽鲁谟斯、阿丹等国，均为印度洋上的重要节点国家，全面认同明朝"共享太平之福"的外交理念，与明朝合作，以满足国家利益自身需求，有利于内政局面的稳定。区域国与国之间的合作与对抗，往往影响着各国自身内部社会的治与乱以及区域的国际秩序。明朝对外积极交往与协和万邦"共享太平之福"为宗旨的国际秩序思想，适应了区域内各国的共同需要，不仅对于印度洋区域国家政权有着促进发展的作用，同时也推动了区域内和平共处为主导的国际发展趋势，实际上起了一种区域整合作用，在印度洋迎来了一个和平与稳定的国际秩序，建构了一个建立在合作共享基础上的新的国际体系。半个多世纪以后，全球化诞生在海上，让人们真正看到了这一印度洋国际体系最深刻的影响力。15世纪初是一个过渡期，从陆向海的人类交往重心转移，是迈向近代历史进程的关键一步。

---

① 《明本〈瀛涯胜览〉校注》，第34页。
② 《明本〈瀛涯胜览〉校注》，第38页。
③ D. R. SarDesai, *Southeast Asia: Past & Present*, Boulder Colo.: Westview Press, 2003, p. 62. 万明：《郑和与满剌加——一个世界文明和平互动中心的和平崛起》，《中国文化研究》2005年第1期。

从整体印度洋的视野来看,15世纪初,不仅从时间上形成了统一政权国家兴起和发展的趋势,从空间上也开启了融为一个新的国际体系的历史进程。此前,唐代对外交往虽然广阔,但是当时有大食存在,没有在印度洋形成国际体系化的条件;宋代民间交往兴盛,不可能形成一种区域整合作用,乃至形成新的国际体系;而在蒙元时代,是以武威著称,曾造成海上外交惨败的结果。至明代初年,以印度洋作为外交运作空间,是明成祖做出的新抉择,在"不征"的外交模式确定之下,明朝与印度洋各国建立的朝贡关系主要是一种形式上或者称为名义上的关系,是一种实质上的和平合作共享关系,各国根据自身利益对于明朝使团进行应对与认同,保持国家的独立性,在印度洋时空状态中,形成互动的国际体系,而"不征"与"共享"成为这一新体系权力平衡的基石,可视为印度洋区域各国合作的良好开端。

二 印度洋地缘经济:资源合作机制的形成

随着印度洋地缘政治重新改组,建立的邦交关系是与通商紧密相联的,由此形成了一个区域国际贸易的规模网络,印度洋新的国际贸易秩序也由此生成。这一时期,国际贸易的主体是各国政府,特征是以官方贸易为主导、由各国上层垄断对外贸易主要商品。国际关系的这种结构,对区域贸易交往关系的拓展也有积极作用。在印度洋贸易区,国际交往圈的空间拓展产生了繁盛的贸易网络。自古以来,"朝贡"这个词就包含有外交和贸易双重含义,明初延续宋元以来国家管理外贸的制度并日益强化,把对外贸易限定在官方形式之下,所谓"贡舶者,王法之所许,市舶之所司,乃贸易之公也;海商者,王法之所不许,市舶之所不经,乃贸易之私也"[①],从而使明初朝贡关系相对于前朝带有更为浓厚的贸易性质。

印度洋是贯通亚洲、非洲、大洋洲的交通要道。15世纪初,虽然大洋洲还没有彰显,好望角航线和苏伊士运河都还没有出现,但明朝大力支持满剌加王国,不惜赠予海船,开通和保护马六甲海峡航线,郑和在红海、波斯湾、阿拉伯海、亚丁湾、阿曼湾、孟加拉湾等处与各国进行了频繁的贸易交往。郑和使团是以国家名义出现在印度洋沿岸的国际贸易城市,在

---

① (明)王圻:《续文献通考》卷三一《市籴考》,现代出版社1991年版。

这种国际交往频繁、空间拓展的背景下,推动了印度洋国家官方之间的贸易发展达到了极盛。

从航海人员来看,在明朝以前,印度洋上的中外贸易主角是商人,并且是以阿拉伯商人执牛耳,来华商人也以阿拉伯人为主。泉州著名的蒲氏在宋元时期一直掌管市舶司事务,就是一个例证。明初以明朝强盛国力为后盾的下西洋,满载着深受海外各国喜爱的丝绸、瓷器、铁器等物品,马欢、费信、巩珍这些跟随郑和远航的人留下的著作中,非常详细地记载了他们所到之地进行的公平交易活动。从整体丝绸之路的视角出发,我们会发现,这一历史时期中外交往的繁盛,为中外物质文化交流创造了良好的条件。[①] 形成了一种国际合作的贸易网络。

下西洋以举国之人力、物力、财力,在印度洋区域整合为一种政治合作机制,并形成了区域资源整合的局面,从民间商人为主体到官方使团为主体,彰显了丝绸之路的官方整合作用。通过国际交流这个平台,国家权力介入区域合作的历史进程,为各国间官方贸易奠定了有力的基础;同时,印度洋物质文明的交融也达到了一个历史的新高度。

蒙元帝国在政治上结束了,然而在贸易上的影响却留了下来。明初一反元朝四出征伐,而是遣使四出交往,遂使国际交往在印度洋区域繁盛地开展起来。通过中国人大规模下西洋直接交往贸易,改变了阿拉伯人掌控印度洋海上贸易的状况。明代中国以一负责任的海洋大国形象促使印度洋地区国家权力整体上扬的同时,在与各国"共享太平之福"的理念指导下,维护了海道清宁,人民安业,与各国公平交易、互惠互利,推动了区域国际贸易的活跃发展,促成了一个资源共享合作机制的形成,这是印度洋国际体系的重要内容之一。

15 世纪初,印度洋世界市场连接了亚非欧,在广度和深度上有重大的拓展,航海交通和造船技术上的进步,促使中国在印度洋范围的联系空前扩展,各国之间的相互依存程度也空前强化。中国与印度洋世界的关系已进入了新的发展阶段,并且地区利益诉求呈现出了与以往任何阶段都迥然不同的特点,构建了印度洋新型国际关系。当时已存在一个印度洋国际体

[①] 万明:《整体视野下的丝绸之路:以明初中外物产交流为中心》,载《丝绸之路与文明的对话》,新疆人民出版社 2007 年版,第 143—204 页。

系，是一个客观事实。

第三节　15 世纪初印度洋国际体系
——解构西方霸权话语

西方霸权话语是国际政治话语体系中最重要的形式之一，在近代表现为殖民主义话语，在当代国际现实中则表现为一种强权政治。海上霸权理论是长期以来的思维定式，采取这种思维的虽然主要是西方学者，但也有一些本土学者深受以西方为中心的现代西方霸权话语体系影响，一直将西方发展模式置于支配西方和中国学术界对历史研究的核心诠释地位，形成了一套国际关系常用范式和惯用话语体系。换言之，历史中的霸权话语，现实中的强权政治，长期支配着人们的思维取向，在某种程度上切割了印度洋历史的整体性。这既是西方中心论研究、也是整个印度洋研究中各种悖论现象发生的关键所在，更是"中国威胁论"滥觞的内在逻辑。

对于郑和下西洋的评价，做出"当中国称霸海上"表述的是西方学者[1]，认为"中国在从日本到非洲广泛的东海岸之间享有霸权"也是西方学者[2]。美国学者阿布—卢格霍德（Janet L. Abu-Lughod）《欧洲霸权之前：1250—1350 年的世界体系》一书指出：11—13 世纪存在一个亚洲、中东农业帝国与欧洲城市之间联成一体的世界体系。这一世界体系在 13 世纪发展到高峰，在 1350 年以后，由于战争、瘟疫等原因而衰退；并认为，"16 世纪初，当新参与者葡萄牙进入印度洋，进行下一个阶段的世界整合的时候，13 世纪世界体系的许多部分已经了无痕迹"[3]。从表面上看，书中在 13 世纪与 16 世纪的世界体系之间，留有大量空白，忽视了 15 世纪初印度洋国际体系的存在；但在内容上，书中也有突破时间限制的对于郑和的描述："在 14 世纪后期和 15 世纪，中国具备了在印度洋——从它的

---

[1] ［美］李露晔著，邱仲麟译：《当中国称霸海上》，广西师范大学出版社 2004 年版。

[2] J. V. G. Mills, *Ma Huan: Ying-Ya Sheng-Lan "the Overall Survey of the Ocean's Shores"*, Cambridge: Cambridge University Press, 1970, pp. 2–3.

[3] ［美］珍妮特·L. 阿布—卢格霍德著，杜宪兵等译：《欧洲霸权之前：1250—1350 年的世界体系》，商务印书馆 2015 年版，第 43—44 页。

海岸到波斯湾——建立统治的一切条件",提出了"但她为何转过身去,撤回舰队,进而留下一个巨大的权力真空呢"的问题,并指出,"其结果就是,中国人从海上撤退,集中精力重整农业经济基础,恢复国内生产和国内市场……随之,中国也失去了谋求世界霸权的可能"①。这无疑是西方霸权理论思维与话语体系的惯性表述。历史是接续的,不存在空白。在她描述中的印度洋世界体系,是一个极为松散的完全没有整合的"体系",而15世纪初郑和代表明朝的航海外交远航,凸显了邦交的作用和意义。中国与印度洋周边各国密切的交往联系与互动,形成了整合后的印度洋国际体系,是以国家间官方建立的和平邦交模式为主,可视为印度洋区域合作的良好开端。正是各国相互合作共赢的需要,导向不依靠武力胁迫,不恃强凌弱,即以非霸权、非扩张性为特色的印度洋国际体系。

突破西方霸权话语的惯性表达情境,是建立在原始资料基础上的实证研究,这具有方法论意义。追寻明初中外交往的实态,蒙元帝国崩溃后,印度洋国际秩序急需重建。明王朝建立之初的外交诏令表明,统治者一方面刻意追寻古贤帝王,成为"天下主",延续传统的朝贡关系;另一方面,面对国与国之间互动的邦交现实,汲取了蒙元帝国扩张失败的教训,在外交观念上从"天下"向"国家"回归,以"不征"作为对外关系的基本国策。"不征"表明,没有领土的扩张,也没有建立宗主国与附属国关系的关键——贡赋的索取,才可能出现截然不同于以往帝国征伐模式的朝贡体系。"共享太平之福"的和平外交理念在郑和七下印度洋活动中体现得相当普遍,标志着明代中国外交模式的更新,也代表了中国古代对外关系发展的新取向,促使国家权力在印度洋整体上扬,国际贸易在印度洋发展繁盛。中国与印度洋各国共同建立了印度洋区域合作的国际新体系与新秩序。

在整个印度洋国际体系建构中,郑和下西洋发挥了至关重要的纽带和整合作用,推动整体印度洋沿岸各国互动,重塑印度洋时代,并深刻影响了整个印度洋乃至世界历史发展进程。最重要的是从无序到有序,达成了一种国际共识,形成了一个印度洋国际体系。这一国际体系的主要特征有三:1.国家权力整体上扬,所至印度洋周边三十多个国家,即国家行为主

---

① 《欧洲霸权之前:1250—1350年的世界体系》,第312页。

体都包括在这一国际体系之中。2. 国家间相互依存,在体系中的所有行为主体之间都处于直接的相互联系之中,基点建立在不存在领土扩张与实土贡赋的要求,即扩张与掠夺不是国际交往的主题。3. 非对称性存在,虽然大国与小国有很大差距,但国家之间建立合作关系,相对平等信任,带来的是国际社会的一定公正性。

重新梳理分析下西洋的原始资料文献,对于正确认识和解读15世纪初朝贡体系的历史有启发意义。它鲜明地呈现出两个特点:一是没有占据领土,二是没有强迫性的贡赋要求。这两点也正是15世纪初中国参与建构的印度洋国际体系与之前蒙元帝国四出征伐、之后西方海外殖民扩张迥然不同之处,不应简单以传统朝贡制度或体系笼统地归纳和理解。

在印度洋国际体系的形成过程中,有两个因素发挥了关键性作用:1. 东西方传统朝贡关系国际惯例的存在。国家是印度洋交往的基本单位,古代国家存在和发展与特定的自然环境体系密不可分,自然资源状况对国家的发展具有决定性意义。在古代长时段的东西方交往发展中,逐渐形成了朝贡的传统。它实际包括两种不同的概念:一种是在武力征服、领土扩张基础上的实际占有和对领地产出的掠夺性索取;另一种是仅作为交往关系形态出现的国际共同观念,形成合法的国际关系形态或惯例。① 朝贡传统的形成,对印度洋国际社会结构产生了深远影响。2. 地理环境对印度洋国际社会经济和文化传统的影响。国家是印度洋区域基本的政治和社会单元,各国的发展不可避免地受其所处印度洋的影响,具体表现就是作为沿岸国家而深受航海外交活动的辐射,进一步密切了海上政治、经济的关

---

① 以明朝诏令文书为证,朝贡观念不仅是中国帝王以中国为中心的愿景,同时也是东亚整个国际社会所认同的共同观念,或者说已形成一种国际惯例。将视野扩展到东西方,朝贡关系不是东西方意识对立的产物。朝贡或者纳贡观是东西方国际的共同观念,因此不能说朝贡是中国独特的外交模式,也不能说只是以中国为中心的外交模式,或者称之为"中国中心之世界秩序"。[美]斯塔夫里阿诺斯《远古以来的人类生命线:一部新的世界史》(吴象婴等译,中国社会科学出版社1992年版)一书《导言》指出:"只有注意到将人类过去和现在的这所有许许多多社会分为三大类:血族社会,包括约公元3500年以前的所有人类社会;纳贡社会(也称为文明):最早于公元3500年前后出现于中东,然后渐渐地扩散到或者自发地出现在除澳大利亚之外的所有大陆上;自由市场社会即资本主义社会:最早于公元1500年前后(不过确切的日期尚在争论之中)出现于西北欧,然后不断地扩展,直到涵盖全球、在全球居首要地位。"在书中他显然是将贡赋放在一起讨论的,但是也谈到了"在这段漫长的时间中,各大陆都发展起许多不同类型的纳贡社会"的看法,对我们的研究颇具启示。

系。中国海上外交与贸易，确保了15世纪初印度洋各国在没有发生政治、经济、文化巨变环境下实现了较好的互动生存与共同发展。

分析海上国际体系形成的基本因素，传统朝贡关系的延续和发扬无疑是关键因素。在印度洋国际体系形成的时代，以国家为主体的建构，各国从中获益为多；而各国自主性的认同，无疑具有更重要的作用。

从对下西洋亲历者的资料研究出发，具体观察印度洋航海外交的存在实态，是以相互尊重为基础达成的政治、经济合作，以公平交易为基础达成的国际贸易，以文化共生为基础达成的交流互动。这是15世纪初明代中国朝贡体系模式影响下形成的印度洋国际体系的运作实态。包括今天的东北亚、东南亚、中亚、西亚、南亚、东非乃至绵延欧洲等广袤地方，连成了一个文明互动的共同体，也是命运共同体。明代中国和平共享理念得到了印度洋各国的认同和响应，各国的利益融合在一起，建构了一个印度洋国际体系，在某种意义上可视为印度洋区域一体化的开端。

各国参与推动形成的印度洋国际体系，不是征服与扩张的结果，而是以国家为主体，将印度洋各国连接成一个整体。无论大国或小国，在活跃的贸易网络中合作共享，成为当时印度洋最有效的政治选择。

结　　语

总之，聚焦印度洋，从全球史的视野看郑和下西洋，它是古代中国与海外世界最大规模直接接触的历史事件，标志着明初中国从农耕大国全面走向海洋大国的强劲态势出现，并最终导向了印度洋的重塑和对未来全球化的引领。印度洋自古以来就是东西方汇聚的核心之地，发展到15世纪初形成一个印度洋时代，印度洋出现了一个以国家为核心建立的新的国际体系和国际秩序。这一国际体系，是印度洋各国和平交往协调互动的产物。从无政府状态到国际体系的合力打造，表明各国政权合法性的认同，使印度洋的海陆政治多元体整合达到一个历史新阶段，而主导印度洋地区发展繁荣的，正是各国的认同与合作。进一步说，这是人类交往史上的一次结构性调整，已朦胧出现走向近代国家过渡阶段的特征，孕育了全球一体化的海洋发展方向。今天人们仍在经历一个全球化历史进程,和平与发展始终是时代的主题。关注多样性经验,更好地理解全球化,全球史从大陆导向海洋的开端,并不是以西方大航海扩张为前奏,而是以15世纪初印度洋新型国际体系建构为开篇的。

第四章　中国与非洲海上丝绸之路的故事
——伊本·白图泰与郑和的航海记忆*

从全球史的视野考察，印度洋是古代东西方交汇之地，也是东西方文化交融之地。14世纪初，摩洛哥旅行家伊本·白图泰从北非出发，前往麦加朝圣，由此开始了其长达28年的陆海旅行生涯。此后他穿越印度洋到达印度古里，乘坐中国船驶向中国。他的旅行游历了今天44个国家，《伊本·白图泰游记》享誉世界。15世纪初，中国航海家郑和以史无前例的规模七下西洋，在亲历下西洋的通事马欢笔下，当时明朝人所认识的西洋具体所指"那没黎洋"——即今天的印度洋。郑和七下西洋就是七下印度洋。从南海到印度洋，28年间在印度洋全覆盖的航海外交到达当时30多个国家与地区，直至东非海岸。古代中非的航海活动，搭建起海上丝绸之路记忆的平台，推动东西方相互认知达到了历史的新境界。今天，我们重温伊本·白图泰和郑和在印度洋上的历史记忆，对于助推21世纪海上丝绸之路建设和构建中非命运共同体具有重要意义。

第一节　在全球史视野下聚焦印度洋

从全球史的视野来看中非关系，中国与非洲远隔千山万水，其间主

---

* 本章原提交2018年11月由国际儒学联合会、摩洛哥大学、北京外国语大学比较文明与人文交流高等研究院联合主办的"国际儒学论坛：摩洛哥国际学术研讨会——'一带一路'建设与构建人类命运共同体"，作为会议发言稿，现经修改补充。

要有海洋的间隔。非洲地处东半球西南部，北边是地中海南岸，西边是大西洋，东濒印度洋和红海。印度洋自古以来就是东西方文明交汇之地，在历史上曾将东西方文明中心连接起来，世界三大宗教在这里汇聚并相互激荡，印度洋成为世界多样性文化的交融之地。通过印度洋，中国与非洲发生了源远流长的海上联系。14世纪初，摩洛哥出了一位伟大旅行家——伊本·白图泰（1304—1377），他是摩洛哥，也是中世纪世界闻名遐迩的旅行家。聚焦于印度洋，将14世纪初摩洛哥大旅行家伊本·白图泰与15世纪初中国航海家郑和在印度洋的航海记忆连缀起来。无独有偶，伊本·白图泰的旅行是个人的旅行，全部旅行包括3次，经历28年，是海陆兼程，并不都发生在海上；郑和率领庞大船队的使团，全部旅行7次，经历28年，从南海到印度洋，全部发生在海上。伊本·白图泰从印度洋西部到东部的海上经历，与郑和从印度洋东部到西部的海上经历前后相踵，交相辉映，二者均对古代丝绸之路亚、非、欧不同文明的交流，对全球文明发展做出了突出贡献，是印度洋东西方交往与融合的历史见证。

1325年，伊本·白图泰从北非出发，著名的《伊本·白图泰游记》[①]记述了从印度洋到南海，到达中国航线上丰富的所见所闻，拓展了海上丝绸之路东西方文明的交往与知识的演进；1405年，郑和率领使团从中国出发，自南海到印度洋，跟随他的亲历者马欢撰《瀛涯胜览》、费信撰《星槎胜览》、巩珍撰《西洋番国志》，记述了亲眼所见的印度洋沿岸直至东非的各国实际情景，接续推动了海上丝绸之路上东西方文明的交往与知识的演进。如果说伊本·白图泰的游记是一本关于14世纪上半叶印度洋连接的亚、非、欧三大洲历史的包罗万象的百科全书；那么跟随郑和下西洋的亲历者马欢、费信、巩珍的记载，也可算是包罗万象的15世纪初印度洋

[①] 中国学者对于伊本·白图泰的研究，主要集中在他到中国的旅行，主要有马金鹏《伊本·白图泰游记（中国部分）》，《阿拉伯世界》1981年第6期；楚汉《伊本·白图泰的中国之行》，《文史杂志》1996年第3期；邱树森《摩洛哥旅行家伊本·白图泰的中国之行》，《历史教学》2001年第5期；许永璋《伊本·白图泰与泉州》，《阿拉伯世界》2002年第1期；许永璋《伊本·白图泰访华若干问题探讨》，《黄河科技大学学报》2003年第2期；李光斌《伊本·白图泰中国纪行考》，海洋出版社2009年版；李晴《伊本·白图泰远航中国考》，《海交史研究》2018年第1期。

连接亚、非、欧三大洲历史的百科全书。虽然伊本·白图泰与郑和二者航行的性质不同，一是民间旅行，一是官方航海外交，伊本·白图泰的游历（1325—1354）与郑和七下西洋（1405—1433），在时间上，二人并无交集，在空间上，印度洋却将他们联系在了一起，他们在旅行中先后来到了印度洋。他们在印度洋的所见所闻，在海上丝绸之路上留下了历史印记。虽然前后相距近一个世纪，他们留下的游记都是内容丰富，描写繁杂，涉及地理、历史、政治、经济、文化、贸易、文学、艺术、宗教、人文、科技、交通、外交等方方面面诸多领域，共同印证了世界文明的多样性与不同文明的交流互鉴，推进了中国与非洲之间的友好交往关系，促进了古代丝绸之路上东西方文明的交融和发展；他们的记述前后辉映，留下了14世纪前半叶与15世纪前半叶海上丝绸之路上生动的历史记忆，是对古代海上丝绸之路沟通印度洋周边各国与各族人民友好交往的真实呈现；他们讲述的海上丝绸之路的故事，为促进东西方文化交流，为人类文明史知识体系的建构，连缀起不可磨灭的记忆，都为探索海洋、连接世界做出了重要贡献。当全球史成为新一波热潮来临，他们的历史记忆为人类文明发展史的知识体系增加了篇幅，他们眼中的印度洋有何相同和不同之处呢？鉴于以往中国学者对于伊本·白图泰的研究，一直以来集中在他到达中国的旅程，而中外学者迄今没有将二者的珍贵记忆放在一起加以论述，故在此略为归纳论述。

第二节　伊本·白图泰的旅程与记述

伊本·白图泰（1304—1377），是摩洛哥，也是中世纪阿拉伯世界最负盛名的旅行家。他出生于摩洛哥古城丹吉尔，其城在公元前6世纪为腓尼基人始建，位于摩洛哥北端从大西洋进入地中海的入口处，扼地中海—大西洋国际航线的要冲。伊本·白图泰于1325至1354年三次出游，足迹几乎遍及当时整个世界。

<<< 丝绸之路上的明代中国与世界

《伊本·白图泰游记》又名《异境奇观——伊本·白图泰游记》①，是伊本·白图泰将近 30 年旅行的见闻记述。1325 年，22 岁的伊本·白图泰开始出游，按照时间顺序主要有三个旅程：第一个旅程包括从北非到东方之行。这是他的旅程中历时最久、路线最长、海陆并举的旅程，跨越印度洋的航海旅行就包括在第一个旅程之中。第二个旅程是西班牙安达卢西亚之行。第三个旅程是西非洲之行，都比较短暂，因此最重要的是第一个旅程。

伊本·白图泰第一个旅程时间是在 1325 到 1349 年，他沿着地中海南岸往埃及，目的是去麦加朝觐。在将近 24 年的第一个旅程中，曾 4 次前往麦加。他首先到达了麦地那瞻仰圣寺与圣陵，也就是穆罕默德建造的清真寺和他的陵墓，然后赴麦加朝觐，对麦加的克尔白、黑石、渗渗泉等伊斯兰教圣迹，一一做了细致的记述，是极富价值的历史文化资料。在完成朝觐后，他前往伊拉克、波斯，游历了巴士拉、设拉子、巴格达等历史名城；再次朝觐麦加后西行，当时伊本·白图泰从阿拉伯半岛的萨那到亚丁，从亚丁到泽拉，沿东非海岸到摩加迪沙、蒙巴萨、基尔瓦，然后返回阿拉伯半岛，到达佐法儿、霍尔木兹。他记载："亚丁是也门漫长海岸线上的一大港口，群山环抱，只有一面有路可入，亚丁也是一个大城市"，特别提到常有大船从卡利卡特等地开来。② 他到达东非海岸的摩加迪沙，记述"摩加迪沙城十分壮观，大极了。居民善养骆驼，喜欢吃骆驼肉，每日宰杀 200 头。他们养的绵羊也相当多，摩加迪沙人都是精明强干的商

---

① 此游记由摩洛哥伊本·白图泰口述，摩洛哥伊本·朱甾笔录。中译本主要有马金鹏译《伊本·白图泰游记》，宁夏人民出版社 1985 年版；据杨怀中、马博忠、杨进《古老而又年轻的中阿友谊之树长青——记〈伊本·白图泰游记〉中文译本在宁夏编辑出版的经过》（《回族研究》2015 年第 4 期）介绍，此书已全部或部分地译为 15 种文字。马金鹏先生从埃及出版的阿拉伯文本译为中文，宁夏人民出版社先后两次印制出版，华文出版社第三次印制出版。李光斌先生译：《异境奇观——伊本·白图泰游记（全译本）》，海洋出版社 2008 年版，此本由摩洛哥著名的阿卜杜勒·哈迪·塔奇博士校订。关于伊本·白图泰的事迹，本章主要参考文献是以上中译本，[法] G. 费琅（G. Ferrand）辑注：《阿拉伯波斯突厥人东方文献辑注》，耿昇、穆根来译，中华书局 1989 年版。关于游记版本，主要参考了朱凡《伊本·白图泰游记版本介绍》，《西亚非洲》1988 年第 4 期，第 18 页。

② [摩洛哥] 伊本·白图泰：《异境奇观——伊本·白图泰游记（全译本）》，李光斌译，海洋出版社 2008 年版，第 241—243 页。

人"①。对于佐法尔,他记录:"佐法尔是也门国在印度洋沿岸最后一个城市,阿拉伯良种马就是从这里运往印度。"值得注意的是如下对于印度卡利卡特的记载:"我曾从印度的卡里卡特,顺风驶向佐法尔。我们不分昼夜的航行,才用了28天的时间。"记述那里"使用的货币是用铜锡合铸的硬币,只在当地流通使用,别的地方不能使用。他们靠经商为生,没有别的营生"②。关于霍尔木兹,伊本·白图泰描述道:"是一座海滨城市,又名穆厄伊斯坦,隔海与新霍尔木兹相望,两城相距三法尔萨赫。我们到了新霍尔木兹,那是一座海岛,首府是格伦城,颇具规模,而且很美,市场也很繁荣,它是印度和信德商品的集散港,印度商品经这里运往伊拉克、波斯和呼罗珊。"③其后他又返回麦加第三次朝觐,再由麦加到吉达港,北上埃及,沿地中海北上,到达叙利亚、土耳其,经历君士坦丁堡、花剌子模、布哈拉、撒马尔罕,越过阿姆河到达阿富汗喀布尔。1333年,伊本·白图泰从中亚陆路到达印度德里苏丹国,苏丹任命他为大法官,后派遣他随元朝使团回访中国。④他到古里(Calicut,今印度喀拉拉邦卡利卡特,又译科泽科德)搭乘中国船驶往中国。他记述:"我们来到了科泽科德城,这是穆赖巴尔国中最大的商埠之一。中国、阇婆、锡兰、马赫勒、也门、波斯商贾,都到科泽科德来,世界各地的商人也都云集于此,科泽科德码头是世界上最大的码头之一。"⑤他的航程辗转于锡兰岛、马尔代夫群岛、爪哇岛、苏门答腊岛、孟加拉等地后,抵达了中国海港刺桐,即今天的泉州,后来游历了广州、杭州、元朝大都北京⑥。离开中国时,他又回到印度南部,到达科泽科德、佐法尔。回到开罗后又到麦加第四次朝觐。1349年,伊本·白图泰结束了第一个漫长旅程,踏上了故土。他的第二个旅程到达西班牙的安达卢西亚,第三个旅程是在西非洲大陆。相比之下,其一生的游历以第一个旅程为主,历时24年,海陆兼程,其中海上旅行主要是在印度洋航行,他从大西洋、地中海到印度洋,远至东方中国的旅行,

---

① 《异境奇观——伊本·白图泰游记(全译本)》,第245页。
② 《异境奇观——伊本·白图泰游记(全译本)》,第249页。
③ 《异境奇观——伊本·白图泰游记(全译本)》,第260页。
④ 《异境奇观——伊本·白图泰游记(全译本)》,第444页。
⑤ 《异境奇观——伊本·白图泰游记(全译本)》,第486页。
⑥ 对于伊本·白图泰是否到过元大都,一直有学者进行质疑。

沟通了非洲与阿拉伯半岛、波斯湾、西亚、中亚、南亚、东南亚、东亚中国各国与各地区间的友好往来，也促进了非洲、欧洲、亚洲三大洲的文化交流与互鉴，他的游记成为古代丝绸之路流传久远的璀璨结晶——世界文化遗产，是摩洛哥，也是世界的骄傲。

第三节　郑和七下印度洋的航海记述

郑和七下西洋——印度洋，与伊本·白图泰在整个印度洋的旅程多有重合。二者都完成了环印度洋区域航海世界的旅行。伊本·白图泰是从西方出发一直向东，从西印度洋到东印度洋，到南海达中国；而郑和下西洋的旅程方向正好相反，从东方出发一直向西，从南海到西洋——印度洋，到环印度洋区域的海上世界，直至东非，即西印度洋的尽头。

明初永乐、宣德年间郑和下西洋，马欢《瀛涯胜览》、费信《星槎胜览》和巩珍《西洋番国志》，[1] 是记载下西洋的3部最重要的史籍。其中，记述翔实、史料价值最高的是马欢《瀛涯胜览》。因为马欢是通事，懂得"阿拉毕语"，所至20国出自亲历，记述详细。巩珍《西洋番国志》中关于各国的记载，也是20国，主要内容与《瀛涯胜览》相同，可以视为马欢《瀛涯胜览》别本，其书主要价值是书前三通"敕书"和《自序》。费信《星槎胜览》记载的国家比之《瀛涯胜览》和《西洋番国志》都要多，共是45处，前集22，后集23，前集称国者14，后集称国者16，共30国，内容扩展到了非洲。但书中有不少并非出自亲历，一般认为作者亲历的是前集22处，其他则是出自传闻和抄自元代汪大渊《岛夷志略》[2] 等文献记载。

聚焦在印度洋上，郑和不远万里的海上航行与伊本·白图泰所至有很多重合之处，这些重合之处，无一不是古代海上丝绸之路的重要节点。郑

---

[1] （明）马欢著，万明校注：《明本〈瀛涯胜览〉校注》，广东人民出版社2018年版；（明）费信著，冯承钧校注：《星槎胜览校注》，中华书局1954年版；（明）巩珍著，向达校注：《西洋番国志》，中华书局1961年版。

[2] （元）汪大渊著，苏继庼校释：《岛夷志略校释》，中华书局1981年版。

和从南海到印度洋,第一次航海的目的地是印度西南海岸的"古里国"(Calicut,今印度喀拉拉邦卡利卡特,又名科泽科德),那里就是此前伊本·白图泰乘坐中国船只前往中国,从中国返回印度时所到之地,也是此后葡萄牙人达·伽马首次来到东方的登陆之地。历史上的古里是印度洋上一个极为重要的节点,由此可以得到充分证明。值得注意的是,由于郑和使团的航海活动只是在印度洋沿岸与各国交往,因此并没有深入内地与印度德里苏丹第三个王朝图格鲁克王朝(1320—1413)发生联系。这一点也可以作为郑和航海外交并不是谋取政治权力,仅仅是"宣扬国威"的一个证明。

古里是一个西洋大国。郑和下西洋,古里是第一个目的地,也是后来每次必到之地。郑和下西洋时期,古里是在札莫林王国统治之下。郑和在古里,有册封,有立碑,均见之于马欢记载:"古里国乃西洋大国也。从柯枝国港口开船,往西北行三日可到。其国边海,出远东有五、七百里,远通坎巴夷国。西临大海,南连柯枝国界,北边相接狠奴儿国地面,西洋大国正此地也。永乐五年,朝廷命正使太监郑和等,赍诏敕赐其国王诰命银印,及给赐升赏各头目品级冠带。统领大𦩴宝船到彼,起建碑亭,立石云:'去中国十万余里,民物咸若,熙皞同风,刻石于兹,永示万世。'"[①]伊本记载世界各地的商人都云集在那里,认为科泽科德码头是世界上最大的码头之一。费信《星槎胜览》记载那里"亦西洋诸番之码头也"[②],正是此意。《瀛涯胜览》中记有郑和使团在古里市场上公平交易中活灵活现的描述:"其二大头目受中国朝廷升赏,若宝船到彼,全凭二人为主买卖。王差头目并哲地、米纳几即书算手、官牙人等,会领𦩴大人议,择某日打价。至日,先将带去锦绮等货,逐一议价已定,随写合同价数各收。其头目、哲地即与内官大人众手相拊,其牙人则言某年某月某吉日交易,于众中手拍一掌已定,或贵或贱,再不悔改。然后哲地富户才将宝石、宝珠、珊瑚等货来看议价,非一日能定,快则一月,缓则二、三月。若价钱较议已定,如买一主珍珠等物,该价若干,是原经手头目、米纳几计算该还纻

---

① 《明本〈瀛涯胜览〉校注》,第57—58页。
② 《星槎胜览校注》,第34页。

丝等物若干，照原打手之货交还，毫厘无改。"① 郑和使团兼有政治外交与经济贸易使命，在海外进行公平贸易活动，由此可以得知。

古里在印度洋具有特定位置与意义，明朝人对此有确切了解，这不仅从郑和第一次下西洋目的地的选择可以了解到，而且还表现在"郑和通番自古里始"，即郑和囊括了整个印度洋的航海规划，也大都是从古里出发的。作为印度洋的交通枢纽，根据《瀛涯胜览》《星槎胜览》的记载，郑和下西洋以古里为中心，有如下5条航线：

1. 古里至忽鲁谟斯国②

忽鲁谟斯（Hormuz），古国名，在今伊朗霍尔木兹海峡，扼波斯湾出口处。伊本记载有新旧两处，到了新霍尔木兹，那是一座海岛。郑和时代的记载可以与伊本·白图泰的记载相对照，了解新旧忽鲁谟斯的确切位置。忽鲁谟斯即波斯语 Hurmoz 的对音，位于阿曼湾与波斯湾之间霍尔木兹（Hormuz）海峡中格什姆岛（Qishm）东部的霍尔木兹岛。原旧港为《大唐西域记》中的鹤秣城，边海一城，是中古时期波斯湾头一个重要海港。13世纪城为外族所毁，故迁至附近的哲朗岛（Djeraun），是为新港，仍名忽鲁谟斯。《大德南海志》称阔里抹思，《元史》云忽里模子，《异域志》记为虎六母思。《郑和航海图》作忽鲁谟斯岛，在图中绘为一岛③。马欢记载了使团到达那里的所见所闻："自古里国开船投西北，好风行二十五日可到。其国边海倚山，各处番船并旱番客商都到此处赶集买卖，所以国人殷富。"④ 此处"边海倚山"，系指旧港而言，处于亚欧海上重要孔道，也是海上与陆上的国际贸易交汇之地。伊本提及那里是一个商品集散港，印度商品从海上运往陆上腹地伊拉克、波斯和呼罗珊。马欢进一步记述那里海港的繁华景象："国王以银铸钱，名曰底那儿，径官寸六分，面底有文，重官秤四分，通行使用。书记皆是回回字。其市肆诸般铺店，百物皆有，止无酒馆。""此处各番珍宝货物皆有，如红雅姑，青、黄雅姑，剌石，祖把碧，祖母喇，猫睛，金刚钻。大颗珍珠若龙眼，重一钱二、三

---

① 《明本〈瀛涯胜览〉校注》，第61页。
② 《明本〈瀛涯胜览〉校注》，第86页。
③ 向达整理：《郑和航海图》，第62页。
④ 《明本〈瀛涯胜览〉校注》，第86页。

分者。珊瑚树珠并枝梗，大块金珀珠、神珀、蜡珀、黑珀，番名撒白值。各色美玉器皿、水晶器皿。十样锦剪绒花毯，其绒起二、三分，长二丈，阔一丈。各色棱幅、撒哈剌、氆罗、氆纱、各番青红丝嵌手巾之类，皆有卖者。"①

2. 古里至祖法儿国②

祖法儿（Zufar），古国名，在今阿拉伯半岛东南岸阿曼的佐法尔一带。马欢记载："自古里国开船，好风投西北行十昼夜可到。其国边海倚山，无城郭。东南大海，西北重山。国王、国人皆奉回回教门，人物长大，体貌丰伟，语言朴实。"在伊本·白图泰时代，从卡利卡特不分昼夜的航行，到佐法尔需要28天时间，而郑和船队却只需要10个昼夜即可到达，反映了中国船队航海技术的发展。伊本记载那里靠经商为生，没有别的营生，后来的中国使团则在那里进行了大量交易活动："中国宝船到彼，开读赏赐毕，王差头目遍谕国人，皆将其乳香、血竭、芦荟、没药、安息香、苏合油、木鳖子之类，来换易纻丝、磁器等物。"伊本纪录那里使用的货币是用铜锡合铸的硬币，而且只在当地流通使用，别的地方不能使用。对于那里的货币，马欢记载尤为详细："国王以金铸钱，名倘伽。每个重官秤二钱，径一寸五分。一面有文，一面人形之纹。以红铜铸为小钱，约重三厘，径四分，零用此钱。"可见此时祖法儿国货币，早已不是伊本记述的仅在本地流通的钱币，而是国王所铸金钱倘伽和铜钱。倘伽，在《岛夷志略》朋加剌条作唐加。倘伽、唐加皆阿拉伯语、波斯语 tanka 的对音，又称 tanga，译为天罡。本为波斯货币名，指金银小钱币，也即伊斯兰地区金币或银币名。在波斯和讲土耳其语的地方传统发音是 tanga 或 tange，印度次大陆用 tanka，又译坦卡。从货币通行的记述，我们可以清楚地了解到在郑和到达时祖法儿商贸市场已是今非昔比了，成为印度洋上繁盛的国际贸易中心地之一。

3. 古里至阿丹国③

阿丹（Aden），古国名，今译作亚丁，故地在今亚丁湾西北岸一带，

---

① 《明本〈瀛涯胜览〉校注》，第88、91页。
② 《明本〈瀛涯胜览〉校注》，第70页。
③ 《明本〈瀛涯胜览〉校注》，第74页。

扼红海和印度洋出入口。伊本·白图泰称亚丁是也门漫长海岸线上的一大港口，是一个大城市。马欢记载："自古里国开船，投西北兑位，好风行一月可到。其国边海山远，国民富饶。国王、国人皆奉回回教门，说阿剌壁言语。"在那个大港口城市，郑和使团也进行了大量商贸活动："开读毕，王即谕其国人，但有珍宝许令卖易。其时在彼买到重二钱许大块猫睛石，各色雅姑等异宝，大颗珍珠。珊瑚树高二尺者数株，其珊瑚枝珠五匮，金珀、蔷薇露、狮子、麒麟、花福鹿、金钱豹、驼鸡、白鸠之类。"特别值得注意的是："王用赤金铸钱行使，名哺噜嚟，每个重官秤一钱，底面有文。又用红铜铸钱，名曰哺噜斯，零用此钱。"哺噜嚟，是波斯语 fuluri、阿拉伯语 fulurin 的对音，意思是金币，是金钱 aureus 的对称。这种金币本不是阿拉伯、波斯的传统货币，是发行于中世纪意大利佛罗伦萨的 florin。1252 年佛罗伦萨铸造了一种佛罗林金币，重 3.5 克，成色为纯金。这在当时是精确保持重量的金币，因而很快就在地中海贸易中广泛使用，在西欧、北欧广泛流通，成为中世纪时期的全欧金币，是欧洲最重要的通货之一。阿拉伯人、波斯人也称之为菲卢林（Filurin）。哺噜斯，即弗鲁斯 fulūs，是阿拉伯语、波斯语 fulus 的对音，意思是铜钱，Fals 的多数。是中亚广泛使用的铜币，又译为辅鲁，不作为复数。① 货币的使用，使得我们对于位于红海入口处海港亚丁连接了欧洲与亚洲的重要地位有了清晰的认知。

4. 古里至剌撒国②

剌撒，古国名，故地旧说在今索马里西北部的泽拉（Zeila）一带，那里是伊本到达过的地方。后认为在阿拉伯半岛南岸，③ 或以为可能是阿拉伯文 Ra's 的对音，义为岬，即也门沙尔韦恩角。④ 总之，剌撒地位重要，是在红海与东非交界之处。费信《星槎胜览》列于前集，记载："自古里国顺风二十昼夜可至。其国傍海而居，垒石为城，连山旷地，草木不生。"又记那里："地产龙涎香、乳香、千里骆驼。"与之交易，则货用金银、段

---

① 《明本〈瀛涯胜览〉校注》，第 77 页。
② 《星槎胜览校注》，第 37 页。
③ 参见陈佳荣、谢方、陆峻岭《古代南海地名汇释》，中华书局 1986 年版，第 980 页。
④ 许永璋：《剌撒国考略》，《西亚非洲》1989 年第 5 期。

绢、瓷器、米谷、胡椒等。①

5. 古里至天方国②

天方（Mecca），古国名，今沙特阿拉伯的麦加，麦加因伊斯兰教创始人穆罕默德诞生地而著名。我们知道，伊本·白图泰的海上旅行，麦加对于他具有特殊意义，在第一次旅行期间共有4次到麦加朝觐。麦加，今沙特阿拉伯城市，是伊斯兰教的圣地。马欢《瀛涯胜览》记述了明宣德五年（1430）郑和第七次下西洋，马欢等七人从古里出发到"天方国"，也就是麦加，"即默伽国也。自古里国开船，投西南申位，船行三个月到本国马头，番名秩达，有大头目主守。自秩达往西行一月，可到王居之城，名默加国。其回回祖师始于此国阐扬教法，至今国人悉遵教规行事，不敢有违"③。他对于克尔白圣堂、圣陵等都有比较详细的纪录，还记载了明朝人在那里的贸易活动："赍带麝香、磁器等物，附本国船只到彼。往回一年，买到各色奇货异宝、麒麟、狮子、驼鸡等物，并画《天堂图》真本回京。"④

还需要提到的是，古里的地理位置，是郑和最终选择古里作为第一个目的地的重要条件。这就是费信诗所说的"古里连西域，山青景色奇"⑤，明朝人对于从西洋通西域的认识非常明确，是从海上通西域。郑和下西洋具有全面贯通陆海丝绸之路的作用，也由此凸显出来。

郑和亲立的福建长乐《天妃之神灵应记》碑表述：下西洋"抵于西域忽鲁谟斯国，阿丹国、木骨都束国，大小凡三十余国，涉沧溟十万余里"⑥。《天妃之神灵应记》碑，俗称"郑和碑"。明宣德六年（1431），正使太监郑和、王景弘和副使太监李兴、朱良等人第七次出使西洋前夕，在福建长乐等候季风开洋，在重修长乐南山的天妃行宫、三峰塔寺并新建三清宝殿之后，镌嵌《天妃之神灵应记》碑于南山殿中。此碑记述下西洋航线从印度古里延伸到波斯湾的忽鲁谟斯国（Hormuz，在今伊朗），红海的

---

① 《星槎胜览校注》，第38页。
② 《明本〈瀛涯胜览〉校注》，第93页。
③ 《明本〈瀛涯胜览〉校注》，第93页。
④ 《明本〈瀛涯胜览〉校注》，第97页。
⑤ 《星槎胜览校注》，第35页。
⑥ 郑和等《天妃之神灵应记》碑，碑文见萨士武《考证郑和下西洋年岁之又一史料——长乐"天妃之神灵应碑"拓片》，《郑和研究资料选编》，人民交通出版社1985年版，第103—105页。

阿丹国（Aden，今也门亚丁），还有非洲东岸的木骨都束（Magadoxo，今索马里摩加迪沙）等国，都称之为西域。

下西洋从东印度洋延伸到西印度洋，是从第四次航行开始的。东非的航线，是郑和印度洋海上航线的新发展。东非海岸地区，是指今索马里首都摩加迪沙起至莫桑比克索法拉的沿印度洋的海岸地带。著名的印度洋季风，每年11月至第二年4月刮东北风；6月至10月刮西南风。东非海岸成为西亚、北非和东亚间海上交通的重要通道。《天妃之神灵应记》碑中提及的所至东非国家名称有木骨都束国、卜剌哇国。根据费信《星槎胜览》的记载：木骨都束"自小葛兰顺风二十昼夜可至。其国滨海，堆石为城，垒石为屋"①。卜剌哇与木骨都束相连接："自锡兰山别罗里南去，顺风七昼夜可至溜山国，再延伸航行到卜剌哇国，二十一昼夜可至。"② 卜剌哇国即今非洲东岸索马里之布腊瓦（Brawa）。费信还记载了与木骨都束山地连接的竹步国（Jubo），竹步国即今天非洲东岸索马里之朱巴。③

明人茅元仪《武备志》卷二四〇《航海》中收录的《郑和航海图》（全称《自宝船厂开船从龙江关出水直抵外国诸番图》，后简称为《郑和航海图》），是对于郑和下西洋航路的全面记录，以龙江关为起点，自长江出海，从南海到印度洋沿岸、阿拉伯半岛、非洲东岸的广大海域，以40张地图描绘出来。根据向达先生研究，《郑和航海图》所收地名达500多个，其外国地名约300个，认为"十五世纪以前，我们记载亚、非两洲的地理图籍，要以这部航海图的内容为最丰富了"④。《郑和航海图》标明了许多非洲地名，东非海岸从"葛儿得风"（今瓜达富伊角）、"哈甫泥"（今哈丰角）开始，向南延伸到"麻林地"部分，一共有15个地名，实际位置都在印度洋沿岸。这部航海图是15世纪西方航海东来以前的中国与印度洋最为丰富的历史图籍，根据《郑和航海图》，郑和船队沿非洲东岸南行，航线延伸到了今索马里的摩加迪沙、坦桑尼亚的基尔瓦、非洲南部

---

① 《星槎胜览校注·后集》，第21页。
② 《星槎胜览校注·后集》，第24页。
③ 《星槎胜览校注·后集》，第19页。
④ 向达：《郑和航海图·序言》，第5页。

的蒙巴萨、马达加斯加岛、莫桑比克的莫桑比克港和索法拉。①

以上可以说明郑和七下西洋，是全覆盖的印度洋航海活动，马欢《瀛涯胜览》将全部所到之处，哪怕小至山村，都无例外地称之为"国"，彰显了郑和七下印度洋的国家航海外交理念与实践，这是与伊本·白图泰航海旅行迥然不同之处。

在古代，印度洋贸易紧紧地将亚、非、欧连接在一起。郑和七下印度洋，从东到西的印度洋航行，与伊本·白图泰从西到东的印度洋旅行线路相互重叠，包括印度洋上丝绸之路的许多重要节点，是古代海上丝绸之路兴盛的历史见证。

结　　语

摩洛哥的伊本·白图泰在28年中的三次陆海旅行，旅程"长达12万公里"，足迹遍及30多个国家和地区（今天的44个国家）；中国的郑和在28年中七下西洋，从南海航行到印度洋，足迹也遍及30多个国家和地区。二者重合的部分就是覆盖印度洋的海上旅程，成为古代海上丝绸之路的重要记忆。古代历史上中非的航海活动，搭建起海上丝绸之路记忆的平台，推动东西方相互认知达到了历史的新境界，拓展了文明对话发展的新视野，成为中国与非洲的海上丝绸之路故事，流传千古。

众所周知，全球化诞生于海上，二者的记忆拉开了全球化在海上的序幕。今天，我们重温伊本·白图泰和郑和在印度洋上的历史记忆，对于助推21世纪海上丝绸之路建设和构建中非命运共同体具有重要意义。

---

① 参见沈福伟《郑和宝船队的东非航程》，《郑和下西洋论文集》（一），人民交通出版社1985年版，第166—183页；沈福伟《十四至十五世纪中国帆船的非洲航程》，《历史研究》2005年第6期；朱鉴秋、李万权主编《新编郑和航海图集》，人民交通出版社1988年版，第74页。

第五章　明代中国与爪哇：
井里汶的历史记忆*

随着"全球（global）""跨国（transnational）"这些核心词在论著中频繁出现，新一轮史学浪潮已然非常明显。位于烟波浩渺的印度洋和太平洋之间的印度尼西亚，是一个由1.7万多个大小岛屿组成的"万岛之国"，爪哇岛就是这万岛之中排名第四的大岛。本章探讨明代中国与爪哇的历史关系，从单纯关注国家间的相互关系，到关注跨国群体活动及其历史书写，构成重新认识全球化发生与衍化过程的重要资源。选取中外关系史学界鲜少着意的爪哇井里汶为例，探讨地名与港口定位、郑和下西洋与当地关系、苏南·古农·查迪与"中国公主"王珍娘的故事，乃至由此追寻爪哇自东向西从厨闽、锦石、泗水，到三宝垄、井里汶、万丹、雅加达的港口发展演变史的脉络，有助于对早期全球化历史面貌的认知。指出这些变化均在西方人到达前发生，以往过分强调西方大航海影响的观点应该加以修正。

中国与印尼的交往关系历史悠久，源远流长。爪哇位于印度洋和太平洋，以及亚洲大陆和澳洲大陆之间的十字路口，自古以来是东西方交通要道，吸引了中国、印度、阿拉伯、波斯、欧洲、非洲等地商人在这里交汇。早在汉朝，中国已开始了与爪哇的友好往来。《后汉书·顺帝纪》载：永建六年（131）十月"日南徼外叶调国、掸国遣使贡献"。李贤注引《东观记》曰："叶调国王遣使师会诣阙贡献，以师会为汉归义叶调邑君，

---

* 此章初稿递交2018年印尼井里汶召开的印尼9城市郑和足迹国际研讨会，经重新修改完成。在此衷心感谢井里汶Permadi先生、国际郑和学会会长陈达生先生，并对陈达生先生惠赐《三宝垄及井里汶编年史》中译稿致以谢忱。

赐其君紫绶，及掸国王雍由亦赐金印紫绶。"① 根据法国学者伯希和考证，叶调即爪哇。②

从全球史的视野考察，两国进入全面交流的高潮，是在15世纪初郑和七下西洋时期，通过国家行为的大规模航海外交，与印尼爪哇当地人以及中国移民发生了频繁的互动关系，对促进不同文明之间的经济、社会和文化交流都发挥了重要作用，并对16世纪以后的历史产生了持续而广泛的影响。

第一节 郑和下西洋与爪哇

明朝建国之初，洪武二年（1369）二月，派遣颜宗载出使爪哇，赐爪哇国王玺书，③ 开始了两国交往。15世纪初，郑和七下西洋，经历28年之久，"天书到处多欢声，蛮魁酋长争相迎"④，成为海上丝绸之路的鼎盛时期。七下西洋，中国使团每次必经爪哇，中国与爪哇之间的航线，当时是一条从占城新州港（今越南中南部归仁港Qui Nhom）出发，直航爪哇的航线。

根据跟随郑和下西洋的通事马欢《瀛涯胜览》记载："自福建福州府长乐县五虎门开船，往西南行，好风十日可到"占城国。⑤ 费信《星槎胜览》云："自占城起程，顺风二十昼夜可至其国。"⑥ 可见在占城国东北的新州港出发，可直接驶向爪哇，爪哇是郑和下西洋的第二站，从占城到爪哇顺风二十日航程。在明初人的观念里，无论是马欢"阇婆又往西洋去"，还是费信"乃为东洋诸番之冲要"，都说明爪哇是属于东洋的。⑦

---

① 《后汉书》卷六《孝顺孝冲孝质帝纪》，中华书局1965年版，第258页。
② ［法］伯希和：《叶调斯调私诃条黎轩大秦》，冯承钧译编：《西域南海史地考证译丛九编》，中华书局1958年版，第120页；［法］伯希和撰，冯承钧译：《交广印度两道考》，中华书局1955年版，第87—88页。
③ 《明太祖实录》卷三九，洪武二年二月辛未，第786页。
④ 《明本〈瀛涯胜览〉校注》，第3页。郑和到爪哇也曾发生过误会，但最终化干戈为玉帛。
⑤ 《明本〈瀛涯胜览〉校注》，第7页。
⑥ 《星槎胜览校注》，第13页。
⑦ 《明本〈瀛涯胜览〉校注》，第3页；《星槎胜览校注》，第13页。

郑和下西洋没有航海日志保存下来，跟随下西洋的亲历者著述成为弥足珍贵的第一手资料，即马欢《瀛涯胜览》、费信《星槎胜览》、巩珍《西洋番国志》三书。由于马欢是通事，他的《瀛涯胜览》是三书中最为翔实的一部，其中《爪哇国》留下了当时爪哇历史与社会最为全面的纪录，下面是其中的主要记载：

> 爪哇国，古者名阇婆国也。其国有四处，皆无城郭。其他国船来，先至一处名杜板，次至一处名新村，又至一处苏鲁马益，再至一处名曰满者伯夷，国王居之。其王之所居，以砖为墙，高三丈余，周围二百余步。其内设重门，甚整洁。房屋如楼起造，高每三四丈即布以板，铺细藤簟或花草席，人于其上蟠膝而坐。①
>
> 于杜板投东行半日许，至新村，番名曰革儿昔。原系沙滩之地，盖因中国之人来此创居，遂名新村。至今村主广东人也，约有千余家。其各处番船多到此处买卖。其金子诸般宝石，一应番货多有卖者，民甚殷富。自二村投南，船行半日许，则到苏鲁马益港口。其港口流出淡水，沙浅，大船难进，止用小船。行二十余里到苏鲁马益，番名苏儿把牙，亦有村主掌管，番人千余家。其间亦有中国人……自苏儿把牙，小船行七八十里到埠头名漳沽。登岸往西南行一日半，到满者伯夷，即王居之处也。其处有番人二三百家，头目七八人辅助其王。②

费信《星槎胜览》将爪哇国置于《前集》，中外学界一般认为《前集》是他"亲览目识之国"。③ 其中记载："古名阇婆，自占城启程，顺风二十昼夜可至其国。地广人稠，实甲兵器械，乃为东洋诸番之冲要。"提到"港口以入去马头曰新村，居民环接。编茭草叶覆屋，铺店连行为市，买卖聚集"，又记载"苏鲁马益，亦一村地名也。为市聚货商舶米粮港

---

① 《明本〈瀛涯胜览〉校注》，第14—15页。
② 《明本〈瀛涯胜览〉校注》，第17—18页。
③ ［法］伯希和撰，冯承钧译：《郑和下西洋考》，第59页。

口"。对于杜板,则仅记"杜板一村,亦地名也"①。

巩珍《西洋番国志》记载内容与马欢书无异,也是 20 国,可视为马欢书别本。文字简洁,也记爪哇四处曰:"爪哇古名阇婆国也。其国有四处,一曰杜板,一曰新村,一曰苏鲁马益,一曰满者伯夷。"②

综上所述,当时郑和下西洋主要是在爪哇岛东部活动,到达了爪哇岛东部四个地方:

1. 杜板,爪哇语 Tuban,又名赌班。即《诸番志》中的打板,《岛夷志略》中的杜瓶,今厨闽,在今印度尼西亚东爪哇锦石西北。杜板是当时爪哇岛上主要海港。明代后期张燮《东西洋考》中称"吉力石港,史所谓通蒲奔大海者也"③。

2. 新村,爪哇语革儿昔,即今爪哇岛的格雷西(Gresik),又称锦石,是满者伯夷王朝爪哇北岸一个重要商港。后文记载原系沙滩之地,因中国人到此创居,遂名新村,村主是中国人。马欢记载爪哇的港口新村是华人所创建,居民主要是广东和福建人,他们把新村建成爪哇的一个商业中心和国际贸易港口。新村创建之初,人口仅千余家,经过开拓,到 1523 年发展成为拥有 3 万穆斯林人口的繁华港口。④

3. 苏鲁马益(Surabaya)又名苏儿把牙,即今印度尼西亚东爪哇北岸布兰塔斯河(Brantas River)入海处的苏腊巴亚,今称为泗水。

4. 满者伯夷(Madjapahit)是爪哇语 Madjapahit;马来语 Majapahit 的对音。即《岛夷志略》中的门遮把逸,《元史》中的麻喏八歇、麻喏巴歇。明代史籍称满者伯夷,指 13 世纪末—15 世纪末印度尼西亚爪哇岛东部一个强大王国,在今泗水西南,以布兰塔斯河(Brantas River)附近都城名为国名,满者伯夷即其译音。在爪哇语中意思为"苦马贾果",即木苹果。1293 年建国,1478 年为东爪哇淡目所灭。或称 1293 年至 1500 年,满者伯夷王国曾统治马来半岛南部、婆罗洲、苏门答腊和巴厘岛。

马欢《瀛涯胜览》反映了 15 世纪初中国前往爪哇的交通航线以往爪

---

① 《星槎胜览校注》,第 13—15 页。
② 向达校注:《西洋番国志》,第 4—5 页。
③ (明)张燮:《东西洋考》卷九《舟师考》,中华书局 1981 年版,第 180 页。
④ B. Schrieke, *Indonesian Sociological Studies*, Part I, The Hague, 1955, p. 25.

哇岛东部为主，郑和使团人员目睹了中国侨民在爪哇的厨闽、锦石、泗水定居的历史事实。爪哇岛东部港口活跃，与当时满者伯夷王国建都于此有所关联，也与中国侨民在爪哇的活动地区集中在东爪哇有着密不可分的关联。马欢提到杜板（今厨闽）、新村（今锦石）、苏鲁马益（今泗水）等港口城市，都有中国人居住。特别是在新村，当时已形成了华人聚落，以广东人、漳州人、泉州人为主体，很多华人已信奉伊斯兰教，说明当时在印尼的华人已初具规模，对当地的港口以及爪哇的政治经济发展做出了贡献。

进一步分析，根据《明实录》记载，爪哇派往中国"朝贡"的使者中，出现很多华人，表明在郑和下西洋前后，中国明朝与爪哇的官方外交中，爪哇华人充当了重要角色。现简列如下（同名者只列一次）：

永乐二年（1404）九月，"爪哇国西王都马板遣使阿烈于都万奉表贡方物，谢赐印币"①；

永乐三年（1405）十二月，"爪哇国西王都马板遣使阿烈安达加、李奇等来朝贡方物"②；

洪熙元年（1425）四月，"爪哇国王杨惟西沙遣头目亚烈黄扶信贡方物"③；

闰七月，"爪哇国旧港宣慰司遣正副使亚烈张佛那马等奉表贡金、银、香、象牙等方物"④；

宣德元年（1426）十一月，"爪哇国王杨惟西沙遣使臣亚烈郭信等来朝贡方物"⑤；

宣德三年（1428）正月，"爪哇国王杨惟西沙遣通事亚烈张显文等来朝贡方物"⑥；

宣德四年（1429）八月，"爪哇国王杨惟西沙遣使臣亚烈龚以善

---

① 《明太宗实录》卷三四，永乐二年九月己酉，第600页。
② 《明太宗实录》卷四九，永乐三年十二月癸酉，第739页。
③ 《明仁宗实录》卷九，洪熙元年四月壬寅，第278页。
④ 《明宣宗实录》卷五，洪熙元年闰七月丙午，第138页。
⑤ 《明宣宗实录》卷二二，宣德元年十一月壬寅，第597页。
⑥ 《明宣宗实录》卷三五，宣德三年正月甲辰，第884页。

等……贡马及方物"①；十一月，"爪哇国王杨惟西沙遣使臣亚烈龚用才等贡方物"②；

正统元年（1436）七月，"爪哇国王杨惟西沙遣使臣亚烈高乃生等俱来朝，贡马及方物"③；

正统二年（1437）七月，"爪哇国遣使臣亚烈张文显……来朝"④；

正统三年（1438）六月，"爪哇国使臣马用良、通事良殷、南文旦奏：'臣等本皆福建漳州府龙溪县人'"⑤；

正统八年（1443）七月，"爪哇国遣使臣李添福等贡方物"⑥；

景泰三年（1452）五月，"爪哇国王剌武遣陪臣亚烈参尚耿等来朝贡方物"⑦；

景泰五年（1454）五月，"爪哇国王剌武遣臣曾端养、亚烈龚麻等来朝，贡马方物"⑧；

天顺四年（1460）八月，"爪哇国王都马班遣陪臣亚烈郭信等奉表来朝贡方物"⑨；

成化元年（1465）九月，"爪哇国遣使臣亚烈梁文宣等贡马、物"⑩。

如同很多中古时期东南亚王国的研究一样，还原爪哇历史，需要依赖中国文献，也需要结合文献资料与文物资料。爪哇与中国的商贸往来一直繁盛，郑和下西洋，当时中国的铜钱作为爪哇流通货币使用，与郑和下西洋带去大量宋明铜钱也是分不开的。考察文献，《瀛涯胜览》中的爪哇最重中国青花瓷的记载格外重要："国人最喜中国青花瓷器，并麝香、花绢、纻丝、烧珠之类，则用铜钱买易。"⑪ 可见 15 世纪早期的爪哇大量进口中国青花瓷。这一事实可以从考古发掘得到证实。日本学者龟井认为明洪武

---

① 《明宣宗实录》卷五七，宣德四年八月辛巳，第 1351 页。
② 《明宣宗实录》卷五九，宣德四年十一月甲辰，第 1409—1410 页。
③ 《明英宗实录》卷二〇，正统元年七月辛酉，第 398 页。
④ 《明英宗实录》卷三二，正统二年七月癸巳，第 627 页。
⑤ 《明英宗实录》卷四三，正统三年六月戊午，第 831 页。
⑥ 《明英宗实录》卷一〇六，正统八年七月戊戌，第 2156 页。
⑦ 《明英宗实录》卷二一六，景泰三年五月癸巳，第 4641 页。
⑧ 《明英宗实录》卷二四四，景泰五年八月壬辰，第 5304 页。
⑨ 《明英宗实录》卷三一八，天顺四年八月辛亥，第 6627 页。
⑩ 《明宪宗实录》卷二一，成化元年九月丙辰，第 415 页。
⑪ 《明本〈瀛涯胜览〉校注》，第 25 页。

永乐时期是青花瓷出口的全盛期。从官方层面讲，中国派遣郑和七下西洋，满者伯夷与中国朝贡关系频繁；从民间层面讲，中国与满者伯夷两国的商贸兴盛，铜钱在满者伯夷成为流通货币，闽广华人到爪哇定居，形成华人聚落，都促成了贸易的繁盛发展。在满者伯夷的德罗乌兰遗址，考古发现大量中国陶瓷，对于研究满者伯夷与中国的关系是重要文物资料，是两国之间繁荣的贸易交流的历史见证。①

综上所述，无论是郑和下西洋亲历者的记述，还是明朝官方《实录》的记载，都没有关于井里汶的纪录。

第二节 明代文献与爪哇文献中的井里汶

印尼爪哇是海上丝绸之路必经之地，今天井里汶是位于西爪哇北部的港口，濒爪哇海。井里汶海域打捞的唐宋时期沉船，已说明这一带海域在历史上早已是中国与印尼海上联系的重要通道，在井里汶北部爪哇海域所发现的沉船，打捞出水的船货不但数量多，种类也多。② 沉船中打捞的中国瓷器，见证了昔日海上丝绸之路的辉煌。新加坡学者认为："直到最近，考古学家和古代史学家仍倾向于认为，早期东南亚港口的生存主要归功于来自中国、印度以及近东等外来因素的刺激，以及外销的需求。这个模式低估了区域内贸易的重要性。"③ 他提出了"区域内贸易"，即爪哇本土贸易发展的问题。

然而，以往中外关系史学界无论是着眼于爪哇宗教传播，还是郑和下

---

① 辛光灿：《浅谈满者伯夷与德罗乌兰遗址发现的中国陶瓷》，《考古与文物》2016 年第 12 期。

② 秦大树《拾遗南海 补阙中土——从井里汶沉船出水瓷器看越窑兴衰》（《东方收藏》2012 年第 2 期）介绍 2003 年 2 月，距印尼爪哇岛中部约 100 海里外的井里汶岛海域发现一艘沉船，船沉没至海底深达 56 米，打捞工作始于 2004 年 7—8 月间，至 2005 年 10 月底才告完工。沉船里共发现几十万件越窑青瓷碗、盘、注壶等，白釉瓷器有 2500 余件，其中包括碗、碟、花瓶、枕、海螺形白瓷法器等等不同造型的器物。这是一条沉没于北宋早期的井里汶沉船。沉船中的船货充分体现了两浙地区 10 世纪后半叶以越窑瓷器为龙头的瓷器贸易盛况。请注意沉船地点"距印尼爪哇岛中部约 100 海里外的井里汶岛海域"。

③ ［新加坡］约翰·N. 米希：《井里汶沉船的精致陶器——始发地、目的地和意义》，《故宫博物院院刊》2007 年第 6 期。

西洋影响,都较少论及井里汶,更遑论专门研究。15世纪初郑和下西洋主要到达了爪哇岛东部,在马欢等人记述的几个地名中,并没有井里汶,因此在这里我们来到了一个问题点,即郑和船队是否到达过井里汶?换言之,井里汶地名于何时彰显?下面让我们从郑和下西洋后中国和爪哇本地文献结合考察。

一 明代文献中的井里汶地名考

地名是人们对具有特定方位和地域范围的地理实体赋予的专有名称。地名语言与人们的思维习惯不可分解地交织在一起,首要问题是"在哪里"?在对地理位置进行描述时,人们往往从绝对位置(经、纬度)、相对位置(海陆位置、相邻位置、交通战略位置)等方面入手,其中大量使用具有指位性的地名作为参照物,以此说明该地地理事物的相对位置,同时也指明他们的相互联系,呈现出该地的特征。在地名形成中,有着复杂的演变,是地名,也是山名的情况多见。一地多名,往往造成名称的混乱;名称上外语与汉语对音,也很容易造成位置的混乱。井里汶地名就呈现出这种复杂的特征。

载于茅元仪辑录《武备志》卷二百四十的《自宝船厂开船从龙江关出水直抵外国诸番图》,即学界一般认定的《郑和航海图》,其中见有"吉利门"之地名,记云:"吉利门五更船,用乙辰及丹辰针取长腰屿,出龙牙门。龙牙门用甲卯针十更船平满剌加。"① 向达先生认为"吉利门"在满剌加港南,即(Kerimun Islands)②;观《航海图》中的吉利门位置,是在靠近今马六甲海峡之处。

又,《郑和航海图》的交栏山至爪哇航路,经过"吉利闷"。③ 吉利闷是哪里?向达先生认为即爪哇三宝垄(Samarang)海上之卡里摩爪哇群岛(Karimon Djava)。④ 观《航海图》中的吉利闷位置,是在爪哇岛北部对面海上,指卡里摩爪哇群岛应是无误。因此《航海图》中的"吉利门"与

---

① 《郑和航海图》,第49—50页。
② 《郑和航海图》,第16页。
③ 《郑和航海图》,第46页。
④ 《郑和航海图》,第16页。

"吉利闷"不是同一地之名。

查《古代南海地名汇释》吉利门条,其中有两种解释:第一种是"又作吉里问山、吉里闷山、吉里门、吉里汶……指印度尼西亚苏门答腊岛东岸外的卡里摩(Karimun)群岛";第二种是"又作吉利闷、吉里门山、吉里闷山、吉里问山、吉里问大山、吉里问、吉里闷、吉里文、吉里门、吉理门、蒋哩闷……指印度尼西亚爪哇岛北面的卡里摩爪哇(Karimunjawa)群岛"①。由此,我们可以了解到这一地名的复杂情况,不仅存在多种异称,而且还有名称相同、地理位置却并不相同的情况:即一在苏门答腊岛外,一在爪哇岛外。

藏于英国牛津大学鲍德林图书馆的明代《顺风相送》一书,主要记载了郑和下西洋以后至16世纪中国南海到印度洋的航线针路。②《顺风相送》形成非经一人之手,故其中地名多异,颇难分辨。查向达校注本,见有与井里汶相关的地名:吉里门(闷)6处、吉里问山7处、吧哪大山4处,遮里问3处。③ 其中最值得关注的,是出现了地名"遮里问"。《古代南海地名汇释》释为:"又作遮里问大山、井里问、井里汶、井裏汶、砥利文……即今印度尼西亚爪哇岛北岸的井里汶(Cheribon)。"④ 井里汶,亦作Tjirebon。从同音异字出发,在这里笔者提出一种推测,爪哇岛外的吉里问又称吉里闷的,即井里汶的对音,井里汶名称由来与此相关。

下面胪列《顺风相送》中相关的几条航线地名之例,以便分析。

1. 《万丹往池汶精妙针路》,是从爪哇西部万丹(Bantam)到池汶(又名迟闷,吉里地闷,即今帝汶Timor)的针路:"万丹出屿外,用乙卯、单卯、甲卯,沿茭绿巴、茭荖园头、遮里问、巴哪大山及胡椒山,对开是吉里问山,西边有屿四五个。"⑤ 针路中遮里问即今井里汶,在爪哇岛上,对开是吉里问山。万历年间张燮《东西洋考·舟师考》中云:"吉里问大

---

① 陈佳荣、谢方、陆峻岭:《古代南海地名汇释》,中华书局1986年版,第323页。
② 此书向达先生最早发现从英国抄录回国,出版校注本《两种海道针经》(中华书局1961年版);现有刘义杰先生《〈顺风相送〉研究》(大连海事大学出版社2017年版)新著相赠,在此特致谢忱。
③ 向达校注:《两种海道针经·顺风相送》,第38、44、45、56、58、62、66、67、68、69、70、71、85、86页。
④ 《古代南海地名汇释》,第835页。
⑤ 《〈顺风相送〉研究》,第248页。

山西面坤身，拖尾甚长，有老古浅，离山宜防。用辰巽，四更，取保老岸山"；"保老岸山山与吉里问相对，俗讹称吧哪大山，《一统志》所谓番舶未到，先见此山。顶耸五峰，云复其上者也。用巽巳，四更，取椒山"；"又从保老岸山用乙辰针，五更取吉力石港"。据载，巴哪大山即保老岸山，在爪哇岛上，与吉里问大山相对，有针路通吉力石（即锦石）。

2. 《浯屿往杜蛮、饶潼》的针路，是从福建出发前往杜蛮（又名杜板、猪蛮、今厨闽），饶潼（又名饶洞），相关部分如下："正路，用丙午，三十更，取吉里问山。单午及丙午，五更，取胡椒山。丁巳及丙巳，十更，取猪蛮。饶潼地与猪蛮相连。吧哪即吉里问山，对笼。取吉里问山，吧哪即吉里问山，对笼。"①

这里的文字"吧哪即吉里问山"，单看很容易让人产生误解，二者位置似不是面对面，而是合而为一了；但实际意义还在后面的"对笼"上，仍然是相对合一之义。②

3. 《顺塔往淡目》航线，是从顺塔起航经遮里问到今爪哇岛东部淡目的一段针路，这段针路如下："港口开船，用乙卯三更，取茭禄巴山。用乙辰三更，又辰巽，沿山使巡崑峯，使四更，用乙辰三更，平昆峯尾。用乙辰及丁午，沿使四更，取遮里问。前面有出烟大山名特结。用辰巽三更；乙辰三更，取五角屿。用卯三更，见崑峯，淡目港口，打水十托，正路，防浅。"③ 这段航程的回针是："淡目开船，用辛酉，三更，取五角屿。辛戌，三更、乾戌，沿昆峯使六更见出烟大山。遮里问大山对开，一更，有三角屿一个可防。若船在遮里问港内，开船用子癸。离屿用辛戌，四更，平崑峯尾，用辛戌，三更；乾戌，四更；又辛戌，四更，取茭禄巴大山。单西及辛酉，近陇，屿浅，三更，取顺塔崑峯。开，屿南边有浅沙坛，防之，使一更收入，妙。"④

上述航线中有几个地名需要解释。顺塔也就是万丹，又名下港，是在今印度尼西亚爪哇岛最西部的古国，隔巽他海峡与苏门答腊岛相望，16世

---

① 《〈顺风相送〉研究》，第215页。
② 此处刘义杰先生解释为："吧哪即吉里问山，可作吉里闷、吉里问的补充。"
③ 《〈顺风相送〉研究》，第250页。
④ 《〈顺风相送〉研究》，第251页。

纪以后国势强盛。张燮《东西洋考》记载:"下港即古阇婆,在南海中者也,亦名社婆,至元始称爪哇。今下港正彼国一巨镇耳,舶人亦名顺塔,再进入为咖嚼吧。"① 淡目是位于爪哇岛东北部的古国(1478—1586),创建者拉登·巴达(Raden Patah,? —1518),他趁满者伯夷国瓦解之机,建立起印尼第一个伊斯兰教王国。淡目港口,在今爪哇三宝垄东面;茭禄巴大山,在咬嚼吧港,即今雅加达;遮里问即井里汶;五角屿,即今爪哇三宝垄湾;这段回针值得注意,"遮里问大山对开",云在井里汶有大山对开;值得注意的是"若船在遮里问港内",则说明井里汶是爪哇岛上的一个港口,并不是海外的岛屿。

在对这段针路进行叙述时,刘义杰先生直接以"吉里问"代称了"遮里问"。②

4. 《万丹往马神》的针路:"……取遮里问,见出烟大山。用乙卯、单卯十更,取吧哪大山,开是吉里问山,放洋,用艮寅三十更,取三密港口。"马神又称文郎马神,即今加里曼丹岛南部的 Bandjarmasin。三密港即今塞木达(Semuda)。从万丹起航,沿爪哇岛西北岸向东航行到井里汶,取吧哪大山,对面是吉里问山,然后"放洋",驶向爪哇海对岸的三密港。回针简单:"港口开船,用单坤,三十更,取吉里问,沿山使至万丹入港。"③ "取遮里问","取吧哪大山","开是吉里问山",这里是以爪哇海两岸之山作为标志进行航行,遮里问与吉里问明显不是一处。

5. 新村到满喇咖针路,名为《新村、爪蛙至满喇咖山形水势之图》。航线从新村即东爪哇锦石(格雷西,Gresik,又有吉力石之称)出发,经杜板即厨闽(图班,Tuban)、吉里闷,到旧港再到马六甲的五屿。④ 这里清楚地呈现了从爪哇岛东部航往爪哇岛西部,经吉里闷,到苏门答腊岛旧港再到马六甲五屿的航线:从爪哇岛东部新村出发,经杜板,向西经吉里闷到苏门答腊岛旧港,这里的吉里闷应是井里汶的位置。

综合以上明代文献所见,我们可以得到以下认识:

---

① 《东西洋考》卷九《舟师考》,第179页。
② 《〈顺风相送〉研究》,第250页。
③ 《〈顺风相送〉研究》,第251页。
④ 《〈顺风相送〉研究》,第291—292页。

第二篇 海上篇 >>>

井里汶的拼法有两种：一种是 Cirebon，还有一种是 Tjirebon。明代中文译名"遮里问"，出现在郑和下西洋以后至 16 世纪的航线上，证明井里汶是郑和下西洋以后兴起的爪哇西部海港。

吉里问山，或吉里闷山，本在爪哇海卡里摩爪哇群岛上，在爪哇北部三宝垄、井里汶的对面；井里汶与吉里问（吉里闷）之名有着千丝万缕的联系，一是根据名称对音基本相同的特征；黄盛璋先生曾提出此问题："吉里问一般以为爪哇岛北之卡里摩爪哇群岛（Kairmun Java），然就对音论亦和井里汶亦称井里问相合。"① 笔者则进一步认为井里汶名称来自吉里问，还可根据二者的空间位置：共同拥有爪哇海海域。据《郑和航海图》所绘地貌特征，可以判断在郑和下西洋时，吉里闷是卡里摩爪哇岛，是在海上的岛屿，发展到后来的遮里问，即今天的井里汶，则是爪哇岛陆地上的一个港口城市。伴随港口城市的发展，地名的内涵有一个扩展过程。井里汶港口城市兴起后在空间上既包括陆地，也包括海洋，即成为指代爪哇岛与卡里摩爪哇岛之间广袤海域的名称。

进一步分析，在郑和下西洋之时，由于贸易发展，东爪哇北部沿海城市日益繁荣，其中最主要的城市是厨闽、锦石、泗水等，中国侨民对当地发展做出了重要贡献。郑和下西洋时船队到过的地方，马欢等人没有提及井里汶，可见当时井里汶尚人烟稀少，还未发展成为一个重要港口城市。但航路所经，郑和下西洋经过爪哇岛与卡里摩爪哇岛之间的海域，也有可能在爪哇岛井里汶登陆。正如印尼三宝垄，虽然明代中国史籍从未提到郑和航行曾到过三宝垄，而印尼华人林天佑据马来文《三宝垄历史》多次谈及郑和对三宝垄的访问，以及当地的三宝洞、三宝公庙、王景弘墓等与郑和及随从有关庙宇、历史遗迹和当地马来人与华人及土著祭祀郑和的宗教仪式与活动。② 三宝垄、井里汶作为爪哇港口城市的兴起，其名得以彰显，正是在郑和下西洋以后；井里汶兴起，是爪哇岛西部航线得到发展，爪哇中西部各港口逐渐兴起的一个缩影。

综上所述，明后期文献说明，井里汶是在郑和下西洋以后发展起来的

---

① 黄盛璋：《明代后期船引之东南亚贸易港及其相关的中国商船、商侨诸研究》，《中国历史地理论丛》1993 年第 3 期。
② ［印尼］林天佑著，李学民等译：《三宝垄历史》，暨南大学华侨研究所 1984 年编印。

港口城市，在郑和七次下西洋直接或间接的推动作用下，爪哇岛中西部的城市逐渐兴旺发展起来。下面爪哇本土历史文献证明了这一点。

二 爪哇本地文献中的井里汶

在郑和下西洋前后，华人在爪哇社会发展中做出重要贡献，虽然以往中外研究主要集中在宗教传播上，但是我们注意到爪哇本地文献也正反映了郑和下西洋在爪哇井里汶的活动及其作用与影响。

爪哇本地华人著述的记载，有《三宝垄编年史》和《井里汶编年史》两种。根据陈达生先生《三宝垄及井里汶编年史》中译及其研究，我们了解到现在所看到的《编年史》其实只是《端古劳》（*Tuanku Rao*）书中的一篇附录。《端古劳》的作者是苔达（Batak）人，名叫巴令弄岸（parlindungan），据他说他是从荷兰老师波曼（Pootman）那儿得来的资料。1928年，波曼接受政府命令去调查人们所说的成立印尼第一个回教王国淡目的拉登·巴达（Radem Patah），是一位华人。波曼搜查三宝垄的三宝公庙，及井里汶的达朗庙（Klenteng Talang），结果发现，庙里存有大量有关三宝太监与其后华人在回教传播上的各种资料。这些资料于是由波曼写成一份秘密报告，呈给荷兰殖民政府，当时只印了五份，注明"高度机密文件"，不许普通人阅读这份文件。这份文件今已遗失。巴令弄岸与波曼是师生关系，所以有幸一睹密件。① 钱江先生介绍："荷兰学者德·格拉夫与皮高德经过仔细审读、分析两部马来文《纪年》后，也同意《纪年》的原始文献应该是中文，出自15—16世纪在当地侨居的早期华人商贾或船员之手，因为文献中对明朝永乐年间中国朝廷的海外远航活动之记载相当准确，与中国官方的正史记载一致。"② 其实，《编年史》创作的年代，被认为很可能是18世纪完成的作品。因为所讲述有关郑和的各细节，都把郑和神明化了，称他为"公"。特别应该注意的一个事实是，当时各地所谓郑和所

---

① 在此根据的《三宝垄及井里汶马来编年史》，见［新加坡］陈达生《郑和、东南亚的回教与三宝垄及井里汶马来编年史》所附《三宝垄及井里汶马来编年史》中译文，见［新加坡］廖建裕编《郑和与东南亚》，新加坡国际郑和学会2005年版，第52—84页。感谢陈先生惠赐。下面征引其文与《编年史》中译文，均简注此书页码。

② 钱江：《从马来文〈三宝垄纪年〉与〈井里汶纪年〉看郑和下西洋与印尼华人穆斯林社会》，《华侨华人历史研究》2005年第3期。

创立的回教堂,后已改为三宝公庙,因此仅从宗教传播的视角来看历史发展轨迹,显然是偏颇的。郑和及各随从等人全部被称为哈夷(Haji)也是一例。陈达生先生认为其中涵盖了15、16世纪的事迹:"正如爪哇其他历史传记一样,编年史最早应该是在民间流传的郑和事迹,但由于在民间十分盛行这一故事,所以到了18世纪时,便有人陆陆续续地记录下来,它不是一个人的记录,可能是许多人及在不同年代所记录下来的传说。从编年史中用了大量的单音字,足以证明它最早的版本可能是以中文书写的。"① 笔者认为这一论断是有说服力的。

三宝垄与井里汶都是在郑和下西洋以后发展起来的港口城市。《三宝垄编年史》主要记载1403年至1546年三宝垄华人社会的历史,《井里汶编年史》主要记载1415至1585年井里汶华人社会的历史。两种《编年史》集中在宗教传播事迹,因此研究者大多利用来关注宗教传播与郑和下西洋对宗教传播的影响,涉及其他不多。② 1413年,是郑和第四次下西洋,《编年史》记载:是年"明朝舰队在三宝垄停泊了一个月,以修整他们的船队。郑和及其他随员如马欢、费信等,经常到三宝垄华人回教堂祈祷"。据说三宝垄的三保庙是当年"三保太监及其侍从所建的回教堂"。③ 并记述了"1431年(应是1433年)郑和逝世,三宝垄的华人社区为他举行丧祷仪式"④。其实《编年史》内容丰富,是爪哇岛社会生活与发展情况弥足珍贵的资料。其中记载在1411年至1416年期间,"在爪哇岛今雅加达(Djakarta)附近的安作儿(Antjol)、井里汶(Tjirebon)、拉森(Lasem)、杜板(Tuban)、锦石(Gresik)、焦东(Djiaotung)、莫若哥多

---

① 《郑和与东南亚》,第59页。
② 主要研究有 Slametmuljana, *A Story of Majapahit*, Singapore: Singapore University Press, 1976; H. J. de Graaf & Th. G. Th. Pigeaud, *Chinese Muslims in Java in the 15th and 16th Centuries: The Malay Annals of Sěmarang and Cěrbon*, Monash University, Monash Papers on Southeast Asia, No. 12, 1984;[新加坡]李炯才:《印尼——神话与现实》,新加坡教育出版社1979年版;许友年:《郑和在爪哇等地传播伊斯兰教初探》,《思想战线》1983年第6期;[新加坡]陈达生:《郑和、东南亚的回教与三宝垄及井里汶马来编年史》,[新加坡]廖建裕《郑和与东南亚》,新加坡国际郑和学会2005年版;钱江:《从马来文〈三宝垄纪年〉与〈井里汶纪年〉看郑和下西洋与印尼华人穆斯林社会》,《华侨华人历史研究》2005年第3期;廖大珂:《从〈三宝垄华人编年史〉看伊斯兰教在印尼的早期传播》,《世界宗教研究》2007年第1期。
③ [新加坡]李炯才:《印尼——神话与现实》,第85页。
④ 《郑和与东南亚》,第64页。

（Modjokerto）等各地也都成立了同样的社区"①。显然，这正是移民与港口城市发展的真实轨迹。

《编年史》的井里汶部分记述1415年，井里汶（Tjeribon）第一个华人社区在柚木山（Gunung Djati）成立。"孔夫子的后代孔武斌（Kung Wu Ping）在柚木山上设立灯塔。他又在附近的森梦、沙令地和达郎，相继建立了华人回民村。各地都拥有自己的清真寺。沙令地被令提供柚木（Teak），作为装修木船之用；达朗被分派去管理及维修船坞海港；森梦村则专管灯塔。以上三个华人回民村庄都要负责提供明朝舰队的各种军需食品等。当时，井里汶人烟稀少，但是土地非常肥沃。因为它地处逝内迈（Tjeremai）火山脚下。"② 这里明确记述了郑和下西洋时到达井里汶的情形，当地华人密切配合，并协助提供各种军需给养。同时记录了当时的井里汶人烟稀少，处于发展的初期阶段。结合《剑桥东南亚史》记载东南亚三个造船中心之一，是在爪哇沿岸北部的南望和井里汶周围地区，特征就是那里有柚木林。③ 或可作为上文的佐证。

根据《编年史》，井里汶王国的兴起，与淡目王国，与万丹王国的关系紧密联系，这一点至关重要，却一直鲜见揭示，值得特别关注。满者伯夷王国衰败后，淡目王国建立并盛极一时，曾派人来到井里汶，《编年史》记载了当时井里汶人们的活动细节："淡目的回教海军及陆军来到达朗码头，随军中有一名叫金山的土生华人回民。他通晓华语。淡目的总司令沙立夫·喜拉益·华地希拉（Sjarit Hidajat Fatahillah）和达朗来的金山，一起到沙令地会见正在修行的陈英发（Tan Eng Huat）教长。淡目的回教军队和哈芝陈英发一齐，和平地进入了森梦。淡目的回教军总司令以淡目王的名义，册封森梦教长陈英发为穆拉那·富地里·韩那非（Mulana Fudili Hanfi）。淡目的舰队向西进，金山在哈芝陈英发处做客一个月。"④ 接着记述的是井里汶苏丹王朝的建立："1552年，25年后，淡目总司令独自又到森梦来，并没有军队随行。哈芝陈英发非常惊奇。淡目的总司令说他已是

---

① 《郑和与东南亚》，第62—63页。
② 《郑和与东南亚》，第76—77页。
③ 《剑桥东南亚史》，第308页。
④ 《郑和与东南亚》，第77页。

万登［注：应是万丹］回教王了……这位前淡目的总司令还说，他将于沙令地苦修终生。"陈英发来自福建，当时他说在森梦的华人已经有4代和云南的回教徒断绝了来往，而来自福建非回教徒华人在井里汶大事发展。重要的是，《编年史》特别记载了："他要求淡目的前总司令在森梦建立一个华人回民苏丹王国，来领导森梦的华人回民"，结果是"虽然他已年迈，前任淡目总司令还是同意了。"① 于是，"在1522到1570年，在森梦华人回民的支持下，这位前总司令成立了井里汶王国，都于今日的加色波汗王宫（Kasepuhan）。森梦被放弃了后，沦为回教坟场。森梦的居民们，用回教的名字。全部迁到井里汶定居。井里汶的第一个苏丹当然是前淡目总司令莫属"②。

关键就在这里，《编年史》记述中的这位"前淡目总司令沙立夫·喜拉益·华地希拉（Sjarit Hidajat Fatahillah，又译法拉希拉）"，据查考就是著名的印尼九大贤人之一苏南·古农·查迪（Sunan gunung Jati）。他在西爪哇传教，死后葬于井里汶查迪山，因此得名苏南·古农·查迪。他是将淡目王国、井里汶王国、万丹王国联系起来的一个关键人物。但也许是由于他拥有不同的名字，使得以往专注宗教传播史的学者一直没有注意到他政治上的多重身份：他不仅是淡目的"总司令"，是井里汶王国创建人，更是万丹王国的创建人。在时间上，苏南·古农·查迪建立井里汶国和万丹国在16世纪以后，相距郑和下西洋已有近一个世纪，这恰恰反映了郑和下西洋以后爪哇西部井里汶港口城市发展的印迹，以及井里汶与爪哇东部淡目、爪哇西部万丹的关系。苏南·古农·查迪影响了井里汶这座城市的历史，井里汶在他的领导下成为井里汶王国，建都于今天的卡斯普汉王宫，死后葬于井里汶的查迪山，墓地位于Gunung Jati区外数千米处。而井里汶从简陋的渔村发展到爪哇北部海岸繁忙的港口城市，与爪哇西部港口城市的兴起也有着密切关系。印尼史家巴尼记述："法拉希拉夺取万丹，1527年又侵占巴查查兰的重要港口巽他·葛喇吧（后改名雅加达），以后

---

① 《郑和与东南亚》，第78页。
② 《郑和与东南亚》，第79页。

又征服井里汶。"① 通过苏南·古农·查迪的业绩,可以将万丹、雅加达、井里汶按照时间顺序连接起来,说明原来在爪哇东部的政治经济中心向爪哇西部转移的历史过程,其间中国移民对于爪哇的社会发展发挥了重要作用,《编年史》的记述,就是郑和下西洋对爪哇历史发展产生了直接或间接影响的见证。

  对照《明实录》记载,明孝宗十二年(1499)十月爪哇国王派遣使臣来华,此后明朝与爪哇的朝贡往来没有延续。② 官方关系既断,但民间往来不断,上述明代《顺风相送》就是最好的证明。郑和下西洋激发了整体海上贸易交往的繁盛,引发了海上丝绸之路发展的高潮,一直持续至葡萄牙人来到东方,乃至有着更为深远的影响。16世纪以后港口贸易发展,当地人与华人在东爪哇的贸易活动向西迁移到西爪哇,推动当时的万丹王国成为爪哇最重要的贸易口岸。万历年间张燮《东西洋考·西洋列国考》中首列"下港"(即万丹)云:"下港,一名顺塔","下港为四通百达之衢。我舟到时,各州府未到,商人但将本货兑换银钱铅钱。迨他国货到,然后以银铅钱转买货物,华船开驾有早晚者,以延待他国故也"③。并在其下附有"加留吧"。④ 当时的加留吧,即雅加达,是下港的属国。根据印尼学者论述,在万丹贸易中,"中国人大量运来铅钱,他们还运来了瓷器、丝绸、呢绒、金色丝线、金色丝线刺绣的布帛、针、梳子、伞、拖鞋、扇、纸等,他们购买胡椒、蓝靛、檀木、丁香、肉豆蔻、玳瑁和象牙"⑤。由于中国海商与其他各地来的商业贸易极为兴盛,万丹就这样繁荣起来了。1596

---

  ① [印尼]萨努西·巴尼著,吴世璜译:《印度尼西亚史》,商务印书馆1962年版,第129页。
  ② 《明孝宗实录》卷一五五,弘治十二年十月丙辰,第2789页。
  ③ (明)张燮:《东西洋考》卷三《西洋列国考·下港加留吧》,第41、48页。清代王大海《海岛逸志》(清小方壶斋舆地丛钞本)详细记载了后来荷兰人统治下的万丹:"万丹在葛剌巴之西境……地广土沃,货繁人富,所产经纬幼席为西洋最……计瓜亚之人,东自巴城、井里汶、北胶浪、三宝垄、礊森、竭力石、四里猫、外南旺,西自柔佛、巨港、占卑、览房等数十区,皆其种类众,奚止百万,和兰人数千不及其百一,大相悬绝。"关于雅加达的记载曰:"葛剌巴,南洋一大岛国也……左万丹,右井里汶,前则屿城罗列,门户坚固,城池严峻,地域雄阔,街衢方广,货物充盈,百夷聚集之区,诚一大都会也……其所统辖有北胶浪、三宝垄、竭力石、四里猫、马辰、望加锡、安汶、万澜涧、仔低、万丹、马六甲等处,不下数十岛。闽广之人扬帆而往者,自明初迄今四百余载,留寓长子孙,奚止十万之众。"
  ④ 《东西洋考》卷三《西洋列国考·下港加留吧》,第44页。
  ⑤ 《印度尼西亚史》,第135页。

年荷兰人首次到达爪哇,就是停泊在万丹港口;1602年英国东印度公司在万丹设立了它在东方的第一个商馆;1619年荷兰人从爪哇人手里夺取了万丹,改名巴达维亚。所有这些历史,都指向了一个事实,即万丹的繁荣发展,是在西方人东来以前就已经发生了,万丹成为著名的国际贸易中心,所以西方人东来后均汇集于斯。

综上所述,从爪哇本土文献记载,我们可以了解到井里汶在郑和下西洋以后兴起,更重要的是,了解到爪哇港口自东向西方向的推移,即西部港口兴起的历史轨迹,这无疑可以推进我们对于爪哇港口历史发展演变脉络的认知。历史上,明初官方航路承接了民间传统贸易航路,由于当时爪哇的政治、经济中心在东爪哇,故明初前往爪哇的东路航线发达。郑和下西洋对爪哇港口贸易中心的发展产生了重要影响,其后在郑和下西洋推动下,伴随爪哇满者伯夷王朝的衰落,淡目王国建立,在向西爪哇扩张过程中,16世纪爪哇岛政治经济重心从东爪哇转移到西爪哇,西爪哇兴起了几个重要的港口城市,凸显了航线在陆域上的枢纽点,即遮里问(井里汶Cirebon)、下港(万丹Bantam)、加留吧(雅加达Jakarta),直达爪哇岛西端,从而完全改变了爪哇岛港口城市发展的格局,中国与爪哇的航线由此得到了开拓发展。更重要的是,海上贸易网络的新布局及其港口变迁为早期全球化国际性枢纽大港即区域性国际航运中心的形成提供了重要的信息,或者可以说拉开了全球化的序幕。

第三节 井里汶的"述说":"中国公主"王珍娘及其他

井里汶在郑和下西洋以后成为重要航海口岸。郑和下西洋在井里汶的影响,在卡斯普汉王宫展现出来。位于西爪哇省井里汶的卡斯普汉王宫,在印尼语中被称为Keraton Kasepuhan Cirebon。井里汶开创卡斯普汉王朝的君主是苏南·古农·查迪(Sunan Gunung Jati)。在历史记叙中,井里汶王国以井里汶为首都。位于印尼爪哇井里汶的卡斯普汉王宫,经过历史的积淀,成为当地人在这里例行举行节日庆典活动的主要场所,其中保存有纪念明朝"中国公主"王珍娘(Putri Ong Tien)的遗物与遗迹。据悉在卡斯普汉王家博物馆,"中国公主"留下的衣服至今仍保存为馆藏珍品,定期开放。① 庆典中,人们敬拜鬼神,祈求福祉,表现出"中国公主"与当地主流文化在一起的融洽气氛。从王宫的建筑、摆设、祈祷活动及传说等多方面看,卡斯普汉王宫已经发展为体现多种宗教和文化色彩的地方。在王宫的围墙上,可以看到镶嵌着很多中国瓷器,有瓷碗、瓷碟、瓷杯等等,无疑是大量中国元素的呈现。

  我们对历史的了解和认识,往往靠时人或后人的记述和追忆,但对于认识历史事实,这些记述和追忆却在有些时候令我们困惑不已。郑和七下西洋,在东南亚留下大量的传说,郑和被神化和塑造为华人开拓东南亚的先驱,郑和下西洋的历史记忆,成为东南亚华人精神寄托的象征。如马来亚重要史籍《马来纪年》记载了明朝公主皇丽宝(Hong Li Po)嫁给满剌加苏丹芒速沙的故事,② 是当地华人融入马来社会的证据,对此报刊论著均纷纷引述。然而,井里汶卡斯普汉(Caspuhan)王宫的"中国公主"王珍娘,却一直没有进入中国学者的视域。华嘉先生在20世纪50年代曾经到井里汶游览,介绍了当地一个"十六世纪的故事":"我们来到井里汶的时候……有个很美丽的传说,是有关中国和印度尼西亚国友好关系的。这个传说是从十六世纪留传下来的。大概在1550年,井里汶国的一个王子到中国去朝贡,实质上就是一种以物易物的通商,他带去很多爪哇的珍贵礼物,中国的皇帝看见了非常高兴,于是赐了一个公主嫁给他。两口子回到井里汶来,王子说中国公主有了三个月身孕,大家都不相信,后来果然到时候生下来一个漂亮的孩子,于是大家就对王子和他的妻子很尊敬。王子做了国王以后,看见中国公主常常想念故乡,就在海边的苏牙拉基湖上给她盖了一座望乡台,每逢中国的节日,就陪了她到望乡台去远望北边的祖国。以后他们的儿子也做了国王,世世代代都和中国来往。"③ 显然,他记述的正是王珍娘的故事,只是没有王珍娘之名出现。在卡斯普汉王宫里,王珍娘是苏南·古农·查提的王后。今天我们可以看到在苏南的墓下方,也有她的墓地。可是迄今王珍娘的来历仍是一个谜。

---

  ① 此信息由李峰先生提供,在此致以谢忱。
  ② [新加坡]许云樵译注:《马来纪年》(增订本),第174页。
  ③ 华嘉:《千岛之国》,广东人民出版社1958年版,第110页。

第二篇　海上篇 >>>

　　让我们来看印尼学者根据印度尼西亚文献与口头传述的民间故事，讲述的苏南·古农·查提与王珍娘的故事：苏南·古农·查迪"在鞑靼之国的传教引起了该国皇帝的注意"，皇帝本欲将苏南·古农·查迪驱逐出境，后来利用女儿（Niu Ong Tien）设计考验，让公主假装怀孕，可苏南·古农·查迪的预言成真，公主真的怀孕了。为了使公主停止怀孕，皇帝请来了他的老师三宝太监（Sam Po Taizin）为其排忧，但其方法并不奏效。上述故事在 Ong Tien 公主与苏南·古农·查迪结婚的故事中得到延续，二人结婚的故事仅在发源于井里汶历史及巽他编年史（Babad Tanah Sunda）的当地民间传说中有所提及：一天苏南·古农·查迪在乡间传教，忽然有一大队来自华国（原文：中国人之国）的人马簇拥着一个身怀六甲的美丽公主来到此地。这位公主就是 Nio Ong Tien，她此番来的目的便是寻找苏南·古农·查迪。公主向苏南·古农·查迪表达悔意，希望他能将自己腹中之物取出。同时，公主也表明自己不会再回到华国，愿意留在井里汶，和苏南·古农·查迪度过余生。苏南·古农·查迪触碰公主的腹部，念了两句祷词，只消片刻，公主腹中的黄铜奖杯便与其身体分离，公主的身体也终于恢复了原样。然而与此同时，公主腹中黄铜的奖杯也马上化作一个面泛金光、目光炯炯、面容美好的男婴。该男婴赐名雷登·葛姆宁（Raden Kemuning）。这个男婴在长大成人后，将成为卡杰尼一地之领袖。随后，苏南·古农·查迪和公主起身前往井里汶的小村庄。在这个小村庄里，二人举行了简短的婚礼。在与苏南·古农·查迪结婚，成为其新娘后，Ong Tien 公主入乡随俗，更名为拉拉·苏曼丁（Nyi Mas Rara Sumanding）。[①] 这是一个情节生动、饶有趣味的传说故事。

　　发掘传说背后的历史信息，探考传说的中国要素在爪哇的渊源关系，还原爪哇王珍娘的历史大背景，解析爪哇地域文化兴衰更替的线索，特别是追寻井里汶"中国公主"王珍娘的历史原型，需要了解苏南·古农·查迪其人（？—1570，Sunan Gunang Jati，葡萄牙文献称为 Faletehan），上面已经提到他是印尼鼎鼎大名的九大贤人之一，构成这谜一样迎娶"中国公主"王珍娘的故事，有两个关节点：一是井里汶与郑和下西洋发生联系的

---

① Prof. Dr. H. Dadan Wildan, M. Hum, *Sunan Gunung Jati*, pertama kali diterbitkan dalam bahasa Indonesia oleh penerbit Buku Salima Network, Oktober, 2012, pp. 124 – 128.

<<< 丝绸之路上的明代中国与世界

历史背景,传说中明确提及皇帝请来了他的老师"三宝太监";二是迄今当地人们对于明代中国与爪哇关系历史的追忆。这桩婚姻也许是两个国家间一系列更为复杂的文化和经济关系的冰山一角,而在井里汶的苏南·古农·查迪墓与王珍娘墓,也充分展现了中国文化与印尼文化,乃至多元文化的交融。① 郑和下西洋激发了印度洋整体贸易的繁盛,华人在爪哇的活动高潮一直持续至葡萄牙人来到东方以后。16 世纪初年到来的葡萄牙人托梅·皮雷斯(Tomé Pires)撰写的《东方志》(Suma Oriental)中,也曾提到当地人告诉葡人说,"爪哇人曾和中国人联姻,中国的皇帝把他的一个女儿送到爪哇嫁给巴他拉罗阇苏达(Batara Raja Cuda),并且派许多中国人护送她到爪哇,同时送去现在当通货的铜钱"②。可见传说流传甚广。

据当地人记忆,苏南·古农·查迪在 1497 年(明弘治十年)娶了"中国公主"王珍娘。我们从明朝制度史出发考察,其历史真实性无法确认。在中国,宽泛意义上的和亲,可以追溯到春秋战国时期,而严格意义上的和亲始于汉代。君主为了免于战争与异族统治者通婚和好,自汉以后一直到清代,几乎所有的朝代都有次数不等、缘由各异的和亲。唯有明朝是一个例外。根据明朝文献记载,明朝外交制度不同于以前的汉朝、唐朝和元朝,也不同于其后的清朝,明朝从来没有和亲政策,在对外交往中从未采用这种政治联姻的方式,在制度上从未出现过和亲,即远嫁公主之例,这是明朝不同于中国古代历朝历代之处。在明代对外关系实践中,我们找不到一例和亲,因此我们在明代文献里是找不到"中国公主"王珍娘的任何记载的。

关于"中国公主"的来历,另一种解释值得特别关注。王任叔先生指出,在印尼和马来半岛的许多传说中,常常提到那儿的国王和贵族与"中国公主"结婚。这里的"中国公主"实际上是当地的"华侨女子"。③ 陈达生先生进一步分析指出:"编年史也说明了在十五、十六世纪时,华人除了信仰回教之外,也存在与土著普遍通婚的现象,绝大多数是华人男子与土著女子结婚,他们所生的男儿,取名只有两个字,女儿则称为'华人

---

① 会议前参观了井里汶的苏南·古农·查迪墓,以及其墓下方的王珍娘墓,在此特别感谢井里汶 Permadi 先生。
② [葡]多默·皮列士著,何高济译:《东方志》,江苏教育出版社 2005 年版,第 134 页。这里采用了葡萄牙语通用译名托梅·皮雷斯。
③ 王任叔:《印度尼西亚古代史》,中国社会科学出版社 1987 年版,第 706 页。

公主'，华人公主成为土王显贵择偶的首选。"① 王赓武先生研究认为：这些华人与土著人所生的混血儿，就是峇峇（Baba），或土生华人（Peranakan），他们在15—18世纪的政治与商业舞台上做出过巨大贡献。② 苏南·古农·查迪是九大贤人之一（wali songo），他所娶的明朝公主王珍娘，很可能就是这样一位"华人公主"。根据《井里汶编年史》中记载："1553年，为了在新兴的井里汶王国有个王后，年已老迈的井里汶苏丹娶了哈芝陈英发的女儿为妻，从森梦到井里汶王公，一路上，人们以'华人公主'的大礼迎接她，有如当时三宝公在明朝宫中的盛况。她是由侄儿陈三才（Tan Sam Tjai）护送而来的。"③ 这里明确说明这位井里汶王国的王后，就是来自福建的陈英发的女儿。

另据张永和《瓦希德传》，记载印尼原总统瓦希德祖上陈金汉随同郑和下西洋到海外，"落户东爪哇绒望镇德南雅乡，一直繁衍下来"。并记载瓦希德亲口对记者说："我的祖先从新疆迁移到南方属国，今天的柬埔寨金磅逊，我不知道它的古名。我的祖先有个成员的妹妹成为一名公主，她被派往满者伯夷（十三至十六世纪印尼印度教古王国，又译麻喏巴歇），与该国末代国王巴拉耶威五世结婚。"他还说："我的祖先陈金汉（Tan Kin Han）是新疆伊斯兰教徒，他后来迁移到中国南方属国占婆（二至十七世纪越南中南部古王国），……陈金汉到了满者伯夷，后来娶了一位公主的女儿。他一个兄弟的阿拉伯文姓名是Abdul Palah，中文名译音是Tan Eng Hua。"这一名字经记者确认是"福建（闽南音）的陈英发"。该书还记载："历史资料表明，晋江伊斯兰教长老陈金汉是在永乐十五年，即公元1417年5月跟随郑和第五次下西洋时，从晋江迁徙到海外，最后定居印尼东爪哇。"④

关于爪哇的"中国公主"，我们还可以继续追寻。根据《爪哇编年史》记载，14世纪一位名叫Dara Wiat的占婆公主来到爪哇，与满者伯夷国王Angka Wijaya结婚，这位占婆公主是一位穆斯林，她死于1398年，满者伯

---

① 《郑和与东南亚》，第56页。
② Wang Gungwu, *China and the Chinese Overseas*, Singapore: Times Academic Press, 1991, pp. 79 – 101.
③ 《郑和与东南亚》，第79页。
④ 张永和：《瓦希德传》，香港天马图书有限公司2003年版，第153、142、143页。

夷国王以伊斯兰教习俗为她举行葬礼,她的陵墓至今仍在满者伯夷故都。①印尼史家萨努西·巴尼一方面记述:"根据传说,有一位信奉伊斯兰教的占婆公主和麻诺巴歇王结婚。人们指出了这位公主的坟墓在麻诺巴歇首都,其年份为1448年。"另一方面他又对传说提出了质疑:"但是这个坟墓可能不是麻诺巴歇王后的坟墓,占婆公主也可能不是和麻诺巴歇王结婚,然而这座坟墓表明了在1448年伊斯兰教已传入麻诺巴歇上层阶层了。"②在同书中,他还记载了另一个传说:"人们认为淡目的第一个国王是拉登·巴达,据传说拉登·巴达是麻诺巴歇末朝国王勃罗威佐约和中国公主生的儿子,中国公主跟随勃罗威佐约的儿子阿尔诺·达玛尔到巨港去,阿尔诺·达玛尔被委任为副王,拉登·巴达是在巨港出生的。"③《三宝垄编年史》记载郑和下西洋时期"占婆公主"之说,在1419年,"海军司令哈吉三宝公任命占婆（Tjampa）的哈吉彭德庆（Hadji Bong Tak Keng）为南洋各地蓬勃兴起的各哈纳菲教派华人穆斯林社区的总管"④。彭德庆是一名来自云南的穆斯林,曾被占婆政府任命为官员,以促进海外贸易。他受命担任海外华人总管后,任命了许多来自云南的华人穆斯林为各个港口的华人首领。⑤哈吉马洪福（Hadji Ma Hong Fu）,是明朝云南总兵之子,于1424年奉明朝皇帝的派遣,出使满者伯夷。他与妻子由哈吉费信一路陪同,从三宝垄前往满者伯夷朝廷。马洪福的妻子名 Putri Tjampa,意思是"来自占婆的公主"。值得注意的是,这里直接提到了费信。爪哇民间传说将印尼群岛伊斯兰化归功于"占婆公主",说明来自占婆王国的华人对爪哇所起的重要作用,有待发掘史料进一步研究。⑥

---

① Thomas Stamford Raffles, *The Hisotry of Java*, II, Oxford Univesrty Press, 1982, pp. 115 – 129.
② 《印度尼西亚史》,第125页。
③ 《印度尼西亚史》,第127页。
④ 《印度尼西亚史》,第127页。
⑤ Slametmuljana, "Islam before the Foundation of the Islamic State of Demak",新加坡《南洋学报》,第27卷,1972年第1、2期合辑。
⑥ 占婆即占城古国（Champa）,又名占婆补罗（"补罗"梵语意为"城"）,简称占婆。法国学者撰称:"既习海航,故其舟常至中国、爪哇。"（[法]马司帛洛著,冯承钧译:《占婆史》,中华书局1956年版,第16页）;自唐至明与中国的关系密切。尼古拉·塔林教授指出:"占婆的民族有低地占族、高地埃地族和嘉莱族,他们在民族语言上属于马来语族。"（[新西兰]尼古拉·塔林著,贺圣达等译:《剑桥东南亚史》I,云南人民出版社2003年版,第126页）;法提弥教授则认为爪哇伊斯兰教"应该是分两路传入的,即西路由印度,东路由占婆传入"（Fatimi S. Q., *Islam comes to Malaysia*, Singapore: Malaysian Sociological Research Institute, 1963, pp. 52 – 60）。

古代文化视线的交汇，往往出现某某国公主，由此我们有必要重新思考公主的母题。公共记忆的"场"，是郑和下西洋前后在井里汶的活动场域。公主记忆，是现实与追忆的接点，包括记忆共同体的创造，表明记忆的断裂与接续。传说中哪一部分是真实的？现已难以分辨，这些传说显然掺杂着许多神话成分，但是其中部分说明了，无论是满者伯夷、淡目，还是井里汶，都有着与中国的血脉关联。传说未必可靠，却折射出明代中国与爪哇之间的历史亲缘关系，"中国公主"王珍娘的故事，恰恰说明郑和下西洋以后，中国移民已经融入当地社会之中，中国故事和文化的影响力长期以来在井里汶存留了下来，卡斯普汉王宫中"中国公主"王珍娘的遗迹与遗物，以及在苏南·古农·查迪墓附近的大量中国瓷器，这些至今鲜活的中国元素与井里汶主流文化乃至西方文化元素融洽地展现在那里，是明代中国与爪哇井里汶以及国际多元文化交流的历史见证。传说并非全部是神话，与现实紧密相连，王珍娘是一位中国妇女，这是整个故事中的真实部分，这个故事充分说明了中国与井里汶的友好关系源远流长。

结　　语

从单纯关注国家间的相互关系，到关注跨国群体活动及其历史书写，构成我们重新认识明代中国与爪哇关系的重要资源，下面是形成的几点认识：

第一，井里汶的历史一直未引起史学界应有的关注。根据马欢《瀛涯胜览》等下西洋亲历者第一手资料记载，郑和下西洋到达爪哇东部的四处地方，完全没有提及井里汶，说明下西洋当时的井里汶还没有形成兴盛的港口城市；以明代文献与爪哇本土文献结合，分析郑和下西洋有可能在井里汶登陆，由于井里汶此前的发展水平较低而名不见于史著，从而印证它是在郑和下西洋以后兴起的爪哇港口城市。

第二，井里汶的地名和港口定位问题。井里汶不是在《郑和航海图》位于卡里摩岛的位置，而是在爪哇岛上新兴的港口城市，并发展为指代爪哇岛与卡里摩爪哇岛之间广袤的爪哇海海域的地名。《顺风相送》等明代文献表明井里汶是郑和下西洋后在爪哇中西部兴起的港口城市，实际上是

15世纪中后期随着海上贸易发展而崛起的，到16世纪井里汶已是爪哇北方沿海一个繁盛的港口城市。

第三，井里汶作为海港城市的基础实际上是在郑和下西洋时期奠定的。从本土文献与实物两方面考察，都存在郑和下西洋影响的明确例证。追寻井里汶的兴起，郑和下西洋时期实为枢纽。郑和下西洋推动爪哇作为异常活跃的海上丝绸之路网络的一部分，外来移民群体融入当地社区，为井里汶社会带来新的发展契机。郑和下西洋在爪哇的影响持久延续的历史见证，至今鲜活地呈现在井里汶卡斯普汉王宫等地，王珍娘的传说，则是中国与井里汶血脉关联的典型例证。

第四，进一步突破以往专门关注郑和下西洋与爪哇宗教传播研究的局限，考察15世纪初郑和下西洋以后爪哇港口城市发展的历史脉络，可大致复原海上丝绸之路爪哇段的航线变迁与港口城市发展历史进程，可见网络从爪哇东部转移到爪哇西部的轨迹十分明显：从厨闽、锦石、泗水，到三宝垄、井里汶、万丹、雅加达，爪哇西部港口的大规模发展是在15世纪下半叶。贸易港口逐渐西移，最终移至距离苏门答腊岛最近的万丹，万丹是随着海上贸易向西部发展而兴起的，到15世纪末一度成为著名的国际性商品贸易集散地。总之，上述爪哇中西部港口重要节点的地位，均构建于15世纪初以后至16世纪，也就是在西方东来前已逐渐形成，因此我们有必要强调爪哇经济社会内在的发展动力，对于过分夸大西方殖民者对爪哇经济发展影响的传统观点，应该加以修正。

第五，关于全球化研究的思考。全球史意味着以全球的视角重新梳理人类交往的历史，关注全球空间发生的人类经验。海洋是把不同国家和社会相互连接在一起的纽带，考察人类历史上的航海现象和海上各国各地区的交往与联系，是全球史极为重要的一部分。15世纪初叶郑和下西洋，海上丝绸之路发展达于鼎盛，到15世纪末，伴随着海上贸易的发展，爪哇中西部港口城市迅速崛起，西部航线取代东部成为海上贸易网络中最重要的交通干线。16世纪西方东来以后在爪哇选择的通商口岸，主要就是西部港口城市。这些港口城市在郑和下西洋以后数十年的海上贸易中得到很大发展，当时已成为爪哇西部重要的流通枢纽。我们不否认西方东来后对于爪哇社会发展的作用，但是需要强调的是，这些爪哇西部沿海最大的港口城市的地位实际上在此前已经奠定。全球化是一个较长的历史演进过程。

长期以来我们的研究以西方大航海划分世界古代史和近代史,以西方大航海作为全球化研究的起点,似乎全球化是西方带来的,这在相当程度上忽视了历史发展的连续性,是将历史人为地割断,局限了全球化过程的研究。在全球史的视野下,探讨明代中国与爪哇的这段互动关系,特别是郑和下西洋的作用,强调爪哇本土内在的发展动力,认真考察爪哇港口城市的发展脉络,有助于我们对于早期全球化历史面貌的认知,对深化全球化的研究,也具有重要意义。

第六章 葡人东来：明代中葡两国第一次正式交往*

明代中期，西方海外扩张热潮开始向东方袭来，古老的中华帝国与欧洲国家正面遭遇的历史时刻随之而至。明武宗正德年间（1506—1521），来自西方的葡萄牙首先将触角从海上伸向东方，中葡两国的交往由此拉开了帷幕。

第一节 葡使来华之背景

15世纪末至16世纪初，欧洲开始为一种冒险和扩张精神所笼罩。葡萄牙首当其冲，成为最早崛起的海外扩张国家。此时的葡萄牙经过几个世纪的独立发展，已形成单一的民族社会，这一社会深刻的政治和经济背景使之成为海外扩张的发源地。对葡萄牙国王、教会、贵族和平民来说，海外扩张无一例外地意味着新的出路和新的财源，并意味着对宿敌穆斯林圣战的延续。因此，举国一致的扩张呼声成为15世纪初葡萄牙海外扩张政策的基础，大规模的海外扩张活动由国家组织进行，海外扩张政策则持续达500年之久。

葡萄牙最初的远航探索与恩里克王子（D. Henrique，1394—1460）的名字是连在一起的。这位王子是葡萄牙海上活动的第一位组织者。他开办

---

* 1995—1996年由葡萄牙卡蒙斯（Camoes）学会资助，中国社会科学院派笔者到葡萄牙里斯本大学进修葡文一学年，期间撰写本，寄回国内发表，是国内首篇以大量葡文资料与明代文献相结合，论述明代中葡第一次正式交往的长篇论文。

第二篇 海上篇 >>>

航海学校，大力罗致、培养航海人才，并组织了多次探索性航行。在逐渐揭开非洲海岸的奥秘以后，葡萄牙试图寻找一条通过非洲南部到达印度洋的新航路。王子于1460年去世，没能亲眼见到那一世纪末巴尔托洛梅·迪亚斯（Bartholome Diaz）发现非洲南端好望角，以及瓦斯科·达·伽马（Vasco da Gama）绕过好望角，横渡印度洋，开辟通向东方新航路的业绩。新航路的开辟，是在葡萄牙国王唐·曼努埃尔一世（D. Manuel I，1469—1521年）亲自部署下取得的扩张成果，为东西方交往铺平了道路。而从此，西方海外扩张狂潮开始席卷东方。

踏着达·伽马的足迹，葡萄牙人捷足先登，首先来到东方。明正德五年（1510），它占据了印度西海岸的果阿；次年，攻占了马来半岛的满剌加（马六甲）。满剌加地处东西方贸易的咽喉，是明朝朝贡体系中的重要一环。因此，攻占满剌加后，葡萄牙已打开了通向中国的大门，中葡两国间的正面接触已是指日可待。

对于西方来说，中国当时是一片神奇的土地，极具吸引力。早在1508年2月13日，葡王唐·曼努埃尔一世已给探索东方的迪奥戈·罗佩斯·德·塞戈拉（Diogo Lopes de Sequeira）下达长篇指令，明确叮嘱："要弄清中国人（Chijns）的情况。他们来自哪里？距离有多远？到马六甲贸易的间隔时间是多少？携带什么商品？每年来往商船的数目和船体规模如何？是否在当年返回？他们在马六甲或者其他地方是否设有商馆和公司？他们是否很富有？性格怎么样？有没有武器和大炮？身穿什么服装？身材高矮如何？此外，他们是基督徒还是异教徒？他们的国家是否强大？有几位国王？国内有没有摩尔人和其他不遵行其法律及不信奉其宗教的民族？如果他们不信仰基督教，他们信仰和崇拜什么？风俗如何？国家规模以及与什么国家接壤相邻？"[①] 这一系列问题的提出，充分反映了葡王对中国的极大兴趣；同时，也说明了当时这位西方君主对中国几乎是一无所知。负有国王使命的塞戈拉在航行到东方后，在马六甲见到了中国帆船，但实际

[①] 《葡萄牙国家档案馆藏有关葡萄牙航海与征服档案汇编》（*A lguns Documentos do ArchivoNacional da Torre do Tombo acerca dasNaveg coes e Conquistas Portuguesas*），1982年，里斯本，第194—195页。

没有，也不可能完成国王指令中的多项要求①。

此后，1512年8月30日，葡王在东方的臣子洛格隆诺（Logronho）写信给他提到，阿丰索·德·阿尔布克尔克（Afonso de Albuquerque）派遣武装船只前来中国边界探查②。当时，阿尔布克尔克任葡萄牙驻印度总督③。同年11月8日，若奥·德·维埃加斯（Joao de Veigas）报告国王，若奥·德·莫赖斯（Joao de Moraes）试图航行来中国，但由于马六甲摩尔商人阻挠而未能成行④。虽然此时阿尔布克尔克已将注意力投向香料群岛，没有再派遣船只来中国，可是，1514年1月6日，仍有消息传递给葡王，讲述前一年在马六甲的4艘中国帆船的情况⑤，对中国的了解在进行。可以说葡萄牙人来到东方，在占据马六甲的同时，葡王唐·曼努埃尔一世已经把与中国建立贸易关系提上了日程，只是一直不得其门而入罢了。

明正德八年（1513），葡萄牙人若热·阿尔瓦雷斯（Jorge Alvares）在中国商人的指引下，到达中国广东珠江口的屯门贸易，成为第一个到达中国的葡萄牙人。为了纪念他的中国之行，他在屯门特意竖立起一块刻有葡萄牙王国纹章的石柱⑥。依据中国明朝法律，外国商人不得在中国登陆，只能在中国海岸做短期停留，进行贸易后即行离去。而在1514年，葡王唐·曼努埃尔一世由于不断接到来自马六甲的信函报告，已对中国产生越来越浓厚的兴趣。1515年1月8日，在若热·阿尔布克尔克（Jorge Albu-

---

① 安东尼奥·拜昂（António Baiao）等：《葡萄牙世界征服史》（História da Expansão Portuguesa nomondo），里斯本，阿提喀，1939年，第2卷，第163页；布拉加（J. M. Braga）：《西方先驱者及其对澳门的发现》（The Western Pioneersand their Discovery of Macau），澳门，1949年，第60页。

② 《葡萄牙国家档案馆藏有关葡萄牙航海与征服档案汇编》（A lguns Documentos do Archivo Nacionalda Torre do Tombo acerca dasNaveg coese Conquistas Portuguesas），第263页。

③ 路易斯·德·阿尔布克尔克（Luis de Albuquerque）：《葡萄牙人的大发现》（Os Descobrimentos Portugueses），里斯本，阿尔法，1986年，第183页。

④ 罗纳德·毕绍普·史密斯（Ronald Bishop Smith）：《1512年葡萄牙航行中国计划与有关托梅·皮雷斯在广东的新评价》（A Projected Portuguese Voyage to China in 1512 and New Notices Relative to Tome Pires in Canton），德卡特出版社，马里兰，1972年，第3页。

⑤ 《葡萄牙国家档案馆藏有关葡萄牙航海与征服档案汇编》（Alguns Documentos do Archivo Nacionalda Torre do Tombo acerca das Naveg coese Conquistas Portuguesas），第347页。

⑥ 路易斯·凯尔（LuisKeil）：《第一个到达中国的葡萄牙人若热 阿尔瓦雷斯（1513年）》[Jorge Alvareso Primeiro Portugue—squefoià China（1513）]，澳门文化学会1990年版，第28页。

querque）给国王的信中，提到了阿尔瓦雷斯和中国①，这无疑成为促使国王决心派遣特使前来中国的一个因素。

也就在这一年，葡王唐·曼努埃尔一世决定委派费尔南·佩雷斯·德·安特拉德（Fernao Pares de Andrade）率领一支船队前来东方，"发现中国"，并指示费尔南护送一名使臣到中国②。国王没有指定使臣人选，他把挑选使臣的事交给了当时葡萄牙的印度新总督洛波·苏亚雷斯·德·阿尔贝加利亚（Lopo Soares de Albergaria）。印度新总督选中之人即托梅·皮雷斯（Tome Pires）。

托梅·皮雷斯大约出生于1465年③。由于出身于一个医药世家，因此他年轻时成为葡王若奥二世（Joao Ⅱ）王子的药剂师。王子的早逝使他离开宫廷。在1511年他前往东方，先到印度又到马六甲。在东方的几年中，根据所见所闻，他撰写了《东方记》一书。这部书是东西方直接接触早期，由葡萄牙人撰写的第一部详述东方状况的书，颇有价值。其中有专门章节谈到中国，当然从写作年代来看，托梅·皮雷斯当时并没有到过中国。书中说："中国是一个庞大、富饶、壮观的国家，拥有大片土地和百姓……还有众多马匹和骡子。"提到"中国有许多城市和要塞，都是用石头建造的"。并特别涉及了中国与海外国家的关系："爪哇、暹罗、帕赛、马六甲的国王每5年和10年派遣使臣，携带中国颁发的证明文书，去见中国国君。并且送去他们国中最好的礼品……如果他们带有成千的礼品，中国君主会加倍还礼。"④ 对中国尽管称赞备至，但他在书中也提到与葡萄牙海外扩张思想吻合的征服中国的可能。印度总督选中托梅·皮雷斯作为葡萄牙国王的使臣时，他已完成了《东方记》一书（或接近完稿），正是

---

① 葡萄牙国家档案馆藏，编年第三部分，第5包，87号（*Arquivos Nacional Torre do Tombo, Corpo Cronologico Parte* Ⅲ, *Maco 5, Doc. no 87*）。

② 巴洛斯（João de Barros）：《亚洲第三个十年》（*Terceira decada da Asia*），葡萄牙国家图书馆藏善本，1563年，里斯本，第2卷、第6章。

③ 《葡萄牙历史百科辞典》（*Dicionário Enciclopedico da História de Portugal*），阿尔法，1985年，第2卷，第114页；《葡萄牙历史辞典》（*Dicionário de História de Portugal*），里斯本，1971年，第3卷，第403页。阿曼多·科尔特桑则认为是约1468年，见《欧洲第一位赴华使节》（*Primeiro Embaixada Europeiaà China*），里斯本，1945年，第29页。

④ 阿曼多·科尔特桑（Armando Cortesăo）：《皮雷斯〈东方记〉》，哈克鲁特学会，伦敦，1944年，第1卷，第116—118页。帕赛为苏门达腊一古国名。

由于他的学识渊博，以及对东方有一定程度的了解，才使他不久以后有幸成为葡萄牙派往中国的第一任使臣，而且，也是欧洲派到明朝的第一位使臣①。他所肩负的使命，是到中国觐见中国皇帝，要求与中国建立通商贸易关系。

关于费尔南与皮雷斯的来华，这里有两点需要说明：一是费尔南是由葡王派遣前来东方，前来中国的，并非由葡萄牙马六甲总督所派。这在当时葡萄牙著名史家巴洛斯（Joao deBarros）的巨著《亚洲数十年》的《第三个十年》中有着记述，可见上文。正因如此，费尔南归国以后即得到葡王接见和询问。这在葡文史料中也有记述，下文还将述及。然而，由于我国老一辈中西交通史家张星烺先生编注的《中西交通史料汇编》，其中有关巴洛斯著作的译文，系根据伯莱茨内德（E. Bretschneider）的《中世纪研究》（Mediaeval Researches from Eastern Asiatic Resources）英译本译出，而伯氏英译又来自德国索尔涛（D. W. Soltau）的德文译本，译文又只摘译了马六甲总督派遣费尔南前往中国一段，致使至今我国大多谈及中国与葡萄牙关系的论述中仍误以费尔南为马六甲总督派遣而来，应予澄清。二是同样不能将皮雷斯使华看作是葡萄牙印度总督派遣而来，因为费尔南前来东方时，已负有护送葡使到中国之命，葡使来华携带有葡王国书。

年轻的费尔南率领4艘船组成的船队，于1516年2月底离开科钦，前往中国。同年8月，到达马六甲。在马六甲耽搁周折以后，前后总共经过约19个月，才终于在正德十二年七月二十八日（公元1517年8月15日）抵达中国广东屯门②。在那里，费尔南向中国官方人员说明，他前来中国的原因，主要是护送葡王唐·曼努埃尔一世的使臣来觐见中国皇帝，持有

---

① 1516年1月17日，托梅·皮雷斯自印度科钦写信给葡王唐·曼努埃尔一世，汇报有关印度、马六甲以及邻近地区的药物情况。此后不久，印度总督便任命他为国王使节，随费尔南船队出发，前往中国。葡萄牙国家档案馆藏，编号第19包，102号（Arquivos Nacional Torre do Tombo, Corpo Cronológico, Maco 19, no 102）；阿曼多·科尔特桑（Armando Cortesão）：《欧洲第一位赴华使节》（*Primeiro Embaixada Europeia à China*），第44页。

② 阿曼多·科尔特桑（ArmandoCortesão）：《十六世纪杰出的药剂师托梅·皮雷斯》（*A propósito do ilustre boticário quinhentista Tomé Pires*），科英布拉，1964年，第6页。又据《葡萄牙和巴西大百科全书》（*Grande Enciclopédia Portuguesa e Brasileira*），第2卷，第533页。费尔南时年27岁。又，屯门在葡史籍中写作Tamao，地点在何处尚存在争议。

和平友好内容的信件,请求给予领航员前往广州①。然而,明朝在对外交往中,是以朝贡体制为核心,视外国皆为朝贡国,因此中国史料中有葡萄牙使节第一次来华"以进贡为名"的记载。而葡使来华的目的却是贸易,与以往明朝所接触的和中国具有传统联系的朝贡国是完全不同的。

此后,葡使一行溯江而上,驶入广州。这时费尔南让他的葡萄牙船队在桅杆上升起旗帜,并且鸣放礼炮致意。然而,对西方礼节茫然不知的中国官员和百姓,却因此而大为震惊②。如果说葡萄牙派来中国的第一个使团的礼炮声惊动了广州城,被误认为是开炮寻衅,经过解释,中国地方官员尚可释疑,但是由此开端,伴随葡使而来的一系列由于双方缺乏了解及分歧造成的谜团,却不幸被历史尘封了几个世纪,时至今日也尚未完全解开。

第二节 葡使到来时的明朝状况

葡使东来,抱有与中国建立通商贸易关系的明确目的。此时的明王朝,虽然早已失去昔日派遣郑和下西洋驰骋印度洋的雄风,却仍是东方的一个庞大王朝。

明初,伴随中央集权君主专制日益加强的趋势,朝贡贸易体制臻于完备。明朝沿袭历代王朝,设立市舶提举司,专门掌管海外诸国朝贡市易之事。而明初将海外贸易限定在朝贡形式之下,遂使明朝前期官方朝贡贸易成为中外贸易的唯一孔道:"是有贡舶,即有互市。非入贡即不许其互市。"③朝廷以此达到"通华夷之情,迁有无之利,减戍守之费。又以禁海贾,抑奸商,使利权在上"④。因此,除了《皇明祖训》所载周边及前此有过交往的海外国家,中国是一个关闭着的国度。发展到明中叶,情况有所变化。由于在朝贡贸易的鼎盛时期,产生了郑和下西洋的壮举,扩大的

---

① 巴洛斯(João de Barros):《亚洲第三个十年》(Terceira decada da Asia),葡萄牙国家图书馆藏善本,1563年,里斯本,第2卷、第6章、第8章。
② 《明武宗实录》卷一九四,第3630—3631页。
③ (明)王圻:《续文献通考》卷三一《市籴考·市舶互市》,第328页。
④ (明)王圻:《续文献通考》卷三一《市籴考·市舶互市》,第328页。

丝绸之路上的明代中国与世界

海外贸易给明王朝带来深刻的社会影响，对明朝以朝贡贸易与海禁为两大支柱的海外政策产生了重大冲击。于是，出现了朝贡贸易形式下的海外贸易日趋衰落、民间私人海外贸易日益兴盛的状况。基于这一现实，明中叶海外政策被迫呈现调整的趋势①。

正德初年，负责海外贸易的广东市舶司已开始对海外各国来华贸易活动放松了贡期和勘合的要求，从而打破了原来"非入贡即不许其互市"的原则，"无论是期非期，是贡非贡，则分贡与互市为二，不必俟贡而常可以来互市矣"②。这种变化，反映出中国海外贸易正由官方全国控制的官营贸易中解脱出来，向民间私营贸易转变。然而，恰于此时，明王朝遭遇到西方东来的新课题。可以说明王朝统治者是在毫无思想准备的情况下，接触西方派来中国的第一位使臣的。对遥远的欧洲国度一无所知，这一状况从清初修《明史》仍称"佛郎机近满剌加"可想而知③，因此对待欧洲来华的第一个使团，明王朝采取的是一如既往对待海外诸国的态度，这是毫不奇怪的。

明武宗与葡王唐·曼努埃尔一世在位时间略同（明武宗，公元1506—1521年在位；唐·曼努埃尔一世，公元1495—1521年在位），然而这两位东西方君主的作为却相距甚远。相对海外扩张时期葡萄牙王国雄心勃勃的唐·曼努埃尔一世，明朝皇帝武宗只是一位玩世不恭的君王。唐·曼努埃尔一世在位期间，是葡萄牙王国的鼎盛时期，他刚刚即位，就在议会中力排众议，挑选达·伽马进行远洋探索航行，从而开辟了欧洲到达印度的新航路，更进而建立起葡萄牙东方王国的雏形。此外，他还派出远洋船队到达巴西。在内政方面，他也是一位出色的管理者，他成功地进行集权和法制改革，颁布了《曼努埃尔法典》④。其在位期间，更产生了曼努埃尔建筑格调，或称"曼努埃尔艺术"⑤。而明武宗在位期间，听信宦官、佞臣，在西内建立豹房，长年居住在内，荒淫无度，不理政务，毫无突出政绩可

---

① 参见万明《郑和下西洋与明中叶的社会变迁》，《明史研究》第4辑，1994年。
② 王圻：《续文献通考》卷三一《市籴考·市舶互市》，第328页。
③ 《明史》卷三二五《佛郎机传》，第8430页。
④ 《维松百科全书》（*A Enciclopódia Visum*），里斯本—圣保罗，1974年，第7卷，第63页。
⑤ J. H. 萨拉依瓦著，李均报、王全礼译：《葡萄牙简史》，中国展望出版社1988年版，第137页。

言。他对外部世界不了解，也根本不想了解，想到的只是如何游玩和放荡。而曼努埃尔与之迥然异趣。费尔南护送皮雷斯抵达中国后，于1520年6月返回葡萄牙。他在埃武拉受到国王唐·曼努埃尔一世及王后的热情款待。国王饶有兴致地多次向他询问中国及邻近地区的事情，"他天生对世界上发生的事好奇，并且想从中吸取对他的统治有益的东西"①。然而，葡使来华，正是明武宗宠信江彬、钱宁等人放纵而为的时候。东西方两国君主间好恶的强烈反差，反映在处理国家事务上，也必然会产生迥然不同的影响，这是毋庸置疑的。

第三节　葡使在华之过程

葡使东来，是在正德十二年（1517）②。时任广东佥事署海道事的顾应祥曾记述此事：正德十二年"蓦有大海船二只，直到广城怀远驿，称系佛郎机国进贡，其船主名加必丹。其人皆高鼻深目，以白布缠头，如回回打扮，即报总督陈西轩公金，临广城。以其人不知礼，令于光孝寺习仪三日，而后引见"③。后来广东巡抚林富疏中也述及此事："至正德十二年，有佛郎机夷人突入东莞县界。时布政使吴廷举许其朝贡，为之奏闻，此不考成宪之过也。"④ 由上述记载可知，葡使到达广东后，地方官员报知总督陈金，陈金即从广西驻所来到广州，准备接见。根据接待海外国家来使的规定，考虑到葡使来华不懂中国礼仪，因此他先命他们在光孝寺中学习3天礼仪，随后召见。召见葡使时，场面隆重，前有号手开道，在礼炮和号角声中，1517年10月底的一天，托梅·皮雷斯及其随员一行衣冠楚楚地登上了广州码头。费尔南没有随他们登岸，他派人向总督说明，葡萄牙国

---

① 戈伊斯（Damião de Gois）：《唐·曼努埃尔一世编年史》（*Crónica do Felicissimo Rei D. Manuel*），科英布拉，1926年，第4册，第24章，第57页。
② （明）何乔远《名山藏》记为正德十三年；严从简《殊域周咨录》记为十四年，均误。核对中葡史料，葡使于正德十二年来华。
③ （明）顾应祥：《静虚斋惜阴录》卷一二，《杂论》三，《续修四库全书》，第1122册，第502—514页。
④ （明）黄佐：《泰泉集》卷二〇《代巡抚通市舶疏》康熙二十一年复刻本；《明史》卷三二五《佛郎机传》引林富疏云"今许佛郎机互市有四利"，误，第8432页。

王愿意与中国皇帝建立友好关系,因此派遣使臣携带礼物前来。中国官员则表示立即上书报告皇帝知晓①。于是,葡使来华之事被上报了朝廷,《明武宗实录》正德十三年正月有如下记载:"佛郎机国差使臣加必丹末等贡方物,请封,并给勘合。广东镇抚等官以海南诸番无谓佛郎机者,况使者无本国文书,未可信,乃留其使者以请。下礼部议处。得旨:'令谕还国,其方物给与之。'"②

根据《明实录》的记载,葡使来华后,地方官员因对其国不甚了了,且使团又没有明朝颁发的文书勘合,因此不知如何处置,故留下使团奏请朝廷。礼部当时的处理意见是令葡使回国,带来的方物给价。

然而,事实上葡使一行并没有就此返国,而是留在广州等待机会。顾应祥云:"查《大明会典》,并无此国入贡,具本参奏朝廷,许之起送赴部。时武庙南巡,留会同馆者将一年。"③ 而在此时,费尔南则已与葡使一行告别,他于1508年9月回到马六甲,并于1520年6月返回葡萄牙④。此后,接替他的是其弟西蒙·安特拉德(Simao Andrade)。葡使托梅·皮雷斯在广州等待一年左右,明廷终于改变初衷,"诏许入京"。个中详情,已无从查考,只知葡使通过通事火者亚三,贿赂"镇守中贵",得以入京⑤。

时值宁王宸濠在南昌发动叛乱,武宗立意南巡。宁王宸濠是明太祖第十七子宁王朱权的四世孙,他自正德初年已有夺位野心。当时武宗颁旨亲征,借此到南方巡游。他自称"威武大将军",率大批臣僚于正德十四年(1519)八月离开北京,浩浩荡荡地开始南征。尽管出京行至涿州时,已收到右副都御史、南赣巡抚王守仁平定叛乱、俘获宁王的奏报,但武宗游

---

① 阿曼多·科尔特桑(Armando Cortesão):《欧洲第一位赴华使节》(*Primeiro Embaixada Europeiaà China*),第53页。
② 《明武宗实录》卷一五八,正德十三年正月辛丑,第3021—3022页。
③ (明)顾应祥:《静虚斋惜阴录》卷一二,《杂论》三,《续修四库全书》,第1122册,第502—514页。
④ 巴洛斯(Joǎo de Barros):《亚洲第三个十年》(*Terceira decada da Asia*),葡萄牙国家图书馆藏善本,1563年,里斯本,第2卷,第8章。
⑤ 《明史》卷三二五《佛郎机传》,第8430页。当时贿赂广东三堂镇守太监应是宁诚,见《静虚斋惜阴录》卷一二《杂论》,参见万明《中葡早期关系史》,社会科学文献出版社2000年版,第29—30页。

第二篇 海上篇 >>>

玩心切，置之不顾，继续南行，以实现他游历江南的计划。他于同年十二月二十六日（1520年1月16日）抵达南京，驻于那里，直至十五年闰八月十二日（1520年9月23日）才启程返回北京。

葡使托梅·皮雷斯一行得旨许入京后，于1520年1月23日乘船离开广州北上，随后弃舟登陆，通过梅岭、南昌，前往南京。经过4个月行程，到达南京已是5月①。当时武宗到达南京已有几月，但无意在南京接见使团，于是使团只得继续北上，前往北京等待觐见。此间，使团通事火者亚三贿赂武宗宠臣江彬，由江彬引荐给武宗。向喜玩乐的武宗以"能通番汉"的火者亚三说话有趣，"时学其语以为乐"②。似乎他对外国使臣的兴趣仅止于此。

在北京翘首以待的葡萄牙使团，终于在正德十五年十二月十日（1521年1月18日）等到了武宗北返。然而天有不测风云，武宗回京后不久，即大病不起，一命呜呼。因此，葡使皮雷斯终未得到明朝皇帝召见。其在京期间，为中国史籍记载的重要事件，是通事火者亚三骄横不法，在四夷馆中见到明朝礼部主事梁焯不行跪拜礼，梁焯大怒，施以杖刑。江彬得知此事后，反怒而言道："彼尝与天子嬉戏，肯下跪一主事耶？"③ 他扬言要奏报武宗。恰值武宗之死，梁焯得以幸免④。

武宗死后次日，明朝即下令："进贡夷人俱给赏令回国。"《明实录》所载，葡萄牙使臣也列于其中⑤。明廷在清除武宗佞臣江彬后，处死了倚仗江彬势力的葡萄牙使团通事火者亚三⑥，并颁旨将葡使一行押回广东，"驱之出境去讫"⑦。此后，葡使皮雷斯在广东沦为阶下囚。这位欧洲来华

---

① 维埃拉·卡尔沃（Cristóvão Vieirae Vasco Calvo）：《广州囚徒信件》[*Cartao dos Cativos de Cantão: Cristóvão Vieira e Vasco Calvo (1524?)*]，洛雷罗（RuiM anuelLoureiro）注释，澳门文化学会1992年版，第27页。
② 何乔远：《名山藏·王享记三满剌加》，第6216页。
③ 《名山藏·王享记》三《满剌加》，第6217页。
④ 康熙《南海县志》卷一一《梁焯传》，《日本藏中国罕见地方志丛刊续编》，书目文献出版社1992年版，第186页。
⑤ 《明武宗实录》卷一九七，正德十六年三月丙寅，第3682页。
⑥ 严从简著、余思黎点校：《殊域周咨录》卷九《佛郎机》，第321页。
⑦ 《筹海图编》卷一三《经略》三《兵器·佛郎机图说》，中华书局2007年版，第903页。

的第一位使节病故于中国①。

至此,中葡两国,也即中国与西方国家的首次正式交往,以无可挽回的失败告终。

第四节 葡使的失败及其原因

葡使皮雷斯终未得以觐见明朝皇帝,从表面上看,似乎正值明武宗驾崩,未逢其时。然而,仔细分析,却又不然,葡萄牙使臣失败的命运早已注定。

首先,两国由于礼仪习俗迥然不同,双方相互缺乏了解。

如前所述,葡萄牙船队驶入广州港,按照西方礼节,曾鸣炮升旗致意,被误以为是开炮寻衅。后来托梅·皮雷斯按照外交礼仪,在武宗班师回京时,向中国方面递交了他带来的三封信。其中一封是葡王唐·曼努埃尔一世的,一封是费尔南·佩雷斯·德·安特拉德的,还有一封是两广总督的。此前,费尔南的信已被译为中文,但是,葡使皮雷斯并不知道信中的意思在翻译时已有所更改。例如:其中添加了葡国愿意成为中国皇帝的藩属的话,等等。当他在北京打开葡王信件译出时,发现葡王信中意思与前此所中译费尔南信中内容大相径庭。译员解释说那样翻译是为了符合中国的习惯。根据葡萄牙史料记载,明朝发现二信内容不同后,大起疑心,当即逮捕了译员,并且开始调查此事。同时禁止葡萄牙使团人员接近皇宫,对他们加强防范和控制②。需要说明的是,这里所记述的译员是否即火者亚三,因为缺乏史料而不能断定。然而误解的发生,源自双方语言存

---

① 关于托梅·皮雷斯之死,从使团成员维埃拉写于广州狱中的信,可以得出1524年他死于广州狱中的结论,但科尔特桑根据平托(Fernão Mendes Pinto)的《游记》(Peregrinacão)记述皮雷斯后来在华居住生活多年,大约死于1540年。见《欧洲第一位赴华使节》。近年来葡萄牙学者多采用1540年说,如《葡萄牙历史百科辞典》1990年版,《葡萄牙历史辞典》1984年版。又据史密斯研究,皮雷斯至迟在1527年和1528年还生活在广东,见《1512年葡萄牙航行中国计划与有关托梅·皮雷斯在广东的新评介》,第3页。

② 维埃拉·卡尔沃(Cristóvão Vieirae Vasco Calvo):《广州囚徒信件》[Cartao dos Cativos de Cantão: Cristóvão Vieira e Vasco Calvo (1524?)],洛雷罗(Rui Manuel Loureiro)注释,澳门文化学会1992年版,第28页。

在极大障碍外,还由于两国相互根本不了解对方,因此误解不仅在所难免,而且随交往增多一次次加深,终至不可收拾。当时的葡萄牙史家巴洛斯(Joao de Barros)曾在他的史书中记述了下面一段话:"最终,他们认为我们买了拐骗来的有名望的人家子女烤了吃掉,他们相信这种说法,是因为他们从来没有听说过我们。我们对整个东方来说,都是恐惧和可怕的。这不奇怪,因为不论是对他们,还是对其他遥远地方的民族,我们所知道的也同样寥寥无几。"① 中葡首次交往的失败,与这种双方的隔膜有直接的关系。

其次,在中葡第一次官方交往失败的过程中,有两个人不能辞其咎。一个是中国人,作为葡萄牙使团通事身份的火者亚三②;另一个就是取代费尔南的葡萄牙船队司令西蒙·安特拉德。

火者亚三通过贿赂武宗佞臣,得以见帝。他倚势骄横不法,使中国官员一致认为是大逆不道,给葡萄牙使臣造成了很坏影响。而西蒙·安特拉德则将其兄离开中国时与中国建立的和平友好交往气氛破坏殆尽,使双方关系急转直下。他于1520年9月到达广东③。在托梅·皮雷斯使团前往北京时,他在广东屯门的行为劣迹斑斑。他生性残暴,不仅违反中国法律"筑室立寨",而且"益掠买良民"④。当时的葡萄牙史家卡斯丹涅达(Fernao Lopos de Castanheda)在史书中也说他的所作所为使中国方面很不高兴⑤。特别是当广州官员去屯门向葡人收税时,他们竟然打了中国官员,并撕坏中国官员的帽子,甚至进行扣押⑥。

内有火者亚三的不法,外有西蒙·安特拉德的劣迹,因此葡萄牙使团在北京期间,正德十五年(1520)年底,监察御史邱道隆首请驱逐葡萄牙

---

① 巴洛斯(João de Barros):《亚洲第三个十年》(*Terceira decada da Asia*),葡萄牙国家图书馆藏善本,1563年,里斯本,第10卷。
② (明)严从简:《殊域周咨录》卷九《佛郎机》,第320页。
③ 布拉加(J. M. Braga):《西方先驱者及其对澳门的发现》(*The Western Pioneers and their Discovery of Macau*),澳门,1949年,第63页。
④ 《明史》卷三二五《佛郎机传》,第8430页。
⑤ 卡斯塔涅塔(Fernão Lopoz de Castanheda):《葡萄牙发现征服印度史》(*História do Descobrimentoe Conquista da Indiapelos Portugueses*),里斯本,1833年,第5卷,第291页。
⑥ 维埃拉·卡尔沃(Cristóvão Vieirae Vasco Calvo):《广州囚徒信件》[*Cartao dos Cativos de Cantão: Cristóvão Vieira e Vasco Calvo (1524?)*],洛雷罗(Rui Manuel Loureiro)注释,澳门文化学会1992年版,第29页。

使臣。继之上疏的御史何鳌称"佛郎机最号凶诈",所举事例即是"留驿者违禁交通,至京者桀骜争长",便是指此二人而言。他甚至进一步主张:"悉驱在澳番舶,及夷人潜住者,禁私通,严守备,则一方得其所矣。"①

第三,葡萄牙侵占满剌加的阴影,是造成葡使来华出使失败的重要原因。

在中国史籍中,有火者亚三曾"诈称满剌加使臣"的记载②,应该说是不确切的。上文已经谈到,皮雷斯等一到达中国,便讲明是葡萄牙使臣,毫无讳言。而他作为"佛郎机"使臣,携带有葡王致中国皇帝信函,受到中国总督等地方官员的接待。明朝地方官员明确其身份,奏报了朝廷。因此,葡使不存在诈称满剌加使臣的问题。但因为葡萄牙占据满剌加,使团受到明朝谴责。自永乐朝起,在明朝建立的朝贡体制中,满剌加就是非常重要的一环,明中叶葡萄牙侵占满剌加,美国学者阿谢德评价其意义说:"中国的贸易之集中于马六甲,意味着葡萄牙人在1511年夺取该并将其贸易纳入新的好望角路线时,南部海路便突然地不再是中国与外部世界交往的主要途径了。"③确切地说,葡萄牙切断了中国与满剌加的传统联系,也中断了中国与印度洋的贸易网。明王朝对满剌加虽无意出兵援救,但起码在道义上是主持正义,对侵占行径加以指责的。正德十五年(1520)年底,监察御史邱道隆首请驱逐葡萄牙使臣,主要就是指责其占据满剌加。疏中言道:"满剌加朝贡诏封之国,而佛郎机并之,且啖我以利,邀求封赏,于义决不可听。请却其贡献,明示顺逆,使归还满剌加疆土之后,方许朝贡。脱或执迷不悛,虽外夷不烦兵力,必檄寻诸夷,声罪致讨,庶几大义以明。"当时,经礼部复议,做出了"宜俟满剌加使臣到日,会官译诘佛郎机番使侵夺邻国,扰害地方之故,奏请处置"的决定④。

根据葡文史料,满剌加使臣来华求援非只一次。一说满剌加苏丹穆罕默德(Sultan Mohamed)逃到宾坦岛后,派其叔父那宋·穆达里阿(Na-

---

① 《明武宗实录》卷一九四,正德十五年十二月己丑,第3631页。
② 《殊域周咨录》卷九《佛郎机》,第320页。又周景濂编著《中葡外交史》认为"火者亚三与比留斯之入京,殆冒麻剌甲使臣之名义",商务印书馆1991年版,第20页。
③ [美]S.A.M.阿谢德著,任菁等译:《中国在世界历史之中》,河北教育出版社1993年版,第201页。
④ 《明武宗实录》卷一九四,正德十五年十二月己丑,第3631页。

cem Mudaliar）来华求援，没能如愿，失望而返，死于归途，葬在中国①。又一说满剌加国王派其子端·穆罕默德（Tuan Mohammed）来华，述说葡萄牙闯入马六甲后的恶行，及满剌加国王逃至宾坦岛的情况，并向明朝正式呈递了一封求援信②。

中国史籍记载："会满剌加国使者为昔英等亦以贡至，请省谕诸国王，及遣将助兵复其地。"求援之事，明廷下兵部议。"既而兵部议请敕责佛郎机，令归满剌加之地，谕暹罗诸夷以救患恤邻之义。"于是，"上皆从之"③。

第四，从葡萄牙使团的失败而言，武宗之死只是个偶然事件。即使武宗不死，明朝官员实际已向驱逐葡萄牙使团迈出了第一步。世宗甫即位，在礼部、兵部所议面前，做出驱逐决断也属必然④。换言之，如果说葡萄牙使团的失败，也有偶然的因素，那就是葡萄牙使团无意间因通事而卷入了明朝内部的斗争漩涡。武宗在世荒淫无度，宠信江彬等佞臣。武宗之死，导致明朝内部矛盾激化，当时京城内外气氛格外紧张，传闻豹房以江彬为首的边帅即将发动军事政变，于是皇太后和内阁大学士杨廷和等商定及早除去江彬，这无疑也促使了更为不利于葡萄牙使团的局面迅速出现。如前所述，使团通事火者亚三因江彬得以亲近明武宗，后倚仗江彬势力，在京骄横不法，遭到明朝官员杖责，而后他被处死，也与江彬在武宗死后于宫中服法有所关联。事实上，江彬的垮台加速了葡萄牙使团的失败命运。

第五，葡萄牙使团于1521年5月遭到驱逐，离开北京，当使团行进在去往广东的路途中时，沿海地区中葡之间的一场冲突，无疑更加重了使团的厄运。根据《明实录》正德十六年（1521）七月的记载，当时有葡萄牙船只到来，言称是"接济使臣衣粮者"，船上载有货物，要求抽分互市。

---

① 路易斯·德·阿尔布克尔克（Luis de Albuquerque）：《阿丰索·德·阿尔布尔克述评》（*Commentaries of Alfonso D'Albuquerque*），第3卷，第81、131—134页。
② 维埃拉·卡尔沃：《广州囚徒信件》第34—35页将使节名写作 Tuǎo Mafame。另，此书洛雷罗注云：巴洛斯《亚洲第三个十年》中为 Tuǎo Mahamede，平托写作 Trannocem Mudelliar 及 Tuan Hassan Mudlr Mudeliar, Tuǎo 是马来语尊称，相当于葡萄牙语的"唐"（dom），见第68页。
③ 《明世宗实录》卷六，正德十六年七月己卯，第208页。
④ 阿曼多·科尔特桑认为，使团恰逢武宗之死，世宗即位，因此造成使团的失败，并认为与世宗年轻有关。见《欧洲第一位赴华使节》，第67页。

地方奏报朝廷，礼部以"佛郎机非朝贡之国，又侵夺邻封，犷悍违法，挟货通市，假以接济为名。且夷情叵测，屯驻日久，疑有窥伺，宜敕镇巡等官驱逐之，毋令入境"①。此时，西蒙·安特拉德已离开中国，来华的葡萄牙船长迪奥戈·卡尔沃（Diogo Calvo）等人正遇上中国官吏得旨驱逐，而葡萄牙人没有服从法令离开，中国官兵向葡国船只发起攻击，最后葡国船只突围而去。托梅·皮雷斯的使团一行恰在这场冲突过后，在9月到达广州。由于冲突发生，朝廷已颁旨扣押葡萄牙使团，关入牢狱，直至他们答应归还侵占的满剌加国土为止②。

正如葡萄牙史学家依杜瓦杜·巴拉桑（Eduardo Brazao）所说："托梅·皮雷斯得到了葡萄牙派往东方与中国建立友好关系的第一任使节的荣誉，但是这个荣誉却花费了过高的代价。"③

第五节 中葡第一次正式交往失败的影响

葡萄牙王国的第一个使节来华遭到失败，这一貌似偶然的事件，深刻地影响了后来的历史，其导致的严重后果莫过于使中国明王朝海外政策由逐渐开放松动到急速逆转，更促发了一系列问题，影响了历史发展的进程。

第一，葡使来华失败后，中葡关系继续恶化，导致两国间外交联系断绝30年。

葡使被扣后不久，1522年发生中葡西草湾之役。当时葡王派遣马蒂姆·阿丰索·德·梅洛（Martim Afonso de Mello）率船队前来中国。他于

---

① 《明世宗实录》卷六，正德十六年七月己卯，第208页。
② 维埃拉·卡尔沃（Cristóvǎo Vieirae Vasco Calvo）：《广州囚徒信件》[*Cartao dos Cativos de Cantǎo: Cristóvǎo Vieira e Vasco Calvo（1524?）*]，洛雷罗（Rui Manuel Loureiro）注释，澳门文化学会1992年版，第37页。
③ 布拉藏（Eáuardo Brazǎo）：《葡萄牙和中国外交关系史记录1516—1753》（*Apontamentos Para a História das Relaçōes Diplomade Portugal com a China 1516—1753*），里斯本，1949年，第15页。

第二篇 海上篇 >>>

1522年8月4日到达中国沿海①。在向屯门行驶中，受到中国官兵的阻挡，由于拒绝从命，于是战事发生②。根据《明史》记载："佛郎机遂寇新会之西草湾。指挥柯荣，百户王应恩御之。……生擒别都卢、世利等四十二人，斩首三十五级，获其二舟。余贼复率三舟接战，应恩阵亡，贼亦败遁。"③ 由此可见战事之激烈。后来梅洛在1523年10月25日从果阿写信给葡王唐·若奥三世（D. Joao Ⅲ），报告他从马六甲到中国的情况，提到这次与中国舰只发生冲突之事④。

从此以后，中葡两国外交联系完全断绝，直至1554年双方才恢复正式贸易⑤，葡萄牙整整被逐达30年之久。

第二，由于中葡首次正式交往的失败，影响到中国与海外各国，特别是与西方国家的关系，给此后中西正常交往带来障碍。欧洲的第一个使团来华失败，致使明朝统治者从心理上对"外夷"更增添了不信任感，也更加重了防范心理。特别是中葡发生冲突以后，明王朝海外政策保守的一面日趋浓重，对后来来华的海外国家，一度采取一律拒之门外的过激办法，导致完全禁绝"番舶"的闭关政策出现于嘉靖朝。

第三，中外正常贸易交往的中断。

由于驱逐葡使，殃及池鱼。明廷颁旨："自今海外诸夷及其朝贡者，抽分如例，或不赍勘合及非期而以货至者皆绝之。"⑥ 原在正德初年已经开始放宽的对海外各国来华贸易活动的贡期和勘合要求，此时完全收紧。实际上是重申了"非入贡即不许其互市"的明初规定。明王朝从而恢复了明初将海外贸易全部控制在官营朝贡贸易唯一孔道的做法。这一政策的实

---

① 史密斯（Ronald Bishop Smith）：《马蒂姆·阿丰索·德·梅洛》（Martim Afonso de Mello），德卡特，1972年，第9页。
② 隆斯泰德（Anders Ljungstedt）：《葡萄牙在中国居留地的历史概述》（*An Historial Stetch of the Portuguese Settlements in China*），香港，1992年，第7页。
③ 《明史》卷三二五《佛郎机传》，第8432页。
④ 葡萄牙国家档案馆藏（Arquivos Nacional Torre do Tombo）编年第一部分，第30包，49号（Corpo Cronologico Parte Ⅰ，Maco 30，Doc. no49）。
⑤ 克鲁斯（Gaspar daCruz）：《中国志》（*Tractado em quese Cŏtam muito parestĕso as cousas da China，Cŏsuas Particularidades eassi do reino de Ormuz*），埃武拉，1569年，第23章；又参见洛雷罗（Ruim anuel Loureiro）《一名阿尔加维人在中国海》（*Um Algarvio nos Mares da China*），《历史笔记》（*Cadernos Históricos* Ⅱ）1991年第2期。
⑥ 《明世宗实录》卷六，正德十六年七月己卯，第208页。

施，造成的恶果十分明显："由是番舶几绝。"① 嘉靖八年（1529）广东巡抚林富上疏奏请弛海禁，提到诛火者亚三后，"有司自是将安南、满剌加诸番舶尽行阻绝"。他指出："佛郎机素不通中国，驱而绝之宜也。《祖训》《会典》所载诸国，素恭顺与中国通者也，朝贡贸易尽阻绝之，则是因噎废食也。"② 疏文明确指出嘉靖朝海外政策收缩系与葡使相关。由此可见以往史界大多以嘉靖海禁全出于日本之故，实际并非如此。

第四，由于朝廷收缩海外贸易，厉行海禁，海外贸易趋向于福建，"皆往漳州府海面地方，私自驻扎，于是利归于闽，而广之市萧然矣"③。实际海外贸易为中外双方所需要，因此无法禁绝。与广东的冷落形成鲜明对照，私人海外贸易在福建、浙江等地蓬勃发展起来。但是此时海外贸易中加入了西方因素，使中国私人海外贸易的成分更为复杂，也确实给明廷带来了不安全因素。

被逐出中国的葡萄牙人认为"与中国的贸易太有价值了，以致不能放弃。于是避免广东港，贸易船从马六甲直接驶往浙江和福建"④。由于海外扩张时期的特性所决定，他们在中国铤而走险，进行走私贸易，更加入了"倭寇"的行列，致使中国的"倭患"愈演愈烈。为了消除"倭患"，嘉靖初年不得不采取过激地严禁与外国人交往的海禁措施，所谓闭关由此而来。中国史料中有倭和中国海盗与佛郎机勾结，从此海上多事的记载⑤，海盗问题由此更盛，朝廷派朱纨严行海禁，而其后他的被劾自尽，也与佛郎机海盗商人有关。

第五，由于"番舶几绝"，官方海外贸易处于中断状态，私人海外贸易发展，因此朝廷与地方过去所得的番舶之利也就化为乌有。林富疏中曾极言番舶之利，有"足供御用""节充军饷""公私饶给"，小民"于以自肥"四利，称"广东旧称富庶，良以此耳"。失去此一大进项后，当然不仅不能上供御用，而且"库藏日耗"，"小有征发，即措办不前，虽折俸折

---

① 《明史》卷三二五《佛郎机传》，第8431页。
② （明）黄佐：《泰泉集》卷二〇《代巡抚通市舶疏》。
③ （明）黄佐：《泰泉集》卷二〇《代巡抚通市舶疏》。
④ 布拉加（J. M. Braga）：《西方先驱者及其对澳门的发现》（*The Western Pioneers and their Discovery of Macau*），澳门，1949年，第65页。
⑤ （明）郑舜功：《日本——鉴穷河话海》卷六《海市》，据旧钞本1939年影印本。

米，久已缺乏，科扰于民，计所不免"①。嘉靖九年（1530）给事中王希文疏中也有"何不逾十年，而折俸有缺货之叹矣"的话。② 由此可见，中断正常海外贸易后带来一系列后果。这是当年首请"悉驱在澳番舶"之人所始料不及的。

值得注意的是，嘉靖八年（1529）广东巡抚林富首请弛海禁，但他也认为佛郎机应在驱逐之列，可见中葡首次交往失败后，在中国官员中，对葡萄牙已形成的印象难于更改。自然这与葡萄牙商人在正常贸易不可得的情况下，转而从事海上走私贸易，成为海盗的一部分是大有关系的。

综上所述，葡萄牙使节第一次来华失败所遗留下来的一系列严重的后果，一环扣一环，在中国与海外国家关系上留下了阵阵涟漪，同时也给中国社会带来了不可忽视的影响。

---

① （明）黄佐：《泰泉集》卷二〇《代巡抚通市舶疏》。
② （清）印光任、张汝霖撰：《澳门纪略》上卷《官守篇》引《王希文〈重边方以苏民命疏〉》，广东教育出版社1988年版，第19页。

第七章 古代海上丝绸之路延伸的新样态：明代澳门兴起与全球白银之路*

16世纪，海洋成为时代的主题，全球化从海上拉开了帷幕，一个整体世界从海上连接起来。在全球化开端时代，澳门史是经济全球化历史的重要组成部分。明代白银货币化，市场经济萌发，成就了澳门作为令人瞩目的以白银贸易为中心的全球经济体系的动力源泉和轴心所在，掀起了一场席卷全球的白银开发与流转的运动，推动白银形成世界货币，促使全球白银大量流入中国。中国商品是澳门兴起的支点，中国丝绸与瓷器等传播到全球，标志着中国积极参与了经济全球化初步构建，显示出全球化时代大合流的历史发展态势。在全球史视野下探讨明代澳门兴起及其与古代海上丝绸之路延伸新样态——白银之路的关系，无疑对于世界文化遗产的认知，也大有裨益。

第一节 引言

全球史是自1990年代以来国际史学界新兴的、发展迅速并广为人们关注的研究领域。总的来说，以往学术界研究，主要是将澳门史作为政治范畴，在政治外交领域寻求澳门的定位。全球化与史学的最新发展，使得我们必须将澳门历史置于全球视野来重新进行整体的考量。16世纪全球化开端，在全球视野下，海上丝绸之路延伸的新样态——白银之路值得我们

---

* 本章是在2019年11月国家文物局与澳门特别行政区政府社会文化司召开的"海上丝绸之路国际学术研讨会"上的发言基础上整理补充而成。

特别关注。① 明代澳门兴起繁荣与海上丝绸之路新样态——白银之路——第一个全球经济贸易体系构建密不可分,是全球史的重要篇章。

澳门是在明代兴起的中国对外贸易港口城市。2005 年澳门历史城区进入世界文化遗产名录,古老的澳门历史城区,每一处都在讲述着自明代以来的历史故事,诉说着中西文化交流融合的历史脉络。我们还可以在更加广阔的空间,即全球的空间,认识澳门在 16 世纪全球化开端时期的历史地位与作用。

澳门妈祖阁中有一"洋船石":是澳门著名古迹之一。位于妈阁庙进门右边,一块巨石上面刻有一艘古代海船,船的桅杆上挂着一面写有"利涉大川"的幡旗。此语出自《易经》六十四卦第十三卦"同人卦":"同人于野,亨。利涉大川,利君子贞。"② 在这里,"同人于野","同"是"会同""和同"之意,可以解释为以和同的精神,会合同人在范围广阔的旷野之上;"亨"是一切亨通,旷野引申为实现世界大同的理想。"利涉大川",说明在大海上贸易利润丰厚,无往不利;"利君子贞"是有利于君子坚守正道。这块巨石无疑揭示了澳门以海上贸易而兴的重要特征,也是澳门贸易"华洋"共建共生的真实写照。

16—17 世纪上半叶,在总量上日本白银产量的绝大部分和占美洲产量一半的世界白银流入了中国。葡萄牙学者马加良斯·戈迪尼奥因此将中国形容为一个"吸泵",形象而具体地说明了中国吸纳了全球的白银。全球化开端之时,通过澳门,中国积极参与了全球第一个经济贸易体系的构建。但直至今天,我们对于 16 世纪全球化开端后海上丝绸之路扩展与延伸的新样态——白银之路的研究尚属薄弱,澳门兴起在其间发挥的重要枢纽作用也还有待阐发。西方学者丹尼斯·弗林和阿拉图罗·热拉尔德兹提出:全球贸易在 1571 年诞生。我们认为:如以中国活跃的白银国际贸易

---

① 主要关于丝绸之路的中文著述是全汉昇先生《略论新航路发现后的中国海外贸易》《略论新航路发现后的海上丝绸之路》《明清间中国丝绸的输出贸易及其影响》《明代中叶后澳门的海外贸易》和《明中叶后中日间的丝银贸易》,分别见《中国近代经济史论丛》,中华书局 2011 年版,第 72—84、85—93、94—104、136—159、160—177 页。但全先生没有提出全球史视野下的白银之路的概念。

② 《易经》,北京燕山出版社 2001 年版,第 50 页。

为起点，时间可以提前到16世纪40年代。①

澳门兴起于16世纪中叶，并非偶然。澳门开埠是明朝政策的产物，是明朝制度变迁的结果。明朝为什么会考虑开放澳门作为广州外港、对外贸易特区？明代澳门的兴起固然有多种因素，但白银贸易是首屈一指的因素。迄今为止，中外学界对澳门兴起的政治、军事与文化因素投入了相当大的关注，笔者以往研究提出澳门开埠是明朝澳门政策的产物，也主要是从政治上论证澳门兴起与明朝主权在握，② 对于澳门与海上丝绸之路关系虽也有所涉及，但对澳门生存和发展具有决定意义的海上贸易，却主要集中于丝绸和瓷器，以往没有凸显贸易的核心因素白银。③ 本章旨在专门论证澳门兴起，主要依靠的是白银贸易；澳门繁荣，主要凭借的是全球白银贸易网络的构建，为海上丝绸之路再度辉煌——白银之路发展到鼎盛时期——一个全球经济贸易体系的诞生，即经济全球化开端，发挥了重要的枢纽作用，做出了历史性贡献。

第二节 澳门的兴起：白银需求与制度改革

对于澳门兴起的考察，不能就兴起论兴起，必须回溯到更早的时候：中国经济转型大背景——明代白银货币化。

16世纪全球化前夜，中国发生了什么？

笔者以往研究表明：明代白银崛起于市场，经历了不同寻常的从非法货币到合法货币的货币化进程，标志中国启动了从农业经济向市场经济的转型。发展到成、弘之际（1465—1505），是明代中国白银货币化由自下而上到与自上而下合流，主要以赋役折银方式向全国铺开的时候。无独有

---

① 万明在第22届历史科学大会主旨会议"全球视野下的中国"上发表：*China's Silver Monetization: Ming China and Global Interactions*, Cambridge Scholars Publishing, 2017。

② 万明：《明代澳门政策的确立》，《中西初识》(《中外关系史论丛》第6辑)，大象出版社1999年版；《试论明代澳门的治理形态》，《中国边疆史地研究》1999年第2期。

③ 万明：《明代澳门与海上丝绸之路》，《世界历史》1999年第6期；《试论16—17世纪中叶澳门对海上丝绸之路的历史贡献》，(澳门)《文化杂志》(中文版)第43期，2002年夏季刊；《明代青花瓷西传的历程：以澳门贸易为中心》，《海交史研究》2010年第2期。

偶，这也正是郑和下西洋时代海外物品胡椒、苏木等在皇家府库枯竭之时。白银成为全社会需求的货币，而中国银矿出产不足，从那时开始，民间私人海上贸易蓬勃兴起。作为朝廷重臣的丘濬关注到社会流通领域中的白银凸显，提出了以白银为上币，建言开放海禁，发展对外贸易。这一切发生在16世纪西方扩张东来之前的历史时间段。

16世纪海洋成为时代的主题：全球化开端，西方葡萄牙人东来，首先到达郑和七下西洋每次必到的印度古里（今印度喀拉拉邦卡利卡特），接着沿着郑和航线逆向到达郑和七下西洋每次必到的满刺加（今马来西亚马六甲），灭亡了满刺加王国，占据了马六甲海峡的咽喉之地，于是直面中国。

西方葡萄牙举国一致的海外扩张浪潮推动葡萄牙人来到东方，恰逢明代中国举国一致的白银需求，推动中国国内市场扩大发展，走向海外市场。明代白银货币化进程，也即明朝财政货币化进程，白银需求迫使明朝财政的危机愈演愈烈，制度变迁势在必行。正当此时，正德十二年（1517）葡使东来，中葡官方第一次正式交往失败，明朝在广东"闭关"，此后葡萄牙人与明朝私人海上贸易主体海寇兼海商集团合流从事走私贸易，开始侵扰中国沿海的过程，明朝在平息"海寇"侵扰过程中，经历了朝堂之上争议纷纭的阶段，最终广东地方政府在财政日益紧迫的压力下进行制度改革，首创建立了澳门贸易特区：1554年允许葡萄牙人到广东进行正常贸易，1557年允许葡萄牙人入居澳门经营海外贸易。中国商民和工匠"趋者如市"，澳门作为国际贸易重要港口城市应运而生。① 葡萄牙人入居澳门，与其助剿地方海盗有着密切联系。② 海盗事件的频发，不仅具有军事与安全的意义，而且无疑需要大量财政的支出。

此时由于白银货币化在全国铺开的作用，财政货币化加速进行。至嘉

---

① 对于中葡第一次正式交往失败，发展至中葡在华南冲突，再到葡萄牙人入居澳门经过，明朝对澳门政策与治理形态，澳门成为中外交往的窗口，参见万明《中葡早期关系史》，社会科学文献出版社2001年版，第24—169页。

② 韩霖《守圉全书》卷三《委黎多报效始末疏》记云："迨至嘉靖三十六，历岁既久，广东抚按乡绅悉知多等心迹，因阿妈等贼窃踞香山县濠镜澳，出没海洋，乡村震恐，遂宣调多等捣贼巢穴，始准侨寓濠镜。"台北"中研院"傅斯年图书馆藏崇祯刊本。这里清楚地记载了嘉靖三十六年葡人助剿澳门海盗而获得澳门居住权。参见汤开建、张照《明中后期澳门葡人帮助明朝剿除海盗史实再考》，《湖北大学学报》2005年第2期。

<<< 丝绸之路上的明代中国与世界

靖初年,白银在流通领域主导地位确立,海上贸易以民间海盗兼海商为主体走向东亚海域,直接促发了日本银矿的大开发,也使得海上贸易的无政府、无秩序达于历史上的顶点。让我们追溯一下下面的时间表:嘉靖二年(1523)宁波"争贡之役"发生,血流成河,朝贡贸易由此开始步入尾声;此后葡萄牙人在被逐出广东后与中国海商兼海盗合流在浙江舟山双屿建立居留地,嘉靖二十七年(1548)为明朝巡抚朱纨荡平,接着是朱纨下狱,中外摇手不敢言海禁;1549年海商兼海盗王直等大肆劫掠浙江沿海,1550年蒙古俺答南下逼京师,史称"庚戌之变";"南倭北虏",无疑促发了明朝此时出现严重的财政危机:1549年明朝太仓库岁入银212万两,而岁出达412万两,一出一入相差近一半;1551年太仓岁入200万两,岁出竟达595万两,差额几达岁入的两倍。① 由于"倭寇"骚扰主要集中于浙、直、闽、粤等沿海地区,明朝开始提编加派,于南直隶、山东、浙江、福建、广东等遭受倭患的沿海省份实行派向丁地,预征银力二差,民壮、弓兵、里甲折银等,力图补充海防经费。1553年王直纠集中日海盗兼海商大肆劫掠浙江沿海,所谓倭寇之患大炽。接着1554年底,明朝于次年提编预征三十五年各处民壮、弓兵和均徭折银,送军门充饷。② 在此倭患愈演愈烈,军事开支急剧增加,使得里甲承担的赋役更为沉重,"防倭御倭"局势紧张之时,葡萄牙人助剿广东海盗何亚八,1553—1554年海道汪柏与葡萄牙船长苏萨订立口头协议,允许葡萄牙人入广州贸易,其时"资贸易以饷兵"目的极为明显。1557年葡萄牙人助剿澳门海盗,"始准侨寓蠔境",广东地方政府允许葡萄牙人入居澳门。

这里需要说明的是,终明世澳门只是明朝允许葡人居留进行贸易的特殊侨民社区,而清代鸦片战争以后葡萄牙人才占据澳门为殖民地。广东政府官员利用澳门设立贸易特区,引进外商经营海外贸易,从事白银商品的进出转口贸易,增加税收收入,充实财政收入,是制度改革的产物。澳门成为中国境内唯一允许外国人居留和贸易的特殊区域,正是在这一新格局

---

① 全汉昇、李龙华:《明中叶后太仓岁入银两的研究》,香港中文大学《中国文化研究所学报》第5卷第1期;《明中叶后太仓岁出银两的研究》,香港中文大学《中国文化研究所学报》第6卷第1期。

② 《明世宗实录》卷四百十七,嘉靖三十三年十二月乙亥,第7238页。

下，澳门才不同于当时中国的其他港口城市，在中国对外贸易中发挥了特殊作用，这一重要地位主要体现在提供外银的输入，中国商品的输出海外，通过澳门，中国参与了经济全球化的历史进程。澳门这一重要商港，在葡萄牙人获准在广州进行一年两次的贸易之后，成为中国白银进口的重要来源。

第三节 澳门的繁荣（上）：中国与全球白银之路的建构

明代澳门兴起繁荣的近百年历史（1557—1644），实质上也是明朝改革开放制度变迁的历史。明代中国从传统农业经济转向近代市场经济的过程，是一个货币经济增长的过程，增长的动力来源始于明代白银从市场自发崛起及其货币化进程。澳门贸易的兴起，具有中国市场经济萌发和市场繁荣的历史大背景。在市场经济发展推动下，明朝采用的是渐进的制度变迁方式，把自下而上来自市场的调整与自上而下的制度变迁结合起来。从朝贡贸易体制向自由贸易体制转变，一个重要的关节点就在澳门兴起。从官方主导的朝贡贸易转向开放市场贸易；把对外开放与地方财政体制改革有机结合起来，澳门作为广州外港——中国著名港口城市的兴起，标志着明代中国在改革中走向全球。中国白银经济伴随澳门兴起而步入通往全球贸易的常态，主要得益于与市场经济相适应的制度改革及变迁。

经济转型推动了明后期对外政策的转变，意味着制度变迁，开启了新的海上贸易模式：一是在福建漳州月港开海，允许中国商民出洋贸易；一是在广东澳门开埠，引进外商入华经营海外贸易。

月港开海孕育了福建海商合法化及其集团的崛起，到万历末年，中国海商集团迅速成长壮大，成为17世纪西太平洋海上贸易的主体力量；澳门兴起开端于允许葡萄牙人到广东正常贸易，直至入居澳门，标志引进外商经营海上贸易合法化，形成一个贸易特区。值得注意的是，澳门形成广州外港——贸易特区，其兴起和发展自一开始，就是中国海商与居澳葡萄牙人共同努力的结果，中国商品是澳门对外贸易的支点。新的对外贸易模式的转变使一种新的全球贸易网络开创运行。澳门兴起以澳门为中轴，与

<<< 丝绸之路上的明代中国与世界

海外建立多条国际贸易航线：澳门—果阿—欧洲；澳门—日本；澳门—马尼拉—美洲；澳门—东南亚。基于中国的特殊国情——白银货币化，澳门兴起为海上国际贸易网络枢纽，推动海上丝绸之路极大地延伸——白银之路扩展到全球。

明朝为了开展海外贸易，推出了允居澳门的政策，将其作为扩大财源的手段。从白银货币化出发，则会发现由此而产生的诸多值得关注的经济现象和问题，其中澳门的兴起，在庞尚鹏疏中表述为"筑室以便交易"；在霍与瑕议中更直接指出"贸易以饷"，明确希望通过这种方式，增加政府的财政收入。在嘉靖十四年（1535）戴璟的《广东通志初稿》的"嘉靖十三年会议粮价则例"中，全省各府县的米粮与军饷均以银计，可见广东财政货币化走在全国前列。① 制度改革特点是：其一，改变了朝贡贸易体制的则例。其二，以允居方式让纳税者葡萄牙人在澳门经营海上贸易。澳门由此成为一个庞大的全球经济贸易体系的中轴，反映了东西方对于海上贸易的合理诉求。澳门发生以及由此导致的白银需求和贸易模式的变化，加速了明代中国与全球白银贸易体系建构的互动关系，推动了明代国家与社会的转型。

这里有一个匡正旧说的问题。中外史学界以往在谈到澳门海上贸易时，大多是只谈葡萄牙人建立并经营了以澳门为中心的多条国际贸易航线，即葡萄牙人开展了澳门国际贸易。与之相联系的，是认为自葡萄牙人东来，海上丝绸之路就发生了自东而西向自西而东的转向。置于全球史发展进程中来看，15世纪，人类大规模海洋活动帷幕揭开，世界性新航路的开通，代表了历史发展总的趋势，全球开始融为一体。以享誉世界的中国丝绸命名的海上丝绸之路，是中国古代与海外各国交往的海上纽带。葡萄牙人东来后，中国明朝政府的政策转变，澳门以白银贸易而兴起，促使海上丝绸之路极大地扩展和延伸，形成了新样态——白银之路，与世界市场的初步形成同步发生，从而推动了全球融为一个整体的进程。

拓宽研究时空范围，传统的观点暴露了问题。从历史上看，在中世纪，中西经济关系本是不平衡的，中国先进，西方落后，至葡萄牙人东来，在中国与西方直接交往的开始时期，并没有立即改变这一状况。不是

---

① （明）戴璟：《（嘉靖）广东通志初稿》卷二三《田赋》，嘉靖刻本。

自西方一东来，中国就落后了，中国明朝在当时是一个庞大的文明古国，当时的欧洲尚拿不出能够与东方抗衡的商品，中国传统的丝绸、瓷器等商品仍独步世界，仍旧在东西方交往中占有不可替代的重要地位，当时的海上丝绸之路，也不能简单地视为西方海外扩张的工具。中国在当时并没有落后于西方，也不是被动地纳入世界市场的。从亚洲国际贸易自古已经存在而言，葡萄牙人只是一个加入者。因此，丝路不存在转向的问题。通过澳门这一辐射地，海上白银之路得到了极大扩展，中国积极参与了世界第一个经济贸易体系的构建。

我们需要全面评价澳门的历史作用。由于澳门是中国领土，不同于葡萄牙人的殖民地，事实上，葡萄牙人的经营在澳门国际贸易中所起的中介作用，是重要和显而易见的，应予肯定；然而，主要以西欧的观点来解释历史已经过时，对澳门国际贸易及其历史地位应作整体评价，不能仅着墨于葡人的经营。澳门的兴起和发展、地位和作用都不能撇开它是在中国的坐标系上这一关节点，而孤立看待。内外动因促成澳门作为海上贸易港口城市的迅速兴起，但是内因是主导的因素，中国内部自发的经济转型，形成巨大的白银需求，促发了澳门兴起，推动中国走向全球。

第四节 澳门的繁荣（下）：海上白银之路扩展至全球

澳门是以国际贸易重要中转港的面貌出现的。葡萄牙人开展的国际贸易，是一种转运贸易，这已是国内外学界的共识。在东方，葡萄牙人建立了贸易网，转运贸易的重要支点之一是澳门。葡萄牙人进行的中介贸易，需要两个条件：一是输入海外的货物，二是输出中国的货物。前者要保证有中国的市场，后者则完全依靠中国的商品经济发展。事实上，葡人是凭借中国的商品和市场立足的，澳门的兴起及其贸易发展，具有明末中国白银经济和市场发展的历史大背景。而澳门国际贸易的支点是中国商品，是中国传统的丝和瓷等产品。16—17世纪中叶，凭借广大中国腹地蓬勃发展的市场经济和活跃的国内市场，澳门作为明朝对外开放的一个视窗和广州的外港，很快发展成为一个国际贸易中心，从而使海上丝绸之路得到了空前发展，白银之路连接起了全球。

明后期，中国社会有对白银的巨大需求，但国内矿产资源明显不足，故从海外输入便成为白银的一个重要来源。作为中国商品输出的中心辐射地，以澳门为中心，开辟了多条国际贸易航线，中国生丝和丝绸、瓷器等商品从澳门大量出口，经由果阿销往欧洲，通过长崎销往日本，也经马尼拉销往美洲西班牙殖民地，而中国商品换回的是大量白银。

以澳门为中枢的国际贸易航线有以下几条。

一　澳门—果阿—欧洲

以澳门为中心，开辟的多条国际贸易航线中，澳门—果阿—欧洲航线是重要的一条。作为广州的外港，澳门以中国商品和市场为依托迅速兴起，由此中欧贸易成为中外贸易的重要内容之一，而澳门也成为中欧贸易的中轴。澳门经果阿运往欧洲的商品，主要是中国的生丝、丝绸、瓷器、药材等，同时大量白银也通过这条线路流入中国。17 世纪初，葡萄牙人由里斯本经果阿运送了大量白银到中国。万历十三年至十九年（1585—1591）每年自果阿运到澳门的白银约 20 万两①。万历二十九年（1601）有 3 艘葡萄牙船自果阿来到广州，"舟各赍白金三十万，投税司纳税，听其入城与百姓交易"②。据估算，自葡萄牙运银到果阿，大约升值 1/3，而如果经果阿运到中国购买货物，就可升值约 70% 以上。③ 为了获得巨额利润，葡人使白银大量流入中国，换取中国的商品，使中国在中欧贸易中长期处于顺差的有利地位，对明代中国社会经济发展起了促进作用。

二　澳门—日本

日本是中国外来白银最早的来源地。

在与日本的贸易中，大量的中国生丝和丝织品换回的主要是日本的白银。金国平与吴志良两位先生对葡萄牙人首次到达日本的时间进行了新的

---

① *The Greate ship from Amacon*, p.7. 原文是 200000 克鲁扎多，是葡萄牙货币，1 克鲁扎多约等于 1 两白银。

② （明）王临亨：《粤剑编》卷三《志外夷》，中华书局 1987 年版，第 91 页。

③ Bal Krishna, *Commercial Relations between India and England 1601 – 1757*, London, 1924, pp. 44 – 45.

考察，最后通过两种日本方志的明确记载和对葡萄牙文提供的日期所进行的推论，确定了葡萄牙人第一次到达日本的时间为1541年，地点是丰后。① 葡萄牙人自此开始前往日本贸易，这种贸易航行几乎没有中断。直到1639年才因日本德川幕府锁国政策被迫停止。

根据统计，1580—1597年间，葡人从日本运出了750—890万两白银。② 1601年，葡船从日本长崎运到澳门的日本白银，高达100万两。③ 日本的白银运到澳门，成为进行循环贸易的资本，大部分投入了中国市场，以换取中国的生丝和丝织品等商品。如此周而复始，依赖丝绸输出和白银输入，澳门—日本这条贸易航线得以生存，澳门赖以兴盛，而中国国内商品经济和市场也赖以繁荣发展。

耶稣会巡视员神父范礼安（Alessamdro Vilignano）在1589年7月28日于澳门给耶稣会总会长信中云："这一航海极为有利，经费交易可以获得超过40000杜卡多的收益，但如果不在规定的年份中进行航海，就会丧失这一权利，航海通常每年不缺的进行，它给澳门本市及其居民带来帮助，因为除了利用这一航海，由中国本港送往日本的商品中获得收益之外，澳门市没有固定资产与救济方法，这里的居民除了建于本港的房屋之外没有其他不动产，他们作为外国人居留在中国人的土地上，他们除了从这一贸易中获得利益之外一无所有，所以每年将自己的货物装上被赋予这一航海的上述贵族的船上。这一航海的开启已经超过了40年，没有一次不进行航海的。或者由于上述理由，不得不进行航海。"④

据此，由澳门前往日本的贸易航线，几乎就是澳门葡萄牙人赖以生存的生命线。澳门的生存主要依靠的是澳日贸易。即白银贸易，是澳门居民最主要的收入来源。注意到这段话中称贸易的开启已经超过了40年，那么也就是说是从16世纪40年代开始，即葡萄牙人到达日本以后立即就开

---

① Jin Guo Ping and Wu Zhiliang, Nova Tradução de Teppōki (crónica da espingarda), *Review of Culture*, 2008, Vol. 27, pp. 7 – 20.
② George Bryan Souza, *The Survival of Empire, Portuguese Trade and Society in China and the South China Sea, 1630—1754*, Cambridge: Cambridge University Press, 1986, p. 56.
③ *The Great Ship from Amacon*, p. 64.
④ 《耶稣会与日本》，I，第56页。引自戚印平《耶稣会士与晚明海上贸易》，社会科学文献出版社2017年版，第184页。

始了。

三 澳门—马尼拉—美洲

美洲白银,是中国外银的第二个来源地。中国丝货输出到马尼拉,又立即被马尼拉大帆船运往美洲墨西哥的阿卡普尔科港。由此,在太平洋上形成了一个大三角国际贸易网络。通过这一网络,中国丝绸源源不断地运往美洲,传统的丝绸之路有了新的扩展。在丝绸、瓷器输出美洲的过程中,除了大量发自福建的中国商人商船外,澳门也是一个主要管道。

澳门船将大量中国丝绸、瓷器等货物运到马尼拉,换回的是大量西属美洲盛产的白银。1530年以来,西班牙人陆续在墨西哥的苏特庇克和朱姆帕戈(1530年)、萨卡特卡斯(约1540年)、瓜那华托(约1550年)、帕丘卡(1552年)、索姆博雷特(约1558年)、桑塔巴伐拉(1567年)、圣路易波托西(1592年),以及秘鲁的波尔戈(1538年)、波托西(1545年)、奥鲁洛(1606年)等地发现了银矿。① 因此,西属美洲当时可以用来交换中国丝绸的正是那里的白银。于是,大量美洲白银流入了中国。根据估计,1585年以前每年大约是30万比索,1586年50多万比索,1590年100万比索,1602年达200万比索。② 而在澳门与马尼拉贸易的兴盛时期,根据统计,自1620—1644年的24年间,澳门到达马尼拉的船总数是54艘,其中1627年一年多达6艘。③ 到1630年,澳门运往马尼拉的货物大约价值是150万比索。④

沿着这条航线,中国的丝绸独步于太平洋上,因此,这条航线又被称作"太平洋丝绸之路",中国商品对世界市场的初步形成做出了独特的贡献。

四 澳门—东南亚

16—17世纪中叶,当大西洋贸易明显呈下降趋势时,正是横跨太平洋

---

① 陆国俊、金计初主编:《拉丁美洲资本主义发展》,人民出版社1997年版,第4页。
② E. H. Blair and J. Robertson, *Philippine Islands*, *1493 – 1898*, Clifland: The Arthur H. Clark Co., 1903 – 1909, Vol. 6, p. 269; Vol. 10, p. 179; Vol. 16, p. 178; Vol. 25, p. 143 – 144.
③ *The Survival of Empire*, p. 75.
④ *The Manila Galleon*, p. 132.

的中国与菲律宾及美洲贸易，西太平洋中国与日本、中国与东南亚的贸易，构成了全球贸易市场中最为活跃的部分，① 而这些贸易活动是以中国丝绸、瓷器等产品为重要贸易品进行的。作为国际贸易中转港的澳门，成为中国丝绸、瓷器等商品的辐射地，促使海上丝绸之路极大拓展，中国以丝绸等商品在世界占有优势地位，对世界市场形成发展起了重要推动作用。

澳门到东南亚的航线也有少量白银输入中国。

澳门国际航线的开辟，海上丝绸之路的延伸，形成全球白银之路，是建立在中国明末市场经济和商品市场蓬勃发展的雄厚物质基础之上的。澳门国际贸易的发展，正是以中国腹地商品货币经济和市场的繁荣发展，以及中国社会内部的需求为依托。澳门成为远东国际贸易的一个中心辐射地，是明代中西遇合产生的迸发力，是中国与西方直接交流的结晶，其兴起和发展自一开始，就是中国商民与居澳葡萄牙人共同努力的结果。澳门作为广州国际贸易的重要门户，成为国际贸易的重要中转港，与生丝出口，白银进口的明代外贸模式紧密联系，与珠江三角洲商品经济迅速发展有着互动作用，更是中国参与全球第一个经济贸易体系建构的进程。

澳门是中国的领土，当时的澳门与葡萄牙东方的其他殖民地在性质上是不同的。葡萄牙人入居中国，在服从中国官府管辖的前提下从事海上贸易。没有中国的政策，没有中国人的参与，没有中国的商品，没有中国的广大市场及其需求，澳门就不可能兴起。而作为国际贸易中转港的澳门，其兴起和发展自一开始，就是中国商民与居澳葡萄牙人共同努力的结果。"唐商"在澳门贸易中占有一定的比重。

海上白银之路是古代海上丝绸之路的极大延伸新样态，白银之路扩展到全球，沿线的许多节点城市与地区现已成为世界文化遗产：沿着扩展到全球的航线，在印度果阿，马来西亚马六甲，日本长崎、菲律宾马尼拉、越南会安、墨西哥瓜纳托城、玻利维亚波托西，葡萄牙里斯本、西班牙塞维利亚等地，都产生了大量的世界文化遗产，也有至今还没有进入世界文化遗产的当年白银之路上著名的墨西哥阿卡普尔科港等等。现举白银之路世界文化遗产之例如下：

---

① 参见张铠《晚明中国市场与世界市场》，《中国史研究》1988年第3期。

<<< 丝绸之路上的明代中国与世界

日本石见银山遗迹及其文化景观（Iwami Ginzan Silver Mine and its Cultural Landscape）。2007年7月列入世界文化遗产的石见银山遗迹，位于日本本州岛西南部岛根县，是16世纪至20世纪开采和提炼白银的矿山遗址。现存将银矿石运输至海岸的山道运输线，以及当时运输银矿的港口城镇Tomogaura、Okidomari和Yunotsu。这里开采的大量白银，极大促进了16世纪至17世纪日本和全球经济的整体发展。

玻利维亚波多西城（City of Potosí），位于安第斯山脉赛罗里科山下，在全球化开端的时候，这里崛起了一座著名的白银矿业城市，现为玻利维亚波托西省首府，保存了大量的16世纪建筑。1544年，波多西被发现盛产白银，城市于1545年4月10日在波多西山脚下建立起来，大规模的白银开采立刻展开起来，很快第一批白银便被装船送往了西班牙。由此开始城镇人口也迅速增长，波多西迅速成为当时拉丁美洲乃至世界最大最富有的城市之一。1987年12月列入世界文化遗产。

墨西哥瓜纳华托历史名城及周围矿藏（Historic Town of Guanajuato and Adjacent Mines）在墨西哥瓜纳华托州，1988年12月列入世界文化遗产。此城由西班牙人在16世纪初期建立，到18世纪时发展成为世界上最主要的银矿开采中心。这段历史从现存的"地下街"和"地狱之口"得到证实，"地狱之口"矿井深达600米。在矿山鼎盛时期那里建造了许多巴洛克风格和新古典主义风格的建筑，两座教堂——拉科姆帕尼阿教堂和拉巴伦宪阿教堂，被认为是中美洲和南美洲地区最漂亮的巴洛克式建筑。

结　　语

如果没有全球化前夜明代中国的白银货币化，就没有澳门的兴起；没有经济全球化开端中国对外贸易制度改革，积极参与全球第一个经济贸易体系的建构，也就没有今天世界文化遗产的澳门历史城区。

葡萄牙人举国一致的海外扩张要求，促使葡萄牙人来到东方，促成了澳门的兴起，而更重要的是，如果没有中国本土举国一致的白银需求，也就没有澳门兴起与海上白银之路。

从1554年到1644年这近百年间，是澳门兴起发展的黄金时期，澳门成为一个极为繁盛的国际化贸易港口城市。通过澳门，中国积极参与了全球经济贸易体系的建构。澳门的兴起在明代，澳门的黄金时代也在明代，不只是葡萄牙单方面经营海上贸易的功绩，明代澳门葡萄牙人是在中国广东政府管控下的一个葡萄牙侨民社区居住，开展全球贸易活动，明朝政府给葡人以税收优惠政策，建立了澳门贸易特区。

这场制度变迁是从传统朝贡贸易体制向近代市场贸易体制的转型，以官方朝贡贸易为主体向民间海商为主体转变，也是贸易以单一官方为主体向多种经济组织并存转变，可以说明朝制度改革经历了从单一朝贡体制到允许私人海上贸易存在，再到中外合作并进的历程。澳门兴起是渐进式改革的重要组成部分，直至张居正财政改革，明朝才发生了突进式改革，澳门治理模式也才最后确定下来，使得白银国际贸易运行形成常态发展的状况。

澳门跨越三大洲、三大洋的商业贸易网络的存在，便是澳门繁荣发展的原因。丝瓷与白银的交换体系已覆盖了整个全球，澳门成为西至印度洋穿越马六甲海峡再到太平洋乃至大西洋，跨全球白银贸易体系的一个重要的连接点。促使澳门兴起最直接的也是最重要的经济因素是中国的白银需求与国际贸易的白银流动。中国对白银的需求量产生的动力足以维持了整个澳门连接全球的贸易网络的运转，围绕着白银贸易澳门连接的是一个全球的经济贸易体系。重要的是，澳门港口城市的兴起，将古代丝绸之路延伸的新样态——白银之路扩展到全球，中国积极参与了世界第一个经济贸易体系构建，为经济全球化开端做出了历史性贡献。在全球视野下探讨明代澳门在经济全球化开端时期兴起，及其推动海上白银之路发展到鼎盛时期的历史地位与作用，可以为今天中国"一带一路"倡议与参与全球治理提供有益的启示。

第八章 晚明海洋意识的重新建构："东矿西珍"

明代东西洋概念及其变化表明，15世纪郑和下西洋以后西洋凸显，16世纪以后全球化开端，东洋凸显出来。晚明东西洋有广义与狭义之分，《东西洋考》中的东西洋是明朝官方开海限定与许可贸易的范围，并非就是晚明人海洋意识中对于东西洋的整体认识。晚明海上贸易模式及其变化说明传统东西洋商品结构已发生改变，东西洋贸易形成了"东矿西珍"的格局，其背后的推力是明代白银货币化。

16世纪，海洋成为时代的主题，一个整体的世界从海上连接了起来，海上活动成为最为令人瞩目的国际现象，历史上首次出现了空前规模的全球贸易。在这一时代背景下，晚明中国出现了张燮《东西洋考》一书。卷首萧基《小引》中，有这样一段话："其指南所至，风艚所屯，西产多珍，东产多矿。"① 由此，晚明海上贸易具有"东矿西珍"的特征，遂使晚明人海洋意识的重构跃然纸上。

15世纪初郑和下西洋，凸显了西洋的地位，反映了中国对外交往的重心所在。自古以来，西方就是中外交往的主要趋向。② 然而，16世纪以后，东洋凸显出来，至少是取得了与西洋平起平坐的地位。事实上，这种异峰突起，已含有超越西洋的意味。在明朝人的海洋意识里，东洋的凸显是如何形成的？无论从时间上还是空间上，16世纪以后的海上贸易都是中

---

① （明）张燮：《东西洋考》卷首，萧基《小引》，中华书局1981年版，第11页。书成于万历四十五年（1617），前有萧基、周起元、王起宗三序。萧基，字大美，又字汝城，江西泰和人，万历四十一年（1613）进士，任漳州府推官。参见萧彦《掖垣人鉴》卷二六，李桢《东林党籍考·萧基列传第一百三十》，人民出版社1957年版，第68页。

② 参见万明《释"西洋"：郑和下西洋深远影响的探析》，《南洋问题研究》2004年第4期。

国与世界连接的关节点。更重要的是,当中国的赋役改革达到顶峰———一条鞭法出现时,一个全球市场体系已初露端倪,"东矿西珍"的海上贸易结构直接影响了中国本土和世界。中外学界对于晚明海上贸易已有诸多研究成果,然而明朝人的海洋意识及由此引申的"东矿西珍"问题没有引起学者关注,对于晚明东西洋海上贸易商品结构的变化及其特征以及背后推力等问题,也缺乏专门考察。笔者在相关研究基础上,以此专文聚焦晚明人海洋意识的重构,具体考察东西洋概念的变化,比较晚明与明初的商品结构,探讨晚明东西洋贸易形成的"东矿西珍"实态,进而探寻东洋凸显及其特征背后的推力所在,揭示16世纪中国与世界的互动关系及其历史进程,以见教于方家。

第一节　东西洋概念及其变化的梳理

考察东矿西珍,首先要确认萧基所谓的"西产多珍,东产多矿"中的"西"与"东"的含义。这里的"西"与"东",无疑是指西洋、东洋。因此,首先要确定明朝人海洋意识中对于西洋与东洋的概念。

中外学界聚焦于东西洋的分界,争议纷纭,莫衷一是。① 由于标准不同,分歧迭见。学界的争议孰是孰非?这只能从明朝人本身的海洋意识出发,以明朝人的认识为判断依据。在明朝人的观念中,大致可归纳为两种认识:一种是以苏门答腊以西海域为西洋,以东为东洋,这以明初马欢《瀛涯胜览》为代表②;另一种以文莱以西为西洋,以东为东洋,这以晚明张燮《东西洋考》为代表③。以上两种认识的形成,均出自明朝文献,那

---

① 主要论文有:山本达郎《东西洋といり称呼の起源に就いこ》,《东洋学报》第21卷1号,1933年;宫崎市定《南洋を东西洋に分つ根据に就いこ》,《东洋史研究》第7卷4号,1942年;洪建新《郑和航海前后东、西洋地域概念考》,《郑和下西洋论文集》第1集,人民交通出版社1985年版;沈福伟《郑和时代的东西洋考》,《郑和下西洋论文集》第2集,南京大学出版社1985版;刘迎胜《东洋与西洋的由来》、陈佳荣《郑和航行时期的东西洋》,《走向海洋的中国人》,海潮出版社1996年版,等等。讨论重心均为东西洋的分界。

② (明)马欢著,万明校注:《明钞本〈瀛涯胜览〉校注》,海洋出版社2005年版,第50页。

③ (明)张燮:《东西洋考》卷五《文莱》,第102页。

么问题的焦点就在于东西洋名称在不同时期确有不同的含义。

元朝《大德〈南海志〉》与《岛夷志略》中,已有小东洋、大东洋、小西洋和西洋的多种称谓,说明自元朝以来以东西洋名称出现并通行于世。到了明初,自永乐三年(1405)至宣德八年(1433)郑和七次下西洋,其出使次数之多,规模之大,航程之远,地域之广,影响之深,史无前例,史称"盛事"。明初郑和下西洋主要是航向西洋,随行者马欢所著《瀛涯胜览》中明确记载,明朝人当时是以南淳里国为东西洋的分界,它位于今天的印度尼西亚苏门答腊岛西北的帽山,帽山以西被认为是西洋,也就是说今天的印度洋才被称之为西洋,当年叫作"那没黎洋"。按照明初人眼里的这样一个划定,当时帽山以西是西洋,以东就是东洋。[①] 当时的苏门答腊岛也就是"东洋之尽处"。查《明实录》,永乐年间载有东洋冯嘉施兰和浡泥国、吕宋国使臣来朝之事。[②] 冯嘉施兰、吕宋位于今菲律宾群岛,浡泥则是位于今加里曼丹岛北部的古国。而当时人将朝鲜称为东洋朝鲜国,也见之于史载。[③] 由此可见,明朝初年人们是把东自朝鲜半岛,西至苏门答腊岛,其中包括今朝鲜、日本、菲律宾、印度尼西亚和马来半岛,以及中南半岛诸国,统称为东洋。

明初郑和七下西洋以后,正如明人黄省曾《西洋朝贡典录·自序》篇首所云:"西洋之迹,著自郑和。"[④] 在下西洋影响下,东西洋概念很快就发生了变化。跟随郑和下西洋的马欢云"往西洋诸番",费信载"历览西洋诸番之国",而巩珍所著书名《西洋番国志》,顾名思义,是将下西洋所

---

① 《明钞本〈瀛涯胜览〉校注》,第50页,《南淳里国》。值得注意的是,自郑和下西洋以后,西洋的概念就开始发生演变,参见万明《释"西洋"——郑和下西洋深远影响的探析》,《南洋问题研究》2004年第4期。需要说明的是,虽然在晚明文献中形成了以文莱划界的东西洋主流认识,但在明末记载中仍见有用明初东洋概念的,如吕毖《明朝小史》卷一七《崇祯纪》中以爪哇为东洋:"爪哇国古名阇婆自古城顺风二十昼夜可至。其国地广人稠甲兵为东洋诸番之雄",即为一例,《中国野史集成续编》第9册,巴蜀书社2000年版,第886页。

② 《明太宗实录》卷五八:"东洋冯嘉施兰土酋嘉马银等来朝,赐钞币有差",永乐四年八月丁酉,第848页;卷八十二:"赐浡泥国王麻那惹加那乃及于阗、东洋等处使臣",永乐六年八月癸卯,第1108页;卷一一〇,赐"东洋冯加施兰、吕宋国"使臣,永乐八年十一月丁丑,第1411页。

③ 《明太宗实录》卷八九:"浙江定海卫百户唐鉴等亦追至东洋朝鲜国义州界",永乐七年三月壬申,第1184页。

④ (明)黄省曾著,谢方校注:《西洋朝贡典录·自序》,中华书局1982年版,第5页。

到国家和地区,包括占城、爪哇、旧港、马六甲乃至榜葛拉国、忽鲁谟斯国、天方国,一律列入了西洋诸番国。换言之,他把下西洋所至诸国都列入了"西洋"界限以内,无疑极大地扩展了"西洋"的范围。此后,约作于正德十五年(1520)的黄省曾《西洋朝贡典录》更进一步,将"朝贡之国甚著者"全都列入了"西洋"的范围,编辑的23国,包括了广阔的区域,其中赫然列有东洋的浡泥国、苏禄国、琉球国。① 于是"西洋"不仅极大的彰显,而且无疑前所未有地扩大到了包括东西洋,乃至海外各国之义了。笔者曾撰文对于"西洋"一词作了专门考释,指出郑和下西洋产生了极为深远的影响,其后明朝人将郑和所到之处乃至极西之地都已概称为西洋。② 显而易见的是,在明朝人的海洋意识中,西洋已包括了原来划分在东洋范围里的国家,西洋由此而凸显。

那么,改变这种观念,东洋彰显出来,又始自何时?这是我们研究明代海上丝绸之路应该弄清楚的问题。

在晚明人的海洋意识中,海上世界仍然划分为东西洋,而值得注意的是,发展到晚明,东西洋概念与明初已经完全不同。一般来说,今人对于晚明人东西洋分界概念的认识,是来自张燮《东西洋考》,其中记载:"文莱,即婆罗国,东洋尽处,西洋所自起也"③,明确地说晚明以文莱为东西洋的界限。就此而言,晚明的东西洋划分与此前确实已经发生了重大变化。

应该指出,不少学者以此就认为明初对东西洋的划分就是以文莱划界,或以明初概念来校正晚明概念,或以晚明概念来纠正明初概念,实际上都是没有弄清时空变化的因素,因而产生了对明人概念的误解。

值得注意的是,以往学界几乎形成一种固定的认识,即《东西洋考》中的东西洋就是晚明人海洋意识中的东西洋。那么,事实上是否就是如此呢?为了评价晚明人对东西洋的认识,我们必须对这部书中的三个问题细加考索:第一,《东西洋考》中的东西洋范围界定从何而来?第二,当时

---

① 参见《西洋朝贡典录》卷上《浡泥国第六》《苏禄国第七》《琉球国第九》,第44—47、50—54页。
② 参见万明《释"西洋":郑和下西洋深远影响的探析》,《南洋问题研究》2004年第4期。
③ 《东西洋考》卷五《文莱》,第102页。

是否只有《东西洋考》中涉及的东西洋贸易？换言之，《东西洋考》中的东西洋划分及范围包括了当时全部海上贸易了吗？第三，《东西洋考》是一部什么性质的书？解答这三个问题的先决条件是细考《东西洋考》一书的内容。

《东西洋考》首列《西洋列国考》，次列《东洋列国考》，以下分为《外纪考》《饷税考》《税珰考》《舟师考》《艺文考》和《逸事考》。

《西洋列国考》中，列有 15 国：交趾、占城、暹罗、下港、柬埔寨、大泥、旧港、麻六甲、哑齐、彭亨、柔佛、丁机宜、思吉港、文郎马神、迟闷。附带所属之地 9：清化、顺化、广南、新州、提夷、六坤、加留吧、吉兰丹、詹卑。

《东洋列国考》中，列有 7 国：吕宋、苏禄、猫里务、沙瑶、呐哔啴、美洛居、文莱。附带所属之地 12：大港、南旺、玳瑁、中邦、吕蓬、磨荖央、以宁、屋党、朔雾、高药、网巾、樵老。

总之，在《西洋列国考》和《东洋列国考》中综述了东西洋 43 个国家和地区。①

此外，在《外纪考》中列有"日本"和"红毛番"。日本列其物产有："金、银（僧斋然曰：东奥州产黄金，西别岛出白银，以为贡赋）"等。红毛番列其物产有："金、银钱、琥珀、玛瑙、玻璃、天鹅绒、琐服、哆啰嗹、刀。"② 云"商舶未有抵其地者。特暹罗、爪哇、渤尼之间与相互市"③。

再看书中的东西洋"针路"。张燮在《舟师考》中叙述了"西洋针路"和"东洋针路"。据此可知，"东洋"与"西洋"的区分，基本依据在于贸易航线的划分：西洋针路从漳州月港出发，最远至爪哇的地闷；东洋针路从太武山分道，经澎湖、台湾至菲律宾群岛，最远到东、西洋的交界文莱。据此，如果我们认为透过《东西洋考》的东西洋针路，就可以了解 16 世纪中外交通的概貌，是不确切的。

向达先生在《两种海道针经·序言》中指出：

---

① 《东西洋考》卷一至卷五，第 1—108 页。
② 《东西洋考·外纪考》，第 130 页。
③ 《东西洋考·外纪考》，第 130 页。

第二篇 海上篇 >>>

> 明代以交趾、柬埔寨、暹罗以西今马来半岛、苏门答腊、爪哇、小巽他群岛,以至于印度、波斯、阿拉伯为西洋,今日本、菲律宾、加里曼丹、摩鹿加群岛为东洋。①

他所说的,是后世学者所解读的晚明整体东西洋的概念。这一概念与《东西洋考》中的概念有明显的不同。

进一步解读《东西洋考》,可以发现以往学界长期以来忽视了一个重要问题,即书中只是部分地反映了当时明朝人海洋意识中的东西洋概念,书中有关东西洋范围的认定,涉及的东西洋针路,都只是明朝官方开海限定与许可贸易的范围,并非就是晚明人海洋意识中对于东西洋的整体认识。对此,《东西洋考》的《凡例》中其实说得很清楚:

> 列国各立一传,如史体。其后附载山川、方物,如《一统志》体。以其为舶政而设,故交易终焉。②

又云:

> 集中所载,皆贾舶所之。若琉球、朝鲜,虽我天朝属国,然贾人所未尝往,亦不掇入。或曰日本、红夷,何以特书?书其梗贾舶者也。③

总之,"为舶政而设",正是《东西洋考》记述列国的主要目的。

行文至此,我们可以从晚明人的语境中解析出当时人的海洋意识,即对东西洋的两种认识:一是来自《东西洋考》书中的内容部分,一是来自其书前萧基《小引》,至此,晚明东西洋的概念可以说出现了广义与狭义之分。

一种是狭义的东西洋,即"集中所载,皆贾舶所之",是当时明朝官

---

① 向达整理:《两种海道针经·序言》,第7页。
② 《东西洋考·凡例》,第20页。
③ 《东西洋考·凡例》,第20页。

方设定的划分海上贸易区域的特定概念。这种东西洋概念是特定的，或者说是特殊所指。正如《东西洋考》中东西洋列国考与二洋针路所显示，明朝开海于福建漳州月港的东西洋贸易，并不包括位于东洋的日本、琉球、朝鲜和位于西洋的荷兰人所在的巴达维亚（今印度尼西亚雅加达）。这样的特定概念，明显不是明朝人对于东西洋的整体认识。

另一种是广义的东西洋，也就是萧基《小引》中所谓东矿西珍的东西洋，显示出当时海上贸易的整体特征，这显然超出了书中所记载的东西洋针路，完整地包括了东洋的日本和在西洋活动的荷兰人在亚洲所占据的地理范围，乃至可以说是广义的东西洋概念。

因此，张燮《东西洋考》中所述的东西洋，是明朝官方规定的海上贸易区域的东西洋概念，即狭义的东西洋，或者也可以说是特定意义上的东西洋概念。而在其书前萧基《小引》中的东西洋，则可以理解为一种更为宽泛意义上的概念，即广义的东西洋概念。

特定的概念是一种出自制度规定的概念，实际上，晚明人海洋意识中的东西洋概念来自传统方位的划分和贸易地理格局的现实，晚明的东西洋概念经历了重构的过程。关于这一点，在当时人的海洋意识中，不可能完全游离于传统地理概念之外，也不可能不了解贸易地理格局的现实。《东西洋考》以日本为外纪，不在航海贸易范围之列，乃至又云琉球、朝鲜"贾人所未尝往"，这皆与当时的历史事实不符。日本位于东洋是没有问题的，由于倭寇的问题一直存在，所以当时明朝官方不允许与东洋的日本贸易，但日本出产白银，在嘉靖年间已经闻名遐迩，时有繁盛的对日私人海上贸易为证，下面还将述及。萧基《小引》中的"东产多矿"，应是包括了日本在内。至于琉球、朝鲜"贾人所未尝往"，也不过是因为二者不在漳州月港所规定的针路之列而已。

以时间上早于《东西洋考》的明抄本《顺风相送》① 来看，《东西洋考》中所述的东西洋贸易范围也是有问题的。《顺风相送》中，具体记录

---

① 明抄本《顺风相送》，16世纪成书。但可认为始撰于永乐初年，是因为这一抄本依据的是永乐初年的古本。琉球人程顺则《指南广义》是一部1708年汇辑的航海专书，其中《针路条记》来自康熙癸亥年（康熙二十二年，1683年）册封使团传授的《航海针法》部分，其源头明确记载为明代永乐元年郑和等"前往东西二洋等处"，可为佐证。《指南广义》琉球大学仲原文库本，系海洋出版社刘义杰先生惠赐电子版，在此谨致谢忱。

了日本、琉球、吕宋、吉里地闷等东洋的往返针路，也记载了去印度洋的6条针路，只是对印度洋的针路记载较为简略。① 此书可作为《东西洋考》一书所涉的东西洋概念，并非是明朝人完整的东西洋认识的一个佐证。明代成、弘年间私人海上贸易兴起，超出国家允许的贸易范围是一个客观历史事实，而《东西洋考》是地方官授意下修撰的，反映出东西洋贸易由官方控制的部分。我们知道，自成、弘以后，官与商在海上是有激烈博弈的。月港开海是官商博弈的结果，当时私商盛行，官方并没有掌控全部海上贸易，开海只是以官方所能掌控的范围为主。这里反映出从官方与民间的角度看问题，是不相同的。

事实上，隆庆开海，正是明代海上贸易以官方为主体向以民间为主体转型的重要标志，贸易模式的转型，深刻地影响了整个国家与社会。

第二节　晚明海上贸易模式及其变化

以往的研究证明，发展到晚明，中国社会内部涌动变革的潜流，国内商品货币经济发展，白银货币化加速进行，白银需求使市场扩大到海外成为必然。有识之士已看到开海是大势所趋，私人海外贸易已是燎原之火，只能因势利导，以保利权在上。② 于是有隆庆元年（1567）福建巡抚涂泽民上疏"准贩东、西二洋"，得到了朝廷允准。③ 是为隆庆开海，这是明代海上政策变化的枢纽，也是明代国际贸易制度之一大变化。贸易模式从官方朝贡贸易为主向民间私人海上贸易为主转变，由此中国海商出洋贸易合法化，正式进入了国际贸易的行列，而一种新的东西洋贸易网络"上以佐帑需，下以广生遂"④，也开始正式运行。而《东西洋考》以此应运而生。

海上贸易的新格局，是直接和间接引起政策导向制度变迁的一个重要因素。反言之，新的制度安排和实施，又直接关系着海上贸易结构的形态

---

① 向达整理：《两种海道针经》之甲种，第13—99页。
② 参见万明《中国融入世界的步履：明与清前期海外政策比较研究》，社会科学文献出版社2000年版，第242—244页。
③ 《东西洋考》卷七《饷税考》，第131页。
④ 《东西洋考》卷首，萧基《小引》，第16页。

和演变趋势。

当时明朝将海上划分为东西洋两个贸易区域。万历十七年（1589），福建巡抚周寀对东西洋船引的数量、航行港口和船数做了具体规定：

东洋　44只

包括吕宋16，屋同、沙瑶、玳瑁、宿务、文莱、南旺、大港、呐哔啴各2只；磨荖失、笔架山、密雁、中邦、以宁、麻里吕、米六合、高药、武运、福河仑、岸塘、吕篷各1只。

西洋　44只

包括下港、暹罗、旧港、交趾各4只；柬埔寨、丁机宜、顺塔、占城各3只；麻六甲、顺化各2只；大泥、乌丁礁林、新洲、哑齐、交留吧、思吉港、文林郎、彭亨、广南、吧哪、彭西、陆坤各1只。

总共是88只。

船引的管理，万历二十一年（1593），福建巡抚许孚远又做了增加：占陂、高趾州、篱木、高堤里邻、吉连单、柔佛、古宁邦、日隶、安丁、义里迟闷、苏禄、班隘各1引。于是"后以私贩者多，增至百一十引矣"①。达到了"引船百余只，货物亿万计"②。此后船引数续有增加，至万历二十五年（1597）巡抚金学增又议增加引数："东西洋引及鸡笼、淡水、占婆、高址州等处共引一百十七张，请再增二十张，发该道收，则引内国道东西听各商填注，毋容狡狯高下其手"，此时已达137引。③

历史事实是，当时的出洋船只远远超过了官方规定的数目。如万历五年（1577）春，漳州海澄陈宾松的商船往交趾买卖，到顺化地方贸易，其时已有福建来航停泊的船只十三艘。其时距隆庆开海十年，即使寻至万历十七年（1589）的规定，顺化也只有两艘，而此年则超多至十三艘。④反映出的历史现实是，晚明无船引的出海商船数量激增，远远超出有船引的商船数目。原因是当时海上贸易的主体是民间海商，为海上贸易利润所

---

① （清）顾炎武：《天下郡国利病书·福建·洋税考》，《四部丛刊三编》史部第7册，原编第26册，上海书店1935年版，第100页。
② （明）许孚远：《敬和堂集·疏通海禁疏》，陈子龙等辑：《明经世文编》卷四〇〇，第5册，第4332页。
③ 《明神宗实录》卷三一六，万历二十五年十一月庚戌，第5899页。
④ （明）侯继高：《全浙兵制》卷二，附录《近报倭警》，旧抄本。

趋，走私贸易仍然大量存在，故至崇祯初年有万历末"海舶千计"之说。①

需要说明的是，给以船引之地，是为官方允许贸易的区域，代表了开海以后中国商船在东西洋活动的地区及其主要贸易港口。东洋方向主要是在今天的菲律宾群岛、加里曼丹岛一带，只有米六合是在马鲁古群岛。而值得注意的是，虽然东洋没有包括日本贸易，即与日本的贸易当时仍然不合法，然而日本有白银矿产资源，当时中国有巨大的白银需求，中国与日本的海上贸易大量存在。直至明末。依据荷兰《巴达维亚城日记》记载，1623年9月从中国澳门有小船7艘，自中国内地有30—40艘前往日本，运送大量绢丝及绢制品。② 还有不少自漳州出发的船只在出洋后转向东洋的日本。这样一个东洋贸易活动的主要区域，直接或间接与日本、美洲的白银矿产资源相联系。

这里还有一个典型例证，即漳州青花瓷的崛起。16世纪下半叶，在景德镇青花瓷取得了中国瓷器主流地位，开始走向世界之时，在闽南诞生了另一个似乎不那么引人注目，但意义绝不亚于前者的青花瓷之乡漳州窑的崛起。自明初起，江西景德镇就是瓷器制造的重镇，也是青花瓷制造的中心，当时福建漳州的瓷器制造尽管已经存在，但是与景德镇相比，可以说是默默无闻的。那么，晚明月港开海以后，仅平和一县，现在发现的窑址已有几十处，为什么晚明漳州青花瓷会异军突起，在外销上几乎达到与景德镇并驾齐驱的地位？这方面已有学者做了不少探讨。一般认为，漳州窑的发展与明朝隆庆初年在漳州月港的开海密切相关，这是毋庸置疑的。但是，从全球化开端时期中国社会内部变革的标志之一——白银货币化与世界格局变革紧密相联的视角来看，漳州青花瓷的崛起作为社会文化现象，是晚明中国海洋文化——闽南文化非比寻常的爆发式发展与传播的典型例证，更是晚明前所未有的繁盛的海上瓷银贸易的典型例证。

既然《东西洋考》中的东西洋概念是明朝官方允许贸易的东西洋市场，以此与萧基所云"东矿西珍"的东西洋概念比较，最基本的区别显示

---

① 《崇祯长编》卷四一，崇祯三年十二月乙巳，《明实录》附录，台北"中研院"史语所校勘本，1962年，第2456页。

② [日]村上直次郎原译，郭辉译：《巴达维亚城日记》第一册，台湾文献委员会印行，1989年再版，第23页。

了出来，即《东西洋考》的东西洋不包括矿源丰富的日本，而萧基所云的"东产多矿"应是包括了日本的。重要的是，日本与美洲的白银确实在晚明都大量流入了中国，但是有一点至关重要，就是日本白银输入在前，美洲白银流入在后，准贩东西洋，是隆庆开海的主要内容，这无疑是构成东西洋特定区域概念的主要原因。但是"东产多矿"，白银的流入中国，却并不始自隆庆开海。这一点下面还将述及。

海上通商贸易的考量，是《东西洋考》的主要写作动机之一。谢方先生指出：此书是海外贸易"通商指南"性质的书，① 这无疑是很贴切的。但是，我们还要注意到，此书所涉的通商贸易，是特定的官方允许贸易的东西洋范围内的通商贸易。《东西洋考》先后应海澄县令陶镕、漳州府督饷别驾王起宗之请撰写完成，由漳州地方官主持刻印出版，表明这部书有浓厚的地方官修色彩。

无论如何，晚明人东西洋概念与明初相比发生了很大变化，不能将二者作同一的认定。晚明东洋得到彰显，与郑和下西洋以后凸显的西洋平起平坐，呈现出与明初迥然不同的格局与面貌。《东西洋考》一书的出现，反映了晚明人的海洋意识中关于东西洋新概念的形成。新概念的形成，与海上国际新格局的形成有着直接的关系，与海上贸易地理格局的变化、晚明海上贸易政策调整、贸易模式和制度变迁均紧密相连。

第三节 传统东西洋商品结构的改变

从某种意义上说，东矿西珍即东西洋市场的贸易结构。一般而言，贸易结构是指某一时期贸易的构成情况，主要指贸易中各种商品的构成情况，也称为商品贸易结构。晚明海上贸易以东西洋贸易区域的面貌出现，与晚明人的东西洋范围概念发生变化相联系，晚明海上贸易的商品结构发生了重大改变。还原到明朝人的内在视野去考察，从明初到晚明，贸易商品结构经历了一个变迁的过程。

明初海上贸易的商品，在马欢《瀛涯胜览》一书中有着详细记录。我们

---

① 《东西洋考·前言》，第4页。

第二篇 海上篇 >>>

将明初马欢《瀛涯胜览》与晚明张燮《东西洋考》两书中记载的贸易商品进行比较，可以清楚地看出海上贸易商品结构的变迁，主要发生在晚明的东洋。

长期以来，物产作为商品，是商人们关注的焦点。郑和下西洋，当时西洋输入中国的商品，主要是香料和奇珍异兽，体现了远距离海上贸易的特性，就是奢侈品贸易。

在马欢书中记载郑和下西洋时代的海外交易实例中，海外物产进入交流的主要有以下品种：

犀角、象牙、伽蓝香、金子、宝石、红马斯肯的石、苏木、乌木、降真香、绵布、乳酪、玳瑁、肉豆蔻、鹤顶、荜拨、黄蜡、胡椒、野犀牛、珊瑚、锡、珍珠、香货、西洋布、花巾、海鱼、宝石与珍珠厢宝带、丝嵌手巾、织金方帕、龙涎香、椰子、乳香、血竭、芦荟、没药、安息香、苏合油、木鳖子、骆驼、猫睛石、各色雅姑、金珀、蔷薇露、沉香、檀香、俺八儿香、琥珀、狮子、麒麟、花福鹿、金钱豹、驼鸡、白鸠、金银生活、熟食、彩帛、书籍、金厢宝带、蛇角、荜布、姜黄布、布罗、布纱、沙塌儿、兜罗锦、绢、刺石、祖把碧、祖母喇、金刚钻、金珀珠、神珀、蜡珀、黑珀（番名撒白值）、美玉器皿、水晶器皿、十样锦剪绒花毯、各色棱幅、撒哈剌、氆罗、氆纱。①

以上总共是80种。其中，有些是一类商品的名称，如"金银生活"，故实际进入流通的单项商品还要更多。显然，以上进入商品交易的都是西洋各国的特殊产品，以珍奇为主要构成。其中包括了传统西域地区的各种珍奇特产。

综合而言，明初进口物品值得特别留意的有以下六类：

第一，香料药物类，主要有伽蓝香、降真香、沉香、檀香、俺八儿香、龙涎香、安息香、没药、肉豆蔻、胡椒、苏木等。②

---

① 《明钞本〈瀛涯胜览〉校注》诸国条。
② 参见《明钞本〈瀛涯胜览〉校注》，第77、10、45、20页。物品都是产自马欢亲身所到的西洋各国的土特产品。如乳香主要产自非洲和阿拉伯半岛，没药主要产自阿拉伯和东非索马里，安息香主要产自伊朗，见于该书"阿丹国"条；乌木原产自印度与马来半岛，马欢记载以占城国的"绝胜他国出者"，见该书"占城国"；胡椒原产南亚、东南亚，见于该书"苏门答剌国"条；热带地区产品檀香、肉豆蔻、荜拨，均见于该书"爪哇国"条，等等。以下各类均见于诸国条，不另注。

第二，珍宝类，主要有犀角、象牙、珍珠、珊瑚等。

第三，珍禽兽类，主要有狮子、麒麟、花福鹿、金钱豹、驼鸡、白鸠等。

第四，工艺品类，主要有宝石与珍珠厢宝带、丝嵌手巾、织金方帕、西洋布、美玉器皿、水晶器皿、十样锦剪绒花毯、各色棱幅、撒哈剌、氆罗、氆纱等。

第五，矿产类，主要有金子、宝石、金刚钻、锡等。

第六，日用品类，主要有乳酪、海鱼等。

从这些类物资的进口，可以看到古代中外物资交流的连续性。

在马欢记载的海外交易实例中，中国进入交流的商品主要有以下品种：

中国青磁盘碗、纻丝、绫绡、烧珠、麝香、花绢、铜钱、布帛、色绢、樟脑、锦绮等。

其中，以青花瓷器、丝绸、麝香、铜钱最为重要。除了麝香以外，其他都是中国特有的人工产品，深受海外各国人民的喜爱。以中国的手工业制品去换取西洋海外奇珍，这是传统海上贸易的商品结构。

晚明中国出口商品结构没有发生大的变化，如果说有变化的话，是量的增加，如丝和瓷都有更多的出口。以下主要比较进口商品结构方面。

在《东西洋考》一书中，万历十七年（1589）漳州月港税收调整时的交易商品，有以下品种：

胡椒、象牙、苏木（分为东洋、西洋）、檀香、奇楠香、犀角、沈香、没药、玳瑁、肉豆蔻、冰片、燕窝、鹤顶、荜拔、黄蜡、鹿皮、子绵、番被、孔雀尾、竹布、嘉文席、番藤席、大风子、阿片、交趾绢、槟榔、水藤、白藤、牛角、牛皮、藤黄、黑铅、番锡、番藤、乌木、紫檀、紫憬、珠母壳、番米、降真、白豆蔻、血竭、孩子茶、束香、乳香、木香、番金、丁香、鹦鹉螺、毕布、锁服、阿魏、芦荟、马钱、椰子、海菜、没石子、虎豹皮、龟筒、苏合油、安息香、鹿角、番纸、暹罗红纱、棕竹、沙鱼皮、螺蛳、獐皮、獭皮、尖尾螺、番泥瓶、丁香枝、明角、马尾、鹿脯、磺土、花草、油麻、黄丝、锦魟鱼皮、柑庶鸟、排草、钱铜。①

---

① 根据《东西洋考》卷七《饷税考》，第141—143页。

以上进口商品货物共84种。还有"先年不见开载",《东西洋考》作为附记的商品:

哆罗嗹、番镜、番铜镜、红铜、烂铜、土丝布、粗丝布、西洋布、东京乌布、八丁荞、青花笔筒、青琉璃笔筒、白琉璃盏、琉璃瓶、莺哥、草席、漆、红花米、犀牛皮、马皮、蛇皮、猿皮、沙鱼翅、翠鸟皮、樟脑、虾米、火炬、棕竹枯、绿豆、黍仔、胖大子、石花,共32种。①

以上商品总共是116种。其中有一些是来自欧洲的商品,如哆罗嗹、番镜、番铜镜等,说明此时西方扩张东来,已增添了少量的欧洲商品。但"先年不见开载"的新增商品中也有不少属于一般生活日用品,如草席、漆、虾米、绿豆等。值得注意的是有米、铜的进口。明朝开海以后,海上贸易的内容明显地反映了当时社会需求的实态,即民生日用类的增加。

将晚明商品结构与明初相比较,我们主要可以得出三点认识:

第一,晚明西洋商品的变化不大。从海上贸易的商品来看,胡椒、苏木、象牙、檀香、犀角、沉香、没药、玳瑁等西洋特产珍奇消费品并没有任何变化,虽然也有如冰片、燕窝等明初没有的一些新种类,但是显然也属于珍奇的范围。由此可知,与明初西洋官方贸易的商品比较,晚明西洋民间私人海上贸易中的商品品种没有太多的改变。明初西洋海上贸易具有的远距离奢侈品贸易性质,在晚明西洋商品输入上仍很明显,但增加的一般日常用品的商品输入,反映了中国市场对海上贸易的消费需求。

第二,晚明东洋商品结构发生了重大变化。与明初海上贸易商品结构相比较,最重要的区别,就在于明初没有白银的大量进口,而大规模的白银输入,是晚明东洋贸易的特征。以往在计算贸易额的时候,均不把白银计算在内,但当时的白银不但是货币,而且本身也是商品,其主要来源于日本与美洲的银矿的矿产输出,满足了中国市场的巨大需求。

第三,晚明的商品税,不再抽取实物,一律以税银征收。特别是加增饷税的征收,完全是考虑到"东矿多产",即为东洋交易换取白银的特点而专设。

---

① 《东西洋考》卷七《饷税考》,第146页。

第四节 "东矿西珍" 实态的考察

根据文献记载，晚明海上贸易之利，以东洋最富，就是以银为贵。关于这一点，在当时明朝人的海洋意识中，认识是相当清楚的。

明末何乔远《开洋海议》云：

> 佛郎机之地，本在西洋，吕宋不过海岛一浮沤耳，其民皆耕种为业，佛郎机夺其地开市于此，人遂名吕宋，而亦名东洋……此皆据今日吕宋、红夷二夷入我近地而论，此所谓东洋者也。此外尚有暹逻、柬埔寨、广南、顺化以及日本倭，所谓西洋也。暹逻出犀角、象牙、苏木、胡椒如加留巴，又出西国米、燕窝，他番所无。柬埔寨、广南、顺化亦出苏木、胡椒。日本国法所禁，无人敢通，然悉奸阑出物，私往交趾诸处，日本转手贩鬻，实则与中国贸易矣。而其国有银名长崎，别无他物，我人得其长崎银以归，将至中国，则凿沉其舟，负银而趋，而我给引被其混冒，我则不能周知。要之，总有利存焉。而比者日本之人亦杂住台湾之中，以私贸易，我亦不能禁，此东洋之大略也。①

这里不仅明确了东西洋在明末的划分，而且详细记述了东西洋特产，值得注意的是，特别提及日本除了白银"别无他物"的特征。

何乔远《请开海事疏》中谈及"开洋之利"，细述东西洋贸易商品情形，再次说明东西洋贸易的不同之处：

> 臣请言开洋之利，盖海外之夷，有大西洋，有东洋。大西洋则暹逻、柬埔寨、顺化、哩摩诸国道，其国产苏木、胡椒、犀角、象齿、

---

① （明）何乔远：《镜山全集》之《开洋海议（崇祯三年在南都作）》，日本内阁文库藏明崇祯刊本，第13—15页。由于《镜山全集》一书笔者未得见，此文所引诸条，幸得徐晓望先生帮助，在此谨致谢忱。

第二篇　海上篇 >>>

沉檀、片脑诸货物，是皆我中国所需。东洋则吕宋，其夷佛郎机也。其国有银山出银，夷人铸作银钱独盛。我中国人若往贩大西洋，则以其所产货物相抵，若贩吕宋，则单是得其银钱而已。是两夷人者皆好服用中国绫段杂缯，其土不蚕，惟藉中国之丝为用。湖丝到彼，亦自能织精好段匹，錾凿如花如鳞，服之以为华好。是以中国湖丝百斤值银百两者，至彼悉得价可二三百两。而江西之磁器，臣福建之糖品、果品诸物，皆所嗜好。①

这里突出了与吕宋贸易中可以获得的银钱，实际上，这也就是通过吕宋与美洲的丝银——瓷银贸易。

晚明泉州籍内阁大学士李廷机曾云：

而所通乃吕宋诸番，每以贱恶什物贸易其银钱，满载而归，往往致富。而又有以彼为乐土而久留。②

这也是东洋海上贸易以中国商品交易银钱的例证。

清初人对晚明中国前往西洋船只折往东洋贸易的情形也有评述，王胜时说：

闻往时闽中巨室，皆擅海舶之利，西至欧罗巴，东至日本之吕宋、长岐，每一舶至，则钱货充牣。先朝禁通日本，然东之利倍蓰于西，海舶出海时，先向西洋行，行既远，乃复折而入东洋。嗜利走死，习以为常，以是富甲天下。③

明朝在漳州月港的加增饷征收，印证了海上贸易商品结构发生的变迁。《东西洋考》记载：

---

① （明）何乔远：《镜山全集》卷二三《请开海事疏》，第31—32页。
② （明）李廷机：《李文节集》卷一四《报徐石楼》，明人文集丛刊本，台北文海出版社1970年版，第1304页。
③ （清）王胜时：《漫游纪略》卷一《闽游》，江苏广陵古籍刻印社《笔记小说大观》本，第17册，第5页。

> 加增饷者,东洋吕宋,地无他产,夷人悉用银钱易货,故归船白银钱外,无他携来,即有货亦无几。故商人回澳,征水陆二饷外,属吕宋船者,每船更征银百五十两,谓之加征。后诸商苦难,万历十八年,量减至百二十两。①

加增饷是福建漳州月港专门为出洋到吕宋的商船所设商税,是一种附加税。征收对象是船主。由于当时西班牙人占据菲律宾群岛,开辟了吕宋到墨西哥的航线,以墨西哥银元购买中国生丝等商货,因此至吕宋贸易的中国海商在归国时几乎不载货物,而都是运回大量墨西哥银元,即大量白银。有鉴于此,明朝特地设置了加增饷。

历史事实证明,中外海商在东洋可以获得的最大利益,就是白银。值得注意的是,晚明海上贸易东西洋新格局在明初郑和下西洋后,东洋地位明显上升,出现了东洋的凸显,这是东洋贸易结构的变化使然。

再让我们从出洋船只的分配比例上看,虽然表面上明朝规定的东西洋出洋船只是对等分配的,似乎二者没有差别。然而,根据上文从《东西洋考》中所列东洋与西洋的国家数目,则显示出东西洋并不对等,西洋国家远比东洋国家多出一倍不止,即使加上所属地,在比例上西洋的国家也仍然多于东洋。这说明从出洋船只的制度安排上,显然东洋已经占了上风。通过月港,中国商品大规模输出,换取大量白银输入中国,这种新的东西洋贸易结构变化,凸显了具有白银资源的东洋在海上贸易中的重要地位。

正是由于这个缘故,万历二十五年(1597),泉州人提出分贩东西洋,由泉州抽东洋饷税,漳州抽西洋饷税。史载:"泉人以兵饷匮乏,泉观察议分漳贩西洋,泉贩东洋,各画陇无相搀越,欲于中左所设官抽饷,如漳例。"② 当时立即遭到漳州府的强烈反对,"力言其不可",于是分贩之议不行。

特别值得注意的是,当隆庆初年明朝海外政策做出大幅度调整,在福建漳州开放海禁,允许中国商民出海贸易,伴随这一调整趋势,明朝对广东澳门政策也基本定型,澳门拥有了广州外港的地位,促使澳门迅速成为

---

① 《东西洋考》卷七《饷税考》,第132页。
② 《东西洋考》卷七《饷税考》,第133页。

第二篇 海上篇 >>>

远东重要的国际贸易中转港。① 澳门本身虽然不在东洋范围之内,但是众所周知,葡萄牙人经营的澳门贸易航线中最为活跃的是对日贸易航线,也就是说澳门海上贸易得利最为丰厚的是来自于东洋贸易,并由此进入澳门的黄金时期。而澳门也参与马尼拉的美洲白银贸易,也就是葡萄牙人参与美洲白银运行相关的贸易活动。就此而言,应该说澳门在东洋贸易中也占有重要地位。②

晚明"东矿西珍"之说的出现,印证了东洋的凸显,对于海上贸易,这无疑是一个重大转折点。从某种意义上说,东矿西珍即当时东西洋市场的主要商品贸易结构。西洋主要显示了传统贸易的连续性,虽然由于西方人东来出现了变化,但是相对东洋来说,西洋商品贸易结构的变化不大,反衬了东洋商品贸易结构变化巨大。概括而言,可以说16世纪是东洋凸显的时代,而东洋的凸显,得力于"东产多矿",即白银的输入。总之,东洋是白银输入的最大渠道,这一点成为注定东洋凸显的关键因素。虽然太平洋航路接通的意义,对于全球贸易殊为重要,而日本银矿的大开发特别是日本白银的流入中国更早于美洲白银,因此是东洋凸显的首要因素。

商品结构发生的变化,主要是关系国计民生的贵金属白银的加入,极大地改变了传统进口商品的性质。应该说明的是,其时输入中国的白银还不只是来自东洋方面,西洋商船也带来大量货币白银。海上贸易出口商品结构,可以反映出当时国家的经济技术发展水平、产业结构状况、资源情况以及在国际分工中的地位和对外竞争力,随着晚明商品货币经济的发展,海上贸易呈现多样化发展的趋势。进口以白银为主,是以中国出口产品交易得来,当时最重要的出口商品是丝绸、瓷器,反映了这一时期中国手工业的迅速发展态势。特别值得注意的是,此时丝绸在海外已经可以大量织造,中国的出口以生丝或半成品为主,而在中国产品中唯有瓷器在当时独步世界,以青花瓷为代表,出口比重急剧上升,数量巨大,乃至难以

---

① 关于葡萄牙人入居澳门,参见万明《明朝对澳门政策的确定》,《中西初识》(《中外关系史论丛》第6辑),大象出版社1999年版;万明《中葡早期关系史》第四章《葡萄牙人入居澳门》,社会科学文献出版社2001年版,第77—113页。

② 关于澳门葡萄牙人经营的海上贸易及其航线,参见万明《中国融入世界的步履:明与清前期海外政策比较研究》,第281—282页。

统计。生产青花瓷的窑场几乎遍及全国各地，就是最好的证明。①

商品结构的变化在一定程度上反映了晚明时期中国社会商品货币经济的发展状况。过去占进口比重最大的胡椒、苏木等香料和珍宝类，在晚明所占进口总值的比重相对减少，到万历年间，虽然仍有进口，但显然已经不是中国海上贸易的主流输入品，简言之，相对白银的输入，已经退居次要地位。总进口值比重发生变化，白银占据进口商品的首位，在历史上是史无前例的，反映了海上贸易领域和国际市场的不断扩大，这一时期中国商品货币经济确实有了较快的发展。由于西方一直没有办法以大宗产品来换取中国丝绸、瓷器等商品，只能以白银交易。因此从某种意义上说，是中国的丝瓷在根本上改变了进出口贸易的基本格局和结构，促使大量白银流入中国。

进一步说，16世纪海上贸易地理格局、贸易模式与商品结构都已经发生了明显的改观，由此而言，中国正在经历一场商品货币经济引发的社会经济变迁，乃至国家的变迁。白银在海上贸易中不再是无足轻重的，确切地说，它是一系列互相关联的国家与社会变迁现象中首先应该引起注意的现象。它使得海上贸易迥然不同于过去。这一变化说明，发展到嘉、隆、万年间，中国海上贸易状况已经经历了所能达到的最高点，而此时与明初以盛大的下西洋为标志的官方为海上贸易主体不同，是以繁盛的私人海上贸易为主体的。

从商品货币经济发展的角度来看，东矿西珍反映了晚明海上贸易商品结构的变化，这一结构变化，在晚明海上贸易制度变迁的过程中出现，标志了东洋的凸显，与白银的巨大社会需求有着直接联系。货币流通是由商品流通引起的，货币流通的规模是由商品流通的规模和速度决定的。隆庆开海以后，民间私人海上贸易合法化，进入大规模迅速发展的阶段。月港鼎盛时期对外通商达40多个国家和地区，事实上据前所述，通商的地区和国家还不仅仅是官方记载的这些。从16世纪40年代嘉靖年间中国白银

---

① 参见万明《明代青花瓷崛起的轨迹：从文明交流走向社会时尚》，《故宫博物院院刊》2008年第6期；万明《万里同风：明代青花瓷崛起的历程》，发表于2011年5月香港城市大学中国文化中心、澳门民政总署、澳门艺术博物馆联合主办"逐波泛海：十六至十七世纪中国陶瓷外销与物质文明扩散国际学术研讨会"，已收入会议论文集；万明《明代青花瓷的展开：以时空为视点》，《历史研究》2012年第5期。

成为国内市场流通领域的主币以来,海上贸易的一般交换手段也随之发生了根本转变,白银在海上国际贸易中具有了主币的地位,形成了与世界货币的接轨。海上贸易商品交换所得主要是白银,白银既是商品,又是货币,东洋成为当时中国民间海上贸易获取白银资源的主要地区,在这一区域进行贸易活动的葡萄牙人、西班牙人、荷兰人等主要以白银购买中国商品,进行中转贸易,从而获利。而中国正是以自身的经济实力,以独步世界的丝瓷产品参与到波澜壮阔的全球化进程中。

第五节 "东矿西珍"的背后推力

《东西洋考》云:

> 市舶之设,始于唐宋,大率夷人入市中国,中国而商于夷,未有今日之伙者也。①

在当时人眼里,晚明海上贸易达到了史无前例之繁盛。东矿西珍,正是当时海上贸易发生历史性变化的概括,其出现并非偶然。

我们知道,明初中国海上贸易的主要对象是西洋与东洋,下西洋使西洋凸显,主要是印度洋周边区域。晚明时期,处于全球化的开端时期,世界正在形成一个整体,联系世界主要大洲的国际贸易网络也正在形成。全球化(Globalization),也称经济全球化(Economic Globalization),指地理上分散于全球的经济活动开始综合和一体化的现象,是当代世界经济的重要特征之一。而世界经济日益成为紧密联系的一个整体,开端于16世纪,海上贸易的发展使世界联系在一起,各国和各地区对外联系的广度和深度达到了空前的水平。在那个世纪里,中国经历了从区域史到全球史的过程。探讨区域史与全球史的连接,白银是一个关节点。

道格拉斯·诺斯曾说:

---

① 《东西洋考》卷七《饷税考》,第153—154页。

丝绸之路上的明代中国与世界

> 历史是至关重要的。人们过去做出的决策决定现在可能的选择。要理解经济实绩随时间变化而显现出来的差异,就需要了解经济的演变。①

研究晚明史,有一个问题一直摆在我们面前:东洋航路早已开辟,但是在明初不如西洋发达,只是到了晚明才凸显出来。换言之,东洋为什么会在此时凸显?过去给出的解释,归纳起来,在内是由于福建地狭人稠,山多田少,对于海上贸易的需求巨大;在外是东洋诸国社会经济落后,可供贸易的物品匮乏,至明后期才发达起来。而大多数学者归之于西方东来的因素,特别是西班牙占据马尼拉及其太平洋航路的开辟。我们认为,中国福建区域局部的原因,东洋诸国的发展状况,加上西班牙人东来的因素,仅仅是这些还不够,还应看到中国社会整体变迁的大背景,也唯有如此,才能完整解释晚明海上贸易结构的变迁。关注东洋凸显,特别要关注东矿西珍出现的背后推力。

海上贸易的发展和大规模的商品货币流通,是晚明中国社会经济发展中两个最为显著的特征。晚明东西洋贸易呈现出非常不同的特征,是一个值得注意的国际经济现象。贸易商品结构的变化,是决定东西洋贸易不平衡的根本原因。重要的是,以东矿西珍为特征的海上贸易新格局形成的背后,蕴含着中国社会经济变迁的深层需求,与中国本土白银货币化的发展进程有着密不可分的联系。

仔细考察,东洋凸显背后的推力可以分为中国社会内部和中国社会外部两方面。中国社会内部的推力,主要体现在明代白银货币化,具有中国国内市场萌发的作用;而外部的推力则主要表现在白银的大量流入,是世界市场的作用。如果说只看到白银流入对于中国的影响,看不到中国本土的变革因素,那么就会产生认识偏颇,当然,重要的是二者之间存在互动关系。

学界一般认为,东西洋针路变化是时代和社会环境变化的结果,这是不错的。但是,以往纠结于航线变化,而没有关注变化背后的推力,是遗憾的。通过考察,海上贸易结构变化不是自然形成的历史过程,而是具有

---

① [美]道格拉斯·诺斯著,陈郁等译:《经济史中的结构与变迁》,上海三联书店1994年版,中译本序,第1页。

深厚的中国内部社会经济变迁的背景。我认为，从明代白银货币化来看晚明东西洋贸易商品结构变化，问题可以迎刃而解：当时海外输入的白银主要有两个源头，一是日本，一是美洲，二者均是明代社会迫切需求的白银货币资源所在地，而当时日本的白银通过中国海商和澳门葡萄牙人的贸易输入，美洲白银则主要是通过西班牙占据的吕宋输入。这正是东矿西珍中东矿的由来，也是新的贸易地理格局生成的由来。

为了更好地了解东矿西珍形成背后的推力，我们可以将西方到来前后分为两个阶段。明代白银货币化的基本奠定，不是出现在美洲白银到来以后，而是在美洲白银到来之前。我们有必要首先关注日本银矿的开发时间。2007年列入《世界遗产名录》的日本石见银山遗址表明，石见银矿从1526年（明朝嘉靖五年）开始了400多年的开采历史，那里从战国时代后期到江户时代前期是日本最大的银矿山，17世纪银产量占到世界银总产量的三分之一。石见银山的开发时期与日本经济史上的商业发展时期重叠，因此，那里冶炼加工的白银当时不仅作为货币在日本国内流通，而且还支持着日本与葡萄牙、荷兰东印度公司以及中国商人之间的贸易往来。[①]值得注意的是，石见银山的开发时期不仅与日本经济史上的商业发展时期重叠，而且与中国私人海上贸易的发展史也是重叠的。与此同时，明代舟山双屿国际自由贸易港的兴起，是中日私人海上贸易繁盛的历史见证。根据中外文献，主要是明代朱纨《甓余杂集》和葡萄牙费尔南·门德斯·平托《远游记》的记载，舟山双屿在1520年代开始一度活跃兴起，这一国际贸易中心港，以私商云集的私人海上贸易而闻名中外，连接了国内市场和国际市场。双屿在1540年代积聚的私商大群数千人，小群数百人，群据海岛。一至夏季，大海船多达数百艘，乘风破浪，蔽江而下，多时甚至达到了1294艘。关注中国与世界历史发生重大变化的关联，以中国本土社会变迁与世界现实变革的历史潮流相融通为主要解释模式，舟山双屿港的兴起并非偶然。明代嘉靖初年已经呈现出基本奠定了白银为流通领域主币的态势，白银渗透到整个社会，促使各阶层上上下下产生了对白银的需求，出现了"司计者日夜忧烦，遑遑以匮乏为虑者，岂布帛、五谷不足之

[①] 陈君勇、陆春燕：《领略自然和文化精粹　联合国教科文组织2007年新增世界遗产欣赏》，《科学生活》2007年第10期。

谓哉，谓银两不足耳。夫银者，寒之不可衣，饥之不可食，又非衣食之所自出也，不过贸迁以通衣食之用尔。而铜钱亦贸迁以通用，与银异质而通神者。犹云南不用钱，而用海巴。三者不同而致用则一焉。今独奈何用银而废钱？惟时天下之用钱者，曾不什一，而钱法一政久矣其不举矣。钱益废，则银益独行"①。旧的对外贸易模式——朝贡贸易不能满足需要，中外私人海上贸易蓬勃兴起，于是有舟山双屿港的凸显。标志着中国国内市场发展，并迅速向海外拓展，中国海商参与了世界市场体系最初的建构过程。②

根据《明实录》嘉靖二十五年（1546）记载，"以往日本市易"为风所吹漂至朝鲜、被解送回国的"下海通番"福建人，即超过千人以上。③从时间上看，我们可以认为由于中国社会内部对于白银的巨大需求，促发了中国私人海上贸易的蓬勃兴起，直接刺激了日本银矿的大开发。日本出产白银的巅峰时期为16世纪中期至17世纪初，开采业兴盛时，仅生野和石见每年就上缴白银1—2万公斤。丰臣秀吉统治日本时，佐渡和石见的金银矿开采迅速。佐渡每年上缴白银1万贯左右，石见上缴4—5千贯。④依据文献资料，我们认为中国的白银需求对于日本与美洲的白银大开发，有着直接或间接的影响和作用，中国本身通过白银货币化，主动走向了世界，与世界连接了起来。⑤

关于明代白银货币化趋势及其过程的实证研究，使我们确信明代中国白银经历了从非法货币到合法货币，乃至形成完全货币形态的历程。⑥ 值

---

① （明）靳学颜：《讲求财用疏选兵铸钱积谷》，（明）陈子龙等《明经世文编》卷二九九《靳少宰奏疏》卷一，中华书局1962年版，第4册，第3145页。
② 参见万明《明代嘉靖年间的宁波港》，2001年"宁波港与海上丝绸之路"学术研讨会论文，刊于《海交史研究》2002年第2期；万明《全球化视野下的明代舟山双屿港》，提交2011年7月"舟山双屿港国际论坛"，经修订后，以《昙花一现之城：全球化开端时期的明代舟山双屿》为题，刊于《城市与中外民族文化交流》（《中外关系史论丛》第20辑），陕西师范大学出版总社有限公司2013年版。
③ 《明世宗实录》卷三二一，嘉靖二十六年三月乙卯，第5963页。
④ [日]岩生成一：《日本的历史》14《锁国》，中央公论社1966年版，第159页。
⑤ 参见万明《明代白银货币化——中国与世界连接的新视角》，《河北学刊》2004年第3期。
⑥ 参见万明《明代白银货币化与中外变革》，载万明主编《晚明社会变迁：问题与研究》，商务印书馆2005年版，第143—246页。

得特别注意的是，明代成、弘之际，是中国白银货币化自下而上到自上而下开始全面铺开的时候，同时也是郑和下西洋时代海外物品胡椒、苏木等在皇家府库枯竭之时。① 从那时开始，民间私人海上贸易蓬勃发展的大趋势突破制度的障碍，极大地显现了出来。嘉靖初年，伴随白银在全国市场流通中形成主币地位成为事实，而本土矿藏储量严重不足，于是巨大的内需促发了走向海外的寻求，拉动了海外白银的大量流入。这时白银的主要来源是日本银矿，可以认为，中国扩大的私人海上贸易直接或间接地引发了日本的银矿大开发。即使是率先到达中国沿海的葡萄牙人也参与其中，但毕竟不是海上贸易的主体。同时，繁盛的私人海上贸易也导致了嘉靖年间海上争夺战以倭寇为形式的爆发。这场危机暴露了明朝官方应对海上危机的乏力，使得朝堂之上关于海上事宜争议纷纭。然而，也反映了中国内部经济结构的变动与贸易商品结构的变动紧密相连，晚明海上贸易商品结构的变化与明代白银货币化有着密不可分的关系。总之，16世纪，无论在中国社会内部还是在外部世界，都突出了白银货币的特殊意义。明代白银货币化是一个中国社会内部经济结构变化的过程，而我们需要关注的是，这一过程与世界历史变革的大背景相互关联。

在以往的研究中，中外学者对白银流入中国数量的估计方面，做了大量研究。然而，却往往忽略了西方人到达美洲首先追求的是黄金而不是白银，是以低估了中国本土社会经济变迁的影响与作用。这里需要关注白银输入的时间问题，不能忽略一个重要的时间差，那就是美洲白银的输入要晚于日本白银的输入30年。美洲白银是在西班牙人占据马尼拉以后，在万历二年（1574）才开始大量开采运输的，而日本的银矿开发则是在明代嘉靖初年，也就是1620年代已经开始兴盛起来，其间有着30年的时间差。这个时间差是重要的分界，由此我们可以分别白银流入中国的两个阶段，而不是笼统地看待两个来源。关注到这一点，并与明代白银货币化进程联系起来考察，可以做出如下分期：第一时期，是日本白银流入时期，开始于1520年代，在1540年代达到高潮。这一时期可以作为白银输入的起始期。嘉靖初年基本奠定白银作为流通领域主币的地位，日本白银对于满足明朝白银需求供应起了重要作用。第二时期，是美洲白银流入时期，

---

① 参见万明《郑和下西洋终止相关史实考辨》，《暨南学报》2005年第6期。

开始于1570年代，此后与日本来源的白银汇合，达到了外银输入中国的高潮期，外银对于中国持续稳定以白银作为流通领域主币起了重要作用，由此也对明朝赋役——财政改革，中国货币财政的开端起了重要作用。[①] 这里需要特别说明的是，明代中国赋役——财政改革标志着中国国家与社会的转型，不是外铄的。

总之，在全球化开端的大背景下，从市场发育、商品流通和货币经济发展三个方面考察晚明中国社会经济的发展轨迹与特点，不难看出，晚明中国经济最具时代意义和历史意义的发展之一，是白银货币化，也即中国社会经济向货币经济的转化过程。白银成为流通领域的主币，成为统一的货币计算单位，并且作为一种通用的结算方式用于国际贸易，这在中国历史上是史无前例的，在中国货币史上是一个划时代的变化。换言之，明代通过白银货币化这一划时代的变化，积极参与和推动了全球化进程。

商品货币经济的发展带来的影响是多方面的，所谓泥沙俱下，有正面的，也有负面的，晚明社会面貌光怪陆离，发生了重大改观。由此产生巨大的社会需求，促使全国市场迅速形成，以后扩大到世界范围成为必然，并推动中国主动地走向了世界。在全球市场初步形成过程中，外银通过繁盛的海上贸易流入中国，从而完全奠定了白银在全社会作为普遍流通主币的地位。白银货币化成为晚明国家与社会变迁与转型的重要标志，正因为它是中国社会变迁与世界变革的连接点。而原有国际贸易关系重组，海上贸易商品结构发生重大改变，是中外双重变迁的反映。概言之，晚明国家与社会的一切变化，包括当时明朝人海洋意识的重构，都是在内外交汇大变局下形成的。

结　　语

综上所述，可以归纳以下两点认识：

第一，万历年间修撰的《东西洋考》中的东西洋概念，是官方允许贸易的东西洋贸易范围的海域划分，并不是晚明人对于东西洋的完整认识，

---

① 参见万明《明代财政体系转型——张居正改革的重新诠释》，《中国社会科学报》2012年7月4日。

只是当时狭义的东西洋概念。书中东西洋针路的截取,也说明了这一点。其中主要是日本贸易的阙失,而日本是东矿西珍所谓"矿"的主要来源之一,且相对美洲白银,日本对中国来说是首先出现的白银资源,在西班牙人占据马尼拉,于万历二年(1574)开展马尼拉—美洲的大帆船贸易以前,已是东洋贸易的重心所在,这说明早在16世纪20—40年代,贸易商品结构及其比重已经发生向东洋的倾斜,而当时的东洋却还没有美洲白银的出现。美洲白银的大量出现,是在西班牙人占据马尼拉的1570年代以后,在这里有一个时间差。也正是在这样的背景下,遂使私人海上贸易与葡萄牙在澳门经营的对日贸易取得了巨大的商业利润,萧基《小引》基于晚明人对于东西洋的完整认识,所云"东矿西珍",遂使东洋彰显出来,可以作为广义的东西洋概念。

第二,明代白银货币化是贸易商品结构演变,乃至晚明人海洋意识中东西洋位置转换的背后推力。晚明与明初海上贸易商品结构做一比较,西洋变化不大,东洋变化重大,主要是东洋的矿产开发,导致大规模白银流入中国,从而在晚明海上贸易中凸显了东洋。从明初郑和下西洋后西洋的凸显,到晚明国际贸易商品结构变迁后东洋的凸显,呈现出海上贸易从西洋向东洋重心转变的态势。追寻晚明商品结构变化,东矿西珍出现背后的推力,根本原因在于中国国家与社会内部经济结构的变迁。通过考察东西洋两个贸易区域的维度关系,以及晚明与明初两个不同阶段的贸易商品的变化,印证了变化与明代白银货币化有着直接的关联,白银货币化显示出中国国家和社会变迁与世界变革的紧密联系。伴随白银货币化进程同步进行的,是晚明海上贸易达到前所未有的规模,与白银需求态势,也与中国商品大规模开发生产密切相连。需要强调的是,中国先有自身的白银货币化进程,才产生对于白银的强劲需求,紧接着依托自身商品的发展潜力,丝瓷等跨洋远播,吸引了大量外银的流入,遂使白银成为晚明流通领域主币的地位得以稳定延续。需要说明的是,白银货币化这一历史性变化,是不可逆转的,直至1935年,中国的白银作为主币的地位才结束。

在16—17世纪全球化开端时期,世界格局发生重大变动,明朝人海洋意识的重构,国际贸易新的商品结构"东矿西珍"的形成,可以作为国际海上活动开始进入一个新的历史阶段,明代中国参与了波澜壮阔的全球化进程的历史见证。

第九章　晚明海上世界的重新解读：
商品、商人与秩序

　　15—16世纪，海洋成为时代的主题，海上活动成为最令人瞩目的国际现象。这里使用晚明海上世界的概念，主要是考虑到一个整体世界从海上连接了起来，全球化从海上拉开了帷幕。在世界格局发生重大变动，东西方大规模直接接触的时代到来时，海上活动呈现出亦商亦盗的明显特征，战争与贸易交替进行，风云变幻，事件频发。无论官与民，晚明人感受最紧迫的问题之一，是应对海上的变化。

　　关于晚明的海上世界，中外学界已有诸多研究，取得了重大进展。特别是对于晚明私人海上贸易活动与西方的扩张东来，以往学界的研究已经取得了极为丰富的成果。① 然而，对于晚明中国海上力量的整体研究，仍有探讨的空间。长期以来，很多研究者认为郑和下西洋停止后，由于海禁中断了中国海上力量的发展，到西方航海东来时，中国已落后于西方了。这种观点在社会上普遍流行，导致极大地忽视了晚明中国海上力量在17世纪曾称雄海上世界的历史事实。而形成上述观点的基础，就是没有将私人海上贸易置于中国海上力量之中。事实上，明代中国海上力量在历史上拥有重要的地位和影响，前有郑和，后有郑成功，二郑的海上功业，名垂千古。前者是明初官方海上力量的代表，后者则源自民间海上力量海商集团的崛起。海商经历了身份转换，中国海上力量则经历了重新整合，在与西方的海上博弈中胜出。值得注意的是，这一切在郑成功掌控郑氏海商集团之前业已发生。从世界大

---

① 林仁川《明末清初私人海上贸易》（华东师范大学出版社1987年版）一书，全面系统地论述了私人海上贸易活动及其与西方扩张东来的关系，以及私人海上贸易的时代特点及其历史地位和影响，是一部代表作。有关海上贸易和郑成功的中外研究论著非常多，在此恕不赘述。

变迁的视野来看，海上力量，可以从两个层面来理解，一是国家政府层面，一是民间社会层面。国家与社会不是截然两分的，二者不是只有根本对立的关系，而是对立与同一的互动关系。质疑以往将国家与社会置于完全对立面的海禁与反海禁的分析模式，我们不应只看到官方和民间对立的一面。论及海上力量，同样不可以截然两分，我们也要关注官方与民间力量的整合状态。这方面研究的缺失，直接导致了上述流行观点的出现。

晚明中国从海上与世界联系在一起，中国社会变迁与世界大变迁密不可分。关注中国与世界历史发生重大变化的关联，本章将以商品、商人和秩序为切入点，聚焦晚明中国发生的重要变化，以及这些变化如何影响了海上世界。以中国本土社会变迁与世界现实变革的历史潮流相融通为主要解释模式，在借鉴已有成果的基础上，试图对晚明社会变迁，包括经济、制度以及政治变迁与世界变迁做一个连动的考察和重新解读，以期有助于更全面地认识世界大变迁时代的晚明中国。

第一节 东矿西珍：海上商品结构的变化与东洋的凸显

在晚明人的观念中，海上世界是划分为东西洋的。应该指出的是，晚明人的东西洋概念与明初已完全不同。《东西洋考》的作者张燮云："文莱，即婆罗国，东洋尽处，西洋所自起也。"① 说明晚明是以文莱为东西洋的界限。而我们知道，明初郑和下西洋主要是航向西洋，随行者马欢所著《瀛涯胜览》中明确记载，当时明朝人是以南浡里国为东西洋的分界，它位于今天的印度尼西亚苏门答腊岛西北的帽山，帽山以西被认为是西洋，也就是说今天的印度洋才被称之为西洋，当年它叫作"那没黎洋"，按照明朝人这样一个划定，当时帽山以东是东洋。② 就此而言，晚明的东西洋

---

① （明）张燮：《东西洋考》卷五《文莱》，第102页。
② 《明钞本〈瀛涯胜览〉校注》，《南浡里国》，海洋出版社2005年版，第50页。值得注意的是，自郑和下西洋以后，西洋的概念就开始发生演变，参见万明《释"西洋"——郑和下西洋深远影响的探析》，《南洋问题研究》2004年第4期。需要说明的是，虽然在晚明文献中形成了以文莱划界的东西洋主流认识，但在明末记载中仍见有用明初东洋概念的，如吕毖《明朝小史》卷一七《崇祯纪》中以爪哇为东洋："爪哇国古名阇婆自古城顺风二十昼夜可至。其国地广人稠甲兵为东洋诸番之雄"，即为一例。

划分已经发生了重大变化。

成、弘之际,是中国白银货币化由自下而上到自上而下开始全面铺开的时候,同时也是郑和下西洋时代海外物品胡椒、苏木等在皇家府库枯竭之时。① 从那时开始,民间私人海上贸易蓬勃发展的大趋势突破制度的障碍,显现了出来。嘉靖初年,伴随白银在市场流通中形成主币成为事实,而本土矿藏不足,于是巨大的内需促发了走向海外的寻求,扩大的私人海上贸易引发了日本的银矿大开发。

嘉靖末年倭乱的基本平息,为隆庆初海外政策的重大调整准备了条件。隆庆元年(1567)福建巡抚涂泽民上疏"准贩东、西二洋",得到了朝廷允准。② 实际上,发展到晚明,中国社会内部涌动变革的潜流,国内商品货币经济发展,白银需求使市场扩大到海外成为必然。有识之士已看到开海是大势所趋,私人海外贸易已是燎原之火,只能因势利导,以保利权在上。③

所谓隆庆开海,是指明朝宣布以福建漳州月港作为中国商民出洋贸易港口,当时规定,民间商船可出海贸易,但鉴于与日本的恶劣关系,贸易对象仍不包括日本。开海后,贸易模式的转变使得一种新的东西洋贸易网络正式开创运行。

隆庆开海的具体地点,是在福建漳州月港。月港是伴随民间海上贸易发展而兴起的港口城镇,在那里,明朝对于海上事宜的管理主要实行船引制和饷税制,设立专门管理商民出海从事海上贸易的机构督饷馆,主管官员是漳州府海防同知,主要负责商民往来贸易的饷税征收,也即税务。商民出海贸易,要到督饷馆登记,缴纳引税,由督饷馆颁给船引,也就是出海贸易的执照,合法从事海上贸易。万历年间,规定"商引填写限定器械、货物、姓名、年貌、户籍、住址,向往处所,回销限期,俱开载明白,商务务尽数填引,毋得遗漏",督饷馆海防官员及各州县"仍置循环号簿二扇,照引开器械、货物、姓名、年貌、户籍、住址、向往处所、限

---

① 参见万明《郑和下西洋终止相关史实考辨》,《暨南学报》2005 年第 6 期。
② (明)张燮:《东西洋考》卷七《饷税考》,第 131 页。
③ 参见万明《中国融入世界的步履:明与清前期海外政策比较研究》,社会科学文献出版社 2000 年版,第 242—244 页。

期,按日登记,贩番者每岁给引,回还,赍送查换,送院复查"。并对出洋贸易限定了时间:"如西洋遥远,则就十一月、十二月发行,严限次年六月内回销。东洋稍近,多在春初驾往,严限五月内回销。"①

当时将东西洋划为两个海上贸易区域。万历十七年(1589),福建巡抚周寀对东西洋船引的数量、航行港口和船数做了具体规定。

文献记载说明,东洋方向主要是在今天的菲律宾群岛、加里曼丹岛一带,米六合是在马鲁古群岛。值得注意的是,虽然东洋没有包括日本贸易,即日本贸易仍然不合法,但当时中国与日本贸易由于白银需求,实际上大量存在,不少船只在出洋后转向东洋的日本。而当时的西洋方向,主要是在中南半岛、马来半岛、苏门答腊、爪哇一带,没有远涉印度洋。

万历二十一年(1593)福建巡抚许孚远又做了增加:占陂、高趾州、篱木、高堤里邻、吉连单、柔佛、古宁邦、日隶、安丁、义里迟闷、苏禄、班隘各1引。

于是加以上88只,是100只。经查,基本上没有超出原来规定的贸易范围。后因需求不断增加,"增至二百一十引矣"。事实上,明末无船引的出海商船数量激增,远远超出有船引的商船数目。原因是海上贸易的主体是民间海商,走私贸易兴盛。

晚明海上贸易以东西洋贸易区域面貌出现,与晚明人的东西洋范围概念发生重大变化相联系,晚明海上贸易的商品结构也发生了重大改变。从明初到晚明,商品结构经历了一个重要的变迁过程。

明初海上贸易的商品,在马欢《瀛涯胜览》一书中有着详细记录。比较起来,商品结构在晚明确实发生了重大变化。这种变化突出表现在东洋方面。

《东西洋考》卷首,萧基所作《小引》中,明确提到了晚明东西洋贸易的不同特征:"其指南所至,风艦所屯,西产多珍,东产多矿。"② 由此,我们可以了解到晚明海上贸易的特征是东矿西珍。这正是贸易商品结构发生的变化。具体而言,就是西洋的商品以胡椒、苏木、珠宝等珍奇为主,而在东洋,则以矿产白银为主。

---

① (明)许孚远:《敬和堂集》卷五《海禁条约》,明刻本。
② 《东西洋考》卷首,萧基《小引》,第11页。

比较的结果，可以得出两点认识：

第一，晚明西洋商品的变化不大。从海上贸易的商品来看，胡椒、象牙、苏木、檀香、犀角、沉香、没药、玳瑁等西洋特产珍奇并没有任何变化，虽然也有如奇楠香、冰片、燕窝等明初没有的一些新种类，但是显然也属于珍奇的范围。由此可知，与明初西洋官方贸易的商品比较，晚明民间私人海上贸易中的商品没有太多的改变。明初西洋海上贸易具有的远距离奢侈品贸易性质，在晚明西方商品输入上仍体现得很明显，而一般海外商品的输入，反映了中国市场对海上贸易的需求。

第二，晚明东洋商品发生了重大变化。与明初海上贸易商品相比较，最重要的区别，就在于明初没有白银的大量进口，而大规模的白银输入，是晚明东洋贸易的特征。

明朝在漳州月港的加增饷征收，可以印证海上贸易的商品结构发生的变迁。《东西洋考》记载：

> 加增饷者，东洋吕宋．地无他产，夷人悉用银钱易货，故归船白银钱外，无他携来，即有货亦无几。故商人回澳，征水陆二饷外，属吕宋船者，每船更征银百五十两，谓之加征。后诸商苦难，万历十八年，量减至百二十两。①

加增饷是福建漳州月港专门为出洋到吕宋的商船所设商税，是一种附加税。征收对象是船主。由于当时西班牙人占据菲律宾群岛，开辟了吕宋到墨西哥的航线，以墨西哥银元购买中国生丝等商货，因此至吕宋贸易的中国海商在归国时几乎不载货物，而都是运回大量墨西哥银元。有鉴于此，明朝特地规定了加增饷。

历史事实证明，中外海商在东洋可以获得的最大利益，就是白银的获取。而这种海上贸易商品结构的重大变化，无疑将东洋凸显了出来。

还应该提到的是，当隆庆初年明朝海外政策做出大幅度调整，在福建漳州开放海禁，允许中国商民出海贸易，伴随这一调整趋势，明朝对澳门政策也基本定型，澳门拥有了广州外港的历史地位，促使澳门迅速成为远

---

① 《东西洋考》卷七《饷税考》，第132页。

东重要的国际贸易中转港。葡萄牙人于嘉靖三十六年（1557）入居澳门后，开展了活跃的海上中转贸易活动，由于贸易的关系，吸引了大量中国商民和工匠"趋者如市"。① 中外海上贸易的兴盛使澳门迅速兴起。隆庆三年（1569），工科给事中陈吾德上《条陈广中善从事宜疏》，澳门成为广州外港由此开端。此后葡萄牙人开辟了多条国际贸易航线：

（一）澳门—果阿—里斯本
（二）澳门—日本
（三）澳门—马尼拉—墨西哥
（四）澳门—东南亚②

其中，最为活跃的是对日贸易航线，这正由于日本是白银的出产地，中国生丝、丝绸、瓷器等商品输出到日本，可以直接取得中国市场需求巨大的白银，故这条航线可以获得更多利润，由此澳门进入了海上贸易的黄金时期。

海上贸易的发展和大规模的商品流通，是晚明中国社会经济发展中两个最为显著的特征。东西洋的贸易呈现出非常不同的特征，是一个值得注意的国际现象。一般来说，以往学者大多强调在西洋有西方殖民者的抢掠和垄断，故西洋贸易不如东洋贸易发展。其实我们还应该看到，贸易商品结构的变化，才是决定东西洋贸易不平衡的根本原因。更为重要的是，在东矿西珍为特征的海上贸易新格局形成的背后，蕴含着中国社会经济变迁的深层需求，换言之，这一海上贸易商品新结构的产生，与中国本土白银货币化的发展进程密不可分。

关于明代白银货币化趋势及其过程的实证研究，使我们确信明代中国白银经历了从非法货币到合法货币，乃至形成完全货币形态的历程。白银在全国市场流通中形成主币以后，由于国内矿储量严重不足，而社会对于白银产生巨大的需求，从而拉动了海外白银的大量流入。有一点很清楚，即东洋的日本和吕宋都连接着白银的原产地，中国社会有对白银货币的巨

---

① （明）陈吾德：《谢山存稿》卷一《条陈东粤疏》，嘉庆刻本。
② 参见万明《中国融入世界的步履：明与清前期海外政策比较研究》，第281—282页。

大需求，但国内矿产资源又明显不足，故从海外输入便成为白银货币的一个重要来源。当时海外输入的白银主要有两个源头，一是日本，一是美洲，二者均是明代白银货币资源的所在地，而美洲白银主要是通过西班牙占据的吕宋输入中国的。我认为中国的白银需求对于日本与美洲的白银大开发，有着直接或间接的影响和作用，通过白银货币化，中国走向了世界，与世界连接了起来。[①]

总之，从市场发育、商品流通和货币经济发展三个方面考察晚明中国社会经济的发展轨迹与特点，不难看出，晚明中国经济最具时代意义和历史意义的发展之一，是白银货币化，也即向白银货币经济的转化。白银成为流通领域的主币，产生巨大的社会需求，在全国市场迅速形成以后，扩大市场到世界范围成为必然，中国主动地走向世界，既是这一转化的重要标志，也是这一转化的结果。换言之，白银货币化是晚明社会变迁的重要标志，也是中国社会变迁与世界变迁的连接点。海上贸易商品结构发生重大改变，正是双重变迁的一种反映。

这里可以归纳两点认识：

第一，晚明海上世界凸显了东洋，从明初下西洋到晚明的东洋凸显，是海上贸易从西洋向东洋的重心转变，这一转变的根本原因在于中国社会内部经济结构的变迁，中国本土的这一变迁与世界的变迁紧密联系；

第二，由于东洋贸易的凸显，促成制度的变迁，使得福建海商取得了区位优势，获得了发展的良好契机。同时，位于中国大陆与菲律宾、日本贸易的必经之地台湾岛，也随之史无前例地凸显了其地位，并迅速发展起来。

第二节 身份转换：海商集团崛起与海上秩序的重建

进入 16 世纪以后，西方的武装殖民者，最早是葡萄牙，接着是西班

---

① 参见万明《明代白银货币化——中国与世界连接的新视角》，《河北学刊》2004 年第 3 期。

牙、荷兰、英国,在晚明相继来到了东方海上,他们采取亦商亦盗的贸易形式,对于海上资源展开激烈争夺,从此海上贸易竞争进入了白炽化阶段。

嘉靖年间平息倭乱以后,明朝海外政策发生转变,意味着制度的变迁,开启了两种海外贸易模式:一是在福建漳州月港开海,允许中国商民出洋贸易;一是在广东澳门开埠,允许外商入华经营海上贸易。虽然经历了诸多曲折,但是,前者标志中国海商出洋贸易的合法化,从而孕育了海商集团迅速崛起;后者标志澳门作为中外贸易的窗口,葡萄牙人入居及其合法化,开辟了多条海上国际贸易航线。由于葡萄牙人的中转贸易必须依靠中国商人的合作,从而澳门海上贸易也成为中国海商崛起的又一途径。总之,制度变迁预示了晚明中国社会变迁和社会转型进程中海上贸易的新格局,晚明东矿西珍贸易商品结构的变化与明朝闽粤制度上的海上贸易模式转变,为民间海商迅速发展为中国海上力量的主体,提供了有利的契机。海商在社会经济变迁、制度变迁的轨迹中崛起,在获得海上贸易合法化地位以后,更为迅速地发展壮大起来。

一 郑氏海商集团的崛起

早在成、弘年间,民间私人海上贸易已经开始十分活跃。史载:

> 成、弘之际,豪门巨室间有乘巨舰贸易海外者。奸人阴开其利窦,而官人不得显收其利权。初亦渐享奇赢,久乃勾引为乱,至嘉靖而弊极矣。①

由于民间私人海上贸易的发展,隆庆之初位于福建南部沿海的漳州海澄,已形成了新兴的海上通商城市。"澄,水国也,农贾杂半,走洋如适市,朝夕之皆海供,酬酢之皆夷产。"在那里,"澄民习夷,什家而七"②,发生了靠海上贸易为生的人占据人口大多数的情形。正是因为有这样的基础,隆庆开海才最终选择了月港。史载,自隆庆改元,福建巡抚都御史涂

---

① 《东西洋考》卷七《饷税考》,第131页。
② (明)高克正:《折吕宋采金议》,《东西洋考》卷一一《吕宋》,第222页。

泽民"请开海禁,准贩东西二洋",东洋若吕宋、苏禄诸国,西洋则交趾、占城、暹罗诸国。① 开海以后的情形是:

> 我穆庙时除贩夷之律,于是五方之贾,熙熙水国,跨舲艧,分市东西路。其捆载珍奇,故异物不足述,而所贸金钱,岁无虑数十万,公私并赖,其殆天子之南库也。……然则澄之舶政,岂非巡经国阜财,固强边之最便者哉!②

开海使月港成为明朝"天子南库"的同时,重要的是实现了沿海商民的出洋贸易合法化,在白银货币化的发展大趋势下,隆庆开海后,无论明廷实行船引制还是饷税制,都是征收货币税,完成了关税从贡舶贸易的实物抽分制到商舶贸易的征收货币制的转变,并逐步形成从设官建置到征税则例等一套管理制度,从而使中国古代海上贸易管理向近代海关及其关税过渡。

崇祯三年(1630)兵部尚书梁廷栋等云:万历末年,"海舶千计,漳泉颇称富饶"③。后来"春夏东南风作,民之如海求衣食者,以十余万计"④。可见出洋贸易的规模之大。随着海上贸易的加速发展,当时海上贸易的主体——民间海商集团迅速成长壮大起来。

海上贸易正常运行,制度变迁使得原本非法的私人海上贸易取得了合法地位,福建海商得天独厚地获得了合法出洋贸易的权利,由此造就了闽商在海上贸易中的优势,促使海商经营的海上贸易迅速发展,海商集团也随之壮大起来。他们的活动足迹遍布各沿海地区,将中国市场与海外市场联系起来。漳州月港、安海、中左所(今厦门)是晚明兴起于福建的三个著名港口,港口状况印证了海商力量的迅速发展壮大。而福建海商集团的崛起,以郑氏海商集团为代表。

明末郑氏海商集团的崛起,是一个值得注意的历史现象。在晚明中国

---

① 《东西洋考》卷七,第131、132页。
② 《东西洋考》周起元《序》,第17页。
③ 《崇祯长编》卷四一,崇祯三年十二月乙巳,第2456页。
④ 《崇祯长编》卷四一,崇祯三年十二月乙巳,第2450页。

社会变迁和转型中，在世界融为一体的东西方海上贸易交汇中，内外动因，促使郑氏海商集团应运而生。然而，还有一点至关重要，以往却鲜见提及，即这一海商集团的崛起既是制度变迁的产物，也是晚明政治变迁的结果。

隆庆万历以后，私人海上贸易已经蓬勃发展。漳州月港的海上贸易极为兴盛，周边的港口也活跃起来。泉州安海港是海上贸易的古港，安海古称安平，此时以民间海上贸易发达著称于世。《闽书》曰："安平一镇尽海头，经商行贾，力于徽歙，入海而贸夷，差强资用。"①《安海志》记载：宋元以来"安海濒海山水之区，土田稀少，民业儒商"，在明代"商则襟带江湖，足迹遍天下，南海明珠，越裳翡翠，无所不有；文身之地，雕题之国，无所不至"②。晚明"人户且十余万"③，"则衣食四方者十家而七，故今两京、临清、苏杭间多徽州、安平之人"④。值得注意的是，明代以前，安海没有设置衙门专官管理，至万历三十五年（1607）"钦设驻镇安海馆"，衙门置于石井书院。⑤ 这是晚明安海地位提升的证明，也说明明朝对安海的重视达到前所未有的程度。而安海正是郑氏海商集团的创始人郑芝龙的家乡。

郑芝龙小名一官，号飞黄，泉州南安石井人，生于万历三十二年（1604），成长在一个参与海上贸易的家族环境之中。郑芝龙参与海上贸易活动，是以澳门为起点的。郑芝龙的母舅黄程"行贾香山澳"，并经常来往于日本。天启元年（1621），郑芝龙前往广东香山澳投靠黄程："一官年十八，性情荡逸，不喜读书；有臂力，好拳棒。潜往粤东香山澳寻母舅黄程。程见虽喜，但责其'当此年富，正宜潜心。无故远游，擅离父母'。

---

① （明）何乔远：《闽书》卷三八《风俗志》，福建人民出版社1994年版，第一册，第942页。
② （清）佚名：《安海志》卷二《士风民俗》，《中国地方志集成·乡镇志》26，江苏古籍出版社1992年版，第515—516页。此志中有明朝时修旧《安海志》夹杂其中，如卷五《公署志》："我朝嘉靖末始筑安海城，院道委官守镇，仅居公馆，至万历间，钦设驻镇馆"，明显是来自明朝旧志。
③ 《镜山全集》卷五二《杨郡丞安平镇海汛碑》，第1370页。
④ 《镜山全集》卷四八《寿颜母序》，第1276页。
⑤ 《安海志》卷五《公署志·驻镇馆》，第541页。

一官诡答以'思慕甚殷,特候起居,非敢浪游'。"于是"程留之"①。郑芝龙投靠母舅于澳门,是他从事海上贸易活动的开始。澳门的兴起,是中国商民与居澳葡萄牙人共同努力的结果。其中,福建海商的作用是突出的。澳门妈祖阁庙神山第一亭横梁写有"明万历乙巳德字街众商建"的字样,是澳门四条大街之一德字街华商于万历三十三年(1605)集资建立妈祖阁庙的明证;妈祖阁庙神山第一亭右刻有"崇祯己巳怀德二街重修"的文字,②是澳门怀字、德字两条大街华商在崇祯二年(1629)重修妈祖阁庙的明证,这些正是闽商在澳门具有重要势力的证明。根据陈支平先生对明末《郑氏族谱》的研究,郑氏家族从开基到明末仅繁衍了十一二代,阖族人口在明末亦不过数百人,而在族谱中明确记载死葬在广东、澳门的就有数十人之多。从记载中可以看出,明代后期郑氏家族族人到广东各地谋生最集中的地方是香山澳,共有十七人。③郑芝龙早年到香山澳投靠舅父,在澳门接受天主教洗礼,教名为尼古拉斯·加斯巴尔德(Nicholas Gaspard)④,他在澳门学会了葡萄牙语,参与澳门与日本的得利丰厚的海上贸易,开始挖掘人生的第一桶金。天启三年(1623),因黄程有一批生意,让郑芝龙随船到日本,于是郑芝龙的海上活动从此浮出水面。温睿临《南疆逸史》载:

> 郑芝龙,字飞黄,南安之石井人也。长躯伟貌,倜傥善权变。少随大贾李习贩日本……抚为义子,为娶日本长崎王族女为妻。芝龙既习游海岛,因募壮士攻剽海岛,积赀无算。⑤

---

① 江日昇:《台湾外纪》卷一,台北文化图书公司1972年版,第3页。
② 谭世宝:《澳门妈祖阁庙的历史考古研究新发现》,《文化杂志》(中文版)第29期,1996年。
③ 陈支平:《从新发现的郑氏族谱看明末郑芝龙家族的海上活动及其与广东澳门的关系》,《明史研究》,2007年。
④ [意大利]白蒂(Patrizia Carioti)著,庄国土、苏子惺、聂德宁译:《远东国际舞台上的风云人物郑成功》,广西人民出版社1997年版,第18页。
⑤ (清)温睿临:《南疆逸史》卷五四《郑芝龙传》,中华书局1959年版,第422页。这里的李习,应即李旦。日本学者岩生成一有《日本侨寓华人甲必丹李旦考》,《东洋学报》第23卷第9期。

第二篇　海上篇 >>>

江日昇《台湾外纪》记：

> 天启四年甲子六月，有福建漳州府海澄县人，姓颜名思齐，字振泉，年三十六，身体雄健，武艺精熟。因宦家欺凌，挥拳毙其仆。逃日本，裁缝为生。居有年，积蓄颇裕，疏财仗义，远迩知名。①

上述记载中的李习，应为李旦，他是泉州人，在16世纪末到17世纪初曾为马尼拉华人社区的首领，是与西班牙人贸易的亦商亦盗的海上贸易集团首领，后定居于国际贸易的重要据点——日本的平户。② 颜思齐在日本也是当时海商集团的一个重要首领。《靖海志》称之为"主寨之首领"。③ 而郑芝龙在日本的早期贸易活动与他参与李旦、颜思齐海商集团有密切关系，因此，天启五年（1625）郑芝龙也才有可能在李旦和颜思齐死后继任为海商集团的首领，得到扩大发展的机遇。而郑芝龙成为首领以后，他准备利用早期在日本和台湾岛进行贸易活动的资源，扩大发展海商集团势力，回到福建沿海活动。

让我们来看一下明末的形势："说者咸谓东南海氛之炽，与西北之虏，中原之寇，称方今三大患焉。"④ 从国内看，东南海上占有当时明廷需要紧迫面对的三分天下；而东南海上的紧迫形势，还表现在国际关系上，即当时存在明朝人所谓"红夷"等海上侵扰的问题。为了表现当时海上的复杂面貌，这里列出一个简单的时间表：

天启二年（1622）四月，荷兰巴达维亚总督派遣司令官古尼李士·雷也山（Connelis Reijersen）率船袭击澳门，在明朝官军与葡人的合力下大败，撤退的荷兰人于七月驶至澎湖，并勾结海寇侵扰福建沿海。

天启三年（1623）明朝实施海禁，禁沿海商民不得私自与荷兰人

---

① （清）江日昇：《台湾外纪》卷一，第4页。
② 参见《远东国际舞台上的风云人物郑成功》中《李旦与郑芝龙：两位杰出的探险家》一节，第18—23页。
③ 日本学者岩生成一怀疑颜思齐的存在，他认为颜思齐即李旦。见《日本侨寓华人甲必丹李旦考》，《东洋学报》第23卷第9期，但荷兰学者包乐史（L. Blusse）根据荷兰东印度公司的档案，认为是两人。白蒂则认为以目前研究状况看来，解决此问题尚为时过早，还应作更详细的探索。见《远东国际舞台上的风云人物郑成功》第32页注14。
④ 《海寇刘香残稿》二，《明清史料》乙编，第八本，第704页。

贸易。

天启四年（1624）四月，福建巡抚南居益亲巡海上，会同漳泉道发兵澎湖，驱逐荷兰人。八月，荷兰人撤出澎湖，退往台湾。这一年，海商兼海盗首领颜思齐至台湾活动。

天启五年（1625）颜思齐病死，部下推郑芝龙为首，荷兰人在台湾岛建筑普洛文希亚城（Provincia）。

天启六年（1626）四月，西班牙马尼拉总督费尔南多·德·席尔瓦（Fernando de Silva），派军队占据台湾鸡笼。

从以上时间表，我们可以看到郑芝龙海上集团开始成熟的年代，也正是明朝在海上遭遇西方挑战的时候。

在这样的海上背景下，天启末年兵部档案中，兵部尚书对于福建海上的状况作如下的描述：

> 若夫闽将之畏贼，甚于畏法；闽民之从贼，甚于从官。病疾入其膏肓，甜睡难于唤醒，臣不能翻从前之巢臼，亦何以承向后之担负。且贼杀兵而不杀民，掠富民而小施于贫民，势甚张，人心风鹤。南风则走闽，北风则走粤，非两省会剿无以制其死命。①

郑芝龙于天启五年（1625）成为亦商亦盗的海商集团首领以后，次年（1626）三月在闽广沿海活动的记载，是他率部攻打漳浦旧镇，进泊金门、厦门，"竖旗招兵"，扩大队伍数千人，"所在勒富民助饷，谓之报水"，"惟不许掳妇女，焚房屋，颇与他贼异"②。这里值得注意的是，当时他已显示出"颇与他贼异"的特点。

此后，天启七年（1627）六月，郑芝龙攻铜山、中左等地，大败明军，进入中左所。此时的郑芝龙仍然表现出他的与众不同之处："然芝龙故与他盗异，常念求抚，所过戢麾下禁侵掠。放还所获军将。每战胜，追

---

① 第一历史档案馆藏明代兵部档《兵部尚书王之臣为郑芝龙进攻铜山中左官兵御战失败事题行稿》天启七年七月，见《郑芝龙海上活动片段》上，《历史档案》1981年第4期。

② （清）陈寿祺等：《重纂福建通志》卷二六七《明外纪》，华文书局股份有限公司1968年版，第5076页。

奔，辄止兵。"①

地方官员已关注到他的与众不同，同安知县曹履泰云："今龙之为贼，又与（杨）禄异。假仁假义，所到地方，但令报水而未尝杀人。有彻贫者，且以钱米与之。其行事更为可虑耳。"②

海商集团很快人数剧增。回乡官员、同安董应举记述："芝龙之初起，也不过数十船耳，至丙寅（天启六年）而一百二十只，丁卯（天启七年）遂至七百，今（崇祯初年）并诸种贼计之，船且千矣。"③他对于福建海上表现出忧心忡忡："今福海贼亦无几，而海政不修，委民于贼，坐视其死，势且燎原矣。呜呼！戒之哉，毋使芝龙之祸复移之福海，拱手以听其糜烂而莫之救也。"④

对于福建海上复杂动荡的情形，朝堂之上的福建籍官员是很了解的。工科给事中颜继祖上疏言："至臣乡之于海寇，则战守并废，而剿抚两穷矣。"疏中对于亦商亦盗的"海贼"及其生存环境作了如下具体描述：

> 况贼首郑芝龙，生长于泉，凡我内地之虚实，了然于胸。加以岁月所招徕，金钱所诱饵，聚艇数百，聚徒数万，城社之鼠狐，甘为牙爪，郡县之刀笔，尽属腹心。乡绅有偶条陈，事未行而机先泄，官府才一告示，甲造谤而乙讹口，复以小惠济其大奸，礼贤而下士，劫富而施贫，来不拒而去不追。以故官不忧盗而忧民，民不畏官而畏贼，贼不任怨而任德。一人作贼，一家自喜无恙，一姓从贼，一方可保无虞。族属亲故，击揖相访，虚往皆得实归，恍若竟仕宦抽登者。然贼以舟为家，以家为寓，岁时伏猎，携白镪而还，醉饱逍遥，适来适去，无敢过而问焉。至于乌纱紫袍，骄乡党而无忌，携家接眷，张金鼓以为荣。白昼青天，通衢闹市，三五成群，声言报水，则闾里牵羊

---

① （清）邵廷寀：《东南纪事》卷一一《郑芝龙》，上海书店1930年版，第282页。
② （清）曹履泰：《靖海纪略》卷一《答朱明景抚台》，《台湾文献丛刊》第116册，第5页。此书写给福建巡抚朱一冯，作于朱一冯初到任之时。查曹履泰为"天启乙丑进士，知同安县"，因此他于天启五年（1625）在任，而书中言"两年之内"，因此时间应在天启七年（1627），见光绪《海盐县志》卷一五《人物传·曹履泰传》，台北成文出版社1975年版。
③ （明）董应举：《崇相集》《福海事变》，《四库集毁书丛刊》，第102册，北京出版社1998年版，第198页。
④ （明）董应举：《崇相集》《福海事》，第198页。

载酒，承筐束帛，惟恐后也。戏谑睚眦之怨，户婚田土之争，公然报复，焚其庐而没其产。甚至蟠炙之刑，酷于炮烙、枝解之毒，兼以凌迟。百姓闻风鹤而魂销，挈妻儿而露处，真耳目未经之奇变，而今古旷见之元凶也。①

从官方来看，福建处于"战守并废""剿抚两穷"的状态。这种状态的解决，明显需要有转机的出现。

二 身份的转换

郑氏海商集团崛起后，首先是以海寇面貌出现在官方记载之中。从海寇到明朝官员的身份转换，海商在政治领域营造了自己的地位，这是郑氏海商集团发展历程中的关键一步。

实际上，早在天启末年，福建地方官员已有招抚郑芝龙的举动，也就是所谓丙寅（天启六年，1626）招抚之议。彭孙贻曾记如下一段故事：

> 芝龙，泉州南安县石井巡司人也；或曰，漳州府之漳镇人。芝龙父绍祖为泉州库吏。蔡善继为泉州知府。府治后衙与库隔一街相望。芝龙时十岁，戏投石子，误中善继额，善继擒治之，见其姿容秀丽，笑曰：'法当贵而封。'遂释之。②

谷应泰记述：

> 纵横海上，官兵莫能抗，始议招抚。以蔡善继尝有恩于芝龙，因量移泉州道，以书招之，芝龙感恩为约降。及善继受降之日，坐城门，令芝龙兄弟囚首自缚请命。芝龙素德善继，屈态下之，而芝龙一军皆哗，竟叛去。③

---

① 第一历史档案馆藏明代兵部档《兵部尚书阎鸣春为备陈郑芝龙海上活动题行稿》，崇祯元年二月二十九日。见《郑芝龙海上活动片段》下，《历史档案》1982 年第 1 期。
② （明）彭孙贻：《靖海志》卷一，中华书局 1958 年版，第 1 页。
③ 《明史纪事本末》卷七六《郑芝龙受抚》，第 1311 页。

第二篇 海上篇 >>>

招抚失败后,总兵俞咨皋原主张抚,后改为剿,却都不成功,以致败逃。崇祯元年(1628)工科给事中颜继祖上疏弹劾俞咨皋下狱云:

> 海盗郑芝龙生长于泉,聚徒数万,劫富施贫,民不畏官而畏盗。总兵俞咨皋招抚之议,实饱贼囊……而咨皋招之海,即置之海,今日受抚,明日为寇。①

当时朝堂之上一筹莫展:

> 闽南服之邦也,去都甚远,奏报难以碎至。贼发难在去年之冬,而警报在今年之春,此时彼地不知作何光景?臣止见闽人之宦于朝而偕计于公车者,无不相对愁叹,以为祸至之无日也。不忧有贼,而忧无官,不忧无官,而忧无城邑。②

就在此时,新一轮招抚之议起,而且得到了新任福建巡抚熊文灿的切实规划实施。史载,崇祯元年(1628)"六月,兵部议招海盗郑芝龙。九月,郑芝龙降于巡抚熊文灿"③。这表明,于崇祯元年(1628)初仍"猖獗海上",被明朝官员称为"海寇""海贼"的郑芝龙,④ 在这年九月,已经受抚于明朝。

关于郑芝龙接受招抚的过程,许多文献都有所记载,但是作为当时、当事人,即亲历者的同安知县曹履泰,他的《靖海纪略》收集了其任职期间的文书信函,可以使我们了解更多的历史细节。曹履泰,字方城,浙江海盐人,天启五年(1625)进士,任福建同安县知县5年,严保甲、练乡兵,维护地方秩序。他记录了招抚郑芝龙的全过程。并亲身经历与郑芝龙联兵战败蹂躏地方的海寇李魁奇、钟斌等。《靖海纪略》一书卷一至卷三是公文信函,卷四是团练乡兵条约等文书,这些当时产生的文字记录,具

---

① 《明史纪事本末》卷七六《郑芝龙受抚》,第1312页。
② 第一历史档案馆藏明代兵部档《兵部呈为兵科给事中李鲁生题谕选将募兵以速闽省兵机事本》,崇祯元年二月二十四日。见《郑芝龙海上活动片段》下,《历史档案》1982年第1期。
③ 《明史纪事本末》卷七六《郑芝龙受抚》,第1312页。
④ 《崇祯长编》卷五,崇祯元年春正月己丑,第244页。

有地方档案的性质，有很高的史料价值。下面以此书为主，结合其他史料，梳理郑氏身份的转换与明末海上秩序的重建过程。

当时，荷兰人曾参加明朝官方助剿活动，情况颇为复杂，海商集团与荷兰人也有联系。① 至于吕宋西班牙人的助剿，似乎朱一冯曾经有意，但曹履泰说"吕宋助剿之船，来无可据"②。所以我们暂时把西方因素放在一边。

郑芝龙在中左登岸，当时官方"兵船新旧，被焚被牵，无一存者"，致使"全闽震动耳"③。曹氏书中言："陈熙老招安之议，造福固非浅，然闻贼望甚高，何以结此局？反复思之，真食不下咽，而寝不贴席，终未敢赞一词也。"④

根据这段记述，我们可以知道，起初曹履泰并不赞成招安之议。书中所说"陈熙老"，应是指同安人陈如松。陈如松，万历壬子（1612）举人，曾任浙江萧山知县、太仓知州。天启甲子（1624）告老回乡。他的《莲山堂文集》中收有《议招抚郑芝龙檄文》一篇。据《莲山堂文集》书前丘复《明太仓知州同安陈公传》所记："海寇郑芝龙屡败都督俞咨皋，逼近中左。知县曹履泰延公为文招之，邑赖以安。"⑤

陈如松《议招抚郑芝龙檄文》开篇云："告尔海上诸君。事贵长计，业期久远。抗国威、毒民命而得久远令终者，未之前闻。"首先以远则方腊、杨幺、宋公明，近则吴鹏、林凤、林道乾的前车之鉴打动郑芝龙，希望他不忘忠孝之心，为忠孝之事；自负英雄之才，为英雄之举。他指明忠孝之事，就是"劝谕诸众，解散归家，见其父母妻子，各营生理。清福共享，无犯顺之非，泯招抚之迹，吉祥善事，计之上也"。接着指出招抚之路："如欲招抚，亦宜泊舟外岛，按众不动，徐以介使直陈本意。若何封赏，若何安顿，若何解散，以待我之处分。商略已定，然后举行，亦计之得也。"从下面"今圣神握阿，朝野清明，即以悍逆之魏阉，亦束手服药

---

① 《靖海纪略》卷一《答朱抚台》，《台湾文献丛刊》第116册，第7页。
② 《靖海纪略》卷一《答朱抚台》，《台湾文献丛刊》第116册，第9页。
③ 《靖海纪略》卷一《上朱抚台》，《台湾文献丛刊》第116册，第11页。
④ 《靖海纪略》卷一《与黄东崖同年》，《台湾文献丛刊》第116册，第13页。
⑤ （明）陈松：《莲山堂文集》书前，丘复《明太仓知州同安陈公传》，厦门大学出版社2019年版，第18页。

而毙。气运已转，真才亦将出现矣"的话语，可知此檄文作于崇祯皇帝即位以后。最后在檄文中，主要指责郑芝龙"集众蹂躏，毕竟同归于扰；自谓欲抚而局面布势又似不欲即抚"的模棱两可态度，让郑芝龙早自为计，另遣邑人登舟面议招抚之事。①

实际上，天启六年（1626）十二月，郑芝龙泊于漳浦之白镇。福建巡抚朱一冯遣都司洪先春率舟师击之，大败。此时郑芝龙已有求抚之意："然芝龙故有求抚之意，欲微达我兵，乃舍先春不追；获卢游击，不杀；又自旧镇进至中左所，总兵俞咨皋战败，纵之归；中左人开城门求不杀，芝龙约束麾下，竟不侵扰。警报至泉州，知府王猷知其详，乃曰：芝龙不追、不杀、不焚、不掠，似有归命之意。今剿难猝灭，议或可行，不若遣人往谕退舟海外，仍许立功赎罪，有功之日，优以爵秩。兴泉道邓良知从之，遣人谕意。"②

在与前任同安知县李任明书中，曹履泰提到天启六年（1626）春夏之间，当时福建巡抚是朱钦相，已有"议抚"之说，而总兵俞咨皋"助寇养乱"，曹氏则颇不同意，几乎被排挤。到天启七年（1627）三月，"郑寇"入中左；七月，"寇入粤中"；九月，俞咨皋曾引"红夷"击之，而荷兰人战败而逃，郑芝龙"乘胜长驱"。当时"官兵船器，俱化为乌有。全闽为之震动。而泉中乡绅不得已而议抚"③。

在与乡宦黄元眉书中，曹履泰痛斥"自贪懦无耻之将，养成痈疽，一朝而溃，有言之可痛可涕者"，追述"郑寇"至中左时，团练乡兵曾经一呼而集，"杀贼无数"，遂使内地平安，然而沿海一带鞭长莫及，有航行北上之忧。于是"两台从郡中公议，不得不议抚"④。

综而述之，明朝末年对于海商兼海盗集团，实行的是剿与抚的传统两手策略。早在天启六年（1626）朱钦相任福建巡抚之时，已有招抚之事，蔡善继招抚不成，朱钦相内擢，而新抚朱一冯未到任，于是剿抚之议因此搁置。⑤ 天启七年（1627），郑芝龙在福建沿海大肆攻掠，震动全闽，招抚

---

① 《莲山堂文集》，第182—185页。
② 《靖海志》卷一，中华书局1958年版，第2—3页。
③ 《靖海纪略》卷一《与李任明》，《台湾文献丛刊》第116册，第22页。
④ 《靖海纪略》卷一《与乡宦黄元眉》，《台湾文献丛刊》第116册，第15—16页。
⑤ 《台湾外纪》卷二，台北文化图书公司1972年版，第18页。

之议又起，这时已是朱一冯为巡抚时，如果说上次的招抚之议，主要是在地方官员层面，那么这次从曹氏记述来看，已是地方乡绅的意愿，而当时乡兵的踊跃，也说明有民意所在。此时郑芝龙有明确的求抚之意，故在崇祯元年（1628）七月，新任巡抚熊文灿到任后，招抚得到具体实施。

从《闽书》熊文灿《序》中，我们可以了解到新任福建巡抚的治理观：

> 今日疆场，固不专事西北，而兼在东南。闽冯山阻海，上郡接壤东粤，萑苻所聚，潢池盗弄，往往见告；三山以南列郡，星罗于沧波浩淼之侧，昔患苦倭奴，近患苦红夷，而又土狭人调，谷食不赡，今且不忧卉服，而忧赤子。番钱内艳、粟货外流，洋船聊可资生，中左遂成扼要。又，谭中丞、戚少保所增设之寨游，战具岁久弊丛，几不可问。不佞谬膺简畀，入疆受事，山海剧贼，并肆披猖，赖圣天子钟鼓之灵，诸大夫帷谋之力，或焚巢悉就诛夷，或稽首归我戎索，或逆我颜行而櫜街竿首，或剪彼凶狡而沉溺蛟宫。山海情形，亦稍稍有次第矣！乃伏莽之戎，走险之兽，无在无时不可窃发，则根本之图，善后之虑，惟二三良有司与师武臣是赖。计所以安阜之，使不必盗；教诲之，使不肯盗。无盗，则豫防御之，使不敢盗；有盗，则急起剪灭之，使不及盗。……或因剿而为抚，或借抚以用剿。①

其中"或因剿而为抚，或借抚以用剿"，是指将抚与剿结合兼施，达到灵活运用的境地。熊文灿招抚郑芝龙、剿灭李魁奇和钟斌，正是以此展开实践的。

按照《崇祯长编》的说法，郑芝龙受抚之初，并没有实授官职：

> 崇祯元年七月，纳海寇郑芝龙降。芝龙称兵海上颇禁淫杀，不攻城堡，不害败将，人多言其求抚之心颇真。至是抚臣以请。帝谕兵部曰：郑芝龙啸聚弄兵，情罪深重。据奏敛众乞降，缚送夥党陈芝经，输情悔罪，尚有可原……姑准抚臣朱一冯、按臣赵胤昌等奏，给与札

---

① （明）熊文灿：《〈闽书〉序》，何乔远《闽书》卷首，第1—2页。

付，立功自赎。舟中胁从，尽令给散，海上渠魁，责令擒杀，俟果著有功绩，应否实授，奏请定夺。①

《台湾外纪》则云："遂以义士'郑芝龙收郑一官'功题，委为海防游击。"②

曹履泰曾作书《谕郑芝龙》，谈及"尔果实心效用"，"岂不甚愿"，对郑芝龙提出的"水操游击"，说那不是抚按作得主的，劝谕其不要求之不得，就自泉州往兴化、福州，一路骚动，不但有害于无辜的百姓，也不利于他的一己功名。③ 由此可见，在招抚问题上，曹履泰虽然并不是倡议者，但是对郑芝龙的招抚过程，他是切实参与的，此劝谕也可以说明当时招抚已定，而郑芝龙想要得到的官职没有得到，故在受抚之初存在波动。

谷应泰记述：崇祯之初，郑芝龙受抚以后"锐意行金"，"是以荐剡频上，爵秩屡貤，坐论海王，奄有数郡"④。这应该是后来发生的事情。其实，无论当时是否实授官职，明廷招抚郑芝龙成功，就意味着郑芝龙完成了身份的转换。

身份的转换，标志着明朝官方对于海商的认可和海商对于国家的认同，二者有了合作的基础。面对海上的无序，重建秩序成为官民共同的利益所在。

三 海上秩序的重建

从曹氏《靖海纪略》中看来，招抚郑芝龙成功，与剿灭曾是郑芝龙同伙、抚而又叛的李魁奇、钟斌等海盗集团有密切联系。

林仁川先生指出："郑芝龙为了发展海上贸易，也想借助明朝政府的力量，消灭这些竞争对手，以达到垄断海上贸易的目的。因此，就乐于接受明政府的招抚。在这种互为利用的情况下，双方达成默契。"⑤ 这一论断

---

① 《崇祯长编》卷一一，崇祯元年七月癸未，第636页。
② 《台湾外纪》卷三，第31页。
③ 《靖海纪略》卷一《谕郑芝龙》，其中有"莅同以来，以更四岁"之语，曹氏于天启五年（1625）任同安知县，故知此文作于崇祯二年（1629），《台湾文献丛刊》第116册，第14页。
④ 《明史纪事本末》卷七六《郑芝龙受抚》，第1315页。
⑤ 林仁川：《明末清初私人海上贸易》，第118页。

无疑是正确的。而我们还应该看到明朝地方官员在危机时刻,实际上选择了抚与剿两种政策的兼施,借助郑芝龙海上力量,增强官方对于其他海寇的打击力度,官与民形成合作机制,同舟共济,铲除了海上不安定的因素,最终恢复了久违的海上秩序。

万历年间福建地方官绅对海上事宜已投入了前所未有的关注。《东西洋考》一书,作者张燮是应当时海澄县令陶镕之请而写,后来又应漳州府督饷官王起宗之邀完成。此书在万历四十五年(1617)由漳州地方官主持刻印出版。海澄和漳州的地方官员如此重视编辑出版这部书,本身已说明明朝地方官员对于海上事宜的重视程度,同时,也代表了地方官绅对于直接关乎民生的海上事宜的投入。

明末内忧外患的危机感,促使地方官绅对海盗态度发生转变。明末闽粤浙,也就是东南海上是一盘棋,官方苦于海上不宁。在明朝官方看来,以海寇面貌出现的郑芝龙受抚以后,就要负有维护海上安全和秩序的职责,而郑芝龙在受抚以后,随着身份的转换,他也确实为海上秩序的重建而奋力转战。

崇祯二年(1629年),闽人何乔远云:"夫芝龙归心于我,为我守护,万耳万目所共觌,而海上之民倚为捍御。"① 当时"中左隶于同安,去县城仅五十余里"②,同安知县曹履泰经历郑芝龙受抚前后的历史过程,《靖海纪略》一书中涉及他对郑芝龙态度的变化,值得我们关注。曹氏在郑芝龙受抚前,曾上书福建巡抚朱一冯,言及"贼势猖狂,援兵不至。职只有奉行钧令,严保甲、练乡兵、保守城池而已。库藏如洗,巧妇难炊。职劝谕乡绅监生及富民好义者,各捐资募勇士百余人以防守近澳,众皆乐从之"③。书中称"贼"而不名。郑芝龙受抚以后,为地方做了些好事,曹履泰记录:"今郑芝龙护送谷船,专以救我同民。"④ 这里已见称呼姓名,而不加贬义的"贼"。曹履泰曾云:"不肖每禀上台云:目前无他着,惟是

---

① (明)何乔远:《镜山全集》之《海上小议》,见傅衣凌、陈支平《明清社会经济史料杂抄》(续九),《中国社会经济史研究》1988年第2期。
② 《靖海纪略》卷三《上司李吴磊斋》,第53页。
③ 《靖海纪略》卷一《上朱抚台》,第5页。
④ 《靖海纪略》卷一《定商人谷价告示》,第22页。

用芝龙以攻贼,借芝龙以修备,两言便可括海上之事。"①

我们不仅要注意地方官员对于郑芝龙的态度转变,还应注意到在郑芝龙维护地方、平定海盗的功绩背后,有朝廷政令在地方社会贯通并领头执行的角色——如曹履泰这样的地方官员的身影,也就是说,地方政府的背景。

原本受抚的李魁奇在崇祯元年(1628)九月叛去,当时郑芝龙惊惶不定,一方面担忧新任巡抚熊文灿到来招抚有变,另一方面又要担心其他海盗合伙夹攻,势孤力单,甚至性命难保。② 在这样的情形下,作为同安知县的曹氏,组织团练乡兵,为之募船、调集兵丁等,给了郑芝龙极大的支持。为了保守地方,即地方秩序的重建,曹履泰不遗余力,他发布《招回告示》:

> 为地方事,照得海盗横行,所在焚掠,今为剧贼,昔皆良民也。人非生而为盗,一念之差,便而失足。从正有路,要在挽回。今与尔诸民约:凡有子侄弟兄在海为非者,着父兄叔伯即去劝谕,归家改过,便是良民。本县乐与自新,既往之事,决不推究……本县一点爱民真心,从无虚伪……③

他还亲自参与组织团练乡兵,制订《团练乡兵条约》,以选壮丁、编家甲、别旗帜、精器械、贮粮食、谨瞭望、修栅隘、造金鼓、定赏罚、严约束为主要内容。④《海盐县志》载:"同安无兵,履泰编刘五店等湾渔民为伍,曰渔兵,择社首许克俊为哨总领之,团结村落相应援。"⑤ 团练乡兵来自地方基层民众,特别是由于海上不靖,渔民深受其害,因此渔民积极参与打击海盗的战事,由此可见当时海上秩序的重建,也是有社会基础的。曹履泰记述:"查刘五店壮丁不及千,连结十三保之众,则有万人。

---

① 《靖海纪略》卷二《海上近事与黄东崖、燕同兰、丁哲初、林让菴》,第39页。
② 《靖海纪略》卷一《上朱未孩道尊》,第23—24页。
③ 《靖海纪略》卷一《招回告示》,第8—9页。
④ 《靖海纪略》卷四《团练乡兵条约》,第63—65页。
⑤ 光绪《海盐县志》卷一五《人物传·曹履泰传》,第1153页。

团练之法，不让十八保。"① "协同官兵剿捕剧贼，不论中左、金门、料罗、澳头等处汛地，如遇寇警，俱要首尾相救，期于制敌。" "贼到五通地方，乡兵聚集数千搏之，贼各负伤而去。职召彼处乡民，遍为奖劳，令富者给贫丁以器械，并助以饭食。贼至则合力追擒，人心无不乐从者。"② "盖船户至今日，亦知遍海皆贼，藏舟无用，而人人有义愤矣。"③

实际上，当时招抚及其后的剿灭海盗活动，主要由地方政府组织并配合实施。曹氏记述："附近乡兵，约有二千余人，分为三十二社。职令其每社立一社首，每十人编为一甲，已亲往料理矣。"④ 不仅有乡兵之助，在曹氏文书中也有"望台台甲南日寨船二十余只以助之"的记载。⑤

团练乡兵在恢复地方和海上秩序中发挥了重要作用，郑芝龙与明朝同安知县曹履泰联兵击败了李魁奇海盗集团势力。当时李魁奇有大小船百只，3000多人。曹履泰记述："职令各乡总督率乡兵数千人，于要路堵杀，贼不敢登岸。"而"芝龙自刘五店而往石井，招募乡兵数百，借本县船五十余只，以为剿叛之计。初八日，芝龙对银二十两与刘五店澳长高大藩，要募乡兵五百名。职令大藩还伊银。答之曰：汝辈真能发愤剿贼，乡兵自当助一阵，何须银为？以是芝龙感激，舞思奋胆，气甚壮"⑥。

曹履泰亲往刘五店，"督发渔舟三十只，壮丁五百名，给以十日粮，协助芝龙出海，壮彼声势"⑦。于是"郑芝龙同刘五店渔兵六百余名，于镇海外洋与李魁奇大战，擒获贼船四十余只，犁沉八十余只，贼众溺死无数"，捷音飞报。⑧ 正是曹氏这样的地方官员大力撑持，有官民合作的基础，给了郑芝龙以足够的胆略和底气，形成了海上武装劲旅，平定了海上。难得的是，曹氏为官"若宦舍萧然，原是书生故我"，他曾作书寄给亲人："他人做官带金银回来，我做官保全性命回来，便是铁汉。"⑨ 曹履

---

① 《靖海纪略》《上朱未孩道尊》，第23页。
② 《靖海纪略》卷一《答朱抚台》，第6页。
③ 《靖海纪略》卷一《答朱抚台》，第8页。
④ 《靖海纪略》卷二《上蔡道尊》，第35页。
⑤ 《靖海纪略》卷二《上徐道尊》，第37页。
⑥ 《靖海纪略》卷一《上熊抚台》，第28页。
⑦ 《靖海纪略》卷二《上徐鲁人道尊》，第35页。
⑧ 《靖海纪略》卷二《报熊抚台》，第36页。
⑨ 《靖海纪略》卷一《答项元海》，第30页。

泰与郑芝龙的合作，说明恢复海上秩序，是海商集团与地方政府的共同目的。改变了身份的郑芝龙和地方官员密切配合，组织发动民间武装力量，实现了海上秩序的重建。需要说明的是，如曹履泰这样力图恢复地方秩序、"由是商民皆赖之"①的地方官在当时不是个别的，崇祯年间先后致力于地方由乱到治的县官，见诸史册的有海澄知县刘斯琜、上杭知县吴景灏、武平知县巢之梁、海澄知县余应桂、漳平知县高光映、永定知县徐承烈、龙岩知县邓藩锡、仙游知县赵德荣、宁阳知县陈良言、漳平知县张重任等人。②这种情形说明，有学者认为明朝地方政府当时已失去了干预沿海海上活动的任何能力，未免有失实之嫌。一般而言，明朝末年的官场腐败众所周知，曹履泰提供了另一种形象，这提醒我们，社会的复杂性不能简单化地认识。

崇祯三年（1630）十二月《福建巡抚熊残揭帖》中，提及董应举"率子弟招集惯海渔船，得七百余兵，大挫贼于盘山海中，擒其巨魁，焚沉贼船无算，贼因远遁"③。至崇祯四年（1631）二月，福建巡按罗元宾疏复兵科给事中马思理条议海寇未靖一疏，言及："闽中年来夷寇交讧，海滨之民，未得安居乐业。而原任工部侍郎董应举实心干济，加意绸缪，处湖海而分庙廊之忧，保桑梓而增省会之障，命其子南京前卫经历董名玮招练乡勇，联络渔兵，俾水陆之声势藉以壮观，因此巨魁授首，贼氛渐靖。福州一路幸安衽席，皆应举之功也。若郑芝龙已能为吾用命，无复往时要挟之状，驾驭操练，在臣与道臣，自应有以摄其气而柔其心，无容再议。"④这里所云，涉及归乡官员，也即乡绅在海上秩序重建中的重要作用。

招抚之初，熊文灿上报郑芝龙的行为，有"督抚檄之不来，惟日夜要挟请饷，又坐拥数十万金钱，不恤其属"之说。⑤显然，郑芝龙欲借助明

---

① 民国《同安县志》卷三五《循吏传·曹履泰》，成文出版社有限公司1967年版，第1156页。
② 《福建通志》卷二六七《明外纪》，第5076—5079页。
③ 《福建巡抚熊残揭帖》崇祯三年十二月初七日到，台北"中研院"史语所编《明清史料戊编》第一本，又《台湾文献丛刊》第116册，《靖海纪略》附录，第81页。
④ 《崇祯长编》卷四三，崇祯四年二月丁卯，第2598—2599页。
⑤ 《福建巡抚熊残揭帖》。

朝政府的庇护与支持，不遗余力地扩大自己的势力。与此同时，明朝地方大员也切实给予了支持，熊文灿曾向户部请求存留赋税以供军饷。曹氏记芝龙请饷，"大费商量"，"蒙台发银二千两，殊有欢欣鼓舞之意矣"①。在官方的支持下，"六月，芝龙斩叛贼杨六、杨七于梧州港（梧州，金门别名）收其众。八月，裕采老掠闽安，文灿檄芝龙。龙追于南日，灭之"②。三年（1630）二月，两广总督王尊德疏报称："闽贼李魁奇阳言就抚，而聚兵造船，肆毒无已，由闽及粤，其祸蔓延，福建抚彝守备郑芝龙亲督标兵，并新抚船只，在中左港合攻魁奇，就擒其党，斩溺无算。海氛肃清。"③ 曹氏记："钟斌已叛李魁奇矣。职已密令郑芝龙收之。本县渔船及壮丁一一豫整，以待腊月望后便可举事。"④ 此后，熊文灿诱钟斌到泉州，令郑芝龙设伏于大洋，钟斌败，"投海死"⑤。

崇祯初年重建海上秩序，包括两个重要方面：内平海盗与外逐"红夷"。晚明中国海上力量经历了由官方到民间，又从民间到官方的循环转化过程，重新整合后，不仅剿灭了海盗，而且在海上挫败了荷兰的侵扰。

《巴达维亚城日志》1632年5月3日记载，当时有台湾安平的戎克船到达巴达维亚，报告总督说："在中国沿岸新发现海贼Tan Glaew者，据闻拥有六、七十艘之戎克船，其大部分均为小船，彼因将海贼Lapjihon驱向南方，增加其兵力云。又云，该海贼Tan Glaew曾袭击厦门郊外，杀人焚舍，抢劫妇女，并将该港之最佳戎克船收用。"⑥ 崇祯六年（1633）6月，新任荷兰台湾长官布德曼士（Hans Putmans）企图"使用武力以开始中国贸易"，袭击海盗Tan Glaew，而猛烈进攻中国沿岸。⑦ 当时派出7艘战舰，而"为推行对于中国沿岸既定计划"，在7月31日又派遣了1艘。⑧ 荷兰船舰对郑芝龙和明朝官军发动袭击，击毁20多艘战船，使明军遭受沉重

---

① 《靖海纪略》卷二《答熊抚台》，第41页。
② 《台湾外纪》卷三，第33页。
③ 《崇祯长编》卷三一，崇祯三年二月丙子，第1791—1792页。
④ 《靖海纪略》卷三《上熊抚台》，第56页。
⑤ 《明史》卷二六〇《熊文灿传》，第6734页。
⑥ [日]村上直次郎原译，郭辉中译：《巴达维亚城日记》第一册，台湾文献委员会印行，1988年，第79页。
⑦ 《巴达维亚城日记》第一册，第94页。
⑧ 《巴达维亚城日记》第一册，第94页。

损失。福建巡抚邹维琏调集舟师,身任"五虎游击将军"的郑芝龙担任指挥官,在漳州海澄誓师出发,在澎湖的遭遇战中,焚毁荷船一艘,生擒荷将一名,溺死荷兵数百。10月22日,荷兰船舰"被一官之戎克船一百五十艘所袭,相与交战中,受多数火船所攻击,以致也哈多船布吕格合分号及士罗德台克(Slooterdijck)号与荷兰人约计百人同时失踪"①。在郑芝龙率领下,在金门料罗湾打败荷兰人。经此一役,郑芝龙声势大振,荷兰人被迫放弃了以武力进攻强求贸易的企图。

福建巡抚邹维琏在奏捷书中称:"此一举也,生擒夷酋一伪王、夷党数头目,烧沉夷众数千计,生擒夷众一百一十八名,馘斩夷级二十颗,烧夷甲板巨舰五只,夺夷甲板巨舰一只,击破夷贼小舟五十余只,……闽粤自有红夷以来,数十年间,此举创闻。"②

在世界最重要也最具竞争性的海上场域之一,明末中国海上力量重新整合,官民合作,迎战了西方强有力的扩张侵扰行为,并取得了胜利。

至崇祯八年(1635),刘香海盗集团被剿灭在田尾洋,海患平息。明末档案有着这样的记述:"主将郑芝龙英风惯日,豪气凌云,阵列风云变幻,胸蟠甲兵纵横,遇香魁于田尾洋,号令奋发","香势穷力促,纵火自焚,群鲵半口于燎焰,余孽多溺于洪波,此诚东南血战第一奇捷也"③。

从此以后,郑芝龙荡平了海上的各个海盗利益集团,取得了控海权,掌握了东西洋贸易网络,同时迫使荷兰人也不得不与郑氏达成海上航行与贸易的协议。郑芝龙成为东方海上世界的强权人物,以强大的武装力量和雄厚的资本在国际市场上与荷兰、日本以及东南亚各国的竞争中胜出。郑氏海上集团"独有南海之利",表现在"芝龙幼习海,知海情。凡海盗皆故盟或出门下,自就抚后,海舶不得郑氏令旗,不能往来,每一舶例入三千金,岁入千万计,芝龙以此富敌国。自筑城于安平,海梢直通卧内,可舶船径达海,其守城兵自给饷,不取于官。旗帜鲜明,戈甲坚利,凡贼遁入海者,檄付芝龙,取之如寄,故八闽以郑氏为长城"④。

---

① 《巴达维亚城日记》第一册,第95页。
② (明)邹维琏:《达观楼集》卷一八,厦门大学郑成功历史调查组编:《郑成功收复台湾史料选编》,福建人民出版社1982年版,第27页。
③ 《海寇刘香残稿》,《明清史料》乙编,第七本,北京图书馆出版社2008年版,第688页。
④ (清)邹漪:《明季遗闻》卷四《福建两广》,顺治刻本。

身份转换后的郑芝龙官运亨通,十二年六月,郑芝龙击败荷兰人于湄洲洋,升芝龙为副总兵。① "十三年秋八月,加福建参将郑芝龙署总兵。芝龙既俘刘香老,海氛颇息,又以海利交通朝贵,寝以大显。"② 在南明弘光时升南安伯,劝进隆武,进平虏侯,后封为平国公。③ 郑氏家族"一门声势,赫奕东南"。至南明隆武朝,满朝需要倚仗郑芝龙海上集团,乃至"宰相半出门下",其地位显赫,更非同一般:

> 时内外文武济济,然兵饷战守机宜,俱郑芝龙为政。鸿逵、芝豹皆其弟也。故八闽以郑氏为长城。芝龙开府于福州,坐见九卿,入不揖、出不送。④

迎合当时政治气候,对于民间海商力量是剿是抚,明末突出了政策议题的主导作用。郑芝龙海商集团在海上能够获胜的重要原因之一,是借助地方政府官员的支持。地方官员乡绅当中尽管有很多人不满意郑芝龙,但是相比之下,他们更关心的是地方或乡梓的秩序问题。招抚郑芝龙,是一把双刃剑,一方面会带来海盗的平定,海上的安宁,另一方面海商的政治化,提高了海商群体在明朝政治中的重要性,也会增强海商利益集团谋取特殊权益。借助财富和武装力量,从对抗走向了合作的郑氏海商集团成功转换了身份,而明末官、商、民的合作,是海上秩序重建,并在与西方海上势力博弈中获胜的关键。总的来说,郑氏海商集团代表跻身于明朝政治,成为统治层中海商集团的政治首领和政治代言人,统一了东南海上,成为一支足以与荷兰相抗衡的力量。

经济是政治的基础,政治是经济的集中表现。明末郑氏海商集团的崛起,是财富与权力的结盟,作为一种社会政治现象,再次印证了经济与政治的密不可分。郑芝龙身份的转换,标志明朝官方对于民间海商的认可与海商国家意识的强化。晚明中国沿海出现反映海上贸易发展要求、代表海

---

① 《福建通志》卷二六七《明外纪》,第5078页。
② 《明史纪事本末》卷七六《郑芝龙受抚》,第1314页。
③ (清)黄宗羲:《赐姓始末》,中华书局1979年版,第2页。
④ (清)计六奇:《明季南略》卷七《郑芝龙议战守》,第305页。

商利益的地方政治势力,在明末接受朝廷招抚后,这种带有海商利益代表性质的地方政治势力,参与到国家政治之中,从此海商集团在明末政治中占有一席之地,特别是在南明政治中显示了举足轻重的作用。沿海私人海上力量作为政治力量的出现,是明后期中国社会经济结构变迁,带来的政治新变化。换言之,这种政治现象的出现,说明晚明中国社会经济结构发生的变迁,到明末已经引发了政治结构的变化。如此看来,郑氏海商集团的崛起,不仅是经济贸易变迁的产物,而且也是政治变迁的内容之一,是政治史的重要事件。

重要的是,中国海上力量的重新整合完成于晚明,国家与社会的海上博弈在明末解决,政治变迁并非是民间对官方的替代,而是二者新的合作关系的形成。在国家的支持下,海商集团获取了合法性政治权力,在后来的国际交往中成为代表中国海上力量的势力。

从明朝天启年间算起,到清军攻下台湾终止,半个多世纪的时间里,郑氏海商集团雄踞海上。在全球化开端的时候,广泛发展的、超出国家界限的海上贸易,是当时世界发展的潮流。郑氏海商集团在世界大潮中与西方人博弈,乃至胜出,成为中国海上力量的代表。无论在国内政治,还是国际政治上,都发挥过重要作用和影响,不容低估。

结 语

综上所述,对晚明海上世界进行重新解读,晚明海上场域突出显示了与前此的不同之处:第一,东矿西珍,海上贸易商品结构发生重要变化,东洋凸显;第二,环境复杂,无论是中国还是西方,海上贸易以亦商亦盗为基本活动方式;第三,中国海上力量最终重新整合,包括官、商、民三部分的通力合作;第四,整合后中国海上力量重建了海上秩序,击败了西方海上势力。上述因素构成的时代特征,反映出无论是在经济层面、社会层面,还是在政治层面,晚明中国都已经发生了重大变迁,并推动中国走向世界,进入与世界同步的趋向性发展历程,标志着中国传统社会的转型。

明代中国海上力量的发展历经曲折。晚明社会变迁,包括经济变迁、制度变迁与政治变迁纠葛在一起，更与世界大变迁紧密联系，无论是明代白银货币化，还是月港开海、澳门开埠，乃至海上秩序的重建，组成的是一条连续的变迁之链，构成了晚明中国海上力量的重新整合。具体而言，从经济层面来看，明代白银货币化，社会经济变迁引发了海上贸易商品结构的改变，在东西洋贸易中东洋贸易凸显和台湾地位凸显；从政治层面来看，晚明社会经济变迁和制度变迁，海上贸易模式的转变，为晚明中国海商崛起与身份转换、进入统治层的政治变迁做了铺垫。郑氏海商集团崛起，经历了从亦商亦盗到明朝官员的身份转换过程，而晚明海上秩序则经历了由乱到治的曲折历程。郑氏海商集团登上政治舞台，在明末政治中扮演了重要角色，而且在国际政治中名扬遐迩，是社会政治变迁的产物。更重要的是，明末出现的海商集团与官方的合作，是基于共同利益，重建海上秩序的需要，在这一基础上造就了中国海上力量的重新整合，实现了中国海上力量的合流。历史事实证明，经济变迁是基础，制度变迁为契机，政治变迁随之发生，晚明海上力量的变化最终并非是民间对官方的替代，而是官民合作，使海上力量得以重新整合。换言之，晚明中国海上力量是官方与民间的整合形态，明末官与民、商与盗、贼与官的身份转换与官民合作达成海上的由乱而治，是国家与社会互动的结果。明末在海上走出危机与困境，最终依靠的是官民合作，这一点已为历史所证实。

以往有关晚明社会变迁的研究中，政治变迁长期受到忽视，而传统社会向近代社会的过渡，政治变迁是不可少的。由农本而重商，是当时世界发展的潮流，当海上贸易由于世界交往和联系的空前加强而前所未有的繁荣之际，也正是中国海商力量应运而生之时。官民合作的开端，表面上是以招抚这一传统形式出现，却已不是新瓶装旧酒，反映了新的政治势力从国家与社会互动关系中凸显出来，海商利益集团嵌入政权结构之中，由体制外到体制内，官民的通力合作，最终形成殊途同归的海上力量整合。国家与社会的互动作用于此表现得极为明显。

明末海商兼海盗的角色向官员身份的转换，确切地说，是向官商的转换，重塑了海商形象。这一角色转换发生在明末，并非偶然。海商在转型过程中，角色冲突在所难免，最终成为多元角色的统一体，对于王朝兴衰成败的影响至关重要，而由秩序的挑战者到秩序的维护者，海商这一独具时代特色的社会群体的多重角色，值得我们特别关注。

第二篇　海上篇 >>>

当时海上是世界竞争的前沿阵地，中国与西方的博弈首先是海上力量的竞争。明末重新整合后的中国海上力量实现了海上秩序的重建，在世界融为一体的全球化开端的时候，中国与西方扩张正面交锋，在海上迎击了西方当时号称最强的海上势力荷兰，并在博弈中胜出。所有海上世界的变化表明，晚明中国社会变迁与世界大变迁紧密联系在一起，进一步说，这一切变化构成了世界大变迁的一个组成部分。

还应提到的是，在郑成功收复台湾之前，有两件大事与后来这一事件有重大的直接关系，一是郑氏海商集团的崛起，二是中国海上力量的重新整合，官、商、民合作，重建海上秩序，并迎击西方海上势力，在与西方海上势力的博弈中胜出。这些都为郑成功收复台湾奠定了坚实基础。

重新审视晚明的海上世界，直至明末，明朝败在了陆上，并没有败在海上。17世纪是中国海上力量发展的黄金时期，晚明中国社会转型，与世界同步发展的趋向性极为明显。所谓传统农业文明与工业文明相碰撞的失败，发生在明代以后的时间段，已是不争的历史事实。

第十章　明代中英的第一次直接碰撞
——来自中、英、葡三方的历史记述

明朝崇祯十年（1637）的英国船舰闯入虎门事件，是中英的第一次直接碰撞，作为中西关系早期重要事件加载史册。对这一事件的了解和研究，直接关系到对此后整个中西关系发展的了解和研究。以往中外史学界对这一事件的叙述不少，但迄今未见将参与事件当时人和当事人，包括中、英、葡人记述的第一手资料汇集在一起相互参证的论述与评价，而将参与这一事件的中、英、葡三方面重要档案和当事人记述联系起来考察，即三方面四个来源史料的综合利用，是深化研究的前提。这里拟将这一事件作为个案，依据中国明朝档案、英国档案、葡萄牙档案以及事件当事人之一英国旅行家兼商人彼得·芒迪的旅行日记，从历史事实出发，重新审视这一历史事件，具体考察和分析事件的来龙去脉，并给以思考和诠释。

关于明朝崇祯十年（1637）的中英第一次直接碰撞事件，纂修于崇祯十二年（1639）的《东莞县志》记有"红夷突入虎门"六字。[①] 这一事件包括三个方面：中国、英国和葡萄牙。由于澳门葡萄牙人居于中、英二者之间，是参与这场冲突的重要角色，因此，分析这一事件也直接涉及澳门在中西关系中的作用。众所周知，要深入了解和考察一个历史事件，就必须首先准备充分的史料，值得庆幸的是，对于这一重要事件，中国、英国、葡萄牙都有档案材料保存下来，明档虽然在前面部分有残，但还是详

---

① （崇祯）《东莞县志》卷二《事纪》，清抄本，东莞市人民政府办公室1995年印，第140页。

第二篇 海上篇 >>>

细记述了事件的全过程。① 而英国方面身为商人兼旅行家双重身份的彼得·芒迪，是当时英国来华的当事人，他的旅行日记也是第一手的文本材料。② 关于这一事件的研究，中外史界已有不少成果。③ 但是，以往英国和葡萄牙档案大多在中国学者的视界之外，英、葡学者对于中国明朝档案的利用也属阙如。以三个方面、四个来源的第一手材料相互参证，对事件进行整体的考察分析，迄今尚无专门成果。基于根据单方面的资料来理解，难免掩盖一些隐晦的历史迹象，难以确切把握历史真实面貌；而三方面对这一事件的理解各不相同，材料各自从不同角度反映了事件的真实情况，可以互相补充；更何况档案是三方面当事人的主观愿望和认识的直接吐露，没有经过文人学者的过滤和转述；旅行日记反映出作者写作时的心情充满了希望和绝望，忧虑和达观，不失坦率，总之，四个来源的材料再现了三方的行为表现和心理状态。因此，很有必要将如此丰富的史料联系起来，相互参证，藉此重构或者说深描这段历史事实。

以这一事件作为一个个案，我们不仅可以清晰地勾勒事件本身，而且还可以发现一些新线索，对晚明对外关系进一步探讨。比如在以往的研究

---

① 明档全称《兵部题"失名会同两广总督张镜心题"残稿》，虽然有残，但全文8000多字，详细记录了事件全过程。见《明清史料》乙编第八本，第751—756页。从残稿行文中看，兵部题"失名"者为此题本主要起草奏报人。根据题本叙述内容，这一"失名"者应是时为广东巡按的葛征奇。查（雍正）《广东通志》卷二七《职官志》，巡按御史项下有"葛征奇，浙江海宁人，进士，（崇祯）十年任"；《明清史料》乙编第八本，第740页，有明档《广东巡按葛征奇残题本》，也可为证。当时张镜心官职全称为"钦差总督两广军务兼理粮饷带管盐法兼巡抚广东地方兵部右侍郎兼都察院右佥都御史"，见《明清史料》乙编第八本，第749页，明档《吏科外抄两广总督张镜心题本》。在这一事件中，张镜心是新任总督兼巡抚，其前任为熊文灿，而广东巡按葛征奇在事件中起了重要作用。下面主要引用这一明档说明中方情况，凡文字出此，不另加注。由于明文件日期的记录往往是上报日期，或者出于追述，因此有误，文中将有考订，先在此说明。

② Sir Richard Carnac Temple ed., *The Travels of Peter Mundy in Europe and Asia 1608—1667*, parter 3, Hakluyt Society in 1919, Klaus Reprint Limited, Nendeln–Liechtenstein, 1967. 在这一文本中，正如编辑者坦普尔在前言里所说，他将英国国家档案局收藏的有关官方档案、英国印度档案局收藏的海事记录和韦德尔船长自己的记录，以及关于考廷协会的系列文件，葡萄牙里斯本东坡档案馆中葡萄牙相关档案，还有海牙有关文件的抄本都收集在一起出版。因此，利用起来颇为便利。

③ 重要的有 H. B. Morse, *The Chronicles of the East India Company to Trading China*, 1635—1834, 5 Vols., Oxford, 1926—1929, 中译本：[美] 马士著，区宗华译《东印度公司对华贸易编年史》，中山大学出版社1991年版；张轶东《中英两国最早的接触》，《历史研究》1958年第5期等。林子升曾将明档与马士的研究相对照，是深入研究的一个良好开端（见林子升编《十六至十八世纪澳门与中国之关系》，澳门基金会1998年版），可惜失之简略，这与他没有掌握英国和葡萄牙方面的第一手资料有关。

中，我们对万历年间明朝对外政策，特别是对澳门政策有所了解，① 但是发展到明末，对外关系呈现何种状态，政策是否因时间推移而有所变化？又如对晚明澳门葡萄牙人的地位和作用也可再做探索。因此，围绕这一事件，本章拟从双重视角出发，一是从中外关系的视角来看，了解明末中国对外国人的态度和行为，包括对已定居在澳门的葡萄牙人和对新来的外国人的态度和行为；了解英国对中国及对澳门葡萄牙人的态度和行为；也了解澳门葡萄牙人对明朝的态度，以及对英国人的态度和行为；乃至认识当时海上葡萄牙、西班牙、荷兰、英国等国错综复杂的国际关系及其发展态势。二是从中国社会的视角来看，藉以观察和了解当时广东沿海地区社会不同阶层人们的行为，即晚明沿海社会的动态，给事件赋予新的，未及认识的意义。在对明末中外关系的图像提供一个个案的同时，也表述笔者对明末中外关系与社会本身的理解。

第一节 事件的缘起

15 世纪末，葡萄牙开辟新航路来到东方，其后西班牙、荷兰接踵而来。16 世纪末，英国国王开始探寻与中国进行直接贸易的途径，也曾派遣商人充当使节前来，但是均没有成功。1620 年，英船育尼康号抵澳门附近为风浪所毁，这也许是到达中国的第一艘英国船只；1622 年，荷兰进攻澳门之役也有英船参与。② 1635 年，英国东印度公司和葡萄牙果阿总督签署了一个休战与自由贸易临时协议。同年，英国船伦敦号租给葡萄牙人到澳门贸易，英国人就此在澳门停留三个月进行贸易，并且想在第二年于广州附近贸易。③ 他们的贸易遭到了澳门葡萄牙人的阻挠。美国远东史专家马士（H. B. Morse）曾评论道："第一次到达中国口岸从事投机的英国船是失败的。澳门总督没有意向容许他的名义上的上司——果阿的印度总

---

① 参见万明《中葡早期关系史》，社会科学文献出版社 2001 年版，第 92—138 页。
② 张轶东认为，1497—1644 年间英国为建立与中国的贸易关系，打入中国，进行了一个半世纪、几十次的尝试，但是都失败了。详见张轶东《中英两国最早的接触》，《历史研究》1958 年第 5 期。
③ W. Foster, *The English Factories in India*, Vol. 5, 1911, Oxford, pp. 226–230.

第二篇 海上篇 >>>

督——打扰他的特权和钱包,他很容易地使用一些惯用的理由去说服中国的官吏,对该船的航行加以种种阻挠。"① 尽管如此,英国人与中国人毕竟有所接触,这招致了葡萄牙果阿新总督唐·佩德罗·达·席尔瓦(Dom Pedro da Silva)的不满,他认为再也没有比让英国人去澳门贸易,更有损于澳门葡人商业利益的了。② 他在该船回到果阿后扣留了航行所得利润,并且下令终止前任的做法。可是,对于英国商人来说,利用协议是"用来考察到广东贸易可能性"的绝好机会。就在那一年,以威廉·考廷爵士(Sir William Courteen)为首的考廷协会得到了皇家证书,派船到中国进行"商业探险",对他来说,这完全"是出于和那个国家开始交往的信任"③。于是,就有了韦德尔船队的来华。

值得注意的是,这次英国船队的来华,具有不同寻常之处:1635年12月6日,英王查尔斯一世(Charles I)特许约翰·韦德尔船长(John Weddell)到果阿、马拉巴尔、中国海岸及其他地方航行,同时,他投资1万磅入乔伊特股金(Joynte stock),成为一名私人股东,支持这次航行。④ 12月12日,他颁发委任书给船长韦德尔,任他为船队指挥官,纳撒尼尔·芒特尼(Nathaniell Mountney)为商务首席代表,同时给韦德尔和芒特尼一份指令,指示他们到果阿、马拉巴尔、中国海岸外,还明确提到了去日本;并给韦德尔一份军事法令。一周后,他又给韦德尔颁发了获得战利品令。⑤ 此外,英王还有给荷兰东印度公司在印度代表的信,以及给葡萄牙澳门总督的信。这一系列文件和信件的签发,充分表明了英王对这次船队来华的重视程度。

英国船队由约翰·韦德尔船长指挥,由4艘船只组成:龙号、太阳号、凯瑟琳号、种植者号。还有两艘小艇安妮号和发现号,两艘小艇具有特殊目的:专门为探查与中国建立贸易关系的可能性而来。当时在种植者号上的彼得·芒迪(Peter Mundy)负有在广东进行商业调查的使命,实际

---

① 《东印度公司对华贸易编年史》第一卷,第13页。
② F. C. Danvers, *The Portuguese in India*, Vol. 2, London, 1894, pp. 248 – 249.
③ J. B. Eames, *The English in China*, Cargon Press, London, 1909, pp. 12 – 13.
④ Public Record Office, C. O. 77/6, No. 7, *The Travels of Peter Mundy*, Appendix A, p. 429.
⑤ Public Record Office, C. O. 77/6, No. 9、10、12、13, *The Travels of Peter Mundy*, Appendix A, pp. 430 – 443.

上是身负商人和旅行者双重身份,这从他的日记看十分清楚。日记的稿本,是当场记录下来的,这正是英国人对中国直接认识和知识积累的一个开端。

韦德尔船队来华时,出于对远东和中国贸易巨大利润的争夺,中国周边整个海上背景极为复杂,也可以说是异常纷乱。西班牙以马尼拉为中心,经营亚洲、美洲和欧洲的大三角贸易;在西班牙合并葡萄牙后,澳葡人与马尼拉和果阿都存有矛盾,时有抵触;荷兰在1602年成立东印度公司,到东方建立了巴达维亚作为在亚洲的政治与贸易中心,军事上加强海上控制和对葡萄牙的封锁,主要目的是争夺东方贸易。同时,随荷兰在东方的势力日趋上升,荷兰人封锁海上,荷、葡的冲突不断出现,1637年1月2日,载有大量黄金和药材等物品的葡船"热苏斯·玛利亚·若泽"号在新加坡湾被荷兰船拦截,① 这是远东海上争夺白炽化的表现。同时,英、葡在果阿签订的自由贸易协议,只是各有图谋的暂时结合。但是,虽然荷兰人的封锁给葡人贸易造成了很大困难,接近17世纪30年代末,澳门葡人与果阿、马尼拉、日本的贸易仍在进行中,也正因为贸易正在进行而存在困难,所以葡人才会存有不让英国人染指对华贸易的心理,这是可以理解的。

中国明朝从未与英国人直接打过交道。明朝在与初来的英国人打交道的过程中,将其与前此来华的荷兰人一并称为"红夷"。② 英国船舰的闯入,将以一次典型的对外军事冲突加载史册。16世纪末,明朝对澳门政策确立,澳门治理形态基本定型后,澳门葡人作为明朝皇帝子民居于中国境内进行国际贸易。虽然晚明明朝允许葡人租居澳门,形成了一种对外关系的基本格局,但朝廷中对澳门葡人一直心存警惕,对新来的外国人则更加疑虑重重,很明显,与英人一心想要取得贸易形成对照的,是明朝官员的满腹疑虑。考虑到荷兰攻打澳门之事在广东官员是记忆犹新的,当明朝官员没有弄清英人与荷兰并非一回事时,这种顾虑显得很实际。明末,一方面明朝法令要求沿海各级官员严密防守,同时执行怀柔远人的政策;另一

---

① [葡]施白蒂著,小雨译:《澳门编年史》第44页,澳门基金会1995年版。
② 由此混称,直接导致了清初修《明史》将这次事件误入卷三二五《和兰传》。《明史·和兰传》中提及此事不过100多字,不仅国名有误,叙述事件经过也多有颠倒与错误。

方面，由于外贸巨大的利益生成，沿海社会存在大量走私贸易，由利而生心，通事、揽头、势豪、官员图利勾结，构成对外贸易的走私群体。更何况国饷的征集在当时是一个大问题，直接影响了对外关系的发展，实际上也影响到官员在对外事件中的作为。

对于英国人来说，如上所述，这是英王直接支持并投资的考廷协会遣船直接来华要求贸易。当时虽然英、荷两国之间也有日益加深的矛盾，但总的来说还是维持和平关系的。韦德尔船队在果阿时，葡、荷两方在海上发生冲突，两国处于战争状态，葡方战败。海上出现明显不利葡人的形势。葡萄牙人很想利用英国人突破荷兰封锁进行贸易，于是有休战与自由贸易协议的签署。英国人则希望果阿实践诺言，依据休战与自由贸易协议，要求澳门葡人帮助英国人对华贸易。由此看来，英国人目的很明确：来华贸易，希望在东方建立贸易中心，并像葡人所得到的那样与中国进行贸易。但是，问题出在英国人从一开始就找错了对象，他们错误地希望得到葡萄牙人的帮助在华贸易，也错估了澳门葡人在中国的地位。

对于澳门葡萄牙人来说，在事件中的角色是复杂的。万历年间明朝对澳门的政策确定以后，葡萄牙人租居澳门，当时澳门葡人每年在广州的交易会上得到前往日本贸易的货物，但是，他们并不是随便可以到广州贸易的，贸易权最终掌握在明朝官员手中。澳门葡人与明朝在驱逐外人的问题上，形成了某种共同利益。在对外事件中，租居澳门的葡人没有对外事务处置权，无权决定外国人去留，遇事需要上禀明朝官员，也就是说他们要听命于明朝，实际上澳门葡人在中西关系中处于中介的地位，处境极为微妙。在对待英国人的态度上，他们一方面受制于果阿与英国签订的休战协议，需要表示与英国人的友好态度；另一方面又唯恐英人到来分一杯羹，抢去贸易之利，直接影响到葡萄牙人的切身利益，而这又是澳门葡人不能不阻止的。于是，实际上他们一心要阻挠英国人来华贸易，但同时，他们的难处在于还要注意不把英国人推向荷兰人，因为荷兰人当时正在封锁果阿。

事件就在这种错综复杂的多维关系中产生并发展了。

第二节 初步接触

明末中英第一次直接碰撞事件，发生于崇祯十年（1637）。这一事件经历长达 6 个月时间，其间曲折反复。依据史料，可以划分为三个阶段，初步接触是事件的第一阶段。下面结合史料加以叙述与分析。

由于与这一事件相关的明朝档案是一部残档。有残缺的部分是在前面，所以英人来华与明朝正面冲突之前的过程，我们以英人记述为主，或者说从英国人芒迪的记述开始。根据芒迪的记述，1637 年 6 月 27 日（崇祯十年五月六日）①，英国船队来到中国，到达距离澳门 3 里格的地方停泊。当时立即就有一只小船驶向他们，警告不要向前，来船是葡萄牙澳门总督派来的。② 英国人原本打算与葡萄牙人联系来华贸易，一到中国海岸，就停泊在横琴岛，那里地近澳门，由于地理位置的关系，所以英国人首先接触到的就是在澳门的葡萄牙人。

从澳门葡萄牙人来看，根据事件发生后澳门总督多明戈斯·达·卡马拉（Domingos da Camara）于 1637 年 12 月 27 日给果阿总督的信，英船到来后，他先派小船去命令来船停泊在原地，目的很明确，是首先要了解来的是什么船只。③ 经过初步接洽以后，次日，英国人带着英国国王 1635 [1636] 2 月 20 日的信，还有船长韦德尔的信登岸去拜见澳门总督。国王的信中提到英、西之间订有协议，因为这个原因，他派遣韦德尔率领 4 艘船，发给通行证，在西班牙统治区域进行开放和自由的贸易，信中并特别谈到了他与西班牙国王兄弟般的友好关系④；韦德尔的信直接提到英国和

---

① 关于日期，芒迪日记以阳历记述，明档以阴历记述，各不相同，本文凡西文数据来源用阳历，中文资料来源用阴历，以示区别，并在重要日期上加以中公历对照，一般不另注。
② *The Travel of Peter Mundy*, p. 158.
③ *Lisbon transcripts*, *Books of the Monsoons*, Book 41, Vol. 191, *The Travel of Peter Mundy*, Appendix E, pp. 489–498.
④ *Lisbon Transcripts*, *Books of the Monsoons*, Book 41, Vol. 200, *The Travel of Peter Mundy*, p. 159.

葡萄牙1635年在果阿签定的和平条约。① 然而，澳门总督在回信中客气地回答说他很荣幸地收到来信，但由于从葡萄牙来船的耽搁，他没有得到果阿总督的消息，对协议是否在西班牙已经被接受不得而知。② 在给英国舰船指挥官的回信中，同样他说明由于缺乏上司的命令，包括国王和果阿总督的命令，所以不能给以接待；并且特别谈到1635年伦敦号来访时虽然有上司命令和通行证，但是引起了对澳门这座城市的巨大危险。他甚至确切地提到了澳门的处境："因为这个城市极大地依靠中国人，我们是居住在他们的国家里。"③ 芒迪对他们虽然携带有国王的信，但是澳门葡人仍然不许贸易的原因，是这样理解的：葡萄牙人考虑如果英国人在中国进行了自由贸易，那么也会与日本贸易，而这对于澳门就将意味着他们贸易的衰退。④ 作为英国人，他的理解很确切。

几乎与此同时，6月28日，澳门检查官访问了英舰。⑤ 英国人见澳门葡人的态度明显淡漠，不予帮忙，就在30日开船到了潭仔，准备自己探索与中国进行贸易的可能性。在潭仔，7月1日（五月十日），一位中国官员带着一些人来到了船上，要了解来人的愿望和要求，准备报告广州官员。⑥ 这是中国官方与英国人的初次接触，显然是一次地方军事防守巡逻的例行公事。

1637年7月15日（五月二十四日），来自广州的中国官员上船调查详细情况。此时英国小艇安妮号被派出去探查，已经引起谣言四起，传到了澳门城里，紧接着澳门总督来函给英国人，表示了他的担忧。⑦ 这说明在明朝管治下的葡萄牙人唯恐受到英国人的影响。

事态继续发展，由于安妮号探查的结果，英国人认为存在与中国人直

---

① 1635年1月在果阿签定的条约结束了英葡在东方的对抗，熄灭了持续36年的宿仇。*The English Factories in India*, 1634 – 1637, pp. viii – x.
② *Lisbon Transcripts*, *Books of the Monsoons*, Book 41, Vol. 200, *The Travel of Peter Mundy*, pp. 166 – 167.
③ *Lisbon Transcripts*, cit., *The Travel of Peter Mundy*, p. 167.
④ *The Travel of Peter Mundy*, p. 173.
⑤ *Continuation of the China Voyage*, *Marine Records*, Vol. LXIII, *The Travel of Peter Mundy*, p. 167.
⑥ *The Travel of Peter Mundy*, p. 171.
⑦ *The Travel of Peter Mundy*, p. 174.

接贸易的可能性，所以他们在 7 月 29 日（六月八日）离开澳门，向珠江上游，也就是广州方向航行。英船的这种动向几乎立即引起了中国官方的警觉，8 月 6 日，中国官员的船队通知他们不许前进，① 其后英国人与中国官员接触，提出要求得到与葡人一样的自由贸易。中国船上的官员答应向海道请示。② 韦德尔叙述当时的情况，说他最后没有同意在海上等待 8 天得到广州的答复，而是驶到了第二道河口，那里有一个炮台。在那里，芒迪记载中国官员答应 10 天之内取得与广州自由贸易的许可，但是警告说如果英人向炮台行进，将受到包围和打击，于是韦德尔答应以 10 天时间等待广州的答复。③ 芒迪谈到当时与他们接触的通事，一个是福建人，语言很不准确，还有一个是葡萄牙人的黑奴。④ 8 月 10 日，英国人打着白旗去附近村庄购买粮食。次日，又到附近城镇去喝茶。与此同时，双方都在严密戒备之中。

第三节　正面冲突

这是事件的第二阶段，也是事件的重心所在。

明朝文件将冲突事件极为详细地记载了下来。根据明档，明朝总兵陈谦奏报："据南头副总黎延庆报，红夷扬帆径欲入省，铳台官兵放铳堵御，打死夷人数名，夷舡泊回南湾。"这里所谓南头，即指南头寨，那里是"凡西洋船由此出入"之处的明朝海防前哨。该寨兵船驻扎屯门，分两官哨，一出佛堂门，一出浪白、横琴一带⑤。因此，英国人来华首先与南头寨官兵接触，由守寨官副总兵报告，这是在其职责范围内的事情。

在韦德尔记述中，我们得知在约定了答复期限，明朝官军还没有回答

---

① *The Travel of Peter Mundy*, p. 185.
② *Continuation of the China Voyage*, *Marine Records*, Vol. LXIII, *The Travel of Peter Mundy*, p. 186.
③ *The Travel of Peter Mundy*, pp. 186 – 187.
④ *The Travel of Peter Mundy*, p. 192.
⑤ （明）应槚辑，刘尧诲重修：《苍梧总督军门志》卷五《舆图》三《全广海图》，全国图书馆文献缩微复制中心据万历九年刻本 1991 年影印本。

时，韦德尔派出小艇到炮台附近观察船队是否能够靠近，这时炮台向小艇开了 3 次火，没有击中，而韦德尔于是下令包围和攻打炮台，并占据了炮台。① 芒迪说在 8 月 12 日（六月二十二日），中国炮台向英国小艇开炮，随后英舰包围了炮台。在战火中，明朝炮台守军放弃了炮台，英国人则登陆进入炮台。在那里，他们发现 44 座中国造小炮，每座大约有 4—5 英担重。② 随后，他们带着一些战利品回到船上。

在正面冲突发生以后，据芒迪记述，8 月 15 日（六月二十五日），一位通事作为明朝官方使者从广州到来，他的葡名是 Paulo Noretty（又写作 Pablo Noretti）保罗·诺雷蒂。对照名档，他就是"旧澳夷通事"，名李叶荣。根据韦德尔的叙述，李叶荣得到广州高级官员的授权，来了解他们到此地的原因和他们的愿望。于是，英国人明确说明他们是英国人，他们来中国的目的是寻求公平贸易，但是与中国官员的属下发生了冲突。当时李叶荣表示在广州的明朝高级官员根本不知道战事的发生，只要英国人同意上缴从炮台取得的枪炮和其他战利品，他将向他的上司总兵报告，要求允许英国人贸易，而且他还说他将尽一切努力去帮助取得贸易的许可。③ 李叶荣的态度与英国人给了他"礼物"是有关的。④ 于是，英国人听信了他的话，第二天英国商人随李叶荣一起去了广州。8 月 19 日他们从广州回来，并带来了他们被总兵接见和答应贸易的消息，还说他们被告之将约定某位明朝官员与他们签订贸易协议。⑤ 如果记载不误，由此看来，此时总兵陈谦已经卷入了走私贸易。这对英国人来说无疑是好消息。接着，21 日（七月二日）李叶荣再次来到英船，带来了明朝海道和总兵签署的官方文书一份。李叶荣在翻译这份官方文书时，将文书内容完全改篡了，他把严词警告英人立即离开，改换成只要交还战利品就允许贸易，对此文书重要内容的改篡，直至后来英国人才知道被欺骗了。⑥ 英人闯入珠江，表明了

---

① *The Travel of Peter Mundy*, pp. 199 - 200.
② 1 英担 = 112 磅 = 50.802 公斤，4—5 英担约为 400—500 磅，约 20—25 公斤。
③ *The Travel of Peter Mundy*, p. 207.
④ *The Travel of Peter Mundy*, p. 207, No. 1.
⑤ *The Travel of Peter Mundy*, p. 209.
⑥ *Lisbon Transcripts*, *I. O. Records*, Vol. iv, *The Travel of Peter Mundy*, pp. 213 - 215, 260 - 262.

他们希求贸易心切，但是根本不了解中国情况。他们受到通事李叶荣的诱骗，也说明了这一点。

根据明朝档案记载，通事李叶荣受到派遣去与英人接触，主要有两次：一是总兵陈谦和海道郑觐光"会牌差通事李叶荣带夷目二人进省"，目的是"严谕即刻开洋"；一是在火攻之前，总兵陈谦让旗鼓官郭启襄令通事李叶荣"擎牌晓谕，惕以利害"。也就是说中国官方派遣李叶荣与英人接触，目的很明确，就是晓以利害，让英人离去。而这发生在进行火攻前，明朝官方有警告在先，这一点很重要。而通事李叶荣隐藏了与英国人接触的真实使命，并利用接触机会大行其私，造成英国人对中国官方警告茫然不知。

8月26日（七月七日），被蒙蔽的英商芒特尼兄弟（Nathaniell Mountney and John. Mountney）和托马斯·鲁宾逊（Thomas Robbinson）带人随李叶荣去了广州。芒迪记录说两天后船上得到英商来信，还没有谈到贸易。而实际上当时英商在广州市郊的贸易进行顺利，已购得糖、姜以及其他货物。① 在这种情况下，英船在等待中又航行到了老虎岛。② 9月6日，3艘中国帆船驶向他们，上面是来自澳门的葡萄牙人和混血儿，他们向英国人递交了一份很长的抗议书。这份抗议书是由澳门总督和议事会署名的，主要内容是抗议英国人到广州贸易损害了澳门利益。此时韦德尔自恃广州贸易已经顺利进行，因此十分轻慢地给以回答。③

与此同时，明朝方面对拒绝离去的英船决定采取火攻。在明档记述中，明朝进行火攻的方案是这样制定的。当时英船队驶至沙角口，"见风色不顺，复又抛碇"。总兵陈谦等见英船久泊虎门，虽然三令五申，仍旧不走，意图"要挟互市"。于是他亲自到黄埔、港洲一带驻扎，当时统领水陆官军防御的南头副总黎延庆报称"火攻为第一策"，得到了总兵陈谦

---

① *Continuation of the China Voyage*, Marine Records, Vol. LXIII, *The Travel of Peter Mundy*, pp. 217–218.

② 英人所说老虎岛，应即虎头门，屈大均《广东新语》卷二《地语·虎头门》记述：虎头门在广州南，有"大小虎山相束"，一石峰在当中，下有一长石为门限，"东西二洋之所往来，以此为咽喉"。虎头山又名秀山，是广州的门户，（崇祯）《东莞县志》卷一《山川》载：由于"轩然昂首，隐若虎踞"而得名。

③ *Lisbon Transcripts*, I. O. Records, Vol. iv, *The Travel of Peter Mundy*, pp. 222–226.

的首肯。为了准备火攻,陈谦特地"各发俸银一百四十两",招募"善火"闽兵40人,以5艘旧兵船作为火船,由把总陈瞻基率领冲锋。一切安排妥当,火攻于七月二十二日(9月10日)发动,① 那日清晨大约3点,明朝官军以5艘小船捆以柴火,发动对英国船只的火攻。结果却难以预料:"适值北风下,潮甚急,火势难以逆攻,不能及舡。"因风向不顺,明朝火攻不利,英船较快逃脱。

火攻发生以后,英方据韦德尔叙述,在广州的英商第二天得到消息感到迷惑,他们听说中国人开始辩解说是葡萄牙人而不是中国人干的。② 在混乱中,韦德尔决定一方面发出对澳门的抗议,指责澳门提供火器船只,应对火攻负责;另一方面采取报复行动,烧毁附近中国船只和村镇,抢劫财物,并又一次占据了中国炮台。9月24日英国人得到从中国官方传来的消息,让他们等待10天答复要求。③ 另一方面,根据明文件记载,火攻以后英人离开虎门,明朝官军由把总陈瞻基等带兵"绝其汲道",周凤、徐有光"把截上游",王嗣浚、丁凤"把截下游",为的是堵截阻拦英船,不使一艇登岸扰害地方。据海道郑觐光报称,英船直入炮台,官兵抵御了4个时辰,结果是"夷舡不敢径入,泊回原处,打坏小料舡一只",这里的叙述与英人所述明显有出入,很可能是明朝官军掩饰战败所为。此后,南头副总兵黎延庆乞发标兵防护,海道郑觐光立即传令选择精兵前往固守,并亲往黄埔冲要海港,严密布防。后来英国两小艇至大虎山下探查,明朝兵船上前诘问,英人用手连指省城。实际是想说明他们还有人在广州城里。当时海道郑觐光召集部下"酌议制夷长策",集议结果是"非宣谕不能缓其变,非计剿不能竟其局"。实际上明朝是以宣谕为先,先礼后兵,在战事中虽然没有得胜,却也起了驱走英船的作用。

明文件中记载,当时明朝以中权、南头、香山、虎门4寨一体连守,

---

① 明档记为七月初二,阳历是8月21日;英人芒迪、韦德尔均记为9月10日,阴历是七月廿二日,因此双方记载日期对不上,相差20天之多。查明档中总兵陈谦报称七月初二日(8月21日)英国人初来之时,两广总督熊文灿曾面授方略给副将黎延庆,首先"会牌宣谕",可见当时不存在火攻;英方记载是日记,产生错误的可能性小,而明朝记载为后来上报时补记,题本又经过辗转抄出,因此有误,故这里采用公历说法。

② *The Travel of Peter Mundy*, p. 232.

③ *The Travel of Peter Mundy*, p. 240.

各寨自备火器等费用,"不敢动用公帑","以四寨将官把哨秋季廪粮杂流预支充用",也就是所谓"捐俸"来置备火器。每寨4只火船,由各县派用,取自广州附郭县南海和番禺的民舡。

第四节 调停解决

火攻以后,事件发展进入了第三阶段,也是最后一个阶段。

根据明档,火攻当时,两广总督熊文灿远在粤西,广东巡按葛征奇身在肇庆,鞭长莫及。明朝先失利于炮台,后失策于举火,当时所谓"夷迫门庭,群情皇骇",于是,葛征奇在火攻失败后,亲至广州城监督指挥调度。此后事态进展,皆在其掌握之中。

不久,出现了新的情况,八月初四日(9月21日),明朝大号捕盗船上捕盗林芬和通事李叶荣密报"有红夷头目三名雇船一只,私带夷货入省",被林芬的捕盗船拦截在浥洲,共查有乳香、木香150包。当时海道郑觐光将此事通知广州府布、按二司,由广州府同知谢立敬密查。谢立敬将密查结果报告出来,认为私运的香料明显是李叶荣装运入省的,是作为"换货之资",并揭出李叶荣携带有外国贸易商人,在遇到盘查时见事情暴露,"故赴省以秘报居功"。于是,李叶荣立即被收审,根据他的口供,他曾代英国人购买白糖1150担,糖米50担,米85担,酒100埕;并带有英人3名在揭邦俊家。此后,李叶荣等被押回广州府监候。

与此同时,英人从火攻中逃脱,驶往伶仃洋上,曾经作为中英之间通事的一个埃塞俄比亚人①告诉他们,中国兵船正在调集前来,他们处于危险之中。② 这应该是英国人很快得到了明朝官方部署海防的信息。依据明档,八月初九日,据报英船一只,上有3人在木棉州以白旗招船讲话,说明朝官兵火攻以后,他们日夜惊慌,由于明朝官军断了他们的汲水之道,他们不能取水,因此想要回国,无奈因为通事先在船上收了银钱,又带商人入省,日久不通音讯,惟恐人钱两失,所以不敢隐瞒,请求追还,然后

---

① 可能就是芒迪所说的作为通事的葡萄牙人的黑奴。
② *The Travel of Peter Mundy*, p. 241.

立即开船回国,永不再来;并说明即使开船,他们也不能回国。这是英国人在明朝的军事压力下,不得不表示愿意妥协,请求明朝帮助追还银钱,找回国人,就答应回国。

当时,对于李叶荣的处理,明朝官员中出现了两种意见。一是总兵陈谦,他一味为李叶荣开脱,称李叶荣是他与海道共同差遣的通事,提到七月初二日(8月21日),当英国人初来之时,两广总督熊文灿曾面授方略给副将黎延庆,首先"会牌宣谕"。由此,我们知道李叶荣与英人的第一次接触确是由陈谦和郑觐光共同派出的,执行的是两广总督熊文灿的"方略"。陈谦说由于英国人强悍不驯,无人敢前往宣谕,再加上要懂得外国语言,因此才用"旧澳夷通事"李叶荣前往;随后,李叶荣带两名英人到省投见,英人听命归还扣押的中国商船并修复炮台,对此他认为李叶荣是有功的;他还提出在战事未定局之时拘留"夷人"难以处分,应将查得财物归并一起,战事结束后补充军需。另一种意见是海道郑觐光方面,他认为李叶荣已经供认,明明是"与奸党图为贸易者",作为海道副使,他是执法之官,只见其罪,与总兵只顾军旅之事不同。但他认为拘留之人如果驯服,可以不判死罪,驱逐出境,以杜绝后来之人即可。巡按葛征奇则一针见血地指出:"红夷突如其来,迁延时日,总为提掇线索之人乃李叶荣,敢于触禁私通,以接济牟利,复冀以秘报收功。始知向来劳师动众拮据不遑宁处者,皆为李叶荣等强贸易之局也。口供累累,罪不容诛。"从中可以看出,他支持郑觐光的主张,表示要严惩李叶荣。但是,葛征奇对英国人采取的又是一种态度,他认为:"但夷目无知,纵之非法,絷之非宜。"提出:"今日之事,须令机警一员役宣谕澳夷,贸通之权仍归诸澳,羁留之夷亦仍归诸澳,而相机解散之责亦仍归诸澳,庶其银钱犹可归着,而诸夷或俯首以听指挥耳。"他决定派人宣谕澳门葡萄牙人,将英国人贸易之事交由澳门,并追回英人在贸易上投入的银钱,使英国人心服口服。同时,对于拘留的"夷人",他责令澳门葡人查报他们的姓名;关于李叶荣,他下令海道审讯追究。通观他的处理意见,其中最重要的,是所言"以伸法柔远为第一义"这句话,也就是既强调了执法,又兼顾到怀柔远人,他也正是本着这一理念原则处理对外事务的。

明朝巡按为了"服远夷之心",在核对英人货物及钱财上要求下属依法办事。八月三十日(10月17日)总兵陈谦上手本报称:在广州的英商用本国文字禀称：六月十六日随同通事带大银钱 10000 文，交给李叶荣买货，第二次又交银钱 11600 文和琥珀、哆啰绒等货给李叶荣。同时，李叶荣承认除银钱外，还有番绒、琥珀、燕窝、药材，而林芬查出的香料和银钱尚在船上。这里揭示出当时走私贸易的形式，是先由外商交付银钱和交易物品，再由中国商人办货交付。陈谦说已将英国人所述与货物所在房主、经手人李叶荣所认查对明白，至于前后拘留的"夷人五名"，有三名已经查明"的系头目，一名万旦缠，一名毛直缠，一名嘛道氏"，这正是英商芒特尼兄弟（Nathaniell Mountney and John. Mountney）和托马斯·鲁宾逊（Thomas Robbinson），另两人由于是"夷奴"，无名可查。九月初二日，总兵陈谦又报称货物查验明白，已存贮库中。

当时明朝把总何忠率兵已迫使英船航行到龙穴、伶仃外洋。此后，发生了中英双方在白沙海面的冲突，据报称"官兵拼命对敌，各有损伤"。总兵陈谦随即选标兵 300 人，驰赴虎门，听黎延庆和香山参将杨元分派防守沿海乡村，严防英人登岸。根据当时的情事，广东巡按葛征奇认为，"若不速将夷目交割濠镜澳，恐严法追剿，激变地方"，同时他所最担心的事情，是不能让英人在海上观望，造成私通贸易，"内外勾连，变生肘腋"。所以他一面催促海道审讯李叶荣一案，一面吩咐澳门葡人起草公文立下凭证，迅速领去并驱逐英人。此时，海道郑觐光也得到广西巡抚代管两广军务郑茂华宪牌，郑茂华要求海道杜绝接济，查清案情，大振兵威，对英人限期扬帆归国。

作为葛征奇双管齐下布置的重要部分，由市舶司呈报，市舶司官员到澳会同香山县和香山寨的差官，还有提调、备倭各官，"唤令通事、夷目、揽头"到议事亭进行宣谕，督促葡人到省具保领人。据报称澳门葡人"外顺宣谕，中实迟疑"，于是明朝官员"勒限催促"。巡按葛征奇针对澳门葡人"仍蹈故辙，播弄低昂"的操纵市价问题，申明严禁"奸揽射利"，并要求"澳夷领回，公平贸迁，毋滋骚扰"。

此时，据总兵陈谦手本，涉及"年来澳夷既居为奇货，而未增国饷"问题，派遣揽头前往宣谕，澳门葡人"尚在支唔"。这说明明朝在澳门葡人交纳饷银的问题上，一直有"增饷"要求，而葡人不仅操纵市价，牟取暴利，而且不肯增加饷银，确实存在不法行为。在广州的英商梦啼唪呈称："唪等虽系西海远夷，颇知信义，商贩中国，迄今八年，苦为澳夷揸索，高抬物价数倍，凡奸揽侵蚀，悉扣入唪等名下，已亏数十万金。今年恨不交银伊手，即置毒食中，鸩杀四十余命。"① 也揭发了澳葡在贸易中的种种不法行为，并以英商名义，提出愿以两人随市舶司官员带同李叶荣返船，亲送饷银到库。"是荣赤心供令，诚意款夷，两无违误"之词，是明白为李叶荣开脱之语，实不足信，恰暴露了总兵陈谦与李叶荣勾结纳贿，本是同伙。而呈文中所言澳门葡人"高抬物价数倍"，以及"奸揽侵蚀"的情况，应是实情。由此而言，英人闯入虎门，寻求直接贸易，与葡人的欺行霸市，任意提高物价，多方勒索也有一定关系。当时巡按葛征奇得市舶司报告，已"押同澳夷通事、揽头、夷目刘德、沈吕西、戎猫州唪嚓厨等到省，领给红夷财货，已经拨发该道，查给半月矣"②。他对开脱李叶荣的情况当即有所觉察，命令对李案"速究详报"。于是，一桩走私通贿案渐渐露出了水面，后来才有广东总兵陈谦、香山参将杨元、通事李叶荣"与夷通贿事情"的"别案提问"。③

再来看英国方面。据芒迪记载，9月27日（八月十日）英船来到距离澳门4里格处，他们又送达一份抗议书给葡萄牙澳门总督和议事会，这已经是英国人第二次向澳门葡人抗议了。29日澳门总督多明戈斯·达·卡马拉（Domingos da Camara）的回信由耶稣会士巴托洛梅乌·德·罗博雷多（Bartolomeo de Roboredo）带给英国人，信中向英国人解释说他们的抗议有悖于事实，并且派罗博雷多当面解释发生的事实。④ 考虑到英商被扣押在广州，事情急迫，当天韦德尔就回了信，信中提出两点请澳门总督帮忙：一是拯救在广州的英商，二是在澳门进行贸易。⑤ 10月2日，罗博雷多又一次来到了英船上，代表澳门总督和城市劝说英国人以卑辞请求明朝释放

---

① 其中提到与中国贸易已有八年，是早有英商私人来华贸易者，不得而知，姑存待考。
② 其中"夷目"即明清档案中所在多有的唪嚓哆，葡文名Procurador，也就是澳门理事官。参见拙著《中葡早期关系史》，社会科学文献出版社2001年版，第119页。
③ 《明史》卷三二五《和兰传》云：李叶荣"交通总兵陈谦为居停出入。事露，叶荣下吏。谦自请调用以避祸，为兵科凌义渠等所劾，坐逮讯"（第8437页）。查，凌义渠于崇祯十年（1637）十二月二十七日上疏，而他并非首先疏论总兵陈谦之人，前已有叶高标"疏论广东总兵陈谦载货通夷等事"，"据疏称诱夷船十余万金，入之帅府矣"，并已"奉旨严查速奏"。是此事暴露在八月，九月陈谦上疏"请调冲险用兵之地"，被责为"其贪而且狡"，"谅难逃圣世斧钺之诛者也"。见凌义渠《凌忠介公奏疏》卷六《奸镇通夷事露疏》，清光绪刻本。
④ *Lisbon Transcripts*, *I. O. Records*, Vol. iv, *The Travel of Peter Mundy*, p. 247.
⑤ *Lisbon Transcripts*, *I. O. Records*, Vol. iv, *The Travel of Peter Mundy*, p. 248.

在广州的商人,他说只有澳门商人得到与英国人贸易的特许,英国船才能选择一个便利地方,在那里安全航行。① 在整个局势明了的情况下,英国人答应了。

为此,澳门葡人与广州的明朝官员签订了一个协议,其中写道:"英国人由于对明朝法律无知,进入了中国国土,我们由海道的命令召集起来,带着5名英国人到澳门,从那里他们可以返回他们的国土。正如他们在保证书中所应诺的,他们将再不违犯中国法律。如果违法,我们,中国皇帝土地上的居民,已经承受了皇帝弘恩一百年,是他国土上的本地居民,保证作为皇帝的士兵竭尽全力为之服务。"② 这实际上是葡人为英国人作了认罪担保。10月9日(八月二十二)韦德尔在保证英国人决不再返回中国海岸的保证书上签名。③ 此后,被软禁在广州的英国商人在11月28日(十月十三日)被释放到了澳门。两天后英国人在澳门签署了一份正式保证书,其中说明服从中国官员命令签署这份文件,决不再破坏中国的法律,如果再有违法行为,将接受明朝官方和澳门城市的任何处罚。④ 就这样,到此英国人来华事件总算将有一个结局了。

然而,事情并未就此结束。直至十月下旬(12月初),一方面明朝对应归还英人的财物核对清楚,交付英人;另一方面香山参将杨元报称英船"连扎象牙角外洋,又移扎柁头角海面,咫尺澳门"。这使葛征奇感到惊讶:"已领财归澳,何复有香山信海之报也。"于是,他立即下令海道郑觐光"督率官兵严加堵御,即驱逐开洋,不得再容停泊,酿祸地方"。十月二十三日(12月8日),海道报称广州海防同知解立敬已与署府通判余垓会同总兵陈谦"招呼红夷、澳夷通事、揽头前来宣谕,红夷今误入,姑从宽政,日后不许再来,仍交澳夷唛嚟哆等具领红夷五名回澳开洋"。这是明朝官员再次对澳门宣谕,催促领回英人后令其开洋。此时,新任两广总督张镜心发下批文让澳门葡人领回英人开洋,提到"此凭澳夷一纸押状耳"。这不仅说明了澳葡在事件中的担保作用,而且也表明澳葡承担的责

---

① *The Travel of Peter Mundy*, p. 249.
② *Lisbon Transcripts*, *I. O. Records*, Vol. iv, *The Travel of Peter Mundy*, p. 250.
③ *Lisbon Transcripts*, *I. O. Records*, Vol. iv, *The Travel of Peter Mundy*, p. 264.
④ *Lisbon Transcripts*, *I. O. Records*, Vol. iv, *The Travel of Peter Mundy*, pp. 288 – 289.

任重大。十一月八日（12月23日），提调澳官脱继光禀报，据通事林德报送澳门唛嚓哆的呈状说："蒙唤哆等五人赴省领红夷回澳开洋"，可是英船在十月二十七日（12月12日）才到齐，"的限十日外装完回国，不敢违抗。复以天朝宽待柔远德意宣谕，此后再犯，各愿出力兼同官兵剿讨无词"。由此看来，在明朝官方命令之下，澳门葡人表示了听命而行的态度，为英人做担保，领回在广州的英商，等待英船装货完毕促船离去，这一切都是按照明朝官方要求做出的。

在这一时期，明朝方面除了让葡人居间担保，要求英人做出保证之外，在海防上不敢有一丝放松。葛征奇一方面令海道督率将领在虎门各处冲要地方多拨官兵昼夜提防，不许外人窥视，"严拿接济，不许片帆出海"，另一方面"檄提调澳官脱继光严督濠镜澳夷，不许煽诱复来"；并且严申"敢有从前贿纵接济，访拿重处；势豪主持勾引，密揭拿解"。随后，他还自肇庆历海路巡查了雷州、廉州和琼州一带海防。由此看来，这一冲突事件促使明朝当时采取了海禁措施。

在一定程度上，广东巡按葛征奇对于事件的处置是经过对现实利弊深思熟虑的。在葛征奇看来，英人"既不俯首而受澳之愚，又欲攘臂而争澳之利"。在对英人目的以及与葡人矛盾做出估计后，他分析英人之所以能够进入虎门与明朝官军发生军事冲突，不是偶然的："岂其智力真足为我抗衡而操其胜算哉？盖奸徒从中线索，以两夷为鹬蚌之持，而思收渔人之获耳。乃至烦我卒徒，劳我搜阅，毁我铳台，击我小艇，澳夷袖手以坐视成败，而红夷鸱张之势，则如矢之在弦，一发不可向迩也。"他以为起初沿海诸将与英人武装周旋达两个月，但并不顺利；先命通事宣谕，没想到反被李叶荣所利用，"腹背受患"。在他亲临广州的时候，冷静地观察事态，对于"讨"（征讨）还是"许"（许市），最终做出的都是否定的结论。他认为"讨则有害而无利，有全害而无小利"，这已有前车之鉴；"许则利与害参焉，利小而害大，利轻而害重，利在眉睫而害在百世"。他的考虑是："不有澳但为夷心所厌，原未为汉法所拒，且澳固肘腋之寇也，与红市则必与澳绝，与澳绝则必将肆蜇与红而反噬于我，干戈相寻，大乱之道；又安知红夷今日以得利而为摇尾之怜，后不以失利而语瞋目之难乎？"经过全盘考虑，他提出的看法是："夫红之离志于澳，已成矛盾，澳安则红安，红安则中国安。计莫若以汉御澳，以澳御红；仍市之旧，还澳之尝,而后夷与奸之局破,与奸之局破,而后红与澳之局亦破。"于是他采取行动,一方面对澳:"因即驰往谕澳,惕于祸福,申以禁约,示以羁縻";一方面对英:"即凡半镪寸缕悉令给还,而亟趣其归";还有对内部的整肃:"人隐匿者,罪无赦"。可谓是三管齐下。很快他就得到了预期的结果:"澳既心服,红亦首肯,晓然知华夷之不可混,许市之不可幸,与国法之不可轻。尝又见囊箧无恙,封识宛然,红乃大慰所望,飘然附澳以去。"但是,他所担忧的还有:"而臣恐奸人之如李叶荣者更不少也"①,为此,他"严防御,清勾引,日饬军令而申之",使英人得不到机会流连,只得开船离去。而正在此时新总督张镜心到任,也以威令下达,加速了英人早日回国。张镜心认为"堂堂中国之体,不利夷有,不贪边功,可谓恩至义尽",他所做的最新布置是:立即"牌行海道即便移驻香山,督领海防谢同知亲至澳中,带领澳官脱继光、澳揽吴万和、吴培宇等,示以中国豢养澳夷多年,不图报效,反愚弄红夷,贪勒货物,致其徘徊海外,殊干汉纪。速令该夷陈说利害,立促红夷开发。再或迁延,该夷并澳官脱继光听处治奏闻,澳揽立解究治";同时,"又牌行总兵官陈谦克期出海",让陈谦亲自督率黎延庆和杨元二将驻兵于浪白地方,"示以必剿,仍宣示威德,速令归国。如其不悛,即行追剿"。新总督的果断处理,无疑加速了事件的尽快结束。

最终,英国人在澳门进行了有限的贸易,他们受到澳门葡人种种苛刻限制,并被武装强迫离城,在12月27日(十一月十二日)全部登船。芒迪说自从他们首次到达,正好是6个月时间。② 他们于1638年1月10日(十一月二十六日)开洋离去,终明世没有再来。

关于英国人的离去,明朝官员认为"驱归于澳,中国之法与仁两尽焉,而夷已心折矣"。英国人也确实是心服口服地离开的。芒迪在他的日

---

① 按明档,当时涉及走私案的李叶荣、揭邦俊、叶贵已发按察司会同海道究问。奇怪的是,在12月25日,英人芒迪记录收到李叶荣从广州的来信,信的内容是保证说总督已来到广州,英国人每年付给20000两白银,4门铁炮和50支毛瑟枪,就会得到在这个国家贸易和居住的地方。接着,芒迪写道:"他怎么可以相信我们不知道,他将中国官方公文的大部分虚假解释给我们,这引起了我们所有的麻烦。"英国人完全明白上当受骗了,而此时李叶荣又怎么可能从广州发出信来?这是一个谜,姑留待考。

② *The Travel of Peter Mundy*, p. 300.

记中特别谈到了"中国的优点",他这样记述道:"这个国家可以说在这些特征上均是优秀的:古老、广大、富裕、健康、丰饶,就人文和政府形式来说,我认为在世界上没有一个王国可以与之比较,这是我全盘考虑的结果。"①

时至崇祯十三年(1640),明朝才为此次事件论功行赏,此时原总督熊文灿因罪已被刑部追究,广西巡抚郑茂华也业已回了原籍,广东总兵陈谦、香山参将杨元、通事李叶荣都以"与夷通贿事情,别案提问",参将黎延庆由于火攻失败,功罪相抵。于是,因功受赏的只有3人:总督张镜心赏银10两,巡按葛征奇与海道郑觐光各加俸一级。中英第一次直接冲撞事件,在明朝似乎就这样轻描淡写地完结了。

结　　语

英人来华直闯虎门事件,给明末广东沿海地区投下一层阴影。这一事件,是中国官方与英国发生的第一次直接交往。通过对这一事件全过程的考察,揭示了明朝中外关系方面政策实践与操作的层面,也使我们得到了以下几点认识。

第一,这一事件在时间的持续上,以英船到达澳门附近停泊开始,直至其开船回国为止,发生于崇祯十年五月六日(1637年6月27日)至十一月二十六日(1638年1月10日),总共经历达6个月之久。

依据各方面史料,我们了解到英国船队来华后大致行动路线如下:②

横琴岛(澳门附近3里格)→潭仔→虎门炮台→老虎岛(虎头关)→虎门炮台→伶仃洋→象牙角→柁头角海面(澳门附近4里格)→开洋离去。

根据这一路线,英船在华活动过程是比较清楚的:从到达横琴岛开

---

① *The Travel of Peter Mundy*, p. 303.
② 关于英国人所至炮台名称,明朝文件中无具体记载,英国人记载的地名与中国地名多有不同,颇为混乱,依据明档,只言"铳台",未言具体地点。战事在虎门一带炮台发生,故此称为虎门炮台,姑待再考。

始，澳门葡人与之接触，不允许英国人到澳门靠岸停泊；驶到潭仔时，明朝官员上船调查；在虎门附近炮台与明朝官军发生军事冲突，冲突后通事李叶荣藉总兵和海道公文与之接触，诱英商贿赂明朝官员，到广州进行走私贸易；在老虎岛（虎头关），发生了澳门葡人的抗议和中国官军的火攻，英人逃脱，回到虎门附近炮台；对虎门炮台英人采取报复行为，不仅占据、炸毁中国炮台，而且在附近村镇焚烧劫掠，与此同时，随李叶荣去广州的英商被软禁；英人在明朝官方军事压力下移至伶仃外洋，并很快停泊在澳门附近，抗议澳门葡人行为；明朝官员命令澳门葡人调停，在澳门葡人劝说下，英人立下字据，保证不再违犯中国法律，中国官员追还英商钱财，放还在广州的英商，让英人在澳门进行贸易后，开船离去。整个事件中，尽管英国人闯入了虎门，他们来华的目的并没有达到。

第二，在这一对外关系事件中，涉及人员包括有英国人、澳门葡萄牙人、广东沿海明朝地方官员人等。英人来华，除了与澳门葡人交往以外，主要接触的是明朝官军人等，现据明朝档案，将明朝与这次事件相关人员见有姓名者列表如下，随后略加分析：

官衔或身份	姓名
两广总督兼巡抚	熊文灿 张镜心
广东巡按	葛征奇
广东总兵	陈谦
海道	郑觐光
南头副总	黎延庆
香山参将	杨元
旗鼓官	郭启襄
通事	李叶荣
守备	王嗣浚
把总	张祖武 徐有光 叶天麟 吴宾王 周凤 陈瞻基 丁凤 何忠
海道差官	火能济
捕盗	林芬 麦杰 陈达
广州府同知（海防同知）	谢立敬
广西巡抚代管两广军务	郑茂华
广州府署府通判	余垓

第二篇 海上篇 >>>

续表

官衔或身份	姓名
提调澳官	脱继光
澳门通事	刘德 林德
澳门揽头	沈吕西 吴万和 吴培宇
坐营指挥	乐嗣功
哨官	吴一凤 黄天材 符起南 马宗理
闽兵	张奇
走私商	揭邦俊 叶贵

除了以上近40人外，还有档案未见姓名的不少明朝官员人等，如市舶司官员，香山县、寨差官，备倭各官等等，还有澳门夷目唛嚓哆，实际上，他们构成了广东沿海的防御网络。从捕盗来说，同为捕盗，林芬是大号捕盗船的捕盗，未言所属；麦杰是中权捕盗，陈达是香山捕盗，各有所属。由此可见，晚明广东沿海一带一旦遇有战事，南头、香山、中权、虎门四寨以及广州的军事力量集中调配，严密防守。事件主要发生于虎门，虎门位于珠江三角洲东南侧，是珠江主要出海口，也是军事咽喉之地。发生战事时，由广东总兵调度，此后总兵和海道，也就是广东军事防御上的文武最高长官，都到黄埔一带战事第一线指挥，而在战事中具体实施的是南头和香山的武官。以往研究澳门管理时，我们特别关注了香山参将，但是，从这次事件来看，除了香山参将，我们不可忽略南头参将的作用，其位更在香山参将之上。据《苍梧总督军门志》载："南头海防参将一员，嘉靖四十五年设，驻扎南头兼理惠、潮。万历四年，总督侍郎凌云翼题议：惠、潮既有总、参等官，今止防守广州，其信地东至鹿角洲起，西至三洲山止。"① 实际上，这次事件发生时南头统兵武官黎延庆的官名全称是"分守广东州海防参将副总兵"②。当战事发生挫折后，广东巡按到广州指挥全局。代管两广军务的广西巡抚只是遥发宪牌。旧总督曾面授方略，新总督最后至，令海道"移驻香山"，督令海防同知带领澳官、澳揽到澳，

---

① 《苍梧总督军门志》卷六《兵防》一。
② 见崇祯十二年四月十二日《两广总督张镜心为请给将领关防事题本》，《中国明朝档案总汇》，广西师范大学出版社2001年版，第31册，第414页。

又令总兵出海督南头、香山二将驻兵浪白，迅即驱逐，加强了整体军事的力度。

铁打的营盘，流水的兵，军将也是如此。在整个事件中香山参将的作用说明了把守香山、控制澳门与广东沿海海防是一盘棋，不可孤立看待。在澳门问题上，不仅仅是香山参将负有责任，实际上香山参将对澳门事宜并无多大权力，主要权力归广东省大员总督、巡抚、巡按、总兵、海道等，他们拥有可调动全省文官武将及兵力的权力。具体到广州府，地方官员和镇守官军通统调配，共尽防守之责。至明末，总督兼巡抚权力达于一省官军，成为名副其实的一省之长，巡按御史则拥有实际运作权力，奏报直达朝廷，这种政治权力结构有利于地方统治的运作。

明朝以文官主持军事，在这一场战事中，通观事件全过程，重要的主持者不是总兵，而是明档题本中所列名的葛征奇与张镜心。接任熊文灿为两广总督兼巡抚的张镜心，字孝仲，号湛虚，晚号晦臣，磁州人，天启二年（1622）进士。关于虎门事件，清修《广东通志》只字未提，《明史》中归功于张镜心："当道鉴壕境事，议驱斥，或从中扰之。会总督张镜心初至，力持不可，乃遁去。"① 查清初汤斌为之所作墓志铭，以下述文字提及此事："其总督两广也，滨海数郡为岛裔窥伺，蜑户豪姓与之交通，公既严奸究之禁，设柘林、黑石、虎门之防，发材官受贿之罪"，并提到他的继配夫人"随任两广，不市一珠，公之清德相成为多"②。可见张镜心为官清廉。另《磁州志·张镜心传》记载此事："适红番依叅泊舟乞市，镇臣陈谦叅之以为利。镜心至，劾谦罢去。檄参将黎延庆驻师近叅，而命以市货给归之，红番遯去。乃环视地形，凡要害皆设兵守之，自是海上无警。"③ 对张镜心处置这一事件给予了高度评价。

实际上，广东巡按葛征奇在整个战事中是关键人物，他在火攻失败后即赴广州全面指挥调度对外战事的运作，兵部题本主要根据他的奏报而成，他在事件中的作用充分说明了明初确立的巡按代天子巡狩制度，一直持续到晚明不辍，并且在地方事务中具有重要地位和作用。葛征奇，字无

---

① 《明史》卷三二五《和兰传》，第 8437 页。
② （明）张镜心：《易经增注》，汤斌《前明兵部尚书湛虚张公墓志铭》，清刻本。
③ （康熙）《磁州志》卷一六《人物》，康熙四十二年刻本。

奇，浙江海宁人，《明史》中无传，其事迹略见于《海宁州志》：崇祯元年（1628）进士，初授中书舍人，破例担任解饷之事；为御史，立下谳语，使民无冤；关于这一事件，史称："巡按粤东，首严通洋之禁，除积盗，平红澳。"①

从围绕事件的人际关系入手，考察参与其中人们的思维和行为表现。英国人到来，"奸民视之若金穴，盖大姓有为之主者"②，广东沿海地区文官、武将、势豪、商人的活动以及相互关系，构成了当时沿海贸易的复杂关系。在事件中活动的人群可分为三类：一是初来的英国人，二是已定居于澳门的葡人，三是明朝地方官员和参与外贸的人群。其间沟通者是通事。因此，通事的作用尤应给以特别关注。细察武装冲突事件发生以及此后事态的发展，可以看出通事李叶荣受到明朝官方派遣，前往宣谕英人，但他并非如此简单，他同时又以走私商人代理的身份与英人联络，并与总兵等官员勾结，希图进行走私贸易。于是，在此我们看到的是在对外事务中官方话语和实际运作的巨大距离，官方公文层次上功能的表面化与人们行为层次上功能的实用性。

明档揭示出，明末沿海走私贸易，以及官员受贿屡禁不止的重要原因之一是军饷支绌。遇有战事，军饷不及，捐俸助战，是采取的一种权宜之计，说明军费的捉襟见肘，沿海兵力状况处于十分困难的境地，这直接影响到军事成败，也影响到官兵的廉与贪，更使走私贸易禁而不止。但是，由这一事件也可以看出，明朝对走私贸易和官员受贿问题还是加以控制的，并没有完全丧失控制力。从官方正面宣谕开始，到通事违法勾结，再到官员犯法治罪，最终英国人被驱逐了，引发事端的英国人不敢再来，澳门葡人勒索商人，抬高物价，不肯增饷的种种不法行为被暴露出来，不得不更加谨小慎微；同时，一个由明朝地方官吏、通事、揽头、商人相互联系的走私群体被揭发出来，一个由通事连接的明朝官吏受贿案件被牵扯出来。从当时参与走私贸易的人员来看，可以说有几种类型：通事、揽头、势豪、商人、官员（包括地方文武官员人等）。最终违法者受到了制裁。但是，官吏的贪污受贿与走私贸易仍将继续。这就是对明末政治事件——

---

① （乾隆）《海宁州志》卷一〇《名臣》，道光二十八年补刻本。
② 《明史》卷三二五《和兰传》，第8437页。

社会动态的观察所得的结果。

第三，这一事件将明末中外关系的特点呈现在我们面前。三方所欲实现的不同利益决定了各自不同的关注点，英国方面目的明确，要求贸易；澳葡方面目的也很明确，是阻止贸易；明朝方面态度是对入侵坚决打击，随后可以考虑贸易，也就是说实现贸易的前提是海防安宁。明朝显然是将海防置于首位的。英国人来华欲建立与中国的关系，关键是贸易关系，而在英国人的保证书上，明朝明确要求的是永不再来，因此，英国人想以武力开辟贸易的途径只能以失败告终。对于西方人来说，除了已经获得优惠的澳门葡萄牙人以外，其他西方国家靠争夺和冒失地闯入，难以获得贸易。但是值得注意的是，虽然英国人冒失闯入直至发生军事冲突，明显是过错方，最终还是被礼送开洋的，这充分说明了中国作为礼仪大国的气度，也使得英国人心服口服。葛征奇"伸法怀远为第一义"的概括一语中的，这也正是明朝一以贯之的对外政策。

第四，在此事件之中，澳门葡人在当时的社会地位和作用充分显示了出来。在外交事件中，凸显的是明朝官方，葡萄牙澳门总督并没有什么实际决定作用。当时葡萄牙租居澳门，外交权、贸易权不在葡人手中，明朝通过政治与经济手段控制澳门，澳门葡人不存在独立外交，此为一明显例证。明档中多次对澳门葡人理事官，即所谓"夷目"使用"唤令""招呼"等词，证明了其下属的身份。因此，澳门自成一个区域的问题，由于这场对外军事冲突而反映出的事实而说明并不能成立。由此也说明了明朝万历年间确定的对澳门的既定政策，终明之世成为定制。澳门葡人特殊的社会政治地位，后来的西人无法比拟，但是，明朝在外交和海防上并不依赖澳门，澳门成为贸易中心，是以沿海对外贸易的需求开始的，留居澳门的葡萄牙人，其贸易受到明朝政府支配作用的影响，澳门特殊地位是明朝政策的产物，这一点在此次军事冲突过程中也得到了充分证明。但是，在整个事件中，澳门葡人的作用又是不可忽视的，明朝最终是要澳门葡人作保、画押后才释放被扣英人，又命葡人限时让英人开洋，而澳门葡人虽然依违于葡萄牙果阿总督与明朝之间，但更多地是要作为明朝地方官员的下属听从命令，执行命令，这是十分明显的事实。可以说葡人出于自保，不得不采取比较现实的态度，他们的行为在客观上促使英人不顾一切闯入虎门，但明朝国家自有法令，直接闯入贸易是不允许的。允葡人定居贸易而又不许其独占贸易，抑制澳门和杜绝澳葡对内地的觊觎，并使之成为稳定的因素，明朝确实煞费苦心。明末葡萄牙人租居澳门，使荷人和英人由垂涎到争利，争利的形式有直接战争，也有潜在争夺。这一事件由英国人来华争取贸易而起，最终英国人离境时带走了一些有钱的葡人以示报复澳门总督和议事会，澳门葡人也无可如何，反映出葡、英二者间的矛盾，以及葡萄牙人海上力量衰落的事实。

第五，这场军事冲突很快平息，广东澳门一带没有发生大的动乱，反映出明末广东政治、经济格局基本上还是稳定的。明末广东沿海地区在明朝澳门政策确定以后，尽管时有外来干扰，明朝的军事防御能力下降，但明朝基本上能够控制地区局势。在国际关系激烈动荡中，地缘政治已经形成比较稳定的态势。军事冲突事件的发生，也可检验出明朝对于沿海控制的能力，说明至明末，明朝控制广东沿海地区贸易的功能，以及控制澳门贸易的功能仍在维持下去，在海防上抵御外扰还是有效的。广东沿海不仅至明末无虞，而且日后清朝的顺利接替，也又一次证明了这一点。明末中外关系上的这一典型事件，无论从传统理念的角度，还是从实践运作的角度来考察，都说明了明朝政府对于沿海秩序和海外关系的实际处理是比较成功和有效的。

第六，明朝末年，尽管明朝处于衰落中，但是在沿海发生的这一事件，同时说明了一个事实，在北方战事正酝酿着大变的时候，广东沿海澳葡与明朝官员协力维持已形成的局面，一场中外冲突得到了较妥善的解决，西方的力量还远达不到动摇明朝的程度。相对西方而言，中国在当时世界上的地位处于前茅是毫无疑问的。以这一事件为例，反映出到了明末，明朝国饷不继，对外战事开支要靠捐俸进行，武力也可以说是降至了最低点，加之官员营私舞弊、走私群体存在，暴露出明朝的诸多问题。但是事件的解决，说明了明朝海外政策的继续延伸有效，当简单的驱逐失败以后，明朝官员一边在军事上设防加压，另一方面采取变通手法，下达命令给澳门葡人，由其出面担保调停，最终达到不费一兵一卒，不允互市，却使英国人心服口服地答应离开，永不再来，以德与威维护了帝国的尊严。通过这一事件，证实了晚明在与西方国家面对面接触时，无论是先来的葡萄牙、西班牙，还是后来的荷兰、英国，都与当时的中国无法比拟。①

---

① 郑成功在南明时期驱逐荷兰人，收复了台湾，是又一例证。

事实说明，并不是西方一东来，就比中国先进了，直至明末，中国没有失去在世界前列的地位。从这一事件可以看出，16世纪西方人东来以后，直至17世纪中叶，发生工业革命之前的英国，对于明朝中国显然处于一种弱势地位，当时根本不存在英国入侵成功的现实可能性。事实已表明，即令英国人闯入虎门，并两度占据了中国炮台，但对中国沿海地区不可能形成更大冲击，也不可能危及明朝地方统治，最终还是心服口服的离开，原因就在中西实力对比中，明朝仍有明显优势。经过这一事件，也从又一个角度说明明朝在海外关系上的处置并没有严重失误，明朝有着自身的问题，最终亡于对内事务，而非亡于对外事务。后世对明朝对外政策的过多指责，往往是从鸦片战争出发来评价的，有一个时间错位的问题。

总之，明末明朝官员确认"以伸法怀远为第一义"，并以此理念把握对外关系，致力于沿海地区的稳定。一般说来，理念原则如此，作为个案反映出来的理念原则的实施也是如此，最终，"一纸书"贤于"十万师"，明档中所谓"澳既心服，红亦首肯，晓然知华夷之不可混，许市之不可幸，与国法之不可轻"，遂使英国人心服口服地离去。值得注意的是，即使是在离去时，英国人芒迪经历了整个事件之后，仍然由衷地称赞中国，这说明明朝官员对这一事件的处理是有理有利有节的。考诸历史事实，在明朝对澳门政策确定以后半个世纪，尽管明朝政治腐败，战事频仍，国家控制能力下降，但是，明朝对外政策仍在延续，明朝对沿海地区的控制也依然有效。

附录一　从印度洋时代向太平洋时代的转型[*]
——基于明代中国与海洋的考察

一　引言

当前，在中国已经崛起为大国和成为国际舞台主要力量，中国面临着怎样处理国际关系、选择何种国家对外发展战略、如何运用国家实力在国际社会扮演角色、参与全球治理等重大问题，回答和解决这些问题需要的是对历史长时段的客观了解，对中外关系演进整体与长远发展趋势的把握，以及对中外关系史的深入思考，引入全球史视野，研究中外关系史上的重大问题，进行宏观思考，将中外关系史置于全球化进程和整体世界变迁中加以考察，显得尤为必要。

置于全球史的视野之中，明代中国（1368—1644）发生了什么？世界在明代时间段又发生了什么？探讨明代中国与海洋的关系，明朝人两度走向海洋：

1. 15 世纪上半叶中国走向海洋：西洋——印度洋凸显
2. 15 世纪下半叶中国走向海洋：东洋——太平洋凸显

更新视角的意义：突破"东亚"的惯性思维，全球史曾经发生了一个印度洋时代向太平洋时代的转折，即人类交往的重心从印度洋向太平洋的转型。确切地说，从明代中国与海洋的关系出发，对旧与新——世界一体化或称全球化的整合过程，可以看得格外清楚。

---

[*] 此为在上海外国语大学丝绸之路战略研究所讲演稿，特别致谢马丽蓉所长。

二　中国与印度洋

海洋史是人类发展史的大课题，让我们从印度洋谈起。有感于西方的《印度洋史》中基本上没有中国的位置，中国学者应该发出自己的声音。中国史是全球史的一个重要组成部分，破除西方霸权话语，世界史与中国史不应处于相互分割、老死不相往来的状态，应该大力发展中国中外关系史研究，建构中国自身的中外关系史学科体系和话语体系。

郑和对丝绸之路发展的重要作用与影响主要表现在两个方面：

1. 在印度洋联通了陆海丝绸之路：古里、忽鲁谟斯、天方之例。
2. 贯通了印度洋与太平洋的海上丝绸之路：满剌加的崛起。

沟通并彰显了马六甲海峡，预示了全球化诞生于海上，是印度洋时代向太平洋时代转型的源起。

在漫长的历史中，文明生长的关键在于人们彼此之间结成的各种交往网络，丝绸之路是一个象征符号。从明代中国与海洋关系这一独特视角出发，探讨人类文明交往史发展脉络及其特征，解释长期以来被相对孤立对待的不同领域在长时段的历史进程中是如何融为一体的，进一步思考人类交往史的中国位置以及中国对全球史历史性贡献。

中国不仅是一个农耕大国，也是一个海洋大国，更曾经是一个海洋强国，认识这一点极为重要。纵观明代中国与海洋的关系，是历史三部曲：首先，中国与印度洋：15世纪上半叶郑和七下西洋，构建了印度洋新的国际体系；其次，印度洋向太平洋的嵌入：印度洋东大门满剌加的崛起，马六甲海峡彰显。第三，中国与太平洋：15世纪下半叶白银之路连接了全球，中国在太平洋与西方博弈中胜出。

14世纪下半叶至17世纪上半叶，近300年的时间段，是中国明王朝统治时期。15—16世纪，海洋成为时代的主题，海上活动成为最为令人瞩目的国际现象，这是由中国开其端的。15世纪初，明朝永乐三年（1405），以强盛的综合国力为后盾，明朝永乐皇帝做出了派遣郑和下西洋的决策，郑和统率一支规模庞大的船队开始了航海活动。七下印度洋，成功地全面贯通了古代陆海丝绸之路，为中西文明交往的重心从亚欧大陆转移至海上，为海洋文明的全球崛起做出了重要铺垫；拉开了海洋时代的序幕。海上事业的鼎盛，彰显了古代中国处于世界航海史巅峰的海洋强国地位。16世纪，全球化从海上全面拉开了帷幕，一个整体世界从海上连接起来。世界格局发生重大变动，东西方从海上大规模直接接触交往的时代到来。此时，中国社会内部孕育的变革潜流已成汹涌之势，明代实现白银货币化，巨大的白银需求，推动中国走向海外世界；海商集团迅速崛起，参与到全球化开端时期的国际风云际会之中。17世纪，中国海上力量重新整合，促成郑成功在与西方海上马车夫的海上博弈中胜出，收复台湾，称雄于东方海上。明代海上事业不仅在五千年中华文明史上空前绝后，在中国乃至世界海洋史上彪炳史册，也成就了明代中国辉煌的国际地位。

这里有感于以下两点问题，希望予以澄清。首先，以明朝有海禁出发，把明清王朝捆绑为一个板块，将近代中国"闭关锁国"的概念与"落后挨打"的历史教训，时间错位的置于明代，极大地扭曲了这段历史事实。追寻历史，第一，明朝有海禁，但不是开始海禁的王朝，元末已有四次海禁；第二，明朝有海禁，是与国家海上安全紧密联系在一起的，明王朝是中国历史上第一个建国伊始遭遇海上外来侵扰（史称倭寇）的王朝；第三，更重要的是，明朝有海禁，但同时有规模空前的国家航海行为——郑和下西洋。其次，一般认为，郑和下西洋以后，中国海上力量从此衰败，以致将海洋拱手相让于西方，西方东来后，中国就落后了，这是一种误解，也应该予以纠正。明朝的海上功业，前有郑和，后有郑成功，二郑的海上业绩，名垂千古；明代中国凸显了海洋大国——海洋强国的国际地位，明朝亡于陆上，而不是在海上，与清朝大不相同。为了重拾文化自信，我们有必要重新审视明代历史，复原明代中国与海洋的本来面貌。

三 明代中国与区域史——郑和下西洋：中国与印度洋

明朝替代元朝而立，其建立之初面临着一个新的时代大变局——横跨亚欧的大帝国瓦解之后，国际格局出现了真空。在周边大环境处于蒙元帝国崩溃震荡之中的时候，建国伊始，明太祖就开始了在西洋、东洋、西域

丝绸之路上的明代中国与世界

三个地区的全方位外交,再度激活了连结亚、非、欧之间的陆上和海上的通道。

在人类文明发展史上,丝绸之路是中西交往的通道,是流动的文明之路。从张骞凿空西域到郑和下西洋,其间经历了1500多年,中国人向西的寻求从来没有中断过。15世纪初,郑和下西洋是中国古代乃至世界史上最引人注目的航海活动之一,可以这样说,中国航海人的崛起,并不始自郑和下西洋,但却是以史无前例规模的下西洋作为鲜明标志。下西洋属于国家航海行为,规模之大,人数之多,时间之长,航程之远,均是前此世界上绝无仅有。

郑和下西洋,中国人以史无前例的规模走向了海洋,"西洋"究竟指哪里?这是郑和下西洋的基本问题。一般谈及郑和下西洋,强调的是中国与东南亚关系、中国与南亚关系、中国与西亚关系、中国与东非关系等等。近年笔者考证表明,当时明朝人所认识的西洋,一开始是有特指的,在跟随郑和亲历下西洋的通事马欢笔下,名"那没黎洋",也即今天的印度洋。而作为郑和大航海时代一个整体的印度洋,久已被我们极大地忽视了。

作为郑和第一次下西洋的终极目的地,是西洋的古里,即位于印度洋中部的印度古里。古里,即今印度南部西海岸喀拉拉邦的卡利卡特,又译科泽科德。正如卡利卡特大学副校长古如浦在《卡利卡特的札莫林》一书《前言》所说:"[该地]是中世纪印度杰出的港口城市之一,是一个香料和纺织品的国际贸易中心。"此后七次下西洋,古里是每次必到之地,并在第四次以后由古里延伸到波斯湾,

阿拉伯半岛,红海乃至东非。这些地区与海域都是在印度洋周边。更重要的是,"古里通西域,山青景色奇",到达古里,意味着全面贯通了陆上丝绸之路与海上丝绸之路,从海上给古代丝绸之路划了一个圆。陆海丝绸之路至此从海上全面贯通,交汇之地就在印度洋。

蒙元帝国在政治上结束了,然而在贸易上的影响留了下来。明初一反元朝四出征伐,而是遣使四出交往,遂使国际交往在印度洋区域繁盛地开展起来。虽然印度洋区域各国间的经济贸易联系自古以来就存在,但是此时再也不是阿拉伯人执牛耳了。通过中国人大规模下西洋直接前往印度洋贸易,改变了阿拉伯人掌控印度洋海上贸易的状况。在长达28年期间,

郑和海上外交使团，也是中国派往印度洋的庞大贸易使团，满载中国丝绸、瓷器、铁器、麝香及其他特产的船队，远航至印度洋周边 30 多个国家和地区，无疑促使古代丝绸之路达于鼎盛，也奠定了当时中国的海上强国地位。

今天我们知道，印度洋是世界第三大洋，面积 7491 万千方千米，约占世界海洋总面积的 1/5，拥有红海、阿拉伯海、亚丁湾、波斯湾、阿曼湾、孟加拉湾、安达曼海等重要边缘海和海湾。在古代，印度洋贸易紧紧地将亚、非、欧连接在一起。郑和七下印度洋，连通了亚、非、欧，包括今天的东北亚、东南亚、中亚、西亚、南亚、东非乃至绵延欧洲等广袤地方，连成了一个文明互动的共同体，也是利益与责任的共同体。中国参与了一个"全球"贸易雏形的构建，为一个整体的世界形成于海上做出了重要铺垫，也可以说拉开了全球史的序幕。

四 明代中国与全球史——白银货币化：中国与经济全球化

15 世纪后半叶，即明代成、弘年间，中国社会内部涌动变革的潜流，白银货币化开始全面铺开的同时，也是郑和下西洋时代海外物品在皇家府库枯竭之时，从那时开始，私人海上贸易蓬勃兴起。进入 16 世纪，西方人扩张东来，采取亦商亦盗的贸易形式，展开对于海上资源的激烈争夺，从此海上国际贸易竞争进入了白炽化阶段。此时中国社会内部发生重大变化，白银货币化从自下而上到自上而下奠定了白银在流通领域的主币地位，产生了巨大的社会需求，而国内矿产资源明显不足，因此海外贸易商品交换而得的外来资源成为白银的主要来源。海外大量输入白银的主要源头，一是日本，一是美洲。从时间和动因的研究证明，中国社会的白银需求曾直接或间接影响了日本和美洲银矿的大开发。更重要的是，中国以社会自身发展的巨大白银需求为拉力，以享誉世界的丝绸、瓷器等商品为依托，市场经济萌发出现前所未有的发展趋势，促使海上丝绸之路极大地扩展，与一个正在形成的世界市场体系连接起来。

确切地说，晚明中国面临重大变迁的同时，世界也正处于融为一体的全球化开端进程之中。明代中国在经历了一个半世纪的地方赋役改革之后，迎来了国家层面的张居正改革，标志着明朝面临古代中国 2000 年之大变局，国家财政体系从实物和力役为主向白银货币为主的转变，则意味着中国古代赋役国家向近代赋税国家的转型。白银货币化的研究，印证了中国走向世界具有内部强劲的驱动力，晚明中国加入世界体系，是主动而不是被动的；是积极而不是消极的；印证了中国从古代国家与社会向近代国家与社会的转型是内生型，而非外铄型；也印证了中国是当时世界上最大经济体之一，直接影响了白银作为国际通用结算方式用于世界贸易，积极参与了世界经济体系的初步建构，明代中国与世界的近代化或者说现代化进程的趋向性发展是一致的，中国在与全球的互动中前行，为全球化开端做出了重要的历史性贡献。

结论：中国在海上中西博弈中的胜出

长期以来有一种传统看法，是郑和下西洋以后，明朝实行海禁，中国人由此在海上退缩，从而丧失了海洋发展的机遇，到西方航海东来时，中国已落后于西方了。这样的思维定式，来自于西方近代霸权话语，却极大地忽略了一个历史基本事实：晚明中国在海上有一个再度辉煌，17 世纪中国海上力量曾称雄东方海上。

明朝私人海上贸易的蓬勃发展，引发了日本银矿大开发，同时也导致了嘉靖年间海上国际贸易争夺战以倭寇为形式的爆发。嘉靖末年基本平息倭乱后，明朝海外政策发生重大转变，标志着制度的变迁。朝贡贸易模式衰退，开启了两种新的海外贸易模式：一是在福建漳州月港开海，允许中国商民出洋贸易；一是在广东澳门开埠，允许外商入华经营海上贸易。虽然经历了诸多曲折，但是，前者标志中国海商出洋贸易的合法化，从而孕育了海商集团迅速崛起；后者标志澳门作为广州外港——中外贸易的窗口，引进外商经营，葡萄牙人入居及其合法化，开辟了多条海上国际贸易航线。贸易模式的转变使得一种新的东西洋贸易网络正式开创运行。

从整体中国海上力量的高度来看待晚明中国海上力量，晚明海上场域凸显了与前此国家航海为主的不同。随着私人海上贸易的加速发展，海上贸易的主体——民间海商集团迅速成长壮大起来。以福建郑氏海商集团为典型代表。接受招抚，意味着郑芝龙完成了从海寇到明朝官员的身份转换，作为海商集团代表跻身于明朝政治，成为统治层中海商的政治首领和代言人。这是晚明政治变迁的典型范例。海商在政治领域营造了自己的地位，标志着明朝官方对于海商的认可和海商对于国家的认同，面对海上的无序，重建秩序成为官商共同的利益所在。崇祯初年重建海上秩序，包括两个重要方面：内平海盗与外逐"红夷"（即荷兰人）。全球化开端，海上是国际竞争的前沿阵地，中国与西方的博弈首先是海上力量的竞争。明末中国海上力量重新整合，官、商、民通力合作，平息了东南海上乱象，实现了海上秩序的重建。在世界融为一体的全球化开端的时候，中国海上力量与西方扩张势力在海上正面交锋，迎击并挫败了西方号称海上马车夫——当时最强的海上势力荷兰，郑成功掌握控海权，收复了台湾。意大利历史教授白蒂对之的评价是："独霸远东海上。"这一历史事实充分说明当时的西方并没有拥有海上霸权，17世纪是中国海上力量发展的黄金时期。

晚明中国走向全球，进入与世界同步的近代趋向性发展历程。中国海商经历了身份转换，中国海上力量则经历了重新整合，整合后的中国海上力量在与西方海上势力的博弈中胜出。这里还有一个有力的例证，发生于崇祯十年（1637）的英国船舰闯入虎门事件，是中英的第一次直接碰撞事件。经笔者根据参与事件的中、英、葡三方面档案和当事人日记的考证，证实了当时英国从海上以武力打入中国的企图，以失败告终；英国人当时心服口服地答应离开，永不再来，说明直至17世纪中叶，在资产阶级革命和工业革命之前的英国，对于明朝中国显然处于一种弱势地位；同时证明了明朝对于海上控制的能力，也印证了在当时中西海上实力对比中，明代中国仍具有明显的优势。我们不应忘记，西方从海上打破中国的大门，是发生在两个世纪之后的19世纪。

附录二 明代中国与海洋*
——海上丝绸之路的鼎盛时代

大家上午好,我非常高兴今天能够有机会接受黄老师的邀请,在这里跟大家见面,和大家互相交流一下我 20 多年所做的这个课题,就是明代海上的情况,我想我的课题一直是中外关系史方面的重要问题。

今天跟大家交流的题目是明代中国与海洋——海上丝绸之路的鼎盛时代。我想分三篇来讲这个题目——这个主题。

第一篇是明代中国与印度洋,下面有一个副标题,主要讲明代前期著名的海上重大事件——郑和下西洋。我们今天开篇来讲下西洋,就是马欢笔下的"那没黎洋"。大家都知道马欢是跟随郑和下西洋的三位亲历海上者,撰写了下西洋事迹的作者之一,因为他是通事,所以他有从南海到印度洋周边 20 个国家的一部书,就叫《瀛涯胜览》。马欢,大家可能比较熟悉,马欢的书是三次亲历下西洋的著述,是关于郑和下西洋事迹的一部最为重要的资料之一,是一部原始资料,他是通事,记述翔实。在三部书中,巩珍《西洋番国志》实际上相当于马欢《瀛涯胜览》的别本;费信《星槎胜览》分为前集与后集,除了后集是一些没有亲历过的地方之外,前集有一些很重要的国家,比马欢《瀛涯胜览》的记载要简略。所以我们说在郑和下西洋原始资料三书中,马欢的《瀛涯胜览》是最为重要的一部。

下面我先讲一下引言。在人类文明发展史上,丝绸之路是中西交往的通道,是流动的文明之路。从张骞凿空西域到郑和下西洋,期间经历了

---

* 此为中国中外关系史学会与云南大学历史与档案学院 2017 年共同举办海上丝绸之路系列讲座的讲稿,后在南开大学历史学院简要讲明代中国海洋三部曲。

第二篇 海上篇 >>>

1500多年的历史,中国人向西的寻求是从来没有中断过的。15世纪初郑和下西洋,中国人以史无前例的规模走向了海洋,促成了著名的古代海上丝绸之路发展到鼎盛,更是陆海丝绸之路的全面贯通,而贯通的汇合点就在印度洋。更重要的是,郑和时代的西洋曾经是有具体所指的,在亲历下西洋的马欢笔下,当时明朝人所认识的西洋,具体的指向应该是印度洋,也就是马欢笔下的"那没黎洋",后来才称为印度洋。由此我们可以断定,当年郑和下西洋,那个西洋就是今天的印度洋,并没有其他的指向。鉴于迄今很多学者还是以晚明时期文莱划分东西洋的界限,对于郑和下西洋的认识仍然是模糊不清的,所以我们说澄清下西洋也就是下印度洋,这对于郑和下西洋的目的和史实的探讨至关重要的。我们说以往我们研究郑和下西洋,总是谈中国和东南亚的关系,中国和南亚的关系,中国和阿拉伯世界的关系,中国和波斯湾的关系、中国和红海的关系、中国和非洲的关系,等等。但是我们今天通过马欢的书,知道在郑和下西洋一开始的时候,明朝人是有一个整体观念的,认为他们去的"那没黎洋",即西洋,那也就是印度洋。因此我们说郑和下西洋,今后应该有一个整体的观念,也就是中国和印度洋的关系。

明朝初年,中国人有一个世界的认知,这就是大家都知道的《大明混一图》。这个地图是在洪武二十二年的时候,明太祖派人专门绘制的。原件现在藏于中国第一历史档案馆。这个地图长3.86米,宽4.75米,是彩绘绢本,所绘的地理范围是东至日本、朝鲜,南面到爪哇,也就是印度尼西亚,西至非洲东西海岸,包括一部分西欧,也就是在西班牙一带,北边到达了贝加尔湖以南。这个地图是我国目前已知年代最为久远,也是保存最完好的一幅古代世界地图,从这个地图中我们可以看到明朝人当时所了解的世界是一个什么样的概貌。给大家看一下这幅地图,这幅地图就是刚才所说的这样一个地域的范围,今天它收藏在第一历史档案馆,上面的所有的中文地名都为清代满文所遮盖,于是这幅地图至今还没有非常好的一个全面研究,因为已经没有汉文地名在上面。郑和七下印度洋,我们知道它先是沿着海岸线走,从南海到东南亚这一带,然后到印度洋,经过整个的印度洋沿岸各国,28年间多次在印度洋往返,直至非洲的木骨都束,就是今天索马里首都摩加迪沙。

现在具体的讲一下马欢笔下的西洋就是"那没黎洋"。长期以来,学

<<< 丝绸之路上的明代中国与世界

术界在东西洋及其分野的认识上争议纷纭，西洋这个名词在元代文献中就明确出现了。那么东西洋当时是并称的，元代初年，大德年间，分西洋为"单马令国管小西洋"13个国家，"三佛齐国管小西洋"18个国家，由此可知，当时国家在东西洋上是多么的复杂。在前面单马令国管所谓的西洋大致属于马来半岛以及沿岸一带；后面的三佛齐国管，大致是属于印度尼西亚苏门答腊沿岸一带。这个区域就是在今天的马来西亚、新加坡、印度尼西亚这一带，属于今天我们说是东南亚的范围。到了元末的时候就发生了变化，西洋国所主要指向的是印度南部、西南与东南沿海的国度以及地区。关于下西洋的知识传递，主要的档案已经不存在，所以关于下西洋事迹的知识传递主要是三部书，就是刚才所讲的马欢的《瀛涯胜览》、费信《星槎胜览》和巩珍的《西洋番国志》。刚才已经简单地介绍了一下。《西洋番国志》序言直接说是根据通事所述，他的20个国家与马欢《瀛涯胜览》也是完全相同的，只是文字比较简洁，另外还有就是卷前的三通皇帝《敕书》，这个是马欢书里面没有的，但从其书内容看，我们可以视为马欢《瀛涯胜览》的一个别本。费信《星槎胜览》，它除了亲历的国家之外，有一些是根据前代文献记载来记述，而且它的记载相对马欢的《瀛涯胜览》要相对的简洁，许多重要的信息没有马欢的记述那么重要。所以我们说马欢的书现在是三部书中最为重要的一部。这部书1935年冯承钧先生做了一个校注，他主要是根据明清的刻本做的校注。70年以后，2005年中央纪念郑和下西洋600周年的时候，我收集了四种明代钞本，做了明钞本《瀛涯胜览》的校注，现在这个校注已经十几年了，现在我正准备出版一部明本《瀛涯胜览》校注，即包括了迄今留存于世的明代钞本和刻本的《瀛涯胜览》的集大成版本的校注，这样的话可以给大家一个更好的关于郑和下西洋原始文献的整理。

那么我们说的这个西洋就是"那没黎洋"的出处在哪里呢？首先，就是见于马欢《瀛涯胜览》的《南浡里国》这一条，他称："国之西北海内有一大平顶峻山，半日可到，名帽山。山之西大海，正是西洋也，番名那没黎洋，西来过洋船只俱投此山为准。"巩珍的《南浡里国》条是相同的，刚才讲了他的文字相对简洁，所以他直接讲"国之西北海中有一大平顶高山名帽山，半日可到。山西大海即西洋也，番名那没黎洋。"所以我们看他的文字，是马欢《瀛涯胜览》的一个简洁本。那么在费信《星槎胜览》

中，我们没有看到《南浡里国》条，但是有两处称为"南巫里洋"，还有一处称为"巫里洋"的记载。这两处记载，一个见在《龙涎屿》条，一个见在《花面国王》条。"巫里洋"的记载又见于《大葛兰国》条，我们说实际上这个"南巫里"跟"南浡里"是译音的问题，应该是相当于南浡里国的。明朝当时应该说没有印度洋的概念，印度洋的名称是在现代才出现的。当时按照马欢的表述称为"那没黎洋"的，也就是今天的印度洋。之所以记载于《南浡里国》条，就是因为那没黎即南浡里，是 Lambri 和 Lamuri 的对音。

第二点要讲的，就是西濒印度洋的苏门答剌国是通向西洋的总路头。那么在《瀛涯胜览》中的《苏门答剌国》条，明确有着苏门答剌国"其处乃西洋之总头路"这样一个记载，《西洋番国志》基本上是完全一样的记载。在《星槎胜览》中的《苏门答剌国》没有关于西洋的这个记载。所以我们说实际上马欢的书在三部书中最为重要，这一点也在这里有了印证。

第三点，要谈南濒印度洋的爪哇，就是今天印度尼西亚爪哇岛，在当时明朝人的观念里面是属于东洋的范围。在《瀛涯胜览》的《纪行诗》中记载的："阇婆又往西洋去"，可见当时明朝人认为阇婆应该是东洋，所以他才这么记载。《星槎胜览》中的《爪哇国》记载的也是非常清楚的，它记载说："其国地广人稠，甲兵为东洋诸番之雄。"他明明就是说爪哇是在东洋的范围里。

第四点，讲郑和下西洋的目的地。郑和七次下西洋的目的地都是古里国，这个古里国在《瀛涯胜览》中《古里国》条的记录是"乃西洋大国也"，费信《星槎胜览》中《古里国》记载是"亦西洋诸国之码头也"。我们说这个西洋大国古里，今天能够知道的，在当时并不是印度洋上一个大国，它只不过是东西方交往汇聚贸易的集散地，这样的一个国家，当时被郑和随从称为西洋大国，西洋诸国的码头。从这里看，如果说郑和下西洋完全是政治外交的目的，那么去古里为目的地，实际上在今天看来是不符合逻辑的。所以郑和下西洋不仅有政治外交的目的，而且有经济贸易的明显目的，从这里就可以见证。《西洋番国志》和《星槎胜览》的古里国都谈到了这一点。

郑和统领的宝船是往西洋的，这一点毫无疑问，在马欢《瀛涯胜览》

<<< 丝绸之路上的明代中国与世界

序里面清楚地写着永乐十一年，马欢跟随郑和下西洋，是郑和第四次下西洋时开始跟随下西洋，所以他记得非常清楚："十一年，太宗文皇帝敕命正使太监郑和统领宝船往西洋诸番开读赏赐。"他是从大一统明朝外交来谈的。统领的是宝船，这也清清楚楚地反映了郑和去印度洋的船只、船队称为宝船，是去取宝的，这一点在这里也有见证。

这里做一个小结，就是在明初当时人看来，南浡里的帽山以西的大海是西洋，番名"那没黎洋"的就是西洋；苏门答剌是西洋的总路头；爪哇是"甲兵为东洋诸番之雄"的地方。古里是西洋的大国，所以自第一次下西洋开始，古里就是郑和下西洋的目的地，这里反映的是明初下西洋当时当事人具体理解的西洋的本意。那么伴随郑和七下西洋，马欢叙述的"往西洋诸番"，费信记载"历览西洋诸番之国"，而巩珍这个书名就叫作《西洋番国志》，所以顾名思义就是将下西洋所到的国家和地区，包括了占城、满剌加、爪哇、旧港乃至榜葛拉国、忽鲁谟斯国、天方国，这些国家一律都列入了西洋诸番国。那么我们说把西洋的诸国都列入了西洋的界限之内，无疑就扩展了西洋的范围。所以在约作于正德年间（1520）黄省曾的《西洋朝贡典录》就更进一步将所谓的"朝贡之国甚著者"，就是说非常重要的朝贡国，全部都列入了西洋的范围，编辑了二十三个国家，包括了广阔的区域，其中赫然就列有东洋的浡泥国、苏禄国、琉球国。于是"西洋"就有了一个极大地彰显，前所未有的扩大到了东西洋的范围。到晚明的时候，是以文莱为东西洋的界限，但是我们说这是晚明人的一个界限。郑和下西洋将西洋这个词凸显出来，自此以后西洋有了狭义和广义的区别，狭义的西洋就是郑和下西洋所到的印度洋，包括了波斯湾、阿拉伯半岛、西非红海和东非一带，那么广义的西洋成为一个象征整合意义的西洋，有了引申为海外诸国、外国这样的意思。

下面我们特别要谈到就是古里，或者说继续从古里来谈。古里是下西洋的目的地，而后来就变成了一个西洋的中转地。首先来讲目的地，根据这福建长乐南山天妃宫《天妃之神灵应记》碑，这是郑和亲手立的这块碑，将下西洋第一次的目的地记载的非常明确，就是古里国。我们看当年的古里，就是今天的印度喀拉拉邦的卡利卡特，又译做科泽科德。正如卡里卡特大学副校长古如浦在《卡里卡特的札莫林》一书的前言中所说，古里"是中世纪印度杰出的港口城市之一，是一个香料和纺织品的国际贸易

第二篇 海上篇 >>>

中心"。郑和下西洋时期，古里国是在札莫林王国的统治之下。正是这个港口城市吸引了郑和七下西洋，而且航行印度洋把它作为首先的目的地。郑和在古里有册封，有立碑，都有历史的记载。但是今天这个碑已经不见了，碑文留了下来："永乐五年，朝廷命正使太监郑和赍诏敕赐其国王诰命银印，及升赏各头目品级冠带。宝船到彼，起建碑亭，立石云：'去中国十万余里，民物咸若，熙皞同风，刻石于兹，永示万世。'"这个碑文把当时中国明朝跟印度古里国的交往记载得清清楚楚，当时是以古里为下西洋目的地的，这一点很清楚，可是后来它就变成了中转地。这个转折是发生在郑和第四次下西洋的时候。郑和船队第四次下西洋从古里航行到了忽鲁谟斯。此后到第七次下西洋的时候，他每一次下西洋都必到忽鲁谟斯。从下西洋的这个角度来说，无论是古里还是忽鲁谟斯，都是那没黎洋的大国。而以古里为目的地到前往忽鲁谟斯，这个意义就在于下西洋目的地的一个延伸，也就是明朝海洋政策在印度洋的一次大的调整。换言之，我们说这个忽鲁谟斯可以视为下西洋以古里为中心开拓的新航线。忽鲁谟斯位于波斯湾，大家都知道今天属于伊朗。明朝人记载"郑和下番自古里始"，刚才讲到了以古里为目的地，后来以它为中心，开辟了五条航线。第一条航线是古里到忽鲁谟斯，这个刚才谈到是在波斯湾，忽鲁谟斯一直是东西方交往的一个汇聚之地。第二条航线就是古里到祖法儿国。祖法儿国就是佐法儿，今天的阿曼佐法尔。第三条航线是古里到阿丹国。阿丹就是今天也门的亚丁。第四条航线是古里到刺撒国。这个刺撒国一般认为在红海沿岸，也有一种观点认为刺撒国到达了非洲的东岸，这个国家一直还是有争议的。第五条航线就是从古里到了天方国，也就是今天沙特阿拉伯的那个麦加。

再接着就是东非的航线，东非航线是下西洋的一个重要的延伸。在福建长乐的《天妃之神灵应记》碑中明确讲到："抵于西域忽鲁谟斯国，阿丹国、木骨都束国。"其中，木骨都束就是位于非洲的东岸，就是今天索马里的摩加的沙。在《郑和航海图》里面表明的是郑和船队远航到达了印度的孟加拉湾、伊朗的阿曼湾、阿拉伯半岛南端的亚丁这个港口，还到达了非洲的东部，也就是印度洋的西部。所以实际上郑和船队全部是在印度洋的周边活动。于是我们说整体来看，明代中国航海外交从海上丝绸之路达到了印度洋沿岸，与印度洋周边重要节点的各国进行交往。郑和为首的

<<< 丝绸之路上的明代中国与世界

中国船队定期前往了印度洋，历时28年。大小凡30余国，涉沧溟10万余里，这是当时明朝人的记载。在印度洋上将中国的远洋航海，也即将古代东西方交往的海上丝绸之路发展，推向了一个前所未有的高度。这一国家远洋航海行为，是15世纪末欧洲人东来以前印度洋航海史上最大规模的壮举，为活跃中国与印度洋周边各国的政治经济往来，做出了卓越的贡献，并产生了深远的影响。

我们下面再接着讲的一点是关于明代外交。明朝初年，实际上中国的对外联系是全方位的，中西交通大开，包括了西域与西洋，陆上和海上。关于这一点，大家对明史的理解似乎一直存在误解：认为明朝有海禁，好像是在海上阻碍了中国对外交往。另外在陆上，明太祖他放弃了陆上道路的交通，实际上我们说并非如此。与郑和海路七下西洋并举的，在明初有六使傅安出使西域，另外五使陈诚出使西域。在20世纪90年代初，我就写过关于傅安作为中西交通使者的论文，但是后面其实很难深入地进行，因为他没有完整的出使报告流传下来。他出使帖木儿帝国，实际上比陈诚走的还远，因为当时帖木儿国王要展现他的庞大帝国，所以派人带他一直到叙利亚，一直到了设拉子地方，所以他是在陆上到达最远方的一名使者，陈诚有《西域番国志》和《西域行程记》的书留存下来，所以就可以对他的出使西域有较全面的了解。应该说在明初的时候是海陆并举的对外交往，在中西交通史上是盛世。傅安是在洪武时派遣到帖木儿帝国，他被羁留在国外13年才回到中国，回国的时候已经是明太宗时期了，所以郑和首次下西洋的时候，傅安还没有回来。因此也可以说当时的陆上丝绸之路是不通的，所以下西洋的终极目的地是古里，合乎逻辑的一个国家的规划是从海路通西域。郑和七下印度洋，推动了海上丝绸之路发展达于鼎盛，将陆海丝绸之路全面贯通了。

下面要讲的这个题目，就是印度洋的整体视野，也就是中西海陆丝绸之路的一个全面贯通问题。这首先要从忽鲁谟斯讲起，忽鲁谟斯在明朝的记载中从西域到了西洋。在《娄东刘家港天妃宫石刻通番事迹》碑记中，清楚地记载着郑和下西洋是抵达西域忽鲁谟斯等三十余国。在长乐的《天妃之神灵应记》碑记中也记载了抵达西域忽鲁谟斯国、阿丹国、木骨都束国。巩珍的《西洋番国志》，卷前有三封皇帝的《敕书》。敕书中非常清楚地记载着到达的是西洋忽鲁谟斯。永乐十八年十二月初十日《敕书》记载:"敕太监杨敏等往西洋忽鲁谟斯等国公干。"我们看到,到了永乐十八年的时候,明朝人已经开始把波斯湾的忽鲁谟斯称为西洋了。在宣德五年的五月初四日《敕书》中,需要说明一下,也就是最后一次郑和下西洋是在明宣宗的时候下西洋。宣宗敕书中也是清楚地写着:"今命太监郑和等往西洋忽鲁谟斯等国公干。"我们说这个忽鲁谟斯从一开始一直是称西域,到了后来发生了从西域到西洋的一个演变。这说明在明朝人的观念中,其实是发生了变化的。

现在我们讲这个古里国,它位于西域和西洋的交接点上,这是明朝人的认识。让我们看费信的《古里国》诗,他清楚地写着:"古里通西域,山青景色奇。"这样我们就明确了,实际上明朝人认为古里国位于西域和西洋的连接点上,其地位由此凸显了出来,在这里,我们可以理解郑和为什么七次下西洋都会到达古里。

再就是天方国的记载。让我们看费信的诗句"玉殿临西域,山城接大荒",另外他在《天方国》的记载是"其国乃西洋之尽也"。也就是到了这里就到了西洋的尽头,西海的尽头就是西域之地了,从这里我们可以看出来,明朝人对于西洋和西域相连接的这个认知是非常明确的。明朝初年,要前往陆路一年可达的这个天方国的话,道路并不是很通畅,摆在明朝人面前的一个选择,必然是海路。刚才也特别谈到了,就是郑和第一次下西洋时傅安还没有回国,他在帖木儿帝国被羁留了13年。所以我们说当时明朝人的认知,实际上是到达天方国,就是海路连接了陆路,那里是海路和陆路的交汇。在古代,印度洋贸易紧紧地将亚非欧三大洲连接在一起,郑和七下印度洋,连通了亚非欧,包括今天的东北亚、东南亚、中亚、西亚、南亚、东非,乃至绵延欧洲等广袤的地方,连成了一个文明互动的共同体,也是利益与责任的共同体。海上丝绸之路形成的海洋体系包容了整个的印度洋区域。所以我们说郑和七下印度洋的意义也就在于此。

下面是一个结语,就是郑和七下西洋,即七下印度洋,给古代的丝绸之路画了一个圆,丝绸之路从陆到海至此全面贯通,贯通的交汇之地就是在印度洋。下西洋起到了全面打通陆上丝绸之路与海上丝绸之路的作用,也就具有了一个凿空的意义,是一个划时代的壮举。郑和船队在印度洋长达28年的一个划时代的航海活动,是明代中国的国家航海行为,贯通了中西陆海丝绸之路,掀起了印度洋国际贸易圈一个繁盛的高潮期,中国参

<<< 丝绸之路上的明代中国与世界

与了一个全球贸易雏形的构建。我们都知道，全球化是从海上拉开的帷幕，所以我们说郑和下西洋为一个整体的世界形成于海上，做出了一个重要的铺垫，可以说是为一个整体的世界形成于海上拉开了序幕。由此，15世纪初明代中国的海洋大国乃至海洋强国的形象，在印度洋上留下了印记，奠定了古代中国在世界航海史上的历史地位。这第一篇到这里就结束了，下面我们进入第二篇。

第二篇，我想讲的就是明代中国与全球，就是全球化开端时期的海上丝绸之路发生了重大转折，这个时期的海上丝绸之路，我们说可以称为白银之路。大家都知道 16 世纪的全球化是开端于海上的，明代中国是如何和全球史接轨的呢？我们下面就要讲，中国有一个近 500 年的白银时代，这个白银时代是从明代开始的，那么一直到 1935 年废除了银本位制才结束，所以我们可以称为一个白银时代。那么这个中国的白银时代是如何出现的？而且中国在全球化开端的时候是如何在海上通过白银和全球接轨的？这就要从明代中国的这个白银货币化来谈起来。

我们必须追寻历史，白银从贵重商品最终走向了完全的货币形态，我认为是在明代。在晚明的时候，大规模的行用白银是一个重要的社会现象，就是发展到晚明时期，白银作为流通领域的主要货币，在国家财政与社会经济生活中起了重要作用，我们可以把它称为一个白银时代的开端。但是，当我翻开《大明会典》，发现明朝的典章制度中，只有"钞法""钱法"，没有"银法"，这就说明白银原本不是明朝的法定货币，也就没有制度可言的历史事实。那么这样的一种事实，我们说是从明初的禁用金银交易，白银从非法货币，后来又如何形成了一种合法的货币呢？另外它就在流通领域最终成为主币，这样，我将之称为是一个货币化的进程。因此，我提出白银货币化进程，是历史上一个极为不同寻常的现象。我们都知道，中国的货币是独特的外方内圆的铸币。到这个时候变成了白银为货币，而且不是由明朝政府来铸造，这个白银是称量货币。在我们中国社会科学院金融所有一位学者提示我，明代白银作为自由银而存在。这样一种情况，明代白银作为主币的行用一直延续下去，基本上到了 1935 年，才完全废除了，还是在国际压力下中国才完全废除了银本位制，因为到这个时候，世界上所有国家都已经采用了金本位，只有中国当时还是银本位。我们说白银作为主币行用的时间，在中国持续了将近 500 年之久。沿着一

第二篇 海上篇 >>>

条明朝白银货币化——市场扩大发展与世界连接的这样一条道路，明代中国应该说是以社会自身的发展需求为依托，凭借社会内部的驱动力，拉动了大量的外银流入中国，并且就是这样与全球接了轨，并深刻地影响了中国本身社会的变迁、国家的转型和全球化开端时期中国与全球互动的历史进程。

这里我再简单的交代一下，为什么提出明代白银货币化这个概念，这是一个什么样的概念。我归纳为五个方面。第一个方面，这个时期的白银从贵重的商品最终走向了完全的货币形态，在此之前白银从唐代、宋代，也以货币形态出现，但是我认为还没有形成一个完全的货币形态。这方面货币史研究学者有很多的讨论，这里就不详细的讲了。第二个方面，就是白银是从非法货币到合法货币的，明初一开始使用的是铜钱，后来在洪武八年全面推行大明宝钞，也就是纸币，同时禁用金银交易，所以当时的白银是非法货币。白银从明朝的非法货币到合法货币，再到整个社会流通领域的主币的这样一个过程，我们称之为白银货币化。第三个方面，是白银形成了国家财政统一的计量单位和征收的形态，这个下面可还要稍微解释一下。第四个方面，就是白银形成了主币，中国建立了实际上的白银本位制，本位制这个名字，是现代的一个概念，当时我们说是相当于建立了一个白银本位制，因为它以白银为本位，这个刚才上面第三个方面也讲到了，它以国家财政统一计量单位和征收的形态出现，在流通领域里它是作为主币，王朝基本上全面推行的是一个白银本位制。第五个方面，就是这个时期白银成为了世界货币，在这个后面也还要讲到，在外国历史记载上，记载中国的商人在海洋上只要白银，任何其他的东西都不要。所以这样的话就促成白银形成一个世界的货币，对全球经济体系的初步形成，都是有很大的关系的。

沿着傅衣凌先生的研究途径，我是从427件徽州土地契约文书来开始研究白银货币化过程的。明初是禁用白银交易的，那么从427件徽州土地契约文书，就可以看到自下而上崛起的白银货币化的历程。根据徽州土地契约文书的全面梳理，我了解到洪武末年实际上因为滥发宝钞，宝钞已经是迅速开始在民间失去信用，显示了衰落的趋向，那么也就是白银货币化趋势在民间明显出现了，白银出现的是比较早的。在永乐和宣德时期，宝钞应该说经历了最为坚挺的时期，也就是经历了巅峰，这个时期后面的到宣德年间，向白银过渡的实物交易在这个时间已经出现了。第三就是正统到成化年间，我们都知道讲正统，一般的都是说清修《明史》正统初年"弛用银之禁"，所以"朝野率皆用银"。我首先是从明朝427件徽州土地契约文书来看，通过徽州的土地契约文书以及《明实录》等官方记载结合来看，实际上不存在所谓正统初年"弛用银之禁"，更不存在"朝野率皆用银"，我们说宝钞逐渐绝迹于民间的大宗土地交易，是一直到成化年间，白银形成了大宗交易，就是土地买卖的清一色的货币。也就是说明朝建国一百年以后，白银的货币化过程在民间已经是全面展开。所以我提出白银货币化不是国家法令推行的结果，是来自市场的萌发，经历了民间社会自下而上与官方自上而下二者合流的这样一个发展历程，下面要讲到这个自上而下过程怎么样全面铺开，那么我们说，这标志着中国货币经济化的一个进程。

下面简单讲一下白银货币化与明朝的整个制度和社会整体变迁的一个关系。那么我开始从国计和民生的两条线索来探讨，白银货币化进程就很清楚了。一方面是国计方面，白银货币化与明朝一系列的制度变迁都是并行的。第一点是田赋的货币化、徭役的货币化、国家财政收入的货币化。第二点是皇室、官俸、军费、政府开支等等国家财政支出的货币化。第三点是国家财政的货币化，我当时研究的时候做了一个当时白银货币化的空间分布，这主要从国家财政的银库角度来做，说明实际上从国计来看，白银与这一系列的制度变化是相并行的。

另一方面是民生方面，白银货币化又是和社会变迁相同步的，白银将社会的各个阶层都卷入了市场之中，为什么这么说呢？第一点是因为国家的田赋，明朝田赋占国家财政的比例，在户部的比例占90%之多，田赋开始用白银作为计量单位，折成银子来缴纳，另外要揭示对于整个国家的意义，就是将老百姓给国家所服徭役，改变成以银代役这样的一种货币化过程，这使得社会各个阶层无一不被卷入市场之中。因为地不产银，种地只能是产粮食以及棉花等等，农作物就必须要到市场上换成白银，才能缴纳国家的赋税，另外就是以银代替徭役这样的一个发展趋向，使得整个国家和社会的各阶层都卷入了市场之中。第二点是说白银货币化跟新的经济成分增长的关系，我们都知道我们的前辈一直在做资本主义萌芽的研究，做了大量的关于晚明产生了资本主义萌芽的一系列研究成果。我们说那一系

第二篇 海上篇 >>>

列的研究成果，在今天我们说很多可以新的经济成分增长来概括。我们现在以新的经济因素出现的视角下，白银无疑是推动了整个的新的经济成分增长的重要因素。这一点在李伯重先生谈的早期工业化的著作中是有广泛研究的，所以我这里也不展开了。第三点就是各阶层的商业行为。这一点我想突出讲一下，就是在明朝之前，"普天之下，莫非王土"。实际上所有的土地财富都归皇帝所有。可是到这个时期，我们看到了明朝正德年间开始，正德皇帝开了六家皇店，皇帝要亲自去从事这种商业行为，这是什么问题呢？这就是说皇帝要跟小民争利。这种情况，应该在此之前是前所未有的。这实际上就与国家不能够掌握铸币权，不能够掌握铸币就是货币的垄断权，是有直接关系的。当时中国银矿匮乏，大量白银是作为贸易商品从海上、从外国流入中国这样的一个途径，即以海外贸易为主要途径取得，我们说这个时期官方朝贡贸易已经走向了尾声，再也进行不下去了，这个后面我们还要提到，可是皇家需要大量的银子。于是刚才讲到了田赋的货币化，徭役的货币化，就是国家要征收银子了，而同时就产生了无论是皇家还是贵族还是官僚等等对于白银的大量需求，也就产生了大量的社会上的商业行为。比如说今天北京的张家湾，全都是贵戚官僚等在那里经营商业，都有铺面。商业非常繁盛的张家湾，是当时北京通州那边的一个港湾，这种情况使得这个地方变成了一个商品的汇聚地。于是我们说商业行为在张家湾体现出来，当时的张家湾，现在留下了商业记载，记载说明了这种商业行为在当时国家与社会上层是一个很普遍的行为。第四点讲这个社会价值观的巨大变迁。这一点我想我在这里也不必展开，因为谈晚明社会文化的发展转折、思想解放等等，这方面的专著已经非常多了。那么我想在2015年第22届历史科学大会上面，我在"全球视野下的中国"的主题报告会上，做的就是"白银货币化：明朝中国与全球的互动"的讲演，在这个题目的讲演中，我谈到很多的白银货币化与国家及其制度、社会变化相关的方方面面情况，但是美国彭慕兰教授作为评议人，给我提出的问题是白银货币化，在这个进程中有没有对于性别的影响？于是我最近就在前几天，在北大论坛上就发表的一个报告，就是从性别的角度谈白银、性别和社会变迁，我是以徐霞客的家族为例，主要是谈徐霞客的母亲的事迹，以及他本人为什么会成为一个中国现代地理学的先驱。这样的话我想就此说明这个白银的作用。因为他母亲，他们这个世家大族生计的主要来源已经从以土地为主，到他母亲经营家庭织布作坊为主，这样的一个变化，导致他家族内部的结构以及家庭角色的变化，以他母亲的家庭织布作坊支撑门户，依靠的是市场。那么我们说这个导致了价值观的巨大变迁，反映在他的家族，就是徐霞客走向了自然世界。徐霞客的家族在明末的时候有一个《晴山堂石刻》，石刻中表明了当时士人和名流对于他家族这样一个变化的一个认可，反映了社会价值观其实是有一个很大的变迁，我这里只讲这么一个个案，像社会价值观，包括晚明思想解放方面有大量研究成果。在晚明应该说是发生了颠覆性的巨大变化，而这个变化主要是与市场直接相关的，因为白银就来自于市场的崛起，白银货币化的全面铺开，明朝是通过了一系列赋役改革来全面推开的，所以这一过程具有非常重要的一个近代化进程的意义。

进程一，就是农民和赋役折银的关系，农民从纳粮当差到纳银不当差，应该说这就英国梅因所讲的从身份到契约的关系。那么农民和土地分离了，就是雇工人的出现，商帮在明朝大量的涌现，这个应该说是个市场化的进程。

进程二，是谈到农业和赋役折银的关系。农业是从单一的到多元的这样的一个进程，从经营权到所有权的分离，还有就是农业全面的开始商品化，这个应该说是一个商业化的进程。

进程三，就是农村和赋役折银的关系，农村无疑是从封闭和半封闭的这样的一个状态，走向了一个开放的状态。所以我们说尤其是江南市镇蓬勃兴起，关于江南市镇的兴起已经有多部专著出版，这里就不再多谈，只是谈到这是一个城市化的近代化进程。

所以结论是这三个进程总括起来，就是一个三农的大分化过程。那么明帝国我们说是一个农业帝国，晚明所谓的天崩地坼就由此开始了。

现在归纳一下，上面追溯了一段明朝自身内部的一个变化状况。中国开始从传统社会向近代社会的转型，一方面，从明初最早实行大明宝钞，却没有纸币制度的确立，发展到行用白银货币，并成为流通领域主币；这就产生了巨大的白银需求；另一方面明帝国是一个农业帝国，从民间徽州土地买卖契约文书到晚明的收税票，都说明土地税征收全面走向了货币化，这也印证了中国内部白银货币化，即货币经济化进程的迅速发展。下面我们就要言归正传，要谈白银货币化与明朝中国与全球的互动关系，应该说这是直接与这个中国内部的这种驱动力，即白银货币化的驱动力有直接关联的。

白银货币化与中国走向世界，从全球史的视角来看，明朝的成、弘年间，也就是1465到1505年这个时间段，白银货币化全面进入了自下而上与自上而下合流，并全面铺开的一个货币化过程，自上而下的发展过程，也就是刚才我讲的，通过一系列的赋役改革——赋役大量折银开始，由此中国社会就产生了巨大的对于白银的需求。而国内的矿产资源明显不足，这个前辈学者全汉昇、白寿彝先生都做过研究，就是明代的矿业，白银矿产明显不足，于是市场超出了国界，走向海外就成为必然。海外输入就变成了白银的一个重要的来源。

海外输入的白银，主要有两个源头，一个是日本，再一个就是美洲。白银货币化和日本白银、美洲白银的开发发生了关系，我认为无论是日本银矿的开采，还是美洲银矿的开发，在时间上都与中国白银货币化产生的这种巨大的白银需求，中国市场迅速地向全球扩张这样的一个时间段是相衔接的；大量的白银流向中国也是非常清楚的，结论就是明代中国的白银货币化，它直接地引发了日本白银的大开发，另外间接的触发和推动了美洲白银矿产的大开发。

西方学者曾经提出，全球贸易是在1571年诞生的，这个1571年就是明朝的隆庆五年，我认为如果以中国私人活跃的国际白银贸易为起点的话，时间应该至少可以提前到16世纪的40年代。早期葡萄牙货币的流入，当时都是打制的块币。从这里看，白银是促使全球贸易诞生的一个最重要的因素。法国学者布罗代尔曾经说，贵金属涉及全球，使我们登上交换的最高层。中国是当时世界上最大的一个经济体，也是最大的白银需求国，直接影响了白银作为国际通用结算方式用于世界贸易。刚才其实也特别提到了，中国的商人在海上只要白银，别的什么都不要。所以我们说这直接影响了当时的国际贸易结算方式。这种国际交换关系，我们说一端联系的是中国商品，一端联系的是白银，所以外国大量的白银流入中国，这个大家都知道，但是我们说这都是中国的商品交换来的。对于明代的国际商品贸易，货币经济的发展，我们应该有一个重新的认识。

就是这样，形成了一个世界市场网络的全球性链接，当时围绕着中国有三条主干线，跨越三大洲，构建了一个全球贸易的网络，海上丝绸之路

<<< 丝绸之路上的明代中国与世界

获得了史无前例的一个极大扩展。首先这三条主干线，一条就是中国到东南亚一带，到日本。刚才也讲到了日本是一个重要的白银来源。日本银矿的大开发，实际上是由中国的白银需求所直接触发的。第二条就是中国到马尼拉，就是菲律宾的马尼拉，西班牙人到达马尼拉，是1571年。到达之后，他们马上发现的就是中国只要白银。大量的中国商品，当时欧洲是拿不出大量的商品来交换的，于是就触发了大帆船贸易，就是从马尼拉到美洲的银矿，再把银子发往欧洲。我们说这个实际上也与中国白银的这种巨大的需求有着直接的关系。这条干线主要就是中国到马尼拉到美洲，美洲有这个回流，另外也有美洲直接发往欧洲的这样一个大贸易圈，称为大三角贸易。第三条就是中国到果阿，印度果阿是葡萄牙人在印度的总督所在地，就是葡萄牙人在印度的中心地，从中国到果阿再到欧洲这条航线，根据记载走的货物——中国的商品是最好的商品，它直接运往欧洲。应该说通过这三条主干线，明代中国为当时第一个全球经济体系雏形的建构，做出了历史性的重大贡献。

清初实际上接续的是明朝的。明朝灭亡，当时实际上应该是说有一个17世纪全球的货币危机，在这个危机中许多政权发生了更替，明朝的灭亡，我们说有多种综合的因素存在，但是白银紧缩是与明朝灭亡有着直接的关系。下面可能还会讲到一点，清朝建立，在云南开采银矿，从日本大量进口铜，从而建立了以白银为主币，以铜钱为辅币这样的一种货币双本位制度，才稳定了政权。

在全球史发展进程中看，我想在这里强调的是，白银不是自动流入中国的，而是以中国的商品交换回来的。当时的情况是，我们知道丝绸在欧洲等地早已经有，像欧洲、亚洲一些地方早已经能够掌握丝绸织造技术，织造精美的丝绸。所以在这个时期我们看到很多贸易的记载中，丝绸以半成品和生丝占有很大比例，并不都是织造的成品。明代青花瓷已经崛起，成为中国瓷器的代表。青花瓷当时是独步世界的中国商品，为什么这么说？因为一直到18世纪初年，德国的迈森才真正能够把瓷器制造出来。在此之前欧洲、美洲还有亚洲一些地方都是制造的陶器而不是瓷器。当然这个时期在越南、朝鲜、日本、东亚一带已经可以制造瓷器。在欧洲的话是一直到了18世纪初以后，所以16世纪应该说全球性新航路的开通，标志着海上丝绸之路发展达到最高峰，代表了全球融为一体的历史发展的趋势。

明朝初年，出现了从农耕大国走向海洋大国的一个明显态势，出现了郑和下西洋，郑和下西洋之后，至今很多史界学者都认为，从此中国在海上就衰落了，甚至说中国从此没有郑和下西洋壮举了，以后就拱手把海洋让给了西方。我们说这个观点是不对的，为什么这么说？这个时期大量白银流入中国是中国本身商品外销的一种发展趋势，这个时期从国家的航海模式为主体进行的海上贸易，发展到以私人海外贸易，即民间海商的贸易为主体的海上力量，参与了世界的航海贸易。当时大量的白银流入中国，流向了欧洲，也流向了全球，与此同时中国商品走向全球。举一个例子，青花瓷的全球传播与明代中国全国市场的初步形成是同步的，青花瓷器成为全球国际商船贸易经营的主要商品之一，数量之大，地区之广，贩运之多都是前所未有的。可以说哪里有白银，哪里就有青花瓷。

从16世纪葡萄牙人率先来到东方以后，就把瓷器传往了欧洲，很快在葡萄牙的一条新大街上出现了三家专门经营中国瓷器的商店。中国瓷器引发了欧洲餐桌上的革命，指的就是欧洲在餐桌上以往用的餐具主要是木制的，上层用的是银器，而从16到18世纪，中国的瓷器成为欧洲餐桌上主要的餐具。从青花瓷的传播来看，推动了全球从海上融成了一个整体的人类发展进程。

下面谈谈白银货币化和国家财政体系变革的关系。为什么要谈这个？因为白银货币化实际上经历了一系列国家赋役改革，一直到张居正改革，整体的财政体系开始走向了近代以货币为主财政体系这样一个发展方向。实际上是白银货币化整体上促发了中国全国市场形成到与全球市场的一个连接，所以明朝财政是不得不寻求变化和突破的。张居正改革，它的财政改革才是它的核心。特别要谈到的就是经过研究，我发现张居正从来没有颁布过在全国推行一条鞭法的法令，《万历会计录》和《清丈条例》是张居正改革遗存在世上的两部重要文献，无论是明朝官方《明实录》，还是从张居正个人的文集，遍寻不到在全国推行一条鞭法的法令，只有在《清丈条例》之后，一条鞭法的统一征收白银才形成水到渠成的结果。

对于《万历会计录》这部中国古代唯一留存下来的国家财政会计总册，我与一位数学教授进行了整理，其中有4.5万条数据，反映了两千年古代财政体系从实物与力役为主，向以白银货币为主的一个全面转型。这

<<< 丝绸之路上的明代中国与世界

标志着中国从一个古代赋役国家，向近代赋税国家的一个转型，确切地说，16世纪全球化开端，海上丝绸之路发展到全球的范围，中国与全球的互动是通过海上丝绸之路或者说是海上白银之路实现的，推动了中国全面走向近代化的转型。结论是从白银货币化的角度，中国与全球同步，是一个近代化的开启。这可以分为五个方面：第一就是货币体系从贱金属铜钱，向贵金属白银本位制的一个转型。第二是中国财政体系，从实物财政向货币财政的转型。第三是中国传统农业经济向货币经济转型，即经济货币化的一个转型。第四是中国社会从传统社会向近代社会转型。第五是中国国家从古代赋役国家向近代赋税国家的转型。

明代是与全球同步的一个近代开启时代。白银货币化使得中国和全球化接轨。白银货币化的出现，首先是中国社会内部蕴藏国家与社会向近代转型趋向的一个产物，它的奠定是转型变革中的中国与正在形成中的整体世界相联系，也就是中外变革互动的一个产物，由此开启了中国近500年的白银时代。其次，中国并非是西方东来以后被动的和全球衔接起来，像一般认为的那样，是西方大航海如何改变了全球，白银货币化过程研究，证明了中国不是西方东来以后被动和全球衔接的，而是在16世纪全球化开端之前，由于中国自身内部发生了变革的潜流，产生了变革的趋向。白银货币化来自市场经济萌发，以前所未有的发展趋势推动中国进行了一系列的赋役—财政改革，中国主动走向了全球。第三，就是一个全球的经济体系，不是西方大航海创造出来的。明代中国通过海上丝绸之路积极参与了全球经济体系的初步建构，为一个全球新时代的出现做出了重要的历史贡献。

下面补充一点，在总量上日本白银产量的绝大部分和占美洲产量一半的世界白银流入了明代中国，数量极为庞大。葡萄牙学者曾经将中国形容为一个大的吸泵，形象而具体地说明了中国吸纳了全球的白银。但是我们不能忘记这只是问题的一个方面，我特别要强调的就是，这么多的白银都是中国的商品交换来的。以明代青花瓷的崛起和展开作为一个典型个案，说明从海上丝绸之路大量外销独步世界的青花瓷，参与了全球时空的巨变，传播到世界各地，引领了全球的时尚潮流，构成了新的技术知识融通的过程，展现了新的全球文化史景观，这一切其实都是通过海上贸易实现的。

第二篇 海上篇 >>>

明代白银货币化，白银不仅在社会流通领域成为主币，而且在国家财政体系中形成了主要的征收形态，标志着中国白银经济或者说白银时代的形成。通过海上丝绸之路，中国和全球接轨了，由此成为全球化的一部分。当 17 世纪全球货币危机来临的时候，对于中国也必然产生了重大的影响，明朝亡于内外的综合因素，但是白银货币的紧缩是重要的因素之一。在亚当·斯密的《国富论》里面，其实就谈到这个时期美洲白银的紧缩，另外从日本的资料上说明，这个时期中国往日本的外销瓷以及日本的外销银也有减缩，所以我们说这个紧缩是形成明朝灭亡的重要因素之一。可能更重要的是，我认为中国与世界同步的近代化趋向发展，就此遭遇到了首次的挫折。

下面讲第三篇，准备讲一下明代中国与全球海上力量的关系，主要的是从中国视角阐述一下。大家都知道，16 世纪海洋成了时代的主题，全球化是从海上拉开的帷幕，一个整体的世界从海上连接了起来。当海上活动成为最令人瞩目的国际现象的时候，世界格局发生了重大的变动，葡萄牙人率先东来，东西方大规模直接接触交往的时代到来了，海上贸易的发展和大规模海商集团的形成，构成了晚明中国社会经济发展中两个最为显著的特征。实际上明朝的海上力量是从明前期国家航海力量为主体发生了转折，也就是以民间海商的海上力量为主体的明代中国海上力量的形成。处于全球化开端之时的明代海上贸易，史无前例的经历了从区域到全球的过程，这个过程伴随着中外私人海上贸易萌芽、成长、成熟和最终合法化，官方海上朝贡贸易向民间私人海上贸易转变的过程，也是民间私人海商成为海上贸易主体的一个转换过程。

葡萄牙人达·伽马于 1492 年来到了东方，他的西方大帆船，可见于一个非常著名的日本屏风，上面绘有葡萄牙人在日本进行非常繁盛的贸易活动场景。葡萄牙人在日本为什么会进行这样繁盛的海上贸易？就是因为葡萄牙人到了中国以后发现，当时中国和日本的外交关系是断裂的。葡萄牙人发现日本银矿已经在中国这个巨大的白银需求下，开始开发，于是葡萄牙人立即投入了日本和中国之间的白银贸易。

嘉靖二年，1523 年，在宁波发生了日本贡使的争贡之议，当时在宁波发生了一个血案。此后日本的贡舶来华只有嘉靖十八年，也就是 1539 年，还有就是二十六年，就是 1547 年，只有这两次。最后一个日本使团，是

丝绸之路上的明代中国与世界

嘉靖二十八年（1549）来华的策彦周良使团，从嘉靖二十八年十二月三十日从北京朝贡之后回到宁波，于次年五月就回国了。从此以后，终明之世再也没有日本朝贡使团的出现，这就意味着朝贡贸易的一个尾声。处于全球化开端前后的明代海上贸易，史无前例经历的是一个从区域到全球的这样一个过程，这个过程应该说就是转变的一个过程，是随着中外私人海上贸易萌芽成长、成熟和最终合法化的一个过程。官方的朝贡贸易，尤其是日本这方面，它是中国主要的白银来源。在这个时期，已经全面的转向以中国私人海上贸易为主的贸易，中国海商开始成为海上贸易主体，也是维护海上秩序主体的一个转换过程发生了。西方人东来以后，在海上实际上是一种无政府状态，宁波的大动乱，直接与中国内部巨大的日益增长的白银需求，和对日本银矿的需求有着紧密联系，引发海上贸易剧烈的矛盾冲突。终于爆发了大倭寇的事件，这个事件的猛烈爆发，里边参与的所谓的"倭寇"，我们说是画引号的，因为当时参与倭寇的因素非常多。

首先是中国的私人海商在明朝成、弘年间以后蓬勃兴起，直接引发了日本银矿开发。需要说明的是，明初日本跟中国的交往中，朝贡贡品中是没有白银的。这之前日本的货币完全是用中国的铜钱。日本也铸造了铜钱，所以不用白银。银矿大开发，无疑是中国内部的白银需求增长，通过私人海上贸易，所促发的。在嘉靖初年，正好是白银货币成为明代整个流通领域的主币的时间点。在这种状况下，白银导致了海上贸易的巨大变化，引发了冲突和矛盾的大爆发。嘉靖三十五年，即1556年，明代著名的海商兼海盗王直等人，拥众十余万，声言欲下杭城。取金陵的倭寇事件大爆发，暴露了明朝官方应对海上危机的乏力，也说明了中国海上海商兼海盗势力与外来势力结合，严重影响了海上贸易秩序，甚至威胁到了明朝的统治。

明朝在朝堂上有大量的争议，最终还是在调兵遣将平息倭寇之后，海洋政策做出了重大调整，从海上以官方朝贡贸易为主体和禁止民间私人出洋贸易，到开海以民间海商为海上贸易主体的转折在此后发生了。中、葡、日三方面史料非常清楚的说明，当时中日白银贸易的巨额利润吸引了日本人、中国人、葡萄牙人以及东南亚各国人的参与，主要组成人员是中国海商兼海盗、日本海盗、葡萄牙海盗商人，综合起来史称"倭寇"。为了海上的安全，明朝官方与私人海商兼海盗的冲突是不可避免的，明朝派遣朱纨捣毁了倭寇建立在浙江舟山双屿繁盛的国际走私贸易港，而在其后，朱纨被通倭势力参奏，下狱而死，结果是"中外摇手不敢言海禁事"，海上秩序荡然无存。所以明朝派遣戚继光平定海上，最终建立了海上秩序，我想这是应该肯定的。

　　明后期，正是在戚继光平定了海上状况之后，明朝海外政策与海外贸易的模式开始了重大转变，一方面在福建漳州月港开海，另一方面就是广东、澳门的开埠，贸易模式的转变，使得一种新的东西洋贸易网络开创运行。政策的改变意味着制度的变迁，开启了两种海上贸易的模式，一个就是在福建漳州月港开海，这标志着允许中国商民出洋贸易，私人海上贸易的合法化。再一个就是在广东、澳门的开埠，允许外商入华经营海外贸易合法化。经历了诸多的曲折之后，前者孕育了福建海商合法化及其海商集团的崛起。到了万历末年，是"海舶千计，漳泉颇称富饶"。中国海商迅速地成长壮大起来，成为17世纪东亚海上贸易的主体，推动了海上丝绸之路的发展。后者孕育了葡萄牙人入居以及经营海上贸易的合法化。澳门的兴起和发展，从一开始就是中国海商和居澳葡萄牙人共同努力的结果。而澳门形成了广州的外港，开辟了多条国际海上贸易航线，成为海上丝绸之路扩展到全球的一个契机。隆庆元年，福建巡抚涂泽民上书，请求开放海禁，"准贩东、西二洋"，其后得到了明朝的允准。漳州月港开海以后，东、西二洋以文莱为界，从这个时候开始，明朝人的概念里面东、西二洋的分野是在文莱了。万历十七年，已经具体规定东洋44只船，西洋44只船，通过这个管理进行海外贸易。但是实际上后来变成虚文。史载到了万历末年，已经如上所谓"海舶千计"。东洋和西洋以文莱为界，包括所有当时的港口，进行贸易的情况就不详细谈了。

　　《南都繁会图》又被称为明代的《清明上河图》，现藏于中国国家博物馆。全图是纵44厘米，横350厘米这样的一幅图，图绘人物有1200多个，真实地反映了晚明南京城市消费生活的一个面貌。东、西两洋货物俱全，反映了海上贸易的繁盛。16—17世纪的东、西洋，大致是这样一个状况。到17世纪《顺风相送》这部书，是向达先生在英国牛津鲍德林图书馆发现的，这部书反映了明代后期明朝仍然有人航行到印度洋这样一个事实。向达先生的《两种海道针经》指出，到清代的时候，中国海商确实已经再也不超过马六甲了。谈到《顺风相送》，是包德林图书馆的孤本，现在刘义杰先生出版了这部书的研究。这本书记载了晚明的时候,中国航海人还在前往印度洋这样一个重要事实,从当时航海线路我们可以看出来。

澳门的兴起,实际上最主要的是来自于日本与中国之间的白银贸易,它的兴起是建立了多条国际贸易航线,一是澳门到果阿、到欧洲,因为果阿是葡萄牙在印度的总督府所在地,所以通过澳门有直接的通过果阿到欧洲的航线,刚才我也特别谈到了这一点。中国最好的瓷器才会从这条航线直接运往欧洲。二是澳门到日本的航线,主要是以日本白银贸易为主体,非常繁盛。第三是澳门到马尼拉,到美洲的航线,这个时期是葡萄牙与西班牙统一合并由一个国王统治时期,即西班牙国王成为整个葡萄牙和西班牙的国王。当时不允许葡萄牙人往马尼拉、往美洲去,但是因为葡萄牙在美洲也有殖民地,所以葡萄牙商人实际上非常活跃,也仍然从事澳门、美洲之间的贸易。通过澳门贸易,而不是通过西班牙人的马尼拉航线。葡萄牙人仍然有他们的渠道进行贸易。第四是澳门在整个东南亚的贸易,比如说与越南东京等等。所以我们说澳门由白银贸易而兴起。所谓海上丝绸之路,在今天来说已经是一个中国对外交往的历史文化象征符号,这条丝绸之路在晚明时期是到了一个非常繁盛的时期,在国际上扩展到了前所未有的规模,一个全球经济体系的雏形已经出现。这里给大家看葡萄牙货币也流入了中国,还有西班牙的货币。

下面要讲一下郑氏海商集团的崛起和海上贸易。郑氏海商的崛起,是在晚明。刚才谈到的隆庆元年,明朝在漳州月港开放私人海外贸易,海商出洋贸易合法化的情况下,郑氏海商集团开始崛起,主要是郑芝龙和他的儿子郑成功。在明末,是官、商、民重建了海上秩序,郑芝龙(1604—1661),他字飞黄,另外一说是字飞龙,小名一官。(Iquan),天主教名尼古拉,在欧洲文献中,则以"Iquan"闻名。福建泉州南安人,明末清初东南沿海台湾及日本等地最大的海商兼海盗集团首领,明末受招安,完成从海盗到明朝官员的身份转换。明末与官、民合作,全面稳定东南海上秩序,主要两方面:一是对内与明朝协同,致力平定了东南沿海海盗;二是外攘"红夷"。红夷就是荷兰人,荷兰人在明末的时候占据了澎湖还占据了部分台湾。郑氏参与了对付荷兰人侵扰,协助明朝平定的活动。

关于郑氏海商集团与海上贸易发展的关系,意大利学者白蒂的书里面记载地非常详细,因为作者本人对日本史非常熟悉,所以大量地引用原始资料来说明郑氏海商集团是独霸远东海上的。当时东洋牌船,应纳的饷银是大的 2100 两，小的饷银要 500 两，这都是有定例的，每年要给郑氏海上集团交纳。荷兰人在《热兰遮城日志》里面记载，属于国姓爷的船只 24 艘船自中国沿岸开去各地贸易，向巴达维亚（也就是荷兰在亚洲的中心地）去七艘，向东京（这里的东京指的是越南的东京）去两艘，向暹罗去十艘，向广南去四艘，向马尼拉去一艘，就是说郑氏对于整个的远东海上是全面的掌控。明清之际约六十年时间里面，郑氏海商集团雄踞东亚海上，建立了繁盛的贸易网，成为 17 世纪世界市场中最为活跃的海上力量之一，也是对于全球史视野下的海上丝绸之路发展具有重要贡献的。

再接着谈谈郑成功的收复台湾。郑成功收复台湾，标志着中国商人在中西博弈中的胜出。郑成功（1624—1662），本名森，福建泉州南安人。其父郑芝龙。因蒙南明隆武帝赐国姓"朱"，名成功，并封忠孝伯，世称"国姓爷"，又被南明永历帝封为延平王。在世界融为一体的全球化开端的时候，中国海上力量与西方扩张势力在海上有一个正面的交锋，也就是 1661 年（清顺治十八年，永历十五年），郑成功率军横渡台湾海峡，迎击并挫败了西方号称海上马车夫——当时最强的海上势力荷兰，中国海商在博弈中胜出，郑成功掌握了控海权，收复了台湾。

晚明中国重整了海上力量，主动走向了全球，进入了与世界同步的近代趋向性发展的历程。中国海商经历了身份转换，中国海上力量则经历了重新整合，整合后的中国海上力量，在与西方海上扩张势力的博弈中胜出了，为 17 世纪海上丝绸之路的大发展做出了历史贡献。郑氏海商集团收复台湾，证明了中国的海上控制能力，也证明了当时在中西海上实力对比中，明代中国海上力量仍具有明显优势这样一个历史事实。所以说不是郑和下西洋后中国的海上力量就衰弱了，也不是西方 16 世纪一东来中国就落后了。我们不应该忘记明末英国威德尔船队在广东进入中国以后的惨败，而且最后是心服口服离开中国的，并且说明永不再来。我曾经根据当时英国档案、葡萄牙档案、澳门档案和中国明朝档案，还有一个当时随船来的一个英国人的日记，最终说明英国在明末的时候是根本不存在打破中国大门问题的。西方从海上打破中国的大门是发生在以后的 19 世纪。关注明代中国在海洋史上的重要地位，前有郑和，后有郑成功，二郑的海上功业名垂千古，印证了明代海上丝绸之路发展到了鼎盛时代。

我的报告到此结束，谢谢！

第三篇　文化篇

第一章 15世纪海上丝绸之路上的货币

货币是海上丝绸之路繁盛的见证,为我们研究丝绸之路提供了新的视角。15世纪郑和七下西洋——印度洋,极大地扩展了古代丝绸之路。跟随郑和出洋的马欢撰写了《瀛涯胜览》,对于所至印度洋周边以及东南亚20个国家的货币流通情形均有描述,展现了16世纪全球化开端之前"世界经济"的雏形;结合葡萄牙人初到东方关于印度洋和东南亚各国货币流通情形的观察,海上丝绸之路的发展进程印证了16世纪以前不曾存在一个白银世纪。

第一节 引言

从一个整体的丝绸之路大视野来看,15世纪是一个海洋的世纪。这个海洋的世纪是由中国人开启的。世纪初郑和下西洋(1405—1433),是明朝初年的一大盛事,也是古代中国乃至世界航海史上规模最大、持续时间最长、影响最为深远的大航海活动。明朝永乐三年(1405),以强盛的综合国力为后盾,永乐皇帝决策派遣郑和下西洋,郑和统率一支规模庞大的船队,开始了伟大的远航。这支当时世界上最强大的国家海上力量七下印度洋,[①]"其人物之丰伟,舟楫之雄壮,才艺之巧妙,盖古所未有然也"[②],持续达

[①] 明朝当时没有印度洋的概念,印度洋之名在现代才出现。按照马欢的表述,称为"那没黎洋"的,即今天的印度洋。详见万明《郑和七下印度洋——马欢笔下的"那没黎洋"》,《南洋问题研究》2015年第1期。

[②] (明)朱当㴐编:《国朝典故·瀛涯胜览·马敬序》,中国国家图书馆藏明钞本。

<<< 丝绸之路上的明代中国与世界

28年之久,"云帆高张,昼夜星驰",海上航行经历30多个国家和地区,远达印度洋沿岸各国,当时的印度洋贸易连接了亚、非、欧,成为世界航海史上的壮举,推动古代海上丝绸之路达到了鼎盛时期。所谓丝绸之路,是对中国与西方所有来往通道的统称,成为历史文化的象征符号,凸显了古代诸文明之交流对人类的巨大贡献。

本章的撰写,主要出于以下两点考虑:

第一,长期以来,郑和下西洋时期的中外关系,都是分别来研究的:中国与东南亚关系,中国与南亚关系,中国与西亚关系,中国与阿拉伯关系,中国与非洲关系,等等,这是一种分割的研究方法,迄今未有一个整体的中国与印度洋关系研究,但是翻开历史,明朝人的外交理念,初衷就是去印度洋。郑和七下印度洋,印度洋贸易圈包括了亚、非、欧,一个前近代"世界经济"雏形凸现出来。郑和在印度洋大量的贸易活动,也不仅是"宣扬国威"和"撒钱"可以说明,我们今天应该重新认识。

第二,一直以来,研究海上贸易,都是从商品经济、贸易物品入手,鲜见从贸易货币入手,更缺乏货币经济的研究。解读15世纪海上丝绸之路的大发展,印度洋贸易圈货币是研究的一个薄弱环节。① 从货币来看,15世纪一个"世界经济"的雏形已经开始显现,货币连接了印度洋、地中海、红海、波斯湾、阿拉伯海、孟加拉湾、南海,研究各种货币流通,便可知晓远洋贸易的影响力和辐射力,前近代的特征可尽显无疑。

货币是海上丝绸之路繁盛的见证,15世纪初的印度洋创造了"世界规模"的货币流通,为我们研究整体丝绸之路提供了新的视角。

这里需要说明的是,郑和下西洋的第一手资料,是随同郑和下西洋的人所撰三书:马欢《瀛涯胜览》、费信《星槎胜览》、巩珍《西洋番国志》。其中马欢是通事,所记皆其亲身经历,最为写实可靠;巩珍书自序云是根据通事所记,而其书与马欢所载国与事完全相同,仅文字经过修饰,除了书前三通皇帝敕书很有价值外,可以视为马欢书的别本。而费信书虽然记载到达非洲,但是在货币方面的记载鲜少。因此这里主要以马欢《瀛涯胜览》为基本史料,进行讨论。

---

① 即使是[澳]肯尼斯·麦克弗森著,耿引曾等译《印度洋史》(商务印书馆2015年版),也没有提及第纳尔等重要货币。

第三篇 文化篇 >>>

第二节 郑和下西洋所至印度洋以及东南亚地区的人文环境

在具体分析 15 世纪初印度洋贸易的货币情况之前,让我们先对郑和下西洋所至地域的人文环境有所了解。马欢《瀛涯胜览》中记述了亲身所至的 20 个亚洲国家的政教情况。[①]

跟随郑和下西洋的马欢,在《瀛涯胜览》中记述的是他所亲自抵达的诸国宗教信仰情况,由于他身为通事,了解应该是比较全面的。值得注意的是,记述所访问的 20 个国家中,绝大部分属于伊斯兰国家,16 个国家是由穆斯林掌控,或穆斯林占有重要的地位,如即使是国王信奉佛教的古里国,其大头目掌管国事的也"俱回回人"。只有 4 个国家占城、暹罗、锡兰、小葛兰是信奉佛教的国家,印度文明影响至深,没有回回人的记载。然而我们知道,蒲寿庚的家族正是来自占城,阿拉伯人早已有因经商而定居那里的情况;因此,当时几乎遍布西洋的"回回现象",是一个不容忽视的重要国际社会现象。归纳起来,马欢所至 20 个国家中明显可见三种类型:一是举国信奉一种宗教,包括国王、国人;二是国王信奉一种宗教,国人信奉另一种宗教;三是一个国家中有多种宗教并存。如同信仰一样,印度洋贸易中的货币形态也表明了这种多元和庞杂的情况。

695 年,哈里发阿卜杜拉·麦立克(685—705 年在位)进行货币改革,用阿拉伯第纳尔和迪尔汗取代原来通用的拜占廷金币和波斯银币。随后,又规定阿拉伯语为帝国的正式语言,政府文件须用阿拉伯文书写,取代了原来在伊拉克、叙利亚和埃及通用的波斯文、希腊文等。但阿拉伯语最终成为伊拉克、叙利亚、埃及和北非的通用语言过程很漫长,直到 11 世纪初才最后完成。马欢的书印证了 15 世纪初,在印度洋是使用阿拉伯语作为通行语言,进行交往活动。

以往笔者依据马欢《瀛涯胜览》的文字记载,把郑和下西洋所到之处的人文环境,主要分为两大类:一类是伊斯兰文明,另一类是印度文明。

---

① 《明钞本〈瀛涯胜览〉校注》各国条。

现在变换视角,下面将注意力转向货币,可以得出与前此不同的认识。

第三节 马欢《瀛涯胜览》中的南海——印度洋货币流通状况

15世纪郑和七下印度洋,跟随航海的马欢,记录了当时交易圈的货币使用情况,给予我们提示:货币见证了15世纪初海上丝绸之路上一个繁盛的海上贸易网络的形成与运转,中国首次以国家航海行为,大规模积极参与了印度洋的贸易,极大地弘扬了古代海上丝绸之路,连接了陆海丝绸之路,成为印度洋贸易共同体建构的重要力量。值得特别注意的是,参加郑和远航的马欢在记述中所至之处皆冠以"国"名之,凸显了明代郑和下西洋的国家航海外交性质,但其记述中除3个小国外,记录了17国的货币流通状况,并在记述外国货币以后,往往换算为中国"官秤"重量,这样就可以使我们对货币成色一目了然。下面将马欢对海上丝绸之路沿线各国的货币记述录于下,以便分析。①

占城国(今越南南部)

其买卖交易,使用七成淡金或银。中国青磁盘碗等品,纻丝、绫绢、烧珠等物甚爱之,则将淡金换易。

马欢的记述表明,占城国使用金、银为货币,但是没有说明是铸币,那就很可能是称量货币。成色为7成。

爪哇国(今印度尼西亚爪哇)

买卖交易行使中国历代铜钱。……国人最喜中国青花磁器,并麝

---

① 资料来源见《明钞本〈瀛涯胜览〉校注》各国条,不另注。需要说明的是,关于郑和下西洋的三书中,巩珍《西洋番国志》为马欢书之别本,费信《星槎胜览》中凡贸易,均使用"货用"一词,没有区别货币与商品,个别提及货币时,采用元朝钞币单位,大致源自元朝汪大渊《岛夷志略》,故在此未采用二书记述。

香、花绢、纻丝、烧珠之类,则用铜钱买易。

马欢的记述表明,爪哇国的交易货币不仅是中国货币,而且是中国历代铜钱货币。

旧港国(今印度尼西亚苏门答腊岛巨港)
市中交易,亦使中国铜钱并布帛之类。

马欢的记述表明,旧港国使用中国铜钱交易,同时也存在以货易货。

暹罗国(今泰国)
海𧵅当钱使用,不拘金银铜钱俱使。

马欢的记述表明,暹罗国以海贝作为货币,是其特色,此外金、银、铜钱都有使用。

满剌加国(今马来西亚马六甲)
花锡有二处山场,王命头目主之。差人淘煎,铸成斗样以为小块输官,每块重官秤一斤八两或一斤四两,每十块用藤缚为小把,四十块为一大把,通市交易皆以此锡行使。

马欢的记述表明,满剌加国的货币是其国特产的锡斗,是称量货币。

苏门答剌国(今印度尼西亚苏门答腊岛北部)
其国使金钱、锡钱。其金钱番名底那儿,以七成淡金铸造,每个圆径五分,面底有纹,官秤三分五厘。锡钱番名加失,凡买卖则以锡钱使用。

马欢的记述表明,苏门答剌国的货币分为金钱和锡钱,金钱名"底那儿",锡钱名"加失"。这是在他的记述中首次出现的货币专门名称。

<<< 丝绸之路上的明代中国与世界

>南渤里国（今印度尼西亚苏门答腊岛西北部）
>使用铜钱。

马欢的记述表明，南渤里国的货币是铜钱。

>锡兰国（今斯里兰卡）
>王以金钱通行使用，每钱可重官秤一分六厘。甚喜中国麝香、纻丝、色绢、青磁盘碗、铜钱、樟脑甚喜，则将宝石、珍珠换易。

马欢的记述表明，锡兰国使用金钱，并以实物进行交易。

>小葛兰国（今印度奎隆）
>国人以金铸钱，每个重官秤二分，通行使用。

马欢的记述表明，小葛兰国使用金钱通行。

>柯枝国（今印度柯钦）
>每年椒熟，本处逢有收椒大户置仓盛贮，待各处番商来买。论播荷说价，每一播荷该番秤二百五十斤封剌。每一封剌该番秤十斤，记官秤十六斤。每一播荷该官秤四百斤，卖彼处金钱或一百个或九十个，直银五两。……且如珠每颗重三分半者，卖彼处金钱一千八百个，值银一百两。
>王以九色金铸钱行使，名曰法南，重官秤一分二厘。又以银为钱，比海螺蛳靥大，每个约重官秤四厘，名曰答儿。每金钱一个倒换银钱十五个，街市行使零用。

马欢的记述表明，柯枝国以9成金铸币，名"法南"；又铸银币，名"答儿"，金币与银币的兑换比率是1∶15。值得注意的是，还记载了珍珠的金币与白银的比价：1800个等于100两。

>古里国（今印度卡利卡特，又译科泽科德）

第三篇　文化篇

　　王以六成金铸钱行使，名吧南，每个官秤三分八厘，面底有纹，重官秤一分。又以银子为钱，名搭儿，每个约重二厘，零用此钱。

　　西洋布，本国名撦黎布，出于邻境坎巴夷等处。每匹阔四尺五寸，长二丈五尺，卖彼处金钱八个或十个。国人亦将蚕丝练染各色，织间道花手巾，阔四、五尺，长一丈二、三尺，每条卖金钱一百个。

马欢的记述表明，古里国以6成金铸币，名"吧南"，铸造银币，名"答儿"。并记录了西洋布和花巾的金币价格。

　　溜山国（今马尔代夫）
　　其龙涎香，渔者常于溜处采得。如水浸沥青之色，嗅之无香，火烧腥气，其价高贵，以银对易。海贝彼人采积如山，奄烂内肉，转卖暹罗、榜葛剌国，当钱使用。
　　又一等织金方帕，与男子缠头，价有卖银五两之贵者。
　　国王以银铸钱使用。

马欢的记述表明，溜山国铸造银币作为货币，其国出产海贝，转卖到暹罗、榜葛剌国作为货币使用。还记录了龙涎香价格高贵，用银交易，并记录了织金方帕的称重白银价格。

　　祖法儿国（今阿曼佐法尔）
　　中国宝船到彼开读赏赐毕，王差头目遍谕国人，皆将乳香、血竭、芦荟、没药、安息香、苏合油、木鳖子之类来换易纻丝、磁器等物。
　　其王以金铸钱，名倘伽。每个重官秤二分，径一寸五分。一面有文，一面人形之文。以红铜铸为小钱，径四分，零用。

马欢的记述表明，祖法儿国铸造金币行使，名"倘伽"，特点是"一面有文，一面人形之文"，显然是一种带有人物像的金币；另铸造红铜为材质的铜币，作为零用钱。

<<< 丝绸之路上的明代中国与世界

  阿丹国（今也门亚丁）
  王用赤金铸钱行使，名甫噜嚟，每个重官秤一钱，底面有纹。又用红铜铸钱，名曰甫噜斯，零用此钱。

  马欢的记述表明，阿丹国以赤金铸造金币行使，名"甫噜嚟"，疑似意大利佛罗伦萨所铸金币"佛罗林"，另铸造红铜为材质的铜币，名"甫噜斯"，作为零用钱。

  榜葛剌国（今孟加拉）
  国王以银铸钱，名曰倘伽，每个重官秤二钱，径官寸一寸二分，底面有纹，一应买卖皆以此钱论价。零用海贝，番名考嚟，论个数交易。

  马欢的记述表明，其国铸造银币，名"倘伽"，使用此币为价值尺度论价，此外颇具特色的是零用海贝，名"考嚟"，论个数进行交易。

  忽鲁谟斯国（今伊朗霍尔木兹）
  国王以银铸钱，名曰底那儿，径官寸六分，底面有纹，重官秤四分，通行使用。

  马欢的记述表明，其国铸造银币，名"底那儿"，作为通行货币。

  天方国（今沙特阿拉伯麦加）
  其王以金铸钱，名倘伽行使，每个径七分，重官秤一钱，比中国金有十二成色。

  马欢的记述表明，其国铸造金币，名"倘伽"，相对中国的金子，是有12分成色的赤金。
  现将下西洋交易圈内各国货币主要使用情况，列表于下，凡有钱币专

第三篇 文化篇 >>>

有名称的特别注出：①

国别/货币	淡金或银	金币	银币	中国铜钱	锡锭、锡钱	海贝	布帛
占城	√						
爪哇				√			
旧港				√			√
暹罗						√	
满剌加					√		
苏门答剌		底那儿			加失		
南浡里				√			
锡兰		√					
小葛兰		√					
柯枝		法南	答儿				
古里		吧南	答儿				
溜山			√				
祖法儿		倘伽		红铜钱			
阿丹		甫噜嘛		甫噜斯			
榜葛剌			倘伽			考嚛	
忽鲁谟斯			底那儿				
天方		倘伽					

马欢所至20国中，除了那孤儿、黎代、哑鲁3个小国以外，17个国家有铸币或有货币的流通，因此印度洋货币交易应占有相当高的比例。整个交易圈中使用货币的国家，铸币的达10个之多，有7个没有铸币，使用别国货币流通。使用金币的最多，达8个国家；使用银币和铜钱的，各有5个国家。另有2国使用锡钱，2国使用海贝。

归纳起来，在马欢的记述中，15世纪初流通于印度洋和东南亚地域的货币有以下种类（没有特定名称的货币除外）：

第一种金币，名称有底那儿、法南、吧南、倘伽、甫噜嘛5种；

第二种银币，名称有答儿、倘伽、底那儿3种；

---

① 资料来源见《明钞本〈瀛涯胜览〉校注》各国条，不另注。

第三种铜币,名称有中国铜钱和甫噜斯 2 种;

第四种锡币,名称有加失 1 种;

第五种海贝,名为考嚜。

下面简略加以归纳说明:

1. 底那儿。是第纳尔(dinar)的译音。马欢在苏门答剌国首次记述了底那儿,接着在忽鲁谟斯国也记述了这种货币,却是银币。第纳尔,首先是公元前 268 年罗马发行的罗马第纳尔,原文是拉丁文 Denairus 第纳流斯。银质,一面是神像,一面是"×",即罗马数码"十",意思是一个第纳尔值十个铜币"埃赛"。最初重约 4.5 克。在罗马共和国最后两个世纪中,第纳流斯是罗马铸币体系中最重要的钱币。① 罗马第纳尔和拜占庭第纳尔传入阿拉伯,是一种阿拉伯金币。阿拉伯倭马亚王朝(661—750),是阿拉伯穆斯林建立的第一个阿拉伯伊斯兰王朝,定都大马士革,中国史称"白衣大食"。第五任哈里发阿卜杜拉·麦立克时期(686—705)随着大规模向外扩张,版图的扩大,商业活动的频繁,此前流通的货币及物物交换的方式,已远远跟不上阿拉伯社会发展的需要。纯粹的阿拉伯—伊斯兰货币,是阿卜杜拉·麦立克在叙利亚开始铸造的。麦立克于公元 696 年实行经济改革,首次统一铸币,用阿拉伯第纳尔和迪尔汗取代原来通用的拜占廷金币和波斯银币。阿卜杜·麦立克对货币进行了三次改革。早期发行的第纳尔是模仿东罗马帝国拜占庭皇帝赫拉克流斯的金币索里都斯,根据拜占廷货币的模式铸造金币,在金币上面去掉库法体阿拉伯字,铸上"真主独一"的字样,另一面保留拜占廷皇帝希拉克略和他的两个儿子康士坦丁、希勒格利俄的肖像。在第二阶段便在金币上最终消除了拜占廷的一切痕迹而用自己的肖像,在另外一面的周围边缘上铸上"伊斯兰纪元 70 年铸"字样。金币上铸上阿卜杜·麦立克的肖像,曾引起穆斯林学者的反对,认为这是违反伊斯兰教律的。后来在大马士革铸出了第三次改革的新货币,金币的一面铸有"万物非主,安拉是惟一无偶的主"、边缘上铸有"穆罕默德是安拉派来指引正教的使者",背面的中间铸有"安拉是独一的主,万物信赖的主,不生、也不被生"、边缘上铸有"凭安拉之名,此金

---

① [英] Joe Cribb, Barrie Cook, Ian Carradice 著, 刘森译:《世界各国铸币史》, 中华书局 2005 年版, 第 119 页。

币铸于伊斯兰纪元 77 年"（即公元 696 年），货币的伊斯兰化彻底完成。阿卜杜拉·麦立克的改革成为阿拉伯帝国货币发展史上的里程碑。① 后来第纳尔严格按照伊斯兰教规标准，只有铭文，不允许有人像或象征性图像。第纳尔是伊斯兰世界最主要的金币，被广泛模仿铸造，同时也用于银币铸造，根据马欢记载，忽鲁谟斯流通的就是银币。

2. 法南和吧南：出自印度的柯枝国和古里国，二者应是一种货币的名称。法南（Fanam）是在南印度广泛流通的一种小额金币单位，9 世纪首先发行于南印度的泰米尔邦。14 世纪开始在锡兰（今斯里兰卡）发行，有许多不同的图案。② 马欢只提到那里行用金币，没有提及专门名称。

3. 答儿（tar）：柯枝国和古里国的银币名，是印度南部小银币名。在古里（卡利卡特）存在的时间最长。

4. 倘伽：是波斯钱币名 tanga 的音译，指金银小钱币。马欢记述中的倘伽，有祖法儿、天方行用的金币，也有榜葛剌行用的银币。又译为天罡。据俄国学者研究，大约 1390 年在河中和伊朗东部，帖木儿开始铸造重约 6 克的天罡（tanga）和重约 1.5 克的 $\frac{1}{4}$ 天罡，即迪儿罕。在他的儿子和继任者沙哈鲁（1405—1447）统治时期，天罡的重量降到了 4.72 克。③ Tanga，曾是印度和其他东方国家使用的钱币，以不同金属铸成，价值也不同。又作 tankah，译名坦卡，曾用于表示许多种钱币。13 世纪早期是最先用于德里苏丹的一种银币名，13 世纪晚期是德里苏丹的一种金币。图案与重量与前者相同。从 14 世纪开始，德干的铸币中出现了上述两种铸币的仿铸币，最早的坦卡正面有苏丹骑马图，后来发行的根据伊斯兰教惯例，只在钱币两面铸有铭文。④ 值得注意的是，根据马欢记载，祖法儿其国王、国民皆是回回教门之人，使用的倘伽是"一面有文，一面人形之文"，显然是一种带有人物像的金币，这与伊斯兰钱币只有铭文，不许有人像的规

---

① 纳忠：《阿拉伯通史》上卷，商务印书馆 1997 年版，第 309—358 页。
② ［英］埃瓦里德·琼杰著，刘森译：《世界铸币百科全书》，中国金融出版社 1999 年版，第 139 页。
③ ［俄］E. A. Davidovich 撰，华涛、陆烨译：《中亚的钱币和货币制度》，《新疆师范大学学报》2007 年第 2 期。
④ 《世界铸币百科全书》，第 349—350 页。

定不符。要么是货币的记载可能有误，抑或马欢亲历祖法儿时确实见到这种倘伽的流通，也未可知。

根据马欢的记载，倘伽金币在阿拉伯地区祖法儿和天方流通，而在印度地区榜葛剌等地，流通的则是同名的银币。这说明当时阿拉伯地区和属于印度地区同时流通着重量不同、材质不一、成色也不一的倘伽。

4. 甫噜嚟：阿丹即阿拉伯半岛南端的亚丁，亚丁流通的赤金金币——甫噜嚟，即佛罗林 flolin，是一种中世纪欧洲金币。1252 年佛罗伦萨铸造了一种佛罗林金币，重 3.5 克，成色为纯金。这在当时是精确保持重量的金币，因而很快就在地中海贸易中广泛使用，在西欧、北欧广泛流通，成为中世纪时期的全欧金币，是欧洲最重要的通货之一。同时铸造的还有银币。[1] 后来各国的仿造都降低了纯度。进入东地中海贸易圈，流通至土耳其、埃及等伊斯兰国家的同时，在阿丹也见到了这种欧洲金币，说明了佛罗林广大的流通量和影响力。印证了印度洋贸易是包括亚、非、欧的一个大商业贸易圈，印度洋不仅汇聚了伊斯兰文明和印度文明，也包含着欧洲文明。

5. 甫噜斯：阿丹国使用的这种铜币，即甫噜斯 fulūs，是中亚广泛使用的铜币，又译为辅鲁，不被当作复数，在 15 世纪它可以指任何铜币，与币值无关。[2]

6. 加失：是苏门答剌的锡钱名称。同样使用锡钱作为货币的满剌加，却没有此名称，而是采用称量货币。

7. 海䚦：即海贝，名考嚟 Cury。出产于溜山国（今马尔代夫），在本土并不作为货币使用，而是转卖到榜葛剌国和暹罗国，作为货币使用。在中国古代云南，长期使用海贝作为主币，直至明末才终止。其主要来源即溜山国。

8. 中国铜钱：根据马欢的记述，在爪哇、旧港和南浡里，均有中国铜钱的使用。特别是爪哇，是中国历代铜钱兼用。这与此前已经开始有中国

---

[1] 《世界铸币百科全书》，第 144 页。
[2] ［俄］E. A. Davidovich 撰，华涛、陆烨译：《中亚的钱币和货币制度》，《新疆师范大学学报》2007 年第 2 期。

的海外社群应有很大关系。①

综上所述，15世纪南海—印度洋贸易区域流通的货币，为当时繁盛的海上丝绸之路贸易提供了实证，反映了货币在海上丝绸之路国际贸易中的重要作用，有助于我们对于15世纪极大扩展的海上丝绸之路的整体理解。具体来说，可以使我们得出以下认识：

第一，15世纪初，海上丝绸之路上的金钱、银钱、铜钱、锡钱、海贝，诸多货币种类多元共存。学界一般认为，世界钱币有4大体系：以古希腊—罗马为代表的欧洲钱币体系；以印度为代表的南亚次大陆钱币体系、以阿拉伯为代表的伊斯兰钱币体系、以中国为代表的东方钱币体系。发展到15世纪，钱币4大体系汇聚在印度洋海上，是4大区域文明之间发生繁盛国际交往贸易的见证。从各国使用货币的情况来看，4大钱币体系在印度洋海上丝绸之路上均占有一席之地。以古希腊—罗马为代表的欧洲钱币体系、以印度为代表的南亚次大陆钱币体系和以阿拉伯为代表的伊斯兰钱币体系相互影响，虽然名称不一，但在样式上早已趋于统一，唯有中国铜钱仍然保持了外圆内方的独特风貌。此外，印度洋贸易还存在地方性的称量货币，如满剌加的锡块。

第二，以物易物是交换关系的初级形态，交易圈中绝大部分国家和地区货币流通的事实，说明郑和下西洋时期印度洋交易圈的市场交换关系已经发展到了相当程度。但是也应看到，交易圈内的货币不统一，币制相当复杂，即使是同名货币，重量、成色也不尽相同，并且也还存在以物易物的交易，所以我们对印度洋交易圈的市场交换关系，也不能做过高的估计。

第三，货币的考察说明，在海上丝绸之路上，通过人群密切的商业交往与迁徙移居贸易，印度洋周边诸国存在多元文明的交汇和融合现象。以往我们认为15世纪初这一时期最好的历史见证是郑和在锡兰国（今斯里兰卡）迄今传世的汉文、波斯文和泰米尔文三种文字的碑文，对来往于印度洋上的阿拉伯、波斯、印度各民族的友好之情跃然其上。锡兰国人崇信佛教，而碑文中有一种是波斯文，其内容是对阿拉伯人与伊斯兰教的圣人

---

① Paul Wheatley, *The Golden Khersonese*, Kuala Lumpur: University of Malaye Press, 1961, pp. 84 – 85.

的赞扬。① 立碑时为永乐七年（1409），是郑和第二次下西洋期间。费信于永乐八年（1410）到锡兰山时见此碑，曾记曰："永乐七年，皇上命正使太监郑和等赍捧诏敕、金银供器、彩妆、织金宝幡布施于寺，及建石碑。"② 这一碑文是多元文化会通的典型事例。

但当我们将视角转换到货币时，可以更清楚地看到丝绸之路这种多元文化会通的现象。首先，陆海丝绸之路是连通的。自7世纪以来，阿拉伯人一直是海上的执牛耳者，郑和下西洋时期，伊斯兰货币体系的第纳尔正在流通，第纳尔是中亚阿拉伯铸造的货币名称，是阿拉伯文化—伊斯兰文化的代表，这种货币在海上丝绸之路沿线的流通，切实地体现了陆海丝绸之路的连通，证明了丝绸之路主要是依靠商品和货币的流通与运转来实现的。其次，以往我们忽视了下西洋与欧洲的联系，在阿拉伯地区的阿丹，流通的货币是欧洲的佛罗林，这使我们对于当时的整体海上丝绸之路有了进一步的认识，印度洋贸易是连接了亚、非、欧的国际贸易网络，展现了16世纪全球化开端之前"世界经济"的雏形。

进一步考察，货币在海上丝绸之路上呈现的多元风貌，显现出印度洋沿线一种更深层的文化交融。确实，15世纪的东方海上不是固定不变和衰落的。③ 明朝初期从外到内，又从内向外的"回回现象"，是时代的一个显见的特征。这不仅表现在明朝开国功臣中有一批回回人，如常遇春、胡大海、沐英、蓝玉等，也表现在派遣郑和下西洋，中国人以史无前例的规模走向海洋，与海外各国之间建立了友好互利的关系，"共享太平之福"，营造和谐的国际社会秩序，促使丝绸之路极大地繁盛，中外文化交流达到空前的盛况。④ 这里集中关注海上丝绸之路也展现盛况，如前述的陈诚和沙哈鲁使团，而北京发现的沙哈鲁银币是极好的证明。丝绸之路造就了气势恢宏的唐王朝，陆海丝绸之路的连通，也成就了超越汉唐的明王朝海上事业，将中国推向了古代世界航海史的巅峰，连接了亚、非、欧，也推动了丝绸之路极大地发展，中外文化的交流、融合与会通。

---

① ［日］寺田隆信著，庄景辉译：《郑和——联结中国与伊斯兰世界的航海家》，海洋出版社1988年版，第64—65页。
② （明）费信著，冯承钧校注：《星槎胜览》前集，第29—30页。
③ Anthong Reid, *Southeast Asia in the Age of Commerce 1450－1680*, Yale, 1988, xv.
④ 参见万明《明代中国国家秩序的演绎》，《新疆师范大学学报》2016年第5期。

第三篇　文化篇 >>>

第四节　16世纪初葡萄牙托梅·皮雷斯《东方志》中所记海上丝绸之路贸易与货币

在15世纪，海上丝绸之路一直保持活跃的态势，郑和下西洋后，民间海商继续活跃在海上，中外文化交流持续不断，反映在货币上，莫过于广州东山太监墓出土了一枚威尼斯银币杜卡托（ducato），又称格罗索（grooso）。① 葡萄牙人托梅·皮雷斯在1512年，也即葡萄牙人1511年占据满剌加一年以后，以葡萄牙商馆秘书和会计师身份到达那里，他撰写的《东方志》（*The Suma Oriental of Tome Pires*）一书，是西方关于东方最早的，也是最重要的记述之一。

托梅·皮雷斯《东方志》记述了16世纪初葡萄牙人来到东方时的货币使用状况，乃至整个印度洋到南海的贸易情况，可与马欢的论述相互印证，郑和是从东向西，皮雷斯是从西向东，凸显了马六甲的地位，证明15世纪海上丝绸之路货币的流通与贸易的发展状况。下面试举几个重要节点加以说明。

关于亚丁，即马欢记述中的阿丹，皮雷斯记述道：

> 这个城镇跟开罗百姓及全印度的人进行大规模的贸易。城内有许多极富有的大商人，其他国家的很多人也住在那里。此城是商人的汇集地，它是世上四大贸易城之一。它和海峡内的吉达做生意，贩卖大量香料和药材以交换上述（商品）；它向达拉克售卖布匹并接受小珍珠做交换；它向哲拉和伯贝拉出售粗布和各种小玩意儿，交换金子、马匹、奴隶和象牙；它和索科特拉（sokotra）做交易，交换布匹、麦加的稻草、索科持拉芦荟及龙血。它和忽鲁谟斯交易，从那里携回马匹；从开罗来的货物它买卖金子、食物、小麦，如有的话也买卖大

---

① 见广州文物管理处《广州东山明太监韦眷墓清理简报》，《考古》1977年第4期；[意]毛里齐奥·斯卡尔帕里：《中国发现的15世纪威尼斯银币》，《考古》1979年第6期；蒋其祥：《北京发现的"沙哈鲁银币"》，《中国钱币》1999年第3期。

米、香料、小珠、麝香、丝绸及别的药材；它和坎贝做贸易，将商品和鸦片运往开罗，运回大量的布队，用以在阿拉伯和诸岛做买卖，还有种子、玻璃珠。坎贝珠、许多各色玛瑙，主要的还是马六甲的香料和药材，如丁香、肉豆蔻、豆蔻香料、松香、毕澄茄、小珠及其他这类东西。①

虽然很可惜，我们从这些记述中没有找到货币的纪录，但是无疑已使我们了解到16世纪初亚丁繁盛的贸易情形，特别是提到了"它和印度的马拉巴尔（Malabar）也有贸易，其主要市场是卡利古特（Calicut）"。那里就是下西洋每次必到的古里。由此可见，葡萄牙人达·伽马绕过好望角，首先抵达的卡利卡特在印度洋贸易圈中的重要地位，在郑和下西洋近1个世纪后仍保持不变。

关于波斯湾口的古国忽鲁谟斯贸易和钱币的记述：

忽鲁模斯跟亚丁和坎贝、德坎（Deccnn）、果阿国、纳辛加国以及马拉巴尔的港口进行贸易。忽鲁模斯商人贩卖的主要货物是，阿拉伯和波斯的马匹、细珠、硝石、硫磺、丝、锌华、明矾——在我们的社会里它叫做亚历山大利纳（alexandrina）——绿矾、硫酸盐、大量的盐、白丝、许多倘加（tangas）。——它大约（？）值65个来依的银币以及府香，有时有琥珀以及大量的干果、小麦、大麦这类食物。②

他记载忽鲁谟斯使用倘伽为货币，并记载了倘伽与欧洲货币来依（lari）的比价。③

关于爪哇的钱币：

---

① ［葡］皮列士著，何高济译：《东方志：从红海到中国》，江苏教育出版社2005年版，第12页。皮列士，本书按照通行葡文名译为皮雷斯。

② 《东方志：从红海到中国》，第15页。

③ 16世纪初葡萄牙人东来以后，印度洋货币呈现更为复杂的面貌。据德国廉亚明、葡萄鬼著《元明文献中的忽鲁谟斯》记载："在葡萄牙人统治时期流行下列货币：10底那儿的铜币法尔斯（fals）、拉利——坦格（Lari-Tanga）银币、萨迪（sadi）银币、价值1000底那儿的黑扎勒金币（Hazar）也叫做'半阿什拉菲'（half ashrafi）；完整的'阿什拉菲金币'在葡萄牙文中大都称之为'希拉菲姆'（xerafim）。"姚明德译，宁夏人民出版社2007年版，第74—75页。

第三篇　文化篇 >>>

爪哇的钱币是中国的铜钱：1000 值 25 卡拉因，100 换 3 个克鲁喳杜。1000 叫作 1 个朋（puon），每 1000 他们少给你 30，这是该国的习惯。他们收这 30 作为付给当地籍主的税。所有生意都用这些［钱币］。爪哇没有多余银币。他们很喜欢我们的钱，特别是葡萄牙钱，他们说制造这种钱的国家必定像爪哇一样。①

关于孟加拉，即马欢记述中的榜葛剌，他记述道：

他们使用孟加拉钱币交易。在孟加拉，金子比在马六甲贵六分之一，银子则比在马六甲便宜五分之一，有时更便宜四分之一。银币叫作倘加特（tanqut），它有半两重，近六个打兰。这种银币在马六甲值 20 卡拉因（calains），在孟加拉值 7 个卡洪（cahon）。每个卡洪值 16 个朋（pon），每个朋值 80 个海贝（buzeos）；所以 1 个卡洪值 1280 海贝，而一个倘加特值 8960 海贝，海贝的兑换率是 1448 个换 1 个卡拉因，这是他们买一只好鸡的价钱，由此你能知道你可以用它们买什么东西。在孟加拉，海贝叫作考黎（cury）。

海贝在那里的价值及通货。海贝是奥里萨、全孟加拉国、阿拉坎及白古一个港口马培班（Mnrtaban）通行的钱币。孟加拉的海贝要大些，中间横一条黄纹，它们在孟加拉通用，人们把它们当作金币来购买大宗商货；在奥里萨亦如此。它们在这两处很受珍视。我们在谈白古和阿拉坎时将叙述那些地方的这些钱币。这些精选的玛海贝大量来自马尔代夫群岛。②

在这里，他再一次重申了孟加拉的货币使用情况，以及各种货币的比价。值得注意的是，在马欢记述后近 1 个世纪，孟加拉仍然保持以海贝作为货币，而海贝的大量来源仍然是马尔代夫，即马欢所述的溜山国。

更典型的事例来自满剌加。满剌加，是明朝时对马六甲的称呼。明朝洪武年间，在交往的海外"三十国中"，尚没有满剌加出现。英国东南亚

---

① 《东方志：从红海到中国》，第 135 页。
② 《东方志：从红海到中国》，第 74—75 页。

丝绸之路上的明代中国与世界

史家 D. G. E. 霍尔认为,关于这个城市建立的年代,存在着很大的意见分歧。指出 1292 年马可·波罗(Marco Polo)、1323 年鄂多立克(Odoric)、1345—1346 年伊本·巴图塔(Ibn Battuta)以及 1365 年的《爪哇史颂》都没有提到这个地方,这一事实不利于满剌加于 1400 年前业已建立的观点,并引用卢腓尔的研究,说明这座城市是由拜里迷苏剌(Parameswara)建立的,这种观点已普遍为人们所接受。① 王赓武先生指出,"在 1403 年 10 月以前,中国朝廷对马六甲是一无所知的",他认为,"可能是来自南印度的一些穆斯林商人使明廷相信马六甲是一个很大的商业中心"②。我们注意到,明朝得到满剌加的消息是从穆斯林商人那里,这是准确无误的;但是,从中外历史记录我们了解到,在下西洋开始时,那里"一个很大的商业中心"尚不存在③。法国学者戈岱斯根据满剌加第一位国王拜里迷苏剌在马来群岛的活动,推测他在满剌加形成聚落出现在 15 世纪头两年④。

据跟随郑和下西洋的马欢记载,满剌加"此处旧不称国,因海有五屿之名耳,遂名曰五屿。无国王,止有头目掌管。此地属暹罗所辖,岁输金四十两,否则差人征伐"⑤。因此,拜里迷苏剌第一次来华时是作为酋长身份,而明朝随后即"封为国王,给以印绶"⑥,明朝扶持满剌加建国,其后暹罗国不敢侵扰,除了颁诏封王礼仪层面之外,派遣郑和下西洋,开通海道,使商路畅达,对满剌加兴起的意义极为重大。满剌加扼中国与西方的海上航道之要冲,是中国到西洋的必经之地,郑和七下西洋,海上活动频繁持续了近 30 年,这 30 年,也正是满剌加商业贸易繁荣,迅速崛起的时间段。郑和在满剌加设置官场存放货物,最后船队汇合在满剌加,等待季风到来一起归国。在长时段的航海活动中,发展到 15 世纪末,位于海峡最狭窄地带的强盛的满剌加王国控制着世界贸易航路的重要组成部分,因

---

① [英] D. G. E. 霍尔著,中山大学东南亚历史研究所译:《东南亚史》上册,商务印书馆 1982 年版,第 260—261 页。
② 王赓武:《东南亚与华人——王赓武教授论文选集》,中国友谊出版公司 1987 年版,第 85 页。
③ 参见 [英] 理查德·温斯泰德著,姚梓良译《马来亚史》上册,商务印书馆 1974 年版,第 79—80 页。
④ G. Goedes, *Les etatshindouises d'Indochine et d'Indonesie*, Paris, 1948, p. 409.
⑤ 《明钞本〈瀛涯胜览〉校注》,第 37 页。
⑥ 《明太宗实录》卷四六,永乐三年九月癸卯,第 712 页。

此,满剌加也就掌管了贯穿东西方航路生命线的钥匙,从而形成一个繁盛的国际贸易中心,上升为一个名副其实的国际贸易集散地,兴盛持续了一个世纪,直至西方葡萄牙人东来才被打断。

伴随海上丝绸之路的兴盛,满剌加迅速崛起,成为世界商人云集的城市和当时世界上各种商品的交易中心。交易由从世界各地航来的海船停靠在满剌加海港一带实现,这一海上丝绸之路上的重要节点,连接了亚洲、非洲和欧洲。葡萄牙在到达印度卡利卡特以后,就沿着郑和故航路,1511年占据了马六甲。皮雷斯说,当时在马六甲港的街道上行走,可以听到不下84种不同的语言。他的话虽有夸大之嫌,但却也说明了马六甲作为国际大都会的繁华。①

重要的是,皮雷斯记录了马六甲的钱币使用情况,马六甲使用的钱币仍然主要是锡钱,但与以往已经发生了很大变化:

> 马六甲的钱币是蒂马斯的卡拉因,蒂马斯(timas)的意思是锡。小锡币作为现金(cashes)使用,100个值11个来依和4个舍提尔,按比率100锡卡拉因3个克鲁喳杜。每100个现钱是1个卡拉因,仅重33盎司。所有商品都按卡拉因售卖,他们用锡或金支付。现金的样子像舍提尔,上刻有在位国王的名字,已故国王的钱币也通用。锡币是80(?),100卡拉因值3个克鲁喳杜。②

记述说明,经过半个多世纪以后,为了适应繁盛的国际贸易需求,促使马六甲早已放弃了称量锡块的传统货币,改用金币和锡币,同时也出现了与西方货币的兑换率。

此外,他提及马六甲有坎贝和忽鲁谟斯的泄拉芬,又名色拉芬(Xeraphim),是葡属印度殖民地的一种银币,说"它像我们的克鲁喳杜一样通行"。克鲁喳杜即葡萄牙钱币克鲁扎多(cruzado),是一种葡萄牙金币,由阿丰索五世首先采用于1457年。其意义在于它是欧洲最早用非洲黄金铸

---

① 参见万明《郑和与满剌加——一个世界文明互动中心的和平崛起》,《中国文化研究》2005年春之卷。
② 《东方志:从红海到中国》,第213页。

造的金币。16 世纪初葡萄牙人来到东方，1511 年占据了马六甲，也给那里带来了新的货币。

关于金价：

> 在输运到马六甲的金子中，质量最差的是浡泥的，它值四个半、五个、五个半或六个马特；其次是拉夫的，七个和七个半马特；爪哇的好一些，八个和八个半马特，彭亨的也是这个价或者高些，梅南卡包的是九个马特；克林的是九点三和九个半；交趾支那的相同：这是这些地区最好的金子，它是［宜于］铸克鲁喳杜的金子，九个半马特或者更多。①

他还对于金子作出评价，指出马六甲的金子是作为商品而不是作为货币存在的：

> 这个地区比印度的世界更富庶，更有价值——这里最小的商品是金子，它价值最低，在马六甲他们认为它是商品。任何主宰马六甲的人就能控制威尼斯的咽喉。②

关于银价：

> 白古的银子值 100 卡拉因的 3 两，暹罗和中国的银子从前值 40 卡拉因的两，现在值得更多些。大量银子曾运送到马六甲。③

总之，皮雷斯的东方记述，恰恰说明了葡萄牙人来到东方，加入东方原有的海上丝绸之路贸易圈，意欲打破传统，成为主宰。16 世纪初欧洲人东来，货币的多样性更加突出，而马六甲的记录说明银价在增长，白银开始显露出来。

---

① 《东方志：从红海到中国》，第 213 页。
② 《东方志：从红海到中国》，第 220 页。
③ 《东方志：从红海到中国》，第 214 页。

第三篇 文化篇 >>>

结　　语

通过马欢和皮雷斯关于海上丝绸之路上货币的记述，使我们对于15世纪郑和下西洋及其后的印度洋海上丝绸之路的繁盛发展，有了进一步的整体认识。郑和下西洋，在东西方交汇之处——印度洋的航海贸易活动，推动了海上丝绸之路的繁荣发展，多元货币汇聚在这一广袤区域，从海上连接起一个整体的丝绸之路，连接起了亚、非、欧世界，为全球化从海上开端，做出了坚实的铺垫。

最后，通过15世纪印度洋货币的梳理，以货币的新视角，拓宽海上丝绸之路研究的维度和深度，从货币流通的历史，打开洞察印度洋海上贸易的一扇门，我们可以确信，16世纪的白银时代，是以中国明朝白银货币化为开端的，中国由此参与了全球化开端的历史进程，发生了与全球的互动，推动海上丝绸之路前所未有地扩展，中国商品远播全球，交换大量白银流入中国，中国为全球化做出了历史性贡献。此前印度洋"世界雏形"的海上贸易多元货币汇聚，不曾存在一个白银世纪，持续近500年之久的中国白银时代，始自明朝。这也是讨论此课题的重要意义所在。

附图：

1. 3世纪第纳流斯

2. 7世纪第纳尔

3. 13世纪弗罗林

第二章　海上丝绸之路上的文化共生
——以《郑和锡兰布施碑》为例*

本章尝试超越以往静止的、孤立的中外关系国别史或局部区域史研究的框架，从文化共生的新视角出发，以《郑和锡兰布施碑》为例，对海上丝绸之路的文化共生现象，进行探讨与研究。1911年发现于斯里兰卡加勒（Galle）的《郑和锡兰碑》，是郑和第二次下西洋——印度洋时在锡兰布施寺院所立的石碑，现藏斯里兰卡首都科伦坡国家博物馆（Colombo National Museum）。此碑以汉文、泰米尔文、波斯文三种文字记录了对于三位航海保护神佛祖释迦牟尼（Sakyamuni）、印度教毗湿奴（Visnu）、伊斯兰教真主安拉（Allah）的尊崇，反映了印度洋航海者具有共同的航海保护神的历史事实，是中国与印度洋地区文化交流与融合的结晶，也是海上丝绸之路文化共生的真实体现。本章以中文文献印证了郑和锡兰碑原本应是立于栋德拉，并根据马欢《瀛涯胜览》记述追寻了《郑和锡兰布施碑》的人文背景，指出郑和七下印度洋拓展了中外文明对话与发展的新空间，充分说明明朝对外关系的特质是包容和开放的。中国航海文明吸收多元海洋文明的合理元素，经过交流、吸纳和融合、会通，成为自身航海文明的一部分。历史经验为今天带来启示。

百年来，从中西交通史至中外关系史，形成了诸多专门研究领域，诸如"陆上丝绸之路""草原丝绸之路""海上丝绸之路""南方丝绸之路"（也称西南丝绸之路）等。此外，还有不少是没有带"丝绸"二字的中外

---

* 本章为提交2017年12月1—2日由国际儒学联合会、斯里兰卡凯拉尼亚大学、北京外国语大学比较文明与人文交流高等研究院联合主办的"国际儒学论坛：科伦坡国际学术研讨会——海上丝绸之路的历史交往与亚非欧文明互鉴"的发言稿，经修改补充而成，特此说明。

交往通道的研究,如"陶瓷之路""茶叶之路""茶马古道""瓷银之路"等等。实际上,丝绸之路早已超出了字面含义,成为后世对中国与西方所有来往通道的统称。不仅是一两条交通道路,而且是四通八达、辐射广远的中国与世界各国之间的交通网络;不仅是丝绸西传,西物东来,而且沉淀了东西方文明相互交往几千年的历史轨迹;不仅是一个地理概念,而且已扩展为一种历史文化的象征符号,构建的是一个多元共生互动的中外文明开放系统,凸显了古代诸文明之交流对人类的巨大贡献。明代郑和七下印度洋,贯通了陆海丝绸之路,就是一个典型范例。

第一节 郑和七下印度洋与《郑和锡兰布施碑》

15世纪初郑和七下西洋,中国人以史无前例的规模走向海洋,在亲历下西洋的马欢笔下,当时明朝人所认识的西洋具体所指"那没黎洋"——即今天的印度洋。郑和七下印度洋,打造了古代陆海丝绸之路全面贯通的新局面,连通了亚非欧,为区域史走向全球化做出了重要铺垫,对于海上丝绸之路上的文化共生具有重大意涵。①

斯里兰卡,明朝时称锡兰国(Ceylan),是印度半岛南端印度洋中的一个岛国,是镶嵌在广阔印度洋海面上的璀璨明珠,北临孟加拉湾,西濒阿拉伯海,是印度洋东西方海上交通的必经之地。斯里兰卡有文字记载的历史长达两千多年,很早已有人类定居及文化生活的连续记载。斯里兰卡的主体民族是僧伽罗族。"僧伽罗"(梵语名 Simhalauipa)在本民族的语言中是"狮子"的意思,其始祖僧伽巴忽在神话传说中是狮子的后代,因此,在历史文献中又把斯里兰卡称为"狮岛"或"狮子国"。

中斯两国虽然山海相隔,但是古代友好交往的历史悠久,可追溯到公

---

① 2014年在加拿大维多利亚大学召开的"郑和下西洋及自古以来中国与印度洋世界的关系"上,笔者依据马欢等明代第一手文献全面论证了郑和下西洋的"西洋"即印度洋,参见万明《郑和七下印度洋——马欢笔下的"那没黎洋"》,《南洋问题研究》2005年第1期。第79—89页;万明《郑和七下"那没黎洋"——印度洋》,收入[加]陈忠平主编《走向多元文化的全球史:郑和下西洋(1405—1433)及中国与印度洋世界的关系》,生活·读书·新知三联书店2017年版,第119—152页。

第三篇　文化篇 >>>

元1至2世纪以前，派往奥古斯都朝廷的僧伽罗族使节曾谈起锡兰和中国之间有商业往来。①《汉书·地理志》记载"己程不国"："平帝元始中，王莽辅政，欲耀威德，厚遗黄支王，令遣使献生犀牛。自黄支船行可八月到皮宗，船行可二月，到日南、象林界云。黄支之南，有己程不国，汉之译使自此还矣。"② 可推断这一"己程不国"是汉朝时中国对斯里兰卡的称呼。东晋时期的法显是中国第一个从陆上丝绸之路去印度取经，由海上丝绸之路回国的高僧，著有《佛国记》，记载"泛海西南行，得冬初信风，昼夜十四日，到师子国"③。他在此国留居两年，并求得中国没有的佛教经律带回中国。此国在中国史籍中译师子国。《宋书》记师子国遣使献方物。《梁书》云"师子国，天竺旁国也"。《旧唐书》《新唐书》也作师子国。《大唐西域记》译作僧伽罗，意为狮子。宋代《岭外代答》《诸番志》作细兰；《宋史》作悉兰池、西兰山等，皆为阿拉伯语Silan的音译。明代称锡兰国。英文作Ceylan。④

1911年发现于斯里兰卡加勒（Galle）的《郑和锡兰布施碑》，是郑和在锡兰布施寺院所立的石碑。现藏斯里兰卡首都科伦坡国家博物馆（Colombo National Museum）。石碑上刻有五爪双龙戏珠精美浮雕，碑身正面长方体周边均以中式花纹雕饰，中文铭文居右从上至下正楷竖书，自右向左有11行，共275字；泰米尔文居左上端，自左向右横书24行；波斯文居左下端，自右向左横书22行。

"共生"（symbiosis），德国近代法哲学理论创始人之一约翰·阿尔杜修斯（Johannes Althusius，1557—1638）逝世后留下《共生学》（*Symbiotics*）草稿，指出人们如何实现一种共同生活。⑤ 而一般认为，共生的概念，是德国著名真菌学奠基人德贝里（Anton de Bary，1831—1888）在1879年首创。其原意为不同生物之间密切生活在一起（Living together）的共栖、

---

① [锡兰] 尼古拉斯·帕拉纳维达纳著，李荣熙译：《锡兰简明史》上册，商务印书馆1972年版，第22页。
② 《汉书》卷二八《地理志》，中华书局1962年版，第1671页。
③ （晋）法显著，郭鹏注释：《佛国记注释》，长春出版社1995年版，第124页。
④ 参见马欢著，万明校注《明钞本〈瀛涯胜览〉校注》，第51页。
⑤ [法] 高宣扬：《德国哲学通史》第1卷，同济大学出版社2007年版，第59页。

共存的一种普遍存在的生物现象。① 文化共生是多元文化之间的紧密联结、共栖、共存的文化状态,强调多元文化的依存理念,并强调多元文化的和谐发展。《郑和锡兰布施碑》正是文化共生的典型范例。

该碑在 1911 年由英国工程师托马林(H. F. Tomalin)发现于加勒(Galle)克瑞普斯(Cripps)路转弯处的一个下水道口,当时碑面朝下成为盖板。发现以后,斯里兰卡考古学家将碑铭拓片寄往在北京的英国汉学家拜克豪斯(Edmund Backhouse,1873—1944)考证释读。1959 年向达先生在英国看到此碑拓片,撰文介绍,是中国学者的首次研究,引起学术界关注。诸多中外学者考证和研究了此碑,给出了越来越多的识别释文。主要有英国拜克豪斯、法国学者沙畹(Edouard Chavannes,1865—1918)与伯希和(Paul Pelliot,1878—1945)、日本学者山本达郎、中国学者向达、德国学者伊娃·纳高(Eva Nagel)等。② 2011 年,此碑发现 100 年,斯里兰卡学者查迪玛(A. Chandima)在以往诸位中外学者释文基础上,进行了综合研究,发表了最新释文。③ 从比较完整的三种文字碑文,我们可以清楚了解到此碑永彪史册的,是郑和代表大明永乐皇帝,以汉文、泰米尔

---

① 参见洪黎民《共生概念发展的历史、现状及展望》,《中国微生态学杂志》1996 年第 8 期,第 50 页。

② E. W. Perera, "The Galle Trilingual Stone", *Spaliza Zeilanica*, 8: 30 (1913), pp. 122 - 127; Anonymous, "A Chinese Inscription from Ceylon", *Journal North China Branch of Royal Asiatic Soc.*, 45 (1914); E. Chavannes, *Journal Asia*, Vol. 1 (1915), p. 380; S. Paranavitana, The Tamil Inscription on the Galle Trilingual Slab, *Epigraphia Zeylanica*, London, 1933, Vol. III, pp. 331 - 340; P. Pelliot, "Les Grands Voyages Maritimes Chinois au De' butdu 15ᵉ Siecle", *Tong Pao* 30 (1933), Paris, pp. 237 - 452. 又见[法]伯希和著,冯承钧译《郑和下西洋考》,商务印书馆 1935 年版;[日]山本达郎著,王古鲁译:《郑和西征考》,《文哲季刊》第 4 卷 2 期,1935 年,第 398—399 页;(明)巩珍著,向达校注:《西洋番国志》附"郑和在锡兰所立碑",中华书局 1961 年版,第 50 页,[英]李约瑟著,《中国科学技术史》翻译小组译:《中国科技史》第 1 卷第 2 分册,科学出版社 1975 年版,第 475 页;[日]大隅晶子《コロリボ國立博物館所藏の鄭和碑文について》,《東京國立博物館研究》第 551 期,1997 年,第 53—72 页;Eva Negas, "The Chinese Inscription on the Trilingual Slabstone from Galle Reconsidered, a Study Case in Early Ming Chinese Diplomatics", *Ancient Ruhuna: Sri Lankan - German Archaeological Project in the Southern province*, eds. H. J. Weisshaar, H. Roth and W. Wijeya Pala, V. I, (2001) Mainz am Rhein: Von Zabern, pp. 437 - 468;龙村倪:《郑和布施锡兰山佛寺碑汉文通解》,(台)《中华科史学会会刊》第 10 期,2006 年,第 1—6 页;吴之洪:《郑和"布施锡兰山佛寺碑"碑文考》,《黑龙江史志》2009 年第 10 期,第 65—66 页;沈鸿:《郑和〈布施锡兰山佛寺碑〉碑文新考》,《东南文化》2015 年第 2 期,第 89—95 页。

③ [斯里兰卡]查迪玛(A. Chandima)、武元磊:《郑和锡兰碑新考》,《东南文化》2011 年第 1 期,第 72—78 页。

文、波斯文分别向佛祖释迦牟尼、印度教主神毗湿奴和伊斯兰教真主阿拉的祈愿和奉献。《郑和锡兰布施碑》是郑和第二次下西洋时所立,碑的落款日期是永乐七年二月甲戌朔日。此碑通高四英尺九英寸,宽二英尺六英寸,厚五英寸,最上端是飞龙浮雕,碑文四周饰有边框,碑上刻有中文、泰米尔文和波斯文三种文字。为什么会有三种文字?而且是向三位神祇献礼?早在公元前247年,阿育王子将佛教传入锡兰,此后,锡兰逐渐形成一个主要信奉佛教的国家;更早的时候,公元前2世纪泰米尔人就从印度南端渡过32千米的海峡,来到斯里兰卡的北部生活,他们与本土主要民族僧伽罗人都信奉印度教;从7世纪起,阿拉伯商人就来到锡兰,在西海岸定居和进行商业活动,他们信奉的是伊斯兰教。这就是当时锡兰多元文化共生的人文场景,也是明朝郑和为什么会在锡兰以三种文字向三位航海保护神祈求"人舟安利,来往无虞"和进行奉献的原因。依凭此碑的释文,我们对于15世纪初印度洋海上丝绸之路上的文化共生,可以有一个真切的了解。

著名的《郑和航海图》中,在锡兰山上端标明一座佛堂,在下端也标有一座佛堂。① 根据《郑和航海图》上南下北、左东右西的特征,在上端的那座佛堂,应该就是郑和供奉之所,也即《郑和锡兰布施碑》所立之处。《瀛涯胜览》和《西洋番国志》称"佛堂山",《顺风相送》称为"大佛堂",② 即指锡兰南部栋德拉角(Dondra Head)的佛教寺院。栋德拉,是锡兰重要港口城市,僧伽罗语作 Devi–neuera 与 Duwundera,梵语 Devanagara,意为"神城",位于锡兰岛的最南端,距离发现《郑和锡兰布施碑》的加勒(Galle)不远。据1344年游历过这座城市的摩洛哥旅行家伊本·白图泰说:"……抵迪耶脑尔城,那是海岸上的一大城市……以迪耶脑尔出名的大佛像就在城内的一大庙中,庙内的婆罗门、柱肯耶近千人,还有印度姑娘近五百人,他们每夜于佛前唱歌跳舞。"③ 这里的翻译没有清

---

① (明)茅元仪:《武备志》卷二四〇《郑和航海图》,见《明钞本〈瀛涯胜览〉校注》附录,第244页。
② 佚名:《顺风相送》,见向达校注《两种海道针经》,中华书局1961年版,第40、76、77页,书后附录地名索引明确说:"大佛堂即锡兰南端之 Dondra Head",第211页。
③ [摩洛哥]伊本·白图泰著,马金鹏译:《伊本·白图泰游记》下册,宁夏人民出版社1985年版,第519—520页。

楚地说明"大佛像"是什么神祇,只是证明与僧伽罗语称其为"神城"的情况相契合。新译本在这里译为"一尊迪奈沃尔神像",而下面的原注则说明了"那里的毗湿奴(visnu)佛像于 1587 年被葡萄牙人所毁"①。印证了栋德拉不但有佛教寺庙,而且自古以来那里也是锡兰礼拜毗湿奴神(锡兰的保护神之一)的中心地,因此才被称作"神城"。郑和所布施的那座寺院,应该是伊本·白图泰所说的既供奉释迦牟尼佛,又供奉毗湿奴神的巨刹。可惜此寺院在 1587 年为葡萄牙人所毁。葡萄牙历史学家 Fernao de Queyroz(费尔南·德·奎依柔士,1617—?)曾记载,葡萄牙人在栋德拉(Dondra)发现了一块中国皇帝命人所立的石碑,碑上刻有中文。② 斯里兰卡学者查迪玛指出,在斯里兰卡史书《大史》(*Mahavamsa*)中,栋德拉是朝拜 Uppalavanna 的圣地,而僧伽罗语中的 Uppalavanna,在印度《史诗》(*Purana*)中写作 Vishnu,即毗湿奴。毗湿奴是后期婆罗门教和印度教神话中三大主神之一,是世界的保护神。泰米尔文 Tenavarai – nayinar 意即栋德拉之神,也就是毗湿奴神 Vishnu。由此,他认为郑和锡兰碑原本应是立于栋德拉。③ 这一看法是很有说服力的。

笔者在这里还可提出一个中文文献的佐证:明人黄省曾在《西洋朝贡典录》中,记载郑和去锡兰的针位云:"又九十更,见鹦哥嘴之山。又至佛堂之山。又五更平牙里,其下有沉牛之礁鼓浪焉。"④ 所云佛堂之山,即佛堂山,也即栋德拉角,而记载中的牙里,应该就是加勒(Galle)。

第二节 《郑和锡兰布施碑》诞生的人文背景

明朝永乐三年(1405)至宣德八年(1433)的 28 年间,郑和七下西

---

① [摩洛哥]伊本·白图泰口述,[摩洛哥]伊本·朱甾笔录,[摩洛哥]阿卜杜勒·哈迪·塔奇校订,李光斌翻译:《异境奇观——伊本·白图泰游记》全译本,海洋出版社 2008 年版,第 513 页。

② Paranavitana, S., The Tamil Inscription on the Galle Trilingual Slab, *Epigraphia Zeylanica*, London, 1928 – 1933, Vol. iii, pp. 331 – 340.

③ [斯里兰卡]查迪玛(A. Chandima)、武元磊:《郑和锡兰碑新考》,《东南文化》2011 年第 1 期。

④ (明)黄省曾著,谢方校注:《〈西洋朝贡典录〉校注》,《锡兰山国第十五》,中华书局 2000 年版,第 80 页。

洋，访问了当时印度洋周边 30 多个国家和地区，对促进当时中国与印度洋周边各国的经济文化交流，起了重大作用。600 多年来，中国与印度洋各国关系的佳话，流传不衰。

马欢是跟随郑和经历 3 次下西洋的通事。在他所撰的《瀛涯胜览》中，记述了亲身所至 20 个国家的政教情况。① 由于身为通事，了解是比较全面的。值得注意的是，记述所访问的 20 个国家中，绝大部分属于伊斯兰国家，即 16 个国家是由穆斯林掌控，或穆斯林占有重要地位的国家，如即使是国王信奉佛教的古里国，其大头目掌管国事的也"俱回回人"。只有 4 个国家占城、暹罗、锡兰、小葛兰是信奉佛教的国家，印度文明影响至深，没有回回人的记载。然而我们知道，宋末元初著名海商、掌管市舶司事务的蒲寿庚（1205—1290），其家族正是来自占城，可见阿拉伯人早已有经商而定居那里的情况；因此，当时几乎遍布西洋的"回回现象"，是一个不容忽视的重要国际社会现象。

归纳起来，马欢所至 20 个国家中明显可见三种类型：一是举国信奉一种宗教，包括国王、国人；二是国王信奉一种宗教，国人信奉另一种宗教；三是一个国家中有多种宗教并存。

关于锡兰，马欢的记载是"国王崇信佛教。"而《郑和锡兰布施碑》，却明确说明当时明朝人了解这个国家属于第三种类型，即有多种宗教并存。因此郑和代表大明永乐皇帝在锡兰寺庙布施，立碑采用了三种不同的文字，表明对于三位神祇的尊崇。其主要目的，是向三位神祇祈求航海保佑，也就是向三位航海保护神祈求太平。这一行为充分展现了海上丝绸之路的多元文化内涵、海上丝绸之路文化发展的逻辑与特性，文化共生为海上丝绸之路的发展提供了广阔的对话与发展的空间。

第三节 《郑和锡兰布施碑》呈现文化共生特性

通过古代海上丝绸之路，印度洋周边族群密切交往与迁徙移居，这一地区诸国呈现了多元文明的交汇和融合现象。郑和下西洋所代表的中华文

---

① 资料来源：《明钞本〈瀛涯胜览〉校注》各国条，海洋出版社 2005 年版。

<<< 丝绸之路上的明代中国与世界

明,所到之处的人文环境,主要可分为两大类:一类是印度文明,另一类是伊斯兰文明;郑和七下印度洋,中华文明与印度文明、伊斯兰文明在海上丝绸之路上进入历史上前所未有的大规模对话和交流。最好的历史见证,就是郑和在锡兰国(今斯里兰卡)迄今传世的汉文、波斯文和泰米尔文三种文字的石碑,反映了对多元文化的价值认同,使文化共生精神跃然其上。

宗教文化是印度洋文化的重要组成部分。宗教的影响上至国家政治生活,下至人们的意识形态、行为规范、日常生活,都印下了深深的烙印。今天,佛教是斯里兰卡的国教。全国寺院和庙宇广布,信徒占全国人口一半以上;另有百分之二十的人信奉印度教;还有一些穆斯林和基督教徒。僧伽罗语为国语,它和泰米尔语同为民族语言,全国又普遍使用英语。首都科伦坡,扼印度洋东西航运要冲,《郑和锡兰布施碑》就存放在科伦坡国家博物馆中。此碑是郑和代表明朝永乐皇帝对于佛教、印度教、伊斯兰教三大航海保护神的尊崇和奉献。从航海文明背景来看,共同的航海保护神,是在同一海洋背景和文化氛围之中产生的文化共生现象。文化共生是古老的海上丝绸之路精神的产物。

此碑的三种碑文中,只有汉文碑文是对佛世尊即释迦牟尼的赞颂和奉献,波斯文碑文与泰米尔文碑文则分别是对伊斯兰真主和泰米尔、僧伽罗两个民族都信奉的保护神毗湿奴的赞颂与奉献。这一方面说明明朝人对于锡兰当时存在的僧伽罗人、泰米尔人和锡兰的阿拉伯人后裔及其三种宗教信仰十分了解,所以才可能在碑文中体现了对于三位神祇的尊崇有加。佛教在两汉之际传入中国,伊斯兰教在7世纪时已传入中国,郑和出身于穆斯林世家,而他又有佛教法号"福吉祥",因此碑文中表现对于释迦牟尼和真主阿拉的敬奉是毫不奇怪的,可是碑文以泰米尔文表达了对于印度教保护神毗湿奴的敬奉与尊崇,而印度教当时并没有传入中国。这不能不说是郑和船队在出洋之前已经做好了"功课",明朝人对于印度洋上的神祇早已有所了解,并且对于印度洋上的保护神都有所认同;另一方面,笔者不同意有些学者提出的这是郑和的"外交智慧"的观点,认为明朝永乐皇帝与郑和是了解印度洋上存在多元神祇的,他们真心诚意地敬奉海上神明,祈求所有神明保佑明朝航海使团。这种钦敬的心境,在碑文中充分表达了出来。

第三篇 文化篇 >>>

中文碑文云:"大明皇帝遣太监郑和、王贵通昭告于佛世尊曰:仰惟慈尊,圆明广大,道臻玄妙,法济群伦。历劫河沙,悉归弘化,能仁慧力,妙应无方。惟锡兰山介乎海南,言言梵刹,灵感翕遵彰。比者遣使诏谕诸番,海道之开,深赖慈佑,人舟安利,来往无虞,永惟大德,礼用报施。"

泰米尔文云:"皇帝陛下昭告,毗湿奴神的慈爱,保佑万民,安乐幸福。毗湿奴神的恩泽,为来往的人们扫平障碍。"

波斯文云:(□代表若干缺字)□/伟大的帝王□奉王命□明□/□被派来表示敬意□/□寻求帮助并□/□/□知道□/□为/这些奇迹□/□被送给□/□知道□表达敬意/□。①

以上三种文字所体现的大同小异,正是海上丝绸之路的文化共生实态;随此碑展现的,是明朝君臣对于印度洋上所有神明恭敬有加的多元并蓄文化观。永乐皇帝与郑和的布施寺院与立碑,是真心诚意认同印度洋上这三位神明作为航海保护神,诚挚地敬奉,表明了明朝中国对于印度洋文明的开放与包容心态,具有认同印度洋多元文明的广阔胸襟,并不是唯我独尊,只以中华文明为尊,而是一种平等开放的文化思想。与此同时,也表达了明朝皇帝与使臣对信奉这些宗教神明的各民族的尊重和友好,绝不是今人揣测的所谓"外交智慧"。

通过碑文,我们可以了解到海上丝绸之路上的文化交流态势。锡兰处于中国至印度、阿拉伯,乃至印度洋海上丝绸之路的必经之地,在这里汇聚了佛教和伊斯兰教,还有印度教,可以看到印度洋上各种文明的融合与共生,形成了海上丝绸之路特点鲜明的多元文化共生格局。郑和七下印度洋,拓展了中外文明对话与发展的新空间,体现了海上丝绸之路上文化共生的特性,也充分表现出明朝对外关系的特质是包容和开放的;同时由此我们也可以了解到,15世纪在印度洋上,海上丝绸之路极大地扩展,文化交流日益频繁,各种文明在印度洋相互交融、相互激荡,海上丝绸之路上各种文明的相遇,文化共生为各种文化相互吸收营养成分和信息交换提供了前提,也为航海发展提供了契机,文化共生的价值取向体现了各种文

---

① [斯里兰卡] 查迪玛(A. Chandima)、武元磊《郑和锡兰碑新考》,《东南文化》2011年第1期。

的和谐发展,海上丝绸之路上的文明相互兼容并蓄,摒除冲突,形成了新的文化共生合力。特别重要的是,印度、中国、伊斯兰文化圈交错重叠。文化共生——印度洋共同的航海保护神为中国航海船队护航,中华文明融入了海上丝绸之路多元文化共生格局之中,郑和下西洋,推动印度洋文明进入一个前所未有的繁荣时期,形成了中华文明、印度文明、伊斯兰文明共同影响作用的多元复合文化,更重要的是,中国航海文明吸收多元海洋文明的合理元素,经过交流、吸纳和融合、会通,成为自身航海文明的一部分。《郑和锡兰布施碑》就是证明之一。

总之,15世纪初印度洋海上丝绸之路上,呈现出多元、包容、和谐的文化氛围,具有鲜明的文化共生特性,这是西方东来之前印度洋海上丝绸之路发展的真实图景。

第四节 古代海上丝绸之路文化共生与当代中国"一带一路"倡议

"一带一路"是"丝绸之路经济带"和"21世纪海上丝绸之路"简称。中国这一倡议的提出,从历史纵深中走来,融通古今,连接中外,赋予了古老丝绸之路以崭新的时代内涵。

在全球化的今天,全球文明交流的广度、强度和速度都达到了前所未有的程度,重温15世纪初中国与锡兰以及印度洋周边国家之间的文化交流,特别是文化共生的历史,对于21世纪海上丝绸之路建设具有启示与借鉴意义。在中国"一带一路"的倡议下,印度洋多元文化共生格局的演进将有新的发展态势,在广度与深度上也都将进一步得到增强。

倡议在今天正在变成实践。在南亚国家中,斯里兰卡率先实行经济自由化政策,经过多年的经济改革,国有化经济管理模式已打破,市场经济格局基本形成。加强中斯的经济合作大有可为,同时也要加强中斯的文化合作。文化线路是近年世界遗产领域中出现的一种新型的遗产类型。和以往的世界遗产相比,文化线路注入了一种新的世界遗产的发展趋势,即由重视静态遗产向同时重视动态遗产的方向发展,由单个遗产向同时重视群体遗产的方向发展。世界遗产委员会在《行动指南》中指出,文化线路遗产代表了人们的迁徙和流动，代表了一定时间内国家和地区之间人们的交往，代表了多维度的商品、思想、知识和价值的互惠和持续不断的交流。历史上海上丝绸之路上文化多元共生，今天中斯合作发掘、保护和研究文化线路遗产，主动融通中华文化与其他多元文化，创造出互相促进、互惠互利、合作共赢、造福未来的新型文化共生模式，将大力助推21世纪海上丝绸之路建设的发展。

第三章 新发现《郑和写经》初考

写经与刻经是佛教史上一种虔诚礼佛方式，郑和一生施财印刻了多部佛经，已为学界所熟知。新发现的永乐十二年（1414）《郑和写经》现藏于龙美术馆，为郑和与佛教关系又提供了一件重要的实物证据。文章从这部写经的发愿文谈起，结合相关考古及传世文献等资料，论证这是郑和写经的首次发现，并对写经内容及其目的作了初步探讨。

郑和是中国乃至世界海洋史上令人瞩目的人物，15世纪初，他曾以明朝内官监太监身份统领庞大船队七下印度洋。2015年适逢郑和下西洋610周年，3月19日纽约苏富比拍卖行拍卖了一件明代《写经》，标记为"佚名明朝《楷书佛经》，金粉瓷青雅色书皮三十九开册"，为上海收藏家刘益谦先生购回收藏于龙美术馆，为郑和与佛教关系又提供了一件重要的实物证据。写经与刻经是佛教史上一种虔诚礼佛的方式，也是古代佛教传播的主要类型，具有很高的研究价值。本章从这部写经中的郑和发愿文谈起，结合其他相关传世文献资料，提出一些粗浅看法，或可为郑和研究增添一点新的内容①。不妥之处，尚祈方家教正。

第一节 《郑和写经》的首次发现

这部写经，一册，为经折装，三十九开，以金泥楷体写于瓷青纸上②，

---

① 感谢龙美术馆寄送照片，使笔者可以对新发现的《写经》进行初步研究。本章初稿曾于2015年7月11日上海龙美术馆召开的"郑和的归来"学术研讨会上提交发表。
② 一般写经是以金泥书于瓷青纸上。笔者所见山东省即墨市博物馆藏北宋瓷青纸金银书《妙法莲华经》七卷，六万多字，所有经名以及"菩萨""佛""世尊""如来"等诸神名均以金泥书写，其他用银泥书写。经卷采用的是宋代精制的瓷青纸，具有防虫、防腐和不褪色之特点。

第三篇 文化篇 >>>

半叶五行，行十六字。保存完整，金字色泽光亮。书写工整，字迹秀美。每卷尺寸为33×24厘米。写经最后云莲纹牌上之楷书云：

> 大明国太监郑和，法名福吉祥，发心书写《金刚经》《观音经》《弥陀经》《摩利支天经》《天妃灵验经》《心经》《楞严经》《大悲咒》《尊胜咒》《百字神咒》，永远看诵供养。皇图永固，佛日增辉。凡奉命于四方，常叨恩于三宝，自他俱利，恩有均霑，吉祥如意者。永乐十二年三月吉日谨题。

由此我们知道，云莲纹牌上即为郑和发愿文。根据此发愿文，此经由郑和发心书写，因此可将其定名为《郑和写经》。最值得注意的，是写经中的前后两牌，前者云龙纹牌上楷书："皇图永固，帝道遐昌，佛日增辉，法轮常转。"即上引郑和发愿文。从这一发愿文，透露出了许多富有价值的信息，"大明国奉佛信官郑和，法名福吉祥，发心书写"，可以证明此写经为郑和发愿所写，并非如有学者所云为御制，加上对平湖所藏所谓郑和写经的资料加以对照分析，可以明确这是"郑和写经"的首次发现。

学术界一般认为，浙江平湖博物馆所藏《妙法莲华经》是发现的第一部郑和写经。2002年，浙江平湖对当地报本塔进行维修，在塔心木边发现一个黄花梨木的圆罐，罐内有一卷卷起的明代经卷。经卷为磁青纸质，七万余字，内容依次是：舍利塔放光现瑞图、云龙莲花纹牌记、灵山法会图、妙法莲华弘传序、妙法莲华经全文、书写者跋文、莲花纹牌记、护法神图像。其中云龙莲花纹牌记上有"真身舍利无量宝塔"字样。程杰认为"这是迄今发现的写有郑和姓名的唯一一部手写佛经"[①]。这部《妙法莲华经》，被认定为郑和写经，列为国家一级文物。但是通过仔细考察，平湖写经并非是一部郑和写经，证据有三：

其一，平湖写经并非是郑和本人发愿所写。平湖《妙法莲华经》经卷后云莲纹牌上的楷书发愿文云：

> 大明国奉佛信官郑和，法名福吉祥。发心铸造镀金舍利宝塔一

---

① 程杰：《浙江平湖发现署名郑和的〈妙法莲华经〉长卷》，《文物》2005年第6期。

座,永远长生供养。所冀见生之内,五福咸臻,他报之中,庄严福寿。宣德七年九月初三日意①。

这无疑是郑和研究的又一重要发现,但其文仅见郑和"发心铸造镀金舍利宝塔一座",并没有提及发心写经之事,也不能表明这部《妙法莲华经》与郑和之间的关系。

其二,平湖写经也并非是郑和本人意愿所写经。平湖《妙法莲华经》经卷有书写者跋文,现录全文于下:

夫妙法莲华经者,乃如来出世一化之根源,五时之极唱。示群生本有之知见,显诸佛心地之玄微;开九界之玄机,入一乘之实理;三周七喻,妙绝群诊;迹本一二门,权全是实。所以身子最初而得记,以至极未来际,莫不濡味醒酮,俱蒙授记,故称诸经之王,实为希世之宝。爰从汉世教被真丹,迨至圣朝,而此经流通特盛者,良有以也。三宝弟子等莫不宿植深厚,笃信佛乘,而于此经殊深好乐。于是首捐己帑及募众缘,鸿工浸梓,以传永久。上祝皇图巩固,圣寿天齐,佛日增辉,法轮常转。仍备褚墨,印造一藏,共五千四十八部,散施十方。四部之众,若受、若持、若读、若诵,随喜见闻,尽得法华三昧,咸入佛之知见。经中云,今法王大宝,自然而至,何其幸欤。然而檀度与诸信施,若非宿昔曾于灵山会上,同授如来付嘱授记,易能如是笃信好乐,而流通也哉。比丘圆瀞嘉其为法之心,能为希有之事,遂乃焚香濡翰,序于经后,共垂悠久云②。

根据跋文,可以明确郑和"首捐己帑及募众缘",是募捐刻经,刊印了《妙法莲华经》"五千四十八部,散施十方"。而圆瀞是"嘉其为法之心,能为希有之事",因此"焚香濡翰",抄写了这部经卷。这里表明,郑和募捐是刊印《妙法莲华经》5048部,圆瀞则为了赞许郑和的"为法之心"而抄写了此经,并非是郑和本人意愿的抄写经文。

---

① 程杰:《浙江平湖发现署名郑和的〈妙法莲华经〉长卷》,《文物》2005年第6期。
② 杨根文:《浙江平湖报本塔及天宫出土文物》,《东方博物》第17辑。

第三篇　文化篇 >>>

其三，新发现《郑和写经》的发愿文中，有郑和发心书写的写经目录，包括七部经书和三部神咒：《金刚经》《观音经》《弥陀经》《摩利支天经》《天妃灵验经》《心经》《楞严经》《大悲咒》《尊胜咒》《百字神咒》，并不包括平湖发现的《妙法莲华经》。

综上所述，平湖仅见郑和"发心铸造镀金舍利宝塔一座"，并没有郑和发心写经之事，而平湖《妙法莲华经》也不是根据郑和本人意愿所写，也就不适合称为"郑和写经"。因此新发现的这部写经，是迄今发现的第一部郑和发愿书写的写经，也即"郑和写经"的首次发现。

第二节　郑和与佛教关系之证

一　郑和有刻经，也有写经

郑和曾经多次刊印佛经，大多为发心印造。《郑和写经》发愿文的发现，可以证明郑和在七下西洋期间，不仅刊刻了大量佛经，在诵习、印造、散施外，还发愿书写了经文和咒文，即有写经。郑和发心印造佛经，有以下证据：

一是姚广孝（法名道衍）于永乐元年（1403）为刻本《佛说摩利天支经》作跋："今菩萨戒弟子郑和，法名福善。施财命工刊印流通，其所得胜报，非言可尽矣。一日怀香过余请题，故告以此。"这里明确说明郑和是受过菩萨戒的弟子，法名福善，曾施财命工刊印了《佛说摩利天支经》流通。

二是云南省图书馆藏《沙弥尼离戒文》，卷末附郑和发愿文：

> 大明国奉佛信官太监郑和，法名福吉祥，谨发诚心施财命功，印造大藏尊经一藏，计六百三十五函，喜舍于云南五华寺，永远长生供养。以此殊勋，上祝皇图永固，帝道遐昌，佛日增辉，法轮常转，海晏河清，民康物阜，所冀福祥。凡奉命于四方，经涉海洋，常叨恩于三宝。自他俱利答报，四恩均资，三有法界，有情同缘种智者。永乐十八年岁次庚子五月吉日福吉祥谨题。

三是据《优婆塞戒经》卷七后郑和的《题记》记载：

大明国奉佛信官内官太监郑和，法名速南吒释，即福吉祥。切念生逢盛世，幸遇明时，谢天地覆载，日月照临，感皇上厚德，父母生成。累蒙圣恩，前往西洋等处公干，率领官军宝船，经由海洋，托赖佛天护持，往回有庆，经置无虞。常怀报答之心，于是施财，陆续印造大藏尊经，舍入名山，流通诵读。伏愿皇图永久，帝道遐昌。凡奉命于四方，常叩恩于庇佑。次冀身安心乐，福广寿长，忏除曩却之亿，永享现生之福。出入起居，吉祥如意。四恩等报，三有齐资，法界群生，同成善果。今开陆续成造大藏尊经，计一十藏。

大明宣德四年（1429），岁次己酉，三月十一日，发心印造大藏尊经一藏，奉施喜舍牛首山佛窟禅寺流通供养。

大明宣德五年（1430），岁次庚戌，三月十一日，发心印造大藏尊经一藏，奉施喜舍鸡鸣禅寺流通供养。

大明宣德五年（1430），岁次庚戌，三月十一日，发心印造大藏尊经一藏，奉施喜舍北京皇后寺流通供养。

大明永乐二十二年（1424），岁次甲辰，十月十——日，发心印造大藏尊经一藏，奉施喜舍静海禅寺流通供养。

大明永乐十八年（1420），岁次庚子，五月吉日，发心印造大藏尊经一藏，奉施喜舍镇江金山禅寺流通供养。

大明永乐十三年（1415），岁次乙未，三月十一日，发心印造大藏尊经一藏，奉施喜舍福建南山三峰塔寺流通供养。

大明永乐九年（1411），岁次辛卯，仲冬吉日，发心印造大藏尊经一藏，奉施喜舍天界禅寺昆卢宝阁流通供养。

大明永乐八年（1410），岁次庚寅，三月十一日，发心印造大藏尊经一藏，奉施喜舍云南五华寺流通供养。

大明永乐五年（1407），岁次丁亥，三月十一日，发心印造大藏尊经一藏，奉施喜舍灵谷禅寺流通供养。

据以上邓之诚所见《优婆塞戒经》卷七后郑和"题记"。郑和从明永乐五年（1407）至宣德五年（1430）的 23 年里，先后发心印造大藏尊经一十藏,平均每两年一藏,舍入国内各大禅寺,如南京的灵谷禅寺、天界禅寺、静海禅寺、鸡鸣禅寺、牛首山佛窟禅寺,云南五华寺,福建长乐南山三峰塔寺,镇江金山禅寺,北京皇后寺等处流通供奉。值得注意的是,这里虽云"一十藏",其实罗列出来却只有九藏;且其中大部分,即六藏,是在三月十一日发心印造的。

除了现藏中国国家图书馆的永乐初郑和刊刻,有姚广孝题记的《佛说摩利支天菩萨经》,是本单经外,根据平湖《妙法莲华经》跋文,郑和还曾募捐,刊印了《妙法莲华经》"五千四十八部,散施十方",是郑和印造"大藏尊经"之外的一次单部经书的大规模刊刻。

刊刻佛经之外,从新发现《郑和写经》的发愿文,可知郑和发心写经共7部经书和3部神咒。但对比所见《郑和写经》,内容并不一致。新发现的这部写经内容只有《心经》和《摩利支天经》两部和《大悲咒》《尊胜咒》《百字神咒》三部咒语。至此我们了解到,此"郑和写经"只是郑和发愿写经的一部分,下面将专门论及。

二 郑和法名福吉祥又证

《郑和写经》发愿文题名为:"大明国太监郑和,法名福吉祥",是郑和信佛实物证据的又一次发现,是第4次文献印证。我们知道,前此已有3次郑和法名福吉祥的文献记载:

第一次,1947年,邓之诚于冀县李杏春处得明初刻本《优婆塞戒经》,卷七后刻有郑和题记,述其印施藏经的缘起:"大明国奉佛信官内官监太监郑和,法名速南吒释,即福吉祥"①。这里涉及的郑和法名"速南吒释",即为藏文 bsod – nams – bkra – shis 之译音,对应汉语直译为"长寿吉祥"②。永乐元年(1403)郑和刻本《佛说摩利支天经》姚广孝跋中,称郑和为"福善"。可见"福善"和"福吉祥"都是郑和的法名的意译。

第二次,1951年,云南省图书馆发现,郑和施舍于云南昆明五华寺的一部大藏经(南藏本)叔字三号《沙弥尼离戒文》,卷末附郑和题记发愿

---

① 邓之诚:《骨董琐记全编·骨董三记》卷6《郑和印造大藏经》,中华书局2008年版,第597页。
② 陈楠:《三宝太监郑和奉佛事迹考》,《传统文化与现代化》1997年第6期。

文:"大明国奉佛信官太监郑和,法名福吉祥。"①

第三次,2002年,平湖报本塔发现《妙法莲华经》经卷后云莲纹牌楷书发愿文:"大明国奉佛信官郑和,法名福吉祥,发心铸造镀金舍利宝塔一座。"②

郑和与佛教关系,还应提到"郑和写经"产生的大氛围。在永乐朝,明成祖以僧侣姚广孝为国师,当时佛教的繁盛可知。姚广孝十四岁出家为僧,法名道衍。他在燕王起兵靖难、夺取帝位时不仅献计,而且参与决策,深得朱棣宠信。郑和当时为燕王近侍,受菩萨戒,即大乘菩萨所受持之戒律,成为一名奉佛者,一定与道衍的影响不无关系。而郑和的藏式法名,则显示郑和的佛教信仰有明显的藏传佛教因素。史载,永乐年间大封藏传佛教上层僧人,礼遇隆厚,反映了明成祖对藏传佛教表现出的浓厚兴趣,也说明藏传佛教在当时的盛行:如大宝法王哈立麻,永乐四年(1406)至京,五年(1407)封。大乘法王昆泽思巴,永乐十一年(1413)封,二月至京。大慈法王释迦也失,永乐十二年(1414)入朝,十三年(1415)封西天佛子大国师,后于宣德九年(1434)封大慈法王。还有《洪武南藏》《永乐南藏》《永乐北藏》,永乐版《大藏经·甘珠尔》,都是《郑和写经》产生的国内背景。郑和下西洋,马欢《瀛涯胜览》记亲历20国,有4国是信奉佛教的国家,包括占城、暹罗、锡兰山、小葛兰。这是《郑和写经》产生的海外背景。郑和第三次下西洋在锡兰山有布施佛寺之事,《郑和锡兰布施碑》至今保存在斯里兰卡科伦坡国家博物馆,就是郑和与佛教关系的重要物证。

值得注意的是,郑和发心书写的还有《天妃灵验经》,而《天妃灵验经》并非佛经,而是道教经书。郑和下西洋与天妃关系密切,他曾多次在海上和到天妃宫向天妃祈福,立有碑刻,至今尚存。福建长乐《天妃灵应之记》碑文着重渲染了天妃的"灵应":

> 观夫海洋,洪涛接天,巨浪如山;视诸夷域,迥隔于烟霞缥缈之间。而我之云帆高张,昼夜星驰,涉彼狂澜,若历通衢者,诚荷朝廷

---

① 郑鹤声、郑一钧编:《郑和下西洋资料汇编》(上),齐鲁书社1980年版,第36页。
② 程杰:《浙江平湖发现署名郑和的〈妙法莲华经〉长卷》,《文物》2005年第6期。

威福之致，尤赖天妃之神护佑之德也。神之灵固尝著于昔时，而盛显于当代。溟渤之间，或遇风涛，即有神灯烛于帆樯，灵光一临，则变险为夷，虽在颠连，永保无虞①。

此发愿文落款为永乐十二年（1414）三月，应在郑和第四次下西洋之时。据此，郑和发愿写《天妃灵验经》，也是不奇怪的。此外，我们还应注意到，明朝时期，三教合一凸显，由此也可见一斑。

第三节 《郑和写经》的时间及其目的

《郑和写经》发愿文所署时间是"永乐十二年三月吉日"，应该是在郑和第四次下西洋期间。宣德六年（1431）郑和在第七次下西洋前夕，亲自在长乐南山天妃宫立下《天妃之神灵应记》，总结了历次下西洋事迹，其中云：

> 自永乐三年奉使西洋，迨今七次，所历番国，由占城国、爪哇国、三佛齐国、暹罗国，直逾南天竺、锡兰山国、古里国、柯枝国，抵于西域忽鲁谟斯国、阿丹国、木骨都束国，大小凡三十余国，涉沧溟十万余里②。

"抵于西域忽鲁谟斯国、阿丹国、木骨都束国"，即远航印度洋周边的波斯湾、阿拉伯半岛和非洲，均在第四次下西洋才得以实现。因此第四次下西洋，在下西洋历史上具有新的意涵，也可以说第四次下西洋发生了重大转折，郑和船队从印度古里又转向了一个位于波斯湾的"各处番船并旱番客商都到此处赶集买卖"的西洋诸国之码头——忽鲁谟斯，而且还从那

---

① 萨士武：《考证郑和下西洋年岁之又一史料——长乐"天妃灵应碑"拓片》，《郑和研究资料选编》，人民交通出版社1985年版，第104页，原载《（天津）大公报·史地周刊》第80期，1936年4月10日。

② 郑和、王景弘等《天妃之神灵应记》碑，现藏福建长乐市南山郑和史迹陈列馆内。

丝绸之路上的明代中国与世界

里派遣分船队远赴红海和东非①。除了那里是东西方贸易的集散地以外，还是中国与西方之间的交往通路——所谓丝绸之路的陆路和海路的交汇之地，这次下西洋更意味着陆海丝绸之路的全面贯通，意义尤其重大②。

然而长期以来，郑和第四次下西洋的史料在时间上多有歧义，为确定《郑和写经》之时郑和身在何处的问题，有必要对其重新进行梳理。据郑和等亲立的福建长乐《天妃灵应之记》碑记载：

> 永乐十一年，统领舟师，往忽鲁谟斯等国，其苏门答剌国有伪王苏斡剌，寇侵本国，其王宰奴里阿比丁，遣使赴阙陈诉，就率官兵剿捕，赖神默助，生擒伪王，至十三年归献。③

又据郑和等亲立的刘家港天妃宫石刻《通番事迹记》记述：

> 永乐十二年，统领舟师，往忽鲁谟斯等国。其苏门答剌国伪王苏斡剌，寇侵本国。其王遣使赴阙，陈诉请救，就率官兵剿捕，神功默助，遂生擒伪王，至十三年归献④。

马欢是跟随郑和第四次下西洋的通事，其《瀛涯胜览·序》曰：

> 永乐十一年癸巳，太宗文皇帝敕命正使太监郑和统领宝船，往西洋诸番开读赏赐，欢以通译番书，忝备使末⑤。

---

① 关于忽鲁谟斯，可参考西方学者最新的研究成果：[德] 廉亚明、葡萄鬼著，姚继德译《元明文献中的忽鲁谟斯》，宁夏人民出版社 2008 年版。
② 参见万明《整体丝绸之路视野下的郑和下西洋》，"永乐时代及其影响"两岸故宫第二届学术研讨会论文集》，故宫出版社 2012 年版；《郑和七下印度洋——马欢笔下的"那没黎洋"》，《南洋问题研究》2015 年第 1 期。
③ 萨士武：《考证郑和下西洋年岁之又一史料——长乐"天妃灵应碑"拓片》，《郑和研究资料选编》，第 104 页。
④ （明）钱谷辑：《吴都文粹续集》卷二八《道观》，文渊阁《四库全书》，第 324 册，台北商务印书馆 1986 年版，第 723 页。
⑤ 《明钞本〈瀛涯胜览〉校注》，第 1 页。

第三篇 文化篇 >>>

曾经跟随郑和下西洋的周闻,有《墓志》存世,记云:

> 永乐己丑,命内臣下西洋忽鲁谟斯等国,选侯偕行。癸巳再往,皆以再往,越明年而还。以劳升本卫右所副千户,世袭阶武略将军①。

《明太宗文皇帝实录》记载:

> 永乐十年十一月丙申,遣太监郑和等,赍敕往赐满剌加、爪哇、占城、苏门答剌、阿鲁、柯枝、古里、喃渤利、彭亨、急兰丹、(加)异勒(勒)、忽鲁谟斯、比剌、溜山、孙剌诸国王,锦绮、纱罗、彩绢等物有差②。

综合资料所载,郑和第四次下西洋在"永乐十三年七月"回还,在时间上并无异议,而时间的歧出集中在开始时间上,归纳可有永乐十年、永乐十一年,永乐十二年3种说法。分析上述郑和下西洋的5种基本史料,有3种是永乐十一年,即癸巳年之说,而长乐《天妃之神灵应记》碑是郑和等下西洋亲立,时间上晚一年。这里可以做这样的解释:在永乐十一年十一月派遣,十二年自福建长乐出发,这样4种第一手资料的时间记载并不矛盾;唯有《明实录》,则很可能有"一"字之脱漏。

郑和下西洋,凭借季风航行。一般冬季风出现在11月到第二年3月,以12至1月最盛;夏季风出现在6至10月,以7至8月最盛。季风盛时就是郑和下西洋出发和回国的时间段。因此,《郑和写经》之时其本人所处位置,有两种可能性:一种可能是身在福建长乐,出发在即;另一种可能是他已身在海外。

透过发愿文,在郑和敬佛和表达其虔诚信仰之中,我们会发现其中的重要用意和思想所在。发愿文在罗列书写七种经书,"永远看诵供养"之后云:"皇图永固,佛日增辉。凡奉命于四方,常叨恩于三宝,自他俱利,

---

① 吴聿明:《周闻夫妇墓志铭考证与研究》,《郑和下西洋论文集》第2集,南京大学出版社1985年版。
② 《明太宗实录》卷一三四,永乐十一年十一月丙申,第1639页。

恩有均霑吉祥如意者。"从"凡奉命于四方，常叨恩于三宝"，可以看出郑和之所以写经，是出于忠君爱国。我们知道，平湖发现的有两牌，前绘有佛塔一座，云龙连纹牌上写有"真身舍利无量宝塔"，后牌郑和发愿文即叙述发愿铸造佛塔，前后是对应关系。由此来看，此次发愿写经，用意昭然，可以联系上述写经前云龙纹牌上楷书："皇图永固，帝道遐昌，佛日增辉，法轮常转"，很显然，"皇图"指王朝版图，即王朝之意；"帝道"也指代"帝位"，这里明确"皇图""帝道"与佛同辉，书写佛经为"皇图""帝道"寻求庇护，祈求的内容是为国家求福，为帝业求平安。而"奉命于四方"，当然就包括了下西洋在内。

查考"永乐十二年三月吉日"，当时明朝不仅在海上有郑和下西洋，这一年三月在陆上还发生了永乐皇帝第二次北征的重大事件。根据《明太宗实录》记载：

> 永乐十二年三月丙戌，命皇太子以出师告天地、宗庙、社稷，命皇太子监国，留守事宜一循永乐八年之制……戊子，赐征将士钞。上谕之曰："今四方无虞，独残虏为患，而瓦剌尤甚。驱之然后中国安，其一乃心力效谋奋勇，凡有功者，高爵厚赏，朕不吝也。"庚寅，于承天门遣官祭告太岁旗纛及所经山川之神，车驾发北京，皇太孙从行①。

由此可知，郑和发心写经，不仅是为了保佑下西洋，而且可能出于保佑永乐皇帝北征的目的。即使郑和当时已经出发下西洋，身在海外，而以他的身份和地位，预知永乐皇帝第二次北征之事，将发愿文日期写为十二年三月，也是可能的。

第四节 《郑和写经》内容浅探

现所见《郑和写经》并没有包括发愿文所述的全部写经，主要内容有

---

① 《明太宗文皇帝实录》卷一四九，永乐十二年三月丙戌、戊子、庚寅，第1738—1739页。

10 种:《佛说般若波罗蜜多心经》《佛说摩利支天本愿经》《尊胜陀罗尼神咒》①《圣观自在大悲心神咒》《金刚萨埵百字咒》《嘛哈葛剌真言》《求修山趺树叶母真言》《佛说消灾吉祥神咒》《无量寿佛说往生净土咒》《佛母准提神咒》。从内容看,这部写经主要包括两部经书,还有八种真言、神咒。其中还配有摩利支天菩萨像、韦驮神像等多幅神像。收藏印是一个应当考虑的因素,两枚印章字迹虽漫漶难识,但已为南京市博物馆邵磊在会议提交的论文中初步解决②,这里不再赘述。

这部《郑和写经》,包括佛教经书两部,下面分别简述。其一《佛说般若波罗蜜多心经》,半叶五行,行十六字,共十七行,末行四字,共260字。字迹为金字楷书,字品甚佳。《般若波罗蜜多心经》简称《心经》,是佛教大乘经典中最短的一部经典。"般若"是梵语音译,智慧之意。"般若波罗蜜多"合起来就是"智慧到彼岸"。据不完全统计,《心经》先后共有20多个译本。其中,既有汉文的意译本,又有汉文的音译本;既有由梵文译成藏文,再由藏文译成汉文的译本;也有由梵文译成藏文,再译成日文,最后译成汉文的译本。在诸多的译本当中,玄奘法师的译本最为简明扼要。因其简明扼要,所以易于持诵。而因为易于持诵,所以也流传最广③。

此部写经中的《心经》,注明是《佛说般若波罗蜜多心经》。查此名称,应为唐义净译本。经对照,义净译本在咒语后有如下一段话:"诵此经破十恶、五逆、九十五种邪道。若欲供养十方诸佛,报十方诸佛恩,当诵观世音般若百遍、千遍,无间昼夜,长诵此经,无愿不果。"描述了读经的功效,而在《郑和写经》中却没有。因此,我们可以认为写经用的还是玄奘译本。现比对玄奘译本《心经》全文如下:

> 观自在菩萨,行深般若波罗蜜多时,照见五蕴皆空,度一切苦厄。舍利子,色不异空,空不异色,色即是空,空即是色,受想

---

① 龙美术馆所寄写经照片,有明显错简。如《尊胜陀罗尼神咒》部分插在《佛说摩利支天本愿经》中,又有部分在《圣观自在大悲心神咒》后,由于是梵语,需要进一步细致比对整理。
② 邵磊:《郑和发愿施造的刻经与写经》,《"郑和的归来"学术研讨会论文》,上海,2015年7月11日。
③ 宏度:《〈心经〉大义辑要》,《法音》2008年第5期。

[相]行识,亦复如是。舍利子,是诸法空相,不生不灭,不垢不净,不增不减。是故空中无色,无受想[相]行识,无眼耳鼻舌身意,无色声香味触法,无眼界,乃至无意识界。无无明,亦无无明尽,乃至无老死,亦无老死尽。无苦集[寂]灭道,无智[至]亦无得。以[亦]无所得故,菩提萨埵,依般若波罗蜜多故,心无罣碍,无罣碍故,无有恐怖,远离颠倒梦想,究竟涅磐。三世诸佛,依般若波罗蜜多故,得阿耨多罗三藐三菩提。故知般若波罗蜜多,是大神咒,是大明咒,是无上咒,是无等等咒,能除一切苦,真实不虚。故说般若波罗蜜多咒,即说咒曰:揭谛揭谛,波罗揭谛,波罗僧揭谛,菩提萨婆诃。

以上比对玄奘译本《心经》的结果,这部写经与之仅有 5 处不同,"[ ]"中字为写经之"误"。明朝初年,崇佛特甚,开国君主出自禅门,明太祖有《御制心经序》,其中有云:

> 俄西域生佛,号曰释迦,其为佛也,行深愿重,始终不二。于是出世间,脱苦趣。其为教也,仁慈忍辱,务明心以立命,执此道而为之,意在人皆若此利济群生。今时之人,罔知佛之所以,每云法空虚而不实,何以导君子,训小人。以朕言之则不然,佛之教实而不虚,正欲去愚迷之虚,立本性之实。特挺身苦行,外其教而异其名,脱苦有情①。

明太祖对于佛教的功用,有深刻见解。他所言:"佛之教实而不虚",实际上是认为佛教的功用可以"化凶顽为善,默佑世邦,其功浩瀚"②。洪武十年(1377),他曾"诏天下沙门讲《心经》《金刚》《楞伽》三经,命宗泐、如玘等注释颁行"③。今存世有《般若波罗蜜多心经注解》一卷,

---

① (明)朱元璋:《明太祖集·心经序》,黄山书社 1991 年版,第 307 页。
② (明)朱元璋:《明太祖集·拔儒僧文》,第 265 页。
③ (明)葛寅亮著,何孝荣点校:《金陵梵刹志》(上),天津人民出版社 2007 年版,第 50 页。

著录为明天界善世禅寺住持宗泐、演福讲寺住持僧如玘同奉诏注①。

其二《佛说摩利支天本愿经》,半叶五行,行十六字。由于此经文的照片发现错简,故未能统计字数。据查,未见《佛说摩利支天本愿经》这一名称的译本。已知的最早译本由无名氏译于梁代(约6世纪上半叶),最晚的译于北宋初期。陈玉女曾制一表,详考藏经所藏自梁代至宋代的《摩利支天经》之译本24种②,并无一名《佛说摩利支天本愿经》者。根据国家图书馆藏《佛说摩利支天经》姚广孝跋,郑和所刻《佛说摩利支天经》,即广为流通的唐不空译本,其跋云:

> 《佛说摩利支天经》藏内凡三译。惟宋朝天息灾所译者七卷,其中咒法仪轨甚多,仁宗亲制《圣教序》以冠其首。然而流通不广。以广流通者惟此本,乃唐不空所译。其言简而验,亦多应、菩萨之愿力,岂可得而思议耶。于戏!李珏问神人,称名而免难;隆佑奉圣像,致礼而获福。况能依佛所说,诵此经者哉!今菩萨戒弟子郑和法名福善,施财命工,刊印流通,其所得胜报,非言可能尽矣。福善一日怀香过余请题,故告以此。永乐元年,岁在癸未,秋八月二十又三日,僧录司左善世沙门道衍。

此部写经《佛说摩利支天本愿经》前,有《高宗御赞》,并在《佛说摩利支天本愿经》名下注明:"大唐三藏沙门不空奉诏译,大元三藏沙门法天奉诏译。"经查,不空(705—774),据《大唐故大德赠司空大辨正广智不空三藏行状》、《贞元新定释教目录》卷一五、《宋高僧传》卷一载,他原籍北天竺,一说狮子国(今斯里兰卡),唐代僧人,密宗祖师之一。他与善无畏、金刚智并称开元三大士。后周游印度,于唐天宝五载(746)返长安,携回梵本经100部,计1200卷,以及狮子国王尸罗迷伽的国书、大般若经夹和方物。乾元元年(758)肃宗敕命将长安、洛阳诸

---

① (明)释智旭:《阅藏知津》卷三六《大乘论藏释经论》第一之二,清康熙三年夏之鼎刻四十八年朱岸登补修本。
② 陈玉女:《郑和施印佛经与兴建佛寺的意义》,陈信雄、陈玉女主编:《郑和下西洋国际学术研讨会论文集》,台北稻乡出版社2003年版。

寺及各县寺舍、村坊凡旧日玄奘、义净、菩提流支、善无畏、宝胜等携来的梵夹，全部集中于大兴善寺，交给不空翻译。译有《金刚顶一切如来真实摄大乘现证大教王经》（通称《金刚顶经》）、《金刚顶瑜伽中发阿耨多罗三藐三菩提心论》等大乘及密教经典共七十七部、一百二十余卷①。

法天（？—1001），据《宋高僧传》卷三、《佛祖统纪》卷三三等载，为中印度人。原为摩揭陀国那烂陀寺僧。宋太祖开宝六年（973）带着多部佛经（梵夹装）来中土，与河中府梵学沙门法进等人一起翻译佛经，赐号"传教大师"，赐谥"玄觉大师"②。其为宋代时人，不知为何冠以"大元"，令人疑惑。

中国国家图书馆藏《佛说摩利支天菩萨经》一卷，《北京图书馆古籍善本书目子部》第1594页著录为唐释不空、元释法天译，明永乐元年郑和刻本，一册，四行十三字。译者是不空、法天并列，法天也被冠以"元释"。这部《郑和写经》中的《佛说摩利支天本愿经》一卷，与中国国家图书馆藏《佛说摩利支天菩萨经》有不同之处，主要在咒语部分。

经比对，此写经《佛说摩利支天本愿经》与不空译本《佛说摩利支天经》，最大的区别在"陀罗尼曰"的部分，译音完全不同，有可能为法天所改。白化文、李际宁曾对中国国家图书馆藏《佛说摩利支天菩萨经》进行研究，认为："法天可能是顺应了语音的发展，特别是受到了元代藏传佛教经卷中咒语读音输入中原的影响，因而其咒语读写均与前人不同"；进而提出：这一经卷"与以往的各个摩利支天经均有差异，特别是在咒语方面。它与众不同，极为独特"③。因此，无论是中国国家图书馆藏《佛说摩利支天菩萨经》，还是这部《郑和写经》的《佛说摩利支天本愿经》，都很值得进一步深入研究。

这里还应该提到写经中的摩利支天菩萨像。摩利支原本是一个古老的印度婆罗门教神明。在佛教中，摩利支天大约在南北朝时期入传中土，汉译：《佛名经》作摩梨支，其后隋于阗那崛多《佛本行集经》译为摩利支天，释之为阳炎。摩利支天具有大神通自在力，擅于隐身，能为人消除障

---

① 任继愈主编：《佛教大辞典》，江苏古籍出版社2002年版，第264页。
② 《佛教大辞典》，第827页。
③ 白化文、李际宁：《摩利支与摩利支天经典》，《文献》2014年第1期。

难、增进利益、护国护民、救兵戈及得财、诤论胜利等功德①。此部写经中云及摩利支菩萨的大神通:"尔时世尊告诸苾刍有天女名摩利支。有大神通自在之力,常行日月天前,日天月天不能见彼。彼能见日。无人能见,无人能知。无人能捉,无人能缚,无人能害,无人能欺诳。无人能债其财物,无人能责罚,不为冤家,能得其便。"唐不空译《佛说摩利支天经》道及摩利支菩萨的形象:"若欲供养摩利支菩萨者,应用金或银或赤铜,或白檀香木或紫檀木等,刻作摩利支菩萨像,如天女形,可长半寸,或一寸二寸已下,于莲花上或立或坐,头冠璎珞种种庄严极令端正。"②在佛教密宗中,摩利支天常常被称为菩萨。摩利支天菩萨,常见的法相有三面六臂、三面八臂等等。这部写经中的摩利支天是以多面广臂的女菩萨形象出现的,其中一像最为典型:具有三面,面相各异,其中一面是猪面。按照佛家的说法,摩利支天菩萨,是隐身和消灾的保护神。此天威力极大:上管三十六天罡星,下管七十二地煞星、二十八宿,主人间祸福之事。

郑和自永乐元年(1403)开始,印造《佛说摩利支天经》,在七次下西洋期间,大量印造和书写佛经。陈玉女认为,明代以前中国崇奉摩利支天菩萨信仰的,多为官宦贵人,尤其是皇室,"这与其极具护国护王之政治色彩有关。从奉持摩利支天法可免一切灾难的历史经验来看,想必成祖或郑和都渴望借助此法,祈求顺利完成航海的任务"③。上述研究已经说明,《心经》是般若经典,摩利支天菩萨是以护法神,即所谓"护法诸天"之一的面貌出现。值得注意的是,根据学者研究,摩利支天随佛教来到中国,受到佛教徒的崇拜,还被道教吸收,演变为道教神明斗姆④。

第五节 写经人的探寻

《郑和写经》为明代写经提供了新资料,但这部写经没有署名,如果

---

① 李翎:《佛教与图像论稿续编·摩利支天信仰与图像》,文物出版社2013年版,第34页。
② 《大正新修大藏经》第21册,台北新文丰出版公司1983年版,第260页。
③ 陈玉女:《明代的佛教与社会》,北京大学出版社2011年版,第43页。
④ 薛克翘:《摩利支天——从印度神到中国神》,《东方论坛》2013年第5期。

说是郑和真迹,则缺乏证据。浙江平湖报本塔的《妙法莲华经》不是郑和写经,亦尚未有与郑和相关的书法见世。

从汉魏开始,佛教逐渐传入中国,为方便佛教传播,抄写佛经是传播佛法最好的信息载体,佛经的翻译与抄写成为很重要的事情,乃至一种职业行为。自北魏开始,写经体开始逐渐成为一种独特的佛教文化。要让学习佛法的人流通阅读,就需要通篇字体均匀,要求书法工整。以泥银书写经书最迟于唐五代已有。

写经人可能是佛教信徒,因为佛教徒修行的方式之一,是靠抄写佛经来加深对佛法的理解,在佛经中多有关于抄写佛经功德的描述,佛教信徒多怀着深厚的信仰情感,乐于积功德、做善业,抄写佛经加以传播。写经大部分是无名人士,即使在浩如烟海的敦煌传世作品中,也极少见落款,大凡著名人士都有署名,如平湖发现的写经有写经人圆瀞落款。永乐年间刻印《大藏经》,著名的写经板之人有沈度①。沈度(1357—1434),字民则,号自乐,华亭(今属上海淞江)人,善写各体,其书婉丽飘逸,雍容矩度。李绍文《皇明世说新语》记载:"太宗徵善书者试而官之,最喜云间二沈学士,尤重度书,每称曰:我朝王羲之。"② 沈度官至侍读学士。经对比,沈度书法与此部写经书法很有不同之处;况且如果是沈度所写,因是侍读学士,应该会有署名,因此并非沈度所写。

写经人可能是佛教徒,也可能只是书法好的人。隋唐时期朝廷设有写经所,奉敕命而写经。至元代,仍设有写经所。明朝继承传统,永乐年间朝廷也有写经之事。正德《江宁县志》卷八记载一人参与写经,值得关注:"朱铨,字士选,松江人。洪武中,占籍江宁。族兄孔易以楷书鸣当世,铨从之游,得锺王笔法。少长为郡庠弟子员。太宗文皇帝选写金经,事毕入翰林间书。宣德改元,预修两朝实录,授翰林侍书,改刑部检校,历升本部郎中。"朱铨当时在南京,因书得锺王笔法,永乐皇帝"选写金经"。因此他有可能作为《郑和写经》之人,特别是他不会在写经上署名。

---

① (明)葛寅亮《金陵梵刹志》卷二记载:"永乐十七年三月初七日,传旨要写经样看,当将侍读学士沈 写五行十七字呈看。初九日,道成等八人将写的五行十七字、六行十七字经板于西华门进呈。奉圣旨:用五行十七字的。钦此。"第73页。

② (明)李绍文:《皇明世说新语》卷六《巧艺》,万历刻本。"二沈"即沈度与其弟沈粲,并以书法知名。

另有万历《应天府志》卷三十二记载一人："姜浚，字子澄，江宁人。善书，工小楷。仁庙在潜邸，召写泥金经，喜之。洪熙元年，授中书舍人，擢吏部主事，知云南府，进按察副使。"姜浚也是当时在南京的善书、工小楷之人。明仁宗为太子时，曾经"召写泥金经"，仁宗即位"授中书舍人"。他也有可能成为郑和写经之人。以上仅为所见一二，当时此类中书舍人善书者，参与宫廷写、刻经书的不少，均值得留意，需进一步深入研究。

总之，永乐十二年（1414）泥金书写《郑和写经》，是新发现的郑和事迹重要文物，虽然有阙失和错简，但是它的发现，是为《郑和写经》的首次发现，为郑和研究提供了重要的第一手实物资料，也为郑和的佛教信仰又增添了一件重要佐证。以上对于这部写经作了粗浅的探讨，尚有不少疑团，有待今后进一步研究。

第四章 丝银之路上的昙花一现之城：明代舟山双屿

16世纪，全球化从海上拉开了帷幕，一个全球贸易体系呼之欲出。在世界格局发生重大变动，东西方大规模直接接触的时代到来时，海上贸易的发展和大规模的商品流通，是晚明中国社会经济发展中两个最为显著的特征。而正是在这一大背景下，浙江舟山出现了一个异类的新兴城市——双屿港城，重要的是，它出现在一个中外关系历史的关节点上。

虽然双屿港城存在的时间不长，也就是二十几年，在历史上只是昙花一现，但就其重要性而言，却是研究16世纪中西早期直接交往不可不提的话题。而它在中国城市史上的出现是史无前例的，在中外海上贸易发展中占有重要地位和作用，主要表现在双屿成为16世纪历史重要转变交汇点的标识。从时间上看，处于16世纪初全球化开端时期，是明代中国从贡舶到商舶贸易转型阶段的一个关节点；从空间上说，在中西直接接触贸易早期，双屿已不仅是中日贡市贸易必经之地，也是葡萄牙人东来早期从事走私贸易在中国内地形成的首个聚居地，是演绎中外民族汇聚交流的重要场所。旧的对外贸易模式——朝贡贸易不能满足需要，中外私人海上贸易蓬勃兴起，海上贸易的两条线索，或者说两种模式的最后较量在双屿交汇，充分显示了全球化态势，昭示了海上不同力量的消长，不同阶段的替代，更成为官方海上贸易与国际私人海上贸易矛盾冲突的焦点。舟山双屿港市的出现，见证了中国与葡萄牙乃至全球化开端时期国际海上贸易交流与冲突的引人注目的发展历程。

确切地说，一切变化都是内外交汇形成的嬗变。处于全球化开端之时的明代海上贸易，史无前例地经历了从区域到全球的过程，这一过程伴随着中外私人海上贸易萌芽、成长、成熟和最终合法化，官方海上朝贡贸易主导向民间私人海上贸易的转变过程，同时，也促成了特定历史条件下的以港兴市——国际走私贸易为主的双屿港城的诞生。

在明代中国的城市网络中，双屿城的出现是史无前例的——在全球化开端时期中国出现的一个国际化城市的雏形。双屿在嘉靖初年的二十几年里，能够脱颖而出，一度成为当时中国一大海上国际贸易港城，有其深刻的内在原因。进一步探讨这一港城兴起的历程，可以深化我们对全球化开端时期全球海上贸易体系形成过程的认识。

笔者在 20 世纪 90 年代开始中葡早期关系历史的研究，注意到当时中国学者大多仍采用较单一的抗倭与反海禁视角对双屿进行研究，基本上没有利用葡文资料；而以往对于中葡关系史的研究，又往往集中在葡萄牙人在华活动，没有特别关注日本朝贡使的终结与葡人居留地兴起之间的关系，没有结合利用日本方面资料，于是以新的视角和切入点撰写了《明代嘉靖年间的宁波港》一文。① 采用了 16 世纪葡萄牙文献中 Liampo 一词的广义。而在这里，本章所要论及的，是在前文基础上的延伸，主要探讨双屿这一葡萄牙人为主在中国建立的最早的国际化城市聚落——双屿，也就是采用狭义的 Liampo 之义。②

第一节 舟山双屿：新兴异类城市的兴起

按照今天的行政区划，双屿属于浙江舟山。舟山，源自海上舟船聚集

---

① 本章于 2001 年宁波海上丝绸之路学术研讨会上发表，刊于《海交史研究》2002 年第 2 期。

② 自 20 世纪 30 年代以来，Liampo 已经引起中外学界的关注。Liampo 无疑是宁波的译音，根据中外文献，方豪先生进行了详细考证，经四次修订，是研究宁波双屿的奠基之作，见方豪《16 世纪浙江国际贸易港 Liampo 考》，《方豪六十自订稿》，台北学生书局 1969 年版。其后有关探讨集中在双屿，主要有张增信《十六世纪前期葡萄牙人在中国沿海的贸易据点》，《中国海洋发展史论文集》第 2 集，台北，1996 年；汤开建《平托〈游记〉Liampo 纪事考实——兼谈〈甓余杂集〉中的佛郎机资料》，《澳门开埠初期史研究》，中华书局 1999 年版；施存龙《葡人私据浙东沿海 Liampo——双屿港古今地望考》，《中国边疆史地研究》2001 年第 2 期；王慕民《葡萄牙海商始达双屿时间考》，《宁波大学学报》1999 年第 3 期；廖大珂《葡萄牙人在浙江沿海的通商与冲突》，《南洋问题研究》2003 年第 2 期，等等。笔者在这里提出 Liampo 一词有广义与狭义之分，将在书中解释。

之山，其名自明代彰显。舟山有地方志，也自明代始。更重要的是，原本名不见经传的舟山双屿，在16世纪全球化开端的时期，曾一度跃升为一大国际自由贸易港，凸显出在海上贸易中的特殊地位和作用。

一般来说城市的起源和发展大致分为两种类型：一类是按照计划建造的城市。这类城市大多是政治行政的需要，有计划地筑成。另一类是自然发展的城市。这类城市多因贸易发展而成。双屿城属于后者，是一个由于海上国际贸易需求而兴起的城镇。

15世纪初年，郑和下西洋曾经经过舟山双屿，在《郑和航海图》上，我们至今可以见到双屿门的地名。① 由此可见，双屿在明初大规模海上活动中已载入了史册。

15世纪后半叶，即明代成化、弘治年间，商品货币经济发展迅速，社会内部涌动变革的潜流，白银货币化由自下而上到自上而下开始全面铺开的同时，也是郑和下西洋时代海外物品胡椒、苏木等在皇家府库枯竭之时。从那时开始，私人海上贸易蓬勃兴起。继之，16世纪西方葡萄牙人扩张东来，在世界格局急遽变动之中，海上风云变幻，在新的全球贸易体系酝酿中，双屿作为国际商港兴起，形成海上一个繁盛的贸易联结点，凸显出了作为一大国际自由贸易港的历史地位。

一 Liampo 的定义

从不同的研究角度出发定义，会得到不同的内涵。在这里，再次提出探讨 Liampo 的定义，笔者认为需要强调历史的角度，理解历史上的观念。

16世纪初葡萄牙文献中最早出现了 Liampo 一词。葡萄牙人对于双屿的论述，主要有1551年著名的西方传教士圣方济各·沙勿略从东京发出的信函，其中提及"自日本至中国滨海重要城市之 Liampo，相距凡一百古法里"②。在葡萄牙古航海图集中，最早1554年洛波·奥梅姆（Lopo Homem）绘制的航海图中已将 Liampo 标于图上，作为葡人在中国沿海的

---

① （明）茅元仪：《武备志》卷二四〇《占度载》。
② [法] 高迪爱刊于《通报》1911年，转引自方豪《十六世纪我国走私港 Liampo 考》。

重要贸易据点。① 葡萄牙人加斯帕·达·克路士记载中国人指导葡人到 Liampo 作贸易："那一带没有带墙的城镇和村落。"②

自 20 世纪 30 年代以来，Liampo 已经引起中外学界的关注。首先，根据中外文献，方豪先生进行了详细考证，是研究双屿的奠基之作，他指出葡萄牙人最初以此称宁波，也称双屿，乃至称浙江的三种定义。③ 我们认为 Liampo 无疑是宁波的译音，而由此葡萄牙人产生的歧义，说明在 16 世纪当时已经产生了双屿的广义与狭义之分。关于广义的 Liampo，包括浙江、宁波、双屿。浙江是一个大的范畴，可以涵盖宁波、双屿，不需再作解释；广义的 Liampo，无论是指宁波，还是双屿，都是包括诸港，即复数，而非只是单数。那么问题是葡萄牙人为什么以 Liampo 一词将宁波与双屿放在一起混称？这需要探讨宁波与双屿二者在历史上是一种什么关系。一直以来对于 Liampo 考证虽多，但对此却鲜见探讨。狭义的 Liampo 则特指中葡海商在双屿建立的以葡萄牙海商为主的国际走私贸易港口聚居地。具体分析当时关于宁波与双屿二名混用，在地理上二地相近是一个原因，而更主要的是时代的缘故，即在明代存在双屿与宁波府的隶属关系，与今天的宁波与舟山分别为两个行政区划是不同的，故当时文献中不乏有把今天舟山群岛称为宁波诸岛的。

在明代文献中，定海县是宁波府五个属县之一，嘉靖《定海县志》中记载舟山、双屿是山名，双屿又是屿名：

> 山：舟山一名观山，县东昌国城南，状如覆舟，乃受降王直处……双屿山、石珠山俱昌国东南海中。
> 屿：竹屿、乐家屿 一名龙石山，县东南十五里。青屿、石白屿、姚屿、佛屿、塔屿、霞屿、盘屿、双屿 俱见山。④

---

① 参见张增信《十六世纪前期葡萄牙人在中国沿海的贸易据点》，《中国海洋发展史论文集》第 2 集，第 89 页与附图 I-ii。
② [英] 博克舍编注：《十六世纪中国南部行纪》，中华书局 1990 年版，第 133 页。
③ 方豪：《16 世纪浙江国际贸易港 Liampo 考》，《方豪六十自订稿》，台北学生书局 1969 年版。
④ 嘉靖《定海县志》卷五《山川》，台北成文出版社有限公司 1983 年影印本。

<<< 丝绸之路上的明代中国与世界

天启《舟山志》明言舟山是定海"属隶地","定邑为两浙咽喉,而舟山实为定邑门户,倭夷贡寇,道所由必"①;不仅是行政隶属,还有军事建制的管辖。嘉靖《宁波府志》卷首有《舟山境图》,其后卷九记载"舟山城,即中中、中左二千户所……洪武十七年改昌国卫,二十年信国公汤和徙卫于象山县东门,存中中、中左二千户所,官军以守旧城,改属定海卫"。而在《定海县图》上的霩衢所是一个千户所,当时双屿属其管辖范围,②此有明人称"宁波霩衢之双屿"③,"霩衢之双屿港"为证。④ 最值得注意的,还是当时人朱纨直称"宁波双屿港",又称"浙江定海双屿港"⑤。宁波人沈一贯也云"宁波之双屿港"。⑥ 这些都清楚地说明了明人对于宁波与双屿关系的概念。其后《明史》云"宁波之双屿",也不足为奇了。⑦ 因此,如果我们不以现代行政区划及其概念来套历史名称,历史地看,葡萄牙人以 Liampo,即宁波的谐音称双屿,是合乎情理的。就其广义而言,作为宁波的门户,可以认为明代双屿是宁波诸港之一。就其狭义而言,则是中葡海商共同建立的以葡萄牙人为主的双屿港聚居地,即葡萄牙人在浙江的主要活动据点双屿。关于当年双屿的地点所在,至今尚存争议,本书不想多议。而在双屿的称谓上,史载,那里"东西两山对峙,南北俱有水口相通,亦有小山如门障蔽,中间空廓十余数,藏风聚气,巢穴颇宽"⑧。对于以葡萄牙人为主的双屿港聚居地,在葡萄牙人平托《远游记》中以"双屿门"为标志,其中或称"村落",或称"城",并没有统一称谓,但记述最为详细。⑨ 我们认为称"村落"偏小,故采用"城",即城市聚落之义,认为当时双屿是一个由海上贸易而兴起的市镇更合

---

① 天启《舟山志》卷首,《邵辅忠序》,台北成文出版社有限公司1983年影印本。
② 嘉靖《宁波府志》卷首图,台北成文出版社有限公司1983年影印本。
③ (明)严从简:《殊域周咨录》卷二《东夷》,中华书局1993年版,第74页。
④ (明)郑若曾:《筹海图编》卷五《浙江倭变纪》,中华书局2007年版,第322页;(明)何乔远:《名山藏·王享记》一,江苏广陵古籍刻印社1993年版。
⑤ (明)朱纨:《甓余杂集》卷三《海洋贼船出没事》,卷四《双屿填港工完事》,《四库全书存目丛书》,第78册。
⑥ 沈一贯:《喙鸣诗文集》,《文集》卷一二《叙嘉靖间倭入东南事》,明刻本。
⑦ 《明史》卷二〇五《朱纨传》,第5403页。
⑧ (明)朱纨:《甓余杂集》卷四《双屿填港工完事》,《四库全书存目丛书》,第78册。
⑨ [葡]费尔南·门德斯·平托著,金国平译:《远游记》,葡萄牙航海大发现事业纪念委员会、澳门基金会、澳门文化司署、东方葡萄牙学会1999年版。

适些。

二 双屿城的兴起

追溯双屿港兴起的历史,在明朝当时人郑若曾《筹海图编》、唐顺之《武编》中,记述"太仓往日本针路","日本往太仓针路",都必经"双屿港"。① 说明当时双屿在海上的地位,既是地名,又是港名。

作为国际走私贸易港始于何时,长期以来在中外学术界颇多歧义。但是出使过日本的当时人郑舜功《日本一鉴·穷山话海》中的下面这段记载,是几乎所有学者都要征引的:

> 浙海私商,始自福建邓獠。初以罪系按察司狱,嘉靖丙戌,越狱逋下海,诱引番夷私市浙海双屿港,投托合澳之人卢黄四等,私通交易。嘉靖庚子,继之许一、许二、许三、许四,勾引佛朗机国夷人,络绎浙海,亦市双屿、大茅等港,自此东南衅门开矣。②

这段记载,是大多数学者以1526年作为双屿港兴起时间的主要依据。在时间上,嘉靖丙戌,是嘉靖五年(1526);嘉靖庚子,是嘉靖十九年(1540)。值得注意的是,前面记述福建邓獠"诱引番夷"在双屿"私市",结合当时葡萄牙人已被逐出广东的背景,诱引的"番夷"中,应包括葡萄牙人。后面则明确记载由许氏兄弟"勾引佛朗机国夷人",络绎在双屿、大茅等港进行交易,这也是一个"东南衅门"大开的标识性事件。

时人唐枢的话,印证了1526年:"其始也,以不通商为迫,故海之炽寇,自嘉靖五年始也……嘉靖六七年后,守奉公严禁,商道不通,商人失其生理,于是转而为寇。嘉靖二十年后,海禁愈严,贼伙愈盛,许栋、李光头辈然后声势蔓衍,祸与岁积。"③ 这段话为上述郑舜功的记载作了一个最好的注脚,一是在开始时间上完全吻合,都说是自嘉靖五年;二是称嘉靖二十年(1541)后,"许栋、李光头辈然后声势蔓衍",活动升级,与

---

① 《筹海图编》卷二上《使倭针经图说》;(明)唐顺之:《武编》前集卷六,明刻本。
② (明)郑舜功:《日本一鉴·穷河话海》卷六《海市》,1939年据旧钞本影印本。
③ (明)唐枢:《简分守公》,《明经世文编》卷二七〇《御倭杂著》,第2849页。

丝绸之路上的明代中国与世界

嘉靖十九年"勾引佛朗机国夷人,络绎浙海"之言相互呼应。

明朝浙江巡抚、提督闽浙军务的朱纨,于嘉靖二十七年(1548)所撰《哨报夷船事》中,称外夷占据双屿"相传二十余年",① 而另一上奏中则更为确定:"海中地名大麦坑与双屿港两山对峙,番贼盘踞二十余年。"② 以此推论,双屿的兴起始于嘉靖初年,即 16 世纪 20 年代,是没有问题的。

在葡萄牙文献方面,葡萄牙人克路士云"开始到宁波(Liampo)作贸易"的时间,在西蒙·安德拉德出事,即 1522 年葡人被逐离广东之后。③

明人陈文辅比较详细地记载了 1521 年至 1522 年间汪鋐在广东与葡萄牙人的战事:

> 正德改元,忽有不隶贡数,号为佛郎机者,与诸狡猾凑杂屯门、葵涌等处海澳,设立营寨,大造火铳,为攻战具,占据海岛,杀人抢船,势甚猖獗,虎视海隅,志在吞并,图形立石管辖……公赫然震怒,命将出师,亲临敌所,冒犯矢石,勋劳万状,至于运筹帷幄,决胜千里,召募海舟,指授方略,皆有成算。诸番舶大而难动,欲举必赖风帆,时南风急甚,公命刷贼敝舟多载枯柴燥荻,灌以脂膏,因风纵火,舶及火舟,通被焚溺,合众鼓噪而登,遂大胜之,无孑遗。是役也,于正德辛巳出师,至嘉靖壬午凯还。④

最重要的是,以中葡文献互证,1521—1522 年,葡人西蒙·安德拉德在广东屯门与明朝官军发生冲突,随后发生中葡西草湾战事以后,欧洲第一位来华使臣受阻,葡人被逐出广东。⑤ 此这一重大外交事件的发展,殃及池鱼,影响了整个明朝朝贡贸易的正常进行,明廷下令:"自今海外诸夷及期入贡者,抽分如例;或不赍勘合及非期而以货至者,皆绝之。"⑥

---

① 《甓余杂集》卷二《哨报夷船事》,《四库全书存目丛书》,第 78 册,第 33 页。
② 《甓余杂集》卷二《瞭报海洋船只事》,第 37 页。
③ 《十六世纪中国南部行纪》,第 133 页。
④ 《都宪汪公遗爱祠记》,康熙《新安县志》卷一二《艺文志》,康熙刻本。
⑤ 参见万明《中葡两国的第一次正式交往》,《中国史研究》1997 年第 2 期。
⑥ 《明世宗实录》卷四,正德十六年七月己卯。第 208 页。

"有司自是将安南、满剌加诸番舶尽行阻绝。"① 于是,也就是在1522年,葡萄牙人不甘心失去与中国的贸易机会,为了不放弃颇有价值的贸易,在居于马六甲、暹罗、北大年的华人引导下,葡萄牙私商便避开广州,贸易船"从马六甲直接驶往浙江和福建"②。史载:"商舶乃西洋原贡诸番,载货舶广东之私澳,官税而贸易之。既而欲避抽税,省陆运,福人导之,改泊海仓、月港,浙人又导之,改泊双屿港。"③

正是在这样的机缘巧合下,葡人北上,到浙江和福建活动,得到当地中国人引导。与中国海商兼海盗结合,共同开辟了双屿港城。引导葡萄牙人到双屿的,主要是福建人和徽州人。郑若曾记载:"双屿港之寇,金子老倡之,李光头以枭勇雄于海上,子老引为羽翼。迨金子老去,李光头独留,而许栋、王直则相继而兴者也。"④ 福建人一支,是以金子老、李光头为首的海商兼海盗集团;徽州人一支,是以许栋兄弟为首的海商兼海盗集团,二者合踪,后歙县人王直"推许二者为师",⑤ 也活动于双屿一带。而此前王直已经到达日本,日本文献《南浦文集·铁炮记》记载在天文十二年(1543)八月,王直与葡萄牙人到种子岛。⑥ 由此开始进行与日本的走私贸易。

葡人加斯帕·达·克路士(Gaspar da Cruz)《中国志》记载,利益所趋,开始到Liampo贸易的葡萄牙人,得到当地人的支持:"他们很喜欢葡人,把粮食卖给葡人以便得到收入。在这些城镇中有一些跟葡人一起的中国商人,因为他们为人所知,葡人也以此受到较好的款待。通过他们的安排,当地商人把货物携来卖给葡人。和这些葡人一起的中国人就充当葡人和当地商人的中间人,所以很快获得大利。"⑦

---

① (明)黄佐:《黄泰泉先生全集》卷二〇,《奏疏》下《代巡抚通市舶疏》,康熙刻本。
② J. M. Braga, *The western pioneers and their discovery of Macao*, Imprensa Nacional, Macau, 1949, p. 65.
③ 《筹海图编》卷一二下《开互市》,第852—853页。
④ 《筹海图编》卷八下《寇踪分合始末图谱》,第570页。
⑤ 许二即许栋。
⑥ 参见万明《中葡早期关系史》,社会科学文献出版社2001年版,第54—55页。英国学者博克舍据葡文史料指出:"1542年,搭乘一只福建船上的三个葡萄牙逃兵偶然发现了日本",见C. R. Boxer, *Fidalgos in the Far East, 1550-1770*, The Hague:Martinus Nijhoff, 1948, p. 2.
⑦ 《十六世纪中国南部行纪》,第132页。

中外文献印证，1522年，也就是嘉靖元年，是一个关键的、不可忽视的年份。可以确定的是，此时葡萄牙人在广东被明朝挫败后，私商从广东转向浙海，这一走向与双屿港兴起有着密切关联，1522年可以作为双屿私人海上贸易港城形成的起点。无独有偶，嘉靖二年（1523）在宁波发生了日本贡使"争贡之役"，① 从此朝贡贸易严重受挫。

我们还应注意到，双屿港由于特殊的地理位置，自明初以来，就是走私贸易的港湾。双屿成为中外私人海上贸易聚集之地，在嘉靖三年（1524）已见记载。郑若曾云：

> 自甲申岁凶，双屿货壅。日本贡使适至，海商遂败货以随售。倩倭以自防，官司禁之弗得。西洋船原归私澳，东洋船遍布海洋，而向之商舶，悉变而为寇舶矣。②

甲申年，即1524年，也就是嘉靖三年。上述记载至少说明了双屿在当时已是一个中外海上私人贸易的集聚地。

明人王文录云："商货之不通者，海寇之所以不息也；海寇之不息者，宜其数犯沿海及浙东西而循至内讧也。何也？自嘉靖乙酉傅宪副钥禁不通商始也。"③ 并指出双屿港"久为萑苻之薮"。嘉靖乙酉，是嘉靖四年（1525）。这段话也证明了"海寇"于嘉靖五年（1526）以前就已在浙江从事海上贸易活动，此类活动必然要与外商进行交易，故也可作为双屿港开启早于1526年的一个佐证。

郑舜功《日本一鉴》曰：

> 嘉靖壬寅，宁波知府曹浩以通番船招致海寇，故每广捕接济通番之人。……明年……海道副使张一厚因许一、许二等通番致寇，延害地方，统兵捕之。许一、许二等敌杀得志，乃与佛郎机夷竟泊双屿。④

---

① 《筹海图编》卷五《浙江倭变记》，第322页。
② 《筹海图编》卷一二下《开互市》，第852页。
③ （明）王文录：《策枢》卷一《通货》，明百陵学山本。
④ 《日本一鉴·穷河话海》卷六《海市》。

第三篇　文化篇 >>>

　　嘉靖壬寅，是嘉靖二十一年，1542 年；明年，即 1543 年，这里再度印证了上述郑舜功记载的 1540 年以后双屿中葡海商兼海盗势力的兴盛。对照葡文史料，平托《远游记》所述双屿主要是 1540—1541 年以后之事，可以互证。

　　明人之记载告诉我们，在 16 世纪 20—40 年代，海商兼海盗起初是"每岁夏季而来，望冬而去"而已，① 其后发生了在双屿从"市"到"泊"的过程，即从原本私商交易之地——越冬之地——停泊聚居之地，这就是双屿城兴起的轨迹。

　　综上所述，我们认为，1522 年出现了浙海中外私人海上贸易的第一波浪潮，其后 1526 年开始的是第二波浪潮，而第三波浪潮则是以 1540 年为标志出现的。

　　双屿是闽商、徽商两大海商兼海盗集团为主引入葡人和东南亚各国人、非洲人，以及日本人，开展繁盛的国际走私贸易的结果。嘉靖二年（1523）在宁波发生了日本贡使"争贡之役"后，日本贡舶来华仅有嘉靖十八年（1539）和二十六年（1547）两次。嘉靖二十六年（1547）的舟山海上，日本以策彦周良为正使来华，作为终明之世最后的日本使团，曾经停泊在舟山穿鼻港，最后一个日本使团自嘉靖二十八年（1549）十二月三十日从北京回到宁波，并于次年五月以后扬帆回国，此后终明之世，再也没有日本朝贡使团出现，标志着朝贡贸易的尾声。② 与之形成对照的是，双屿自 1522 年以来，经过二十几年的发展，中外民间海商以中葡海商为主体，在舟山双屿港展现了一幅全新的图景：一个新兴港城平地而起。

　　舟山双屿港的繁盛兴起，标志着中国进入走向世界的初始阶段。在全球化开端之时，一个全球贸易体系正在酝酿与形成的大背景下，关注中国与世界历史发生重大变化的关联，以中国本土社会变迁与世界现实变革的历史潮流相融通为主要解释模式，舟山双屿港城的兴起并非偶然。嘉靖初年，16 世纪 20—40 年代，伴随私人海上贸易的蓬勃发展，中国白银在市场流通中形成主币逐渐成为事实，白银渗透到整个社会，促使各阶层上上下下产生了对白银的需求。这一巨大的日益增长的白银需求，使当时国内

---

①　《筹海图编》卷一二下《开互市》，第 852 页。
②　参见万明《明代嘉靖年间的宁波港》，《海交史研究》2002 年第 2 期。

白银储存量以及银矿开采量严重不足的矛盾凸显了出来，需求远过于供给，向海外的寻求成为必然。巨大的内需促发了走向海外的寻求，扩大的国际私人海上贸易引发了日本的银矿大开发，拉动了外银的流入。① 中国海商和葡萄牙等外国海商结合形成大规模私人海上贸易活动，双屿港城应运而生，标志着明代中国海上贸易从官方朝贡贸易为主体向中外民间海上贸易为主体的重要转变，为明朝后期海外政策与海外贸易模式的转变做出了重要铺垫。

第三节 全球化态势：双屿城之国际化特征

位于舟山南端，地图上静止的双屿，在 16 世纪初历史上曾一度活跃兴起。以私商云集的国际海上贸易而闻名中外，连接了中国市场和国际市场。而这一以国际走私贸易为主，兴起于中国的一大海上贸易港，充分体现了 16 世纪全球化的态势。下面我们就来看一看双屿城当时的情形及其具有的突出特征。

一 双屿城的城市架构

在葡萄牙文献中，Liampo 一词不仅是指宁波，更用于特指葡萄牙人的贸易居留地双屿港，早已为方豪先生考证得出，上文已述，在此不赘。下面让我们关注葡萄牙人为主的居留地双屿城存在的架构。

学界关于城市的定义极其繁多，一般而言对城市特征提出了一些描述性条件：一是集中，二是中心，三是有别于乡村聚落的高级聚落。关于双屿城的存在架构，由于中文资料大多阙如，只能主要利用葡文文献对之进行多元分析。

古代欧洲城市的格局非常简单，一座教堂、一个集市、一个法庭，外加一所市政厅，一座城市的主要规模就形成了。城市的延伸和扩大都是以此为中心而展开的。

---

① 参见万明《白银货币化与中外变革》，万明主编：《晚明社会变迁：问题与研究》，商务印书馆 2005 年版，第 143—246 页。

第三篇 文化篇 >>>

利用葡萄牙史料复原城市架构,葡萄牙人平托的对于双屿城的记述,最为详细:

> 来到了双屿门。所谓门,实为两个相对的岛屿。距当时葡萄牙人的贸易点三里格远。那是葡萄牙人建立的在陆地上的村落,房屋逾千。有市政官、巡回法官、镇长和政府官员。那里的书记在公文的最后常常这样写道:本某,双屿城书记官,以我主国王的名义……给人的感觉是该城位于圣塔伦和里斯本之间某地。该城充满自信和骄傲。有些房屋的造价已高达三、四千克鲁扎多。①

从城市结构和市政的发展来看,上述一段话说明,双屿城是葡萄牙人为主建立的,在管理上有市政厅、法官、镇长和政府官员。那里的书记自称"双屿城"书记官,说此地:"给人的感觉是该城位于圣塔伦和里斯本之间某地。"也就是说在葡萄牙人看来,双屿形成的是一个典型的准葡萄牙城市。甚至有葡萄牙人认为,在双屿"如此之自由,以致除绞架和市标(polourinho)外,一无所缺"②。

平托记载:在双屿城,不仅有宗教人士主持宗教仪式,而且形成了市政管理的官员,主持大型公共活动:

> 弥撒结束后,那双屿镇或称双屿城的四位主要官员走了上来。他们分别是:马特乌斯·德·布里托,蓝萨罗特·佩雷伊拉,热罗尼莫·德·雷戈,特里斯唐·德·加。在共计千人左右葡萄牙人的簇拥下,他们把安东尼奥·德·法里亚带到了一所房屋前的大空场上。③

在平托的记述中,还有一大段涉及双屿城市架构的话,现录于下:

> 这村落中除了来来往往的船上人员外,有城防司令、王室大法

---

① 《远游记》上,第192—193页。
② 《十六世纪中国南部行纪》第133页。
③ 《远游记》上,第202页。

官、法官、市政议员、死者及孤儿总管、度量衡及市场物价监察官、书记官、巡夜官、收税官及我们国中的各种各样的手艺人、四个公证官和六个法官。每个这样的职务需要花三千克鲁扎多购买,有些价格更高。这里边三百人同葡萄牙妇女或混血女人结婚。有两所医院,一座仁慈堂。它们每年的费用高达三万克鲁扎多。市政府的岁入为六千克鲁扎多。一般通行的说法是,双屿比印度任何一个葡萄牙人的居留地都更加壮观富裕。在整个亚洲其规模也是最大的。当书记官们向满剌加提交申请书和公证官签署某些契约时都说"在此忠诚的伟城双屿,为我国王陛下服务"。①

这段话虽然存在对于双屿称谓的矛盾:"村落""居留地""伟城",但从"双屿比印度任何一个葡萄牙人的居留地都更加壮观富裕,在整个亚洲其规模也是最大的"的评价来看,这不仅是一个村落,联系下面将谈到的关于双屿的人口规模及其活动范围,可以认为双屿是葡萄牙人在中国最早的城市聚落。

二 双屿城之人口构成

在城市研究中,人口是构成要素。双屿城人口构成复杂多元,充分显示了国际性。

关于双屿城的人口,平托的《远游记》有几处涉及:"那里有许多来自满剌加,暹他,暹罗和北大年的葡萄牙人。他们习惯在那里越冬。"② 明军捣毁时"当时那里还有三千多人,其中一千二百为葡萄牙人,余为其他各国人"③。"基督徒死亡人数达一万两千人,其中八百名葡萄牙人。"④ 一些学者认为平托的说法带有夸张成分。

根据明代文献记载,"徽州许二住双屿港,此海上宿寇最称强者"⑤,

---

① 《远游记》下,第699页。
② 《远游记》上,第162页。
③ 《远游记》下,第699页。
④ 《远游记》下,第700页。
⑤ (明)万表:《玩鹿亭稿》卷五《海寇议》,万历刻本。

"时有许栋者啸聚双屿港,兼冒二法,众至五六万"①。许栋等在双屿港召集海商"千余人","各造三桅大船,节年结伙,收买丝绵、绸缎、瓷器等货,并带军器,越往佛朗机、满咖喇等国,叛投彼处番王别琭佛哩、内伐司别哩、西牟不得罗、西牟陀密罗等,加称许栋名号,领彼胡椒、苏木、象牙、香料等物,并大小铳、枪刀等器械"引带番夷到双屿贸易。②明人王世贞曾云:"舶客许栋、王直辈挟万众双屿诸港,郡要缙绅利其互市,阴通之。"③双屿积聚的私商大群数千人,小群数百人,群据海岛。一至夏季,大海船多达数百艘,乘风破浪,蔽江而下;④甚至在嘉靖二十七年(1548)四月明军捣平双屿后,"浙海瞭报,贼船外洋往来一千二百九十余艘"⑤。由此可见,在海上有如此众多的中外私商船只来来往往。当时有船只被明朝官军擒获,记载"长九丈、阔二丈四尺、高深一丈七尺",运载百人。⑥上述外洋1290余艘船只,估计其人数可达数万之多;结合朱纨在战后登岛巡视所云:"双屿港既破,臣五月十七日渡海达观入港,登山凡逾三岭,直见东洋中有宽平古路,四十余日,寸草不生,贼徒占之久,入货往来之多,不言可见。"⑦足证双屿贸易之繁荣。结合双屿人口构成复杂多元,以流动人口为主,平托说法还是有一定可信度的,夸张部分是死亡人数。

此时,舟山双屿不仅向东与日本贸易,往北与朝鲜贸易,南通闽广,而且延伸到南海乃至太平洋、印度洋,远及欧洲。双屿成为国际商人大显身手的舞台,葡萄牙人是最早在那里开展贸易的外来群体之一。当时活跃于舟山海上的,不仅有中国沿海各地的海商,日本人,葡萄牙人,还有东南亚暹罗、彭亨、琉球、占城等国人,以及非洲人。这一点由朱纨派兵袭破双屿后,给朝廷的奏疏中排列的长长的名单所证明。⑧重要的是,当时

---

① (明)徐师曾:《湖上集》卷一三《大明故湖广按察司副使沈公行状》,万历刻本。
② 《甓余杂集》卷四《三报海洋捷报事》。
③ (明)王世贞:《弇州史料》后集卷三《湖广按察副使沈峦传》,《四库禁毁书丛刊》,史部第49册,北京出版社2000年版,第242—245页。
④ 《甓余杂集》卷三《海洋贼船出没事》。
⑤ 《甓余杂集》卷四《双屿填港工完事》。
⑥ 《甓余杂集》卷二《捷报擒获元凶荡平巢穴以靖海道事》。
⑦ 《甓余杂集》卷四《双屿填港工完事》。
⑧ 《甓余杂集》卷三《海洋贼船出没事》。

来自海内外、活跃于舟山海上的船舶,早已不仅仅是明朝朝贡贸易所能限定的,凸显了双屿港的国际性。

当时由于海上丝银贸易得利丰厚,浙江缙绅在内的地方势要也参与双屿的走私活动:"有力者自出赀本,无力者转展称贷,有谋者诓领官银,无谋者质当人口,有势者扬旗出入,无势者投托假借。双桅三桅,连樯往来,愚下之民,一叶之艇,送一瓜运一罇,率得厚利,驯致三尺童子亦知双屿之为衣食父母,远近同风。"① 总之,由于走私贸易的共同利益,葡萄牙人与中国海商兼海盗集团、乃至日本海商兼海盗已经结合在一起,双屿是中外私人海上贸易成规模的群体集结,是在中国最早形成的一大国际自由贸易港城。

三 双屿城是国际走私贸易港

双屿城以国际私人海上贸易为主体在短时间内兴起,充分显示出 16 世纪初东亚海上国际贸易的旺盛需求与经济全球化的发展趋势。

城市是在"市"的基础上兴起的,中外民间交换与交往频繁、固定的出现,使得人口的聚居成为可能。海上贸易的繁荣在双屿城的形成与发展中起了重要作用,双屿城在中国城市史上出现,是一种前所未有的异类城市——一种新兴海上贸易市镇型城市,完全不同于传统以行政区划形成的城市,也不同于同时期兴起于江南的工商业市镇。尽管明代(明清)市镇史研究已经产生了丰硕成果,② 但是迄今对于双屿这种新兴的、存在时间不长的、异类的雏形城市,尚鲜见关注。

明前期海上贸易以朝贡贸易为主体,以官方需要为主,如日本使团为了获取利润,最重要的进贡方物是刀剑,与民间交易关系不那么密切。伴随中国白银货币化的发展态势,成化以后民间私人海上贸易开始兴起,中外贸易商品结构发生了重大变化。一方面中国需要大量的白银,另一方面当时中国生产的商品远比欧洲要丰富得多,中国的丝绸、瓷器独步世界。

---

① 《甓余杂集》卷四《双屿填港工完事》。
② 刘石吉:《明清时代江南市镇研究》,中国社会科学出版社 1987 年版;韩大成:《明代城市研究》,中国人民大学出版社 1991 年版;王卫平:《明清时期江南城市史研究:以苏州为中心》,人民出版社 1999 年版;[美]施坚雅主编,叶光庭等译:《中华帝国晚期的城市》,中华书局 2000 年版,等等。

16世纪20年代，双屿兴起，主要贸易内容是丝银与瓷银贸易，或者说这是一个以丝银—瓷银贸易而兴起的城市也不为过。在葡萄牙人到达日本种子岛以后，岛主就是以银子支付全部货款的，此后，葡人与日人的通商贸易"始告隆盛"。明人记载："日本商人惟以银置货，非若西番之载货交易也。"① 据当时来华的葡萄牙人平托所说，"据知情者讲，葡萄牙的买卖超过三百万金，其中大部分为日银。日本是两年前发现的，凡是运到那里的货物都可以获得三、四倍的钱"②。可见双屿城的进出口贸易额超过300万金，大部分是以日本白银交易。16世纪40年代初，由于葡萄牙人到达日本，随后给双屿城带来了"日本盛产白银，中国货可以在那里赚大钱"的消息，于是"当时一担生丝只有四十两白银，八天中竟然涨到了一百六十两。就是这样，还要千方百计才能购得，且质量不佳"。如一次清点货物，"除去给葡萄牙人那部分之外，还有价值在十三万日本纹银的货物。品种繁多，锦缎、丝绸、丝线、塔夫绸、麝香、细瓷"③。这样的记载，使得白银贸易的特性极大地彰显出来。双屿城毁后，葡人记载："据说，仅在白银、胡椒、檀香、荳蔻花、核桃及其他货物上就失了一百五十万金。"④

平托记载丝银贸易："两个人开始到岛上去收货。他们带着从主人手中借来的五、六十个奴仆去收挂在树上晾晒的丝绸。此外，在两所大房子中，在很干燥的环境中还储藏着许多丝料，如前所述，总值达白银十万两，有一百多人的股份。一些股东在双屿，另外一些在满剌加。当时那批货物就是准备运到满剌加去的，这两批收回的货物价值也在十万克鲁扎多以上。"⑤ 而葡萄牙人"发现宁波售卖大量细瓷"，起初他们还以为是在宁波制造的，后来才知道江西景德镇是宁波大量细瓷的来源。⑥ 于是葡萄牙人在浙海也开展了瓷器贸易。

四 双屿形成了新的国际贸易与文化网络

当时的双屿，以中葡海商为主，形成了新的国际海上贸易网络：双

---

① 《筹海图编》卷一二下《开互市》，第853页。
② 《远游记》下，第699页。
③ 《远游记》上，第178页。
④ 《远游记》下，第699、700页。
⑤ 《远游记》上，第177页。
⑥ 《十六世纪中国南部行纪》第2页。

屿—日本—东南亚—印度洋—欧洲。新兴港口城市的经济功能突出，与此前只是"其外三韩、日本诸夷每入贡"的情况不同，更不是朝贡贸易时期单一对日本一国的港口可比。当时朝贡贸易已无法满足国际国内海上贸易日益增长的需求，私人海上贸易适逢其会，代之而起。常年于南风汛发时月，运输海外胡椒、苏木、象牙、香料、刀剑、倭扇、黄铜、白银等来华进行贸易，在双屿港内停泊，"习以为常"，而携带中国货物生丝、瓷器、药材等出洋。伴随官方朝贡贸易向民间私人海上贸易的转变，作为16世纪初名副其实的国际私人海上贸易港，双屿海港性质国际化，海上贸易功能凸显，海上贸易发展到包容跨洲、跨洋贸易，航线也随舟山双屿国际贸易港城的形成而极大拓展，显示出全球化的明显趋势。

从历史角度看待昙花一现的舟山双屿港，研究的第一个层面是把当时双屿社会生活的表象呈现出来，第二个层面是揭示社会生活现象背后的文化内涵。全球化早期的双屿城是各种文明碰撞与交融的一个典型例证，城镇在早期现代化过程中被赋予丰富的文化内涵。

据平托记述：葡萄牙大商人法里亚是在"一片悦耳的乐器声"中被迎进了港口，包括在海岬上按照葡萄牙人的习惯，一队人敲锣打鼓，载歌载舞迎接，"一切是那样具有故土气息"。在船队进港之前，有60只船张灯结彩，铺着地毯，"有三百身着盛装，披金戴银，按非洲习惯斜挎镶金宝剑金的人来迎候他"。而在下船时，按照西方礼节鸣放了礼炮。① 据称："他在一片鼓号齐鸣及中国、马来亚、占城、暹罗、婆罗洲、琉球及各种各样的乐器声中来到了码头"，由"一顶富丽堂皇的轿子把他像抬巡按御史一样地抬上了岸"②。在双屿，人们不仅在教堂里做弥撒，而且在宴会上演出中国戏和葡萄牙戏。③ 于是，我们在双屿看到了亚、非、欧的文化汇聚一堂的场面。

平托记载：双屿的人们热情地款待了安东尼奥·德·法里亚，"在此逗留的六天中，本镇或称本城中凡是稍有名气的人都捎带着各种精美食品，佳酿美酒，各色鲜果来探望他。东西多得令人目不暇接，主要是送东

---

① 《远游记》上，第196页。
② 《远游记》上，第197页。
③ 《远游记》上，第203页。

西来时那宏大壮观的场面给我们留下了深刻的印象"①。虽然我们不能从这段话里具体了解此城镇中礼仪的"宏大壮观的场面",但是有理由相信在双屿出现的美食,也具有多元文化的内涵。

下面这一段记载,可以加深我们对于双屿城多元文化的认识,故录于下:

> 六位知名人士打着一顶富丽堂皇的华盖送他(法里亚)到教堂中去。他不接受这一隆重的礼节,藉口说他生来就没有这种享有殊荣的命。他还是按照一开始那种简单的方式,即在众人的簇拥下前进。夹道迎接他的人群中有葡萄牙人,还有在那里经商的其他外国人。因为那里是当时所知的最富有的良港。走在他前面的人欢歌曼舞,沿途杂耍。当地人用这种方式来接待我们。如同我们葡萄牙人一样,一些是请来的,另外一些是在被迫服刑。伴随之的是一片五花八门的乐器声、人声沸鼎,如同梦境一般。②

如果说上面的记载,是多元文化的交融,那么下面的宗教仪式,则更多地反映了西方的文化:

> 抵达教堂门口时,八个身着锦缎礼袍,佩带华贵披肩的教士列队吟唱"赞美上帝",迎接他。还有许多人在风琴的伴奏下为之伴唱。那情景如同在一王子的小教堂中一般。在这缓慢庄重的仪式中,来到了教堂的主殿。只见那里安放着铺着白锦缎的王位,上面有一把包着洋红天鹅绒的椅子。它的下面摆着一个用同色天鹅绒制的垫子。他一坐到那把椅子上,便响起了和谐的弥撒声,无论是人吟还是乐曲都很动听。一位名叫埃斯特万·诺格伊拉的代理主教开始布道。
>
> 进来了六个身着天使服的助祭儿童。他们手持各种镀金乐器。代理主教跪在无染受孕圣母之前,眼望图像,双手高举,眼含热泪,用悲切的口吻,像着图像说道:

---

① 《远游记》上,第195页。
② 《远游记》上,第200页。

> 丝绸之路上的明代中国与世界

>"圣母,您是玫瑰"。
>
>六名儿童齐声附会:
>
>"圣母,您是玫瑰"。
>
>孩子们一边吟唱,一边弹拨乐器,听得所有在场的人都如痴如迷。这虔诚的场面真可使人为之一掬热泪。
>
>然后,代理主教按照古老的方式,奏起一把巨大的吉它,用吟念弥撒一般的抑扬顿挫的声音十分虔诚,却是应景地在吉它上演奏了几支曲子。每奏完一遍,孩子们都齐声答道:圣母,您是玫瑰。众人认为这一演奏极佳,无论是那音乐的合谐,还是气氛的虔诚,使教堂中所有的人无不听之泪下。①

在明军攻克双屿后,史载"将双屿贼建天妃宫十余间"都焚毁了。② 所谓"天妃宫",很可能与教堂是一体的。

不仅是双屿的和平时期的盛大宴会和宗教仪式带来了多元文化的交融,而且在双屿的战事中,也有文化的传播与交流,请看下面的记述:

>鸟铳之制,自西番流入中国,其来远矣。然造者多未尽其妙,嘉靖二十七年,都御史朱公纨,遣都指挥卢镗破双屿港贼巢,获番酋善铳者,命义士马宪制器、李槐制药,因得其传,而造作比西番尤为精绝云。③

从这段记载,可以得知在全球化的背景下,当时技术传播的加速。通过在双屿的军事冲突,明人获得先进的鸟铳技术,并推进了技术的发展。

应该说双屿城的毁灭,与其特征是紧密相连的。换言之,双屿城的毁灭,有其必然性。首先,双屿城的兴起依赖走私贸易,这在明朝官方看来是大逆不道的:"海船大小俱二桅以上,草撇则使浆如飞,攻劫最利。此皆内地叛贼,常年于南风汛发时月,斗引日本诸岛、佛朗机、彭亨、暹罗

---

① 《远游记》上,第200—201页。
② 《甓余杂集》卷二《捷报擒斩元凶荡平巢穴以靖海道事》。
③ 《筹海图编》卷一三下,《鸟嘴铳图说》。

诸夷前来宁波双屿港内停泊。内地奸人交通接济,习以为常。因而四散流劫,年甚一年,日甚一日。"① 当时巡抚浙江兼管福建福、兴、建、漳、泉等处海道提督军务的朱纨,在奏疏中直呼为"叛贼"。

嘉靖二十六年(1547),葡人因贸易欠账纠纷,在浙江劫掠,不但将大学士谢迁在余姚的宅第"遭其一空",而明朝备倭把总指挥白濬、千户周聚、巡检杨英也在出巡时被掳。② 以此为导火索,朱纨走马上任后采取果断措施给予坚决打击。嘉靖二十七年(1548)遂有"双屿之战"。

双屿战事,在《明世宗实录》中以赏赐朱纨而记载在册:

> 嘉靖二十七年九月辛丑,赏巡视海道都御史朱纨银币。初海贼久据双屿岛,招引番寇剽掠。二月中,纨密檄福建都司都指挥卢镗等,以轻舟直趋温州海门卫,伺贼至,与浙兵夹击,败之,贼遁入岛。捷闻。③

平托记述:明朝"立即派了一位如同我们中海军上将的海道,率领一支由三百艘中国大帆船及八十艘双桅帆船,六十万大军,在十七天内做好备战工作。一天清晨,这一舰队向葡萄牙人的村落发动了攻击……所有东西被付之一炬,夷为了平地。基督徒死亡人数达一万两千人,其中八百名葡萄牙人。这些人分别在三十五艘大船和四十二艘中国帆船上被活活烧死。据说,仅在白银、胡椒、檀香、荳蔻花、核桃及其他货物上就失了一百五十万金"④。

明朝抗倭名将俞大猷云:"数年之前,有徽州浙江等处番徒勾引西南诸番,前至浙江之双屿港等处买卖,逃免广东市舶之税。及货尽将去之时,每每肆行刮掠。故军门朱虑其日久患深,禁而捕之。自是西南诸番船只复归广东市舶,不为浙患。"⑤

至此,葡萄牙人为主建立的双屿城被捣平,浙江海上肃清,葡萄牙人

---

① 《甓余杂集》卷三《海洋贼船出没事》。
② 《日本一鉴·穷河话海》卷六《流通》。
③ 《明世宗实录》卷三四〇,嘉靖二十七年九月辛丑,第6199页。
④ 《远游记》下,第699、700页。
⑤ (明)俞大猷:《正气堂集》卷七《呈总督军门在庵杨公揭二首》,清道光刻本。

回归广东，并最终在广东澳门入居，开始了正常贸易。①

　　进入16世纪以后，全球化开端，西方人扩张东来，最早是葡萄牙，接着是西班牙、荷兰、英国，在晚明相继来到了东方海上，他们采取亦商亦盗的贸易形式，展开对于海上资源的激烈争夺，从此东亚海上贸易竞争进入了白炽化状态。在这一曲折发展过程中，葡萄牙人率先东来，酝酿了晚明中国社会变迁和社会转型进程中海上贸易与港城出现的新格局。由于全球化开端之时的海上竞争的加剧，当时国际贸易的特征就是亦商亦盗，而私人海上贸易的蜂起，在中国和葡萄牙乃至日本、东南亚各国都是共同存在的问题，海上的无政府状态，属于16世纪全球海上贸易体系初步形成过程中的发展常态。在全球化这种海上竞争局面初起之时，对于中国明朝朝贡贸易是挑战，对于明朝国家社会治理也是一个重大挑战。从国家治理的角度，明朝不能容许毫无秩序可言的海上活动在密近南京的地方出现，出兵平息，是可以理解的。但是，双屿城的毁灭，却也不像有的学者认为的那样，是私人海上贸易的幻灭，而是影响深远，对后来澳门开埠和隆庆开海都产生了极为重要的影响。在嘉靖年间平息海上以后，明朝海外政策发生转变，意味着制度的变迁，开启了两种新型的海外贸易模式：一是在福建漳州月港开海，允许中国商民出洋贸易；一是在广东澳门开埠，允许外商入华经营海上贸易。虽然经历了诸多曲折，但是，前者标志中国海商出洋贸易的合法化，从而孕育了海商集团迅速崛起；后者标志澳门作为中外贸易的窗口，葡萄牙人入居及其合法化，开辟了多条海上国际贸易航线，在全球贸易体系开端之时，中国与世界连接了起来。这是一种不可逆转的全球化大趋势。

结　　语

　　晚明中国从海上与世界联系在一起，中国社会变迁与全球化开端的历史密不可分，新型城镇——双屿港城的出现，充分证明了这一点。

---

① 参见万明《明朝对澳门政策的确定》，《中西初识》（"中外关系史论丛"第6辑），大象出版社1999年版。

舟山双屿港的兴起并非偶然。明代嘉靖初年，白银货币化已经呈现出基本奠定白银为流通领域主币的态势，白银渗透到整个社会，促使各阶层上上下下产生了对白银的需求。旧的对外贸易模式——朝贡贸易不能满足需要，中外私人海上贸易蓬勃兴起，于是舟山双屿港应运而生。标志着中国国内市场发展，并迅速向海外拓展，中国海商参与了世界市场体系最初的建构过程。

明代中国海上力量在历史上拥有重要地位和影响，前有郑和，后有郑成功，二郑的海上功业，名垂千古。前者是明初官方海上力量的代表，后者则源自民间海上力量海商集团的崛起。那么二郑之间的海上发生了什么？从区域到世界，海上贸易经历了重大转型，海商集团崛起为海上贸易的主体，繁盛的国际贸易曾在中国土地上孕育了一个前所未有的城市，从世界大变迁的视野来看，这是一个新兴的城市，也是一个新型的城市。这一城市虽然昙花一现，但是影响则是极为深远的，其后漳州月港和广东澳门，都可以说是双屿港的延续。

双屿港的出现，是一幅全新的图景。同时说明16世纪初嘉靖年间的倭寇问题不仅是中国内部的抗倭与反海禁问题，也不仅是中日两国的问题，甚至不仅是东亚海域的问题，而是错综复杂的海上贸易国际化的问题；亦商亦盗绝非当时中国与东亚海上孤立出现的问题，是一个全球的国际现象，是私人海上贸易蓬勃兴起引发的国际性问题，说到底，这正是全球化初始阶段的海上贸易国际化的主要特征，一个世界在16世纪开始从海上连接起来，而这个海上世界的秩序还没有形成。如果以单一的倭寇或单一的反海禁来视之，将使我们的认识无法接近历史的真相。

以往对于Liampo的研究成果已经相当丰硕，但至今仍有含混之处。在一定程度上是当时历史现实的复杂性与中外文本张力的反映。全球化无疑表现出一种现代性，我们从双屿港的兴起，看到了16世纪初全球贸易体系最初形成的贸易网络，连接了中国与日本、东南亚、南亚、非洲，乃至欧洲，在那里活跃着中国人、葡萄牙人、日本人、东南亚各国人，还有非洲人等，而作为晚明出现的一种新型的城镇，双屿无疑也展示了一种现代性；而且我们从中也看到了随全球化带来的各种问题，展现的是特定语境下的迅即突变的不确定性和海上世界的无序与混乱状态，从而确认亦商亦盗正是当时海上贸易的特征。

>>> 丝绸之路上的明代中国与世界

中西直接交往自海上始,全球化自海上始。舟山双屿港见证了中国海商兴起的轨迹,也见证了中国与葡萄牙乃至全球化开端时中外海上贸易引人注目的发展历程。研究明代舟山双屿港昙花一现的历史,有助于我们更全面地认识全球化开端时代的晚明中国如何曲折地走向了世界。

第五章 明代"贡市"与宁波港市的嬗变
——以《敬止录》为中心的探析

第一节 问题的提出

港口城市是城市的一种特定形式,城市由港而兴,城市的兴衰与港口的兴衰紧密相连。位于"古越地之东境"的宁波,古称明州,自唐代,特别是宋代以来,显然由于作为中国绵长海岸线中部的港口城市而得到了迅速发展。它临东海之滨,以良好的港湾、气候和地理位置,形成连接海内外的水陆交通运输枢纽,中外贸易货物的集散地,进而成为中国对外交往贸易的重要港市之一。得益于"三面际海,带江汇湖,土地沃衍,视昔有加"的自然条件和人文传统,① 明朝继承前朝做法,将主要"贡市"地点之一定于浙江宁波,所谓"贡市",明朝人作"朝贡"与"市易"解,设立市舶司,"掌海外诸蕃朝贡市易之事"②,体现了港市的基本功能。

迄今为止,中日学者对明代宁波已有大量研究成果,着眼点最多的无疑是明日关系与海上贸易及冲突,如小叶田淳、木宫泰彦、郑樑生、佐久间重男等先生都有相关的专深研究;③ 作为研究中国都市史的著名学者,

---

① 成化《宁波郡志》卷一《土风考》,《北京图书馆古籍珍本丛刊》本,第28册。
② 《明史》卷七五《职官志》四《市舶提举司》,第1849页。
③ [日]小叶田淳:《中世日支通交贸易史の研究》,刀江书院1941年版;[日]木宫泰彦著,胡锡年译:《日中文化交流史》,商务印书馆1980年版;郑樑生:《明代中日关系研究》,台北文史哲出版社1985年版;[日]佐久间重男:《日明關係史の研究》,东京吉川弘文馆1992年版。相关研究成果丰硕,恕不能一一列举。

<<< 丝绸之路上的明代中国与世界

斯波义信先生从江南社会经济史视角对宁波及其腹地的研究尤为深入,并曾以亚洲海事史的宏大视野对宁波港市作了专门探讨。① 然而,在以往诸多研究成果中鲜见征引《敬止录》。有明一代在宁波设府,府治所在,鄞县为首县。明末鄞县人高宇泰《敬止录》四十卷,② 是迄今留存下来最早的鄞县史志。全书分为沿革疆域考、城池乡里考、坊表考、山川考、学校考、仓储考、海防考、贡市考、武卫考、遗事考、坛庙考、寺观考、胜迹考、谷土考、岁时考、灾异考、方言考、荟蕞考、历志考,实际上是明末宁波珍贵的资料汇集。值得特别注意的是其中卷二十、卷二十一的《贡市考》。《贡市考》上是历代建置沿革、空间位置和物品交流的记述,《贡市考》下汇集有明一代"贡市"兴衰的相关文献。总之,《贡市考》备述宁波历代"贡市"沿革与兴衰,考证甚详,是明末当地人对有明一代宁波"贡市"的总结性记录,更重要的是,我们发现其中保存有久已亡佚的《皇明永乐志》(永乐《鄞县志》)的文字,③ 史料价值极高。因此,本章尝试以动态的城市史视角,以"贡市"为切入点,利用以往鲜见征引的《敬止录》为主要线索,结合考古报告和其他文献资料,考察明代宁波"贡市"相关设施及其在城市的空间位置以及变化的实态,进而揭示"贡市"兴衰与宁波城市功能演变的关系。

---

① [日] 斯波义信著,方键、何忠礼译:《宋代江南经济史研究》,江苏人民出版社2001年版;[日] 荒野泰典、[日] 石井正敏、[日] 村井章介编:《アジアのなかのⅢ海上の道日本史》Ⅰ《港市论——宁波港と日中海事史》,东京大学出版社1992年版。
② 高宇泰《敬止录》卷首徐时栋"新定次第"言:"四明故有志也,而鄞邑未有专书",高氏首开先例,但是此书"不以志名"。其后有康熙、乾隆等《鄞县志》出,徐氏认为"其考据皆不逮隐学"。高宇泰,字符发,改字虞尊,别字隐学,晚年自署宫山,又署蘖庵,考证广博。明末他起兵于鄞,鲁王授以兵部郎,兵败后隐居以终。高氏编纂此录于清顺治初年,未刊,200年后书几消亡,后幸为清鄞县徐时栋所得,重新编辑次第为40卷。钞本现存中国国家图书馆一部,即道光十九年(1839)烟屿楼钞本。在此应该特别说明的是,同为高宇泰《敬止录》徐氏编本,现存还有浙江图书馆所藏的一部,是冯贞群先生的抄校本,由杭州古旧书店于1983年复印12册出版,流传较广。但经笔者查对,其本仅载有《贡市考(下)》的内容。
③ 永乐《鄞县志》,纂修人名氏不可考,永乐间修,已佚。《千顷堂书目》《文渊阁书目》著录。高宇泰《敬止录》云:"永乐志不著撰者姓氏,予于《南山集·张德惠墓志》言其博学好古,预修永乐志。惜未及刊。同修者钞峡甚伟,最为详备。"高氏《敬止录》中多所引述。

· 636 ·

第三篇 文化篇 >>>

第二节 明代"贡市"相关设施及其在城市的空间位置

对于市舶司及其安远驿等"贡市"相关设施在宁波城中的空间位置，《敬止录》依据宋元明志书，考述甚详，其中部分直接来自久佚的《皇明永乐志》，即永乐《鄞县志》（以下简称《永乐志》）。下面就以《敬止录·贡市考》（以下简称《敬止录》）为线索，对"贡市"相关设施在宁波城中的空间位置进行考察①。

一 市舶司与安远驿

明代"贡市"的管理机构是市舶司，因此它在"贡市"相关设施中的重要性是首屈一指的。明廷对于市舶司的重视，由《大明一统志》中宁波府公署首列"浙江市舶提举司"，可见非同一般。②《敬止录》首先记述的是安远驿和市舶司，这是因为在城市空间位置上二者紧密联系在一起。让我们先来看市舶司。

明代浙江市舶司的设置，是沿袭前朝的制度。据《敬止录》考述："市舶司之名起于唐，宋因之，置务于浙及闽广。"③ 实际上唐代始有市舶使之设，宋代设市舶务，浙江市舶务初置于杭州，明州（宁波时名明州）的市舶之设，则始自北宋太宗淳化元年（990）。④ 其时市舶自杭州迁到明州，"命监察御史张肃主之。明年，肃上言非便，复于杭州置司"，因此市舶务从明州又迁回了杭州。到宋真宗咸平二年（999），"杭、明二州各置务"⑤，明州与杭州并设了市舶务。北宋中期，明州与广州、杭州三个市舶司并称为"三司"。"三司"并存的情况一直延续到宋神宗时（1068—

---

① 需要说明的是，这里以《敬止录》卷二〇《贡市考》上的记述为线索，但并不完全依据其顺序梳理。
② 《大明一统志》卷四六《宁波府·公署》，三秦出版社1990年影印。
③ 《敬止录》卷二〇《贡市考》上。
④ 《宝庆四明志》卷三《仓场库务院坊》，清烟屿楼重印宋元《四明六志》刊本。
⑤ 《宝庆四明志》卷五《市舶》。

1085),以后宋朝又增置于秀、温二州及江阴,发展到"在浙者凡五务"。到了南宋,高宗初宣布"两浙、福建路提举市舶司并归转运司",是废弃了两路市舶司,但不久于建炎二年(1128)"诏依旧复置两浙、福建路提举市舶司"①。光宗初年,禁至澉浦,结果是杭州市舶废。此后,浙江市舶的重大变化发生在宋宁宗时:"禁秀、温、江阴贾舶,则三郡之务亦废。凡诸番之至中国者,唯庆元得受而遣之。"自此以后,浙江唯一设立的市舶遂定于庆元(宁波时名庆元)。

元至元十四年(1277),元军取得浙、闽等地以后,在泉州、庆元、上海、澉浦四地设立了市舶司,后又陆续添置了广州、温州、杭州三个市舶司。但是,此后合并的结果,是只余下庆元、泉州、广州三处,事务归地方行省管理。庆元市舶提举司设于至元十五年(1278),虽屡有兴废,②但是与泉州、广州并称元代对外三大港口。这样一来,宁波遂成为宋、元两代在浙江一直存在市舶机构的唯一一个港口城市。

明初沿用明州之名,至洪武十四年(1381)正月"改明州府为宁波府,卫为宁波卫"③。由于当时宁波拥有作为港口城市的有利条件:东海航线的便利,与日本相邻最近的港口,腹地社会经济发展,造船业历来享有盛名,海外贸易占有重要地位等等。因此,明朝沿袭前朝做法,在朝贡船只往来出入的宁波,与泉州、广州同样设置了市舶司,后曾一度停罢,④而宁波市舶司的全盛时期开始于永乐年间。永乐元年(1401)八月,帝以"海外番国朝贡之使附带物货前来交易者"需要有专门机构管理,命吏部"依洪武初制,于浙江、福建、广东设市舶提举司,隶布政司,每司置提举一员,从五品。副提举二员,从六品。吏员一员,从九品"⑤。宁波从此成为明朝对外交往贸易的一个港口重镇,发挥了重要作用。

根据记载,洪武时海外各国与中国往来"凡三十国"。⑥到永乐时,派

---

① 《宋会要辑稿》之《职官》四四之一一、一二,上海古籍出版社2019年版,第4209页。
② 元《延祐四明志》卷六《职官》:"庆元市舶提举司。至元十五年立提举庆元市舶使司,大德七年例革,至大元年再立庆元市舶提举司,至大四年例革,延祐元年复立,延祐七年再例革。"清烟屿楼重印宋元《四明六志》刊本。
③ 《明太祖实录》卷一三五,洪武十四年正月庚辰,第2148页。
④ 《明史》卷八一《食货志》五《市舶》,第1981页。
⑤ 《明太宗实录》卷二二,永乐元年八月丁巳,第409页。
⑥ 《明太祖实录》卷二五四,洪武三十年八月丙午,第3671页。

遣规模空前的郑和使团七下西洋,"通西南海道朝贡","自是蛮邦绝域,前代不宾者,亦皆奉表献琛,接踵中国"①。明初朝贡贸易达于极盛,宁波"贡市"发挥了重要作用。

明代"贡市"内容包括"朝贡"与"市易",通贡也即通商。明朝朝贡贸易大致可以分为以下四种类型:一是朝贡贸易中的朝贡给赐贸易,二是朝贡贸易中的使团附带商品交易,三是明朝遣使出洋直接进行贸易,四是官方管理下的民间互市贸易。相对前朝而言,明朝将民间私人海外贸易全部纳入了官方的范畴,这是一种明显的强化海外贸易管理的趋向。

这种强化趋向也表现在浙江市舶司在宁波城中的空间位置上。

洪武年间市舶司的设立地点现已无由得知。根据《敬止录》的记述,浙江市舶司于永乐元年(1403)设于宁波,位置在宁波卫后,原为"方国珍遗屋":

> 安远驿,在宁波卫后……为方国珍遗屋。永乐元年设市舶司于此,四年复改为驿。
>
> ……
>
> 以驿西方国珍花厅为市舶司。
>
> 提举一员,副提举五员,司吏二名,典吏二名。祗禁十名,弓兵二十名,工脚一百名,库子二十二名,秤子十名,合干人二名,行人一百名。
>
> 提举宅一:在东北隅魏家巷。
>
> 副提举宅三:一在东北隅小梁街,一在东北隅盐仓门里,一在东北隅大池头,其屋俱不出四间。自市舶司小下俱永乐志。②

由于浙江市舶司设置在城中的宁波卫后,为了更好地认识这一方位,我们有必要对宁波府治所和宁波卫治所在城市中的方位有所了解。

成化《宁波府简要志》云:

---

① 清佚名《明史稿·郑和传》,南京图书馆藏。
② 《敬止录》卷二〇《贡市考》上。

> 府治，在城西北隅，旧子城前四明驿址……洪武初，知府张琪拓子城东白衣寺址建各官廨……
>
> 卫所治，宁波卫治，府治西。按旧志，即唐明州治……经历司堂左，镇抚司堂右，五千户所仪门外，旗纛庙堂东北。①

成化《宁波郡志》云：

> 府治，在城内西北隅。②
> 宁波卫指挥使司，府治之西，谯楼之北，即明州治。③

由以上记述可以得知，宁波府治和宁波卫治所是位于城市的西北隅。重要的是，那里也正是唐代建立州城的中心所在地。宁波府城"三方际海"，"独西抵四明山"④。唐代明州州治从地处四明山麓，迁至奉化江与余姚江、甬江汇合处的三江口，在汇合处的奉化江西侧和余姚江南侧始建了四周长约420丈的子城，由此确立了宁波城市的位置。唐子城遗址就在今宁波市区中心部位，根据1997年遗址发掘报告，"唐长庆元年（821）在现市中心构筑明州城，后因筑罗城，故称为子城，历来为浙江东部的政治、经济、文化中心"⑤。

综合上述《敬止录》所记，永乐元年（1403）设市舶司，是在方国珍故宅设置的，宁波卫在府治西边，而市舶司位于宁波卫后，均在城市西北隅。永乐四年（1406）改其址为安远驿，而在驿西原方国珍花厅设置市舶司。《敬止录》记述的这段文字最后是"自市舶司小下俱永乐志"，显然除"小"字误衍外，可以说明其中关于市舶司的记载是直接来自《皇明永乐志》，记载的应是永乐年间市舶司设置以及官吏人等的具体情况。从地理位置上看，市舶司与府治、卫治所相邻，足以印证其在港城中具有的重要地位和明朝永乐年间对市舶司及相关设施的重视程度，同样说明问题的

---

① 成化《宁波府简要志》卷二《官府》，《四库全书存目丛书》，史部第174册，第731页。
② 成化《宁波郡志》卷五《廨宇考》。
③ 成化《宁波郡志》卷五《兵卫考》。
④ 成化《宁波府简要志》卷一《舆地志》。
⑤ 林士民：《浙江宁波市唐宋子城遗址》，《考古》2002年第3期。

是市舶官的人数，副提举达5人之多，以及行人达到100人的规模。市舶司中的"行人"，也即官方牙人，是中外贸易的中介人。《日本一鉴·穷河话海》中所云"部颁行人专主贡夷交易"① 即指此。从行人设有百名之多，也可知当时宁波朝贡贸易的繁盛景况。值得注意的还有市舶司的"提举宅"和"副提举宅"4处，这里的"宅"，应指公署，而不仅是私宅之义。总的一处在东北隅的魏家巷，其余分支也都设在东北隅，一在小梁街，一在盐仓门里，一在大池头，相距不远。为什么都聚集在东北隅呢？答案是由于市舶司职责所在，位置均在接近城市东部地扼出海航道的三江口（亦称三港口）与重要关津桃花渡的地带，三港口是直接从海上进入宁波城的门户，"诸番航海朝贡者，则取定海港抵府城三港口登陆"②。明朝在城中通往定海的水路要津设立关隘，"曰东津、曰西渡、曰桃花、曰定海关"，"桃花渡，一名东渡"③，此关即设于府城东渡门外三港口。联系到当时城内三个市，也都位于这一地带，也许更多意义，这需要进一步研究。

"贡市"管理机构市舶司公署在城市西北隅至东北隅的设置，可以说是以政治行政中心与三港口江海码头联结的布局。

现在再来看安远驿。安远驿是专门接待"海外诸番朝贡之使"的馆舍，与市舶司紧邻。永乐三年（1405）九月，"以海外诸番朝贡之使益多"，为了适应接待需要，帝又命于福建、浙江、广东市舶司分别设馆接待，在福建设来远驿，浙江设安远驿，广东设怀远驿，各置有驿丞一员。④次年，更命各市舶司官员"凡外国朝贡使臣往来皆宴劳之"⑤。

《敬止录》记述：

> 安远驿，在宁波卫后……为方国珍遗屋。永乐元年设市舶司于此，四年复改为驿。
>
> 正厅三间扁曰宾梯，厅前轩三间，东西小厅六间，过廊六间，左

---

① （明）郑舜功：《日本一鉴·穷河话海》卷七，据旧抄本，1939年影印本。
② 成化《宁波简要志》卷一《山川志》。
③ 《敬止录》卷一〇《山川考》七。
④ 《明太宗实录》卷四六，永乐三年九月甲午，第709页。
⑤ 《明太宗实录》卷五二，永乐四年三月甲寅，第789页。

右挟屋一十六间，中堂七间七披，东廊房一十二间，前过廊三间，左右厢房一十一间二披，西侧屋二间。后堂七堂二披，东西厢房一十三间一披，前厢房五间一披，东三椽过房三间，后左右侧屋五间，马房一十一间，外门三间，东西排楼各一座，铺陈什物三十副。驿丞一员，吏一名，馆夫二十名。

安远驿所在曾经是方国珍故宅，永乐元年为市舶司。永乐三年（1405）九月，由于海外朝贡使臣来华者多，帝命浙江设立专馆接待，于是次年在宁波将市舶司改为安远驿，此驿隶属于市舶司，专设有驿丞一员。

如上所述，市舶司"掌海外诸蕃朝贡市易之事，辨其使人表文勘合之真伪，禁通番，征私货，平交易，闲其出入而慎馆谷之"①。具体运作中，如日本船来华，要求有明朝发给的勘合，所以日本学者将这种贸易称为勘合贸易。②明朝对于进入宁波的外国船只，首先由定海巡检司严格检查。以景泰四年（1453）日本东洋允澎使团为例，四月六日船至普陀山，七日，有画船一艘自沈家门来，问是"什么船，从哪里来"。通事赵文瑞答曰"日本国进贡船"。八日，彩船百余艘来邀船，浙东沿海将军刘万户送龙眼、荔支等。九日，马大人赠水一艘，刘大人赠酒一樽。十日，日本三号、七号、十号船已到定海县。十一日，刘大人送笕菜、笋干等。十二日，船至沈家门，有官人乘画船五十余只，吹号角打鼓绕船一周，表示欢迎。由巡检司派官船领航，经由定海关进入宁波。到达宁波东渡门码头后，由市舶司内官迎接一行人员住于安远驿，"乘轿子入驿，驿门额曰浙江市舶司安远驿。驿中日本众所馆额曰'嘉宾'，有诸房，房额按字一号房专使居之；安字二号房纲司居之，安字三、四号以下居座次第领之"③。

---

① 《明史》卷七五《职官志》四《市舶提举司》，第1849页。
② 日本者关于勘合贸易的研究，主要可参见木宫泰彦《日中文化交流史》、小叶田淳《中世日支通交贸易史の研究》、田中健夫《倭寇と勘合贸易》等。木宫泰彦认为勘合贸易可分为两期，第一期起自足利义满到足利义持时期（1404—1419），第二期自足利义教到足利义晴时期（1432—1547）。见［日］木宫泰彦著，胡锡年译《日中文化交流史》，第520页。
③ 日本《允澎入唐记》，《续史籍集览》本。此资料的搜集复印，幸得井上彻教授、博士生金贤的帮助，在此深表谢忱。

第三篇 文化篇 >>>

此后市舶司官员按勘合所填贡品、货物、武器等逐一检查日船货物后,将货物收藏于市舶司东库。下面还将提到。同时,市舶司官员将贡舶到达申报北京。此后市舶司官员还要按照规定设宴招待日本使团一行人员。日本方面为表示答谢,有时也备置日式酒饭招待明朝官员。[①] 待到使团从北京回到宁波后,市舶司再次举行宴会款待,最后由市舶司拨下海上航行三十日的食粮"关米",使团离开安远驿启程回国。

二 东库与来安亭

市舶司的专门仓库是市舶库,也称东库。《敬止录》记载了东库及其来历:

> 东库,灵桥门内……
>
> 厅三间,后轩三间,左为土祠,右为庖舍,前仪门大门,库房五联,计六十一间,分为十四号。
>
> 宋名市舶务,淳化元年初置于定海县,后乃移州治,在行春坊,县学之西,后又徙子城东南,其左倚罗城。嘉定十三年火,通判王梴重建,久而圮。宝庆守胡榘属通判蔡范撤新之,比旧加高大,扁其厅曰清白堂,后堂存旧名曰双清。清白堂之前,中唐有屋,以便往来。东西前后列四库,胪分二十八眼,以"寸地尺天皆入贡,奇祥异端争来送,不知何国致白环,复道诸山得银瓮"号之。两挟东西各有门,东门与来安门通,出来安门为城外往来之通衢。衢之南北各设小门,隔衢对来安门。又立大门,门外濒江有来远亭,乾道间守赵伯圭建,庆元六年通判赵师嵒修,宝庆二年,蔡范重建,更名来安。贾舶至,检核于此,历三门以入务……
>
> 元改为库,名市舶库。内有敖房二十八间,以"天开瀛海藏珍府,今日规模复鼎新,货脉流通来万宝,福基绵远庆千春"为号。土库屋并前轩共六间。至元元年创盖外门楼三间,以备关防。方氏改为庆丰仓。皇明洪武初因之为广盈东仓。永乐三年复为市舶司库,名东

---

① [日] 木宫泰彦:《日中文化交流史》,第581页。

库。商舶到，官为抽分，其物皆贮于此。①

《敬止录》记述说明了明代市舶库是设立在宋代市舶务、库以及元代市舶库的方位上。可以补充的是，清道光年间发掘出的蔡范《市舶司记》云："甬东舶司创于淳化三年。"② 又《宝庆四明志》记载市舶务官"听事戚家桥"，位置在城东南厢南寺后门，距府一里半。③ 宋代市舶务与市舶库相邻，出入濒江码头上检查商舶的办公地来安亭也极为近便，而市舶务库在濒奉化江的码头一带，形成了建筑群。《敬止录》云"元改为库，名市舶库"，说明变化发生在元代，元朝将市舶司迁往城东北的姚家巷，建立官署。④ 因此，码头就只余下了市舶库。对于市舶库的建筑，元代也基本沿用宋代的，将库藏的号名更改外，最主要的变化是"至元元年创盖外门楼三间，以备关防"。明朝初年这里一度改成了广盈东仓，直至永乐三年（1405）恢复为市舶库。

明朝继承了元朝市舶司库房。而元朝"内有敖房二十八间"，即使加上土库屋并前轩共6间和至元元年创盖的外门楼3间，也不过37间，明朝则扩展为61间，仍设在城东灵桥门内，专为存储朝贡贸易货物。《敬止录》以上记录的是明代朝贡贸易鼎盛时期的东库。这里有两点值得注意：一是明朝东库比元朝时有了扩大发展，是贸易规模超过元朝的证明；二是市舶司的运作中，货物抽分是重要职责。

1995年宁波考古学者进行了市舶司遗址发掘。根据发掘简报，发掘工作在市区东渡路与新街地块进行。发掘重点是宋元市舶司（务）城门段城墙，可惜舶司（务）内衙署因基址大批被破坏，已无法复原。在第三层房基出土以明代青花瓷器为主，一些有"大明宣德年造""大明成化年造""大明嘉靖年造"的年款，定为明代层。⑤

---

① 《敬止录》卷二〇《贡市考》上。其中宋代市舶务的大段文字，大部分引自宋《宝庆四明志》卷三《仓场库务院坊》，但是也有一些并不出此，可知高宇泰参考了其他文献。

② 光绪《鄞县志》卷六一《古迹》一。见宁波市地方志编纂委员会编《宁波市志外编》，中华书局1998年版，第756页。

③ 宋《宝庆四明志》卷三《官僚·务镇官》；卷一二《桥梁》。

④ 元《至正四明续志》卷三《在城公宇》："庆元路市舶提举司，在东北隅姚家巷。原系断没官房基地，重建公宇。延祐七年例革，至治二年七月钦依复立提举司，专知市舶。"

⑤ 林士民：《浙江宁波市舶司遗址发掘简报》，《浙东文化》2000年第1期。

第三篇 文化篇 >>>

关于来安亭,《敬止录》中又云:

> 来安亭,见上。初名来远,临江石砌道头一片,中为亭。元泰定二年副提举周灿创盖,厅屋并轩共六间,南首挟屋三间,以备监收舶商搬卸之所。

来安亭是市舶司官员监督装卸货物的场所,位置就在江边灵桥门码头处。1978年和1979年宁波考古学者进行了东门口码头遗址发掘。东门口码头遗址地处余姚江、奉化江与甬江汇合处的三江口南侧,唐宋时代已是海运码头。这次发掘清理了3座宋代码头。根据报告,"宋市舶务即在这次发掘区的南端,这里建有大批的仓库。遗址的东南角,是'来安亭',它是接待各国商舶的签证机关,经过签证查验,方得入市舶务进行交易。从'三江口'到灵桥这一带,为宋代江厦码头(因有古江厦寺得名)"。可惜由于施工范围所限,"元明时期的海运码头位置和变迁没有探明"①。斯波义信先生早已指出:"由于甬江水深,巨大的海洋帆船也可以满帆驶入江厦附近的码头。"②

根据文献记载,元代时此亭"南有石墙围,通行路,北置土墙为界"③。从《敬止录》的记载来看,明代沿用了来安亭。以日本使团为例,在灵桥门码头,由市舶司监管,依次卸下船只所载货物,运入市舶司东库。凡贡献方物以及使臣自进物品和附搭物品中由明朝收购的物品,装箱运往北京、南京,其余一律退还日本使团,可自行互市。

需要注意的是,《敬止录》上文中提到的"商舶到,官为抽分,其物皆贮于此",正说明了朝贡贸易中有商舶,也即民间商人贸易成分。从日本贸易船的组织来看,日本学者认为第二勘合期的商人成分有着增长的趋势,甚至"以前商人只是以客人名义,准许搭乘,后来他们竟成了主

---

① 林士民:《宁波东门口码头遗址发掘报告》,《浙江省文物考古所学刊》创刊号,文物出版社1981年版。
② [日]斯波义信著,方键、何忠礼译:《宋代江南经济史研究》,江苏人民出版社2001年版,第528页。
③ 元《至正四明续志》卷三《各县公宇乡都坊社》。

体"①。

"贡市"中的物品,是指朝贡贸易的物品,也就是海外贸易物品。南宋志书记载当时明州市舶进口货物名目共有170多种,"细色"货物70余种,"粗色"货物在100种以上②。元末方志记载,"细色"货物达135种之多,"粗色"90种,此时前代所列为"粗色"的物品,很多已上升为"细色",因此"细色"超过了"粗色"的数目。③ 值得注意的是,宋代,尤其是元代,货物来源不仅有日本,而且有东南亚乃至西亚、阿拉伯地区,各国物品加起来达225种。到了明代,据《敬止录》引《永乐志》所载,已不分"细色"与"粗色",统计来自日本一国的物品就达248种之多,可分为9大类:一、宝物矿物类;二、工艺品类;三、扇类;四、兵器类;五、马匹毛皮类;六、纸品类;七、布绢类;八、香料药物类;九、日用杂品类。还有暹罗国的物品36种,而暹罗国物品后的小字则说明所引《永乐志》以下有脱页,④ 由此还可以推知,如果没有脱页的话,下面可能还有更多的物品名称或别的国家地区,可惜已不能得见全貌了。明代宁波"贡市"输入的货物种类繁多,数量巨大,由此可见一斑。⑤

日本贸易船所载货物分为向明朝的进贡物品和附载物品,其中又分为将军附载物品,武士、大名、寺院等附载物品,以及商人、水手附载物品。也就是说附载物品中包括将军、大名、寺院等的物品,其中有不少是商人的商品。这些货物除了进贡到北京的以外,有些是在宁波当地或者杭州交易,所谓货物"不堪者,令自贸易"⑥。交易分别在北京和宁波往返北京沿途与宁波本地进行。日本使团在北京获得给赐和部分附进货物的给价,而且在会同馆进行贸易,并购买货物。在京朝贡事毕后,按原路返回

---

① [日]木宫泰彦著,胡锡年译:《日中文化交流史》,第554页。
② 宋《宝庆四明志》卷六《叙赋》下《市舶》。
③ 元《至正四明续志》卷五《土产·市舶物货》。
④ 《敬止录》卷二〇《贡市考》上。
⑤ 关于《永乐志》所载宁波"贡市"物品清单,拙文《明代宁波"贡市"——明末高宇泰〈敬止录〉为中心的探析》进行了初步探讨,提交2005年12月"宁波海上丝绸之路学术研讨会";后又形成《明初宁波"贡市"新证——以〈敬止录〉所引〈皇明永乐志〉佚文外国物品清单为中心》一文。
⑥ 《正德大明会典》卷一〇一,《礼部》六〇《给赐》一。东京汲古书院1989年影印本,第381页。

宁波。如东洋允澎使团进京时使用 75 辆车装运贡物和附载商品到会同馆，离开时装运货物，一行人包括马 60 匹，骡 40 匹，驴 100 匹，车辆 120 辆，① 可见使团的交易数额之大。

海外国家附载货物的给价，由南京天财、广惠两库支给，见于成化南京兵部尚书王恕的奏状：

> 节该钦奉敕，臣等及南京户部、礼部，今该给日本国正赏并物价铜钱一千六百五万六千三百九十文。敕至，尔等会同太监安宁等，转行南京天财、广惠二库，照敕关出，公同差去官员，明白给赏。②

总的来说，因为明朝朝贡贸易不是由私商自行组织进行，而是国家行为，因此规模相对以往要大得多。明初宁波海外物品种类和数量都比前代有所增加，物品向两极发展。一方面供给上层的奢侈品发展愈加精致，以满足明朝上层需要；另一方面日常用品增多，是民间需求增长的表现。朝贡贸易包含进贡朝廷和民间互市两极的现实，说明朝贡贸易不仅是朝贡与给赐，也包括民间互市部分，朝贡贸易的本质是兼顾朝廷需要和民间需求的官方主导的海外贸易。永乐时期是一个全方位的中外文化交流鼎盛时期，这不仅表现在郑和下西洋，也表现在宁波港繁盛的"贡市"中，更重要的是，繁盛的"贡市"体现了宁波港市在海外贸易上的重要地位，是明代中外海上经济文化交流进入一个高潮时期的证明，也是宁波港市对外贸易功能凸显的表征。

三 四明驿

为接待和转送贡使，明朝在宁波还设置有四明驿。四明驿不隶属于市舶司，而是隶属于府，却是与"贡市"系统有着重要联系的设施。成化《宁波府简要志》记载：

---

① 《允澎入唐记》。
② （明）王恕：《王端毅公奏议》卷四《关过内府铜钱给赏日本国使臣事毕奏状》，上海古籍书店 1979 年版。

>四明驿，府治西南二里十步，月湖中，本唐贺知章读书处。地宋置涵虚馆，为迎送宾客之所。元至口十三年改置水马站，分南北二馆，中通桥路。国朝洪武元年改置水驿，选官置吏，站船八只，每舡水夫十名，带管递运舡二十四只，每舡水夫六名，南北驿房各四间。各房设正副铺陈四床，铺夫二十四名，防夫二十名。①

成化《宁波郡志》云：

>四明驿，府治西南二百十步。旧在府治内，即宋通判东厅址。元大德七年以月湖涵虚馆代之。至元十三年建南北二馆，中通桥路。大明洪武元年罢马站设水站，带官递运船只，复改今名。②

四明驿旧址在宋代府治的通判东厅，元朝先是迁至城西南月湖的宋代涵虚馆旧址上，以后又建立了南北二馆，据载，有"南馆房舍九间，北馆三十间"③。进入明朝，明太祖将水马驿改为水驿，名为四明驿。

设于城市西南漕运水路要冲之地的四明驿，是外国贡使从宁波出发赴京的处所。一般外国使团都是从四明驿上船，经浙东河到达杭州，再经大运河北上前往北京的。因此，宁波成为大运河通往海上实际的最南端。以日本东洋允澎使团为例，"众三百员平明出安远驿，各乘船四明驿"④，一行人员从四明驿上船，经由运河前往北京。初期规定进京人员大约300—350人，弘治九年（1496）后限定为50人，其余的人员则留在浙江。⑤

综上所述，现在让我们概览一下"贡市"相关设施及其在城市结构中的空间位置：市舶司与安远驿位于城西北隅，即城市政治行政中心区；市舶"提举宅"和"副提举宅"4处，在城市东北隅的魏家巷、小梁街、盐仓门里和大池头，靠近城市东部重要码头三港口，表明市舶官员的重要职责是港口出入的核查管理，这是港口管理的重要组成部分；市舶司东库与

---

① 成化《宁波府简要志》卷三《邮驿志》。
② 成化《宁波郡志》卷五《廨宇》。
③ 元《至正四明续志》卷三《在城公宇》。
④ 《允澎入唐记》，见《日中文化交流史》，第581页。
⑤ 《明孝宗实录》卷一一六，弘治九年八月庚辰，第2096页。

来安亭位于城东南隅，是国际贸易货物集散地码头，市舶官员在这里进行的是货物进出口管理事务；城市西南隅是四明驿的所在位置，那是外国使团由此上船通向运河前往北京的河道码头，也是由市舶官员负责送往迎来使团的场所。于是从整个城市布局来看，"贡市"相关设施处于城中4个重要地区：中心行政区、港口区、货港区、水运区，分别在城市的东北、西北、东南和西南部，可以说散布在宁波港城的四面八方，共同执行着"贡市"职能。换言之，通过城市江河湖海陆四通八达、纵横交错的运输网，凸显出对外交往贸易是宁波这个海港城市的基本功能之一，反映出宁波港城海外贸易的一片繁华图景，决定了城市的整体面貌。

第三节 明代"贡市"相关设施在城市空间位置的演变

以上《敬止录》根据《永乐志》等明代文献所述，基本上记述的是明初永乐时期的设置。其后随着时间的推移，明代"贡市"相关设施在城市的空间位置发生了变化，叙述如下。

一 市舶司与安远驿

首先应该提及的是成化《宁波郡志》记载的提举衙门变化情况。市舶司位于魏家巷的提举衙门遭遇了"天顺四年火"，副提举衙门位于小梁街、大池头的两处，到成化时已经"俱废"，只有盐仓门里的衙门一处"见存"。这种"贡市"相关设施在城市的空间位置中的变化与人员变化是相联系的，市舶司人员在设置上也有重大改变：原设吏目二员，已经革去一员；副提举五员，也已革去四人，市舶提举司只余提举一员，副提举一员，吏目一员。①

实际上，明朝裁革人员发生在更早些的正统元年（1436）八月。当时浙江右布政使以使团"十数年间，仅一再至"，说明来贡者少，以市舶司

---

① 成化《宁波郡志》卷五《廨宇考》，其中"大池头"误为"大沉镇"，据《敬止录》改。

官吏人等"冗旷"上报朝廷后，明朝将浙江市舶司人员裁减了2/3。①

市舶司与安远驿的重大变化发生在嘉靖年间。

《敬止录》云：

> 安远驿，在宁波卫后，今海道司。

这里说明了明初送往迎来外国宾客的安远驿，到明末已为军事防御职能部门海道司所替代。

海道司是简称，据嘉靖《宁波府志》记载：

> 巡视海道按察司，副使一人，掌凡经略海防、简练水陆官兵、处备粮饷之事。凡墩台关堡、船只器械，时督其属而饬治之。怠玩弗虔及作奸犯科者，以宪令纠治之。凡夷寇告警及境有草窃，大者则督兵剿之，小则捕而诛之。凡战守之事，胥与总兵同之，其重大者则以白于抚按，诹之三司，协议而后行之。②

重要的是，嘉靖《宁波府志》将"巡视海道按察司"列于"统辖"之首，足见其在城市中的地位极端重要。据同书载，海道司的治所位置如下：

> 巡视海道司，在府治西北隅。中为正厅凡五间，东西列廊房各十间，前为露台，为仪门，门之东为迎宾厅，凡三间。又前为大门，门之外，左右榜房各六间。正厅后为川堂凡三间，左为庖舍凡三间。堂后为明楼凡五间，终于为耳房。厅之西为山亭，亭之后为池亭，旧为市舶提举司，嘉靖中改建。③

与之形成对照，同书中市舶司与安远驿被列于"附署"项下：

---

① 《明英宗实录》卷二一，正统元年八月甲申，第416页。
② 嘉靖《宁波府志》卷七《统辖》，嘉靖三十九年刊本。
③ 嘉靖《宁波府志》卷八《公署·行署》。

> 提举司，在海道司西。中为厅凡三间，右为耳房二间，东为正提举宅，西为副提举宅，又为吏目宅，前为露台，为外门。
>
> 安远驿，在提举司前五十步，中为厅凡三间扁为宾梯，左右廊房各六间，前为塞门，为外门。国朝永乐初以方国珍遗屋为提举司，四年改为驿，今因之以待夷贡。①

安远驿存在规模较永乐时期大为缩小。而市舶提举司在当时还存在，位置在海道司西，厅凡三间，右边为耳房二间，"东为正提举宅，西为副提举宅"，相对以往，市舶司公署显然已经萎缩了很多，正副提举宅均已从城市东北隅靠近三江口海运码头处撤回。至万历二十七年（1599），身为宁波人的大学士沈一贯曾云浙江市舶司事：

> 嘉靖初，裁革内监。后因倭乱贡绝，并裁提举官。②

安远驿的裁革，也发生在万历年间。《明会典》卷一四五《驿传》一记载：

> 宁波府，旧有本府安远、奉化县西店各驿，俱革。③

引起注意的还有嘉宾堂的变化。除了安远驿以外，明代接待外国使臣的宾馆还有嘉宾堂。《敬止录》载：

> 嘉宾堂，在府治东南江心里。
>
> 厅三间，周围井屋三十六间，厅后川堂三间，后堂五间，堂左庖舍，堂右土神祠，前大门，门外东西关防东曰观国之光，西曰怀远以德。通衢之东，又建二驿馆，以便供应。
>
> 按：址为故境清禅寺，嘉靖初倭夷入贡寓寺中，因争贡大掠毁

---

① 嘉靖《宁波府志》卷八《公署·附署》。
② 《明神宗实录》卷三三一，万历二十七年二月庚申，第6119页。
③ 万历《明会典》卷一四五《驿传》一，第738页。

寺。六年知府高弟改为馆。凡遇倭夷入贡，处正副使臣于中，处夷众于四旁舍。后为夷贡所毁。事详后。天启间海道洪承畴改建为西君子营。①

从上述可知，嘉宾堂在嘉靖二年（1523）"争贡之役"发生后才改为馆，嘉靖六年（1527），宁波知府高第在争贡大掠中被毁的境清禅寺基址上改建而成。此前，日本使团人数众多，安远驿安置不下，所以辟境清寺为馆。当嘉靖二年两批日本人使团到来时，由市舶太监赖恩安排，"一馆之市舶司，一馆之于境清寺"②。这一境清禅寺旧址上建成的嘉宾馆，在嘉靖年间也已被毁。

嘉靖《宁波府志》中的记载与《敬止录》上文大致相同，而在"通衢之东复建二驿馆，以便供应"后，有"今并圮"的记载。③ 此志刊于嘉靖三十九年（1560），可见到嘉靖后期嘉宾馆已经荒凉的情形。天启年间，海道洪承畴改建为西君子营，于是至明末，嘉宾馆成为兵营所在。

此外，嘉靖年间市舶司仪门东侧辟有迎宾馆，后来崇祯六年（1633）海道向鼎新建，鄞令王章记其事曰：

> 海道司之有迎宾馆，礼也……规创三楹，前后轩敞。入径绕以朱栏，栏外有古梅、寿柏，森然挺立。暑月呼风，犹带霜气。④

名称虽然是迎宾馆，却是海道所建，由海道掌管的迎来送往，其性质当又不同以往了。

应该说明的还有，《敬止录》中记载《巷》，特别加以说明："悉照《嘉靖志》，凡《永乐志》有而《嘉靖志》不载者，每隅录于后，以备古迹，恐有今昔异名，故不入。"即将《永乐志》中为嘉靖《宁波府志》所

---

① 《敬止录》卷二〇《贡市考》上。其中知府高弟，应为高第之误。嘉靖《宁波府志》卷八作高第，据改。
② 《日本一鉴·穷河话海》卷七《使馆》。
③ 嘉靖《宁波府志》卷八《公署》。
④ （清）徐兆昺：《四明谈助》卷一一《北城诸迹》（三上），宁波出版社2000年点校本，上册第332页。

不载的内容附在了后面,这使我们可以得知街巷从永乐到嘉靖年间的变化。例如永乐年间在西北隅有"安远驿后新巷"的地名,在嘉靖时已不存。① 这说明安远驿随时间流逝而被淡忘。

二 东库与来安亭

对于东库的变化,《敬止录》记:

> 东库,灵桥门内,今海仓厅址。

这里说明东库的旧址已经成为海仓厅。发展到明末,曾经繁华的东库已无踪迹。

嘉靖《宁波府志》中对东库记曰:

> 东库,在城灵桥门内。中为厅凡三间,左为土神祠。右为庖舍,前为仪门,为外门。宋为市舶务,元改为库,方氏改为仓,国朝洪武初因之,永乐三年复为市舶司库,今库圮。②

以上记载显然极为简略,甚至完全没有提及《敬止录》"库房五联,计六十一间,分为十四号"。对于库房,最后"今库圮"三字,已印证了东库的衰败。

还有应该注意的是,在宁波,"贡市"与税务联系紧密,嘉靖以后"贡市"衰亡,位于故海神庙地的都税务遂废。嘉靖三十九年刊《宁波府志》记载:"税课司在府治东南百步许,迎凤桥之西,今厅门俱圮。"③

三 四明驿

正德时四明驿"于驿东横亘以鼓楼,后相继埋圮,遗址尚存"。至嘉靖三十七年(1558),宁波知府周希哲将四明驿改建为浙东道分司,于是,在嘉靖《宁波府志》中就以浙东道分司出现:

---

① 《敬止录》卷二《乡里考》。
② 嘉靖《宁波府志》卷八《公署·附署》。
③ 嘉靖《宁波府志》卷八《公署》。

> 在府治西南贺监祠，左中为正厅，凡五间扁曰贞度。东西列廊房各五间，前为仪门，为外门，厅后为川堂凡三间。又为后堂凡五间，左右为侧厅各三间。旧为四明驿，嘉靖三十七年守周希哲改建。①

综上所述，明代"贡市"相关设施在城市中的空间位置已随时间推移发生了巨大的变化，明后期处于一种全面衰退之中，甚至可以说明初的"贡市"相关设施在整个城市布局上已消失或接近消失。

结论：明代宁波港市功能的嬗变

中国史籍中关于城市的记载，最早是以"城"与"市"分别出现的。就其本义而言，最早的"城"无疑是指作为防御设施的城墙，《礼记·礼运》曰："城郭沟池以为固"②；而"市"的本义，指的是交易场所，《说文》曰："市，买卖之所也。"城市是"城"与"市"二者的结合，其本义包括军事与贸易双重的功能。宁波位于中国东部海岸线的中部，背倚广袤的内陆腹地，③面向浩瀚的海洋，处于长江和大运河两大"水路"交汇处，早在唐宋时代，已是"海外杂国贾船交至"的浙东水陆交通枢纽，成为中国对外贸易的重要口岸之一。城市依港而兴，港城兴衰与城市军事与贸易双重功能的互动与消长有着密切联系。

明代"贡市"相关设施及其在城市空间位置的考察，说明明初海上并不平静，明太祖改明州为宁波，立意就在于祈盼海上的平安。④虽然如此，明初对外交往贸易功能作为这一海港城市的重要功能，还是充分显现了出来。明初有海禁，然而不能遮蔽的一个事实是：与之同时存在的有繁盛的"贡市"。明朝永乐年间，"贡市"曾达于极盛。浙江市舶司并非如以往一

---

① 嘉靖《宁波府志》卷八《行署》。
② （清）孙希旦：《礼记集解》卷二一《礼运》，中华书局1989年版，第583页。
③ 关于宁波腹地，日本学者斯波义信先生有专门研究《宁波及其腹地》，载［美］施坚雅主编，叶光庭等译《中华帝国晚期的城市》，中华书局2000年版。
④ 《敬止录》卷一《沿革考》："皇明太祖平方国珍，改为明州府。洪武十四年，鄞人单仲友奏明明州同国号，上以郡有定海县，海定则波宁，亲改今名。"

第三篇 文化篇 >>>

般认为的是专为日本一国而设,而是暹罗等国家也曾往来此间。① 航道的畅通,商业的活跃,货物的云集,贸易的繁盛,物质文化的传播与城市本身的活跃情况,都反映在《敬止录》所引《永乐志》的交流物品单中。多达近250种物品的清单,是宁波海外贸易达到了历史鼎盛时期的见证。在宁波城市地图上,"贡市"相关设施位于城中4个重要地区:中心行政区、港口区、货港区、水运区,分别在城市的东北、西北、东南和西南部,从整体来看,这一布局决定了城市的整体面貌。

明代"贡市"相关设施及其在城市空间位置演变的考察,说明"贡市"正是宁波港城发展演变的一个缩影。首先,"贡市"的兴亡,就是朝贡贸易的兴亡。从有"贡"就有"市",到"贡市"的逐渐消亡,经历了一个兴衰的历史过程。伴随社会经济发展,明代白银货币化,② 民间私人海外贸易兴盛起来,中外交流物品以丝银贸易为主,比较以往发生了巨大变化。虽然"贡市"衰败是逐渐呈现的,但是嘉靖二年(1523)发生的"争贡之役"显然是一个标志性事件。③"贡市"遭到了致命冲击,接着是繁盛的民间走私港双屿港的毁灭性事件,宁波官方与民间海上贸易从明初

---

① 一般说来,浙江市舶司主要是接待日本贡使,这是没有问题的。但是,《明史》记载市舶司:"洪武初,设于太仓黄渡,寻罢。复设于宁波、泉州、广州,宁波通日本,泉州通琉球,广州通占城、暹罗、西洋诸国。"这样的概括出现了问题。上述《敬止录》所引《永乐志》即说明永乐年间不存在这样的限制性规定。《明实录》的记载也可说明这一点,《明太宗实录》卷二五,永乐元年闰十一月丁未条记载,在建立三市舶的同年,有镇守宁波的都指挥金事程鹏奏报:"日本诸国番船进贡往来不绝",说明当时宁波进贡的不只是日本一国,还有"诸国"。永乐朝进士、庶吉士陈敬宗云:"浙东为东南大冲而宁波甲诸郡,宁波之城右又甲一郡焉。凡闽广之商贾,日本、琉球之使臣,莫不往来于是,实为四通五达之途。"见《敬止录》卷一〇《山川考》七《潮音堂并·陈敬宗记》。

② 关于明代白银货币化的考察,参见万明《明代白银货币化的初步考察》,《中国经济史研究》2003年第2期;《明代白银货币化与制度变迁》,《暨南史学》第二辑,2003年;《明代白银货币化与明朝兴衰》,《明史研究论丛》第六辑,2004年7月;《明代白银货币化:中国与世界连接的新视角》,《河北学刊》2004年第3期;以及万明《晚明社会变迁:问题与研究》第三章,商务印书馆2005年版,第143—246页。

③ 《明世宗实录》卷二八,嘉靖二年六月甲寅条记载:"日本国夷人宗设谦导等赍方物来,已而瑞佐、宋素卿等后至,俱泊浙之宁波。互争真伪,佐被设等杀死,素卿窜起溪,纵火大掠。杀指挥刘锦、袁珄,蹂躏宁绍间,遂夺舡出海去。"第773页。虽然说这一事件是标志性的,但是当时海上发生的一系列事件需置于16世纪中国社会转型和东亚乃至世界历史大变局中考察,不应简单归咎于单一的倭寇或海禁,因为一系列海上事件是中外经济、政治、社会、文化诸因素综合作用的结果。

的一荣俱荣,到嘉靖以后的玉石俱焚。① 嘉靖二十八年(1549)日本最后一次策彦周良使团入京朝贡后回国,官方海外贸易难以为继,走到了尽头。此后虽有开市之说,终于不果。② 此后在宁波城市地图上,"贡市"相关设施发生了一系列演变:如安远驿改为海道司,嘉宾馆改建西君子营,东库倒塌,来安亭消失,四明驿成为浙东道分司等等,类似的重大变化,表明明前期繁盛的海上贸易的见证,已为明后期海防设施所替代。

重要的是,明代"贡市"相关设施及其在城市空间位置的演变说明了什么?可以认为,城市外在的"贡市"相关设施的变化,实际上是城市内在功能的演变。"贡市"的消亡与宁波港市功能的嬗变相联系。在城市地图上,同一场址,景观迥异,中外贸易功能鼎盛于前,军事防御功能凸显于后,这种空间转换给城市留下了深刻烙印,对军事防御的强烈意识在城市空间充分显示了出来。城市对外贸易功能随"贡市"消亡而发生极度萎缩,与城市军事防御功能的不断加强紧密联系在一起。值得关注的是,至此以港口为依托,背倚广袤腹地,面向浩瀚海洋的中国东南沿海一大商港宁波,城市功能向军事方面不可逆转的倾斜,不仅导致具有历史连续性的特征的改变,而且使整个城市也改变了面貌,预示了城市日后发展的基本走向。

当几乎所有学者的注意力都引向倭寇与海禁的时候,港市功能的嬗变对宁波城产生的深远影响应引起我们足够的注意与研究。

---

① 嘉靖年间宁波港从朝贡贸易向民间私人贸易转变,双屿港一度成为民间私人海上贸易最为繁盛的国际贸易港,其间史事错综复杂,参见万明《明代嘉靖年间的宁波港》,《海交史研究》2002年第2期;另拙作《中葡早期关系史》涉及葡萄牙人东来在华南的冲突,社会科学文献出版社2001年版,第47—67页。

② 参见《敬止录》卷二一《贡市考》下,其中汇集了明代后期中央与地方官员人等关于开市问题的争议。与之相联系的是明廷内部开海与禁海之争,可参见拙作《中国融入世界的步履》,社会科学文献出版社2000年版,第233—241页。

第六章　海洋文明与登州城市空间的建构[*]

丝绸之路的研究，在20世纪无疑是世界学林的一门显学。然而，正如耿昇先生所指出的："纵观中国的丝绸之路研究史，总体来说，专家学者始终都偏重于研究西北陆路丝绸之路，在对海上丝绸之路的研究中，又更多地注重于南方海上丝绸之路，对于广东、江苏、福建和浙江沿海港口的研究始终为重中之重。但是，对于经过山东半岛的'东方海上丝绸之路'，过去没有给予应有的重视。"[②] 可喜的是，新出刘凤鸣先生著《山东半岛与东方海上丝绸之路》一书，将古代山东半岛与海上丝绸之路的关系做了系统梳理，为我们展现了以蓬莱为起点的东方海上丝绸之路的全貌。近年山东省文物考古研究所、烟台市博物馆、蓬莱市文物局编《蓬莱古船》一书，是蓬莱古船发掘与研究的集大成者，揭示了蓬莱水城发现的古船及其遗物。古船之一经专家鉴定为韩国古船，而三艘古船均可能与明代时间段相关，遗物中有大量的明代瓷器，[③] 这些宝贵文物是历史的见证，充分证明了登州古港在明代海上丝绸之路上的重要地位和作用。

我们知道，古代登州经历了相当长的时期获得并发展起它的典型特征。明代是登州府城和水城建筑发展的一个关键的历史时期。因此，我们选择解读明代登州（也就是今天的蓬莱）的城市空间，有以下三点考虑：

第一，洪武九年（1376），明朝升登州为府，治所即蓬莱。至今，明代的登州城没有完全消失，现在的建筑有其历史性。今天我们所见到的水

---

[*] 本章为2008年"登州与海上丝绸之路"国际学术研讨会论文。
[②] 刘凤鸣：《山东半岛与东方海上丝绸之路》，耿昇序，人民出版社2007年版。
[③] 佟佩华等主编：《蓬莱古船》，文物出版社2006年版。

城,是明代在宋代水寨基础上修筑成的;而我们所看到的蓬莱阁,在宋代建立后,明代有三次重修,基本建筑得以保存了下来。这些存在地表上的今天我们仍然可以观览到的永恒遗存,是明代奠定的海港城市模式的遗产,是海洋文明的标志,也是东方海上丝绸之路的历史见证。

第二,迄今流传下来的登州城最早的城市图像,是明代登州府的志书。徐应元纂修《登州府志》十八卷,始修于嘉靖、重修于万历,于泰昌元年(1620)刊刻,今藏于河南省图书馆。① 卷首图一卷,是明代登州城市形态图像的珍贵记录。图上可见,蓬莱阁与水城密切结合,共存于登州(也即蓬莱)海滨,如果我们在图的中间纵向划一条线,可以切割出两个半形,各占图的半边,这一图形在明代定格,其内涵和价值均源自海洋,同为海洋文明的结晶。这些图像是丰厚的文化积淀,记录了明代创造性地结合地形,在海边建立起海洋文明的永久标志。

第三,今天依稀可见的明代登州城市形态,说明海洋与外部世界的影响,明朝人深切地感受到了。看来似乎有矛盾,但是神仙胜境与军事防御设施确实平分秋色,这样的板块分布,乃至明代登州城的形成和发展,是我们切实了解海洋与外部世界深刻影响中国港城的一个典型个案。

本章尝试以万历《登州府志》卷首的《府总图》《府城图》《备倭城图》《海天景图》为例②,展现和解读明代登州城的空间结构,阐释登州城市形态与海洋文明密不可分的关联,追寻登州港城在明代的发展过程,藉此深化对于登州古城遗存的海洋文明内涵以及明代对外交往的认识。

第一节 《府总图》所见登州府概况

根据图上显示:登州府的东北西三面环水,北至海上辽东界,东至海,设有温泉巡司;西至海,设有东良巡司;南抵莱阳县。

---

① 万历《登州府志》,首序是嘉靖庚申(嘉靖三十九年,1560)河南按察司佥事、前巡按江南山北江西道监察御史、翰林院庶吉士、郡人王言撰;重修时知府徐应元叙作于泰昌庚申(泰昌元年,1620),二者相距60年,是嘉靖时纂修,万历时重修本。

② 万历《登州府志》卷首,图一卷,明泰昌元年刻本。本章所引图皆出此,不另注。

第三篇 文化篇 >>>

登州府，驻蓬莱。辖有蓬莱、黄县、福山、栖霞、招远、莱阳、宁海州、文登8个州县。其中，登州府与登州卫、海运道、蓬莱县同城，宁海州与宁海卫同城，福山县与福山所同城。另外图上见有一个驿站：龙山驿。

府境内设有温泉巡司、辛汪巡司、赤山巡司、乳山巡司、高山巡司、孙乔巡司、杨家店司、行村巡司、东良巡司等9个巡司，巡司即巡检司，是维护地方社会治安的机构。

军事上的设施有卫、所、营、寨之设。有登州卫、威海卫、成山卫、靖海卫、宁海卫、大嵩卫等6个卫。有百尺崖所、寻山所、宁津所、海阳所、奇山所、福山所、大山所等7个所。有文登营。有金山寨、清泉寨、卢洋寨、解宋寨、刘家汪寨、黄河寨、马亭寨、王徐寨登8寨。①

从图上可见，东部设施比较密集，西部较稀疏。登州府城位于北部居中偏西处，其北是总镇府所在的备倭城。

我们知道，洪武元年（1368）四月，明朝设立山东行中书省。九年（1376），各行中书省改为承宣布政使司，山东是其一。在布政司以下，明朝设有府与州县两级地方行政机构。府在布政司与州县之间，起着承上启下的作用。同年，明太祖升登州为府，府衙设蓬莱。实际上在明初几年中，登州区划的确定有一个过程，万历《登州府志》记载情形甚详："皇明仍为登州。洪武元年省蓬莱县入州，统隶莱州府。六年改隶山东行省，惟留胶水属莱州府。九年升为登州府，仍置蓬莱县，割莱之招远、莱阳及宁海州、文登县来属，凡领州一县七，隶山东等处承宣布政使司。"② 登州升府后，下仍设有蓬莱县，隶属于山东布政。从山东布政司所在的方位

---

① 万历《登州府志》卷五《地理志》云："解宋营，石城围二百四十丈，高二丈五尺，阔一丈三尺南一门楼，铺五。池阔一丈，深五尺。"《登州古港史》编委会编《登州古港史》云："登州的寨城建设，亦堪称道。如解宋寨，该寨遗址1985年已在蓬莱县五十堡乡解宋营村发现。寨城建在西山之间的低洼之处，呈四方形，周长约800米，城墙的残垣高约7米，宽达9米，城外尚有一段长约200多米、宽约4米的护城河遗址。这座城堡北面对着大海，南面筑有砖砌的城门，并有完整无损的顶门城楼。同时，还发现城堡的东西山岗上，各建有高达7米的烤火台，一东二西，迢迢相对，成为解宋城堡军事设施的一部分，从而构成一个较为完整的军事实体，为研究明代堡寨建设提供了珍贵的资料。遗址提供的资料虽和史载不同，但可两相参照，进行比较研究。"人民交通出版社1994年版，第170页。2008年笔者由朱龙先生引导亲至遗址，见到已经修复的寨城。在此深表谢忱。

② 万历《登州府志》卷一《沿革考》。

来看：西与北直隶、河南相连，南与南直隶接壤，北面隔着渤海海峡与辽东形成犄角之势；东面与朝鲜、日本隔着黄海遥遥相望。山东东部半岛三面环海，海岸线长达 3000 多千米。登州如同一颗珍珠，镶嵌在半岛的顶端，因此，上述山东北面隔着渤海海峡与辽东形成犄角之势，东面与朝鲜、日本隔着黄海遥遥相望，皆是就登州而言。毋庸置疑，登州这一入海门户的地理位置，使之在海交史上具有重要的地位，成为明代中国北方最重要的港口和海外交往的咽喉之地。自明初对外交往开始起，登州就成为明朝与高丽交往的主要通道。

升登州为府的同年，明朝将登州守御千户所升格为登州卫。明初"自京师达于郡县皆立卫所"①。在军事要害之地设卫，次要之地设所。登州设卫，领左、右、中、前、后、中左、中右七千户所。后来，山东卫所多有增设改动，万历年间，分布于沿海一带的卫，仅在登州境内就有登州卫、威海卫、成山卫、靖海卫、宁海卫、大嵩卫等 6 个卫。登州海防重中之重的地位于此可见。

第二节　《府城图》所见登州府城市结构

登州府城有四门：北面是镇海门，东面是春生门，西面是迎恩门，南面是朝天门。从东到西是一条通道，也即中轴线。从春生门进入，通道右边首先是普照寺，其北有养济院、预备仓、土地庙。通道左边有十王庙。沿中轴线过蜜水河桥，通道右边先到后土庙，接着是蓬莱县衙。与蓬莱县衙相对，在通道左边有海运道。沿通道再向西，有钟楼，钟楼北有县学。钟楼后，通道右边是登州卫，登州卫北有小学。再往西，通道右边有文昌祠，通道左边有万寿宫和军器局。随后过黑水河画桥，通道右边又见龙王庙。通道上接着到了鼓楼。鼓楼后，通道右边见按察司，接着通道右边是登州府衙，那里距离迎恩门已不远了。登州府衙大门对面，通道左边东有税课司、府学、观音堂。西有阴阳医学、大东书院、小学、射圃、察院、关帝庙、李公祠、秀水陶公祠、分守道、布政司、三宝祠、李公祠、城隍

---

① 《明史》卷八九《兵志》一，第 2176 页。

庙、晏公庙、开元寺等建筑。总的来说，登州府位于城的西北部，登州卫位于城中部偏东处，其东是蓬莱县。登州府城的西部建筑密集，东部建筑比较稀疏。值得注意的是，在四个城门部位各注有祠庙，镇海门处有玄坛庙，其西有真武庙，春生门处有三义堂，迎恩门外有观音阁，迎恩门处有火德祠。两条河流环绕城中，一是蜜水河，一是黑水河，蜜水河自小水门入，汇入黑水河。黑水河自上水门入，下水门出。

万历《登州府志》卷五详细记载了府城规模及其建筑缘由，征引于下：

> 府城围计九里，高三丈五尺。四门……其上各有楼堞，连角楼共七座。其城用砖石包砌，窝铺凡五十六间，上下作水门三。壕池阔二丈，深一尺，断续不周匝，俱洪武间登州卫指挥谢规、戚斌及永乐十五年指挥王宏相继增筑。万历癸巳倭犯朝鲜，道府议增筑敌台二十八座，雉堞炮眼视旧周备，有加大。①

以上可以作为《府总图》的文字说明。万历癸巳，是万历二十一年（1593），适值日本丰臣秀吉侵朝战争之后，所以在明初洪武和永乐时期的基础上加筑了敌台，也就是增加了防御功能的部分。

日僧圆仁曾于9世纪中叶到过登州，他在《入唐求法巡礼行记》中描述了唐代登州城的四至情形，不妨引录于下：

> 登州都督府城：东（西）一里，南北一里，城西南界有开元寺，城东北有法照寺，东南有龙兴寺，更无旁寺。城外侧近有人家。城下有蓬莱县。开元寺僧房稍多，尽安置官客，无闲房，有僧人来，无处安置。城北是大海，去城一里半。海岸有明王庙，临海孤标。城正东是市。②

---

① 万历《登州府志》卷五《地理志·建置》。
② ［日］圆仁著，白化文等校注：《入唐求法巡礼行记校注》卷二，花山文艺出版社1992年版，第86页。

试加比较，我们知道，明代登州城相对唐代登州城在规模上已经扩大了许多。至于城中寺庙，时至明代，虽然龙兴寺和明王庙已不见了踪迹，但是开元寺仍然存在。万历《登州府志》卷五对于城中官署所在及其沿革有更多描述，可作为图之补充：

> 郡城在城西北隅，即州旧址……仪门外东为土神庙祠，祠前为清戎厅，后改为迎宾馆，有主事张翔记……其治南一坊，名曰：东海保障。
>
> 肃清海道在布政分司东，成化九年袁守润建坊一，曰蓬莱揽辔。新海道后改为兵巡海防道，在南门内。
>
> 登州卫，万历四十三年指挥使沃一心重修……太平楼，在备倭总镇府后，推官潘滋记。参议王宇署名涌月楼。①

由此，我们了解到明代不仅有开元寺安置来往外客，而且专门设置了迎宾馆以待外宾，是明代登州对外交往的历史见证。

第三节　《备倭城图》与《海天景图》的同与异

《备倭城图》图上显示：门曰振扬门，是在城南，城北是浩瀚的海洋。自振扬门入城后，从东部上城，先是军兵营，其后是总镇府，府西有三官庙，府后为太平楼。太平楼后达北部海滨是涌月楼。备倭城的中间是海水，从城的东部经过天桥才可达于西部，首先见到的是观音堂，规模宏伟。然后是丹崖山，这里有一片亭阁建筑，有毗卢阁、烂柯处、甘泉亭、马神庙、卫宣城伯祠、镜石亭、松石亭、三总兵祠、多寿亭、海神庙、龙王庙。丹崖山上沿着海边，有蓬莱阁，其东是三清殿和宾日楼，其西是吕祖像和海市亭。城外有珠矶石。图上南部城外部分有二桥：东边的是迎仙桥，西边的称来宾桥。城东有演武场、普静寺、关帝庙，经迎仙桥可至振扬门，城西过来宾桥有永福寺和观音堂。

---

① 万历《登州府志》卷五《地理志》。

备倭城的形态不规则，城墙系用石砖筑成，唯有陆门在南面，曰振扬门，与陆路相通。北部并无门，今见水城东部靠北处已形成一条小路，横跨小海腰部，通往丹崖山。在明代则仅见水上有一天桥，通往丹崖山。天桥所在犹如一水门，是通往大海的唯一通道。

自丹崖山向北皆是大海，备倭城与沙门岛、长山岛隔海相望，可互为犄角，形成天然的内、外港区。从沙门岛出发，向北是传统的登州水道，可以直抵辽东；向西可至天津，向东不仅可至山东沿海诸港，并可通达江浙、闽粤诸港。

万历《登州府志》卷五简要记载了水城，也就是备倭城的由来和发展过程，特录于下：府城"城之外，北接备倭城，原系新开海口，因筑城，洪武九年设立帅府，周围三里许，高三丈五尺，阔一丈一尺，门一，曰振扬楼，铺共二十六座，俗名水城。万历丙申亦因倭警，总兵李承勋撤旧瓮，易以砖，东北西之面共增敌台三座，南一面仍旧"①。

其记蓬莱阁曰：

  在府城北丹崖山巅，旧为海神庙。宋治平间郡守朱处约移于西偏，即其故基建阁为游览之所。万历己丑年巡抚李戴改建，规模壮丽，观旧有加。②

这里必须指出的是，万历《登州府志》是在特定时期的记录，所以今天我们称为水城，当时则称为备倭城，俗名水城，是特殊历史条件下登州在中外关系交往中特殊地位与作用的历史见证。

一般而言，明代水城是中国最早的保存较完整的港口军事设施建筑。登州城作为中国北方地域一个政治、军事、对外交往中心和港口城市，历史悠久，海洋文化源远流长。发展至明代，提升登州行政区划级别的重要原因，是由于海上特定情形的呈现：此时遭遇了严重的海上侵扰。追根溯源，先有倭寇侵扰，后有备倭城出现。海禁并不始于明太祖，而海禁源于倭寇问题，可以追踪到元末。元末已有四次海禁。当时日本正处在南北朝

---

① 万历《登州府志》卷五《地理志·建置》。
② 万历《登州府志》卷六《地理志·疆域》。

时期，战乱频仍，产生了在中国和朝鲜半岛海上抢掠的倭寇问题。从明初起，"岛寇倭夷，在在出没，故海防亦重"，山东登州由于地理位置与日本隔海相望，所以首当其冲，自洪武元年（1368）至七年（1374），倭祸频发，危害极大。元年"入寇山东滨海郡县"，二年春正月发生"倭人入寇山东，掠民男女而去"的事件；二月，帝遣行人杨载前往日本，在给日本国王的诏书中提及"自辛卯以来，中原扰扰，彼倭来寇山东……间者山东来奏，倭兵数寇海边，生离人妻子，损伤物命"之语。① 由此我们知道，自"辛卯"那一年，也就是元顺帝至正十一年（1351），日本海盗的问题已经出现，才那时起，至明朝建立时已有十几年，一直不能制止侵扰。三年（1370）以后的记录更为具体："倭寇登、莱"，四年"寇胶州"，六年"寇登、莱"，七年"寇胶州"。②

正是在这种来自海上严重挑战的背景下，"时以登莱二州皆濒大海，为高丽、日本往来要道，非建府治，增兵卫，不足以镇之"③。明太祖才下令对登州行政区划和军事建制升格。因此，登州府、卫的设立与其在海上的重要地位密切相关，与当时海上威胁的现实息息相关，城市建设发展与海洋密不可分，当时登州卫指挥谢观建议在刀鱼寨旧址，"挑浚绕以土地，北砌水门，引海入城"④。于是在登州城北，兴建起一座水城。换言之，由于登州对倭寇的防卫具有突出地位，水城的兴建成为势所必然。隋唐时期虽然征伐高丽十多次，但是当时并没有长驻水师。宋代建立刀鱼寨，但是规模不大，作用也不大，更没有形成城池。明代遭遇前所未有的海上侵扰，登州形成抗倭前沿重镇。由此，登州港在明代诸港中的地位和作用格外重要，水城遂应运而生。

明代登州在海运上的重要作用也不可忽视。明人陈全之《蓬窗日录》卷三记载明代海运之道甚详，其中可以了解到登州在海运中的地位与作

---

① 《明太祖实录》卷三八，洪武二年春正月乙卯，第781页；卷三九，洪武二年二月辛未，第787页。
② 郑樑生《明史日本传正补》根据日本学者后藤秀穗所作表。文史哲出版社1981年版，第107—109页。历史文献充分证明，明初先有侵扰，后有海禁，然而至今许多学者仍是开篇就是海禁，然后才提及侵扰，颠倒了时序，结论自然也违背了历史事实。
③ 光绪《增修登州府志》卷三《城池》，光绪七年刻本。
④ 光绪《增修登州府志》卷三《城池》。

第三篇 文化篇 >>>

用,特录于下:

> 海运之道有三:一自南京龙江关,一自福建布政司长乐港,一自太仓州刘家港开船。俱经扬子江口,盘转黄连沙嘴,望西北沿沙行使约半月或一月余,历淮口入山东界,过安东、灵山、胶州、浮山、望延真岛、九峰山向北一带,连去有劳山、赤山二处,皆有岛屿可以抛泊。劳山北望有北茶山、白蓬头、石礁一路,横开百余里,激浪如雪。即便开使或复回,望东北行使,北有马鞍山、竹山岛,南可入抛泊,北是旱门,亦有漫滩可抛泊,但东南风大不可维系。北向为成山,如在北洋官绿水内,好风一日一夜,正北望见显神山,西见赤山、九峰山,西南洋有北茶山、白蓬头,即便复回望东北行使,好风半日便见成山,转过望正西行使,前有鸡鸣屿,内有浮礁一片可避,往西有夫人屿,不可在内使船。收到刘公岛西小门,可进庙前抛泊。刘岛开洋正正西行使,好风一日到芝罘岛,东北有门可人,西北离有一百余里,有黑礁一片,三四亩大,避之,收到八角岛,东南有门可入。自芝罘岛有好风半日,使过株直口,有金嘴石冲出,洋内潮落可见,避之,至新河海口到沙门岛,东南有浅可挨深行使,南门可入,东边有门,有暗礁二块,日间可行。西北有门可入,庙前抛泊沙门岛,开洋望北径过鼉矶山、钦岛、漠岛、南半洋、北半洋,到铁山洋,往东收旅顺口,东收黄洋川,西南嘴有礁石。一路山东进口,过黄洋川东收,平岛口外有五个馒头山,进口内抛泊。南边一路老岸外洋有一孤望成儿岭,尽东望有三山,正中进入,内有南北沙带一条相连,陡岸深水,可以抛泊。三山西有南山,收进青泥洼,西有松树,岛北有孤山。东北望见凤凰山便是和尚岛,峰墩下占西有礁石,西北有仓庙,外有浅滩,乱礁避之。三山北看青岛一路,山望海驼收黄岛、使岛,若铁山往西收洋头洼双岛,有半边山艾子口,望塔山看,连云岛东北看,盖州一路山看,盐场西看,宝塔台便是,梁房口进入三义河,抵直沽交卸。

值得注意的是,水城依丹崖山而建,自此,古代神仙信仰的胜境与备倭城结下了不解之缘。

中国传统文化是多元的,蓬莱神话源远流长。沿海水滨的先民创造了具有海洋特征的蓬莱神话体系。顾颉刚先生在《庄子和楚辞中昆仑和蓬莱两个神话系统的融合》一文指出:"昆仑的神话发源于西部高原地区,它那神奇瑰丽的故事,流行东方以后,又跟苍莽窈冥的大海这一自然条件结合起来,在燕、吴、齐、越沿海地区形成了蓬莱神话系统。"① 蓬莱作为山名,最早见于《山海经·海内北经》,有"蓬莱山在海中"之句,而《列子·汤问第五》中也有渤海之东五山之说,其"五曰蓬莱"。根据《史记·秦始皇本纪》,秦始皇统一六国后,为求长生不老曾到蓬莱,"齐人徐市等上书,言海中有三神山,名曰蓬莱、方丈、瀛洲,仙人居之。请得斋戒,与童男女求之。于是遣徐市发童男女数千人,入海求仙人"②。一去而不复返。汉武帝于太初年间也曾东巡至此。自汉代以后,历代求仙长久不衰,蓬莱神话广为流传,成为海洋神仙信仰,并成为道教思想文化的源流。除了神山,后来被收入道教神仙谱系的民间造出的神——八仙,在明代被固定下来,蓬莱成为八仙过海的出处。③

《海天景图》与《备倭城图》基本上是相同的。《海天景图》显示:甘泉亭向南,有一片房舍,在《备倭城图》中没有标明,而在这里则明确标出是"兵军营",此外,在丹崖山前有"丹崖胜境"牌坊,是《备倭城图》中没有的。乍看起来,东部总镇府与东、西部都有的军兵营,与丹崖山的蓬莱阁建筑群很不协调,但仔细观察,可以恍然大悟,从而了解明朝人的切身感受。先有神仙信仰,后有备倭现实,备倭城中一边是海天之国,一边是人间实际,仙境与军营在城中如此和平相处,充分地反映了明朝人对于和平安定生活的一种企盼。

在明人的理念中,蓬莱阁与登州是密不可分的。在明人宋应昌《重修蓬莱阁记》中,说明蓬莱阁"恍然出人间世,固域内一奇胜也,乌可无修"。以为在阁可以观世、可以观变、可以观材,还可以观要:"至若东扼岛夷,北控辽左,南通吴会,西翼燕云,艘运之所达,可以济咽喉;备倭

---

① 载于《中华文史论丛》1979 年第 2 辑。
② 《史记》卷六《秦始皇本纪》,第 347 页。
③ 一般认为,在宋元时八仙尚没有固定的人物,到明吴元泰《东游记》以后,家喻户晓的八仙人物才被固定下来。而正是这部小说亦名《东游记八仙过海》,其中第四十八回《八仙东游过海》,明确说八仙过海是"来至东海",也就是蓬莱。

之所据，可以崇保障。封豕鏖所渔，长鲸罔敢吸，可以观要。"即使从最后的观要，他也没有只见军事重地，而是落到了蓬莱阁的"四者备，天下之大观矣，乌可无修"①。《记》中还谈到"乡官戚总戎输资百余缗，预办材辽左"，这是指曾任总督备倭的戚继光为重修蓬莱阁慷慨捐资，说明他的看法与宋应昌也是一致的。无论文臣，还是武将，对于蓬莱阁都极为珍视，蓬莱阁建筑群与备倭城兵营的重合在他们看来很是自然。

明代登州嘉靖二十三年（1544）十七岁的戚继光世袭了登州卫官职。其后，他在登州卫管理屯务，操练士兵，修整炮台。二十七年至三十一年（1548—1552）连续五年"部兵戍蓟门"，即每年春天率班军到蓟州负责保卫北京。三十二年（1553）六月戚继光进为署都指挥佥事，督山东备倭事，总督登州、文登、即墨3营24卫所，抗倭卫边。他率兵驻守在备倭城，备倭公署的具体位置就是图上所标的总镇府处，公署后即太平楼，戚继光于嘉靖三十四年（1555）春正月元日曾登楼赋诗。②

万历二十年（1592）五月，日本丰田秀吉发动了对朝鲜的侵略战争，形势紧张起来。明朝受到严重的威胁，于是调集南北官兵，加强海防，沿海戒严。登州外接重洋，距朝鲜不远，海防地位再次陡增。万历二十四年（1596）时为"钦差登莱青等处地方总督备倭副总兵"的李承勋整修了备倭城，改土墙为砖墙，修筑敌台3座。同年闰八月，他立了《海市诗刻》，又名《吕祖咏海市诗》石刻。此碑今天尚存。由此可知，在备倭的紧张间隙，明朝人还念念不忘的是道教的信仰。登州当时不仅承担了海运物资到辽东和朝鲜的任务，而且在万历二十七年（1599），登州总兵李承勋奉调亲赴朝鲜为提督，率领登州兵援朝。登州与朝鲜的关系至深，于此可见。

第四节　明代登州城市图像的启示

万历《登州府志》中的图像，为我们描绘了明代登州府城、府境、备

---

① （明）宋应昌：《重修蓬莱阁记》，光绪《蓬莱县续志》卷一二，《艺文志》，光绪八年刻本。
② （明）戚祚国汇纂：《戚少保年谱耆编》卷一，中华书局2003年版，第15页。诗见戚继光《止止堂集》，《横槊稿》上《乙卯元日登太平楼》，中华书局2001年版，第4页。

倭城以及海天景观的情景。从这些图像，我们可以了解到明朝人的建城理念与实践，更可以观察到他们的生活轨迹。无论如何，明朝人生活中的头等大事是安宁或者说和平，因此，海防的重中之重的地位凸显了出来。

明帝国在登州留下了永久的遗产，从历史上看，隋唐十多次征高丽，登州由于兵征而繁荣；北宋虽然繁荣过，但是时间短；金元以后，登州已经衰落。明初，海上倭寇的侵扰，使登州受到了统治者的格外重视，不仅在行政区划的层级上得到了提升，而且在登州建立了永久性的备倭城，它与府城一起，构成了至今持续600多年的海洋文明的见证。明帝国权力在沿海地方强有力的体现，今天依然可见。然而，这一切又是如此完整地融入了地方的海洋信仰之中，令人至今感到城市空间组织形式展现出的一种和谐。

明代是登州建城的关键时期，是登州城整体建构与发展的重要历史时期。我们必须把海洋在14世纪后半叶给予登州地方的挑战结合起来考察。登州城的大规模建设开始于中国政治乃至东亚国际格局发生重大变化的时代，登州所在的北方，自北宋以后，实际上经历了一个衰落的过程。明代代元而立，意欲复兴传统，不再像北方游牧民族政权那样穷兵黩武，对外采取了"不征"的外交抉择，这对于沿海地方产生了深刻影响。由于明朝在建国之初大力恢复沿海社会秩序的同时，遭遇了海上侵扰，因此大力推行沿海的防卫建设；另一方面，洪武朝确立了"不征"的外交基调，没有出兵海外征服的记录，这一点对于沿海地方的建设是至关重要的。明代洪武九年升州为府，同时设立登州卫，府卫同城，后又置登州营。并在北宋刀鱼寨的基础上，修筑了备倭城，也就是今天的水城。登州城的修建用砖包城墙，始自明代，并且建构了地方的帝国庙宇规模，将空间的建构与海洋神话及其信仰密切联系在一起，形成了在中国沿海港城中独具特色的风貌。这是一种政治、军事中心与地方海洋崇拜情结融合建构而成的独特的地方秩序模式。

《登州古港史》认为："明朝在航海和港口活动中所采取的政策，是相当矛盾的，从航海来看，一方面，它可以派郑和七次下西洋，而且规模浩大，舟船之多，人员之众，踪迹之广，为世罕见，把我国航海业推上峰顶"。一方面，它又颁行海禁，"禁沿海民私自出海"，"严禁濒海居民及守备将卒私通海外诸国"①。实际上，二者是一种对立统一，郑和下西洋与海禁本是一个问题的两面，一是扩大的官方海外交往与贸易，一是禁止民间私通海外诸国，禁的是走私贸易。具体到登州，表面矛盾的现象确实也显示了出来，需要有所分析。

战争与和平是人类永恒的主题。在登州，备倭城将蓬莱阁包容在一起。毋庸置疑，蓬莱的海洋神话，体现的是海洋崇拜。这种地方观念、民间信仰并没有被淹没在国家权力的代表行政、军事设施中，而是与之同在，和谐相处于一座城池中，整合成一个统一状态。备倭城的制度安排无疑给了地方民众一种安全感，与此同时，地方海洋信仰也有同样的功用，更加强调了这种安全感。二者代表的现实与虚幻的权威融成一体，保守着一方海滨的宁谧。于是在这里，海防与地方海洋崇拜和谐地融为一体，可以说没有一个明朝官员到达登州（即蓬莱）任官或巡视经过时不登阁观览海上的，也几乎没有一个高丽或朝鲜使团高级成员经过登州时，不登阁吟咏的，至今存留下来的大量诗文是历史的见证。② 然而，海洋带给登州的不仅是海市蜃楼的遐想，也有备倭的严峻现实。于是，明朝人在登州城的建构中，孕育了一种独特的和谐，将战与和合二为一，这是何等的对立与统一的辩证法。这种理念竟然随处可见，大到备倭城与蓬莱阁同驻一城，小到总镇府后即太平楼，反映的正是当时人的理念。我们从城市结构形态所看到的这种类似矛盾的情形，就是明朝时人深切感受到的生活，他们期盼和平的心理也再明显不过地表露在地表上，留下了永久的印记。如果说洪武年间设立宁波府时，寓有"海不扬波"的深意，那么同样的，在洪武年间开始升府建城的登州，也反映出了完全一致的理念。可惜的是，今天我们许多人往往将海禁提到了闭关锁国的高度，认为是保守所致。事实真的是如此吗？登州一带在经历了北宋初年短暂的繁荣以后，一直没有得到极大的恢复。时至明初，又首当其冲地遭遇了严重的海上侵扰，明廷不得不在沿海一线调兵遣将，广筑城池。登州以备倭城的修筑迎来了和平的日子，并且在此后的日子里以城池为基地，守住了这份和平。应该说，明太

---

① 登州古港史编委会编：《登州古港史》，第 164 页。
② 高丽或朝鲜使团高级成员的诗咏，保存在一些《朝天录》与个人文集中，有关资料的整理，韩国学者卓有贡献，主要见林基中教授主编《燕行录全集》《燕行录续集》，在此恕不赘述。

祖"不征"的外交理念的实践是无可厚非的，备倭在登州极其成功，一直持续至明末，倭寇从未在这里登陆打开过缺口。我们知道，正是因为登州的海防固若金汤，所以才有备倭统帅戚继光从登州备倭前线调往浙江抗倭第一线，也才有登州备倭统帅李承勋率兵出援朝鲜之战，开往海外的抗倭第一线。作为中国北方对外交往的重要港城，登州在海交史上以独特的面貌载入了史册。

历史事实表明，由于来自海外的影响，或者说威胁，深刻地影响了登州城市的发展进程。但是，翻转来考虑，如果没有设防的城，就没有和平，海防与和平两者密不可分。在登州，国家权威和地方神祇奇妙地结合在一起，确保了登州在面对海外挑战时的稳定秩序，明代创建的海上防卫体系是成功的，其中，与海洋崇拜的珠联璧合是一个必要条件，从而实现了秩序的全景，这也可以说是人类对海洋环境自主选择的一个典型范例。

登州港城在明代的发展，不仅具有险要的地理位置，而且显示出高超的建筑技艺，布局巧妙，结构独特。港城特点与海洋文明密不可分，官方的行政建构与民间社会的地方象征建构密切相连。登州海洋崇拜成为一种国家官方话语，为中央官员、地方人士所认同，并且作为中国海滨城市文化的标志，被外国使臣吟咏书写，成为中外文化交流的佳话。明代的府志主要由郡人编写完成，代表了地方人士对于国家对地方建构的高度认同。国家行政治理空间与民间社会海洋崇拜空间的衔接与整合，正是海洋文明的重要组成部分。其间如何契合，如何分野，值得我们进一步研究。一种与海洋密切联系的地方社会的空间建构，提供了一个国家行政军事中心与海洋文明契合共存的例证。由于特定的海洋环境，才规划出了特定的登州城，这种空间结构出现于明代，并长期延续下来，其形成最重要的是依赖海洋环境的影响。由于资料所限，我们很难描绘出元代登州的面貌，而通过明代志书，明代登州城空间秩序的建构，地方景观的海洋特色，至今清晰可见。城市沿革说明，海洋特色是中国所有沿海城市的特征，这是登州城所具有的共性的一面，然而，行政、军事空间秩序与海洋崇拜信仰空间包容于一体，表现出地方治理方式与本土海洋文化之间相互关联与互动，登州水城与蓬莱阁一同体现了海洋文明的高度和谐，成为登州港城一道亮丽的风景特色，体现的正是登州城个性化的一面。

城市是由于人们的活动而产生的地理景观。图像中的明代登州城市形态显示,港城发展最重要的影响因素及其特征,毫无疑问是海洋,因此,城市发展与海洋息息相关,海洋文明的进步由此生发,推动了城市结构的变化。明朝人将建筑的城墙纳入原有的城市与海洋信仰发展格局的现实建构之中,于是,蓬莱阁与水城同样成为海洋文明在中国东海之滨地表上最显著的标志,存留至今。更重要的是,历史因素经由表层和潜层仍然在影响着今天的城市发展。

第七章　明代青花瓷崛起的轨迹
——从文明交融走向社会时尚

青花瓷作为中国瓷器的代表，享誉世界。关于青花瓷的研究，中外学界已有丰硕成果。一般说来，青花瓷产生于唐，成熟于元，而它的全盛期是在明清，这已成为史界的共识。然而，笼统地概言明清，则无法使青花瓷的发展脉络清晰地显现出来。在这里，我们选取这样一个问题点：始于唐，成于元的青花瓷，为什么在明代才盛行于世，从而确立了中国瓷器的主流地位？换言之，青花瓷在明代的崛起，有着令人深思的特点。同时，这一问题的探讨，也有助于我们对中外文明交融现象做出新的思考和诠释。

对于青花瓷的产生，学术界主要有起源波斯说和起源中国说两种观点，迄今尚无定论。不少学者认为中国青花瓷在用料、技法、和纹饰上，都是在波斯影响下出现的；也有的专家提出河南巩县窑最早生产的青花瓷，在时间上比波斯白地蓝釉陶器出现得早，因此认为青花瓷是中国陶瓷自身发展的产物。① 毫无疑问，明代不是青花瓷的起源时期，但却是青花瓷发展的关键时期，青花瓷在明代崛起而成为中国瓷器的代表。仅就这一时期而言，任何简单地说青花瓷是外来影响下出现或只是本土独立生产的品种，单纯地将青花瓷看作中国风格或波斯—伊斯兰风格的结论，似乎都不能反映出历史的真实。

明代青花瓷的崛起，是中外文明互动与交融的产物，也是跨文化交流的绝佳例证。因此，明代青花瓷的历史，是一部中外文明交融的历史，也是一部贸易改变了传统工艺品发展走向的历史，更是一部市场引领了时尚

---

① 冯先铭：《青花瓷器的起源和发展》，《故宫博物院院刊》1994 年第 2 期。

的历史。对此,海内外瓷器遗存为我们提供了最好的证明。

第一节 作为商品的青花瓷崛起:海外遗存的证明

"缎匹、磁器",是古代中国与域外文明交流最重要的物品。丝绸、缎匹不易长久保存,而瓷器因其特性而在域外大量传世,成为中华文明与域外各种文明交流的历史见证。

谈到明代瓷器,人们会立即想到青花瓷,想到景德镇。随着洪武二年(1369)朝廷在江西景德镇建立了御器厂①,使得景德镇迅速兴起。景德镇在明代兴起而为一代瓷都,青花瓷成就了景德镇,这是得到公认的事实。一般认为,明朝洪武年间采取了一系列恢复和发展社会生产的政策和措施,放弃了元朝奴隶制的工匠管理方式,放宽了对于工匠的管制,实行轮班制,有着解放生产力的作用。应该说以上这些因素对于青花瓷发展都是很重要的因素。然而,仅此却不足以说明青花瓷为什么会崛起成为中国瓷器的主流。根据中外学者研究,青花瓷最早产生于唐代,到元代烧造成熟。这种中国创制烧造的带有阿拉伯—波斯或者说是伊斯兰风格的瓷器新品种,为什么在创烧达几百年之久以后,才在明代凸显出来,进而一枝独秀,在世界陶瓷中占有重要的一席之地?

20世纪在亚洲和非洲广阔地区的考古发掘与调查,首先揭开了这一谜底。

明代景德镇在竞争中胜过了其他窑系,除了明朝对于御器厂的大力投入以外,满足宫廷对外交换的需求,因此产品迎合了异国情调时尚,并畅销海外是一个极为重要的因素。

根据日本学者三上次男的考察,在埃及的福斯塔特遗址,苏丹的阿伊札布遗址,阿拉伯半岛上也门的亚丁一带,都有中国15世纪初青花瓷的

---

① (清)蓝浦:《景德镇陶录》卷一《图说》,傅振伦《景德镇陶录详注》本,书目文献出版社1993年版。另据现藏景德镇陶瓷馆的崇祯十年(1637)《关中王老公祖鼎建诣休堂记》碑刻残片:"我太祖高皇帝洪武三十五年,改陶厂为御器厂。钦命中官一员,特董烧造。"可见洪武初年设立时名称不同。见刘新园《关于明代洪武用瓷与景德镇御器厂设置年代》,《鸿禧文物》创刊号,1996年。

发现。进入波斯湾港口，凡是船只停泊之地，处处都发现了中国陶瓷。值得注意的是，这一带的遗迹从东面开始，巴基斯坦与印度接壤处附近的提兹，提兹以北的旁遮普及其附近的瓜拉提·詹希德，进入内陆后则有哈利勒河谷地中的吉拉夫特及其附近的谢里·达吉亚努斯等等①。英国考古学家斯坦因就是在巴基斯坦印度河口上游的旁遮普地区发现了15世纪前后的青花瓷片②。中国瓷器沿阿拉伯海西运，到达伊朗各港口和内陆地区。在北非，曾在开罗进行过调查的霍布森说："在开罗周围到处散布着青花瓷片"，好像中国瓷器当时已普及到了开罗的千家万户。在苏伊士南约550千米的红海海岸的库赛尔，自法老时代以来便是埃及红海沿岸唯一稍具规模的港口城市，长期以来不断出土中国古瓷片，其中就有元末明初景德镇的青花瓷③。

中国学者马文宽、孟凡人《中国古瓷在非洲的发现》一书统计，在非洲约有17个国家和地区，200多个地点发现中国古瓷，散布的地域广阔，数量惊人，瓷器种类丰富，延续时间很长。因此，他们断言："可以认为非洲是一座中国古瓷的巨大宝库。"而非洲出土中国古陶瓷各遗址中，几乎都发现有明代青花瓷。④ 在东非，索马里、肯尼亚、坦桑尼亚等地，都有青花瓷的发现。肯尼亚的安哥瓦纳位于塔纳河口之北，是东非最有代表性的古城遗址。遗址内有两座大清真寺，还有小清真寺和一些墓葬。1953—1954年柯克曼在这里发掘出土许多元、明时期的青瓷和明代青花瓷。特别是在清真寺八号柱墓附近有一件明永乐时期的青花瓷碗。他还在马林迪发现了两座15世纪时的柱墓，墓壁上镶嵌着青瓷、青白瓷和青花瓷碗，是14—16世纪的产品。⑤ 在肯尼亚给他（Gedi）古城的一些遗址中，也发现了一批元末明初的瓷器残片。其中有两件为完好的永乐时期的盘和碗。⑥

---

① [日]三上次男著，胡德芬译：《陶瓷之路——东西方文化接触点的探索》，天津人民出版社1983年版，第35、75页。
② [英]斯坦因：《印度西北部和伊朗东南部的考古踏勘》，伦敦，1937，《陶瓷之路——东西方文化接触点的探索》，第146页；又见195页。
③ 马文宽、孟凡人：《中国古瓷在非洲的发现》，紫禁城出版社1987年版，第5—6页。
④ 《中国古瓷在非洲的发现》，第37、47页。
⑤ 《中国古瓷在非洲的发现》，第12—13页。
⑥ 叶文程：《中国古代外销瓷研究论文集》，紫禁城出版社1988年版，第146页。

第三篇　文化篇>>>

　　英国的弗里曼·格伦维尔（F. Grenvill）在《坦葛尼喀海岸中世纪史》中记载，根据20世纪50年代进行的考古发掘，坦桑尼亚海岸有46处中国陶瓷的遗址。① 坦桑尼亚基尔瓦岛"大清真寺"遗址，是出土中国古瓷最多的地方，主要集中在12—15世纪。景德镇青花瓷有元代碗沿残片，明初连珠纹口沿残片；马库丹尼遗址出土景德镇青花瓷，有明代早期锦地纹碗、缠枝花纹碗残片、笔筒口沿残片等。② 索马里北部的遗址说明，15世纪前半中国主要输出仍然以青瓷为主，青花瓷相对少，但是多为优质品③。

　　在东南亚，根据考古报告，马来西亚沙捞越东北的弥利发现的墓葬里，出土了完整的青花瓷。④ 在北部的哥达峡答都海港的拉瓦斯及林邦，发现大量的明初、明中期的瓷器。在柔佛甘榜发现了一个中国贸易瓷器窖藏，主要是明代青花瓷和白瓷。柔佛的哥打丁宜出土的全部是明代青花瓷，有盘、碗、压手杯三大类。压手杯是永乐朝特有的器物。⑤ 根据调查过菲律宾吕宋岛西南部加洛他干半岛诸遗迹的菲律宾国立博物馆福克斯博士的报告，从505个墓葬里，也发掘出410件相当于14—15世纪的陶瓷，也就是元末、明前期的中国瓷器。⑥ 在吕宋岛庇那格巴雅兰村的庇拉部落的100多座中世纪墓地中，发现有菲律宾陶器随葬在人骨头部旁，脚下随葬着中国元末及明初的陶瓷。有各种各样的青瓷、白瓷、青白瓷、黑瓷、青花瓷，数量极其丰富，出土范围达8.5公顷。这样的墓地在菲律宾群岛各岛屿已经发现了100多处。⑦

　　三上次男的调查研究显示，在伊朗东北部的大城市马什哈德（麦什特）的博物馆，德黑兰考古博物馆，大不里士的阿塞拜疆博物馆，阿富汗喀布尔的商店，印度孟买和海德拉巴的博物馆，斯里兰卡科伦坡博物馆，马来西亚沙捞越古晋博物馆，印度尼西亚雅加达国立博物馆，土耳其伊斯

---

①　F. Grenvill, *The Medieval History of the Coast of Tanganyika: With special reference to recent areaoligical discoveries*, London, New York, Oxford University Press, 1962.
②　《中国古瓷在非洲的发现》，第26—28页。
③　《陶瓷之路——东西方文化接触点的探索》，第62页。
④　[英]苏莱曼著，傅振伦译：《东南亚出土的中国外销瓷器》，《中国古外销陶瓷研究资料》第一辑，中国古外销陶瓷研究会，1981年。
⑤　《中国古代外销瓷研究论文集》，第126，150页。
⑥　《陶瓷之路——东西方文化接触点的探索》，第227页。
⑦　《中国古代外销瓷研究论文集》，第124页。

坦布尔托普卡普博物馆,都收藏有约 15 世纪初的中国青花瓷①。而在马来西亚马六甲博物馆也有明初青花瓷的收藏。② 如此众多的国度和地区,都遗存了 15 世纪初青花瓷流动的印记。

在对亚、非中国瓷器遗存做了大量考察研究以后,三上次男指出:"国外发现的中国陶瓷,当然是通过贸易形式运到那里的。虽然其中有一些,也可能是中国政府对外国国王或显贵们的馈赠,但是这种数量是极其有限的,更何况馈赠实际上也是一种贸易的形式。"③ 这个论断无疑是正确的。

航海技术发展为瓷器的运输提供了前所未有的便利。然而从某种意义上说,景德镇没有像龙泉窑、德化窑那样的沿海地理优势,明初景德镇青花瓷在海外大量出现这种现象,只有对照明朝活跃的对外交往盛况,使团的四出活动,特别是下西洋随行人员马欢《瀛涯胜览》、费信《星槎胜览》以及《郑和航海图》等史籍,才能得到合理解释。

文献与实物相互印证,当时输出的大量瓷器中,青花瓷是重要的一种。除了少部分作为给予当地上层的礼物外,大部分青花瓷是在海外进行贸易之用的。当年下西洋经历亚、非大约 30 多个国家和地区,所到之处,大都是港口,包括占城(今越南南部)、爪哇(今印度尼西亚)、暹罗(今泰国)、满剌加(今马来西亚马六甲)、苏门答剌(今印度尼西亚)、锡兰(今斯里兰卡)、柯枝(今印度科钦)、古里(今印度卡里卡特)、溜山(今马尔代夫)、祖法儿(今阿曼佐法儿)、阿丹(今也门亚丁)、榜葛拉(今孟加拉)、忽鲁谟斯(今伊朗霍尔木兹)、天方(今沙特阿拉伯麦加)、木骨都束(今索马里摩加迪沙)、卜剌哇(今索马里布腊瓦)、麻林(今肯尼亚马林迪)、比剌(今莫桑比克)、孙剌(今莫桑比克索法拉河口),等等④,这些地方大都有青花瓷的踪迹。跟随郑和下西洋的马欢《瀛

---

① 《陶瓷之路——东西方文化接触点的探索》,第 150—151、171、173、186、204、220、89 页。
② 沈殿成:《海外华人收藏家魏伟杰》,《侨园》2000 年第 2 期。
③ 《陶瓷之路——东西方文化接触点的探索》,第 239 页。
④ 关于郑和所到之处,参见马欢《瀛涯胜览》、费信《星槎胜览》、巩珍《西洋番国志》及《明太宗实录》《郑和航海图》《明史》等史籍。

涯胜览》记载爪哇"国人最喜中国青花磁器"①，并记录所到5国进行了瓷器贸易。同样跟随下西洋亲历海外的费信，更加留意海外的青花瓷贸易。他在《星槎胜览》中记载瓷器28处，其中旧港记录了青、白瓷和大小瓷器2处。明确指出用青花瓷交易的国家有9处：暹罗、锡兰山、柯枝、古里、忽鲁谟斯、榜葛拉、大唄喃、阿丹、天方。这约占总数的1/3。用青、白瓷交易的国家有4处：旧港、满剌加、苏门答剌、龙牙犀角。以其他瓷器交易的地方15处：交栏山、旧港、花面国、剌撒、淡洋、吉里地闷、琉球、三岛、苏禄、佐法儿、竹步、木骨都束、溜洋、卜剌哇、阿鲁。②现在我们知道至少半数以上是有15世纪初青花瓷遗存的。

海外遗存是中外经济文化交流繁盛发展的真实写照，同时呈现出明代青花瓷在海外拥有一个广阔的市场。

更重要的是，郑和七下西洋，中国人以前所未有的规模走向海外，走向外部世界，成为举世闻名的海上壮举。航海使团不仅起了沟通域外所至之处各种文明的重要作用，更引发了中外文明交流高潮的到来。永乐二十一年（1423），出现了南浡利、苏门答剌、阿鲁、满剌加等16国派遣使节1200多人到北京朝贡的盛况③。伴随文明对话进入一个全盛期，通过礼品交换与贸易，中华文明与东亚、东南亚、南亚、西亚、中亚、非洲等多种文明的汇聚和交流，清楚地反映出文明交流发展的历程。青花瓷在这一历程中占有重要地位。

我们知道，元末青花瓷的烧造已经开始成熟，根据近年来中外学者的研究，在西亚伊朗，以及土耳其等国保存有一些质地精良、器形硕大、纹饰精美的元青花瓷珍品，在东南亚地区也有一些青花瓷器，而在全国各地出土元青花瓷的元代墓葬和窖藏不下几十处，其精美程度不亚于各国藏品。以往认为元青花瓷主要用于外销的观点似乎不能成立。而且，元代青花瓷在海外遗存不多，在国内即使是元代高档次的墓葬中也比较罕见，据此可知青花瓷在当时很可能并不是大量生产的瓷器品种。1976年韩国新安

---

① （明）马欢原著，万明校注：《明钞本〈瀛涯胜览〉校注》，第27页，《爪哇国》；5国中除了爪哇国外，有瓷器交易的是占城国、锡兰国、祖法儿国和天方国。海洋出版社2005年版。
② 见（明）费信著，冯承钧校注《星槎胜览》各国条，中华书局1954年版。
③ 《明太宗实录》卷二六三，永乐二十一年九月戊戌，第2403页。

沉船"出水"的中国瓷器中,元代龙泉窑的青瓷占有明显优势,在近17000件瓷器中,龙泉系青瓷多达9639件,占总数的57.4%还多,景德镇系青白瓷、白瓷达4813件,约占总数的28.69%,两项共14452件,占总数的86.09%。甚至没有发现青花瓷。① 15世纪初郑和下西洋凸显了中国与西洋方面中外文明交流的意义,瓷器运到海外,赏赐是少量的,加强了中国对外经济贸易活动,产生的直接后果是大量迎合海外需求的瓷器外销,扩大了海外贸易,开拓了海外市场。在这样一个中外贸易繁盛的大背景下,有利于迎合海外风尚的青花瓷迅速崛起,流行海外。

值得关注的是,海外考古遗址发掘与传世品的调查证明,13—14世纪的中国瓷器以青、白瓷为主,15世纪以后,明早期青瓷仍是瓷器出口主要品种,而青花瓷逐渐增多,到16世纪,青花瓷占据了主要地位。

海外瓷器市场与时尚的变化,与中国瓷器本土生产的变化有着紧密联系。

第二节 外销改变了中国瓷器的发展走向: 景德镇珠山御器厂遗址的证明

自唐代以后,中国瓷器"南青北白"的格局已经形成,成为中国瓷器发展的主要特征。青花瓷虽然在唐代产生,但直到元代后期方烧制成熟,不是大量生产的瓷器品种,不足以动摇传统青瓷、白瓷的主流地位。

中国瓷器生产格局和发展方向发生重大变化,关键时期是在明代永乐、宣德时期。

我们知道,景德镇在宋元时期还不能真正成为全国瓷业的中心。② 成为全国瓷业的中心,正是在明代御器厂建立的基础上,伴随着制瓷业的高度集中才实现的。御器厂是明朝宫廷为了获得精美华贵的御用瓷器而设立的,青花瓷是应宫廷对外交往需要而兴起的瓷器新品种。青花瓷在下西洋

---

① 冯先铭:《南朝鲜新安沉船及瓷器问题探讨》,《故宫博物院院刊》1985年第3期。
② 江西轻工业厅陶瓷研究所编:《景德镇陶瓷史稿》,生活·读书·新知三联书店1959年版,第93页。

时期大量输出海外,与当时景德镇生产的发展是分不开的。就此而言,我们也可以说正是国内瓷器生产的创新发展,推动了瓷器在海外的贸易活动。

郑和下西洋持续近30年,所到之处,许多是伊斯兰文明流行的区域。远航有如穿针引线,织就了亚、非繁盛的贸易网络,更重要的是,文明凭借着这一网络而建立起稳定的交流途径。中外文明的交融,青花瓷成为典型的一例。众所周知,下西洋给景德镇带回了"苏麻离青",也称"苏泥勃青"。这种海外钴料,使得景德镇烧制的青花瓷达到了烧造的高峰,所谓永、宣青花瓷"开一代未有之奇",由此获得了最大成就。

在郑和下西洋宏大背景下,扩大的航海贸易——扩大的海外市场——扩大的瓷器生产,贸易、市场、异文化交流紧密联系在一起。强劲的海外市场支撑了景德镇青花瓷的生产,也刺激了瓷器新品种的生产和改进。有明一代以景德镇为中心烧制的青花瓷,其生产在永乐、宣德年间有了飞速的发展,被后人称为黄金时期,为此后瓷器新品种青花瓷最终取代传统的青瓷与白瓷,成为中国瓷器的主流,奠定了坚实的基础。更重要的是,如刘子芬所云:"古瓷不重彩绘,所有之器皆纯色。市肆之人呼为一道釉。五彩始于明,至清而大备。"① 青花瓷所获得的成就,标志着中国瓷器发展从单色釉到彩色釉的重大转型。

根据陶瓷专家研究,进口钴料使永乐青花,特别是宣德青花达到了炉火纯青地步,特点是深入胎骨,使釉面产生凹凸不平的感觉,并且伴有黑色结晶斑点,这是后来大量仿制所达不到的。在造型上,永乐、宣德朝青花瓷不仅有传统的盘、碗、梅瓶等,更出现了许多新增的器型,如八角烛台、花浇、筒形花座、扁瓶、扁壶、长颈方口折壶、天球瓶、仰钟式碗等,明显具有浓厚的伊斯兰风格,有些是受西亚金、银、铜器的影响,或仿西亚的金属等器皿器型生产的。以致有学者通过对比研究,认为:"百分之八十的永、宣青花瓷在造型方面可以在西亚地区古代金银器、铜器、玻璃器、陶器中溯源到范本。"② 除了造型的域外风格以外,纹饰上也有很多采用了带有域外偏好的花卉植物等。中国悠久的手工艺传统获得了更

---

① 刘子芬:《竹园陶说》,1925年石印本。
② 王健华:《明初青花瓷发展的原因及特点》,《故宫博物院院刊》1998年第1期。

新,取得了骄人成绩。

吴仁敬、辛安潮:《中国陶瓷史》曾评论:"明人对于瓷业,无论在意匠上,形式上,其技术均渐臻至完成之顶点。而永乐以降,因波斯、阿拉伯艺术之东渐,与我国原有之艺术相融合,于瓷业上,更发生一种异样之精彩。"① 永乐以降"异样之精彩"无疑是指青花瓷。探求瓷器"异样之精彩"的发展原因,一方面永乐、宣德年间重视瓷器的烧造,宫廷有对外交往需要;另一方面郑和下西洋持续近30年,所到之处,大多是伊斯兰文明流行的区域,下西洋进行了大量海外贸易活动,给景德镇带回了"苏泥勃青"或称为"苏麻离青"。这种钴料,使得景德镇烧制的青花瓷达到了炉火纯青的地步,与此同时,伊斯兰风格也为景德镇的青花瓷定了型。这种相得益彰的现象反映在当时亚、非的广大区域,青花瓷成为一种流行的时尚出现,并拥有一个广大市场。在近30年时间里,大量青花瓷流向了海外,更不要说在当时纷至沓来的外交使臣来到中国以后,在外交与贸易交往中的瓷器外流了。永乐、宣德年间海外贸易发达,瓷器成为重要的对外赏赐和外销物品,刺激了瓷器的生产发展与技术更新。随着下西洋中外交往的扩大发展,大量带到海外的青花瓷深受海外人们喜爱,而主要依托于外销,景德镇御器厂生产规模进一步扩大,官窑从洪武时的20座,扩大到宣德时的58座。② 一般而言,变化在宣德年间开始显著起来,后人云"此明窑极盛时也","诸料悉精,青花最贵"③。说明在宣德时青花瓷已后来居上,青花瓷的数量和质量都得到了提升,成为最重要的瓷器品种之一。

文献记载应与考古文物相互印证。20世纪80年代开始,景德镇珠山明代御器厂遗址相继发现和发掘了洪武、永乐、宣德、正统、成化、弘治、正德等朝代的大批瓷器和瓷器碎片。到21世纪初的历次发掘,大大拓宽了人们的眼界。1982—1994年,景德镇市陶瓷考古研究所对御窑遗址进行发掘,出土了明代洪武至嘉靖时期的落选御用瓷片"竟有十数吨,若干亿片",并修复了大量洪武、永乐、宣德、正统、成化时期的落选御用

---

① 吴仁敬、辛安潮:《中国陶瓷史》,民国珍本丛刊本,团结出版社2005年版,第59页。
② 《景德镇陶录》卷五《景德镇历代窑考》。
③ 《景德镇陶录》卷五《景德镇历代窑考》。

瓷器，为研究明代御窑瓷器提供了珍贵的实物资料。① 90 年代，冯先铭先生指出："从景德镇御器厂发掘情况来看，永乐地层出白釉器物，宣德地层出青花，这为两朝的断代提供了科学的依据。"② 据介绍，自 1982 年在珠山东段发现大量永乐甜白瓷以后，1983—1984 年又在那里出土了永乐、宣德的各种瓷器碎片，包括有青花、釉里红、红釉、甜白、彩瓷等。1988 年在中华路明御器厂遗址发现并出土了永乐青花和宣德天青釉等瓷器。同年，在东司岭出土了宣德青花填红花钵、青花孔雀绿釉盘碗。后来在 1993 年在御器厂遗址东门附近出土的宣德瓷器有青花蟋蟀罐等。③ "品类有青花，青花填红、填黄和斗彩，低温红彩，低温黄釉彩（浇黄），绿釉和孔雀绿釉，低温洒蓝釉，低温孔雀绿釉地青花，低温黄地绿釉彩；高温红釉，甜白釉，宝石蓝釉，天青釉，白釉铁红彩"等。斗彩是宣德官窑独创，是将釉下青花与釉上红、黄、绿、紫诸色巧妙组合的新品种，被称誉"为中国釉上彩瓷的发展开辟了一条新路"④。2002—2004 年景德镇的发掘进入一个新阶段，根据发掘简报，出土瓷器中以明代永乐、宣德、成化、弘治、正德时期的数量较多，内涵丰富，均属于落选的御用瓷器。专家认定第 5 层是明代宣德时期御窑的原生堆积，在那里"出土有明代宣德御窑瓷器和瓷片及大量的窑具。瓷器（含瓷片）的品种主要有白釉瓷器、仿哥釉瓷器、仿龙泉青釉瓷器，另有少量的青花瓷器等，器形主要有碗、盘、靶盏、果盘、罐、炉、爵等，有些器物的外底刻'大明宣德年制'双圈楷书六字款。窑具主要有匣钵、套钵和垫饼"。简报最后总结说明："永乐时期绝大多数为釉里红、红釉瓷器，少数为紫金釉瓷器，个别为青花釉里红、黑釉瓷器等；宣德时期以白釉、红釉瓷器为多，洒蓝釉、孔雀绿釉、仿哥釉、仿龙泉青釉瓷器次之，另有少量的蓝釉、青花瓷器等；成化时期主要是斗彩、斗彩半成品、仿宋官青釉瓷器，另有青花、白釉瓷器等；弘治时期基本是黄釉、白釉绿彩、白釉绿彩半成品瓷器；正德时期主要是青

---

① 北京大学考古文博学院等：《江西景德镇明清御窑遗址发掘简报》，《文物》2007 年第 5 期。
② 冯先铭：《青花瓷器的起源和发展》，《故宫博物院院刊》1994 年第 2 期。
③ 陆明华：《明代景德镇官窑瓷器考古的重要收获》，《中国古陶瓷研究》第十辑，紫禁城出版社 2004 年版。
④ 江建新：《谈景德镇明御厂故址出土的宣德瓷器》，《文物》1995 年第 12 期。

花瓷器。"① 以上之所以大段引述发掘报告，就是因为我们发现可以说出土实物显示出的是一个百花齐放的局面。

2007年4月，当我们步入首都博物馆与景德镇陶瓷考古研究所合作主办的景德镇珠山出土永乐官窑展时，发现御器厂遗址出土永乐年间烧造的器物中，釉里红、青瓷、白瓷、青花瓷等都有着一席之地。这种情况说明，青花瓷当时还只是与其他瓷器并列的一个品种，没有胜出于其他种类之上。这一点在景德镇官窑发掘报告中进一步得到了证实。青花瓷在永乐、宣德年间还不能说已经成为当时瓷器的主流。所谓永乐、宣德朝是青花瓷的黄金时代，应是指这一时期官窑的创新烧造，其胎质细腻，釉层晶莹，青色浓艳，以精益求精的品质，造型多样和纹饰优美而负有盛名，成为后世的标本。确切地说，郑和下西洋的功绩在于使青花瓷崛起为瓷器的重要品种，吸收外来文化，推陈出新，为此后青花瓷形成主流瓷器奠定了基础。②

景德镇珠山明代御器厂遗址发掘情况，向我们展示出自永乐至正德年间瓷器生产发展的真实轨迹。值得注意的是，出土实物显示，自成化年间开始，民窑青花瓷烧制已开始出现繁盛的景象。报告中多处说明出土明代成化时期的"青花、仿宋官青釉、白釉、斗彩及斗彩半成品瓷片，另有匣钵等"，其中，有被专家鉴定为民窑的烧造品。弘治时基本上延续了成化年间白釉、青花瓷烧造的状况。简报中说明出土有弘治年间的青花云龙纹大盘等。根据简报，在发掘的正德时期实物中，有御窑瓷片和较多的民窑瓷片，"以青花和白釉瓷片为主"，这表明到了正德年间，明显出现了青花瓷生产的绝对优势。后人记载正德窑："有大珰镇云南，得外国回青，价倍黄金，知其可烧窑器，命用之。其色古菁，故正窑青花多有佳品。"③ 说明此一时期的原料有了新的来源，有利于青花瓷生产发展。此后的嘉靖窑："惟回青盛作，幽菁可爱，故嘉器青花亦著。"④ 于是，青花瓷的发展一直延续了下去。在出土的晚明民窑青花瓷器类中，有碗、盘、杯等，以

---

① 以上关于2002—2004年发掘情况，均见于北京大学考古文博学院等《江西景德镇明清御窑遗址发掘简报》，《文物》2007年第5期。
② 据故宫专家提示，宣德青花在海外发现且能证实为当时输出的甚少。
③《景德镇陶录》卷五《景德镇历代窑考》。
④《景德镇陶录》卷五《景德镇历代窑考》。

碗为主。青花颜色浅淡,纹饰内容丰富,有人物和花草、果品、动物等等,这已为大量发掘文物所证明,不再赘述。

根据《明会典》记载:"宣德八年尚膳监题准烧造龙凤纹瓷器",当年烧造了各样瓷器 443500 件。① 可见当时瓷器烧造数量之大。可是,我们又如何解释御器厂遗址发掘宣德时期实物中青花瓷并不多的问题呢?也许可以这样来看,第一,发掘的实物主要是当时落选的御用瓷器,所以不能反映青花瓷当时烧造的全貌,而青花瓷的烧造在宣德时达到了炉火纯青的地步,也许不会产生太多的落选品。第二,主要用于外销的青花瓷,也许不必如御用那样要求苛刻。当然,这只是推测,还有待于专家进一步研究。

重要的是,景德镇珠山御器厂发掘结果,与海外考古发掘与传世品的调查结果是一致的,15 世纪以前瓷器以青、白瓷为主,15 世纪前期青花瓷逐渐增多,到 16 世纪,青花瓷占据了主要地位。

清人评论说:"自有明以来,惟饶州之景德镇独以窑著。"② 指出了古窑一直崇尚青瓷,到明代都是纯白瓷,已经没有秘色瓷了,明朝人在白瓷上,或绘青花,或加五彩的现象。谈到了明代瓷器发展的主要特征,是青花和在青花基础上出现的五彩取代了传统的青瓷。我们认为这里还有着更为重要的意义。青花瓷在明代凸显出来,有天时、地利与人和的条件。海外市场支撑了景德镇青花瓷的生产与创新。中国陶瓷发展的转折就此发生。青花瓷的凸显所改变的不仅是景德镇的面貌,同时还深刻地改变了中国瓷器发展的走向。青花瓷,这样一种与传统瓷器具有不同风格,颇有特色的中国瓷器新品种步入了黄金时代意味了什么?意味着在陶瓷史上彩色釉取代了传统的单色釉,也就意味着中国传统瓷器发展走向的转变。这无疑在中国陶瓷史上具有里程碑的意义。

商业的逻辑最终决定了青花瓷的命运,青花瓷带有大航海时代的深刻印记。永乐、宣德时期,正是在海外风格与时尚的影响下,青花瓷生产使用的是进口钴料,生产的器型与文饰具有明显的域外风格,行销于海外,这种中外文明交融的产物,成为景德镇瓷器生产的重要品种。自此以后,

---

① (明)申时行等:《明会典》卷一九四《窑冶·陶器》,第 981 页。
② (清)朱琰:《陶说》卷三《说明》,付振伦《陶说详注》本,中国轻工业出版社 1984 年版。

中国瓷器的发展走向有了重大转变,青花瓷与中国传统主流瓷器青瓷、白瓷的位置开始发生了变化,青瓷等逐渐跌入了低谷,不见了昔日的辉煌,而青花瓷则成长为中国瓷器的主流。伴随传统青瓷被带有外来风格的青花瓷所取代,一种在海外流行的时尚逐渐成为中国本土的时尚,这只是一个时间问题。

第三节 商业化使青花瓷从宫廷走向社会时尚：北京出土瓷器的证明

从北京瓷器出土遗址来看,青花瓷并不是一出现就进入了中国时尚的行列。尽管元代精美的青花瓷器在各国博物馆里耀眼夺目,但不能说当时已成为中国的时尚。唯有进入明代以后,青花瓷才引领了时尚潮流。

英国学者哈里·加纳（Harry Garner）对于中国青花瓷卓有研究,在他的专著《东方的青花瓷器》（*Oriental Blue and White*）中,系统阐释了中国青花瓷的历史。基于对大量公私收藏青花瓷器的研究,他对元代青花瓷做了下面的论断："青花瓷在14世纪上半叶仍在早期发展中,还没有达到举国一致喜爱的阶段。"[1] 这无疑是准确的。元青花瓷影响不大,元大都遗址出土瓷器中,以磁州窑白瓷、龙泉窑青瓷、景德镇影青瓷,以及钧窑产瓷为多,青花瓷很少。[2] 就是一个很好的印证。

曲永建先生在《残片映照的历史：北京出土景德镇瓷器探析》一书《总论》中开篇明义：根据北京出土的大量实物,证明景德镇瓷器自明代以后成为中国瓷器的主流是当之无愧的。而其中绝大部分是民窑青花瓷。它之所以能够集历代陶瓷绘画、工艺之大成,除依靠得天独厚的资源优势以外,究竟靠什么,在残酷的商品竞争中战胜甚至于淘汰了不少历史悠久的其他窑系同行,进而取得霸主地位,这个问题的本身便值得我们去思考

---

[1] Harry Garner, *Oriental Blue and White*, London, Faber and faber, 1954, p. 12.
[2] 中国科学院考古所、北京市文物管理处：《元大都的勘查和发现》,《考古》1972年第1期。

和探讨。①

我们知道,明初景德镇继承了青花瓷的烧造,但是,根据成书于洪武年间的曹昭《格古要论》记载:"青花及五色花者俗甚。"② 由此可见,青花瓷在当时人眼里并非上品,也不可能流行于世。

《明会典》记述:"洪武二十六年定:凡烧造供用器皿等物,须要定夺制样,计算人工物料。如果数多,起取人匠赴京,置窑兴工;或数少,行移饶、处等府烧造。"③ 说明明初的饶州景德镇瓷与处州龙泉瓷并列,龙泉青瓷仍在烧造之中的事实。

这一点为北京出土瓷器所证明。北京出土的明早期瓷器数量上显示,明初龙泉窑和磁州窑的销量大约与景德镇旗鼓相当,说明当时是一种"三分天下"的状况。④

上文论述了郑和下西洋与青花瓷外销的直接联系及其影响。然而,青花瓷并不像一般认为的那样,从此一蹴而就,形成了瓷器生产的主流。显然,永、宣以后青花瓷要完成从诸多品种之中胜出,独占鳌头,从外销和宫廷需求为主的生产到为社会消费生产,从海外流行到中国本土社会的时尚,还有一个过渡阶段。

如果说郑和下西洋在海外为青花瓷崛起带来了第一个契机的话,那么,第二个契机发生在国内。从某种意义上说,整个过程的一个重要的中间环节,就是进口钴料到国产钴料的成功转换。这一转换在成化年间完成,于是带来了民窑青花瓷大量生产的契机,有了这一契机,青花瓷才有了真正为社会普遍所接受,步入社会时尚的可能。晚明时人王士性云:"应之本朝,以宣、成二窑为佳,宣窑以青花胜,成窑以五彩,宣窑之青,真苏浡泥青也。成窑时皆用尽,故成不及宣。成窑五彩堆垛深厚,而成窑用色浅淡,颇成画意,故宣不及成。"⑤ 重要的是,他指出了"宣窑以青花胜",成窑不能与之相比,就是因为"宣窑之青,真苏浡泥青也"。而王氏

---

① 曲永建:《残片映照的历史:北京出土景德镇瓷器探析》,北京建材工业出版社2002年版,第1页。
② (明)曹昭:《新增格古要论》卷下《古窑器论》,中华书局影印本,1987年。
③ (明)申时行等:《明会典》卷一九四《窑冶·陶器》,第980页。
④ 《残片映照的历史:北京出土景德镇瓷器探析》,第1页。
⑤ (明)王士性:《广志绎》卷四,中华书局1981年版,第83—84页。

认为"用色浅淡，颇成画意"成为成化青花的特点，也有宣德青花不及之处。他提到了"成窑五彩"，成化时斗彩又称为"成化五彩"或"青花装五色"，是在青花瓷基础上，加五彩创烧出的新品种，是成化瓷器中具有很高声誉的品种。《陶说》中云宣德窑："此明窑极盛时也。选料、制样、画器、题款，无一不精。青花用苏泥勃青，至成化，其青已尽，只用平等青料。故论青花，宣窑为最。"① 这里所说的是宣德时期的青花瓷在后世公认达到了烧造的巅峰，也说明了成化时期进口钴料用尽，转而使用国产钴料这样一个事实。实际上，这一事实已为成化年间大量青花瓷传世品所证明。成化青花瓷改用国产钴料，纹饰纤细，青料淡雅，别具风致。然而，这决不仅是青花瓷风格的变化，重要的是，钴料的本土化，为此后青花瓷器为国内各阶层普遍接受，器型扩大到家庭日用的各个方面，成为瓷器生产的主流，提供了重要前提条件。②

在明初，带有外来文明明显印记的青花瓷，应伊斯兰文明为主的广大地区的需要，做工精美、工艺考究，具有独特风格，无疑主要供给国外市场贸易之用，在海外流行的同时，在中国本土供给宫廷消费，成为皇家、贵族必不可少的奢侈品。如今天故宫所保存的3个永乐时期的压手杯，就是绝代精品。③ 那时民窑基本上被禁止烧制官窑样式。然而，明初的"新"与"异"，如果仅仅停留在为宫廷和外销生产，对于百姓来说就只能如同"藏在深闺人未识"。钴料是青花瓷器烧制工艺的基本要素。如果钴料一直保持在进口状态，成本昂贵，那么青花瓷普及到社会大众就只能是空想。当时民窑的青花瓷要实现大发展，就必须解决钴料这一关键因素。

胡雁溪先生认为，青花瓷真正成为我国瓷器生产的主流是在明代，而生产的主体是民窑："明代瓷都景德镇，陶瓷业兴盛时估计民窑约达900座，年产瓷器约18万担，大小搭配，每担以200件计，产量达3600万件。而据记载，明代御器厂产量最大的1547年（嘉靖二十六年），也不过12

---

① （清）朱琰：《陶说》卷三《说明》，傅振伦《陶说详注》本。
② 据故宫陶瓷专家指出，御器厂出土的青花资料证明（已经有科学化验结果），宣德时已开始使用国产钴料，而景德镇民窑在宣德时已生产青花瓷，国内市场从正统时开始使用青花瓷已较多。这里根据所见文献记载和传世品证明，以成化年间为一重要转折点，而这一转折不可能是突如其来的，提示恰好说明了这一点。
③ 陈万里：《三件永乐年款的青花瓷器》，《故宫博物院院刊》1958年第1期。

万件,只相当于民窑产量的千分之三,一般年景不过数千到数万件,尚不及民窑产量的千分之一。可见'行于九域'的景德镇瓷器基本上是民窑产品。"①

因此,成化以后完成了钴料的本土化,意义非同寻常,由此民窑突破了发展的瓶颈。从北京出土的瓷片来看,以景德镇民窑瓷器为大宗,又以碗、盘等日常生活用品为最多,反映了成化以后民窑青花瓷发展成为社会时尚的轨迹。

人们的审美观念变迁与社会变迁有着千丝万缕的联系。除了钴料以外,民窑获得发展,还要突破仿造官窑样式和纹饰的禁令。如以龙凤纹为例。《大明律·服舍违式》条规定:

> 凡官民房舍、车服、器物之类,各有等第。若违式僭用,有官者,杖一百,罢职不叙。无官者,笞五十,罪坐家长。工匠并笞五十。
>
> 若僭用违禁龙凤纹者,官民各杖一百,徒三年。工匠杖一百,连当房家小,起发赴京,籍充局匠。违禁之物并入官。首告者,官给赏银五十两,若工匠能自首者,免罪,一体给赏。②

由此可见,明初的法律规定是非常严厉的,器物不得违禁使用。

根据北京出土实物,曲永建先生注意到至成化早期,凤纹和狮纹均有较长时间中断。而民窑青花瓷高足杯的把手多了一道棱,他认为那是因为正统三年(1439)曾禁止民窑仿造官窑式样,以至于其后民窑生产的青花瓷才有了这样的变化。而这一样式后来竟为成化官窑所采纳。他还注意到在成化前后的民窑器上,出现了发人深省的现象:"经过二十年左右的沉默,以历代文人所崇尚的松、竹、梅组合开始(此前为官窑纹样),群起违禁,从纹饰上突破了这一藩篱,颇有法不责众的味道。"③ 甚至龙的形

---

① 胡雁溪编著:《明代民窑青花瓷大观》,团结出版社1993年版,第98页。
② 《大明律》卷一二,《礼律》二《仪制》,怀效锋点校本,法律出版社1998年版,第94页。
③ 《残片映照的历史:北京出土景德镇瓷器探析》,第12页。

象，自成化以后也几乎是偷偷摸摸地在民窑器物上出现了。曲永建先生总结："天、成之交有飞龙，并盛行于正德。直到嘉靖以后，龙纹才堂而皇之的真正出现在民窑器上，这应归功于'官搭民窑'的结果。"①

实际上，成化年间随着商品货币经济发展，白银货币化加速进行，特别是通过赋役改革向全国的铺开，②遂使社会发生了重大变化，从根本上加速了经济活动，促进了生产，也促进了消费，更促成了等级社会旧秩序的瓦解。③手工业者，即工匠的以银代役，始于成化年间。成化二十一年（1485），奏准轮班工匠有愿出银者可代工役，当时南北工匠出银各不相同。④此后，雇佣匠制逐步全面推行。到嘉靖四十一年（1562）一律以银代役，"班匠通行折价类解"⑤。明代赋役折银，是商品货币经济迅速发展的表征。从某种意义上说，对于手工业者而言，与国家之间的人身依附关系的束缚由白银解脱了，隶属关系减轻了，匠户有向自由雇佣劳动者过渡的趋势。工匠摆脱了劳役，成为独立的手工业者，获得了独立经营手工业的条件，对生产积极性提高，生产率增长大有好处，工匠的技术和产品可以更多地投向市场，这引发了民营手工业的快速发展。另一方面，以银代役，也促使官营手工业无可挽回地走向衰落，相应地，民营手工业蓬勃发展起来。这是一个此消彼长的过程。根据文献记载，景德镇御器厂在正德时雇募工匠，嘉靖到万历时雇役匠已经及于各作，采用了计日受值的方式，如"画役令各作募人，日给工食银二分五厘。各匠募役龙缸匠、敲青匠日给银三分五厘"⑥。与此同时，镇上民窑的发展迅速，嘉靖间"聚佣至万余人"。⑦到万历时"每日不下数万人"。⑧已经具备了手工工场的规模。从此，"器成天下走"，景德镇瓷器"所被自燕云而北，南交趾，东际海，

---

① 《残片映照的历史：北京出土景德镇瓷器探析》，第12页。
② 参见万明《白银货币化视野下的明代赋役改革》，《学术月刊》2007年第5—6期。
③ 详见万明主编《晚明社会变迁：问题与研究》第三章《白银货币化与中外变革》，商务印书馆2005年版。
④ 《明会典》卷一八九《工匠》二，第951页。
⑤ 《明会典》卷一八九《工匠》二，第952页。
⑥ （明）王宗沐：《江西省大志》卷七《陶政》，万历刻本。
⑦ 《明世宗实录》卷二四〇，嘉靖十九年八月戊子，第487页。
⑧ （明）萧近高：《参内监疏》，光绪《江西通志》卷四九《舆地略》，光绪七年刻本。

西被蜀,无所不至"①。由于民窑的扩大发展,景德镇这一瓷都,名副其实的进入了当时商人所称都会之列:"大之而两京、江、浙、闽、广诸省。次之而为苏、松、淮扬诸府,临清、济宁诸州,仪真、芜湖诸县,瓜州、景德诸镇。"② 宋应星在《天工开物》中记载:"合并数郡,不敌江西饶郡产。……若夫中华四裔驰名猎取者,皆饶郡浮梁景德镇之产也。"③ 明代景德镇所产瓷器,以青花瓷为主,以各种彩瓷相辅,不仅引领了全国瓷器生产的潮流,而且达到了中国古代制瓷史上的高峰,集中反映了中国古代制瓷业的高度成就。

当民窑崛起,完成了进口原料向国产原料的成功转换,并且冲破了种种禁约时,一种流行海外的时尚迅速向一种中国本土的时尚转变。在市场不断扩大的需求下,青花瓷的生产也呈现出扩展趋势。当官窑无法满足需求时,于嘉靖年间产生了"官搭民烧"的形式,嘉靖以后许多民窑制品纹饰已与官窑同步,就毫不奇怪了。继之,民窑合乎情理地蓬勃兴起,直至极大发展的民窑取代了官窑。

从北京出土的青花瓷来看,在成化以后,民窑极大地发展起来,青花瓷从官窑产品到民窑产品,从宫廷与海外精品到民间生活日常用品的转变发生了。在商品化加速发展中,青花瓷在品种和造型方面都有变化,明显的是日常用品增多,生活性、日用性青花瓷确立了主流地位。"官民竞市"中青花瓷的主导地位表明,一种带有外来风格,曾经与海外生活方式相关的流行时尚,已为中国百姓所接受,得到了中国社会的认同,人们的审美观念变化了,在民窑瓷工手中直观地显现了出来。从碗的造型形式的变化轨迹也可以看出,稳定、实用的功能变得越来越突出了。也从一个特定侧面反映了晚明审美观念日趋实用的主流态势。青花瓷得到社会普遍喜爱,有如"旧时王谢堂前燕,飞入寻常百姓家",越来越多地进入了平民百姓之家,成为人们生活中一个必不可少的组成部分,于是,青花瓷取代青瓷、白瓷,占有了瓷器的主导地位,名副其实成了时尚。这种情况到清代仍然继续,经历几百年持久不衰。市场扩大,生产扩大,消费群扩大,曾

---

① (明)王宗沐:《江西省大志》卷七《陶政》。
② 万历《歙志》卷一〇《货殖》,万历刻本。
③ (明)宋应星:《天工开物》中卷《陶埏第十一》,兰州大学出版社2004年版,第283页。

流行于外国,流行于上层的青花瓷,自然而然就成了民间社会普通人的时尚。这种现象不仅在北京出现。明后期青花瓷随处可见,全国各地窑场以"宣、成窑"为标本,大量仿造,占据了人们日常生活中瓷器的主导地位。根据研究,民窑青花瓷的主要产区,有江西、福建、广东、云南、湖南、浙江、香港等,此外,自明代后期至民国,四川、广西、山东、河南、河北等地都曾烧制日用青花瓷。①

晚明是一个变革的时代,巨大的变化同样在瓷器发展中表现了出来。晚明民窑的制瓷水平大幅提高,瓷画的艺术表现力活跃,显示出自由奔放的风格,表现了普通人的生活情趣,与晚明社会思想解放潮流同步出现。青花瓷纹饰特征有明显的时代风格,在明后期的青花瓷上,有大量的人物、山水、花鸟等中国传统绘画风格的体现,自然奔放、生活气息浓厚的写实图案十分突出,这些与人们日常生活息息相关的生活用具,充分展示了明人富于创意、勇于求新的审美心态。不少学者已经指出青花瓷画与晚明文人画的联系,这里不再赘述。明代青花瓷,由此达到了陶瓷工艺的一个高峰。

传统瓷业随着晚明社会发展进入大调整、大重组和全面优胜劣汰的境地,景德镇青花瓷胜过龙泉、磁州等传统青白瓷窑系,一枝独秀,真正成了中国瓷器的代表。实际上,景德镇青花瓷不仅在北京成为瓷器的主流,晚明欧美市场对青花瓷的大量需求,给青花瓷带来更为广阔的海外市场,促使青花瓷为适应欧洲需要而设计出新品种,青花瓷进一步成为中西文化融会的典型,远销欧洲和美洲,进而独步世界,享誉全球。在国内至清朝康、雍、乾时期、民国时期都有大量仿造品,域外也纷起仿制。归根结底,域外风采与中土风格的结合,构成了青花瓷独步世界的魅力。

青花瓷原是为满足宫廷特殊需要生产的瓷器。宫中用瓷包括宫中所用器皿,对内、对外赏赐用瓷、对外交换用瓷三部分。作为商品,主要是外销。成化以后,伴随着商品货币经济的变化,市场极大地发展,民窑蓬勃兴起,青花瓷作为商品,广泛地参与了社会经济生活和文化生活,获得了广大社会群体的青睐。其中仅碗一项就有数十种之多,充分说明这种工艺品深得人心。重要的是,这种开始为外销而生产的商品,转而纳入了国内

---

① 详见路菁、关宝琮《中国民间青花瓷》,辽宁画报出版社1999年版,第8—14页。

商品化的轨道,为国内市场需求而生产。加之社会经济发展,人们生活环境变了,人们的消费观、审美观也随之变化。晚明人们不仅仅在追求享乐,而是在追求一种更加开放的新生活,从这个意义上说,青花瓷成为时尚,也是一种社会进步的表征。

结　　语

众所周知,郑和下西洋在中国航海史乃至世界航海史上,具有里程碑的意义。青花瓷是在明代崛起而享誉世界的中国瓷器,标志着中国瓷器发展的重要转型:由单色釉向彩色釉的转变,在中国陶瓷史乃至世界陶瓷史上也具有里程碑的意义。在中国,从唐代就产生了青花瓷,但是到明代青花瓷才脱颖而出,发展的黄金时代在明朝永乐、宣德时期,与郑和下西洋在时间上重合,这不能不使我们思考:航海与瓷器同时达到鼎盛,仅仅是历史的偶然吗?进一步探讨,从海外遗存、景德镇明代御窑厂遗址、北京出土景德镇瓷器三方面的历史见证,证明了以郑和下西洋为分界,作为大航海时代中外文明交融结晶的青花瓷,在明代崛起并伴随明代社会发展变迁,形成了中国陶瓷主流的历史轨迹。或许我们可以这样说,如果没有郑和远航活跃的对外贸易,青花瓷也许会像在唐代那样,只是昙花一现;或许会如在元代一样,只是中国瓷器的诸多品种之一,而不会形成中国瓷器的主流,进而成为中国瓷器的代表。就此而言,青花瓷在明代的崛起,是郑和下西洋的伟大功绩之一。

从青花瓷来看中外文明交流的连续性和飞跃的发生,是一个重要的视角。日本学者三上次男认为,15世纪以后中国和日本的瓷器生产都发生了伊朗式的变化。[①] 他所指无疑就是青花瓷的盛行。15世纪以后青花瓷逐渐成为外销瓷主体,到16世纪成为中国瓷器的主流,中国陶瓷出现的变化,清楚地表明了中外文明交互作用的轨迹。贸易无疑是中外文明交流的纽带。

以往鲜见有人注意到青花瓷在明代崛起有一个过程。青花瓷成为明代

---

① 《陶瓷之路——东西方文化接触点的探索》,第29页。

时尚瓷器，始于外销的繁盛，终于商品化的发展。明初虽然继承元代烧制青花瓷，但是青花瓷并没有从诸多品种中凸显出来。因此，明代青花瓷的崛起，并非是一蹴而就，大致可以分为两个阶段：

第一阶段，时间上包括永乐、宣德时期，是青花瓷崛起的第一个重要时期。以郑和下西洋为契机，中外文明成功交融，是青花瓷器创新发展达到高峰的黄金时期；

第二阶段，时间上包括成化以后直至万历时期。以成化年间进口钴料向国产钴料的转换为契机，是青花瓷崛起的第二个重要时期，是青花瓷得到社会普遍认同，成为中国瓷器主流，在万历年间大量外销后又成为中国瓷器代表，进而中西文明成功交融，瓷器创新发展达到又一高峰的时期。

具体来说，青花瓷崛起的两个阶段具有不同之处，形成了递进的关系：

第一，从需求来看，第一阶段主要是供给宫廷与外销；而第二阶段则主要是满足社会各阶层需求，进而走向了世界。

第二，从生产和供给看，需求是生产发展的原动力。第一阶段官窑生产是主体，主要依靠进口原料，依托于对外交往的扩大发展，外销为生产提供了发展的契机，创造了有利条件；第二阶段民窑生产是主体，原料的本土化，为生产的扩大发展和社会普及提供了前提。

第三，从消费来看，第一阶段消费群体主要是宫廷和海外各国上层，宫廷消费不可能有太大规模，海外存在最大的消费群体，也可以说消费市场主要在海外；第二阶段从宫廷走向社会，从奢侈品走向百姓生活日常用品，消费市场主要在国内，消费群体主要是国内社会各阶层。

第四，从发展趋势看，第一阶段扩大的外销，推动了国内手工业的商品化和专业化发展；第二阶段商业化加速进行，民窑扩大发展，生产与消费同步增长，进而畅销海内外，独步世界。

第五，从观念上看，第一阶段主要是汲取海外异文化因素，中外文明交融，产生瓷器新品种，流行于海外，随之，中国瓷器发展方向发生了重大转变；第二阶段是中外文明交融产生的瓷器新品种被社会普遍认同，一种海外时尚成为中国本土的时尚，反映了人们审美观念的更新，同时，也反映了晚明社会求新、求异的变化特征。

综上所述，跨文化的结晶青花瓷取代中国传统的青白瓷，成为中国瓷器的代表，经历了这样一个发展历程：从域外时尚——→中国上层时尚——→中国社会时尚——→世界时尚。就此而言，时尚指导了消费，引导了生产，影响了整个社会和整个世界。这一切都与大航海时代中外文明交流密不可分。

进一步来看，起源于唐、成熟于元的青花瓷，在明初尚不为时人所接受。因此，青花瓷在明代的崛起不是偶然的，有着令人深思的特点。围绕青花瓷崛起可以提出两个问题：

第一，青花瓷为什么会在明代崛起？结合时代特征，明初景德镇御器厂建立，有利于青花瓷工艺创新与技术提高。郑和下西洋为青花瓷迅速崛起提供了历史契机，在下西洋近30年以后，青花瓷达到了瓷器新工艺的顶峰，是航海推动了作为商品的青花瓷大量生产和外销，不仅促进了技术创新而且改变了中国瓷器发展的走向，同时也带来了人们审美观念的更新。因此，青花瓷崛起是大航海时代技术创新与文化交融的硕果，中外交往的繁盛推动了文明的大交融和生产技术与文化艺术的创新发展。

第二，青花瓷为什么会成为瓷器的主流？结合时代特征，作为中外文明交融成功的结晶，经成化时的原料本土化，为民窑青花瓷崛起提供了历史契机，民窑青花瓷遍地开花，商业化使青花瓷几乎一统天下。以青花瓷为标志，彩瓷成为中国瓷器发展到后期的时尚，表明中国瓷器史上彩瓷取代传统青白等单色瓷的划时代变迁。一种海外流行的时尚遂成为中国本土的时尚，中国传统的人物、花鸟、山水，与外来的伊斯兰风格融为一体，青花瓷成为中国陶瓷的代表，进而走向世界，最终成为世界时尚。时尚兴盛是社会快速变化的标志，瓷器的演变与社会变迁有着千丝万缕的联系。一个时代有一个时代的文化。瓷器的演变之所以引人注目，还在于它与中国传统社会从单一向多元社会的转型同步。

对于青花瓷崛起过程的勾勒，也使我们重新思考和认识以下几个问题：

首先，中外文明交流的结果可以印证于中国本土社会。如果说以往我们所了解的明初是一个复兴传统的时代，其文化特征是回归传统，因此明初往往被认为是保守的，那么青花瓷的例子，可以使我们对于明初文化的兼容性，有一个全新的认识。

其次，从外销——生产——消费的角度，青花瓷形成时尚，经历了由海外到国内，由上层至下层，从外销瓷到国内商品瓷，由引进外来风格到融汇中外风格，将异域文化融合在中国本土文化之中，最终形成了国人的偏爱。这也正是中学为体、西学为用的轨迹。

再次，明代青花瓷有两次外销高潮，反映了中外文明的两次交流高潮。第一次高峰在亚、非掀起了中国风，第二次高峰则兴起了欧美的中国风。青花瓷引领了世界时尚，明代中国正是通过与海外交流而走向开放和进步。

最后，明代是中国陶瓷史上一个重大转折时期，同时，也是中国传统社会向近代社会的重要转型时期。中外文明交融成功促使中国瓷器从单色走向多彩的转型，青花瓷以独特方式昭示了明代文化的演变过程，成为中国传统社会从单元走向多元的例证，可以作为明代文化转型的一个方面。

第八章　北京毛家湾出土明代大瓷器坑探源

2005年北京毛家湾考古出土了明代百万余片大型瓷器坑，成为新时代明史研究一大谜团。分析坑中大量瓷片，考古学者得出的结论是形成于正德年间的垃圾场。历史遗存需要回答的是一个历史问题，疑问由此而生：第一，正德年间如何形成了这样一个垃圾场？第二，异常的大型瓷器坑出现，说明了什么？这留给了历史学者继续探讨。历史学与考古学相结合方能呈现历史的真实面貌。本章将置于全球视野，从对北京毛家湾出土明代瓷器坑历史遗存的探源出发，揭示正嘉之际政权更迭中显示的中外关系重大变化及其深刻的文化变迁。

一　北京毛家湾出土明代大瓷器坑

根据北京市文物研究所、北京市西城区文物管理所《北京毛家湾明代瓷器坑发掘简报》，毛家湾明代瓷器坑位于北京市西城区前毛家湾1号院内，北距地安门西大街约356米，东距西黄城根北街约185米。2005年7—8月，这里进行了考古发掘，清理了1个瓷器坑和3个灰坑，出土的瓷器残片达100余万片。大部分是明代中期的产品，也有少量唐、辽、金、元时期的瓷器残片。景德镇瓷器数量最多，器形有碗、盘、杯、罐、壶等，以碗、盘为大宗；磁州窑瓷器的数量仅次于景德镇瓷器；也有少量龙泉窑、钧窑和北京龙泉务窑、云南玉溪窑等其他窑口瓷器。这批出土瓷器的年代跨度较大，窑口众多，釉色品种丰富，并且普遍有使用痕迹。考古学者认为："上述现象表明，该瓷器坑为二次堆积而成，不具有窖藏性质……我们认为这种坑是以填埋废弃瓷片为主的垃圾坑。并根据年代最晚的'正德年制'款,确定该瓷器坑形成于明正德年间。"①

考古发掘无疑为瓷器研究提供了珍贵的实物资料,具有重要的研究价值。此外,其重要的研究价值,还远不止于此。最重要的是如此多的瓷片从何而来?这是带来困惑而需要追踪探索的基本问题。考古学者进行了多方面的探索,做出种种推测,意见不尽相同。②

1. 窑址

烧制瓷器窑址才有可能出现如此多的瓷片,而烧造瓷器的惯例是不合格的会打碎掩埋。但毛家湾这块地方靠近皇城,没有记载,也不可能是窑址所在。大量的青花瓷片来自明正德年间的景德镇窑,但又不只来自景德镇窑,而是来自龙泉窑、钧窑、定窑等9处窑口,是由多地窑口出产的,不是一个窑址出产。

2. 漕运

从地理上看,毛家湾东边是皇城,北边是太平仓,西边是吉庆坊、民意坊,南边是红罗场,处于城区中心。有猜想或与京城漕运相联系,与码头沉船有关。但是这种猜想随即被否定了,因为明代毛家湾这一带并非漕运码头。不仅没有漕运码头,而且大量瓷器有使用过的痕迹,也不可能是在运输过程中形成的。

3. 库房

文献证明,瓷器坑邻近明朝库房集中地,后来这一区域得名西什库。然而,那些库房无一是储藏瓷器的,大量有着使用痕迹的破碎瓷片,也不可能出自明朝库房的储藏。

4. 地震

有人提出地震说,根据记载,明代一共发生过37次地震,但是具体到正嘉之际,却并无直接证据。

2007年出版的《毛家湾:明代瓷器坑考古发掘报告》,作者分析了毛

---

① 北京市文物研究所、北京市西城区文物管理所:《北京毛家湾明代瓷器坑发掘简报》,《文物》2008年第4期。

② 根据CCTV《走进科学》编辑部编《瓷器中国》(巴蜀书社2016年版)对参与发掘毛家湾瓷器坑的韩鸿业、李永强采访论述整理,又见李永强《北京毛家湾瓷器坑那些事》,《大众考古》2015年第9期。

家湾胡同的历史沿革和明代时其周围的环境,并充分注意到了瓷器坑的瓷片堆积非原生堆积而是二次堆积,和出土瓷片普遍带有明显的使用痕迹等重要考古迹象,得出如下结论:"毛家湾瓷器坑形成于明代正德嘉靖之际,它不具有窖藏性质,而是以填埋废弃瓷片为主的一种较为特殊的垃圾坑。坑内大量的明代中期的瓷件,直接来源于当时周边人群生活中的破损瓷器。数量惊人的瓷件在填埋之前,被分散丢弃堆积在若干处地方,因为城市扩建等原因,被清扫集中,就近填埋在当时的垃圾场——现在的前毛家湾1号院。"①

事实果真就是如此吗?这次重大的考古发现,考古学者认为是一个"垃圾场",那么性质和形成原因呢?需要历史学者接着追问和探索。

二　北京毛家湾出土明代大瓷器坑探源

原明代皇城根西北隅毛家湾惊现全国最大瓷器坑,年代定格在正德末嘉靖初这一历史瞬间,形成持续难解的谜题。对此问题的思考与回答必须引入更深层次的历史背景之中,纳入历史研究的领域。

毛家湾出土明代大瓷器坑的特征是,坑中全部是由打碎的瓷片堆积而成,没有完整的瓷器,因此,考古学者称为"垃圾场"。我们需要追寻如何形成了这样一个垃圾场?北京城区出现如此大型瓷片垃圾场,虽然可能是二次积累形成,但是以如此规模,显然不太正常。从瓷片看,年代不同,包括自唐、宋、辽、金、元到明朝前期的瓷片,最晚是在正德年间(1506—1521),陶瓷专家耿宝昌先生判断:"时代下限应为正德朝末嘉靖朝初。"② 因此,虽然存在以往城市废弃的成分,但是最终的废弃形成于正(德)嘉(靖)之际。考诸历史,明代正嘉之际,不同寻常的政局更迭自然地落入了笔者考察的视线。

正德年间是形成大瓷器坑的关节点,大量瓷片又普遍有使用痕迹,说

---

① 北京市文物研究所编著:《毛家湾:明代瓷器坑考古发掘报告》,科学出版社2007年版,第315页。

② 北京市文物研究所编著:《毛家湾出土瓷器·序》,科学出版社2008年版。

明当时是由一个相当庞大的消费群体大规模废弃而形成。这种规模的废弃物，没有出现在明朝其他朝代，考古学者所谓"城市扩建的需要"恐怕难以说明，因为就是在明代兴建北京城的时候，也没有出现这样规模的瓷片坑。而且如此多的瓷器被打碎，显然具有非正常的废弃因素。联系到明武宗是一个离经叛道的皇帝，死后无子嗣，明世宗由外藩继位，正嘉之际政局更迭，出现嘉靖"大礼议"及其人事大变动，以及革除武宗朝弊政等一系列重大事件，以致在北京形成一个非正常的人口大变动时期，由此笔者产生一个大胆的推测：瓷器坑的形成与政局更迭时期北京不同寻常的社会人口大变动有所关联。追根寻源，这还要从武宗的弊政谈起。

（一）武宗弊政的诸问题

1. 建立豹房建筑群——另类皇家权力中心①

自正德二年（1507），武宗开始建立豹房，称"豹房公廨"。《明实录》记载："盖造豹房公廨，前后厅房，左右厢房、歇房。时上为群奸蛊惑，朝夕处此，不复入大内。"② 到正德六年（1512）部分建筑还未完工。工部上奏："豹房之造，迄今五年，所费价银已二十四万余两，今又添修房屋二百余间。"③ 可见豹房工程已进行了5年，花费了大量白银，已添建房屋达200多间了。更重要的是，武宗不在乾清宫而在豹房内长达15年之久，至死没有回归宫内。一个由皇帝、宦官、亲信边将等新贵结成的最高权力中心在豹房形成。

史载："乃大起营建，兴造太素殿及天鹅房、船坞诸工。又别构院御，筑宫殿数层，而造密室于两厢，勾连栉列，名曰豹房。初，日幸其处，既

---

① 因研究明武宗必会对豹房有所述及，以往研究武宗豹房的成果有不少。专门研究主要有盖杰明（James Geiss）《明武宗与豹房》，（《故宫博物院院刊》1988年第3期，英文见 The Leopard Quarter during the Cheng-te Reign, *Ming Studies* 24, 1987, pp. 1–38），李洵先生《正德皇帝大传》（辽宁教育出版社1993年版）的专章，后纳入《明武宗与他的豹房公廨》（上、下）（《紫禁城》2009年6—7期），叶祖孚《西苑豹房也养豹——与盖杰民先生商榷》，（《故宫博物院院刊》1989年第2期），韦祖辉《豹房与明武宗——兼与盖杰民、叶祖孚先生商榷》（《故宫博物院院刊》1992年第2期）。但当时大瓷器坑尚未出土，因此与豹房联系起来的综合考察，尚待展开。

② 《明武宗实录》卷二九，正德二年八月丙戌。爱如生数据库钞本，下同。

③ 《明武宗实录》卷九三，正德七年十月甲子。

则歇宿,比大内。令内侍环值,名豹房祇候。群小见幸者,皆集于此。"①

正德九年(1514)十月,刑部主事李中上言,历数西内豹房之地建立佛寺,废弛政事:"盖以陛下惑于异端也。夫禁掖严邃,岂异教所得杂?今乃于西华门内豹房之地,建护国佛寺,延住番僧,日与亲处。异言日沃,忠言日远,则用舍之颠倒,举错之乖方,政务之废弛,岂不宜哉!"②

不仅如此,豹房还是军事演习之所。史载:"上好武,特设东西两官厅于禁中,视团营。东以太监张忠领之,西以(许泰)领之……未几,益以刘晖,皆赐国姓为义子,四镇兵号外四家,(江)彬统之。上又自领阉人善骑射者为一营,谓之中军。晨夕操练,呼噪火炮之声,达于九门。"③

豹房"新宅",最重要的还是游乐。"上称豹房曰新宅,日召教坊乐工人新宅承应。久之,乐工诉言乐户在外府多有,今独居京者承应,不均;乃敕礼部移文,取河间诸府乐户精技业者,送教坊承应。于是有司遭官押送诸伶人,日以百计,皆乘传给食,及到京,留其技精者给与口粮,敕工部相地结房室大小有差。"④

综上所述,说明豹房"新宅"不是武宗所建的一两个宫殿,是武宗建立的一个另类皇家权力中心,这个中心包括政治中心、经济中心、军事中心,也是文化中心。大学士梁储等曾云:"日者窃闻圣驾自西安门外经宿而回,不知临幸何所?""今圣驾之出,不知环卫者何兵?扈从者何人?居守者何官?文武群臣茫不与闻。"⑤ 由此可见,作为皇帝"新宅",不仅在西苑,而且也在西安门外,所以应是一个分散于宫城内外的豹房建筑群的概念,其中不仅有"豹房公廨",是武宗处理公务的地方,而且在经济上有皇店开设,军事上有官厅与教场,文化上有寺院与各种声伎会演之所,武宗皇帝建立的是一个脱离皇城文武百官正统体制的另类皇家多元权力中心。

至于豹房建筑群的位置,下文将具体探讨。

---

① (清)毛奇龄:《武宗外纪》,《明太祖平胡录》(外七种),北京古籍出版社2002年版,第77页。
② 《明武宗实录》卷一一七,正德九年十月甲午。
③ 《明武宗实录》卷一三四,正德十一年二月壬申。
④ 《武宗外纪》,第78页。
⑤ 《明武宗实录》卷一二六,正德十六年六月辛未。

2. 围绕豹房形成的多元群体——几种类型人群

武宗以个人偏好在豹房形成新的权力中心,"文武群臣茫不与闻",围绕在武宗身边的主要有如下几种类型的人群:

首先是宦官群体,大凡豹房事务,皇帝起居诸事,都由宦官掌管,国家军政大事,也都有宦官参与,他们不仅有军权、监察权,更有批红权,凌驾在外廷文官之上。至于豹房宦官人数,史无记载,围绕皇帝的宦官人数众多,参与豹房政治、经济、军事、文化各个领域的活动。

其次是边将军士群体,代表是江彬。江彬,宣府人,原为大同游击,善骑射。边兵入卫,贿赂武宗佞幸钱宁,引入豹房,得到武宗赏识,升为左都督,收为义子,赐姓朱,出入豹房,甚受武宗宠幸。他诱导武宗尽调辽东、宣府、大同、延绥四镇精兵,入京操练,号"外四家",统领西官厅、威武团练营,镇国公府。史载"边卒纵横骄悍,都人苦之"①。

除了武宗宠信宦官之人外,豹房中人数最多的是"豹房官军"。豹房中扈从圣驾的官军勇士,悬带铜牌出入,牌背面镌文:"随驾养豹官军勇士悬带此牌,无牌者依律论罪,借者及借与者同罪。"② 关于豹房官军的人数,不见记载,史载嘉靖七年(1528)提督豹房太监李宽奏:"正德等年间,原喂养土豹九十余只。"③《万历野获编》云:"嘉靖十年兵部覆(豹房)勇士张异奏,西苑豹房畜土豹一只,至役勇士二百四十名,岁縻二千八百石,占地十顷,岁租七百金。"④ 据此,可估计豹房官军勇士大约200多人。以豹房为中心聚集的军事力量,根据李洵先生研究,基本上是三支队伍:一是旧有"侍卫上直军",包括"锦衣卫"在内的御林军,约有万人上下;二是武宗时调集的边军。本来根据明朝"祖制",京军不能调外,边军不能调内,可是武宗不遵祖宗章法,将四镇边兵调入了京师,称"外四家",约6500人左右,三是由内廷太监组成的"内操军"估计2000人。⑤ 在豹房召集"大内团操",接受武宗检阅。值得注意的是,豹房勇士

---

① (清)谷应泰:《明史纪事本末》卷四九,《江彬奸佞》,中华书局1977年版,第722页。
② 于力凡:《明代随驾铜牌及相关问题考略》,《首都博物馆论丛》第25辑,北京燕山出版社2011年版。
③ (明)严从简:《殊域周咨录》卷一〇《吐蕃》,中华书局1993年版,第376页。
④ (明)沈德符:《万历野获编》补遗《内府蓄豹》,上海古籍出版社2012年版,第760页。
⑤ 李洵:《正德皇帝大传》,辽宁教育出版社1993年版,第76页。

名为随驾养豹,兼有驯豹和携豹出猎职责,同时还是豹房护卫。值得注意的是,这些勇士之中,有很多是西域人,王世贞《正德宫词》中所云"回鹘队"①,就是指称来自西域的勇士。

第三是僧人群体,正德九年(1514),刑部主事李中上言:"今乃于西华门内豹房之地,建护国禅寺,延住番僧,日与亲处。"② 因此,豹房建筑群中建有禅寺,其中有番僧居住,与武宗日常相处。史载:"西僧行秘术者夤缘而进居其中,劝上遣中使偕其徒至乌斯藏迎异僧。"③ 明武宗崇信佛教,特别是藏传佛教,达到明朝的一个高峰时期。《名山藏·王享记》云:"武宗习僧门,自号大庆法王,被服如番僧,建僧寺于西华门内。"④ 武宗还大量颁赐度牒,正德八年(1513)"赐大庆法王领占班丹番行童度牒三千,听自收度"。此前曾下旨"度番汉僧行、道士四万人",由于多冒名者,为礼部所阻,故有此令。⑤

第四是役使群体,这一群体不仅规模庞大,而且成分复杂,有工匠、声伎美女、奴仆和市井无赖等。钱宁因骑射得到武宗赏识,被赐姓朱,称朱宁,掌锦衣卫事,他一度总管豹房日常事务,引进番僧,教武宗御女术,将各种声伎美女藏入其中玩乐。因此豹房里有无数美女、乐工、各色伶人等。豹房之内的美女不乏从丝绸之路供奉而来,其中到底有多少女子,数目不清。一时无法召幸的女子,被安排在浣衣局寄养,以备武宗宣召。据正德十五年(1520)正月初一工部上报云:"在浣衣局寄养的幼女甚多,每年所用柴炭达 16 万斤之多。"⑥ 如此看来,数目惊人。

李洵先生特别指出,在豹房中还有一些为武宗日常荒诞生活服务的"小人物",其中以三个姓于的人比较典型。第一人是于永,色目人,在豹房当供奉,擅长"房中术",因此得到朱厚照的宠爱。他曾将"回女善西

---

① (明)王世贞:《弇州山人四部稿》卷四七《正德宫词》第六,台湾伟文图书出版社 1976 年版,第 2400—2401 页。
② 顾祖成、王观容等编:《明实录藏族史料》第 2 集,西藏人民出版社 1982 年版,第 923 页。
③ 《殊域周咨录》卷一〇《吐蕃》,第 371 页。
④ (明)何乔远:《名山藏·王享记》,北京大学出版社 1993 年版,第 6437 页。
⑤ 《明实录藏族史料》第 2 集,第 920 页。
⑥ 《明武宗实录》卷一八二,正德十五年正月戊寅。

域舞者"16人送入豹房,供皇帝玩乐;① 第二个是于经,原是一名太监,善于理财,为朱厚照管理"各处皇店",在张家湾征收来往舟车税;② 第三个是于喜,是在豹房的军事游戏中得胜而得宠于武宗的。③

总之,豹房中都是武宗亲信及其役使之人,人员相当混杂,其中不乏色目人、外来僧人、西域美女等,而且武宗的皇店由宦官直接经营贸易,与丝绸之路中外贸易也有直接关联。还有武宗广收义子,正德七年(1512)九月二十四日,明武宗一次宣布赐给国(朱)姓的义子名单就多达127人。④ 这批赐姓义子中,有一些与宦官有亲属关系,或与豹房中人有特殊关系的人,得到武宗的亲信,有的出身奴仆,有的本是市井无赖等。其义子中最得宠的是钱宁和江彬。二人均以武功而得到好武的武宗宠幸。

3. 豹的宫廷文化起源与流变

豹房在明朝宫廷的出现,渊源有自。明朝宫廷畜养猎豹和携豹狩猎这种外来文明风习,可以远溯至唐朝。21世纪开始,张广达先生发表《唐代的豹猎——文化传播的一个实例》长文,运用翔实丰富的中外文献以及出土的唐代图像材料全面探讨了北非、欧洲、中亚、西亚和南亚的豹猎及其在华的广泛传播。⑤ 党宝海探讨了大蒙古国、元朝、伊利汗国驯养猎豹、以豹狩猎的现象,认为随着东、西方交往的畅通,13—14世纪,蒙古统治者大量使用原产于西亚、非洲地区的猎豹进行狩猎活动。⑥ 马顺平也从文化交流角度,比较全面地考察了豹与明代宫廷的关系,梳理了明朝猎豹的来源。⑦

自古以来,丝绸之路是贸易之路和民族迁徙交流的通道,中国宫廷中不乏异域文明的踪迹:有异域的物产,也有异域的文化。自明朝大一统王朝建立,永乐迁都北京以后,凭借辽阔的版图和强盛的国力,丝绸之路大

---

① 《明武宗实录》卷三三,正德二年十二月辛卯。
② 《明武宗实录》卷一一六,正德九年九月甲子。
③ 李洵:《正德皇帝大传》,第80—82页。
④ 《明武宗实录》卷九二,正德七年九月丙申。
⑤ 原载《唐研究》第七卷,北京大学出版社2001年版;收入《张广达文集·文本、图像与文化流传》,广西师范大学出版社2008年版。
⑥ 党宝海:《蒙古帝国的猎豹与豹猎》,《民族研究》2004年第4期。
⑦ 马顺平:《豹与明代宫廷》,《历史研究》2014年第3期。

开，对外交流规模扩大。外来的物产、宗教、习俗、建筑、音乐、舞蹈、绘画等，被明朝宫廷广为吸纳和融合，明廷大量吸收外来文化，形成了中外文化交流史上的又一个高峰。外来文明在明朝，留下了鲜明的印记。今见缪荃孙抄《永乐大典》的《顺天府志》中《土产》记述兽之品，在狮、象之后有"豹，金钱毛色，甚雄伟……随牵至靰靰山田……遇兽无有不获"①。这是猎豹在明初北京方志中的记述，比之其后晚出的记述更为珍贵。

豹在明朝宫廷早有故事。嘉靖七年（1528）提督豹房太监李宽曾统计了历朝养豹数量上报："永乐、宣德年间旧额原养金钱豹、土豹数多，成化间养土豹三十余只，弘治间原养……金线一只、土豹二十余只。正德等年间原诱养土豹九十余只。嘉靖年原养土豹七只，旧额设立奉命采取，及各处内外守臣进贡豹只给予本房诱养，自立国以来，已经百余十年，非今日之设，非系无益之物。"②

不仅豹大多来自异域，而且异域伴送豹来华之人和明宫中的养豹之人也往往以"回回"称。永乐七年（1409）明太宗自南京北上途中在德州的狩猎，被胡广记入诗中："紫髯胡儿饲玄豹，攫拿捷疾好牙爪。"③ 其中的"紫髯胡儿"，无疑是来自陆上丝绸之路。

1516年波斯商人赛义德·阿里—阿克伯·契达伊的《中国志》第十五章《赴中国去的人员》，较详细地记载了武宗时来自异域的人群，狮子与豹、猞猁，这里特将相关记述录下，以见武宗朝陆上丝绸之路贸易交往之活跃：

> 从世界各国前往中国定居或前往那里经商的外国人中，我们仅此涉及沿丝绸之路即陆路入华的人员。他们从前部亚洲的穆斯林国家启程前往那里，但都被迫完全作为使节或使节的随从人员而进入中国。
> ……

---

① 缪荃孙抄自《永乐大典》的《顺天府志》卷一〇《土产》，北京大学出版社1983年版，第244页。
② （明）严从简：《殊域周咨录》卷一〇《吐蕃》，第377页。
③ （明）胡广：《胡文穆公文集》卷二〇《德州随驾观猎》，《四库全书存目丛书》，集部29册，第168页。

丝绸之路上的明代中国与世界

自陆路入华的使节——商人为中国人带来的"贡品"是用于交换其他商品或"恩赐物"的，他们的贡品主要和首先是波斯马，余者按照其分量多少依次为粗羊毛、被称为"埃斯卡拉特"的羊毛呢（以用于制造短大衣）、玉石料块、金刚石、银币、珊瑚（出自希腊和意大利），最后是狮子、猎豹和猞猁狲等（经驯服后用作狩猎）。

这就是中国人经常作为"贡物"而接受的物品。

狮子比马匹有权拥有十倍的荣耀和豪华。猎豹和做狩猎用的猞猁狲各自有权获得用于狮子的一半荣耀和豪华排场。如此一支非常很好的伴送队伍把他们从中国边陲一直护送到北京……至于中国人的"慷慨恩赐"或纳付的价格，一头狮子值三十箱商品，而每只箱子中都装有一百种不同的商品：绸缎、缎纹布、拜—贝赖克帛（可能指丝绸）、马镫、铠甲、剪刀、小刀、钢针等。每种商品单独成包，每只箱子中共包括一千包，也就是共有一千种商品。为了交换一头狮子，他们花销这样的三十箱商品，而为了交换一只猎豹或一只猞猁狲则要十五箱。为了交换一匹马，他们所付出的代价比交换一头狮子少十分之一。至于使节团的成员，他们每人获得八套绸缎衣服的衣料及衬里布，外加三件套穿的色布袍，其衣料如此之大，以至于每块可供两人而不是一个人穿。他们此外还可以获得一块宽一个古拉吉（约为180厘米）的平纹布以及高腰皮靴等。这完全是他们奉送给这些人的赏赐物，因为贡品的物价还要单独付偿。这就是中国皇帝对任何一名穆斯林的赏赐。①

养豹和猎豹是古代国际性的宫廷风尚，本是中亚、西亚、南亚乃至欧洲各国王公贵族的习尚，而养豹狩猎，也本是明宫故事，明武宗并非是明朝此习尚的开创者，而且不论豹房公廨里是否也有豹，仅以豹房名之，已说明武宗对于豹的偏好。南海子是明朝皇帝游幸狩猎的园囿场所，沿自

---

① 转引自［法］阿里·玛札海里著，耿昇译《丝绸之路：中国—波斯文化交流史》，中国藏学出版社2014年版，第321—322页。

"元旧也","设海户千人守视","永乐中,岁猎以时,讲武也"①。宣宗时三次巡边,虽然在十年间没有取消仁宗将北京各衙门冠以"行在"的名义,但是却终未迁都回南京,以致其子英宗正统六年(1441)正式定都北京,削去"行在"之名。② 然自正统十四年(1449)土木之变,英宗被俘,一般认为这是明朝武力衰退的一大转折。武宗即位,是明朝第十位皇帝,也是迁都北京后的第八位皇帝,他的行为表明他意欲重振永宣遗风,并使之达到一个高峰。武宗数幸南海子狩猎。正德元年(1506)"南海子净身人又选入千余"③。汪鋐云:(南海子)"宣德、正统以来,宦臣收入渐多,及武宗之世日益昌炽,锦衣玉食之荣,上拟王者,为之弟侄者,往往坐获封拜,而苍头厮养亦复纡金衣紫,是以闾阎小民朵颐富贵,往往自残形体,以希进用,当时收充海户者几万人"④。由于武宗的狂热偏好,融合的外来生活方式和气氛充斥了明朝宫廷,更出现了变奏——豹房公廨,这是史无前例的,也自然为明朝传统典制所不容。因此,经历正嘉之际的政局更迭,明朝初年尚武之风几乎彻底消失也属必然。

武宗不仅在北京建立豹房,更有宣府第二豹房的建立。江彬引武宗大肆游猎,并导出嘉峪关,三幸宣府,在宣府建立了第二豹房。正德十二年(1517)武宗第一次到宣府,"以总督军务威武大将军总兵官"名义调发各处军马钱粮,至大同,发生"应州之战"。十三年(1518)武宗自称"总督军务威武大将军朱寿",要往征"辽东,宣大,延宁,甘肃等处"。这一年再次巡边到宣府,至大同,并渡过黄河到榆林卫,榆林卫隶属延绥镇,延绥镇也是明朝九边重镇之一。明朝九边,是明朝初年至弘治年间在北部沿长城防线陆续设立的九个军事重镇,包括辽东、蓟州、宣府、大同、太原、延绥、宁夏、固原、甘肃。武宗时巡幸西北,到达4个重镇:宣府、大同、太原、延绥。正德十四年(1519)明武宗由太原出发,回到宣府,结束了长达半年之久的巡边,成为明朝皇帝最后的巡幸北边。在这一年,以宁王反叛为由,他又开始了南征。

---

① (明)刘侗、于奕正:《帝京景物记略》卷三《城南内外·南海子》,北京古籍出版社1982年版,第134页。
② 万明:《明代两京制度的形成与确立》,《中国史研究》1993年第2期。
③ (明)王世贞:《弇山堂别集》卷九四《中官考》五,中华书局1985年版,第1789页。
④ (明)汪鋐:《题为计处净身以图善后事》,载黄训《名臣经济录》卷四七,嘉靖刻本。

4. 武宗年间的特殊外来人员

(1) 葡萄牙使节来华：纳贿于江彬

武宗年间是东西方交汇之特殊时刻，武宗在南京，还发生了一件大事，就是葡萄牙使臣到南京等待武宗接见。伴随葡萄牙海外扩张的浪潮，托梅·皮雷斯（Tome Pires）成为葡萄牙派往中国的第一任使节，而且是欧洲派到明朝的第一位使节。他所肩负的使命，是到中国觐见中国皇帝，要求与中国建立通商贸易关系。①《明武宗实录》正德十三年正月有如下记载："佛郎机国差使臣加必丹末等贡方物，请封，并给勘合。广东镇抚等官以海南诸番无谓佛郎机者，况使者无本国文书，未可信，乃留其使者以请。下礼部议处。得旨：令谕还国，其方物给与之。"②

葡使托梅·皮雷斯在广州通过通事火者亚三，贿赂"镇守中贵"宁诚得以入京。时值宁王宸濠在南昌发动叛乱，武宗自称"威武大将军"，立意南征。他于同年十二月二十六日（公元1520年1月16日）抵达南京，驻于那里，直至十五年闰八月十二日（公元1520年9月23日）才启程返回北京。但无意在南京接见使团，于是使团只得继续北上，前往北京等待觐见。此间，使团通事火者亚三贿赂武宗宠臣江彬，由江彬引荐给武宗。向喜玩乐的武宗以"能通番汉"的火者亚三说话有趣，"时学其语以为乐"③。

武宗并没有接见欧洲第一位来华使臣。朝鲜文献对中葡交往的记述，值得关注。正德十五年（1520）据朝鲜通事报告，佛郎机国"自大明开运以来，不通中国"，"今者灭满剌加国来求封，礼部议云：擅灭朝廷所封之国，不可许也，不许朝见"。但是武宗对待葡人"无异于他国"。并且："皇帝凡出游时，如鞑靼、回回、佛朗机、占城、剌麻等国之使，各择二三人，使之扈从。或习其言语，或观其技艺焉。"④ 正德十六年（1521），

---

① 关于葡萄牙使节来华及其影响，参见万明《明代中葡两国的第一次正式交往》，《中国史研究》1997年第2期。此文是在葡萄牙写成寄回国内发表的以中葡文资料对照研究的长篇论文。
② 《明武宗实录》卷一五八，正德十三年正月辛丑。
③ （明）何乔远：《名山藏·王享记》三《满剌加》，江苏广陵古籍刻印社1993年版，第6216页。
④ 《朝鲜中宗实录》卷四一，正德十五年十二月戊戌，《朝鲜王朝实录》，第16册，第6页。这里的"剌麻"应为"麻剌"之误。

朝鲜国王问及葡萄牙使节在北京的情况，朝臣申鏛回答："其初入贡，以玉河馆为陋，多有不逊之语。礼部恶其无礼，至今三年不为接待矣。其人多赍金银以来，凡所贸用皆以金银。臣等往见其馆，皆以色布为围帐，四面列置倚子，分东西而坐，中置倚子一坐，盖之红毡。曰此则皇帝临幸所坐之处。盖以入贡之时，皇帝路逢，往见其馆故也。中原亦言，皇帝还京，必往见之。"①武宗经常出入会同馆，也可于朝鲜使臣报告中得知一二："与鞑子、回回等诸酋相戏，使回回具馔物，帝自尝之。"甚至有时"或著夷服，以习其俗，出幸无常"②。据此，武宗出入会同馆时，曾到过葡使所居，也未可知，只是无其他史料证实。

葡使在京期间，为中国史籍记载的重要事件，是通事火者亚三骄横不法，火者亚三和哈密首领写亦虎仙"或驰马于市"，他在会同馆中见到明朝礼部主事梁焯不行跪拜礼，"且诈称满剌加国使臣，朝见欲位诸夷上"，使梁焯大怒，"执问杖之"③。江彬得知此事后，反怒而言道："彼尝与天子嬉戏，肯下跪一主事耶？"④他扬言要奏报武宗。恰值武宗之死，梁焯得以幸免。

武宗死后次日，明朝即下令："进贡夷人俱给赏令回国。"⑤《明实录》所载，佛郎机即葡萄牙使臣也列于其中。明廷在清除武宗佞臣江彬后，处死了倚仗江彬势力的葡萄牙使团通事火者亚三，并颁旨将葡使一行押回广东，"驱之出境去讫"。此后，葡使皮雷斯在广东沦为阶下囚。这位欧洲来华的第一位使节病故于中国。⑥

至此，中葡两国，也即中国与西方国家的首次正式交往，以无可挽回的失败告终。

（2）哈密首领写亦虎仙在京：与豹房关联

关于陆上交往，这里特别应该提到哈密的首领写亦虎仙。明初设哈密卫，封哈密忠顺王。正德三年（1508）四月，忠顺王拜牙即继位，派遣写

---

① 《朝鲜中宗实录》卷四一，正德十六年正月丁丑，《朝鲜王朝实录》，第16册，第14页。
② 《朝鲜中宗实录》卷三六，正德十四年九月乙巳，《朝鲜王朝实录》，第15册，第568页。
③ 《殊域周咨录》卷九《佛郎机》，第320页。
④ 《名山藏·王享记》三《满剌加》，第6217页。
⑤ 《明武宗实录》卷一九七，正德十六年三月丙寅。
⑥ 详见万明《明代中葡两国的第一次正式交往》，《中国史研究》1997年第2期。

亦虎仙等人为使者,到明朝进贡方物。写亦虎仙在京逗留半年有余,售卖夹带私货和朝廷赏赐之物被揭发,大通事王喜等奏:"哈密使臣写亦虎仙等来贡,夹带私物,虚糜供给,所赐尽于京师鬻之,其属留边者俱未沾及,宜加禁治。"① 由此可见,他一直利用哈密中转站作用,活跃于丝绸之路贸易以获取财富。无论吐鲁番速檀满速儿多次侵占哈密,还是多年侵扰河西走廊的重镇肃州和甘州,写亦虎仙都参与了。但是写亦虎仙以西域珍宝和女子纳贿于豹房钱宁,逃脱罪责;并得明武宗青睐,供奉于会同馆,还诱引武宗时时游幸会同馆。由武宗赐以朱姓,"传升锦衣指挥"②。正德十四年(1519)六月,宁王宸濠反叛,明武宗率军亲征,写亦虎仙父子和女婿与倖臣江彬随行。

世宗即位,即下诏曰:"回夷写亦虎仙交通吐鲁番,兴兵构乱,搅乱地方,以致哈密累世受害,罪恶深重,曾经科道镇巡官勘问明白。既而夤缘脱免,锦衣卫还拿送法司,查照原拟,问奏定夺。"③ 写亦虎仙瘐毙于狱中。其子米儿马黑麻、女婿火者马黑木、侄婿米儿马黑麻皆于嘉靖二年(1523)五月斩首于市,得到了惩处。

(二) 毛家湾大瓷器坑是正嘉之际新政的见证

1. 时间的关联:正嘉之际清除武宗弊政

正德十六年(1521)三月武宗死于豹房。内阁首辅杨廷和在太后首肯下,迎接孝宗之弟兴献王之子朱厚熜入京即帝位,是为明世宗。而在朱厚熜入京前的40天,杨廷和果断地开始清除武宗之弊政,对于武宗时围绕豹房形成的几种类型人群进行彻底清理,成为大瓷器坑形成的基本真相。

武宗死后,逮捕江彬并清算罪行是不可避免的。除江彬外,武宗生前的倖臣、其宠信的宦官和与武宗朝弊政有关的在朝大臣等全部受到了处置。在武宗暴亡当日,杨廷和即"拟旨散豹房官军,命太监张永、张忠,武定侯郭勋,安边伯许泰,兵部尚书王宪提督优恤;命威武团练营官军各回原营操练;各边镇守太监各回本镇管事;原调各边并保定官军各回本

---

① 《明武宗实录》卷四三,正德三年十月甲戌。
② 《殊域周咨录》卷一二《哈密》,第419—420页。
③ 《明世宗实录》卷一,正德十六年四月癸卯。

镇；操守各边者，俱于本镇人赏银三两；命太监张永、武定侯郭勋、安边伯许泰、兵部尚书王宪拣选团营官军分布皇城四门及京城九门防守"①。当时边兵被及时遣散，也就是"外四家"被及时遣散出京，是极为重要的一步棋，涉及的人员不在少数。

杨廷和革除武宗弊政是一系列措施：罢威武团练营，其中的官军还营，各边和保定的官军还镇，革各处皇店管店官校并军门办事官旗校尉等，各自还卫。各边镇守太监留京者遣出。豹房番僧及少林寺和尚、各处随带匠役、水手及教坊司人、南京马快船非常例者，俱放遣；还有处置哈密写亦虎仙，哈密与吐鲁番、佛郎机等处进贡人等俱给赏，令还国。以上各项均涉及武宗时的大批人员离京。武宗死后第三天颁布的杨廷和草拟的武宗遗诏，正式宣布"凡一应事务率依祖宗旧制"，"京城九门、皇城四门，务要严谨防守，威武团练营官军已回原营，勇士并四卫营官军，各回原营，照旧操练。原领兵将官，随宜委用，各边放回官军，每人赏银二两，就于本处管粮官处给与。宣府粮草缺乏，户部速与处置。各衙门见监囚犯，除与逆贼宸濠事情有干，凡南征逮系来京，原无重情者，俱送法司查审明白释放原（还）籍。各处取来妇女，见在内府者，司礼监查放还家，务令得所。各处工程，除营建大工外，其余尽皆停止。但凡抄没犯人财物，及宣府收贮银两等项，俱明白开具，簿籍收贮内库，以备接济边储及赏赐等项应用。诏谕天下，咸使闻之"②。

当时大量裁革武宗时期通过传升、乞升、冒籍等方式，形成的大批冗官冗役，这其中包括武职官员、京卫军校、各监局内使、军人舍人、冒功军官、义子等，人数很多，故在杨廷和拟嘉靖即位诏中颁布了裁革冗官冗役的条款，清理工作按部就班进行实施：正德十六年（1521）六月"查革锦衣卫冒滥旗校三万一千八百二十八名"③。七月，"命革锦衣卫等八十卫所及监局寺厂司库诸衙门旗校勇士、军匠人役，凡投充新设者十四万八千七百七十一人。敢有违明诏，隐射存留冒支仓粮者，罪如律"④。焦竑云：

---

① （明）杨廷和：《杨文忠公三录》卷四《视草余录》，文渊阁《四库全书》本。
② 《明武宗实录》卷一九七，正德十六年三月戊辰。
③ 《明武宗实录》卷三，正德十六年六月丁酉。
④ 《明世宗实录》卷四，正德十六年七月丙子。

"已而诏下,正德中蠹政厘革且尽……而所革锦衣等诸卫、内监局旗校工役,为数十四万八千七百,减漕粮百五十三万二千余石,其中贵、义子、传升、乞升,一切恩幸得官者殆尽。"① 其人数来源于世宗即位诏书。田澍认为这些裁革的数字尚不实:"这一数目基本上反映了正德年间以上机构冒滥的严重情况,但是只是被初步估计的裁革人数,而不是已经被裁革了的人数,况且还不包括此前和此后裁革的其他机构的数目。"②

具体而言,当时将谷铠、王勋、冯政等 934 人,及中官张永、魏彬、张忠等 9 人,荫授弟侄等锦衣卫官全部革除。同年六月,嘉靖皇帝又应吏部的疏请,将正德年间传升乞升中书科、鸿胪寺、钦天监、太臣院少卿等官 127 员,分别予以"罢黜停降"的处理。以后,下令裁革僧录司左善世、文明等 182 员,道录司真人高士柏等 77 员,教坊司官俳奉銮等官苏祥等 106 员,总共 365 名官员的职位。三个月之后,兵科给事中夏言等人奉诏裁革五府所属京卫并亲军卫分大小官员、旗尉共 3199 名。③ 对冒滥工役旗校等,革除数额更大,即上引的 148700 余人。史载世宗大规模地裁革冗官冗役,"其中贵、义子、传升、乞升一切恩幸得官者,大半皆斥去",每年可以节省漕粮达 1532000 余石,这确实是一个庞大的消费人群在北京的消失。这些被裁革的官役人等,将大量日常用品遗弃在北京,其使用过的瓷器,成为当时大瓷片坑的主要来源。

不仅武宗身边大量宦官被清理,调集入京的边军被调出北京。值得关注的还有大量寺院的毁弃和僧人的驱逐。嘉靖元年(1522)礼部郎中发檄,"遍查京师诸淫祠,悉拆毁之"④。嘉靖六年(1528)十二月,仅京师即毁尼姑庵寺六百余所。⑤ 大肆禁毁寺院,尤其是驱逐豹房番僧人等,还有大量乐工、歌姬等人员。更驱逐南海子净身之人,史载嘉靖元年(1522)"原充南海子海户净身男子龚应哲等万余人诣阙自陈"⑥。又载嘉靖五年(1526),"南海户净身男子九百七十余人复乞收入。上怒,命锦衣

---

① (明)焦竑:《玉堂丛语》卷二《政事》,中华书局 1981 年版,第 47—48 页。
② 田澍:《正德十六年"大礼议"与嘉隆万改革》,人民出版社 2013 年版,第 145 页。
③ 林延清:《嘉靖皇帝大传》,辽宁教育出版社 1993 年版,第 50 页。
④ 《明史纪事本末》卷五二《世宗崇道教》,第 783 页。
⑤ (明)霍韬:《霍文敏公全集》附《石头录》卷三,清同治刻本。
⑥ 《明世宗实录》卷一〇,嘉靖元年正月己巳。

卫逐还原籍,为首者杖之"①。经嘉靖初年的清理,到隆庆二年(1568)三月,穆宗以"左右盛称海子",欲幸驾那里,至则以"榛莽沮洳,宫帷不治"还驾。② 这是武宗之后南海子遣散宦官的一个例证。

值得关注的,还有在嘉靖初年对皇庄、皇店、皇盐以及勋贵庄田等的清理与退还。武宗即位,创建皇庄七处,又大建皇店,内自京城九门,外至张家湾、河西务等地均有。③嘉靖二年(1523)初,夏言《查勘庄田疏》云:"假之以侵夺民田,则名其庄曰皇庄";"假之以罔求市利,则名其店曰皇店";"假之以阻坏盐法,则以所贩之盐名为皇盐"④。查勘"凡系成化、弘治及正德年间皇庄及皇亲功臣庄田,但系奸民投献,势要侵占者逐一尽数查出,给主召佃,还官归民"⑤。二月,帝诏令废皇庄改官地。⑥ 皇庄管理人员主要是宦官,大都由武宗亲信管理,进行了大量调整。

武宗豹房被全面清算,史称"更化改元"的改革,构成武宗朝特权集团及其相关人员的大量处置,他们的人数加起来应该是一个相当庞大的数目,此外,世宗初年兴大礼议,最终世宗借嘉靖三年(1524)七月左顺门哭谏之事,尽逐廷臣。所以如果再加上世宗嘉靖初因"大礼议"而被清除的大量官员,那就更不可胜数了。因此,正嘉之际政局更迭出现的北京人口非正常大变动,是形成大瓷器坑的主要原因。

提出问题,需要建立关键变量之间的联系,大瓷器坑见证了嘉靖新政,在时间上和空间上两者之间存在明显的关联性。将这两个看似不相干的现象联系起来,透过纷繁复杂的社会现象把握问题所在,考察大瓷器坑的年代、性质和形成原因,瓷器废弃的截止时间直指正嘉之际,性质是正嘉之际革除武宗弊政新政的产物。正嘉之际,所有武宗朝在北京增加的大量外来人口,遭遇了一次大清洗,嘉靖初的北京人口应比之武宗时有一个锐减,锐减的主要原因是清除武宗弊政的结果。武宗豹房群体新权贵及其庞大的役使人群,包括以下 8 种类型:(1)亲信宦官;(2)边将官军;

---

① 《弇山堂别集》卷九九《中官考》十,中华书局1985年版,第1881页。
② 《帝京景物略》卷三《城南内外·南海子》,第134页。
③ 《明武宗实录》卷一〇八,正德九年正月乙酉。
④ (明)徐学聚:《国朝典汇》卷一九《庄田》。
⑤ 夏言:《奉敕勘报皇庄及功臣国戚田土疏》,《桂洲文集》卷一三,清末刻本。
⑥ 《明世宗实录》卷二三,嘉靖二年二月乙亥。

(3) 豹房各种服役人员，包括乐工、妇女人等；(4) 豹房及城内毁弃各寺院僧人；(5) 豹房及其相关皇庄、皇店商业活动人员；(6) 豹房相关城内居民的离散；(7) 来华外国使节与来自丝绸之路中转站的少数民族首领等；(8) 因"大礼议"被驱逐的朝臣及其亲属。总之，大瓷器坑见证了武宗朝豹房特权集团及其相关人员的一个庞大的多元群体的消失过程。作为曾经在北京生活的外来人员，在他们非正常的离开北京甚至离世以后，其日常的瓷器用品被大量废弃是可以想见的，因为瓷器不属于细软可以带走，而且大量被打碎的瓷器，也在一定程度上说明这些瓷器的主人很可能是非正常离开的。如将正嘉之际这场大规模革除武宗豹房及其所涉人员，以及嘉靖初以"大礼议"清除的官员人等的人数，统而计之，粗估为20万，那么每人所用瓷器即使以1件计，也有20万件，何况20万件均被打成碎片，以一件为5碎片计，即可达到100万片的数字了。

2. 空间的界定：毛家湾与豹房建筑群位置考

时间既定，空间的开拓研究必不可少。让我们从豹房建筑群的位置进一步考察。美国学者盖杰民认为畜豹的豹房，与殿宇众多而有"新宅"之称的豹房各为一地，而此两地的距离并不甚远，并图画豹房公廨的位置：在腾禧宫以北，赃罚库以南，畜豹豹房与百兽房以西，及皇城西墙西安门之十库以东一带。① 但他对于文献的利用还不够充分，因此位置的考察尚有空间。

《明世宗实录》卷一载杨廷和拟世宗即位诏云："一内府禁密之地，不许盖造离宫别殿，载在祖训，万世当遵。近年以来节被左右近倖之人献媚希恩，在内填盖新宅、佛寺、神庙、总督府、神武宫、香房、酒店之类，在外添盖镇国府、总督府、老儿院、玄明宫、教坊司新宅、石经山祠庙、店房等项，使着内官监、工部、锦衣卫、科道官逐一查勘，但有不系旧规者，或拆毁改正，或存留别用，或变卖还官，官匠人等有因盖造升官者，亦就查革改正。在外者听抚按官一体查勘改正，变卖还官，不许隐匿。"这里基本上将武宗时在宫城内外的所有建筑都点到了，因此，武宗弊政以豹房新宅为中心，在宫廷内外均有大量营建，形成了一个建筑群，涉及政

---

① ［美］盖杰明 (James Geiss)：《明武宗与豹房》，《故宫博物院院刊》1988 年第 3 期；The Leopard Quarter during the Cheng-te Reign, *Ming Studies* 24, 1987, pp. 1 - 3。

治、经济、军事、文化等广泛领域,宫廷与城市社会生活从来没有如此紧密地联系起来,也给京城百姓造成了莫大影响。在此,研究需要突破以往政治史出发的武宗与官僚集团矛盾的框架而展开。

西苑是明代重要的皇家园林,主体位置在宫城西墙和皇城西墙之间,西至西安门。西苑设有豹房,是养豹之房,而武宗豹房公廨与之是两回事,这一点盖杰明所说无误,但是此前的研究没有分清畜养豹房与武宗豹房的本质区别在哪里,而反复争议武宗豹房有没有豹,有几只豹,其实没有意义。孙承泽《春明梦余录》卷六《宫阙》记载:皇城外围墙3225丈余,有6个门,西安门是其一。西苑畜养豹房与武宗豹房公廨新宅均在西苑,而武宗豹房新宅还延伸到了西安门外的皇城西北角,所以他才被认为是有乖旧典,是逾制不道。下面作具体考察。

(1)毛家湾邻近太平仓

查阅嘉靖三十九年(1560)张爵《京师五城坊巷胡同集》(下简称《胡同集》)书前之图:皇城西安门外有安富坊、积庆坊、鸣玉坊。记载中积庆坊·四铺"有西四牌楼东北、陈皇亲宅、红罗厂、太平仓、皇墙西北角、甲乙丙丁戊字库、司钥库、赃罚库、鹰房虫蚁房、鸽子房、东花房、西花房、羊房豹房、经厂、果园厂等地名"①。其中将西苑的羊房豹房、经厂、果园厂等也均列入。但其中的西四牌楼东北、陈皇亲宅、红罗厂、太平仓、皇墙西北角等地名,极具价值,笔者以此比对今毛家湾位置图,可以发现毛家湾就在太平仓南,红罗厂北。② 再查清朱一新《京师坊巷志稿》(下简称《志稿》),可发现西安门外大街4个连在一起的地名:"太平仓、前毛家湾、中毛家湾、后毛家湾。"③ 并引《明史·外戚传》云陈万言为嘉靖肃皇后父,"嘉靖二年,诏营第西安门外,费帑数十万"。由此,毛家湾与《胡同集》中积庆坊陈皇亲宅、红罗厂、太平仓可以组成一个链条,得出结论:今天发现大瓷器坑的毛家湾,与太平仓在同一个区域内。

---

① (明)张爵:《京师五城坊巷胡同集》,北京古籍出版社1982年版,第7—8页。
② 北京文物研究所编著:《毛家湾:明代瓷器坑考古发掘报告》图1《毛家湾位置示意图》,第3页。
③ (清)朱一新:《京师坊巷志稿》卷上,北京古籍出版社1982年版,第89、91页。

(2) 太平仓即镇国府

太平仓本身有故事。其本是元代永昌寺，正德五年（1510）改建为仓，赐名太平仓。八年（1513）三月，改太平仓为镇国府。① 而镇国府成为一个新的政治军事中心，史载：正德九年（1514）八月，"太监韦霦传旨镇国府千总都指挥宋赟、杨玉，京营千总都指挥左钦、湛臣俱充参将。赟领春班官军，玉、臣领秋班官军"②。明代朱茂曙《两京求旧录》记载："康陵先立镇国府，后乃自封镇国公，府在鸣玉坊，嘉靖初仍改太平仓矣。都人至今犹呼西帅府胡同也。"康陵是明武宗的陵墓，这里作为他的代称；而武宗确实是先建镇国府，后于正德十三年（1518）九月自封为"总督军务威武大将军总兵官太师镇国公"，而且其死后，嘉靖元年（1522）五月，世宗改镇国府仍为太平仓，命总督仓场官管理。③ 这里出现的问题是"府在鸣玉坊"，《胡同集》记鸣玉坊三牌十四铺，有"四牌楼西北西帅府胡同"④。以武宗在此建立镇国府而得名。因此，太平仓在鸣玉坊还是积庆坊，记载有所出入。无论如何，记载印证了豹房建筑群扩展到积庆坊、鸣玉坊一带，而毛家湾邻近当年的太平仓，也就是当年的镇国府。

(3) 积庆、鸣玉二坊的西市皇店、义子府、教场

明朝西四牌楼大街也称西大市街，而西大市是北京商业街之一，就在安富坊、积庆坊、鸣玉坊和咸宜坊交接之处。永乐时宛平县盖十六间半"召商居住"的廊房，⑤ 也就在西四牌楼，靠近皇城西安门。据郑克晟先生考证，武宗皇店的设立始于正德八年（1513）。⑥《实录》载："正德十一年十一月，刑科给事中徐之鸾上言：迩者都民争言京师西角头新设茶酒店房，或云车驾将幸其间，或云朝廷实收其利。"⑦ 这里已经揭示了在外建立皇店的事实。次年（1517）四月，六科都给事中石天柱等言："近毁积庆、鸣玉二坊民居，有言欲造皇店、酒馆；有言欲营义子府第；有言欲开设教

---

① 《明武宗实录》卷九八，正德八年三月戊子。
② 《明武宗实录》卷一一五，正德九年八月丁未。
③ （明）朱茂曙《两京求旧录》今已不存，见（清）于敏中等《钦定日下旧闻考》卷五二《城市·内城西城三》，引《两京求旧录》，北京古籍出版社1983年版，第832页。
④ 《京师五城坊巷胡同集》，第11—12页。
⑤ 沈榜：《宛署杂记》卷七，《河字·廊头》，北京古籍出版社1980年版，第58页。
⑥ 郑克晟：《明代政争探源》，紫禁城出版社2014年版，第327页。
⑦ 《明武宗实录》卷一四三，正德十一年十一月己卯。

场者，老稚转徙，哀号垂涕。夫开设皇店数年于此，商贾苦科索，闾阎艰贸易，朝廷得利甚微；而下同垄断，不罢即已；复增设之，则非恩也……伏赐停罢。不报。"① 由此可知，当时皇店开设在积庆、鸣玉二坊已有数年，此时又准备在二坊之地扩建皇店，建义子府邸，开设教场，这片地方在明朝皇城西北角的西安门外，而这些建筑在性质上属于武宗豹房建筑群的扩展部分。

（4）毛家湾位于"西安门外第一区"

最后让我们关注"西安门外第一区"。嘉靖初年清算武宗建筑群时，肃皇后之父陈万言对于原赐第处不满，于是世宗"命工部改给西安门外第一区"②。这就是出现在嘉靖三十九年《胡同集》中的"陈皇亲宅"，它与太平仓、红罗厂一起列名；而后清代《志稿》出现的毛家湾则与太平仓一起处于"西安门外第一区"的地理位置。武宗年间这一带拆毁民居建豹房扩展的新宅，后又作为弊政加以清算，建筑的主人换了一批又一批，产生了大量瓷器碎片，就近处理在毛家湾，是完全合乎情理的。

武宗死后，在西安门外所建部分豹房建筑群，以奸人名义全部被清算。刑科左给事中许复礼言："顷者逆彬于西安门外立镇国府，于西市建新房，夺民居以图市利，百姓怨恨，痛入骨髓。又宣府行殿邻于北房，巍峨灿烂，恐生戎心，皆宜亟毁，以安众心。"③ 这是将营建镇国府和西市新房夺民居图利等都算在了江彬身上。

综上所述，毛家湾因位置邻近武宗豹房建筑群，形成大瓷器坑，正是就近处理废弃物的合理安排。大瓷器坑凸显了双重见证：第一，是正嘉之际政局更迭清除武宗弊政的见证；第二，是武宗豹房建筑群毁弃的见证。

三 北京毛家湾出土明代大瓷器坑的延伸解读

"横看成岭侧成峰，远近高低各不同"。发掘北京毛家湾明代大型瓷器

---

① 《名山藏》卷二一《典谟记》，第1209—1210页。
② 《明世宗实录》卷二四，嘉靖二年三月庚戌。
③ 《明世宗实录》卷四，正德十六年七月甲子。

坑，打开尘封的历史，真相掩埋在地下，而牵出的是地上的重大震荡：人口变动、制度变迁、文化转型都寓于其中。对武宗的评价，当时人与后人均以弊政做出定性判断，而以革除武宗弊政称"嘉靖革新"；仅从政治史视角来看正嘉之际，这是有道理的。因此嘉靖新政长期以来得到普遍好评，学界关注的主要是正面作用。然而既然豹与猎豹是一个古代中西宫廷的风尚，是一个历史悠久的文化交流实例，作为 16 世纪全球化开端关键的中外关系史交汇点的正嘉之际，我们更应该置于更广阔的全球视野来思考与研究。

瓷器坑中武宗时生产的瓷器有不少青花梵文纹碗、青花梵文纹杯、青花梵文纹盘的瓷器碎片，明显带有外来文化元素①。陶瓷学界专家认为："正德青花还有一个突出的特点，喜欢将文字，包括汉字，少数民族文字如藏文、维吾尔文，外域文字如波斯文、阿拉伯文等文字作为装饰，甚至作为装饰中心，别有一番情趣。"② 虽然大瓷器坑以民窑生产的瓷器为主，似乎没有武宗时官窑生产的阿拉伯文和波斯文青花瓷片出土，但是大量存在于中外博物馆的正德年制青花瓷，带有外来文化元素的特征也不胜枚举。由此提醒我们：瓷器坑的出现或可证明是中外文化正面交锋，矛盾升级的一个结果，凸显的也是文化的冲突。

揆诸历史，当我们从全球视野出发，将正嘉之际对外交往事件相互联系作一综合考察时，就会发现正当 16 世纪全球化开端的关键节点，学界以往极大忽视了嘉靖初对陆海丝绸之路的双重闭关，意味着中外贸易与文化联系的一度中断，形成了中外关系的一大转折：

一是对于海上丝绸之路的闭关：由于驱逐葡使和处置葡萄牙通事火者亚三，明廷颁旨："自今海外诸番及期入贡者，抽分如例，或不赍勘合及非期而以货至者，皆绝之。"③ 原在正德初年已经开始放宽的对海外各国来华贸易活动的贡期和勘合要求，此时完全收紧。④

---

① 北京市文物研究所编著：《毛家湾：明代瓷器坑考古发掘报告》梵文碗标本，第 17、22、23、28 页。
② 李知宴：《陶瓷发展的历史和辨伪》，华龄出版社 2004 年版，第 378 页。
③ 《明世宗实录》卷四，正德十六年七月戊寅。
④ 参见万明《中国融入世界的步履：明与清前期海外政策比较研究》，故宫出版社 2014 年版，第 193—194 页。

二是对于陆上丝绸之路的闭关：哈密是明朝"扼西域之咽喉，当中西之孔道者"。永乐年间于哈密设卫，从此哈密承担陆上丝绸之路对外交往的枢纽作用。① 革除武宗弊政，与葡使通事一并处置的包括哈密首领写亦虎仙及其亲属群体。张璁曾论及嘉靖三年（1524）五月处决火者马黑木并米儿马黑麻，八月土鲁番大举入寇甘州，"诚未必无所由也"②。他直接提出杀写亦虎仙等人之"误"，与嘉靖三年嘉峪关闭关事件的关联。

以上事实说明，正嘉之际的政局更迭，对于丝绸之路的影响是双重的，既包括陆上丝绸之路，也包括海上丝绸之路，明朝史无前例的陆海丝绸之路双重闭关，形成一个中外关系至关重要的转折点，也是明代丝绸之路中外文化交流史的一大转折点。这一点在以往的研究中，由于缺乏整体性的综合考察，一直被遮蔽了。

追溯以往，明成祖迁都北京奠定了丝绸之路新的起点与交汇点，将古代丝绸之路发展到一个崭新阶段：对外海陆并举，特别是航海外交从海上贯通了陆海丝绸之路，在人类文明共同体互动层次上有了新的提升，形成了东西方文明交融的大格局，重构了丝路辉煌。③ 虽然郑和下西洋以后，海上丝绸之路贯通了陆地与海洋，陆上丝绸之路的重要性降至其次。但是，明武宗正德年间，是一个东西方交汇的重要节点，一方面，武宗建立豹房、寺院，任用边将、巡幸西北，这些所谓弊政现象，大多隐含着永乐迁都北京以后，明朝宫廷浓重的丝绸之路多元文化混杂融合因子的影子；从文化上看，可以说陆上丝绸之路外来影响在明武宗朝达到了一个高潮；另一方面，从海路西方葡萄牙使节首次来到中国宫廷，中西发生了直接交往与冲突，陆海丝绸之路上的来客，在明朝宫廷集结，成为一个史无前例的汇聚时刻。武宗的行为触碰了王朝开放的底线，明世宗君臣与之在政治文化上具有高度分歧，在政治上清除武宗弊政后，则出现的是一个文化转向内在的进程，使得丝绸之路对于明朝宫廷的影响一蹶不振，遭遇闭关后的中外关系进入深度的紧张状态。

---

① 关于明代哈密卫的设立与丧失，所谓三立三绝，参见蒿峰《明失哈密述论》，《山东师范大学学报》（哲学社会科学版）1984年第1期。
② （明）张璁：《张璁集》卷三《论边务》，第71页。
③ 万明：《全球视野下的明代北京鼎建》，《史学集刊》2021年第4期。

<<< 丝绸之路上的明代中国与世界

　　进一步剖析武宗弊政中来自丝绸之路的外来因素,政治变局中的文化冲突浮出了水面。16世纪全球化开端之时的中国一幕导致了丝绸之路大变局,中外文化交流的转折鲜明地表现在明朝宫廷文化上。豹及豹猎文化的传播,是丝绸之路经济文化交流的重要内容,武宗的豹房,是多元文化混杂交融的产物,而革除了武宗弊政后的明朝宫廷,则完全转换了一种文化,因此,政局的更迭也意味着文化史的改写。在正嘉之际,豹和猎豹不仅提供了中西文化传播的实例,而且也彰显了中外文化的冲突,在深层次上透露出明朝内部文化取向的重大分歧。武宗对中外文化融合采取开放的态度,其宫廷呈现出多元文化荟萃的特征,足以证明明初与帖木儿帝国的交往过后,虽然中亚地区陷入分裂割据局面,但是传统的陆上丝绸之路并没有停滞,仍然在发挥着重要的中外交流纽带作用,乃至出现了一个高潮期。前引武宗时期来华波斯商人的《中国志》就是最好的证明。以往史学界有明朝迁都是内向的看法,笔者认为定都北京并不是明朝转向内在的标志,从全球视野来看,迁都北京继承了汉唐长安的传统。而正嘉之际,在武宗弊政被革除后,实际上意味着永乐迁都以后明朝开放的宫廷时尚达于顶峰而被扭转,才是明朝转向内在的标志。

　　瓷片坑是考古重大发现,与它联系在一起的,是历史发生突变的背景及其内涵,正嘉之际政治风云突变,事态纷纭,向深层次探索,可以发现世宗朝转向内在的层面有二:政治与文化。在显现新的政治格局同时,也昭示明朝做出了新的文化抉择。相对武宗朝,世宗朝的宫廷文化已经是一种全新的格调,影响了其后一百多年的明朝历史。换言之,正嘉之际成为中外关系的一大转折,也成为明朝宫廷文化的分水岭,拔出萝卜带出泥,排除外来文化,复兴传统中土文化,形成一个重要的转折点。明朝皇帝尚武的历史至此结束,明宫狩猎及尚武的生活方式告终,后来的明朝再也没有一位对于军事有兴趣并且有能力统率军事的皇帝,此后明朝更加重文轻武,武臣也从此再也没有力量与文臣相抗衡,重振明朝武力之想在此后明朝宫廷中已荡然无存。

　　作为南方藩王入主北京的明世宗,意欲全面复兴中国礼乐文明传统,崇奉中国本土的道教,排斥外来宗教和文化,其内在的文化取向极为明显。世宗生长在南方,又体弱多病,他一反武宗对狩猎、豹、武夫、军事以及对尚武生活方式的偏好,对狩猎和武事完全没有兴趣,由此,明朝宫廷文化格调为之一变，终明世，明朝早年的尚武传统再也没有恢复。世宗时，御苑禽兽由二万上下渐减至二千，或放或杀的兽类中，包括了武宗所畜的豹、猎犬和猎鹰在内。嘉靖七年（1528）提督豹房太监奏称："奉命采取及各处内外守臣进贡豹只给与本房馇养，自立国以来已经百余十年，非今日之设，非系无益之物，今只有玉豹一只"，奏请帝勿负"祖宗成宪"。世宗诏则云："豹房所奏，其意导君好尚之意，法当治罪。如曰祖宗成宪，不知此成宪载在何典？"下令："这豹且留，今后再不许进收。"①明世宗嘉靖皇帝在位的几十年里，崇信中国本土的道教，长生不老是他的毕生追求，宫廷成为一个修炼场所，一个提炼丹药的实验场。一反武宗自称大宝法王称号的做法，世宗自拟道号："灵霄上清统雷元阳妙一飞玄真君"，后加号"九天弘教普济生灵掌阴阳功过大道思仁紫极仙翁一阳真人元虚玄应开化伏魔忠孝帝君"，再号"太上大罗天仙紫极长生圣智昭灵统三元证应玉虚总掌五雷大真人玄都境万寿帝君"②。为满足修道与淫乐，世宗多次遴选民女入宫，每次达数百名。命令宫女们清晨采集甘露兑服参汁以期延年，致使上百名宫女病恹，更导致以杨金英为首的宫女们起而反抗，发动了嘉靖二十一年（1542）的"壬寅宫变"。③

至嘉靖初，永乐迁都北京后特有的文化多元化与开拓活力逐渐消失，取而代之的是一种复兴传统礼乐文明的内在取向，隐含文化的转型。就此而言，北京毛家湾大瓷器坑不仅揭示了正嘉之际非正常的人口大流动，也见证了一种文化全新格局的拉开。尤其是闭关的出现，促成其后明朝宫廷的注意力全面转向传统，不再有兴趣向外广纳新观念。由此，为毛家湾大瓷器坑所见证的历史信息极为丰富：16世纪初年中国宫廷的一场权力更迭，其影响绝不仅是政治震荡，而且波及了中外关系与文化走向的重大问题。

---

① 《殊域周咨录》卷一〇《吐蕃》，第15页。
② 《明史纪事本末》卷五二《世宗崇道教》，第791页。
③ 《万历野获编》卷一八《宫婢肆逆》，上海古籍出版社2012年版，第394—396页。

结　语

　　瓷器坑是历史遗存，需要回答的是历史问题，以往对于毛家湾明代出土大瓷器坑定义为"垃圾场"，显然低估了这一瓷器坑承载的历史信息。以上结合历史文献，在时间与空间上延展分析，从中提炼出有价值的历史线索，建立起研究的新架构。这里尝试提出豹房建筑群的概念，把大瓷器坑置于正嘉之际政局更迭的大背景中，使得一团乱麻似的事实得以清晰起来。

　　采用新的解释框架，揭示了16世纪初大规模瓷器坑形成的主因是正嘉之际发生的政局更迭人事变动，引发了一场北京人口大变动；次因是大瓷器坑本身与武宗豹房的宫外建筑群在同一区域内，因此明显具有就近填埋的因素；这里需要说明的是，大瓷器坑也包含此前北京的废弃瓷器，不排除其中有京城居民日常毁坏瓷器的二次集中堆放。

　　进一步对大瓷器坑的延展解读，昭示我们：正嘉之际不仅发生了政局更迭，在清除武宗朝弊政的同时，还发生了文化变迁，更发生了久被忽视的阻滞陆海丝绸之路的中外关系一大转折。从明世宗来看，这是一回事：武宗的尚武，武宗的崇佛，武宗的狩猎，武宗的玩乐，武宗的放荡，武宗的经商都与外来风尚有着千丝万缕的联系，明世宗继位以后，宫中风尚大改，笃信道教的世宗转向内在，回归传统文化。

　　新材料带来的是新问题和新的学术增长点，大瓷器坑的出现，使笔者将正嘉之际的政治史研究拓展到文化史领域，乃至中外关系史研究领域。笔者认为武宗豹房政治奇葩的出现，与明代白银货币化，即早期市场经济萌发所引发的社会变迁也具有内在逻辑的关联。

　　总之，毛家湾大瓷器坑从一个侧面见证了正嘉之际政局更迭引发的北京人口大变动，不同文化类型的冲突，乃至中外关系一大转折的历史风貌，具有重要的学术价值。

第九章 16—17世纪漳州青花瓷的异军突起

16世纪下半叶,在景德镇青花瓷取得了中国瓷器主流地位,开始走向世界之时,在闽南诞生了另一个似乎不那么引人注目,但意义绝不亚于前者的青花瓷之乡漳州窑的崛起。进一步说,迄今世界各地遗存的克拉克瓷,已经将16—17世纪漳州青花瓷的繁盛发展与世界传播的面纱揭开。在此之前名不见经传,几乎默默无闻的漳州窑,当全球化开端之时,生产出了青花瓷的外销新品种,异军突起,成为世界共享的文化资源,16—17世纪世界市场互动中的奇葩。

晚明漳州窑瓷器的品种有青瓷、白瓷、青花瓷以及五彩瓷,其中,青花瓷是最主要的品种,数量也最多。这一点与当时中国全国瓷器的发展趋向是一致的。已有的考古发掘报告与遗存资料证明,平和、诏安、云霄、漳浦、南靖各县的大多数窑址生产品种以日用器为大宗,青花瓷不仅在漳州窑瓷器中数量最多,而且其装饰图案的题材和纹样也丰富而富于变化。特别是漳州窑生产的带有典型开光特征的克拉克瓷,也已经为中外瓷器专家所认同。显然,青花瓷是晚明闽南文化的奇葩,而我们需要思考以下的问题:明代是青花瓷崛起的时期,自明初起,江西景德镇就是瓷器制造的重镇,也是青花瓷制造的中心,当时福建漳州的瓷器制造尽管已经存在,但是与景德镇相比,可以说是默默无闻的。那么,为什么晚明漳州青花瓷会异军突起,在外销上几乎达到与景德镇并驾齐驱的地位?这方面已有学者做了不少探讨。一般认为,漳州窑的发展与明朝隆庆初年在漳州月港的开海密切相关,这是毋庸置疑的。但是,从全球化开端时期中国社会内部变革——白银货币化与世界格局变革紧密相联的视角来看,漳州青花瓷的崛起作为文化现象,是晚明中国海洋文化——闽南文化非比寻常的爆发式发展与传播的典型例证，仍有探讨的空间。本章将就此略加探讨。

第一节　月港与漳州青花瓷崛起

明代成化、弘治年间（1465—1505），东南沿海地区民间私人海外贸易已经冲破朝贡贸易与海禁的樊篱，极其迅速地发展起来。"成、弘之际，豪门巨室间有乘巨船贸易海外者。"① 广东市舶太监韦眷"纵党通番"，番禺知县高瑶"发其赃银巨万"②。当时广东"有力者则私通番船"已成为相当普遍的现象③。福建漳州"饶心计与健有力者，往往就海波为阡陌，倚帆樯为耒耜。凡捕鱼纬萧之徒，咸奔走焉。盖富家出货，贫人以佣，输中华之产，骋彼远国，易其产物以归，博利可十倍，故民乐之"。随民间私人海外贸易发展，荒野海滨兴起的漳州月港，在成、弘之际已享有"小苏杭"的盛誉④。以弘治时福建人口统计数字对照，我们也可看到月港的兴起影响到福建人口数字，详见下表。⑤

福建人口统计对照表

地区	元朝		明朝	
	户数	口数	户数	口数
福州府	199694		94514	285265
建宁府	127254	506926	122142	393468
泉州府	89060	455545	41824	180813
漳州府	21695	101306	49254	317650
汀州府	41423	238127	43307	252871
延平府	89825	435869	63584	236325
邵武府	64127	248761	39644	132282

---

① 《东西洋考》卷七《饷税考》，第131页。
② （明）焦竑：《国朝献征录》卷九九《广东布政司左布政使赠光禄卿谥恭愍陈公选传》。
③ （明）桂萼：《广东图序》，《明经世文编》卷一八二《桂文襄公奏议》四，第1865页。
④ 崇祯《海澄县志》卷一五《风俗》。
⑤ （明）黄仲昭：《八闽通志》卷二〇《食货·户口》，福建人民出版社1998年版，第389—399页。福宁州宋元属福州府。

第三篇　文化篇 >>>

续表

地区	元朝		明朝	
	户数	口数	户数	口数
兴化府	67739	352534	31687	180006
福宁府			6200	18335

表中漳州府户口在弘治时有了明显增长,在其他各府均见人口锐减的情形下,漳州府竟然在人口上翻了两番。这与民间私人海外贸易的活跃及新的贸易港口城镇的兴起有着密切联系,是不言而喻的。

嘉靖年间,在时空激荡的大背景下,青花瓷生产进入一枝独秀的时代,工艺水平和制造规模达到了中国陶瓷史上的高峰。也正是在嘉靖年间,明朝平息倭乱以后,海外政策发生转变,意味着制度变迁,开启了两种海外贸易的新模式:一是在福建漳州月港开海,允许中国商民出洋贸易;一是在广东澳门开埠,允许外商入华经营海上贸易。虽然经历了诸多曲折,但是,前者标志着中国海商出洋贸易的合法化,从而孕育了海商集团迅速崛起;后者标志着引进外商经营海上贸易,澳门成为中外贸易的窗口。葡萄牙人入居及其合法化,开辟了多条海上国际贸易航线。两种新模式,打通的是中国青花瓷外销的两个主要出海口。

隆庆元年(1567)福建巡抚涂泽民上疏"准贩东、西二洋",得到了朝廷允准。① 这就是所谓隆庆开海的开端,也就是明朝以福建漳州月港作为中国商民出洋贸易的港口。这是明代海上贸易模式的重大变化。虽然鉴于与日本的恶劣关系,当时的贸易对象仍不包括日本,但就是这样,张燮论曰:"市舶之设,始于唐、宋,大率夷人入市中国。中国而商于夷,未有今日之伙者也。"② 在大航海时代到来,明代中国与世界其他国家的海上经济交往活动日益频繁的大背景下,中国人的出洋贸易达到了又一个高潮,这个高潮改变了官方海上贸易为主体的形式,而以民间私人海上贸易为主体,引发的一个直接后果,就是闽南文化非比寻常的发展——漳州青花瓷的异军突起。

---

① (明)张燮:《东西洋考》卷七《饷税考》,第131页。
② 《东西洋考》卷七《饷税考》,第153—154页。

丝绸之路上的明代中国与世界

以往的研究证明，发展到晚明，中国社会内部涌动变革的潜流，国内商品货币经济发展，白银货币化加速进行，晚明中国社会内部巨大的白银需求使市场扩大到海外成为必然。有识之士看到开海是大势所趋，私人海外贸易已是燎原之火，只能因势利导，以保利权在上。① 于是有隆庆在漳州月港的开海。

隆庆月港开海是明代海上贸易制度之一大变化，贸易模式从官方朝贡贸易为主向民间私人海上贸易为主转变，由此中国海商出洋贸易合法化，正式加入了海上国际贸易的行列。由此开端，漳州青花瓷的命运与港口的兴衰紧密联系在一起。

漳州月港海上贸易的范围，也就是青花瓷的出海口及其贸易范围。张燮《东西洋考》首列《西洋列国考》，次列《东洋列国考》，以下分为《外纪考》《饷税考》《税珰考》《舟师考》《艺文考》和《逸事考》。

《西洋列国考》中，列有15国：交趾、占城、暹罗、下港、柬埔寨、大泥、旧港、麻六甲、哑齐、彭亨、柔佛、丁机宜、思吉港、文郎马神、迟闷。附带所属之地9：清化、顺化、广南、新州、提夷、六坤、加留吧、吉兰丹、詹卑。

《东洋列国考》中，列有7国：吕宋、苏禄、猫里务、沙瑶、呐哗啴、美洛居、文莱。附带所属之地12：大港、南旺、玳瑁、中邦、吕蓬、磨荖央、以宁、屋党、朔雾、高药、网巾、樵老。

总之，在《西洋列国考》和《东洋列国考》中综述了东西洋43个国家和地区。②

此外，在《外纪考》中还列有"日本"和"红毛番"。日本列其物产有金、银。云"东奥州产黄金，西别岛出白银，以为贡赋"。红毛番列其物产有"金、银钱"以及琥珀、玛瑙、玻璨、天鹅绒、琐服、哆啰嗹、刀等。③ 又云："商舶未有抵其地者。"在暹罗、爪哇、渤尼之间相互交易。④

漳州海上贸易的航线，即东西洋"针路"。张燮在《舟师考》中叙述

---

① 参见万明《中国融入世界的步履：明与清前期海外政策比较研究》，社会科学文献出版社2000年版，第242—244页。
② 《东西洋考》卷一至卷五，第1—108页。
③ 《东西洋考》卷六《外纪考》，第130页。
④ 《东西洋考》卷六《外纪考》，第130页。

了"西洋针路"和"东洋针路"。据此可知,"东洋"与"西洋"的区分,基本依据在于贸易航线的划分。二洋针路中,西洋针路从漳州月港出发,最远达至马来群岛的地闷(今帝汶);东洋针路从太武山分道,经澎湖、台湾至菲律宾群岛,最远到东、西洋的交界文莱。

漳州海上贸易商品结构,与青花瓷的发展关系重大。晚明中国出口商品主要是丝和瓷,都有了大幅度的增长,量的增加与全球化开端有着密切关系。除了量的增加,我们还应该注意到,产生了新的生力军,主要就表现在漳州青花瓷异军突起。作为海外贸易诸多商品的一个主要部分,漳州青花瓷随着月港的扬帆通商,遍及东西洋各地乃至延伸到世界。

第二节 漳州青花瓷崛起的内外动力

16世纪白银是促使全球贸易诞生的重要因素。布罗代尔曾说:"贵金属涉及全球,使我们登上交换的最高层。"① 中国是当时世界上最大的经济体,也是最大的白银需求国,直接影响了白银作为国际通用结算方式用于全球贸易。这种国际交换关系,一端联系的是中国商品,另一端联系的是白银,形成了市场网络的全球性链接,由此青花瓷得以向全球传播。

漳州窑异军突起,是月港开海的直接产物,毋庸置疑。不同于景德镇官窑和官搭民烧之窑,漳州窑完全是一支民间的生力军,而这里青花瓷多数专为外销而生产。鉴于景德镇窑址迄今没有发现大量克拉克瓷的遗存,我们也许可以作一个大胆的推测,即漳州就是克拉克瓷的发祥地。20世纪90年代的考古发现与调查,已经证明平和窑是生产克拉克瓷的窑址。当年漳州平和窑遍地开花,直至穷乡僻壤,一县竟然出现上百窑址,可见青花瓷生产极为繁盛的景象。

漳州青花瓷具有深厚的土壤,这不能不与明代白银货币化的总趋势相联系。根据以往的研究,在明王朝统治中国的276年间,白银经历了一个不同寻常的货币化过程。明初,白银并不是合法货币,明朝禁用金银交

---

① [法]费尔南·布罗代尔:《15至18世纪的物质文明、经济和资本主义》第2卷,生活·读书·新知三联书店1993年版,第192页。

易。翻开《大明会典》，明朝典章制度中有"钞法""钱法"，却根本没有"银法"。但是，到了明后期，白银通行于全社会，占据了货币流通领域的主导地位，是一个客观的事实。笔者通过对明初至成化年间徽州地区土地买卖交易中 427 件契约使用通货情况的分析，发现明代白银不寻常的货币化过程：明代白银的货币化是自民间开始，到成、弘以后才为官方认可，自上而下地展开。① 其中，最重要的展开方式是赋役折银。以成化、弘治为界，白银从官方非法货币向事实上的合法货币过渡，白银货币化在整个社会全面铺开。随着白银货币化步伐的加快，白银渗透到社会的每一个角落，深入人们的日常生活中。明代白银货币化是市场的作用，而没有货币的流通，就不可能有活跃的市场。贵金属货币流通、循环，注入人们全部社会经济生活，使得市场前所未有地活跃起来。白银货币化的过程，首先是自下而上发展，再自上而下全面铺开，采取的形式就是赋役改革，在白银货币化发展的强劲趋势下，赋役折银征收，从实物税到货币税，晚明财政体系全面转型，带来的是社会整体的变迁。从明代白银货币化的过程来印证，福建在嘉靖四十年（1562）平定倭寇，隆庆初年开海，此后赋役改革与财政的白银货币化并行。以平和县为例，万历《漳州府志》卷二八《平和县·土贡》记载：隆庆四年（1570）平和县人丁 6814 丁，内除优免 294 丁，实差人丁 6520 丁；民米 2633 余石，每丁石派银 7 分，该银 640 余两。岁办、额办、杂办各料有闰年该银 617 余两，无闰年该银 611 余两；剩银有闰年 23 余两，无闰年 29 余两，解司备用。②

《平和县·财赋·税粮》记载：隆庆六年（1572）实征官民等米 4072 余石，其中，官米 1349 余石，三斗以下每石派银 0.36 两，三斗以上每石派银 0.33 两，七斗每石派银 0.25 两，通共该银 487 余两；民米 2633 余石，本色米已全部折价，每石征银 0.5 两，该银 658 余两，官民米折价银共 1146 余两。起运折色正价银 397 余两，折料正价银 16 余两，水脚银 6 余两。存留中也有折价米该银数目。③《盐粮》部分，则记载隆庆五年

---

① 参见万明《明代白银货币化的初步考察》，《中国经济史研究》2003 年第 2 期。
② 万历《漳州府志》卷二八《平和县·土贡》，《明代方志选》，台湾学生书局 1965 年版，第 585 页。
③ 万历《漳州府志》卷二八《平和县·土贡》，《明代方志选》，台湾学生书局 1965 年版，第 585—586 页。

（1571）平和县实征男妇 11715 丁口，该银 182 余两。其中，分为解南京正银和解府银两部分。在隆庆四年（1570）实编纲银 655 余两。其他驿传、机兵也无不以银代役。①

漳州山区农民进行瓷器烧造，可得货币收入，由此，漳州山区农业的非农化得以加速推进。如果说，漳州月港的开海，是明朝传统海外贸易模式转型的标志，那么漳州青花瓷的崛起，乃是对明朝传统农业经济的异类，是对传统农业经济的挑战。因此，它的意义极其深远。

漳州青花瓷的崛起，主要依靠几个条件：一是当地"土瘠人稀，生理鲜少"；二是宋元以来积累了一定的瓷器烧造的经验；三是当地具有烧造瓷器的高岭土可供利用；四是依靠了山区溪流运输便利的优势，如平和生产的青花瓷可以通过溪水顺流，一天可达月港九龙江口；五是在江西籍官员主持下，借助从江西景德镇一带来的瓷器烧造工匠的技术传授；② 六是本地农民商品货币意识的加强，山区农民以瓷器烧造形式积极参与了海上贸易。其中，邻近从非法到合法的出海口是关键。以市场为取向的财政改革给漳州山区带来了巨大影响，而青花瓷的烧造为漳州山区发展开拓了广阔天地。从 16 世纪下半叶起，漳州月港开海，发展出一种开放型海洋经济，与此同时，漳州山区也经历着深刻的变迁，平和等县由单一的农业经济向海洋经济转型，可以说白银货币化推力下的赋役改革为青花瓷崛起，以及百年间以青花瓷为标志的闽南文化向外传播奠定了基础。

第三节　漳州青花瓷外销新品种的诞生

万历元年（1573）《漳州府志》卷一《物产·货部》："磁器出漳平、平和等县。"③

漳州窑瓷器异军突起，主要表现在青花瓷的特殊品种——克拉克瓷的

---

① 万历《漳州府志》卷二八《平和县·土贡》，《明代方志选》，台湾学生书局 1965 年版，第 587 页。
② 从万历《漳州府志》所见，平和县自正德建县，其入"名宦"三人：罗干、王禄、姜遂初，皆出自江西。
③ 万历《漳州府志》卷一《物产·货部》，第 28 页。

出现与大量外销。考古发掘报告表明，如果说 16 世纪初葡人来华不久，就订制了带有鲜明西方特征的纹章瓷，那么享誉全球的克拉克瓷则出现在稍晚的 16 世纪下半叶。具体而言，是在大约 16 世纪 70 年代左右。

克拉克瓷是 16 世纪后半叶出现的典型的外销瓷品种，是明末清初景德镇民窑和漳州民窑专为外销而烧制的新品种。葡萄牙人最早将这种瓷器运往欧洲。1603 年荷兰人抢掠了葡船"圣凯瑟琳娜号"，此船装载中国瓷器 10 万多件。① 这批瓷器被运往阿姆斯特丹拍卖，轰动了整个欧洲。克拉克瓷的名称，一般认为是来自葡萄牙船 Carrack 的译音，Kraak 是其荷兰文的拼法。当时，荷兰人对葡萄牙远航东方的货船称作"克拉克"（carrack），因而，在欧洲拍卖的这批中国瓷器被称为"克拉克瓷"。从此，克拉克瓷名扬世界。克拉克瓷在装饰上的特点是普遍带有多层次的开光，后来在陶瓷史上把 16 世纪末至 17 世纪生产的具有这类特点的外销青花瓷称为克拉克瓷。克拉克瓷在澳门与欧洲有大量的发现，主要由江西景德镇、福建漳州平和、泉州德化等地生产。根据考古发现与学者研究，大量克拉克瓷器制作于晚明到清初。

1995 年年初，在澳门岗顶原圣奥斯定修道院的工地上，发现一口古井，内藏多件完整的瓷碟，而在工地的四周，有大量明末清初时期的出口瓷碎片，部分可复原度大。经专家鉴定，该批瓷片大部分是明万历年间（1573—1628）制成，属加榴瓷（或称克拉克瓷，Kraak Porcelain）一类。② 这批克拉克瓷片，部分已修复，现藏澳门博物馆。2011 年揭幕的澳门北湾瓷器展览，展示了大量在澳门北湾发现的青花瓷残片，是澳门作为 16 世纪青花瓷外销最早、也是最主要的西传源头的历史见证，其中，有大量克拉克瓷，主要是景德镇的产品。

2003 年，"万历号"的残骸在离西马来西亚海岸 6 英里的水下被瑞典人史坦（Sten Sjestrand）发现。这艘沉船包括了 10 吨的破碎瓷器，完好的瓷器只有几千件。船上的瓷器以青花瓷器为主，而这些青花瓷器主要是"克拉克瓷"，这表明欧洲应该是最终目的地。

关于克拉克瓷生产的起始时间，现在没有确切的证据，很难说是始于

---

① T. Volker, *Porcelain and the Dutch East India Company*, Leiden: E. J. Brill, 1954, p. 22.
② 陈志亮:《陶瓷文物保存修复》上，《广东档案》2009 年第 5 期，第 25—26 页。

何时。在江西广昌万历元年（1573）墓葬出土的开光青花瓷盘，被认为是在中国本土发现最早的克拉克瓷。① 而克拉克瓷研究专家里纳尔迪根据纹饰分析，将隆庆（1567—1572）年款的盘子定为克拉克瓷盘的前身，并据此认定克拉克瓷生产不会早于隆庆初。② 这种说法实际上说明，不能完全排除隆庆以前没有，而目前所发现的最早的生产时间是隆庆。

虽然葡萄牙人在16世纪初到达中国沿海活动之初，就开始了瓷器贸易，但在16世纪上半叶，还没有形成克拉克瓷这种新型的外销瓷。目前世界众多国家的博物馆与私人都收藏有万历克拉克瓷，印证了发展到万历时，青花瓷名扬天下。大批量生产的克拉克瓷的传播，形成了全球市场效应。

在葡萄牙的桑托斯宫（Santos Palace）有一个令人惊奇的"瓷器屋顶"，天花板上覆盖着260余件青花瓷盘，大多是由16—17世纪上半叶的克拉克瓷盘组成。自1501年起那里曾是葡萄牙国王的住所，1589年以后属于兰卡斯特雷（Lancastre）家族所有。这个青花瓷装饰的屋顶是17世纪后二十五年建造的，上面的瓷器曾是国王唐·曼努埃尔一世的收藏品。国王于1521年去世，作为收藏爱好者，兰卡斯特雷家族收藏了这些藏品。瓷器史专家约翰·卡斯维尔指出："桑托斯宫的收藏提供了一个从16世纪以后到达葡萄牙的令人惊奇的瓷器目录。"③ 我们知道，有关17世纪克拉克瓷器的资料非常丰富，荷兰东印度公司保存的记录提供了克拉克瓷器贸易的详细信息。然而，有关16世纪克拉克瓷的文献资料不多，实物遗存是弥足珍贵的"档案"。

海外对中国青花瓷的需求量巨大，据沃尔克《瓷器与荷兰东印度公司》一书统计，在1602年以后的80年中，经荷兰东印度公司贸易的中国瓷器数量达到1600万件以上，而民间私人海商的交易额则难以统计。海外巨大的需求量，使得中国青花瓷获得扩大发展的契机，漳州青花瓷烧造应运而生。所谓漳州窑，指的是分布于福建省南部的九龙江中游西部的丘

---

① 姚澄清、孙敬民、姚连红：《试谈广昌纪年墓出土的青花瓷盘》，《江西文物》1990年第2期。
② Maura Rinaldi, *Kraak porcelain: A moment in the history of trade*, p. 61.
③ John Carswell, *Blue and White: Chinese porcelain around the world*, British Museum Press, 2000, p. 129.

陵地带，即平和、漳浦、南靖、华安、云霄、诏安各县这样一个明末清初的古窑址群。平和南胜、五寨等数以百计的民窑，地处九龙江支流上游，临溪依山而建，河面宽阔，水流平缓，适宜水路运输。平和南胜镇的港仔村当年是小码头，瓷器从平和花山溪顺流而下，一天时间即可进入九龙江直达月港，通往海外。目前平和南胜、五寨的树林中存在生产青花瓷的古窑址，窑址附近存有大量陶瓷残片。经学者研究，2009年广东"南澳一号"出水1万多件瓷器中，有8000多件来自平和的南胜五寨一带，这批出水的平和窑青花瓷，遍布福建九龙江流域各县的数百座明末清初窑址，印证了当时漳州青花瓷市场的繁盛，这一市场是当时适应海外需求而出现的。

1644年清朝取代了明朝，郑氏海商集团掌握着台、彭等地的控制权，进行大规模的海上贸易活动。清政府实行海禁与迁海，使中国青花瓷贸易进入了低潮，漳州窑随即迅速衰落。

在中国外销青花瓷中，通常认为细瓷产于景德镇，而粗瓷来自华南窑系。但随着漳州窑的发现，其产量和品种都远超前人所想，说明在16—17世纪华南沿海地区也能生产质量较高青花瓷产品。所见康熙《平和县志》记载："瓷器精者出南胜、官寮，粗者出赤草埔、山隔。"① 表明当时漳州平和生产青花瓷具有粗、细两种，葡萄牙人和荷兰人均曾经对中国青花瓷外销分为粗瓷、细瓷有所记载。对于漳州青花瓷产生、发展和衰败的年代，目前学术界已经基本达成了共识，即从嘉靖中期至清初的约一百年间，葡萄牙人率先将中国青花瓷产品主要销往东南亚、日本、中亚、西亚乃至非洲等地，其中质量上好的销往欧洲。克拉克瓷是闽南文化传播海外形成高潮的代表。

克拉克瓷，在国内罕见，但却是曾经风行国外的中国外销瓷。20世纪90年代，在平和南胜、五寨等地发现大规模明代古窑址群，窑址遗存非常丰富，表明那里是生产"克拉克瓷""汕头器"的地方。从此平和这个素不为人所知的闽南山区县开始引人注目，此后的研究最终确认了克拉克瓷器的产地是在漳州。1998年中国陶瓷专家栗建安正式宣布平和窑为"克拉克瓷"原产地，是蜚声中外的克拉克瓷的故乡。

---

① 康熙《平和县志》卷一〇《物产》，上海书店出版社2000年版，第194页。

结　　语

从漳州青花瓷发展的历程来看，大致可以分为三个时期。

首先是初创期，这一时期漳州青花瓷产生是内发型的，由于海上瓷银贸易的需求，生产以模仿景德镇产的青花瓷为主，大多数是模仿了景德镇青花瓷的器型和纹饰；第二是发展期，进入创新阶段。从内发型向内外结合型转变，大量接受海外的定制，这一时期生产出了青花瓷新品种克拉克瓷，特点是大批量生产，产、供、销都依赖于国际市场。第三是衰落期，由于清初的严厉禁海乃至迁海，使得依靠国际市场存活的漳州月港对外隔绝，无法生存，漳州窑从此衰落，闻名中外的克拉克瓷也就此销声匿迹。然而，漳州青花瓷是晚明中国海洋文化——闽南文化非比寻常的爆发式发展与传播的典型例证，也是中国在16—17世纪，即全球化开端时期为世界文明做出的贡献。

第十章　明代青花瓷的展开：
以时空为视点

16世纪，扩大到全球的海上贸易，连接起一个世界市场，也连接起一个整体世界，人类面临前所未有的时空巨变，全球化出现了端倪。此后，东西方文明都是在更为广阔的空间中交融与迅速成长。作为中国瓷器代表的青花瓷传播到世界各地，引领了全球时尚潮流，构成了新的技术与知识融通过程，展现了新的世界性文化景观。与此相联系的，是经济与社会文化的变迁。青花瓷确实参与了全球的时空巨变，可以引发我们关于文明成长的深度思考。16世纪独步世界的中国青花瓷的发展历程告诉我们，文明是怎样成长的。中西文明的相遇，不只具有血与火的洗礼，也有着融通，从而构成了一部新的全球史。

引　言

英国学者柯律格（Craig Clunas）关于明代视觉文化的研究卓有成就，他指出20世纪90年代西方学者开始倡导一种图像的历史，作为历史研究的一种形式，艺术作品能"产生政治和社会以及文化的意义，而非仅仅是对这些意义的表现"。他告诉我们，图像不能为艺术史学者独享，历史学家也行动了起来，坦言他个人的研究受到了艺术史家和历史学家两方面对于图像研究趋势的影响。[①] 然而，他的研究主要集中在明代绘画上，对于

[①] ［英］柯律格著，黄晓鹃译：《明代的图像与视觉性》，北京大学出版社2011年版，第9页。

第三篇 文化篇 >>>

瓷器没有给予更多关注。

关于青花瓷的研究,中外学界历来关注三个方面:一是器物本身的器型、纹饰、特征等,二是青花瓷遗存及其分期断代,三是外销及其影响。三者均已取得了丰硕的成果。① 但迄今鲜见将其置于人类文明史时空巨变背景下,对物质文明与经济社会文化变迁关系层面的综合性探讨。学界对全球瓷器贸易的聚焦点更是放在17世纪以后。② 实际上,青花瓷成为中国瓷器主流或者说代表是在16世纪;早在16世纪初,葡萄牙人已率先开始青花瓷贸易,经历近一个世纪之后,17世纪才有荷兰人的加入。这种认识的时间差使得青花瓷崛起与早期传播过程一直以来有如雾里看花。在16世纪全球化开端时期,万里同风的青花瓷现象不仅是一个引人注目的文化现象,而且也是经济社会文化变化转型的表征之一。青花瓷成为世界瑰宝,与那场发生在16世纪的中国社会变迁和世界变革有着紧密联系。这里以时空为视点,关注全球文明成长历程,对青花瓷的展开作一探讨。

---

① 主要有陈万里《三件永乐年款的青花瓷器》(《故宫博物院院刊》1958年第1期)、冯先铭《青花瓷器的起源和发展》(《故宫博物院院刊》1994年第2期)、叶文程《中国古代外销瓷研究论文集》(紫禁城出版社1988年版)、[英]哈里·加纳著、叶文程与罗立华译《东方的青花瓷器》(上海人民美术出版社1992年版)、耿宝昌《明清瓷器鉴定》(紫禁城出版社1993年版)、胡雁溪编著《明代民窑青花瓷大观》(团结出版社1993年版)、江建新《谈景德镇明御厂故址出土的宣德瓷器》(《文物》1995年第12期)、王健华《明初青花瓷发展的原因及特点》(《故宫博物院院刊》1998年第1期)、栗建安《从水下考古的发现看福建古代瓷器的外销》(《海交史研究》2001年第2期)、刘新园等《江西景德镇明清御窑遗址发掘简报》(《文物》2007年第5期)、刘新园等《江西景德镇观音阁明代窑址发掘简报》(《文物》2009年第12期)、刘洋《明代青花瓷的外销》(硕士论文,中国社会科学院,2005年)。Regina Krahl and John Ayers, *Chinese ceramics in the Topkapi Saray Museum*, Istanbul, 3Vols, London, 1986; Duncan Macintosh, *Chinese Blue and White porcelain*, London: Bamboo Pub. Ltd., 1986; John Esten ed., *Blue and White China: Origins, western influences*, Boston: Little, Borwn and Co., 1987; Nuno de Castro, *Chinese porcelain and the heraldry of the Empire*, Oporto, 1988; Maura. Rinaldi, *Kraak porcelain: A moment in the history of the trade*, London: Bamboo Pub. Ltd., 1989; Carswell John, *Blue and white: Chinese porcelain around the world*, London, British Museum pr., 2000.

② 16世纪以前,瓷器在欧洲属于罕见的物品,参见David Whitehouse, "Chinese Porcelain in Medieval Europe", *Medieval Archaeology* 16, 1973, pp.63–78. 研究17世纪以后瓷器的主要有:T. Volker, *Porcelain and the Dutch East India Company as Recorded in the Dagh–Registers of Batavia Castle, those of Hirado and Deshima and Other Contemporary Papers 1602–1682*, Leiden: Brill, 1954; C.J.A. Jorg, *Porcelain and the Dutch China Trade*, The Hague: Martinus Nijhoff, 1982; 冯先铭、冯小琦《荷兰东印度公司与中国明清瓷器》(《江西文物》1990年第2期)、李金明《明清时期中国瓷器文化在欧洲的传播与影响》(《中国社会经济史研究》1999年第2期)、吴建雍《18世纪的中国与世界:中外关系卷》,辽海出版社1999年版,第276—296页,等等。

第一节　青花瓷的空间展开：从本土到全球

16世纪是全球化的开端，作为典型个案，明代青花瓷的展开是全球史的一部分。从时间上看，青花瓷在中国成为瓷器主流是在16世纪，与明朝人审美观念、社会时尚转型以及经济、社会变迁紧密相连。这本来只有本土的意义，而这一意义由于葡萄牙人的东来，中西开始直接交往，而呈现出了新的意义。这一新的意义是在中西发生了空间联系，人类的空间关系得到极大扩展下生发的。如果我们只是看到中国本土，那只是看到了第一空间，而没有看到更加广阔的空间，即全球的空间。

如果我们把目光放大到人类文明的宏大背景，寻求文明发展的轨迹，就会发现青花瓷展开的契机和过程，与16世纪中国与世界连接的时空巨变有着紧密联系。探讨晚明青花瓷的展开，需要关注一个关键的时空交会点：明代嘉靖年间（1522—1566），也就是16世纪上半叶。这一时期，货币、商品、贸易三股重要的历史脉络在特定的时空点交汇、互动，构成了中华文明的代表——青花瓷史无前例兴盛发展的基本前提条件，中国青花瓷由此展开，走向全球。

一　本土的空间

明代青花瓷的展开，首先是一个中国国内的问题。从唐末出现到元末烧制成熟，青花瓷一直并非中国瓷器的主流，"南青北白"的单色釉长期以来是中国传统瓷器的典型色彩。明代青花瓷崛起有着白银货币化的大背景，白银货币化是明代社会变迁的重要标志之一。以成化、弘治年间为界，白银从官方非法货币向事实上的合法货币过渡，白银货币化在整个社会全面铺开。随着白银货币化步伐的加快，白银渗透到社会的每一个角落，深入人们的日常生活中，使得市场前所未有地活跃起来。这一时期，商品经济的繁荣、商帮的形成、市镇的兴起，都可以从这里找到根据，并由此带来了一系列制度的变迁，同时也引发了社会整体的变迁。发展到嘉靖初年，这一货币化过程基本完成，白银成为流通领域主币，整个社会产生了巨大的白银需求，促使中国私人海上贸易蓬勃发展，与来到中国东南沿海的葡萄牙人一拍即合，大量外银流入，并直接或间接引发了日本与美洲白银的大开发。由此海上贸易扩大到前所未有的规模与范围，中国迅速与世界连接了起来。①

16世纪，一边是白银货币化，货币经济需求日益增长，引发了整个社会的急剧变化；另一边是市场经济加速萌发，使得瓷业生产达到一个高峰，青花瓷由此得到了历史上前所未有的成长机遇。当时，中国出口的大宗商品，瓷器仅次于丝绸，而瓷器主要是青花瓷。可以说哪里有白银，哪里就有青花瓷，瓷银贸易应运而生，一个全球化市场初现端倪。那么探讨青花瓷以空间为范围的横向展开，首先要考察青花瓷在全国的分布，也就是全国市场的形成——从青花瓷在中国本土占据瓷器主流地位谈起。

考虑到目前青花瓷在各个博物馆的收藏情况，不能说明青花瓷在明代的地域分布情况，而在全国各地明代的墓葬中，普遍有青花瓷的出土，此外还有窖藏，而更重要的是窑址的瓷器出土，这些都使我们可以切实了解青花瓷的发展轨迹及其地域存在状况，所以这里选择全国各地发掘遗址和墓葬出土瓷器来考察明代青花瓷的地域分布，大致了解青花瓷在明代普及于全国的时间与状况。

以《中国出土瓷器全集》中有明一代出土的青花瓷列表加以考察②，资料说明，在全国各地选出的明代273件出土青花瓷精品中，宣德、嘉靖和万历朝是青花瓷精品最多产、也是消费最多的时期。这既印证了这三朝是青花瓷发展的高潮时期，也反映了青花瓷崛起的三个重要的关节点。

青花瓷形成主流在何时呢？我们先看第一个高潮点宣德时。当时虽然青花瓷的烧造进入了黄金时期，但是从景德镇御窑的发掘报告来看，当时没有形成瓷器主流，③尚停留在宫廷上层的偏好，大规模发展还要等到成化以后大量应用国内青料，才形成青花瓷发展的转折点。

接着，让我们停留在第二个高潮点嘉靖时。从文献记载来看，官方烧

---

① 万明：《明代白银货币化：中国与世界连接的新视角》，《河北学刊》2004年第2期。
② 根据《中国出土瓷器全集》各卷册列表：1《北京》，2《天津辽宁吉林黑龙江》，3《河北》，4《内蒙古》，5《山西》，6《山东》，7《江苏上海》，8《安徽》，9《浙江》，10《广东广西海南四川重庆香港澳门台湾》，11《福建》，12《河南》，13《湖北湖南》，14《江西》，15《陕西》，16《甘肃青海宁夏新疆云南贵州西藏》，科学出版社2008年版。
③ 刘新园等：《江西景德镇明清御窑遗址发掘简报》，《文物》2007年第5期。

造瓷器在嘉靖年间供御开始以青花为主："十三年，青花白地赶龙珠外一秤金娃娃花盆三千二十，青花白地福寿康宁花钟（盅）一千八百，青花地里升降戏龙外凤穿花碟一千三百四十。"发展到二十年又有大幅度增加："白地青花里外满池娇花样碗一千三百，白地青花里外云鹤花碟六千七百，白地青花里外万岁藤外抢珠龙花茶钟（盅）一万九千三百。二十一年，青花白地灵芝捧八宝罐二百，碎器罐三百，青花白地八仙过海罐一百，青花白地孔雀牡丹罐三百，青花白地狮子滚绣球罐三百，青花白地转枝宝相花托八宝罐三百，青花白地满池娇鲭、鳇、鲤、鳜、水藻鱼罐二百，青花白地江下八俊罐一百，青花白地巴山出水飞狮罐一百，青花白地水火捧八卦罐一百，青花白地竹叶灵芝团云鹤穿花花样龙凤碗五百九十，青花白地转枝莲托八宝八吉祥一秤金娃娃花罐二百四十。"① 大量青花瓷的供御，说明宫廷需求在此时已经全面转向。而嘉靖年间的大量遗存，也说明全国各地已经广泛应用青花瓷。

文献与遗存两相印证，我们有理由将青花瓷成为瓷器主流的时间定在嘉靖朝，即16世纪初年以后。同时，还应看到青花瓷正是在本土形成主流的同时，迎来了走向全球的契机。

需要说明的是，在《中国出土瓷器全集》中没有青花瓷出土的地方，不能表明没有青花瓷的流传。按照《中国出土瓷器全集》中今天的行政区划排列来看，全国有辽宁、内蒙古、黑龙江、浙江、重庆、湖南、甘肃、青海、新疆没有青花瓷的出土。下面让我们对此范围略加分析。

首先以浙江为例，万历中期因制造青花瓷的回青料已用竭，所以当时以石子青为主要青料，而这一时期的石子青以浙江的出产最为上乘，称浙料，又称浙青，产于浙江绍兴、金华一带，其发色青翠。明代万历中期至清代，景德镇官窑青花瓷器均采用此料。根据《明神宗实录》记载，江西矿税太监潘相上疏言："描画瓷器，须用土青，惟浙青为上，其余庐陵、永丰、玉山县所出土青，颜色浅淡，请变价以进，帝从之。"② 说明至迟在万历三十四年（1606）官窑已使用浙江青料。因此我们难以想象在依靠浙江青料烧造青花瓷的时期，浙江没有青花瓷的烧造。果然，考古报告给我

---

① 乾隆《浮梁县志》卷五《物产志·陶政》，江西省图书馆油印本，第9页。
② 《明神宗实录》卷四九，万历三十四年三月乙亥，第7927页。

第三篇　文化篇 >>>

们提供了证据。有学者研究表明，明末清初象山、鄞县有两处青花窑址，产品以碗为大宗，也有盏和盘；宁波出土的随葬品以景德镇民窑产品为主，有小青花盖罐。① 这一例子充分说明浙江省瓷器精品没有编入青花瓷，不等于没有青花瓷出土。更重要的是，在文献记载中，嘉靖初年来华葡人的报导中，直接记述了葡人在入居澳门之前，曾在宁波进行瓷器贸易："另一省叫江西……瓷器只产于这个省。因他靠近宁波，在那里大量出售，又便宜又好，葡人遂认为瓷器是在宁波本城生产的。"② 1995 年宁波文物考古研究所对唐国宁寺东塔塔基进行发掘，在唐至元晚期的出土文物中，均未见青花瓷，从明代地层始见青花瓷碗、盘，③ 也是最佳证明。

辽宁有明代沉船的报道。在辽宁东沟县孤山镇大鹿岛发现两处明代沉船，出土青花瓷器近百件。其中一种碗，腹壁画人物操琴图，碗心画老翁垂钓图，碗底为行楷"大明成化年制"六字款。④

又如黑龙江省，在《中国出土瓷器全集》的地区概述中，已提到了在依兰、肇源、绥滨等地的明代墓葬中出土过青花瓷器。⑤

再以新疆为例。我们知道，在伊朗、土耳其，都保存了大量的明代青花瓷，穿越新疆的传统陆上丝绸之路在明代没有完全中断，只是在海路兴盛的背景下，退居了次要位置，万历《大明会典》的记录可以为我们解疑：

> 使臣进贡到京者，每人许买食茶五十斤，青花瓷器五十副，铜锡汤瓶五个，各色纱罗绫段各十五疋，绢三十疋，三梭绵布、夏布各三十疋，绵花三十斤，花毯二条，纸马三百张，颜料五斤，果品、沙

---

① 林士民、李军：《浙江宁波出土明代青花瓷器》，《中国古陶瓷研究》第 6 辑，紫禁城出版社 2000 年版，第 278 页。
② [英] C. R. 博克舍编注，何高济译：《十六世纪中国南部行纪》，中华书局 1990 年版，第 65 页。
③ 宁波市文物考古研究所：《浙江宁波唐国宁寺东塔遗址发掘报告》，《考古学报》1997 年第 1 期。
④ 王连春：《辽宁大鹿岛发现明代沉船》，《中国文物报》1990 年 4 月 12 日第 1 版。
⑤ 陈雍等：《天津辽宁吉林黑龙江地区出土瓷器概述》iii—iv，《中国出土瓷器全集》2；又，黑龙江省文物管理局：《黑龙江考古五十年》，载《新中国考古五十年》，文物出版社 1999 年版。

糖、干姜各三十斤，药饵三十斤，乌梅三十斤，皂白矾十斤，不许过多。就馆中开市五日，除违禁之物并鞍辔刀箭外，其余段疋纱罗等项不系黄紫颜色龙凤花样者，许官民各色铺行人等持货入馆，两平交易。该城兵马司差人密切关防，及令通事管束，毋得纵容铺户、夷人在外私自交易。如有，将违禁等物及通事人等故违者，许各该委官体察，通行拏问。①

这里说明从陆路来华的使臣，每人可以购买"青花瓷器五十副"，而当时来自中亚的使团或以使团名义来华的人员众多，来往频繁，都是途经今天新疆地区。明夏言《南宫奏稿》记载嘉靖年间西域朝贡贸易之盛云：

若今次土鲁番则七十五王，天方国则二十七王，而近日续到则五十三王，并而数之，则为百五六十王矣。是前此来朝称王并未有如今次之甚，其所称王号，查与旧文并无相同。②

至今在伊朗、土耳其博物馆珍藏的大量明代青花瓷是最好的历史见证。③

在重庆三峡库区考古发掘中，2000年重庆万州区中坝子遗址发现有六朝至隋唐时期的青瓷器，以及明清时期的青花瓷。④另外根据学者对窖藏明代年号款青花瓷器的年代和窑口的考察，就目前公布的材料来看，在四川省北川、绵阳、三台、广安、南充、西充、营山、渠县、彭县、简阳、广元均有发现青花瓷。⑤因此重庆明代青花瓷的发现是符合分布规律的。

青花瓷分布遍及全国的事实说明，在明代嘉靖朝以后，伴随晚明社会变迁急剧发展，人们的主流审美取向发生了由单色釉向彩色釉主体转化的

---

① 万历《大明会典》卷一一二《礼部七十》，中华书局1989年影印本，第595页。
② （明）夏言：《南宫奏稿》卷四《夷情疏》，文渊阁《四库全书》，第429册，第517页。
③ J. A. Pope, *Chinese Porcelain from Ardebil Shrine*, Second Edition, Sotheby Parke Bernet, London and New Jersey, 1981; Regina Krahl and John Ayers, *Chinese ceramics in the Topkapi Saray Museum*, Istanbul, 3 Vols, London, 1986.
④ 邹后曦、杨晓刚报道，见柳定祥主编《中国三峡建设年鉴2001》，中国三峡建设年鉴社，2001年。
⑤ 何志国：《试论窖藏明代年号款青花瓷器的年代和窑口》，《四川文物》2000年第6期。

趋向，对于青花瓷的社会普遍认同，说明晚明人的审美价值观念发生了重大变化。虽然青花瓷在元末烧造成熟，但是明初青花瓷并非是最符合中国人传统审美心理的瓷器品种，世人对于青花瓷有"俗甚"之说，《新增格古要论》的记载印证了至少到天顺年间，青花瓷还不能得到世人的普遍认同。① 在考古遗址发掘报告中，也有与文献记载适相对应的情形。② 发展到晚明，却已完全不同，让我们来看16世纪时人的评价，清楚可见的是从明初的青花五彩"俗甚"到晚明的"贵宣、成"，主要是贵青花，五彩尚在其次，已是众口一词。

田艺蘅云："大明永乐窑、宣德窑、成化窑皆纯白或回青、石青画之。宣德之贵，今与汝敌，而永乐、成化亦以次重矣"③；

王世贞云："窑器当重哥、汝。而十五年来忽重宣德，以至永乐、成化，价亦骤增十倍"④；

张应文云："我朝宣庙窑器质料细厚……青花者用苏浡泥青图画龙凤花鸟虫鱼等形，深厚堆垛可爱，皆发古未有，为一代绝品，迥出龙泉、均州之上"⑤；

王士性云："本朝以宣、成二窑为佳，宣窑以青花胜，成窑以五彩。宣窑之青，真苏浡泥青也；成窑时皆用尽，故成不及宣。宣窑五彩堆垛深厚，而成窑用色浅淡，颇成画意，故宣不及成。然二窑皆当时殿中画院人遣画也。世庙经醮坛戋亦为世珍。近则多造滥恶之物，惟以制度更变，新诡动人，大抵轻巧最长，古朴尽失，然此花白二瓷，他窑无是。遍国中以至海外夷方，凡舟车所到，无非饶器也。"⑥

适应市场需求，明代景德镇青花瓷大量生产和流行，逐步取代了单色

---

① （明）曹昭撰，王佐校增：《新增格古要论》卷七《古饶器》："有青色及五色花者且俗甚"。（中国书店1987年版，下册，第25页）曹昭《格古要论》成书于洪武二十年（1387），王佐《新增格古要论》书成于天顺三年（1438），此段没有新增文字，系据曹昭旧本。
② 刘新园等：《江西景德镇明清御窑遗址发掘简报》，《文物》2007年第5期。
③ （明）田艺蘅：《留青日札》卷六《留留青》，上海古籍出版社1985年版，下册，第1274—1275页。
④ （明）王世贞：《觚不觚录》，中华书局1985年影印本，第17页。
⑤ （明）张应文：《清秘藏》卷上，《美术丛书》初集第八辑，神州国光社1936年版，第198—199页。
⑥ （明）王士性：《广志绎》卷四《江南诸省》，中华书局1981年版，第83—84页。

釉瓷市场的份额，占据了瓷器的主流地位。嘉靖元年（1522）景德镇的人口已达10.2万人，① 此后有"四时雷电镇"之称，② 形成"工匠来八方，器成天下走"的局面。青花瓷器完全取代了青白单色釉瓷器，成为无论是官窑还是民窑的瓷器生产的主流产品，生产数量庞大，至今遗存众多。流行了千余年历史的龙泉青瓷、越窑青瓷及北方黑瓷、白瓷等单色釉瓷窑，或者不得不停止生产，或者转向了青花瓷的生产，而至万历时，由海外市场所激发大批量生产，东南沿海新的青花瓷窑址如雨后春笋般兴起，③ 形成了青花瓷遍及全国的实态。这种现象的出现，说明在急剧变迁的晚明社会，人们的观念已非传统的旧时观，求新求异在社会心理中得到普遍认同，以往认为单色瓷优雅，青花五彩"俗甚"的观念被彻底颠覆，带有鲜明异文化因素的青花瓷成为人们喜爱的对象。这里呈现的正是传统社会文化转型的一幕，反映出社会文化由单一向多元转型的明显态势。值得注意的是，晚明中国市场导向明显，内部顺时应变，直接参与了世界市场的建构，青花瓷大众品物质结构的形成与走向世界的大市场原理是相吻合的。

二 全球的空间

青花瓷的发展轨迹说明，在文明成长过程中，青花瓷完成了从地方向大一统国家的扩展，其成长不仅是自身的纵向繁衍，还在对域外的横向传播中显现出强大的生命力，中华文明得到了域外的认识和交融发展，内部因素起了决定性的推动作用。在内外市场环境的互动作用下，最终国际贸易发展成为繁盛的全球网络，青花瓷的展开，见证了世界进入一个全球化的时代。

置于全球史发展进程中看，16世纪，人类大规模海洋活动的帷幕揭开，世界性新航路的开通，代表了全球融为一体的历史发展总趋势。与全国市场的初步形成同步，青花瓷器成为当时国际贸易经营的主要商品之一，数量之大，地区之广，贩运之多，都是前所未有的。16世纪白银是促

---

① 乾隆《浮梁县志》卷五上，江西省图书馆油印本，1960年。
② （明）王世懋：《二酉委谭摘录》，中华书局1985年影印本，第14页。
③ 特别是福建漳州窑，有大量的出口青花瓷，主要见福建省博物馆编《漳州窑：福建漳州地区明清窑址调查发掘报告之一》，福建人民出版社1997年版。

第三篇 文化篇 >>>

使全球贸易诞生的重要因素。中国是当时世界上最大的经济体，也是最大的白银需求国，直接影响了白银作为国际通用结算方式用于全球贸易。这种国际交换关系，一端联系的是中国商品，另一端联系的是白银，形成了市场网络的全球性链接，由此青花瓷得以向全球传播。

日本学者三上次男《陶瓷之路》一书，通过陶瓷传播的考察，将中世纪东西方文化发展贯穿在一起，他认为"这是连接中世纪东西两个世界的一条很宽阔的陶瓷纽带，同时又是东西文化交流的一座桥梁"[①]。将这一思路延伸，16 世纪发展到了近代的大门口，陶瓷这一"宽阔"的"纽带"，连接的已不仅是"东西两个世界"，而是一个整体的世界，一部全球史。青花瓷是全球化的表征之一，青花瓷的全球性传播，是全球化开端时期的典型个案。

16 世纪国际市场交易的主要方式是以白银交换中国商品，这是新时期全球贸易的新特点之一。目前世界各地收藏和考古发现都充分证明了这一点，外销世界各地的瓷器主要是青花瓷。当时瓷器国际市场，主要有日本、朝鲜和美洲、东南亚、印度、西亚、非洲与欧洲。从传播范围来说，青花瓷达于亚、非、欧、美各地；就从事贸易的商船而言，包括中国船、葡萄牙船、西班牙船、荷兰船、日本船和东南亚各国船只。青花瓷从中国本土区域走向了世界，推动了全球融为整体的人类文明发展进程。

嘉靖年间，在时空激荡的大背景下，青花瓷生产进入一枝独秀的时代，工艺水平和制造规模达到了中国陶瓷史上的高峰。也正是在嘉靖年间，明朝平息倭乱以后，海外政策发生转变，意味着制度变迁，开启了两种海外贸易的新模式：一是在福建漳州月港开海，允许中国商民出洋贸易；一是在广东澳门开埠，允许外商入华经营海上贸易。虽然经历了诸多曲折，但是，前者标志了中国海商出洋贸易的合法化，从而孕育了海商集团迅速崛起；后者标志了引进外商经营海上贸易，澳门成为中外贸易的窗口。葡萄牙人入居澳门及其合法化，开辟了多条海上国际贸易航线：澳门经果阿至里斯本；澳门至日本；澳门经马尼拉至墨西哥；澳门至东南亚其

---

① ［日］三上次男著，李锡经、高喜美译：《陶瓷之路》，文物出版社 1984 年版，第 147 页。

他各地。①

　　市场的发展与货币的刚性需求,成为青花瓷展开的动力。《东西洋考》记载隆庆开海以后中国船只分别前往东西洋进行贸易的契机,其中出口的主要商品之一是瓷器,在东洋方面,突出的是从吕宋(马尼拉)换回了白银。②而葡萄牙商人也立即抓住日本盛产白银、中国开放的东西洋贸易中仍禁止与日本贸易的契机,从而开展了繁盛的对日贸易。

　　16世纪开始,以青花瓷为代表的中国瓷器通过海路行销全世界,成为世界性的商品,这一时期外销瓷的数量难以统计。葡萄牙人一直独享着直接向欧洲贩运瓷器的高额利润,其利润高达100%—200%。③依据海外考古发掘报告和遗存状况,在亚洲,青花瓷主要销往东亚、西亚和东南亚一带。④而在东南亚国际贸易中,越南的东京、会安,柬埔寨的金边、暹罗的大城,马来亚的马六甲,爪哇的万丹,荷兰占据后的巴达维亚(今雅加达),都有活跃的青花瓷贸易市场。不仅景德镇窑,而且漳州窑瓷器在日本、越南、菲律宾、泰国、印尼、马来西亚等地都有大量发现。⑤东南亚各国出土的这一时期的明代青花瓷不胜枚举,有学者认为菲律宾"有种类多得惊人的十六世纪的青花瓷"⑥。重要的是,航线从菲律宾又延伸到了美洲。16世纪70年代西班牙占据了菲律宾马尼拉,马尼拉成为中国瓷器销往南美的重要中转站,新开辟的从中国月港—马尼拉—阿卡普尔科(墨西哥)—利马(秘鲁)的航线,形成了著名的"马尼拉大帆船贸易"。随着这种环太平洋贸易的开展,中国商人将青花瓷运往马尼拉,青花瓷传入了

---

①　参见万明《中国融入世界的步履:明与清前期海外政策比较研究》,社会科学文献出版社2000年版,第281—282页。

②　张燮:《东西洋考》卷七《饷税考》:"加增饷者,东洋吕宋,地无他产,夷人悉用银钱易货,故归船自银钱外,无他携来,即有货亦无几,故商人回澳,征水陆二饷外,属吕宋船者,每船更追银百五十两,谓之加征。"第132页。

③　C. R. Boxer, *The Great Ship from Amacon: Annals of Macao and the old Japan trade, 1550 - 1640*, Lisboa: Centro de Estudos Historicos Ultramarinos, 1959, p. 181.

④　[美]朱莉叶·艾莫森:《中国外销瓷的标志——青花瓷及其对亚洲的影响》,《南方文物》2000年第4期;[日]青柳洋子:《东南亚发掘的中国外销瓷器》,《南方文物》2000年第2期。

⑤　[英]甘淑美著,张玉洁译:《西班牙的漳州窑贸易》,《福建文博》2010年第4期。

⑥　[英]J. M. 艾迪斯著,曹今予译:《在菲律宾出土的中国陶瓷》,《中国古外销陶瓷研究资料》第一辑,1981年。

美洲。舒尔茨说,新西班牙人称这种大帆船为"中国之船"(Nao de china)。① 16—17世纪葡萄牙、西班牙商船,名Nao,意即大帆船,大的达到千吨以上,小的有几百吨。1574年,两艘大帆船从马尼拉驶往墨西哥,其中载有棉织品11300匹,丝织品712匹和瓷器22300件。② 由此可见,大帆船装载货物清单中,主要是产自中国的各种货物,并不是单一的丝绸,而在大帆船贸易开始之时,瓷器已经占有相当大的比例。更好的例证是著名的葡萄牙船"圣卡特琳娜号"。1603年2月25日荷兰东印度公司劫掠了在柔佛口外的葡萄牙船"圣卡特琳娜号",这艘船达到1500吨,其中装载了约10万件青花瓷。这在中外陶瓷界无人不知,但是在同一艘船上,还装有1200大包中国生丝。根据文献记载,当驶回荷兰阿姆斯特丹拍卖时,被整个欧洲的买主抢购一空,"共值225万多荷盾"③。据称自此阿姆斯特丹加入了欧洲重要的丝贸易市场。这一事例说明,在丝绸贸易上葡萄牙船"圣卡特琳娜号"也是值得大书一笔的。这一例证给我们的启示是,以往在论述海上丝绸之路贸易的时候,研究者只谈丝绸;而在论及瓷器贸易的时候,研究者又只谈瓷器,明显是忽视了一个基本状况,那就是古代海上贸易本身并没有将丝绸和瓷器等商品分得那么清楚,每艘船上所运输的商品都不是单一的,往往既有丝绸,又有瓷器,瓷器还往往由于质重而成为必有的压仓物。因此,我们谈海上贸易时特别应注意整体来看待,丝绸之路也就是陶瓷之路,至16世纪,称丝银之路或者瓷银之路可能更为恰当。

根据英国学者C. R.博克塞的研究,当时从澳门运出的瓷器,只有上等的才运往欧洲。④ 张天泽则指出亚洲的市场:"尽管找不到任何有关记载,我们仍可以有把握地说:葡萄牙人从中国出口的商品中,只有不大的一部分是运回到他们的祖国去消费的,因为他们完全可以在印度市场上把这些商品卖掉,有利可图。……葡萄牙人只要经营中国与南亚之间的贸

---

① William Lytle Schurz, *The Manila Galleon*, New York: E. P. Dutton, 1959, p. 32.
② William Lytle Schurz, *The Manila Galleon*, p. 27.
③ Kristof Glamann, *Dutch - Asiatic trade*, *1620 - 1740*, Copenhagen: Danish Science Pr., 1958, pp. 112 - 113.
④ C. R. Boxer, *The Great Ship from Amacon: Annals of Macao and the old Japan trade*, *1550 - 1640*, pp. 181 - 182.

易,便可赚取厚利。南亚的物产在中国的售价要比在当地市场上的售价高出好几倍,反过来也一样。"① 从1573年起,大帆船定期地横跨太平洋,把中国青花瓷通过这一航线带到了西班牙殖民地墨西哥和秘鲁。在这场贸易中,秘鲁商人是用从安第斯矿上挖掘的大量白银来换取中国瓷器。墨西哥人曾记载:"把中国的丝绸和瓷器与秘鲁的银做交易有很大的利润。"② 可见当时美洲白银与中国瓷器的交换是双方都有利可图的双赢结果。在巴西,16世纪初葡萄牙贵族家庭已有使用中国瓷器的。1599年玛利亚·贡萨尔维斯的家用器皿中,购自印度和马六甲的3件中国瓷器价值达250瑞斯。到17世纪时,在巴西上层社会家庭已广泛使用昂贵的中国瓷器,用于装饰房间,也充当赌注,甚至有时用来作为偿付现金使用。在没收席尔瓦神父(Jose Cerrera da Silva)的货物时,查出其中瓷器达300余件之多。③ 我们有理由认为,当时流行于巴西的中国瓷器当然主要是青花瓷。

　　长期以来。中外学界主要依据文献资料来研究贸易史,由于西方文献记载较多,所以造成西方话语的强势,实际上根据青花瓷的考古发掘和遗存,追溯青花瓷的踪迹,可以重建贸易史,不仅可以了解全球化开端时期全球贸易的状况,而且可以了解全球化开端时期人们交往的重要一面,也有助于破解西方话语的强势,恢复历史的本来面貌。沉船对于青花瓷贸易史的重建具有特殊意义,迄今发现的所有沉船都在当时的贸易航线上,显示了贸易的范围和青花瓷的分布。下面将海外各地发现的16—17世纪载有明代青花瓷的沉船列一简表:

年代	沉船之地	船名与国籍
1544年	南非海岸	葡萄牙"圣班多号"④
16世纪前半叶	马来半岛东方海域	葡萄牙"宣德号"⑤

---

　　① 张天泽著,姚楠、钱江译:《中葡早期通商史》,中华书局香港分局1988年版,第66—67页。
　　② 向玉婷:《秘鲁收藏的中国外销瓷及其影响研究》,《收藏家》2009年第7期。
　　③ 罗荣渠:《中国与拉丁美洲的历史联系》,《北京大学学报》1986年第2期。
　　④ Laura Valerrie Esterhusizen, "History written in porcelain sherds – the San Joao and San Bento – two 16th century portuguese shipwrecks", *TAOCI*, No. 2, 2001.
　　⑤ Sten Sjostrand, "The Xuande Wreck Ceramics", *Oriental Art*, XLIII, 2, 1997.

续表

年代	沉船之地	船名与国籍
1552 年	南非海岸	葡萄牙"圣若奥号"①
1576 年	美国南加州海岸	西班牙"圣菲利普号"②
1588 年	爱尔兰水域	西班牙"特里尼达·巴伦西亚"号③
1595 年	美国加州德雷克湾	西班牙"圣奥古斯丁号"④
1600 年	菲律宾马尼拉湾	西班牙"圣迪亚哥号"⑤
1606 年	马来西亚马六甲	荷兰"纳斯奥号"⑥
1609 年	西非几内亚湾洛佩斯角	荷兰"毛里求斯号"⑦
1613 年	大西洋圣赫勒那岛	荷兰"白狮号"⑧
1615 年	毛里求斯	荷兰"班达号"⑨
1625 年	马来西亚东海岸	葡萄牙"万历号"⑩
1630 年	南非普来腾贝格湾	葡萄牙"圣冈萨罗号"⑪

以上罗列的沉船并不完全，但是足以说明在亚洲、非洲、欧洲、美洲

---

① Laura Valerrie Esterhusizen, "History written in porcelain sherds – the San Joao and San Bento – two 16th century portuguese shipwrecks", *TAOCI*, No. 2, 2001.

② [英] 甘淑美著，张玉洁译：《葡萄牙的漳州窑贸易》，《福建文博》2010 年第 3 期；《西班牙的漳州窑贸易》，《福建文博》2010 年第 4 期。

③ 吴春明：《环中国海沉船》，江西高校出版社 2003 年版，第 290 页。

④ C. R. 奎尔马兹著，郝镇华译：《从北美太平洋沿岸发掘的中国瓷器》，《中国古外销陶瓷研究资料》第三辑，1983 年。

⑤ Jean Paul Desroches and Albert Giordan ed., *The Treasure of San Diego*, Paris: AFAA and ELF, 1996.

⑥ 《环中国海沉船》，第 319 页。

⑦ 《环中国海沉船》，第 40—41 页。

⑧ C. L. van der Pijl - Ketel, *The Ceramic load of the Witte Leeuw*, Amsterdam: Rijks Museum, 1982.

⑨ 黄时鉴先生在介绍 20 世纪 80 年代荷兰人哈契尔在南中国海打捞沉船时提到："在哈契尔以前，从 70 年代末起，已对两艘沉船进行打捞：一艘是"维特·利乌号"（Witte Leeuw），1613 年沉于圣海伦娜港（St. HeIena）；另一艘是"班达号"（Banda），1615 年沉于毛里求斯（Mauritius）海岸。"见《从海底射出的中国瓷器之光——哈契尔的两次打捞沉船业绩》，《东西交流论谭》，上海文艺出版社 1998 年版，第 477 页。前船一般译为"白狮号"。

⑩ [英] 甘淑美著，张玉洁译：《葡萄牙的漳州窑贸易》，《福建文博》2010 年第 3 期。

⑪ [英] 甘淑美著，张玉洁译：《葡萄牙的漳州窑贸易》，《福建文博》2010 年第 3 期。

都存在着中国青花瓷的足迹。青花瓷输出的范围前所未有的广阔，青花瓷的市场扩大到了全球。当时不仅是景德镇的青花瓷外销，还有福建漳州窑等青花瓷器（被称为"汕头器"）的外销，令人信服地揭示：青花瓷走向全球，是通过贸易实现的。除了沉船，至今还有大量明代青花瓷器散见于亚、非、欧、美等许多国家和地区的大小博物馆和私人收藏之中，成为中华文明在全球文明史上拥有重要一席之地的历史见证，此不赘述。

需要说明的是，从人类文明发展史来看，丝绸是中国传统的大宗输出商品，但是在16世纪的国际市场上，欧洲与亚洲许多国家都已发展了自己的丝织业，并有外销，所以需求转向中国的原材料生丝，在中国当时输出的丝织品中，生丝已占有不小比例。就此而言，当时中国独步世界的商品是青花瓷。青花瓷不仅开创了中国瓷器发展的新纪元，而且开创了世界文明交融的新纪元。文明交流往往是以物质的交流为先导，此时中国青花瓷作为中华文明的载体被大量运往世界几大洲，标志着中国风格的全球流行，也标志着多元文明交融的全球场景的出现。

第二节 青花瓷的时间符号：纹章瓷与克拉克瓷

在进行了以上的空间考察后，让我们回到时间点，即16世纪。作为青花瓷的特殊品种，纹章瓷出现在16世纪上半叶，而克拉克瓷出现于16世纪下半叶。下面从纹章瓷与克拉克瓷的遗存入手，把视线投入青花瓷最早在欧洲的流传过程，即文明成长的一个典型例证。

青花瓷以时间为序的纵向发展，可清晰地看到从特殊到一般，又从一般到特殊的发展历程。按照从特殊到一般的归纳法，青花瓷的出现，是中国与波斯—伊斯兰文明交融的产物，相对中国以青白瓷为主流的传统瓷器，青花瓷是一个带有外来因素的新品种；这一新品种在元末烧造成熟，到明代永乐、宣德时期一度达到了烧制高峰。但是，青花瓷替代原来的主流瓷器青瓷与白瓷，形成普遍于全国的一般，即瓷器主流，经历了百年以上的历程。这也正是文明成长的历程。而当明代青花瓷开始向世界展开时，则首先是以中国生产的一种传统工艺品面貌出现在世界，并独步世界，成为中华文明的代表，享有世界声誉。在走向世界的进程中，文明在

第三篇　文化篇 >>>

互动中推陈出新，青花瓷发生了新变化，产出了特殊品种，这就是纹章瓷和克拉克瓷，是中西文明交融结出的果实。

依据时间顺序，这里要从葡萄牙人来到东方谈起。需要提到的是，谈到明代外销瓷，学界津津乐道的是荷兰人在17世纪初劫掠了葡萄牙船"圣卡特琳娜号"，将船上满载的10万件中国瓷器在欧洲拍卖，引起了轰动效应；却对早于此前近一个世纪葡萄牙人开中国瓷器西传之先河的事迹叙述不多，相关研究成果也要少得多。这方面应该对葡萄牙学者的研究给以特别关注。

葡萄牙档案里提到中国瓷器，最早的时间是在1499年。① 葡萄牙人达·伽马（Vasco da Gama）于1498年抵达印度卡利卡特，那里就是郑和七下西洋每次必到的古里。当地的国王赠给他"一个装有50袋麝香的瓷罐，六个像饮酒用的大口杯一样的大瓷碗……还有六个深腹的瓷壶，每个可以容纳15升水"②。回国时，他带回了东方物产，并将一些瓷器呈献给唐·曼努埃尔一世国王。这说明早在15世纪末，葡萄牙人到达印度以后，就对中国瓷器产生了兴趣，并将瓷器带回葡萄牙，献给了国王。在16世纪初葡萄牙人占据了马六甲以后，最早于1513年到达中国海岸。③ 葡人几乎立即开始采购中国瓷器，展开初期的瓷器贸易活动。现存有到达中国海岸的阿尔瓦雷斯定制的纹章瓷，可以见证这一点。从那时起，直到1602年荷兰东印度公司建立，并劫掠了葡船上的中国瓷器到阿姆斯特丹拍卖，参与到瓷器贸易中，经历了大约一个世纪的时间。在这段时间里，葡萄牙人先在广东、福建、浙江沿海地区从事大量走私贸易活动，后来发展到与中国官方谈判，开展合法的海上贸易，并于16世纪中叶取得明朝地方官员的允许入居澳门。④ 澳门文德泉主教《中葡贸易中的瓷器》一文，⑤ 对

---

① Maria Antonia Pinto de Matos, "They'd Portuguese Trade", *Oriental Art* XLV.1, 1999, p. 22.
② Gaspar Correa, *Lendas daíndia*, Rodrigo Joséde Lima Felner ed., Lisbon, 1858, v. 1, pp. 100 – 101.
③ Luis Keil, *Jorge Alvares o Primeiro Portugues que fai a China* (1513), Instituto Cultural na Macau, 1990, p. 28.
④ 参见万明《明朝对澳门政策的确定》，《中西初识》（《中外关系史论丛》第六辑），大象出版社1999年版，第1—15页。
⑤ 文德泉：《中葡贸易中的瓷器》，载吴志良主编《东西方文化交流国际学术研讨会论文选》，澳门基金会1994年版，第207—215页。

于葡萄牙的瓷器贸易有详细论述。他指出:"一五五七年在澳门建立据点以前,葡国人在许多中国港口建立了贸易站:宁波、泉州、浪白澳及上川。""由于当时对瓷器的需求十分大,于是一五二二年里斯本港规定船的运货量的三分之一可以是瓷器,这意味着有大量的瓷器流入",他说明了从1513至1522年瓷器贸易迅速增长的事实,也说明在葡萄牙人入居澳门之前,中葡瓷器贸易一直在进行。根据一份文献,他认为除了丝绸,是瓷器将葡人吸引到了中国:"这是一个庞大的国家。据说在此可以得到各种食物以及所有在西班牙可见到的水果。这里有许多金、银及其他各种金属矿藏,这里还盛产丝绸,可以织出许多精美的绸缎,还有漂亮的瓷器。"

依据海外青花瓷的遗存,明代外销青花瓷具有两种类型,一种是与国内流行造型和纹饰完全一样的制品,另一种则是为了外销的特殊需求而专门生产或订制的产品。以青花瓷发展史为主线,16世纪明代青花瓷的展开,从时间上大致可以划分为三个阶段:中国传统青花瓷——纹章瓷——克拉克瓷。后面两个品种代表一种新的市场取向。如果说纹章瓷是欧洲王室、贵族或宗教的权威的标志,是社会地位的标志,那么发展到克拉克瓷的阶段,则表明大批量生产是为了满足社会各阶层,也就是进入了青花瓷的平民化阶段。从贵重奢侈品——装饰陈列品——日常生活用品,在青花瓷的这一展开过程中,世界市场初步形成了,社会变迁也同步发生了。

葡萄牙人在1511年占据了马六甲以后,就与中国商人发生了直接联系。作为欧洲的第一个使团,葡使来华是在正德十二年(1517)。时任广东按察司佥事署海道事的顾应祥,在他所著的《静虚斋惜阴录》中详记使臣之事,其中明确记载"其通事乃江西浮梁人也"。[①] 而其后"许通市"的海道副使汪柏,也是浮梁人,《浮梁县志》有传。[②] 这些事实说明葡人来华和入居澳门前后,已有可能与江西景德镇发生某种程度的关联。而葡人来华的主要目的是贸易,瓷器贸易在其中占有重要位置,江西景德镇无疑

---

① (明)顾应祥:《静虚斋惜阴录》卷一二《杂论三》,明嘉靖刻本;万明:《明代中葡两国的第一次正式交往》,《中国史研究》1997年第2期。

② (明)郑舜功:《日本一鉴·穷河话海》卷六,1939年据旧钞本影印,下册,第4页;道光《浮梁县志》卷一三《汪柏传》,道光三年刻本十二年补刻本,第39—40页。关于汪柏涉及澳门史事,参见万明《中葡早期关系史》第4章《葡萄牙人入居澳门》,社会科学文献出版社2001年版,第77—92页。

成为澳门海上贸易发展的源泉。在葡人到来以后,景德镇诞生了新的青花瓷外销品种:纹章瓷和克拉克瓷。

传统青花瓷与在中国遍及各地的青花瓷别无二致,首先外销的青花瓷就是这种供给国内市场的青花瓷,这里就不再赘述。将青花瓷出现的新品种纹章瓷、克拉克瓷联系在一起考虑,可以了解青花瓷的展开有一个叙事结构。纹章瓷在中国本土基本没有发现,主要是定制外销,这种特殊的纹章瓷代表着青花瓷的一个重要发展阶段,下面专门探讨一下。

一 纹章瓷

纹章是欧洲一种古老的标志性图案,欧洲纹章始于约12世纪的战场,为识别全身盔甲的敌我,作战双方各自在所持盾牌上绘制纹章以示区别,后广泛流行并被装饰于各类器物上,作为王室、贵族、军队、宗教团体及个人的标志。在青花瓷器上绘上欧洲纹章,始于16世纪葡萄牙人的订制。中国学者对于早期纹章瓷的研究几乎是空白的,其原因是历史文献的缺失,加之中国本土实物的匮乏,以致对纹章瓷的研究一直是以清代以后的粉彩纹章瓷为主,这当然也与英国学者纹章瓷权威专著的关注点有关。但是,毕竟早期纹章瓷均为青花纹章瓷,这是由葡萄牙人首先订制生产的青花瓷谱系中的新品种。

英国学者莱斯特曾说:"纹章一直都是位高权重者和家财万贯者的宠儿。作为一种血统标志的记录,纹章成了贵族象征系统中一个错综复杂的支系。然而纹章的使用权并非为贵族所独享,它还可作为宗教、城市和职业的标志。在大航海时期,使用纹章这一风尚经由航船,载往世界的每一个角落,最终在各个国家中形成了不同样式的纹章。"①

葡萄牙历史学家认为"制作纹章这种时髦装饰"是在特定的历史背景下"从外国传入葡萄牙并流行起来的"。值得注意的是,正当这个时候葡萄牙发生了这样一幕场景:"贵族恢复了自己的经济力量,随之也恢复了自己的社会地位……在新的经济中,贵族们成了首富,他们经常出入王宫,从国王那儿轻而易举地得到了俸禄、地租、官职和合伙经营海外贸易

---

① [英]莱斯特著,王心洁译:《纹章插图百科》,汕头大学出版社2009年版,第133页。

这种发财的便利条件"①；从1500年起，在海外的"舰队队长"，不再是"过去在海上漂泊的老水手"，而是"争名夺利的大贵族"②。在葡萄牙，曾试图以纹章来区分阶层。葡萄牙国王唐·曼努埃尔一世国王规定纹章只给有头衔的人使用。而在15世纪早期，葡萄牙国王若奥一世就效仿西班牙任命了纹章主官，1495年，葡萄牙纹章法规定纹章必须进行注册。③ 由此，我们了解到葡萄牙海外贵族阶层群体的形成，正是葡萄牙人来到东方与中国商人直接接触后不久就开始在瓷器贸易中定制纹章瓷的背景。葡萄牙海外体制通过纹章来彰显那些佩戴者的显赫地位，也正因为如此，通过纹章图案明确身份和地位的愿望，在葡萄牙各个阶层中普遍存在着，葡萄牙贵族试图在一切事物上留下他们权威的印记。

中国纹章瓷未输入前，欧洲已有在陶器上绘制纹章的习俗，中国最早绘有欧洲王室的纹章瓷是葡萄牙人定制的，葡萄牙里斯本梅德罗斯与阿尔梅达基金会存有一件执壶，是最早的纹章瓷之一，上面绘有葡萄牙国王唐·曼努埃尔一世的浑天仪徽章图案。④ 表明16世纪初葡人来华不久，就订制了带有鲜明西方特征的纹章瓷。纹章瓷绝大多数订制于中国景德镇。葡萄牙来华尚未建立正常贸易关系之时，已经开始了瓷器贸易，最早在马六甲向到那里去的中国商人订购，后来直接在中国舟山双屿港、福建漳州等沿海地区活动，通过走私贸易订购；1557年入居澳门以后，可以直接从广州订购。早期青花纹章瓷融汇了中、葡两国的装饰元素，成为景德镇青花瓷的一个新的分支，标志着青花瓷的一个新的发展阶段。

虽然依据葡萄牙学者迪亚士的纹章瓷专著，⑤ 还不足以作量化分析，但是他所收集的世界各地遗存的纹章瓷，弥足珍贵，使我们可以探讨青花

---

① ［葡］J. H. 萨拉伊瓦著，李均报、王全礼译：《葡萄牙简史》，中国展望出版社1988年版，第134页。
② ［葡］J. H. 萨拉伊瓦著，李均报、王全礼译：《葡萄牙简史》，第139页。
③ ［英］莱斯特著，王心洁译：《纹章插图百科》，第204—205页。
④ Jean-paul Desroches etc., Clive E. Gilbert and Peter Inyhan trans., *Chinese export porcelain from the museum of Anastacio Goncalves, Lisbon.* London: Philip Wilson, 1996, p. 26. 又，参见文德泉《中葡贸易中的瓷器》；金国平、吴志良《流散于葡萄牙的中国瓷器》，《故宫博物院院刊》2006年第3期。
⑤ Pedro Dias, *Portuguese Heraldry in Ming Chinese Porcelain*, VOC Antiguidades, LDA, Porto, 2011. 承蒙葡萄牙迪亚士先生惠赠此书，谨此致谢。

瓷社会功能与进行分类的初步研究。通过对于迪亚士书中纹章瓷器的比对，我们认为 16 世纪前半叶诞生的纹章瓷大致可分为几种类型：以曼奴埃尔浑天仪为第一种类型，葡萄牙王室纹章是第二种类型；基督或耶稣会标志是第三种类型；人名或徽章可以作为第四种类型；绘有铭文的为第五种类型；混合以上两项或三项的可以作为第六种类型。现略举例于下。

第一种类型：执壶（图1），被认为是最早的中国纹章瓷，上面绘有逝世于 1521 年的葡萄牙国王唐·曼奴埃尔一世的浑天仪图案。葡萄牙学者考订它的定制年代在明朝正德年间（1506—1521），现收藏于里斯本梅德罗斯和阿尔梅达基金会。①

第二种类型：水壶（图2），无把，上绘有一倒置的葡萄牙王室纹章。现藏于纽约大都会艺术博物馆，年代也被认为是正德时期。②

第三种类型：水罐（图3），上面绘有耶稣会的纹章标志，年代大约在万历 1610—1630 年间，现藏于里斯本阿那斯达秀·冈萨尔维斯博物馆。③

上述部分已分析了晚明中国青花瓷的社会功能，涉及明代人的审美观念与欣赏习惯，说明晚明相对明初已经发生了重大变化，青花瓷影响社会环境，同时也受社会环境的影响。这一点在欧洲葡萄牙也同样表现地非常清楚。纹章象征的是社会身份，代表了某种社会认同，传播的是社会身份感。16 世纪青花纹章瓷上反映了迥然不同的文化彼此水乳交融的结合，例如葡萄牙王室的印记，唐·曼努埃尔一世的天浑仪、基督的十字架和耶稣会的标记，浑天仪作为葡萄牙唐·曼奴埃尔一世国王的私人纹章，象征着葡萄牙国王的威望；葡萄牙王室的纹章，代表葡萄牙王国；而基督文字则标志基督的无所不在，是基督教权威的符号象征。在葡萄牙，所有这些都是"带有确立帝国威严的标志"，无疑，纹章瓷在这里反映的是政治意义，更明确地说，作为葡萄牙社会等级的一种直观的表现形式，青花瓷不仅反映了当时的政治、社会与文化的意义，而且本身就具有政治、社会、文化

---

① Pedro Dias, *Portuguese Heraldry in Ming Chinese Porcelain*, VOC Antiguidades, LDA, Porto, 2011, p. 31.

② Pedro Dias, *Portuguese Heraldry in Ming Chinese Porcelain*, VOC Antiguidades, LDA, Porto, 2011, p. 32.

③ Pedro Dias, *Portuguese Heraldry in Ming Chinese Porcelain*, VOC Antiguidades, LDA, Porto, 2011, p. 79.

的多重意涵。这种种纹章，构成青花瓷上的西方标记，也印证了青花瓷的政治、社会、文化意义交织在一起。青花瓷的展开不仅遵循了经济的社会的规律，而且遵循了文明发展的逻辑。

二 克拉克瓷

如果说 16 世纪初葡人来华不久，就订制了带有鲜明西方特征的纹章瓷，那么享誉欧美的克拉克瓷则出现在稍晚的 16 世纪下半叶，具体而言，是在大约 16 世纪 70 年代左右。

克拉克瓷是 16 世纪后半叶出现的典型的外销瓷品种，是明末清初景德镇民窑专为外销而烧制的新品种。葡萄牙人最早将这种瓷器运往欧洲。克拉克瓷在装饰上的特点是普遍带有多层次的开光，后来在陶瓷史上把 16 世纪末至 17 世纪生产的具有这类特点的外销青花瓷称为克拉克瓷。克拉克瓷在澳门与欧洲有大量的发现，主要由江西景德镇、福建漳州平和、泉州德化等地生产。根据考古发现与学者研究，大量克拉克瓷器制作于晚明到清初。有学者以葡人在 1557 年入居澳门的时间，作为克拉克瓷的开始烧造时间，似乎证据不足，二者之间没有见到有直接联系的资料。

1995 年初，在澳门岗顶原圣奥斯定修院的工地上，发现一口古井，内藏多件完整的瓷碟，而在工地的四周，有大量明末清初时期的出口瓷碎片，部分可复原度大。经专家鉴定，该批瓷片大部分是明万历年间（1573—1628）制成，属加橹瓷（或称克拉克瓷，Kraak Porcelain）一类。[①] 这批克拉克瓷片，部分已修复，现藏澳门博物馆（图 4）。2011 年揭幕的澳门北湾瓷器展览，展示了大量在澳门北湾发现的青花瓷残片，是澳门作为 16 世纪青花瓷外销最早、也是最主要的西传源头的历史见证，其中，有大量克拉克瓷，主要是景德镇的产品。

2003 年，"万历号"的残骸在离西马来西亚海岸 6 英里的水下被瑞典人史坦（Sten Sjestrand）发现。这艘沉船包括了 10 吨的破碎瓷器，完好的瓷器只有几千件。船上的瓷器以青花瓷器为主，而这些青花瓷器主要是"克拉克瓷"，这表明欧洲应该是最终目的地。

关于克拉克瓷生产的起始时间，现在没有确切的证据，很难说是始于

---

① 陈志亮:《陶瓷文物保存修复》上，《广东档案》2009 年第 5 期，第 25—26 页。

何时。在江西广昌万历元年（1573）墓葬出土的开光青花瓷盘，已被确认为在中国本土发现最早的克拉克瓷。① 而克拉克瓷研究专家里纳尔迪根据纹饰分析，将隆庆（1567—1572）年款的盘子定为克拉克瓷盘的前身，并据此认定克拉克瓷生产不会早于隆庆初。② 这种说法实际上说明，不能完全排除隆庆以前没有，而目前所发现的最早的生产时间是在隆庆时。

值得注意的是，有学者称"克拉克瓷是我国首次外销到欧洲的青花瓷"的说法，是有问题的。综上所述，外销之前，青花瓷已在中国本土占据了主流地位，因此葡萄牙人开始的瓷器贸易，几乎没有选择，一定会是以青花瓷为主的。在上川岛发现的瓷器碎片，反映出当时的瓷器还没有克拉克瓷的特征。③ 由此可知，虽然葡萄牙人在16世纪初到达中国沿海活动之初，就开始了瓷器贸易，但在16世纪上半叶，还没有形成克拉克瓷这种新型的外销瓷。

世界众多国家的博物馆与私人都收藏有万历克拉克瓷，印证了发展到万历时，青花瓷名扬天下。大批量生产的克拉克瓷的传播，形成了全球市场效应。

事实上，葡萄牙人入居澳门前后，以明代青花瓷为主的瓷器贸易已经开始。1580年，葡萄牙首都里斯本大街上已有6家出售中国瓷器的商店。当时，那是一条里斯本最时髦的新商贾大街（Rua Nova dos Mercadors）。这意味着早在16世纪80年代，也就是葡萄牙人将中国瓷器率先输入欧洲不到一个世纪的时间，在葡萄牙本土，青花瓷从上层社会奢侈品向平常百姓日常生活品的转换过程已在进行之中。

应该特别提到的是，在纹章瓷的阶段，当时的青花瓷在欧洲是只有贵族才消费得起的奢侈品，发展到克拉克瓷，标志青花瓷外销进入又一新的发展阶段，即大批量、成规模的生产阶段。这是与海外市场的需求挂钩的，有需求才有供给，青花瓷由此拥有了更大的市场。里斯本的阿纳斯塔西奥·贡萨尔维斯博物馆，收藏有379件主要是16—17世纪的中国青花外

---

① 姚澄清、孙敬民、姚连红：《试谈广昌纪年墓出土的青花瓷盘》，《江西文物》1990年第2期。
② Maura Rinaldi, *Kraak porcelain: A moment in the history of trade*, p. 61.
③ 黄薇、黄清华：《广东台山上川岛花碗坪遗址出土瓷器及相关问题》，《文物》2007年第5期。

销瓷，这些精美的瓷器是葡萄牙中西瓷器贸易和消费的历史见证。中国克拉克瓷器大批进入欧洲，在欧洲民间流传，乃至取代其他质料与纹饰的器具，最终成为"全民餐具"，形成了整个社会的时尚。就此而言，如果说纹章瓷主要体现的是政治意义，克拉克瓷所主要体现的正是青花瓷的社会与文化意义。这与青花瓷在中国本土的发展进程是完全一致的。重要的是，欧洲餐桌上的"革命"就这样悄然开始了，而欧洲的中国风也由此开端。

重新认识中国本土知识的价值，使我们不能不关注青花瓷崛起的历程。明代青花瓷崛起为中外社会时尚，经历了三部曲：首先是在中国本土上层文化与世俗文化交融的完成，推动青花瓷形成中国瓷器的主流；其次是中国本土形成主流的青花瓷走向世界的过程，再次是中国青花瓷形成了中外文明会通的过程。具体说来，在中国本土：从"俗甚"到"贵宣、成"，完成了一个由俗到雅、雅俗共赏的过程；在葡萄牙社会：从纹章到日用，完成的是从奇到常、普遍认知的过程。这一过程此后在整个欧洲和世界重演，形成中外文明会通的过程，反映了文明成长的进程。①

第三节　文明的成长：新技术与知识的融通

从历史上看，16世纪是中西开始直接交往的世纪，随中西直接交往发生的，是西传欧洲的享誉世界的瓷器交流。将青花瓷最早传入欧洲的，是

---

① 16世纪全球化开端时期，在中外文化交流过程中，青花瓷外销的影响也不可估计过高。众所周知，18世纪是"中国风"风靡了整个欧洲的世纪，中国瓷器文化对于欧洲乃至世界的影响进入一个新的高潮。需要说明的是，自16世纪，迄今学术界关注的主要是耶稣会士笔下的明代中国，毫无疑问，16世纪的中国形象与耶稣会士的书写有着密切关联。然而，耶稣会士所描述的，是通过他们的观察所述说的感受，只有放到其论述产生的大环境中去考虑才有合理性。而中西物质文化的交流在16世纪中西直接接触中发生，葡萄牙人史无前例地将中国独步世界的商品瓷推向了世界，最早将青花瓷直接西传到欧洲，而欧洲人通过由葡萄牙人传入的精美青花瓷首先认识了中国。由此，青花瓷前所未有地扩大了销售范围。中国贸易物品直接传播到欧洲和世界各地，可以使那里的人们直接感观，没有中间层次，纯粹作为贸易品投入欧洲和世界市场，进入社会消费层，直接引发文明的交融，甚至经济与社会变迁。文明的成长，是在中西文明更大规模的时间与空间维度的扩展中实现的。在西方，瓷器和中国都以China表示，中国不仅被西方人称为"丝国"，也理所当然地被西方人称为"瓷国"的历史，可以说在16世纪正式开启了。

16世纪率先到达中国的葡萄牙人。16世纪以青花瓷为载体的中华文明传播到世界各地，青花瓷出现在欧洲和美洲人们的餐桌上，替代了以往的银器、陶器和木器，这种事实本身就是史无前例的一场文明交流的革命。在这一过程中，知识与技术的传递与融通汇聚于其中。

青花瓷是文明的载体和表达意义的符号。体现在器物上的，具有政治、社会、文化的多元丰富内涵。例如在克拉克瓷上绘有的竹、梅，被赋予了道德的含义，成为理想的符号和象征，与中国士人"高风亮节""刚正不阿"等令人崇敬的道德理想和价值观有着联系；又如在克拉克瓷上典型的鹿纹装饰，鹿是"禄"的谐音，寓意是"步步高升"，成为生活取向的符号和象征，这些图案不仅在纹章瓷上，而且在克拉克瓷上多有表现，传递的正是中国传统文化的信息。

迄今为止，中国学者普遍熟知青花瓷在日本、安南、暹罗的大量仿制活动，也了解青花瓷传入欧洲后，促使意大利佛罗伦萨、荷兰德尔夫特等地区大量仿造青花陶器的历程，更清楚地知道欧洲直至1710年德国迈森成功研制出瓷器，那是在青花瓷外销欧洲近200年以后的事了。但是，对于率先将青花瓷传入欧洲，开启了中国风的葡萄牙于17世纪初已产生了青花彩陶规模生产的事实，却鲜少了解。

至今不能确定的是，克拉克瓷在葡萄牙首先仿造的确切时间。但根据里贾纳·卡拉哈尔的研究，无论如何可能在16世纪末已经仿造出一种彩陶器。因为有不可辩驳的证据表明，在1619年中国风格的瓷器仿造工业已经在里斯本建立，而且已有充足数量的产品去满足国内外市场。他指出，1622年在马德里出版了巴普蒂斯塔·拉万尼亚写的关于1619年菲利普三世访问里斯本的报告。当时是西班牙和葡萄牙合并时期，菲利普三世也是葡萄牙的国王。值国王访问之际，大量的拱门沿着里斯本的道路建立了起来，其中之一是由陶工装饰的。拉万尼亚描述这个拱门绘有一个陶工，他左手持一个陶轮，右手握一件在里斯本仿造的中国瓷器。靠近这个人物的地方，写有这样一首短诗：

> 在这里，崇高的君主统治者，
> 给你们提供来自国外的艺术，
> 这是在卢西塔尼亚王国生产的，

也就是之前来自中国的贵重卖品。

在同一拱门上，另外一幅画显示出一个港口图景，那里正从印度回来的一艘克拉克船上卸载东方瓷器；同时，本地生产的瓷器，拉万尼亚称作"我们的瓷器"，正装上外国船只，那些船只将装载这些瓷器驶往外国。①

依据里贾纳·卡拉哈尔的研究，葡萄牙仿制中国青花瓷的这个事实，已被在荷兰发掘的带有中国风格的葡萄牙彩陶碎片所证实。似乎已经没有疑问，整个17世纪，葡萄牙靠近里斯本或者就在那里的窑址中生产带有中国影响的彩陶。中国风格对于葡萄牙彩陶工业的影响，从16世纪末到17世纪的四分之三时间里一直持续着。

里贾纳·卡拉哈尔将葡萄牙仿制中国克拉克瓷的彩陶画风格分为3个阶段，第一阶段是在17世纪早期，首先是模仿中国克拉克瓷原件的图案制作（见图6）。第二阶段是在17世纪中的第一个四分之一时，画风已是中国和葡萄牙装饰元素的混合物（见图7），第三阶段是在17世纪下半叶，有了更多葡萄牙本土风格的图景（见图8）。② 显然，从图片来看，笔者认为，第一阶段葡萄牙彩陶器与收藏于葡萄牙阿纳斯塔西奥·贡萨尔维斯博物馆的中国青花瓷器相比较，仿造关系清晰可见，在彩陶盘的中心，都是中国青花瓷常见的鹿纹；而第二阶段的彩陶器，里贾纳·卡拉哈尔认为有明显的中葡元素的融合，在笔者来看，已经有了更多的葡萄牙装饰因素，在盘的中心，出现的是西方纹章中常见的狮子，姿势是"单腿站立前跃式"，③ 显示出纹章与克拉克瓷特征的交融；到了第三阶段，则凸显了葡萄牙风格。将这个阶段的彩陶器，与澳门博物馆藏澳门圣奥斯定修院遗址出土万历青花开光花果纹碗碗心的鸟类纹饰相比较，差异很大，可见葡萄牙人已经将仿造的中国瓷器图案本土化了。然而，尽管彩陶盘的中心图像已完全西方化，边沿图绘也与中国青花瓷传统纹饰大相径庭，但是整体仍保留着克拉克瓷的特征，即开光形式。

---

① Regina Krahl, *Chinese Ceramic in the Topkapi Saray Museum Istanbul: a complete catalogue.* v. 2, London: Sotheby's Pub., 1986, p. 216. 实际上，当时葡萄牙所谓仿造的瓷器，应为陶器。
② *Chinese Ceramic in the Topkapi Saray Museum Istanbul: A complete catalogue.* Vol. 2, p. 217.
③ 《纹章插图百科》，第85页。

第三篇　文化篇 >>>

青花瓷大量输入葡萄牙，以蓝白釉彩和精美设计而大受欢迎。葡萄牙手工艺人开始模仿异国情调的花草、动物等来装饰陶器，并仿照青花瓷施以钴蓝色。对葡萄牙本土的陶瓷制作产生了重大影响。青花瓷不仅改变了那里人们的物质生活习惯，而且里斯本仿制陶器的成功，使得以往只有王室贵族上层社会才能拥有的青花瓷器，在经过陶瓷业大量仿制后，成为一般民众的日常用品。这些陶器外观上与中国青花瓷相近，但是价格低廉，使中国青花瓷的影响普及到欧洲更多家庭。在葡萄牙学者迪亚士的纹章瓷专著中，收录了里斯本制造的两件纹章陶器，颇具典型。一件是盘，是典型的克拉克瓷开光装饰图案，绘有花卉和兔子，在底部写有"PAS"，说明是属于帕斯家庭；还有一件私人收藏的盘，上面绘满人物、兔子，在底部写有"ALBUQUERQUE"，即阿尔布克尔克。这两件完全仿造明代嘉、万年间青花瓷的青花陶器，是在荷兰阿姆斯特丹葡萄牙人和犹太人街区考古发掘中发现的，制作年代是在16世纪末—17世纪初。① 重要的是，葡萄牙人在荷兰人之前近一个世纪已率先将中国青花瓷器传入欧洲，并且似乎也率先仿造了彩陶，17世纪初里斯本已经形成了规模生产，输出到其他地方，这是应该进一步加以探讨的。

　　商品生产求多求快和适应市场需求的规律，决定了葡萄牙在17世纪里仿制青花瓷的彩陶的生产已经成规模。虽然造型和装饰越来越西方化，但是表现出的一种新的装饰风格，是源自中国青花瓷。于是，我们看到了主体是中国式的中国、伊斯兰、西欧的装饰混合体。发展到此，青花瓷（陶）已具有多元的色彩，中华文明与印度的佛教文明、中亚、西亚的伊斯兰教文明、葡萄牙的基督教文明相互融合，尽显其上。从一系列受到互动影响的中国瓷器和葡萄牙陶器上，我们可以看到16世纪中欧直接贸易的深远意义。

　　上文依据出土数据，将中国青花瓷形成主流的时间定于嘉靖年间。葡萄牙人来华以后，开展了大量瓷器贸易活动，主要进行的是青花瓷的外销。于是，不仅中国景德镇外销瓷出现了创新品种纹章瓷和克拉克瓷，而且在葡萄牙里斯本出现了仿造的彩陶制品。陶瓷器是重塑中葡关系的重要实物，雄辩地说明早期中西关系的建立，不仅只是充满了战争的冲突，而

---

① Pedro Dias, *Portuguese Heraldry in Ming Chinese Porcelain*, pp. 42–43.

且还有文明的交融。葡萄牙里斯本的陶器是中葡陶瓷交流的结晶，构成欧洲中国风的起源之一，这是全球化开端时期中外文明交融会通的典型范例。

16世纪以来，中国明代青花陶瓷艺术外销到世界各地，逐步为全球所认识。当时欧洲的陶瓷业相对落后，青花瓷一经输入，即为欧洲社会所青睐，不仅葡萄牙有仿造，而且在西班牙乃至其在美洲的殖民地也有仿造活动。根据学者研究，西班牙的塔拉维拉（Talavera）制陶受中国青花瓷的影响也很典型，塔拉维拉（Talavera）制陶业在一些款式和装饰艺术上直接吸收了明代青花瓷的艺术特点和造型。传教士在1550—1560年把塔拉维拉陶瓷制造技术引入墨西哥，并最先被普埃布拉（Puebla，现墨西哥中东部州）陶艺人所接受，其陶瓷产品不仅深受中世纪西班牙摩尔人的影响，产品的装饰和色彩又受中国传统陶瓷对西班牙的影响，其色彩主要为白底，绿或蓝色装饰，用独具特色的自然风景以及鸟类、鹿、鸭子、兔等加以装饰，具有明显的明代青花瓷的特征。17世纪是墨西哥制陶业的辉煌时期，具有青花特色的普埃布拉—塔拉维拉陶瓷广泛流传于世界各地。①

还需要提到的，是关于葡萄牙几乎随处可见的蓝白青花瓷砖。根据葡萄牙美术史家的研究，葡萄牙青花瓷砖艺术的来源有三：一是由阿拉伯人引入说，"在伊比利亚具有悠久传统"；一是自西班牙输入说，"几乎大多数是从安达卢西亚输入的"，还有一种是来自荷兰，"整个17世纪，大量的荷兰瓷砖画不断进入葡萄牙"②。显然，对于中国青花瓷器直接输入的影响考虑不足。中国青花瓷在元末烧造成熟以后，明初青花瓷并没有形成瓷器生产的主流，到嘉靖以后形成主流，经历了本土普遍化以后的青花瓷，接着就是外传。在16—17世纪上半叶，几乎所有的外销瓷都是青花瓷。如果说葡萄牙青花瓷砖与这一时期大量进口中国青花瓷没有联系，则难以解释此前青花瓷砖为什么没有盛行，而独在此时如此盛行；再者这一时期的纹章瓷和克拉克瓷几乎全部是青花瓷，而这两种青花瓷新品种，前者由于葡萄牙人的定制而诞生，后者的大批量生产，首先出自葡萄牙的需求，

---

① 王利荣：《墨西哥的陶瓷文化及特点》，《国外建材科技》2004年第3期。
② [葡]玛利亚·米兰达等著，陈用仪、姚越秀译：《葡萄牙美术史》，中国文联出版公司1997年版，第62、114—115页。

就是名称也来自葡萄牙船只,足以说明青花瓷出现变异新品种,与葡萄牙有着直接关系。第三,17世纪荷兰代尔夫特成功仿制,生产出白釉蓝彩陶器,也是在葡萄牙率先输出青花瓷几乎一个世纪以后,荷兰参与了大规模青花瓷贸易的结果。更何况葡萄牙里斯本在17世纪初已经具有规模的生产了青花彩陶。实际上,葡萄牙学者的主要关注视角"航海发现的进程"的"反馈影响",也涉及这一问题:"至于那些保存下来的或是可以从神像画上考证出来的陶器,则首先表现出葡萄牙同非洲和中国的葡属领地所带来的影响。这种影响,经过瓦斯科·达·伽马到达印度之后,在葡萄牙十分流行,后来又在欧洲大部分地区十分流行。一些诸如容器与细嘴水壶之类的用品的制造增加了,家用的象牙器皿也增加了,中国的瓷器也增加了,航海发现的进程使得'反馈影响'日益普及。这表现在'瓷砖铺盖'地面以及成片的瓷砖贴面上。"① 明乎此,那么葡萄牙青花瓷砖的盛行,蓝白两色瓷砖画在葡萄牙17世纪末18世纪初长期占主导地位,在时间上与16世纪青花瓷风行全球的历史现象自然摆脱不了干系。当然这方面的研究还有待深入开展。

结　　语

长期以来,西方学者在论述16世纪世界历史时,主要论述的是西方航海扩张的功绩,关于晚明中国则往往被贬为保守和落后的代称,这样的世界史,并不是历史的真实。古代中国拥有历史悠久而又连续不断的文明史,中华文明是人类文明史的重要组成部分。16世纪,当全球化开端之时,中华文明并没有显现出弱势,更没有被排挤到边缘,而是为人类文明发展做出了卓越贡献。为了重拾文化自信,我们有必要重新审视那段历史,还原历史的本来面貌。

以青花瓷的展开为例。16世纪以后,从本土到全球,明代青花瓷是在时空巨变下展开的,换言之,16世纪成为一个青花瓷符号流动的世界,青花瓷出现在欧洲和美洲乃至世界各地人们的家庭与餐桌上,这种事实本身

---

① 《葡萄牙美术史》,第62页。

就是一场文明交流的革命。青花瓷代表了一种全球化语境下的文明流播，知识的扩散、技术的转移蕴含在其中，不仅向全球展现了中国辉煌的制瓷技术，还展示了具有丰富内涵的中华文明。更重要的是，独步世界的中国青花瓷发展历程告诉我们，文明是怎样成长的，中西文明的相遇，不只具有血与火的洗礼和文明的冲突，也有着文明的融通与交织成长，从而构成了一部新的全球史。就此而言，明代前所未有扩大发展的海上贸易应该重新评价，明代前所未有扩大发展的制瓷业也应该重新审视。作为中国青花瓷展开的直接后果，后来欧洲陶瓷生产成为工业革命的一项规模庞大的产业，奠基于16世纪时空巨变下的那场史无前例的全球性文明交融，应该是不言而喻的。

以《中国出土瓷器全集》贯穿有明一代的青花瓷列表

	洪武	永乐	宣德	正统	景泰	天顺	成化	弘治	正德	嘉靖	隆庆	万历	天启	崇祯	朝代不确
北京	1	1	6		3	1	2	2	1	11	2	12			1
天津			1					1	2						2
吉林				2				4	2	4		3			1
河北														2	1
山西								1							
山东															3
江苏	1		2	5		1	3	2	1	1		1			17
上海															2
安徽									1			6			4
广东					1			3	1	1					
广西			2									3			
海南												2			
四川					2		2			12	1	6			4
香港															3
澳门												4			
台湾															3

第三篇　文化篇 >>>

续表

	洪武	永乐	宣德	正统	景泰	天顺	成化	弘治	正德	嘉靖	隆庆	万历	天启	崇祯	朝代不确
福建												4			6
河南	1											2			3
湖北		2	5			1						1			1
江西	4	7	6	6	3		5	3	2	7		2	2		3
陕西												1			1
云南															21
贵州								1						2	1
西藏			1				1		1						
总计	7	10	23	13	8	3	12	14	10	39	3	48	2	4	77
															273

说明：

1. 表中以件为单位，青花瓷器一对的按照2件计算。

2. 没有完全确定朝代的青花瓷均置于备注栏，其中包括跨度在两朝之间的，如永乐—宣德，嘉靖—万历；也包括跨越几朝的，如宣德—成化，还有明早期、中期、晚期的，最多的是笼统注出"明代"的。值得注意的是，天启朝的数量少，是因大多标注天启—崇祯，或者是明末，朝代不能确定之故。

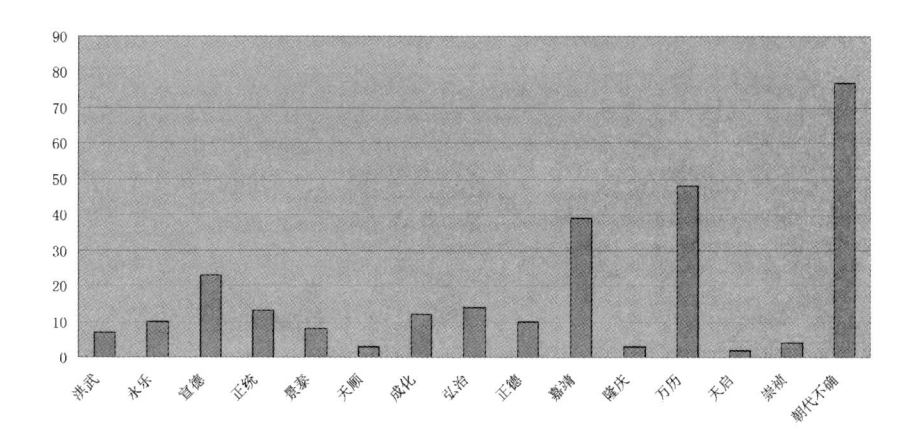

图1　第一种类型纹章瓷

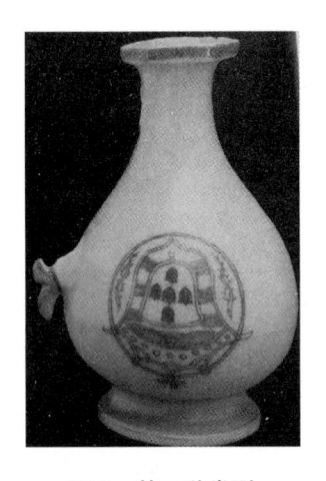

图2　第二种类型

图3　第三种类型纹章瓷

图4　澳门圣奥斯定修院遗址出土万历克拉克瓷

图5 葡萄牙里斯本桑托斯宫的瓷器屋顶

图6 葡萄牙里斯本彩陶器

图7 葡萄牙里斯本彩陶器

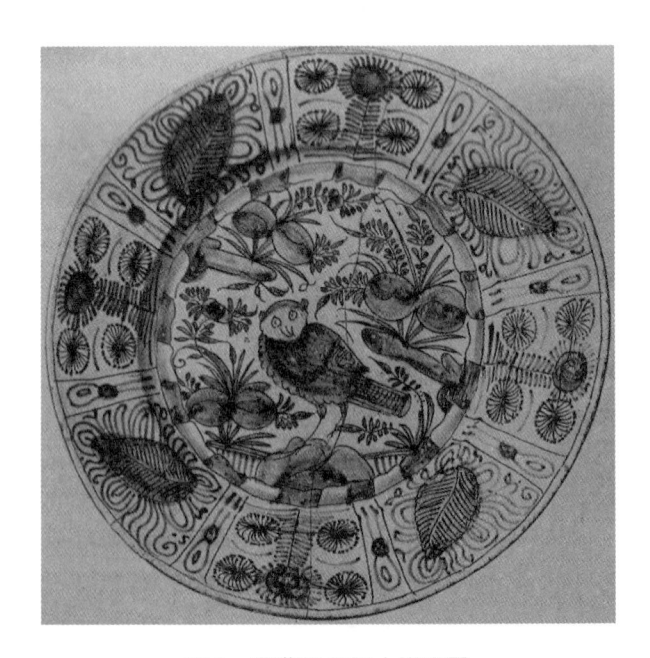

图8 葡萄牙里斯本彩陶器

第十一章 青花瓷的参与：16—18世纪中欧景观文化交融[*]

本章分为三个部分。首先，对16世纪明代青花瓷崛起为中国瓷器的主流，青花瓷兴起的社会语境，以及葡萄牙人东来，率先将青花瓷传入欧洲的历程作一叙述。其次，对考古发现和实物遗存中的16—18世纪青花瓷山水、人物两大类纹饰给以特别关注，对其中"表述"的中国景观进行具体分析，讨论青花瓷参与中国景观的西传，表明瓷器是早期中欧景观交流的重要证据。最后，概述青花瓷从16世纪开始就是中欧景观文化交流的主要媒介，标志着中欧景观文化互动的一个崭新的开始，并引领了16—18世纪中欧景观文化的交融。

第一节 青花瓷是最早传入欧洲的中国景观图像之一

今天，我们已经进入一个视觉文化的时代：电影、电视、广告、绘画、建筑、美术设计等，铺天盖地而来，形成全球化文化传播的主流。追溯历史，全球化的开端，自16世纪东西方海上贸易始。众所周知，17—18世纪在欧洲产生了中国热，那么追根寻源，中国形象是如何开始传入欧洲的？从中国本土来说，16世纪晚明中国社会发生重大变迁，白银货币化产生的巨大社会需求，促使中国市场与世界市场相连接，内需拉动了海外

---

[*] 本章为2013年参加瑞士苏黎世大学亚欧研究所主办"纠结景观：16、18世纪中国与欧洲景观文化交流的新思考"国际学术研讨会论文。

丝绸之路上的明代中国与世界

白银大量流入中国;① 与此同时，明代青花瓷崛起于中国本土，形成了瓷器主流，作为大宗商品输出海外，在海上贸易中据有特殊的地位。从欧洲方面而言，16世纪葡萄牙人东来，他们立即开始进行了瓷器贸易，率先将青花瓷传入欧洲。在这一宏大的历史背景下，青花瓷作为中国主要的外销商品之一，成为中国瓷器的代表，走向了世界。

园林景观是18世纪中西文化交流中的一个经典话题，中西学界已有相当丰硕的研究成果。外国学者对于这一话题，可以追溯到英国坦普尔爵士于1685年撰写的《论伊壁鸠鲁的花园》一文。② 中国学者的研究开始于陈受颐，他于1928年以《18世纪中国对英国文化的影响》一文在美国获得博士学位，1931年发表《十八世纪欧洲之中国园林》一文。③ 长期以来，对于中国与欧洲景观变革的关联，主要是从商人和使节游记，以及来华传教士记述的各种文本入手，从商人、使节和传教士记述介绍开始，到英国知识界政治家、文学家等的倡导，④ 是从文本到文本的研究路径，本文探寻文化表述的多重视野，将青花瓷作为研究重点，把图像而非文本作为研究主体，从图像视觉文化解释中国对于英国园林景观的影响，起点与核心在于青花瓷自16世纪以降最早"表述"了中国景观，参与了16—18世纪中欧景观文化交融的历史过程。在这里，笔者强调青花瓷的直观效应，目的不仅是对中国景观传入欧洲最早的形式——青花瓷绘画的直观传递形式加以特别关注，更在于超越既有的早期传教士和游记等文字传递形式，从更宽广的视觉文化视野回归中西景观文化交融的源头。强调青花瓷

---

① 参见万明《明代白银货币化：中国与世界连接的新视角》，《河北学刊》2004年第3期。
② W. Temple, "The Garden of Epicurus", *The works of sir William Temple*. Vol. Ⅲ London: F. C. and J. Rivington, 1814.
③ 陈受颐：《十八世纪欧洲之中国园林》，《岭南学报》第2卷第1期，1931年。
④ 以往中外学术界一般认为，欧洲人是从传教士的书信、旅行家的游记和外交家的论著开始了解中国景观的。一般论及17—18世纪的中国热，谈到中国文化对于欧洲园林的影响，大多是自马可·波罗开始，到利玛窦等传教士以及1665年纽霍夫的《出使记》，再到英国威廉·坦普尔爵士于1685年发表文章介绍中国园林之不对称，1724年意大利传教士马国贤的《避暑山庄三十六景》铜版画见于欧洲，1749年法国来华传教士王致诚的关于圆明园描述的书简，1757年英国建筑师钱伯斯出版《中国建筑、家具、服饰和器物设计》、1772年著《论东方园林》，而后在法国出现了"英中式园林"之称。这样的传播过程的描述，几乎遮蔽了青花瓷画的影响。在欧洲静物画中，15世纪已经出现了青花瓷，但大量传播是在16世纪以后。A. I. Spriggs, "Oriental Porcelain in Western Paintings 1450 – 1700", *Transactions of the Oriental Ceramic Society*, 36, 1964 – 1965, p. 73.

第三篇　文化篇 >>>

对中西景观文化交流所做的贡献。这一角度，有助于矫正以往的认识偏差，从整体上评价中国文化在16—18世纪中西景观文化交流中的地位。

自16世纪以降，中欧直接贸易开始，大批中国商品输入欧洲，出现了欧洲人目之所及皆是中国商品的现象：丝绸、瓷器、漆器、屏风、家具，等等，中国商品给欧洲带来了视觉冲击，如果我们说首先是中国商品带给欧洲人一个最初的中国景观，也不为过。其中，青花瓷最具典型性，瓷器与中国，英文是一个词China，足以证明瓷器与中国形象的密不可分。

在16世纪中国手工艺产品中，最受欧洲人关注的是丝绸和瓷器。然而，16世纪中欧直接交往开始以前，丝绸制法早已传入欧洲，欧洲人也早就可以织造精美的丝织品。瓷器则不然，16世纪的欧洲人不会制造瓷器，只可制造陶器，直至18世纪以后才制造出真正的瓷器。因此，16—17世纪青花瓷是独步世界的。就景观而言，在丝绸上出现的景观是有限的，而青花瓷则大不相同，可以比较完整地于其上体现各种山水景观，将中国景观文化直接传递到欧洲，因此，作为视觉艺术，青花瓷画是最早将中国景观直接传入欧洲的主要方式。

一件来自中国的日常物件——青花盘、碗，如何能转化成一件具有普遍意义的艺术作品？值得注意的是晚明青花瓷的两层关系，一是它与文人山水画的关系，二是它与版画，特别的是徽派版画的关系，下文将述及。对这两层关系的了解，有助于我们理解青花瓷山水纹装饰在传播中国景观到欧洲进程中的位置。虽然16世纪瓷器上的绘画不是中国绘画艺术的精品，但是在中西直接交往开端之际，葡萄牙人率先来到东方，并首先把青花瓷传播到欧洲，当时的欧洲有如一张白纸。从来华传教士利玛窦的评价来看，欧洲人当时并不看好中国绘画，① 中国绘画也不是中欧贸易的主要商品，远不如工艺品那样被欧洲所理解和受欢迎。而瓷器是当时最受欧洲人青睐的贸易物品，这使得青花瓷上的景观艺术得以具有得天独厚的

---

① 利玛窦曾说："中国人广泛地使用图画，甚至在工艺品上；但是在制造这些东西时，特别是制造塑像和铸像时，他们一点也没有掌握欧洲人的技巧……。他们对油画艺术以及在画上利用透视的原理一无所知，结果他们的作品更像是死的，而不像是活的。"《利玛窦中国札记》上册，中华书局1985年版，第100页。

传播条件，成为最早把中国景观艺术传播到西方的重要载体。自 16 世纪始，青花瓷以蓝白绘图将中国水墨山水画传递到欧洲，将中国山水、园林、楼阁、亭台、人物、家具、服饰，乃至审美观念等等，统统传播到了欧洲。

迄今为止，青花瓷对中国景观的传播作用及其对英中式园林兴起的影响，缺乏专门研究。其实，1724 年意大利传教士马国贤的《避暑山庄三十六景》铜版画传入欧洲之前，通过商人、使节的游记和早期传教士描述的中国山水园林景观，是零散、朦胧与模糊的，不能给欧洲人以明确的图像认识。陈志华先生以为："欧洲人最初是从中国瓷器之类工艺品上的装饰画里'看到了'中国造园艺术和建筑艺术的。这对后来他们仿造中国园林和中国式园林小建筑有很大影响。"① 可惜的是，对此他没有展开论述。笔者认为，商人和使节、传教士的描述确实是中国景观西传的重要途径之一，但文字的描述再详细，也不如图像给以视觉的直观重要，俗话说：百闻不如一见。视觉是知识的渊源，图像可以提供文字不能提供的信息，如果没有亲眼看到图像，那么文字的描述无疑是不完整的，有局限性的。青花瓷上的山水屋宇、亭台楼阁，构成欧洲人最早看到的中国景观图像。更重要的是，文字描述带有撰写者对图像的主观认识成分，已是第二手的传递资料，而青花瓷画则给以人们第一手直观的认识资源。就此而言，青花瓷画最早给予欧洲的景观视觉作用是无可替代的，也是不可低估的。可以说自 16 世纪初开始，欧洲人对于中国景观山水建筑的认识，与接受青花瓷器上的山水画艺术一起开端。

王国维先生曾在《叔本华之哲学及其教育学说》一文中指出："若直观之知识，乃最确实之知识，而概念者，仅为知识之记忆、传达之用，不能由此而得新知识。真正之新知识，必不可不由直观之知识，即经验之知识得之。"他批评古今之哲学家往往由概念定论，说道："美术之知识，全为直观之知识"，"而书籍之为物，但供给第二种之观念。苟不直观一物，而但知其概念，不过得大概之知识。若欲深知一物及其关系，必直观之而

---

① 陈志华：《中国造园艺术在欧洲的影响》，山东画报出版社 2006 年版，第 14 页。在书中，插图以清乾隆外销壶园林画为例。其实，这类青花瓷纹饰早在 16 世纪已开始传入欧洲，不是在 18 世纪才传入欧洲。

后可,决非言语之所能为力也"①。在这里,王先生精辟地论述了文字概括与图像直观的关系。

归纳起来,16世纪以降中国景观艺术传入欧洲,主要有3种方式:第一种是大多学者强调的游记和传教士的记述,这种方式不是直观的,所以具有很大的局限性;第二种是文人绘画的方式,由于西方与中国的审美观念不同,在中西直接交往早期,中国文人绘画没有很快被欧洲人接受,同时也没有成为大宗商品进入海上贸易的领域;第三种是中国工艺品上的图像,以青花瓷画为最多,因为青花瓷是当时中欧贸易主要商品之一。由于受到中国文人山水画的影响,徽州版画勃兴的作用,晚明青花瓷山水纹形成独立的装饰门类,迅速发展起来。这一种类的图像,包括丰富的山水楼阁与园林图景,在明末清初发展到全盛时期。作为最早,也是最主要的外销商品,青花瓷进入欧洲,充当了别具特色的角色。17—18世纪的欧洲中国热应该说自16世纪初就拉开了帷幕。发展到"中国风"风靡了整个欧洲,其间经历了一个过程。这个过程首先是中西贸易达到相当的水平,中国商品在欧洲达到一定量的积累。青花瓷给予欧洲人最早的,也是最直观的中国景观图像,是对欧洲视觉文化的最早冲击波。

探寻中国景观西传的第一过程,不是游记文本的功劳,不是传教士信函的功劳,而是海上贸易的功绩。

从文本到文本,我们的研究比物质的实证几乎晚了一个世纪。

通过以上分析,我们可以得出这样的推论:在16世纪中西直接交往早期,首先是瓷器贸易带来了中西景观文化的交流。青花瓷在中国本土的发展过程,是一个从中外文明交融走向社会时尚的过程;在欧洲的发展过程也是同样的,是一个本土与外来文明交融走向社会时尚的过程,中外具有相同的文化规律。②

---

① 《王国维文选》,百花文艺出版社2006年版,第14、19、18页。
② 参见万明《明代青花瓷崛起的轨迹——从文明交融到社会时尚》,《故宫博物院院刊》2008年第6期;《明代青花瓷西传的历程:以澳门贸易为中心》,《海交史研究》2010年第2期;《明代青花瓷的展开:以时空为视点》,《历史研究》2012年第5期。

第二节 山水景观文化视野下的青花瓷：一个初步的考察

明代青花瓷崛起为中国瓷器主流，纹饰多种多样。但在纹饰分类中，一直没有析出楼阁亭台建筑的专类，与景观相联系的，主要是山水和人物两大门类。

第一大门类是山水纹。中国景观的西传，以山水纹为主。

元青花少见山水，山水纹形成独立门类，是晚明青花瓷纹饰出现的新变化。

作为中国景观的表现形式，又可分为两种：第一种，是只见山水，没有建筑景观的类型；第二种，是在山水画面中有楼阁、屋宇、亭台、宝塔等建筑景观，是更具典型的中国景观的类型。

中国山水画始于六朝，脱离人物题材而向独立画种发展；发展到晚明，将中国画传统与技法移植到陶瓷上，青花瓷山水纹脱离人物衬景的地位，形成了独立的瓷器装饰画门类。在这一变化背后是更宽广的社会文化语境。晚明商品货币经济发展，人文思想活跃，印刷出版业史无前例地繁荣起来。与之相联系，第一，晚明出版业的繁荣，促进了雅俗文化的交融，也促进了文人山水画的世俗化，青花瓷山水画应运而生。传统文人山水画与青花瓷画相结合，青花瓷画在思想上、在画理上与文人山水画、版画有密切的关系，综合了建筑、园艺、绘画等多种艺术门类，形成一种创新成果。

第二，明万历年间进入版画艺术的黄金时代，私家书坊对图画的"饰观"作用极为重视，几乎到了"无书不图"的地步；特别是景德镇与徽州相临，万历年间徽州版画有了很大发展。将版画与青花瓷画相比较，将有助于我们了解徽州版画与青花瓷画的亲缘关系。

有专家指出山水纹在晚明成为独立的装饰门类，受到社会普遍重视，原因有4点：一是官窑衰败，民窑兴起；二是文人画家，积极参与；三是

第三篇　文化篇 >>>

版画兴盛，画谱刊行；四是上有所好，下必甚焉。① 这一概括看起来很全面，然而仔细分析，官窑之衰与上行下效与山水纹形成没有必然的联系，而文人画家的参与以间接为多，唯有版画是一个重要因素。从事青花瓷绘画的主体不是文人，而是画匠，这一群体能够把文人画大量移植到青花瓷上，需要文人绘画专业知识的普及和画法的传授，晚明新安画派与徽州版画的兴起，无论从时间上，还是地域上，都是对景德镇青花瓷山水纹饰发展的重要推力。

图 1 为《环翠堂园景图》（局部），晚明版画。原卷长 1486 厘米，纵 24 厘米。明万历年间（约 1602 年至 1605 年）汪氏环翠堂刊本。环翠堂主人汪廷讷，安徽休宁汪村人。此图产生于徽派版画如日中天的时代，全图描绘了环翠堂景观 40 余处，以及黄山等景观。由画家钱贡绘、徽州刻工黄应组镌刻。湖光山色，曲径回廊，亭台水榭，无不表现于画图之中。②

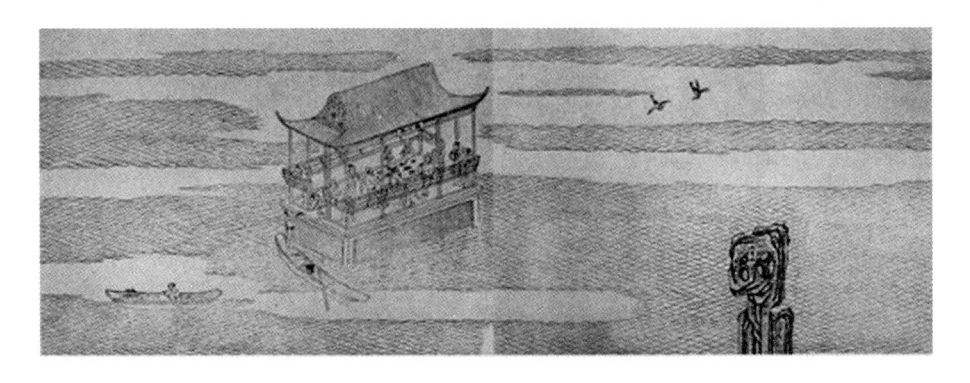

图 1 　《环翠堂园景图》（局部）

综上所述，发展到晚明，受到文人画影响，出现了文人画气息甚浓的青花瓷山水画。在画风上，写意性强，民间青花瓷表现得更为突出。至清康熙年间，青花山水画的景观成就达到高潮。画面简洁明快，山水、人

---

① 江苏省古陶瓷研究会编：《中国青花瓷纹饰图典·山水卷》，东南大学出版社 2010 年版，第 3 页。
② 《中国美术全集》绘画编二十《版画》，上海人民美术出版社 1988 年版，第 54 页。周芜先生认为：徽派版画有两个含义："广义地说，凡是徽州人（包括书坊主人、画家、刻工及印刷者）从事刻印版画书籍的都算徽派版画；狭义地说，是指在徽州本土刻印的版画书籍，才算徽派版画。"《徽派版画史论集》，安徽人民出版社 1984 年版，第 11 页。

物、树木、房屋,形象概括,洒脱自如。山水纹多在盘、瓶、壶、罐上出现,而这些器型在外销瓷中占有很大比例。

第二大门类是人物纹。

晚明青花瓷人物纹饰也有了新的变化。追根溯源,元代末年青花瓷烧造成熟以后,已经出现人物纹饰,其中以山水、楼阁作为衬景。明代人物纹延续了这种装饰特征。发展到晚明,山水纹形成独立门类,包括山水与人物地位的转换,山水由原来完全作为衬景,发展到人物在庭院中、在园林中,乃至人物在山水之中作为陪衬,也就是人物纹部分融入山水纹之中的现象。

青花瓷人物与山水纹饰的变化结合在一起,开启了青花瓷新的景观图像。下面是一些青花瓷实物图像的举例说明。①

永乐年间开始郑和下西洋,带回了"苏麻离青"钴料,因此永乐、宣德年间成为青花瓷烧造的黄金时期。

图2为永乐青花扁壶,绘有3人在伴奏和舞蹈,着装上带有异族风格,以山水草木作为衬景。现藏土耳其伊斯坦布尔宫殿博物馆。

图 2 永乐青花扁壶

---

① 这里所引青花瓷图像,凡图像下有原文字说明的,均出自熊玉莲编著《海外藏中国元明清瓷器精选》,江西美术出版社2008年版。

第三篇 文化篇 >>>

至明代嘉靖、万历年间，青花瓷达到了发展高峰，山水纹大量出现，与元青花纹饰相比较，作为人物衬景的景观，极大地丰富起来，逐渐形成独立的山水景观纹饰门类。

图 3 为嘉靖青花楼阁人物纹罐，主题纹饰绘有明人耕读生活场景，天上绘有云朵，地上画有屋舍，系中国飞檐式建筑，旁边绘有草木等。这个青花罐，是一套青花瓷四爱图罐中的一个。所谓《四爱图》，取材于宋代周敦颐的《爱莲说》、陶渊明的《采菊东篱下》、王羲之爱兰爱鹅、林和靖爱梅爱鹤几个典故组成。现藏 MOA 美术馆。

图 3　嘉靖青花楼阁人物纹罐

图 4 是湖北省博物馆藏明初郢靖王墓出土的元青花四爱图梅瓶，以嘉靖罐对照来看，元代青花瓷瓶上图像中心是人物，固也有花草纹饰为衬，而明代青花瓷绘图中的景观有了很大发展，重要的是形成了一个完整的景观图像。

图 5 为宣德青花松竹梅盘，题名中没有标注有假山石，而假山石正是中国风格景观的典型。宣德年间，假山与花卉在一起还没有给人明确的庭院或者园林景观的视觉感受。

图 6 为万历青花开光山水亭台宝塔纹盘，盘心绘有山水、亭台、宝塔和孔雀，现藏上海博物馆。这是一个典型的克拉克瓷盘，这种以开光为特

图 4　元青花四爱图梅瓶

征的克拉克瓷于万历年间大量出现在销往欧洲的外销瓷中。在澳门北湾出土青花瓷片中,已发现有同样纹饰的,而在土耳其伊斯坦布尔 Topkapi Saray 博物馆,也有同样的藏品。

图 5　宣德青花松竹梅盘　　　图 6　万历青花开光山水亭台宝塔纹盘

图 7 为明末青花罐,罐上绘有山水、屋宇、树木。人物已无足轻重,并非画面的主角。此罐藏于日本福冈市美术馆。

图 8 为泰昌—天启山水人物纹碗,碗心是山水为主体的纹饰,人物在

山水之中。此碗纹饰以山水为主，显然与明前期的人物纹大不相同。此碗现藏于荷兰阿姆斯特丹国立博物馆。

图7　明末青花罐　　　　图8　泰昌—天启山水人物纹碗

图9为崇祯人物纹笔筒，这里所绘的人物是在景观建筑中，有着相当完整的屋宇建筑轮廓。

图10为清康熙青花山水纹胆瓶，上面绘有一幅相当典型的山水画，人物是在山水之中。其下虽有"大明嘉靖年制"款，但显然不是嘉靖时期风格，为康熙年间仿款。此瓶藏于英国维多利亚和阿尔伯特博物馆。

图9　崇祯人物纹笔筒　　　　图10　为清康熙青花山水纹胆瓶

图11为清康熙青花山水纹瓶，与图10画的风格虽不同，但也是以山

水景色为主体的典型的山水纹，也就是一幅典型山水画。此瓶现藏于荷兰阿姆斯特丹国立博物馆。

图12为清康熙青花山水纹带盖罐，此盖罐更为典型，罐身布满开光的多幅山水画，现藏于荷兰阿姆斯特丹国立博物馆。

图11　清康熙青花山水纹瓶　　图12　清康熙青花山水纹带盖罐

图13为清康熙青花山水建筑纹花盆，绘有山水，屋宇尽在山水中，这一画面形成一种天然的园林景观。现藏于荷兰阿姆斯特丹国立博物馆。

图13　清康熙青花山水建筑纹花盆

第三篇 文化篇 >>>

图 14 为康熙青花西厢记图纹瓶,英国维多利亚和阿尔伯特国立博物馆藏。中国室内外景观尽显其上。晚明版画中流行西厢记故事,仅崇祯年间,西厢记版画就问世了近十种。

图 14 康熙青花《西厢记》图纹瓶

图 15 为明代《西厢记》版画。图 14、15 两相对比,青花瓷画彰显出

图 15 明代《西厢记》版画

与版画的亲缘关系。

图 16 为康熙青花滕王阁图缸，天津艺术博物馆藏。此缸上绘出江南三大名楼之首的滕王阁。滕王阁位于江西南昌，始建于唐代，因唐人王勃《滕王阁序》而闻名遐迩。

图 16　康熙青花滕王阁图缸

图 17 为明泰昌—天启青花山水人物纹盘，图 18 为著名画家沈周的虎丘图册局部。图 17、18 所绘山水人物有着相近之处，青花瓷盘上将山水、草木、人物绘于一个紧凑的空间，表现更加园林化了。

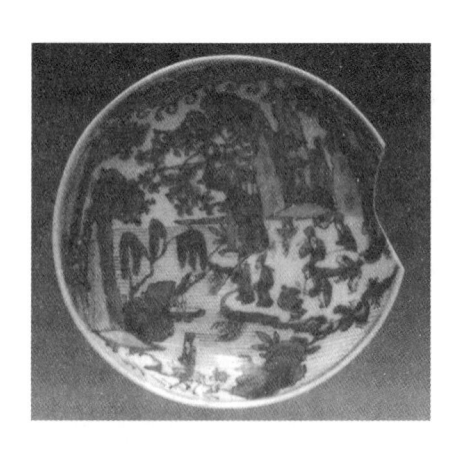

图 17　明泰昌—天启青花山水人物纹盘

图18 著名画家沈周的虎丘图册局部

通过以上青花瓷图像的分析与比较，可以得出如下的认识：

1. 从16—17世纪中国景观艺术传播方式来看，青花瓷是最直接的中国景观传播方式，可以带给欧洲人直观的中国景观艺术。

2. 从16—17世纪中国景观艺术传播进程来看，青花瓷在16世纪初以后，就开始传播到欧洲。在时间上，青花瓷是最早传入欧洲的中国景观图像。

3. 如果划分阶段的话，首先，在中欧直接接触交往早期，是以海上贸易为主导形式的物质直接传播阶段，青花瓷是最早，也是最主要的中国景观传播到欧洲的载体，标志着中国传统景观西传的第一阶段；其次，文本传输到理念认同是第二阶段，这是西方人游记与传教士信札得到欧洲知识界的重视、认同与倡导，逐渐形成中国风的阶段。就此而言，青花瓷为中国风在欧洲的兴起奠定了基础。

第三节 青花瓷画与英中式园林亲缘关系的推论

16—18世纪青花瓷向欧洲直接"表述"了中国景观文化，将中国山水、人物、花卉、禽鸟、园林、楼阁、亭台、宝塔,以及家居庭院、野外山水情趣等等,都前所未有的展现在欧洲人面前。在中国,文人山水画对于造园起了重要作用;在西方,青花瓷山水画对"英中式园林"的诞生,也具有启示作用。

16世纪以降,中国青花瓷开始大量出口欧洲市场,从而深刻影响了欧洲的艺术与文化。17世纪以后欧洲出现了一个流行词汇"chinoiserie",这一来自法文的新词,词根是中国"Chine",最初指具有中国风格的工艺品,后来一般译为"中国风格",或"中国艺术风格"。美国学者罗博特姆以为这个词出自中国瓷器——China,他认为当时欧洲人仿制的中国瓷器上所绘的人物和场景,大多是欧洲人根据中国实物发挥想象的结果,与现实相距甚远。① 虽然他谈及的是仿制失实的问题,但以为"chinoiserie"是来自瓷器,是有一定道理的。

英国威廉·坦普尔爵士是英国辉格党政治家、外交家,在查理二世时代享有声望。他在1685年撰写的《论伊壁鸠鲁的花园》一文中说:

> 完全脱离常规、比任何别的式样更优美的其他式样也许存在;但是这类式样之优美必须依靠园址自然景观的某些独特安排,或归功于设计上的某种高超的想像力和判断力。这样才能将诸多不尽人意的局部改造成某种总体上令人赏心悦目的形象。类似的艺术加工我在一些地方亲眼目睹过,但更多的是耳闻那些曾长期生活于中国人中间的贤达之士对此的高论。中华民族的思维方式似乎与我们欧洲人的思维方式同样开阔,正像他们辽阔的国土一样。在我们中间,建筑和种植之美主要寓于某种比例、均衡和对称之中。我们的种植园和树木按一定的间距栽植,互相对应。中国人瞧不起这样的植树方法,声称识数的玩童都能按随心所欲的长度和宽度直线植下一排排互相对称的树木。不过,他们把最大的想象力用于设计美感丰富、引人注目的图案,然而却没有什么通用的、显而易见的各部分配置的秩序。虽然我们对这种美莫名其妙,但中国人却不乏特殊的言辞将其表现出来。而且,无

---

① Amold H. Rombotham, *Missionary and Mandarin*: *The Jesuits at the court of China*, Berkeley, Los Angeles: University of California Prees, 1942, p. 259.

论在何处，他们都对这种美一见倾心。他们用"夏拉瓦机"（Sharawadgi）或诸如此类的褒奖之辞赞美粗犷的风格。不管是谁，只要见到上等印度长袍上的刺绣图案，或最好的屏风上、瓷器上的绘画，都会发现他们的美是一种无序之美。①

上述这段话，迄今论及欧洲园林变革，是必引的经典论述。坦普尔爵士最早别具慧眼地指出了中国园林的不对称之美，成为18世纪风靡英国最重要的造园原则。至18世纪早期，英国景观转向反对传统，园林艺术发生了从规则到不规则的自然模式的转变。我们关注到，他在这篇著名文章中提到"瓷器上的绘画"是他认识中国园林的资源之一。

英国汉学家昂纳在以 chinoiserie 一词为名的著作《中国式风格：震旦景象》中指出，18世纪中期，"中国风格"在英国广为流行，"在公园里，草坪花圃都用交叉形状的中国篱笆围了起来，小溪流上架着精致的中国拱桥，在橡树和山毛榉树之间冒出了大批的异国情调的小庙"②，他认为："也许导致对'中国式风格'热爱的诸多因素中最重要的因素还是中国工艺产品的精美。尤其是瓷器，可以说它是中国送到欧洲的一种最新最高雅的礼物，它与原产地国家如此牢牢地联结在一起，以致瓷器的英文名称就叫'China'或'Chinaware'"③。

最令欧洲人心动的物品之一是瓷器。大多欧洲人正是通过描绘在瓷器上的自然景观、人物风情来形象地感受中国的。赫德逊说："正是在罗珂珂时代的内部装饰之中，从远东传入的瓷器、漆器和丝织品都才首先进入了家庭。"④ 昂纳所著《中国式风格：震旦景象》的《序言》中，有这样

---

① *The works of Sir William Temple*, Vol. Ⅲ, London：J. Rivington, 1814, pp. 229-230. 译文参考诺夫乔依《浪漫主义的中国起源》，见李达三、罗钢主编《中外比较文学的里程碑》，人民文学出版社1997年版，第158—159页。原译文没有保留原文的"夏拉瓦机"（Sharawadgi）一词。对于文中所说的"夏拉瓦机"（Sharawadgi）之义，钱锺书先生认为可能是"散乱""疏落""位置"的意思。见 Qian Zhongshu, "China in the Literature of the Seeventeenth Century", *The Vision of China*, edited by Adrian Hsia, The Chinese University Press, 1998, pp. 52-53.
② Huge Honour, *Chinoiserie：The vision of Cathay*, 1961, 转引自［英］雷蒙·道森《中国变色龙——对于欧洲中国文明观的分析》，常绍民、明毅译，中华书局2006年版，第139页。
③ 《中国变色龙——对于欧洲中国文明观的分析》第136页。
④ ［英］赫德逊著，王遵仲等译：《欧洲与中国》，中华书局1995年版，第258页。

丝绸之路上的明代中国与世界

一段话：

> 当我小的时候，我对中国是什么样就已有了清楚的概念。我们每天用来进餐的带有白底蓝色柳树图案的瓷盘生动地呈现了中国的景色。……在我家和其他人家里见到的白底蓝花姜罐、色彩鲜艳的景泰蓝碟子以及漆木嵌板等都是向我指点出自这个遥远国度的产品，而到伦敦西郊国立植物园的游逛，又使我见识到中国式建筑的风格。所有这些物件在我小小的脑海中归纳成一幅非常清楚的中国图景——一个有着鲜艳的花朵、离奇的鬼怪和不太结实的房子的五光十色的国家。在那里，欧洲大部分的社会准则都被颠倒过来。即便在数年之后，当我发觉以前看到的那些物品都是欧洲制造的时候，原先的印象仍然留在我心灵的深处。①

这段话说的很清楚，日常生活中极为普通的瓷盘直接传递了中国景观给欧洲人，随后产生了西方人心目中的中国图景，令人印象深刻。正如利奇温所说："闪现在江西瓷器的绚烂色彩，福建丝绸的雾绡轻裾背后的南部中国的柔和多变的文化，激发了欧洲社会的喜爱和向慕。"②

事实上，在英国伊丽莎白女王统治（1558—1603）开始以前，只有极少的英国人得到来自东方的奇异物品。亨利八世只拥有一件瓷器，而沃勒姆大主教和托马斯·特伦查德爵士也同样各有一件。③ 18世纪，英国取代荷兰在远东的贸易霸权地位，进入拥有海上霸权和海上贸易优势的新局面。根据英国海关的统计，1700年离开英国港口的商航吨数不超过31.7万吨。1713年英法《乌特勒支条约》签订以后，立即上升到44.8万装载吨。④ 1708年两个东印度公司合并，加强了商人与国家的结合；英格兰银

---

① 《中国变色龙——对于欧洲中国文明观的分析》，第134页。
② [德] 利奇温著，朱杰勤译：《18世纪中国与欧洲的接触》，商务印书馆1991年版，第21页。
③ Donald F. Lach, *Asia in the making of Europe*, Vol. II, Book one, The university of Chicago press, Chicago and Lundon, 1970, p. 33.
④ [法] 保尔·芒图著，杨人楩等译：《18世纪产业革命》，商务印书馆1983年版，第74—76页。

行的建立为东印度公司提供了金融的支撑。正是在这一背景下，英国大规模输入了中国青花瓷。由此，青花瓷作为载体将中国传统园林景观传递到了英国，成为西方中式园林最初的重要资源之一。

马德琳·贾勒指出："远东的物品所起的一个重要作用，是在一个广泛和持久的时期内成为西方装饰艺术的灵感之源。"① 这通过当时欧洲流行的"中国风"可以看出来。青花瓷上图案纹饰描绘的各种生活场景，无疑携带着丰富的中国文化信息。从无到有，接受异国景观需要经历了一个认识过程。欧洲人通过青花瓷对中国景观的接受，主要存在三种表现形式：首先，表现在用青花瓷作为装饰，作为艺术品收藏；其次，是仿造青花瓷纹样制作陶器，广为流行；第三，在青花瓷山水画的启示下产生造园新理念，并且逐步展开造园实践。将中国景观元素融入欧洲本土的园林新创造之中，这一过程在欧洲突出地表现在英国，英国首先开始造园艺术的接受和引进，前述坦普尔爵士以及知识界人士多有论述。在这里我们还应提到马国贤（Matteo Ripa）1724年传入伦敦的《避暑山庄三十六景图》铜版画，② 和在华法国耶稣会士王致诚（Jean Denis Attiret）关于中国皇家花园的描述，于1752年由哈利·博蒙译为英文，③ 这些都对英国园林革新具有重要影响。随后是法国，英国造中式园林著作在法国出版，出现了"英中式园林"之称（Le Gardin Anglo-Chinois）。④ 中国园林景观在传入欧洲以后，生发了新的意涵。

1757—1763年，英国建筑师钱伯斯（Sir William Chambers）主持设计兴建邱园，在园中兴建中国式建筑：宝塔、小桥、假山、亭子等，其中所建的一座中国塔，以砖砌成，八角，十层，高48.8米，使得园中的中西景观融于一体。⑤

---

① Madeleine Jarry, *Chinoiserie Chinese influence on European decorative art 17th and 18th centuries*, the Vendome press Sothe by publications, New York, 1981, p.59.
② Jacobson Dawn, *Chinoiserie*, London, 1993, p.154.
③ ［法］乔治·洛埃尔（Gerges Loehr）：《入华耶稣会士与中国园林风靡欧洲》，［法］谢和耐、戴密微等著，耿昇译：《明清间入华耶稣会士与中西文化交流》，东方出版社2011年版，第535页。
④ 郦芷若：《西方园林》，河南科学技术出版社2001年版，第349页。
⑤ 陈志华：《中国造园艺术在欧洲的影响》，第69页。关于中国塔及以下3幅涉及英国中国式园林的图像，均出自此书，不另出注。

图 19　英国邱园的中国塔

图 20　英国战伯斯（W. Chambers）
《中国建筑、家具、服装和器物的设计》（1757）中的建筑图。

18世纪后半叶，欧洲出现英中式园林潮流，即仿造中国式园林的新高潮。中国式宝塔、亭阁、小桥等成为欧洲新式园林的标志，体现了园林艺术的革新。

图21 英国柴郡别德尔夫·格兰其（Biddulph Gramge）的中国式建筑

黑格尔（1770—1831）曾论园林艺术："讨论到真正的园林艺术，我们必须把其中绘画的因素和建筑的因素分别清楚。花园并不是一种正式的建筑，不是运用自由的自然事物而建成的作品，而是一种绘画，让自然保持自然形状，力图摹仿自由的大自然，它把凡是自然风景中能令人心旷神怡的东西集中在一起，形成一个整体，……中国的园林艺术早就这样把整片自然风景包括湖、岛、河、假山远景等等都纳到园子里。"①

---

① ［德］黑格尔著，朱光潜译：《美学》第三卷上册，商务印书馆1982年版，第103—104页。

图 22　英国阿尔东陶沃山谷花园的喷泉塔（Pagoda Fountain）

16 世纪初开始有大批中国青花瓷销往欧洲，开启了直观中国景观艺术之门。"在 1600 年以后，荷兰商人建立了更定期的贸易航线，他们购买的一些主要是青花瓷的瓷器被转运到英国，在伦敦市场销售。"① 由此，英国人始终对青花瓷情有独钟。② 从 17 世纪下半叶起，中国景观艺术开始渗透到西方建筑之中，英国自然风景园林打破了传统几何布局，在 18 世纪早期，这种园林风格仅在英国可以见到，到 18 世纪晚期，这种自由布局的园林风格已成为一种时尚，遍布欧洲各地，被称为"英中式园林"。

显然，在商人、使节和传教士的记述中，关于中国造园艺术的介绍是

---

① *China export art and design*, Craig Clunas edited, London: Vitoria and Albert Museum, 1987, p. 34.
② Huge Honour, *Chinoiserie: The vision of Cathay*, p. 110.

零碎而不成系统的,无法构成中国园林的一个整体认识。青花瓷山水画中往往有建筑,而楼阁建筑,总在山水中,成为绝好的园林景观。欧洲人最初从中国青花瓷画上见识了中国的造园艺术和建筑艺术,对后来他们仿造中国式园林有很大影响。

中国艺术对英国园林的影响一直以来是学界研究与争辩的中心。正如苏立文所说的:"虽然中国美术对 18 世纪欧洲美术的影响不大,但我们仍有理由认为,中国山水画反映出来的美学思想,却以一种非常间接的、极其微妙的方式在欧洲艺术里得到体现,尤其是在欧洲的园林艺术这一领域,中国艺术的影响却是直接的和革命性的。"①

雅克布森·唐认为:"'中国风'是一种奇怪的现象。它确是一种欧洲风格,可是它的灵感却完全来自东方。真正的'中国风'并非对中国物品苍白的不成熟的模仿,而是西方社会对这个遥远的、秘不示人的国度实在可感的想象的体现。"② 青花瓷山水画与英国 18 世纪园林不规则式自然风景的追求以及园内中国建筑的出现,体现出千丝万缕的联系。青花瓷不仅参与了中国景观文化的西传,体现了中国景观文化,而且也直接参与了中欧景观文化创新的过程。又一次证明:视觉文化不再被看作只是"反映"和"沟通"生活的世界,而且也在创造世界。

结　　语

纵观中西直接交往早期的历史,16 世纪以降,全球化揭开了帷幕,青花瓷山水纹逐渐形成独立门类,中西造园均空前繁盛,中西人文主义崇尚自然的审美情趣相映成辉。青花瓷参与 16—18 世纪中欧景观文化的交融,主要表现在:

第一,从时间上看,16 世纪青花瓷崛起为中国瓷器的主流,适逢中西直接交流的开端,顺理成章地成为中国瓷器的代表输往欧洲,成为最早传

---

① Michael Sullivan, *The meeting of easternand western art*, University of California press, 1989, p. 108.
② Jacobson Dawn, *Chinoiserie*, London, 1993, p. 1.

入欧洲的中国景观图像。欧洲人通过青花瓷最早认识了中国的景观艺术。青花瓷开始直接传入欧洲是在16世纪以后，以往研究的起点大多放在17世纪以后，是不妥的。

第二，从纹饰上看，青花瓷与园林景观艺术有所关联的纹样分为山水、人物两类，晚明受到文人山水画和版画的影响，青花瓷纹样出现新变化，山水纹形成了独立门类，园林建筑占有一定比例。在人物类纹饰中，有部分山水出现了从衬景转向主体，以人物为陪衬的变化。青花瓷画传播到欧洲，形成了中国景观对欧洲的第一次冲击波。

第三，从传播形式上看，青花瓷上绘画，是图像的直接传播，具有直观性，超过传教士等人笔下的文字描述的效果。在各种艺术形式中，青花瓷成为欧洲造园艺术借鉴的主要的中国山水园林的第一手资料。

第四，从空间上看，欧洲出现中国风，英中式园林的出现，可以印证青花瓷作为视觉文化参与了中外艺术创造与交融。

第五，从阶段划分来看，青花瓷代表中国景观文化传入欧洲的第一阶段，是一个物质的阶段，这一阶段的认识是直观的，也是表层的，是一种表象文化，但是，却是为第二阶段奠定基础的阶段。发展到第二阶段，上升到精神层面，中国景观文化得到了欧洲知识界的接受和认可，引发了欧洲造园艺术理念的转换，由此开辟了欧洲造园艺术中西合璧的新境界。

第十二章 丝绸之路的文化传承：
筚篥在中国
—— 明代以来霸州胜芳镇音乐会渊源考

河北廊坊霸州胜芳镇闻名遐迩的南音乐会，是冀中传统音乐文化笙管乐的代表之一。源自西亚波斯，从丝绸之路传入中国的筚篥，经历千余年的流变，成为胜芳镇音乐会主奏乐器——管子。筚篥见证了丝绸之路文化的发展传承进程，管子蕴含着极为重要的历史文化信息，体现了中外文明交融的鲜明特色。鉴于长期以来这一特色没有得到广泛认知，本章从丝绸之路文化视野探讨胜芳现象，论证胜芳镇兴起于明代，揭示来自域外的筚篥向管子的中国本土化重大转折——材质的变化也发生在明代，由此彰显中国传统文化是在中外文明交融中不断发展，更新有常的结果，以期对推动"一带一路"视野下京津冀区域文化研究，也有所裨益。

河北廊坊霸州胜芳镇闻名遐迩的南音乐会，是冀中笙管乐的代表之一，2006年已列入中国第一批国家级非物质文化遗产保护名录。胜芳镇位于廊坊市区向南大约40千米处，历史上属文安县，后划归霸州，现属廊坊霸州市。2016年11月我第一次到胜芳镇，了解到胜芳镇音乐会的主要乐器是管子，而我知道管子古称筚篥，[①] 这引起了我极大的兴趣：历史上丝绸之路上的筚篥是如何发展流变，形成了今天的管子？迄今音乐学界对于冀中地区农村乐社的关注，对胜芳镇音乐会的研究，主要集中在中国传

[①] 在为明代跟随郑和下西洋的马欢《瀛涯胜览》一书做校注时，其书中记载的祖法儿国（即今天阿曼佐法儿）筚篥和唢呐，留给我深刻印象。2016年11月廊坊师范学院组织去胜芳镇考察，感谢当地王晟老师热情介绍，后又承他赠送《胜芳古镇文集》1—3集电子版资料，在此深致谢忱。

统音乐文化——非物质文化遗产方面。项阳先生提出并长期以来致力研究了"传统文化视野中的胜芳现象",这方面已经积累了大量研究成果。① 在这里,我想谈的是丝绸之路文化视野中的胜芳现象。胜芳镇音乐会作为传统音乐文化的"活化石",其深层的文化内涵,有待于进一步发掘研究。首先,在空间上,源自西亚波斯,从丝绸之路传入中国的筚篥,经历千余年的流变,成为胜芳镇音乐会主奏乐器——管子,至今在冀中民间笙管乐会社中承担着重要角色,但是长期以来,胜芳镇音乐会与西域的关系,即与丝绸之路文化渊源的关系久被忽略了;其次,在时间上,音乐史界对于筚篥的研究,主要集中于汉唐与宋;而民俗学界对音乐会的研究主要聚焦在现当代。本章将论证胜芳镇兴起于明代,考察筚篥—管子的历史发展脉络、流变过程及历史动因,彰显古代丝绸之路中外文化交融对于中国传统民族音乐的深刻影响,以期对推动"一带一路"视野下京津冀区域文化的研究,也有所裨益。

第一节 筚篥从丝绸之路传入中国

筚篥,现称管子,作为中国传统音乐文化中的一种乐器,它本不是在中国土生土长,而是从古代丝绸之路传入中国的。起初,名为"必篥",亦称"悲篥",隋代称之为"筚篥",唐代又有"觱篥"之称,宋代出现"头管"称谓,发展到明代,则"筚篥""觱篥""筚栗""头管"均见于记述。筚篥自南北朝时传入,在隋唐时期丝绸之路达于鼎盛之时,得到繁荣发展,在隋唐宫廷多部伎音乐中广泛应用,甚至成为当时乐队中的主要演奏乐器。

---

① 主要有项阳《传统音乐文化视野中的"胜芳现象"》,《星海音乐学院学报》2011 年第 1 期;项阳、董旭彤《再议"胜芳现象"——兼谈非物质文化遗产保护中的相关问题》,《艺术评论》2013 年第 6 期;孙茂利《对河北胜芳镇"音乐会"民间礼俗用乐一致性、相通性几个问题的辨析》,《胜芳古镇文集二》,霸州市胜芳古镇管理委员会、国际亚细亚民俗学会胜芳调研基地编印,2012 年;张振涛《冀中乡村礼俗中的鼓吹乐社——音乐会》,山东文艺出版社 2002 年版;王晟《火神信仰与胜芳花会》,《档案天地》2014 年第 3 期;李莘《河北霸州胜芳镇民间花会音乐民俗志》,博士学位论文,中国艺术研究院,2005 年。

第三篇　文化篇 >>>

关于筚篥自丝绸之路传入中国，正史中有明确记载：

《隋书·音乐志》载："疏勒、安国、高丽，并起自后魏平冯氏及通西域，因得其伎。"① 《旧唐书·音乐志》云："筚篥，本名悲篥，出于胡中，其声悲。亦云：胡人吹之以惊中国马云。"②

从上述史料可见，古人以筚篥是来自西域，也即丝绸之路的乐器。特别是后面一条史料说明筚篥来自草原民族。唐段安节《乐府杂录》中指出：觱篥"大龟兹国乐也，亦曰悲篥"③。唐玄宗时李颀诗所见："南山截竹为觱篥，此乐本自龟兹出。流传汉地曲转奇，凉州胡人为我吹。"④ 这些记载都是把筚篥的起源地置于西域龟兹的。

日本学者林谦三对于箜篌、琵琶、筚篥、唢呐等乐器从语源进行考察，并详细探讨了《筚篥的语源》，指出："这龟兹语的必栗，不仅在龟兹一国，还通用附近一带地方。因此就能够以音乐特别出名的龟兹为代表，而产生了筚篥的龟兹起源之说。"⑤ 并批评了西方学者劳弗尔附会汉代许慎《说文》"觱"之误，是混淆了两种不同的乐器。⑥ 强调了筚篥是外来传入中国的乐器。

筚篥如何传入？《隋书·音乐志》记载："龟兹者，起自吕光灭龟兹，因得其声。"⑦

吕光出平西域，得胡戎之乐，是指383年，前秦苻坚大将吕光率兵西征，破西域龟兹诸国后，带回到凉州（今甘肃武威）的一个龟兹乐队，作为龟兹乐主要乐器的筚篥，由此传入了中原。

1980年，常任侠先生撰文《汉唐间西域音乐艺术的东渐》，开篇"西

---

① 《隋书》卷一五《音乐志》，中华书局1973年版，第380页。
② 《旧唐书》卷二九《音乐志》，中华书局1975年版，第1075页。
③ （唐）段安节：《乐府杂录》，学苑音像出版社2004年版，第11、4、5页。
④ （唐）李颀：《听安万善吹筚篥歌》。（清）蘅塘退士编选《唐诗三百首》，北京师范大学出版社2014年版，第70页。李颀，东川人，家于颍阳。擢开元十三年进士第，官新乡尉。
⑤ ［日］林谦三著，钱稻孙译：《东亚乐器考》，人民音乐出版社1962年版，第389—390页。
⑥ 《东亚乐器考》，第382—385、395页。
⑦ 《隋书》卷一五《音乐志》，第378页。

域伊朗系乐器的传来"指出:"从汉代开始通畅的丝绸之路,通向西方世界,较早的引入了西方的乐器,成为中国文化艺术中的新兴的珍物,从历史文献中去考察,有几种源出于伊朗系统,如箜篌、琵琶、筚篥等,它流传在中国的乐坛上,在汉唐时期,都是比较重要的。"①

1983 年日本学者岸边成雄的《古代丝绸之路的音乐》出版,② 针对日本正仓院收藏的西域乐器,包括筚篥,从古代丝绸之路视角对于西亚等地乐器的传播做了开拓性的探讨。1987 年周菁葆《丝绸之路的音乐文化》一书,对于丝绸之路上中外各民族音乐文化进行了比较系统的介绍,着重于新疆音乐文化发展的研究。近年他与梁秋丽以《丝绸之路上的筚篥乐器》为题,发表了 7 篇系列论文,③ 全面梳理了筚篥的来源与传播历程:来源于波斯的筚篥是一种双簧乐器,而双簧乐器最早是产生于公元前 4000 年古代美索不达米亚;并以新疆龟兹克孜尔石窟壁画揭示了筚篥在大约公元 4 世纪已传入中国,以敦煌壁画上的诸多筚篥图像,描述了唐代筚篥在中国传播的繁盛景象。

筚篥传入中国以后,就被大量用于宫廷音乐之中,在正史中频频出现:

在《隋书》中出现 19 处之多。主要在《音乐志》中有 17 处。记曰:始,开皇初定,令置七部乐:一曰国伎,二曰清商伎,三曰高丽伎,四曰天竺伎,五曰安国伎,六曰龟兹伎,七曰文康伎。及大业中,炀帝乃定清乐、西凉、龟兹、天竺、康国、疏勒、安国、高丽、礼毕,以为九部。④ 当时的种类有:吴吹筚篥、筚篥、大筚篥、小筚篥、桃皮筚篥。

由于西域音乐文化的影响,宫廷乐队组合形式发生了很大变化,大量外来乐器被宫廷音乐吸收应用,筚篥参与了宫廷音乐的演奏。陈寅恪先生考证认为:"隋代上至宫廷,下至民众,实际上最流行之音乐,即此龟兹乐是也。"⑤

---

① 常任侠:《汉唐间西域音乐艺术的东渐》,《音乐研究》1980 年第 2 期。
② [日]岸边成雄著,王耀华译:《古代丝绸之路的音乐》,人民音乐出版社 1988 年版。
③ 梁秋丽、周菁葆:《丝绸之路上的筚篥乐器》(一)—(七),《乐器》2015 年第 11 期至 2016 年第 5 期。
④ 《隋书》卷一五《音乐志》,第 376—377 页。
⑤ 陈寅恪:《隋唐制度渊源略考》,生活·读书·新知三联书店 2001 年版,第 133 页。

在《旧唐书》中，也出现了19处，均出现在《音乐志》中。记载宫廷燕乐所用乐器云：

> 乐用玉磬一架，大方响一架，搊筝一，卧箜篌一，小箜篌一，大琵琶一，大五弦琵琶一，小五弦琵琶一，大笙一，小笙一，大筚篥一，小筚篥一，大箫一，小箫一，正铜拔一，和铜拔一，长笛一，短笛一，楷鼓一，连鼓一，鼗鼓一，桴鼓一，工歌二。此乐惟景云舞仅存，余并亡。①

据上载，所用筚篥种类有：筚篥，大筚篥、小筚篥、桃皮筚篥、漆筚篥。志中解释桃皮筚篥云："桃皮，卷之以为筚篥。"志中还有"婆罗门乐用漆筚篥二"，直接反映了筚篥与印度音乐的关系。宋人陈旸《乐书》记："唐九部夷乐有漆觱篥，胡部安国乐器有双觱篥，还有银字觱篥，是《唐乐图》所传。"②

唐代完全沿袭了隋代的宫廷音乐，并随着丝绸之路发展繁盛，直接引进大量外来音乐，对宫廷音乐进行了大幅度改良，并使之制度化。到唐玄宗时，宫廷宴乐被融合了四夷之乐即富有外域音乐要素的十部乐所替代，体现了外来音乐与中国宫廷音乐融为一体的特征。著名的《霓裳羽衣曲》属于法曲，根据杨荫浏先生考证："一方面，在《霓裳羽衣曲》有一部分是开元年间（712—741）的创作曲调；另一方面，在它里面，又有一部分是根据了《婆罗门曲》改编而成。前者是取材于中国土生土长的神仙故事，后者是取材于外来的印度佛曲。"并指出在白居易《霓裳羽衣曲和微之》诗中，提到了筚篥的演奏："玲珑箜篌、谢好筝、陈宠筚篥、沈平笙。清弦脆管纤纤手，教得《霓裳》一曲成。"③

唐代出现了很多著名的筚篥演奏家，有关璀、李龟年等。由于唐代宫廷音乐汲取了大量域外音乐元素，包括域外乐器的采用，音乐史家评价

---

① 《旧唐书》卷二九《音乐志》二，第1061页。
② （北宋）陈旸撰，张国强点校：《乐书点校》卷一三〇《乐图论·胡部》，中州古籍出版社2019年版，第643页。
③ 杨荫浏：《霓裳羽衣曲考》，《人民音乐》1962年第4期。

云:"后世虽屡议复雅乐,而雅乐日微,纷更聚讼,仅存什一,皆由玄宗时变革太甚之故也。"①

筚篥,又名觱篥,在《新唐书》《宋史》《辽史》中,以觱篥名出现。查《新唐书》所记30处,《宋史》13处,《辽史》10处。

在《金史》中,筚篥出现13处。《乐志》云:"金初用辽故物,其后杂用宋仪。海陵迁燕及大定十一年卤簿,皆分鼓吹为四节,其他行幸惟用两部而已。""后部第二"记:"筚篥二十四、桃皮筚篥二十四"②,这里增加了筚篥数量,却是与其他箫、笛、笳等乐器等一起增加的。

自宋代开始,出现了以头管指代筚篥之名称,筚篥有了中国名字——头管。北宋陈旸《乐书》云:"觱篥,一名悲篥,一名笳管……后世乐家者流以其族宫转器以应律管,因谱其音为众器之首。至今鼓吹教坊用之以为头管,是进夷狄之音加之中国雅乐之上,不几于以夷乱华乎?降之雅乐之下,作之国门之外可也。圣朝元会、乘舆、行幸并进之以冠雅乐,非先王下管之制也。"③可见他对筚篥成为头管,胡乐冠于雅乐之上颇有批评。

经潘怀素先生研究,筚篥成为头管是有特殊缘故的。他撰文云:"凡读过中国音乐史的人,都知道琵琶是唐乐的主要乐器。筚篥(头管)是宋乐的主要乐器。但是在当时的音乐实践上,却并不是这样的……在隋唐燕乐管弦合奏上,筚篥才是其主要乐器",文中举证说明琵琶"须管色定弦"④。这无疑是对筚篥在音乐史上重要地位的新认识。

其实,北宋并没有都称呼筚篥为头管,这有宋庠《河阳寒食》诗为证:"关辅陪京外,年华禁火中。柳矜河上绿,花献酒边红。野市秋千月,春楼觱篥风。三州六钻燧,安得不衰翁。"

从正史记载来看,明初修《元史》,才大量采用头管之称。在《元史》中,仅见1处记载筚篥,即《祭祀志》⑤。但是称头管的,则有11处之多。明确记曰:"头管,制以竹为管,卷芦叶为首,窍七。"⑥

---

① 许之衡:《中国音乐小史》,上海书店出版社2011年版,第23页。
② 《金史》卷三九《乐志》上,中华书局1975年版,第889—890页。
③ 《乐书》卷一三〇《乐图论·胡部》,第643—645页。
④ 潘怀素:《从古今字谱论龟兹乐影响下的民族音乐》,《考古学报》1958年第3期。
⑤ 《元史》卷七七《祭祀志》六,中华书局1976年版,第1926页。
⑥ 《元史》卷七一《礼乐志》五,第1772页。

第三篇 文化篇 >>>

清修《明史》也以头管之名记载，见有9处。由此可见，使用头管之称，是在明代正式定型的。

以上侧重从正史来考察筚篥，说明筚篥传入中国以后，在历朝历代宫廷音乐中均占有一席之地，地位相当稳定，而且在宋代形成了领奏的地位。古代宫廷音乐分为雅乐和俗乐两部分，一般而言，雅乐主要由中国古代传统乐器演奏，包括筚篥在内的外来乐器，在宫廷中是置于俗乐部分，历代相传。南宋《都城纪胜》云："散乐，传学教坊十三部，唯以杂剧为正色。旧教坊有筚篥部、大鼓部、杖鼓部、拍板色、笛色、琵琶色……色有色长，部有部头。"① 南宋教坊司掌宫廷乐之俗曲部分，筚篥部已成为当时教坊司的首部，可见地位之重要。

筚篥在宫廷音乐传播中不断变化，下面就是宋代筚篥变化的一例，说明宋代筚篥曾经成为改良乐器的一种，加入了雅乐，却是不成功的一例。事情发生在北宋仁宗景祐二年（1035）：

> 而（李）照自造新乐笙、竽、琴、瑟、笛、筚篥等十二种，皆不可施用。诏但存大笙、大竽二种而已。照谓："今筚篥，乃豳诗所谓苇管也。诗云：一之日觱发，二之日栗烈。且今筚篥首，伶人谓之苇子，其名出此。"于是制大管筚篥为雅乐，议者嗤之。②

综上所述，筚篥传入中国以后，名称不一，筚篥的中国本土化，见于名称的流变。《旧唐书》用"筚篥"，《新唐书》用"觱篥"，宋代出现"头管"，不仅说明了外来乐器筚篥的本土化，而且证明了筚篥在当时乐队中的地位变化。

明代筚篥称为头管为多，但在宫廷乐队中的地位已经下降，不再是"众器之首"。这只是一个方面，而另一方面明代筚篥开始从宫廷向民间传播，从此深植中土，成为今天冀中民间盛行的笙管乐主奏管子的开篇。

---

① （宋）灌圃耐得翁：《都城纪胜·瓦舍众伎》，中国商业出版社1982年版，第8—9页。
② （宋）李焘：《续资治通鉴长编》卷一一七，仁宗景祐二年丁酉，中华书局1980年版，第2756页。

第二节 胜芳镇溯源：在明代兴起

探讨胜芳镇音乐会，我们首先需要考察胜芳镇在何时兴起，这是至关重要的，原因很简单，没有胜芳镇的兴起，胜芳镇音乐会笙箫—管子的传承就无从谈起。

胜芳古镇今属河北廊坊霸州市，因水域位于白洋淀东部，故称东淀，也称胜芳淀。又因曾处于河堤交汇之地，初名堤头村。据说胜芳镇始建于2500多年前的春秋末期，却全无文献证实，迄今所见胜芳镇的文献记载始自明代。嘉靖《霸州志》记霸州："国朝初为益津省入郡，永乐初改北平为顺天府，霸州仍隶之，编户三十一里屯，领县三：保定、文安、大城。"① 崇祯《文安县志》首次记载了胜芳镇，追溯往古，记云："《括地志》云武平亭，今名渭城，在瀛州文安县北七十二里，今胜芳镇在城北七十二里，即武平。"② 康熙《文安县志》的信息似是而非："古迹武平亭，《史记》赵惠文主二十一年赵徙漳水武平西，二十七年又徙漳水武平南。《括地志》云武平亭，今名渭城，在瀛州文安县东北七十二里，今胜芳在邑东北七十里，浊漳溥沱汇流于此，疑即武平。"③ 其实，即使胜芳镇是建立在古代武平亭之地，也不能说明古时已形成了乡镇。又北宋苏洵曾任文安主簿，被传为"赴职胜芳镇"，而即使传入南方水稻、莲藕等，也不能说明宋代就"工商兴隆"，"更名为胜芳镇"，最多可以说是形成著名的文安"八景"之一"胜水荷香"的一个源头。查宋欧阳修撰写的苏洵墓志铭，未提及胜芳，④ 而方志记载中的苏洵遗迹，不在胜芳镇，而在苏桥镇："苏桥在城北四十里瀛河，以老泉故迹得名。戴令公诗苏公曾授文安簿，

---

① 嘉靖《霸州志》卷一《舆地志》，天一阁藏地方志选刊，嘉靖刻本。
② 崇祯《文安县志》卷二《古迹》，《原国立北平图书馆甲库善本丛书》，第287册，国家图书馆出版社2013年版，第238页。
③ 康熙《文安县志》卷一《古迹》，康熙刻本。
④ （宋）欧阳修：《故霸州文安县主簿苏君墓志铭并序》，《欧阳修文选读》，岳麓书社1984年版，第348页。

河上苏桥口昔传";而且祭祀苏洵的"文公祠",也在苏桥。① 至于一直以来,以明清时期"因为人杰地灵,经营有道,就逐渐发展为繁华的水陆商埠码头"的说法,将明清捆绑为一个板块笼统而言,也未见史料根据和具体考证。

重新审视胜芳镇兴起于何时?据嘉靖《霸州志》记载,明初霸州隶北平府,永乐初改北平为顺天府,霸州仍隶之,领保定、文安、大城三县,霸州自明朝永乐迁都,就隶属于北京顺天府,是京畿重地,明代霸州历史与北京、天津的历史发生了密不可分的关联。明初,朝廷实施过大规模移民北京的政策。永乐元年(1403)为了"培植根本":"令选浙江、江西、湖广、福建、四川、广东、广西、陕西、河南及直隶苏、松、常、镇、扬州、淮安、庐州、太平、宁国、安庆、徽州等府,无田粮并有田粮不及五石殷实大户,充北京富户,附顺天府籍,优免差役五年。"② 除富户外,永乐年间移民次数频繁。如明成祖甫登帝位,就"命户部遣官,核实山西太原、平阳二府,泽、潞、辽、沁、汾五州丁多田少及无田之家,分其丁口以实北平各府州县,仍户给钞. 使置牛具、子种. 五年免征其税"③。据说从江浙、山东、山西等地移来众多居民及军人家属,很多在胜芳居住。④ 据胜芳镇现存《蔡氏族谱》记载,蔡氏就是永乐以后的军事移民。胜芳镇内至今人口占多数的镇东薛、镇西邢、镇南杨、镇北蔡以及赵、王、刘、马等八个家族姓氏,基本上都是明代移民的后代。又据《霸县志》中国历史大事年表载,明初建文、永乐年间有四次大移民,多由山西迁往燕地各县285个自然村,其中建于明代的有86个,属于奉诏迁建的移民村有39个,可见明代移民是本地人口的重要组成部分。⑤

一般说来,古代的镇多是军事据点,随着商品货币经济发展,产生了由集市贸易兴起的市镇。商业的繁荣与交通运输的发展有着十分密切的关系。一般"集之盛地"的镇,多位于各集市的中心,或分布在交通要道特别是沿河两岸。河运是当时主要的运输方式,便于商品的集散。胜芳的地

---

① 康熙《文安县志》卷一《古迹》。
② 《明会典》卷一九《富户》,第130页。
③ 《明太宗实录》卷一二下,洪武三十五年九月乙未,第217页。
④ 胜芳镇镇志编纂委员会:《胜芳文史资料汇编》(第一辑),2004年7月,第2—3页。
⑤ 转引自李莘《河北霸州胜芳镇民间花会音乐民俗志》,第13页。

理位置对于兴起为水陆码头是有优势条件的。霸州胜芳镇隶属北京顺天府，位于冀中平原海河流域的大清河沿岸，大清河是海河支流，贯通了永乐二年（1404）建立的天津卫，而胜芳居于水路中间位置，往来北京城和天津卫入海极为便利，过往船只由大清河到达天津后，再沿北运河可直达京城，正是拥有如此优越的地理位置，在晚明商品货币经济发展大潮中，胜芳镇崛起为水陆物资集散地，成为文安县七镇之一。

考察晚明胜芳镇的兴起，其基础就在集市的兴起，时间是在嘉靖后期。具体而言，胜芳镇兴起于1548—1631年之间。根据如下：在成书于嘉靖二十七年（1548）的《霸州志》中，无论是"城中集"五，还是"乡村集"八，都没有胜芳的踪迹；而在成书于崇祯四年（1631）的《文安县志》"街镇"中，胜芳已成为七镇之一。① 由此可知，胜芳是在嘉靖以后商品货币经济发展大潮中兴起的乡镇。

进一步说，兴起于晚明的胜芳镇，还有一个更为广阔的全球史的大背景。

16世纪是全球化开端的世纪。明代白银货币化，是明代中国发生重大国家与社会转型的引擎。白银崛起于民间，是市场萌发的结果。通过一系列的赋役改革—财政改革，白银在全国铺开，于嘉靖初年形成了流通领域主币，如水银泻地，全面渗透到城镇与乡村，促成了大批市镇的兴起和全国性市场的形成。并在国内白银矿产供给不足、社会对于白银的巨大需求下，市场超出了国界，走向了世界，以商品换取外国白银大量流入中国，由此中国与全球发生了互动关系。② 关于江南大量市镇兴起，迄今已有多部研究专著出版，北方市镇的兴起虽然不如江南数量之多，伴随商品货币经济的迅速发展，也有较快增长。嘉靖《霸州志·风俗》记载："郡俗夙称朴略，最为近古，迩来濡染渐入浮绮，纯漓升降之机，司化者加之意焉耳。"③ 说明商业化大潮已经起于青萍之末，胜芳镇正是在晚明商业化大潮中兴起的。崇祯《文安县志·街镇》记有："镇七：曰柳河、胜芳、苏桥、狼虎庙、岳村、孙氏、围河。"当时知县唐绍尧曰："日中为市，创立隆

---

① 崇祯《文安县志》卷二《街镇》，第231页。
② 万明：《明代白银货币化的总体视野：一个研究论纲》，《学术研究》2017年第5期。
③ 嘉靖《霸州志》卷一《风俗》。

古，惟集有场以来，商贾聚货，通财相济斯溥，城邑乡村，按期环堵。"并记："城内间日一市，苏桥镇、胜芳镇、柳河镇、岳村镇、孙氏镇、围河镇、狼虎庙镇，以上各五日一市。"① 在晚明兴起的胜芳镇，至清初康熙年间，发展相当繁荣，史载："胜芳市以四九日，居民万余，舳舻动以千计。然多鱼藕席柴，不备五谷。"② 这无疑是胜芳民间音乐会，也称花会，得以获得发生和发展的前提。

具体而言，至嘉靖、万历年间，白银货币化加速进行，国家赋役改革全面铺开，以白银货币作为征收对象，从此乡村生活离不开白银，人们对市场的依赖观念日益增强。万历《顺天府志》记载："粮役之论不可不讲也"，详细记录了顺天府在万历二十一年（1593）"银力二差"共编头役2405项，通共银145163余两；霸州编头96项，该银8707余两。特别值得注意的是，霸州名下记有："本州吹鼓手八名，每名原编银三两六钱，今量增，每名编银七两二钱。"③ 吹鼓手，是州县的乐队，包括演奏筚篥的乐工，在当时已经是通过州县征收银子去雇佣，说明乐工已被投入了劳动力市场。

综上所述，晚明随着白银引发的商品货币经济的快速发展，出现了商业化、城镇化的早期近代化进程，当全国市镇如雨后春笋般兴起之时，霸州胜芳镇也应运而生。

第三节　音乐会溯源：明代筚篥的传播方式及其流变轨迹

筚篥，这一起源于丝绸之路的乐器，在中国的传播已有一千多年的历史。最早出现于魏晋时期，在宫廷音乐与民间音乐中都有着它的地位。从筚篥到头管，演化成今天冀中笙管乐的主奏乐器，一直活跃着，极富生命力，这一来自域外的乐器，已经完全融入了中国传统音乐文化之中。考察

---

① 崇祯《文安县志》卷二《街镇》。
② 康熙《文安县志》卷一《集市》。
③ 万历《顺天府志》卷三《食货》，万历刻本。

筚篥的流变过程，明代是一个重要的历史时期。

为了更好地了解筚篥传播与今天的冀中音乐会，在这里有必要说明明代顺天府地理范围，当时的顺天府，实际上包括了今天的北京、天津和冀中一些地区。

万历《顺天府志·京兆图记》云：

> 中为都城，南为固安、霸州，北为昌平，东为通州、三河、香河、王田，西为良乡、房山，东北为蓟州，东南为武清，西南为涿州。固安之东为东安、永清，霸州之南为保定、文安、大城，昌平之东为怀柔、密云，通州之北为顺义，南为漷县，东南为宝坻，蓟州之北为平谷，东为丰润，东北为遵化。①

音乐学界对于冀中地区农村乐社的关注和研究，起始于由"智化寺京音乐"导引出的对河北民间鼓吹乐社"音乐会"的长期综合性探讨。② 根据调查研究，冀中音乐会，是冀中平原乡村中的一种民间传统乐社，其分布区域，广及河北省的安次、永清、霸县、文安、固安、雄县、任丘、徕水、新城、安新、高阳、易县、徐水、清苑、完县、定县等县区，以及天津市的武清、静海、杨柳青、前辛庄等乡镇。③ 近年智化寺举办的京畿地区民间器乐展演，也有北京郊区的音乐会参演。可以说，以筚篥，今称管子为主的音乐会形成了京津冀颇具特色的区域文化。

霸州胜芳镇南音乐会，是冀中音乐会的代表之一。根据李莘调查：会社性质是文会，使用笙管乐、打击乐。乐队的编制是这样的：管1支（八孔）、笙4攒（15簧）、云锣2架、大铙1副、大镲1副、小钹1副（会里称为"板儿"）、大鼓1面、手鼓1支，另有旧鼓两只。④

其实，筚篥传入中国以后，唐代在河北民间已有传播的印迹。据《乐府杂录》记载，唐大历中，幽州有王麻奴者，擅长吹奏筚篥，河北推为第

---

① 万历《顺天府志》卷一《京兆图记》。
② 李莘：《河北霸州胜芳镇民间花会音乐民俗志》，第1页。
③ 薛艺兵：《从冀中"音乐会"的佛道教门派看民间宗教文化的特点》，《音乐研究》1993年第4期。
④ 李莘：《河北霸州胜芳镇民间花会音乐民俗志》，第67页。

一手,但当时与来自西域的高手相比,王麻奴在音乐技艺上还是要略逊一筹。① 伴随"胡人"的活动与传授,筚篥传播开来。

发展到明代,筚篥仍被称为"筚篥""觱篥""筚栗",但更多的是被称为"头管",趋向于本土化,并从宫廷音乐向民间音乐进一步下移,这是与晚明社会文化平民化、世俗化发展的大趋势紧密相联的。

根据明代文献记载,明人这样理解头管:

王三聘《事物考》云:"觱篥,何承天纂文曰羌胡乐噐,其声悲,本名悲栗,或曰胡人吹之,以惊中国马。后乃以筯为首,以竹为管,然胡部在管音前,故世亦云头管。唐编卤簿,名为筯管。"②

黄一正《事物绀珠》云:"觱篥,音必立,又名悲篥,名筯,□□胡乐,以竹为管,芦为首,九孔,六孔者曰风管。头管,以觱篥应律管谱,□众器之首,故曰头管。银字管,又名银字觱篥。"③

英国学者钟思第（Stephen Jones）认为,京津冀中地区民间音乐会的传播方式有三种:一、从都市宫廷传入村镇;二、从寺院道观传至村落;三、音乐会社相互传习。张振涛认为他的概括精炼全面,民间乐社师承僧道的现象具有普遍性。④ 在这里,我认为还有一种传播方式,是他遗漏了的,即地方官仪音乐（包括军乐）。筚篥出现在地方官府的各种仪式中,是不可忽视的一种传播方式。下面就对明代以来的四种传播方式略加论述。

一　宫廷音乐

筚篥的来源,是源自域外,发展到明代,筚篥也称头管,即管子。明太祖开国执意复兴传统文化,制礼作乐均仿《周礼》,但在宫廷音乐中,雅乐的式微和俗乐的兴盛仍是作为特征出现的。下面让我们从筚篥的视角来考察。

以上说明在明代宫廷音乐中,筚篥没有领奏的地位,但是确实参与了

---

① 《乐府杂录》,第11页。
② 王三聘:《事物考》卷五,明嘉靖四十二年刻本。
③ 黄一正:《事物绀珠》卷一六《音乐部》,万历刻本。
④ 张振涛:《民间鼓吹乐社与寺院艺僧制度》,《音乐艺术》2006年第1期。

宫廷朝贺用乐。

筚篥用于明代宫廷音乐，已经制度化。《明实录》记载：洪武三年（1370）九月，定朝会宴享乐舞之数。"凡圣节、正旦、冬至，大朝贺用乐工六十四人，引乐二人，箫、笙、箜篌、方响、头管、龙笛各四人，琵琶六人，杖鼓二十四人，大鼓二人，板二人……上还宫，乐止，百官退，和声郎引乐工以次出。"① 当时规定四夷舞用乐工16人，其中包括有头管2人。

洪武十五年（1382）六月礼部奏定王国乐工、乐器、冠服之制。"凡朝贺用大乐，乐工二十七人，乐器用戏竹二、头管四、笛四、杖鼓十二、大鼓一、花梨木拍板一。"②

永乐二年（1404）三月，定东宫仪仗。有所增易，增有"头管四"③。

根据《明会典》记载：丹陛大乐，后奏于奉天门，用头管12件，具有与箫、笙、笛同样的分量。④ 进膳乐《太平清乐》所用的乐器是笙四，笛四，头管二，阄四，杖鼓八，小鼓一，板一，方响一。⑤ 设立大乐、迎膳乐、导膳乐均见有头管。⑥ 永乐年间定《奏抚安四夷之舞》，首先是笛二，其次是头管二。⑦

正统六年（1441）正月，英宗命造中宫朝参乐器，其中就包括有头管。⑧ 当时是准备配合确立北京的制礼作乐。正是在这一年，英宗颁诏大赦天下，命改给两京文武衙门印，北京诸衙去行在二字，南京诸衙再增南京二字，重新明确了北京为首都，南京为陪都。由此两京并称，与明朝相始终。⑨

上述说明，在明代宫廷音乐中筚篥多有存在。虽称头管，惜已不在领奏地位，但已完全融入了明代宫廷音乐之中。

---

① 《明太祖实录》卷五六，洪武三年九月乙卯，第1101、1102页。
② 《明太祖实录》卷一四六，洪武十五年六月壬辰，第2287页。
③ 《明太宗实录》卷二七，永乐二年三月己巳，第526页。
④ 《明会典》卷四三《礼部》一，第309页。
⑤ 《明会典》卷七三《礼部》三十一，第424页。
⑥ 《明会典》卷七三《礼部》三十一，第424、427页。
⑦ 《明会典》卷七三《礼部》三十一，第425页。
⑧ 《明英宗实录》卷七五，正统六年正月甲子，第1472页。
⑨ 万明：《明代两京制度的形成与确立》，《中国史研究》1993年第1期。

第三篇　文化篇 >>>

《明集礼》相当详细地记载了明初宫廷音乐，如四夷乐工，"四夷舞用乐工十六人：腰鼓二人、琵琶二人、胡琴二人、箜篌二人、头管二人、羌笛二人、篥二人、水盏一人、板一人。大乐工，每宴会、朝贺及上位出宫、还宫、进膳，用乐工六十四人：戏竹二人、箫四人、笙四人、琵琶六人、篥六人、箜篌四人、方响四人、头管四人、龙笛四人、杖鼓二十四人、大鼓二人、板二人"。又"朝贺奏乐仪注：圣节、冬至、正旦大朝贺用乐工六十四人：引乐二人、箫四人、笙四人、琵琶六人、箜篌四人、篥六人、方响四人、头管四人、龙笛四人、杖鼓二十四人、大鼓二人、板二人。大乐器：箫四、笙四、琵琶六、篥六、箜篌四、方响四、头管四、龙笛四、杖鼓二十四、大鼓二、板二。四夷乐器：腰鼓二、琵琶二、胡琴二、箜篌二、头管二、羌笛二、篥二、水盏一、板一"①。

在宫廷音乐中，自古就有雅乐和俗乐之分，明代宫廷音乐承袭历代旧制，主要在祭祀部分用雅乐。"大乐"一词，在汉唐已出现，但不是作为音乐种类或乐队的名称。《辽史》云："用之朝廷，别于雅乐者，谓之大乐。"此外，明代宫廷音乐本身具有雅俗音乐通约的特点，在继承前代雅乐的基础上，明代宫廷音乐吸取了更多俗曲，也就是当时民间流行的散曲、杂剧音乐。有学者评价明代宫廷乐章云："按明代乐章，其体极杂，有类似古雅乐者，有类似汉制乐府者，有直用元曲牌者，盖去古愈远矣。"② 这充分说明明代宫廷音乐相对前代有所更新，并不是墨守成规的。

无论是朝廷宴会，还是朝贺奏乐，明朝宫廷音乐中都包括有笙篥，也称头管的外来乐器的演奏。这是与时代特征密切相联系的。蒙元帝国崩溃后，国际关系格局出现新变化。明代中国这一东亚大国，在明初出现了从农耕大国向海洋大国的明显走势和郑和七下印度洋形成国际新秩序及万国来朝盛况。《明会典》中明确记载，自洪武年间开始，明朝凡大宴乐，都要演奏乐章《太清歌》，表演"万国来朝队舞，缨鞭得胜队舞"③。

经过明初几十年的休养生息，永乐时期王朝日益强盛。永乐三年（1405）派遣郑和下西洋，国家航海规模之大，人数之多，时间之长，航

---

① 《明集礼》卷五三下，文渊阁《四库全书》本。
② 许之衡：《中国音乐小史》，知识产权出版社2011年版，第48页。
③ 《明会典》卷七三《礼部》三十一，第424页。

程之远，均是当时世界上绝无仅有的。更重要的是，下西洋全面贯通了古代陆海丝绸之路，建立了新的国际秩序，包括今天的东北亚、东南亚、中亚、西亚、南亚，乃至东非、欧洲等广袤的地方，连成了一个太平共享的利益与责任共同体。当时海外各国来中国的使节和商队络绎不绝。永乐迁都北京，郑和第五次下西洋归国之后，永乐二十一年（1423）有西洋古里（今印度喀拉拉邦卡利卡特，又译科泽科德）、忽鲁谟斯（今伊朗霍尔木兹）、锡兰山（今斯里兰卡）、阿丹（今也门亚丁）、祖法儿（今阿曼佐法尔）、剌撒（一说在索马里泽拉，一说在今也门亚丁附近）、不剌哇（今索马里布拉瓦）、木骨都束（今索马里摩加迪沙）、柯枝（今印度柯钦）、加异勒（今印度半岛南端东岸）、甘巴里（今印度南部科因巴托尔）、溜山（今马尔代夫）、南浡里（今印度尼西亚苏答腊岛西北部）、苏门答剌（今印度尼西亚苏门答腊岛）、阿鲁（今印度尼西亚苏门答腊岛东岸巴鲁蒙河口）、满剌加（今马来西亚马六甲）等16国使臣1200人来华聚集北京的一大盛会。①

笔篥以头管的名称，参与了中外盛会的音乐演奏。明代宫廷是以一种开放的姿态，吸收了域外音乐的宫廷音乐，以一种雅俗共存的状态出现，富有活力。

嘉靖年间，锐意改革礼制的皇帝，对于"乐"又进行了改良。明人廖道南论及其后发生的变化，云："夫古乐不复于今久矣，自元入中国，胡乐盛行，我圣祖扫除洗濯，会朝清明，悉崇古雅，观诸《大明集礼》所载，昭如日星，人所共见。奈何浸淫日久，新声代变，俗乐杂乎雅，胡乐杂乎俗。而恧澧噍杀之音，沉溺怪幻之技作矣……今宜历考雅乐之章，革去胡乐之部。"②说明明宫音乐后来的演变轨迹，突出了新、俗和"胡"，所谓的"胡"，主要是夹杂了外来音乐的元素。明人胡震亨则云："近时乐家多为新声，其音谱传移，类以新奇相胜，故古曲多不存。顷见一教坊老工言：惟大曲不敢增损，往往犹是唐本。"③

---

① 《明太宗实录》卷二六三，永乐二十一年九月戊戌，其中仅见15国，第2403页。查《明太宗实录》卷二三三，永乐十九年春正月戊子条，有16国遣使来华记载，见有"甘巴里"，第2255页。故在此补入。
② （明）张萱：《西园闻见录》卷五一《礼部》十，民国哈佛燕京学社印本。
③ （明）胡震亨：《唐音癸籤》卷一五《乐通》四，上海古籍出版社1981年版，第169页。

第三篇　文化篇 >>>

综上所述，明代以后，在宫廷音乐不断更新变化中，筚篥失去了领奏地位，但是也可以说是融入了宫廷音乐之中。崇祯《太常续考》使我们确认国家祭祀音乐中，始终没有筚篥即头管的参与，但项阳先生指出：明代吉礼用乐，以宫廷为主要的大祀和部分中祀用雅乐类型，以各级地方官府为主要小祀用教坊乐的非雅乐类型。① 实际上说明了宫廷小祀与民间祭祀音乐的关系。

发展至明代，筚篥发生的最重大的变化，是不再用竹制，而改用乌木作管身，这一直以来由冀中音乐会沿用至今。洪武二十六年定，制造皇帝、皇太子、亲王卤簿车驾等项仪仗及修理者，属于工部营缮所，因此，明朝宫廷中的头管，是由工部营缮所制造。②《明会典·工部》详细记载了"大乐制度"中的头管："管以紫竹为之，长一尺九寸，六孔，间缠以弦线，裹以锡箔，无底。"又载："头管十二，管以乌木为之，长六寸八分，九孔，前七后二，两末以牙管束，以芦为稍。"③ 这里明确将管与头管区分开来论述，而迄今论者多不考，常将外来的筚篥与传统的管乐器混淆不辨，形成误解。筚篥发展形成的头管，与中国传统乐器的管，是有所不同的，明人很清楚这二者之间的差异。据此，冀中笙管乐的管，准确无误地就是来自丝绸之路的筚篥后裔。

自西汉张骞出使西域以来，打通了丝绸之路，横贯东西的丝绸之路成为古代印度、希腊、波斯和中国四大文明交流的通道，此后筚篥从丝绸之路传入中国，这种外来文化融入中国宫廷音乐后，形成了繁盛的隋唐音乐，并为历朝历代宫廷音乐所传承下来。发展到明代，是加速向民间传播的重要历史时期。元代宫廷头管仍是竹制，到明代宫廷中发生了从竹的材质到木的材质的转换，这是一个重大的变化，是从丝绸之路来的"筚篥"，发展到今日冀中流行之"管子"的一个实质性变化，标志明代筚篥传播进入了一个本土化的新阶段。

---

① 项阳：《小祀乐用教坊，明代吉礼用乐新类型》（上、下），《南京音乐学院学报》2010年第3—4期。
② 《明会典》卷一八三《工部》二《营造》二，第921页。
③ 《明会典》卷一八三《工部》三《营造》三，第931页。

二 官仪音乐

翻开明代嘉靖年间编纂的《霸州志》，其中清楚记载着在兵备道库中置放的筚篥，写作"筚栗"。① 其明显是用于地方官府仪仗演奏之用。这种地方官仪乐器，演奏自然是由当地乐手担任，乐手产生在民间，乐器的传承也会在民间扎根。明代从宫廷卤簿到地方官仪，是一个不可忽视的传播方式。

地方官府仪仗音乐，属于鼓吹乐。鼓吹乐作为历史乐种，特指汉魏以来宫廷、军队、官府中与卤簿仪仗、军旅、宴飨有关的音乐种类。自汉代史料中已有卤簿制度的确切记载。《后汉书·百官志》载："天子每出，奏驾上卤簿用。"② 卤簿鼓吹就是在卤簿中使用的车驾仪仗之乐。隋代大业中，隋炀帝"制宴飨，设鼓吹"，其中的大横吹和小横吹部都已有筚篥在列。③ 说明宫廷鼓吹乐中已加入了外来因素，宫廷仪仗用乐具有了兼容并包的特征。

筚篥是鼓吹乐的主要乐器，本是来自军中，源自军中鼓吹乐。北魏以来建立乐籍制度，乐人进入宫廷之中，参与祭祀、典礼、仪式、筵宴等宫廷音乐的演奏。此后为历朝所继承。《宋史·乐》鼓吹上记载："鼓吹者，军乐也……太常鼓吹署乐工数少，每大礼皆取之于诸军。一品已下丧葬则给之，亦取于诸军。又大礼，车驾宿斋所止，夜设警场，用一千二百七十五人。奏严用金钲、大角、大鼓，乐用大小横吹、觱栗、箫、笳、笛、角手取于近畿诸州，乐工亦取于军中，或追府县乐工备数。"④ 足见宋代宫中鼓吹乐工不足，用军中鼓吹代替，也以地方府县乐工去补充。由此也可知，不仅在宫中有鼓吹乐工，在军中和地方府县都有鼓吹之人。

明代兵部车驾清吏司掌卤簿仪仗、禁卫及驿传、厩牧之事。大驾卤簿，在洪武二十六年（1393）所定乐器中，未见头管；永乐三年增定，见有"头管十二管"。⑤ 戚继光《练兵实记》记载，在军营中，每营有"吹

---

① 嘉靖《霸州志》卷三《戎器》。
② 《后汉书》卷六《百官志》二，第3581页。
③ 《隋书》卷一五《音乐志》下，第382—383页。
④ 《宋史》卷一四〇《乐志》十五，第3301—3302页。
⑤ 《明会典》卷一四〇《兵部》二十三，第723页。

鼓手十六名"。① 据明人何良臣《阵纪》记载：军中响器主要用鼓类，但战阵中有錞钲、铙铎、号笛、笳管、觱篥、锁叭、哱啰、板钹、梆铃等乐器的利用。② 值得注意的是，其中用的是"觱篥"之称，而不是头管，可见在军中仍用旧称。上文所述嘉靖霸州官库中存放的也不称头管，而作"筚栗"，也可见地方官府仍沿用古称。

筚篥在明代官府与军中一直传承下去，清《固安县志》记载："引导部仪仗乐器：龙旗一对、龙幢一对、笙二、笛二、洞箫二、头管二。上古有都良管、斑管、展管；唐有双凤管、太平管；宋有拱宸管，其名不一。古乐用之管，如篪，六孔，比笛而小，并两吹之，其制不传。近世惟用头管，前后九孔，借哨口取声，盖俗乐也。"③

明末顾炎武曾如此评价："鼓吹，军中之乐也，非统军之官不用。今则文官用之，士庶用之，僧道用之，金革之气，遍于国中。"④

明代宫廷音乐中皇帝出行用鼓吹，王府、文官用鼓吹，上行下效，僧道用鼓吹，民间也用鼓吹。在商品货币经济的冲击下，乐籍制度崩坏，明初按照等级制度规定，赐予亲王仪仗乐工，晚明这种乐户已经大多裁撤。⑤ 上述万历《顺天府志》记述乐手需要以银雇佣，与此同时，明人记载不论贵贱，只要有银子，婚丧之礼"无不以鼓吹将之者"⑥，以致"浸淫日久，体统荡然"⑦。这种制度上的僭越，晚明比比皆是，是社会变迁的表征之一。

明代宫廷至官府的礼崩乐坏，并没有妨碍筚篥的传承，从宫廷到官府，再到民间，构成一条音乐之链，有乐人连接，从未断裂。

---

① （明）戚继光：《练兵实纪》卷一《练伍法》，中国电影出版社2004年版，第6页。
② （明）何良臣：《阵纪》卷二，明刻本。
③ 咸丰《固安县志》卷四《附录》，咸丰刊本。
④ （明）顾炎武著，黄汝成集释：《日知录集释》卷五《木铎》，岳麓书社1994年版，第168—169页。
⑤ （明）张居正：《张太岳集》卷四三《请裁定宗藩事例疏》，上海古籍出版社1984年版，第652页。
⑥ （明）于慎行：《谷山笔麈》卷一四《杂解》，中华书局1984年版，第152页。
⑦ （明）顾起元：《客座赘语》卷九《礼制》，中华书局1987年版，第290页。

三 寺观音乐

谈寺观音乐,首先要从明代北京最著名的智化寺京音乐谈起。北京智化寺建于明英宗正统十一年(1446),是明英宗太监王振的家庙,是1949年后依然保持着艺僧的寺院。正统十四年(1449),土木之变,英宗被俘,景帝即位,王振被杀;天顺元年(1457),英宗复位,智化寺恢复香火。王振身为太监,身份显赫,故有他将宫廷音乐带入了家庙之说。田青曾提出了疑问:"迄今为止,除了猜测以外,还找不到任何证据支持目前所谓王振把宫廷音乐带到了智化寺的说法,也更难想象这个太监的家庙便是几乎所有中国北方农村都有的民间笙管乐的共同的渊源。中国音乐学家们的任务是繁重的,仅仅将这些有着紧密关系和许多共同之处的'支乐种'放到一起进行一下比较研究,便是一个极大的工程。"① 考虑到明代宫廷音乐中本来就包括法曲,也包括俗乐;而在小祀时,也有俗乐参与的情况,因此王振将宫廷音乐带入了家庙是有可能的。进一步说,明代宫廷音乐从宫廷到民间,作为媒介之一的,就是寺院道观。

据音乐学界自20世纪50年代以来开始的大量调查研究,确认了智化寺京音乐与胜芳镇音乐会,乃至冀中笙管乐都有着传承的关系。从笙簧来判断这种联系的是杨荫浏先生,他针对智化寺的九孔管进行研究时断言:"现在一般流行的管,都是前七孔、后一孔,共八孔。但宋陈旸《乐书》(1099)讲到笙簧,却曾说:'其大者九窍,'而且又加注:'今教坊所用,前七空,后二孔'。现在智化寺的管九孔,确是北宋教坊笙簧的遗制。"②

薛艺兵指出:从"管乐谱"名称来看,智化寺音乐原称"管乐"(这一名称与管子的主导作用有关),是以管子为主奏的乐队,常见的基本配置是:管子(2支)、笙(4攒)、笛子(2支)、十音云锣(2架)、鼓(1面)、小镲(1副)、大铙(2副)、大钹(2副)、铛子(即架悬单音锣,1面)。在这类乐队中,若演奏乐曲,管子始终是领奏乐器。若同时使用两支以上管子,其中必有一支为"头管",其余管子和全体乐队均随"头

---

① 田青:《世纪末回眸:智化寺音乐与中国音乐学》,《中央音乐学院学报》1998年第2期。
② 《智化寺京音乐(一)》,中央音乐学院中国音乐研究所油印本,1953年采访记录。引自田青《世纪末回眸:智化寺音乐与中国音乐学》,《中央音乐学院学报》1998年第2期。

管"入乐。无疑,这种类型的乐队曾盛行于宫廷。① 他在这里实际上揭示了宫廷音乐与智化寺寺庙音乐的密切联系。

胜芳镇音乐会,迄今也是以管子为主奏乐器的音乐会。无独有偶,据张振涛记述,1987年,中国艺术研究院音乐研究所对河北省固安县屈家营村的农民乐社"音乐会"进行了初步调查,发现该会保存的音乐与北京智化寺京音乐大同小异,基本上属同一乐种。在冀中(包括京、津、冀所辖部分县市)地区至今仍保存有近百个同类乐队并仍从事着各类传统民俗活动。这类音乐的组织,称为"音乐会",其音乐亦称"音乐"(yīnyào)。音乐会的音乐与京音乐一样,分"吹、打、念"三种形式。"吹"即由吹、打乐器合奏乐曲,乐队与上述京音乐相同,曲目亦大同小异。②

智化寺京音乐是比较严格的按照工尺谱本演奏传承的,冀中、京、津郊县的民间音乐会,也大都有传抄的工尺谱本,是音乐会与智化寺音乐传统的共同特点之一。

明代皇帝多崇奉佛教,京城佛教发展趋于极盛。史载:

> 初,王振佞佛,请帝岁一度僧。其所修大兴隆寺,日役万人,糜帑数十万,闳丽冠京都。英宗为赐号"第一丛林",命僧大作佛事,躬自临幸,以故释教益炽。③

明代从帝王贵戚,到民间百姓,纷纷捐资修建寺庙,于是"营构寺宇,遍满京邑"。据万历《顺天府志》记载,当时霸州的寺观有:普济寺、湖海寺、普济教寺、丛林寺、镇观寺、观音寺四处、大觉寺、普安寺、普和寺、泉宁寺、兴国寺、兴善寺、永兴寺、开大寺、圆通寺、真武庙、东岳庙、关王庙、龙王庙、五龙王庙、三官庙、三义庙、文昌祠、天妃祠。④ 因此,明代智化寺音乐在当年不会是独一无二的、与其他寺庙音乐完全不同的音乐。项阳先生曾介绍《诸佛世尊如来菩萨尊者神僧名经》,分为

---

① 薛艺兵:《民间吹打的乐种类型和人文背景》,《中国音乐学》1996年第1期。
② 张振涛:《民间鼓吹乐社与寺院艺僧制度》,《音乐艺术》2006年第1期。
③ 《明史》卷一六四《单宇传》,第4457页。
④ 万历《顺天府志》卷二《寺观》。

"诸佛世尊如来菩萨尊者名称歌曲"和"诸佛世尊如来菩萨尊者神僧名经"两部分,其中包括永乐帝颁赐寺庙的社会上的几百首南北歌曲,先后派专人将经曲送往五台山、京城的大报恩寺,以及淮安、河南、陕西,还有交阯等地散施。是佛教与世俗音乐的接衍,认为具有划时代的意义。① 我非常赞同他的观点。

从演奏场域来看,胜芳镇音乐会,一般在胜芳镇花会时演奏。花会,又称社火,源自一种民间庙会活动。据说胜芳镇的花会曾有七十二道之多,享有盛名。庙会,古称庙市,起初是一种在宗教节日开放,以寺观为场地的市集形式。历经演变,形成兼具商业、节日娱乐、礼佛活动的庙会形式。晚明商品货币经济发展,佛教、道教寺观遍及京城内外,庙市与乡村音乐会兴起有着千丝万缕的联系。庙会本源出于祭社,京城寺庙民众性的宗教祭祀活动,大约自元代起形成了定期集会规模。在晚明商品货币经济快速发展时期,庙会极为繁盛。胜芳镇在嘉靖后期发展起来,适逢其时,至今流传的花会摆会与火神信仰的祭祀相关,不是偶然的,晚明北京庙会祭祀活动发展到鼎盛时的区域影响,是不言而喻的。今天冀中音乐会的地域是在明代北京都市地域文化圈中,受到北京城庙会的影响,也是可以推知的。庙会祈祷神灵保佑仪式,总是以音乐表演相生相伴,筚篥,也就是管子,遂成为庙会音乐演奏的主角。胜芳镇花会,分为两大类型,即文会和武会,以笙管、打击乐见长的音乐会是文会。历史上"胜芳七十二道会"享有盛名。经过调查,李莘认为"将胜芳的花会与北京近代的庙市花会相比较,无论从会社名称、会社分类、组织管理、活动程序以及表演形式和内容而言,都具有相当多的共性"②。

在商品货币经济快速发展的大潮中,当僧侣为了生活需求而走出寺庙参与民间法事之时,也就是寺庙音乐向民间的广泛传播之时,筚篥,俗称的管子,就这样在明代广泛传播和流行于民间了。

今天,除了参与当地丧事民俗活动外,霸州胜芳镇音乐会每年还要出庙会演奏三次。音乐会现能演奏三十多支曲牌,最擅长的有大套曲"山坡羊"等。曲目中既有佛教乐曲,也有俗世风格的乡调,雅俗兼具,深受人

---

① 项阳:《永乐钦赐寺庙歌曲的划时代意义》,《中国音乐》2009年第1期。
② 李莘:《河北霸州胜芳镇民间花会音乐民俗志》,第38页。

第三篇 文化篇 >>>

们喜爱。

四 民间音乐

迄今流传于河北冀中平原霸州一带的地方传统音乐,主要以管子领奏、笙等合奏,故又称"笙管乐",冀中笙管乐流传于冀中平原,即北京以南、天津以西,沧州、定州一线以北近三十个县市,汉族民间俗称"音乐会",还在使用工尺谱传承着古乐。胜芳镇音乐会就是冀中笙管乐音乐会的代表之一。

考察明代以来霸州胜芳镇对中外音乐文化的传承,南音乐会是历史上最为古老的花会之一,明朝时期已出现在胜芳,因其位于胜芳河以南,称为"南音乐会"。南音乐会是河北廊坊霸州市胜芳镇的民间音乐,它同胜芳镇北音乐会、固安屈家营音乐会等同属于冀中笙管乐,2006年入选中国首批国家级非物质文化遗产名录。从历史上看,晚明胜芳镇凭借优越的水上地理位置,在商品货币经济发展大潮中崛起,成为霸州文安七镇之一,逐渐发展为繁华的水陆商埠码头。今天冀中笙管乐的主要乐器之一称为管子的,也即筚篥,曾在宫廷音乐中担任"众乐之首",飞入寻常百姓家,成为民间音乐中的"众乐之首",至今还活跃在冀中民间音乐会笙管乐队中,"活"在与民间社会生活有密切关联的民间仪式音乐之中。

晚明伴随宫廷音乐的没落以及俗乐、市民文化的兴起,鼓吹乐这种曾经在宫廷和官府中表达等级尊贵的音乐,广泛地下移到民间,成为平民百姓的艺术,在民间开花结果,孕育出冀中各地的笙管乐类音乐题材和形式。筚篥从上层音乐文化进一步向下层音乐文化转移,管乐真正走进了民俗之中,在民间婚丧吉凶之礼和迎神赛会等仪式上,管子逐渐居于领奏地位,担负起民间婚丧等民俗活动的演奏,如火神信仰仪式音乐等,在民间社会成为一种实用性极强的乐器形式,由此来自丝绸之路传来的筚篥实现了历史性转变,承载着中国民间传统音乐文化。

杨翠屏、金久红对于廊坊各县民间花会的种类进行了全面梳理,类型非常丰富。[①] 今天,笙管乐遍布整个冀中平原,管子在各地民间音乐中发

[①] 杨翠屏、金久红:《浅论廊坊各县民间花会的种类与传承》,《廊坊师范学院学报》(社会科学版)2015年第2期。

· 811 ·

挥了主奏作用，各地农民以村镇为单位，在当地祭祀、礼仪、丧葬等民俗活动中演奏传承，各音乐会相互交流激励。筚篥传入中国，经历了本土化的过程，成为管子，完全融入了中国传统音乐文化之中。

音乐会是传统音乐文化的代表之一，在主奏乐器上，体现了中外文化交融的鲜明特色，不过由于筚篥名称的中国化，长期以来这一特色没有得到广泛认知。这正是本章重温来自丝绸之路的筚篥与冀中民间音乐会的管子关系的意义所在。

结　　语

从古代丝绸之路的视野看河北廊坊霸州胜芳镇音乐会，以管子为主奏乐器，是冀中、京津郊区民间音乐会传统笙管乐音乐会的代表之一，而管子传入中国时的名称是筚篥。历史上，中国通过丝绸之路吸取了波斯、印度和阿拉伯地区的音乐文化，筚篥从丝绸之路传入了中国。明代是中国中外关系史上的一个重要时期，也是中国传统音乐史上传承与转型的一个重要时期。筚篥向管子的本土化重大转折发生在明代。从今天的角度看，音乐会的出现极有意义，它标志着筚篥完全融入了中国本土音乐之中，至今活跃于京津冀区域文化圈中的冀中平原大地。

一千多年来，筚篥见证了丝绸之路文化的发展传承进程，管子蕴含着极为重要的历史文化信息。一个时代有一个时代的学术，音乐文化又何尝不是如此？竹制的筚篥从丝绸之路来到中国，在明代形成木制的管子，从宫廷走向民间，成为中国传统民族音乐文化的一部分，沿用至今，是中外文明交融的典型范例。这一范例给现实的重要启示是：中国传统文化是丰富的多元文化组合，不是本土封闭、单一、线性发展的过程，而是在中外文明交融中不断发展，更新有常的结果。这正是中华民族传统文化永葆活力，屹立于世界文化之林的经验所在。

第十三章　西来之乐的古今传承：从壁画石雕到民间音乐会

敦煌壁画是丝绸之路上的艺术瑰宝，早已被列为世界非物质文化遗产。从敦煌石窟壁画中筚篥的出现，到河北石雕壁画中筚篥图像的遗存，构成西来之乐传播的重要轨迹，见证了丝绸之路音乐文化的发展传承进程。源自西亚波斯，从丝绸之路传入中国的筚篥，经历千余年的流变，形成今天冀中民间音乐会——笙管乐的主奏乐器管子，2006年已列入中国第一批国家级非物质文化遗产保护名录。这说明中西乐器交流已浑然一体，成为丝绸之路上中外文明融合的典型范例。

第一节　从图像看筚篥：管子的前世

丝绸之路是2000多年来中国与西方进行政治、经济、文化交流的一条大动脉，曾极大地影响了人类文明发展的历史进程。与史学走向全球相对应，丝绸之路研究早已轰动了世界，从平面走向立体，从一元走向多元。中国古代称为"筚篥"的乐器，是丝绸之路中最具代表性的吹管乐器之一，这种双簧管乐器，起源于古代波斯（今伊朗）。今天可见波斯（约公元2世纪左右）的吹奏筚篥图像，和印度（约公元3世纪）的吹奏筚篥图像。[①] 经古代丝绸之路传入中国，称为龟兹乐，其中就包括有筚篥的演奏。

德国探险队曾考察新疆龟兹克孜尔石窟，见第38窟绘有天宫伎乐，将该窟命名为"音乐家合唱洞"，左侧壁绘有一人吹筚篥，是公元5世纪

---

① 梁秋丽、周菁葆：《丝绸之路上的"筚篥"乐器》（一），《乐器》2015年第11期。

的图像;① 位于新疆吐鲁番东 50 余千米火焰山北麓的奇康湖石窟,第 1 窟壁画是公元 6 世纪的,绘有吹奏筚篥的图像;新疆库车苏巴什佛寺舍利盒上,有公元 7 世纪的筚篥图像;新疆库木土拉第 68 窟壁画,有公元 8 世纪扎有帛带的筚篥图像;新疆吐鲁番高昌石窟壁画,有公元 9 世纪的筚篥图像,现藏东京国立博物馆;新疆高昌柏孜克里克第 4 窟,有公元 10 世纪时的筚篥图像;新疆高昌柏孜克里克粟特文经卷上,也绘有公元 10 世纪的筚篥图像。② 以上图像都说明了丝绸之路与筚篥传播的密切关系。

鉴于敦煌在丝绸之路史上的特殊地位,了解西来之乐筚篥的传播史,考察敦煌石窟壁画具有重要意义。在以往丝绸之路的考察中,更多关注的是汉唐西北丝绸之路,敦煌石窟壁画上的筚篥图像,正是西来之乐筚篥在丝绸之路上传播的见证。长期以来,筚篥传播与河北地区的关系未见论及,而众所周知,自 20 世纪八九十年代以来,音乐学界对冀中民间音乐会给予了极大关注,定位于中国传统音乐文化的冀中笙管乐音乐会,于 2006 年已进入首批国家非物质文化遗产名录,但是迄今筚篥这一西来之乐所代表的丝绸之路音乐文化,与现实存在的筚篥变身为主奏管子的冀中民间音乐会,一直没有衔接起来进行研究。有鉴于此,笔者先以《丝绸之路的文化传承:筚篥在中国——明代以来霸州胜芳镇音乐会渊源考》一文③ 作为研究之一,尝试衔接丝绸之路音乐文化与今天活跃在冀中大地民间音乐会的关系;本章是研究之二,尝试以筚篥的古今传承为主线,追踪丝绸之路枢纽敦煌石窟壁画中的筚篥图像,到河北地区石雕与墓葬壁画中的筚篥图像,以这些图像勾勒筚篥从西域到中原的传播发展进程,并进而与今天筚篥的活态存在——至今活跃于冀中平原大地的民间音乐会相结合,探讨西来之乐筚篥在中国北方的传播,以新视角推动拓宽丝绸之路中外音乐传播交融的研究视野。

如果说在敦煌壁画中的筚篥主要是在佛国的语境之中,那么从河北石雕与墓葬壁画中的筚篥图像到民间音乐会,则逐渐完全走进了人们的日常

---

① 苗利辉等:《新疆拜城县克孜尔石窟第 38 至 40 窟调查简报》,《中国国家博物馆馆刊》2018 年第 5 期。
② 梁秋丽、周菁葆:《丝绸之路上的"筚篥"乐器》(二),《乐器》2015 年第 12 期。
③ 万明:《丝绸之路的文化传承:筚篥在中国——明代以来霸州胜芳镇音乐会渊源考》,《河北学刊》2018 年第 1 期。另见本篇第十一章。

生活，直至今天，它仍然"活"在冀中乡村生活中，作为乡村文化模式存在于冀中近30个市县，这一境况足以让笔者感到震撼。笔者认为，敦煌石窟提供了一份宝贵的世界历史文化遗产，而它的存在意义还没有被全面阐释出来；京津冀民间音乐会提供了一份宝贵的中国非物质文化遗产，而它与丝绸之路中外文化交融的意义，迄今也没有被全面阐释出来，这就需要我们将竽篥的前世今生衔接起来加以研究，引入民间音乐会研究的新视野和新课题——丝绸之路视野下乡村社会文化现象、国家对乡村社会文化治理研究，并提升到"一带一路"文化建设层面的探讨，为传承和弘扬物质文化遗产和非物质文化遗产做出贡献。

第二节 壁画中的竽篥：以敦煌石窟壁画为中心

敦煌是域外文化与中原文化交流的前沿，敦煌石窟壁画是古代丝绸之路的重要文化遗存，始建于北朝时期，历经十朝：北凉—北魏—西魏—北周—隋—唐—五代—宋—西夏—元，长达千余年，大规模外来音乐的传入是在魏晋南北朝时期，记录了丝绸之路音乐发展与传播的轨迹，其丰富的壁画是古代音乐与佛教艺术结合的产物。

敦煌壁画是丝绸之路上的艺术瑰宝，包括敦煌莫高窟、西千佛洞、安西榆林窟共有石窟500多个，历代壁画5万多平方米，早已列入世界非物质文化遗产。自藏经洞发现至今，已发现大量有关音乐的壁画，相关研究成果也非常丰富，全面改写了中国音乐艺术史的认识，也就是全面改写了丝绸之路上中外文化交流与融合的历史。

郑汝中先生指出："仅以莫高窟统计，壁画中有音乐题材的就有240个。其中有乐器44种，4500件。乐伎3346身，乐队500组，绘有乐队的经变400铺。就反映音乐事务而言，在乐器品种、数量、表演形式，以及延续时间等方面，敦煌壁画在世界壁画史上，均有重要的价值。特别是敦煌壁画乐器的研究，在学术界极受瞩目。"①

---

① 郑汝中主编：《敦煌石窟全集》16《音乐画卷》，商务印书馆（香港）有限公司2002年版，第7页。敦煌研究院朱晓峰先生惠寄此书，在此致以谢忱。

<<< 丝绸之路上的明代中国与世界

  唐代是敦煌壁画音乐发展的黄金时代，音乐艺术大放异彩，乐器种类繁多，可以说是隋唐九、十部乐形象化的再现。中西音乐文化经过长期交流、融合，达到了水乳交融的程度，它是以中原音乐为根基，渗入本土音乐，吸收西域音乐的硕果。唐代壁画音乐出现了经变乐伎。经变乐伎实质上是宫廷宴乐的再现，是一种有规模的乐队组合，是唐代乐队的主体。如《观无量寿经变》《药师经变》等经变画中都有经变乐队，有时一组乐队，有时双组，甚至三、四组乐队组合在一起，场面壮观，气势宏伟，重要的是其中往往都有竽篥的加入，反映出东西方音乐融合的历程和中国传统音乐的发展轨迹。竽篥在敦煌壁画中最早见于北魏，中期以后经常出现，在乐队中居前沿领奏地位。下面略举3例：

  莫高窟西魏285窟西壁龛楣的吹竽篥化生乐伎
  莫高窟中唐154窟北壁经变乐队中的竽篥
  榆林窟五代16窟的竽篥吹奏①

  从牛龙菲先生《敦煌壁画乐史资料总录与研究》的敦煌莫高窟壁画乐器资料分期统计表，我们可以得知敦煌莫高窟中竽篥图像的初步数字：

  北魏4，西魏6，北周6，隋12，初唐13，盛唐25，中唐82，晚唐82，五代97，宋17，西夏3，合计共347处。②

  郑汝中先生的分类严格，在他的《莫高窟壁画乐器统计表》中，竽篥在莫高窟于北魏时始见，总数是196处。③

---

① 本章后附图3幅敦煌壁画，衷心感谢敦煌研究院胡同庆先生的提供。
② 朱龙菲：《敦煌壁画乐史资料总录与研究》，敦煌文艺出版社1991年版，第255—257页。
③ 郑汝中：《敦煌石窟全集》16《音乐画卷》，第253页。学界相关研究成果，朱晓峰《〈张议潮统军出行图〉仪仗乐队乐器考》(《敦煌研究》) 2015年第2期) 揭示了敦煌音乐图像分类的复杂性：从晚唐156窟著名的《张议潮统军出行图》看，其中的乐伎，是典型的官府乐伎，组成乐队的12人，其中背大鼓2人，鼓手2人，其他8人各执不同乐器。前排左起：第1人手持拍板，第2人吹奏横笛，第3人吹奏竽篥，第4人弹奏琵琶。后排左起：第1人弹奏竖箜篌，第2人吹笙，第3人击担鼓，第4人击腰鼓。他指出《出行图》前排左起第3人的乐器，为竖吹形管乐器，而对该乐器的考证结果是不一致的：庄壮先生称其为"尺八"，高德祥先生记录为"竖笛"，而在汤君与陈明两位的文章中，这件乐器又分别是"箫"和"竽篥"。他在文章中引述了郑汝中先生在20世纪80年代研究敦煌壁画乐器分类，不仅绘制出竖笛与竽篥的壁画图像，还详细论述了竖笛与竽篥之间的区别。

在敦煌曲谱研究中,音乐学界有不同认识,有一种认为是器乐谱的见解值得关注,其中多数人认为是琵琶谱,少数人则认为是筚篥谱。筚篥经龟兹(今新疆库车)传入中国,唐初著名高僧玄奘去印度取经,回国后撰写了《大唐西域记》,他对当时龟兹音乐艺术作了高度评价,称:"屈支(龟兹)国……管弦伎乐,特善诸国。"① 关于筚篥在唐代音乐中的地位,阴法鲁先生曾指出:"唐代的乐舞是中原的乐舞与西域乐舞相融会之后的综合性的集中表现,是有国际意义而同时又是中国新的民族形式的高度艺术创造。"② 他作有唐代《十部伎所用乐器比较表》,在燕乐、清商、西凉、天竺、高丽、龟兹、安国、疏勒、康国、高昌十部中,大小筚篥仅在清商伎和康国伎中没有出现,而出现在八部伎中③。这无疑说明了沿丝绸之路而来的筚篥,在唐代宫廷音乐中据有重要地位。这就在筚篥在中国延续至今的传承上,重重地打上了历史的烙印。

第三节 河北石雕壁画中的筚篥

筚篥图像的表层下,潜伏着一部丝绸之路传播史。过去敦煌研究学界往往仅关注汉唐丝绸之路,而现在我们应该开掘中西文化多角度交流的文化视野,将汉唐以后北方丝绸之路的影响与作用阐释出来。让我们从廊坊博物馆与河北博物院的镇馆之宝谈起。

一 河北廊坊唐代长明灯上的筚篥伎

沿着丝绸之路这条线索的筚篥传播,在河北首先应该提到廊坊石雕上的筚篥图像。作为冀中民间音乐会最为集中的地域之一,廊坊在北京与天津之间,唐代属幽州安次县。今廊坊博物馆的镇馆之宝——唐代隆福寺长明灯,上面雕刻有筚篥伎,现在静静地伫立在廊坊博物馆正门大厅中央,是已知存世最早的带纪年刻铭的唐代石灯,制作于垂拱四年(688),是在

---

① (唐)玄奘、辩机原著,季羡林等校注:《大唐西域记》,中华书局1985年版,第54页。
② 阴法鲁:《中国古代音乐与舞蹈》,北京出版社2018年版,第187页。
③ 阴法鲁:《中国古代音乐与舞蹈》,第202页。

武则天时代。它形体巨大，雕刻丰富，史料价值极高。原为唐代幽州安次县隆福寺内遗物的灯楼，是寺院供具之一，由壶门方形座、覆莲圆座、等边八角形石柱、仰莲托盘组成，高 3.4 米。石柱雕饰分为三部分：下部各面是拱龛，龛内有浮雕伎乐，其中六面是或跪或坐于须弥式莲花座上，演奏笙篥、琵琶、排箫等乐器的舞姿伎乐；中部正面篆书题额"大唐幽州安次县隆福寺长明灯楼之颂"，颂序、颂词皆为楷书。颂词后镌刻有功德主姓名、官衔的《般若波罗蜜多心经》《燃灯偈》《知灯偈》；石柱上部每面雕双层拱龛，每龛内佛像一尊，共计 16 尊，是珍贵的唐代石刻精品；这一石灯的石柱上既雕有佛像、伎乐，又刻有经文、偈文、颂序、颂词等内容，在唐代其他石灯中罕见，它不仅是研究唐代政治、宗教发展状况的珍贵资料，为考证唐代幽州地理和安次县建制沿革提供了有力依据，也是西来之乐器笙篥在唐代武则天时期已传播至河北地区的历史见证。

廊坊市隆福寺始建于隋末唐初，在近一千四百余年的历史中，香火绵延，高僧辈出。"大唐幽州隆福寺长明灯楼颂"，由安次县尉张煊所撰写。《安次县志》卷一《金石存目》记载："大唐幽州安次县隆福寺长明灯楼之颂"，下小字注云："在古县村西，垂拱四年建，县尉张愃撰，主簿张去泰书"①。卷十记有："张愃，唐成均监擢第进士，垂拱中官安次县尉。"下附《大唐幽州安次县隆福寺长明灯楼颂》颂词全文。② 成均监，为唐官署名，垂拱元年（685），由国子监改置。③ 张愃由成均监登第，时任县尉，撰写了《唐幽州安次县隆福寺长明灯楼颂》，而书写颂词的是县主簿张去泰。颂词记载了隆福寺兴建缘由。幽州是当时唐朝的北方门户，隆福寺的兴建为推动文化的传播与交流，曾起到重要作用。长明灯的遗存，也为研究民族音乐文化发展中的中西文化交融传承关系，提供了可靠的例证。

燃灯祈福是北齐以来宗教祭祀中的一种常见仪式，也是一种供养手段。石灯有着亭亭独立的艺术造型，成为遍及佛寺园林的建筑。葛承雍先生以西安碑林燃灯石台与河北廊坊光阳区古县村发现的长明灯楼相比较，

---

① （民国）《安次县志》卷一《地理志》，民国二十五年增刊本。
② （民国）《安次县志》卷一〇《艺文志外编》。
③ 《新唐书》卷四八《百官志》三："垂拱元年，改国子监曰成均监。"中华书局1975年版，第1266页。

指出燃灯最早传自印度,东晋高僧法显《佛国记》描述南亚举行佛教法会时通宵燃灯,以伎乐供养,燃灯点香时有乐舞表演;提到这座石灯下有六面为伎乐人或跪或坐于须弥式莲花座上,分别演奏琵琶、排箫、短笛等乐器。惜未提及上面的筚篥伎。① 长明灯上佩有长长飘带的筚篥伎的婀娜舞姿,是盛唐艺术吸纳外来文化的创造。以此石雕筚篥伎图像与敦煌壁画中的筚篥图像相比较,有异曲同工之妙。

二 河北曲阳五代王处直墓壁画散乐图

下面让我们来看河北墓葬壁画中的筚篥传播轨迹。

在今天河北省博物院十大镇馆之宝中,有一个是河北曲阳五代王处直墓壁画。王处直墓壁画是白石彩绘散乐图浮雕,浮雕上一个乐队在演奏,其中两女子正在吹奏筚篥。这一墓葬浮雕壁画,是河北省曲阳县西燕川村王处直墓出土的。1994年春,曲阳县西燕川村西的坟山上的一个古墓被盗墓者所盗,随后1995年,河北考古工作者对古墓进行了清理发掘,从出土的墓志铭确定,古墓的墓主人就是五代十国初期的北平王王处直。晚唐时期藩镇割据,王处直为易、定、祁州节度使,"北平王",割据河北一方,墓志记载他"食邑五千户,实封五百户"。河北唐墓历来发现较少,王处直墓是目前北方发现的唯一的一处晚唐五代带有壁画的大型墓葬,填补了北朝到唐五代这一时期的一段空白。②

王处直墓位于一个三面环山的风水宝地之中,是前后两室的双室墓。此墓葬保留了大唐王朝的遗风,以青石砌筑,整个墓室绘满了精美壁画,尤其是墓中用曲阳汉白玉石浮雕的散乐雕刻,极其精美。彩绘浮雕散乐图装饰于墓室壁上,长136厘米、高82厘米,由15人的乐队组成,表现了乐队吹奏表演的宏大场面。画面上右面最前一人着男装,头戴幞头,身穿圆领长衫,双手持一根结有彩带的横杆,似为乐队指挥,其身前有两位躬身屈膝,双手前伸,或做伴舞姿态的矮人。12名演奏者均为女子,分为前后两排,手中所持乐器有箜篌、筝、琵琶、筚篥、拍板、座鼓、笙、方

---

① 葛承雍:《燃灯祈福胡伎乐——西安碑林藏盛唐佛教"燃灯石台赞"艺术新知》,《文物》2017年第1期。
② 郑绍宗:《略谈河北发现的几处古墓壁画》,《文物春秋》1999年第1期。

响、横笛等。唐代女子以丰满为美，著名画作《虢国夫人游春图》等均表现了女子雍容华贵的特点，这幅彩绘浮雕散乐图也颇具盛唐的这一特色。浮雕上第四、五人面部圆润，体态丰满，头梳高髻、簪花、身着襦衫，内为红色抹胸，帔巾从胸部后搭于肩上，长裙拖地，腰束绦带，上系花结，垂飘于右侧腰部，二人正在神情专注地双手执笙篥吹奏，极富风韵，为中西音乐史的研究提供了难得的图像资料。

根据史书记载，散乐是一种自由通俗之音乐，其名称是相对于正雅之乐而言的，以娱乐为主。散乐的故乡之一是西域，散乐的内容主要有杂技、魔术、幻术、质朴的歌舞、滑稽表演等，因此是一种超越地区和语言的表演，带有国际性。周秦时期，散乐指民间乐舞。两汉以后，散乐加入了杂技、武术、幻术、歌舞戏等表演形式，因而又称为"百戏"。南北朝时期，散乐进入宫廷，成为宫中各类宴会上重要的娱乐项目。隋唐时期，散乐更趋繁荣发展，成为乐舞杂技表演的总称，故《旧唐书·音乐志二》记载："散乐者，历代有之，非部伍之声，俳优歌舞杂奏……总名百戏。"[1]在唐五代"北平王"墓葬浮雕中十几人的乐舞，反映了唐代乐队组合的情形，是当时贵族官宦人家散乐盛行的写照。

三　河北宣化辽代张世禄墓壁画散乐图

让我们来看河北宣化下八里辽代张氏墓壁画的散乐图。

宿白先生曾指出：下八里村位于宣化城西北4千米。该村北发现的辽墓群，自1975年迄1993年共清理发掘了9座墓地和1座未曾入藏的废圹。据《张世卿志》所记："大安中（1085—1094），民谷不登，饿死者众。诏行郡国开发仓廪，以赈恤之。公进粟二千五百斛，以助□□，皇上嘉其忠赤，特授右班殿直，累罿至银青崇禄大夫检校国子祭酒，兼监察御史云骑尉。"其子恭谦也为官，孙伸"妻耶律氏"，已跻身统治阶层，结姻皇族。他还特别指出，这一乐队的特点是男装女乐。[2]

绘于一号张世卿墓前室东壁的是散乐图，乐队由12人组成，分前后

---

[1] 《旧唐书》卷二九《音乐志二》，中华书局1975年版，第1072页。
[2] 宿白：《宣化考古三题——宣化古建筑·宣化城沿革·下八里辽墓群》，《文物》1998年第1期。

两排。前排左起依次为吹筚篥1人,吹笙1人,吹箫1人,击腰鼓1人,击大鼓1人,舞蹈1人;后排左起依次为击拍板1人,弹琵琶1人,吹横笛2人,击腰鼓1人,吹排箫1人。乐队人员都头戴黑色幞头,身穿团领长袍,腰系腰带,足着黑靴。

绘于十号张匡正墓前室西壁的散乐图,图中有8人,分为前后两排。前排左起1人击腰鼓,右面1人舞蹈。后排左起1人击大鼓,1人手执拍板,1人吹筚篥,1人吹横笛,1人吹笙,1人弹琵琶。舞蹈者是女子,梳高髻,佩戴花,身着长裙;其他7人均头戴幞头,身穿长袍。

上述两图是辽代散乐图像,均有筚篥吹奏在其中演奏。筚篥是从西域传来,笙和排箫都是中原古代的吹奏乐器,在辽代墓葬壁画上的这种乐队组合,反映了中西乐器的交流与融合。

安其乐全面归纳了河北宣化下八里村辽代墓群散乐图中的乐队组合,现征引如下:

河北宣化下八里村M9号墓:筚篥、横笛、腰鼓、大鼓、笙、拍板、舞者(女童)。

河北宣化下八里村M7号墓:筚篥、横笛、腰鼓、大鼓、笙、拍板、舞者(女童)。

河北宣化下八里村M10号墓:筚篥、横笛、腰鼓、大鼓、笙、拍板、琵琶、舞者(女童)。

河北宣化下八里村M1号墓:筚篥、横笛、腰鼓、大鼓、笙、拍板、琵琶、排箫、舞者。

河北宣化下八里村M5号墓:筚篥、横笛、腰鼓、大鼓、拍板、舞者。

以上M9、M7、M10、M1、M5号墓中的音乐壁画中的音乐活动均为散乐表演。5幅乐舞壁画中筚篥、笛、笙、腰鼓、拍板、大鼓已形成固定的乐器组合模式。M10、M1号墓壁画中乐队在固定模式上增加了琵琶、排箫。就乐器使用频率来看,筚篥、横笛、腰鼓、大鼓、笙、拍板是较为普遍的组合模式,随着乐队规模扩大,之后逐步加入琵琶、箫、排箫、方响等。辽代晚期西京地区的散乐表演中,乐器的组合是在吹管乐器和打击乐器基础上构建起来的。[①]

---

① 安其乐:《辽代晚期家族墓群音乐壁画研究》,《音乐教学与研究》2017年第1期。

四　河北井陉金代壁画墓赏乐图

河北井陉金墓壁画中的筚篥图像，具体是在井陉柿庄，柿庄位于井陉县城西南约 20 千米，1960 年发掘墓葬 14 座。① 墓葬壁画采用砖雕与绘画相结合的手法，表现出墓主人生前生活的图景。绘于柿庄六号墓室西壁南侧的"赏乐图"，其中左面伎乐 6 人，5 人演奏大鼓、腰鼓、拍板、横笛、筚篥，1 人在舞蹈。墓主人端坐桌前椅子上观赏，其身后站立两女子，柳树后的侍女双手托盘进上果品。整个壁画反映了墓主人家庭与音乐、舞蹈相伴的生活场景。

金代燕乐中有《渤海乐》《散乐》。《金史·乐志》云："散乐，元日圣诞称贺，曲宴外国使，则教坊奏之。"② 此图即散乐中的乐舞表演图像，反映的是金代河北井陉家庭日常生活中的赏乐场景，其中有筚篥演奏，说明筚篥是金代民间散乐表演中的重要乐器，即使在家庭乐舞中也不可缺少。

第三节　京津冀民间音乐会的筚篥：主奏管子

高德祥、吕微生《敦煌石窟壁画中的吹奏乐器》一文中称：

> （筚篥）在元代以后渐趋冷落，只流传于少数地区，今世已绝，但在日本流传了下来。③

2017 年尹重华《中国筚篥》一书，在第一章《筚篥的源流》中有如下话语："现在看着唐文化的活化石日本，我们依然可以发现蛛丝马迹：正仓院仍有古时的筚篥；雅乐依然在用筚篥演奏……。中华文明中的筚篥

---

① 孟繁峰：《井陉柿庄金代壁画墓》，河北省文物研究所编：《河北古代墓葬壁画》，文物出版社 2000 年版，第 127 页。
② 《金史》卷三九《乐志》上，第 888 页。
③ 《乐府新声》1989 年第 4 期。

似乎已经随着南宋最后的崖山之役一起沉没了。"① 事实却并非如此。宋元时期，筚篥已发展成为当时乐队编制中极为重要的乐器之一，处于乐队中领奏的"头管"地位。虽然元代以后壁画衰微了，但明清以降乃至今天，京津冀地区都存在着以管子为主奏的民间音乐会，管子就是筚篥。从石窟壁画中筚篥的出现，到河北石雕墓葬壁画中筚篥图像的遗存，构成西来之乐北方传播的重要轨迹。源自西亚波斯，从丝绸之路传入中国的筚篥，经历千余年的流变，形成今天冀中民间音乐会——笙管乐的主奏乐器管子，2006年已列入中国第一批国家级非物质文化遗产保护名录。冀中民间音乐会笙管乐流传于冀中平原，即北京以南、天津以西，河北沧州、定州一线以北近30个县市的传统鼓吹乐品种，民间俗称音乐会，在今天的大量存在，见证了丝绸之路音乐文化的发展传承的进程。

追根寻源，筚篥从丝绸之路传入中国内地，这种外来音乐融入中国宫廷音乐后，形成了繁盛的隋唐音乐，并为历朝历代宫廷音乐所传承下来。筚篥的传播是丝绸之路上中西文化交流的缩影。隋朝时有齐朝龟兹、西国龟兹、土龟兹三种龟兹乐曲流传盛行，号称龟兹筚篥谱。② 有学者还提出可能是拜占庭乐谱的推测。③

明初在海外，我们知道跟随郑和下西洋的通事马欢记载了在祖法儿（今阿曼佐法儿），其国王吹筚篥簇拥而行。④ 这是筚篥当时活跃在印度洋上的例证。无独有偶，在国内，竹制的筚篥从丝绸之路来到中原，元代宫廷头管仍是竹制，到明代宫廷中发生了从竹的材质到木的材质的转换，明朝典章制度中明确记载形成了木制的管子，⑤ 这一重大变化是从丝绸之路来的"筚篥"发展到今日冀中流行之"管子"的一个实质性变化，标志着明代筚篥传播进入了一个本土化的新阶段，构成中国传统民族音乐文化的一部分，活跃至今。

今天冀中笙管乐的主要乐器之一称为管子的，也即筚篥，曾在宫廷音乐中担任"众乐之首"，飞入寻常百姓家，成为民间音乐中的"众乐之

---

① 尹重华：《中国筚篥》，上海音乐学院出版社2017年版，第12页。
② 《隋书》卷一五《音乐志》，第378—379页。
③ 葛承雍：《唐元时代景教歌咏音乐考述》，《中华文史论丛》2007年第3期。
④ （明）马欢著，万明校注：《明本〈瀛涯胜览〉校注》，第71页。
⑤ 《明会典》卷一八三《工部》三《营造》三，第931页。

首",至今活跃在冀中民间音乐会笙管乐队中,"活"在与民间社会生活有密切关联的民间仪式音乐之中。冀中民间音乐会主要用管子领奏、笙等和奏,故又称"笙管乐"。主奏管子即筚篥,而笙则是中国本土产生和一直流传下来的土生土长的乐器,这种合奏,说明在冀中,中西乐器交流已浑然一体,成为丝绸之路上中外文明融合的典型范例。民间音乐会在冀中明清以降的大量出现,说明发展到明代,是筚篥加速向民间传播的重要历史时期,同时也凸显了河北在丝绸之路中西文化交流史上的地位。

筚篥经历了本土化的过程,成为管子,完全融入了中国传统音乐文化之中。今天,笙管乐遍布整个冀中平原,管子在各地民间音乐中发挥了主奏作用,各地农民以村镇为单位,在当地祭祀、礼仪、丧葬等民俗活动中演奏传承,近些年很多都进入了国家级或省、市级的非物质文化遗产名录。关于冀中民间音乐会,中国艺术研究院音乐研究所在 1994—1996 年进行了集中普查,发表了京津冀 50 个民间音乐会的普查实录,① 此后音乐界对民间音乐会的研究一直持续,这里根据已有研究成果,举例说明民间音乐会的情况。

首先让我们追踪廊坊长明灯原所在地古县村。现今的古县村音乐会,经学者的调查,那里所会曲目学自北京大兴县张子营乡的良善坡大庙,该村乐师肯定本村音乐会当属"佛门会",形成传统一直沿续至今。乐队组合音乐会采用管子为主奏乐器,基本的乐器配置包括:管子(单管或双管)、笙(两攒)、E 调曲笛(两支)、十音云锣(两架)、鼓(一面;行乐用手鼓,坐乐用堂鼓)、大钹(一副)、大铙(一副)、镲锅(一副,用以司板,即掌握重拍)。其次,音乐会所用的管子有八孔和九孔两种形制。八孔管属于一般流行的管制,九孔管前开七孔,后开两孔,后下方孔已不使用。北宋陈旸在《乐书》中谈到筚篥时,曾描述"其大者九窍",古县村音乐会所用的九孔管当与北京智化寺的九孔管一样,是北宋教坊乐筚篥

---

① 乔建中、薛艺兵、[英]钟思第、张振涛:《冀中、京、津地区民间"音乐会"普查实录》,《中国音乐年鉴 1994》,山东友谊出版社 1995 年版;《冀中、京、津地区民间"音乐会"普查实录(续)》,《中国音乐年鉴 1995》,大象出版社 1997 年版;《冀中、京、津地区民间"音乐会"普查实录(续二)》,《中国音乐年鉴 1996》,山东文艺出版社 1997 年版。

的遗制。演奏时，管子始终作为领奏，全体乐队跟随管子入乐。①

再看屈家营村音乐会。屈家营是河北廊坊固安县的一个村庄，该村地处冀中平原，位于北京、天津、保定之间，至今保存民间传统乐会——屈家营"音乐会"。中国艺术研究院音乐研究所从1986年春季起，多次派人前往进行调查、采访、录音、录象，获得了珍贵的第一手资料。② 屈家营音乐会的民间笙管乐，相传创建于明朝永乐年间屈家营立屯以后，音乐会的乐队是固定编制，管在乐队中为主奏乐器，其他旋律乐器随管齐奏；打击乐器中，鼓的地位较为突出。屈家营音乐会与北京"智化寺京音乐"在乐队编制、乐器、乐谱、调及乐曲等方面，有着许多相同或相似之处。它源于寺院佛教音乐，它既有北方音乐的古朴粗犷，又兼备南方音乐的婉转清幽，主要用于祭祀和丧礼仪式，有管、笛、笙、云锣等传统乐器，以"工尺"方式记谱，传承至今。屈家营音乐的乐队编制，有24名乐手演奏的"满棚"音乐，12名乐手演奏的"半棚"音乐。现存《玉芙蓉》等十三支套曲、《金字经》等七支大板曲、《五圣佛》等二十多支小曲和一套打击乐。音乐会通过口传心授的方式传承，曲目丰富，乐谱完整，是中国古代丝绸之路中外音乐融合衍变的结果，2006年经国务院批准列入第一批国家级非物质文化遗产名录。

廊坊所属霸州胜芳镇音乐会，也是冀中笙管乐音乐会的代表之一。由于笔者已从强调丝绸之路文化视角，对其作了专门论述，故在此不赘。

从今天的角度看，民间音乐会的出现极有意义，它标志着筚篥完全融入了中国本土音乐之中，至今活跃于京津冀区域文化圈中的冀中平原大地。一千多年来，筚篥见证了丝绸之路文化的发展传承进程，管子蕴含着极为重要的跨文化交流融合信息。作为传统音乐文化代表之一的冀中民间音乐会，在主奏乐器上，一直体现着中外文化交融的鲜明特色。不过由于筚篥名称的本土化，长期以来这一特色没有得到广泛认知。这正是本章重温来自丝绸之路的筚篥与冀中民间音乐会的管子关系的意义所在。

---

① 李莘：《冀中音乐会举隅——安次地区周各庄村、古县村音乐会》，《中国音乐学》1996年第4期。
② 薛艺兵、吴犇：《屈家营"音乐会"的调查与研究》，《中国音乐学》1987年第2期。

简短的余论

站在今天"一带一路"的视野下审视,最后想简略提及筚篥的国际性传播问题。筚篥在中国冀中民间音乐会(包括京、津郊区)称管子,在朝鲜称筚篥,日本也称筚篥,新疆称巴拉曼,伊朗称巴拉班,土耳其称第里,爪哇称 Srolay Thom,等等,筚篥已经形成了一个国际化的大家族,成为丝绸之路多元文化交融互动的一个典型范例,应该以"一带一路"大视野进一步加以研究。

图1 莫高窟西魏 285 窟壁画 　　图2 莫高窟中唐 154 窟壁画

图3 榆林五代 16 窟壁画

图 4 廊坊博物馆镇馆之宝——唐代隆福寺长明灯

图 5 河北博物院镇馆之宝——曲阳五代王处直墓壁画

附录一　古代印尼的历史记忆
——中国旅行者的书写*

中国古代从海上亲访印尼的旅行者，依照时间排序，有东晋法显、唐代义净、元代汪大渊、明代郑和通事马欢。本文基于他们留下的弥足珍贵的第一手历史记述，对古代中国探访印尼的旅行者集中分析，指出这些旅行者的身份呈现多元化，包括僧侣、海商、外交使者；古代中国人旅行印尼的历史过程，经历了从僧侣到商人，再到使者的三次更替；中国旅行者的印尼游记内容丰富，构成了印尼的历史记忆，不仅保存了航海、宗教、地理环境与风土人文资料，具有极高的史料价值；而且有助于推进我们对古代海上丝绸之路的认知。

中国与印尼的历史联系源远流长。爪哇位于东西方交通要道十字路口的重要地位，阿拉伯、波斯、中国、欧洲、非洲各地商人都在这里交汇。早在汉朝，中国已开始与爪哇友好往来。《后汉书·顺帝纪》记载：（永建）六年十二月"日南徼外叶调国、掸国遣使贡献"。注《东观记》曰："叶调国王遣使师会诣阙贡献，以师会为汉归义叶调邑君，赐其君紫绶。及掸国王雍由亦赐金印紫绶。"① 汉顺帝永建六年是公元131年。叶调国即爪哇，法国学者伯希和有所考证。② 在爪哇，公元3—7世纪建立了一些分散的王国，7世纪中叶—1293年有室利佛逝国，其后有满者伯夷国，也称

---

* 本文是2018年10月提交"印度尼西亚日惹婆罗浮屠书写文化节"的论文，在此对新加坡陈达生博士的邀请致以谢忱。

① 《后汉书》卷六《孝顺孝冲孝质帝纪》，中华书局1965年版，第258页。

② ［法］伯希和：《叶调斯调私诃条黎轩大秦》，冯承钧译编：《西域南海史地考证译丛九编》，中华书局1958年版，第120页；［法］伯希和撰，冯承钧译：《交广印度两道考》，中华书局1955年本，第87—88页。

为麻喏巴歇国（1293—1478）。

旅行是一种文明互动的重要方式，以东晋法显的苏门答腊历险为肇端，中国古代旅行者踏上了印尼的土地，留下了诸多记述。这些记述是珍贵的历史文化遗产，属于海外游记，指旅行者游历海外或出使异国时所作的记述，记录了旅途见闻，考察了异域风情、抒发了旅行感受等等。从亲历印尼记述的作者来看，身份呈多元化，在古代历史发展的不同阶段，旅行者主体有所不同，包括僧侣、海商、外交使者。在中国佛教史上，自两汉之际佛教传入中国，东来西往的僧侣就络绎不绝，游西域、天竺等地寻访佛典的中国僧人西行求法者渐多。晋代法显、唐代玄奘、义净是最著名，也是最有影响的求法僧。其中只有玄奘走的是陆路，而法显、义净都经历海上到过印尼，留下了宝贵记述。这种赴印求法的运动到宋代已成强弩之末，宋元海商兴起，亲历印尼的却唯有海商汪大渊留下了游记。历史上中国与印尼全面交流的高潮时期，是在15世纪的明朝时期。15世纪初郑和七下西洋，中国古代大规模走向海外的外交使团，要数明代郑和下西洋最大，经历时间最长，达28年之久，每次必经爪哇，所到之处，无不大受欢迎。马欢在《瀛涯胜览》里概括地描述当时情景："天书到处腾欢声，蛮魁酋长争相迎。"①

关于使臣出使记，跟随下西洋的马欢、费信、巩珍撰写的《瀛涯胜览》《星槎胜览》《西洋番国志》三部书，是使团留下来的第一手珍贵纪录，其中又以通事马欢的记载最为细致。

古代前往印尼的佛教徒求法记、海商游纪，外交使者出使记，都是亲历印尼的写照。从僧侣到商人，再到使团，交往人的归类，也是交往重心的迁移。由于他们的直观感受与身份思想不同，因此存在记述的差异。本文聚焦于印尼，以亲历者顺时序展开的记述，探寻印尼历史乃至中外关系历史发生的脉络，一方面可以补充印尼本土记忆的视野所不及，丰富印尼历史的影像；也有助于还原中外交往史的本来面貌。

一 东晋法显的海上历险

中国旅行者有印尼行纪遗存至今的，以法显的《佛国记》为最早。法

---

① （明）马欢著，万明校注：《明本〈瀛涯胜览〉校注》，《〈瀛涯胜览〉纪行诗》，第3页。

<<< 丝绸之路上的明代中国与世界

显自陆路去印度，晋安帝义熙七年（411）八月，从师子国走海路回国，经过 90 天的印度洋航程，到达耶婆提国（位于今印度尼西亚苏门答腊）。在该国停留 5 个月后，又继续北上. 经历大约 3 个月的航程，经过南海、东海，最后于义熙八年（412）回到中国。他写成《佛国记》一书，详细记述了从师子国（今斯里兰卡）至耶婆提国的一段行程：

> 得此梵本已，即载商人大船上，可有二百余人。后系一小船，海行艰险. 以备大船毁坏。得好信风，东下二日，便值大风，船漏水入。商人欲趣小船，小船上人恐人来多，即砍縆断。商人大怖，命在须臾，恐船水漏，即取粗财货掷著水中，法显亦以君墀及澡灌并余物弃掷海中，但恐商人掷去经、像，唯一心念观世音及归命汉地众僧：我远行求法，愿威神归流，得到所止。如是大风昼夜十三日，到一岛边，潮退之后，见船漏处，即补塞之。于是复前。
>
> 海中多有抄贼，遇则无全。大海弥漫无边，不识东西，唯望日月星宿而进。若阴雨时，为逐风去亦无准。当夜暗时，但见大浪相搏，晃然火色，鼋鳖水性怪异之属，商人荒遽，不知那向。海深无底，又无下石住处。至天晴已，乃知东西，还复往正而进，若值伏石，则无活路。如是九十日许，乃到一国，名耶婆提。其国外道，婆罗门兴盛，佛法不足言。停此国五月日，复随他商人大船，上亦有二百许人，赍五十日粮，以四月十六日发，法显于船上安居，东北行，趋广州。①

按照他的记述，从斯里兰卡到苏门答腊的耶婆提国，花费了 90 多天时间。法显的这一段描述，为我们展现出 5 世纪初在印度洋海上航行到印尼的诸多艰险，除了海上的风波浪险，特别还有猖獗的海盗。作为僧侣，他是随着商人大船从师子国到耶婆提国的，从他的记载来看，当时的耶婆提国中兴盛的是婆罗门教，而不是佛教。

---

① （晋）法显著，郭鹏注释：《佛国记注释》，长春出版社 1995 年版，第 140—142 页。

第三篇　文化篇 >>>

二　唐代义净在室利佛逝的活动与著述

由于印尼拥有位于印度和中国之间海道上的有利地理方位，因此在佛教传播中具有重要地位。唐朝到印度求法的中国僧侣不绝于途，形成一个高潮，人数之多，周游地区之广，历史上空前绝后。海路方面唐代西行印度的僧侣义净留下的游记有《南海寄归内法传》《大唐西域求法高僧传》，这两部重要著作，均写成于他从印度返回中国时在南海室利佛逝国（在今印度尼西亚）停留的时候。室利佛逝，亦作尸利佛逝、尸利佛誓、佛逝、佛誓、佛齐等，均为梵文 Srivijaya 的音译，7 世纪初至 13 世纪中叶印度尼西亚苏门答腊东南部的古国，当时是南海中最繁荣的交通贸易中心之一，佛教在那里极为流行。

义净（635—713），是中国历史上最著名的求法僧之一，同时又是重要的佛经翻译家。他于唐太宗贞观九年（635）出生在齐州（治所历城，今济南市），本姓张，名文明。义净是他的法名。他 7 岁出家，21 岁举行了仪式，正式成为一名僧人。37 岁时实现去印度求法的愿望。唐高宗咸亨二年（671）十一月，他从广州起程，搭乘波斯人的商船，从南海至印度洋，次年（672），他在室利佛逝停留 6 个月。学习梵语，为去印度求法做进一步的准备。年底经室利佛逝（今印度尼西亚苏门答腊岛东南部）、末罗瑜（今苏门答腊岛占碑及其附近一带）、裸人国（今安达曼群岛）到达印度的中部学习佛法。武后垂拱元年（685）冬天，他告别好友无行等中国僧人，携搜集的经书、梵本、三藏 50 多万颂，从印度取经回来，仍走海路，约在垂拱三年（687）再次到达室利佛逝。他第二次在室利佛逝停留的时间很长，前后一共有 6 年多。室利佛逝是当时传播佛教的中心，印度的佛学大师夏基阿基尔蒂曾在此讲学；义净留在此地从事翻译和著述，完成了《南海寄归内法传》和《大唐西域求法高僧传》，在长寿二年（693）才离开室利佛逝回广州。① 两部著作均为作者耳闻目睹和亲身经历撰就，具有极高的史料价值。

---

① （唐）义静著，王邦维校注：《大唐西域求法高僧传》，《义净和〈大唐西域求法高僧传〉——代校注前言》，中华书局 1988 年版。（唐）义净著，王邦维校注：《南海寄归内法传校注》，中华书局 1995 年版。

<<< 丝绸之路上的明代中国与世界

《大唐西域求法高僧传》，书成于武后天授二年（691），当时义净从印度东归，以僧传的形式记述了唐初从唐太宗贞观十五年（641）以后，到武后天授二年，共40余年间57位僧人（包括义净本人，也包括今属朝鲜、越南、阿富汗等地的僧人）去南海和印度游历求法的事迹。这部高僧传，是研究中国与印尼文化交流史、宗教人物传记史的重要资料。比较详细的记述了从南海往印度的交通情况，反映出唐初以及其后海上交通发展的新趋势和新情况。按照义净《大唐西域求法高僧传》加上后附《重归南海传》，求法僧共有61人，大多经历从爪哇或苏门答剌到印度。在第20个人以前，只有4人是从海路至印，而从第21人开始，则几乎全是走海路，有19人；下卷所记21人，都是自海路往返。结论是走海路去印度求法的有44人。从陆向海的转变大致发生在唐高宗麟德年间。①

当时的印尼无疑是中国经海路去印度的重要中转地。由于唐代造船和航海技术发展迅速，再加沿途战乱较少，室利佛逝有贸易港口，海上贸易线已经形成。当时僧人是搭附商舶前往印度。根据义净记载，凡走海路的，大多经历室利佛逝至末罗瑜、羯荼国，到师子国，再到东印度，室利佛逝是中国到师子国最终抵达印度的必经之地；还有一条路径是由今爪哇岛上时称诃陵国的，航向末罗瑜，再到师子国的路径。根据义净记述的海路途径，其中经诃陵（今爪哇）有常愍禅师、明远法师、会宁法师、运期法师、道琳法师、法振禅师等。经过室利佛逝的有无行禅师、智弘禅师、大律法师、善行法师，以及与义净一起到室利佛逝译经的贞固、怀业、道宏、法朗等4人等。他们到达诃陵和室利佛逝后，有的研究佛学，有的转往他国。会宁律师同当地的僧人若那拔陀罗共同翻译佛经《诃籍摩》。而贞固弟子孟怀业"随师共至佛逝"，竟"恋居佛逝，不返番禺"。运期到南海后，"十有余年"，"善昆仑音，颇知梵语，后归俗，住室利佛逝国"，也留居在室利佛逝国了。②

《南海寄归内法传》是义净在游历印度与南海20余年后，根据自己的所见所闻，对当时印度、印尼、中国佛教状况的实际记录，是义净根据笔记整理出来的专题考察报告。书中详细介绍了印度及其所历南亚诸国所行

---

① 《大唐西域求法高僧传》，附《求法巡览表》，第247—252页。
② 《大唐西域求法高僧传》，附《求法巡览表》，第247—252页。

佛教仪轨 40 条，并将其与他所著的《大唐西域求法高僧传》2 卷及新译经论 10 卷一起托人寄归国内僧人，为我们今天了解公元 7 世纪时印度和印尼的佛教教派、宗教生活的状况，提供了详细的信息。其中记载了义净在室利佛逝停留期间，请学于佛逝国名僧释迦鸡栗底。称："南海佛逝国，则有释迦鸡栗底，今现在佛誓国，历五天而广学矣。"① 除了向当地高僧学习外，义净做的另一件工作是全力翻译从印度携带的经文，并抄写当地的经书。因为佛逝国缺少好的墨和纸，义净还曾搭载商船到广州购买大量笔墨纸张，并邀请了贞固、怀业、道宏、法朗等几个僧人作为译经助手同回佛逝。回到佛逝后，他与贞固等几位助手全力以赴地抄写和翻译佛经，完成了《大唐西域求法高僧传》和《南海寄归内法传》两本著作。义净本人直到长寿三年（695）正月，才回国，带回梵本经律论各种著作近 40 部，并金刚座真容 1 铺、舍利 300 粒。他不远万里西行求经长达 20 余年。回国后，十几年如一日，译经不止，共译佛经 56 部，230 卷，为中外文化交流做出了突出贡献。②

义净全面反映了佛教文化在室利佛逝的兴盛和传播和中国与古代印度尼西亚地区的文化交流，他目睹了 7 世纪佛教在印尼发展的盛况，真实地记录了下来："又南海诸州，咸多敬信，人王国主，崇福为怀，此佛逝廓下，僧众千余，学问为怀，并多行钵，所有寻读，乃与中国不殊，沙门轨仪，悉皆无别。若其高僧欲向西方为听读者，停斯一二载，习其法式，方进中天，亦是佳也。"③ 义净是得到室利佛逝国王支持，"乘王舶"前往印度的，在《求法高僧传》中称："王赠支持，送往末罗瑜国，复停二月转向羯荼国。至十二月，举帆还乘王舶，渐向东天矣。"④ 可见处于中印交通线上的室利佛逝当时已是南海大国，势力很大，佛教发达，统治者也是佛教的信仰者和提倡者。在十多年以后，当义净再次回到这里时，末罗瑜国

---

① 《南海寄归内法传校注》卷四，三十四《西方学法》，第 207 页。第 210 页王注："义净并译有《手杖论》，题释迦称造，释迦称即释迦鸡栗底。余莫能考。"
② 《南海寄归内法传校注》，王邦维《义净与〈南海寄归内法传〉——代校注前言》，第 1—38 页。
③ 《南海寄归内法传校注》所译：《根本说一切有部百一羯磨》一书所写注，见原书卷五。第 159 页。
④ 《大唐西域求法高僧传校注》卷下，第 152 页。

已经被室利佛逝吞并。义静的记述充分说明7世纪中国僧人充当了中国与印尼地区文化交往的友好使者,他们在印尼虚心学习,追求佛教精华,广交朋友,并且把中国文化带到印尼地区,加强了印尼佛教界与中国僧侣之间的文化交流。

三 元代汪大渊的商业旅行

中国元代著名旅行家汪大渊在元朝至顺到至正(1330—1339)年,"尝两附舶东西洋",旅行到过印尼,回国后撰写《岛夷志略》记载"其目所及"①。汪大渊,字焕章,江西南昌人,元代海商。他曾游历东南亚、南亚、西亚和非洲许多地区,并根据亲身见闻,写成《岛夷志略》一书,为后世留下了研究这些国家和地区中世纪史和中外关系史的珍贵资料。《岛夷志略》共100条,前99条是汪大渊记其浮海期间所见所闻,涉及东南亚、南亚、非洲等220个地名。记载基本上以所到之处地理位置、气候、农作、风俗、服饰、饮食、物产、贸易之货为次序,部分地区还记载了其名称来历和传说等。第100条是异闻。《岛夷志略》不仅为商人在海外经商提供了有益参考,对研究古代印尼史和中外交流史也有重要意义。

以下是从汪大渊的记述,我们可以了解到的今天印尼境内几处主要地方爪哇、三佛齐、旧港、须文达剌的情况。

1. 爪哇:他记述爪哇是一个东洋强国,"系古阇婆国。门遮把逸山系官场所居"。那里"宫室壮丽,地广人稠,实甲东洋诸番"。农业发展:"其田膏沃,地平衍,谷米富饶,倍于他国。"社会安定:"民不为盗,道不拾遗。谚云'太平阇婆'者此也。"那里民风朴实:"俗朴,男子椎髻,裹打布。惟酋长留发。"特别谈到元朝征伐爪哇事件,以及其后元朝的地方治理:"大德年间,亦黑迷失、平章史弼、高兴曾往其地。令臣属纳税贡,立衙门,振纲纪,设铺兵,以递文书。守常刑,重盐法,使铜钱。"记载了爪哇货币以及出产土特产品情况:"俗以银、锡、鍮、铜杂铸如螺甲大,名为银钱,以权铜钱使用。地产青盐,系晒成。胡椒每岁万斤。极细坚耐色印布、绵羊、鹦鹉之类。药物皆自他国来也。"作为商人,他记录了那里商品种类:"货用硝珠、金银、青缎、色绢、青白花碗,铁器之

---

① (元)汪大渊著,苏继庼校释:《岛夷志略校释》,中华书局1981年版,第1页。

属。"此外附载了几个地名:"次曰巫崙,曰希苓,曰三打板,曰吉丹,曰孙剌等",说明那些地方因为没有特殊物产,所以作为附录。①

2. 三佛齐:"自龙牙门去五昼夜至其国。"那里"人多姓蒲",好战雄强:"习水陆战,官兵服药,刀兵不能伤,以此雄诸国。"记载"其地人烟稠密,田土沃美。气候暖,春夏常雨"。那里与爪哇同样风俗淳朴,生活安定:"俗淳,男女椎髻,穿青绵布短衫,系东冲布。喜洁净,故于水上架屋。采蚌蛤为鲊,煮海为盐,酿秫为酒。有酋长。"地产有"梅花片脑、中等降真香、槟榔、木绵布、细花木"。贸易商品"用色绢、红焇珠、丝布、花布、铜铁锅之属"。最后还附加了一个传说:"旧传其国地忽穴出牛数万,人取食之,后用竹木塞之,乃绝。"②

3. 旧港:"自淡港入彭家门,民以竹代舟。道多砖塔。"那里农业发展:"田利倍于他壤,云一季种谷,三年生金,言其谷变而为金也。后西洋人闻其田美,每造舟来取田内之土骨,以归彼田为之脉而种谷。旧港之田金不复生,亦怪事也。"气候、民俗与爪哇、三佛齐雷同:"气候稍热。男女椎髻,以白布为捎。煮海为盐,酿椰浆为酒。有酋长。"土产较多:"黄熟香头、金颜香,木棉花冠于诸蕃。黄蜡、粗降真、绝高鹤顶、中等沈速。"所用贸易商品:"用门邦丸珠、四色烧珠、麒麟粒、处瓷、铜鼎、五色布、大小水埕瓮之属。"③

4. 须文达剌:地理条件是"峻岭掩抱,地势临海",农田"田硗谷少",风俗:"男女系布缦,俗薄","男女椎髻,系红布"。特别提到"其酋长人物修长,一日之间必三变色,或青或黑或赤。每岁必杀十余人,取自然血浴之,则四时不生疾病,故民皆畏服焉"。土产情况:"脑子、粗降真,香味短,鹤顶、斗锡。种茄树,高丈有余,经三四年不萎,生茄子以梯摘之,如西瓜大,重十余斤。"贸易商品:"用西洋丝布、樟脑、蔷薇水、黄油伞、青布、五色缎之属。"④

据汪大渊所见,以上各国除须文达剌以外大多土壤肥沃,适宜发展农

---

① 《岛夷志略校释》,第159—160页。
② 《岛夷志略校释》,第141—142页。
③ 《岛夷志略校释》,第187页。
④ 《岛夷志略校释》,第240页。

业，物产富足。各地风俗明显具有相同之处，这是统一国家建立的基础。作为商人，他特别记述的印尼土产和贸易商品颇具有商贸价值。

四　明代马欢对郑和下西洋的记录

郑和下西洋，是 15 世纪初一大盛事，也是古代中国乃至世界航海史上规模最大，持续时间最长，影响最深远的航海活动。郑和下西洋的档案没有完整保留下来，郑和本身又没有著述存世，今天我们可以看到的下西洋原始资料，主要是当时跟随郑和下西洋的随员们的三部著作：马欢《瀛涯胜览》、费信《星槎胜览》、巩珍《西洋番国志》。这三部书，是现存郑和下西洋三部基本文献，忠实地记载了当时南海到印度洋周边各国的情况，成为今天研究古代"西洋"各国的重要史料。其中最重要的一部，是马欢《瀛涯胜览》，由于马欢是通事，对海外国家的描述在下西洋"三书"中最为翔实，巩珍的《西洋番国志》内容与马欢记载几乎完全相同，仅文字简洁，可以说是马欢书的别本。费信《星槎胜览》所记诸国，凡并见于马欢书者，均叙述简略，重要性不及《瀛涯胜览》；不见于马欢书之处，大多脱胎于元代汪大渊《岛夷志略》，因此这里着重介绍马欢的记述。

明朝郑和下西洋，是海上丝绸之路的鼎盛时期。这一时期，中国与爪哇之间的航线是一条从占城新州港（今越南中南部归仁港 QuiNhom）出发直航的航线。马欢《瀛涯胜览》记载：从福建长乐五虎门开船，"往西南行，好风十日可到"占城国，在占城国东北的新州港出发直接驶向爪哇。因此，爪哇是郑和下西洋的第二站。马欢关于印尼的记载，见于爪哇国、旧港国、哑鲁国、苏门答剌国、那孤儿国、黎代国、南浡里国的记载之中，马欢跟随郑和下西洋，经历了这些国家，因此记载颇为详细。其中最重要的是关于爪哇国的记述。

（一）爪哇国[①]

爪哇国，位于爪哇岛。以《瀛涯胜览·爪哇国》与汪大渊《岛夷志略·爪哇》对比，字数上《岛夷志略》仅 239 个字，而《瀛涯胜览》有 2242 个字，几乎十倍于前者，由此可见马欢的记述更为广泛和详尽。此外。在马欢记述中所到之处概称为"国"，反映了记录者是国家使团成员

[①]　《明本〈瀛涯胜览〉校注》,《爪哇国》, 第 14—24 页。

的特征。

1. 地理。汪大渊只提及爪哇一处地名门遮把逸，而马欢提到四处地名：杜板、新村、苏鲁马益、满者伯夷。杜板，爪哇语 Tuban，译名赌班，今译名厨闽，在今印度尼西亚东爪哇锦石西北。马欢记载："杜板者，番名赌班，地名也。此处约有千余家，以二头目为主，其间多有中国广东及汀、漳、泉州人居流此地。其间鸡、羊、鱼、菜甚贱。"于杜板投东行半日许，至新村，爪哇语名革儿昔，即今爪哇岛的格雷西（Gresik），又名锦石，是满者伯夷王朝爪哇北岸一个重要商港。记述那里"原系沙滩之地，盖因中国之人来此创居，遂名新村"。新村的村主是广东人，大约有千余人家。"自二村投南，船行半日许，则到苏鲁马益港口。其港口流出淡水，沙浅，大船难进，止用小船。"行二十余里到苏鲁马益（Surabaya），爪哇名苏儿把牙，即今印度尼西亚东爪哇北岸布兰塔斯河（Brantas River）入海处的苏腊巴亚，华人称为泗水。那里"亦有村主掌管"，当地有千余人家，亦有中国人。值得注意的是，他提到在杜板、新村、苏鲁马益都有中国人，新村更是中国人所创居。而自苏儿把牙，小船行七、八十里到埠头名漳沽，登岸往西南行一日半，到满者伯夷，是国王居住之处。"其处有番人二、三百家，头目七八人辅助其王。"满者伯夷，是门遮把逸的不同译名，是爪哇语 Madjapahit；马来语 Majapahit 的对音。《元史》中称为麻喏八歇、麻喏巴歇。明代史籍称满者伯夷，指13世纪末—15世纪末印度尼西亚爪哇岛东部一个强大王国，在今泗水西南。《瀛涯胜览》中"爪哇最重中国青花瓷器"的记载格外重要，可见15世纪早期的爪哇大量进口中国青花瓷。在满者伯夷的德罗乌兰遗址，考古发现大量中国陶瓷，对于研究中国与满者伯夷关系是重要实物资料。①

2、人种与宗教信仰。马欢记述"国有三等人"，一等回回人，都是"西番诸国各为商流寓此地，衣食诸般皆精致"；一等唐人，皆广东、漳、泉等处人居此地，"日用美洁，多有皈依回回教门受戒持斋者"；一等土人，"形貌甚丑黑，猱头赤脚，崇信鬼教"。

3. 衣饰。记述了国王和国人男女服饰：国王的装扮，"蓬头或戴金叶

---

① 辛光灿：《浅谈满者伯夷与德罗乌兰遗址发现的中国陶瓷》，《考古与文物》2016年第12期。

花冠，身无衣袍，下围丝嵌手巾一二条，再用锦绮或纻丝缠之于腰，名曰压腰。常插一两把短刀在腰，名不刺头。赤脚"；国人的装扮，"男子蓬头，女子椎髻，上穿衣，下围手巾。男子腰插不刺头一把，三岁小儿至百岁老人，无论贫富贵贱俱有此刀，皆用兔毫雪花上等镔铁为之。其柄用金或犀角、象牙雕刻人形鬼面之状，制极细巧"。

4. 餐饮。记述了当地抓饭与喜食槟榔的习俗："国人坐卧无床凳，食饭无匙箸。男女以槟榔荖叶裹蛎灰不绝于口，欲吃饭时，将水先漱去口中槟榔。洗两手干净，团坐，用盘满盛其饭，浇以酥油汤汁，以手撮入口中而食。若渴则饮凉水。宾客往来无茶，止以槟榔待之。"

5. 住所。国王所居"以砖为墙，高三丈余，周围二百余步，其内设重门，甚整洁。房屋如楼起造，高每三四丈即布以板，铺细藤簟或花草席，人于其上蟠膝而坐。屋上以梗木板为瓦，破篷而盖"。国人住屋"以茅草盖之，家家俱以砖砌三四尺土库藏贮家私什物，居止坐卧于其上"。

6. 出行。国王出入坐牛车或骑象。每年竹枪会，"国人令妻坐一塔车于前，自坐一车于后"。塔车高丈余，四面有窗，下有转轴，以马在前拽之而行。

7. 气候物产。天气长热如夏。田稻一年二熟，米粒细白。芝麻、绿豆皆有，大小麦俱无。土产"苏木、金刚子、白檀香、肉豆蔻、荜拨、班猫、镔铁、龟筒、玳瑁"。珍禽有"鹦鹉，如母鸡大；红绿莺哥、五色莺哥、鹩哥，皆能效人言语；珍珠鸡、倒挂鸟、五色花斑鸠、孔雀、槟榔雀、珍珠雀、绿斑鸠之类"。异兽有"白鹿、白猿猴等"。牲畜有羊、猪、牛、马、鸡、鸭，但没有驴与鹅。果品类有"芭蕉子、椰子、甘蔗、石榴、莲蓬、西瓜、莽吉柿、郎扱之类。其莽吉柿如石榴样，皮厚，内有桔柚瓣样白肉四块，味甜酸。郎扱如枇杷样，略大，内有白肉二块，味亦甜酸。甘蔗皮白粗大，每根可长二三丈"。记载那里其余瓜果、蔬菜都有，只是没有桃子、李子和韭菜。

8. 娱乐风俗。年例有一竹枪会："以十月为春首"，国人坐塔车两边摆队，各执竹枪一根，其竹枪实心无刃，但削尖而甚坚利。"对手男子各携妻孥在彼，各妻手执三尺短木棍立于其中。听鼓声紧慢为号，二男子执枪进步，抵枪交锋三合。二人之妻各以手执木棍格之，曰：'那剌那剌'，则退散。设被戮死其一，王令胜者与死者家人金钱一个，死者之妻随胜者男子而去"，如此比胜为戏。还记有：每月至十五、十六月明之夜，"妇女二十余人或三十余人众成队,一人为首,以臂膊递相联挽不断,于月下徐步而行。为首者口唱番歌一句,众皆齐声和之。到亲戚富贵之家门首,则赠以铜钱等物,名为步月"。是一种行乐方式。还有一种人,以纸笔画人物、鸟兔鹰虫等成册,如手卷样。"以三尺高二木为画干,止齐一头。其人蟠膝坐于地,以图画立地上,展出一段,前朝番语高声解说此段来历。"众人围坐而听,或笑或哭,如同中国说平话一样。

9. 婚丧习俗。婚姻之礼,男子先至女家成亲,三日后迎妇归。"男家则打铜鼓铜锣,吹椰壳筒,及打竹筒鼓,并放火铳。前后短刀团牌围绕,其妇披发裸体跣足,围系丝嵌手巾,顶佩金珠联纽之饰,腕带金银宝妆之镯。亲朋邻里以槟榔荖叶、绿纫草花之类,装插彩船而伴送之,以为贺喜之礼。"至其家则鸣锣鼓,饮酒作乐数日才散。丧葬之礼,有人家父母将死,为子女者先问其父母,父母随心所愿而嘱之,死后子女即依遗言而送之。特殊风俗是"若欲犬食者,则抬其尸至海边或野外,土有犬数十来食尽尸肉。无余为好,如食不尽,其子女悲号哭泣,将余骸弃水中而归"。也有陪葬习俗:"有富人及头目尊贵者将死,则手下亲厚婢妾先与主人誓曰:'死则同往。'到死后出殡之日,先以木搭高跳,下垛柴堆,继火焚。报候焰盛之际,其原誓婢妾二三人,则满头戴草花,身披五色花手巾,登跳哭泣良久,撺下火内,同主尸焚化,此为殡葬之礼。"

10. 货币、贸易与度量衡。记载那里"番人殷富甚多,买卖交易行使中国历代铜钱"。在新村:"其各处番船多到此处买卖。其金子诸般宝石、一应番货多有卖者,民甚殷富。"关于贸易商品,记载:"国人最喜中国青花磁器,并麝香、花绢、纻丝、烧珍之类,则用铜钱买易。"还记载了爪哇的度量衡,及其与中国度量衡的换算方式:"斤秤之法,每斤二十两,每两十六钱。每钱四姑邦,每邦该官秤二分一厘八毫七丝五忽,每钱该官秤八分七厘五毫,每两该官秤一两四钱。每斤该官秤二十八两。升斗之法,截竹为升,每升为一姑剌,该中国官升一升八合。每番斗一斗为一捺黎,该番升八升,该中国官升一斗四升四合。"

11. 文字记载。记"书记亦有字,如锁俚字同。无纸笔,用尖刀刻于茭葦叶上,亦有文法"。称那里的国语甚为美软。①

---

① 《明本〈瀛涯胜览〉校注》,《爪哇国》,第14—25页。

(二) 对爪哇国所属旧港国的记述①

记载旧港国，即古名三佛齐国，又名浡淋邦，属爪哇国所辖。其国四至："东接爪哇界，西抵满剌加国界，南连大山，北临大海。"各处船来先至淡港，入彭家门里系船。岸上多砖塔，用小船入港至其国。记述那里国人多广东、漳、泉人居住，地土很是富饶，有谚语："一季种谷，三季收稻。"提到"地方不广，人多操习水战。其地水多地少，头目之家皆在岸地造屋。其余民庶皆在木筏上盖屋居之"，都用桩缆拴系在岸上，水长则筏浮，不能淹没。或欲别处居之，则桩连屋而去，不劳搬徙。并记述"昔洪武二年，广东人陈祖义等全家逃居此地，充为头目，甚是豪强，凡有经过客船，辄便劫夺财物"，永乐五年（1407）郑和下西洋到此，施进卿举报"陈祖义凶横等情"，于是郑和生擒陈祖义回朝伏诛，明朝赐施进卿冠带为大头目。后来其女施二姐做头目。那里土产"鹤顶、黄速香、降真香、沉香、黄蜡"，还有中国不出的金银香。记载彼处人多好博戏，如把龟、奕棋、斗鸡鸭、赌钱物之类。市中买卖交易，也使用中国铜钱并布帛之类。又记："人之风俗、婚姻、死葬、语言皆与爪哇国同。"

(三) 当时苏门答腊岛上的苏门答剌国等②

记述苏门答剌国重要的地理位置："即古之须文达那国是也，其处乃西洋之总头路。"称此处是西洋总路头，也就是东西洋十字路口，是繁盛的贸易中心地，"多有番船往来，所以诸般番货多有卖者"。在《郑和航海图》上，郑和在苏门答剌设有官场。"宝船自满剌加国向西南，好风行五昼夜，先到一村滨海去处，地名答鲁蛮系船，往东南十余里即至。"苏门答剌（Sumatra）指印度尼西亚苏门答腊岛西北角的古国，非指苏门答腊全岛。《爪哇史赞》称为 Samudra。马欢记载了郑和帮助苏门答剌国平息内乱事。又记载那里土地不广，早稻一年二熟，不产大小麦。所产胡椒"每官秤百斤，卖彼处金钱八个，直银一两"。水果有芭蕉、甘蔗、莽吉柿（山竹）、波罗蜜、赌尔焉（榴莲）、柑桔、俺拔（芒果）、西瓜等。蔬菜有葱、蒜、姜、芥菜、冬瓜等。那里的货币使用情况是："其国使用金钱、锡钱，番名底那儿，以七成淡金铸造，每个圆径五分，面底有文，官秤三

---

① 《明本〈瀛涯胜览〉校注》，《旧港国》，第25—29页。
② 《明本〈瀛涯胜览〉校注》，《苏门答剌国》，第39—43页。

分五厘。锡钱番名加失,凡国中一应买卖则以锡钱使用,交易皆以十六两为一斤数论价,以通行四方。"又记载:"其国风俗淳厚,言语、书记、婚丧之礼,并男妇穿扮衣服等事,皆与满剌加国相同。"

那孤儿国与黎代国作为小国,附在苏门答剌国后面。

那孤儿国:只是一大山村,有千余家。国王"其所管人民皆于面上刺字三尖青花为号",所以又称为花面王。那里田少人多,以陆种为生,米粮鲜少,没有特产。语言与苏门答剌国相同。①

黎代国:属苏门答剌国管辖,"国人一、二千余家,自推一人为王,以主国事"。记载"土无所出",但记有很多野犀牛。言语行用与苏门答剌国相同。②

(四)"西洋"分界处的南浡里国③

记载南浡里国重要的地理位置:"国之西北海内有一大平顶峻山,半日可到,名帽山。山之西大海,正是西洋也,番名那没黎洋,西来过洋船只,收帆俱望此山为准。"南浡里国位于今苏门答腊岛北部,这里所说"那没黎洋",按照地理方位,就是今天的印度洋。记述"其国边海,人家止有千余家,皆是回回人,甚是朴实"。国王也是回回人,居室"如楼起造","坐卧食息皆在其上"。民居与苏门答剌国相同。那里蔬菜稀少,米谷也少,鱼虾特别便宜。产降真香、珊瑚、野犀牛。贸易使用铜钱。

最后,还应该提到哑鲁小国④,也位于今苏门答腊岛上,马欢记载国王和国人均为回回人。"民以耕渔为业",贸易稀少,国内婚丧等事皆与爪哇、满剌加国相同。

结　　语

古代中国与印尼之间的交流源远流长,中国旅行者的印尼游记内容丰

---

① 《明本〈瀛涯胜览〉校注》,《那孤儿国》,第44页。
② 《明本〈瀛涯胜览〉校注》,《黎代国》,第44页。
③ 《明本〈瀛涯胜览〉校注》,《南浡里国》,第45—46页。
④ 《明本〈瀛涯胜览〉校注》,《哑鲁国》,第38页。

富，构成了印尼的历史记忆，主要价值体现在：保存了航海、宗教、地理环境与风土人文的珍贵资料，具有极高的史料价值。

第一，航海资料的保存。通过法显的海路旅行游记，保存了宝贵的航海资料，具体而生动地叙述了当时到耶婆提国的海上交通情形；义净的著述记述了唐代中国到室利佛逝，或爪哇再到印度的海上航线；元代汪大渊的商业游记对于当时海上路线也有所述及；明代马欢对所到各国之间的海上航路的记载则更为详细。

第二，宗教资料的保存。佛教徒的域外旅行记对宗教现象和僧侣活动记录得十分详细，特别是对佛教和教派情况的记录，唐代求法僧义净在室利佛逝撰写的《南海寄归内法传》记录了当时印度、南海印尼等地僧人律法的实际情况，是专题考察报告。他的另一部《大唐西域求法高僧传》则反映了众多求法僧经历今天的印尼前往印度取经情况。义净在室利佛逝学习梵语和与当地僧侣一起进行译经活动，说明室利佛逝在佛教传播史上的重要地位。而15世纪初马欢《瀛涯胜览》中记载了当时印尼伊斯兰教盛行的珍贵记录。

第三，印尼地理环境与风土人文资料的保存。旅行者记录沿途所经历地区的山川地理、气候物产、政治经济、人情风俗、贸易商品等情况，涉及地域范围广泛，保存了很多古代印尼的宝贵资料，可以补充古代印尼地理风俗生活的记载。如汪大渊的印尼情况记述，涉及方面较广，而更丰富的是马欢的记载，在印尼本国的文献中似也难以找到像这样一部详述15世纪初印尼地理人物风俗生活的书籍。

古代中国旅行者亲历印尼，身临其境地感受了那里的历史文化，他们的记述建构了印度洋十字路口的印尼形象，并揭示了潜藏于背后的文化底蕴。一般说来，身份直接决定着旅行者在异国能够接触的人群和社会生活等方面的了解，求法僧以佛教方面所见所闻为主要内容，海商从商旅出发，记录开始复杂多元起来，有了新的变化；外交使团游记的内容则包罗万象，对海外国家的山川风物、政教礼俗、多元文化等被尽数纳入笔端，展现了15世纪初年印度尼西亚的一幅全图景。勾勒古代中国亲历者对印尼旅行记述的发展脉络，是了解古代印尼历史的绝好途径之一。同时，也有助于推进我们对于古代丝绸之路的认知。

附录二　早期文明中的中西文化共生"儿童空间"
——从塞浦路斯出土猪形拨浪鼓谈起

通过对英国大英博物馆、美国大都会博物馆等博物馆所收藏的，塞浦路斯出土公元前300—100年的古希腊文明猪形陶俑拨浪鼓的解析，寻访跨越两千年，乃至更遥远的古代，从地中海到中国乃至远东西伯利亚的儿童玩具"拨浪鼓"的形象演变和特征。追溯包含多重意蕴的丝绸之路上的"儿童空间"，认识人类文明发展的交流互鉴，与人类命运共同体构建出来的世界。

塞浦路斯（The Republic of Cyprus），是位于欧洲与亚洲交界处的一个岛国，处于地中海东部东西方文明的交汇处，自古以来就是连结中东、非洲和欧洲的交通要道。它在地理位置上属于亚洲，但是在文化上又是欧洲的一部分，被视为地中海的"钥匙"；是古希腊文明之乡，也是著名的东西方海上文明转换的门户。莎士比亚《奥赛罗》第二幕第一场的地点，就设在塞浦路斯海口市镇码头附近的广场。那个海港即指塞浦路斯始建于公元前3世纪著名的法马古斯塔。① 得天独厚的地理位置，决定了塞浦路斯在世界历史上所起的重要作用；历史悠久的多样文化，在塞浦路斯留下了丰厚的遗产。儿童，是人类的希望，但是迄今鲜见探讨丝绸之路相关的儿童问题，在这里，笔者有意打破这一沉寂局面，尝试揭开面纱之一角，关注在古代地域上并不比邻的中国与塞浦路斯，如何在文化上关联互鉴？儿童在古代丝绸之路东西方文明互鉴中，获得怎样的成长？中塞两国共有的儿童玩具拨浪鼓，使我们触摸到远古厚重的历史，揭示了古代世界儿童培

---

① ［英］莎士比亚著，朱生豪译：《奥赛罗》，北京联合出版公司2016年版，第63页。

养发展延绵不断的历史进程。从拨浪鼓出发,考察中国与塞浦路斯文化的共性与特性,也有益于对人类命运共同体多元文化共性与特性的认识。

一 塞浦路斯猪形陶俑:博物馆里的古代拨浪鼓

在西方,拨浪鼓称为"Rattle"。大英博物馆希腊罗马部收藏有一只猪形陶俑拨浪鼓,来自公元前3—2世纪的塞浦路斯。①

图1 大英博物馆藏塞浦路斯猪形陶俑拨浪鼓

关于大英博物馆的猪形拨浪鼓,在2018年BBC节目《世界历史:塞浦路斯儿童的拨浪鼓》播出②:在公元前1000年,古希腊有一种儿童猪形拨浪鼓,与今天的儿童相同的拨浪鼓,是用陶土和小珠子制成的,可以发出拨浪鼓的声音,为古幼儿提供了娱乐。在BBC广播中,我们注意到拨浪鼓在古希腊更早出现的时间,而塞浦路斯的猪形拨浪鼓是古希腊文化的延伸。

下面这只可爱的儿童摇铃形陶猪拨浪鼓,是在塞浦路斯儿童墓葬出土

---

① https://www.bmimages.com/preview.asp?image=00342998001.
② BBC – A History of the World – Object:Cyprus Child's Rattle (2018). Retrieved from http://www.bbc.co.uk/ahistoryoftheworld/objeckts/2qdi5f – HS2GyYiudDrDmvA.

的。它静静地躺在英国利物浦 Williamson Art Gallery 博物馆里展出。展品介绍中这样说:"这只小猪向我们展示了几千年来孩子们和他们的玩具都没有发生根本性的变化。这只猪形的拨浪鼓,它背上粗糙的毛脊表明它比今天的猪更接近野猪。"接着叙述了这样一个故事:在1878年,这只小猪被赠送给了一位利物浦的船主詹姆斯·毕比,当时他正驾着他的"海伦"号游艇在地中海巡游。在塞浦路斯法马古斯塔,一艘燃烧的船只在岛上引起恐慌,"海伦"号到来帮助平息了骚乱。于是为了表示感谢,那里的人们赠送了这一收藏品;它来自考古学家塞斯诺拉(Cesnola)的收藏。①

图2 塞浦路斯出土儿童摇铃形陶猪拨浪鼓

公元前6000年前,希腊爱琴地区已进入新石器时代,希腊本土和爱琴海的许多岛屿上的人们开始农耕,并驯养了猪和羊。猪是农耕社会的产物,家猪是由生活在森林草莽的野猪驯化而来,在这只拨浪鼓上特别呈现出了野猪到家猪的变化。

据说在塞浦路斯萨拉米斯(Salamis)发现的拨浪鼓,是在儿童墓葬中

---

① 威廉森艺术画廊展出有3000年历史的塞浦路斯儿童的拨浪鼓,http://www.bbc.co.uk/ahistoryoftheworld/objects/2qdi5f-HS2GyYiudDrDmvA。

发现的,① 为该物品与儿童娱乐的某种联系提供了支持。

在美国大都会博物馆,也有一只可爱的小猪静静地趴在那里,它也来自塞浦路斯。展品说明是塞浦路斯公元前3世纪至公元前2世纪的猪形陶土拨浪鼓。细节介绍说:塞浦路斯猪形陶土拨浪鼓,时间是希腊化时期,大都会博物馆于1874—1876年购入,来自塞斯诺拉收藏。②

图3 美国大都会博物馆藏塞浦路斯猪形陶土拨浪鼓

我们发现,无论是大英博物馆的小猪拨浪鼓,还是美国大都会博物馆的小猪拨浪鼓,都来自塞浦路斯,并都与塞斯诺拉的收藏有关。那么塞斯诺拉是何许人呢?卢吉·帕尔马·迪·塞斯诺拉（Luigi palma di cesnola 1832 - 1904）,1832年出生于意大利北部都灵附近皮埃蒙特的小镇里瓦罗洛,1851年毕业于凯拉斯科皇家军事学院,曾参加克里米亚战争。1860年移居美国。1865—1876年任美驻塞浦路斯领事。③ 由于塞浦路斯很早以

---

① Lund J., *A study of the circulation of ceramics in Cyprus from the 3rd Century BC to the 3rd Century AD*. Gösta Enbom Monographs 5, Arrhus. 2015, pp. 147 - 149.

② Vassos Karageorghis, *Ancient Art from Cyprus: The Cesnola Collection in the Metropolitan Museum of Art*, Metropolitan Museum of Art New York, 2000. https://www.metmuseum.org/art/collection/search/240421.

③ [英] 丹尼尔（Daniel, G.）著,黄其煦译:《考古学一百五十年》,文物出版社1987年版,第219—20页；曹世文、黄季方:《美国名人词典》,华夏出版社1991年版,第682页。

第三篇　文化篇 >>>

来一直是地中海贸易中心和希腊神话中爱神阿弗洛狄忒的诞生地，那里拥有特别丰富的文化资源。腓尼基人、埃及人、希腊人和古罗马人陆续统治过那里，留下了融合当地艺术风格的标志。因此，"塞浦路斯提供了古代世界艺术发展延绵不断的历史"。在任11年间，塞斯切拉探索并确认了16座古城，发掘了15座神殿，65处墓地，6万多座古墓，收集了35573件文物，包括2000多件雕像，约14000件陶器、近4000件玻璃器，等等。①1879—1904年他出任美国大都会艺术博物馆首任馆长，他的有关塞浦路斯的藏品，是美国大都会博物馆最初的家底。这些猪形陶土拨浪鼓，正是塞斯诺拉在塞浦路斯的发掘收藏物。

《塞浦路斯的古代城市，墓葬和寺庙：十年居住期间的发掘和研究》（1877）一书，是塞斯诺拉的考古工作报告。其中提到猪形拨浪鼓，出自塞浦路斯的阿拉布拉墓葬。②

还应该提到的是，塞浦路斯博物馆成立于1883年，也就是英国占领四年之后。英国历史学家J. L. 迈尔斯（Myres, John Linton），曾先后在牛津大学和加利福尼亚大学任教，于1894年至1913年指导塞浦路斯的考古发掘工作。他和马克斯·奥纳法尔施－里希特编排布置了新的博物馆陈列，二人合著的《塞浦路斯博物馆目录》发表于1899年。其中提到了猪形玩具，认为仅限于晚期和古希腊化的墓葬，更多的是象征性和奉献的意义。但具体说明了儿童拨浪鼓的特征：桶形，猪脸，眼睛穿孔，褐色清漆。③

塞浦路斯最早的陶器作品出现在新石器时代（前5250—前4950），在北岸的托鲁利遗址出土的磨光红色陶器和白地红绘纹样的陶器，是迄今为止发现的塞浦路斯最古老的陶制工艺品。④ 而塞浦路斯的猪形拨浪鼓，是

---

① （美）汤姆金斯著，张建新译：《商人与收藏：大都会艺术博物馆创建记》，译林出版社2014年版，第41、45页。

② Luigi Palma di Cesnola, *Cyprus: its ancient cities, tombs, and temples: A narrative of researches and excavations during ten years' residence*, pp. 82–102.

③ John L. Myres and Max Ohnefalsch-Richter, *A Cataalogue of the Cyprus Museum with a Chronicle of Excavations Undertaken since the British Occupation and Introductory Note on Cypriote Archaeology*. Oxford: at the Clarendon Press, 1899, pp. 31–32, 95.

④ 张夫也：《外国工艺美术简史》，高等教育出版社2000年版，第50页。

古希腊文化的遗存。①

具有重要意义的是，古希腊思想家亚里士多德《政治论》第六章中，曾盛赞了拨浪鼓的发明："儿童必需要有些事情做。人们逗小孩玩，使他们不致于打破室内其他杂物的阿奇泰式摇鼓，是一种绝妙的发明。因为小孩总是好动的。摇鼓是一种适合幼儿心理的玩具，而音乐教育本身就是一种为年龄较长的儿童所设计的摇鼓式玩具。"② 他谈到了儿童音乐教育，称"阿奇泰式摇鼓""是一个绝妙的发明"。阿奇泰人生活在公元前4世纪古希腊伯罗奔尼撒半岛中部，他们为儿童设计了摇鼓式玩具。

著名的特洛伊战争，是迈锡尼人与特洛伊人争夺海上贸易控制权的战争，在古希腊神话中，我们了解到在特洛伊战争之前，王后赫卡柏给儿子帕里斯的玩具，就是拨浪鼓，其后成为她找回儿子的证物。③

博物馆中的小猪拨浪鼓给我们以深刻的启迪，任何一种文明的产生和维系都不是无缘无故的，希腊及中东一带的文明诞生于同一时期。塞浦路斯公元前3世纪到1世纪属于大希腊区，约翰·兰德对于公元前3世纪至公元3世纪的塞浦路斯陶瓷流通，进行了全面的专门研究。④ 小小的猪形拨浪鼓有着古希腊文化的渊源和深厚的文化积淀。

尽管有不少学者探讨塞浦路斯猪形陶俑在崇拜仪式中的作用，⑤ 但是它出现在儿童墓葬，作为儿童玩具的特征是非常明显的，若将这些猪形拨浪鼓形容为丝路上的"儿童空间"，也并不过分。塞浦路斯猪形陶俑拨浪鼓具有3个基本要素：一是陶制，二是猪形，三是声动儿童玩具。猪陶俑内有一小块儿干燥的粘土，摇动时发出嘎嘎声，孩子会被这样的拨浪鼓逗乐，以此培养儿童的听觉，这有助于提高儿童的音乐语言能力，而猪还有

---

① 关于塞浦路斯希腊化，参见 Giorgos Papantoniou：*Religion and Social Transformations in Cyprus: From the Cypriot Basileis to the Hellenistic Strategos*, Brill，2012。

② 张焕庭主编：《西方资产阶级教育论著选》，人民教育出版社1964年版，第571页。

③ [德] 洛·泼莱勒著，曹乃云译：《希腊神话全集》5，二十一世纪出版社2014年版，第120页。

④ John Lund, *A study of the circulation of ceramics in Cyprus from the 3rd Century B. C. to the 3rd Century A. D.*, Aarhus：Aarhus University Press，2015。

⑤ 有代表性的是 Katerina Kolotourou，"Music and cult：The significance of percussion and the Cypriote connection", see V. Karageorghis eds., *Cyprus: Religion and society from the Late Bronze Age to the end of the Archaic period*, Mohnesee – Wamelm, 2005, pp. 183 – 204.

守护孩子的意义。我们知道,中国儿童玩具拨浪鼓历史悠久,与塞浦路斯儿童玩具拨浪鼓一样,都是声动玩具,即属于同一种类型的儿童玩具,具有同样的声动原理。因此拨浪鼓是古代东西方儿童共有的一种玩具,但是却又各具特色。下面让我们把视野转向中国拨浪鼓。

二 古代中国猪形陶俑·陶铃·拨浪鼓

拨浪鼓作为中国最古老的儿童玩具,一般认为,其历史可上溯到先秦时期。最早的拨浪鼓称为鼗(音táo)。《周礼·春官·小师》:"小师:掌教鼓、鼗、柷、敔、埙、箫、管、弦、歌",凡小乐事,"掌六乐声音之节与其和"。小师是官名,《周礼》春官的属官,掌音乐。郑玄注云:"如鼓而小,持其柄摇之,旁耳还自击。"① 由此可知,先秦时期的鼗在形制上即是今天的拨浪鼓。而出自《周礼》的拨浪鼓,是一种古乐器,当时用于"礼乐"之中,在演礼仪式中属于常用乐器,与塞浦路斯拨浪鼓曾承担仪式音乐,具有同样的功能,并不是儿童玩具。

图4 南京博物馆藏新石器时代陶猪

再来看陶猪形象。从新石器时代起,中国已形成农业为本的格局,出现猪为家畜饲养的趋向。中国国家博物馆馆收藏的公元前7000年左右的河姆渡陶猪,以灰陶制成,身躯肥满圆实,腹部下垂,呈现家猪的逼真形

---

① 杨天宇译注:《周礼译注》,上海古籍出版社2016年版,第449—450页。

象，1973年浙江余姚河姆渡出土，反映了新石器晚期家畜饲养业的兴起。① 有学者认为中国最早出现的形象玩具，大约在距今5000多年前的新石器时代，并举山东大汶口遗址出土的陶猪为证。② 其实，在中国新石器时代早期遗址中，陶塑艺术品和陶制器皿同时出现，早在7000年前的裴李岗文化遗址中，就出土了陶人头、陶猪头和陶羊头。裴李岗文化之后相继出现的有西安半坡遗址的猪形陶哨、陶鸟；河姆渡文化遗址的陶猪、陶羊、陶鱼；大汶口文化的猪形陶鬶。③ 中国新石器时代晚期诸多遗址发现的陶猪玩具都可为证。

西汉王朝建立于公元前3世纪初，与塞浦路斯猪形陶俑拨浪鼓出现在同一时期，随着农耕文明的发展，汉代猪的形象开始丰富起来，造型也更为多样，这一时期以陶猪为常见。猪形陶俑的繁盛，反映的是农耕文明发展的历程。汉代的猪形陶俑形形色色，林林总总，在西安地区出土的陶猪，整齐地成队排列着，这浩浩荡荡的陶猪大阵，足以体现出当时的六畜兴旺。可是值得注意的是，虽然猪形陶俑本身具有娱乐儿童的功能，迄今却没有发现有内部声动的猪形陶俑。

追寻陶俑拨浪鼓的踪迹，中国声动玩具历史悠久，可以追溯到新石器时期的陶铃。在史前文化遗址中，曾经发现过大量可以发声的玩具，证实了中国声响玩具的久远历史。这些文化遗址中的音响玩具都是由陶土制成，在一些考古发掘报告中称为陶铃、陶球或陶响器等。音乐史研究者认为："据考古学的发现，我国原始有一种类似哗啷棒的打击乐器。例如在甘肃临洮寺窪山的史前墓葬中曾出土过一种'红陶响铃'。它的形制是这样的：底部平坦，上部作穹隆形，边缘有四个穿孔，中空，内有陶丸，可摇动作响。"④ 根据原始文化史的研究，在原始乐器中，"不同种类的哗啷棒也占重要地位"⑤。而这种被称为哗啷棒的玩具——"红陶响铃"，可以认为就是指拨浪鼓。从结构上来说，它无疑是一种陶制摇铃。夏鼐先生认

---

① 浙江省文管会、浙江省博物馆：《河姆渡遗址第一期发掘报告》图二三；《考古学报》1978年第1期。
② 蒋风主编：《玩具论》，希望出版社1996年版，第135页。
③ 张旭：《中国古代陶器》，地质出版社1999年版，第28页。
④ 李纯一：《中国古代音乐史稿》第一分册·增订版，音乐出版社1964年版，第18页。
⑤ [苏联]柯思文著，张锡彤译：《原始文化史纲》，人民出版社1955年版，第191页。

第三篇 文化篇 >>>

图 5　汉阳陵遗址出土陶猪大阵

为它在马家窑文化中是给儿童当作玩具。① 按照类别，这是摇铃类儿童玩具，也就是发声类儿童玩具。在距今 5000 年的新石器晚期甘肃马家窑文化，和其后的齐家文化，都有这种陶铃的出土。

图 6　甘肃省博物馆藏马家窑文化陶铃

马家窑文化是黄河上游新石器时代晚期文化遗址，位于甘肃省临洮县洮河化西岸的马家窑村麻峪沟口，因最早发现于马家窑遗址而得名，距今约 5000 年—4000 年。马家窑文化有大量制作的精美陶器，在马家窑遗址

---

① 夏鼐：《考古学论文集》，料学出版社 1961 年版，第 28 页。

· 851 ·

图 7　齐家文化陶铃
呈扁圆形，内装陶质小球，摇动时能发出清脆的响声。出土于甘肃甘谷县，来源：甘谷县网

出土的陪葬陶器中，很多是彩陶。齐家文化也是以甘肃为中心的新石器时代晚期文化，名称来自于其主要遗址齐家坪，距今4000年左右。齐家文化分布在甘肃东部，向西至张掖、青海湖一带，制陶业也比较发达。更重要的是，马家窑文化与齐家文化遗址都在丝绸之路的关节点上。此外，中国发现陶铃的文化遗址有多处，其中出土数量较多的有：湖北省京山屈家岭文化遗址、京山朱家嘴遗址、湖北江陵毛家山遗址、湖北宜昌清水滩遗址、河南唐家寨茨岗遗址、湖南泮县梦溪三元宫遗址、江苏圩墩遗址、安徽潜山薛家岗遗址等。① 特别是在甘肃临洮、兰州，还有四川巫山和安徽潜山，都是在新石器晚期儿童墓葬出土，可以印证夏鼐先生的儿童玩具定性是完全正确的。②

陶铃是通过摇动发出声响的一种乐器，也是古代陶器中的经典之作。作为儿童玩具，让每个孩子都有一个快乐的童年，是大人们的心愿。这种

---

① 邹博主编：《中国国粹艺术通鉴·民间工艺卷》，线装书局2011年版，第351页。
② 关于新石器晚期出土陶铃功能，邓玲玲的最新研究成果根据陶寺遗址出土陶铃器身使用痕迹及出土背景分析，认为陶寺遗址发现的陶铃为悬挂使用的一种实用器，配合铃舌使用，是人类在移动中佩戴的一种响器，并非为乐器。推测陶铃很可能是陶器生产负责人身份的象征物，是一种不以原料、技术和装饰为依凭的特殊权威物品。见邓玲玲《陶寺遗址陶铃功能探析》，《中原文物》2018年第4期。这种说法与出土遗址紧密联系，没有涉及儿童墓葬，因此也与儿童玩具的定性无关。

方法一直延续到拨浪鼓在民间的流行,直至今天。

有些音乐考古学家认为,把摇响器也称作陶铃不甚妥当,要把它们区别开来。实际上作为儿童玩具,无论名称为何,其出现应都不晚于新石器时代晚期。

在古代丝绸之路上,有着东西方文化交融的拨浪鼓的清晰印记。在新疆克孜尔石窟壁画上,除一些菩萨、佛像外,在第8、184、186窟,也有儿童戏拨浪鼓的佛教故事。① 中国的佛教艺术中犍陀罗艺术因素的传入,本质上是希腊艺术或包括罗马艺术因素在内的西方古典艺术和佛教的结合。古代印度所产生的佛教对整个亚洲产生了巨大影响。在阿拉伯伊斯兰势力东进之前,中亚各民族和丝绸之路上的西域诸国都陆续皈依了佛教。印度佛教文化与波斯文化以及马其顿人遗留下的希腊文化等全都融合在一起,形成了东西合璧的中亚文化。通过中亚和新疆的中转传播,中国人在东汉、魏晋南北朝也接受了佛教。随着丝绸之路的繁荣发展,隋唐时期的敦煌壁画是拨浪鼓出现最多、最集中的地方。其中的拨浪鼓"为一木柄,上串数枚小鼓(一至四枚)演奏这种乐器的乐伎,通常兼操两件乐器,同时腋间还夹一鸡娄鼓"②。敦煌壁画上的拨浪鼓显示的是隋唐燕乐独特的演奏形式,是纯粹的音乐舞蹈功能,而不是作为儿童玩具。其中最具代表性的壁画有《张仪潮出行图》《宋国河内郡夫人出行图》。

除了音乐舞蹈,在丝绸之路上,拨浪鼓作为儿童玩具,也一直流传了下来。三国东吴僧人康僧会编译的《六度集经》有民间儿童持鼗玩耍的记载:"侧有一儿播鼗踊戏,商人复笑之。"这里讲的是佛教故事,但反映了三国时期拨浪鼓已经成为儿童玩具的事实。有学者指出:"三国紧临东汉,实乃汉末乱世,所以我们完全可以做出这样的推测:鼗由雅乐演变成儿童玩具的时间当在汉魏时期。这样看来,作为儿童玩具的拨浪鼓至少也有1500年的历史。"③ 这里无疑是从作为祭祀和雅乐的拨浪鼓线索的探讨,而拨浪鼓作为声动玩具,另有一条发展线索,即从陶铃—拨浪鼓的民间儿

---

① 陈钰、何奇编著:《克孜尔石窟壁画故事精选》,新疆人民出版社2005年版,第228—230页。
② 范鹏:《陇上学人文存·郑汝中卷》,甘肃人民出版社2016年版,第127—128页。
③ 邹博主编:《中国国粹艺术通鉴·民间工艺卷》,线装书局2011年版,第354页。

童声动玩具的发展线索,这条线索已有几千年的历史。

在中国古代礼乐活动中,拨浪鼓是常用乐器,而作为声动儿童玩具,它是中国常见的儿童玩具之一。在南宋李嵩的《货郎图》中,我们可以看到画中货郎手摇拨浪鼓的形象,鼓柄做成葫芦把,鼓形如罐,双耳似皮条,持柄摇之,皮条抽打鼓面发声。这时的拨浪鼓又体现了商业功能,民间货郎一般用这声音来招徕顾客。

图8　南宋李嵩《货郎图》

在图中,我们可以清楚地看到中国拨浪鼓的形制与塞浦路斯拨浪鼓的形制有比较大的差异。

声响玩具是指可以发声作响的玩具,品类很多,包含着许多科学原理和民间的审美观念。① 在中国声响玩具中,拨浪鼓是典型的一种。上海中国儿童玩具博物馆的藏品达976件,其中有中国民间玩具拨浪鼓,也有彩绘的陶铃。② 中国儿童玩具拨浪鼓是从陶铃的原理演变而来,这与塞浦路

---

① 张卉编著:《中国民间美术教程》,重庆大学出版社2011年版,第148页。
② 张海水:《中美儿童博物馆研究》,上海科技教育出版社2016年版,第38页。

斯拨浪鼓具有相同的原理;而中国玩具拨浪鼓起源于鼗的形制,这是与塞浦路斯拨浪鼓完全不同的形制。

三 中西文化共生视野下的"儿童空间":共性与特性

自从有了人类社会,共同体就一直存在。从人类命运共同体视角审视,关于塞浦路斯猪形儿童玩具拨浪鼓与中国拨浪鼓的有趣故事,是一部东西方文化隐秘连结的历史,在此也在彼此的文化记忆中留下了深深的印记。文化形成的连结比我们今天知道的东西方人类直接接触交往的历史更加悠久,就如同古代丝绸之路在汉代张骞开凿西域之前,早已有着久远的民间交往史。汉代中国的张骞跋涉在无边的沙漠,黄门译长航行在无垠的海洋,开拓着通往西方的陆上丝绸之路和海上丝绸之路的时候,在遥远的西方地中海世界,人们也在千方百计地设法打通与东方的交通线路。杨巨平教授认为"希腊化文明是在亚历山大帝国的基础上形成的一个既多元又统一的新型文明,连接中国与地中海的丝绸之路是在汉代张骞通西域之后全线贯通的,不论从时间还是空间上,二者都有交集之处"①。其实,早在公元前7000—6000年间,希腊爱琴海上已出现了早期的海上贸易;中国也早在8000年前浙江萧山跨湖桥就出现了称为"中华第一舟"的独木舟。希腊作为一个海上强权国家确立于公元前700年之前,后扩张为公元前5世纪的大希腊,西到大西洋,东到黑海。塞浦路斯居于东西方海上贸易中心地,其陶器在海上贸易中是重要物品之一,这可以解释塞浦路斯陶器文化与东方陶器文化的关联之一二。

纵观古今丝绸之路视野下的儿童空间,说明古代世界是相通的。这里还有一个例子可以印证。2016年10月23日《古代起源》报道:新西伯利亚考古学家的年度发现是一种玩具,可以娱乐史前幼儿。他们在西伯利亚发现了手工制作的熊头儿童拨浪鼓,它有4000年的历史。在丝绸之路延伸的北亚,有4000岁的儿童摇铃被制作成小熊的头:而且它还在摇铃!

报道说世界上最古老的玩具之一的惊人发现,来自西伯利亚青铜时代定居点的发掘。新西伯利亚考古与人种学研究所副所长维亚切斯拉夫·莫

---

① 杨巨平:《希腊化文明与丝绸之路关系研究的回顾与展望》,《北京师范大学学报》2016年第3期。

图 9　西伯利亚熊头儿童拨浪鼓

洛丁教授说，里面的小石头保持密封状态"发出叮当声"。他告诉《西伯利亚时报》："这是一种粘土拨浪鼓，带有可见的精心制作的提手——便于儿童握持。它是由粘土烧成的，内部是空心的，里面有小石头。"① 重要的是，这个拨浪鼓仍然在起作用。相对塞浦路斯儿童拨浪鼓的 3 个基本要素，只是猪形换作了熊头，而拨浪鼓作为儿童玩具的功能，是完全一致的。这一例子说明，人类文明发展的共性，即人类文明的基本精神是相通的，无论东西方的人们，都是以声动的原理进行儿童音乐教育，培养儿童，娱乐儿童。这种共性因素，从古至今都没有改变。拨浪鼓通过声音吸引幼儿关注，培养儿童集中注意力，现代早教方案也已将拨浪鼓列入了幼儿智力与语言相通训练教程。②

综上所述，本章分析了塞浦路斯发声的猪陶俑拨浪鼓和中国的拨浪鼓，考察了其各自渊源和在人类文明发展过程中由仪式功用到形成儿童玩具的历史变化过程。小小的拨浪鼓折射了中外文化相通的内在理路，都可以追寻到古代祭祀仪式的乐器和新石器晚期的陶器。而最早发现陶铃的今甘肃地方，正是古代东西方丝绸之路通道的必经之地。透物见人，拨浪鼓为探讨丝绸之路上相通的东西方儿童生活与教育，提供了资料和依据；中

---

① https://www.ancient-origins.net/news-history-archaeology/4000-year-old-childrens-rattle-crafted-bear-cubs-head-and-it-still-rattles-021036.
② ［意］蒙台梭利著，齐开霞编译：《蒙台梭利早教方案：0—3 岁智力及语言系统训练全书》，北京理工大学出版社 2013 年版，第 128 页。

华文明与希腊文明,其共性表现在小小的声动玩具——儿童拨浪鼓上,反映了古代中华文明与古希腊文明之间的关联,由此,我们可以洞悉人类文明发展的多元文化共生与交融现象,因此不妨将之称为"拨浪鼓现象"。通过"拨浪鼓现象",探讨东西方儿童文化的异同,探寻东西方文明的共性和特性,东西方拨浪鼓既具有共性,而又带有各自文化的特性。拨浪鼓被程式化地成为儿童玩具,失去了其作为仪式乐器传承的原初特性,这种变化与东西方儿童教育的开始兴盛发展相联系。形形色色的拨浪鼓呈现了世界各地不同的设计形制,却是共同的类型——儿童声动玩具。这一现象说明在东西方文明发展中,人类命运共同体构建的特征是"你中有我,我中有你",具有坚实的历史逻辑和丰富的现实资源。如何对待儿童,为他们身心健康的良好发展争取美好的明天,早已为东西方社会所共同关注。音乐与儿童的发育成长关系重大,声动玩具伴随儿童成长,在儿童心中占有重要的地位,这在东西方是共通的;而关心儿童的健康成长,是人类命运共同体的共同责任。

古代中国与塞浦路斯之间存在交通不便、信息不对称的问题,儿童玩具之间的直接交流过程也因此并不明朗,但是古代地中海与中国是相通的,东西方文化是联通的,已经由小小的拨浪鼓展现出来。这是因为人类的生活需求是一致的,直接或隐秘的文化传播也是一直存在的,所以才有古代东西方儿童空间的拨浪鼓现象——文化共生与交融现象,或者说是拨浪鼓的故事。作为东西方文明中具有共生和个性特征的中塞两国儿童玩具,虽然在体现形式上发展各有差异,但却依附于共同的价值主体,是人类文化多样性的完美呈现。进一步说,拨浪鼓的故事,从整体丝绸之路体系的研究出发,还有待于深化。

在中国,至今拨浪鼓在一些地方盛行不衰,国务院总理李克强考察浙江时获赠的一只拨浪鼓,在 2014 年 12 月 8 日被中国国家博物馆收藏,这是百年历史的中国国家博物馆迎来的史上首个拨浪鼓藏品。在现实中,浙江义乌人艰苦创业时摇动的拨浪鼓——拨浪鼓精神,已经是遐迩闻名。这种拨浪鼓的精神,对于推动"一带一路"新的丝绸之路实践,有着重要的现实意义。

附录三　丝绸之路研究的百科全书
——评《丝绸之路辞典》

改革开放以来，中国中外关系史已经成为中国历史学研究中不可或缺的一个重要学科方向，产生了丰硕的研究成果，其中，丝绸之路学是中国中外关系史研究的一个重要分支学科。也是中国中外关系史研究的内核。当中国改革开放的骄人业绩举世瞩目，中国已日益走向世界舞台的中心之时，丝绸之路研究突显为国际显学，建立立足中国、面向世界的史学三大体系，需要我们做好中国中外关系史研究回顾与展望——传承与创新的工作。《丝绸之路辞典》的出版，正是奠定中国丝绸之路学的学术基础之作，为中国中外关系史知识体系、学术体系、话语体系的构建做出了贡献。

一　丝绸之路研究的百科全书

丝绸是中华文明的象征之一。中国是最早养蚕织丝的国家，浙江吴兴钱山漾遗址发现的丝带、丝线和残绢等物，印证了早在新石器时代，我们的祖先已经开始从事养蚕和织丝等生产活动。丝绸之路，是一条起始于中国境内，横跨亚、欧的中外交往之路，是联系古代东西方政治、经济、文化的大动脉，历史悠久，源远流长。但是我们在中国古代史籍中，找不到"丝绸之路"的名称。德国地理学家李希霍芬（Ferdinand von Richthofen）在1877—1912年出版的《中国亲历》5卷本中，首次将从中国通往中亚、南亚、西亚乃至欧洲、北非的西域商贸道路称为Seidenstraseno，即"丝绸之路"，彰显了以丝绸为媒介的古代中西交往通路的重大意义。古代丝绸之路的正式开辟是在西汉张骞通西域之后，迄今为止已有2100多年的历史。丝绸之路的畅达，推动了东西方全方位、多层次的接触、交流与融合，促成了中国与丝绸之路沿线各国政治交往、经济贸易、文化艺术的发

第三篇　文化篇 >>>

展机遇，也促成了中国与沿线各国间友好合作关系的发展。丝绸之路上中西文明的交融，有如生生不息的河流，推动了人类文明的历史发展进程。

中国这个著名的文明古国，拥有广袤的国土和漫长的海岸线，既是东亚的大陆国家，又是太平洋西岸的海洋国家。中华文明是大陆和海洋共同孕育出的世界最古老的伟大文明之一。随着考古重大发现的推进，我们有理由相信，当伴随清脆的驼铃，享誉世界的中国丝绸穿过绿洲和荒漠的同时，海上丝绸之路也翻开了辉煌的一页。开启海上丝绸之路中西文化交流之门的钥匙，很早就掌握在了中国先民的手中，陆海丝绸之路不但沟通了古代东西方之间的了解和友谊，而且也推进了商贸与文化交流，对中外文明交流互动发挥了重要作用。

2013年"一带一路"国家倡议出台，是"丝绸之路经济带"和"21世纪海上丝绸之路"的简称，从历史纵深中走来，融通古今，连接中外，承载着丝绸之路沿线各国人民共同发展繁荣的梦想，赋予了古老丝绸之路以崭新的时代内涵，旨在借用古代"丝绸之路"的历史符号，以合作发展的理念，共同打造人类命运共同体的未来。

21世纪全面进入了一个全球化时代，也就是一个新的丝绸之路时代。直面人类的过去和未来，总结人类文明共生与交融的历史与现实经验，是所有从事中国中外关系史研究学者们具有的共同使命感。一方面，社会上出现了广泛的丝路热，广大读者群迫切要求了解丝绸之路相关知识，另一方面，也是更重要的方面，就是丝绸之路研究对于今天的中国和世界各国均具有重大的现实意义。

适应时代的要求，由陕西师范大学周伟洲和王欣两位教授主编，陕西人民出版社2018年年底出版的《丝绸之路辞典》，洋洋300万字，收入有关丝绸之路各方面的词、事共11529条。内容侧重于狭义丝绸之路，兼及海上丝绸之路、西南丝绸之路等。所谓沙漠路、草原路为主，反映了李希霍芬提出丝绸之路的初衷，也是百年来丝绸之路研究的重心所在，因此汇集这方面的研究成果最为丰硕。根据百年来丝绸之路研究的发展现状，《丝绸之路辞典》将内容分为道路交通、地理环境、政区城镇、政治军事、经济贸易、文化科技、民族宗教、文物古迹、方言习俗、丝路人物、海上丝路、西南丝路、丝路文献、丝路研究、丝路今日等15大编；涉及面极为宽广，可以说是贯通古今，纵横中外，实际上囊括了有关丝绸之路知识的方方面面，展现了百年来丝绸之路学基本知识体系的面貌。此书是对2006年周伟洲等主编的《丝绸之路大辞典》的修订，特别增加了2001以后到2015年相关内容的新词目，增补了文物古迹和丝绸之路研究新成果，包括今天新丝绸之路的词条。《丝绸之路辞典》属于工具书类书籍。我们知道，参考工具书是图书资料的一种类型，是专供查找特定资料而编写的书籍，是根据社会需要，把各门类或某一门类的知识或资料，以特定的形式，按照一定的检索方法编排起来，为读者迅速提供某方面的基本知识或资料线索，专供查阅的特定类型的书籍。此书具有编制特殊、内容概括、专供查阅丝绸之路相关知识与研究成果的特点，具体来说，它具有丝绸之路大型综合性专业辞书的特性，是中国目前收词量最多、专业覆盖面最广、释义详细的中国中外关系史丝绸之路专业辞典。可以说，迄今为止，图文并茂的这部辞书，把握丝绸之路研究跨学科综合研究的特点，以一部辞书涵盖了自然科学和哲学社会科学的诸多学科知识体系的成果，可以说是丝绸之路研究的一部百科全书。

二 丝绸之路学术研究再出发的起点

如果从1877年算起，丝绸之路研究已有百年以上的历史，而从丝绸之路开始，中国古代对外关系已有2100多年的历史。丝绸之路在漫长的历史进程中，创造出了灿烂的精神与物质文化，源远流长、博大精深。因此，系统地研究并总结中国两千多年中外关系发展的历史经验教训，为中国当代对外交往发展提供借鉴，具有重大学术价值。基础研究在学科体系发展中的重要地位和作用不言而喻，可以说基础研究的长期积累是学术创新的源泉，回顾和总结既往百年来的学术研究，对于丝绸之路研究的再出发尤其重要。

通观全书，是在吸收国内外有关研究成果和考古发现的基础上，对丝绸之路学术资源的系统整合，必将成为今后学术发展的坚实基础。进入新世纪，有关丝绸之路的各类图书，如雨后春笋般面世。但是在这种情况下，我们更需要耐得住寂寞的基础性研究。《丝绸之路辞典》的出版，就是这样一项重要的基础工程。面对卷帙浩繁的文献海洋，一个人无论如何博闻强记，也无法容纳浩如烟海而又愈来愈多的知识量，即使想全面浏览一下丝绸之路的全部文献资料也是不可能的，只有汇集了大量知识的辞书才能帮助我们以最少的精力充分占有资料，挖掘和利用文献资源，可能避免课题研究的重复劳动。在全球化迅速发展的今天，广大史学工作者十分迫切地希望提高自己的专业知识水平以适应工作和学术交流的需要，因而也就非常需要一部覆盖面广、收词全面、释义准确、内容新颖的大型综合性丝绸之路专业工具书。它就像一把钥匙，可以帮助我们打开丝绸之路知识宝库和学术资源的大门。周伟洲教授是海内外著名的丝绸之路史家，在学术界享誉甚高；王欣教授是他的高足，也已有多部相关著作问世，这一部由周、王二位主编、集众多学者长达十几年之久的研究心力，洋洋300余万言的关于丝绸之路研究的百科全书，具有很强的学术性质，不仅包罗万象，而且广泛汇集丝绸之路研究的学术线索，特别是"文物古迹""丝路文献""丝路人物""丝路研究""今日丝路"专编，是迄今为止百年来丝绸之路研究的回顾与总结，反映了当今丝绸之路学术领域的发展水平，也是中国中外关系史研究学术体系建设的重要收获。

在学科方面，中国中外关系史学术体系建设的核心要义，就是要充分挖掘丝绸之路的历史与文化资源，弘扬中华文明的优秀文化基因，继承丝绸之路文化传统，为推动"一带一路"建设提供正能量，积极建立以中国为主体的学术话语体系。对于已形成的以丝绸之路研究为内核的中国中外关系史学术体系发展，这是一个新的起点。我们需要从这里再出发，迎来丝绸之路研究的新纪元。

附录四 明代丝绸实物的华丽风采
——《明代大藏经丝绸裱封研究》序

  文化充满了一切空间和时间，无所不在地渗透到各个领域。有明一代近300年，时间之痕为我们留下了大量珍贵的历史遗产，其中，丝绸是一颗璀璨的明珠。

  《大藏经》封面丝绸裱封的研究，把我们带进明代文化史。

  有明一代，是中国古代传统文化集大成的时期。一提到明代文化，我们可以如数家珍般地列举出《永乐大典》《天工开物》《农政全书》《本草纲目》《徐霞客游记》等一系列巨著，反映出鲜明的时代特征。文化史，主要包含物质与精神两方面，在明代近300年间，这两方面都取得了重要的发展。其中也包括明代《大藏经》的6次刊刻，《洪武南藏》（又称《明初南藏》）、《永乐南藏》《永乐北藏》《嘉兴藏》等，成为佛教经典刊刻的一个高峰。《大藏经》是佛家典籍的总汇，也是中华文化的瑰宝，《永乐北藏》是现存完整《大藏经》最早也最为精美的一部，是明太宗朱棣敕命编纂，于永乐十九年（1421）在京开始雕版，英宗正统五年（1440）完成，后于明神宗万历十二年（1584）加以补刻的。特别的是，永乐至万历年间官刻的《大藏经》，史无前例地采用了丝绸作为封面，成为迄今一大批弥足珍贵的丝绸精品保存于世的特殊形式。对于丝绸研究者来说，实在是幸莫大焉。杨玲女士主持的北京艺术博物馆课题组，以对明清皇家寺庙珍藏两千多件明代大藏经封面丝绸的系统整理，完成《明代大藏经丝绸裱封研究》一书，对于明代文化史，这部书具有填补空白的意义。

  明代《大藏经》丝绸裱封俗称经皮保存了大量完整的明代丝织品，因其完整性和连续性，成为研究明代丝绸的重要史料。早在半个多世纪以前，开创我们所（现中国社会科学院历史所）文化史研究的前辈沈从文先生，已揭示了这批宝藏的珍贵价值。他在1953年发表的《明织金锦问题》一文中说："明代用于佛经封面的丝织物，值得我们特别注意。因为这是目下我们知道的，唯一研究明代和唐宋以来丝织物的重要材料。"众所周知，沈从文先生的前半生是文学家，后半生是历史学家、文物学家。他完成出版了中国首部大部头的《中国古代服饰史》，对于丝织品有独到的研究。他当年以慧眼辨识了本不起眼的佛经"封面"上裱装的丝绸织品，1954年为故宫李杏南先生编《明锦》一书作《题记》，特别提及："目前所知，国内现存明代经面锦，至少还可以整理出近千种不同的图案，这份宝贵遗产，包含了十分丰富的内容，可以作为研究明代丝织物花纹的基础，也是进而研究宋元丝织物花纹的门径。"还殷殷指出："必须全面深入地来理解，来分析比较，才可望得出更正确的结论。"《明锦》一书，汇集故宫所藏佛经封面丝织物出版图录42幅，使学界初识了明代丝织品的原貌。今天，杨玲女士主编《明代大藏经丝绸裱封研究》一书，以北京艺术博物馆收藏的两千多件《大藏经》经皮，即传世丝织品作为主要资料，经过全面整理和研究，就《大藏经》经皮的历史背景、丝织品的图案和组织形式等，撰写了系列专题论文，探究了明代丝绸发展的真实状态，无疑将研究推进了一大步。

  《大藏经》封面的研究，把我们带进丝绸文化史，也把我们带进世界文明史。

  中国丝绸是华夏五千年文明最著名的文化载体，也是世界文明史中最灿烂的文化结晶。丝绸的发源地是中国，悠久的历史，孕育了中国古老而独特的文化。早在黄帝时期，就有"蚕神献丝""天神化蚕"之说，到了殷商时期，中国已可以织造带有精美花纹的丝绸。那么发展到明代（1368—1644），我们享誉世界的丝绸究竟发展到什么样子或者说什么水平了？这是我们自己首先应该搞清楚的事情。仅仅根据文献资料的记载，总让人感到含糊不清；而丝绸不易保存，是古代艺术品中最难保存下来的，也正因为如此，这批经皮的分析与整理，对于丝绸文化的研究，具有特殊的重要学术价值。

  所谓物质文明，是指人类物质生活的进步状况，是精神文明的物质基础。明代是一个手工业生产和工艺制作空前发展的时代，明代丝绸生产有

<<< 丝绸之路上的明代中国与世界

中央和地方两大系统，根据《明会典》记载，属于中央的有四个织染局。"两京织染"分设在南京和北京。设在南京的称内织染局，生产丝绸专供皇室。传世实物佛经封面展示了明代丝绸的时代特征，在装饰中显示出多样的风采和浓厚的美感，反映出传统丝织手工生产工艺到此时已走向顶峰时期。

  佛教在传统中国的弘扬，是不同文化相互融合的一个成功范例。明代《大藏经》的刊刻，配以珍贵的传统丝织品作为封面，同样是中外文化相互融合的一个成功范例。中国曾是世界上唯一能够生产丝绸的国家，我们的祖先不但发明了丝绸，而且从西汉开始，中国丝绸就通过陆海两条"丝绸之路"大批向外输出，对世界文明史做出了重大贡献。发展到明代，中外文明交流曾经达到两次高潮，一次是明初郑和七下西洋，另一次是晚明中西直接接触交流。无独有偶，明代佛经的刊刻，正是发生在永乐至万历年间，与两度高潮在时间上重合。这也就提示我们，明代中国丝织精品的产生，与中外技术与艺术的交融有着千丝万缕的联系。明代的丝织品和瓷器远销国外，不仅青花瓷独步世界，丝织品中的织锦等也具有享誉世界的代表性。从丝织品的图案来看，丝织品衣饰用金盛行于元代，已与宋代崇尚淡雅的风格迥异，明代全面加以承继并有所发展，进一步融合西域织金绮的用金技术多达33种，表现出前代无法比拟的丰富性。丝织品趋于精品化，质量之精美、品种之繁多，在明代达到了历史上空前的程度。

  杨玲女士主编《明代大藏经丝绸裱封研究》（学苑出版社2013年版）展现给我们的，正是传世明代丝绸的华丽风采。

主要征引文献

一 古籍

（西汉）司马迁：《史记》，中华书局1959年版。

（东汉）班固：《汉书》，中华书局1962年版。

（晋）法显著，郭鹏注释：《佛国记注释》，长春出版社1995年版。

（晋）郭璞注：《穆天子传》，上海古籍出版社1990年版。

（南朝宋）范晔：《后汉书》，中华书局1965年版。

（梁）沈约：《宋书》，中华书局1974年版。

（唐）魏征等：《隋书》，中华书局1973年版。

（唐）杜佑著，王文锦等点校：《通典》，中华书局1988年版。

（唐）段安节：《乐府杂录》，学苑音像出版社2004年版。

（唐）李肇：《唐国史补》，上海古籍出版社1957年版。

（唐）玄奘、辩机原著，季羡林等校注：《大唐西域记》，中华书局1985年版。

（唐）义净著，王邦维校注：《南海寄归内法传校注》，中华书局1995年版。

（后晋）刘昫：《旧唐书》，中华书局1975年版。

（宋）陈旸撰，张国强点校：《乐书点校》，中州古籍出版社2019年版。

（宋）灌圃耐得翁：《都城纪胜·瓦舍众伎》，中国商业出版社1982年版。

（宋）郭茂倩编：《乐府诗集》，中华书局1979年版。

（宋）胡仔著，廖德明校点：《苕溪渔隐丛话》，人民文学出版社1962年版。

（宋）李昉等：《太平御览》，中华书局1960年版。

（宋）李焘：《续资治通鉴长编》，中华书局1980年版。

（宋）欧阳修、宋祁等：《新唐书》，中华书局1975年版。

（宋）欧阳修：《欧阳修文选读》，岳麓书社1984年版。

（宋）朱熹：《四书章句集注》，中华书局1983年版。

（元）《大元圣政国朝典章六十卷新集至治条例不分卷》，《四库全书存目丛书·史部》第二六三册，齐鲁书社1996年版。

（元）脱脱等：《金史》，中华书局1975年版。

（元）汪大渊著，苏继庼校释：《岛夷志略校释》，中华书局1981年版。

《明实录》，"中央"研究院历史语言研究所校印1962年版。

《正德大明会典》，东京汲古书院1989年版。

（明）毕恭：《辽东志》，《续修四库全书》第六四六册，上海古籍出版社2002年版。

（明）毕自严：《度支奏议》，崇祯刻本。

（明）曹履泰：《靖海纪赂》，《台湾文献丛刊》第33册，台湾大通书局1984年版。

（明）曹学佺：《石仓历代诗选》，《文渊阁四库全书》第1391册，台湾商务印书馆1986年版。

（明）曹学佺：《蜀中广记》，《文渊阁四库全书》第592册，台湾商务印书馆1986年版。

（明）曹昭撰，王佐校增：《新增格古要论》，中国书店1987年版。

（明）陈诚：《陈竹山先生文集》，《四库全书存目丛书》集部第26册，齐鲁书社1997年版。

（明）陈诚：《使西域记》，《四库全书存目丛书》史部第127册，齐鲁书社1996年版。

（明）陈继儒：《见闻录》，《四库全书存目丛书》子部第244册，齐鲁书社1995年版。

（明）陈九德：《皇明名臣经济录》，嘉靖二十八年刻本。

（明）陈侃：《使琉球录》，《台湾文献丛刊》第287种《使琉球录三种》，台湾大通书局1984年版。

（明）陈如松：《莲山堂文集》，商务印书馆1918年版。

（明）陈吾德：《谢山存稿》，嘉庆刻本。

（明）陈子龙等：《明经世文编》，中华书局1962年版。

（明）邓元锡：《皇明书》，万历刻本。

（明）董应举：《崇相集》，崇祯刻本。

（明）方孔炤辑：《全边略记》，《续修四库全书》第738册，上海古籍出版社2002年版。

（明）费信著，冯承钧校注：《星槎胜览》，中华书局1954年版。

（明）费元禄：《甲秀园集》，万历刻本。

（明）傅凤翔辑：《皇明诏令》，明刻增修本。

（明）高宇泰撰：《敬止录》，道光十九年（1839）烟屿楼钞本。

（明）巩珍著，向达校注：《西洋番国志》，中华书局1961年版。

（明）葛寅亮著，何孝荣点校：《金陵梵刹志》，天津人民出版社2007年版。

（明）顾璘：《顾华玉集》，《文渊阁四库全书》第1263册，台湾商务印书馆1986年版。

（明）顾起元著，谭棣华、陈稼禾点校：《客座赘语》，中华书局1984年版。

（明）顾炎武：《天下郡国利病书》，上海古籍出版社2011年版。

（明）顾炎武著，黄汝成集释：《日知录集释》，岳麓书社1994年版。

（明）顾应祥：《静虚斋惜阴录》，嘉靖刻本。

（明）顾元庆：《茶谱》，明刻本。

（明）郭汝霖：《石泉山房文集》，《四库全书存目丛书》集部第129册，齐鲁书社1997年版。

（明）郭汝霖：《使琉球录》，《台湾文献丛刊》第287种《使琉球录三种》，台湾大通书局1984年版。

（明）何乔远：《镜山全集》，日本内阁文库藏明崇祯刊本。

（明）何乔远：《名山藏》，江苏广陵古籍刻印社1993年版。

（明）何镗：《古今游名山记》，《续修四库全书》第736册，上海古籍出版社2002年版。

（明）侯继高：《全浙兵制》，旧抄本。

（明）胡安：《趋庭集》，《四库未收书辑刊·五辑》第20册，北京出版社2000年版。

（明）胡翰：《胡仲子集》，《文渊阁四库全书》第1229册，台湾商务印书馆1986年版。

（明）胡震亨：《唐音癸签》，上海古籍出版社1981年版。

（明）黄光昇辑：《昭代典则》，万历刻本。

（明）黄景昉，陈士楷、熊德基点校：《国史唯疑》，上海古籍出版社2002年版。

（明）黄省曾著，谢方校注：《西洋朝贡典录》，中华书局1982年版。

（明）黄一正：《事物绀珠》，万历刻本。

（明）黄衷：《海语》，岭南丛书本。

（明）黄宗羲：《赐姓始末》，中华书局1979年版。

（明）黄佐：《泰泉集》，康熙二十一年重刻本。

（明）焦竑：《国朝献征录》，《续修四库全书》第529册，上海古籍出版社2002年版。

（明）金幼孜：《金文靖集》，《景印文渊阁四库全书》第1240册，台湾商务印书馆1986年版。

（明）郎瑛：《七修类稿》，上海书店出版社2001年版。

（明）雷礼：《皇明大政纪》，《续修四库全书》第353册，上海古籍出版社2002年版。

（明）雷礼：《镡墟堂摘稿》卷一九，《续修四库全书》第1342册，上海古籍出版社2002年版。

（明）黎淳：《黎文僖公集》，《续修四库全书》第1330册，上海古籍出版社2002年版。

（明）李攀龙：《沧溟先生集》，包敬第标校，上海古籍出版社1992年版。

（明）李日华：《官制备考》，《四库全书存目丛书·史部》第259册，齐鲁书社1996年版。

（明）李绍文编撰：《皇明世说新语》，万历刻本。

（明）李廷机：《李文节集》，载《明人文集丛刊》，台北文海出版社1970年版。

（明）李元阳：《李元阳集》，云南大学出版社 2008 年版。

（明）凌迪知：《万姓统谱》，《文渊阁四库全书》第 956 册，台湾商务印书馆 1986 年版。

（明）凌义渠：《凌忠介公奏疏》，清光绪刻本。

（明）刘鸿训：《四素山房集》，《四库未收书辑刊·六辑》第 21 册，北京出版社 2000 年。

（明）刘基：《刘基集》，林家骊点校，浙江古籍出版社 1999 年版。

（明）刘文征撰：《滇志》，古永继校点，云南教育出版社 1991 年版。

（明）柳瑛纂修：《中都志》，《四库全书存目丛书》史部第 176 册，齐鲁书社 1996 年版。

（明）王士性：《广志绎》，中华书局 1981 年版。

（明）陆容：《菽园杂记》，佚之点校，中华书局 1985 年版。

（明）丘濬：《大学衍义补》，京华出版社 1999 年版。

（明）申时行等修：万历《明会典》，中华书局 1989 年版。

（明）沈德符：《万历野获编》，谢兴尧断句，中华书局 1959 年版。

（明）沈一贯：《喙鸣诗文集》，明刻本。

（明）慎懋赏：《四夷广记》，玄览堂丛书续集本。

（明）史仲彬：《致身录》，康熙刻本。

（明）释智旭：《阅藏知津》，清康熙三年夏之鼎刻四十八年朱岸登补修本。

（明）释宗泐：《全室外集》，《禅门逸书》初编第七册，明文书局股份有限公司 1981 年版。

（明）宋濂等：《元史》，中华书局 1976 年版。

（明）宋应星：《天工开物》，商务印书馆 1933 年版。

（明）汤显祖：《汤显祖集·诗文集》，徐朔方编年笺校，中华书局 1962 年版。

（明）唐顺之：《武编》前集卷六，明刻本。

（明）田艺蘅：《留青日札》，上海古籍出版社 1985 年版。

（明）万表：《玩鹿亭稿》，万历刻本。

（明）王祎：《王忠文公文集》，《北京图书馆古籍珍本丛刊》第 98 册，书目文献出版社 1998 年版。

（明）王临亨：《粤剑编》，中华书局 1987 年版。

（明）王圻：《续文献通考》，现代出版社 1991 年版。

（明）王锜：《寓圃杂记》，张德信点校，中华书局 1984 年版。

（明）王三聘：《事物考》，明嘉靖四十二年刻本。

（明）王士琦：《三云筹俎考》，《明代蒙古汉籍史料汇编（第二辑）》，薄音湖、王雄点校，内蒙古大学出版社 2006 年版。

（明）王世懋：《二酉委谭摘录》，中华书局 1985 年版。

（明）王世贞：《觚不觚录》，中华书局 1985 年版。

（明）王世贞：《弇山堂别集》，魏连科点校，中华书局 1985 年版。

（明）王世贞撰，董复表辑：《弇州史料前集》，《四库全书存目丛书·史部》第一一二册，齐鲁书社 1996 年版。

（明）王恕：《王端毅公奏议》，上海古籍书店 1979 年版。

（明）王廷相：《王廷相集》，王孝鱼点校，中华书局 1989 年版。

（明）王文禄：《策枢》，明百陵学山本。

（明）夏言：《南宫奏稿》，《景印文渊阁四库全书》第四二九册。

（明）夏子阳：《使琉球录》，《台湾文献丛刊》第 287 种《使琉球录三种》，台湾大通书局 1984 年版。

（明）萧彦：《掖垣人鉴》，《四库全书存目丛书》史部第 259 册，齐鲁书社 1996 年版。

（明）萧彦：《掖垣人鉴》，万历刻本。

（明）谢杰：《琉球录撮要补遗》，《台湾文献丛刊》第 287 种《使琉球录三种》，台湾大通书局 1984 年版。

（明）谢肇淛：《滇略》，《文渊阁四库全书》第 494 册，台湾商务印书馆 1986 年版。

（明）徐弘祖：《徐霞客游记校注》，朱惠荣校注，云南人民出版社 1985 年版。

（明）徐师曾：《湖上集》，万历刻本。

（明）徐学聚：《国朝典汇》，《四库全书存目丛书》史部第 265 册，齐鲁书社 1996 年版。

（明）许孚远：《敬和堂集》，明刻本。

（明）严从简：《殊域周咨录》，余思黎点校，中华书局1993年版。

（明）杨荣：《杨文敏公集》，文海出版社1970年版。

（明）杨慎：《升庵集》，《文渊阁四库全书》第1270册，台湾商务印书馆1986年版。

（明）杨士奇：《东里集》，《文渊阁四库全书》第1238册，台湾商务印书馆1986年版。

（明）叶向高：《苍霞草》，万历刻本。

（明）应槚辑，刘尧诲重修：《苍梧总督军门志》，全国图书馆文献缩微复制中心据万历九年刻本1991年版。

（明）于慎行：《谷山笔麈》，中华书局1984年版。

（明）余继登：《典故纪闻》，中华书局1981年版。

（明）俞大猷：《正气堂集》，清道光刻本。

（明）袁忠彻：《古今识鉴》，嘉靖刻本。

（明）张居正：《张太岳集》，上海古籍出版社1984年版。

（明）张鼐：《宝日堂初集》，崇祯二年刻本。

（明）张燮：《东西洋考》，中华书局1981年版。

（明）张萱：《西园闻见录》，民国哈佛燕京学社印本。

（明）张应文：《清秘藏》卷上，《美术丛书》初集第八辑，神州国光社1936年版。

（明）赵时春：《平凉府志》，《日本藏中国罕见地方志丛刊续编》第19册，北京图书馆出版社2003年版。

（明）郑若曾：《筹海图编》，李致忠点校，中华书局2007年版。

（明）郑若曾：《郑开阳杂著》，《文渊阁四库全书》第584册，台湾商务印书馆1986年版。

（明）郑舜功：《日本一鉴穷河话海》，据旧钞本1939年版。

（明）郑晓：《皇明异姓诸侯传》，《四库未收书辑刊·一辑》第18册，北京出版社年版。

（明）郑晓：《今言》，李致忠点校，中华书局1984年版。

（明）郑晓：《禹贡图说》，《续修四库全书》第54册，上海古籍出版社

2002年版。

（明）朱孟震：《西南夷风土记》，《丛书集成新编》第98册《史地类》，新文丰出版公司1985年版。

（明）朱纨：《甓余杂集》，《四库全书存目丛书》集部第七八册，齐鲁书社1996年版。

（明）朱元璋：《明太祖集》，黄山书社1991年版。

（明）朱元璋：《皇明祖训》，《四库全书存目丛书》史部第264册，齐鲁书社1996年版。

（明）邹漪：《明季遗闻》，顺治刻本。

《大明律》，怀效锋点校本，法律出版社1998年版。

《皇明制书》，东京古典研究会1966年版。

《明太祖御制文集》，台湾学生书局1965年版。

《两种海道针经》，向达校注，中华书局1961年版。

《郑和航海图》，向达整理，中华书局1961年版。

（清）万斯同：《明史》，浙江图书馆藏清稿本。

（清）傅维麟：《明书》，《四库全书存目丛书》史部第38册，齐鲁书社，1996年。

（清）谷应泰：《明史纪事本末》，中华书局1977年版。

（清）顾炎武：《天下郡国利病书》，《四部丛刊三编》史部第7册，原编第二十六册，上海书店1935年版。

（清）顾祖禹：《读史方舆纪要》，贺次君、施和金点校，中华书局2005年版。

（清）蘅塘退士编选：《唐诗三百首》，北京师范大学出版社2014年版。

（清）胡渭著：《禹贡锥指》，邹逸麟整理，上海古籍出版社2006年版。

（清）计六奇：《明季南略》，任道斌、魏得良点校，中华书局1984年版，

（清）李鼎元：《使琉球记》，韦建培校点，陕西师范大学出版社1992年版。

（清）潘柽章：《国史考异》，《丛书集成新编》第120册《史地类》，新文丰出版公司1985年版。

（清）彭孙贻：《靖海志》，中华书局1958年版。

（清）邵廷寀：《东南纪事》，上海书店1930年版。

（清）孙承泽：《春明梦余录》，光绪刻本。

（清）孙承泽：《天府广记》，北京古籍出版社1982年版。

（清）孙奇逢：《中州人物考》，《文渊阁四库全书》第458册，台湾商务印书馆1986年版。

（清）万斯同：《明史纪传》，清抄本。

（清）王大海：《海岛逸志》，清小方壶斋舆地丛钞本。

（清）王鸿绪：《明史稿》，雍正元年敬慎堂刊本。

（清）王胜时：《漫游纪略》，江苏广陵古籍刻印社《笔记小说大观》本。

（清）温睿临：《南疆逸史》卷五四《郑芝龙传》。中华书局1959年版。

（清）徐兆昺撰，周冠明等校点：《四明谈助》，宁波出版社2000年版。

（清）佚名：《安海志》，《中国地方志集成·乡镇志》第26册，江苏古籍出版社1992年版。

（清）张廷玉等：《明史》，中华书局1974年版。

（清）周煌：《琉球国志略》，《续修四库全书》第七四五册，上海古籍出版社2002年版。

（清）印光任、张汝霖撰：《澳门纪略》，清光绪六年江宁藩署重刻本。

二 方志

宝庆《四明志》，《中国方志丛书·华中地方》第575号，成文出版社有限公司1983年版。

延祐《四明志》，清烟屿楼重印宋元《四明六志》刊本。

（明）戴璟：《（嘉靖）广东通志初稿》，嘉靖刻本。

（明）范景文：《南枢志》，《中国方志丛书·华中地方》第453号，成文出版社有限公司，1983年版。

（明）李贤等：《大明一统志》，三秦出版社1990年版。

（明）李元阳：《大理府志》，大理自治州文化局1983年版。

（明）王宗沐：《江西省大志》，万历刻本。

（明）刘廷元：《南海县志》，万历刻本。

成化《广州志》，明刻本。

成化《宁波郡志》,《北京图书馆古籍珍本丛刊》本。

弘治《八闽通志》,弘治四年刻本。

嘉靖《霸州志》,天一阁藏地方志选刊,嘉靖刻本。

嘉靖《定海县志》,成文出版社有限公司1983年版。

嘉靖《宁波府志》,成文出版社有限公司1983年版。

嘉靖《陕西通志》,原北平图书馆甲种善本丛书,第349册,国家图书馆出版社2013年版。

嘉靖《吴江县志》,嘉靖刻本。

万历《四川总志》,万历刻本。

万历《明会典》,中华书局1989年版。

万历《顺天府志》,万历刻本。

万历《歙志》,万历刻本。

万历《漳州府志》,《明代方志选》(三),台湾学生书局1965年版。

天启《舟山志》,成文出版社有限公司1983年版。

崇祯《文安县志》,《原国立北平图书馆甲库善本丛书》,第287册,国家图书馆出版社2013年版。

康熙《磁州志》,康熙四十二年刻本。

康熙《永昌府志》,康熙刻本。

康熙《平和县志》,上海书店出版社2000年版。

康熙《文安县志》,康熙刻本。

康熙《新安县志》,康熙刻本。

雍正《云南通志》,《文渊阁四库全书》第570册,台湾商务印书馆1986年版。

乾隆《海宁州志》,道光二十八年补刻本。

乾隆《祥符县志》,乾隆四年刻本。

乾隆《雅州府志》,《中国方志丛书·西部地方》第28号,成文出版社有限公司1969年版。

乾隆《浮梁县志》,江西省图书馆油印本。

(清)陈寿祺等:《重纂福建通志》,华文书局股份有限公司1968年版。

(清)陈希芳修,胡禹谟纂:《云龙州志》,《中国地方志集成·云南府县志辑》第 82 册，凤凰出版社 2009 年版。

咸丰《固安县志》，咸丰刊本。

光绪《海盐县志》，清刻本。

光绪《江西通志》，光绪七年刻本。

光绪《蓬莱县续志》，光绪八年刻本。

光绪《鄞县志》，宁波市地方志编纂委员会编《宁波市志外编》，中华书局 1998 年版。

光绪《增修登州府志》，光绪七年刻本。

缪荃孙辑：《顺天府志》，北京大学出版社 1983 年版。

民国《安次县志》，民国二十五年增刊本。

民国《同安县志》，《中国方志丛书》第 83 号，成文出版社有限公司 1967 年版。

三 现代中文论著与译著

曹婉如等编：《中国古代地图集：明代》，文物出版社 1995 年版。

岑仲勉：《中外史地考证》，中华书局 1962 年版。

陈高华：《明代哈密吐鲁番资料汇编》，新疆人民出版社 1984 年版。

陈佳荣、谢方、陆峻岭：《古代南海地名汇释》，中华书局 1986 年版。

陈寅恪《隋唐制度渊源略考》，生活·读书·新知三联书店 2001 年版。

陈玉女：《明代的佛教与社会》，北京大学出版社 2011 年版。

陈钰、何奇编著：《克孜尔石窟壁画故事精选》，新疆人民出版社 2005 年版。

陈志华：《中国造园艺术在欧洲的影响》，山东画报社 2006 年版。

邓之诚：《骨董琐记全编》，中华书局 2008 年版。

范鹏：《陇上学人文存·郑汝中卷》，甘肃人民出版社 2016 年版。

方豪：《方豪六十自订稿》，台北学生书局 1969 年版。

傅振伦：《景德镇陶录详注》，书目文献出版社 1993 年版。

韩大成：《明代城市研究》，中国人民大学出版社 1991 年版。

黑龙江省文物管理局：《黑龙江考古五十年》，《新中国考古五十年》，文物出版社 1999 年版。

胡雁溪编著：《明代民窑青花瓷大观》，团结出版社1993年版。

华嘉：《千岛之国——印度尼西亚访问记》，广东人民出版社1958年版。

纪念伟大航海家郑和下西洋580周年筹备委员会：《郑和下西洋论文集》第二集，南京大学出版社1985年版。

纪念伟大航海家郑和下西洋580周年筹备委员会：《郑和下西洋论文集》第一集，人民交通出版社1985年版。

江苏省古陶瓷研究会编：《中国青花瓷纹饰图典·山水卷》，东南大学出版社2010年版。

蒋风主编：《玩具论》，希望出版社1996年版。

李纯一：《中国古代音乐史稿》第一分册·增订版，音乐出版社1964年版。

李炯才：《印尼——神话与现实》，新加坡教育出版社1979年版。

李翎：《佛教与图像论稿续编》，文物出版社2013年版。

李士厚：《影印原本郑和家谱校注》，晨光出版社2005年版。

李棪：《东林党籍考》，人民出版社1957年版。

郦芷若：《西方园林》，河南科学技术出版社2001年版。

林仁川：《明末清初私人海上贸易》，华东师范大学出版社1987版。

林士民、李军：《浙江宁波出土明代青花瓷器》，《中国古陶瓷研究》第6辑，紫禁城出版社2000年版。

刘凤鸣：《山东半岛与东方海上丝绸之路》，人民出版社2007年版。

刘琳、刁忠民、舒大刚、尹波等校点：《宋会要辑稿》，上海古籍出版社2014年版。

刘石吉：《明清时代江南市镇研究》，中国社会科学出版社1987年版。

刘义杰：《〈顺风相送〉研究》，大连海事大学出版社2017年版。

刘子芬：《竹园陶说》，1925年石印本。

陆国俊、金计初主编：《拉丁美洲资本主义发展》，人民出版社1997年版。

路菁、关宝琮：《中国民间青花瓷》，辽宁画报出版社1999年版。

马文宽、孟凡人：《中国古瓷在非洲的发现》，紫禁城出版社1987年版。

孟宪章：《中苏经济贸易史》，黑龙江人民出版社1992年版。

米儿咱·马黑麻·海答儿：《中亚蒙兀儿史——拉失德史》第二编，新疆社会科学院民族研究所译，王治来校注，新疆人民出版社1983年版。

纳忠：《阿拉伯通史》上卷，商务印书馆1999年版。

牛龙菲：《敦煌壁画乐史资料总录与研究》，敦煌文艺出版社1991年版。

戚印平：《耶稣会士与晚明海上贸易》，社会科学文献出版社2017年版。

乔建中、薛艺兵、［英］钟思第、张振涛：《冀中、京、津地区民间"音乐会"普查实录》，《中国音乐年鉴1994》，山东友谊出版社1995年版。

乔建中、薛艺兵、［英］钟思第、张振涛：《冀中、京、津地区民间"音乐会"普查实录（续）》，《中国音乐年鉴1995》，大象出版社1997年版。

曲永建：《残片映照的历史：北京出土景德镇瓷器探析》，北京建材工业出版社2002年版。

任继愈主编：《佛教大辞典》，江苏古籍出版社2002年版。

史为乐主编：《中国历史地名大辞典》，中国社会科学出版社2005年版。

汤开建：《澳门开埠初期史研究》，中华书局1999年版。

佟佩华等主编：《蓬莱古船》，文物出版社2006年版。

童恩正：《古代的巴蜀》，四川人民出版社1979年版。

万明：《中国融入世界的步履：明与清前期海外政策比较研究》，社会科学文献出版社2000年版。

万明：《中葡早期关系史》，社会科学文献出版社2001年版。

万明主编：《晚明社会变迁：问题与研究》，商务印书馆2005年版。

汪向荣编：《明史·日本传笺证》，巴蜀书社1988年版。

王任叔：《印度尼西亚古代史》，中国科会科学出版社1987年版。

王卫平：《明清时期江南城市史研究：以苏州为中心》，人民出版社1999年版。

王庸：《中国地理图籍丛考》，商务印书馆1947年版。

魏良弢：《西辽史纲》，人民出版社1991年版。

吴春明：《环中国海沉船》，江西高校出版社2003年版。

吴仁敬、辛安潮：《中国陶瓷史》，民国珍本丛刊本，团结出版社2005年版。

夏鼐：《考古学论文集》，科学出版社1961年版。

熊玉莲编著：《海外藏中国元明清瓷器精选》，江西美术出版社2008年版。

许之衡《中国音乐小史》，上海书店出版社2011年版。

严耕望：《唐代交通图考》，"中央"研究院历史语言研究所1985年版。

杨天宇译注：《周礼译注》，上海古籍出版社2016年版。

叶文程：《中国古代外销瓷研究论文集》，紫禁城出版社1988年版。

阴法鲁：《中国古代音乐与舞蹈》，北京出版社2018年版。

袁珂：《山海经校注（增补修订本）》，巴蜀书社1992年版。

张夫也：《外国工艺美术简史》，高等教育出版社2000年版。

张海水：《中美儿童博物馆研究》，上海科技教育出版社2016年版。

张焕庭主编：《西方资产阶级教育论著选》，人民教育出版社1964年版。

张卉编著：《中国民间美术教程》，重庆大学出版社2011年版。

张星烺编注、朱杰勤校订：《中西交通史料汇编》第三册，中华书局1978年版。

张星烺编注、朱杰勤校订：《中西交通史料汇编》第一册，中华书局1977年版。

张旭：《中国古代陶器》，地质出版社1999年版。

郑樑生：《明史日本传正补》，文史哲出版社1981年版。

郑汝中主编：《敦煌石窟全集》，商务印书馆（香港）有限公司2002年版。

中国第一历史档案馆、辽宁省档案馆编：《中国明朝档案总汇》，广西师范大学出版社2001年版。

周景濂编著：《中葡外交史》，商务印书馆1991版年。

邹博主编：《中国国粹艺术通鉴·民间工艺卷》，线装书局2011年版。

左慧元编：《黄河金石录》，黄河水利出版社1999年版。

四 译著

[澳] 肯尼斯·麦克弗森著，耿引曾等译：《印度洋史》，商务印书馆2015年版。

[澳] 迈克尔·皮尔逊著，朱明译：《印度洋史》，东方出版中心2018年版。

[澳] 王赓武：《东南亚与华人———王赓武教授论文选集》，中国友谊出

版公司1987年版。

［德］廉亚明、葡萄鬼著，姚明德译：《元明文献中的忽鲁谟斯》，宁夏人民出版社2007年版。

［德］利奇温著，朱杰勤译：《18世纪中国与欧洲的接触》，商务印书馆1991年版。

［俄］娜·费·杰米多娃、弗·斯·米亚斯尼科夫著，黄玫译：《在华俄国外交使者（1618—1658）》，社会科学文献出版社2010年版。

［俄］尼古拉·班蒂什—卡缅斯基编著，中国人民大学俄语教研室译：《俄中两国外交文献汇编》，商务印书馆1982年版。

［法］阿里·玛札海里著，耿昇译：《丝绸之路：中国——波斯文化交流史》，中国藏学出版社2014年版。

［法］安田朴著，耿昇译：《中国文化西传欧洲史》，商务印书馆2000年版。

［法］伯希和著，冯承钧译：《交广印度两道考》，中华书局1955年版。

［法］伯希和：《叶调斯调私诃条黎轩大秦》，冯承钧译编：《西域南海史地考证译丛九编》，中华书局1958年版。

［法］伯希和著，冯承钧译：《郑和下西洋考》，商务印书馆1935年版。

［法］伯希和著，冯承钧译：《交广印度两道考》，商务印书馆1933年版。

［法］布哇著，冯承钧译：《帖木儿帝国》，商务印书馆1935年版。

［法］费尔南·布罗代尔：《15至18世纪的物质文明、经济和资本主义》，生活·读书·新知三联书店1993年版。

［法］费尔南·布罗代尔著，肖昶等译：《文明史纲》，广西师范大学出版社2003年版。

［法］高宣扬：《德国哲学通史》第1卷，同济大学出版社2007年版。

［法］裴化行著，管震湖译：《利玛窦评传》，商务印书馆1993年版。

［法］谢和耐、戴密微等著，耿昇译：《明清间入华耶稣会士与中西文化交流》，东方出版社2011年版。

［加］陈忠平主编：《走向多元文化的全球史：郑和下西洋（1405—1433）及中国与印度洋世界的关系》，生活·读书·新知三联书店2017年版。

［美］保罗·惠特利著，张清江译：《十五世纪时的商埠满剌加》，潘明

智、张清江编译:《东南亚历史地理译丛》,新加坡南洋学会1989年版。

[美] 道格拉斯·诺斯著,陈郁等译:《经济史中的结构与变迁》,上海三联书店1994年版。

[美] 李露晔著,邱仲麟译:《当中国称霸海上》,广西师范大学出版社2004年版。

[美] 施坚雅主编,叶光庭等译:《中华帝国晚期的城市》,中华书局2000年版。

[美] 汤姆金斯:《商人与收藏 大都会艺术博物馆创建记》,译林出版社2014年版。

[美] 珍妮特·L.阿布—卢格霍德:《欧洲霸权之前:1250—1350年的世界体系》,杜宪兵等译,商务印书馆2015年版。

[摩洛哥] 阿卜杜勒·哈迪·塔奇校订,李光斌译:《异境奇观——伊本白图泰游记(全译本)》,海洋出版社2008年版。

[摩洛哥] 伊本·白图泰口述,伊本·朱甾笔录,阿卜杜勒·哈迪·塔奇校订,李光斌翻译:《异境奇观——伊本·白图泰游记》全译本,海洋出版社2008年版。

[摩洛哥] 伊本·白图泰著,马金鹏译:《伊本·白图泰游记》下册,宁夏人民出版社1985年版。

[葡] 多默·皮列士著,何高济译:《东方志》,江苏教育出版社2005年版。

[葡] 费尔南·门德斯·平托著,金国平译:《远游记》,葡萄牙航海大发现事业纪念委员会、澳门基金会、澳门文化司署、东方葡萄牙学会1999年版。

(葡) 皮列士著,何高济译:《东方志:从红海到中国》,江苏教育出版社2005年版。

[日]《那霸市史·资料篇》,日本那霸市史编集室1980年版。

[日] 岸边成雄著,王耀华译:《古代丝绸之路的音乐》,人民音乐出版社1988年版。

[日] 村上直次郎原译,郭辉译:《巴达维亚城日记》第一册,台湾文献委员会印行1989年版。

[日] 和田清著，潘世宪译：《明代蒙古史论集（上册）》，商务印书馆1984年版。

[日] 间宫林藏著，黑龙江日报社（朝鲜文版）编辑部和黑龙江省哲学社会科学研究所译：《东鞑纪行（下卷）》，商务印书馆1974年版。

[日] 林谦三著，钱稻孙译：《东亚乐器考》，人民音乐出版社1962年版。

[日] 木宫泰彦著，胡锡年译：《日中文化交流史》，商务印书馆1980年版。

[日] 木宫泰彦著，胡锡年译：《日中文化交流史》，商务印书馆1980年版。

[日] 球阳研究会编：《球阳》，角川书店1982年版。

[日] 三上次男著，胡德芬译：《陶瓷之路——东西方文化接触点的探索》，天津人民出版社1983年版。

[日] 桑原骘藏著，陈裕菁译：《蒲寿庚考》，中华书局1954年版。

[日] 斯波义信著，方键、何忠礼译：《宋代江南经济史研究》，江苏人民出版社2001年版。

[日] 寺田隆信著，庄景辉译：《郑和——联结中国与伊斯兰世界的航海家》，海洋出版社1988年版。

[日] 寺田隆信著，庄景辉译：《郑和——联结中国与伊斯兰世界的航海家》，海洋出版社1988年版。

[苏] E.R.加富罗夫著，肖之兴译：《中亚塔吉克史（上古——十九世纪上半叶）》，中国社会科学出版社1985年版。

[苏] Н.п.沙斯季娜著，北京师范大学外语系译：《十七世纪俄蒙通使关系》，商务印书馆1977年版。

[苏] 巴托尔德著，罗致平译：《中亚突厥史十二讲》，中国社会科学出版社1984年版。

[苏] 维·维·巴尔托里德著，耿世民译：《中亚简史》，新疆人民出版社1980年版。

[苏] 苏联科学院远东研究所等编，厦门大学外文系翻译小组译：《十七世纪俄中关系》第一卷第一册，商务印书馆1978年版。

[西] 罗·哥泽来滋·克拉维约著，[土] 奥玛·李查译，杨兆钧转译：

《克拉维约东使记》，商务印书馆 1957 年版。

［锡兰］尼古拉斯、帕拉纳维达纳著，李荣熙译：《锡兰简明史》上册，商务印书馆 1972 年版。

［新］许云樵译注：《马来纪年》增订本，新加坡青年书局 1966 年版。

［新加坡］陈达生：《郑和与东南亚伊斯兰》，海洋出版社 2008 年版。

［新西兰］尼古拉斯·塔林主编，贺圣达等译：《剑桥东南亚史》第 1 卷，云南人民出版社 2003 年版。

［意］G.M.托斯卡诺著，伍昆明、区易柄译：《魂牵雪域——西藏最早的天主教传教会》，中国藏学出版社 1998 年版。

［意］鄂多立克著，何高济译：《鄂多立克东游录》，中华书局 1981 年版。

［意］利玛窦著，罗渔译：《利玛窦书信集》，台北光启出版社、辅仁大学出版社 1986 年版。

［意］马可波罗著，冯承钧译：《马可波罗行纪》，上海书店出版社 2001 年版。

［意大利］白蒂（Patrizia Carioti）著，庄国土、苏子惺、聂德宁译：《远东国际舞台上的风云人物郑成功》，广西人民出版社 1997 年版。

［印尼］林天佑著，李学民等译：《三宝垄历史》，暨南大学华侨研究所 1984 年版。

［印尼］萨努西·巴尼著，吴世璜译：《印度尼西亚史》，商务印书馆 1962 年版。

［英］C.R.博克塞编译，何高济译：《十六世纪中国南部行纪》，中华书局 1990 年版。

［英］D·G·E·霍尔著，中山大学南亚历史研究所译：《东南亚史》上册，商务印书馆 1982 年版。

［英］Joe Cribb, Barrie Cook, Ian Carradice，刘森译：《世界各国铸币史》，中华书局 2005 年版。

［英］阿诺德·汤因比著，D.C.萨默维尔编，郭小凌等译：《历史研究》，上海人民出版社 2016 年版。

［英］埃瓦里德·琼杰著，刘森译：《世界货币百科全书》，中国金融出版社 1999 年版。

[英］巴德利（J. F. Baddeley）著，吴持哲、吴有刚译，胡钟达校：《俄国·蒙古·中国》，商务印书馆1981年版。

［英］博克舍编注：《十六世纪中国南部行纪》，中华书局1990年版。

［英］丹尼尔（Daniel，G.）著，黄其煦译：《考古学一百五十年》，文物出版社1987年版。

［英］李约瑟著，《中国科学技术史》翻译小组译：《中国科技史》第1卷第2分册，科学出版社1975年。

［英］理查德·温斯泰德著，姚梓良译：《马来亚史》上册，商务印书馆1974年版。

［英］莎士比亚著，朱生豪译：《奥赛罗》，中译出版社2017年版。

［英］苏莱曼著，傅振伦译：《东南亚出土的中国外销瓷器》，《中国古外销陶瓷研究资料》第一辑，中国古外销陶瓷研究会1981年版。

五　论文

安其乐：《辽代晚期家族墓群音乐壁画研究》，《音乐教学与研究》2017年第1期。

白化文、李际宁：《摩利支与摩利支天经典》，《文献》2014年第1期。

北京大学考古文博学院等：《江西景德镇明清御窑遗址发掘简报》，《文物》2007年第5期。

曹永和：《明洪武期的中琉关系》，《中国海洋发展史论文集（三）》，台北中研院三民主义研究所1988年版。

常任侠：《汉唐间西域音乐艺术的东渐》，《音乐研究》1980年第2期。

陈达生：《郑和，东南亚的回教与三宝垄及井里汶马来编年史》，廖建裕编：《郑和与东南亚》，新加坡国际郑和学会2005年版。

陈楠：《三宝太监郑和奉佛事迹考》，《传统文化与现代化》1997年第6期。

陈茜：《川滇缅印古道初考》，《中国社会科学》1981年第1期。

陈庆英：《论明朝对藏传佛教的管理》，《中国藏学》2000年第3期。

陈受颐：《十八世纪欧洲之中国园林》，《岭南学报》1931年第2卷第1期。

陈万里：《三件永乐年款的青花瓷器》，《故宫博物院院刊》1958 年第 1 期。

陈玉女：《郑和施印佛经与兴建佛寺的意义》，陈信雄、陈玉女主编：《郑和下西洋国际学术研讨会论文集》，台北稻乡出版社 2003 年版。

陈支平：《从新发现的郑氏族谱看明末郑芝龙家族的海上活动及其与广东澳门的关系》，《明史研究》，2007 年。

陈志亮：《陶瓷文物保存修复》上，《广东档案》2009 年第 5 期。

陈忠平：《走向全球性网络革命：郑和下西洋及中国与印度洋世界的朝贡——贸易关系》，[加] 陈忠平主编：《走向多元文化的全球史：郑和下西洋（1405—1433）及中国与印度洋世界的关系》，生活·读书·新知三联书店 2017 年版。

程杰：《浙江平湖发现署名郑和的〈妙法莲华经〉长卷》，《文物》2005 年第 6 期。

邓玲玲《陶寺遗址陶铃功能探析》，《中原文物》2018 年第 4 期。

段渝：《西南夷考释》，《天府新论》2012 年第 5 期。

方宝川：《明代闽人移居琉球史实考辨》，《福建师范大学学报》1988 年第 3 期。

冯先铭：《青花瓷器的起源和发展》，《故宫博物院院刊》1994 年第 2 期。

冯先铭：《南朝鲜新安沉船及瓷器问题探讨》，《故宫博物院院刊》1985 年第 3 期。

傅朗云：《东北亚丝绸之路初探》，《东北师大学报》1991 年第 4 期。

甘淑美著，张玉洁译：《葡萄牙的漳州窑贸易》，《福建文博》2010 年第 3 期。

高德祥、吕微生：《敦煌石窟壁画中的吹奏乐器》，《乐府新声》1989 年第 4 期。

高艳林：《明代中朝使者往来研究》，《南开学报》2005 年第 5 期。

葛承雍：《燃灯祈福胡伎乐———西安碑林藏盛唐佛教"燃灯石台赞"艺术新知》，《文物》2017 年第 1 期。

葛承雍：《唐元时代景教歌咏音乐考述》，《中华文史论丛》2007 年第 3 期。

第三篇　文化篇

耿海天：《回望中俄关系史近四百年曲折之路——评〈俄罗斯与中国四个世纪交往史〉一书》，《湖北第二师范学院学报》2016 年第 12 期。

郝镇华：《两封中国明代皇帝致俄国沙皇国书真伪辨》，《世界历史》1986 年第 1 期。

何志国：《试论窖藏明代年号款青花瓷器的年代和窑口》，《四川文物》2000 年第 6 期。

宏度：《〈心经〉大义辑要》，《法音》2008 年第 5 期。

黄盛璋：《明代后期船引之东南亚贸易港及其相关的中国商船、商侨诸研究》，《中国历史地理论丛》1993 年第 3 期。

黄薇、黄清华：《广东台山上川岛花碗坪遗址出土瓷器及相关问题》，《文物》2007 年第 5 期。

江建新：《谈景德镇明御厂故址出土的宣德瓷器》，《文物》1995 年第 12 期。

蒋秀松：《海西与海西女真》，《民族研究》1981 年第 5 期。

金国平、吴志良：《流散于葡萄牙的中国瓷器》，《故宫博物院院刊》2006 年第 3 期。

黎敬文：《明代东北疆域考》，《考古学报》1976 年第 1 期。

李并成：《汉代河西走廊东段交通路线考》，《敦煌学辑刊》2011 年第 1 期。

李莘：《冀中音乐会举隅——安次地区周各庄村、古县村音乐会》，《中国音乐学》（季刊）1996 年第 4 期。

梁秋丽、周菁葆《丝绸之路上的笙簧乐器》（一）—（七），《乐器》2015 年第 11 期至 2016 年第 5 期。

廖大珂：《葡萄牙人在浙江沿海的通商与冲突》，《南洋问题研究》2003 年第 2 期。

林士民：《宁波东门口码头遗址发掘报告》，《浙江省文物考古所学刊》创刊号，文物出版社 1981 年。

林士民：《浙江宁波市舶司遗址发掘简报》，《浙东文化》2000 年第 1 期。

林士民：《浙江宁波市唐宋子城遗址》，《考古》2002 年第 3 期。

刘前度：《马来亚的中国古瓷器》，《南洋文摘》第 6 卷第 5 期。

<<< 丝绸之路上的明代中国与世界

刘新博、陈简希:《明朝南北洋海疆经略比较研究——以郑和、亦失哈为考察中心》,《东北史地》2014 年第 3 期。

刘新园:《关于明代洪武用瓷与景德镇御器厂设置年代》,《鸿禧文物》创刊号,1996 年。

刘新园等:《江西景德镇明清御窑遗址发掘简报》,《文物》2007 年第 5 期。

陆明华:《明代景德镇官窑瓷器考古的重要收获》,《中国古陶瓷研究》第十辑,紫禁城出版社 2004 年版。

罗荣渠:《中国与拉丁美洲的历史联系》,《北京大学学报》1986 年第 2 期。

马化龙:《丝绸之路东段的几处佛教石窟——泾川王母宫与南、北石窟寺考察》,《西北师院学报》1983 年第 4 期。

苗利辉等:《新疆拜城县克孜尔石窟第 38 至 40 窟调查简报》,《中国国家博物馆馆刊》2018 年第 5 期。

宁波市文物考古研究所:《浙江宁波唐国宁寺东塔遗址发掘报告》,《考古学报》1997 年第 1 期。

潘怀素:《从古今字谱论龟兹乐影响下的民族音乐》,《考古学报》1958 年第 3 期。

钱江:《从马来文〈三宝垄纪年〉与〈井里汶纪年〉看郑和下西洋与印尼华人穆斯林社会》,《华侨华人历史研究》2005 年第 3 期。

青柳洋子:《东南亚发掘的中国外销瓷器》,《南方文物》2000 年第 2 期。

全汉昇、李龙华:《明中叶后太仓岁出银两的研究》,香港中文大学《中国文化研究所学报》第 6 卷第 1 期。

全汉昇、李龙华:《明中叶后太仓岁入银两的研究》,香港中文大学《中国文化研究所学报》第 5 卷第 1 期。

邵磊:《郑和发愿施造的刻经与写经》,《"郑和的归来"学术研讨会论文集》,上海,2015 年 7 月 11 日。

邵循正:《有明初叶与帖木儿帝国之关系》,载《社会科学》第 2 卷第 1 期,1936 年 10 月。

沈殿成:《海外华人收藏家魏伟杰》,《侨园》2000 年第 2 期。

沈福伟：《十四至十五世纪中国帆船的非洲航程》，《历史研究》2005 年第 6 期。

沈福伟：《郑和宝船队的东非航程》，纪念伟大航海家郑和下西洋 580 周年筹备委员会、中国航海史研究会编：《郑和下西洋论文集》第一集，人民交通出版社 1985 年版。

施存龙：《葡人私据浙东沿海 Liampo——双屿港古今地望考》，《中国边疆史地研究》2001 年第 2 期。

宿白：《宣化考古三题——宣化古建筑·宣化城沿革·下八里辽墓群》，《文物》1998 年第 1 期。

汤开建、张照：《明中后期澳门葡人帮助明朝剿除海盗史实再考》，《湖北大学学报》2005 年第 2 期。

田青《世纪末回眸：智化寺音乐与中国音乐学》，《中央音乐学院学报》1998 年第 2 期。

万明：《"契丹"即中国的证实——利玛窦与鄂本笃的贡献》，（澳门）《中西文化研究》2002 年第 2 期。

万明：《15 世纪印度洋国际体系的建构——以明代"下西洋"亲历者记述为线索》，《南国学术》2018 年第 4 期。

万明：《白银货币化视野下的明代赋役改革》，《学术月刊》2007 年第 5—6 期。

万明：《傅安西使与明初中西陆路交通的畅达》，王毓铨主编：《明史研究》第 2 辑，黄山书社 1992 年版。

万明：《海上丝绸之路上的文化共生——以〈郑和锡兰布施碑〉为例》，《国际汉学》2018 年第 4 期。

万明：《明朝对澳门政策的确定》，《中西初识》，中国中外关系史论丛第 6 辑，大象出版社 1999 年版。

万明：《明初中西交通使者傅安出使略考》，《中国边疆史地研究导报》1990 年第 2 期。

万明：《明代澳门与海上丝绸之路》，《世界历史》1999 年第 6 期。

万明：《明代澳门政策的确立》，《中西初识》（《中外关系史论丛》第 6 辑），大象出版社 1999 年版。

万明：《明代白银货币化：中国与世界连接的新视角》，《河北学刊》2004年第2期。

万明：《明代白银货币化的初步考察》，《中国经济史研究》2003年第2期。

万明：《明代白银货币化的总体视野：一个研究论纲》，《学术研究》2017年第5期。

万明：《明代白银货币化与中外变革》，万明主编：《晚明社会变迁：问题与研究》，商务印书馆2005年版。

万明：《明代白银货币化——中国与世界连接的新视角》，《河北学刊》2004年第3期。

万明：《明代财政体系转型——张居正改革的重新诠释》，《中国社会科学报》2012年7月4日；《新华文摘》2012年第18期。

万明：《明代后期西方传教士来华尝试及其成败述论》，《北京大学学报》1993年第5期。

万明：《明代嘉靖年间的宁波港》，《海交史研究》2002年第2期。

万明：《明代两京制度的形成及其确立》，《中国史研究》1993年第1期。

万明：《明代青花瓷西传的历程：以澳门贸易为中心》，《海交史研究》2010年2期。

万明：《明代外交模式及其特征考论——兼论外交特征形成与北方游牧民族的关系》，《中国史研究》2010年第4期。

万明：《明代永宁寺碑新探：基于整体丝绸之路的思考》，《史学月刊》2019年第1期。

万明：《明代中国国家秩序的演绎》，《新疆师范大学学报》2016年第5期。

万明：《明人笔下的钓鱼岛：东海海上海域形成的历史轨迹》，《北京联合大学学报》2013年第2期。

万明：《明太祖外交诏令考略》，载汤开建、纪宗安主编《暨南史学》第五辑，暨南大学出版社2007年版。

万明：《试论16—17世纪中叶澳门对海上丝绸之路的历史贡献》，（澳门）《文化杂志》（中文版）第43期，2002年夏季刊。

第三篇　文化篇

万明：《试论明代澳门的治理形态》，《中国边疆史地研究》1999年第2期。

万明：《释"西洋"——郑和下西洋深远影响的探析》，《南洋问题研究》2004年第4期。

万明：《丝绸之路的文化传承：筚篥在中国——明代以来霸州胜芳镇音乐会渊源考》，《河北学刊》2018年第1期。

万明：《西方跨越世界屋脊入藏第一人——以安德拉德葡文书信为中心的探析》，《中国藏学》2001年第3期。

万明：《整体视野下的丝绸之路：以明初中外物产交流为中心》，中外关系史学会、暨南大学文学院主编：《丝绸之路与文明的对话》，新疆人民出版社2007年版。

万明：《整体丝绸之路视野下的郑和下西洋》，《"永乐时代及其影响"两岸故宫第二届学术研讨会论文集》，故宫出版社2012年版。

万明：《郑和七下印度洋——马欢笔下的"那没黎洋"》，《南洋问题研究》2015年第1期。

万明：《郑和下西洋与明中叶社会变迁》，王毓铨主编：《明史研究》第4辑，黄山书社1994年版。

万明：《郑和下西洋终止相关史实考辨》，《暨南大学学报》2005年第6期。

万明：《郑和与满剌加——一个世界文明互动中心的和平崛起》，《中国文化研究》2005年第1期。

万明：《中葡两国的第一次正式交往》，《中国史研究》1997年第2期。

万明：《重新思考朝贡体系》，周方银、高程主编：《东亚秩序：观念、制度与战略》，社会科学文献出版社2012年版。

王赓武著，姚楠编：《东南亚与华人——王赓武教授论文选集》，中国友谊出版公司1987年版。

王继光：《陈诚西使及洪永之际明与帖木儿帝国的关系》，《西域研究》2004年第1期。

王健华：《明初青花瓷发展的原因及特点》，《故宫博物院院刊》1998年第1期。

王利荣：《墨西哥的陶瓷文化及特点》，《国外建材科技》2004年第3期。

王连春：《辽宁大鹿岛发现明代沉船》，《中国文物报》1990年4月12日第1版。

王慕民：《葡萄牙海商始达双屿时间考》，《宁波大学学报》1999年第3期。

魏幼红：《〈禹贡〉"黑水"地望研究综述》，《中国史研究动态》2002年第9期。

文德泉：《中葡贸易中的瓷器》，吴志良主编：《东西方文化交流国际学术研讨会论文选》，澳门基金会1994年版。

吴聿明：《周闻夫妇墓志铭考证与研究》，《郑和下西洋论文集》第2集，南京大学出版社1985年版。

夏明明：《以钟为书 钟以载道——永乐大钟及北京钟铃文化》，《北京社会科学》2005年第2期。

向玉婷：《秘鲁收藏的中国外销瓷及其影响研究》，《收藏家》2009年第7期。

项阳：《小祀乐用教坊，明代吉礼用乐新类型》（上、下），《南京音乐学院学报》2010年第3—4期。

项阳：《永乐钦赐寺庙歌曲的划时代意义》，《中国音乐》（季刊）2009年第1期。

谢必震：《论钓鱼岛主权属于中国》，《东南学术》2013年第4期。

谢必震：《明赐闽人三十六姓考述》，《华侨华人历史研究》1991年第1期。

辛光灿：《浅谈满者伯夷与德罗乌兰遗址发现的中国陶瓷》，《考古与文物》2016年第12期。

徐嘉瑞：《白族及古代大理文化的来源》，《学术研究》1963年第3期。

徐南洲：《〈禹贡〉黑水及其相关诸地考》，《中国历史地理论丛》1994年第1期。

许永璋：《剌撒国考略》，《西亚非洲》（双月刊）1989年第5期。

薛克翘：《摩利支天——从印度神到中国神》，《东方论坛》2013年第5期。

薛艺兵、吴犇：《屈家营"音乐会"的调查与研究》，《中国音乐学》（季刊）1987年第2期。

薛艺兵：《民间吹打的乐种类型和人文背景》，《中国音乐学》（季刊）1996年第1期。

薛艺兵《从冀中"音乐会"的佛道教门派看民间宗教文化的特点》，《音乐研究》（季刊）1993年第4期。

杨翠屏、金久红：《浅论廊坊各县民间花会的种类与传承》，《廊坊师范学院学报》（社会科学版）2015年第2期。

杨富学：《河西多体文字六字真言私臆》，《中国藏学》2012年第3期。

杨根文：《浙江平湖报本塔及天宫出土文物》，《东方博物》第17辑。

杨怀中主编：《番客东来与郑和出使西洋》，《郑和与文明对话》，宁夏人民出版社2006年版。

杨巨平：《希腊化文明与丝绸之路关系研究的回顾与展望》，《北京师范大学学报》2016年第3期。

杨旸：《明代东北亚丝绸之路与"虾夷锦"文化现象》，《社会科学战线》1993年第1期。

杨旸：《明代奴儿干永宁寺碑研究的诸问题论辩》，《东北史地》2005年第5期。

杨荫浏：《霓裳羽衣曲考》，《人民音乐》1962年第4期。

姚澄清、孙敬民、姚连红：《试谈广昌纪年墓出土的青花瓷盘》，《江西文物》1990年第2期。

张宝玺：《甘肃泾川王母宫石窟调查报告》，《考古》1984年第7期。

张国光：《〈山海经〉西南之黑水即金沙江考——兼论赤水实指今之雅砻江与盘江》，《〈山海经〉新探》，四川省社会科学院出版社1986年版。

张铠：《晚明中国市场与世界市场》，《中国史研究》1988年第3期。

张轶东：《中英两国最早的接触》，《历史研究》1958年第5期。

张增信：《十六世纪前期葡萄牙人在中国沿海的贸易据点》，《中国海洋发展史论文集》第二辑，台北"中央"研究院人文社会科学研究中心，1986年。

张振涛：《民间鼓吹乐社与寺院艺僧制度》，《音乐艺术》2006年第1期。

浙江省文管会、浙江省博物馆：《河姆渡遗址第一期发掘报告》，《考古学报》1978年第1期。

郑绍宗：《略谈河北发现的几处古墓壁画》，《文物春秋》1999年第1期。

郑永常：《从番客到唐人：中国远洋外商（618—1433）身分之转化》，汤熙勇主编：《中国海洋发展史论文集》（第十辑），"中央"研究院人文社会科学研究中心，2008年。

中国科学院考古所、北京市文物管理处：《元大都的勘查和发现》，《考古》1972年第1期。

钟民岩：《历史见证——明代奴儿干永宁寺碑文考释》，《历史研究》1974年第1期。

朱鉴秋、李万权主编：《新编郑和航海图集》，人民交通出版社1988年版。

朱莉叶·艾莫森：《中国外销瓷的标志——青花瓷及其对亚洲的影响》，《南方文物》2000年第4期

六 外文论著

А. Р. АРТЕМЬЕВ: БУД ДИЙСКИЕ ХРАМЫ XVB. В Н ИЗОВЬЯХ АМУРА, ВЛа ДИВОСТОК, 2005.

Amold H. Rombotham, *Missionary and Mandarin*: *The Jesuits at the court of China*, Berkeley, Los Angeles: University of California Prees, 1942

Anonymous, "A Chinese Inscription from Ceylon", *Journal North China Branch of Royal Asiatic Soc*, 45 (1914).

Anthong Reid: Southeast Asia in the Age of Commerce 1450 – 1680, Yale, 1988.

Armando Cortesao ed., *The Suma Oriental of Tome Pires*, London, Printed for the HakluytSociety, 1944, Vol. 2.

B. Schrieke, *Indonesian Sociological Studies*, Part I, The Hague, 1955.

B. de Albuqueque, *The commentaries of the great Afonso D´albuqueque*, ed. By W. de Gray Birch, Vol. 3.

Bal Krishna, *Commercial Relations between India and England 1601 – 1757*, London, 1924.

C. R. Boxer, *The Tragic History of the Sea, 1589 – 1622*, Preface, Hakluyt society, Cambridge, 1959.

C. L. van der Pijl - Ketel, *The Ceramic load of the Witte Leeuw*, Amsterdam: Rijks Museum, 1982.

C. R. Boxer, *Fidalgos in the Far East, 1550 - 1770*, The Hague: Martinus Nijhoff, 1948.

C. R. Boxer, *The Great Ship from Amacon: Annals of Macao and the old Japan Trade, 1550 - 1640*, Lisboa: Centro de Estudos Historicos Ultramarinos, 1959.

C. Wessels, *Early Jesuit Travellers in Central Asia 1603 - 1721*, 1924, The Hague.

Cathay and the Way Thither, Vol. 4, 1916.

Christopher H. Wake, "Malacca' early Kings and the reception of Islam", *Journal of Southeast Asia History* 5, 2 (September 1964).

Douglass C. North, "Sources of Porductivity Change in Ocean Shipping, 1600 - 1850", *The Journal of Political Economy*, Vol. 76, No. 5, 1968.

DR SarDesai, *Southeast Asia: Past & Present*, Boulder Colo., Westview Press, 2003.

Dr. K. K. N. Kurup: "Foreword", *The Zamorins of Calicit*, Calicut: Publication division Univ., 1999.

Dwight H. Perkins, *Agricultural Development in China: 1368 - 1968*, Chicago: Aldine Pub. Co., 1969. p. 315.

E. Chavannes, *Journal Asia*, Vol. 1 (1915)

E. H. Blair and J. Robertson, *Philippine Islands, 1493 - 1898*, Clifland: The Arthur H. Clark Co., 1903 - 09, Vol. 6; Vol. 10; Vol. 16; Vol. 25.

E. WPerera, "The Galle Trilingual Stone", *Spaliza Zeilanica*, 8: 30 (1913), pp. 122 - 127.

F. C. Danvers, *The Portuguese in India*, Vol. 2, London, 1894, pp. 248 - 249.

F. Grenvill, *The Medieval History of the Coast of Tanganyika: With special reference to recent areaoilogical discoveries*, London, New York, Oxferd University

Press, 1962.

Gaspar Correa, Lendas daíndia, Rodrigo Joséde Lima Felner ed. Lisbon, 1858.

George Bryan Souza, *The Survival of Empire, Portuguese Trade and Society in China and the South China Sea, 1630 – 1754*, Cambridge: Cambridge University Press, 1986.

H. J. de Graaf & Th. G. Th. Pigeaud, *Chinese Muslims in Java in the 15th and 16th Centuries: The Malay Annals of Sěmarang and Cěrbon*, Monash University, Monash Papers on Southeast Asia, No. 12, 1984.

H. B. Morse, *The Chronicles of the East India Company to Trading China, 1635 – 1834*, 5vols., Oxford, 1926 – 1929,

Harry Garner, *Oriental Bliue and White*, London, Faber and faber, 1954.

Henry Yule, *Cathay and the Way Thither*, London: Printed for the Hakluyt Society, 1866, Preliminary Essay, cxvi.

Henry Yule tra. and ed., Henry Cordier revised: *Cathay and the Way Thither*, Vol. 4, 1916.

Henry Yule, *The Book of Ser Marco Polo*, 1929, Vol. 1.

J. A. Pope, *Chinese Porcelain from Ardebil Shrine*, Second Edition, Sotheby Parke Bernet, London and New Jersey, 1981

J. B. Eames, *The English in China*, Cargon Press, London, 1909.

J. M. Braga, *The western pioneers and their discovery of Macao*, Imprensa Nacional, Macau, 1949。

J. V. G. Mills, *Ma Huan: Ying – Yai Sheng – Lan, the Overall Survey of the Ocean's Shores*, Cambridge: Cambridge University Press, 1970.

Jean M. James, "An Iconographic Study of Xiwangmu During the Han Dynasty", *Artibus Asiae*, Vol. LV. 1 – 2, 1995.

Jean Paul Desroches and Albert Giordan ed., *The Treasure of San Diego*, Paris, AFAA and ELF, 1996.

Jean – paul Desrochesetc., Clive E. Gilbert and Peter Inyhan trans., *Chinese export porcelain from the museum of Anastacio Goncalves*, Lisbon. London: Philip Wilson, 1996.

Jin Guo Ping and Wu Zhiliang, Nova Tradução deTeppōki (crónica da espingarda), *Review of Culture*, 2008, Vol. 27.

John Carswell, Blue and White, *Chinese porcelain around the world*, British Museum Press, 2000.

John Lund, *A study of the circulation of ceramics in Cyprus from the 3rd Century BC to the 3rd Century A. D.*, Aarhus: Aarhus University Press, 2015.

John MacGregor, *Tibet, A Chronicle of Exploation*, New York, 1970.

Joseph Keonedy, *A Hstory of Malaya*, New York, 1970.

K. K. N. Kurup, "Foreword," in K. V. Krishna Ayyar ed., *The Zamorins of Calicit*, Calicut: University of Calicut, 1999.

Kristof Glamann, *Dutch – Asiatic trade, 1620 – 1740*, Copenhagen: Danish Science pr., 1958

Laura Valerrie Esterhusizen, "History written in porcelain sherds – the San Joao and San Bento – two 16th century portuguese shipwrecks", *TAOCI*, No. 2, 2001.

Luis de Figueiredo Falcao, *Livro em que se contem toda a fazenda*, Lisboa, 1859.

Luis Keil, *Jorge Alvares o Primeiro Portugues que fai a China* (1513), Instituto Cultural na Macau, 1990.

Madeleine Jarry, *Chinoiserie Chinese influenceon European decorative art 17th and 18th centuries*, the Vendome press Sotheby publications, New York, 1981.

Maria Antonia Pinto de Matos, "They'd Portuguese Trade", *Oriental Art*, XLV. 1, 1999

P. Pelliot, "Les Grands Voyages Maritimes Chinois au De'butdu 15e Siecle", *Tong Pao* 30 (1933), Paris.

Paul Wheatley, *The Golden Khersonese*, Kuala Lumpur, 1980.

Prof. Dr. H. Dadan Wildan, M. Hum, *Sunan Gunung Jati, pertama kali diterbitkan dalam bahasa Indonesia oleh penerbit Buku Salima Network*, Oktober, 2012.

Slametmuljana, *A Story of Majapahit*, Singapore: Singapore University

Press, 1976.

Sten Sjostrand, "The Xuande Wreck Ceramics", *Oriental Art*, XLIII, 2, 1997.

T. Volker, *Porcelain and the Dutch East India Company*, Leiden: E. J. Brill, 1954

William Lytle Schurz, *The Manila Galleon*, New York: E. P. Dutton, 1959

Лукин А. В. Россия и Китай четыре векавзаимодействия. Издательство 《Весь мир》, Москва, 2013.

阿曼多·科尔特桑（Armando Cortesão）:《皮雷斯〈东方记〉》，哈克鲁特学会，伦敦，1944年，第1卷。

阿曼多·科尔特桑（ArmandoCortesão）:《十六世纪杰出的药剂师托梅·皮雷斯》（*A propósito do ilustre boticário quinhentista Tomé Pires*），科英布拉1964年版。

阿曼多·科尔特桑:《欧洲第一位赴华使节》（*Primeiro Embaixada Europeiaà China*），里斯本，1945年。

安东尼奥·拜昂（Antório Baiao）等:《葡萄牙世界征服史》（*História da Expansão Portuguesa nomondo*），里斯本，阿提喀，1939年，第2卷。

巴洛斯（João de Barros）:《亚洲第三个十年》（*Terceira decada daAsia*），葡萄牙国家图书馆藏善本，1563年，里斯本，第2卷。

布拉藏（Eđuardo Brazǎo）:《葡萄牙和中国外交关系史记录1516—1753》（*Apontamentos Para a História das Relacǒes Diplomade Portugal com a China 1516—1753*），里斯本，1949年。

布拉加（J. M. Braga）:《西方先驱者及其对澳门的发现》（*The Western Pioneersand their Discovery of Macau*），澳门，1949年。

克鲁斯（Gaspar daCruz）:《中国志》（*Tractado em que se Cǒtam muito par estěso as cousas da China, Cǒsuas Particularidades eassi do reino de Ormuz*），埃武拉，1569年。

隆斯泰德（Anders Ljungstedt）:《葡萄牙在中国居留地的历史概述》（*A nHistorial Stetch of the Portuguese Settlements in China*），香港，1992年。

路易斯·德·阿尔布克尔克（Luis deA lbuquerque）:《葡萄牙人的大发现》

（*Os Descobrimentos Portugueses*），里斯本，阿尔法，1986 年。

路易斯·凯尔（LuisKeil）：《第一个到达中国的葡萄牙人若热·阿尔瓦雷斯（1513 年）》（*Jorge Alvareso Primeiro Portugues quefoiàChina，1513*），澳门文化学会，1990 年。

罗纳德·毕绍普·史密斯（Ronald Bishop Smith）：《1512 年葡萄牙航行中国计划与有关托梅·皮雷斯在广东的新评价》（*A Projected Portuguese Voyage to China in 1512 and New Notices Relative to Tome Pires in Canton*），德卡特出版社马里兰，1972 年。

洛雷罗（RuiM anuelLoureiro）：《一名阿尔加维人在中国海》（*Um A lgarvionos Mares da China*），《历史笔记》（*Cadernos Históricos* Ⅱ）1991 年第 2 期。

《葡萄牙国家档案馆藏有关葡萄牙航海与征服档案汇编》（*A lguns Documentos do Archivo Nacional da Torre do Tombo acerca das Naveg coes e Conquistas Portuguesas*），1982 年，里斯本。

《葡萄牙历史百科辞典》（*Dicionário Enciclopedico da História de Portugal*），阿尔法，1985 年，第 2 卷。

《葡萄牙历史辞典》（*Dicionário de História de Portugal*），里斯本，1971 年，第 3 卷。

山本达郎：《东西洋とぃり称呼の起源に就いこ》，《东洋学报》第 21 卷第 1 号，1933 年。宫畸市定：《南洋を东西洋に分つ根据に就いこ》，《东洋史研究》第 7 卷第 4 号，1942 年。

史密斯（Ronald Bishop Smith）：《马蒂姆·阿丰索·德·梅洛》（*Martim Afonso de Mello*），德卡特，1972 年。

维埃拉·卡尔沃（Cristóvǎo Vieirae Vasco Calvo）：《广州囚徒信件》（*Cartao dos Cativos de Cantǎo：Cristóvǎo Vieira e Vasco Calvo，1524?*），洛雷罗（Rui Manuel Loureiro）注释，澳门文化学会 1992 年版。

［俄］B.B.叶夫修科夫：《女真人和他们对明朝的关系（15 世纪）》，《中世纪的东亚及其毗邻地区》，新西伯利亚，1986 年。

［日］宫城荣昌：《琉球の歷史》，吉川弘文馆 1977 年版。

［日］檀上宽：《明王朝成立期の轨迹》，《東洋史研究》第 37 卷第 3 号，

1978年。

［日］岩生成一：《日本的历史》，中央公论社1966年版。

［日］岩生成一：《日本侨寓华人甲必丹李旦考》，《东洋学报》23卷，第9期。